최신개정법령
완벽반영

합격으로 가는 하이패스

토마토패스

물류관리사

7개년
과목별 기출문제집

변달수 편저

저자직강 동영상강의 www.tomatopass.com

예문에듀
EDU

저자약력

—

변달수

- 제29회 관세사 자격시험 최연소합격(2012)
- 충남대학교 일반대학원 박사과정 수료(국제무역학)
- 서울대학교 국제대학원 FTA전문가과정(FLP) 수료
- 2021 KCA 소비자평가 우수전문인 "관세사" 부분 수상
- 2022 서울본부세관 관세행정발전 표창
- 2023 관세청장 관세행정발전 표창
- 現 다미관세사무소 대표관세사
- 現 대전상공회의소 기업경영 자문위원
- 現 관세청 공익관세사

- 종합물류기업 ㈜티지엘 자문위원
- VHL세한관세법인 대표관세사 역임(前 우림관세사무소, 비디에스관세사무소)
- (주)에쎄코리아 대표이사 역임
- 한국조세재정연구원 세법연구센터 관세연구팀

- 광주본부세관 FTA 컨설턴트
- 네이버 지식IN-한국관세사회 관세전문가답변 파트너(네이버 Expert)

- 한국법교육센터 법교육 강사
- 공단기 공무원 관세법 강사
- FTA관세무역학원 관세사 관세법 및 환급특례법 강사
- 코트라, 무역협회, 중소기업진흥공단, 상공회의소, 금산군청, 영동미래고 등 기관, 학교 교육

- 보유자격증
  관세사, 보세사, 원산지관리사, 국제무역사, 무역영어1급, 무역관리사, 수입관리사, 국제물류사, 물류관리사, 유통관리사2급, 외환전문역2종

- 논문/연구
  - 조세심판원 결정 사례를 이용한 FTA협정관세 사후추징 가산세에 관한 연구(석사학위논문)
  - 조세심판결정례를 이용한 FTA 가산세 부과기준에 관한 연구[KCI등재](2020, 한국관세학회)
  - 주요국의 통관제도-캐나다 통관제도 연구(2021, 한국조세재정연구원)
  - 국제물류환경 변화에 따른 통관업 담당자 관련 제도 비교연구(2020, 한국조세재정연구원)
  - FTA 해외통관애로(2020, 국제원산지정보원)

머리말

토마토패스
합격으로 가는 하이패스

물류 자격증 취득을 하고자 하는 당신에게

수험 준비의 처음이자 끝은 결국은 기출문제입니다.

개념강의를 마쳤다고 해서 물류관리사의 수험 준비가 끝난 것이 아닙니다. 우선 이 냉혹한 사실을 인정해야 합니다. 아직 모든 것이 완벽하지 않은 우리에게는 지금 두 가지 선택권이 있습니다. '기본서를 계속 볼 것인지, 기출문제를 풀 것인지'입니다.

시험의 유형을 불문하고 수험생활 중 가장 중요한 과정은 기출문제를 푸는 과정입니다.

우리의 최종 목표는 결국 시험이라는 괴물을 쓰러뜨리고 승리를 하는 것입니다.

개념이 아직 완벽하게 잡히지 않았다고 해서 한없이 기본서만 보는 것은 스파링 상대 없이 쉐도우 복싱만을 하는 것처럼 학습효율을 떨어지게 만드는 일입니다.

때로는 걷기 전에 뛰어야 할 때도 있습니다. 개념이 완벽하지 않아도 우리는 실전으로 나아가야 합니다. 수험기간을 몇 년을 목표로 공부하신다면 개념을 완벽하게 하신 후 기출문제를 푸시면 됩니다. 그것이 아니라면 기본강의를 마치셨다면 무조건 이 교재의 기출문제를 푸시길 바랍니다.

가장 중요한 것은 내가 매일 같은 시간에 책상에 앉고 문제를 풀고 복습하고 강의를 듣고 있다는 그 사실 자체입니다.

어떤 일이든 익숙해지기 전까지는 어렵게 느껴집니다.

하지만 이는 실제로 어려운 것이 아니라 익숙하지 않은 것입니다.

우리는 질문을 바로 해야 합니다.

"왜 안 외워질까?"보다 "'어떻게' 하면 외울 수 있을까?"가 여러분 자신에게 하는 올바른 질문입니다.

부디 차분하게 익숙해질 때까지 반복하십시오.

반드시 합격할 것입니다.

자신의 꿈을 위해 노력하는 그 열정, 진심을 다해 응원합니다.

관세사 변달수 드림

시험안내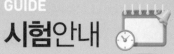

물류관리사 소개

- 물류관리사는 기업의 합리적인 물류체계를 구축하고 물류비를 절감하는 업무를 담당하는 자로서, 물류관리사 시험은 물류와 관련하여 국내에서 가장 어렵고 공신력 있는 시험이다.
- 수행직무 : 물류관리에 대한 전문적인 지식을 가지고 원자재의 조달에서부터 물품의 생산, 보관, 포장, 가공, 유통에 이르기까지 물류가 이동되는 전체영역을 관리한다.

물류관리사 시험제도

- 문제형식 : 필기시험(객관식 5지선택형)
- 시험과목 및 배점

1교시(120분, 과목별 40문항)	2교시(80분, 과목별 40문항)
− 물류관리론 − 화물운송론 − 국제물류론	− 보관하역론 − 물류관련법규

- 합격기준 : 필기시험에서 매 과목 100점을 만점으로 하여 매 과목 40점 이상, 전 과목 평균 60점 이상 득점
- 응시현황

연도	응시자 수	합격자 수	합격률(%)
2023	6,816	3,304	48.47%
2022	6,053	2,474	40.87%
2021	6,401	3,284	51.3%
2020	5,879	2,382	40.5%
2019	5,495	1,474	26.8%
2018	4,928	1,994	40.5%

시험일정(2024)

구분	원서접수	시험일	합격자발표
제28회	2024.06.10.~06.14.	2024.08.03.(토)	2024.09.04.(수)

※ 시험 관련 사항은 변동될 수 있으니 자세한 시험일정은 반드시 시행처(www.q-net.or.kr) 홈페이지를 확인하시기 바랍니다.

GUIDE
합격후기

23년도 물류관리사 직장인 합격후기 - 우*태

1. 취득 동기

현재 파렛트 회사에 근무 중인 직장인입니다. 업무 특성상 물류, 유통 관련 기업들과 업무를 진행하다 보니 자연스럽게 물류 쪽에 대한 배경 지식을 쌓고 싶었고, 해당 자격증을 공부하면서 얻은 지식을 업무에 접목시키고 싶어 공부를 시작 하게 되었습니다.

2. 인강 선택 및 강의의 장점

위에 소개드렸듯 직장인이다 보니 물리적인 시간이 부족했습니다. 때문에 비교적 자유롭게 공부할 수 있는 인강을 선택 했습니다. 본격적으로 공부하기 전에 4군데 정도 물류관리사 샘플 강의를 들었습니다. 그중 변달수 강사님의 강의 방식이 저한테 잘 맞았던 것 같습니다. 제일 까다로운 법규를 먼저 시작하다 보니 공부량이나 과목의 관심도도 높아질 수 밖에 없었고, 자격증 취득하는 데 많은 도움이 됐습니다. 또한 <u>법규 외 일반 과목에서는 강사님이 공부하시면서 느꼈던 중요 도를 강의에 잘 녹여주신 것 같습니다.</u> 덕분에 불필요한 부분은 최대한 배제하고 핵심만 짚어서 공부할 수 있었습니다.

3. 공부방법

- 1개월 : 매일 인강 3~4강 듣기, 강의 수가 많기 때문에 한달 안에 완강을 목표로 잡았습니다.
- 2개월 : 매주 2개씩 기출문제 풀이 후 인강 문제풀이 시청 반복, 문제 풀이할 때마다 막히는 문제는 반드시 오답노트 작성, 작성한 오답노트는 매일 보려고 노력했습니다. 추가적으로 취약한 과목은 출근시간을 이용해서 인강을 보거나 음성으로라도 계속 들었습니다.
- 0.5개월 : 오답노트+법규 과목 집중 공부(법규 과목이 정말 점수가 안나와서 마지막 2주 전부터는 법규만 계속 공부 했습니다.)

4. 합격 팁

자격증을 취득해 보니, <u>변달수 강사님이 처음부터 끝까지 강조했던 말이 계속 생각이 납니다. '법규' 과목을 잡으면 합격 한다는 말인데요.</u> 저 또한 법규에 가장 많은 시간을 투자했고, 가장 어려워서 고생했던 부분입니다. 해당 과목은 별도 노하우는 없었고, 문제 풀이 인강을 계속 봤습니다. (횟수는 기억 안 나지만 5번 이상은 봤음) 인강을 반복해서 보니까 매년 비슷하게 나오는 부분이 보이더라구요. 해당 부분 정리해서 공부했고, 법규 문구를 눈에 익히기 위해서 책도 여러 번 봤던 것 같습니다.

제27회 물류관리사 합격후기(비전공자) - 이*주

1. 취득 동기

종합물류회사의 취업을 희망하기 때문에 전문성 취득 및 가산점 확보를 위해 자격증을 취득을 결심했습니다. 무역회사 쪽을 희망한다면 보통 물류관리사+국제무역사+무역영어 이렇게 패키지로 많이 따기 때문에, 저도 물류관리사를 선두로 위 자격증을 모두 취득하기 위해 공부를 시작했습니다.

2. 토마토패스 장점

토마토패스의 장점은 1. 변달수 관세사님의 특유의 입담으로 지루하지 않은 강의, 2. 10년간 출제되었던 선지로만 구성되어 있는 이론서, 3. 최소한의 시간투자로 최대한의 점수를 가져갈 수 있게 짜여진 커리큘럼입니다. 관세사님이 말씀하시기를 시중에 나와 있는 물류관리사 법규 교재 중에 토마토패스가 가장 얇은 편에 속한다고 하셨어요. 교과서는 알짜배기로 시험에 출제되는 부분만 간추려서 핵심부분만 들어있습니다. 시간이 남으시면 관세사님이 많이 강조하시지 않았거나, 더 공부하고 싶은 부분을 보시고, 시간이 없으시다면 관세사님이 짚어주신 부분만 딱 보세요. 시간이 훨씬 절약될 거예요.

3. 공부기간 및 방법

물류관리사는 1달 반~2달 정도는 잡고 공부해야 여유 있다고 해서, 6월 초부터 인강을 들으려고 했지만 학교 기말고사와 기간이 겹쳐 종강하고 집중해서 듣자라는 핑계로 공부를 계속 미뤘습니다. 다른 분들은 일주일에 몰아서 인강을 들으시 던데 저는 알바 때문에 평일에는 4개 정도 수강하고, 주말에는 8~9강의 정도 1.4배속으로 수강했습니다. 처음 문제를 풀고 굉장히 점수에 낙담하며 눈물을 머금었지만, 변달수 관세사님의 '원래 처음 문제 풀면 누구나 그 점수 나온다'라는 말로 위안을 삼으며 차근차근 5개년 기출문제를 풀어나갔던 것 같습니다.

4. 합격 팁

- 물류관리론 : 많은 시간을 투자하지 말고, 인강에서 들은 부분을 간단히 복습하시면 80점 이상 가뿐히 나옵니다.
- 화물운송론 : 계산문제가 나와서 어렵게 느껴지는데, 여기서 계산문제 다 버리시면 과락납니다. 관세사님이 풀라고 하는 계산문제 유형은 반복해서 풀어보시고, 시간이 많이 걸린다는 느낌이 오는 문제가 있으면 바로 버리세요.
- 국제물류론 : 양이 제일 많아서 힘들었습니다. 인터컴즈2020은 개정되었기 때문에 개정되기 전 내용과 달라진 부분을 위주로 살펴보시고, 함부르크 규칙이나 로테르담 규칙은 어떤 내용을 담고 있는 국제조약인지 따로 정리해보시기 바랍니다. 기출 선지가 생각보다 많이 출제되었어요!
- 보관하역론 : 양이 적다고 느껴지지만, '보관위치 결정 방식', '재고모형', '수요예측기법', '팔레트 규격', '하역기기' 등 세부적으로 외워줘야 할 것들이 꽤 있어요. 본인이 마인드맵으로 정리해나가면서 암기하면 잘 외워질 거예요.

※ 해당 합격후기는 모두 합격증이 웹상에 인증되어 있으며, 토마토패스 홈페이지 수강후기에서 더 많은 후기들을 확인하실 수 있습니다.

GUIDE
이 책의 **구성**

단 한 권으로 준비하는 물류관리사

물류관리사 시험 합격을 위한 관세사 최연소 합격 저자만의 과목별 공부 가이드와 최근 기출문제 7개년을 수록하여 단 한 권으로 시험 대비가 가능합니다.

과목별 최근 7개년(2017~2023년) 기출문제 수록

물류관리사 최근 기출문제 총 7회분을 풀어 보며 저자만의 꼼꼼한 해설로 개념 정리와 실전대비를 동시에 준비할 수 있도록 구성하였습니다.

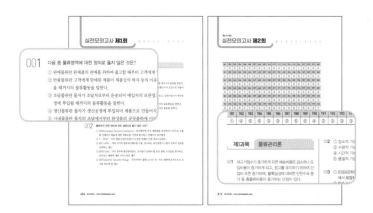

시험에 나올 문제만 담은 실전모의고사 2회분

기출 경향을 완벽하게 반영한 실전모의고사 2회분을 통해 시험에 나올 문제를 미리 연습해 볼수 있습니다. 문제 풀이 후 효율적인 학습이 가능하도록 빠른 정답표를 수록하였습니다.

관세사 최연소 합격 저자만의 심층 해설수록

물류관리사 최종 합격을 위해, 저자만의 꼼꼼한 정답해설+오답해설을 더하여 문제와 관련된이론에 대한 상세한 설명까지 더해진 완벽한 해설을 제공합니다.

과목별 공부가이드

당부사항

제1과목 물류관리론

- 물류관리론은 물류관리사 시험의 기본과목이며 본 과목을 잘 공부해야 이외의 과목에서 시너지를 낼 수 있다.
- 물류의 기본기능, 물류합리화, 물류관리, 제3자물류, 물류정보시스템, SCM 관련 용어, 물류산업동향 등이 중요 개념이다.
- 고득점 전략과목으로 목표점수는 80점 이상이다.

제2과목 화물운송론

- 화물운송론은 공로운송, 철도운송, 해상운송, 항공운송으로 구분할 수 있는데, 이 중 해상운송과 항공운송은 제3과목 국제물류론과 그 범위가 상당히 중첩되므로 국제물류론에서 공부하기로 한다.
- 운송 방법별 특징 및 장단점을 이해하고 구분할 수 있어야 한다.
- 수 · 배송시스템에 대한 이해 및 계산문제에 대한 대비가 필요하다.
- 고득점 전략과목으로 목표점수는 80점 이상이다.

제3과목 국제물류론

- 국제무역실무 내용 중 운송, 보험, 결재파트가 주로 출제된다.
- INCOTERMS 2020, 함부르크 규칙과 같은 국제무역협약 등도 주로 출제되므로 조항에 대한 이해도 필수적이다.
- 출제 범위로만 따지면 물류관리사 전체 과목 중 가장 방대하다고 볼 수 있어 수험 목적에 적합하게 공부해야 한다.

제4과목 보관하역론

- 물류관리론, 화물운송론과 중첩되는 개념이 자주 등장한다.
- 재고관리, 자재관리, 포장, 하역기기 등이 주요 개념이며, 수요예측기법 등의 파트에서는 계산문제를 대비해야 하나, 이 계산문제를 제외하고는 크게 어렵지 않은 편이다.

제5과목 물류관련법규

※ 법규편 교재에서 상세 설명

CONTENTS
목차

합격으로 가는 하이패스
토마토패스

기출문제 정답 및 해설

실전모의고사

실전모의고사 정답 및 해설

물 류 관 리 사 기 출 문 제 집

CERTIFIED
PROFESSIONAL
LOGISTICIAN

[1교시]

물류관리론

CERTIFIED
PROFESSIONAL
LOGISTICIAN

01

과목

001 물류관리에 관한 설명으로 옳지 않은 것은?

① 상적유통과 구분되는 물류는 마케팅의 물적유통(physical distribution)을 의미한다.

② 물류합리화를 통한 물류비 절감은 소매물가와 도매물가 상승을 억제하는 데 기여한다.

③ 물류합리화는 상류합리화에 기여하며, 상거래 규모의 증가를 유도한다.

④ 물리적 흐름의 관점에서 물류관리의 목표는 노동투입을 증가시키는 것이다.

⑤ 물류관리의 진화된 기법으로서 참여기업 간 조정과 협업을 강조하는 공급사슬관리의 중요성이 증가하고 있다.

002 물류관리의 역할과 의의에 관한 설명으로 옳은 것은?

① 상거래의 결과로 발생하는 물류관리는 제품의 이동이나 보관에 대한 수요를 유발시켜 유통기능을 완결시키는 역할을 한다.

② 형태 효용은 생산, 시간과 장소 효용은 마케팅, 그리고 소유 효용은 물류관리와 밀접한 연관성이 있다.

③ 물류비용은 기업이 생산하는 제품의 가격경쟁력에 영향을 미치기 때문에 물류활동을 효율화하고 물류비용을 절감하는 것이 중요하다.

④ 물류발전을 통하여 지역 간 균형발전을 도모할 수 있으나 모든 지역에서 교통체증 증가로 이어져 생활환경이 악화된다.

⑤ 물류활동은 판매촉진을 위한 고객서비스의 향상과 물류비용의 절감이라는 상반된 목표를 추구하므로 수송, 보관, 하역 등 기능별 시스템화가 요구된다.

003 공급자관계관리(SRM : Supplier Relationship Management) 전략 실행에 관한 설명으로 옳지 않은 것은?

① SRM 솔루션은 도입기업과 공급자 간 거래 프로세스의 자동화에 기여한다.
② SRM 소프트웨어 도입을 통하여 공급자와 사용기업의 정보 및 프로세스 흐름의 가시화 수준을 높일 수 있다.
③ SRM 솔루션은 내부 사용자와 외부 파트너를 위해서 다수의 부서와 프로세스 등을 포괄할 수 있도록 설계된다.
④ SRM 솔루션의 운영을 통하여 공급자와 사용기업의 비즈니스 프로세스가 통합되어 모든 공급자들과 장기적인 협업관계 형성을 가능하게 한다.
⑤ SRM 전략실행을 통하여 고객 중심의 대안을 신속히 제공하게 되어 시장 변화에 대한 대응력을 향상시킬 수 있다.

004 중앙집중식 구매조직의 장점으로 옳지 않은 것은?

① 구매를 한 곳으로 집중하여 수량할인과 배송의 경제성을 얻을 수 있다.
② 구매인력이 하나의 부서에 집중되기 때문에 업무기능의 중복 가능성을 줄일 수 있다.
③ 보편적으로 관료주의적 행태를 줄이게 되어 더욱 신속한 대응을 가능하게 하고 구매자와 사용자 간 원활한 의사소통에 도움이 된다.
④ 다수의 공급업자 관리가 일원화되어 개별 공급업자에 대하여 높은 수준의 협상력을 가질 수 있다.
⑤ 구매집중화가 이루어져 부서 내 구매경쟁 문제를 방지할 수 있다.

005 제4자 물류(4PL : Fourth Party Logistics) 기업의 유형에 관한 설명으로 옳은 것은?

① 시너지플러스(synergy plus) 유형은 복수의 서비스제공업체를 통합하여 화주에게 물류서비스를 제공한다.
② 솔루션통합자(solution integrator) 유형은 복수의 화주에게 물류서비스를 제공하는 서비스제공업체의 브레인 역할을 수행한다.
③ 거래파트너(trading partner) 유형은 사내 물류조직을 별도로 분리하여 자회사로 독립시켜 파트너십을 맺는다.
④ 산업혁신자(industry innovator) 유형은 복수의 서비스제공업체를 통합하고 산업군에 대한 통합서비스를 제공하여 시너지 효과를 유발한다.
⑤ 관리기반 물류서비스 유형은 운송수단이나 창고시설을 보유하지 않고 시스템 데이터베이스를 통해 물류서비스를 제공하거나 컨설팅서비스를 제공한다.

006 전사적 자원관리(ERP : Enterprise Resource Planning) 시스템에 관한 설명으로 옳지 않은 것은?

① ERP 시스템은 기업의 모든 활동에 소요되는 인적, 물적 자원을 효율적으로 관리하는 역할을 한다.

② ERP 시스템 운영은 전체 공급사슬의 가시성을 증가시키며 재고를 줄이는 데 기여한다.

③ ERP 시스템을 활용하여 회계, 생산, 공급, 고객주문 등과 관련된 정보를 통합할 수 있다.

④ ERP 시스템은 생산 및 재고계획, 구매, 창고, 재무, 회계, 인적 자원, 고객관계관리 등과 같은 다양한 업무의 개별 시스템화를 추구한다.

⑤ ERP 시스템은 채찍효과(bullwhip effect)를 줄이고 공급사슬 참여자들의 효율적 물류활동 실행에 기여한다.

007 물류서비스에 관한 설명으로 옳지 않은 것은?

① 물류서비스 품질은 고객이 물류서비스를 제공받는 과정에서 알게 되는 것과 물류서비스가 완료된 이후의 성과 간 차이로 결정된다.

② 물류서비스의 거래 전 구성요소는 고객서비스에 관한 기업의 정책과 연관되어 있으며, 기업에 대한 고객인식과 고객의 전반적인 만족에 영향을 미칠 수 있다.

③ 운송서비스는 서비스 프로세스 매트릭스에서 서비스공장(service factory)으로 분류된다.

④ 고객서비스 수준이 결정되어 있지 않다면 수익과 비용을 동시에 고려하여 최적의 서비스 수준을 결정하는 과정이 선행되어야 한다.

⑤ 기업들이 최대의 부가가치를 창출하려면 비용을 줄이면서 고객이 만족하는 서비스 수준에 도달할 수 있는 물류시스템 구축이 필요하다.

008 효율적 공급사슬(efficient supply chain)과 대응적 공급사슬(responsive supply chain)을 비교한 것으로 옳지 않은 것은?

구분	효율적 공급사슬	대응적 공급사슬
① 목표	예측 불가능한 수요에 신속하게 대응	최저 가격으로 예측 가능한 수요에 효율적으로 공급
② 제품디자인	비용 최소화를 달성할 수 있는 제품 디자인 성과 극대화	제품 차별화를 달성하기 위해 모듈 디자인 활용
③ 재고전략	높은 재고회전율과 공급사슬 재고 최소화	부품 및 완제품 안전재고 유지
④ 리드타임초점	비용 증가 없이 리드타임 단축	비용이 증가되더라도 리드타임 단축
⑤ 공급자 전략	비용과 품질에 근거한 공급자 선택	속도, 유연성, 신뢰성, 품질에 근거한 공급자 선택

009 다음은 A상사의 입출고 자료이다. 6월 9일에 제품 25개를 출고할 때 선입선출법(FIFO : First In, First Out)으로 계산한 출고금액과 후입선출법(LIFO : Last In, First Out)으로 계산한 출고금액의 차이는? (단, 6월 2일 이전의 재고는 없음)

일자	적요	단가(원)	수량(개)	금액(원)
6월 2일	입고	1,000	10	10,000
6월 5일	입고	1,500	20	30,000
6월 9일	출고	–	25	–

① 1,500원

③ 2,500원

⑤ 3,500원

② 2,000원

④ 3,000원

010 전자상거래를 이용한 기업소모성자재(MRO)에 관한 설명으로 옳은 것은?

① MRO의 주된 구매품목은 생산활동과 직접 관련되는 원자재이다.

② MRO 사업자는 구매 대상 품목을 표준화할 필요가 없다.

③ MRO는 Maintenance, Resource & Operation의 약어이다.

④ MRO 사업자는 구매자에게 신뢰성 있는 제품정보를 제공하기 위하여 공급업체를 철저히 관리해야 한다.

⑤ MRO 사업자는 공급업체별로 각각 데이터베이스를 구축한다.

011 SCM 기법 중 하나인 CPFR(Collaborative Planning, Forecasting & Replenishment)을 도입하는 기업들이 가장 먼저 해야 할 일은?

① 주문발주   ② 협업관계 개발
③ 판매예측 실시   ④ 공동 비즈니스계획 수립
⑤ 주문예측 실시

012 공급사슬관리(SCM : Supply Chain Management) 도입의 필요성에 관한 설명으로 옳지 않은 것은?

① 기업활동이 글로벌화되면서 공급사슬의 지리적 거리와 리드타임이 길어지고 있기 때문이다.
② 기업 간 정보의 공유와 협업으로 채찍효과(bullwhip effect)를 감소시킬 수 있기 때문이다.
③ 정보의 왜곡, 제품수명주기의 단축 등 다양한 요인으로 수요의 불확실성이 증대되기 때문이다.
④ 제조기업들은 노동생산성 향상을 위하여 단순기능제품의 대량생산방식을 추구하고 있기 때문이다.
⑤ 기업 내부의 조직 · 기능별 관리만으로는 경쟁력 확보가 어렵기 때문이다.

013 다음 공급사슬 성과지표 중 고객에게 정시에, 완전한 수량으로, 손상 없이, 정확한 문서와 함께 인도되었는지의 여부를 평가하는 성과지표는?

① 현금화 사이클 타임(cash-to-cash cycle time)
② 주문충족 리드타임(order fulfillment lead time)
③ 총공급사슬관리비용(total supply chain management cost)
④ 완전주문충족(률)(perfect order fulfillment)
⑤ 공급사슬 대응시간(supply chain response time)

014 택배 수요에 영향을 미치는 유통산업의 환경 및 유통채널 변화에 관한 설명으로 옳지 않은 것은?

① 온라인과 오프라인이 연결되어 거래가 이루어지는 O2O(Online to Offline) 상거래가 증가하고 있다.
② 오프라인 매장에서 제품을 살핀 후 실제 구매는 온라인에서 하는 쇼루밍(showrooming)이 증가하고 있다.
③ 온라인에서 제품을 먼저 살펴보고 실제 구매는 오프라인 매장에서 하는 역쇼루밍(reverse －showrooming)도 발생하고 있다.
④ O2O 상거래는 ICBM(IoT, Cloud, Big data, Mobile) 기반의 정보통신기술이 융합되어 발전하고 있다.
⑤ 유통기업들은 환경 변화에 대응하기 위하여 유통채널을 옴니채널(omni channel)에서 다채널로 전환하고 있다.

015 성공적인 물류관리 실현을 위한 경영활동에 관한 설명으로 옳지 않은 것은?

① 물류관리의 중요성이 강조됨에 따라, 일부 기업에서는 판매와 생산 부문까지 총괄하는 물류담당 임원(CLO : Chief Logistics Officer) 제도를 도입하고 있다.
② 구매활동은 물류, 생산, 마케팅활동과는 독립적으로 수행된다.
③ 화주기업들은 경쟁우위 확보를 위해 물류기업과 전략적 제휴를 맺는 사례가 있다.
④ 물류환경은 공급자 중심에서 소비자 중심으로 전환되고 있다.
⑤ 생산 부문의 원가절감이 한계에 달한 기업들은 물류 부문에서 원가절감활동을 강화하고 있다.

016 물류활동의 기능에 관한 설명으로 옳지 않은 것은?

① 수·배송 : 물자를 효용가치가 낮은 장소에서 높은 장소로 이동시켜 물자의 효용가치를 증대시키기 위한 물류활동
② 하역 : 각종 운반수단에 화물을 싣고 내리는 것과 보관장소나 시설에서 화물을 운반, 입고, 분류, 출고하는 등의 작업과 이에 부수적인 작업을 총칭하는 물류활동
③ 보관 : 물류활동에 관련된 정보를 제공하여 물류관리의 모든 기능을 연결시켜 줌으로써 종합적인 물류관리의 효율을 향상시키는 물류활동
④ 포장 : 물자의 수·배송, 보관, 거래, 사용 등에 있어서 그 가치 및 상태를 유지하기 위해 적절한 재료, 용기 등을 사용하여 보호하는 물류활동
⑤ 유통가공 : 물자의 유통 과정에서 이루어지는 제품의 단순한 가공, 재포장, 조립, 절단 등의 물류활동

017 가격파괴형 소매 형태 중 직매입한 상품을 정상 판매한 이후 남은 비인기상품과 이월상품 등을 정상가보다 저렴하게 판매하는 곳은?

① 카테고리 킬러(Category Killer)
② 아웃렛(Outlet Store)
③ 기업형 슈퍼마켓(Super SuperMarket)
④ 편의점(Convenience Store)
⑤ 하이퍼마켓(Hyper Market)

018 2008년에 개정된 정부의 기업물류비 산정 지침상의 물류비 과목 분류 중 지급 형태별 구분에 해당하는 비용 항목으로 옳은 것은?

① 위탁물류비 : 물류활동의 일부 또는 전부를 타사에 위탁하여 수행함으로써 소비된 비용
② 조달물류비 : 물자의 조달처로부터 운송되어 매입자의 보관창고에 입고, 관리되어 생산공정에 투입되기 직전까지의 물류활동에 따른 비용
③ 사내물류비 : 매입물자의 보관창고에서 완제품 등의 판매를 위한 장소까지의 물류활동에 따른 비용
④ 판매물류비 : 생산된 완제품 또는 매입한 상품을 판매창고에서 보관하는 활동부터 고객에게 인도될 때까지의 비용
⑤ 역(reverse)물류비 : 회수물류비, 폐기물류비, 반품물류비로 세분화하며, 판매된 상품의 반품과정에서 발생하는 운송, 검수, 분류, 보관, 하역 등의 비용

019 물류의 정의에 관한 설명으로 옳은 것을 모두 고른 것은?

> ㄱ. 물적유통의 줄임말로 물자의 흐름을 의미한다.
> ㄴ. 군사용어인 '병참', 즉 로지스틱스(logistics)라는 개념이 도입되어 판매물류뿐만 아니라 조달물류, 생산물류, 회수물류를 포함한 총체적인 물자의 흐름으로 확대되었다.
> ㄷ. 기업이윤 극대화를 위해 물자의 흐름을 시 · 공간적으로 효율화하여 계획, 집행, 통제하는 일련의 프로세스를 의미한다.
> ㄹ. 재화가 공급자로부터 조달 · 생산되어 수요자에게 전달되거나 소비자로부터 회수되어 폐기될 때까지 이루어지는 운송, 보관, 하역 등과 이에 부가되어 가치를 창출하는 가공, 조립, 분류, 수리, 포장, 상표부착, 판매, 정보통신 등을 말한다.

① ㄱ, ㄴ, ㄷ
② ㄱ, ㄴ, ㄹ
③ ㄱ, ㄷ, ㄹ
④ ㄴ, ㄷ, ㄹ
⑤ ㄱ, ㄴ, ㄷ, ㄹ

020 물류비를 관리하는 목적으로 옳지 않은 것은?

① 물류관리의 기본 척도로 활용된다.
② 물류활동의 계획, 관리, 실적 평가에 활용된다.
③ 물류비관리시스템 구축 자체가 물류비를 절감한다.
④ 물류활동의 문제점을 도출하고 개선하여 기업의 물류비 절감 및 생산성 향상을 도모한다.
⑤ 물류활동에 대한 비용정보를 파악하여 기업 내부의 합리적인 의사결정을 위한 정보를 제공한다.

021 X, Y축의 양방향으로 데이터를 배열시켜 평면화한 점자식 또는 모자이크식 코드를 의미하는 2차원 코드에 관한 설명으로 옳지 않은 것은?

① 한국어뿐만 아니라 외국어도 코드화가 가능하다.
② 데이터 구성 방법에 따라 단층형과 다층형으로 나뉜다.
③ 1차원 바코드에 비해 좁은 영역에 많은 데이터를 표현할 수 있다.
④ 2차원 코드로 Maxi Code, QR Code, Data Code, Code 16K 등이 있다.
⑤ 문자, 숫자 등의 텍스트는 물론 그래픽, 사진 등 다양한 데이터를 담을 수 있다.

022 다음에서 설명하는 RFID(Radio Frequency Identification) 태그의 유형(type)은?

> • 배터리를 내장하고 있지만, 판독기로부터 신호를 받을 때까지는 작동하지 않아 오랜 시간 동안 사용할 수 있다.
> • 지속적인 식별이 필요하지 않은 상품에 사용된다.

① 수동형(Passive type)　　　　　② 반수동형(Semi-passive type)
③ 능동형(Active type)　　　　　④ 분리형(Detachable type)
⑤ 독립형(Independent type)

023 빅데이터(Big data), 인공지능(AI : Artificial Intelligence), 사물인터넷(IoT : Internet of Things), 클라우드컴퓨팅(Cloud Computing) 등 다양한 핵심 기술의 융합을 기반으로 모든 것이 상호 연결되고, 보다 지능화된 사회로 변화할 것이라는 개념인 4차 산업 혁명은 최근 물류 분야에서도 큰 이슈가 되고 있다. 이러한 4차 산업 혁명 시대의 주요 특징으로 옳지 않은 것은?

① 초연결성(Hyper-connected)의 사회
② 초지능화(Hyper-intelligent)된 시스템
③ 자율화(Autonomous)된 장비
④ 예측 가능성 증가
⑤ 공급자 중심 경제

024 물류관리 원칙에 관한 설명으로 옳지 않은 것은?

① 신뢰성 : 생산, 유통, 소비에 필요한 물량을 원하는 시기와 장소에 공급하여 사용할 수 있도록 보장하는 원칙
② 단순성 : 생산, 유통, 소비 분야에서 물자가 요구되는 상황에 따라 물량, 장소, 시기의 우선순위별로 집중하여 제공하는 원칙
③ 적시성 : 필요한 수량만큼 필요한 시기에 공급하여 고객의 만족도를 향상시키고 재고비용을 최소화하는 원칙
④ 경제성 : 최소한의 자원으로 최대한의 물자 공급 효과를 추구하여 물류관리비용을 최소화하는 원칙
⑤ 균형성 : 생산, 유통, 소비에 필요한 물자의 수요와 공급 및 조달과 분배의 균형을 유지하는 원칙

025 물류정보시스템의 장점에 관한 설명으로 옳지 않은 것은?

① 물동량이 증가하여도 신속한 물류처리가 가능하다.
② 신속한 수주처리와 즉각적인 고객대응으로 판매기능을 강화할 수 있다.
③ 판매와 재고정보가 신속하게 집약되므로 생산과 판매에 대한 조정이 가능하다.
④ 재고 과 · 부족으로 발생하는 물류비용을 절감할 수 있다.
⑤ 단거리 운송에 적합하고 운임은 탄력적으로 계산이 가능하다.

026 많은 기업들이 물류공동화를 추진하고 있는 상황 속에서 물류공동화의 일반적인 장점에 관한 설명으로 옳지 않은 것은?

① 물류비용을 절감할 수 있다.
② 화물의 품질을 높일 수 있다.
③ 수·배송 효율을 향상시킬 수 있다.
④ 물류생산성을 향상시킬 수 있다.
⑤ 안정적인 물류서비스를 제공할 수 있다.

027 공동 수·배송의 효과에 관한 설명으로 옳지 않은 것은?

① 물류 업무 인원을 증가시킬 수 있다.
② 환경 오염을 줄일 수 있다.
③ 운송수단의 활용도를 높일 수 있다.
④ 공동 수·배송에 참여하는 기업의 물류비를 절감할 수 있다.
⑤ 수·배송 효율을 향상시킬 수 있다.

028 대전지역에 위치한 K물류기업에서 물류 업무의 효율을 높이기 위해 신규로 아래의 기능을 수행할 수 있는 물류정보시스템을 도입하기로 결정하였다. 다음은 무엇에 관한 설명인가?

> 출하되는 화물의 양과 목적지(수·배송처)의 수 및 배차 가능한 차량을 이용하여 가장 효율적인 배차 방법, 운송차량의 선정, 운송비의 계산, 차량별 운송실적 관리 등 화물자동차의 운영 및 관리를 위해 활용되는 물류정보시스템

① TMS(Transportation Management System)
② TRS(Trunked Radio System)
③ EDI(Electronic Data Interchange)
④ Procurement System
⑤ GIS-T(Geographical Information System for Transportation)

029   ( )에 들어갈 용어를 순서대로 나열한 것은?

> • (ㄱ)(은)는 생산부문의 품질관리만으로는 기업이 성공하기 어렵기 때문에 모든 부문으로 품질관리를 확대하여 조직 및 구성원 모두가 품질관리의 실천자가 되어야 한다는 것이 적용된 경영기법이다.
> • (ㄴ)(은)는 무결점 품질을 목표로 고객에게 인도되는 재화 및 서비스 불량을 줄이는 것뿐만 아니라 회사 내 전 분야에 걸쳐 발생되는 불량의 원인을 찾아 제거하고 품질을 향상시키는 경영기법이다.
> • (ㄷ)(은)는 기업목표 달성에 방해가 되는 제약요인(constraints)을 찾아 집중적으로 개선하여 기업의 성과를 높이는 경영기법이다.

① ㄱ : TQM, ㄴ : 6시그마, ㄷ : TOC   ② ㄱ : TQM, ㄴ : TOC, ㄷ : 6시그마
③ ㄱ : 6시그마, ㄴ : TQM, ㄷ : TOC   ④ ㄱ : 6시그마, ㄴ : TOC, ㄷ : TQM
⑤ ㄱ : TOC, ㄴ : TQM, ㄷ : 6시그마

030   다음은 무엇에 관한 설명인가?

> 제조업체, 유통업체, 물류업체 등이 공동출자해 설립한 물류거점으로서 이해 당사자들이 다이어그램(시간표) 배송과 분류작업 등을 공동으로 수행하는 곳이다.

① 공동배송센터(Joint Distribution Center)
② 고층랙창고(High Stowage/Storage Rack Warehouse)
③ 공공창고(Public Warehouse)
④ 내륙기지(Inland Depot)
⑤ 컨테이너야적장(Container Yard)

031   상물분리의 경제적 효과에 관한 설명으로 옳은 것은?

① 물류거점을 통한 수 · 배송으로 수송경로가 단축되고 대형차량의 이용이 가능하므로 수송비가 증가한다.
② 지점과 영업소의 수주 통합으로 효율적 물류관리가 이루어지고, 리드타임(lead time)이 증가한다.
③ 재고의 편재 또는 과부족을 해소하여 효율적 재고관리가 가능하다.
④ 물류거점(물류센터 등)에서 하역의 기계화, 창고자동화 추진이 가능하므로 물류효율성이 감소한다.
⑤ 영업부는 제조활동에만 전념하여 도 · 소매업의 매출이 증대된다.

032 물류시스템의 구축 목적에 관한 설명으로 옳지 않은 것은?

① 고객 주문 시 신속하게 물류서비스를 제공한다.
② 화물 분실, 오배송 등을 감소시켜 신뢰성 높은 운송기능을 수행할 수 있게 한다.
③ 화물 변질, 도난, 파손 등을 감소시켜 신뢰성 높은 보관기능을 수행할 수 있게 한다.
④ 물류서비스의 향상과 관계없이 물류비를 최소화하는 것이다.
⑤ 하역의 합리화로 운송과 보관 등의 기능이 향상되도록 한다.

033 표준파렛트 T11(1,100mm×1,100mm)의 ISO표준컨테이너 적재 수량으로 옳지 않은 것은?

① 20피트 컨테이너에 1단적 적입하는 경우 8개를 적재할 수 있다.
② 20피트 컨테이너에 2단적 적입하는 경우 20개까지 적재할 수 있다.
③ 40피트 컨테이너에 1단적 적입하는 경우 16를 적재할 수 있다.
④ 40피트 컨테이너에 2단적 적입하는 경우 40개를 적재할 수 있다.
⑤ 45피트 컨테이너에 2단적 적입하는 경우 45개까지 적재할 수 있다.

034 물류기업들이 성공을 위해 비전, 전략, 실행, 평가가 정렬되도록 균형성과표(BSC : Balanced Scorecard)를 도입한다. 이에 관한 설명으로 옳지 않은 것은?

① 균형성과표는 조직의 전략을 성과측정이라는 틀로 바꾸어서 전략을 실행할 수 있도록 도와준다.
② 균형성과표의 측정지표는 구성원들에게 목표 달성을 위한 올바른 방향을 제시해 준다.
③ 균형성과표는 재무 관점, 고객 관점, 내부 프로세스 관점, 학습과 성장 관점에서 성과지표를 설정한다.
④ 균형성과표는 성과측정, 전략적 경영관리, 의사소통의 도구로 사용된다.
⑤ 균형성과표의 성공은 실무자의 노력보다 전적으로 경영자 및 관리자의 노력에 달려 있다.

035 물류회사 A를 창업한 김 사장은 사업계획을 검토하여 보니 연간 1천만원의 고정비가 발생하고, 유통가공 개당 매출(수입)은 1만원, 유통가공 개당 변동비는 매출의 50%로 조사되었다. A사 유통가공사업의 손익분기점 판매량은?

① 1,000개   ② 1,500개

③ 2,000개   ④ 2,500개

⑤ 3,000개

036 표준파렛트 T11과 표준파렛트 T12에 모두 적용되는 포장모듈치수(파렛트와 정합성을 유지하는 포장규격)로 짝지어진 것은?

① 1,100mm × 1,100mm, 1,200mm × 1,000mm

② 1,100mm × 550mm, 1,200mm × 500mm

③ 600mm × 500mm, 500mm × 300mm

④ 550mm × 220mm, 440mm × 220mm

⑤ 366mm × 366mm, 220mm × 220mm

037 지구온난화로 인하여 물류기업들은 녹색물류활동을 강화하고 있다. 온실가스와 녹색물류에 관한 설명으로 옳지 않은 것은?

① 온실가스는 이산화탄소(CO_2), 메탄(CH_4), 아산화질소(N_2O), 수소불화탄소(HFCs), 과불화탄소(PFCs), 육불화황(SF_6) 6가지 가스로 구성된다.

② 국토교통부는 친환경 물류활동을 하는 기업을 평가하여, 그중 물류기업에 한정하여 우수녹색물류실천기업으로 인증하고 있다.

③ 차량 급출발, 공회전, 급브레이크 밟기 등을 줄이는 것도 녹색물류활동의 하나이다.

④ 물류에너지 목표관리제 협약 대상은 화물차를 50대 이상 운행하는 물류기업과 연간 에너지 사용량이 1,200석유환산톤(TOE : Ton of Oil Equivalent) 이상인 화주기업이다.

⑤ 우리나라는 2020년 국가온실가스감축목표를 온실가스배출전망치(BAU : Business As Usual) 대비 30% 감축키로 하였고, '제1차 기후변화대응 기본계획 및 2030 국가온실가스감축 기본 로드맵'에서는 2030년 목표로 BAU 대비 37% 감축키로 하였다.

038 우리 정부가 온실가스 감축효과가 큰 사업들을 평가하여 수립한 '2020 물류분야 온실가스 감축 이행계획'에서 제시된 온실가스 수정감축목표치의 상위 1, 2위에 해당되는 사업을 모두 고른 것은?

ㄱ. 3PL 및 공동물류 활성화	ㄴ. 철도, 연안해운 전환수송(modal shift)
ㄷ. LED등 교체	ㄹ. LNG 화물차량 개조
ㅁ. Green Port	ㅂ. 경제운전 활성화

① ㄱ, ㄴ   ② ㄴ, ㄷ
③ ㄷ, ㄹ   ④ ㄹ, ㅁ
⑤ ㅁ, ㅂ

039 콜드체인(Cold Chain) 시장이 성장하고 있다. 콜드체인에 관한 설명으로 옳지 않은 것은?

① 콜드체인이란 대상 화물의 온도를 관리하는 공급사슬을 의미한다.
② 콜드체인 시장은 크게 기능에 따라 냉장 운송시장과 냉장 보관시장으로, 품목에 따라 식품콜드체인과 바이오 · 의약품콜드체인으로 구분할 수 있다.
③ 식품콜드체인관리 목적은 크게 식품 안전, 식품의 맛 유지, 식자재 폐기물 발생 억제 등이다.
④ 농산품콜드체인은 식품 특성에 따라 농장에서부터 소비자 식탁에 이르기까지 전 과정의 온도 등을 관리하는 것을 의미한다.
⑤ 우리나라 재래시장에서도 모든 농산물을 대상으로 콜드체인시스템을 적용하고 있다.

040 경제활동이 글로벌화되면서 각 기업들은 세계경영을 시도하고 이에 따라 국제표준을 따르는 추세에 있다. 국제표준의 명칭으로 옳지 않은 것은?

① ISO 10000 – 품질경영시스템
② ISO 14000 – 환경경영시스템
③ ISO 22000 – 식품안전경영시스템
④ ISO 26000 – 기업의 사회적 책임 표준
⑤ ISO 28000 – 공급사슬보안경영시스템

001 21세기 물류 추세로 옳지 않은 것은?

① 세계를 연결하는 글로벌물류 추구

② 자사화물 중심의 수 · 배송물류 추구

③ 고품격 고객 맞춤 서비스물류 지향

④ 3PL(3자물류) 또는 4PL(4자물류)로 발전

⑤ 환경친화 및 안전 지향적 물류로 발전

002 물류의 중요성이 부각되는 이유로 옳지 않은 것은?

① 주문 횟수 감소 경향

② 고객 욕구의 다양화와 고도화

③ 운송 시간과 비용의 상승

④ 제조 부문 원가 절감의 한계

⑤ 경쟁력 강화를 위하여 물류 부문의 우위 확보 필요

003 물류비 절감효과에 관한 것이다. (　　　)에 들어갈 값은?

> A 기업은 매출액이 200억원이고 매출액 대비 이익률은 2%, 물류비는 매출액의 9%이다. A 기업이 물류비를 10% 절감한다고 가정할 때, 이 물류비 절감효과와 동일한 이익을 내기 위해서는 매출액을 (　　　)억원 증가시켜야 한다.

① 30 　　　　　　　　　　　　② 45

③ 60 　　　　　　　　　　　　④ 75

⑤ 90

004 C 물류기업의 물류비 계산을 위한 자료이다. 제품 A와 제품 B의 운송비 비율은? (단, 운송비 배부기준은 거리 → 중량을 사용함)

지역	제품	거리	중량
가	A	100 km	200톤
	B		300톤
나	A	300 km	200톤
	B		100톤

① 3 : 2　　　　　　　② 2 : 3

③ 4 : 3　　　　　　　④ 3 : 4

⑤ 1 : 1

005 물류의 기본적 기능과 가장 관계가 적은 것은?

① 형태적 조정　　　　　② 수량적 조정

③ 가격적 조정　　　　　④ 장소적 조정

⑤ 시간적 조정

006 물류비의 비목별 계산 과정으로 옳은 것은?

ㄱ. 물류비 자료의 식별과 입수	ㄴ. 물류비 배부기준의 선정
ㄷ. 물류비 계산의 보고	ㄹ. 물류비 배부와 집계
ㅁ. 물류비 계산 욕구의 명확화	

① ㄱ－ㄴ－ㄷ－ㄹ－ㅁ　　　② ㄱ－ㅁ－ㄴ－ㄹ－ㄷ

③ ㄱ－ㅁ－ㄷ－ㄹ－ㄴ　　　④ ㅁ－ㄱ－ㄴ－ㄷ－ㄹ

⑤ ㅁ－ㄱ－ㄴ－ㄹ－ㄷ

007 최근의 물류환경 변화에 관한 내용으로 옳지 않은 것은?

① 물류의 소량 다빈도화　　　　② 환경 문제를 중시하는 그린물류 부상
③ 세계교역량의 급격한 감소　　④ 물류정보화의 진전
⑤ 물류기술의 고도화

008 기업물류비의 분류체계 중 기능별 물류비가 아닌 것은?

① 운송비　　　　　　　　　　　② 보관비
③ 포장비　　　　　　　　　　　④ 노무비
⑤ 물류정보 · 관리비

009 주문주기시간(order cycle time)에 관한 설명으로 옳지 않은 것은?

① 주문주기시간은 재고정책의 개선활동을 통하여 단축될 수 있다.
② 주문전달(order transmittal)은 적재서류 준비, 재고기록 갱신, 신용장 처리작업, 주문 확인 등의 활동이다.
③ 재고 가용성(stock availability) 확보시간은 창고에 보유하고 있는 재고가 없을 때 생산지의 재고로부터 보충하는 데 소요되는 시간이다.
④ 주문인도(order delivery)는 주문품을 재고지점에서 고객에게 전달하는 활동이다.
⑤ 오더피킹(order picking)은 재고로부터 주문품 인출 · 포장 · 혼재 작업과 관련된 활동이다.

010 기업의 고객서비스 측정 요소 중 거래 전(pre-transaction) 요소에 해당하는 것을 모두 고른 것은?

ㄱ. 고객 불만(customer complaints)	ㄴ. 주문이행 비율(order fill rate)
ㄷ. 정시 배달(on-time delivery)	ㄹ. 목표 배송일(target delivery dates)
ㅁ. 회수 및 클레임(returns and claims)	ㅂ. 재고 가용성(stock availability)

① ㄱ, ㄷ　　　　　　　　　　　② ㄹ, ㅂ
③ ㄴ, ㄷ, ㄹ　　　　　　　　　④ ㄷ, ㄹ, ㅁ
⑤ ㄴ, ㄹ, ㅁ, ㅂ

011 공급사슬의 수익관리전략이 유용한 경우가 아닌 것은?

① 고가의 상품으로 가격이 변하지 않을 경우
② 상품이 쉽게 변질되거나 상품의 가치가 하락될 경우
③ 수요가 계절적이거나 특정 시기에 피크(peak)가 발생될 경우
④ 상품을 대량 단위와 소량 단위로 계약할 수 있을 경우
⑤ 상품의 가치가 다양한 시장세분화에 따라 달라질 경우

012 공급사슬의 유연성이나 신속성을 달성하는 방법으로 옳지 않은 것은?

① 비용 절감
② 직접주문 방식 도입
③ 전략적 지연
④ 파트너십 구축
⑤ 모듈러 디자인

013 제품수명주기 단계 중 성장기 전략의 특성이 아닌 것은?

① 장기적인 수요에 대비하여 유통망의 확대가 필요하나, 정보가 충분하지 않아 물류계획을 수립하는 데 어려움이 있다.
② 가격 인하 경쟁에 대응하고 수요를 자극하기 위한 촉진비용이 많이 소요된다.
③ 대량 생산을 통한 가격 인하로 시장의 규모가 확대된다.
④ 제품에 대한 고객들의 관심이 높아지면서 제품가용성을 넓은 지역에 걸쳐 증가시키게 된다.
⑤ 제품의 유통지역이 가장 광범위하며 제품가용성을 높이기 위하여 많은 수의 물류거점이 필요한 시기이다.

014 물류관리에 관한 설명으로 옳지 않은 것은?

① 물류관리 활동은 고객서비스를 향상시키고 물류비용을 감소시키는 목표를 추구한다.
② 국제적인 경제환경이 변화하면서 물류관리에 대한 중요성이 증대되었다.
③ 물류비용 절감을 통한 이익창출은 제3의 이익원으로 인식되고 있다.
④ 제품의 수명주기가 길어지고 차별화된 제품 생산의 요구 증대로 물류비용 절감의 필요성이 강조되었다.
⑤ 원자재 및 부품의 조달, 구매상품의 보관, 완제품 유통도 물류관리의 대상이다.

015 효율적 공급사슬(efficient supply chain)의 특징을 모두 고른 것은?

> ㄱ. 속도, 유연성에 근거한 공급자 선정 ㄴ. 저비용을 위한 재고 최소화
> ㄷ. 제품분화를 지연시킬 수 있는 모듈화 확보 ㄹ. 높은 가동률을 통한 낮은 비용
> ㅁ. 리드타임을 적극적으로 단축

① ㄱ, ㄴ
② ㄱ, ㅁ
③ ㄴ, ㄹ
④ ㄱ, ㄷ, ㄹ
⑤ ㄴ, ㄷ, ㅁ

016 공급사슬관리(SCM)에 관한 설명으로 옳은 것은?

① 크로스도킹(cross docking)은 미국의 Amazon.com에서 최초로 개발하고 실행하여 성공을 거둔 공급사슬관리 기법이다.

② 채찍효과(bullwhip effect)의 경우 공급사슬 내 각 주체 간의 전략적 파트너십보다는 단순 계약 관계의 구축이 채찍효과 감소에 도움이 된다.

③ CRM(Customer Relationship Management)은 솔루션의 운영을 통하여 공급자와 구매기업의 비즈니스 프로세스가 통합되어 모든 공급자들과 장기적인 협업관계 형성을 목표로 한다.

④ CPFR(Collaborative Planning Forecasting and Replenishment)은 공장에서 제품을 완성하는 대신 시장 가까이로 제품의 완성을 지연시켜 소비자가 원하는 다양한 수요를 만족시키는 것이다.

⑤ 대량고객화(mass customization)는 비용, 효율성 및 효과성을 희생시키지 않고 개별 고객들의 욕구를 파악하고 충족시키는 전략이다.

017 공급사슬 취약성의 증가 요인을 모두 고른 것은?

> ㄱ. 수요의 변동성 증가 ㄴ. 글로벌화 전략
> ㄷ. 아웃소싱 전략 ㄹ. 협력체계 구축

① ㄱ, ㄴ
② ㄴ, ㄹ
③ ㄷ, ㄹ
④ ㄱ, ㄴ, ㄷ
⑤ ㄱ, ㄷ, ㄹ

018 기업의 물류관리를 위한 전략적 계획과 전술적 계획을 비교한 것으로 옳지 않은 것은?

	구분	전술적 계획	전략적 계획
①	의사결정의 종류	혁신성	일상성
②	의사결정의 환경	확실성	불확실성
③	계획 주체	중간관리층	최고경영층
④	기간	중·단기적	장기적
⑤	관점	부서별 관점	전사적 관점

019 물류공동화를 위한 전제 조건으로 옳지 않은 것은?

① 일관 파렛트화 추진 및 업계의 통일전표 사용
② 자사 물류시스템과 외부 물류시스템의 연계
③ 물류서비스 내용의 명확화 및 표준화
④ 자사만의 독자적인 물류비 적용 기준의 확립
⑤ 통일된 외장표시 및 표준 물류 심벌(symbol) 사용

020 수요의 정성적 예측방법 중 제품과 서비스에 대하여 고객의 심리, 선호도, 구매동기 등을 조사하는 기법은?

① 인과모형법   ② 시장조사법
③ 지수평활법   ④ 회귀분석법
⑤ 시계열분석법

021 물류 및 마케팅에 관한 설명으로 옳지 않은 것은?

① 마케팅전략에는 제품전략, 가격전략, 유통전략, 촉진전략이 있다.
② 마케팅전략은 물류를 포함하여 상호 의존성 있는 마케팅믹스를 유기적으로 결합하여 경영전략의 일환으로 추진되고 있다.
③ 물류는 마케팅믹스의 4P 중 제품(product)과 가장 밀접한 관계가 있다.
④ 물류는 포괄적인 마케팅에 포함되면서 물류 자체의 마케팅활동을 실천해야 한다.
⑤ 물류는 마케팅뿐만 아니라 산업공학적 측면, 무역학적 측면 등 광범위하게 확대되고 있다.

022 최근에 급속히 성장하고 있는 무점포 소매상(non-store retailer)에 관한 설명으로 옳지 않은 것은?

① 인터넷 사용의 증가와 정보 기술의 발달로 무점포 소매상 간의 경쟁이 심화되고 있다.

② 시간과 장소의 제한을 받지 않고 이용할 수 있다.

③ 판매자와 소비자 간에 쌍방향 커뮤니케이션에 의한 1대 1 마케팅도 가능하다.

④ 물리적 공간의 제약을 받지 않고 전 세계를 대상으로 다양한 상품의 매매가 가능하다.

⑤ 대표적인 형태는 카탈로그 쇼룸(Catalog Showrooms)이다.

제1과목

물류관리론

023 다음 설명에 해당하는 이론은?

- 소매상의 변천 과정을 가격이 아니라 상품구색의 변화에 기초하여 설명한다.
- 초기에는 다양한 상품을 취급하다가 일정 시간이 지나면 전문화된 한정상품만을 취급하고, 좀 더 시간이 지나면 다양한 상품을 다시 취급하는 과정을 순환하며 조화를 이루면서 발전한다.
- 상품구색 이외의 변화요인을 설명하지 못하는 한계점을 가지고 있다.

① 소매 수레바퀴 이론　　　　　　② 소매 수명주기 이론

③ 소매 아코디언 이론　　　　　　④ 소매 변증법 과정 이론

⑤ 소매 자연도태 이론

024 공동 수 · 배송 도입에 따른 기대효과로 옳지 않은 것은?

① 차량의 적재효율 향상　　　　　② 주변의 교통혼잡 증가

③ 차량의 운행효율 향상　　　　　④ 화물의 안정적인 확보

⑤ 대형화물차에 의한 대량운송 확대

025 물류의 영역적 분류에 관한 설명으로 옳은 것은?

① 조달물류는 생산업체에서 생산된 제품이 출하되어 판매창고에 보관될 때까지의 물류활동이다.

② 생산물류는 반환된 제품의 운반, 분류, 정리, 보관과 관련된 물류활동이다.

③ 사내물류는 완제품이 출하되어 고객에게 인도될 때까지의 물류활동이다.

④ 판매물류는 생산에 필요한 원자재나 부품이 협력회사나 도매업자로부터 제조업자의 자재창고에 운송되어 생산공정에 투입되기 전까지의 물류활동이다.

⑤ 회수물류는 제품이나 상품의 판매활동에 부수적으로 발생하는 물류용기의 재사용에 관련된 물류활동이다.

026 수송 리드타임이 3주이고 1회 발주량이 70개일 때, (   )에 들어갈 값은? (단, 안전재고는 55개이다.)

	수요예측량	예정입고량	재고량	발주량
현재	–	–	150개	70개
1주	40개			
2주	50개			
3주	50개			
4주	50개		( )개	

① 60

③ 80

⑤ 100

② 70

④ 90

027 바코드 시스템에 관한 설명으로 옳지 않은 것은?

① QR 코드는 2차원 바코드 중 하나이다.

② 바코드는 표준 바코드와 비표준 바코드로 나눌 수 있다.

③ POS(Point of Sales)는 바코드를 이용하는 대표적인 소매관리시스템이다.

④ 바코드는 보안에 취약하므로 포인트 적립, 할인 등의 수단에만 사용 가능하고 결제시스템에는 사용될 수 없다.

⑤ EAN–14는 업체 간 거래 단위인 물류 단위, 주로 골판지박스에 사용되는 국제표준 물류 바코드이다.

028 역물류(reverse logistics)와 관련이 없는 것은?

① 과잉재고 반품　　　　　　　　② 폐기물류
③ 회수물류　　　　　　　　　　　④ 재주문(reorder)
⑤ 운반용기 회수

029 다음 화주기업의 수송 부문 이산화탄소 추정 배출량(kg)은? [단, 이산화탄소 배출량(kg)=연료 사용량(L) → 이산화탄소 배출 계수(kg－CO_2/L)]

> • 총 주행 거리＝30,000(km)
> • 평균 연비＝5(km/L)
> • 이산화탄소 배출 계수＝0.002(kg－CO_2/L)

① 0.01　　　　　　　　　　　　② 12
③ 60　　　　　　　　　　　　　④ 300
⑤ 6,000

030 물류정보시스템의 구성 요소가 아닌 것은?

① 수·배송관리 모듈　　　　　　② 창고관리 모듈
③ 생산관리 모듈　　　　　　　　④ 물류정보관리 모듈
⑤ 주문처리 모듈

031 주문처리시간에 영향을 미치는 요소에 관한 설명으로 옳은 것은?

① 주문처리 우선순위는 주문처리시간에 영향을 미치지 않는다.
② 순차처리(sequential processing) 방식은 병렬처리(parallel processing) 방식에 비해 총 주문처리시간이 단축될 수 있다.
③ 주문을 모아서 일괄처리하면 주문처리비용 및 주문처리시간을 단축시킬 수 있다.
④ 주문처리에서 오류가 발생하면 확인 및 재처리로 인해 주문처리시간이 증가하므로 오더필링(order filling)의 오류 발생을 줄이기 위해 노력해야 한다.
⑤ 물류정보시스템을 활용하여 주문처리시간을 줄이면 초기 투자비용이 적게 든다.

032 물류보안에 관한 설명으로 옳지 않은 것은?

① 물류보안제도는 적용 범위에 따라 공급사슬의 특정 구간을 적용 대상으로 하고 있는 제도와 공급사슬의 전 구간을 적용 대상으로 하고 있는 제도로 나눌 수 있다.

② 최초의 물류보안제도는 2005년 11월 국제표준화기구(ISO)에서 발표한 ISO/PAS 28000 이다.

③ 미국 관세국경보호청(CBP : Customs and Border Protection)은 9.11테러 이후 반테러프 로그램의 일환으로 CSI(Container Security Initiative)를 도입하였다.

④ 24시간 전 적하목록 제출제도는 운송인이 선적항에서 선적 24시간 전에 화물적하목록을 제 출하도록 규정한 미국 관세국경보호청(CBP)의 규칙이다.

⑤ 세계관세기구(WCO)는 무역의 안전 및 원활화를 조화시키는 표준협력으로 AEO(Authorized Economic Operator)를 도입하였다.

033 물류정보시스템에 관한 설명으로 옳은 것은?

① ISBN(International Standard Book Number)은 출판물의 효율화를 위한 표시 제도로 음 성, 영상 등 무형의 자료를 제외한 종이에 인쇄된 대부분의 출판물에 고유번호를 부여하는 것 이다.

② GPS(Global Positioning System)는 인공위성으로 신호를 보낼 수는 없고 인공위성에서 보 내는 신호를 받을 수만 있다.

③ POS(Point of Sales) 시스템의 단점은 바코드를 사용하여 상품의 정보를 읽어야 하므로 인 건비가 상승한다는 것이다.

④ ASP(Application Service Provider)는 지능형교통시스템(ITS)의 일종으로 교통여건, 도로 상황 등 각종 교통정보를 운전자에게 신속하고 정확하게 제공한다.

⑤ 전자문서교환(Electronic Data Interchange)은 인쇄된 문서를 자동화된 시스템을 통해 서 로 교환하는 시스템으로 사무처리 비용 및 인건비 감소 등의 효과가 있다.

034 제약이론(TOC : Theory of Constraints)에 관한 설명으로 옳지 않은 것은?

① 산출회계(throughput accounting)는 재고를 자산으로 평가한다.

② 골드랫(E.M. Goldratt)이 TOC이론을 제안하였다.

③ TOC는 SCM에 응용할 수 있다.

④ TOC는 제약을 찾아 집중적으로 개선하는 경영이론이다.

⑤ DBR은 Drum, Buffer, Rope를 의미한다.

035 물류시스템에 관한 설명으로 옳지 않은 것은?

① 생산지에서 소비지까지 연계되도록 물류시스템을 구축한다.
② 물류시스템의 목적은 보다 적은 물류비로 효용 창출을 극대화하는 최적 물류시스템을 구성하는 것이다.
③ 물류시스템의 하부시스템으로는 운송시스템, 보관시스템, 하역시스템, 포장시스템, 정보시스템 등이 있다.
④ 물류시스템과 관련된 개별비용은 상충되지 않는다.
⑤ 물류시스템에서의 자원은 인적 자원, 물적 자원, 재무적 자원, 정보적 자원 등이다.

036 다음 설명에 해당하는 물류조직의 유형은?

- 물류 담당자들이 평상시에는 자기 부서에서 근무하다가 특정 물류 문제를 해결하기 위하여 여러 다른 부서의 인원이 모여 구성된다.
- 기능별 권한과 프로젝트별 권한을 가지므로 권한과 책임의 한계가 불분명하여 갈등이 발생할 수 있다.
- 항공우주산업, 물류정보시스템 개발과 같은 첨단 기술 분야에서 효과적이다.

① 직능형 물류조직   ② 라인 · 스태프형 물류조직
③ 사업부형 물류조직   ④ 그리드형 물류조직
⑤ 매트릭스형 물류조직

037 6−시그마(6−σ)에 관한 설명으로 옳지 않은 것은?

① 시그마는 통계학에서 표준편차를 의미한다.
② 6−시그마 수준은 같은 실험을 100만 회 시행했을 때 6회 정도 오류가 나는 수준이다.
③ 6−시그마는 모토롤라의 해리(M.Harry)가 창안하였다.
④ DMAIC란 정의(Define), 측정(Measure), 분석(Analyze), 개선(Improve), 관리(Control)를 의미한다.
⑤ 6−시그마는 제조 부문뿐만 아니라 서비스 부문에도 적용할 수 있다.

038 파렛트 풀 시스템(Pallet Pool System)의 운영방식에 관한 설명으로 옳은 것을 모두 고른 것은?

> ㄱ. 즉시교환방식 : 송화주는 파렛트화된 화물을 운송사에 위탁하는 시점에서 동일한 수의 파렛트를 운송사에서 인수하고, 수화주는 파렛트화된 화물을 인수할 때 동일한 수의 파렛트를 운송사에 인도해 주는 방식이다.
> ㄴ. 리스방식 : 개별기업에서 각각 파렛트를 보유하지 않고 파렛트 풀을 운영하는 기관이 사용자의 요청에 따라 규격화된 파렛트를 사용자가 소재하는 가까운 거점(depot)에 공급해 주는 방식이다.
> ㄷ. 대차결제방식 : 현장에서 즉시 파렛트를 교환하지 않고 일정 시간 이내에 파렛트를 운송사에 반환하는 방식이다.

① ㄱ
② ㄴ
③ ㄱ, ㄴ
④ ㄴ, ㄷ
⑤ ㄱ, ㄴ, ㄷ

039 스마이키(E.W. Smykey)가 제창한 물류의 원칙인 7R원칙에 해당하지 않는 것은?

① Right Safety
② Right Quality
③ Right Time
④ Right Place
⑤ Right Impression

040 다음에 해당하는 물류합리화의 유형으로 옳게 짝지어진 것은?

> ㄱ. 물류 전반에 걸쳐 지식기능을 갖춘 자동화
> ㄴ. 인력의 절감 및 노동의 대체를 목적으로 한 기계화

① ㄱ : 생력(省力)형, ㄴ : 생지능(省知能)형
② ㄱ : 비용(費用)절감형, ㄴ : 생지능(省知能)형
③ ㄱ : 생지능(省知能)형, ㄴ : 생력(省力)형
④ ㄱ : 생지능(省知能)형, ㄴ : 비용(費用)절감형
⑤ ㄱ : 비용(費用)절감형, ㄴ : 생력(省力)형

제1과목

물류관리론

001 물류활동의 기본 기능에 관한 설명으로 옳지 않은 것은?

① 포장은 생산의 종착점으로서 표준화, 모듈화의 대상이다.

② 보관은 생산과 소비, 공급과 수요의 시점 및 수량적 차이를 조정한다.

③ 유통가공은 고객의 요구에 대응하기 위해 제조업체에서 부품을 가공하는 활동이다.

④ 하역은 운송, 보관 및 포장의 물자 취급과 관련된 보조적 활동으로서 기계화, 자동화의 대상이다.

⑤ 운송은 생산과 소비의 장소적 차이에 의한 거리를 조정하는 활동이다.

002 회수물류의 대상 품목에 해당하지 않는 것은?

① 음료용 알루미늄 캔   ② 화물용 T-11 파렛트

③ 주류용 빈병   ④ 운송용 컨테이너

⑤ 일회용 소모성 자재

003 최근 국내외 물류 산업의 동향에 관한 설명으로 옳지 않은 것은?

① 당일배송 서비스 확대 등 물류의 스피드 경쟁이 가속화되고 있다.

② 스마트팩토리의 고객 맞춤형 생산은 물류의 대량화와 소빈도화를 촉진하고 있다.

③ 고객 맞춤형 기능 제공 등 고부가가치 물류서비스가 확산되고 있다.

④ 에너지 절감, 친환경 물류, 안전·보안을 강화한 물류의 필요성이 증가하고 있다.

⑤ 종합물류기업 인증제 도입 등 물류 산업 육성을 위한 정책적 지원이 강화되고 있다.

004 상적유통(Commercial Distribution)과 물적유통(Physical Distribution)에 관한 설명으로 옳은 것은?

① 화물정보의 전달 및 활용은 물적유통에 해당한다.
② 상품의 거래활동은 물적유통에 해당한다.
③ 금융, 보험 등의 보조활동은 물적유통에 해당한다.
④ 판매를 위한 상품의 포장은 상적유통에 해당한다.
⑤ 효율 향상을 위해 상적유통과 물적유통을 통합한다.

005 물류서비스 품질을 결정하는 요인을 서비스 시행 전·중·후로 나눌 때, 서비스 시행 중의 요인에 해당하는 것을 모두 고른 것은?

ㄱ. 재고수준	ㄴ. 주문의 편리성
ㄷ. 주기적 제품 점검	ㄹ. 고객서비스 명문화
ㅁ. 시스템의 정확성	ㅂ. 조직의 융통성

① ㄱ, ㅂ
② ㄱ, ㄴ, ㄷ
③ ㄱ, ㄴ, ㅁ
④ ㄴ, ㄷ, ㄹ
⑤ ㄷ, ㄹ, ㅁ, ㅂ

006 기업의 경쟁력을 높이기 위해서 신규 물류서비스를 도입하고자 할 때의 추진 순서로 옳은 것은?

ㄱ. 물류서비스 실행을 위한 운영전략 수립
ㄴ. 고객 니즈(Needs)에 부합하는 물류서비스 개발
ㄷ. 물류서비스 제공 시스템 구축
ㄹ. 고객 목표시장(Target Market) 선정

① ㄱ - ㄴ - ㄹ - ㄷ
② ㄱ - ㄹ - ㄴ - ㄷ
③ ㄹ - ㄱ - ㄷ - ㄴ
④ ㄹ - ㄴ - ㄱ - ㄷ
⑤ ㄹ - ㄴ - ㄷ - ㄱ

007 물류 측면의 고객서비스에 관한 설명으로 옳지 않은 것은?

① 물류서비스는 물품을 이동하는 마지막 단계로서 부가상품(Augmented Product)의 역할을 한다.

② 물류서비스 품질은 고객의 기대 수준과 인지 수준의 차이로 정의된다.

③ 일반적으로 한 기업이 경쟁업체의 물류서비스를 모방하는 것은 불가능하다.

④ 물류서비스와 물류비용 사이에는 상충(Trade-off) 관계가 존재한다.

⑤ 물류서비스 품질은 고객과 서비스 제공자 간의 상호 작용에 의해서 결정된다.

008 물류서비스의 신뢰성(Reliability)을 높이기 위한 방안에 해당하지 않는 것은?

① 신속 정확한 수주정보 처리

② 생산 및 운송 로트(Lot) 대량화

③ 조달 리드타임(Lead time) 단축

④ 제품 가용성(Availability) 정보 제공

⑤ 재고관리의 정확도 향상

009 물류관리전략에 관한 설명으로 옳지 않은 것은?

① 기업은 효율적인 물류관리활동을 통하여 원가를 절감할 수 있고 이를 바탕으로 시장점유율 제고 및 수익률 증대를 추구할 수 있다.

② 고객서비스를 평가하는 중요한 척도로는 주문 후 인도 시까지의 소요 시간, 고객주문에 대한 제품의 가용성, 주문 처리의 정확성 등이 있다.

③ 물류관리전략을 설정할 때 우선적으로 고려해야 할 사항은 고객의 니즈(Needs)를 파악하는 것이다.

④ 부품공급에서 소비자에 이르는 공급사슬에서 공급사슬 전체의 이익극대화보다는 경로구성원 각자의 이익극대화를 추구해야 한다.

⑤ 효과적인 물류관리전략은 유연성을 보유하면서 고객의 다양한 요구를 저렴한 비용으로 충족시킬 수 있도록 해야 한다.

010 물류관리의 의사 결정에 관한 설명으로 옳은 것은?

① 물류 의사 결정은 전략 · 전술 · 운영의 3단계 계층으로 구성된다.
② 수요 예측, 주문 처리 등은 전략적 의사 결정에 해당한다.
③ 운영 절차, 일정 계획 등은 전술적 의사 결정에 해당한다.
④ 마케팅 전략, 고객서비스 요구 사항 등은 운영적 의사 결정에 해당한다.
⑤ 전략, 전술, 운영의 세 가지 의사 결정은 상호 간에 독립적으로 이루어져야 한다.

011 물류조직의 형태에 관한 설명으로 옳지 않은 것은?

① 물류조직은 발전 형태에 따라 직능형 조직, 라인과 스탭형 조직, 사업부형 조직, 그리드 (Grid)형 조직 등으로 구분할 수 있다.
② 직능형 조직은 기업 규모가 커지고 최고경영자가 기업의 모든 업무를 관리하기 어려울 때 적합하다.
③ 라인과 스탭형 조직은 작업 부문과 지원 부문을 분리한 조직이다.
④ 사업부형 조직은 제품별 사업부와 지역별 사업부, 그리고 이 두 가지를 절충한 형태 등이 있다.
⑤ 그리드(Grid)형 조직은 다국적 기업에서 많이 볼 수 있으며 모회사의 스탭이 자회사의 물류 부문을 관리하는 형태이다.

012 3자물류와 4자물류에 관한 설명으로 옳지 않은 것은?

① 3자물류는 장기간의 전략적 제휴 형태 또는 합작 기업으로 설립한 별도의 조직을 통해 종합적 서비스를 제공한다.
② 세계적인 3자물류업체 및 컨설팅회사들은 다른 물류기업들과의 인수합병을 통해 글로벌 차원으로 확대하면서 4자물류서비스를 제공하고 있다.
③ 기업들은 3자물류를 통해 핵심 부분에 집중하고 물류를 전문 업체에게 아웃소싱하여 규모의 경제, 전문화 및 분업화 등의 효과를 거둘 수 있다.
④ 4자물류는 3자물류에서 확장된 개념으로 자체의 기술 및 컨설팅 능력을 갖추고 공급체인 전반을 통합 · 관리한다.
⑤ 4자물류는 전자상거래의 확대 및 SCM 체제의 보편화로 그 필요성이 강조되고 있다.

013 물류 아웃소싱의 장·단점을 설명한 것으로 옳지 않은 것은?

① 제조업체는 물류거점에 대한 자본투입을 최소화하고 전문 물류업체의 인프라를 전략적으로 활용할 수 있다.
② 제조업체는 고객 불만에 대한 신속한 대처가 어렵다.
③ 제조업체는 물류전문지식의 사내 축적이 비교적 용이하다.
④ 제조업체는 기존 사내 물류인력의 실업과 정보의 유출이 발생할 수 있다.
⑤ 물류업체는 규모의 경제를 통한 효율의 증대를 꾀할 수 있다.

014 다음 ( )에 들어갈 용어를 바르게 나열한 것은?

> TOC(Theory of Constraints)는 기업의 재무적인 성과를 나타내기 위하여 3가지 요소 개념을 사용한다. 첫째, (ㄱ)은(는) 판매에 의한 기업의 현금 창출 정도를 나타내며 둘째, (ㄴ)은(는) 판매를 위하여 재화에 투자된 자금으로 정의되고, 셋째, (ㄷ)은 기업이 (ㄴ)을(를) (ㄱ)(으)로 전환하기 위하여 지출한 비용을 말한다.

① ㄱ : 재고 ㄴ : 스루풋 ㄷ : 운영비용
② ㄱ : 스루풋 ㄴ : 재고 ㄷ : 운영비용
③ ㄱ : 영업이익 ㄴ : 재고 ㄷ : 조달비용
④ ㄱ : 영업이익 ㄴ : 제조원가 ㄷ : 운영비용
⑤ ㄱ : 스루풋 ㄴ : 제조원가 ㄷ : 조달비용

015 물류시스템 합리화 방안에 해당하지 않는 것은?

① 포장규격화를 고려한 제품설계
② 재고관리 방법의 개선
③ 하역의 기계화 및 자동화
④ 인터넷을 통한 물류정보의 수집 및 활용
⑤ 비용과 무관한 물류서비스 수준 최대화 추구

016 녹색물류 실행과 관련된 내용으로 옳은 것을 모두 고른 것은?

ㄱ. 포장의 개선	ㄴ. 수 · 배송의 개선
ㄷ. 하역의 개선	ㄹ. 보관의 개선
ㅁ. 물류공동화 운영	ㅂ. 물류표준화 추진

① ㅁ

② ㅁ, ㅂ

③ ㄱ, ㄴ, ㄷ, ㄹ

④ ㄱ, ㄴ, ㄷ, ㄹ, ㅁ

⑤ ㄱ, ㄴ, ㄷ, ㄹ, ㅁ, ㅂ

017 2018년도 매출액이 100억원인 A기업의 영업이익률은 5%이고 물류비는 10억원이었다. 2019년도의 경영혁신 추진방안 중에서 재무적 기대효과가 가장 큰 것은? (단, 2019년 영업이익률은 2018년과 동일하다고 가정)

① 전년 대비 매출액 20% 증가와 물류비용 20% 절감

② 전년 대비 매출액 30% 증가와 물류비용 3억원 절감

③ 전년 대비 매출액 20억원 증가와 물류비용 3억원 절감

④ 전년 대비 매출액 40억원 증가와 물류비용 20% 절감

⑤ 전년 대비 매출액 50억원 증가와 물류비용 10% 절감

018 물류비에 관한 설명으로 옳지 않은 것은?

① 물류비 산정을 통해 물류의 중요성을 인식한다.

② 물류활동의 계획, 관리 및 실적 평가에 활용된다.

③ 재무회계 방식은 관리회계 방식보다 상세하고 정확하게 물류비를 산정할 수 있다.

④ 경영 관리자에게 필요한 원가자료를 제공한다.

⑤ 물류비 분석을 통하여 물류활동의 문제점을 파악할 수 있다.

019 물류비의 정의와 분류에 관한 설명으로 옳지 않은 것은?

① 원재료 조달, 완제품 생산, 거래처 납품 그리고 반품, 회수, 폐기 등의 제반 물류활동에 소요되는 모든 경비이다.

② 세목별로 재료비, 노무비, 경비, 이자 등으로 구분된다.

③ 판매물류비는 생산된 완제품 또는 매입상품을 판매창고에 보관하는 활동부터 고객에게 인도할 때까지의 비용을 의미한다.

④ 조달물류비는 자재창고에서 원재료 등을 생산에 투입하는 시점부터 완제품을 창고에 보관하기까지의 물류활동에 따른 비용을 의미한다.

⑤ 물류비를 상세하게 파악하기 위해 개별기업의 특성에 적합하도록 제품, 지역, 고객, 운송수단 등과 같은 관리항목을 정의하여 구분한다.

020 다음은 제품 A와 B를 취급하는 물류업체의 연간 물류비의 비목별 자료이다. 이에 관한 설명으로 옳은 것은?

구분	운송비	보관비	포장비	하역비	합계
금액(만원)	6,000	1,000	1,000	2,000	10,000
배부 기준	물동량	보관면적	출고물량	입출고물량	–

제품	물동량(km · ton)	보관면적(m²)	입고물량(개)	출고물량(개)
A	6,000	3,000	400	600
B	4,000	2,000	900	600
합계	10,000	5,000	1,300	1,200

① 제품 A의 물류비는 5,000만원이다.

② 제품 B의 물류비는 4,500만원이다.

③ 제품 A의 운송비로 6,000만원이 배부된다.

④ 제품 B의 보관비로 600만원이 배부된다.

⑤ 제품 A와 B의 하역비는 동일하게 배부된다.

021 다음 설명에 해당하는 공급사슬관리(SCM) 기법의 명칭을 바르게 연결한 것은?

> ㄱ. 물류센터 도착 즉시 점포별로 구분하여 출하하는 시스템으로 적재시간과 비용을 절감할 수 있다.
> ㄴ. 공급업자와 소매업자 간에 POS 정보를 공유하여 별도의 주문 없이 공급업자가 제품을 보충할 수 있다.
> ㄷ. 수요예측이나 판매계획 정보를 유통업체와 제조업체가 공유하여, 생산-유통 전 과정의 자원 및 시간의 활용을 극대화하는 비즈니스 모델이다.

① ㄱ : QR, ㄴ : CRP, ㄷ : CPFR
② ㄱ : Cross-docking, ㄴ : BPR, ㄷ : CPFR
③ ㄱ : Cross-docking, ㄴ : CRP, ㄷ : CPFR
④ ㄱ : QR, ㄴ : ECR, ㄷ : VMI
⑤ ㄱ : QR, ㄴ : Cross-docking, ㄷ : VMI

022 채찍효과를 감소시키기 위한 대응 방안으로 옳지 않은 것은?

① 수요정보를 집중화하고 공유한다.
② 제품공급의 리드타임(Lead time)을 단축시킨다.
③ 상시저가전략 등의 가격안정화 정책을 도입한다.
④ 최종소비자의 수요 변동을 감소시키는 영업 전략을 선택한다.
⑤ 일회 주문량을 증가시켜 운송비용을 절감한다.

023 공급사슬관리(SCM)의 필요성에 관한 설명으로 옳은 것을 모두 고른 것은?

> ㄱ. 글로벌화에 따른 물류의 복잡성과 리드타임(Lead time) 증가에 대응해야 한다.
> ㄴ. 경쟁력 있는 가치를 제공하여 비용을 절감하고 고객 대응력을 확보해야 한다.
> ㄷ. 기업 간 정보를 공유하고 협력하여 채찍효과를 감소시켜야 한다.
> ㄹ. 제품개발·생산·유통·마케팅 등의 부문별 경쟁력을 외부에 의존하지 않고 내부 역량으로 확보해야 한다.

① ㄱ, ㄴ
② ㄱ, ㄷ
③ ㄴ, ㄹ
④ ㄱ, ㄴ, ㄷ
⑤ ㄴ, ㄷ, ㄹ

024 다음 기업 사례에서 설명하는 공급사슬관리(SCM) 기법은?

> 의류업체 A기업은 원사를 색상별로 염색한 후 직조하는 방식으로 의류를 생산하였으나 색상에 대한 소비자 기호의 변동성이 높아서 색상별 수요예측에 어려움을 겪었다. 이후 염색이 되지 않은 원사로 의류를 직조한 이후에 염색하는 방식으로 제조 공정을 변경하여 예측의 정확성을 높이고 재고를 감소시켜 고객서비스를 향상시킬 수 있었다.

① Risk Pooling
② Exponential Smoothing
③ Postponement
④ Vendor Managed Inventory
⑤ Sales and Operation Planning

025 집중구매와 분산구매를 비교한 것으로 옳지 않은 것은?

① 집중구매는 수요량이 큰 품목에 적합하다.
② 집중구매는 자재의 긴급조달이 어렵다.
③ 분산구매는 구입경비가 많이 든다.
④ 분산구매는 구매량에 따라 가격할인이 가능한 품목에 적합하다.
⑤ 분산구매는 구매절차가 간편하다.

026 다음 설명에 해당하는 유통경로는?

> 유통경로상의 한 업체가 다른 업체를 법적으로 소유 및 관리하는 유형으로, 세부적으로는 제조업체가 도·소매업체를 소유하거나 도매업체가 소매업체를 소유하는 '전방통합'과 도·소매업체가 제조업체를 소유하거나 제조업체가 부품공급업체를 소유하는 '후방통합'이 있다.

① 수직적 유통경로　　　　　　　② 매트릭스형 유통경로
③ 네트워크형 유통경로　　　　　④ 수평적 유통경로
⑤ 전통적 유통경로

027 도매기관에 관한 설명으로 옳지 않은 것은?

① 제조업자 도매기관은 제조업자가 직접 도매기능을 수행한다.
② 제조업자 도매기관은 제조업자가 입지 선정부터 점포 내의 판매원 관리까지 모든 업무를 직접 관리한다.
③ 상인 도매기관은 상품을 직접 구매하여 판매한다.
④ 대리 도매기관은 제조업자의 상품을 대신 판매 · 유통시켜 준다.
⑤ 대리 도매기관은 상품의 소유권을 가진다.

028 물류정보의 종류에 관한 설명으로 옳지 않은 것은?

① 화물운송정보에는 화물보험정보, 컨테이너보험정보, 자동차운송보험정보 등이 포함된다.
② 수출화물검사정보에는 검량정보, 검수정보, 선적검량정보 등이 포함된다.
③ 화물통관정보에는 수출입신고정보, 관세환급정보, 항공화물통관정보 등이 포함된다.
④ 화주정보에는 화주성명, 전화번호, 화물의 종류 등이 포함된다.
⑤ 항만정보에는 항만관리정보, 컨테이너추적정보, 항만작업정보 등이 포함된다.

029 물류정보시스템에 관한 설명으로 옳지 않은 것은?

① 물류정보시스템은 운송, 보관, 하역, 포장 등의 전체 물류 기능을 효율적으로 관리할 수 있도록 해주는 정보시스템이다.
② 물류정보시스템의 정보는 발생원, 처리 장소, 전달 대상 등이 넓게 분산되어 있다.
③ 물류정보시스템의 수 · 배송관리 기능은 고객의 주문에 대하여 적기배송체계의 확립과 최적 운송계획을 수립한다.
④ 물류정보시스템의 재고관리 기능은 최소의 비용으로 창고의 면적, 작업자, 하역설비 등의 경영자원을 배치한다.
⑤ 물류정보시스템의 주문처리 기능은 주문의 진행 상황을 통합 · 관리한다.

030

바코드에 관한 설명으로 옳은 것은?

① POS 시스템의 효과적인 이용을 위한 중요한 구성 요소이다.
② 13자리 바코드의 처음 세 자리는 물류식별코드를 의미한다.
③ 정보의 변경과 추가가 가능하다.
④ 응용 범위가 다양하고 신속한 데이터 수집이 가능하나, 도입 비용이 많이 든다.
⑤ 읽기와 쓰기가 가능하다.

031

RFID의 주파수대역별 특징에 관한 설명으로 옳지 않은 것은?

① 고주파수일수록 중장거리용으로 사용된다.
② 고주파수일수록 RFID 태그를 소형으로 만들 수 있다.
③ 저주파수일수록 시스템 구축 비용이 저렴하다.
④ 저주파수일수록 장애물의 영향을 덜 받는다.
⑤ 저주파수일수록 인식 속도가 빠르다.

032

POS 시스템으로부터 얻을 수 있는 정보를 모두 고른 것은?

ㄱ. 품목별 판매실적	ㄴ. 제조사별 판매실적
ㄷ. 판매실적 구성비	ㄹ. 품목별 부적합품률
ㅁ. 단품별 판매동향	ㅂ. 기간별 매출액

① ㄱ, ㄴ, ㅂ
② ㄱ, ㅁ, ㅂ
③ ㄴ, ㄷ, ㄹ, ㅁ
④ ㄱ, ㄴ, ㄷ, ㄹ, ㅁ
⑤ ㄱ, ㄴ, ㄷ, ㅁ, ㅂ

033 다음 설명에 해당하는 유통업종은?

> • 제조업자나 유통업체 등이 자사의 비인기상품, 재고상품, 하자상품, 이월상품 등을 할인된 가격으로 판매하는 상설할인점포를 의미한다.
> • 최근에는 이러한 점포들을 한 곳에 모아놓은 쇼핑센터가 증가하고 있다.
> • 이러한 쇼핑센터는 관광단지 등에 위치하는 경우가 많다.

① 아웃렛 스토어
② 하이퍼마켓
③ 카테고리킬러
④ 슈퍼센터
⑤ 회원제 창고형 할인점

034 물류표준화의 목적에 해당하지 않는 것은?

① 물류활동의 효율화
② 화물유통의 원활화
③ 물류의 다품종 · 소량화
④ 물류의 호환성과 연계성 확보
⑤ 물류비의 절감

035 물류표준화 내용 중 소프트웨어 표준화에 해당하는 것을 모두 고른 것은?

> ㄱ. 물류용어 표준화
> ㄴ. 보관시설 표준화
> ㄷ. 거래단위 표준화
> ㄹ. 포장치수 표준화
> ㅁ. 기타 물류기기 표준화

① ㄱ, ㄴ, ㄷ
② ㄱ, ㄷ, ㄹ
③ ㄴ, ㄷ, ㅁ
④ ㄴ, ㄹ, ㅁ
⑤ ㄷ, ㄹ, ㅁ

036 유닛로드 시스템(Unit Load System)에 관한 설명으로 옳지 않은 것은?

① 모든 국가에서 사용하는 표준 파렛트의 종류와 규격은 동일하다.
② 포장단위치수, 파렛트, 하역장비, 보관설비 등의 표준화가 전제되어야 한다.
③ 작업효율의 향상, 운반 활성화, 물류비용 감소 등을 기대할 수 있다.
④ 하역을 기계화하고 운송, 보관 등을 일관화 · 합리화할 수 있다.
⑤ 파렛트화 또는 컨테이너화에 의해 적재효율이 감소하고 추가비용이 발생할 수 있다.

037 물류공동화의 목적으로 옳지 않은 것은?

① 대량 처리를 통한 물류비 절감
② 인력부족에 대한 대응
③ 수 · 배송 효율의 향상
④ 중복투자의 감소
⑤ 참여 기업별로 차별화된 물류서비스 제공

038 운송사업자 관점의 수 · 배송 공동화의 장점에 해당하는 것을 모두 고른 것은?

ㄱ. 운송차량의 적재 · 운행 효율 향상
ㄴ. 소량화물의 수 · 배송 용이
ㄷ. 운송화물의 대단위화로 인한 규모의 경제성
ㄹ. 물류시설의 효율적 이용과 작업의 기계화 및 자동화 가능

① ㄱ, ㄷ
② ㄴ, ㄷ
③ ㄴ, ㄹ
④ ㄱ, ㄷ, ㄹ
⑤ ㄱ, ㄴ, ㄷ, ㄹ

039 수동형 RFID의 특징으로 옳은 것은?

① 가격이 고가이며 다양한 센서와 결합이 가능하다.
② 전파의 수신만 가능하고 구조가 간단하다.
③ 원거리 데이터 교환에 사용된다.
④ 배터리를 통해 전력을 공급받는다.
⑤ 태그의 수명이 최장 10년으로 제한된다.

040 다음 설명에 해당하는 기술은?

- 분산원장 또는 공공거래장부라고도 불리며, 다수의 상대방과 거래를 할 때 데이터를 중앙 서버가 아닌 사용자들의 개인 디지털 장비에 분산·저장하여 공동으로 관리하는 분산형 정보기술이다.
- 이 기술을 물류산업에 적용 시, 화주들이 자신의 화물을 추적, 관리 상황을 실시간으로 점검하며 운송 중 관리 부실로 발생할 수 있는 과실에 대한 실시간 파악과 대처를 지원할 수 있다.
- 최근 항만운송, 항공운송, 관세청 수출통관 등의 분야에서 활용이 추진되고 있다.

① 빅데이터 ② 사물인터넷
③ 인공지능 ④ 블록체인
⑤ 클라우드 서비스

001 물류에 관한 설명으로 옳지 않은 것은?

① 생산에서 소비에 이르는 물적인 흐름이다.

② 7R 원칙이란 적절한 상품(Commodity), 품질(Quality), 수량(Quantity), 경향(Trend), 장소(Place), 인상(Impression), 가격(Price)이 고려된 원칙이다.

③ 3S 1L 원칙이란 신속성(Speedy), 안전성(Safely), 확실성(Surely), 경제성(Low)이 고려된 원칙이다.

④ 기업이 상품을 생산하여 고객에게 배달하기까지, 전 과정에서 장소와 시간의 효용을 창출하는 제반 활동이다.

⑤ 원료, 반제품, 완제품을 출발지에서 소비지까지 효율적으로 이동시키는 것을 계획 · 실현 · 통제하기 위한 두 가지 이상의 활동이다.

002 물류활동에 관한 설명으로 옳은 것은?

① 보관물류는 재화와 용역의 시간적인 간격을 해소하여 생산과 소비를 결합한다.

② 하역물류는 재화와 용역을 효용가치가 낮은 장소로부터 높은 장소로 이동시켜 효용가치를 증대한다.

③ 정보물류는 물자의 수배송, 보관, 거래, 사용 등에 있어 적절한 재료, 용기 등을 이용하여 보호하는 기술이다.

④ 유통가공물류는 물류활동과 관련된 정보 내용을 제공하여 물류관리 기능을 연결시켜 물류관리의 효율화를 추구한다.

⑤ 수배송물류는 물자를 취급하고 이동하며, 상 · 하차하는 행위 등 주로 물자의 선적 · 하역 행위이다.

003 다음 설명에 해당하는 물류의 영역은?

- 물자가 생산공정에 투입될 때부터 제품의 생산과정까지의 물류활동이다.
- 생산리드타임의 단축 및 재고량 감축이 핵심과제이다.

① 조달물류　　　　　　　　　　② 생산물류

③ 판매물류　　　　　　　　　　④ 회수물류

⑤ 폐기물류

004 물류환경의 변화에 관한 설명으로 옳지 않은 것은?

① 전자상거래와 홈쇼핑의 성장으로 택배시장이 확대되고 있다.
② 유통시장의 개방 및 유통업체의 대형화로 유통채널의 주도권이 제조업체에서 유통업체로 이전되고 있다.
③ 제조업 중심의 생산자 물류에서 고객 중심의 소비자 물류로 전환되고 있어, 소품종 대량생산이 중요시되고 있다.
④ 환경 문제, 교통 정체 등으로 인해 기업의 물류비 절감과 매출 증대의 중요성이 강조되고 있다.
⑤ 물류서비스의 수준 향상과 물류운영 원가 절감을 위해 아웃소싱과 3PL이 활성화되고 있다.

005 물적유통(Physical Distribution)과 로지스틱스(Logistics)에 관한 설명으로 옳은 것을 모두 고른 것은?

ㄱ. 물적유통은 물류부문별 효율화를 추구한다.
ㄴ. 물적유통은 로지스틱스보다 관리범위가 넓다.
ㄷ. 로지스틱스는 기업 내 물류효율화를 추구한다.
ㄹ. 로지스틱스는 기업 간 정보시스템 통합을 추구한다.

① ㄱ, ㄴ　　　　　　　　　　② ㄱ, ㄷ

③ ㄴ, ㄷ　　　　　　　　　　④ ㄷ, ㄹ

⑤ ㄱ, ㄴ, ㄹ

006 물류서비스업의 세분류와 세세분류의 연결이 옳지 않은 것은?

세분류	세세분류
ㄱ. 화물주선업	화물의 하역, 포장, 가공, 조립, 상표 부착, 프로그램 설치, 품질검사업
ㄴ. 해운부대사업	해운대리점업, 해운중개업, 선박관리업
ㄷ. 항만운송관련업	항만용역업, 물품공급업, 예선업, 컨테이너 수리업, 선박급유업
ㄹ. 항만운송사업	항만하역업, 검수업, 검량업, 감정업
ㅁ. 물류정보처리업	물류정보 데이터베이스 구축, 물류지원 소프트웨어 개발 · 운영, 물류 관련 전자문서 처리업

① ㄱ　　　　　　　　　　　② ㄴ
③ ㄷ　　　　　　　　　　　④ ㄹ
⑤ ㅁ

007 기업의 고객서비스 측정 요소 중 거래 시(transaction) 서비스 요소에 해당하지 않는 것은?

① 주문의 편리성　　　　　　② 주문주기 요소
③ 제품 추적　　　　　　　　④ 백 오더(Back-order) 이용 가능성
⑤ 재고품절 수준

008 다음 설명에 해당하는 주문주기시간 구성요소는?

> • 주문품을 재고지점에서 고객에게 전달하는 데 걸리는 시간을 말한다.
> • 창고에 재고가 있는 경우에는 공장을 거치지 않고 곧바로 고객에게 전달하는 데 걸리는 시간을 말한다.

① 주문전달시간(Order Transmittal Time)
② 주문처리시간(Order Processing Time)
③ 오더어셈블리시간(Order Assembly Time)
④ 재고 가용성(Stock Availability)
⑤ 인도시간(Delivery Time)

009 다음 ( )에 들어갈 물류관리전략 추진단계로 옳은 것은?

- (ㄱ) 단계 : 원·부자재의 공급에서 생산과정을 거쳐 완제품의 유통과정까지의 흐름을 최적화하기 위해 유통 경로 및 물류네트워크를 설계하는 단계
- (ㄴ) 단계 : 고객이 원하는 것이 무엇인지를 파악하는 동시에 회사이익 목표를 달성할 수 있는 최적의 서비스 수준을 정하는 단계
- (ㄷ) 단계 : 물류거점 설계 및 운영, 운송관리, 자재 및 재고관리를 하는 단계
- (ㄹ) 단계 : 정보화 구축에 관련된 정책 및 절차 수립, 정보화 설비와 장비를 도입·조작·변화관리를 하는 단계

① ㄱ : 전략적, ㄴ : 구조적, ㄷ : 기능적, ㄹ : 실행
② ㄱ : 전략적, ㄴ : 기능적, ㄷ : 실행, ㄹ : 구조적
③ ㄱ : 구조적, ㄴ : 실행, ㄷ : 전략적, ㄹ : 기능적
④ ㄱ : 구조적, ㄴ : 전략적, ㄷ : 기능적, ㄹ : 실행
⑤ ㄱ : 기능적, ㄴ : 구조적, ㄷ : 전략적, ㄹ : 실행

010 제품수명주기 중 도입기의 물류전략에 관한 설명으로 옳은 것은?

① 광범위한 유통지역을 관리하기 위해 다수의 물류센터를 구축한다.
② 경쟁이 심화되는 단계이므로 고객별로 차별화된 물류서비스를 제공한다.
③ 소수의 지점에 집중된 물류 네트워크를 구축한다.
④ 장기적인 시장 점유율 확대를 위해 대규모 물류 네트워크를 구축한다.
⑤ 물류센터를 통폐합하여 소수의 재고 보유 거점을 확보한다.

011 사업부형 물류조직에 관한 설명으로 옳지 않은 것은?

① 기업의 규모가 커지고 최고 경영자가 기업의 모든 업무를 관리하기가 어려워짐에 따라 등장했다.
② 상품 중심의 사업부제와 지역 중심의 사업부제, 그리고 두 형태를 절충한 형태가 있다.
③ 사업부 간 횡적 교류가 활발하여 전사적 물류활동이 가능하다.
④ 각 사업부 내에는 라인조직과 스탭조직이 있다.
⑤ 각 사업부는 독립된 형태의 분권조직이다.

012 4PL(Fourth Party Logistics)에 관한 설명으로 옳은 것을 모두 고른 것은?

> ㄱ. 3PL(Third Party Logistics), 물류컨설팅업체, IT업체 등이 결합한 형태이다.
> ㄴ. 이익분배를 통해 공통의 목표를 관리한다.
> ㄷ. 공급사슬 전체의 관리와 운영을 실시한다.
> ㄹ. 대표적인 형태는 매트릭스형 물류조직이다.

① ㄱ, ㄴ
② ㄷ, ㄹ
③ ㄱ, ㄴ, ㄷ
④ ㄱ, ㄷ, ㄹ
⑤ ㄴ, ㄷ, ㄹ

013 물류거점 집약화의 효과에 관한 설명으로 옳지 않은 것은?

① 공장과 물류거점 간의 운송 경로가 통합되어 대형차량의 이용이 가능하다.
② 물류거점과 고객의 배송단계에서 지점과 영업소의 수주를 통합하여 안전재고가 줄어든다.
③ 운송차량의 적재율 향상이 가능하다.
④ 물류거점의 기계화와 창고의 자동화 추진이 가능하다.
⑤ 물류거점에서 재고집약과 재고관리를 함으로써 재고의 편재는 해소되나 과부족 발생 가능성
   이 높아진다.

014 물류시스템의 기능별 분류에 해당하는 것은?

① 도시물류시스템, 지역 및 국가 물류시스템, 국제물류시스템
② 구매물류시스템, 제조물류시스템, 판매물류시스템, 역물류시스템
③ 운송물류시스템, 보관물류시스템, 하역물류시스템, 포장물류시스템, 유통가공물류시스템,
   물류정보시스템
④ 농산물물류시스템, 도서물류시스템, 의약품물류시스템,
⑤ 냉장(냉동)물류시스템, 화학제품물류시스템, 벌크화물물류시스템

015 물류시스템 설계 시 운영적 계획의 고려 사항에 해당하는 것은?

① 대고객 서비스 수준 ② 설비 입지
③ 주문처리 ④ 운송수단과 경로
⑤ 재고정책

016 물류비에 관한 설명으로 옳지 않은 것은?

① 물류활동을 실행하기 위해 발생하는 직접 및 간접 비용을 모두 포함한다.
② 영역별로 조달, 생산, 포장, 판매, 회수, 폐기 활동으로 구분된 비용이 포함된다.
③ 현금의 유출입보다 기업회계기준 및 원가계산준칙을 적용해야 한다.
④ 물류활동이 발생된 기간에 물류비를 배정하도록 한다.
⑤ 물류비의 정확한 파악을 위해서는 재무회계방식보다 관리회계방식을 사용하는 것이 좋다.

017 역물류비에 관한 설명으로 옳은 것은?

① 반품물류비는 판매된 상품에 대한 환불과 위약금을 포함한 모든 직접 및 간접비용이다.
② 반품물류비에는 운송, 검수, 분류, 보관, 폐기 비용이 포함된다.
③ 회수물류비는 판매된 제품과 물류용기의 회수 및 재사용에 들어가는 비용이다.
④ 회수물류비에는 파렛트, 컨테이너, 포장용기의 회수비용이 포함된다.
⑤ 제품이 정상적으로 사용된 후 소멸 처리하는 것은 폐기비용으로 간주하지 않는다.

018 A기업의 작년 매출액은 500억원, 물류비는 매출액의 10%, 영업이익률은 매출액의 15%이었다. 올해는 물류비 절감을 통해 영업이익률을 20%로 올리려고 한다면, 작년에 비해 추가로 절감해야 할 물류비는? (단, 매출액과 다른 비용 및 조건은 작년과 동일한 것으로 가정한다.)

① 10억원 ② 15억원
③ 20억원 ④ 25억원
⑤ 30억원

019 A기업은 공급업체로부터 부품을 운송해서 하역하는 데 40만원, 창고 입고를 위한 검수에 10만원, 생산공정에 투입하여 제조 및 가공하는 데 60만원, 출고검사 및 포장에 20만원, 트럭에 상차하여 고객에게 배송하는 데 30만원, 제품홍보와 광고에 50만원을 지출하였다. A기업의 조달물류비는?

① 50만원
② 110만원
③ 130만원
④ 160만원
⑤ 210만원

020 수직적 유통경로시스템(VMS : Vertical Marketing System)에 관한 설명으로 옳지 않은 것은?

① 유통경로상의 한 주체에서 계획된 프로그램에 의해 경로구성원들을 전문적으로 관리 · 통제하는 시스템이다.
② 기업형 VMS는 한 경로구성원이 다른 경로구성원들을 법적으로 소유 · 관리하는 시스템이다.
③ 계약형 VMS는 경로구성원들이 각자가 수행해야 할 유통기능들을 계약에 의해 합의함으로써 공식적 경로관계를 형성하는 시스템이다.
④ 계약형 VMS에는 도매상 후원의 임의 연쇄점, 소매상 협동조합, 프랜차이즈 조직이 있다.
⑤ 관리형 VMS는 수직적 유통경로시스템 중에서 통합 또는 통제 정도가 가장 강한 시스템이다.

021 도매물류사업의 기대효과 중 제조업자(생산자)를 위한 기능이 아닌 것은?

① 구색편의 기능
② 주문처리 기능
③ 물류의 대형집약화 센터설립 기능
④ 판매의 집약광역화 대응 기능
⑤ 시장동향정보의 파악(생산조절) 기능

022 다음 설명에 해당하는 가맹점 사업의 종류는?

> • 임의연쇄점이라고 하며, 독립자본으로 운영되는 다수 소매점이 모여서 특정한 기능을 체인본부에 위탁하는 체인시스템이다.
> • 체인본부에 최소한의 기본적인 기능만 요구되기 때문에 재정적 부담이 적다.

① 볼런터리 체인(Voluntary Chain)　　② 레귤러 체인(Regular Chain)
③ 프랜차이즈 체인(Franchise Chain)　④ 협동형 체인(Cooperative Chain)
⑤ 스페셜 체인(Special Chain)

023 다음 설명에 해당하는 정보기술은?

> 표준화된 기업과 기업 간의 거래서식이나 기업과 행정부서 간의 공증서식 등을 서로 합의된 의사전달 양식에 의거하여 컴퓨터 간에 교환하는 전자문서 교환방식

① EDI　　　　　　　　　　　　② POS
③ SIS　　　　　　　　　　　　④ EOS
⑤ RFID

024 EAN 13형 바코드에 포함되지 않는 코드는?

① 국가식별 코드　　　　　　　② 제조업체 코드
③ 공급업체 코드　　　　　　　④ 상품품목 코드
⑤ 체크 디지트

025 QR코드에 관한 설명으로 옳지 않은 것은?

① 코드 모양이 정사각형이다.
② 1차원 바코드에 비하여 오류복원 기능이 낮아 데이터 복원이 어렵다.
③ 1차원 바코드에 비하여 많은 양의 정보를 수용할 수 있다.
④ 흑백 격자무늬 패턴으로 정보를 나타내는 2차원 형태의 바코드이다.
⑤ 1994년 일본의 덴소웨이브 사(社)가 개발하였다.

026 물류정보기술에 관한 설명으로 옳은 것은?

① RFID(Radio Frequency Identification)는 태그 데이터의 변경 및 추가는 불가능하나, 능동형 및 수동형 여부에 따라 메모리의 양을 다르게 정의할 수 있다.

② USN(Ubiquitous Sensor Network)는 센서 네트워크를 이용하여 유비쿼터스 환경을 구현하는 기술이며, 사물에 QR코드를 부착하여 정보를 인식하고 관리하는 정보기술을 말한다.

③ CALS의 개념은 Commerce At Light Speed로부터 Computer Aided Logistics Support로 발전되었다.

④ ASP(Application Service Provider)란 응용소프트웨어 공급서비스를 뜻하며 사용자 입장에서는 시스템의 자체 개발에 비하여 초기 투자비용이 더 많이 발생하는 단점이 있다.

⑤ IoT(Internet of Things)란 사람, 사물, 공간, 데이터 등이 인터넷으로 서로 연결되어 정보가 생성 · 수집 · 활용되게 하는 사물인터넷 기술이다.

027 물류정보망에 관한 설명으로 옳은 것은?

① CVO는 Carrier Vehicle Operations의 약어로서, 화물차량에 부착된 단말기를 이용하여 실시간으로 차량 및 화물을 추적 · 관리하는 방식이다.

② KL−NET는 무역정보망으로서, 무역정보화를 통한 국가경쟁력 강화를 목적으로 개발되었다.

③ KT−NET는 물류정보망으로서, 물류 업무의 온라인화를 위해 개발된 정보망이다.

④ PORT−MIS는 항만운영관리 시스템으로서, 한국물류협회가 개발 및 운영하는 시스템이다.

⑤ VAN은 Value Added Network의 약어로서, 제3자(데이터 통신업자)를 매개로 하여 기업 간 자료를 교환하는 부가가치통신망이다.

028 A기업은 4개의 지역에 제품 공급을 위해 지역별로 1개의 물류센터를 운영하고 있다. 물류센터에서 필요한 안전재고는 목표 서비스수준과 수요변동성을 반영한 확률 기반의 안전재고 계산공식인 $z \times \alpha$(알파)를 적용하여 계산하였으며, 현재 필요한 안전재고는 각 물류센터당 100개로 파악되고 있다. 물류센터를 중앙집중화하여 1개로 통합한다면 유지해야 할 안전재고는 몇 개인가? (단, 수요는 정규분포를 따르며, 4개 지역의 조건은 동일하다고 가정한다.)

① 100개   ② 200개

③ 300개   ④ 400개

⑤ 500개

029 공급사슬 통합의 효과가 아닌 것은?

① 생산자와 공급자 간의 정보 교환이 원활해진다.
② 생산계획에 대한 조정과 협력이 용이해진다.
③ 공급사슬 전·후방에 걸쳐 수요변동성이 줄어든다.
④ 물류센터 통합으로 인해 리스크 풀링(Risk Pooling)이 사라진다.
⑤ 공급사슬 전반에 걸쳐 재고품절 가능성이 작아진다.

030 공급자 재고관리(VMI : Vendor Managed Inventory)에 관한 설명으로 옳지 않은 것은?

① 유통업자가 생산자에게 판매정보를 제공한다.
② 구매자가 공급자에게 재고 주문권을 부여한다.
③ 공급자가 자율적으로 공급 스케줄을 관리한다.
④ 생산자와 부품공급자는 신제품을 공동 개발한다.
⑤ 생산자는 부품공급자와 생산 계획을 공유한다.

031 공급사슬관리(SCM : Supply Chain Management)의 효과에 관한 설명으로 옳지 않은 것은?

① 생산자와 공급자 간의 협력을 통하여 경쟁우위를 확보할 수 있다.
② 생산자와 공급자 간의 협력을 통하여 이익 평준화를 실현할 수 있다.
③ 공급사슬 파트너십을 통하여 재고품절 위험을 감소시킬 수 있다.
④ 공급사슬 파트너십을 통하여 물류비용을 절감할 수 있다.
⑤ 공급사슬 파트너십을 통하여 소비자 만족을 극대화할 수 있다.

032 표준 파렛트 T-11형과 T-12형의 치수(가로 및 세로 규격)를 옳게 나열한 것은?

① T-11형 : 800mm×1,100mm, T-12형 : 1,000mm×1,100mm
② T-11형 : 1,000mm×1,100mm, T-12형 : 1,100mm×1,100mm
③ T-11형 : 1,000mm×1,100mm, T-12형 : 1,000mm×1,200mm
④ T-11형 : 1,100mm×1,100mm, T-12형 : 1,000mm×1,200mm
⑤ T-11형 : 1,100mm×1,100mm, T-12형 : 1,100mm×1,200mm

033 표준 파렛트 T-11형을 ISO 규격의 20피트(feet) 해상컨테이너에 2단으로 적입할 경우, 컨테이너 내에 적입할 수 있는 최대 파렛트 수량은?

① 10개
② 14개
③ 16개
④ 18개
⑤ 20개

034 물류표준화의 대상 분야에 해당하는 것을 모두 고른 것은?

ㄱ. 수송 부문　　　　　　　　　ㄴ. 보관 부문
ㄷ. 하역 부문　　　　　　　　　ㄹ. 포장 부문
ㅁ. 정보화 부문

① ㄱ, ㄴ, ㅁ
② ㄴ, ㄷ, ㄹ
③ ㄷ, ㄹ, ㅁ
④ ㄱ, ㄴ, ㄷ, ㄹ
⑤ ㄱ, ㄴ, ㄷ, ㄹ, ㅁ

035 공동 수·배송의 효과가 아닌 것은?

① 운송차량의 공차율 증가
② 공간의 활용 증대
③ 주문 단위 소량화 대응 가능
④ 교통 혼잡 완화
⑤ 대기 오염, 소음 등 환경 문제 개선

036 다음 설명에 해당하는 공동 수·배송 운영방식은?

- 운송업자가 협동조합을 설립하고 화주로부터 수주를 받아 조합원에게 배차를 지시하는 방식
- 고객의 주문처리에서 화물의 보관, 운송, 배송까지의 모든 업무를 공동화하는 방식

① 배송공동형
② 특정화주 공동형
③ 특정지역 공동형
④ 공동수주 공동배송형
⑤ 납품대행형

037

순물류(Forward Logistics)와 역물류(Reverse Logistics)의 차이점을 비교한 것으로 옳지 않은 것은?

구분	순물류	역물류
ㄱ. 품질 측면	제품 품질이 일정함	제품 품질이 상이함
ㄴ. 가격 측면	제품 가격이 일정함	제품 가격이 상이함
ㄷ. 제품 수명 주기	제품 수명 주기의 관리가 용이함	제품 수명 주기의 관리가 어려움
ㄹ. 회계 측면	물류비용 파악이 용이함	물류비용 파악이 어려움
ㅁ. 구성원 측면	공급망 구성원 간의 거래 조건이 복잡함	공급망 구성원 간의 거래 조건이 단순함

① ㄱ
② ㄴ
③ ㄷ
④ ㄹ
⑤ ㅁ

038

다음 설명에 해당하는 물류보안제도는?

- 세관에서 물류기업이 일정 수준 이상의 기준을 충족하면 통관절차 등을 간소화시켜 주는 제도이다.
- 세계관세기구(WCO)는 무역의 안전 및 원활화를 조화시키는 표준협력제도로서 도입하였다.
- 상호인정협약(Mutual Recognition Arrangement)을 통해 자국뿐만 아니라 상대방 국가에서도 통관상의 혜택을 받을 수 있다.

① AEO(Authorized Economic Operator)
② CSI(Container Security Initiative)
③ C-TPAT(Customs Trade Partnership Against Terrorism)
④ ISF(Importer Security Filing)
⑤ ISPS(International Ship and Port Facility Security) Code

039

녹색물류 추진 방향으로 옳지 않은 것은?

① 공동 수·배송 추진
② 소량 다빈도 수송 추진
③ 모달 쉬프트(modal shift) 추진
④ 회수물류 활성화
⑤ 저공해 운송수단 도입

040 블록체인(Block Chain)에 관한 설명으로 옳지 않은 것은?

① 분산원장 또는 공공거래장부라고 불리며, 암호화폐로 거래할 때 발생할 수 있는 해킹을 막는 기술에서 출발했다.

② 다수의 상대방과 거래를 할 때 데이터를 개인 사용자들의 디지털 장비에 저장하여 공동으로 관리하는 분산형 정보기술이다.

③ 비트코인은 블록체인 기술을 이용한 전자화폐이다.

④ 퍼블릭 블록체인(Public Block Chain)과 프라이빗 블록체인(Private Block Chain)은 누구나 접근이 가능하다.

⑤ 컨소시엄 블록체인(Consortium Block Chain)은 허가받은 사용자만 접근이 가능하다.

001 공공적, 사회경제적, 개별기업 관점에서 물류의 역할 또는 기능으로 옳지 않은 것은?

① 물류 생산성 향상 및 비용절감을 통해서 물가상승을 억제한다.

② 물류 합리화를 통해 유통구조 선진화 및 사회간접자본 투자에 기여한다.

③ 고객요구에 따라서 생산된 제품을 고객에게 전달하고 수요를 창출한다.

④ 생산자와 소비자 사이의 인격적 유대를 강화하고 고객서비스를 높인다.

⑤ 공급사슬관리를 통해 개별 기업의 독자적 경영 최적화를 달성한다.

002 유통활동을 상적유통과 물적유통으로 구분할 때 물적유통에 해당하는 것을 모두 고른 것은?

ㄱ. 거래활동	ㄴ. 보관활동
ㄷ. 표준화 활동	ㄹ. 정보관리 활동

① ㄱ, ㄴ   ② ㄱ, ㄹ

③ ㄴ, ㄷ   ④ ㄴ, ㄹ

⑤ ㄷ, ㄹ

003 다음 설명에 해당하는 물류 영역은?

- 역물류(Reverse Logistics)의 한 형태이다.
- 고객요구 다양화 및 클레임 증가, 유통채널 간 경쟁 심화, 전자상거래 확대 등에 따라서 중요성이 커지고 있다.

① 조달물류   ② 생산물류

③ 판매물류   ④ 폐기물류

⑤ 반품물류

004 물류환경의 변화와 발전에 관한 설명으로 옳지 않은 것은?

① 글로벌 물류시장을 선도하기 위한 국가적 차원의 종합물류기업 육성정책이 시행되고 있다.

② e-비즈니스 확산 등으로 Door-to-Door 일관배송, 당일배송 등의 서비스가 증가하고 있다.

③ 유통가공 및 맞춤형 물류기능 확대 등 고부가가치 물류서비스가 발전하고 있다.

④ 소비자 요구 충족을 위해서 수요예측 등 종합적 물류계획의 수립 및 관리가 중요해지고 있다.

⑤ 기업의 핵심역량 강화를 위해서 물류기능을 직접 수행하는 화주기업이 증가하는 추세이다.

005 스미키(E. W. Smykey)가 제시한 '물류관리 목적을 달성하기 위한 7R 원칙'에 해당하지 않는 것은?

① 적절한 상품(Right Commodity)

② 적절한 고객(Right Customer)

③ 적절한 시기(Right Time)

④ 적절한 장소(Right Place)

⑤ 적절한 가격(Right Price)

006 물류정책기본법의 물류산업 분류에서 화물의 하역과 포장, 가공, 조립, 상표 부착, 프로그램 설치, 품질검사 등의 부가 서비스 사업에 해당하는 것은?

① 화물취급업   ② 화물주선업

③ 화물창고업   ④ 화물운송업

⑤ 화물부대업

007 (주)한국물류의 배송부문 핵심성과지표(KPI)는 정시배송율이고, 배송완료 실적 중에서 지연이 발생하지 않은 비율로 측정한다. 배송자료가 아래와 같을 때 7월 17일의 정시배송율은?

번호	01	02	03	04	05
배송예정 일시	7월 17일 14:00	7월 17일 15:00	7월 17일 17:00	7월 17일 16:00	7월 17일 17:30
배송완료 일시	7월 17일 13:30	7월 17일 14:00	7월 17일 16:45	7월 17일 17:00	7월 17일 17:45

① 25 % ② 40 %
③ 50 % ④ 60 %
⑤ 75 %

008 고객서비스와 물류서비스에 관한 설명으로 옳지 않은 것은?

① 고객서비스의 목표는 고객만족을 통한 고객감동을 실현하는 것이다.
② 물류서비스의 목표는 서비스 향상과 물류비 절감을 통한 경영혁신이다.
③ 경제적 관점에서의 최적 물류서비스 수준은 물류활동에 의한 이익을 최대화하는 것이다.
④ 고객서비스 수준은 기업의 시장점유율과 수익성에 영향을 미친다.
⑤ 일반적으로 고객서비스 수준이 높아지면 물류비가 절감되고 매출액은 증가한다.

009 물류의 전략적 의사결정 활동으로 옳은 것은?

① 시설 입지계획 ② 제품포장
③ 재고통제 ④ 창고관리
⑤ 주문품 발송

010 물류전략 수립 시 고려사항으로 옳지 않은 것은?

① 물류 시스템의 설계 및 범위결정의 기준은 총비용 개념을 고려한다.
② 소비자 서비스는 모든 제품에 대해서 동일한 수준으로 제공되어야 한다.
③ 물류활동의 중심은 운송, 보관, 하역, 포장 등이며, 비용과 서비스 면에서 상충 관계가 있다.
④ 물류시스템에서 취급하는 제품이 다양할수록 재고는 증가하고 비용상승 요인이 될 수 있다.
⑤ 도로, 철도, 항만, 공항 등 교통시설과의 접근성을 고려해야 한다.

011 4자 물류(4PL : Fourth Party Logistics)의 특징으로 옳지 않은 것은?

① 합작투자 또는 장기간 제휴상태
② 기능별 서비스와 상하계약관계
③ 공통의 목표설정 및 이익분배
④ 공급사슬 상 전체의 관리와 운영
⑤ 다양한 기업이 파트너로 참여하는 혼합조직 형태

012 다음 설명에 해당하는 물류조직은?

- 다국적 기업에서 많이 찾아 볼 수 있는 물류조직의 형태이다.
- 모회사 물류본부의 스탭부문이 여러 자회사의 해당부문을 횡적으로 관리하고 지원하는 조직형태이다.

① 라인과 스탭형 물류조직
② 직능형 물류조직
③ 사업부형 물류조직
④ 기능특성형 물류조직
⑤ 그리드형 물류조직

013 6-시그마 물류혁신 프로젝트에서 다음 설명에 해당하는 추진 단계는?

- 프로세스의 현재 수준과 목표 수준 간에 차이가 발생하는 원인을 규명 한다.
- 파레토도, 특성요인도 등의 도구를 활용한다.

① 정의(Define)   ② 측정(Measure)
③ 분석(Analyze)   ④ 개선(Improve)
⑤ 관리(Control)

014 물류시스템이 수행하는 물류활동의 기본 기능에 관한 설명으로 옳지 않은 것은?

① 포장기능은 생산의 종착점이자 물류의 출발점으로써 표준화와 모듈화가 중요하다.
② 수송기능은 물류 거점과 소비 공간을 연결하는 소량 화물의 단거리 이동을 말한다.
③ 보관기능은 재화를 생산하고 소비하는 시기와 수량의 차이를 조정하는 활동이다.
④ 하역기능은 운송, 보관, 포장 활동 사이에 발생하는 물자의 취급과 관련된 보조 활동이다.
⑤ 정보관리기능은 물류계획 수립과 통제에 필요한 자료를 수집하고 물류관리에 활용하는 것이다.

015 물류비의 분류체계에서 기능별 비목에 해당하지 않는 것은?

① 운송비
② 재료비
③ 유통가공비
④ 물류정보/관리비
⑤ 보관 및 재고관리비

016 물류 분야의 활동기준원가계산(ABC : Activity Based Costing)에 관한 설명으로 옳지 않은 것은?

① 재료비, 노무비 및 경비로 구분하여 계산한다.
② 업무를 활동단위로 세분하여 원가를 산출하는 방식이다.
③ 활동별로 원가를 분석하므로 낭비요인이 있는 물류업무영역을 파악할 수 있다.
④ 산정원가를 바탕으로 원가유발요인분석과 성과측정을 할 수 있다.
⑤ 물류서비스별, 활동별, 고객별, 유통경로별, 프로세스별 수익성 분석이 가능하다.

017 유통가공을 수행하는 A물류기업의 당기 고정비는 1억 원, 개당 판매 가격은 10만원, 변동비는 가격의 60 %이며 목표이익은 1억 원이다. 당기의 손익분기점 판매량(ㄱ)과 목표이익을 달성하기 위한 판매량(ㄴ)은 몇 개인가?

① ㄱ : 1,000개, ㄴ : 3,500개
② ㄱ : 1,500개, ㄴ : 4,000개
③ ㄱ : 2,000개, ㄴ : 5,000개
④ ㄱ : 2,500개, ㄴ : 5,000개
⑤ ㄱ : 2,500개, ㄴ : 6,000개

018 카플런(R. Kaplan)과 노턴(D. Norton)의 균형성과표(BSC : Balanced Score Card)는 전 조직원이 전략을 공유하고 전략방향에 따라 행동하도록 유도함으로써 회사의 가치창출을 보 다 효과적이고 지속적으로 이루기 위한 성과측정 방법이다. BSC의 4가지 성과지표관리 관점 에 해당하지 않는 것은?

① 고객관점(Customer Perspective)
② 재무적 관점(Financial Perspective)
③ 전략적 관점(Strategic Perspective)
④ 학습과 성장의 관점(Learning & Growth Perspective)
⑤ 내부 경영프로세스 관점(Internal Business Process Perspective)

019 e-조달의 장점으로 옳지 않은 것은?

① 운영비용이 절감된다.
② 조달효율성이 개선된다.
③ 조달가격이 절감된다.
④ 문서처리 비용이 감소된다.
⑤ 구매자와 판매자 간에 밀접한 관계가 구축된다.

020 다음 설명에 해당하는 공급업체 선정 방법은?

> 다수의 공급업체로부터 제안서를 제출받아 평가한 후 협상절차를 통하여 가장 유리하다고 인정되는 업 체와 계약을 체결한다.

① 협의에 의한 방법
② 지명 경쟁에 의한 방법
③ 제한 경쟁에 의한 방법
④ 입찰에 의한 방법
⑤ 수의계약에 의한 방법

021 집중구매의 장점으로 옳지 않은 것은?

① 구입절차를 표준화하여 구매비용이 절감된다.
② 대량구매로 가격 및 거래조건이 유리하다.
③ 공통자재의 표준화, 단순화가 가능하다.
④ 긴급수요 발생 시 대응에 유리하다.
⑤ 수입 등 복잡한 구매 형태에 유리하다.

022 바코드와 비교한 RFID(Radio Frequency Identification)의 특징으로 옳지 않은 것은?

① 원거리 및 고속 이동시에도 인식이 가능하다.
② 반영구적인 사용이 가능하다.
③ 국가별로 사용하는 주파수가 동일하다.
④ 데이터의 신뢰도가 높다.
⑤ 태그의 데이터 변경 및 추가가 가능하다.

023 물류정보의 특징으로 옳지 않은 것은?

① 관리대상 정보의 종류가 많고, 내용이 다양하다.
② 성수기와 비수기의 정보량 차이가 크다.
③ 정보의 발생원, 처리장소, 전달대상 등이 한 곳에 집중되어 있다.
④ 상품과 정보의 흐름에 동시성이 요구된다.
⑤ 구매, 생산, 영업활동과의 관련성이 크다.

024 다음의 ( )에 들어갈 용어는?

국제표준 바코드는 개별 품목에 고유한 식별코드를 부착해 정보를 공유 하는 국제표준체계이다. 현재 세계적으로 사용되는 GS1 표준코드는 미국 에서 제정한 코드 (ㄱ)와(과) 유럽에서 제정한 코드 (ㄴ) 등을 표준화한 것이다.

① ㄱ : UPC, ㄴ : EAN
② ㄱ : UPC, ㄴ : GTIN
③ ㄱ : EAN, ㄴ : UPC
④ ㄱ : EAN, ㄴ : GTIN
⑤ ㄱ : GTIN, ㄴ : EAN

025 VAN(Value Added Network)에 관한 설명으로 옳은 것은?

① 한정된 지역의 분산된 장치들을 연결하여 정보를 공유하거나 교환하는 것이다.

② 컴퓨터 성능의 발달로 정보수집 능력이 우수한 대기업에 정보가 집중되므로 중소기업의 활용 가능성은 낮아지고 있다.

③ 1990년대 미국의 AT&T가 전화회선을 임대하여 특정인에게 통신 서비스를 제공한 것이 효시이다.

④ 부가가치를 부여한 음성 또는 데이터를 정보로 제공하는 광범위하고 복합적인 서비스의 집합이다.

⑤ VAN 서비스는 컴퓨터 성능 향상으로 인해 이용이 감소되고 있다.

026 물류정보시스템에 관한 설명으로 옳지 않은 것은?

① EDI(Electronic Data Interchange)는 표준화된 상거래 서식으로 작성된 기업 간 전자문서 교환시스템이다.

② POS(Point of Sales)는 소비동향이 반영된 판매정보를 실시간으로 파악하여 판매, 재고, 고객관리의 효율성을 향상시킨다.

③ 물류정보시스템의 목적은 물류비가 증가하더라도 고객서비스를 향상시키는 것이다.

④ 물류정보의 시스템화는 상류정보의 시스템화가 선행되어야만 가능하며, 서로 밀접한 관계가 있다.

⑤ 수주처리시스템은 최소의 주문입력(order entry) 비용을 목표로 고객서비스를 달성하는 것이 목적이다.

027 공급사슬관리(SCM)에 관한 설명으로 옳지 않은 것은?

① 원자재를 조달해서 생산하여 고객에게 제품과 서비스를 제공하기 위한 프로세스 지향적이고 통합적인 접근 방법이다.

② ABM(Activity Based Management)을 근간으로 하여 각 공급사슬과 접점을 이루는 부문에서 계획을 수립하는 시스템이다.

③ 가치사슬의 관점에서 원자재로부터 소비에 이르기까지의 구성원들을 하나의 집단으로 간주하여 물류와 정보 흐름의 체계적 관리를 추구한다.

④ 전체 공급사슬을 관리하여 비용과 시간을 최소화하고 이익을 최대화하도록 지원하는 방법이다.

⑤ 정보통신기술을 활용하여 공급자, 제조업자, 소매업자, 소비자와 관련된 상품, 정보, 자금흐름을 신속하고 효율적으로 관리하여 부가가치를 향상시키는 것이다.

028 채찍효과(Bullwhip Effect)의 원인이 아닌 것은?

① 중복 또는 부정확한 수요예측
② 납품주기 단축과 납품횟수 증대
③ 결품을 우려한 과다 주문
④ 로트(lot)단위 또는 대단위 일괄(batch) 주문
⑤ 가격변동에 의한 선행구입

029 공급사슬상에서 발생하는 경영환경변화에 관한 설명으로 옳지 않은 것은?

① 공급사슬상에 위치한 조직 간의 상호 의존성이 증대되고 있다.
② 정보통신기술의 발전은 새로운 시장의 등장과 기업경영방식의 변화를 초래하고 있다.
③ 기업 간의 경쟁 심화에 따라 비용절감과 납기개선의 중요성이 증대되고 있다.
④ 물자의 이동이 주로 국내나 역내에서 이루어지고 있다.
⑤ 고객의 다양한 니즈에 맞추기 위해 생산, 납품 등의 활동을 해야 할 필요성이 증대되고 있다.

030 다음 설명에 해당하는 개념은?

> • 거래파트너들이 특정 시장을 목표로 사업계획을 공동으로 수립하여 공유한다.
> • 제조업체와 유통업체가 판매 및 재고 데이터를 이용, 협업을 통해서 수요를 예측하고 제조업체의 생산
>   계획에 반영하며 유통업체의 상품을 자동 보충하는 프로세스이다.

① Postponement　　　　　　② Cross-Docking
③ CPFR　　　　　　　　　　④ ECR
⑤ CRP

031 T-11형 표준 파렛트를 사용하여 1단 적재 시, 적재효율이 가장 낮은 것은?

① 1,100mm×550mm, 적재수 2
② 1,100mm×366mm, 적재수 3
③ 733mm×366mm, 적재수 4
④ 660mm×440mm, 적재수 4
⑤ 576mm×523mm, 적재수 4

032 물류표준화의 대상이 아닌 것은?

① 물류조직 ② 수송
③ 보관 ④ 포장
⑤ 물류정보

033 물류표준화 효과 중 자원 및 에너지의 절감 효과에 해당하는 것은?

① 물류기기와의 연계성 증대
② 재료의 경량화
③ 작업성 향상
④ 물류기기의 안전 사용
⑤ 부품 공용화로 유지보수성 향상

034 다음 ( )에 들어갈 수치는?

> 물류 모듈 시스템은 크게 배수치수 모듈과 분할치수 모듈로 나뉜다. 배수 치수 모듈은 1,140mm×1,140mm 정방형 규격을 Unit Load Size 기준으로 하고 최대 허용 공차 ( )mm를 인정하고 있는 Plan View Unit Load Size를 기본 단위로 하고 있다.

① −30 ② −40
③ −50 ④ −60
⑤ −70

035 물류공동화에 관한 설명으로 옳지 않은 것은?

① 물류활동에 필요한 인프라를 복수의 파트너와 함께 연계하여 운영하는 것이다.
② 물류자원을 최대한 활용함으로써 물류비용 절감이 가능하다.
③ 자사의 물류시스템과 타사의 물류시스템을 연계시켜 하나의 시스템으로 운영해야 하지만 회사 보안을 위해 시스템 개방은 포함하지 않는다.
④ 물류환경의 문제점으로 대두되는 교통혼잡, 차량적재 효율저하, 공해문제 등의 해결책이 된다.
⑤ 표준물류심벌 및 통일된 전표와 교환 가능한 파렛트의 사용 등이 전제되어야 가능하다.

036 물류공동화 방안 중 하나인 공동 수 · 배송 시스템의 도입 필요성에 해당하는 사항을 모두 고른 것은?

> ㄱ. 다빈도 대량 수 · 배송의 확대
> ㄴ. 주문단위의 소량화
> ㄷ. 물류비용의 증가
> ㄹ. 배송차량의 적재효율 저하

① ㄱ, ㄴ　　　　　　　　　　　② ㄷ, ㄹ
③ ㄱ, ㄴ, ㄷ　　　　　　　　　④ ㄴ, ㄷ, ㄹ
⑤ ㄱ, ㄴ, ㄷ, ㄹ

037 수 · 배송 공동화의 유형에 관한 설명으로 옳지 않은 것은?

① 배송공동형은 배송만 공동화하는 것을 의미하며, 화물거점시설까지의 공동화는 포함하지 않는다.
② 집배송공동형 중 특정화주공동형은 동일화주가 조합이나 연합회를 만들어 공동화하는 것이다.
③ 집배송공동형 중 운송업자공동형은 다수의 운송업자들이 불특정 다수 화주들의 집배송을 공동화하는 것이다.
④ 노선집화공동형은 노선업자가 화물들을 공동 집화하여 각지로 발송하는 것이다.
⑤ 납품대행형은 화주가 납입선에 대행으로 납품하는 것이다.

038 다음 설명에 해당하는 물류보안 제도는?

> • 2002년 미국 세관이 도입한 민관협력 프로그램이다.
> • 수입업자와 선사, 운송회사, 관세사 등 공급사슬의 당사자들이 적용 대상이다.
> • 미국 세관이 제시하는 보안기준 충족 시 통관절차 간소화 등의 혜택이 주어진다.

① C-TPAT(Customs-Trade Partnership Against Terrorism)
② ISO 28000(International Standard Organization 28000)
③ ISPS code(International Ship and Port Facility Security code)
④ CSI(Container Security Initiative)
⑤ SPA(Safe Port Act)

039 기후변화와 환경오염에 대응하는 녹색물류체계와 관련 있는 제도에 해당하지 않는 것은?

① 저탄소녹색성장기본법
② 온실가스 · 에너지목표관리제
③ 탄소배출권거래제도
④ 생산자책임재활용제도
⑤ 제조물책임법(PL)

040 국가과학기술표준은 물류기술(EI10)을 8가지의 소분류로 나눈다. 다음 중 국가 과학기술표준 소분류에 포함되지 않는 것은?

① EI1001 – 물류운송기술
② EI1003 – 하역기술
③ EI1004 – 물류정보화기술
④ EI1007 – 물류안전기술
⑤ EI1099 – 달리 분류되지 않는 물류기술

001 물류시스템에 관한 설명으로 옳지 않은 것은?

① 생산과 소비를 연결하며 공간과 시간의 효용을 창출하는 시스템이다.

② 물류하부시스템은 수송, 보관, 포장, 하역, 물류정보, 유통가공 등으로 구성된다.

③ 물류서비스의 증대와 물류비용의 최소화가 목적이다.

④ 물류 합리화를 위해서 물류하부시스템의 개별적 비용절감이 전체시스템의 통합적 비용절감보다 중요하다.

⑤ 물류시스템의 자원은 인적, 물적, 재무적, 정보적 자원 등이 있다.

002 공동수 · 배송의 효과에 관한 설명으로 옳지 않은 것은?

① 차량 적재율과 공차율이 증가한다.

② 물류업무 인원을 감소시킬 수 있다.

③ 교통체증 및 환경오염을 줄일 수 있다.

④ 물류작업의 생산성이 향상될 수 있다.

⑤ 참여기업의 물류비를 절감할 수 있다.

003 다음 설명에 해당하는 공동수 · 배송 운영방식은?

> 물류센터에서의 배송뿐만 아니라 화물의 보관 및 집하업무까지 공동화하는 것으로 주문처리를 제외한 물류업무에 관해 협력하는 방식이다.

① 노선집하공동형   ② 납품대행형

③ 공동수주 · 공동배송형   ④ 배송공동형

⑤ 집배송공동형

004 공동수 · 배송시스템 관련 설명으로 옳지 않은 것은?

① 화물형태가 규격화된 품목은 공동화에 적합하다.
② 참여 기업 간 공동수 · 배송에 대한 이해도가 높고 서로 목표하는 바가 유사해야 한다.
③ 자사의 정보시스템, 각종 규격 및 서비스에 대한 공유를 지양해야 한다.
④ 화물의 규격, 포장, 파렛트 규격 등의 물류표준화가 선행되어야 한다.
⑤ 배송처의 분포밀도가 높으면 배송차량의 적재율 증가로 배송비용을 절감할 수 있다.

005 물류조직에 관한 설명으로 옳지 않은 것은?

① 예산관점에서 비공식적, 준공식적, 공식적 조직으로 분류할 수 있다.
② 형태관점에서 사내조직, 독립자회사로 분류할 수 있다.
③ 관리관점에서 분산형, 집중형, 집중분산형으로 분류할 수 있다.
④ 기능관점에서 라인업무형, 스탭업무형, 라인스탭겸무형, 매트릭스형으로 분류할 수 있다.
⑤ 영역관점에서 개별형, 조달형, 마케팅형, 종합형, 로지스틱스형으로 분류할 수 있다.

006 물류표준화 관련 하드웨어 부문의 표준화에 해당하는 것을 모두 고른 것은?

ㄱ. 파렛트 표준화	ㄴ. 포장치수 표준화
ㄷ. 내수용 컨테이너 표준화	ㄹ. 물류시설 및 장비표준화
ㅁ. 물류용어 표준화	ㅂ. 거래단위 표준화

① ㄱ, ㄴ
② ㄱ, ㄷ, ㄹ
③ ㄴ, ㄷ, ㅁ
④ ㄴ, ㄷ, ㄹ, ㅁ
⑤ ㄷ, ㄹ, ㅁ, ㅂ

007 James & William이 제시한 물류시스템 설계단계는 전략수준, 구조수준, 기능수준, 이행수준으로 구분한다. 기능수준에 해당하는 것을 모두 고른 것은?

ㄱ. 경로설계	ㄴ. 고객 서비스
ㄷ. 물류네트워크 전략	ㄹ. 창고설계 및 운영
ㅁ. 자재관리	ㅂ. 수송관리

① ㄱ, ㄴ
② ㄴ, ㄹ
③ ㄷ, ㄹ, ㅁ
④ ㄷ, ㅁ, ㅂ
⑤ ㄹ, ㅁ, ㅂ

008 물류표준화에 관한 설명으로 옳지 않은 것은?

① 단위화물체계의 보급, 물류기기체계 인터페이스, 자동화를 위한 규격 등을 고려한다.
② 운송, 보관, 하역, 포장 정보의 일관처리로 효율성을 제고하는 것이다.
③ 물류모듈은 물류시설 및 장비들의 규격이나 치수가 일정한 배수나 분할 관계로 조합되어 있는 집합체로 물류표준화를 위한 기준치수를 의미한다.
④ 대표적인 Unit Load 치수에는 NULS(Net Unit Load Size)와 PVS(Plan View Size)가 있다.
⑤ 배수치수 모듈은 1,140mm×1,140mm Unit Load Size를 기준으로 하고, 최대 허용공차 −80mm를 인정하고 있는 Plan View Unit Load Size를 기본단위로 하고 있다.

009 다음 설명에 해당하는 포장화물의 파렛트 적재 형태는?

홀수단에서는 물품을 모두 같은 방향으로 나란히 정돈하여 쌓고, 짝수단에서는 방향을 90도 바꾸어 교대로 겹쳐 쌓은 방식이다.

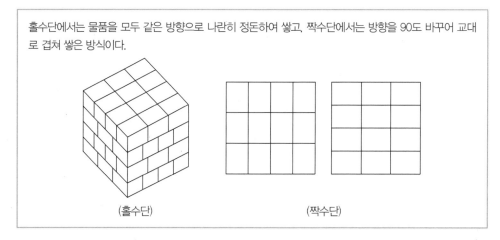

(홀수단)　　　　　　(짝수단)

① 스플릿(Split) 적재   ② 풍차형(Pinwheel) 적재
③ 벽돌(Brick) 적재   ④ 교대배열(Row) 적재
⑤ 블록(Block) 적재

010   TOC(Theory of Constraints)에 관한 설명으로 옳은 것은?

① Drum, Buffer, Rope는 공정간 자재의 흐름 관리를 통해 재고를 최소화하고 제조 기간을 단축하는 기법으로서 비제약공정을 중점적으로 관리한다.

② Thinking Process는 제약요인을 개선하여 목표를 달성하는 구체적 해결방안을 도출하는 기법으로서 부분 최적화를 추구한다.

③ Critical Chain Project Management는 프로젝트의 단계별 작업을 효과적으로 관리하여 기간을 단축하고 돌발 상황에서도 납기수준을 높일 수 있는 기법이다.

④ Throughput Account는 통계적 기법을 활용한 품질개선 도구이다.

⑤ Optimized Production Technology는 정의, 측정, 분석, 개선, 관리의 DMAIC 프로세스를 활용한다.

011   RFID의 특징을 설명한 것으로 옳지 않은 것은?

① 태그에 접촉하지 않아도 인식이 가능하다.

② 바코드에 비해 가격이 비싸다.

③ 태그에 상품과 관련한 다양한 기록이 저장될 수 있으므로 개인정보의 노출 또는 사생활 침해 등의 위험성이 발생할 수 있다.

④ 읽기(Read)만 가능한 바코드와 달리 읽고 쓰기(Read and Write)가 가능하다.

⑤ 태그 데이터의 변경 및 추가는 자유롭지만 일시에 복수의 태그 판독은 불가능하다.

012   EAN - 13(표준형 A) 바코드에 관한 설명으로 옳지 않은 것은?

① 국가식별 코드는 3자리로 구성되는데, 1982년 이전 EAN International에 가입한 국가의 식별 코드는 2자리 숫자로 부여받았다.

② 제조업체 코드는 상품의 제조업체를 나타내는 코드로서 4자리로 구성된다.

③ 체크 디지트는 판독오류 방지를 위한 코드로서 1자리로 구성된다.

④ 상품품목 코드는 3자리로 구성된다.

⑤ 취급하는 품목 수가 많은 기업들에게 활용된다.

013 다음 ( )에 들어갈 물류정보시스템 용어를 바르게 나열한 것은?

- 주파수공용통신 : (ㄱ)
- 첨단화물운송시스템 : (ㄷ)
- 판매시점관리 : (ㅁ)
- 지능형교통정보시스템 : (ㄴ)
- 철도화물정보망 : (ㄹ)

① ㄱ : CVO, ㄴ : ITS, ㄷ : POS, ㄹ : KROIS, ㅁ : TRS
② ㄱ : CVO, ㄴ : KROIS, ㄷ : TRS, ㄹ : ITS, ㅁ : POS
③ ㄱ : ITS, ㄴ : POS, ㄷ : CVO, ㄹ : CVO, ㅁ : KROIS
④ ㄱ : ITS, ㄴ : TRS, ㄷ : KROIS, ㄹ : CVO, ㅁ : POS
⑤ ㄱ : TRS, ㄴ : ITS, ㄷ : CVO, ㄹ : KROIS, ㅁ : POS

014 다음 설명에 해당하는 물류관리기법은?

- Bose사가 개발한 물류관리 기법
- 공급회사의 영업과 발주회사의 구매를 묶어 하나의 가상기업으로 간주
- 공급회사의 전문요원이 공급회사와 발주회사 간의 구매 및 납품업무 대행

① JIT
② JIT-II
③ MRP
④ ERP
⑤ ECR

015 물류정보기술에 관한 설명으로 옳은 것은?

① ASP(Application Service Provider)는 정보시스템을 자체 개발하는 것에 비해 구축기간이 오래 걸린다.
② CALS 개념은 Commerce At Light Speed로부터 Computer Aided Acquisition & Logistics Support로 발전되었다.
③ IoT(Internet of Things)는 인간의 학습능력과 지각능력, 추론능력, 자연언어의 이해능력 등을 컴퓨터 프로그램으로 실현한 기술을 의미한다.
④ CIM(Computer Integrated Manufacturing)은 정보시스템을 활용하여 제조, 개발, 판매, 물류 등 일련의 과정을 통합하여 관리하는 생산관리시스템을 말한다.
⑤ QR코드는 컬러 격자무늬 패턴으로 정보를 나타내는 3차원 바코드로서 기존의 바코드보다 용량이 크기 때문에 숫자 외에 문자 등의 데이터를 저장할 수 있다.

016 A기업의 연간 고정비는 10억원, 단위당 판매가격은 10만원, 단위당 변동비는 판매가격의 50%이다. 연간 손익분기점 판매량 및 손익분기 매출액은?

① 10,000개, 10억 원
② 15,000개, 20억 원
③ 20,000개, 20억 원
④ 25,000개, 25억 원
⑤ 30,000개, 25억 원

017 국토교통부 기업물류비 산정지침에 관한 설명으로 옳지 않은 것은?

① 영역별 물류비는 조달물류비 · 사내물류비 · 판매물류비 · 역물류비로 구분된다.
② 일반기준에 의한 물류비 산정방법은 관리회계 방식에 의해 물류비를 계산한다.
③ 간이기준에 의한 물류비 산정방법은 기업의 재무제표를 중심으로 한 재무회계 방식에 의해 물류비를 계산한다.
④ 간이기준에 의한 물류비 산정방법은 정확한 물류비의 파악을 어렵게 한다.
⑤ 물류기업의 물류비 산정 정확성을 높이기 위해 개발되었으므로 화주기업은 적용대상이 될 수 없다.

018 활동기준원가계산(ABC)에 관한 설명으로 옳지 않은 것은?

① 기업이 수행하고 있는 활동을 기준으로 자원, 활동, 원가대상의 원가와 성과를 측정하는 원가계산방법을 말한다.
② 전통적 원가계산방법보다 제품이나 서비스의 실제 비용을 현실적으로 계산할 수 있다.
③ 활동별로 원가를 분석하므로 낭비요인이 있는 업무 영역을 파악할 수 있다.
④ 임의적인 직접원가 배부기준에 의해 발생하는 전통적 원가계산방법의 문제점을 극복하기 위해 활용된다.
⑤ 소품종 대량생산보다 다품종 소량생산 방식에서 유용성이 더욱 높다.

019 BSC(Balanced Score Card)에 관한 설명으로 옳지 않은 것은?

① 기업의 재무성과뿐만 아니라 전략실행에 필요한 비재무적 정보를 제공해준다.
② 기업의 전략과 관련된 측정지표의 집합이라고 볼 수 있다.
③ 무형자산을 기업의 차별화 전략이나 주주가치로 변환시킬 수 있는 효과적인 기법이다.
④ 기업의 성과를 비재무적 관점, 고객 관점, 내부 비즈니스 프로세스 관점, 학습 및 성장 관점에서 측정한다.
⑤ 단기적이고 재무적 성과에 집착하는 경영자의 근시안적 사고를 균형있게 한다.

020 물류의 기능에 관한 설명으로 옳지 않은 것은?

① 운송활동은 생산시기와 소비시기의 불일치를 해결하는 기능을 수행한다.
② 고객의 요구에 부합하기 위한 물류의 기능에는 유통가공활동도 포함된다.
③ 포장활동은 제품을 보호하고 취급을 용이하게 하며, 상품가치를 제고시키는 역할을 수행한다.
④ 운송과 보관을 위해서 화물을 싣거나 내리는 행위는 하역활동에 속한다.
⑤ 물류정보는 전자적 수단을 활용하여 운송, 보관, 하역, 포장, 유통가공 등의 활동을 효율화한다.

021 물류에 대한 설명으로 옳지 않은 것은?

① Physical Distribution은 판매영역 중심의 물자 흐름을 의미한다.
② Logistics는 재화가 공급자로부터 조달되고 생산되어 소비자에게 전달되고 폐기되는 과정을 포함한다.
③ 공급사슬관리가 등장하면서 기업 내·외부에 걸쳐 수요와 공급을 통합하여 물류를 최적화하는 개념으로 확장되었다.
④ 한국 물류정책기본법상 물류는 운송, 보관, 하역 등이 포함되며 가공, 조립, 포장 등은 포함되지 않는다.
⑤ 쇼(A.W. Shaw)는 경영활동 내 유통의 한 영역으로 Physical Distribution 개념을 정의하였다.

022 물류의 영역에 관한 설명으로 옳지 않은 것은?

① 사내물류 – 완제품의 판매로 출하되어 고객에게 인도될 때까지의 물류활동이다.

② 회수물류 – 판매물류를 지원하는 파렛트, 컨테이너 등의 회수에 따른 물류활동이다.

③ 조달물류 – 생산에 필요한 원료나 부품이 제조업자의 자재창고로 운송되어 생산공정에 투입 전까지의 물류활동이다.

④ 역물류 – 반품물류, 폐기물류, 회수물류를 포함하는 물류활동이다.

⑤ 생산물류 – 자재가 생산공정에 투입될 때부터 제품이 완성되기까지의 물류활동이다.

023 다음 설명에 해당하는 수요예측기법은?

- 단기 수요예측에 유용한 기법으로 최근 수요에 많은 가중치를 부여한다.
- 오랜 기간의 실적을 필요로 하지 않으며 데이터 처리에 소요되는 시간이 적게 드는 장점이 있다.

① 시장조사법   ② 회귀분석법

③ 역사적 유추법   ④ 델파이법

⑤ 지수평활법

024 물류환경 변화에 관한 설명으로 옳지 않은 것은?

① 노동력 부족, 공해 발생, 교통 문제, 지가 상승 등 사회적 환경변화로 인해 물류비 절감의 중요성이 증가하고 있다.

② 소품종 대량생산에서 다품종 소량생산으로 물류환경이 변화하고 있다.

③ 전자상거래의 확산으로 인해 라스트마일(Last Mile) 물류비가 감소하고 있다.

④ 녹색물류에 대한 관심이 높아짐에 따라 물류활동으로 인한 폐기물의 최소화가 요구된다.

⑤ 기업의 글로벌 전략으로 인해 국제물류의 중요성이 증가하고 있다.

025 4자 물류에 관한 설명으로 옳은 것을 모두 고른 것은?

> ㄱ. 3자 물류업체, 물류컨설팅 업체, IT업체 등이 결합한 형태
> ㄴ. 공급사슬 전체의 효율적인 관리와 운영
> ㄷ. 참여 업체 공통의 목표설정 및 이익분배
> ㄹ. 사이클 타임과 운전자본의 증대

① ㄱ, ㄴ   ② ㄴ, ㄷ
③ ㄷ, ㄹ   ④ ㄱ, ㄴ, ㄷ
⑤ ㄴ, ㄷ, ㄹ

026 물류관리전략 수립에 관한 설명으로 옳지 않은 것은?

① 고객서비스 달성 목표를 높이기 위해서는 물류비용이 증가할 수 있다.
② 물류관리전략의 목표는 비용절감, 서비스 개선 등이 있다.
③ 물류관리의 중요성이 높아짐에 따라 물류전략은 기업전략과 독립적으로 수립되어야 한다.
④ 물류관리계획은 전략계획, 전술계획, 운영계획으로 나누어 단계적으로 수립한다.
⑤ 제품수명주기에 따라 물류관리전략을 차별화할 수 있다.

027 도매상의 유형 중에서 한정서비스 도매상(Limited Service Wholesaler)에 해당하지 않는 것은?

① 현금거래 도매상(Cash and Carry Wholesaler)
② 전문품 도매상(Specialty Wholesaler)
③ 트럭 도매상(Truck Jobber)
④ 직송 도매상(Drop Shipper)
⑤ 진열 도매상(Rack Jobber)

028 유통경로상에서는 경로파워가 발생할 수 있다. 다음 설명에 해당하는 경로 파워는?

> • 중간상이 제조업자를 존경하거나 동일시하려는 경우에 발생하는 힘이다.
> • 상대방에 대하여 일체감을 갖기를 바라는 정도가 클수록 커진다.
> • 유명상표의 제품일 경우 경로파워가 커진다.

① 보상적 파워　　　　　　　　　② 준거적 파워
③ 전문적 파워　　　　　　　　　④ 합법적 파워
⑤ 강압적 파워

029 다음 설명에 해당하는 소매업태는?

> • 할인형 대규모 전문점을 의미한다.
> • 토이저러스(Toys 'R' Us), 오피스디포(Office Depot) 등이 대표적이다.
> • 기존 전문점과 상품구색은 유사하나 대량구매, 대량판매 및 낮은 운영 비용을 통해 저렴한 가격의 상품을 제공한다.

① 팩토리 아웃렛(Factory Outlet)
② 백화점(Department Store)
③ 대중양판점(General Merchandising Store)
④ 하이퍼마켓(Hypermarket)
⑤ 카테고리 킬러(Category Killer)

030 다음 (　　)에 들어갈 용어는?

> 공통모듈 A를 여러 제품모델에 적용하면 공통모듈 A의 수요는 이 모듈이 적용되는 개별 제품의 수요를 합한 것이 되므로, 개별 제품의 수요변동이 크더라도 공통모듈 A의 수요 변동이 적게 나타나는 (　　) 효과를 얻을 수 있다.

① Risk Pooling　　　　　　　　② Quick Response
③ Continuous Replenishment　　④ Rationing Game
⑤ Cross Docking

031

A기업은 최근 수송부문의 연비개선을 통해 이산화탄소 배출량(kg)을 감소시켰다. 총 주행 거리는 같다고 가정할 때, 연비개선 전 대비 연비개선 후 이산화탄소 배출감소량(kg)은? [단, 이산화탄소 배출량(kg) = 연료사용량(L) × 이산화탄소 배출계수(kg/L)]

- 총 주행 거리 = 100,000(km)
- 연비개선 전 평균연비 = 4(km/L)
- 연비개선 후 평균연비 = 5(km/L)
- 이산화탄소 배출계수 = 0.002(kg/L)

① 1
② 5
③ 10
④ 40
⑤ 50

032

고객이 제품을 주문해서 받을 때까지 걸리는 총 시간을 의미하는 것은?

① 주문주기시간(Order Cycle Time)
② 주문전달시간(Order Transmittal Time)
③ 주문처리시간(Order Processing Time)
④ 인도시간(Delivery Time)
⑤ 주문조립시간(Order Assembly Time)

033

역물류에 관한 설명으로 옳은 것을 모두 고른 것은?

ㄱ. 수작업인 경우가 많아서 자동화가 어렵다.
ㄴ. 대상제품의 재고파악 및 가시성 확보가 용이하다.
ㄷ. 최종 소비단계에서 발생하는 불량품, 반품 및 폐기되는 제품을 회수하여 상태에 따라 분류한 후 재활용하는 과정에서 필요한 물류활동을 포함한다.

① ㄱ
② ㄱ, ㄴ
③ ㄱ, ㄷ
④ ㄴ, ㄷ
⑤ ㄱ, ㄴ, ㄷ

034 블록체인(Block Chain)에 관한 설명으로 옳은 것을 모두 고른 것은?

ㄱ. 신용거래가 필요한 온라인 시장에서 해킹을 막기 위해 개발되었다.
ㄴ. 퍼블릭(Public) 블록체인, 프라이빗(Private) 블록체인, 컨소시엄(Consortium) 블록체인으로 나눌 수 있다.
ㄷ. 화물의 추적 · 관리 상황을 점검하여 운송 중 발생할 수 있는 문제에 실시간으로 대처할 수 있다.
ㄹ. 네트워크상의 참여자가 거래기록을 분산 · 보관하여 거래의 투명성과 신뢰성을 확보하는 기술이다.

① ㄱ, ㄴ
② ㄷ, ㄹ
③ ㄱ, ㄴ, ㄷ
④ ㄱ, ㄷ, ㄹ
⑤ ㄱ, ㄴ, ㄷ, ㄹ

035 LaLonde & Zinszer가 제시한 물류서비스 요소 중 거래 시 요소(Transaction Element)에 해당하는 것을 모두 고른 것은?

ㄱ. 보증수리
ㄴ. 재고품절 수준
ㄷ. 명시화된 회사 정책
ㄹ. 주문 편리성

① ㄱ, ㄴ
② ㄱ, ㄷ
③ ㄴ, ㄷ
④ ㄴ, ㄹ
⑤ ㄷ, ㄹ

036 효율적(Efficient) 공급사슬 및 대응적(Responsive) 공급사슬에 관한 설명으로 옳은 것을 모두 고른 것은?

ㄱ. 효율적 공급사슬은 모듈화를 통한 제품 유연성 확보에 초점을 둔다.
ㄴ. 대응적 공급사슬은 불확실한 수요에 대해 빠르고 유연하게 대응하는 것을 목표로 한다.
ㄷ. 효율적 공급사슬의 생산운영 전략은 가동률 최대화에 초점을 둔다.
ㄹ. 대응적 공급사슬은 리드타임 단축보다 비용최소화에 초점을 둔다.

① ㄱ, ㄴ
② ㄱ, ㄹ
③ ㄴ, ㄷ
④ ㄷ, ㄹ
⑤ ㄱ, ㄴ, ㄷ

037

A사는 프린터를 생산·판매하는 업체이다. A사 제품은 전 세계 고객의 다양한 전압과 전원플러그 형태에 맞게 생산된다. A사는 고객 수요에 유연하게 대응하면서 재고를 최소화하기 위한 전략으로 공통모듈을 우선 생산한 후, 고객의 주문이 접수되면 전력공급장치와 전원케이블을 맨 마지막에 조립하기로 하였다. A사가 적용한 공급사슬관리 전략은?

① Continuous Replenishment
② Postponement
③ Make-To-Stock
④ Outsourcing
⑤ Procurement

038

채찍효과(Bullwhip Effect)에 관한 설명으로 옳지 않은 것은?

① 최종소비자의 수요 정보가 공급자 방향으로 전달되는 과정에서 수요변동이 증폭되는 현상을 말한다.
② 구매자의 사전구매(Forward Buying)를 통해 채찍효과를 감소시킬 수 있다.
③ 공급사슬 참여기업 간 수요정보 공유를 통해 채찍효과를 감소시킬 수 있다.
④ 공급사슬 참여기업 간 정보 왜곡은 채찍효과의 주요 발생원인이다.
⑤ 공급사슬 참여기업 간 파트너쉽을 통해 채찍효과를 감소시킬 수 있다.

039

창고에 입고되는 상품을 보관하지 않고 곧바로 소매 점포에 배송하는 유통업체 물류시스템은?

① Cross Docking
② Vendor Managed Inventory
③ Enterprise Resource Planning
④ Customer Relationship Management
⑤ Material Requirement Planning

040

다음 설명에 해당하는 물류관련 보안제도를 바르게 연결한 것은?

> ㄱ. 국제표준화기구에 의해 국제적으로 보안상태가 유지되는 기업임을 인증하는 보안경영 인증제도
>
> ㄴ. 세계관세기구의 기준에 따라 물류기업이 일정 수준 이상의 기준을 충족하면 세관 통관절차 등을 간소화시켜 주는 제도
>
> ㄷ. 미국 세관이 제시하는 보안기준 충족 시 통관절차 간소화 등의 혜택이 주어지는 민관협력 프로그램

① ㄱ : ISO6780, ㄴ : AEO, ㄷ : C-TPAT
② ㄱ : ISO6780, ㄴ : C-TPAT, ㄷ : AEO
③ ㄱ : ISO6780, ㄴ : AEO, ㄷ : ISO28000
④ ㄱ : ISO28000, ㄴ : AEO, ㄷ : C-TPAT
⑤ ㄱ : ISO28000, ㄴ : C-TPAT, ㄷ : AEO

001 물류관리의 대상이 아닌 것은?

① 고객서비스관리   ② 재고관리
③ 인사관리   ④ 주문정보관리
⑤ 운송관리

002 스마이키(E. W. Smikey) 교수가 제시한 물류의 7R 원칙에 해당되지 않는 것은?

① Right Impression   ② Right Place
③ Right Quality   ④ Right Safety
⑤ Right Time

003 제품수명주기에 따른 단계별 물류관리전략에 해당되지 않는 것은?

① 성숙기 전략   ② 쇠퇴기 전략
③ 수요기 전략   ④ 성장기 전략
⑤ 도입기 전략

004 물류서비스 품질을 결정하는 요인을 고객 서비스 시행 전, 시행 중, 시행 후로 나눌 때, 시행 중의 요인에 해당하는 것을 모두 고른 것은?

ㄱ. 재고수준	ㄴ. 주문의 편리성
ㄷ. 시스템의 유연성	ㄹ. 시스템의 정확성
ㅁ. 고객서비스 명문화	ㅂ. 고객클레임 · 불만

① ㄱ, ㄴ   ② ㄱ, ㄴ, ㄹ

③ ㄱ, ㄷ, ㅁ   ④ ㄴ, ㄹ, ㅂ

⑤ ㄷ, ㅁ, ㅂ

005 물류의 영역별 분류에 해당하지 않는 것은?

① 조달물류   ② 정보물류

③ 사내물류   ④ 판매물류

⑤ 회수물류

006 물류관리에 관한 설명으로 옳지 않은 것은?

① 최근 전자상거래 활성화에 따라 물동량은 증가하는 반면 물류관리의 역할은 줄어들고 있다.

② 물류관리의 목표는 비용절감을 통한 제품의 판매촉진과 수익증대라고 할 수 있다.

③ 기업의 물류관리는 구매, 생산, 마케팅 등의 활동과 상호 밀접한 관련이 있다.

④ 물류비용 절감을 통한 이익창출은 제3의 이익원으로 인식되고 있다.

⑤ 원자재 및 부품의 조달, 구매상품의 보관, 완제품 유통도 물류관리의 대상이다.

007 물류 환경변화에 관한 설명으로 옳지 않은 것은?

① 경제규모 확대에 따른 화물량 증가로 사회간접자본 수요는 급증하는 반면 물류 기반시설은 부족하여 기업의 원가부담이 가중되고 있다.

② 정보기술 및 자동화기술의 확산으로 물류작업의 고속화 및 효율화, 적정 재고 관리 등이 추진되고 있다.

③ 소비자 니즈(Needs)의 다양화에 따라 상품의 수요패턴이 소품종, 대량화되고 있다.

④ 기후변화 및 친환경 물류정책에 따라 운송활동 등 물류부문에서 탄소배출을 줄이는 방향으로 변화되고 있다.

⑤ 소비자 니즈(Needs)의 다양화와 제품 수명주기의 단축에 따라 과잉재고를 지양하려는 경향이 심화되고 있다.

008 인과형 예측기법의 하나로 종속변수인 수요에 영향을 미치는 독립변수를 파악하고, 독립변수와 종속변수 간의 함수관계를 통계적으로 추정하여 미래의 수요를 예측하는 방법은?

① 회귀분석법
② 델파이법
③ 지수평활법
④ 수명주기예측법
⑤ 가중이동평균법

009 물류와 마케팅의 관계에 관한 설명으로 옳지 않은 것은?

① 물류역량이 강한 기업일수록 본래 마케팅의 기능이었던 수요의 창출 및 조절에 유리하다.
② 물류와 마케팅 기능이 상호작용하는 분야는 하역관리와 설비관리 등이 있다.
③ 물류는 마케팅뿐만 아니라 생산관리 측면 등까지 광범위하게 확대되고 있다.
④ 물류는 마케팅의 4P 중 Place, 즉 유통채널과 관련이 깊다.
⑤ 물류는 포괄적인 마케팅에 포함되며 물류 자체의 마케팅 활동을 할 수도 있다.

010 상물분리의 효과에 관한 내용으로 옳지 않은 것은?

① 물류와 영업업무를 각각 전담부서가 수행하므로 전문화에 의한 핵심역량 강화가 가능하다.
② 공동화, 통합화, 대량화에 의한 규모의 경제 효과로 물류비 절감이 가능하다.
③ 영업소와 고객 간 직배송이 확대되므로 고객서비스가 향상된다.
④ 운송 차량의 적재효율이 향상되어 수송비용 절감이 가능하다.
⑤ 대규모 물류시설의 기계화 및 자동화에 의해 효율 향상이 가능하다.

011 물류 개념에 관한 설명으로 옳지 않은 것은?

① 물류의 전통적 개념은 사물의 흐름과 관련된 시간적, 공간적 효용을 창출하는 경영활동을 말한다.
② 물류활동은 운송, 보관, 하역, 포장, 유통가공 및 이들의 활동들을 지원하는 정보를 포함한다.
③ 물류와 Logistics는 동일한 개념으로 혼용하여 사용되고 있으나 범위 면에서는 Logistics가 더 넓다.
④ 2000년대부터 물류의 개념이 시대적인 요구·변화에 따라 점차 그 영역을 확대하여 SCM(공급사슬관리)으로 변천되어 왔다.
⑤ 생산단계에서 소비단계로의 전체적인 물적 흐름으로 조달부문을 제외한 모든 활동이다.

012 제약이론(TOC : Theory of Constraints)의 지속적 개선 프로세스를 순서대로 옳게 나열한 것은?

ㄱ. 제약자원 개선　　　　　　　　　ㄴ. 제약자원 식별
ㄷ. 제약자원 최대 활용　　　　　　　ㄹ. 개선 프로세스 반복
ㅁ. 비제약자원을 제약자원에 종속화

---

① ㄱ－ㄴ－ㄷ－ㄹ－ㅁ　　　　　　② ㄱ－ㄷ－ㄴ－ㅁ－ㄹ
③ ㄴ－ㄱ－ㄷ－ㄹ－ㅁ　　　　　　④ ㄴ－ㄷ－ㅁ－ㄱ－ㄹ
⑤ ㄷ－ㄴ－ㄱ－ㅁ－ㄹ

013 물류혁신을 위한 6시그마 기법의 DMAIC 추진 단계들 중 다음 설명에 해당하는 것은?

통계적 기법을 활용해서 현재 프로세스의 능력을 계량적으로 파악하고, 품질에 결정적인 영향을 미치는 핵심품질특성(CTQ : Critical to Quality)의 충족 정도를 평가한다.

---

① Define　　　　　　　　　② Measure
③ Analyze　　　　　　　　　④ Improve
⑤ Control

014 다음 설명에 해당하는 물류 시설은?

국내용 2차 창고 또는 수출 화물의 집화, 분류, 운송을 위한 내륙 CFS(Container Freight Station)와 같이 공급처에서 수요처로 대량으로 통합운송된 화물을 일시적으로 보관하는 창고

---

① 물류터미널　　　　　　　　② 집배송센터
③ 공동집배송단지　　　　　　　④ 물류센터
⑤ 데포(Depot)

015 일반기준에 의한 물류비 분류에서 기능별 물류비에 해당하지 않는 것은?

① 위탁비   ② 운송비
③ 보관비   ④ 포장비
⑤ 하역비

016 현대의 구매 혹은 조달 전략에 관한 설명으로 옳지 않은 것은?

① 최근에는 총소유비용 절감보다 구매단가 인하를 위한 협상 전략이 더 중요해졌다.
② 구매자의 경영목표를 달성하기 위한 공급자와의 정보공유 필요성이 커졌다.
③ 적기에 필요한 품목을 필요한 양만큼 확보하는 JIT(Just-in-Time) 구매를 목표로 한다.
④ 구매의 품질을 높이기 위해서 구매자는 공급자의 활동이 안정적으로 수행되도록 협력한다.
⑤ 구매전략에는 공급자 수를 줄이는 물량통합과 공급자와의 운영통합 등이 있다.

017 유통경로의 구조에 관한 설명으로 옳지 않은 것은?

① 전통적 유통경로 시스템은 자체적으로 마케팅 기능을 수행하는 독립적인 단위들로 구성된다.
② 전통적 유통경로 시스템은 수직적 시스템에 비해 구성원 간 결속력은 약하지만 유연성이 높다.
③ 수직적 유통경로 시스템은 신규 구성원의 진입이 상대적으로 용이한 개방형 네트워크이다.
④ 도소매기관 지원형 연쇄점, 소매기관 협동조합, 프랜차이즈 등은 계약형 유통경로 구조에 해
당한다.
⑤ 기업형 유통경로 구조는 특정 유통경로가 다른 유통경로를 소유하고 통제하는 형태이다.

018 물류기업 K는 제품의 포장 및 검사를 대행하는 유통가공 서비스의 경제적 타당성을 검토하고 있
으며, 관련 자료는 다음과 같다. K사 유통가공 서비스의 연간 손익분기 매출액(단위 : 만원)은?

• 서비스 가격 : 10만원/개
• 고정비 : 10,000만원/연
• 변동비 : 7.5만원/개

---

① 1,000   ② 4,000
③ 10,000   ④ 20,000
⑤ 40,000

019 공동수배송의 기대 효과를 모두 고른 것은?

ㄱ. 물류비용 감소	ㄴ. 교통혼잡 완화
ㄷ. 환경오염 방지	ㄹ. 물류인력 고용증대

① ㄱ, ㄴ, ㄷ   ② ㄱ, ㄴ, ㄹ

③ ㄱ, ㄷ, ㄹ   ④ ㄴ, ㄷ, ㄹ

⑤ ㄱ, ㄴ, ㄷ, ㄹ

020 K 물류센터의 6월 비목별 간접물류비와 품목별 배부를 위한 자료가 다음과 같다. 간접물류비 배부기준이 운송비는 (운송물량×운송거리), 보관비는 (보관공간×보관일수), 하역비는 (상차수량＋하차수량)일 때, 품목별 간접물류비 배부액(단위 : 천원)은?

비목	운송비	보관비	하역비
금액(천원)	10,000	2,000	1,000

품목	운송물량 (ton)	운송거리 (km)	보관공간 (m³)	보관일수 (일)	상차수량 (개)	하차수량 (개)
P1	15	250	500	3	4,000	5,000
P2	10	125	300	15	600	400
합계	25	375	800	－	4,600	5,400

① P1 : 8,000, P2 : 5,000   ② P1 : 8,300, P2 : 4,700

③ P1 : 8,600, P2 : 4,400   ④ P1 : 8,900, P2 : 4,100

⑤ P1 : 9,200, P2 : 3,800

021 공동수배송의 전제조건으로 옳지 않은 것은?

① 대상기업 간 배송조건의 유사성

② 공동수배송을 주도할 중심업체 존재

③ 대상기업 간 공동수배송에 대한 이해 일치

④ 화물형태가 일정하지 않은 비규격품 공급업체 참여

⑤ 일정 지역 내 공동수배송에 참여하는 복수기업 존재

022 포장표준화에 관한 설명으로 옳지 않은 것은?

① 포장이 표준화되어야 기계화, 자동화, 파렛트화, 컨테이너화 등이 용이해진다.

② 포장치수는 파렛트 및 컨테이너 치수에 정합하고 수송, 보관, 하역의 기계화 및 자동화에 최적의 조건을 제공해야 한다.

③ 포장표준화는 치수, 강도, 재료, 기법의 표준화 등 4요소로 나누지만, 관리의 표준화를 추가하기도 한다.

④ 포장표준화를 통해 포장비, 포장재료비, 포장작업비 등을 절감할 수 있다.

⑤ 치수표준화는 비용절감효과가 빠르게 나타나지만 강도표준화는 그 효과가 나타나기까지 오랜 시간이 걸린다.

023 물류 네트워크의 창고 수와 물류비용 혹은 성과지표 간의 관계로 옳지 않은 것은?

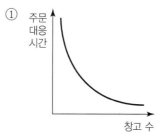

① 주문대응시간 / 창고 수

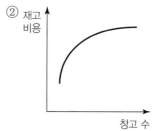

② 재고비용 / 창고 수

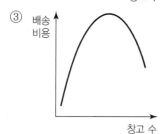

③ 배송비용 / 창고 수

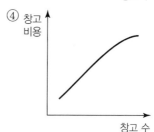

④ 창고비용 / 창고 수

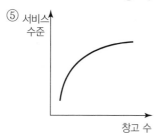

⑤ 서비스수준 / 창고 수

024 공급사슬 성과지표 중 원자재 구매비용을 지불한 날부터 제품 판매대금을 수금한 날까지 소요
되는 시간을 측정하는 것은?

① 주문주기시간(Order Cycle Time)
② 현금화 사이클타임(Cash－to－Cash Cycle Time)
③ 공급사슬 배송성과(Delivery Performance to Request)
④ 주문충족 리드타임(Order Fulfillment Lead Time)
⑤ 공급사슬 생산유연성(Upside Production Flexibility)

025 다음 ( )에 들어갈 내용으로 옳게 짝지어진 것은?

> SCM은 산업별로 다양한 특성과 니즈에 적합한 형태로 발전되어 왔다. 의류 부문에서 시작된 (ㄱ), 식품
> 부문에서 시작된 (ㄴ), 의약품 부문에서 시작된 (ㄷ) 등은 특정 산업에 적용된 후 관련산업으로 확산되
> 어 활용되고 있다.

① ㄱ : ECR, ㄴ : QR, ㄷ : EHCR
② ㄱ : QR, ㄴ : ECR, ㄷ : EHCR
③ ㄱ : ECR, ㄴ : EHCR, ㄷ : QR
④ ㄱ : EHCR, ㄴ : QR, ㄷ : ECR
⑤ ㄱ : QR, ㄴ : EHCR, ㄷ : ECR

026 공동수배송의 필요성에 관한 설명으로 옳지 않은 것은?

① 소비자 욕구의 다양화로 다빈도 소량주문 증가
② 화물량 증가에 따른 도로혼잡 및 환경오염 문제 발생
③ 능률적이고 효율적인 물류활동 개선 필요
④ 새로운 시설과 설비 투자에 따른 위험부담 감소 필요
⑤ 소비자의 물류서비스 차별화 요구 증가

027 화물을 일정한 중량이나 체적으로 단위화시켜 하역과 수송의 합리화를 도모하는 것은?

① 유닛로드시스템(Unit Load System)
② 파렛트풀시스템(Pallet Pool System)
③ 파렛트 표준화(Pallet Standardization)
④ 포장의 모듈화(Packaging Modularization)
⑤ 일관파렛트화(Palletization)

028 SCM 등장배경에 관한 설명으로 옳지 않은 것은?

① 부가가치의 60~70%가 제조공정 외부 공급망에서 발생한다.
② 부품 및 기자재의 납기 및 품질, 주문의 납기 및 수요 등 외부의 불확실성이 점점 더 심화되고 있다.
③ 공급망 하류로 갈수록 정보가 왜곡되는 현상이 심화되고 있다.
④ 기업활동이 글로벌화되면서 공급망상의 리드타임이 길어지고 불확실해졌다.
⑤ 글로벌화 및 고객요구 다양성 증대에 따라 대량고객화가 보편화되고 있다.

029 기업 간 협력의 유형에 관한 설명으로 옳지 않은 것은?

① VMI(Vendor – Managed Inventory) : 유통업체와 제조업체가 실시간 정보공유를 통해 공동으로 유통업체의 재고를 관리하는 방식
② CRP(Continuous Replenishment Programs) : 유통업체의 실제 판매 데이터를 토대로 제조업체에서 상품을 지속적으로 공급하는 방식
③ QR(Quick Response) : 제조업체와 유통업체가 협력하여 소비자에게 적절한 시기에 적절한 양을 적절한 가격으로 제공하는 것을 목표로 함
④ ECR(Efficient Consumer Response) : 제품에 대한 고객들의 반응을 측정하여 재고 관리 및 생산효율을 달성하는 방식
⑤ CPFR(Collaborative Planning, Forecasting & Replenishment) : 제조업체와 유통 업체가 협업전략을 통해 공동으로 계획, 생산량 예측, 상품 보충을 구현하는 방식

030 외주물류(아웃소싱)와 3자물류에 관한 설명 중 옳지 않은 것을 모두 고른 것은?

ㄱ. 외주물류는 주로 운영 측면에서 원가절감을 목표로 하는 반면, 3자물류는 원가절감과 경쟁우위 확보 등을 목표로 한다.

ㄴ. 외주물류는 중장기적 협력 관계를 기반으로 이루어지는 반면, 3자물류는 단기적 관계를 기반으로 운영된다.

ㄷ. 외주물류는 주로 최고경영층의 의사결정에 따라 경쟁계약의 형태로 진행되는 반면, 3자물류는 중간관리층의 의사결정에 따라 수의계약 형태로 주로 진행된다.

ㄹ. 서비스 범위 측면에서 외주물류는 기능별 서비스(수송, 보관) 수행을 지향하는 반면, 3자물류는 종합물류를 지향한다.

① ㄱ, ㄴ
② ㄴ, ㄷ
③ ㄷ, ㄹ
④ ㄱ, ㄴ, ㄹ
⑤ ㄱ, ㄷ, ㄹ

031 다음에서 설명하는 물류 활동에 해당하는 것은?

• 녹색물류의 일환으로 출하된 상품 또는 원부자재를 반품, 폐기, 회수하는 물류를 의미한다.
• 강화되는 환경규제로 인해 이에 관한 관심이 높아지고 있다.
• 폐기비용 감소, 부품의 재활용, 고객들의 환경 친화적 제품 요구 등으로 인해 제조기업들의 기술 도입 및 관련 네트워크 구축이 활발해지고 있다.

① Forward Logistics
② Cross Docking
③ Reverse Logistics
④ Gatekeeping
⑤ Life Cycle Assessment

032 채찍효과(Bullwhip Effect)의 발생 원인이 아닌 것은?

① 공급사슬 구성원들의 독립적 수요예측
② 경제성을 고려한 일괄주문
③ 판촉활동, 수량할인 등에 따른 가격변동
④ 제품 생산 및 공급 리드타임 단축
⑤ 공급부족에 따른 과다 주문

033

다음 설명에 해당하는 물류보안제도는?

> • 기존 24시간 규칙을 강화하기 위한 조치로 항만보안법에 의해 법제화되었다.
> • 보안 및 수입자의 책임을 강화하기 위해 적재 24시간 전, 미국 세관에 온라인으로 신고하도록 의무화한 제도이다.
> • 수입자가 신고해야 할 사항이 10가지, 운송사가 신고할 사항이 2가지로 되어 있어 10+2 rule이라고도 불린다.

① C-TPAT(Customs-Trade Partnership Against Terrorism)
② ISF(Importer Security Filing)
③ Safe Port Act 2006
④ CSI(Container Security Initiative)
⑤ ISPS(International Ship and Port Facility Security) code

034

A기업은 수송부문 연비 개선을 통해 이산화탄소 배출량을 10kg 줄이고자 한다. 연비법에 의한 이산화탄소 배출량 산출식 및 관련 자료는 다음과 같을 때, 이산화탄소 배출량 10kg 감축을 위한 A기업의 목표 평균 연비는?

> • 이산화탄소 배출량(kg) = 주행거리(km) ÷ 연비(km/L) × 이산화탄소 배출계수(kg/L)
> • 주행거리 : 150,000km
> • 연비개선 전 평균연비 : 5km/L
> • 이산화탄소 배출계수 : 0.002kg/L

① 6.0km/L
② 7.5km/L
③ 9.0km/L
④ 10.5km/L
⑤ 12.0km/L

035

4자물류에 관한 설명으로 옳지 않은 것은?

① 기존의 3자물류 서비스에 IT, 기술, 전략적 컨설팅 등을 추가한 서비스이다.
② 포괄적인 공급사슬관리(SCM) 서비스를 제공하기 위한 통합서비스로, 공급사슬 전반의 최적화를 도모한다.
③ 합작투자 또는 장기간 제휴형태로 운영되며, 이익의 분배를 통하여 공통의 목표를 설정한다.
④ 기업과 고객 간의 거래(B2C)보다는 기업과 기업 간의 거래(B2B)에 집중한다.
⑤ 다양한 기업이 파트너로서 참여하는 혼합조직이다.

036 물류정보의 개념과 특징에 관한 설명으로 옳지 않은 것은?

① 생산에서 소비에 이르기까지의 물류기능을 유기적으로 결합하여 물류관리 효율성을 향상시키는 데 활용된다.

② 운송, 보관, 하역, 포장 등의 물류활동에 관한 정보를 포함한다.

③ 원료의 조달에서 완성품의 최종 인도까지 각 물류기능을 연결하여 신속하고 정확한 흐름을 창출한다.

④ 기술 및 시스템의 발전으로 인해 물류정보의 과학적 관리가 가능하다.

⑤ 정보의 종류가 다양하고 규모가 크지만, 성수기와 평상시의 정보량 차이는 작다.

037 다음 설명에 해당하는 물류정보관리 시스템은?

• 대표적인 소매점 관리시스템 중 하나로서, 상품의 판매 시점에 발생하는 정보의 저장이 가능하다.
• 실시간으로 매출을 등록하고, 매출 자료의 자동정산 및 집계가 가능하다.
• 상품의 발주, 구매, 배송, 재고관리와 연계가 가능한 종합정보관리 시스템이다.

① POS(Point of Sale)

② KAN(Korean Article Number)

③ ERP(Enterprise Resource Planning)

④ GPS(Global Positioning System)

⑤ DPS(Digital Picking System)

038 능동형 RFID(Radio Frequency IDentification) 시스템에 관한 설명으로 옳지 않은 것은?

① 내장 배터리를 전원으로 사용한다.

② 지속적인 식별정보 송신이 가능하다.

③ 수동형에 비해 가격이 비교적 비싸다.

④ 수동형에 비해 비교적 원거리 통신이 가능하다.

⑤ 반영구적으로 사용 가능하다.

039 표준 바코드의 한 종류인 EAN(European Article Number) – 13 코드에 관한 설명으로 옳지 않은 것은?

① EAN – 13(A)와 EAN – 13(B)의 국가식별코드는 2~3자리 숫자로 구성된다.
② 제조업체코드는 EAN – 13(A)의 경우 4자리, EAN – 13(B)의 경우 6자리로 구성된다.
③ 상품품목코드는 EAN – 13(A)의 경우 5자리, EAN – 13(B)의 경우 3자리로 구성된다.
④ EAN – 13(A)와 EAN – 13(B) 모두 물류용기에 부착하기 위한 물류식별코드를 가지고 있다.
⑤ EAN – 13(A)와 EAN – 13(B) 모두 체크 디지트를 통해 스캐너에 의한 판독 오류를 방지한다.

040 물류 EDI(Electronic Data Interchange) 시스템에 관한 설명으로 옳지 않은 것은?

① 거래업체 간에 상호 합의된 전자문서표준을 이용한 컴퓨터 간의 구조화된 데이터 전송을 의미한다.
② 상호 간의 정확한, 실시간 업무 처리를 가능하게 하여 물류업무의 효율성을 향상시킬 수 있다.
③ 종이문서 수작업 및 문서처리 오류를 감소시킬 수 있다.
④ 국제적으로는 다양한 EDI 시스템이 존재하지만, 국내 EDI 시스템 개발 사례는 존재하지 않는다.
⑤ 전자적 자료 교환을 통해 기업의 국제 경쟁력을 강화시킬 수 있다.

MEMO

화물운송론

CERTIFIED
PROFESSIONAL
LOGISTICIAN

02

과목

041 정기선운송의 할증료 및 추가운임에 관한 설명으로 옳지 않은 것은?

① 혼잡할증료(congestion surcharge)는 항구에서 선박 폭주로 대기시간이 장기화될 경우 부과하는 할증료이다.

② 통화할증료(currency adjustment factor)는 화폐가치 변화에 의한 손실 보전을 위해 부과하는 할증료이다.

③ 체화료(demurrage charge)는 무료장치기간(free time) 이내에 화물을 CY에서 반출하지 않을 경우 부과하는 요금이다.

④ 지체료(detention charge)는 비상사태에 대비하여 부과하는 할증료이다.

⑤ 항구변경료(diversion charge)는 선적 시 지정했던 항구를 선적한 후 변경 시 추가로 부과하는 운임이다.

042 「한국해운조합법」상 한국해운조합이 수행하는 사업에 해당되는 것을 모두 고른 것은?

> ㄱ. 해양사고 구제사업
> ㄴ. 선박임대사업
> ㄷ. 항만구역 내 도선사업
> ㄹ. 선박 안전관리체제에 관한 사업
> ㅁ. 조합원의 사업수행 중 발생하는 재해에 대비한 공제사업

① ㄱ, ㄴ, ㄷ   ② ㄱ, ㄴ, ㅁ

③ ㄱ, ㄹ, ㅁ   ④ ㄴ, ㄷ, ㄹ

⑤ ㄷ, ㄹ, ㅁ

043 항공운송사업에 관한 설명으로 옳지 않은 것은?

① 항공운송사업은 생산탄력성이 매우 높다.
② 항공운송사업은 고정자산이 많아 고정비가 차지하는 비율이 비교적 높다.
③ 항공운송사업은 고가의 항공기 구입 등 방대한 규모의 선행투자가 필요하다.
④ 항공운송사업의 운송 서비스는 재고로 저장할 수 없는 특성이 있다.
⑤ 항공운송사업은 조종사, 객실승무원, 정비사, 운항관리사 등 전문 인력이 필요하다.

044 항공기의 중량에 관한 설명으로 옳지 않은 것은?

① 자체중량(empty weight)은 기체구조, 엔진, 고정 장비 및 내부 장비 등의 중량이다.
② 운항중량(operating weight)은 승무원, 엔진의 윤활유, 여객 서비스용품, 식음료 등의 중량이다.
③ 유상중량(payload)은 항공기에 탑재한 유상 여객, 화물, 우편물 등의 중량이다.
④ 착륙중량(landing weight)은 이륙중량에서 비행 중에 소비된 식음료 중량을 뺀 중량이다.
⑤ 이륙중량(take-off weight)은 항공기가 이륙할 때의 총중량으로 최대이륙중량을 초과할 수 없다.

045 운송의 장소적 효용에 관한 설명으로 옳지 않은 것은?

① 운송은 생산과 소비의 기능을 유기적으로 분담하는 것을 촉진한다.
② 운송은 원격지 간 생산과 판매를 촉진하여 유통의 범위와 기능을 확대한다.
③ 운송은 지역 간 유통을 활성화시켜 재화의 가격조정과 안정을 도모한다.
④ 운송은 자원과 자본을 효율적으로 배분하고 회전율을 제고한다.
⑤ 운송은 재화의 일시적 보관기능을 수행한다.

046 화물자동차 운수사업에 관한 설명으로 옳지 않은 것은?

① 화물자동차 운송사업은 일반화물자동차 운송사업, 특수화물자동차 운송사업, 용달화물자동차 운송사업으로 구분된다.

② 화물자동차 운수사업이란 화물자동차 운송사업, 화물자동차 운송주선사업 및 화물자동차 운송가맹사업을 말한다.

③ 화물자동차 운송사업은 트럭 1대만으로 허가기준을 충족하기 때문에 소규모로 운영이 가능하다.

④ 화물자동차 운송주선사업은 다른 사람의 요구에 응하여 유상으로 화물운송계약을 중개 · 대리하거나 화물자동차 운송사업 또는 화물자동차 운송가맹사업을 경영하는 자의 화물 운송수단을 이용하여 자기 명의와 계산으로 화물을 운송하는 사업을 말한다.

⑤ 화물자동차 운송가맹사업의 허가기준 대수는 500대 이상(운송가맹점이 소유하는 화물자동차 대수를 포함하되, 8개 이상의 시 · 도에 각각 50대 이상 분포되어야 함)이다.

047 다음은 국제택배에 관한 내용이다. (   )에 들어갈 내용을 순서대로 나열한 것은?

• 「항공사업법」상 (   )이란 타인의 수요에 맞추어 유상으로 「우편법」 제1조의2제7호 단서에 해당하는 수출입 등에 관한 서류와 그에 딸린 견본품을 항공기를 이용하여 송달하는 사업을 말한다.
• 관세법령상 과세가격이 미화 (   )달러 이하인 물품으로서 견품으로 사용될 것으로 인정되는 물품은 관세가 면제된다.

① 상업서류송달업, 200
② 상업서류송달업, 250
③ 상업서류송달업, 300
④ 국제특송업, 250
⑤ 국제특송업, 300

048 우리나라 운송사업의 실태에 관한 설명으로 옳지 않은 것은?

① 공로운송업체는 영세한 소형업체가 많다.

② 철도운송에 비해 육상운송이 발달되어 있다.

③ 복합운송의 발달로 컨테이너 연안운송이 활발히 이루어지고 있다.

④ 파렛트 보급 확대로 하역(상차 및 하차 포함)의 효율화가 진전되고 있다.

⑤ 전체 물류비 중 화물운송비가 가장 높은 비중을 차지하고 있다.

049 북서코너법(north-west corner method)과 보겔추정법(Vogel's approximation method)을 적용하여 총운송비용을 구할 때 각각의 방식에 따라 산출된 총운송비용의 차이는? (단, 공급지에서 수요지까지의 톤당 운송비는 각 셀의 우측 상단에 제시되어 있음)

(단위 : 천원, 톤)

공급지 \ 수요지	A	B	C	공급량
X	20	7	15	100
Y	42	13	28	150
Z	4	11	17	200
수요량	120	170	160	450

① 1,190,000원 ② 1,370,000원
③ 2,560,000원 ④ 2,830,000원
⑤ 2,920,000원

050 철도운송의 특징으로 옳지 않은 것은?

① 운송 서비스의 완결성을 지니고 있다.
② 계획운행이 가능하다.
③ 장거리 운송과 대량화물의 운송에 적합하다.
④ 안전도가 높고 친환경적인 운송수단이다.
⑤ 전국적인 네트워크를 보유하고 있다.

051 「철도사업법」 및 「철도산업발전기본법」상 용어에 관한 설명으로 옳지 않은 것은?

① 사업용철도란 다른 사람의 수요에 따른 영업을 목적으로 하지 아니하고 자신의 수요에 따라 특수목적을 수행하기 위하여 설치하거나 운영하는 철도를 말한다.
② 철도사업이란 다른 사람의 수요에 응하여 철도차량을 사용하여 유상으로 여객이나 화물을 운송하는 사업을 말한다.
③ 철도운수종사자란 철도운송과 관련하여 승무 및 역무서비스를 제공하는 직원을 말한다.
④ 철도사업자란 한국철도공사 및 철도사업 면허를 받은 자를 말한다.
⑤ 선로란 철도차량을 운행하기 위한 궤도와 이를 받치는 노반 또는 공작물로 구성된 시설을 말한다.

052

다음은 「선박법」에 의한 소형선박의 정의이다. (   )에 알맞은 숫자를 순서대로 나열한 것은?

「선박법」에서 "소형선박"이란 다음 각 호의 어느 하나에 해당하는 선박을 말한다.
1. 총톤수 (   )톤 미만인 기선 및 범선
2. 총톤수 (   )톤 미만인 부선

① 20, 50　　　　　　　　　　　　② 20, 100

③ 20, 200　　　　　　　　　　　④ 40, 100

⑤ 40, 200

053

450kg의 화물을 한국 인천에서 미국 시카고까지 항공운송하려 한다. 이때 부과되는 항공 운임은?

• 500kg 미만의 요율은 kg당 4,000원
• 500kg 이상의 요율은 kg당 3,500원

① 1,575,000원　　　　　　　　　② 1,687,500원

③ 1,750,000원　　　　　　　　　④ 1,800,000원

⑤ 2,000,000원

054

운송시장의 환경변화에 해당하지 않는 것은?

① 화주의 요구가 고도화 · 다양화되고 있다.

② 보안 및 환경 관련 규제가 완화되고 있다.

③ 운송화물이 다품종 · 소량화되고 있다.

④ 운송시장의 경쟁이 심화되고 있다.

⑤ 전자상거래가 증가하고 있다.

055 다음과 같은 조건에서 공로와 철도운송의 경제효용거리 분기점은?

- 톤당 추가되는 비용(철도역 상 · 하차 비용, 포장비 등) : 12,000원
- 공로운송의 톤 · km당 운송비 : 120원
- 철도운송의 톤 · km당 운송비 : 70원

① 200km ② 220km
③ 240km ④ 260km
⑤ 280km

056 외현 상부의 모양이 상갑판 부근에서 안쪽으로 굽어진 정도를 지칭하는 용어는?

① 텀블 홈(tumble home) ② 현호(sheer)
③ 플레어(flare) ④ 캠버(camber)
⑤ 선저경사(rise of floor)

057 다음 네트워크에서 7지점의 물류 창고를 모두 연결하는 도로를 개설하려 한다. 최소로 필요한 도로 연장은? [단, 각 구간별 숫자는 거리(km)를 나타냄]

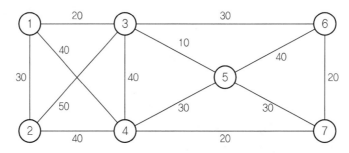

① 120km ② 130km
③ 140km ④ 150km
⑤ 160km

058 택배표준약관(공정거래위원회 표준약관 제10026호)의 내용에 관한 설명으로 옳지 않은 것은?

① 운송물이 포장당 50만원을 초과하거나 운송상 특별한 주의를 요하는 것일 때에는 사업자는 할증요금을 청구할 수 있다.

② 사업자는 운송물 1포장의 가액이 300만원을 초과하는 경우 운송물의 수탁을 거절할 수 있다.

③ 고객이 운송장에 운송물의 가액을 기재하지 않은 경우 사업자의 손해배상한도액은 50만원으로 하되, 운송물의 가액에 따라 할증요금을 지급하는 경우의 손해배상한도액은 각 운송가액 구간별 운송물의 최고가액으로 한다.

④ 운송물의 일부 멸실 또는 훼손에 대한 사업자의 손해배상책임은 수하인이 운송물을 수령한 날로부터 21일 이내에 그 일부 멸실 또는 훼손에 대한 사실을 사업자에게 통지를 발송하지 아니하면 소멸한다.

⑤ 운송장에 인도예정일의 기재가 없는 도서 및 산간벽지의 경우 운송장에 기재된 운송물 수탁일로부터 3일 이내에 운송물을 인도한다.

059 배송센터 L로부터 모든 수요지점 1~6까지의 최단 경로 네트워크를 구성하였을 때, 구성된 네트워크의 전체 거리는? [단, 각 구간별 숫자는 거리(km)를 나타냄]

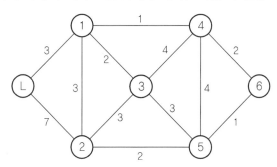

① 11km   ② 12km

③ 13km   ④ 14km

⑤ 15km

060 수송수요모형에 관한 설명으로 옳은 것은?

① 화물발생 모형 중에는 원단위법, 성장률법, 성장인자법이 있다.
② 화물분포 모형 중에는 중력모형과 로짓모형이 있다.
③ 수단분담 모형 중에는 통행단모형과 엔트로피극대화모형이 있다.
④ 통행배정 모형 중에는 반복배정법과 분할배정법이 있다.
⑤ 교통망 평형배정법은 용량비제약 모형이다.

061 우리나라 연안해운의 활성화 방안에 관한 설명으로 옳지 않은 것은?

① 선사와 화주 간 지속적인 관계 개선 및 서비스 향상을 통한 진정한 의미의 장기용선계약 체결이 필요하다.
② 연안 선사를 위한 실효성 있는 선박금융기법 개발을 통해 연안 선사의 경영합리화 추진이 필요하다.
③ 연안 해운은 육상운송수단에 비해 친환경적인 운송수단으로 세제상의 지원이 필요하다.
④ 현행 연안운송사업의 등록기준은 선박 3척 이상으로 규정되어 있어 등록 기준의 완화가 필요하다.
⑤ 선복량 과잉을 방지하고 적정 선박량의 유지를 위한 방안이 필요하다.

062 열차페리 운송방식은 해상운송과 철도운송이 가지는 장점을 효과적으로 접목시킨 복합일관 운송 방식이다. 열차페리 운송의 장점으로 옳지 않은 것은?

① 하역처리의 빈도가 감소된다.
② 포장의 간이화에 따른 비용이 절감된다.
③ 손해 발생 시 책임소재가 명확하다.
④ 항만하역시간의 단축이 가능하다.
⑤ 파손위험의 발생이 저하된다.

063 A 플랜트에서 B 지점까지 파이프라인을 통하여 가스를 보내려 한다. 보낼 수 있는 최대 가스량은? (단, 각 구간별 숫자는 파이프라인의 용량을 톤으로 나타냄)

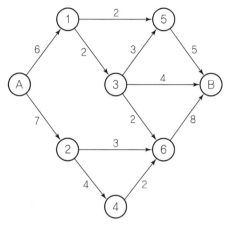

① 9톤
② 10톤
③ 11톤
④ 12톤
⑤ 13톤

064 항공화물 운송에 필요한 지상조업장비의 하나로 적재작업이 완료된 항공화물의 단위탑재용기를 터미널에서 항공기까지 견인차에 연결하여 수평 이동하는 장비는?

① 하이 로더(high loader)
② 포크리프트 트럭(forklift truck)
③ 트랜스포터(transporter)
④ 달리(dolly)
⑤ 셀프 프로펠드 컨베이어(self propelled conveyor)

065 철도화물을 운송할 경우 화차취급 운송에 관한 설명으로 옳지 않은 것은?

① 화물을 대절한 화차 단위로 운송한다.
② 운임은 화차를 기준으로 정하여 부과한다.
③ 일반화물의 단거리 운송에 많이 이용한다.
④ 발·착역에서의 양·하역작업은 화주 책임이다.
⑤ 특대화물, 위험물 등의 경우에는 할증 제도가 있다.

066 화물자동차의 운송원가 계산은 운송특성에 맞는 합리적 기준을 설정하고 그 기준에 따른 표준원가를 계산하여야 한다. 운송원가 계산에 관한 설명으로 옳지 않은 것은?

① 고정비는 화물자동차의 운송거리 등과 관계없이 일정하게 발생하는 비용을 말한다.
② 변동비용은 운송거리, 영차거리, 운송 및 적재량 등에 따라 변동되는 원가를 말한다.
③ 고정비 대상 항목으로는 감가상각비, 세금과 공과금, 인건비 등이 있다.
④ 변동비는 운전기사의 운전 기량에 따라 차이가 발생할 수 있다.
⑤ 변동비 대상 항목으로는 연료비, 광열수도료, 복리후생비 등이 있다.

067 수출되는 FCL 화물의 해상운송 업무와 관련하여 필요한 서류들을 업무흐름의 순서대로 나열한 것은?

ㄱ. 선하증권	ㄴ. 기기수령증
ㄷ. 선적요청서	ㄹ. 본선수취증
ㅁ. 부두수취증	

① ㄴ - ㄷ - ㅁ - ㄹ - ㄱ
② ㄴ - ㄷ - ㄹ - ㄱ - ㅁ
③ ㄷ - ㅁ - ㄴ - ㄱ - ㄹ
④ ㄷ - ㄴ - ㄹ - ㄱ - ㅁ
⑤ ㄷ - ㄴ - ㅁ - ㄹ - ㄱ

068 화물자동차운송정보시스템에 관한 설명으로 옳지 않은 것은?

① ITS는 도로와 차량, 사람과 화물을 정보네트워크로 연결하여 교통 체증의 완화와 교통사고의 감소, 환경 문제의 개선 등을 실현할 수 있는 시스템이다.
② GIS-T는 디지털 지도에 각종 정보를 연결하여 관리하고 이를 분석, 응용하는 시스템의 통칭이다.
③ AVLS는 위성으로부터 받은 신호로 이동체의 위치 및 이동 상태를 파악하여 차량의 최적 배치 및 파견, 실태 파악 및 분석 안내, 통제, 운영할 수 있는 작업들을 지능화한 시스템이다.
④ TRS는 중계국에 할당된 다수의 주파수 채널을 여러 사용자들이 공유하여 사용하는 무선통신 서비스이다.
⑤ VTS는 화물자동차의 최종 배송지에 대한 최적 운송경로를 검색하는 운송경로시스템이다.

069 화물자동차의 제원에 관한 설명으로 옳은 것은?

① 최대적재량은 실질적으로 적재 운행할 수 있는 화물의 총량으로 도로법령상 적재 가능한 축하중 10톤과는 직접 관계가 없다.

② 공차중량은 연료, 냉각수, 윤활유 등을 제외한 운행에 필요한 장비를 갖춘 상태의 중량을 말한다.

③ 차량 총중량은 승차 정원을 제외한 화물 최대적재량 적재 시의 자동차 전체 중량이다.

④ 축하중은 차륜이 지나는 접지 면에 걸리는 전체 차축하중의 합이다.

⑤ 승차정원은 운전자를 제외한 승차 가능한 최대 인원수를 말한다.

070 다음 그림은 5개 지점을 연결하는 도로망이다. 어느 특정 상품에 대한 각 지점의 수요량은 각각 A지점 20톤, B지점 25톤, C지점 15톤, D지점 10톤, E지점 30톤이다. 수요량 가중치를 고려한 평균 운송거리를 최소화하는 위치에 배송센터를 설치하고자 할 때 최적 위치는?[단, 어느 지점에 배송센터를 설치할 경우 배송센터로부터 그 지점까지의 운송거리는 0으로 가정하고, 각 구간별 숫자는 거리(km)를 나타냄]

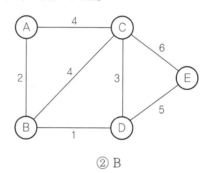

① A
② B
③ C
④ D
⑤ E

071 운송시스템의 합리화를 위하여 검토해야 할 사항으로 옳지 않은 것은?

① 트럭의 적재율을 향상시킨다.

② 공차율 극소화를 위하여 차량의 배송빈도를 높인다.

③ 최적 운송수단을 선택한다.

④ 최단 운송루트를 개발한다.

⑤ 물류기기를 개선하고 정보시스템을 정비한다.

072

다음은 운임에 따른 운송수요의 탄력성을 나타내는 수식이다. 수식에 들어갈 각 항목을 순서대로 나열한 것은?

$$탄력성 = \frac{C/D}{A/B}$$

① A : 수요변화폭, B : 수요수준, C : 운임변화폭, D : 운임수준
② A : 수요수준, B : 수요변화폭, C : 운임수준, D : 운임변화폭
③ A : 운임변화폭, B : 운임수준, C : 수요수준, D : 수요변화폭
④ A : 운임수준, B : 운임변화폭, C : 수요수준, D : 수요변화폭
⑤ A : 운임변화폭, B : 운임수준, C : 수요변화폭, D : 수요수준

073

트레일러의 형상에 따른 설명으로 옳은 것을 모두 고른 것은?

ㄱ. 평상식 트레일러(flat bed trailer)는 하대의 상면이 평면으로 된 트레일러로 일반화물 및 강재 등의 운송에 적합하다.
ㄴ. 밴형 트레일러(van trailer)는 하대 부분에 밴형의 보디가 장치된 트레일러로 일반잡화 및 냉동화물 등의 화물운송에 주로 이용한다.
ㄷ. 오픈탑 트레일러(open top trailer)는 밴형 트레일러의 일종으로 천장이 개구된 형태이며 주로 석탄 및 철광석 등과 같은 화물에 포장을 덮어 운송하는 경우 이용한다.
ㄹ. 스케레탈 트레일러(skeletal trailer)는 컨테이너운송을 위해 제작된 트레일러로 전후단에 컨테이너 고정장치가 부착되어 있으며, 20'용, 40'용 등 여러 종류가 있다.
ㅁ. 중저상식 트레일러(drop bed trailer)는 하대의 중앙부위가 낮게 설계된 트레일러로 중량화물 등의 운송에 주로 이용한다.

① ㅁ
② ㄴ, ㄷ
③ ㄴ, ㅁ
④ ㄱ, ㄷ, ㅁ
⑤ ㄱ, ㄴ, ㄷ, ㄹ, ㅁ

074 해상운송 시 위험화물의 운송에 관한 설명으로 옳은 것은?

① IMDG 코드에서 위험물이라는 용어에는 이전의 위험화물을 담았던 세정되지 아니한 빈 포장 용기는 포함되지 않는다.

② 위험물 선적 서류에 요구되는 위험물 명세정보에는 UN 번호, 품명, 급 및 등급, 포장 등급이 포함된다.

③ IMDG 코드에는 위험물을 여러 등급으로 구분하고 있는데 1급(class 1)은 인화성 액체류이다.

④ PSN(proper shipping name)은 위험물 운송 전문가 위원회가 위험물에 부여한 고유 번호이다.

⑤ IMDG 코드에 별도의 명문 규정이 없는 한 위험물이 충전된 모든 포장화물에는 그 화물의 위험성을 나타내는 표찰을 부착하지 않아도 된다.

075 공로 운송의 운영관리지표에 관한 설명으로 옳은 것은?

① 가동률은 일정 기간 동안 화물차량을 실제 운행한 시간과 목표운행 시간과의 비율을 의미하는 지표로 목표 가동 일수를 실제 가동 일수로 나누어 산출한다.

② 회전율은 화물차량이 일정 시간 내에 화물을 운송한 횟수를 말하는 지표로 평균 적재량을 총운송량으로 나누어 산출한다.

③ 영차율은 전체 화물운송거리 중에서 실제로 얼마나 화물을 적재하고 운행했는지를 나타내는 지표로 적재거리를 총운행거리로 나누어 산출한다.

④ 복화율은 편도운송을 한 후 귀로에 복화운송을 어느 정도 수행했느냐를 나타내는 지표로 편도운행횟수를 귀로 시 영차운행횟수로 나누어 산출한다.

⑤ 적재율은 화물자동차의 적재량 대비 실제 얼마나 화물을 적재하고 운행했는지를 나타내는 지표로 총운행적재율은 차량적재정량을 총운송량으로 나누어 산출한다.

076 보세구역의 형태와 운영에 관한 설명으로 옳지 않은 것은?

① 세관검사장은 통관하려는 물품을 검사하기 위한 장소로서 세관장이 지정하는 지역으로 한다.

② 보세창고에는 외국물품이나 통관을 하려는 물품을 장치한다.

③ 보세전시장에서는 박람회, 전람회, 견본품 전시회 등의 운영을 위하여 외국물품을 장치·전시하거나 사용할 수 있다.

④ 세관장은 보세판매장에서 판매할 수 있는 물품의 종류, 수량, 장치 장소 등을 제한할 수 있다.

⑤ 세관장은 직권으로 또는 관계 중앙행정기관의 장이나 지방자치단체의 장, 그 밖에 종합보세구역을 운영하려는 자의 요청에 따라 무역진흥에의 기여 정도, 외국물품의 반입·반출 물량 등을 고려하여 일정한 지역을 종합보세구역으로 지정할 수 있다.

077 한국 부산의 A 마트는 베트남 호치민의 B, C, D 업체로부터 매월 식품 및 식자재 약 30CBM을 컨테이너로 수입하고 있다. 이때 혼재방식과 운송형태가 바르게 짝지어진 것은?

① Buyer's consolidation, CY−CFS
② Seller's consolidation, CY−CFS
③ Buyer's consolidation, CFS−CY
④ Seller's consolidation, CFS−CFS
⑤ Co−loading, CY−CY

078 수송 문제를 해결하기 위하여 최소비용법(least−cost method)을 적용하고자 한다. 아래와 같은 운송조건하에서 최소비용법을 적용할 때 첫 번째 운송구간 할당 후, 두 번째로 할당되는 운송구간과 할당량을 순서대로 나열한 것은? (단, 공급지에서 수요지까지의 운송비는 각 셀의 우측 상단에 제시되어 있음)

(단위 : 천원, 톤)

공급지 \ 수요지	1	2	3	공급량
A	4	3	5	20
B	7	6	9	50
C	8	5	10	30
수요량	35	20	45	100

① A−1, 20톤　　　　　② B−1, 35톤
③ B−2, 20톤　　　　　④ C−1, 30톤
⑤ C−2, 20톤

079 택배의 특성에 관한 설명으로 옳은 것을 모두 고른 것은?

ㄱ. 개인화물부터 기업화물까지 불특정 다수의 화물을 대상으로 한다.
ㄴ. 물류기지, 집배차량, 자동분류기 등 대규모 투자가 필요하지 않다.
ㄷ. 운송인은 일관된 책임운송서비스를 제공한다.
ㄹ. 개별화물의 전산관리, 화물추적, 집배차량과의 통신 등이 접목되는 사업이다.
ㅁ. 집하와 배송이 별개로 수행되는 운송사업이다.
ㅂ. 택배사업은 매출액에 비해서 많은 노동력이 소요되는 사업이다.

① ㄱ, ㄷ, ㄹ
② ㄱ, ㄹ, ㅂ
③ ㄴ, ㄷ, ㅂ
④ ㄱ, ㄷ, ㄹ, ㅂ
⑤ ㄱ, ㄷ, ㄹ, ㅁ, ㅂ

080 다음은 운송수단의 속도와 비용과의 관계를 설명한 것이다. ( )에 들어갈 내용을 순서대로 나열한 것은?

• 속도가 (ㄱ) 운송수단일수록 운송빈도가 더욱 높아져 (ㄴ)가 증가한다.
• 속도가 (ㄷ) 운송수단일수록 운송빈도가 더욱 낮아져 (ㄹ)가 증가한다.

① ㄱ : 느린, ㄴ : 운송비, ㄷ : 느린, ㄹ : 보관비
② ㄱ : 느린, ㄴ : 보관비, ㄷ : 빠른, ㄹ : 운송비
③ ㄱ : 느린, ㄴ : 운송비, ㄷ : 빠른, ㄹ : 보관비
④ ㄱ : 빠른, ㄴ : 운송비, ㄷ : 느린, ㄹ : 보관비
⑤ ㄱ : 빠른, ㄴ : 보관비, ㄷ : 느린, ㄹ : 운송비

041 운송시장의 환경 변화에 관한 설명으로 옳지 않은 것은?

① 정보화 사회의 진전
② 글로벌 아웃소싱 시장의 확대
③ 구매고객에 대한 서비스 수준 향상
④ 전자상거래 증가
⑤ 물류보안 및 환경 관련 규제 완화

042 컨테이너에 관한 설명으로 옳지 않은 것은?

① 화물의 단위화를 목적으로 하는 운송용기로서 육상 · 해상 · 항공을 통한 화물운송에 있어 경제성, 신속성, 안정성의 이점을 갖고 있다.
② 물적유통 부문의 운송 · 보관 · 포장 · 하역 등의 전 과정을 일관운송할 수 있는 혁신적인 운송용기이다.
③ 반복사용이 가능한 운송용기로서 신속한 하역작업을 가능하게 하고 이종운송수단 간 접속을 원활하게 하기 위해 고안된 화물수송용기이다.
④ 화물을 운송하는 과정에서 재포장 없이 사용할 수 있도록 설계되어 취급이 용이하며, 해상운송방식에만 사용할 수 있도록 고안된 운송용기이다.
⑤ 환적작업이 신속하게 이루어질 수 있는 장치를 구비하여야 하며, 화물의 적입 및 적출이 용이하도록 설계된 $1m^3$ 이상의 용기이다.

043 화물자동차운송의 장점으로 옳지 않은 것은?

① 근거리운송에 적합하다.
② 문전일관운송이 가능하다.
③ 비교적 간단한 포장으로 운송이 가능하다.
④ 단위포장으로 파렛트(Pallet)를 사용할 수 있다.
⑤ 대량화물운송에 적합하다.

044 운송비용 중 고정비 항목이 아닌 것은?

① 연료비   ② 감가상각비
③ 보험료   ④ 인건비
⑤ 제세공과금

045 운송수단의 선택 기준으로 옳지 않은 것은?

① 화물 종류   ② 화물량
③ 운송비용   ④ 종업원 수
⑤ 운송거리

046 화물운송의 비용 및 운임에 관한 설명으로 옳지 않은 것은?

① 정기선운송 시 무차별운임은 화물이나 화주, 장소에 따라 차별하지 않고 화물의 중량이나 용적을 기준으로 일률적으로 부과하는 운임이다.
② 정기선운송 시 혼재운임은 여러 화주의 화물을 혼재하여 하나의 운송 단위로 만들어 운송될 때 부과되는 운임이다.
③ 철도운송이나 해상운송의 경우, 대량화물을 운송할 때 단위비용이 낮아 항공운송이나 자동차운송보다 유리하다.
④ 운송수단의 선정 시 운송비용과 재고유지비용을 고려해야 한다.
⑤ 부정기선운송 시 부적운임은 선적하기로 계약했던 화물량보다 실선적량이 부족한 경우 용선인이 계약물량에 대해 지불하는 운임이다.

047

다음은 A기업의 화물운송 방식이다. 채트반(Chatban) 공식을 이용하여 운송할 때 그 결과에 관한 설명으로 옳지 않은 것은?

- 자동차운송비 : 8,000원/ton · km
- 철도운송비 : 7,500원/ton · km
- 톤당 철도운송 부대비용(철도발착비＋배송비＋화차하역비 등) : 53,000원

① A기업은 80~100km 구간에서 자동차운송이 유리하다.
② A기업은 100~120km 구간에서 철도운송이 유리하다.
③ 100km 지점에서 톤당 철도운송의 부대비용이 50,000원일 때, 자동차운송비와 철도운송비가 동일하다.
④ A기업은 106km 지점에서 자동차운송비와 철도운송비가 동일하다.
⑤ A기업의 자동차운송의 경제적 효용거리는 106km이다.

048

특수화물운송 취급 장비 중 유압식 크레인의 용도 및 특징에 관한 설명으로 옳은 것은?

① 하이드로 크레인(Hydro Crane)이라고도 하며, 중 · 단거리 이동이 가능한 트럭 위에 탑재시킨 장비이다.
② 상자형 화물실을 갖추고 있는 원동기부의 덮개가 운전실 앞쪽에 나와 있다.
③ 화물실의 지붕이 없고, 옆판이 운전대와 일체로 되어 있다.
④ 적재함 위에 회전하는 드럼을 싣고 화물을 뒤섞으면서 운행한다.
⑤ 화물 적재장치(포크, 램)와 승강장치를 구비하고 있다.

049

다음은 B기업의 2018년도 화물자동차 운행실적이다. 실차율, 적재율, 가동률이 모두 옳은 것은? (단, 소수점 둘째 자리에서 반올림)

- 누적 주행거리 : 60,000km
- 실제 적재 주행거리 : 52,000km
- 실제 가동 차량 수 : 300대
- 누적 실제 차량 수 : 360대
- 트럭의 적재가능 총 중량 : 15톤
- 트럭의 적재 중량 : 12톤
- 트럭의 회전율 : 5회

	실차율	적재율	가동률
①	83.3%	80.0%	86.7%
②	83.3%	86.7%	80.0%
③	86.7%	60.0%	83.3%
④	86.7%	80.0%	83.3%
⑤	86.7%	86.7%	80.0%

050   화물대를 기울여 적재물을 중력으로 내리는 적재함 구조의 전용특장차는?

① 덤프트럭(Dump Truck)

② 세미 트레일러 트럭(Semi-Trailer Truck)

③ 롤러컨베이어(Roller Conveyor) 장치차량

④ 롤러베드(Roller Bed) 장치차량

⑤ 파렛트 레일(Pallet Rail) 장치차량

051   다음에서 설명하는 차량은?

> 밴형차량의 측문이 하나이거나 한쪽에만 설치되어 있어 측면에서의 상ㆍ하차작업이 불편할 뿐만 아니라, 지게차에 의한 작업 시 상ㆍ하차작업이 곤란한 문제점을 해결하기 위하여 측면의 문을 미닫이 식으로 설치함으로써 측면 전체의 개방이 가능하도록 제작된 차량이다. 주로 무거운 화물(음료수 등)을 배송하는 중ㆍ소형 차량에 적용된다.

① 슬라이딩도어(Sliding Door) 차량

② 컨버터블(Convertible) 적재함 차량

③ 셔터도어(Shutter Door) 차량

④ 윙바디(Wing Body) 차량

⑤ 폴트레일러(Pole Trailer) 차량

052 화물정보망의 역할이 아닌 것은?

① 공차율의 감소
② 공산품 생산의 감소
③ 운송시장의 투명성 제시
④ 정보 수요자 중심의 시장으로 전환
⑤ 운송효율의 제고

053 화물운송실적신고는 화물자동차 운수사업자가 신고 대상 운송 또는 주선 실적을 정부에서 정한 일정 기준에 따라 의무적으로 관리하고 신고하여야 하는 제도이다. 실적신고 내용이 아닌 것은?

① 운송의뢰자 정보
② 계약내용
③ 의뢰받은 화물을 재위탁한 경우 계약내용
④ 배차내용
⑤ 차량경로정보

054 화물운송의 운임 결정 요인에 해당하지 않는 것은?

① 축간거리(Wheel Base)
② 운송거리(Distance)
③ 운송되는 화물의 크기(Volume)
④ 밀도(Density)
⑤ 적재성(Stowability)

055 국제물류주선업자의 기능으로 옳은 것을 모두 고른 것은?

> ㄱ. 선박의 감항능력 유지
> ㄴ. 혼재화물 취급업무
> ㄷ. 컨테이너야드 관리
> ㄹ. 운송계약의 체결과 선복의 예약
> ㅁ. 운송서류 작성

① ㄱ, ㄴ, ㄷ
② ㄱ, ㄷ, ㅁ
③ ㄴ, ㄷ, ㄹ
④ ㄴ, ㄹ, ㅁ
⑤ ㄷ, ㄹ, ㅁ

056 다음 수송문제의 모형에서 공급지 1~3의 공급량은 각각 300, 500, 200이고, 수요지 1~4의 수요량은 각각 200, 400, 100, 300이다. 공급지에서 수요지 간의 1단위 수송비용이 그림과 같을 때 제약 조건식으로 옳지 않은 것은? (단, X_{ij}에서 X는 물량, i는 공급지, j는 수요지를 나타냄)

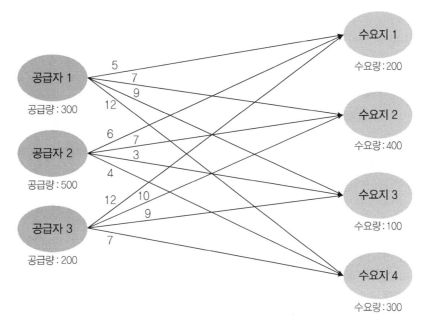

① $X_{11} + X_{21} + X_{31} = 200$

② $X_{14} + X_{24} + X_{34} = 400$

③ $X_{11} + X_{12} + X_{13} + X_{14} = 300$

④ $X_{21} + X_{22} + X_{23} + X_{24} = 500$

⑤ $X_{31} + X_{32} + X_{33} + X_{34} = 200$

057 유통센터에서 납품처 A, B까지의 배송시간은 각각 45분, 55분이며, 납품처 A에서 납품처 B까지의 배송시간은 25분이다. 기존의 방식은 유통센터에서 납품처 A를 갔다 온 후 다시 납품처 B까지 갔다 오는 배송방식을 사용한다. 유통센터에서 납품처 A, B를 순차적으로 경유한 후 유통센터로 돌아오는 세이빙(Saving) 기법에 의한 배송 절약 시간은?

① 3시간 20분

② 3시간

③ 2시간 5분

④ 1시간 15분

⑤ 55분

058 다음 네트워크에서 출발지 S로부터 도착지 F까지 최단경로의 거리는 얼마인가? (단, 경로별 숫자는 km임)

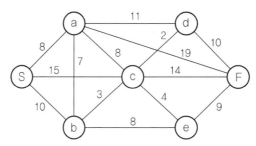

① 23km

② 24km

③ 25km

④ 26km

⑤ 27km

059 최소비용법(Least-Cost Method)과 보겔추정법(Vogel's Approximation Method)을 적용하여 총 운송비용을 구할 때 각각의 방식에 따라 산출된 총 운송비용의 차이는? (단, 공급지에서 수요지까지의 톤당 운송비는 각 셀의 우측 하단에 제시되어 있음)

수요지 공급지	X	Y	Z	공급량(톤)
A	11	16	20	300
B	5	13	15	100
C	12	10	13	200
수요량(톤)	300	200	100	600

① 0

② 100

③ 200

④ 300

⑤ 400

060 수·배송시스템 설계 시 고려 요소에 해당하지 않는 것은?

① 리드타임

② 적재율

③ 차량의 회전율

④ 차량운행 대수

⑤ 안전수요량

061 수·배송시스템을 합리적으로 설계하기 위한 요건과 분석기법에 관한 설명으로 옳지 않은 것은?

① 루트배송법은 다수의 소비자에게 소량 배송하기에 적합한 시스템으로 비교적 광범위한 지역을 대상으로 한다.

② TSP(Travelling Salesman Problem)는 차량이 지역 배송을 위해 배송센터를 출발하여 되돌아오기까지 소요되는 시간 또는 거리를 최소화하기 위한 기법이다.

③ 다이어그램 배송(Diagram Delivery)은 집배구역 내에서 차량의 효율적 이용을 위하여 배송화물의 양이나 배송처의 거리, 수량, 배송시각, 도로 상황 등을 고려하여 미리 배송경로를 결정하여 배송하는 시스템이다.

④ 변동 다이어그램은 과거 통계 또는 경험에 의존하여 주된 배송경로와 시각을 정해 두고 적시배달을 중시하는 배송시스템이다.

⑤ 변동 다이어그램 방식으로 SWEEP, TSP, VSP 등이 있다.

062 다음과 같은 네트워크에서 노드 S로부터 G까지 모든 노드들에 원유를 공급할 수 있는 가장 짧은 길이의 송유관 네트워크를 구축하고자 할 때, 송유관의 총 길이는 얼마인가? (단, 숫자는 두 노드 사이의 거리이며, 단위는 km임)

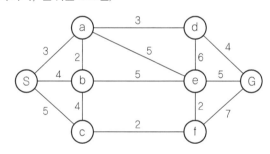

① 18km ② 19km

③ 20km ④ 21km

⑤ 22km

063 다음 그림에서 숫자는 인접한 노드 간의 용량을 의미한다. 현재 노드 간(c →d)의 용량은 7이다. 만약, 노드 간(c → d)의 용량이 7에서 2로 감소한다고 가정할 때, S에서 F까지의 최대 유량의 감소분은?

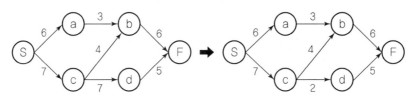

① 1
② 2
③ 3
④ 4
⑤ 5

064 다음과 같은 운송조건의 수송표가 주어졌을 때 북서코너법을 이용한 총 수송비는 얼마인가? (단, 각 셀은 단위당 수송비용임)

(단위 : 천원)

공급지 \ 수요지	D1	D2	D3	공급량(kg)
P1	20	40	30	15
P2	50	20	100	12
P3	100	60	40	5
수요량(kg)	10	15	7	32

① 900,000원
② 1,000,000원
③ 1,100,000원
④ 1,200,000원
⑤ 1,300,000원

065 택배 표준약관(공정거래위원회 표준약관 제10026호)의 운송물의 수탁 거절 사유로 옳지 않은 것은?

① 고객이 제7조 제2항의 규정에 의한 청구나 승낙을 거절하여 운송에 적합한 포장이 되지 않은 경우

② 고객이 제9조 제1항의 규정에 의한 확인을 거절하거나 운송물의 종류와 수량이 운송장에 기재된 것과 다른 경우

③ 운송물 1포장의 가액이 300만원을 초과하는 경우

④ 운송물의 인도예정일(시)에 운송이 가능한 경우

⑤ 운송물이 현금, 카드, 어음, 수표, 유가증권 등 현금화가 가능한 물건인 경우

066 소화물일관운송의 특징으로 옳은 것을 모두 고른 것은?

> ㄱ. 소형 · 소량 화물에 대한 운송체계
> ㄴ. 운송업자가 모든 운송상의 책임을 부담하는 일관책임체계
> ㄷ. 송화인이 물품을 직접 집화, 포장까지 수행하는 운송서비스체계
> ㄹ. 터미널에서 터미널까지 일관된 운송서비스체계
> ㅁ. 규격화된 포장과 단일운임체계

① ㄱ, ㄴ, ㄷ   ② ㄱ, ㄴ, ㅁ

③ ㄱ, ㄴ, ㄷ, ㄹ   ④ ㄱ, ㄷ, ㄹ, ㅁ

⑤ ㄴ, ㄷ, ㄹ, ㅁ

067 다음과 같은 특징을 가진 택배운송시스템은?

> • 노선의 수가 적어 운송의 효율성이 높다.
> • 집배센터에 배달 물량이 집중되어 상 · 하차 여건 부족 시 배송 지연이 발생할 수 있다.
> • 모든 노선이 중심거점 위주로 구축된다.
> • 대규모의 분류능력을 갖춘 터미널이 필요하다.

① Milk Run 시스템   ② Point to Point 시스템

③ Hub & Spoke 시스템   ④ 절충형 혼합식 네트워크 방식

⑤ 프레이트 라이너 방식

068 택배 표준약관(공정거래위원회 표준약관 제10026호)에 관한 내용으로 옳은 것은?

① 고객이 운송장에 손해배상한도액을 기재하지 않았을 경우 한도액은 50만원이 적용되고, 운송물의 가액에 따라 할증요금을 지급하는 경우에는 각 운송가액 구간별 평균가액이 적용된다.

② 운송물이 포장당 50만원을 초과하거나 운송상 특별한 주의를 요하는 것일 때는 따로 추가 요금을 청구할 수 있다.

③ 운송장에 인도예정일의 기재가 없는 경우에는 운송장에 기재된 운송물의 수탁일로부터 인도예정 장소에 따라 일반 지역 1일, 도서, 산간벽지 3일로 한다.

④ 운송물의 멸실, 현저한 훼손 또는 연착이 천재지변 기타 불가항력적인 사유 또는 고객의 책임 없는 사유로 인한 것인 때에는 사업자는 운임을 청구하지 못하고 통지 · 최고 · 운송물의 처분 등에 소요되는 비용을 청구한다.

⑤ 운송물의 일부 멸실 또는 훼손에 대한 사업자의 손해배상책임은 수화인이 운송물을 수령한 날로부터 21일 이내에 그 일부 멸실 또는 훼손에 대한 사실을 사업자에게 통지를 발송하지 아니하면 소멸한다.

069 국내 철도화물 운임체계에 관한 설명으로 옳은 것은?

① 철도화물 운임은 별도의 할인제도를 운영하고 있지 않다.

② 철도화물 운임체계는 일반화물, 특수화물로 구분하여 운영하고 있다.

③ 일반화물 운임은 운송거리(km) × 운임단가(운임/km) × 화물중량(톤)으로 산정한다.

④ 일반화물의 최저기본운임은 사용화차의 최대 적재중량에 대한 10km에 해당하는 운임이다.

⑤ 1km 미만의 거리와 1톤 미만의 일반화물은 실제 거리와 중량으로 계산한다.

070 철도화물운송 방식에 관한 설명으로 옳은 것은?

① Kangaroo : 철도의 일정 구간을 정기적으로 고속운행하는 열차를 편성하여 운송하는 방식이다.

② TOFC : 화차에 컨테이너만을 적재하는 방식이다.

③ Freight Liner : 트레일러 바퀴가 화차에 접지되는 부분을 경사진 요철 형태로 만들어 적재 높이가 낮아지도록 하여 운송하는 방식이다.

④ COFC : 화차 위에 컨테이너를 적재한 트레일러를 적재한 채로 운송을 한 후 목적지에 도착하여 트레일러를 견인장비로 견인, 하차한 후 트랙터와 연결하여 운송하는 방식이다.

⑤ Piggy Back : 화차 위에 화물을 적재한 트럭 등을 적재한 상태로 운송하는 방식이다.

071 철도운송 서비스 형태에 관한 설명으로 옳지 않은 것은?

① Block Train : 스위칭 야드(Switching Yard)를 이용하지 않고 철도화물역 또는 터미널 간을 직행 운행하는 방식이다.

② Shuttle Train : 철도역 또는 터미널에서의 화차조성비용을 줄이기 위해 화차의 수와 타입이 고정되며 출발지 → 목적지 → 출발지를 연결하는 루프형 구간에서 서비스를 제공하는 방식이다.

③ Single-Wagon Train : 복수의 중간역 또는 터미널을 거치면서 운행하는 방식이다.

④ Train Ferry : 중·단거리 수송이나 소규모 터미널에서 이용할 수 있는 소형 열차서비스 방식이다.

⑤ Y-Shuttle Train : 한 개의 중간터미널을 거치는 것을 제외하고는 셔틀트레인(Shuttle Train)과 같은 형태의 서비스를 제공하는 방식이다.

072 철도운송의 장점으로 옳지 않은 것은?

① 화차의 소재 관리가 용이하다.

② 대량화물을 원거리수송할 경우 화물자동차운송에 비해 저렴하고 경제적이다.

③ 궤도수송이기 때문에 사고율이 낮고 안전도가 높다.

④ 화물자동차에 비해 매연발생이 적다.

⑤ 기후 상황에 크게 영향을 받지 않으며 계획적인 운송이 가능하다.

073 항공화물운송대리점의 업무에 해당하지 않는 것은?

① 수출입항공화물의 유치 및 계약체결

② 내륙운송주선

③ 항공운항 스케줄 관리

④ 수출입통관절차 대행

⑤ 항공화물 부보업무

074 항공화물운송 운임에 관한 설명으로 옳은 것을 모두 고른 것은?

> ㄱ. 일반화물 요율은 최저운임, 기본요율, 중량단계별 할인요율로 구성되어 있다.
> ㄴ. 기본요율은 요율표에 "M"으로 표시된다.
> ㄷ. 항공운임은 선불(Prepaid)과 도착지불(Charges Collect)이 있다.
> ㄹ. 기본요율은 45kg 미만의 화물에 적용되는 요율로 일반화물 요율의 기준이 된다.
> ㅁ. 특정품목 할인요율은 최저중량 제한 없이 할인요율을 적용한다.

① ㄱ, ㄴ, ㄷ   ② ㄱ, ㄴ, ㄹ
③ ㄱ, ㄷ, ㅁ   ④ ㄱ, ㄷ, ㄹ
⑤ ㄴ, ㄷ, ㄹ

075 항공화물운송장에 관한 설명으로 옳지 않은 것은?

① 운송 위탁된 화물을 접수했다는 수령증이다.
② 송화인과의 운송계약 체결에 대한 문서증명으로 사용할 수 없다.
③ 화물과 함께 목적지로 보내 수화인의 운임 및 요금 계산 근거를 제공한다.
④ 세관에 대한 수출입 신고자료 또는 통관자료로 사용된다.
⑤ 화물 취급, 중계, 배송과 같은 운송 지침의 기능도 수행한다.

076 해상운송에서 정기선운송과 부정기선운송에 관한 설명으로 옳은 것은?

① 해상운송계약 체결의 증거로서 정기선운송은 선화증권(Bill of Lading)을, 부정기선운송은 용선계약서(Charter Party)를 사용한다.
② 정기선운송은 벌크화물을 운송하고, 부정기선운송은 컨테이너화물을 운송한다.
③ 정기선운송인은 사적 계약운송인의 역할을, 부정기선운송인은 공공 일반운송인의 역할을 수행한다.
④ 정기선운송 운임은 수요와 공급에 의해 결정되고, 부정기선운송 운임은 공표운임(Tariff)에 의해 결정된다.
⑤ 정기선운송의 하역비 부담 조건은 FI, FO, FIO 등이 있고, 부정기선은 Berth term에 의해 결정된다.

077 〈보기 1〉의 부정기선의 계약에 따른 운항 형태에 대한 설명을 〈보기 2〉에서 찾아 모두 바르게 연결한 것은?

<보기 1>

ㄱ. 항해용선계약(Voyage Charter) 　　　ㄴ. 선복용선계약(Lump Sum Charter)
ㄷ. 일대용선계약(Daily Charter) 　　　　ㄹ. 정기용선계약(Time Charter)
ㅁ. 나용선계약(Bare Boat Charter)

<보기 2>

a. 한 선박의 선복 전부를 하나의 선적으로 간주하여 운임액을 결정하는 용선계약
b. 한 항구에서 다른 항구까지 한 번의 항해를 위해 체결하는 운송계약
c. 하루 단위로 용선하는 용선계약
d. 선박만을 용선하여 인적 및 물적 요소 전체를 용선자가 부담하고 운항의 전 과정을 관리하는 계약
e. 모든 장비를 갖추고 선원이 승선해 있는 선박을 일정기간 정하여 사용하는 계약

① ㄱ-a, ㄴ-c, ㄷ-b, ㄹ-e, ㅁ-d
② ㄱ-a, ㄴ-b, ㄷ-c, ㄹ-e, ㅁ-d
③ ㄱ-b, ㄴ-a, ㄷ-c, ㄹ-e, ㅁ-d
④ ㄱ-b, ㄴ-c, ㄷ-a, ㄹ-d, ㅁ-e
⑤ ㄱ-b, ㄴ-c, ㄷ-e, ㄹ-a, ㅁ-d

078 선박의 항해에 필요한 연료유, 식수 등의 중량을 제외한 적재할 수 있는 화물의 최대 중량으로 용선료의 기준이 되는 선박 톤수는?

① 총톤수(Gross Tonnage)
② 순톤수(Net Tonnage)
③ 재화중량톤수(Dead Weight Tonnage)
④ 배수톤수(Displacement Tonnage)
⑤ 재화용적톤수(Measurement Tonnage)

079 선화증권에 관한 설명으로 옳지 않은 것은?

① 기명식 선화증권은 선화증권의 수화인란에 수화인의 성명이 기재되어 있는 선화증권을 말한다.

② 선화증권은 운송계약서는 아니지만 운송인과 송화인 간에 운송계약이 체결되었음을 추정하게 하는 증거증권의 기능을 가진다.

③ 기명식 선화증권은 화물의 전매나 유통이 자유롭다.

④ 지시식 선화증권은 선화증권의 수화인란에 수화인의 성명이 명시되어 있지 않고 'to order of'로 표시된 선화증권을 말한다.

⑤ 기명식 선화증권은 선화증권에 배서금지 문언이 없으면 배서양도는 가능하지만, 기명된 당사자만이 화물을 인수할 수 있다.

080 해운정책에 관한 설명으로 옳지 않은 것은?

① 카보타지(Cabotage)는 해운자유주의 정책의 근본 개념이라 할 수 있으며 공공단체, 정부 또는 대리인의 개입 없이 상선은 운임시장에 의해 운항되는 정책이다.

② 해운자유화의 의의는 선박에 게양되는 국기에 상관없이 해상운송의 자유 및 공정한 경쟁원칙을 적용하는 데 있다.

③ 해운자유주의 정책에서 화주는 국적선이든 외국적선이든 간에 운송인 선정의 자유를 갖는다.

④ 해운보호주의는 외부경쟁으로부터 국내 해운산업을 보호하기 위한 정책이다.

⑤ 해운의 국가통제란 정부가 직접 해운에 개입하는 것을 말하며 계획조선제도가 대표적인 예이다.

제2과목

화물운송론

041 운송수단을 선택할 때의 고려사항으로 옳지 않은 것은?

① 화물의 종류 및 중량
② 운임부담력
③ 화물 운송구간의 소요시간
④ 로트 사이즈(Lot Size)
⑤ 화물 납품처의 매출 규모

042 국내 화물운송에 관한 합리화 방안으로 옳지 않은 것은?

① 운송체계를 다변화하여 기존에 이용하고 있는 운송수단을 효율성이 높은 다른 운송수단으로 교체한다.
② 경쟁력 제고를 목적으로 자사의 비핵심 업무를 외부에 위탁하는 아웃소싱을 추진한다.
③ 전체 운행거리에서 화물의 적재효율을 높이기 위하여 영차율을 최소화한다.
④ 대량화물을 고속으로 운송하기 위하여 블록 트레인(Block Train)을 도입한다.
⑤ 운송경로 – 물류거점 – 운송수단을 연계한 물류네트워크를 구축한다.

043 화물운송에 관한 설명으로 옳지 않은 것은?

① 운송의 3대 요소는 운송연결점(Node), 운송경로(Link), 운송수단(Mode)이다.
② 물류활동의 목표인 비용절감과 고객서비스의 향상을 추구한다.
③ 제품의 생산과 소비를 연결하는 파이프 역할을 수행한다.
④ 배송은 물류거점 간 간선운송을 의미한다.
⑤ 운송수단을 통해 한 장소에서 다른 장소로 화물을 이동시키는 물리적 행위이다.

044 화물운송 서비스의 특징으로 옳지 않은 것은?

① 운송수단으로 화물을 이동하는 순간에 운송서비스가 창출되기 때문에 생산과 동시에 소비된다.
② 운임 비중이 클 경우에 운임상승은 운송수요를 감소시킨다.
③ 운송수단 중에서 기술적으로 대체 가능하다면 가장 저렴한 수단을 선택한다.
④ 운송시기와 목적지에 따라 수요가 합해지고 이에 따라 운송서비스 공급이 가능하다.
⑤ 운송수요는 많은 이질적인 개별수요로 구성되어 있기 때문에 계획적이고 체계적인 특성이 있다.

045 운송효용 측면에서 '생산과 소비의 시간적 격차 조정'에 해당되는 것은?

① 지역 간 거리해소로 자원의 효율적 배분이 가능하다.
② 원격지 간의 생산과 판매를 촉진하여 유통의 범위와 기능을 확대시킨다.
③ 지역 간 유통으로 상품가격의 조정 및 안정화를 도모한다.
④ 유통활동의 간소화와 가격안정을 통하여 유통의 효율화를 촉진시킨다.
⑤ 제품을 필요한 시점까지 보관하였다가 수요에 따라 공급하는 과정에서 운송효용이 달성된다.

046 운송수단의 선택에 관한 설명으로 옳지 않은 것은?

① 화물수량이 적은 경우에는 해상운송보다 자동차 또는 항공운송을 선택한다.
② 자동차운송은 운송거리가 길수록 적합하고, 해상운송은 거리가 짧을수록 합리적이다.
③ 운임부담능력이 있는 고가화물은 항공운송을 선택한다.
④ 화물가치가 낮고 운임이 저렴하면 해상운송을 선택한다.
⑤ 석유류, 가스제품의 경우에는 파이프라인 운송을 선택한다.

047 운송 효율화 측면에서 '운송수단과 비용 간의 관계'에 관한 설명으로 옳지 않은 것은?

① 운송수단의 선정 시 운송비용과 재고유지비용을 고려한다.
② 운송수단별 운송물량에 따라 운송비용에 차이가 있다.
③ 항공운송은 리드타임(Lead Time)이 짧기 때문에 재고유지비용이 증가한다.
④ 해상운송은 운송기간 중에 재고유지비용이 증가한다.
⑤ 속도가 느린 운송수단일수록 운송 빈도가 낮아져 보관비가 증가한다.

048 운송의 주요기능에 관한 설명으로 옳지 않은 것은?

① 판매와 생산을 조정하여 생산계획의 원활화를 도모한다.
② 약속된 장소와 기간 내에 화물을 고객에게 전달한다.
③ 물류계획과 실행을 일치시킨다.
④ 수주에서 출하까지의 작업효율화를 도모한다.
⑤ 유통재고량을 최대로 유지시킨다.

049 화물자동차의 중량 및 운송능력에 관한 설명으로 옳지 않은 것은?

① 공차중량은 화물을 적재하지 않고 연료, 냉각수, 윤활유 등도 채우지 않은 상태의 중량이다.
② 최대 적재중량은 화물을 최대로 적재할 수 있도록 허용된 중량이다.
③ 자동차연결 총중량은 최대 적재중량에 트레일러와 트랙터의 무게까지 합산한 중량이다.
④ 최대접지압력은 최대 적재상태에서 접지부에 미치는 단위면적당 중량이다.
⑤ 화물자동차의 운송능력은 최대 적재중량에 자동차의 평균 속도를 곱하여 계산한다.

050 특장차에 관한 설명으로 옳지 않은 것은?

① 특장차를 전용으로 이용할 경우에 화물의 포장비가 절감된다.
② 특장차는 신속한 상·하차가 가능하여 차량의 회전율을 향상시킨다.
③ 특장차는 복화화물을 확보하는 것이 어렵기 때문에 편도 공차운행을 해야 하는 비효율성이 있다.
④ 특장차는 운송화물의 특성에 맞춰 제작되기 때문에 차체의 무게가 가벼워진다.
⑤ 특장차는 다른 종류의 화물을 수송하기에 부적합하며 화물 부족 시 운영효율이 떨어진다.

051 운송회사는 공급지 A, B, C에서 수요지 W, X, Y, Z까지 화물을 운송하려고 한다. 최소비용법에 의한 총운송비용과 공급지 B에서 수요지 X까지의 운송량은? (단, 공급지와 수요지 간 톤당 단위운송비용은 셀의 우측 상단에 표시됨)

(단위 : 천원, 톤)

공급지＼수요지	W	X	Y	Z	공급량
A	20	11	3	6	50
B	5	9	10	2	100
C	18	7	4	1	150
수요량	30	30	120	120	300

① 1,210,000원, 30톤   ② 1,210,000원, 40톤

③ 1,210,000원, 50톤   ④ 2,050,000원, 40톤

⑤ 2,050,000원, 40톤

052 운송회사는 공장에서 물류창고 E, G, I까지 각각 1대씩의 화물차량을 배정하려고 한다. 최단거리로 운송할 경우에 합산한 총운송거리는? (단, 링크의 숫자는 거리이며 단위는 km임)

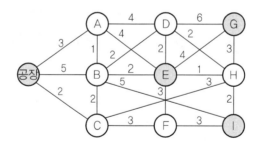

① 19km   ② 20km

③ 21km   ④ 22km

⑤ 23km

053 트레일러 형상과 적재하기에 적합한 화물의 연결이 옳지 않은 것은?

① 평상식 트레일러 - 일반화물
② 저상식 트레일러 - 불도저
③ 중저상식 트레일러 - 대형 핫코일(Hot Coil)
④ 밴 트레일러 - 중량 블록화물
⑤ 오픈탑 트레일러 - 고척화물

054 화물자동차 운임 결정 시 고려 사항으로 옳지 않은 것은?

① 운송거리는 연료비, 수리비, 타이어비 등 변동비에 영향을 주는 중요한 요소이다.
② 밀도가 높은 화물은 동일한 용적을 갖는 용기에 많이 적재하여 운송할 수 있다.
③ 한 번에 운송되는 화물 단위가 클수록 대형차량을 이용하며 이 경우에 운송단위당 부담하는 고정비 및 일반관리비는 높아진다.
④ 화물형상의 비정형성은 적재작업을 어렵게 하고 적재공간의 효율성을 떨어지게 한다.
⑤ 운송 중 발생되는 화물의 파손, 부패, 폭발 가능성 등에 따라 운임이 달라진다.

055 화물자동차에 관한 설명으로 옳은 것을 모두 고른 것은?

ㄱ. 전장이 길수록 화물의 적재부피가 증가한다.
ㄴ. 전고의 크기는 지하도, 교량의 통과 높이에 영향을 준다.
ㄷ. 전폭이 좁을수록 주행의 안전성이 향상된다.
ㄹ. 하대높이는 화물적재의 안정성에 영향을 준다.
ㅁ. 제1축간거리가 길수록 적재함 중량이 뒷바퀴에 많이 전달된다.

① ㄱ, ㄴ, ㄷ　　　　　　　② ㄱ, ㄴ, ㄹ
③ ㄴ, ㄷ, ㄹ　　　　　　　④ ㄴ, ㄹ, ㅁ
⑤ ㄷ, ㄹ, ㅁ

056

적재함의 크기가 폭 2.3미터, 길이 6.2미터인 윙바디 트럭이 있다. T-11형 파렛트를 1단으로 적재할 경우와 T-12형 파렛트를 1단으로 적재할 경우에 각각 적재 가능한 파렛트 수는?

① T-11형 10개, T-12형 10개
② T-11형 10개, T-12형 11개
③ T-11형 10개, T-12형 12개
④ T-11형 11개, T-12형 10개
⑤ T-11형 11개, T-12형 11개

057

화물차 안전운임제에 관한 설명으로 옳은 것은?

① 안전운임제는 과로·과적·과속에 내몰리는 화물운송 종사자의 근로 여건을 개선하고자 정부에서 직권으로 마련하였다.
② 안전운임제는 위반 시 과태료 처분이 내려지는 '안전운임'과 운임 산정에 참고할 수 있는 '안전운송원가' 두 가지 유형으로 구분된다.
③ 안전운임은 컨테이너, 유류 품목에 한하여 3년 일몰제(2020년~2022년)로 우선적으로 도입된다.
④ 안전운송원가는 철강재와 시멘트 품목에 우선적으로 도입된다.
⑤ 화물자동차 안전운임위원회는 위원장을 포함하여 20명 이내로 구성하도록 화물자동차운수사업법에 명시되어 있다.

058

공로운송의 운행제한에 관한 설명 중 (   )에 들어갈 숫자를 바르게 나열한 것은?

> 고속도로, 국도, 지방도로를 운행하는 차량 중 총중량 (ㄱ)톤, 축하중 (ㄴ)톤을 초과하거나 적재적량을 초과한 화물을 적재한 차량으로서 중량 측정계의 오차 (ㄷ)%를 감안하여 그 이상 시 고발조치하고 일정 벌금이 부과되고 있다.

① ㄱ : 40, ㄴ : 10, ㄷ : 5
② ㄱ : 40, ㄴ : 10, ㄷ : 10
③ ㄱ : 50, ㄴ : 12.5, ㄷ : 5
④ ㄱ : 50, ㄴ : 12.5, ㄷ : 10
⑤ ㄱ : 60, ㄴ : 15, ㄷ : 5

059 다음과 같은 상황이 발생했을 때 택배표준약관(공정거래위원회 표준약관 제10026호)에 근거한 보상 내용으로 옳은 것은?

> • 홍길동은 설 명절에 해외 출장 때문에 고향에 가지 못하게 되었다.
> • 평소에 등산을 좋아하는 부모님을 위해서 설 명절 선물로 등산화 2켤레(110만원)를 구입하고 등산화 속에 60만원(10만원×6장)의 A 백화점 상품권을 넣었다.
> • B 택배 회사에 택배의뢰 시 운송물(등산화, 상품권) 금액에 대해서는 별도로 알리지 않고 등산화만 송장에 표기를 하고 부모님께 택배를 보냈다.
> • 그 다음날 택배회사로부터 해당 택배물품을 운송 중에 잃어버렸다는 통보를 받았다.

① 등산화 가격 110만원을 보상받는다.
② 등산화 가격 110만원과 A 백화점 상품권 60만원을 모두 보상받는다.
③ 등산화 가격 110만원과 A 백화점 상품권 60만원의 각각 50%까지 보상받는다.
④ A 백화점 상품권 60만원 중 40만원까지 보상받는다.
⑤ 등산화 가격 110만원 중 50만원까지 보상받는다.

060 다음에서 설명하는 전용열차의 종류는?

> • 스위칭 야드(Switching Yard)를 이용하지 않고 철도화물역 또는 터미널 간을 직행 운영하는 전용열차의 형태이다.
> • 화차의 수와 타입이 고정되어 있지 않은 열차 형태이다.
> • 중간역을 거치지 않고 최초 출발역에서 최종 도착역까지 직송서비스를 제공하는 것이 장점이다.
> • 철도 – 공로 복합운송에서 많이 이용되는 서비스이다.

① 셔틀 트레인(Shuttle Train)
② 커플링앤셰어링 트레인(Coupling & Sharing Train)
③ 싱글웨곤 트레인(Single – Wagon Train)
④ 블록 트레인(Block Train)
⑤ 유닛 트레인(Unit Train)

061　송유관 네트워크로 A 공급지에서 F 수요지까지 최대의 유량을 보내려고 한다. 최대유량은?
（단, 링크의 화살표 방향으로만 송유 가능하며 링크의 숫자는 용량을 나타냄）（단위 : 톤）

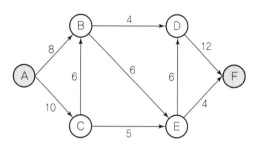

① 12톤
② 13톤
③ 14톤
④ 15톤
⑤ 16톤

062　다음에서 각각 설명하는 철도화물 운송용 차량은?

> ㄱ. 포대화물(양회, 비료 등), 제지류 등을 수송하기 위한 차량으로 양측에 슬라이딩 도어를 구비하여 화물하역이 용이하다.
> ㄴ. 중앙부 저상구조로 되어 있으며 대형변압기, 군장비 등의 특대형 화물수송에 적합하도록 제작되어 있다.

① ㄱ : 유개차　ㄴ : 곡형평판차
② ㄱ : 컨테이너차,　ㄴ : 곡형평판차
③ ㄱ : 곡형평판차,　ㄴ : 유개차
④ ㄱ : 곡형평판차,　ㄴ : 컨테이너차
⑤ ㄱ : 무개차,　ㄴ : 곡형평판차

063　택배사업자가 택배표준약관(공정거래위원회 표준약관 제10026호)에 근거하여 운송물의 수탁을 거절할 수 있는 경우가 아닌 것은?

① A 회사가 B 회사에게 보낸 재생 불가능한 계약서
② C 농업법인이 보낸 쌀 10kg
③ D 애견회사가 보낸 강아지 2마리
④ E 보석상이 보낸 400만원 상당의 금목걸이
⑤ F 총포상이 보낸 화약

064

철도하역방식인 COFC(Container on Flat Car)에 관한 설명으로 옳지 않은 것은?

① 컨테이너를 적재한 트레일러를 철도화차에 상차하거나 철도화차로부터 하차하는 것이다.

② 컨테이너 자체만 철도화차에 상차하거나 하차하는 방식이다.

③ 철도운송과 해상운송의 연계가 용이하다.

④ 하역작업이 용이하고 화차중량이 가벼워 보편화된 철도하역방식이다.

⑤ 철도화차에 컨테이너를 상·하차하기 위해서는 크레인 및 지게차 등의 하역장비가 필요하다.

065

택배표준약관(공정거래위원회 표준약관 제10026호)에 따른 용어 설명을 바르게 나열한 것은?

> ㄱ. 사업자가 택배를 위하여 고객으로부터 운송물을 수령하는 것
> ㄴ. 고객이 운송장에 운송물의 수령자로 지정하여 기재하는 자
> ㄷ. 사업자가 수하인에게 운송장에 기재된 운송물을 넘겨주는 것
> ㄹ. 사업자에게 택배를 위탁하는 자로서 운송장에 송하인으로 기재되는 자

① ㄱ : 수탁, ㄴ : 수하인, ㄷ : 인도, ㄹ : 고객

② ㄱ : 수탁, ㄴ : 수탁인, ㄷ : 운송, ㄹ : 고객

③ ㄱ : 수하, ㄴ : 수탁인, ㄷ : 인도, ㄹ : 운송 수령인

④ ㄱ : 수하, ㄴ : 수탁인, ㄷ : 배달, ㄹ : 운송 수탁인

⑤ ㄱ : 수하, ㄴ : 수하인, ㄷ : 운송, ㄹ : 운송 수령인

066

택배서비스 형태의 설명을 바르게 나열한 것은?

> ㄱ. 개인으로부터 집화하여 개인에게 보내는 택배
> ㄴ. 기업에서 기업 또는 거래처로 보내는 택배
> ㄷ. 기업이 개인에게 보내는 택배

① ㄱ : B2C, ㄴ : C2C, ㄷ : C2B

② ㄱ : C2C, ㄴ : B2B, ㄷ : C2B

③ ㄱ : B2B, ㄴ : C2C, ㄷ : B2C

④ ㄱ : C2B, ㄴ : B2B, ㄷ : C2C

⑤ ㄱ : C2C, ㄴ : B2B, ㄷ : B2C

067 다음 설명에 해당하는 해상운송계약의 형태는?

> • 일종의 선박 임대차 계약으로 용선자가 일시적으로 선주 지위를 취득한다.
> • 용선자가 선용품. 연료 등을 선박에 공급하고 선장 및 승무원을 고용한다.
> • 용선자가 용선기간 중 운항에 관한 일체의 감독 및 관리 권한을 행사한다.

① Daily Charter   ② Lump Sum Charter

③ Bareboat Charter   ④ Trip Charter

⑤ Partial Charter

068 선박의 종류에 관한 설명으로 옳지 않은 것은?

① LASH선은 부선(Barge)에 화물을 적재한 채로 본선에 적재 및 운송하는 선박이다.

② 전용선(Specialized Vessel)은 특정 화물의 적재 및 운송에 적합한 구조와 설비를 갖춘 선박이다.

③ 로로선(RO – RO Vessel)은 경사판(Ramp)을 통하여 하역할 수 있는 선박이다.

④ 유조선(Tanker)은 원유, 액화가스, 화공약품 등 액상 화물의 운송에 적합한 선박이다.

⑤ 겸용선(Combination Carrier)은 부선(Barge)에 적재된 화물을 본선에 설치되어 있는 크레인으로 하역하는 선박이다.

069 선하증권에 관한 국제규칙인 함부르크 규칙(Hamburg Rules, 1978)의 주요 내용으로 옳지 않은 것은?

① 선박의 감항능력(내항성) 담보에 관한 주의의무 규정의 삭제

② 화재면책의 폐지 및 운송인 책임한도액의 인상

③ 항해과실 면책조항의 신설

④ 면책 카탈로그(Catalogue)의 폐지

⑤ 지연손해에 관한 운송인 책임의 명문화

070 다음 설명에 해당하는 항공운임은?

> • 동일 구간이나 동일 상품이 계속적으로 반복하여 운송되는 상품에 대해 적용하는 운임이다.
> • 일정 구간에 반복되어 운송되는 특정 물량에 대하여 항공 이용을 촉진·확대할 목적으로 적용하는 할인운임이다.

① General Cargo Rate
② Commodity Classification Rate
③ Specific Commodity Rate
④ Bulk Unitization Charge
⑤ Disbursement Amount

071 해상운임에 관한 설명으로 옳지 않은 것은?

① Discrimination Rate는 화물, 장소, 화주에 따라 차별적으로 부과하는 운임이다.
② Freight Collect는 무역조건이 CFR계약이나 CIF계약으로 체결되는 경우에 적용되는 운임이다.
③ Optional Surcharge는 양륙항을 정하지 않은 상태에서 운송 도중에 양륙항이 정해지는 경우에 부과되는 할증운임이다.
④ Terminal Handling Charge는 화물이 CY에 입고된 순간부터 본선의 선측까지와 본선의 선측에서 CY 게이트를 통과하기까지의 화물 이동에 따른 비용으로 국가별로 그 명칭과 징수 내용이 다소 상이하다.
⑤ Congestion Surcharge는 도착항의 항만이 혼잡할 경우에 부과되는 할증료이다.

072 다음 설명에 해당하는 선박의 톤수는?

> • 선박 내부의 총 용적량으로 상갑판 하부의 적량과 상갑판 상부의 밀폐된 장소의 적량을 모두 합한 것이다.
> • 선박의 안전과 위생 등에 이용되는 장소는 제외된다.
> • 각국의 해운력과 보유 선복량을 비교할 때 주로 이용한다.
> • 관세, 등록세, 소득세, 도선료, 각종 검사료, 세금과 수수료의 산출기준이다.

① 총톤수(Gross Tonnage)   ② 순톤수(Net Tonnage)
③ 중량톤수(Weight Tonnage)   ④ 배수톤수(Displacement Tonnage)
⑤ 재화중량톤수(Dead Weight Tonnage)

073

다음 설명에 해당하는 혼재서비스(Consolidation Service) 형태는?

> • 수입자는 한 사람이지만 같은 국가에 상품의 공급자(수출자)가 다수인 경우 수출국에 있는 포워더 (Forwarder)를 지정하여 운송 업무를 전담하도록 하는 것이다.
> • 한 사람의 포워더(Forwarder)가 수입자로부터 위탁을 받아 다수의 수출자로부터 화물을 집하하여 컨테이너에 혼재한 후 이를 수입자에게 운송하는 형태이다.
> • 수입화물이 소량(LCL)이고 여러 수출자로부터 수입이 이루어지는 경우에 활용한다.

① Buyer's Consolidation
② Shipper's Consolidation
③ Consigner's Consolidation
④ Co-Loading Service
⑤ Seller's Consolidation

074

항공운송 관련 사업에 관한 설명으로 옳지 않은 것은?

① 국제항공운송사업은 타인의 수요에 맞추어 항공기를 사용하여 유상으로 여객이나 화물을 운송하는 사업이다.
② 항공운송총대리점업은 항공운송사업자를 위하여 유상으로 항공기를 이용한 여객이나 화물의 국제운송계약 체결을 대리하는 사업이다.
③ 항공운송사업자는 국내항공운송사업자, 국제항공운송사업자 및 소형항공운송사업자를 말한다.
④ 국제물류주선업자(Freight Forwarder)는 항공기를 가지고 있지 않지만 독자적인 운송약관과 자체 운임요율표를 가지고 있으며 자체 운송장인 MAWB(MasterAir Waybill)를 발행하는 자이다.
⑤ 상업서류송달업은 타인의 수요에 맞추어 유상으로 수출입 등에 관한 서류와 그에 딸린 견본품을 항공기를 이용하여 송달하는 사업이다.

075 산업단지 내에 있는 6개의 물류거점을 모두 연결하는 도로를 신설하려고 한다. 총도로연장을 최소화할 경우에 필요한 도로연장은? (단, 다음은 각 링크의 출발지 물류거점, 도착지 물류거점, 해당 링크연장을 나타내고 '0'은 해당 링크가 없음을 나타냄)

(단위 : km)

출발지 \ 도착지	A	B	C	D	E	F
A	0	3	5	4	5	0
B	3	0	6	5	0	0
C	5	6	0	4	3	5
D	4	5	4	0	2	4
E	5	0	3	2	0	3
F	0	0	5	4	3	0

① 14km ② 15km
③ 16km ④ 17km
⑤ 18km

076 3개의 공급지와 3개의 수요지를 지닌 수송문제를 보겔추정법을 적용하여 해결하려고 한다. 총운송비용과 공급지 B에서 수요지 Z까지의 운송량은? (단, 공급지와 수요지 간 톤당 단위운송비용은 셀의 우측 상단에 표시됨)

(단위 : 천원, 톤)

공급지 \ 수요지	X	Y	Z	공급량
A	12	6	13	250
B	8	4	5	150
C	7	9	9	200
수요량	100	300	200	600

① 3,600,000원, 50톤 ② 3,700,000원, 50톤
③ 3,700,000원, 100톤 ④ 3,800,000원, 50톤
⑤ 3,800,000원, 100톤

077

다음 통행배정모형 중 용량비제약모형을 모두 고른 것은?

ㄱ. 반복배정법	ㄴ. 분할배정법
ㄷ. Dial 모형	ㄹ. 교통망 평형배정모형
ㅁ. 전량배정법	

① ㄱ, ㄴ
② ㄱ, ㄹ
③ ㄴ, ㄷ
④ ㄷ, ㅁ
⑤ ㄹ, ㅁ

078

20개의 공항을 보유하고 있는 국가가 허브 앤드 스포크(Hub and Spoke) 네트워크를 구축하려고 한다. 20개의 공항 중 4개를 허브로 선택하여 운영할 경우에 총 몇 개의 왕복노선이 필요한가?

① 16개
② 18개
③ 20개
④ 22개
⑤ 24개

079

화물분포모형이 아닌 것은?

① 평균인자법
② 프래타법
③ 중력모형
④ 엔트로피 극대화모형
⑤ 로짓모형

080 　A 공장에서 B 물류창고까지 도로망을 이용하여 상품을 운송하려고 한다. 최소비용수송계획법에 의한 A 공장에서 B 물류창고까지의 총운송비용 및 총운송량은? (단, 링크의 첫째 숫자는 도로용량, 둘째 숫자는 톤당 단위운송비용임) (단위 : 톤, 천원)

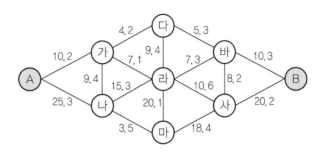

① 330,000원, 26톤　　　　　　② 330,000원, 27톤

③ 330,000원, 28톤　　　　　　④ 346,000원, 29톤

⑤ 346,000원, 30톤

041 다음에서 설명하는 운임결정이론(Theory of Rate Making)은?

> • 운임의 최고한도는 화주의 운임부담능력이 되고, 최저한도는 운송인의 운송원가가 된다.
> • 실제 운임의 결정은 운임부담능력과 운송원가 사이에서 결정된다.

① 용역가치설
② 운임부담력설
③ 생산비설
④ 절충설
⑤ 일반균형이론

042 화물자동차 운영효율성 지표에 관한 설명으로 옳지 않은 것은?

① 영차율은 전체 운행거리 중 실제 화물을 적재하지 않고 운행한 비율을 나타낸다.
② 회전율은 차량이 일정 시간 내에 화물을 운송한 횟수의 비율을 나타낸다.
③ 가동률은 일정 기간 동안 화물을 운송하거나 운송을 위해 운행한 일수의 비율을 나타낸다.
④ 복화율은 편도 운송을 한 후 귀로에 화물운송을 어느 정도 수행했는지를 나타내는 지표이다.
⑤ 적재율은 차량의 적재정량 대비 실제 화물을 얼마나 적재하고 운행했는지를 나타내는 지표이다.

043 화물운송에 관한 설명으로 옳지 않은 것은?

① 운송은 재화에 대한 생산과 소비가 이루어지는 장소적 격차를 해소해 준다.
② 운송방식에 따라 재화의 흐름을 빠르게 또는 느리게 하여 운송비용, 재고수준, 리드타임 및 고객서비스 수준을 합리적으로 조정할 수 있다.
③ 운송은 지역 간, 국가 간 경쟁을 유발하고 재화의 시장가격과 상품의 재고수준을 높인다.
④ 운송은 분업을 촉진하여 국제무역의 발전에 중요한 역할을 한다.
⑤ 운송은 재화의 효용가치를 낮은 곳에서 높은 곳으로 이동시키는 속성을 갖고 있다.

044 대형 목재, 대형 파이프, H형강 등의 장척화물 운송에 적합한 화물자동차는?

① 모터 트럭(Motor Truck)
② 세미 트레일러 트럭(Semi-trailer Truck)
③ 폴 트레일러 트럭(Pole-trailer Truck)
④ 풀 트레일러 트럭(Full-trailer Truck)
⑤ 더블 트레일러 트럭(Double-trailer Truck)

045 TMS(Transportation Management System)에 관한 설명으로 옳지 않은 것은?

① 화물운송 시 수반되는 자료와 정보를 수집하여 효율적으로 관리하고, 수주 과정에서 입력한 정보를 기초로 비용이 저렴한 수송경로와 수송수단을 제공하는 시스템이다.
② 화물이 입고되어 출고되기까지의 물류데이터를 자동 처리하는 시스템으로 입고와 피킹, 재고 관리, 창고 공간 효율의 최적화 등을 지원하는 시스템이다.
③ 최적의 운송계획 및 차량의 일정을 관리하며 화물 추적, 운임 계산 자동화 등의 기능을 수행한다.
④ 고객의 다양한 요구를 수용하면서 수·배송비용, 재고비용 등 총비용을 절감할 수 있다.
⑤ 공급배송망 전반에 걸쳐 재고 및 운반비 절감, 대응력 개선, 공급업체와 필요부서 간의 적기 납품을 실현할 수 있다.

046 컨테이너 화물의 총중량 검증(Verified Gross Mass of Container)제도에 관한 설명으로 옳지 않은 것은?

① 수출을 위하여 화물이 적재된 개별 컨테이너, 환적 컨테이너 및 공 컨테이너를 대상으로 한다.
② '해상에서의 인명안전을 위한 국제협약(SOLAS)'에 따라 수출컨테이너의 총중량 검증 및 검증된 정보의 제공을 의무화하면서 도입되었다.
③ 화주는 수출하려는 컨테이너의 검증된 총중량 정보를 선장에게 제공하여야 한다.
④ 검증된 컨테이너 총중량 정보의 오차는 해당 컨테이너 총 중량의 ±5% 이내에서 인정된다.
⑤ 컨테이너 총 중량은 컨테이너에 적재되는 화물, 해당 화물을 고정 및 보호하기 위한 장비, 컨테이너 자체 무게 등을 모두 합산한 중량을 의미한다.

047 운송수단별 특성에 관한 설명으로 옳은 것을 모두 고른 것은?

> ㄱ. 트럭운송은 Door to Door 운송서비스가 가능하고 기동성이 높은 운송 방식이다.
> ㄴ. 해상운송은 물품의 파손, 분실, 사고발생의 위험이 적고 타 운송수단에 비해 안전성이 높다.
> ㄷ. 항공운송은 중량에 크게 영향을 받지 않고 운송할 수 있다.
> ㄹ. 철도운송은 트럭운송에 비해 중·장거리 운송에 적합하다.

① ㄱ, ㄴ   ② ㄱ, ㄹ
③ ㄴ, ㄷ   ④ ㄴ, ㄹ
⑤ ㄷ, ㄹ

048 운임결정의 영향요인에 관한 설명으로 옳지 않은 것은?

① 화물의 파손, 분실 등 사고발생 가능성이 높아지면 운임도 높아진다.
② 적재작업이 어렵고 적재성이 떨어질수록 운임은 높아진다.
③ 운송거리가 길어질수록 총 운송원가는 증가하고 운임이 높아진다.
④ 화물의 밀도가 높을수록 동일한 적재용기에 많이 적재할 수 있으며 운임이 높아진다.
⑤ 운송되는 화물의 취급단위가 클수록 운송단위당 고정비는 낮아진다.

049 운송방식의 선택에 관한 설명으로 옳지 않은 것은?

① 수량이 적은 고가화물의 경우에는 항공운송이 적합하다.
② 장기운송 시 가치가 하락하는 화물의 경우에는 항공운송이 적합하다.
③ 근거리운송이나 중·소량 화물의 경우에는 도로운송이 적합하다.
④ 대량화물 장거리 운송의 경우에는 해상운송이 적합하다.
⑤ 전천후 운송의 경우에는 도로운송이 적합하다.

050 전용특장차에 관한 설명으로 옳지 않은 것은?

① 덤프차량은 모래, 자갈 등의 적재물을 운송하고 적재함 높이를 경사지게 하여 양하하는 차량이다.
② 분립체수송차는 반도체 등을 진동 없이 운송하는 차량이다.
③ 액체수송차는 각종 액체를 수송하기 위해 탱크형식의 적재함을 장착한 차량이다.
④ 냉동차는 야채 등 온도관리가 필요한 화물운송에 사용된다.
⑤ 레미콘 믹서트럭은 적재함 위에 회전하는 드럼을 부착하고 드럼 속에 생 콘크리트를 뒤섞으면서 운송하는 차량이다.

051 화물자동차의 중량에 관한 설명으로 옳지 않은 것은?

① 공차는 화물을 적재하지 않고 연료, 냉각수, 윤활유 등을 채우지 않은 상태의 화물차량 중량을 말한다.
② 최대적재량은 화물자동차 허용 최대 적재상태의 중량을 말한다.
③ 자동차 연결 총중량은 화물이 최대 적재된 상태의 트레일러와 트랙터의 무게를 합한 중량을 말한다.
④ 최대접지압력은 화물의 최대 적재상태에서 도로 지면 접지부에 미치는 단위면적당 중량을 말한다.
⑤ 차량의 총중량은 차량중량, 화물적재량 및 승차중량을 모두 합한 중량을 말한다.

052 화물운송의 3대 구성 요소로 옳은 것은?

① 운송경로(Link), 운송연결점(Node), 운송인(Carrier)
② 운송방식(Mode), 운송인(Carrier), 화물(Cargo)
③ 운송방식(Mode), 운송인(Carrier), 운송연결점(Node)
④ 운송방식(Mode), 운송경로(Link), 운송연결점(Node)
⑤ 운송방식(Mode), 운송인(Carrier), 운송경로(Link)

053 화물자동차 운수사업법(2020년 적용 화물자동차 안전운임 고시)에 규정된 컨테이너 품목 안전운임에 관한 설명으로 옳은 것은?

① 덤프 컨테이너의 경우 해당 구간 운임의 30%를 가산 적용한다.
② 방사성물질이 적재된 컨테이너는 해당 구간 운임에 100%를 가산 적용한다.
③ 위험물, 유독물, 유해화학물질이 적재된 컨테이너는 해당 구간 운임에 25%를 가산 적용한다.
④ 화약류가 적재된 컨테이너는 해당구간 운임에 150%를 가산 적용한다.
⑤ TANK 컨테이너는 위험물이 아닌 경우 해당구간 운임의 30%를 가산 적용한다.

054 화물차량을 이용하여 운송할 때 발생되는 원가항목 중 고정비 성격의 항목을 모두 고른 것은?

ㄱ. 운전기사 인건비	ㄴ. 주차비
ㄷ. 통신비	ㄹ. 유류비
ㅁ. 복리후생비	ㅂ. 도로통행료

① ㄱ, ㄴ, ㅂ   ② ㄱ, ㄷ, ㅁ
③ ㄴ, ㄷ, ㅂ   ④ ㄴ, ㄹ, ㅁ
⑤ ㄷ, ㄹ, ㅂ

055 도로운송의 효율성을 제고하기 위한 방안으로 옳지 않은 것은?

① 육·해·공을 연계한 도로운송시스템을 구축하여야 한다.
② 철도운송, 연안운송, 항공운송 등이 적절한 역할분담을 할 수 있도록 하여야 한다.
③ 운송업체의 소형화, 독점화 등을 통해 경쟁체제의 확립을 위한 기반을 조성해 주어야 한다.
④ 비현실적인 규제를 탈피하여 시장경제원리에 입각한 자율경영 기반을 조성하여야 한다.
⑤ 도로시설의 확충 및 산업도로와 같은 화물자동차전용도로의 확충이 필요하다.

056 화물자동차 운송의 단점이 아닌 것은?

① 대량화물의 운송에 불리하다.
② 철도 운송에 비해 운송단가가 높다.
③ 에너지 효율성이 낮다.
④ 화물의 중량에 제한을 받는다.
⑤ 배차의 탄력성이 낮다.

057 화차에 컨테이너만 적재하는 운송방식을 모두 고른 것은?

ㄱ. 캥거루 방식	ㄴ. 플랙시밴 방식
ㄷ. TOFC 방식	ㄹ. COFC 방식

① ㄱ, ㄴ   ② ㄱ, ㄷ
③ ㄱ, ㄹ   ④ ㄴ, ㄷ
⑤ ㄴ, ㄹ

058 ( )에 들어갈 컨테이너 터미널의 운영방식을 바르게 나열한 것은?

운영방식	야드면적	자본투자	컨테이너 양륙시간	하역장비 유지비용	자동화 가능성
(ㄱ)	소	소	장	소	고
(ㄴ)	중	중	중	대	중
(ㄷ)	대	대	단	소	저

① ㄱ : 샤시방식, ㄴ : 스트래들캐리어방식, ㄷ : 트랜스테이너방식
② ㄱ : 스트래들캐리어방식, ㄴ : 샤시방식, ㄷ : 트랜스테이너방식
③ ㄱ : 트랜스테이너방식, ㄴ : 스트래들캐리어방식, ㄷ : 샤시방식
④ ㄱ : 스트래들캐리어방식, ㄴ : 트랜스테이너방식, ㄷ : 샤시방식
⑤ ㄱ : 트랜스테이너방식, ㄴ : 샤시방식, ㄷ : 스트래들캐리어방식

059 정박기간에 관한 설명으로 옳지 않은 것은?

① 정박기간은 Notice of Readiness 통지 후 일정 기간이 경과되면 개시한다.
② SHEX는 일요일과 공휴일을 정박일수에 산입하지 않는 조건이다.
③ WWD는 하역 가능한 기상조건의 날짜만 정박기간에 산입하는 조건이다.
④ CQD는 해당 항구의 관습적 하역방법과 하역능력에 따라 가능한 한 빨리 하역하는 조건이다.
⑤ Running Laydays는 불가항력을 제외한 하역 개시일부터 끝날 때까지의 모든 기간을 정박기간으로 계산하는 조건이다.

060 철도운송의 장점이 아닌 것은?

① 환경 친화적인 운송이다.
② 적재 중량당 용적이 작다.
③ 계획적인 운행이 가능하다.
④ 적기 배차가 용이하다.
⑤ 다양한 운임할인 제도를 운영한다.

061 선적 시 양하항을 복수로 선정하고 양하항 도착 전에 최종 양하항을 지정하는 경우 발생하는 비용은?

① 항구변경할증료
② 외항추가할증료
③ 환적할증료
④ 양하항선택할증료
⑤ 혼잡할증료

062 용선계약 시 묵시적 확약이 아닌 것은?

① 휴항의 내용
② 신속한 항해 이행
③ 부당한 이로 불가
④ 위험물의 미적재
⑤ 내항성 있는 선박 제공

063 헤이그 규칙과 함부르크 규칙을 설명한 것으로 옳지 않은 것은?

① 헤이그 규칙에서는 운송인 면책이었던 항해 과실을 함부르크 규칙에서는 운송인 책임으로 규정하고 있다.

② 헤이그 규칙에서는 지연손해에 대한 명문 규정이 없으나 함부르크 규칙에서는 이를 명확히 규정하고 있다.

③ 헤이그 규칙에서는 운송책임 구간이 'from Receipt to Delivery'였으나 함부르크 규칙에서는 'from Tackle to Tackle'로 축소하였다.

④ 헤이그 규칙에서는 운송인의 책임 한도가 1포장당 또는 단위당 100파운드였으나 함부르크 규칙에서는 SDR을 사용하여 책임한도액을 인상하였다.

⑤ 헤이그 규칙에서는 선박화재가 면책이었으나 함부르크 규칙에서는 면책으로 규정하지 않았다.

064 철도화물 운송에 관한 설명으로 옳지 않은 것은?

① 차급운송이란 화물을 화차단위로 탁송하는 것을 말한다.

② 화차의 봉인은 내용물의 이상 유무를 검증하기 위한 것으로 철도운송인의 책임으로 하여야 한다.

③ 화약류 및 컨테이너 화물의 적하시간은 3시간이다.

④ 전세열차란 고객이 특정 열차를 전용으로 사용하는 열차를 말한다.

⑤ 열차 · 경로지정이란 고객이 특정열차나 수송경로로 운송을 요구하거나 철도공사가 안전수송을 위해 위험물 및 특대화물 등에 특정열차와 경로를 지정하는 경우를 말한다.

065 국제항공 협약과 협정에 관한 설명으로 옳지 않은 것은?

① 항공협정이란 항공협상의 산출물로서 항공운송협정 또는 항공서비스협정이라고 한다.

② 국제항공에 대한 규제 체계는 양자 간 규제와 다자 간 규제로 나누어진다.

③ 항공협정은 '바젤 협정'을 표준으로 하여 정의 규정, 국내법 적용, 운임, 협정의 개정, 폐기에 관한 사항 등을 포함한다.

④ 상무협정은 항공사 간 체결한 협정으로 공동운항 협정, 수입금 공동배분 협정, 좌석 임대 협정, 보상금 지불 협정 등이 있다.

⑤ 하늘의 자유(Freedom of the Air)는 '시카고 조약'에서 처음으로 명시되어 국제항공 문제를 다루는 기틀이 되었다.

066 택배 표준약관(공정거래위원회 표준약관 제10026호)의 운송장에 관한 설명으로 옳지 않은 것은?

① 사업자의 상호, 대표자명, 주소 및 전화번호, 담당자(집화자) 이름, 운송장 번호를 사업자는 고객(송화인)에게 교부한다.

② 운임 기타 운송에 관한 비용 및 지급 방법을 사업자는 고객(송화인)에게 교부한다.

③ 고객(송화인)이 운송장에 운송물의 가액을 기재하지 아니하면 제22조 제3항에 따라 사업자가 손해배상을 할 경우 손해배상한도액은 50만원이 적용된다.

④ 고객(송화인)이 운송물의 가액에 따라 할증요금을 지급하는 경우에는 각 운송가액구간별 최저가액이 적용됨을 명시해 놓는다.

⑤ 고객(송화인)은 운송물의 인도예정장소 및 인도예정일을 기재하여 사업자에게 교부한다.

067 운송주선인의 기능에 관한 설명으로 옳은 것은?

① 운송주선인은 복합운송에서 전 운송 구간에 운송책임을 지지만 구간별 운송인과는 직접 계약을 체결하지 않는다.

② 운송주선인은 혼재운송보다 단일 화주의 FCL화물을 주로 취급한다.

③ 운송주선인은 화주를 대신하여 운송인과 운송계약을 체결하고, 화물 운송에 따른 보험 업무를 대리하지 않는다.

④ 운송주선인이 작성하는 서류는 선하증권, 항공화물운송장으로 제한된다.

⑤ 운송주선인은 화주를 대신하여 수출입화물의 통관절차를 대행할 수 있지만, 국가에 따라서 관세사 등 통관허가를 받은 자만이 할 수 있다.

068 항공화물의 특성으로 옳지 않은 것은?

① 취급과 보관비용이 낮은 화물

② 긴급한 수요와 납기가 임박한 화물

③ 중량이나 부피에 비해 고가인 화물

④ 시간의 흐름에 따라 가치가 변동되는 화물

⑤ 제품의 시장경쟁력 확보가 필요한 화물

069 다음과 같은 요율 체계를 가지고 있는 A항공사는 중량과 용적중량 중 높은 중량 단계를 요율로 적용하고 있다. B사가 A항공사를 통해 서울에서 LA까지 항공운송할 경우 중량 40kg, 최대길이(L) = 100cm, 최대폭(W) = 45cm, 최대높이(H) = 60cm인 화물에 적용되는 운임은? (단, 용적중량은 $1kg = 6,000cm^3$를 적용하여 계산함)

지역	최저요율	kg당 일반요율	kg당 중량요율 (45kg 이상인 경우)
LA	70,000원	10,000원	9,000원

① 70,000원
② 320,000원
③ 400,000원
④ 405,000원
⑤ 450,000원

070 택배 표준약관(공정거래위원회 표준약관 제10026호)의 운송물 수탁거절 사유를 모두 고른 것은?

> ㄱ. 운송이 법령, 사회질서 기타 선량한 풍속에 반하는 경우
> ㄴ. 운송물 1포장의 가액이 200만원을 초과하는 경우
> ㄷ. 운송물의 인도예정일(시)에 따른 운송이 가능한 경우
> ㄹ. 운송물이 현금, 카드, 어음, 수표, 유가증권 등 현금화가 가능한 물건인 경우
> ㅁ. 운송물이 재생 불가능한 계약서, 원고, 서류 등인 경우

① ㄱ, ㄴ, ㄹ
② ㄱ, ㄹ, ㅁ
③ ㄴ, ㄷ, ㅁ
④ ㄴ, ㄹ, ㅁ
⑤ ㄷ, ㄹ, ㅁ

071 공동 수 · 배송시스템의 구축을 위한 전제조건이 아닌 것은?

① 물류표준화
② 유사한 배송 조건
③ 물류서비스 차별화 유지
④ 적합한 품목의 존재
⑤ 일정구역 내에 배송지역 분포

072 항공화물 조업 장비에 관한 설명으로 바르게 연결된 것은?

> ㄱ. 화물을 운반하는 데 사용되는 작은 바퀴가 달린 무동력 장비
> ㄴ. 화물을 여러 층으로 높게 적재하거나 항공기에 화물을 탑재하는 장비
> ㄷ. 탑재용기에 적재된 화물을 운반할 수 있는 장비
> ㄹ. 화물 운반 또는 보관 작업을 하는 데 사용되는 장비

① ㄱ : Dolly, ㄴ : High Loader, ㄷ : Tug Car, ㄹ : Hand Lift Jack
② ㄱ : Dolly, ㄴ : Hand Lift Jack, ㄷ : Tug Car, ㄹ : High Loader
③ ㄱ : Dolly, ㄴ : Tug Car, ㄷ : High Loader, ㄹ : Hand Lift Jack
④ ㄱ : Tug Car, ㄴ : Hand Lift Jack, ㄷ : Dolly, ㄹ : High Loader
⑤ ㄱ : Tug Car, ㄴ : High Loader, ㄷ : Dolly, ㄹ : Hand Lift Jack

073 다음과 같은 운송조건이 주어졌을 때 공급지 C의 공급량 20톤의 운송비용은? (단, 공급지와 수요지 간 비용은 톤당 단위운송비용이며, 운송비용은 보겔의 추정법을 사용하여 산출함)

수요지 공급지	X	Y	Z	공급량
A	10원	7원	8원	15톤
B	17원	10원	14원	15톤
C	5원	25원	12원	20톤
수요량	15톤	20톤	15톤	50톤

① 100원　　　　　　　　　② 135원
③ 240원　　　　　　　　　④ 260원
⑤ 500원

074 항공화물운임에 관한 설명으로 옳지 않은 것은?

① 동물, 화폐, 보석류, 무기, 고가 예술품 등은 일반요율보다 높은 운송요율을 책정할 수 있다.
② 할인요율은 특정한 구간과 화물에 적용되는 요율로 일반요율보다 낮게 적용된다.
③ 표준 컨테이너요율은 대체로 일반요율보다 낮은 수준의 요율이 적용된다.
④ 화물의 특성상 특별한 취급과 주의를 필요로 하거나 우선적으로 운송되어야 하는 화물에는 별도의 요율을 부과할 수 있다.
⑤ 일반요율은 일반화물에 적용하는 요율로 중량만을 기준으로 운송요율을 책정한다.

수 · 배송 계획 수립의 원칙으로 옳은 것은?

① 집화와 배송은 따로 이루어지도록 한다.
② 효율적인 수송경로는 대형 차량보다 소형 차량을 우선 배차한다.
③ 배송지역의 범위가 넓을 경우, 운행 경로 계획은 물류센터에서 가까운 지역부터 수립한다.
④ 배송날짜가 상이한 경우에는 경유지를 구분한다.
⑤ 배송경로는 상호 교차되도록 한다.

3개의 수요지와 공급지가 있는 운송 문제에서 최소비용법(Least－cost Method)을 적용하여 산출한 최초 가능해의 총운송비용은? (단, 공급지와 수요지 간 비용은 톤당 단위운송비용임)

수요지 공급지	X	Y	Z	공급량
A	10원	15원	5원	500톤
B	20원	10원	25원	1,000톤
C	8원	15원	20원	500톤
수요량	700톤	700톤	600톤	2,000톤

① 17,100원   ② 20,000원
③ 20,700원   ④ 21,700원
⑤ 22,100원

다음 그림과 같이 각 구간별 운송거리가 주어졌을 때, 물류센터 S에서 최종목적 G까지의 최단 경로 산출거리는? (단, 구간별 운송거리는 km임)

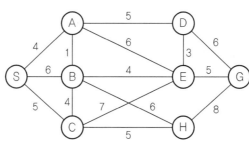

① 12km   ② 13km
③ 14km   ④ 15km
⑤ 16km

물류센터에서 배송처 A와 B를 순회 배송하는 방법(물류센터 → 배송처 A → 배송처 B → 물류센터)과 배송처 A와 B를 개별 배송하는 방법(물류센터 → 배송처 A → 물류센터, 물류센터 → 배송처 B → 물류센터) 간의 운송거리 차이는?

(단위 : km)

From \ To	물류센터	배송처 A	배송처 B
물류센터	0	10	12
배송처 A	10	0	8
배송처 B	12	8	0

① 6km
② 8km
③ 10km
④ 12km
⑤ 14km

공동 수 · 배송에 관한 설명으로 옳은 것은?

① 배송, 화물의 보관 및 집화 업무까지 공동화하는 방식을 공동납품대행형이라 한다.
② 크로스도킹은 하나의 차량에 여러 화주들의 화물을 혼재하는 것이다.
③ 참여기업은 물류비 절감 효과를 기대할 수 있다.
④ 소량 다빈도 화물에 대한 운송요구가 감소함에 따라 그 필요성이 지속적으로 감소하고 있다.
⑤ 노선집화공동형은 백화점, 할인점 등에서 공동화하는 방식이다.

화물을 공급지 A, B, C에서 수요지 X, Y, Z까지 운송하려고 할 때 북서코너법에 의한 총운송비용은? (단, 공급지와 수요지 간 비용은 톤당 단위운송비용임)

공급지 \ 수요지	X	Y	Z	공급량
A	4원	6원	5원	20톤
B	7원	4원	12원	17톤
C	12원	8원	6원	10톤
수요량	15톤	20톤	12톤	47톤

① 234원
② 244원
③ 254원
④ 264원
⑤ 274원

041 운송에 관한 설명으로 옳지 않은 것은?

① 경제적 운송을 위한 기본적인 원칙으로는 규모의 경제 원칙과 거리의 경제 원칙이 있다.

② 운송은 공간적 거리의 격차를 해소시켜주는 장소적 효용이 있다.

③ 운송은 수송 중 물품을 일시적으로 보관하는 시간적 효용이 있다.

④ 운송은 재화의 생산과 소비에 따른 파생적 수요이다.

⑤ 운송의 3요소(Mode, Node, Link) 중 Mode는 각 운송점을 연결하여 운송되는 구간 또는 경로를 의미한다.

042 화물자동차운송과 철도운송 조건이 다음과 같을 때 채트반공식을 이용한 자동차의 한계 경제 효용거리(km)는?

- 화물자동차의 ton · km당 운송비 : 900원
- 철도의 ton · km당 운송비 : 500원
- 톤당 철도 부대비용(철도발착비＋하역비＋배송비 등) : 50,000원

① 122 ② 123

③ 124 ④ 125

⑤ 126

043 철도화물의 운임체계에 관한 설명으로 옳지 않은 것은?

① 일반화물운임은 운송거리(km)×운임단가(원/km)×화물중량(톤)으로 산정한다.

② 사유화차로 운송되는 경우 할인운임을 적용한다.

③ 컨테이너화물의 최저기본운임은 규격별 컨테이너의 100km에 해당하는 운임으로 한다.

④ 컨테이너화물의 운임은 컨테이너 규격별 운임단가(원/km)×운송거리(km)로 산정한다.

⑤ 공컨테이너의 운임은 규격별 영(적재)컨테이너 운임의 50%를 적용하여 계산한다.

044 컨테이너 운송에 일반적으로 이용되는 철도화차가 아닌 것은?

① Open top car   ② Flat car
③ Covered hopper car   ④ Container car
⑤ Double stack car

045 해상용 컨테이너 취급을 위한 장비가 아닌 것은?

① Gantry crane   ② Transtainer
③ Straddle carrier   ④ Reach stacker
⑤ Dolly

046 운송수단의 운영 효율화를 위한 원칙으로 옳은 것은?

① 소형차량을 이용하는 소형화 원칙   ② 영차율 최소화 원칙
③ 회전율 최소화 원칙   ④ 가동률 최대화 원칙
⑤ 적재율 최소화 원칙

047 최근 운송시장의 변화에 관한 내용으로 옳지 않은 것은?

① 운송화물의 소품종 대형화
② 환경규제의 강화
③ 물류보안의 중요성 증대
④ 정보시스템의 활용 증가
⑤ 구매고객에 대한 서비스 수준의 향상

048 다음에서 설명하고 있는 철도운송 서비스 형태는?

> • 복수의 중간역 또는 터미널을 거치면서 운행하는 방식
> • 운송경로상의 모든 종류의 화차 및 화물을 수송
> • 화주가 원하는 시간에 따라 서비스를 제공하는 것이 아니라 열차편성이 가능한 물량이 확보되는 경우에 서비스를 제공
> • 이 서비스의 한 종류로 Liner train이 있음

① Block train   ② Shuttle train
③ Single – Wagon train   ④ Y – Shuttle train
⑤ U – train

049 운임의 종류에 관한 내용으로 옳은 것은?

① 공적운임 : 운송계약을 운송수단 단위 또는 일정한 용기단위로 했을 때 실제로 적재능력만큼 운송하지 않았더라도 부담해야 하는 미적재 운송량에 대한 운임
② 무차별운임 : 일정 운송량, 운송거리의 하한선 이하로 운송될 경우 일괄 적용되는 운임
③ 혼재운임 : 단일화주의 화물을 운송수단의 적재능력만큼 적재 및 운송하고 적용하는 운임
④ 전액운임 : 운송거리에 비례하여 운임이 증가하는 형태의 운임
⑤ 거리체감운임 : 운송되는 화물의 가격에 따라 운임의 수준이 달라지는 형태의 운임

050 항공화물의 탑재방식에 관한 설명으로 옳지 않은 것은?

① Bulk Loading은 좁은 화물실과 한정된 공간에 탑재할 때 효율을 높일 수 있는 방식이다.
② Pallet Loading은 지상 체류시간의 단축에 기여하는 탑재방식이다.
③ Bulk Loading은 안정성과 하역작업의 기계화 측면에서 가장 효율적인 방식이다.
④ Pallet Loading은 파렛트를 굴림대 위로 굴려 항공기 내의 정위치에 고정시키는 방식이다.
⑤ Container Loading은 화물실에 적합한 항공화물 전용 용기를 사용하여 탑재하는 방식이다.

051 택배 표준약관(공정거래위원회 표준약관 제10026호)의 운송장에서 고객(송화인)이 사업자에게 교부해야 하는 사항으로 옳은 것을 모두 고른 것은?

> ㄱ. 문의처 전화번호
> ㄴ. 송화인의 주소, 이름(또는 상호) 및 전화번호
> ㄷ. 수화인의 주소, 이름(또는 상호) 및 전화번호
> ㄹ. 운송물의 종류(품명), 수량 및 가액
> ㅁ. 운송상의 특별한 주의사항
> ㅂ. 운송물의 중량 및 용적 구분

① ㄱ, ㄴ, ㄷ, ㅂ
② ㄱ, ㄷ, ㄹ, ㅁ
③ ㄱ, ㄹ, ㅁ, ㅂ
④ ㄴ, ㄷ, ㄹ, ㅁ
⑤ ㄴ, ㄷ, ㅁ, ㅂ

052 다음 수송표의 수송문제에서 북서코너법을 적용할 때, 총 운송비용과 공급지 2에서 수요지 2까지의 운송량은? (단, 공급지에서 수요지까지의 톤당 운송비는 각 칸의 우측 상단에 제시되어 있음)

(단위 : 천원)

수요지 / 공급지	수요지 1	수요지 2	수요지 3	공급량 (톤)
공급지 1	8	5	7	300
공급지 2	9	12	11	400
공급지 3	4	10	6	300
수요량 (톤)	400	500	100	1,000

① 9,300,000원, 200톤
② 9,300,000원, 300톤
③ 9,500,000원, 100톤
④ 9,500,000원, 300톤
⑤ 9,600,000원, 200톤

053 택배 표준약관(공정거래위원회 표준약관 제10026호)에 따른 용어의 정의로 옳지 않은 것은?

① '운송장'이라 함은 사업자와 고객(송화인) 간의 택배계약의 성립과 내용을 증명하기 위하여 사업자의 청구에 의하여 고객(송화인)이 발행한 문서를 말한다.

② '인도'라 함은 사업자가 고객(송화인)에게 운송장에 기재된 운송물을 넘겨주는 것을 말한다.

③ '수탁'이라 함은 사업자가 택배를 수행하기 위하여 고객(송화인)으로부터 운송물을 수령하는 것을 말한다.

④ '택배사업자'라 함은 택배를 영업으로 하며, 상호가 운송장에 기재된 운송사업자를 말한다.

⑤ '손해배상한도액'이라 함은 운송물의 멸실, 훼손 또는 연착 시에 사업자가 손해를 배상할 수 있는 최고 한도액을 말한다.

054 화물자동차운송의 일반적인 특징으로 옳은 것은?

① 타 운송수단과 연동하지 않고는 일관된 서비스를 제공할 수 없다.

② 기동성과 신속한 전달로 문전운송(door-to-door)이 가능하여 운송을 완성시켜주는 역할을 한다.

③ 철도운송에 비해 연료비 등 에너지 소비가 적어 에너지 효율성이 높다.

④ 해상운송에 비해 화물의 중량이나 부피에 대한 제한이 적어 대량화물의 운송에 적합하다.

⑤ 철도운송에 비해 정시성이 높다.

055 다음은 A기업의 1년간 화물자동차 운행실적이다. 운행실적을 통해 얻을 수 있는 운영지표 값에 관한 내용으로 옳은 것은?

```
- 누적 실제 차량 수 : 300대
- 실제 가동 차량 수 : 270대
- 트럭의 적재 가능 총 중량 : 5톤
- 트럭의 평균 적재 중량 : 4톤
- 누적 주행거리 : 30,000 km
- 실제 적재 주행거리 : 21,000 km
```

① 복화율은 90%이다.   ② 영차율은 90%이다.

③ 적재율은 90%이다.   ④ 가동률은 90%이다.

⑤ 공차거리율은 90%이다.

056 운임에 영향을 주는 요인으로 옳은 것을 모두 고른 것은?

> ㄱ. 화물의 중량　　　　　　　　ㄴ. 화물의 부피
> ㄷ. 운송거리　　　　　　　　　　ㄹ. 화물의 개수

① ㄱ, ㄴ　　　　　　　　　　　　② ㄷ, ㄹ
③ ㄱ, ㄴ, ㄷ　　　　　　　　　　④ ㄴ, ㄷ, ㄹ
⑤ ㄱ, ㄴ, ㄷ, ㄹ

057 다음에서 설명하는 화물운송정보시스템은?

> 디지털 지도에 각종 정보를 연결하여 관리하고 이를 분석, 응용하는 시스템의 통칭이다. 각종 교통정보를 관리, 이용하여 교통정책 수립 시 의사 결정을 지원하는 시스템이다.

① Port－MIS(항만운영정보시스템)
② VMS(적재관리시스템)
③ TRS(주파수공용통신)
④ RFID(Radio Frequency Identification)
⑤ GIS－T(교통지리정보시스템)

058 택배 표준약관(공정거래위원회 표준약관 제10026호)에서 사업자가 운송물의 수탁을 거절할 수 있는 경우가 아닌 것은?

① 운송물의 인도예정일(시)에 따른 운송이 불가능한 경우
② 운송이 법령, 사회질서 기타 선량한 풍속에 반하는 경우
③ 운송물 1포장의 가액이 100만원 이하인 경우
④ 운송물이 살아 있는 동물, 동물사체 등인 경우
⑤ 고객(송화인)이 운송장에 필요한 사항을 기재하지 아니한 경우

059 화물자동차운송의 효율화 방안으로 옳지 않은 것은?

① 운송정보시스템의 구축
② 도로 및 기간시설의 확충
③ 컨테이너 및 파렛트를 이용한 운송 확대
④ 적재율 감소 및 차량의 배송 빈도 증가
⑤ 공동배송체제 구축 및 확대

060 적재중량 24톤 화물자동차가 다음과 같은 운송실적을 가질 때 연료소모량(L)은? (단, 영차
(실차)운행 시에는 ton · km당 연료소모기준을 적용함)

- 운행실적 : 총 운행거리 36,000km, 영차(실차)운행거리 28,000km
- 평균 화물적재량 : 18ton
- 연료소모기준 : 공차운행 시 0.3L/km, 영차(실차)운행 시 0.5L/ton · km

① 234,000
② 252,000
③ 254,400
④ 256,800
⑤ 504,000

061 철도운송에 관한 설명으로 옳지 않은 것은?

① 국내화물운송시장에서 철도운송은 도로운송에 비해 수송분담률이 낮다.
② 철도화물운송형태에는 화차취급운송, 컨테이너취급운송 등이 있다.
③ 컨테이너의 철도운송은 크게 TOFC 방식과 COFC 방식이 있다.
④ COFC 방식에는 피기백 방식과 캥거루 방식이 있다.
⑤ 철도운송은 기후 상황에 크게 영향을 받지 않으며 계획적인 운송이 가능하다.

062 다음에서 설명하고 있는 용선운송계약서의 조항은?

> • 선주는 용선운송계약에 의거한 운임, 공적운임, 체선료 등에 대하여 화물이나 그 화물의 부속물을 유치할 수 있는 권리를 가지며 화주는 이에 대한 책임을 부담해야 한다.
> • 용선료의 지급을 확보하기 위하여 선주측에 화물압류의 권리가 있다는 취지를 규정하고 있다.

① Lien Clause
② Indemnity Clause
③ Not before Clause
④ Deviation Clause
⑤ General Average Clause

063 수 · 배송시스템의 설계에 관한 설명으로 옳지 않은 것은?

① 화물에 대한 리드타임(lead time)을 고려하여 설계한다.
② 화물차의 적재율을 높일 수 있도록 설계한다.
③ 편도수송이나 중복수송을 피할 수 있도록 설계한다.
④ 차량의 회전율을 높일 수 있도록 설계한다.
⑤ 동일 지역에서의 집화와 배송은 별개로 이루어지도록 설계한다.

064 해상운송에서 화주가 부담하는 할증운임(surcharge)에 관한 내용으로 옳지 않은 것은?

① Bunker Adjustment Factor는 선박의 주연료인 벙커유의 가격변동에 따른 손실을 보전하기 위한 할증료이다.
② Congestion Surcharge는 특정 항구의 하역능력 부족으로 인한 체선으로 장기간 정박을 요할 경우 해당 화물에 대한 할증료이다.
③ Outport Surcharge는 운송 도중에 당초 지정된 양륙항을 변경하는 화물에 대한 할증료이다.
④ Currency Adjustment Factor는 급격한 환율변동으로 선사가 입을 수 있는 환차손에 대한 할증료이다.
⑤ Transshipment Surcharge는 화물이 운송 도중 환적될 때 발생하는 추가비용을 보전하기 위한 할증료이다.

065 수입지에서 원본 선하증권의 제시 없이 선사로부터 화물을 찾는 데 사용되는 것으로 옳은 것을 모두 고른 것은?

ㄱ. Surrendered B/L	ㄴ. Clean Received B/L
ㄷ. T/R(Trust Receipt)	ㄹ. L/G(Letter of Guarantee)
ㅁ. Sea Waybill	

① ㄱ, ㄴ
② ㄱ, ㄷ, ㅁ
③ ㄱ, ㄹ, ㅁ
④ ㄴ, ㄷ, ㄹ
⑤ ㄴ, ㄷ, ㄹ, ㅁ

066 다음에서 설명하고 있는 국제물류주선업자의 서비스 종류는?

여러 화주(송화인)의 소량 컨테이너화물(LCL)을 수출지의 CFS에서 혼재하여 FCL 단위화물로 선적 운송하고, 수입지에 도착한 후 CFS에서 컨테이너 화물을 분류하여 다수의 수입자들에게 인도해주는 서비스

① Buyer's Consolidation
② Forwarder's Consolidation
③ Master's Consolidation
④ Shipper's Consolidation
⑤ Seller's Consolidation

067 ( )에 들어갈 내용으로 바르게 나열한 것은?

Groupage B/L은 국제물류주선업자가 여러 LCL 화물을 혼재하여 FCL로 만든 화물을 선사에 인도할 때 선사가 국제물류주선업자에게 교부하는 (ㄱ)을 말하고, (ㄴ)은 선사가 발행한 B/L을 근거로 하여 국제물류주선업자가 각 LCL 화주들에게 교부하는 서류를 말한다.

① ㄱ : Through B/L, ㄴ : House B/L
② ㄱ : Master B/L, ㄴ : Red B/L
③ ㄱ : Straight B/L, ㄴ : Baby B/L
④ ㄱ : Master B/L, ㄴ : House B/L
⑤ ㄱ : Foul B/L, ㄴ : Consolidated B/L

068 항공기에 관한 설명으로 옳지 않은 것은?

① High Capacity Aircraft는 소형기종의 항공기로서 데크(deck)에 의해 상부실 및 하부실로 구분되며 하부실은 구조상 ULD의 탑재가 불가능하다.
② 항공기는 국제민간항공조약에 의해 등록이 이루어진 국가의 국적을 보유하도록 되어 있다.
③ 여객기는 항공기의 상부 공간은 객실로 이용하고 하부 공간은 화물실로 이용한다.
④ Convertible Aircraft는 화물실과 여객실을 상호 전용할 수 있도록 제작된 항공기이다.
⑤ 항공기 블랙박스는 비행정보 기록장치와 음성 기록장치를 통칭하는 이름이다.

069 다음에서 설명하고 있는 항공화물 운임 요율의 종류는?

> 항공화물운송의 요금을 산정할 때 기본이 되며, 특정품목 할인요율이나 품목분류요율을 적용받지 않는 모든 항공화물운송에 적용되는 요율이다. 최저운임(M), 기본요율(N), 중량단계별 할인요율(Q) 등으로 분류된다.

① GCR(General Cargo Rate)
② SCR(Specific Commodity Rate)
③ CCR(Commodity Classification Rate)
④ BUC(Bulk Unitization Charge)
⑤ CCF(Charge Collect Fee)

070 다음 수송표에서 최소비용법과 보겔추정법을 적용하여 총 운송비용을 구할 때 각각의 방식에 따라 산출된 총 운송비용의 차이는? (단, 공급지에서 수요지까지의 톤당 운송비는 각 칸의 우측 상단에 제시되어 있음)

(단위 : 천원)

공급지 \ 수요지	D1	D2	D3	공급량 (톤)
S1	12	15	9	400
S2	8	13	16	200
S3	4	6	10	200
수요량 (톤)	300	300	200	800

① 300,000원   ② 400,000원

③ 500,000원   ④ 600,000원

⑤ 700,000원

071 천장이 개구된 형태이며 주로 석탄 및 철광석 등과 같은 화물에 포장을 덮어 운송하는 트레일러는?

① 스케레탈 트레일러   ② 오픈탑 트레일러

③ 중저상식 트레일러   ④ 저상식 트레일러

⑤ 평상식 트레일러

072 택배운송장의 역할에 관한 설명으로 옳지 않은 것은?

① 송화인과 택배회사 간의 계약서 역할

② 택배요금에 대한 영수증 역할

③ 송화인과 택배회사 간의 화물인수증 역할

④ 물류활동에 대한 화물취급지시서 역할

⑤ 택배회사의 사업자등록증 역할

073 다음과 같은 파이프라인 네트워크에서 X지점에서 Y지점까지 유류를 보낼 때 최대유량(톤)은? (단, 링크의 화살표 방향으로만 송유가 가능하며 링크의 숫자는 용량을 나타냄)

(단위 : 톤)

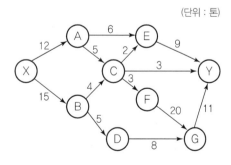

① 18   ② 19

③ 20   ④ 21

⑤ 22

074 선박이 접안하는 부두 안벽에 접한 야드의 일부분으로 바다와 가장 가까이 접해 있으며 갠트리 크레인(Gantry Crane)이 설치되어 컨테이너의 적재와 양륙작업이 이루어지는 장소는?

① Berth
② Marshalling Yard
③ Apron
④ CY(Container Yard)
⑤ CFS(Container Freight Station)

075 택배운송에 관한 내용으로 옳지 않은 것은?

① 사업허가를 득한 운송업자의 책임하에 이루어지는 일관책임체계를 갖는다.
② 물류거점, 물류정보시스템, 운송네트워크 등이 요구되는 산업이다.
③ 소화물을 송화인의 문전에서 수화인의 문전까지 배송하는 door-to-door 서비스를 의미한다.
④ 전자상거래의 확산에 따른 다빈도 배송 수요의 영향으로 택배 관련 산업이 성장 추세에 있다.
⑤ 택배 서비스 제공업체, 수화인의 지역, 화물의 규격과 중량 등에 상관없이 국가에서 정한 동일한 요금이 적용된다.

076 다음의 도로망을 이용하여 공장에서 물류센터까지 상품을 운송할 때 최단경로 산출거리(km)는? (단, 링크의 숫자는 거리이며 단위는 km임)

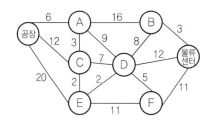

① 23
② 24
③ 25
④ 26
⑤ 27

077 수송수요모형에 관한 내용으로 옳은 것은?

① 중력모형 : 지역 간의 운송량은 경제규모에 비례하고 거리에 반비례한다는 가정에 의한 분석 모형
② 통행교차모형 : 화물 발생량 및 도착량에 영향을 주는 다양한 변수 간의 상관관계에 대한 복수의 식을 도출하여, 교차하는 화물량을 예측하는 모형
③ 선형로짓모형 : 범주화한 운송수단을 대상으로 운송구간의 운송비용을 이용하여 구간별 통행량을 산출하는 모형
④ 회귀모형 : 일정구역에서 화물의 분산정도가 극대화한다는 가정을 바탕으로 분석한 모형
⑤ 성장인자모형 : 화물의 이동형태 변화를 기반으로 인구에 따른 화물 발생단위를 산출하고, 이를 통하여 장래의 수송수요를 예측하는 모형

078 해상운송에서 부정기선 운임이 아닌 것은?

① 장기계약운임   ② 현물운임
③ 특별운임   ④ 공적운임
⑤ 연속항해운임

079 배송방법에 관한 설명으로 옳은 것을 모두 고른 것은?

> ㄱ. 단일배송 : 하나의 배송처에 1대의 차량을 배차하는 방법으로 보통 주문자가 신속한 배송을 요구할 때 이용한다.
> ㄴ. 루트(Route)배송 : 일정한 배송경로를 반복적으로 배송하는 방법으로 비교적 광범위한 지역의 소량화물을 요구하는 다수의 고객을 대상으로 한다.
> ㄷ. 고정 다이어그램(Diagram)배송 : 배송할 물량을 기준으로 적합한 크기의 차량을 배차하는 방법으로 배송량이 고정되어 있다.
> ㄹ. 변동 다이어그램(Diagram)배송 : 배송처 및 배송물량의 변화에 따라 배송처, 방문순서, 방문시간 등이 변동되는 방법으로 배송 관련 기준 설정이 중요하다.

① ㄱ, ㄷ   ② ㄴ, ㄷ
③ ㄴ, ㄹ   ④ ㄱ, ㄴ, ㄹ
⑤ ㄱ, ㄷ, ㄹ

080 수·배송 계획을 위한 물동량 할당 또는 배송경로 해법에 관한 내용으로 옳지 않은 것은?

① 북서코너법(North−West Corner Method) : 수송계획표의 왼쪽 상단인 북서쪽부터 물동량을 할당하며 시간, 거리, 위치를 모두 고려하는 방법

② 최소비용법(Least−Cost Method) : 수송계획표에서 단위당 수송비용이 가장 낮은 칸에 우선적으로 할당하는 방법

③ 보겔추정법(Vogel's Approximation Method) : 수송계획표에서 최적의 수송경로를 선택하지 못했을 때 발생하는 기회비용을 고려하여 물동량을 할당하는 방법

④ TSP(Travelling Salesman Problem) : 차량이 지역 배송을 위해 배송센터를 출발하여 되돌아오기까지 소요되는 시간 또는 거리를 최소화하기 위한 방법

⑤ 스위핑법(Sweeping Method) : 차고지에서 복수의 배송처에 선을 연결한 후 시계 방향 또는 반시계 방향으로 돌려가며 순차적으로 배송하는 방법

041 화물운송의 3요소에 해당하는 것은?

ㄱ. Link	ㄴ. Load	ㄷ. Mode
ㄹ. Node	ㅁ. Rate	

① ㄱ, ㄴ, ㄷ   ② ㄱ, ㄴ, ㄹ

③ ㄱ, ㄷ, ㄹ   ④ ㄴ, ㄷ, ㅁ

⑤ ㄴ, ㄹ, ㅁ

042 운송에 관한 설명으로 옳지 않은 것은?

① 운송은 화물을 한 장소에서 다른 장소로 이동시키는 기능이 있다.

② 운송 중에 있는 화물을 일시적으로 보관하는 기능이 있다.

③ 운송 효율화 측면에서 운송비용을 절감하기 위해 다빈도 소량운송을 실시한다.

④ 운송은 장소적 효용과 시간적 효용을 창출한다.

⑤ 운송 효율화는 생산지와 소비지를 확대시켜 시장을 활성화한다.

043 운송수단의 선택에 관한 설명으로 옳은 것을 모두 고른 것은?

ㄱ. 화물유통에 대한 제반여건을 확인하고 운송수단별 평가항목의 내용을 검토한다.

ㄴ. 운송수단의 특성에 따라 최적경로, 배송빈도를 고려하여 운송계획을 수립한다.

ㄷ. 특화된 운송서비스를 제공하거나 틈새시장을 공략하기 위한 경우라도 일반적인 선택기준을 적용하고 다른 기준을 적용하는 경우는 없다.

ㄹ. 물류흐름을 최적화하여 물류비를 절감하고 고객만족서비스를 향상시키도록 하는 전략을 활용한다.

ㅁ. 운송비 부담력은 고려하지 않는다.

① ㄱ, ㄴ   ② ㄱ, ㄴ, ㄹ

③ ㄴ, ㄷ, ㄹ   ④ ㄱ, ㄷ, ㄹ, ㅁ

⑤ ㄴ, ㄷ, ㄹ, ㅁ

044 운송수단별 비용 비교에 관한 설명으로 옳지 않은 것은?

① 철도운송은 운송기간 중의 재고유지로 인하여 재고유지비용이 증가할 수 있다.
② 운송수단별 운송물량에 따라 운송비용에 차이가 있어 비교우위가 다르게 나타난다.
③ 항공운송은 타 운송수단에 비해 운송 소요시간이 짧아 재고유지비용이 감소한다.
④ 해상운송은 장거리 운송의 장점을 가지고 있지만, 대량화물을 운송할 때 단위비용이 낮아져 자동차 운송보다 불리하다.
⑤ 수송비와 보관비는 상관관계가 있으므로 총비용 관점에서 운송수단을 선택한다.

045 파이프라인 운송에 관한 설명으로 옳지 않은 것은?

① 초기시설 설치비가 많이 드나 유지비는 저렴한 편이다.
② 환경오염이 적은 친환경적인 운송이다.
③ 운송대상과 운송경로에 관한 제약이 적다.
④ 유류, 가스를 연속적이고 대량으로 운송한다.
⑤ 컴퓨터시스템을 이용하여 운영의 자동화가 가능하다.

046 다음은 운송수단 선택 시 고려해야 할 사항이다. 이에 해당하는 요건은?

> • 물류네트워크 연계점에서의 연결이 용이한가?
> • 운송절차와 송장서류 작성이 간단한가?
> • 필요시 운송서류를 이용할 수 있는가?

① 안전성   ② 신뢰성
③ 편리성   ④ 신속성
⑤ 경제성

047 화물운송의 합리화 방안으로 옳지 않은 것은?

① 수송체계의 다변화
② 일관파렛트화(Palletization)를 위한 지원
③ 차량운행 경로의 최적화 추진
④ 물류정보시스템의 정비
⑤ 운송업체의 일반화 및 소형화 유도

048 철도와 화물자동차 운송의 선택기준에 관한 설명으로 옳지 않은 것은?

① 장거리 · 대량화물은 철도가 유리하다.
② 근거리 · 소량화물은 화물자동차가 경제적이다.
③ 채트반(Chatban) 공식은 운송거리에 따른 화물자동차 운송과 철도운송의 선택기준으로 활용된다.
④ 채트반 공식은 비용요소를 이용하여 화물자동차 경쟁가능거리의 한계(분기점)를 산정한다.
⑤ 채트반 공식으로 산출된 경계점 거리 이내에서는 화물자동차운송보다 철도운송이 유리하다.

049 다음과 같은 특징을 가진 운임산정 기준은?

- 양모, 면화, 코르크, 목재, 자동차 등과 같이 중량에 비해 부피가 큰 화물에 적용된다.
- Drum, Barrel, Roll 등과 같이 화물 사이에 공간이 생기는 화물에 적용된다.
- 일정 비율의 손실공간을 감안하여 운임을 부과한다.
- 이러한 화물은 통상 이들 손실공간을 포함시킨 적화계수를 적용한다.

① 중량기준
② 용적기준
③ 종가기준
④ 개수기준
⑤ 표정기준

050 화물자동차의 구조에 의한 분류상 전용특장차로 옳은 것을 모두 고른 것은?

> ㄱ. 덤프트럭   ㄴ. 분립체 운송차
> ㄷ. 적화 · 하역 합리화차   ㄹ. 측면 전개차
> ㅁ. 액체 운송차

① ㄱ, ㄴ
② ㄴ, ㄷ
③ ㄱ, ㄴ, ㅁ
④ ㄴ, ㄹ, ㅁ
⑤ ㄷ, ㄹ, ㅁ

051 화물자동차의 운행제한 기준으로 옳은 것은?

① 축간 중량 5톤 초과
② 길이 13.7m 초과
③ 너비 2.0m 초과
④ 높이 3.5m 초과
⑤ 총중량 40톤 초과

052 폴트레일러 트럭(Pole – trailer truck)에 관한 설명으로 옳은 것은?

① 트렉터에 턴테이블을 설치하고 트레일러를 연결한 후, 대형파이프나 H형강, 교각, 대형목재 등 장척물의 수송에 사용한다.
② 트렉터와 트레일러가 완전히 분리되어 있고, 트레일러 자체도 바디를 가지고 있으며 중소형 이다.
③ 트레일러의 일부 하중을 트렉터가 부담하는 것으로 측면에 미닫이문이 부착되어 있다.
④ 컨테이너 트렉터는 트레일러 2량을 연결하여 사용한다.
⑤ 대형 중량화물을 운송하기 위하여 여러 대의 자동차를 연결하여 사용한다.

053 화물자동차운송의 고정비 항목으로 옳은 것은?

① 유류비
② 수리비
③ 감가상각비
④ 운활유비
⑤ 도로통행료

054 컨테이너에 의한 위험물의 운송 시 위험물 수납에 관한 내용으로 옳지 않은 것은?

① 컨테이너는 위험물을 수납하기 전에 충분히 청소 및 건조되어야 한다.

② 위험물을 컨테이너에 수납할 경우에는 해당 위험물의 이동, 전도, 충격, 마찰, 압력손상 등으로 위험이 발생할 우려가 없도록 한다.

③ 위험물의 어느 부분도 외부로 돌출하지 않도록 수납한 후에 컨테이너의 문을 닫아야 한다.

④ 위험물을 컨테이너 일부에만 수납하는 경우에는 위험물을 컨테이너 문에서 먼 곳에 수납해야 한다.

⑤ 위험물이 수납된 컨테이너를 여닫는 문의 잠금장치 및 봉인은 비상시에 지체 없이 열 수 있는 구조이어야 한다.

055 목재, 강재, 승용차, 기계류 등과 같은 중량화물을 운송하기 위하여 지붕과 벽을 제거하고, 4개의 모서리에 기둥과 버팀대만 두어 전후, 좌우 및 위쪽에서 적재 · 하역할 수 있는 컨테이너는?

① 건화물 컨테이너(Dry container)

② 오픈탑 컨테이너(Open top container)

③ 동물용 컨테이너(Live stock container)

④ 솔리드벌크 컨테이너(Solid bulk container)

⑤ 플랫랙 컨테이너(Flat rack container)

056 다음에서 설명하고 있는 철도운송 서비스 형태는?

• 철도화물역 또는 터미널 간을 직송 운행하는 전용열차
• 화차의 수와 타입이 고정되어 있지 않음
• 중간역을 거치지 않고 최초 출발역부터 최종 도착역까지 직송서비스 제공
• 철도 – 도로 복합운송에서 많이 사용되는 서비스

---

① Block Train

② Coupling & Sharing Train

③ Liner Train

④ Shuttle Train

⑤ Single Wagon Train

057 우리나라 철도화물의 운임체계에 관한 설명으로 옳지 않은 것은?

① 화차(차량)취급운임, 컨테이너 취급운임, 혼재운임으로 구성된다.
② 화차취급운임 중 특대화물, 위험화물, 귀중품의 운송은 할증이 적용된다.
③ 화차취급운임 중 정량화된 대량화물이나 파렛트 화물의 운송은 할인이 적용된다.
④ 냉동컨테이너의 운송은 할증이 적용된다.
⑤ 공컨테이너와 적컨테이너의 운송은 할증이 적용된다.

058 다음에서 설명하고 있는 대륙횡단 철도서비스 형태는?

> 아시아 극동지역의 화물을 파나마 운하를 경유하여 북미 동부 연안의 항만까지 해상운송을 실시하고, 철도 및 트럭을 이용하여 내륙지역까지 운송한다 .

① ALB(American Land Bridge)
② MLB(Mini Land Bridge)
③ IPI(Interior Point Intermodal)
④ RIPI(Reversed Interior Point Intermodal)
⑤ CLB(Canadian Land Bridge)

059 철도운송의 특징으로 옳지 않은 것은?

① 장거리 대량화물의 운송에 유리하다.
② 타 운송수단과의 연계 없이 Door to Door 서비스가 가능하다.
③ 안전도가 높고 친환경적인 운송수단이다.
④ 전국적인 네트워크를 가지고 있다.
⑤ 계획적인 운송이 가능하다.

060

다음에서 설명하는 해상운임 산정 기준으로 옳은 것은?

> 운임단위를 무게 기준인 중량톤과 부피 기준인 용적톤으로 산출하고 원칙적으로 운송인에게 유리한 운임단위를 적용하는 운임톤

① Gross Ton(G/T)
② Long Ton(L/T)
③ Metric Ton(M/T)
④ Revenue Ton(R/T)
⑤ Short Ton(S/T)

061

선박의 국적(선적)에 관한 설명으로 옳지 않은 것은?

① 전통적인 선박의 국적 취득 요건은 자국민 소유, 자국 건조, 자국민 승선이다.
② 편의치적제도를 활용하는 선사는 자국의 엄격한 선박운항기준과 안전기준에서 벗어날 수 있다.
③ 제2선적제도는 기존의 전통적 선적제도를 폐지하고, 역외등록제도와 국제선박등록제도를 신규로 도입한다.
④ 편의치적제도는 세제상의 혜택과 금융조달의 용이성으로 인해 세계적으로 확대되었다.
⑤ 우리나라는 제2선적제도를 시행하고 있다.

062

항해용선 계약과 나용선 계약을 구분한 것으로 옳지 않은 것은?

	구분	항해용선 계약	나용선 계약
ㄱ	선장고용책임	선주가 감독, 임명	용선주가 임명
ㄴ	해원고용책임	선주가 감독, 임명	용선주가 임명
ㄷ	책임한계	선주 – 운송행위	용선주 – 운송행위
ㄹ	운임결정	용선기간	화물의 수량
ㅁ	용선주 비용부담	없음	전부

① ㄱ
② ㄴ
③ ㄷ
④ ㄹ
⑤ ㅁ

063

선하증권 운송약관상의 운송인 면책 약관에 관한 설명으로 옳지 않은 것은?

① 잠재하자약관 : 화물의 고유한 성질에 의하여 발생하는 손실에 대해 운송인은 면책이다.

② 이로약관 : 항해 중에 인명, 재산의 구조, 구조와 관련한 상당한 이유로 예정항로 이외의 지역으로 항해한 경우, 발생하는 손실에 대해 운송인은 면책이다.

③ 부지약관 : 컨테이너 내에 반입된 화물은 화주의 책임 하에 있으며 발생하는 손실에 대해 운송인은 면책이다.

④ 과실약관 : 과실은 항해과실과 상업과실로 구분하며 상업과실일 경우, 운송인은 면책을 주장하지 못한다.

⑤ 고가품약관 : 송화인이 화물의 운임을 종가율에 의하지 않고 선적하였을 경우, 운송인은 일정금액의 한도 내에서 배상책임이 있다.

064

다음 설명에 해당하는 해상운송 관련서류는?

> • 해상운송에서 운송인은 화물을 인수할 당시에 포장상태가 불완전하거나 수량이 부족한 사실이 발견되면 사고부 선하증권(Foul B/L)을 발행한다 .
> • 사고부 선하증권은 은행에서 매입을 하지 않으므로, 송화인은 운송인에게 일체의 클레임에 대해서 송화인이 책임진다는 서류를 제출하고 무사고 선하증권을 수령한다.

① Letter of Credit　　　　　② Letter of Indemnity

③ Commercial Invoice　　　④ Certificate of Origin

⑤ Packing List

065

항공화물 운임의 결정 원칙으로 옳지 않은 것은?

① 운임은 출발지의 중량에 kg 또는 lb당 적용요율을 곱하여 결정한다.

② 별도 규정의 경우를 제외하고는 요율과 요금은 가장 낮은 것을 적용한다.

③ 운임 및 종가 요금은 선불이거나 도착지 지불이어야 한다.

④ 화물의 실제 운송 경로는 운임 산출 시 근거 경로와 일치하여야만 한다.

⑤ 항공화물의 요율은 출발지국의 현지통화로 설정한다.

066 단위탑재용기(ULD : Unit Load Device)에 관한 설명으로 옳은 것을 모두 고른 것은?

> ㄱ. 지상 조업시간이 단축된다.
> ㄴ. 전기종 간의 ULD 호환성이 높다.
> ㄷ. 냉장, 냉동화물 등 특수화물의 운송이 용이하다.
> ㄹ. 사용된 ULD는 전량 회수하여 사용한다.

① ㄱ

② ㄱ, ㄷ

③ ㄴ, ㄷ

④ ㄴ, ㄹ

⑤ ㄱ, ㄷ, ㄹ

067 운송주선인의 역할로 옳지 않은 것은?

① 수출화물을 본선에 인도하고 수입화물을 본선으로부터 인수한다.

② 화물포장 및 목적지의 각종 규칙에 관해 조언한다.

③ 운송주체로서 화물의 집하, 혼재, 분류 및 인도 등을 수행한다.

④ 운송의 통제인 및 배송인 역할을 수행한다.

⑤ 운송수단을 보유하고, 계약운송인으로서 운송책임이 없다.

068 항공화물운송주선업자에 관한 설명으로 옳지 않은 것은?

① 화주의 운송대리인이다.

② 전문혼재업자이다.

③ 송화인과 House Air Waybill을 이용하여 운송계약을 체결하는 업자이다.

④ 수출입 통관 및 보험에 관한 화주의 대리인이다.

⑤ CFS(Container Freight Station)업자이다.

069 화물차량이 물류센터를 출발하여 배송지 1, 2, 3을 무순위로 모두 경유한 후, 물류센터로 되돌아가는 데 소요되는 최소시간은?

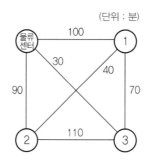

(단위 : 분)

① 210분　　　　　　　　② 230분
③ 240분　　　　　　　　④ 260분
⑤ 280분

070 수송문제에서 초기해에 대한 최적해 검사기법으로 옳은 것은?

① 디딤돌법(Stepping Stone Method)
② 도해법(Graphical Method)
③ 트리라벨링법(Tree Labelling Algorithm)
④ 의사결정수모형(Decision Tree Model)
⑤ 후방귀납법(Backward Induction)

071 8곳의 물류센터를 모두 연결하는 도로를 개설하려 한다. 필요한 도로의 최소길이는?

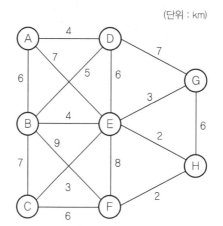

(단위 : km)

① 19 km　　　　　　　　　　② 21 km

③ 23 km　　　　　　　　　　④ 25 km

⑤ 27 km

072 물류센터에서 8곳 배송지까지 최단 경로 네트워크를 작성하였을 때, 그 네트워크의 총길이는?

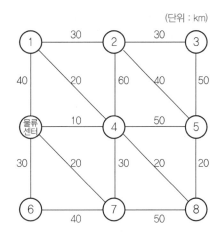

(단위 : km)

① 150km　　　　　　　　　　② 160km

③ 170km　　　　　　　　　　④ 180km

⑤ 190km

073 공급지 1, 2에서 수요지 1, 2, 3까지의 수송문제를 최소비용법으로 해결하려 한다. 수요지 1, 수요지 2, 수요지 3의 미충족 수요량에 대한 톤당 패널티(penalty)는 각각 150,000원, 200,000원, 180,000원이다. 운송비용과 패널티의 합계는? (단, 공급지와 수요지간 톤당 단위운송비용은 셀의 우측 상단에 있음)

(단위 : 원)

공급지 \ 수요지	수요지 1	수요지 2	수요지 3	공급량 (톤)
공급지 1	25,000	30,000	27,000	150
공급지 2	35,000	23,000	32,000	120
수요량 (톤)	100	130	70	

① 10,890,000원   ② 11,550,000원

③ 11,720,000원   ④ 12,210,000원

⑤ 12,630,000원

074 공급지 A, B, C에서 수요지 W, X, Y, Z까지의 총운송비용 최소화 문제에 보겔추정법을 적용한다. 운송량이 전혀 할당되지 않는 셀(Cell)로만 구성된 것은? (단, 공급지와 수요지간 톤당 단위운송비용은 셀의 우측 상단에 있음)

(단위 : 천원)

공급지 \ 수요지	W	X	Y	Z	공급량 (톤)
A	30	25	47	36	100
B	17	52	28	42	120
C	22	19	35	55	130
수요량 (톤)	80	100	90	80	350

① A-X, B-Z, C-W   ② A-X, B-W, C-Z

③ A-Z, B-X, C-Y   ④ A-Y, B-W, C-Z

⑤ A-Y, B-X, C-W

075 수송 수요분석에 사용하는 화물분포모형에 해당하는 것은?

① 성장인자법(Growth Factor Method)

② 회귀분석법(Regression Model)

③ 성장률법(Growth Rate Method)

④ 로짓모형(Logit Model)

⑤ 다이얼모형(Dial Model)

076 이용자 측면에서의 택배서비스 특징에 관한 설명으로 옳지 않은 것은?

① 소형 · 소량화물을 위한 운송체계
② 공식적인 계약에 따른 개인 보증제도
③ 규격화된 포장서비스 제공
④ 단일운임 · 요금체계로 경제성 있는 서비스 제공
⑤ 운송업자가 책임을 부담하는 일관책임체계

077 택배 취급이 금지되는 품목으로 옳지 않은 것은?

① 유리제품　　　　　　　　② 상품권
③ 복권　　　　　　　　　　④ 신용카드
⑤ 현금

078 택배표준약관(공정거래위원회 표준약관 제10026호)의 포장에 관한 설명으로 옳은 것을 모두 고른 것은?

> ㄱ. 고객(송화인)은 운송물을 성질, 중량, 용량에 따라 운송에 적합하도록 포장하여야 한다.
> ㄴ. 사업자가 운반하는 도중에 운송물의 포장이 훼손되어 재포장하는 경우, 운송물을 인도한 후 고객(송화인)에게 그 사실을 알려야 한다.
> ㄷ. 사업자는 운송물의 포장이 운송에 적합하지 아니한 때, 고객(송화인)의 승낙을 얻어 운송 중 발생될 수 있는 충격량을 고려하여 포장을 하여야 한다.
> ㄹ. 사업자는 운송물을 수탁한 후 포장의 외부에 운송물의 종류와 수량, 인도예정일(시), 운송상의 특별한 주의사항을 표시한다.
> ㅁ. 사업자는 운송물의 포장이 운송에 적합하지 아니한 때, 고객(송화인) 의 승낙을 얻어 포장을 한 경우에 발생하는 추가 포장비용은 사업자가 부담한다.

① ㄱ, ㄴ　　　　　　　　　② ㄱ, ㄷ, ㄹ
③ ㄴ, ㄷ, ㄹ　　　　　　　④ ㄴ, ㄹ, ㅁ
⑤ ㄱ, ㄷ, ㄹ, ㅁ

079 택배표준약관(공정거래위원회 표준약관 제10026호)의 운송물 사고와 사업자 책임에 관한 내용으로 옳은 것은?

① 사업자는 운송 중에 발생한 운송물의 멸실, 훼손 또는 연착에 대하여 고객(송화인)의 청구가 있으면 그 발생일로부터 6개월에 한하여 사고증명서를 발행한다.

② 사업자는 운송장에 운송물의 인도예정일의 기재가 없는 경우, 도서 · 산간지역은 운송물의 수탁일로부터 5일에 해당하는 날까지 인도한다.

③ 운송물의 일부 멸실 또는 훼손에 대한 사업자의 손해배상책임은 고객(수화인)이 운송물을 수령한 날로부터 10일 이내에 그 사실을 사업자에게 통지를 발송하지 아니하면 소멸한다.

④ 운송물의 일부 멸실, 훼손 또는 연착에 대한 사업자의 손해배상책임은 고객(수화인)이 운송물을 수령한 날로부터 6개월이 경과하면 소멸한다.

⑤ 사업자가 운송물의 일부 멸실 또는 훼손의 사실을 알면서 이를 숨기고 운송물을 인도한 경우, 사업자의 손해배상책임은 고객(수화인)이 운송물을 수령한 날로부터 5년간 존속한다.

080 택배표준약관(공정거래위원회 표준약관 제10026호)의 손해배상에 관한 설명이다. (　　)에 들어갈 내용으로 옳은 것은?

> 사업자가 고객(송화인)으로부터 배상요청을 받은 경우, 고객(송화인)이 손해입증서류를 제출한 날로부터 (　　) 이내에 사업자는 우선 배상한다(단, 손해입증서류가 허위인 경우에는 적용되지 아니한다).

① 7일　　　　　　　　　　　② 10일
③ 21일　　　　　　　　　　④ 30일
⑤ 60일

041 운송수단별 특징에 관한 설명으로 옳은 것은?

① 철도운송은 장거리, 대량운송에 유리하지만 운송시간이 오래 걸리고 초기인프라 설치 관련 진입비용이 낮다.

② 해상운송은 대량화물의 장거리운송에 적합하지만 정기항로에 치우쳐 유연성과 전문성이 떨어진다.

③ 항공운송은 장거리를 신속하게 운송하며 항공기의 대형화로 운송비 절감을 가져 왔다.

④ 공로운송은 접근성이 가장 뛰어나지만 1회 수송량이 적어 운임부담력이 상대적으로 낮다.

⑤ 연안운송은 초기 항만하역시설투자비가 적은 편이고 해상경로가 비교적 짧은 단거리 수송에 유리하다.

042 다음은 최근 운송산업의 변화에 관한 설명이다. ( )의 내용으로 옳은 것은?

> • 철도운송은 철도르네상스를 통하여 시간적 제약을 극복하면서 도심으로의 접근성에 대한 우수한 경쟁력으로 (ㄱ)운송의 대체수단으로 떠오르고 있다.
> • 운송수단의 대형화, 신속화 추세에 따라 (ㄴ) 간의 경쟁이 심화되면서 (ㄴ)의 수는 줄어들고 그 기능이 복합화되어 가는 새로운 지역경제 협력시대를 열고 있다.
> • 기후변화와 관련된 운송수단의 (ㄷ) 기술혁신은 조선업의 새로운 부흥 시대를 열고 있다.
> • 미국과 중국 간의 정치적 갈등은 글로벌공급망의 재편과 관련하여 최저 생산비보다 (ㄹ) 공급망을 중시하는 방향으로 협업적 관계를 강조하고 있다.

① ㄱ : 해상, ㄴ : 경로, ㄷ : 친환경, ㄹ : 효율적인

② ㄱ : 해상, ㄴ : 운송방식, ㄷ : 인공지능, ㄹ : 안정적인

③ ㄱ : 항공, ㄴ : 경로, ㄷ : 인공지능, ㄹ : 효율적인

④ ㄱ : 항공, ㄴ : 거점, ㄷ : 친환경, ㄹ : 안정적인

⑤ ㄱ : 공로, ㄴ : 거점, ㄷ : 인공지능, ㄹ : 효율적인

043 운송서비스의 특징에 관한 설명으로 옳지 않은 것은?

① 운송이란 생산과 동시에 소비되는 즉시재이다.

② 운송공급은 비교적 계획적이고 체계적인 반면, 운송수요는 상대적으로 무계획적이고 비체계적이다.

③ 개별적 운송수요는 다양하므로 운송수요는 집합성을 가질 수 없다.

④ 운임의 비중이 클수록 운임상승은 상품수요를 감소시킴으로써 운송수요를 줄이게 되어 운송수요의 탄력성이 더욱 커지게 된다.

⑤ 운송수단 간 대체성이 높아 운송수요에 대한 탄력적 대응이 가능하다.

044 국내화물운송의 합리화 방안에 관한 설명으로 옳지 않은 것은?

① 과학적 관리에 입각한 계획수송체계의 강화

② 운송수단의 대형화, 신속화, 표준화

③ 적재율 감소를 통한 물류합리화

④ 공동수배송 체계의 활성화

⑤ 운송업체의 대형화, 전문화

045 운송의 기능에 관한 설명으로 옳지 않은 것은?

① 보관과 배송을 연결하는 인적 조절기능이 있다.

② 한계생산비의 차이를 극복하는 장소적 조절기능이 있다.

③ 원재료 이동을 통한 생산비 절감기능이 있다.

④ 운송의 효율적 운용을 통한 물류비 절감기능이 있다.

⑤ 지역 간 경쟁력 있는 상품의 생산과 교환, 소비를 촉진시키는 기능이 있다.

046 물류와 운송의 개념에 관한 설명으로 옳지 않은 것은?

① 미국 마케팅협회는 물류를 생산지에서 소비지에 이르는 상품의 이동과 취급에 관한 관리라고 정의하였다.

② 1976년 미국물류관리협회는 물류를 생산에서 소비에 이르는 여러 활동을 포함하되 수요예측이나 주문처리는 물류가 아닌 마케팅의 영역으로 구분하였다.

③ 오늘날 운송은 생산지와 소비지 간의 공간적 거리 극복뿐만 아니라 토탈 마케팅 비용의 절감과 고객서비스 향상이라는 관점도 강조하고 있다.

④ 물류의 본원적 활동인 운송은 다양한 부가가치 활동이 추가되면서 오늘날의 물류로 발전되었다.

⑤ 운송은 재화를 효용가치가 낮은 장소로부터 높은 장소로 이전하는 활동을 포함한다.

047 국내 화물운송의 특징으로 옳지 않은 것은?

① 공로운송은 운송거리가 단거리이기 때문에 전체 운송에서 차지하는 비중이 낮다.

② 화물운송의 출발/도착 관련 경로의 편중도가 높다.

③ 한국의 수출입 물동량 중 항만을 이용한 물동량이 가장 큰 비중을 차지하며 특정 수출입항만의 편중도가 높다.

④ 화물자동차운송사업은 영세업체가 많고 전문화, 대형화가 미흡하여 운송서비스의 질이 위협받고 있다.

⑤ 화주기업과 운송인과의 협업적 관계가 미흡하여 제3자물류나 제4자물류로 발전하기 위한 정부의 정책적 지원 확대가 필요하다.

048 물류활동 및 운송합리화를 위한 3S1L의 기본원칙으로 옳지 않은 것은?

① 저비용　　　　　　　　　　② 대체성
③ 안전성　　　　　　　　　　④ 정확성
⑤ 신속성

049 화물자동차의 운행상 안전기준에 해당하는 것을 모두 고른 것은?

> ㄱ. 적재중량 : 구조 및 성능에 따르는 적재중량의 110% 이내일 것
> ㄴ. 길이 : 자동차 길이에 그 길이의 10분의 1을 더한 길이를 넘지 아니할 것
> ㄷ. 승차인원 : 승차정원의 110% 이내일 것
> ㄹ. 너비 : 자동차의 후사경으로 뒤쪽을 확인할 수 있는 범위(후사경의 높이보다 화물을 낮게 적재한 경우에는 그 화물을, 후사경의 높이보다 화물을 높게 적재한 경우에는 뒤쪽을 확인할 수 있는 범위를 말한다)의 너비를 넘지 아니할 것
> ㅁ. 높이 : 지상으로부터 4.5미터를 넘지 아니할 것

① ㄱ, ㄴ, ㄷ
② ㄱ, ㄴ, ㄹ
③ ㄴ, ㄷ, ㄹ
④ ㄱ, ㄴ, ㄷ, ㄹ
⑤ ㄱ, ㄷ, ㄹ, ㅁ

050 화물자동차 운송가맹사업의 허가기준에 관한 설명으로 옳지 않은 것은?

① 허가기준대수 : 400대 이상(운송가맹점이 소유하는 화물자동차 대수를 포함하되, 8개 이상의 시·도에 50대 이상 분포되어야 한다)
② 화물자동차의 종류 : 일반형·덤프형·밴형 및 특수용도형 화물자동차 등 화물자동차운수사업법시행규칙 제3조에 따른 화물자동차(화물자동차를 직접 소유하는 경우만 해당한다)
③ 사무실 및 영업소 : 영업에 필요한 면적
④ 최저보유차고 면적 : 화물자동차 1대당 그 화물자동차의 길이와 너비를 곱한 면적(화물자동차를 직접 소유하는 경우만 해당한다)
⑤ 그 밖의 운송시설 : 화물정보망을 갖출 것

051 화물자동차의 구조에 의한 분류 중 합리화 특장차는?

① 믹서트럭
② 분립체 운송차
③ 액체 운송차
④ 냉동차
⑤ 리프트게이트 부착차량

052 다음에서 설명하는 화물자동차 운송정보시스템은?

> 출하되는 화물의 양(중량 및 부피)에 따라 적정한 크기의 차량선택과 1대의 차량에 몇 개의 배송처의 화물을 적재할 것인지를 계산해 내고, 화물의 형상 및 중량에 따라 적재함의 어떤 부분에 화물을 적재해야 가장 효율적인 적재가 될 것인지를 시뮬레이션을 통하여 알려주는 시스템

① WMS(Warehouse Management System)
② Routing System
③ Tracking System
④ VMS(Vanning Management System)
⑤ CVO(Commercial Vehicle Operating system)

053 자가용 화물자동차와 비교한 사업용 화물자동차의 장점으로 옳지 않은 것은?

① 자가용 화물차 이용 시보다 기동성이 높고, 보험료가 적다.
② 귀로 시 복화화물운송이 가능하여 운송비가 저렴하다.
③ 돌발적인 운송수요의 증가에 탄력적 대응이 가능하다.
④ 필요한 시점에 필요한 수량과 필요한 규격 및 종류의 차량 이용이 가능하다.
⑤ 운임이 저렴하고 서비스 수준이 높은 업체와 계약운송이 가능하다.

054 화물운임의 부과방법에 관한 설명으로 옳지 않은 것은?

① 종가운임 : 운송되는 화물의 가격에 따라 운임의 수준이 달라지는 형태의 운임
② 최저운임 : 일정한 수준 이하의 운송량을 적재하거나 일정 거리 이하의 단거리운송 등으로 실운임이 일정수준 이하로 계산될 때 적용하는 최저 수준의 운임
③ 특별운임 : 운송거리, 서비스 수준, 운송량, 운송시간 등에 따라 운임 차이가 발생 할 수 있음에도 불구하고 동일한 요율을 적용하는 형태의 운임
④ 품목별운임 : 운송하는 품목에 따라 요율을 달리하는 운임
⑤ 반송운임 : 목적지에 도착한 후 인수거부, 인계불능 등에 의하여 반송조치하고 받는 운임

055 일반 화물자동차의 화물 적재공간에 박스형 덮개를 고정적으로 설치한 차량은?

① 밴형 화물자동차
② 덤프트럭
③ 포크리프트
④ 평바디트럭
⑤ 리치스테커(Reach Stacker)

056 다음에서 설명하고 있는 운송방식은?

- 배송에 관한 사항을 시간대별로 계획하고 표로 작성하여 운행
- 배송처 및 배송물량의 변화가 심할 때 방문하는 배송처, 방문순서, 방문 시간 등을 매일 새롭게 설정하여 배송하는 운송방식

① 루트(Route) 배송
② 밀크런(Milk Run) 배송
③ 적합 배송
④ 단일 배송
⑤ 변동다이어그램 배송

057 다음과 같은 화물자동차 운송과 철도운송 조건에서 두 운송수단 간 경제적 효용거리 분기점은?

- 철도 운송비: 40원/ton · km
- 화물자동차 운송비: 80원/ton · km
- 철도 부대비용(철도발착비, 하역비 등): 10,000원/ton

① 200km
② 230km
③ 250km
④ 270km
⑤ 320km

058 컨테이너 전용 철도 무개화차의 종류에 해당하지 않는 것은?

① 오픈 톱 카(Open Top Car)
② 플랫카(Flat Car)
③ 컨테이너카(Container Car)
④ 더블스텍카(Double Stack Car)
⑤ 탱크화차(Tank Car)

059 철도화물 운임 및 요금에 관한 설명으로 옳지 않은 것은?

① 화물운임의 할인종류에는 왕복수송 할인, 탄력할인, 사유화차 할인 등이 있다.

② 컨테이너의 크기, 적컨테이너, 공컨테이너 등에 따라 1km당 운임률은 달라진다.

③ 화차 1량에 대한 최저기본운임은 사용화차의 화차표기하중톤수의 200km에 해당하는 운임이다.

④ 일반화물의 기본운임은 1건마다 중량, 거리, 임률을 곱하여 계산한다. 이 경우 1건 기본운임이 최저기본운임에 미달할 경우에는 최저기본운임을 기본운임으로 한다.

⑤ 화물운임의 할증대상에는 귀중품, 위험물, 특대화물 등이 있다.

060 철도운송 서비스 형태에 관한 설명으로 옳지 않은 것은?

① Shuttle Train : 철도역 또는 터미널에서 화차조성비용을 줄이기 위해 화차의 수와 타입이 고정되며 출발지 → 목적지 → 출발지를 연결하는 루프형 서비스를 제공하는 열차형태

② Block Train : 스위칭 야드(Switching Yard)를 이용하지 않고 철도화물역 또는 터미널 간을 직행 운행하는 전용열차의 한 형태로 화차의 수와 타입이 고정되어 있음

③ Y-Shuttle Train : 한 개의 중간터미널을 거치는 것을 제외하고는 Shuttle Train과 같은 형태의 서비스를 제공하는 방식임

④ Single-Wagon Train : 복수의 중간역 또는 터미널을 거치면서 운행하는 방식으로 목적지까지 열차운행을 위한 충분한 물량이 확보된 경우에만 운행

⑤ Liner Train : 장거리구간에서 여러 개의 소규모터미널이 존재하는 경우 마치 여객 열차와 같이 각 기차터미널에서 화차를 Pick up & Deliver하는 서비스 형태

061 해상운송의 기능 및 특성에 관한 설명으로 옳지 않은 것은?

① 해상운송은 떠다니는 영토로 불릴 만큼 높은 국제성을 지니므로 제2편의치적과 같은 전략적 지원이 강조된다.

② 장거리, 대량운송에 따른 낮은 운임부담력으로 인해 국제물류의 중심 역할을 담당한다.

③ 직간접적인 관련 산업 발전 및 지역경제 활성화와 국제수지 개선에도 기여한다.

④ 해상운송은 물품의 파손, 분실, 사고발생의 위험이 적고, 타 운송수단에 비해 안전성이 높다.

⑤ 선박대형화에 따라 기존 운하경로의 제약이 있지만 북극항로와 같은 새로운 대체경로의 개발도 활발하다.

062 해상운임 중 Berth Term(Liner Term)에 관한 설명으로 옳은 것은?

① 선사(선주)가 선적항 선측에서 양하항 선측까지 발생하는 제반 비용과 위험을 모두 부담한다.
② 화물을 선측에서 선내까지 싣는 과정의 비용 및 위험부담은 화주의 책임이며, 양하항에 도착 후 본선에서 부두로 양하할 때의 비용과 위험은 선사가 부담한다.
③ 화물을 본선으로부터 양하하는 위험부담은 화주의 책임이며, 반대로 선사는 적하비용을 부담한다.
④ 화물의 본선 적하 및 양하와 관련된 모든 비용과 위험부담은 화주가 지며, 선사는 아무런 책임을 지지 않는다.
⑤ 품목에 관계없이 동일하게 적용되는 운임을 말한다.

063 해운동맹에 관한 설명으로 옳은 것은?

① 두 개 이상의 정기선 운항업자가 경쟁을 활성화하기 위해 운임, 적취량, 배선 등의 조건에 합의한 국제카르텔을 말한다.
② 미국을 포함한 대부분의 국가는 해상운송의 안전성을 위해 해운동맹을 적극적으로 받아들이고 있으며, 가입과 탈퇴에 따른 개방동맹과 폐쇄동맹에 대한 차이는 없다.
③ 해운동맹은 정기선의 운임을 높게 유지함으로써 동맹탈퇴의 잠재이익이 크게 작용하고 있어 동맹유지가 어렵고 이탈이 심한 편이다.
④ 맹외선과의 대응전략으로 동맹사들은 경쟁억압선의 투입이나 이중운임제, 연체료와 같은 할인할증제 등을 운영한다.
⑤ 동맹회원 간에는 일반적으로 운임표가 의무적으로 부과되지만 특정화물에 대해서는 자유로운 open rate가 가능하다.

064 부정기선 용선계약의 특징에 관한 설명으로 옳지 않은 것은?

① 항해용선(Voyage Charter)계약은 선주가 선장을 임명하고 지휘·감독한다.
② 항해용선계약의 특성상 용선자는 본선운항에 따른 모든 책임과 비용을 부담하여야 한다.
③ 정기용선(Time Charter)계약은 선주가 선장을 임명하고 지휘·감독한다.
④ 정기용선계약에서 용선자는 영업상 사정으로 본선이 운항하지 못한 경우에도 용선료를 지급하여야 한다.
⑤ 정기용선계약에서 용선료는 원칙적으로 기간에 따라 결정된다.

065 수입화물의 항공운송 취급 절차를 순서대로 옳게 나열한 것은?

> ㄱ. 전문접수 및 항공기 도착 　　　ㄴ. 창고분류 및 배정
> ㄷ. 서류 분류 및 검토 　　　　　　ㄹ. 도착 통지
> ㅁ. 보세운송 　　　　　　　　　　ㅂ. 화물분류 작업
> ㅅ. 운송장 인도

① ㄱ－ㄷ－ㄴ－ㅂ－ㄹ－ㅅ－ㅁ
② ㄱ－ㄷ－ㅅ－ㄹ－ㅁ－ㅂ－ㄴ
③ ㄱ－ㄹ－ㄴ－ㄷ－ㅁ－ㅂ－ㅅ
④ ㄹ－ㄱ－ㄷ－ㄴ－ㅂ－ㅁ－ㅅ
⑤ ㄹ－ㄴ－ㄷ－ㄱ－ㅂ－ㅅ－ㅁ

066 항공운송의 운임에 관한 설명으로 옳지 않은 것은?

① 일반화물요율(GCR : General Cargo Rate)은 모든 항공화물 요금산정 시 기본이 된다.
② 일반화물요율의 최저운임은 "M"으로 표시한다.
③ 특정품목할인요율(SCR : Specific Commodity Rate)은 특정 대형화물에 대하여 운송구간 및 최저중량을 지정하여 적용되는 할인운임이다.
④ 품목별분류요율(CCR : Commodity Classification Rate)은 특정 품목에 대하여 적용하는 할인 또는 할증운임률이다.
⑤ 일반화물요율은 특정품목할인요율이나 품목별분류요율보다 우선하여 적용된다.

067 운송주선인(Freight Forwarder)의 역할에 관한 설명으로 옳지 않은 것은?

① 운송계약의 주체가 되어 자신의 명의로 운송서류를 발행한다.
② 화물포장 및 보관 업무를 수행한다.
③ 수출화물을 본선에 인도하고 수입화물은 본선으로부터 인수한다.
④ 화물인도지시서(D/O)를 작성하여 선사에게 제출한다.
⑤ 화물의 집화, 분배, 통관업무 등을 수행한다.

068 수요지와 공급지 사이의 수송표가 아래와 같을 때 보겔추정법(Vogel's Approximation Method)을 적용하여 산출된 총 운송비용과 공급지 B에서 수요지 X까지의 운송량은? (단, 공급지에서 수요지까지의 톤당 운송비는 각 셀의 우측하단에 표시되어 있음) (단위 : 천원)

수요지 공급지	X	Y	Z	공급량(톤)
A	10	12	16	200
B	5	8	20	400
C	14	11	7	200
수요량(톤)	500	200	100	800

① 6,000,000원, 300톤　　　　　② 6,000,000원, 400톤

③ 6,100,000원, 200톤　　　　　④ 6,100,000원, 300톤

⑤ 6,200,000원, 400톤

069 다수의 수요지와 공급지를 지닌 수송문제에서 수송표를 작성하여 수송계획을 세우고자 한다. 수송계획법에 관한 설명으로 옳은 것을 모두 고른 것은?

> ㄱ. 북서코너법(North-West Corner Method)은 수송표 좌측상단부터 우측 하단방향으로 차례대로 수요량과 공급량을 고려하여 수송량을 할당해 나가는 방법이다.
> ㄴ. 보겔추정법(Vogel's Approximation Method)은 최선의 수송경로를 선택하지 못했을 때 추가 발생되는 기회비용을 고려한 방법이다.
> ㄷ. 최소비용법(Least-Cost Method)은 단위당 수송비용이 가장 낮은 칸에 우선적으로 할당하는 방법이다.
> ㄹ. 북서코너법은 신속하게 최초실행가능 기저해를 구할 수 있다는 장점이 있으나 수송비용을 고려하지 못한다는 단점을 가지고 있다.

① ㄱ, ㄹ　　　　　② ㄱ, ㄴ, ㄷ

③ ㄱ, ㄷ, ㄹ　　　　　④ ㄴ, ㄷ, ㄹ

⑤ ㄱ, ㄴ, ㄷ, ㄹ

070 운송주선인(Freight Forwarder)의 혼재운송에 관한 설명으로 옳지 않은 것은?

① 혼재운송은 소량 컨테이너화물을 컨테이너단위 화물로 만들어 운송하는 것을 말한다.

② 혼재운송은 소량화물의 선적용이, 비용절감, 물량의 단위화로 취급상 용이하다.

③ Forwarder's consolidation은 단일 송화인의 화물을 다수의 수화인에게 운송하는 형태이다.

④ Buyer's consolidation은 다수의 송화인의 화물을 혼재하여 단일 수화인에게 운송하는 형태이다.

⑤ 혼재운송에서 운송주선인은 선박회사가 제공하지 않는 문전운송 서비스를 제공한다.

071 수송모형에 관한 설명으로 옳지 않은 것은?

① 회귀모형 : 화물의 수송량에 영향을 주는 다양한 변수 간의 상관관계에 대한 회귀식을 도출하여 장래 화물량을 예측하는 모형이다.

② 중력모형 : 지역 간의 운송량이 경제규모에 비례하고 거리에 반비례한다는 가정에 의한 화물분포모형으로 단일제약모형, 이중제약모형 등이 있다.

③ 통행교차모형 : 교통량을 교통수단과 교통망에 따라 시간, 비용 등을 고려하여 효율적으로 배분하는 화물분포모형으로 로짓모형, 카테고리 분석모형 등이 있다.

④ 성장인자모형 : 물동량 배분패턴이 장래에도 일정하게 유지된다는 가정하에 지역 간의 물동량을 예측하는 화물분포모형이다.

⑤ 엔트로피 극대화모형 : 제약조건하에서 지역 간 물동량의 공간적 분산 정도가 극대화된다는 가정에 기초한 화물분포모형이다.

072 허브 앤 스포크(Hub & Spoke) 시스템에 관한 설명으로 옳지 않은 것은?

① 셔틀노선의 증편이 용이하여 영업소 확대에 유리하다.

② 집배센터에 배달물량이 집중될 경우 충분한 상하차 여건을 갖추지 않으면 배송 지연이 발생할 수 있다.

③ 모든 노선이 허브를 중심으로 구축된다.

④ 대규모 분류능력을 갖춘 허브터미널이 필요하다.

⑤ 운송노선이 단순한 편이어서 효율성이 높아진다.

073

다음 수송문제의 모형에서 공급지 1, 2, 3의 공급량은 각각 250, 300, 150이고, 수요지 1, 2, 3, 4의 수요량은 각각 120, 200, 300, 80이다. 공급지에서 수요지 간의 1단위 수송비용이 그림과 같을 때 제약 조건식으로 옳지 않은 것은? (단, X_{ij}에서 X는 물량, i는 공급지, j는 수요지를 나타냄)

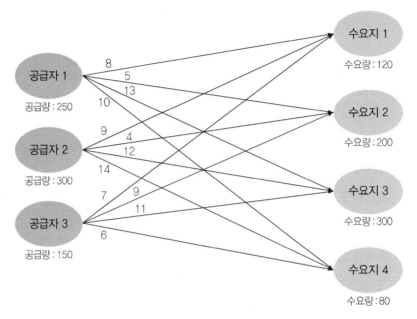

① $X_{11} + X_{21} + X_{31} = 120$

② $X_{13} + X_{23} + X_{33} = 300$

③ $X_{14} + X_{24} + X_{34} = 200$

④ $X_{11} + X_{12} + X_{13} + X_{14} = 250$

⑤ $X_{31} + X_{32} + X_{33} + X_{34} = 150$

074

출발지에서 도착지까지 파이프라인을 통해 가스를 보낼 경우 보낼 수 있는 최대 가스량(톤)은? (단, 구간별 숫자는 파이프라인의 용량(톤)이며, 링크의 화살표 방향으로만 가스를 보낼 수 있음)

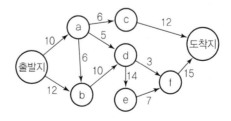

① 12

② 13

③ 15

④ 16

⑤ 18

075 수배송 계획에서 활용되는 세이빙(Saving)기법에 관한 설명으로 옳지 않은 것은?

① 모든 방문처를 경유해야 하는 차량수를 최소로 하면서 동시에 차량의 총 수송거리를 최소화하는 데 유용하다.

② 단축된 거리가 큰 순위부터 차량 운행경로를 편성한다.

③ 경로 편성 시 차량의 적재용량 등의 제약사항을 고려한다.

④ 배차되는 각 트럭의 용량의 합은 총수요 이상이고 특정 고객의 수요보다는 작아야 한다.

⑤ 배송센터에서 두 수요지까지의 거리를 각각 a, b라 하고 두 수요지 간의 거리를 c라고 할 때 단축 가능한 거리는 $(a+b-c)$가 된다.

076 택배 영업장에 관한 설명으로 옳은 것은?

① 터미널은 회사가 점포를 개설하여 직접 운영하는 영업장을 말한다.

② 특약점은 일정한 지역의 영업거점으로 집배차량 통제 및 집배구역을 관리하고 주로 집배ㆍ배송업무를 수행하는 영업장을 말한다.

③ 대리점은 수탁자가 점포, 차량을 준비하여 화물집화만을 수행하는 영업장을 말한다.

④ 취급점은 화물의 분류, 차량의 간선운행 기능을 갖는 영업장을 말한다.

⑤ 위탁 영업소는 회사가 점포와 집배ㆍ배송 차량을 제공하고 수탁자가 이를 운영하는 영업장을 말한다.

077 수배송 합리화를 위한 계획 수립 시 고려사항으로 옳지 않은 것은?

① 최단 운송루트를 개발하고 최적 운송수단을 선택한다.

② 운송수단의 적재율 향상을 위한 방안을 마련한다.

③ 운송의 효율성을 높이기 위해 관련 정보시스템을 활용한다.

④ 배송경로는 상호 교차되도록 하여 운송루트에 다양성을 확보한다.

⑤ 운송수단의 회전율을 높일 수 있도록 계획한다.

078

택배 표준약관(공정거래위원회 표준약관 제10026호)에 따른 용어의 정의로 옳지 않은 것은?

① '택배'라 함은 고객의 요청에 따라 운송물을 고객(송화인)의 주택, 사무실 또는 기타의 장소에서 수탁하여 고객(수화인)의 주택, 사무실 또는 기타의 장소까지 운송하여 인도하는 것을 말한다.

② '택배사업자'라 함은 택배를 영업으로 하며, 상호가 운송장에 기재된 운송사업자를 말한다.

③ '인도'라 함은 사업자가 고객(수화인)에게 운송장에 기재된 운송물을 넘겨주는 것을 말한다.

④ '운송장'이라 함은 사업자와 고객(송화인) 간의 택배계약의 성립과 내용을 증명하기 위하여 사업자의 청구에 의하여 고객(송화인)이 발행한 문서를 말한다.

⑤ '수탁'이라 함은 사업자가 택배를 수행하기 위하여 고객(수화인)으로부터 운송물을 수령하는 것을 말한다.

079

택배 표준약관(공정거래위원회 표준약관 제10026호)에서 사업자가 고객(송화인)과 계약을 체결하는 때에 운송장에 기재하는 내용으로 옳은 것을 모두 고른 것은?

> ㄱ. 손해배상한도액
> ㄴ. 운송물의 종류(품명), 수량 및 가액
> ㄷ. 운임 기타 운송에 관한 비용 및 지급방법
> ㄹ. 운송물의 중량 및 용적 구분
> ㅁ. 운송상의 특별한 주의사항(훼손, 변질, 부패 등 운송물의 특성구분과 기타 필요한 사항을 기재함)
> ㅂ. 운송장의 작성연월일

① ㄱ, ㄴ, ㄷ
② ㄱ, ㄷ, ㄹ
③ ㄱ, ㄹ, ㅂ
④ ㄴ, ㄷ, ㄹ
⑤ ㄴ, ㅁ, ㅂ

080

다음 설명에 해당하는 택배물류의 형태는?

> • 구매한 제품의 A/S를 위한 화물, 구매취소 등의 반품이 주를 이룸
> • 판매자의 폐기물 회수
> • 전자상거래 증가에 따라 지속적으로 증가할 것으로 예상함

① C2G 택배
② B2C 택배
③ B2G 택배
④ C2B 택배
⑤ C2C 택배

MEMO

국제물류론

CERTIFIED
PROFESSIONAL
LOGISTICIAN

03

과목

081 최근 국제물류환경 변화에 관한 설명으로 적절하지 않은 것은?

① 기업의 국제경영활동 증가

② 물류서비스에 대한 수요의 고급화 · 다양화 · 개성화

③ 글로벌시장의 수평적 분업화로 다품종 대량생산으로 변화 추세

④ 통합된 국제물류체계 구축을 위한 경영자원의 필요성 증가

⑤ 물류의 신속과 정확성이 중시되면서 물류관리가 기업의 성패요인으로 부각

082 물류비의 구성요소가 아닌 것은?

① 하역비용   ② 보관비용

③ 포장비용   ④ 제품개발비용

⑤ 물류정보 · 관리비용

083 물류를 아웃소싱한 기업이 얻을 수 있는 장점으로 옳지 않은 것은?

① 전문업체와의 계약에 따라 물류서비스의 최적화 유지 가능

② 별도의 예비인력 확보 및 물류운영에 대한 부담 해소

③ 고정 차량 부족 시에도 효율적인 물류업무 수행 가능

④ 장기적인 측면에서 유능한 내부 물류전문인력 양성 가능

⑤ 인력과 장비의 융통성 있는 활용 가능

084 물류 관련 용어에 관한 설명으로 옳지 않은 것은?

① Anchorage : 선박이 닻을 내리고 접안하기 위해 대기하는 수역을 말한다. 선박이 안전하게 정박하기 위해서는 충분한 수면, 필요한 수심, 닻이 걸리기 쉬운 지질, 계선을 위한 부표설비 등이 갖추어져야 한다.

② Berth : 개항의 항계 안에서 폭발, 화재 및 오염 등을 사전에 봉쇄하여 항만교통의 안전을 유지하기 위하여 컨테이너 부두 내의 일정 지역을 별도로 설정하여 특수 소화장비 등을 비치한 장치장이다.

③ Marshalling Yard : 접안선박이 입항하기 전에 접안선박의 적부계획에 따라 작업 순서대로 컨테이너를 쌓아두는 장치장 역할을 한다. 그리고 양하된 컨테이너를 일시적으로 보관한 후 화주의 인도요구에 즉시 응할 수 있도록 임시 장치해 두는 일정한 공간이다.

④ Apron : 하역작업을 위한 공간으로 Gantry Crane이 설치되어 컨테이너의 양하 및 적하가 이루어지는 장소를 말한다.

⑤ CFS : LCL 화물을 혼적하거나 분배하는 장소를 말한다. 이때 컨테이너에 화물을 적입하는 작업은 vanning 또는 stuffing이라 표현하고 반대로 적출하는 작업은 devanning 또는 destuffing이라 부른다.

085 국제물류주선업자(Freight Forwarder)의 역할이 아닌 것은?

① 운송수단의 수배   ② 수출화물의 혼재작업
③ House B/L 발행   ④ 운송관계서류 작성
⑤ 해상보험증명서 발행

086 제3자 물류에 비해 제4자 물류가 갖는 특성에 관한 설명으로 옳지 않은 것은?

① 위탁받은 물류활동을 중심으로 하는 제3자 물류와는 달리 전문성을 가지고 물류프로세스의 개선을 적극적으로 추구하여 세계수준의 전략, 기술, 경영관리를 제공하는 것을 목표로 한다.

② 전체 SCM상 다양한 물류서비스를 통합할 수 있는 최적의 위치에 있으므로 제3자 물류에 비해 SCM의 솔루션을 제시할 수 있고, 전체적인 공급사슬에 긍정적인 영향을 미칠 수 있다.

③ IT 기반 통합적 물류서비스 제공보다는 오프라인 중심의 개별적 · 선별적 서비스를 지향한다.

④ 제3자 물류와는 달리 물류전문업체, IT업체 및 물류컨설팅업체가 일련의 컨소시엄을 구성하여 가상물류 형태로 서비스를 제공한다.

⑤ 제3자 물류보다 광범위하고 종합적이며 전문적인 물류서비스를 제공하여 더욱 높은 경쟁력을 확보할 수 있다.

087

다음 설명에 해당하는 국제물류시스템의 형태는?

> ㄱ : 이 시스템에서는 예상치 않은 수요와 품절에 대비해 일정 수준의 안전재고를 설정한다. 수출기업으로부터 출하빈도가 높기 때문에 해외자회사 창고에서의 보관비가 상대적으로 절감되는 장점이 있다. 단점은 출하가 빈번하여 시설 사용 예약, 하역과 선적 및 통관 비용이 증가하며 혼재수송 가능성이 낮아져 운임의 할인 혜택이 적어진다.
> ㄴ : 이 시스템은 한 기업이 다수 국가에 자회사를 가지고 있으며 해당하는 나라들 모두에 제품공급이 가능한 중앙창고를 보유할 수 있다. 이 경우 제품생산 공장으로부터 중앙창고로 수송되어 자회사 창고 또는 고객에게 배송하는 형태이다.

① ㄱ : 직송시스템, ㄴ : 통과시스템
② ㄱ : 고전적 시스템, ㄴ : 직송시스템
③ ㄱ : 고전적 시스템, ㄴ : 다국적(행) 창고시스템
④ ㄱ : 통과시스템, ㄴ : 고전적 시스템
⑤ ㄱ : 통과시스템, ㄴ : 다국적(행) 창고시스템

088

Hamburg Rules(1978)의 일부이다. (   )에 들어갈 용어로 옳은 것은?

> "(   )" means any person by whom or in whose name a contract of carriage of goods by sea has been concluded with a shipper.

① Actual carrier   ② Carrier
③ Chief mate   ④ Master
⑤ Consignee

089

A는 일반 건화물[중량 21,000kg, 화물규격 910cm(L)×220cm(W)×225cm(H)]을 수출하고자 평소 거래하는 포워더와 운송계약을 체결하였다. 포워더가 이 화물을 컨테이너에 적재할 경우 가장 적합한 컨테이너 SIZE/TYPE은?

① 20' DRY CONTAINER   ② 20' REEFER CONTAINER
③ 40' DRY CONTAINER   ④ 20' OPEN TOP CONTAINER
⑤ 40' FLAT RACK CONTAINER

090

컨테이너 터미널에서 발생되는 비용으로서 선사 또는 포워드가 화주에게 청구하는 비용이 아닌 것은?

① Terminal Handling Charge
② Wharfage
③ CFS Charge
④ Ocean Freight
⑤ Container Demurrage

091

다음은 신용장상에서 요구하는 운송과 보험서류의 조건이다. 내용과 관련한 설명으로 옳지 않은 것은?

> DOCUMENTS REQUIRED :
> • Full set of clean on board ocean bill of lading made out to the order of KOREA EXCHANGE BANK, marked "Freight Prepaid" and "Notify Accountee".
> • Insurance policy or certificate in duplicate, endorsed in blank for 110% of the invoice value, expressly stipulating that claims are payable in Korea and it must include the Institute Cargo Clause(A/R).

① 보험증권 또는 보험증명서 2부를 제시하여야 한다.
② 무사고선적해양선하증권 전(全)통을 요구하고 있다.
③ 선하증권은 한국외환은행 지시식이어야 한다.
④ 해상운임은 선불조건이며 착화통지처는 수출업자이다.
⑤ 보험사고 시 손해에 대한 입증책임은 보험자에게 있다.

092

용선에 의한 부정기선 운송에 관한 설명으로 옳지 않은 것은?

① 불특정 다수 화주의 소량화물, 공산품 등의 일반화물이나 컨테이너화물 등에 주로 이용된다.
② 운임은 물동량과 선복의 수요 공급에 의해 결정된다.
③ 화주가 원하는 시기에 원하는 항로에 취항할 수 있다.
④ 주로 단위화되지 않은 상태의 화물을 취급한다.
⑤ 완전경쟁적 시장형태를 보이며, 소규모 조직으로도 영업이 가능하다.

093

다음에서 설명하는 부정기선 운임의 종류는?

> ㄱ. 용선자가 선적하기로 계약한 수량의 화물을 실제로 선적하지 아니한 경우 그 선적 부족량에 대해서 지급하여야 하는 운임
>
> ㄴ. 화물의 양과 관계없이 항해 또는 선복을 단위로 하여 일괄 부과하는 운임

① ㄱ : Dead Freight, ㄴ : Lumpsum Freight
② ㄱ : Dead Freight, ㄴ : Pro－Rate Freight
③ ㄱ : Back Freight, ㄴ : Lumpsum Freight
④ ㄱ : Freight All Kinds, ㄴ : Back Freight
⑤ ㄱ : Freight All Kinds, ㄴ : Pro－Rate Freight

094

무역계약 조건에 관한 설명으로 옳은 것은?

① GMQ 품질조건은 곡물매매에서 많이 사용되며, 선적지에서 해당 계절 출하품의 평균중등품을 표준으로 한다.

② Tale Quale의 조건은 인도물품의 품질이 계약과 일치하는지의 여부를 목적항에서 물품을 양륙한 시점에 판정하는 조건이다.

③ 양륙품질조건의 경우에는 매도인에게 품질수준의 미달 또는 운송 도중의 변질에 대한 입증책임이 귀속된다.

④ 무역계약서의 수량조건에서 "100 M/T, but 3 % more or less at seller's option"이라 표현되었다면, 매도인은 98 M/T 수량을 인도해도 계약위반이 아니다.

⑤ 과부족용인규정에 따른 정산 시 정산기준가격에 대한 아무런 약정을 하지 않았을 경우 도착일가격에 의해 정산하는 것이 일반적인 상관례이다.

095 다음 그림에 제시된 복합운송 경로는?

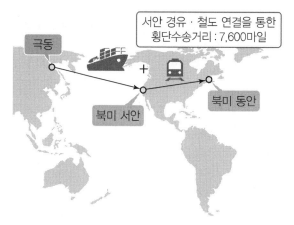

서안 경유 · 철도 연결을 통한
횡단수송거리 : 7,600마일

극동

북미 서안

북미 동안

① American Land Bridge(ALB)
② Mini Land Bridge(MLB)
③ Canadian Land Bridge(CLB)
④ Interior Point Intermodal(IPI)
⑤ Overland Common Point(OCP)

096 Incoterms® 2010에 관한 설명으로 옳지 않은 것은?

① "공장인도규칙"(EXW)은 매도인이 계약물품을 자신의 영업장 구내 또는 기타 지정된 장소(예 컨대 작업장, 공장, 창고 등)에서 매수인의 임의처분상태로 둘 때 인도하는 것을 의미한다.
② "운송인인도규칙"(FCA)은 인도가 매도인의 영업장 구내에서 이루어지면 매도인은 매수인이 제공한 운송수단 위에 물품을 적재할 의무가 있다.
③ (개정으로 인한 삭제)
④ "목적지인도규칙"(DAP)이란 물품이 지정목적지에서 도착운송수단에 실린 채 양하준비된 상 태로 매수인의 임의처분 하에 놓이는 때에 매도인이 인도한 것으로 된다.
⑤ "관세지급인도규칙"(DDP)이란 매도인이 지정된 목적지에서 수입통관을 이행하고, 도착된 운 송수단으로부터 물품을 양하하여 매수인에게 인도하는 것을 의미한다.

097

다음에서 설명하는 항공운송 관련 국제규범은?

> • 제1차 세계대전 후 급속도로 발달한 항공운송이 국제적인 교통수단으로 이용되고 국제적으로 적용할 법규 및 여객이나 운송인에게도 최소한의 보장이 요청됨에 따라 1929년 체결되었다.
> • 국제항공운송인의 민사책임에 관한 통일법을 제정하여 동일사건에 대한 각국법의 충돌을 방지하고 국제항공운송인의 책임을 일정 한도로 제한하여 국제민간항공운송업의 발전에 그 목적을 둔 최초의 국제규범이다.

① 함부르크 규칙
② 몬트리올 협정
③ 바르샤바 조약
④ 로테르담 규칙
⑤ 과다라하라 조약

098

다음에서 설명하는 보험은?

> 컨테이너 운영자(Freight Forwarder 등의 운송인)가 컨테이너 운송화물의 멸실·손상에 대하여 법률상 또는 운송계약상의 화주에 대한 배상책임을 이행함으로써 입는 경제적 손실을 보상하는 보험

① Shipper's Interest Insurance
② Container Owner's Third Party Liability Insurance
③ Protection and Indemnity Insurance
④ Container Itself Insurance
⑤ Container Operator's Cargo Indemnity Insurance

099

해상보험에서 피보험이익에 관한 설명으로 옳지 않은 것은?

① 피보험이익은 적법하여야 한다.
② 피보험이익은 보험계약을 체결할 당시 반드시 확정되어 있어야 한다.
③ 피보험이익은 선적화물, 선박 등 피보험목적물에 대하여 특정인이 갖는 이해관계를 말한다.
④ 해상보험계약에서 보호되는 것은 피보험목적물이 아니라 피보험이익이라 할 수 있다.
⑤ 피보험이익은 경제적 이익 즉, 금전으로 산정할 수 있어야 한다.

100 Incoterms® 2010의 주요 특징으로 옳지 않은 것은?

① 국제 및 국내 매매계약 모두에 적용할 수 있도록 사용가능성을 명시하고 있다.

② 당사자들이 합의하거나 관습적인 경우, 전자통신수단에 대해 서면통신과 동일한 효력을 부여하고 있다.

③ 일부 규칙에서 매도인의 물품을 선적할 의무에 대한 대안으로서 "선적된 물품조달"도 가능하게 하였다.

④ 물품 이동에 있어 보안에 대한 관심이 높아지면서 보안 관련 정보를 확인하는 데 매매당사자가 상호 협력하도록 의무를 부과하였다.

⑤ FAS 규칙에서 물품의 인도가 본선의 난간을 통과한 시점에서 본선에 적재가 완료된 때로 변경되었다.

101 항공화물운송장에 관한 설명으로 옳지 않은 것은?

① 원본 3통과 다수의 부본이 발행된다.

② 원칙적으로 송하인이 작성하도록 되어 있다.

③ 기명식으로 발행되어 비유통성의 성격을 갖는다.

④ 유가증권의 성격이 있다.

⑤ 수취식으로 발행된다.

102 해상손해에 관한 설명으로 옳지 않은 것은?

① 현실전손은 보험의 목적인 화물이 현실적으로 전멸한 상태로서, 예를 들면 화재로 인한 선박의 전소, 해수로 인해 고체로 변한 시멘트 등과 같이 보험의 목적이 멸실되어 상품의 가치가 완전히 없어진 것을 말한다.

② 추정전손은 현실전손이 아니나 정당한 위부의 통지 없이 피보험자가 보험자에게 전손에 대한 보험금을 청구함으로써 현실전손으로 전환되는 것이다.

③ 공동해손이 성립되기 위해서는 선박과 화물에 동시에 위험이 존재하여야 한다. 따라서 어느 한쪽 이해당사자의 안전을 위한 비용지출은 공동해손비용이 아니다.

④ 공동해손으로 인정되기 위해서는 그 공동해손 행위가 합리적이어야 하며, 선박이나 적하에 대한 불합리한 행위는 공동해손으로 인정되지 않는다.

⑤ 단독해손은 보험의 목적이 일부 멸실되거나 손상된 부분적인 손해에 대하여 손해를 입은 당사자가 단독으로 부담하는 손해이다.

103 특정 구간의 특정 품목에 대하여 적용되는 요율로서 보통 일반화물요율에 대한 백분율로 할증 (S) 또는 할인(R)되어 결정되는 항공화물 운임은?

① Commodity Classification Rate
② Specific Commodity Rate
③ Bulk Unitization Charge
④ General Cargo Rate
⑤ Valuation Charge

104 항해용선운송계약에 관한 설명으로 옳지 않은 것은?

① Stevedorage 부담과 관련하여 선적 시는 용선자가, 양륙 시는 선주가 부담하는 조건은 Free In(FI)이다.
② 하역 시작일로부터 끝날 때까지의 모든 기간을 정박기간으로 계산하는 방법은 Running Laydays이다.
③ 초과정박일에 대하여 계약상 정박일수를 경과할 때 용선자가 선주에게 지급하는 약정금은 Despatch Money이다.
④ 운송계약에 따라 화주가 운임 및 기타 부대경비를 지급하지 아니할 때 선주는 그 화물을 유치할 수 있는 권한이 있다.
⑤ 기상조건이 하역 가능한 상태의 날만 정박기간에 산입하는 정박기간 표시방법은 Weather Working Days이다.

105 물류보안과 관련한 다음 설명에 해당하는 것은?

- 테러에 사용되는 물품이 선박의 컨테이너에 숨겨져 미국에 몰래 반입되는 것을 근본적으로 차단하기 위해 도입
- 미국 관세청 직원을 해외항구에 파견, 위험성이 높은 화물을 미리 검사함으로써 미국행 화물의 안전도를 높이기 위한 조치

① Container Security Initiative
② ISPS Code
③ C-TPAT
④ AEO
⑤ 10+2 rule

106

항해용선계약서인 GENCON Form(1994)의 기재요령에 관한 설명으로 옳지 않은 것은?

① "Expected ready to load"란에는 본선의 선적가능예정일을 기재한다.

② "DWT all told on summer load line in metric tons"란에 하계 경화흘수선을 기준으로 한 재화중량톤수를 M/T로 표기한다.

③ "General Average to be adjusted at"란에는 공동해손의 정산장소를 기재한다.

④ "Cancelling date"란에는 해약선택권이 발생하는 날짜를 기재한다.

⑤ "Brokerage commission and to whom payable"란에는 중개수수료와 이를 부담할 당사자를 기재한다.

107

다음 상황에서 A가 이행해야 하는 관세법상 통관조치는?

- A는 중국의 B로부터 플라스틱 주방용기를 구매하여 국내에 판매할 목적으로 부산항에 반입하였다. 운송경로는 북경 – 홍콩 – 부산이다.
- A가 해당 물품을 부산항에 소재한 보세구역에 보관하면서 국내구매자를 물색하였으나 가격조건이 맞지 않아 수입을 포기하였다.
- 대신 A는 베트남에 있는 C와 판매계약을 체결하여 해당 물품을 보세구역에서 베트남으로 바로 선적하고자 한다.

① 수입통관   ② 수출통관
③ 환적통관   ④ 반송통관
⑤ 중계통관

108 다음 설명에 해당하는 복합운송인의 책임체계는?

> ㄱ : 기존의 운송계약과 잘 조화될 뿐만 아니라 기존 협약 사이의 충돌을 피하거나 적어도 최소한도로 줄일 수 있다. 운송물의 멸실, 훼손이 생긴 운송구간을 아는 경우 운송인의 책임은 운송물의 멸실 또는 훼손이 생긴 해상, 육상, 항공 등의 운송구간에 적용될 국제조약 또는 국내법에 따라서 결정된다.
>
> ㄴ : 전(全) 운송구간에 걸쳐 모두 동일내용의 책임을 복합운송인이 부담하는 형태로서, 화물의 손해에 대하여 그 발생장소나 운송수단 여하를 불문하고 동일원칙, 동일내용의 책임을 부담한다. 화물손해 발생 시 복합운송인이 하청운송인에게 구상해야 하므로 오히려 절차가 복잡하고 비용이 증가될 수 있다.

① ㄱ : Modified Uniform Liability System, ㄴ : Uniform Liability System
② ㄱ : Uniform Liability System, ㄴ : Modified Uniform Liability System
③ ㄱ : Uniform Liability System, ㄴ : Network Liability System
④ ㄱ : Network Liability System, ㄴ : Modified Uniform Liability System
⑤ ㄱ : Network Liability System, ㄴ : Uniform Liability System

109 무역에서는 거래당사자가 합의하는 바에 따라 다양한 조건이 약정될 수 있다. FOB, CIF와 같은 Incoterms® 2010의 정형무역거래규칙이 포함되는 무역계약 조건은?

① Terms of Quality
② Terms of Quantity
③ Terms of Price
④ Terms of Packing
⑤ Terms of Claim

110 다음에서 설명하는 내용에 부합하는 선하증권은?

> • 부산에 소재하는 중계무역상 A가 일본에 있는 B로부터 물품을 구매하여 영국에 있는 C에게 판매하고자 한다.
> • 이를 위해 동경에서 부산으로 물품을 반입하여 포장을 변경한 다음 영국행 선박에 적재하였다.
> • A는 이 물품에 대해 송하인과 수하인, 통지처 등의 사항을 변경한 선하증권을 선사로부터 다시 발급받았다.

① Switch B/L
② Red B/L
③ Transhipment B/L
④ Surrender B/L
⑤ Countersign B/L

111 다음에서 설명하는 A물품이 보관될 수 있는 관세법상 보세구역은?

> • A물품의 최초 선적지는 미국 뉴욕이고 최종 목적지는 중국 상해이다. X선사가 해당 물품을 선적하여
>   부산항에 입항하였는데, 부산항에 양륙하여 보세구역에 잠시 보관하다 다른 선박에 환적하여 중국으로
>   운송할 예정이다.
> • 해당 물품은 컨테이너에 적재되어 있고 FCL 화물이다.

① 자유무역지역
② 지정장치장
③ 일시양륙장
④ 관세자유구역
⑤ 임시장치장

112 Hague – Visby Rules(1968)에 관한 설명으로 옳지 않은 것은?

① 별도의 계약을 한다면 운송인은 화물의 선적, 취급, 선내작업, 운송, 보관, 관리 및 양하에 관해 협약에서 규정한 의무와 책임이 면제될 수 있다.

② 운송인은 선박의 운항 또는 선박의 관리에 관한 선장, 선원, 도선사의 행위나 해태, 또는 과실로 인한 손해에 대해 책임을 지지 않는다.

③ 해상운송인은 부당한 이로(Deviation)나 불합리한 지연 없이 통상적이고 합리적인 항로로 항해를 수행할 묵시적 의무가 있다. 그러나 해상에서 인명 또는 재산을 구조하거나 이러한 구조를 위한 이로는 인정된다.

④ 운송인의 책임한도를 표시한 통화단위는 IMF의 특별인출권(SDR)을 적용한다.

⑤ 협약에서 말하는 선박은 해상운송에 사용되는 일체의 선박을 의미한다.

113 Hague Rules(1924)와 Hamburg Rules(1978)에 관한 설명으로 옳지 않은 것은?

① Hague Rules에 비해 Hamburg Rules의 운송인의 책임기간이 확대되었다.

② Hague Rules에서 열거한 운송인이나 선박의 면책리스트가 Hamburg Rules에서는 모두 폐지되고 제5조의 운송인 책임의 일반원칙에 의해 규정받게 되었다.

③ Hague Rules에서는 지연손해에 대한 명문규정이 없었으나 Hamburg Rules에서는 제5조에 이를 명확히 하였다.

④ Hague Rules에 비해 Hamburg Rules의 운송인의 책임한도액이 인상되었다.

⑤ Hague Rules에서 운송인 면책이었던 상업과실을 Hamburg Rules에서는 운송인의 책임으로 규정하고 있다.

114
컨테이너를 이용하여 화물을 수출함에 있어 선사가 포워더에게 발행하는 서류는?

① Master B/L
② Forwarder's Cargo Receipt
③ Dock Receipt
④ House B/L
⑤ Shipping Request

115
매도인과 매수인간에 보험과 관련해 별도의 계약이 없다면, 선적항과 목적항 간의 해상보험을 매수인이 부보할 이유가 없는 Incoterms® 2010 거래규칙을 모두 고른 것은?

ㄱ. DAT	ㄴ. CFR
ㄷ. FCA	ㄹ. DDP
ㅁ. CPT	ㅂ. DAP

① ㄱ, ㄴ, ㄹ
② ㄱ, ㄷ, ㅂ
③ ㄱ, ㄹ, ㅂ
④ ㄴ, ㄷ, ㅁ
⑤ ㄴ, ㄹ, ㅁ

116
신용장통일규칙(UCP 600)에서 선하증권의 수리요건에 관한 설명으로 옳지 않은 것은?

① 선장의 이름을 표시하고 선장 또는 선장을 대리하는 지정대리인에 의하여 서명되어 있어야 한다.
② 본선적재표시에 의하여 물품이 신용장에 명기된 선적항에서 지정선박에 본선적재되었음을 표시하고 있어야 한다.
③ 신용장이 환적을 금지하고 있는 경우에도 물품이 선하증권에 의하여 입증된 대로 컨테이너, 트레일러 또는 라쉬선에 적재된 경우에는 환적이 행해질 수 있다고 표시하고 있는 선하증권은 수리될 수 있다.
④ 용선계약에 따른다는 어떠한 표시도 포함하고 있지 않아야 한다.
⑤ 운송의 제조건을 포함하고 있는 선하증권이거나, 또는 운송의 제조건을 포함하는 다른 자료를 참조하고 있는 약식선하증권이어야 한다.

117 복합운송증권(FIATA FBL)의 약관 중 다음 내용이 포함되어 있는 약관은?

> • 본 약관은 본 FBL이 증명하는 운송계약에 적용되는 국제조약 또는 국내법에 저촉되지 않는 범위 내에서만 효력을 갖는다.
> • 1924년 제정된 헤이그규칙 또는 1968년 제정된 헤이그 – 비스비규칙이 선적국에서 법제화되어 이미 발효 중인 나라에서는 헤이그 – 비스비규칙이 모든 해상 물품운송과 내수로 물품운송에도 적용되고, 또 그러한 규정은 갑판적이든, 창내적이든 불문하고 모든 물품운송에 적용된다.

① Limitation of Freight Forwarder's Liability
② Partial Invalidity
③ Lien
④ Paramount Clause
⑤ Jurisdiction and Applicable Law

118 다음에서 설명하는 서류는?

> 선하증권보다 수입화물이 목적항에 먼저 도착하여 화물 인수 지연에 따른 화물 변질, 보관료 증가, 판매 기회 상실 등의 부담이 발생할 우려가 있을 때, 이러한 불편을 해소하기 위해 수하인이 사용할 수 있는 서류

① L/G(Letter of Guarantee)
② D/O(Delivery Order)
③ S/R(Shipping Request)
④ M/R(Mate's Receipt)
⑤ L/I(Letter of Indemnity)

119 소송과 비교한 상사중재의 특징으로 옳지 않은 것은?

① 소송과 비교하여 볼 때 그 비용이 저렴하다.
② 심리 과정과 판정문이 공개되는 것을 원칙으로 한다.
③ 우리나라에서 내려진 중재판정이 외국에서도 승인 · 집행될 수 있다.
④ 단심제로 운영되므로 분쟁이 신속하게 해결될 수 있다.
⑤ 분쟁 당사자가 중재인을 선정할 수 있으며 양당사자는 중재판정의 결과에 따라야 한다.

120 다음 항공화물에 적용되는 운임은?

> • 무게 : 30kg
> • 크기 : 가로 80cm×세로 50cm×높이 60cm
> • 항공운임 : kg당 US $5
> • 운임부과 중량 환산기준 : 6,000cm^3 = 1kg

① US $80 ② US $120

③ US $150 ④ US $180

⑤ US $200

081 국내물류와 국제물류에 대한 비교로 옳지 않은 것은?

① 국내물류에 비해 국제물류는 각국의 언어 · 사회 · 문화 · 정치 · 법적 측면에서 영향을 받게 된다.
② 국내물류에 비해 국제물류는 대금결제, 선적, 통관 등의 복잡한 서류절차를 필요로 한다.
③ 국내물류에 비해 국제물류는 일반적으로 운송비용이 높다.
④ 국내물류에 비해 국제물류는 운송과정에서 위험요소가 적다.
⑤ 국내물류에 비해 국제물류의 리드타임이 길다.

082 한국 정부가 추진하고 있는 '신북방정책'에 관한 설명으로 옳지 않은 것은?

① 유라시아 지역 국가들과 상호협력을 통해 미래 성장동력을 창출하는 것이 목적 중 하나이다.
② 한 · 러 협력사업으로 조선, 항만, 철도 등 9개 분야 '나인 브릿지(9 – Bridge)' 전략을 추진하고 있다.
③ 신북방정책의 지리적 범위에는 러시아, 중앙아시아, CIS국가 그리고 중국 동북3성이 포함된다.
④ 한국은 TCR과 TSR 연결을 위해 요구되는 국제철도협력기구(OSJD)에 가입하지 못한 상태이다.
⑤ 항만 분야는 극동 러시아지역 항만 현대화가 주요 사업이다.

083 주요국의 글로벌 물류정책으로 옳지 않은 것은?

① 중국은 일대일로 계획을 통해 해상과 육상 실크로드를 구축하여 유라시아 국가들과의 경제협력을 추진하고 있다.
② 일본은 컨테이너 해운산업 구조조정을 위하여 국영 해운기업의 인수합병을 실행하였다.
③ 한국은 인천국제공항 확장과 배후단지를 개발하여 동북아 허브공항 육성전략을 실행하였다.
④ 아랍에미리트는 DPW(Dubai Port World)를 설립하고 M&A를 통한 글로벌 터미널 운영전략을 실행하였다.
⑤ 싱가포르는 국영기업인 PSA(Port of Singapore Authority)를 통해 해외 항만개발 사업을 실행하고 있다.

084 최근 국제물류 환경변화로 옳은 것은?

① 제품의 수명주기가 길어짐에 따라 신속한 국제운송이 요구되고 있다.

② 환경친화적 물류관리를 위하여 세계적으로 환경오염에 대한 규제가 완화되고 있다.

③ 위치기반기술의 발전으로 인하여 실시간 화물추적과 운행관리가 가능해졌다.

④ 기업들은 SCM체제를 구축하여 재고 증대를 통한 빠른 고객대응을 추구하게 되었다.

⑤ e−Logistics의 활용으로 물류 가시성이 낮아지고 있다.

085 글로벌 소싱에 관한 설명으로 옳지 않은 것은?

① 기업들은 글로벌 소싱을 활용하여 공급사슬을 확대할 수 있다.

② 구매가격을 낮추기 위하여 외국의 공급자로부터 자재와 부품을 구매할 수 있다.

③ 글로벌 소싱은 품질과 납기 등을 개선시킬 기회가 될 수 있다.

④ 해외공급자 파악, 선정, 평가 등의 추가적인 노력이 요구된다.

⑤ 정보통신기술의 발달로 글로벌 구매 시 국내 구매와 동일한 절차로 자재를 획득할 수 있다.

086 북극해항로(Northern Sea Route)에 관한 설명으로 옳지 않은 것은?

① 북극해항로를 이용할 경우 수에즈운하를 이용하는 항로에 비해 운항거리와 운항시간을 단축하는 효과가 있다.

② 북극해항로는 캐나다 북부해안을 따라 운항하는 북동항로를 일컫는다.

③ 북극해항로는 얕은 수심으로 인해 초대형 컨테이너선 운항에 어려움이 있다.

④ 북극해항로의 상업적 이용을 위해서는 해당 지역의 항만시설 개선과 쇄빙선 이용료의 인하 등이 필요하다.

⑤ 북극해항로는 북극 지역의 광물 및 에너지자원 활용차원에서 초기에는 부정기선 위주로 활용될 전망이다.

087 항만 내에서 발생하는 서비스의 대가로 화주가 부담해야 하는 비용은?

ㄱ. BUC(Bulk Unitization Charge)	ㄴ. THC(Terminal Handling Charge)
ㄷ. BAF(Bunker Adjustment Factor)	ㄹ. Wharfage
ㅁ. PSS(Peak Season Surcharge)	

① ㄱ, ㄴ
② ㄱ, ㄹ
③ ㄴ, ㄹ
④ ㄴ, ㅁ
⑤ ㄷ, ㄹ

088 해상운송 관련 국제기구에 관한 설명으로 옳은 것은?

① ISF : 해사법과 해사관행 및 관습의 통일을 위해 설립되었다.
② FIATA : 선주의 이익 증진을 위하여 국제적인 문제에 대해 의견을 교환하고 정책을 수립하기 위해 설립되었다.
③ BIMCO : 국제상거래법의 단계적인 조화와 통일을 목적으로 설립되었다.
④ CMI : 국제해운의 안전성 확보를 위하여 1944년 시카고 조약으로 설립이 합의되었다.
⑤ IMO : 정부 간 해사기술의 상호협력, 해사안전 및 해양오염방지대책 수립 등을 목적으로 설립되었다.

089 국제해상운송 서비스의 특성으로 옳지 않은 것은?

① 해상운송은 대량수송에 적합하며 대체로 원거리수송에 이용된다.
② 적재되지 않은 컨테이너선의 미사용 선복이나, 용선되지 못하고 계선 중인 부정기선의 선복은 항만당국으로부터 보상받을 수 있다.
③ 서비스 제공 과정에서 화주의 참여기회가 적다.
④ 타 운송수단에 비하여 단위거리당 운송비가 저렴하다.
⑤ 수출지원 산업으로 국제무역을 촉진시키는 특성을 가진다.

090 국제항공기구에 관한 설명으로 옳은 것은?

① ACI는 국제항공운송협회로 1945년 쿠바의 하바나에서 세계항공사회의를 개최함으로써 설립되었다.
② ICAO는 시카고조약의 기본원칙인 기회균등을 기반으로 하여 국제항공운송의 건전한 발전을 도모하기 위해 설립된 기구이다.
③ IATA는 국제항공의 안전 및 발전을 목적으로 하여 각국 정부의 국제협력기관으로서 설립되었다.
④ FAI는 1926년 설립된 국가별 운송주선인협회와 개별운송주선인으로 구성된 국제민간기구로서 전세계적인 운송주선인의 연합체이다.
⑤ ICAO의 회원은 IATA회원국의 국적을 가진 항공사만 가능하다.

091 정기선 할증운임에 관한 설명으로 옳지 않은 것은?

① Bulky/Lengthy Surcharge : 본선 출항 전까지 양륙항을 지정하지 못하거나 양륙항이 복수일 때 항만 수 증가에 비례하여 부과된다.
② Port Congestion Surcharge : 양륙항의 체선이 심해 장기간의 정박이 요구되어 선사에 손해가 발생할 때 부과된다.
③ Heavy Cargo Surcharge : 초과 중량에 따라 기본운임에 가산하여 부과된다.
④ Bunker Adjustment Factor : 선박의 주연료인 벙커유가격 인상으로 발생하는 손실을 보전하기 위해 부과된다.
⑤ Currency Adjustment Factor : 환율 변동에 따른 환차손을 보전하기 위해 부과된다.

092 GENCON Charter Party에 명시된 체선료 조항의 내용으로 옳지 않은 것은?

> Demurrage at the loading port and discharging port is payable by the Charterers at the rate stated in Box 20 in the manner stated in Box 20 per day or pro rata for any part of a day. Demurrage shall fall due day by day and shall be payable upon receipt of the Owner's invoice. In the event the demurrage is not paid in accordance with the above, the Owners shall give Charterers 96 running hours written notice to rectify the failure. If the demurrage is not paid at the expiration of this time limit and if the vessel is in or at the loading port, the Owners are entitled at any time to terminate the Charter Party and claim damages for any losses caused thereby.

① 선적항 및 양륙항에서의 체선료는 1일당 또는 1일 미만의 경우에는 그 비율에 따라 20란(Box 20)에 표시된 체선요율과 지급 방법에 의거해 용선자가 지급한다.

② 체선료는 매일 계상하고 선주로부터 청구서 수령 시 지급한다.

③ 체선료가 지급되지 않을 경우 선주는 그 불이행을 시정하기 위해 용선자에게 연속 96시간의 서면통지를 한다.

④ 체선료가 96시간 내에 지급되지 않는 경우 선주는 용선계약자의 동의하에 용선계약을 종료시킬 수 있지만 그에 따른 손해배상은 청구할 수 없다.

⑤ 이 경우 용선계약을 종료시킬 수 있는 권리는 선적항에서 발생 가능하다.

093 항공운송과 관련되는 국제규범으로 옳은 것은?

> ㄱ. Rotterdam Rules ㄴ. Hague Rules
> ㄷ. Montreal Agreement ㄹ. Hamburg Rules
> ㅁ. Hague – Visby Rule ㅂ. Guadalajala Convention

① ㄱ, ㄷ ② ㄴ, ㄷ
③ ㄴ, ㅂ ④ ㄷ, ㅂ
⑤ ㄹ, ㅁ

094 한국, 일본 등 극동지역에서 파나마운하를 통과하여 미국 동부지역으로 해상 운송한 후 미국 내륙지점까지 운송하는 복합운송방식은?

① Reversed Interior Point Intermodal

② Overland Common Point

③ Canada Land Bridge

④ American Land Bridge

⑤ Mini Land Bridge

095 국제복합운송에 관한 설명으로 옳지 않은 것은?

① 국제복합운송이란 국가 간 두 가지 이상의 운송수단을 이용하여 운송하는 것이다.

② 국제복합운송은 컨테이너의 등장과 운송기술의 발달로 인해 비약적으로 발전하였다.

③ 국제복합운송의 기본요건은 일관선하증권(through B/L), 일관운임(through rate), 단일운송인책임(single carrier's liability) 등이다.

④ NVOCC는 자신이 직접 선박을 소유하고 자기 명의와 책임으로 복합운송을 수행하는 운송인이다.

⑤ 계약운송인형 국제물류주선업자는 운송수단을 직접 보유하지 않으면서 운송의 주체자로서의 역할과 책임을 다하는 운송인을 말한다.

096 철도에 의한 컨테이너 운송방식이 아닌 것은?

① COFC
② TOFC
③ Double stack train
④ Rail car service
⑤ Semi – trailer combination

097 컨테이너 운송과 관련된 국제협약이 옳게 연결된 것은?

> ㄱ. 1971년 관세협력위원회에 의하여 채택되었으며, 각종 운송기기에 의한 육·해·공의 모든 운송수단을 대상으로 하고 있다.
> ㄴ. 컨테이너 국제운송 시 컨테이너 취급, 적재 또는 수송 도중 일어나는 인명의 안전을 확보하기 위하여 컨테이너의 기준을 국제적으로 규정하기 위해 채택되었다.
> ㄷ. 1959년 유럽경제위원회가 도로운송차량에 의한 화물의 국제운송을 용이하게 하기 위한 목적으로 채택하였다.
> ㄹ. 컨테이너 자체가 국경을 통과함에 따라 당사국 간의 관세 및 통관방법 등을 협약·시행할 필요성이 있어, 1956년 유럽경제위원회에 의해 채택되었다.

① ㄱ : CCC협약, ㄴ : TIR협약, ㄷ : ITI협약, ㄹ : CSC협약

② ㄱ : TIR협약, ㄴ : CCC협약, ㄷ : CSC협약, ㄹ : ITI협약

③ ㄱ : ITI협약, ㄴ : CSC협약, ㄷ : CCC협약, ㄹ : TIR협약

④ ㄱ : TIR협약, ㄴ : CSC협약, ㄷ : CCC협약, ㄹ : ITI협약

⑤ ㄱ : ITI협약, ㄴ : CSC협약, ㄷ : TIR협약, ㄹ : CCC협약

098 컨테이너화물 수출선적절차에 필요한 서류를 순서대로 나열한 것은?

> ㄱ. 선적요청서(shipping request)   ㄴ. 선적예약서(booking list)
> ㄷ. 기기수도증(equipment receipt)   ㄹ. 부두수취증(dock receipt)
> ㅁ. 선하증권(bill of lading)

① ㄱ – ㄴ – ㄷ – ㄹ – ㅁ
② ㄱ – ㄹ – ㄴ – ㄷ – ㅁ
③ ㄴ – ㄱ – ㄷ – ㄹ – ㅁ
④ ㄴ – ㄷ – ㄹ – ㄱ – ㅁ
⑤ ㄷ – ㄴ – ㄱ – ㄹ – ㅁ

099 TSR(Trans Siberian Railway)에 관한 설명으로 옳지 않은 것은?

① 이 서비스를 이용할 경우 부산에서 로테르담까지의 운송거리가 수에즈운하를 경유하는 올 워터 서비스(All Water Service)에 비해 단축될 수 있다.
② 우즈베키스탄, 투르크메니스탄 등 항만이 없는 내륙국가와의 국제운송에도 유용하다.
③ SLB(Siberian Land Bridge)라고도 불리며, 한국을 비롯한 극동지역과 유럽대륙 간의 Sea & Air 복합운송시스템이다.
④ 극동지역과 유럽 간의 대외교역 불균형에 따른 컨테이너 수급문제와 동절기의 결빙문제가 발전에 걸림돌이 되고 있다.
⑤ 러시아 철도의 궤도 폭과 유럽 철도의 궤도 폭이 달라 환적해야 하는 불편이 있다.

100 선하증권 이면에 표기되어 있는 다음 약관에 해당하는 것은?

> Any reference on the face hereof to marks, numbers, descriptions, quality, quantity, gauge, weight, measure, nature, kind, value and any other particulars of the Goods is as furnished by the Merchant, and the Carrier shall not be responsible for the accuracy thereof. The Merchant warrants to the Carrier that the particulars furnished by him are correct and shall indemnify the Carrier against all loss, damage, expenses, liability, penalties and fines arising or resulting from inaccuracy thereof.

① New Jason Clause
② Both to Blame Clause
③ Unknown Clause
④ Paramount Clause
⑤ Lien Clause

101 선적서류보다 물품이 먼저 목적지에 도착하는 경우, 수입화주가 화물을 조기에 인수하기 위해 사용할 수 있는 서류는?

ㄱ. On-board B/L	ㄴ. Order B/L
ㄷ. Sea waybill	ㄹ. Third party B/L
ㅁ. Through B/L	ㅂ. Surrender B/L

① ㄱ, ㄴ 　　　　　　　② ㄱ, ㅂ
③ ㄷ, ㄹ 　　　　　　　④ ㄷ, ㅂ
⑤ ㄹ, ㅁ

102 AWB의 전면약관에는 표기되어 있으나, B/L 전면약관에는 없는 기재항목으로만 나열된 것은?

ㄱ. Shipper	ㄴ. Currency
ㄷ. Amount of Insurance	ㄹ. Gross Weight
ㅁ. Declared value for carriage	ㅂ. Consignee
ㅅ. Prepaid/Collect	

① ㄱ, ㄴ, ㄷ 　　　　　② ㄴ, ㄷ, ㅁ
③ ㄴ, ㄹ, ㅂ 　　　　　④ ㄷ, ㅁ, ㅂ
⑤ ㄹ, ㅁ, ㅅ

103 국제물류주선업자가 소량의 LCL화물을 집화하여 FCL화물로 만드는 과정을 뜻하는 용어는?

① Clearance 　　　　　② Consolidation
③ Tariff filing 　　　　　④ Import inspection
⑤ Quarantine

104 복합운송증권에 관한 설명으로 옳지 않은 것은?

① 복합운송증권이 비유통성증권으로 발행된 경우에는 지명된 수화인을 증권에 기재하여야 한다.

② UN 국제물품복합운송조약에서는 복합운송서류를 'Multimodal Transport Document'라고 한다.

③ 복합운송인이 화주에게 발행하며, 계약의 내용이나 운송조건 및 운송화물의 수령을 증명하는 서류이다.

④ 컨테이너 화물에 대한 복합운송증권은 FIATA의 표준양식을 사용하여 발행될 수 없다.

⑤ 유통성 복합운송증권은 수하인이 배서 또는 교부하여 화물을 처분할 수 있는 권리가 부여된 유가증권이다.

105 아래 하역기기에 관한 설명으로 옳지 않은 것은?

① Gantry Crane 또는 Container Crane으로 불린다.

② 컨테이너 터미널 내의 하역기기 중 가장 크다.

③ 타이어로 된 바퀴가 설치되어 있어 컨테이너 터미널 내 자유로운 이동이 가능하다.

④ 컨테이너의 본선 작업에 사용되는 하역 장비이다.

⑤ 컨테이너 선박의 대형화에 따라 아웃리치(Outreach)가 길어지는 추세이다.

106 최근 선박 대형화가 해운항만에 미치는 영향으로 옳지 않은 것은?

① 하역장비의 대형화

② Hub & Spoke 운송시스템의 감소

③ 대형선박 투입으로 기항항만 수 감소

④ 항만생산성 제고 압력 증대

⑤ 항만운영에 있어서 자본투입 증가

107 (　　　)에 해당하는 물류보안제도는?

> (　　　)은/는 세계적인 물류보안 강화 조치로 인한 무역원활화를 저해하는 문제점을 해소하고자 각국 세관이 수출업자, 수입업자, 제조업자, 관세사, 운송사, 창고업자, 하역업자 등을 대상으로 적정성 여부를 심사하여 우수업체로 공인해줌으로써 통관상의 혜택을 부여하는 제도이다.

① ISPS Code　　　　　　　　　② CSI

③ C-TPAT　　　　　　　　　　④ ISO 28000

⑤ AEO

108 컨테이너 터미널의 구성요소에 관한 명칭과 설명으로 옳지 않은 것은?

① 안벽 : 선박이 접안하기 위한 계선시설

② 마샬링야드 : 안벽에 접한 부분으로 안벽 크레인이 주행할 수 있도록 레일이 설치된 장소

③ 컨테이너야드 : 수출입 컨테이너의 반입, 장치, 보관이 이루어지는 장소

④ 컨트롤타워 : 컨테이너터미널 전체 작업을 관리·감독하는 장소

⑤ 컨테이너화물조작장 : 컨테이너 화물의 혼재작업이 이루어지는 장소

109 컨테이너 터미널에서 사용되는 장비에 관한 설명으로 옳지 않은 것은?

① 스트래들캐리어 : 컨테이너를 양각 사이에 끼워 놓고 운송하거나 하역하는 장비로 완전자동화터미널에 적합한 장비이다.

② 야드트랙터 : 에이프런과 컨테이너 야드 간 컨테이너의 이동을 위한 장비로 통상 야드 샤시와 결합하여 사용한다.

③ 트랜스퍼크레인 : 컨테이너 야드 내에서 컨테이너의 적재나 이동에 사용하는 장비로 RTGC와 RMGC가 대표적이다.

④ 포크리프트 : CFS에서 컨테이너에 화물을 적입·적출할 때 사용하는 장비이다.

⑤ 리치스태커 : 컨테이너를 적양하할 때 사용하고 이송작업도 가능한 장비이다.

110 최근 세계적으로 GDP 대비 컨테이너 해상물동량 증가세가 둔화되고 있는 원인으로 옳지 않은 것은?

① 서비스 중심으로 산업구조 변화

② 보호무역주의의 심화

③ 컨테이너화(containerization)의 둔화

④ 3D 프린팅 기술의 도입

⑤ 생산의 오프쇼어링(offshoring) 증가

111 한국의 내륙컨테이너기지(ICD)에서 수행하고 있지 않는 기능은?

① 통관　　　　　　　　　② 혼재

③ 보관　　　　　　　　　④ 제조

⑤ 철도운송

112 해상보험에서 적하보험 부가조건으로 옳지 않은 것은?

① TPND　　　　　　　　② JWOB

③ RFWD　　　　　　　　④ Sweat & Heating

⑤ Refrigerating Machinery

113 Marine Insurance Act(1906)에 규정된 용어의 설명이다. (　　) 안에 들어갈 용어들이 옳게 나열된 것은?

"(ㄱ)" means the charges recoverable under maritime law by a salvor independently of contract. They do not include the expenses of services in the nature of salvage rendered by the assured or his agents, or any person employed for hire by them, for the purpose of averting a peril insured against. Such expenses, where properly incurred, may be recovered as (ㄴ) or as a general average loss, according to the circumstances under which they were incurred.

---

① ㄱ : Actual total loss, ㄴ : sue and labour charge
② ㄱ : Particular charges, ㄴ : actual total loss
③ ㄱ : Salvage charges, ㄴ : particular charges
④ ㄱ : Salvage charges, ㄴ : constructive total loss
⑤ ㄱ : Actual total loss, ㄴ : constructive total loss

114 Institute Cargo Clause(C)(2009)에서 담보하는 위험이 아닌 것은?

① 추락손
② 화재 · 폭발
③ 육상운송용구의 전복 · 탈선
④ 피난항에서의 화물의 양하
⑤ 본선 · 부선의 좌초 · 교사 · 침몰 · 전복

115 New York Convention(1958)의 일부이다. (　　)에 들어갈 용어는?

The term "(　　)" shall include an arbitral clause in a contract or an arbitrationagreement,signed by the parties or contained in an exchange of letters or telegrams.

---

① agreement in writing   ② arbitral authority
③ intercession   ④ signatures and ratifications
⑤ declarations and notifications

116

Incoterms® 2010상 THE BUYER'S OBLIGATIONS으로 옳지 않은 것은?

① B1 : General obligations of the buyer

② B4 : Taking delivery

③ B5 : Transfer of risks

④ B8 : Proof of delivery

⑤ B9 : Checking − packing − marking

117

Incoterms® 2010의 내용이다. (   )에 들어갈 용어는?

> "(   )" means that the seller delivers the goods to the carrier or another person nominated by the seller at an agreed place(if any such place is agreed between the parties) and that the seller must contact for and pay the costs of carriage necessary to bring the goods to the named place of destination.

① CFR   ② FCA

③ CIP   ④ FOB

⑤ CIF

118

(   )에 해당하는 특허보세구역의 명칭은?

> (   )은/는 외국물품 또는 외국물품과 내국물품을 원료로 하거나 재료로 하여 수출하는 물품을 제조 · 가공하거나 수리 · 조립 · 검사 · 포장 기타 이와 유사한 작업을 하는 것을 목적으로 한다.

① 보세창고   ② 보세공장

③ 보세건설장   ④ 보세전시장

⑤ 보세판매장

119 항공화물 지연(delay) 사고의 하나로, 화물이 하기되어야 할 지점을 지나서 내려진 경우를 뜻하는 용어는?

① shortshipped
② offloaded by error
③ overcarried
④ shortlanded
⑤ cross labelled

120 (   )에 들어갈 클레임 해결 방법은?

> (   )은/는 분쟁의 자치적 해결 방법 중의 하나로 중재절차에 의한 판정을 거치지 않고, 당사자 합의 하에 조정인을 개입시켜 분쟁을 해결하는 방식이다.

① 소송
② 중재
③ 조정
④ 화해
⑤ 청구권의 포기

081 물류와 무역 간의 관계에 관한 설명으로 옳지 않은 것은?

① 무역 수요는 물류 수요를 창출한다.
② 무역계약 조건은 국제운송계약에 영향을 미친다.
③ 물류비용 절감은 국제무역 확대발전으로 이어진다.
④ 물류기술 발전은 무역거래 비용의 절감으로 이어진다.
⑤ 무역규제 완화는 물류비용 증가로 이어진다.

082 보호무역주의 확산이 글로벌생산업체에 미치는 영향으로 옳지 않은 것은?

① 현지국 내의 공급사슬관리 체제가 강화된다.
② 부품수입량이 감소하고 생산일정 관리가 어려워진다.
③ 지역별로 전개하는 글로벌 분업체제가 강화된다.
④ 연구개발 및 생산에서 규모의 경제가 약화된다.
⑤ 표준화된 글로벌 제품의 대량생산체제가 어려워진다.

083 국제물류의 기능에 관한 설명으로 옳지 않은 것은?

① 해외시장으로의 상품인도 시간을 단축시킨다.
② 수출업자의 물류비를 절감시킨다.
③ 해외시장 고객에 대한 서비스 활동을 향상시킨다.
④ 국제 경영활동에서 최대비용으로 사업효율성을 향상시킨다.
⑤ 국제 간 상품의 가격을 평준화시킨다.

084 최근 국제운송의 발전 방향과 그 사례의 연결로 옳지 않은 것은?

① 초대형화 : 일본의 TSL(Techno Super Line)
② 무인자동화 : AGV Supervisor 시스템
③ 빅데이터화 : Samsung SDS의 Cello
④ 스마트화 : 함부르크항 smartPORT
⑤ 친환경화 : IMO MEPC MARPOL Annex VI

085 정기용선계약에서 특정한 사유로 선박의 이용이 방해되는 기간 동안 용선자의 용선료 지불의무를 중단하도록 하는 조항은?

① Off – hire
② Demurrage
③ Employment and Indemnity
④ Laytime
⑤ Cancelling Date

086 해상운송화물의 선적 절차와 관련이 없는 서류는?

① Shipping Request
② Mate's Receipt
③ Letter of Indemnity
④ Shipping Order
⑤ Letter of Guarantee

087 해상운송화물의 운임체계에 관한 설명으로 옳지 않은 것은?

① 원칙적으로 운송인은 운임부과기준에 대한 재량권을 가진다.
② FAK는 화물의 종류에 관계없이 일률적으로 부과되는 운임이다.
③ Dead Freight는 화물의 실제 적재량이 계약수량에 미달할 경우 그 부족분에 대해 지불하는 일종의 위약금이다.
④ FIO조건은 선적과 양륙과정에서 선내 하역인부임을 화주가 부담하는 조건이다.
⑤ Detention Charge는 CY에서 무료장치기간(free time)을 정해두고 그 기간 내에 컨테이너를 반출해 가지 않을 경우 징수하는 부대비용이다.

088 해상운송 용어에 관한 설명으로 옳은 것은?

① 흘수(Draft)는 선박의 수중에 잠기지 않는 수면 위의 선체 높이로 예비부력을 표시한다.
② 편의치적(FOC)은 자국선대의 해외 이적을 방지하기 위해 자국의 자치령 또는 속령에 치적할 경우 선원고용의 융통성과 세제혜택을 허용하는 제도이다.
③ 항만국 통제(Port State Control)는 자국 항만에 기항하는 외국국적 선박에 대해 국제협약이 정한 기준에 따라 선박의 안전기준 등을 점검하는 행위이다.
④ 재화중량톤수(DWT)는 흘수선을 기준으로 화물이 적재된 상태의 선박과 화물의 중량을 나타내는 것이다.
⑤ 운임톤(Revenue Ton)은 직접 상행위에 사용되는 용적으로 톤세, 항세, 항만시설 사용료 등의 부과기준이 된다.

089 해상운송에 관한 설명으로 옳지 않은 것은?

① 개품운송계약은 선하증권에 의해 증빙되는 부합계약의 성질을 지닌다.
② 용선계약의 내용은 상대적으로 협상력이 약한 용선자를 보호하기 위해 Hague – Visby Rules 같은 강행법규에 의해 규율된다.
③ 정기선운송의 경우 부정기선운송에 비해 해운시황에 따른 배선 축소나 운항항로에서의 철수 등이 신축적으로 이루어지기 어렵다.
④ 부정기선운송의 운임은 해운시장에서 물동량과 선복량에 따라 변동하므로 정기선 운임에 비해 불안정하다.
⑤ 정기용선계약에서 용선선박은 선박이 안전하게 항해할 수 있도록 일체의 속구를 갖추고 선원을 승선시킨 상태로 용선자에게 인도된다.

090 로테르담 규칙의 내용에 관한 설명으로 옳지 않은 것은?

① 해공복합운송 및 해륙복합운송에 대해서도 적용된다.
② 해상화물운송장 및 전자선하증권이 발행되는 경우에도 적용된다.
③ 인도 지연으로 인한 손해에 대해서는 규정하고 있지 않다.
④ 운송인은 항해과실로 인해 발생한 손해에 대해서도 책임을 부담한다.
⑤ 운송인의 감항능력주의 의무는 전체 해상운송기간에 대해서까지 확대된다.

091

화인(Shipping Marks)에 관한 설명으로 옳지 않은 것은?

① 화인을 표시하지 않음으로써 발생하는 손해에 대해서는 해상보험에서 담보하지 않는다.

② 화인은 화물과의 대조를 위해 선하증권 및 상업송장에도 기재된다.

③ Counter Mark는 화물의 등급이나 규격표시 등에 사용된다.

④ Port Mark에는 선적항이나 중간 기항지가 표기된다.

⑤ Case Number는 화물의 총 개수를 일련번호로 표기한 것이다.

092

항해용선계약(Gencon C/P)상 정박기간과 체선료에 관한 조건이 아래와 같을 때 용선자가 선주에게 지불해야 하는 체선료는?

- 정박기간 : 5일
- 하역준비완료통지(Notice of Readiness) : 6월 1일 오후
- 체선료 : US$ 2,000/일
- 하역완료 : 6월 9일 오후(6월 1일에서 9일까지 기상조건은 양호한 상태였음. 6월 6일은 현충일로 휴무일)
- 정박기간 산정조건 : WWD SHEX 6월

6월								
월	화	수	목	금	토	일	월	화
1	2	3	4	5	6	7	8	9

① 체선이 발생하지 않아 체선료를 지불하지 않아도 됨

② US$ 2,000

③ US$ 4,000

④ US$ 6,000

⑤ US$ 8,000

093 다음에서 설명하는 국제복합운송경로는?

한국, 일본 등의 극동지역 항만에서 선적된 화물을 북미서안까지 해상운송한 후에, 북미대륙의 횡단철도를 이용하여 미국 주요 내륙지점의 철도터미널 또는 선사의 CY/CFS에서 화물 인도가 행해지는 복합운송방식

① IPI   ② ALB
③ SLB   ④ OCP
⑤ RIPI

094 항공운송에 관한 국제조약으로 옳은 것은?

① Hague Rules   ② Hamburg Rules
③ Rotterdam Rules   ④ Hague Protocol
⑤ Hague − Visby Rules

095 계약당사자가 아닌 운송인이 이행한 국제항공운송에 관한 일부규칙의 통일을 위한 와르소조약(Warsaw Convention)을 보충하는 과다라하라조약(Guadalajala Convention)을 채택한 국제기구는?

① FIATA   ② IATA
③ ICAO   ④ FAI
⑤ ICC

096 엔진이 장착된 차량으로서 적재완료된 단위탑재용기(ULD)를 올려놓은 상태에서 항공화물터미널에서 항공기까지 수평이동을 가능하게 하는 장비는?

① Pallet Scale   ② Lift Loader
③ Transporter   ④ Contour Gauge
⑤ Cargo Cart

097 국제항공운송에서 와르소조약(Warsaw Convention)의 화물에 대한 책임한도액은?

① 150 francs per kilogram　　② 250 francs per kilogram
③ 350 francs per kilogram　　④ 450 francs per kilogram
⑤ 550 francs per kilogram

098 항공운송인이 스스로 보험을 수배할 능력이 없는 일반 화주를 대리하여 부보하는 보험종목은?

① Air Cargo Insurance　　② Marine Cargo Insurance
③ Freight Legal Liability Insurance　　④ Shipper's Interest Insurance
⑤ Hull Insurance

099 복합운송주선인의 업무 또는 기능으로 옳지 않은 것은?

① 화물의 혼재 · 분배　　② 보험금 지급
③ 보관업무 수행　　④ 운송의 자문 · 수배
⑤ 운송 관련 서류 작성

100 복합운송증권(MTD)에 관한 설명으로 옳지 않은 것은?

① 화물의 손상에 대하여 전체 운송구간에 대한 단일책임형태로 발행된다.
② 복합운송증권은 운송주선인이 발행할 수 없다.
③ 본선 적재 전에 복합운송인이 화물을 수취한 상태에서 발행된다.
④ 복합운송증권의 인도는 화물의 인도와 동일한 성격을 갖는다.
⑤ 지시식으로 발행된 경우 배서 · 교부로 양도가 가능하다.

101 FCL 화물의 경우 송화인이 작성하며, CY에서 본선 적재할 때와 양륙지에서 컨테이너 보세운송할 때 사용되는 서류는?

① Dock Receipt
② Equipment Interchange Receipt
③ Container Load Plan
④ Cargo Delivery Order
⑤ Letter of Indemnity

102 신용장통일규칙(UCP 600) 제23조의 항공운송서류 수리요건에 관한 설명으로 옳지 않은 것은?

① 운송인의 명칭을 표시하고 운송인, 기장 또는 그들을 대리하는 지정대리인에 의하여 서명되어 있어야 한다.
② 물품이 운송을 위하여 수취되었음을 표시하고 있어야 한다.
③ 신용장에 명기된 출발공항과 목적공항을 표시하고 있어야 한다.
④ 신용장이 원본의 전통을 명시하고 있는 경우에도, 탁송인 또는 송화인용 원본으로 구성되어야 한다.
⑤ 운송의 제조건을 포함하고 있거나 또는 운송의 제조건을 포함하는 다른 자료를 참조하고 있는 서류이어야 한다.

103 선하증권에 관한 설명으로 옳지 않은 것은?

① Straight B/L은 송화주에게 발행된 유통성 선하증권을 송화주가 배서하여 운송인에게 반환함으로써, 선하증권의 유통성이 소멸된 B/L을 말한다.
② Clean B/L은 선박회사가 인수한 물품의 명세 또는 수량 및 포장에 하자가 없는 경우 발행되는 B/L이다.
③ Long Form B/L은 선하증권의 필요기재사항과 운송약관이 모두 기재되어 발행되는 B/L을 말한다.
④ Custody B/L은 화물이 운송인에게 인도되었으나 당해 화물을 선적할 선박이 입항하지 않은 상태에서 발행되는 B/L을 말한다.
⑤ Stale B/L은 선하증권의 제시 시기가 선적일 후 21일이 경과하는 등 필요 이상으로 지연되었을 때 그렇게 지연된 B/L을 말한다.

104 컨테이너 뒷문에 표기된 "TARE 2,350KG"에서 2,350KG이 의미하는 것은?

① 컨테이너 자체 중량

② 컨테이너에 실을 수 있는 최대 화물 중량

③ 컨테이너 자체 중량과 컨테이너 섀시(chassis) 포함 총 중량

④ 컨테이너 자체 중량과 컨테이너에 실을 수 있는 최대화물 중량의 합계

⑤ 컨테이너 자체 중량, 컨테이너에 실을 수 있는 최대 화물 중량, 그리고 컨테이너 섀시(chassis) 중량을 모두 포함한 총 중량

105 항공화물운송장(AWB)과 선하증권(B/L)에 관한 설명으로 옳지 않은 것은?

① AWB는 유가증권이 아니고 화물수령증 역할을 한다.

② B/L은 일반적으로 지시식으로 발행되며 유통성을 갖는다.

③ AWB는 화주이익보험을 가입한 경우 보험금액 등이 기재되어 보험가입증명서 내지 보험계약 증서 역할을 한다.

④ B/L은 일반적으로 본선 선적 후 발행하는 선적식으로 발행된다.

⑤ AWB는 항공사가 작성하고 상환증권의 성격을 갖는다.

106 항만의 시설에 관한 설명으로 옳은 것은?

① 항로(Access Channel)는 바람과 파랑의 방향에 대해 0~20°의 각도를 갖는 것이 좋다.

② 안벽은 해안 및 하안에 평행하게 축조된 석조제로서 선박 접안을 위하여 수직으로 만들어진 옹벽이다.

③ 잔교는 선박의 접안과 화물의 하역을 위해 목재 및 철재 등의 기둥을 육상에 박아 윗부분을 콘크리트로 굳힌 선박의 계류시설이다.

④ 박지(Anchorage)는 잔잔하고 충분한 수역과 닻을 내리기 좋은 지반이어야 하며 사용목적에 따른 차이는 없다.

⑤ 선회장(Turning Basin)은 예선이 필요한 경우 대상 선박 길이 3배를 직경으로 하는 원으로 한다.

107 국제물류에서 항만의 기능에 관한 설명으로 옳지 않은 것은?

① 수출입 화물의 일시적 보관, 하역을 통하여 해륙을 연결한다.
② 물류활동의 중심지로서 다양한 부가가치 서비스를 제공한다.
③ 국가 및 지역의 경제성장과 고용창출에 기여한다.
④ 선사 간 전략적 제휴 또는 합병을 유도한다.
⑤ 신속한 하역과 내륙연결점에서 원활한 물류서비스를 제공한다.

108 ICD의 이용에 따른 이점으로 옳지 않은 것은?

① 집화 · 분류 · 혼재활동에 의한 물류합리화 실현
② 대량수송수단을 통한 수송비 절감
③ 항만구역 및 항만주변의 도로체증 완화
④ 철도수송에 의한 CO_2 · 탄소 배출 저감
⑤ 항공운송수단의 효율적 연계를 통한 배송고속화

109 해상화물 운송선박 및 항만시설에 대한 해상 테러 가능성을 대비하기 위하여 체약국과 선사 및 선박이 준수해야 하는 보안 사항 등을 규정하고 있는 것은?

① C−TPAT   ② ISPS Code
③ CSI   ④ Trade Act of 2002 Final Rule
⑤ 24−hours rule

110 Institute Cargo Clause(A)(2009) 제4조 일반면책조항에 해당하지 않는 것은?

① 보험목적의 통상적인 누손, 통상적인 중량손 또는 용적손 또는 자연소모
② 보험목적의 고유의 하자 또는 성질로 인하여 발생한 멸실, 손상 또는 비용
③ 피보험자의 고의의 불법행위에 기인하는 멸실, 손상 또는 비용
④ 피보험자가 본선의 소유자, 관리자, 용선자 또는 운항자의 파산 또는 재정상의 궁핍한 사정을 알지 못한 상태에서 부보하고 이 계약기간 중에 발생한 멸실, 손상 또는 비용
⑤ 원자력 또는 핵의 분열 및/또는 융합 또는 기타 이와 유사한 반응 또는 방사능이나 방사성물질을 응용한 무기 또는 장치의 사용으로 인하여 직접 또는 간접적으로 발생한 멸실, 손상 또는 비용

111 신용장통일규칙(UCP 600)의 내용에 관한 설명으로 옳은 것은?

① 발행된 신용장에 취소 불능(irrevocable)이라고 표시하지 않으면 취소가 가능한 신용장이다.

② 선적 기간을 정하기 위하여 사용하는 "to", "from", "after"란 용어는 언급된 당해 일자를 포함한다.

③ 신용장은 이용 가능한 해당 은행과 모든 은행을 이용할 수 있는지 여부를 명시하지 않아도 된다.

④ 신용장은 발행의뢰인을 지급인으로 하는 환어음에 의하여 이용할 수 있도록 발행되어야 한다.

⑤ 지정은행, 필요한 경우의 확인은행 및 발행은행은 서류가 문면상 일치하는 제시를 나타내는지를 결정하기 위해서는 서류만으로 심사하여야 한다.

112 다음에서 설명하는 무역클레임의 성질에 따른 분류로 옳은 것은?

> 무역계약의 성립 후 수입지 상품의 시황이 좋지 않아 매도인의 사소한 실수나 하자를 이유로 매수인으로부터 받게 되는 클레임이다. 예를 들면, 처음부터 그럴 의도는 아니었으나 시황이 나빠져서 품질불량이나 그럴듯한 이유를 들어 트집을 잡는 경우, 계약 이행 중 시가가 하락하여 큰 손해를 보게 되었을 때 결제 대금의 감액 요구 등을 하는 경우가 있다.

① 일반적 클레임   ② 마켓 클레임

③ 계획적 클레임   ④ 운송 클레임

⑤ 보험 클레임

113 보세구역의 종류에 관한 설명으로 옳지 않은 것은?

① 세관검사장은 통관을 하고자 하는 물품을 검사하기 위한 장소로서 세관장이 지정하는 지역을 말한다.

② 보세건설장은 산업시설의 건설에 소요되는 외국물품인 기계류 설비품 또는 공사용 장비를 장치·사용하여 해당 건설공사를 할 수 있다.

③ 보세공장은 외국물품을 원료 또는 재료로 하거나 외국물품과 내국물품을 원료 또는 재료로 하여 제조·가공 기타 이와 유사한 작업을 할 수 있다.

④ 보세전시장에서는 박람회·전람회·견본품 전시회 등의 운영을 위하여 외국물품을 장치·전시 또는 사용할 수 있다.

⑤ 보세창고는 통관을 하고자 하는 물품을 일시장치하기 위한 장소로서 세관장이 지정하는 구역을 말한다.

114

Incoterms® 2010 규칙의 주요 개정 특징과 용어의 설명으로 옳지 않은 것은?

① Incoterms® 2010 규칙은 Incoterms 2000 규칙에 비해 규칙의 수가 13개에서 11개로 감소되었다.

② 단일 또는 복수의 운송방식에 사용가능한 규칙은 EXW, FCA, CPT, CIP, DAT, DAP, DDP 조건이다.

③ Incoterms® 2010 규칙은 국제매매계약 및 국내매매계약에 모두 사용 가능하다.

④ 전자적 기록 또는 절차(Electronic record or procedure)는 하나 또는 그 이상의 전자메시지로 구성되고 경우에 따라서는 종이서류에 상응하는 기능을 하는 일련의 정보를 말한다.

⑤ 포장(Packaging)은 물품이 운송에 적합하도록 포장하는 것과 포장된 물품을 컨테이너에 적입하는 것을 의미하고 있으며, Incoterms® 2010 규칙에서는 포장된 물품을 컨테이너에 적입하는 것을 당사자의 의무로 새롭게 규정하고 있다.

115

Incoterms® 2010 규칙에서 매도인의 비용과 위험부담이 가장 적은 거래조건으로부터 많은 거래조건 순으로 나열된 것은?

① FAS－FOB－CIF－CFR
② FAS－CFR－FOB－CIF
③ FOB－FAS－CFR－CIF
④ FAS－FOB－CFR－CIF
⑤ FOB－FAS－CIF－CFR

116

Incoterms® 2020 규칙의 내용에서 (ㄱ), (ㄴ)에 각각 들어갈 용어는?

> "(ㄱ)" means that the seller delivers the goods－and transfers risk－to the buyer when the goods, once unloaded from the arriving means of transport, are placed at the disposal of the buyer at a named place of destination or at the agreed point within that place, if any such point is agreed.
>
> "(ㄴ)" means that the seller delivers the goods when the goods are placed at the disposal of the buyer, cleared for import on the arriving means of transport ready for unloading at the named place of destination. The seller bears all the costs and risks involved in bringing the goods to the place of destination and has an obligation to clear the goods not only for export but also for import, to pay any duty for both export and import and to carry out all customs formalities.

① ㄱ : DAP, ㄴ : DDP
② ㄱ : DPU, ㄴ : DDP
③ ㄱ : DAP, ㄴ : DAT
④ ㄱ : DAT, ㄴ : DAP
⑤ ㄱ : DDP, ㄴ : DAT

117 해상보험의 내용에 관한 설명으로 옳은 것은?

① 보험가액은 실제 보험계약자가 보험에 가입한 금액으로서 손해가 발생할 경우 보험자가 피보험자에게 지급하기로 약정한 최고금액이다.

② 피보험이익은 보험계약 체결 시 반드시 확정되어 있어야 한다.

③ 동일한 해상사업과 이익 또는 그 일부에 관하여 둘 이상의 보험계약이 피보험자에 의해서 또는 피보험자를 대리하여 체결되고 보험금액이 MIA에서 허용된 손해보상액을 초과하는 경우 공동보험에 해당한다.

④ 청과나 육류 등이 부패하여 식용으로 사용할 수 없게 된 경우에 보험목적의 파괴에 해당하여 현실전손으로 볼 수 있다.

⑤ 기평가보험증권은 보험목적의 가액을 기재하지 않고 보험금액의 한도에 따라서 보험가액이 추후 확정되도록 하는 보험증권이다.

118 구상무역에 사용할 수 있는 신용장으로 옳은 것을 모두 고른 것은?

ㄱ. Straight Credit	ㄴ. Back-to-Back Credit
ㄷ. Tomas Credit	ㄹ. Revolving Credit
ㅁ. Escrow Credit	

① ㄱ, ㄴ, ㅁ   ② ㄱ, ㄷ, ㄹ

③ ㄴ, ㄷ, ㄹ   ④ ㄴ, ㄷ, ㅁ

⑤ ㄷ, ㄹ, ㅁ

119 신용장으로 대금결제가 이루어지는 무역계약에서 선적조건에 관한 설명으로 옳지 않은 것은?

① 'Shipment shall be made on or about May 10, 2019.'는 2019년 5월 4일에서 5월 15일까지의 기간에 선적을 완료해야 한다.

② 'Shipment : Until May 10, 2019.'는 선적을 2019년 5월 10일까지 완료해야 한다.

③ 'Shipment : Before May 10, 2019.'는 선적을 2019년 5월 9일까지 완료해야 한다.

④ 선적시기와 관련하여 immediately, promptly, as soon as possible이라는 표현의 용어는 무시하도록 하고 있다.

⑤ 'Partial shipments are prohibited.'는 분할선적이 허용되지 않음을 의미한다.

120 무역계약의 주요 조건에 관한 설명으로 옳은 것은?

① 표준품매매(Sales by Standard)는 주로 전기, 전자제품 등의 거래에 사용되는 것으로, 상품의 규격이나 품질 수준을 국제기구 등이 부여한 등급으로 결정하는 방식이다.

② M/L(More or Less) clause는 Bulk 화물의 경우 계약 물품의 수량 앞에 about 등을 표기하여 인도수량의 신축성을 부여하기 위한 수량표현 방식이다.

③ COD(Cash on Delivery)는 양륙지에서 계약물품을 매수인에게 전달하면서 현금으로 결제받는 방식이다.

④ D/A(Documents Against Acceptance)는 관련 서류가 첨부된 일람불 환어음을 통해 결제하는 방식이다.

⑤ M/T(Mail Transfer)는 지급은행에 대하여 일정한 금액을 지급하여 줄 것을 위탁하는 우편환을 수입상이 거래은행으로부터 발급받아 직접 수출상에게 제시하여 결제하는 방식이다.

081 국제물류의 기능에 관한 설명으로 옳은 것을 모두 고른 것은?

구분	기능	내용
ㄱ	수량적 기능	생산수량과 소비수량의 불일치를 집화, 중계, 배송 등을 통해 조정
ㄴ	품질적 기능	생산자가 제공하는 재화와 소비자가 소비하는 재화의 품질을 가공, 조립, 포장 등을 통해 조정
ㄷ	가격적 기능	생산자와 소비자를 매개로 운송에서 정보활동에 이르기까지의 모든 비용을 조정
ㄹ	시간적 기능	생산자와 소비자가 인적으로 다르고 분업으로 발생하는 복잡한 유통경제조직을 운송과 상거래로 조정
ㅁ	장소적 기능	재화의 생산시기와 소비시기의 불일치 조정

① ㄱ, ㄴ, ㄷ   ② ㄱ, ㄴ, ㄹ

③ ㄱ, ㄷ, ㄹ   ④ ㄴ, ㄷ, ㅁ

⑤ ㄷ, ㄹ, ㅁ

082 다음에서 설명하는 국제운송의 형태는?

천연가스, 원유 등 에너지 자원의 수송에 이용되며, 구축을 위해서는 대규모 자본투자가 필요하나, 일단 구축되면 이를 운영하기 위한 변동비용은 그다지 크지 않고 인적 노동력이 거의 필요하지 않은 운송

① 도로운송   ② 철도운송

③ 항공운송   ④ 해상운송

⑤ 파이프라인운송

083 다음 설명에 해당하는 국제물류시스템은?

> ㄱ. 수출국 기업에서 해외의 자회사 창고로 상품을 출하한 후, 발주요청이 있을 때 해당 창고에서 최종 고객에게 배송하는 가장 보편적인 시스템
>
> ㄴ. 수출국의 공장 또는 배송센터로부터 해외 자회사의 고객 또는 최종소비자나 판매점으로 상품을 직송 하는 형태로, 해외 자회사는 상거래 유통에는 관여하지만 물류에는 직접적으로 관여하지 않는 시스템

① ㄱ : 통과시스템, ㄴ : 다국적(행) 창고시스템
② ㄱ : 고전적 시스템, ㄴ : 직송시스템
③ ㄱ : 통과시스템, ㄴ : 고전적 시스템
④ ㄱ : 고전적 시스템, ㄴ : 다국적(행) 창고시스템
⑤ ㄱ : 통과시스템, ㄴ : 직송시스템

084 최근 국제물류의 환경변화에 관한 설명으로 옳지 않은 것은?

① 국내외 물류기업 활동의 글로벌화로 국제물류의 중요성이 증대되고 있다.
② IoT 등 정보통신기술의 발전으로 국내외 물류기업들은 국제물류체계를 플랫폼화 및 고도화 하고 있다.
③ 컨테이너 선박이 대형화됨에 따라 항만도 점차 대형화되고 있다.
④ 국제물류시장의 치열한 경쟁상황은 국내외 물류기업들 간 전략적 제휴나 인수 · 합병을 가속 화시키고 있다.
⑤ 국내외 화주기업들은 물류비 절감과 서비스 향상을 위해 물류전문업체를 활용하지 않고 있다.

085 글로벌 공급사슬관리시스템의 효율적 설계 및 운영에 관한 설명으로 옳지 않은 것은?

① 구성원들이 시스템에 관한 목표를 명확히 정의하여 시스템의 목표를 달성하는 방향으로 의사 결정을 내리게 유도한다.
② 소비자에 대한 서비스수준 향상에 기여할 수 있는 성과측정 장치를 개발하도록 한다.
③ 정보 공유를 통한 의사결정을 이루기 위해서는 부서 간의 협동은 중요하지 않다.
④ 물류기업의 물류 하부구조 등에 대한 적극적인 투자를 수행하며 이를 통해 미래 확장가능성 에 대비할 수 있어야 한다.
⑤ 아웃소싱을 적극적으로 활용함으로써 비용과 시간을 절감하며 물류기업의 경쟁력을 최대화 하는 방향으로 물류기업의 자원을 서로 결합하여야 한다.

086

컨테이너 운송의 특성에 관한 설명으로 옳지 않은 것은?

① 선박의 속력이 빠르고 신속한 화물조작이 가능하다.

② 운송기간의 단축으로 수출대금의 회수가 빨라져 교역 촉진이 가능하다.

③ 특수 컨테이너가 개발되고 있지만, 모든 화물을 컨테이너화할 수 없는 한계를 가지고 있다.

④ 컨테이너화에는 거액의 자본이 필요하며, 선사 및 항만 직원의 교육·훈련, 관련제도 개선, 기존 설비의 교체 등에 장기간의 노력과 투자가 필요하다.

⑤ 왕항복항(往航復航) 간 물동량의 불균형이 발생해도 컨테이너선의 경우 공(空)컨테이너 회수 문제는 발생하지 않는다.

087

다음에서 설명하는 컨테이너 종류로 옳은 것은?

> 과일, 채소 등의 선도 유지에 적절한 단열구조를 갖춘 컨테이너로, 통상 드라이아이스 등을 냉매로 사용하는 보냉 컨테이너

① Liquid Bulk Container
② Hard Top Container
③ Side Open Container
④ Insulated Container
⑤ Skeleton Container

088

다음은 CSC(1972) Annex 1 SERIOUS STRUCTURAL DEFICIENCIES IN CONTAINERS 내용의 일부이다. (   )에 들어갈 용어로 옳은 것은?

STRUCTURALLY SENSITIVE COMPONENT	SERIOUS STRUCTURAL DEFICIENCY
( )	Local deformation perpendicular to the rail in excess of 100mm or in the rail's material in excess of 75mm

① Top Rail
② Bottom Rail
③ Corner Posts
④ Corner and intermediate Fittings
⑤ Understructure

089 정기선사들의 전략적 제휴에 관한 설명으로 옳지 않은 것은?

① 공동운항을 통해 선복을 공유한다.
② 화주에게 안정된 수송서비스 제공이 가능하다.
③ 광석, 석탄 등 벌크 화물 운송을 중심으로 이루어지고 있다.
④ 제휴선사 간 상호 이해관계를 조정하기 위해 협정을 맺고 있다.
⑤ 제휴선사 간 불필요한 경쟁을 회피하는 수단으로 활용되고 있다.

090 해상운송화물의 선적 절차를 순서대로 올바르게 나열한 것은?

ㄱ. Shipping Request	ㄴ. Booking Note
ㄷ. Shipping Order	ㄹ. Mate's Receipt
ㅁ. Shipped B/L	

① ㄱ → ㄴ → ㄷ → ㄹ → ㅁ
② ㄱ → ㄴ → ㄹ → ㄷ → ㅁ
③ ㄱ → ㄷ → ㅁ → ㄴ → ㄹ
④ ㄴ → ㄱ → ㄷ → ㄹ → ㅁ
⑤ ㄴ → ㄱ → ㅁ → ㄷ → ㄹ

091 정기선에 관한 설명으로 옳지 않은 것은?

① 운임은 공시된 확정운임이 적용된다.
② 개품운송계약을 체결하고 선하증권을 사용한다.
③ 다수 화주로부터 다양한 화물을 집화하여 운송한다.
④ 특정한 항구 간을 운항계획에 따라 규칙적으로 반복 운항한다.
⑤ 항해단위, 기간 등에 따라 계약조건이 다른 용선계약서를 사용한다.

092 해상운송과 관련된 국제기구의 설명으로 옳은 것을 모두 고른 것은?

> ㄱ. IACS는 국제적인 대리업의 확장에 따른 제반 문제점을 다루기 위해 설립된 운송주선인의 민간기구이다.
> ㄴ. BIMCO는 선주들의 공동이익을 위해 창설된 민간기구이다.
> ㄷ. ICS는 선주들의 권익보호와 상호협조를 위해 각국 선주협회들이 설립한 민간기구이다.
> ㄹ. IMO는 국제무역과 경제발전을 촉진할 목적으로 설립된 국제연합의 전문기구이다.

① ㄱ, ㄷ   ② ㄱ, ㄹ
③ ㄴ, ㄷ   ④ ㄴ, ㄷ, ㄹ
⑤ ㄱ, ㄴ, ㄷ, ㄹ

093 정기용선계약에 관한 설명으로 옳은 것은?

① 선박 자체만을 빌리는 선박임대차계약이다.
② 용선계약기간은 통상 한 개의 항해를 단위로 한다.
③ 용선자가 선장 및 선원을 고용하고 관리·감독한다.
④ 선박의 유지 및 수리비를 용선자가 부담한다.
⑤ 기간용선계약이라고도 하며, 선박의 보험료는 선주가 부담한다.

094 만재흘수선과 관련된 설명으로 옳지 않은 것은?

① 만재흘수선 마크는 TF, F, T, S, W, WNA 등이 있다.
② 만재흘수선 마크는 선박 중앙부의 양현 외측에 표시되어 있다.
③ 선박의 항행대역과 계절구간에 따라 적용범위가 다르다.
④ Reserved buoyancy란 선저에서 만재흘수선까지 이르는 높이를 말한다.
⑤ 선박의 안전을 위하여 화물의 과적을 방지하고 선박의 감항성이 확보되도록 설정된 최대한도의 흘수이다.

095 항해용선계약의 하역비 부담조건으로 옳은 것 모두 고른 것은?

구분	부담조건	내용
ㄱ	Liner(Berth) Term	적하 시와 양하 시의 하역비를 선주가 부담
ㄴ	FIO	적하 시와 양하 시의 하역비를 화주가 부담
ㄷ	FI	적하 시는 선주가 부담, 양하 시는 화주가 부담
ㄹ	FO	적하 시는 화주가 부담, 양하 시는 선주가 부담

① ㄱ, ㄴ
② ㄴ, ㄷ
③ ㄷ, ㄹ
④ ㄱ, ㄴ, ㄷ
⑤ ㄱ, ㄴ, ㄷ, ㄹ

096 다음 (   )에 들어갈 용어로 옳은 것은?

> (ㄱ)는 선박의 밀폐된 내부 전체 용적을 말하며, 선박의 크기 및 선복량을 비교할 때 이용된다. (ㄴ)는 선박이 적재할 수 있는 화물의 최대중량을 나타내는 것이며, 선박의 매매나 용선료를 산출하는 기준이 된다.

① ㄱ : 총톤수, ㄴ : 재화중량톤수
② ㄱ : 총톤수, ㄴ : 재화용적톤수
③ ㄱ : 순톤수, ㄴ : 재화중량톤수
④ ㄱ : 배수톤수, ㄴ : 재화용적톤수
⑤ ㄱ : 배수톤수, ㄴ : 운하톤수

097 복합운송인의 책임에 관한 설명으로 옳은 것은?

① 과실책임(liability for negligence)원칙은 선량한 관리자로서 복합운송인의 적절한 주의의무를 전제로 한다.
② 엄격책임(strict liability)원칙은 과실의 유무를 묻지 않고 운송인이 결과를 책임지는 것이지만, 불가항력 등의 면책을 인정한다.
③ 무과실책임(liability without negligence)원칙은 운송인의 면책조항을 전혀 인정하지 않는다.
④ 단일책임체계(uniform liability system)에서 복합운송인이 전 운송구간의 책임을 지지만, 책임의 내용은 발생구간에 적용되는 책임체계에 의해 결정된다.
⑤ 이종책임체계(network liability system)는 UN국제복합운송조약이 채택하고 있는 체계로 단일변형책임체계라고도 한다.

098 다음에서 설명하는 국제항공기구를 올바르게 나열한 것은?

> ㄱ. 시카고조약에 의거하여 국제항공의 안전성 확보와 항공질서 감시를 위한 관리를 목적으로 설립된 UN 산하 항공전문기구
> ㄴ. 각국의 정기 항공사에 의해 운임, 정비 등 상업적, 기술적인 활동을 목적으로 설립된 국제적 민간항공단체

① ㄱ : IATA, ㄴ : ICAO   ② ㄱ : ICAO, ㄴ : IATA
③ ㄱ : IATA, ㄴ : FAI   ④ ㄱ : ICAO, ㄴ : FAI
⑤ ㄱ : FAI, ㄴ : IATA

099 항공운송인의 책임을 규정한 국제조약에 관한 설명으로 옳지 않은 것은?

① 1929년 체결된 Warsaw Convention은 국제항공운송인의 책임과 의무를 규정한 최초의 조약이다.
② 1955년 채택된 Hague Protocol에서는 여객에 대한 운송인의 보상 책임한도액을 인상했다.
③ 1966년 발효된 Montreal Agreement에서는 화물에 대한 운송인의 보상 책임한도액을 인상했다.
④ 1971년 채택된 Guatemala Protocol에서는 운송인의 절대책임이 강조되었다.
⑤ Montreal 추가 의정서에서는 IMF의 SDR이 통화의 환산단위로 도입되었다.

100 항공화물운송에 관한 설명으로 옳지 않은 것은?

① 해상화물운송에 비해 신속하고 화물의 파손율도 낮은 편이다.
② 항공여객운송에 비해 계절적 변동이 적은 편이다.
③ 해상화물운송에 비해 운송비용이 높은 편이다.
④ 항공여객운송에 비해 왕복운송의 비중이 높다.
⑤ 해상화물운송에 비해 고가의 소형화물 운송에 적합하다.

101 국제복합운송에 관한 설명으로 옳지 않은 것은?

① 국제복합운송은 국가 간 운송으로 2가지 이상의 운송수단이 연계되어야 한다.

② 일관운임(through rate)은 국제복합운송의 기본요건이 아니다.

③ NVOCC는 선박을 직접 보유하지는 않지만, 화주와 운송계약을 체결하고 복합운송서비스를 제공한다.

④ Containerization으로 인한 일관운송의 발전은 해륙복합운송을 비약적으로 발전시켰다.

⑤ 국제복합운송을 통해 국가 간 운송에서도 Door to Door 운송을 실현할 수 있다.

102 다음에서 설명하는 Freight Forwarder의 업무는?

> 화주로부터 선적을 의뢰받은 소량화물(LCL)을 자체적으로 혼재처리하기 어려운 경우, Forwarder 간의 협력을 통해 혼재작업을 하는 것

① Buyer's consolidation

② Shipper's consolidation

③ Project cargo service

④ Co-loading service

⑤ Break bulk service

103 다음에서 설명하는 복합운송경로는?

> 극동지역과 유럽대륙을 연결하는 경로로, All Water 서비스에 비해 운송 거리를 크게 단축시킬 수 있고, 주 경로상 TSR 구간을 포함한다.

① Canada Land Bridge

② America Land Bridge

③ Mini Land Bridge

④ Micro Land Bridge

⑤ Siberia Land Bridge

104 다음은 부산항에서 미국 내륙의 시카고로 향하는 화물의 복합운송경로이다. 각각의 설명에 해당하는 것을 올바르게 나열한 것은?

> ㄱ. 극동지역의 항만에서 북미의 서해안 항만까지 해상운송한 후, 북미대륙의 횡단철도를 이용하여 화물을 인도하는 경로
> ㄴ. 극동지역의 항만에서 북미의 동해안 또는 멕시코만의 항만까지 해상운송한 후, 철도운송을 이용하여 화물을 인도하는 경로

① ㄱ : IPI, ㄴ : RIPI 　　② ㄱ : MLB, ㄴ : OCP
③ ㄱ : IPI, ㄴ : OCP 　　④ ㄱ : OCP, ㄴ : MLB
⑤ ㄱ : RIPI, ㄴ : IPI

105 신용장통일규칙(UCP 600) 제20조의 선하증권 수리요건에 관한 설명으로 옳지 않은 것은?

① 운송인의 명칭이 표시되어 있고, 지정된 운송인뿐만 아니라 선장 또는 그 지정대리인이 발행하고 서명 또는 확인된 것
② 물품이 신용장에서 명기된 선적항에서 지정된 선박에 본선적재되었다는 것을 인쇄된 문언이나 본선적재필 부기로 명시한 것
③ 운송조건을 포함하거나 또는 운송조건을 포함하는 다른 자료를 참조하고 있는 것
④ 용선계약에 따른다는 표시를 포함하고 있는 것
⑤ 단일의 선하증권 원본 또는 2통 이상의 원본으로 발행된 경우에는, 선하증권 상에 표시된 대로 전통인 것

106 선하증권의 종류에 관한 설명으로 옳지 않은 것은?

① Stale B/L은 선적일로부터 21일이 경과한 선하증권이다.
② Order B/L은 수화인란에 특정인을 기재하고 있는 선하증권이다.
③ Third Party B/L은 선하증권상에 표시되는 송화인은 통상 신용장의 수익자이지만, 수출입 거래의 매매당사자가 아닌 제3자가 송화인이 되는 경우에 발행되는 선하증권이다.
④ Red B/L은 선하증권면에 보험부보 내용이 표시되어, 항해 중 해상사고로 입은 화물의 손해를 선박회사가 보상해주는데, 이러한 문구들이 적색으로 표기되어 있는 선하증권이다.
⑤ Clean B/L은 물품의 본선 적재 시에 물품의 상태가 양호할 때 발행되는 선하증권이다.

107 항공화물운송장(AWB)과 선하증권(B/L)에 관한 설명으로 옳은 것은?

① AWB는 기명식으로만 발행된다.
② B/L은 일반적으로 본선 선적 후 발행하는 수취식(received)으로 발행된다.
③ AWB는 유통성이 있는 유가증권이다.
④ B/L은 송화인이 작성하여 운송인에게 교부한다.
⑤ AWB는 B/L과 달리 상환증권이다.

108 다음에서 설명하는 물류보안 관련 용어는?

> • 국제운송 전체의 보안성과 안전성을 제고하여 테러 위협에 대항하기 위해 미국 관세청이 만든 임의참가 형식의 보안프로그램
> • 미국으로 화물을 수출하는 모든 제조업자, 화주, 선사 등에게 화물의 공급사슬 전반에 걸쳐 보안성을 확보하도록 하는 것

① CSI   ② ISF
③ C−TPAT   ④ PIP
⑤ 24−Hour Rule

109 다음은 해상화물운송장을 위한 CMI통일규칙(1990)의 일부이다. (   )에 공통으로 들어갈 내용을 올바르게 나열한 것은?

> • The (ㄱ) on entering into the contract of carriage does so not only on his own behalf but also as agent for and on behalf of the consignee, and warrants to the (ㄴ) that he has authority so to do.
> • The (ㄱ) warrants the accuracy of the particulars furnished by him relating to the goods, and shall indemnify the (ㄴ) against any loss, damage or expense resulting from any inaccuracy.

① ㄱ : shipper, ㄴ : consignee   ② ㄱ : carrier, ㄴ : consignee
③ ㄱ : shipper, ㄴ : carrier   ④ ㄱ : carrier, ㄴ : shipper
⑤ ㄱ : shipper, ㄴ : master

110 다음은 신용장통일규칙(UCP 600) 제3조 내용의 일부이다. (   )에 들어갈 내용을 올바르게 나열한 것은?

> • The words "to", "until", "till", "from" and "between" when used to determine a period of shipment (ㄱ) the date or dates mentioned, and the words "before" and "after" (ㄴ) the date mentioned.
> • The words "from" and "after" when used to determine a maturity date (ㄷ) the date mentioned.

① ㄱ : include, ㄴ : exclude, ㄷ : exclude
② ㄱ : include, ㄴ : exclude, ㄷ : include
③ ㄱ : include, ㄴ : include, ㄷ : exclude
④ ㄱ : exclude, ㄴ : include, ㄷ : include
⑤ ㄱ : exclude, ㄴ : include ㄷ : exclude

111 비엔나협약(CISG, 1980)의 적용 제외 대상으로 옳지 않은 것은?

① 경매에 의한 매매
② 강제집행 또는 기타 법률상의 권한에 의한 매매
③ 주식, 지분, 투자증권, 유통증권 또는 통화의 매매
④ 선박, 항공기의 매매
⑤ 원유, 석탄, 가스, 우라늄 등의 매매

112 무역계약의 주요 조건에 관한 설명으로 옳은 것은?

① D/P(Documents against Payment)는 관련 서류가 첨부된 기한부(Usance) 환어음을 통해 결제하는 방식이다.
② 표준품 매매(Sales by Standard)란 공산품과 같이 생산될 물품의 정확한 견본의 제공이 용이한 물품의 거래에 주로 사용된다.
③ 신용장 방식에 의한 거래에서 벌크 화물(bulk cargo)에 관하여 과부족을 금지하는 문언이 없는 한, 5%까지의 과부족이 용인된다.
④ CAD(Cash Against Document)는 추심에 관한 통일규칙에 의거하여 환어음을 추심하여 대금을 영수한다.
⑤ FAQ(Fair Average Quality)는 양륙항에서 물품의 품질에 의하여 품질을 결정하는 방법이다.

113

다음은 MIA(1906) 내용의 일부이다. (   )에 들어갈 용어가 올바르게 나열된 것은?

> • Where the subject-matter insured is destroyed, or so damaged as to cease to be a thing of the kind insured, or where the assured is irretrievably deprived thereof, there is (ㄱ).
> • There is (ㄴ) where any extraordinary sacrifice or expenditure is voluntarily and reasonably made or incurred in time of peril for the purpose of preserving the property imperilled in the common adventure.

① ㄱ : an actual total loss, ㄴ : a particular average act
② ㄱ : a constructive total loss, ㄴ : a general average act
③ ㄱ : an actual total loss, ㄴ : a general average act
④ ㄱ : a particular average act, ㄴ : a subrogation
⑤ ㄱ : a constructive total loss, ㄴ : a salvage charge

114

ICC(C)(2009)에서 담보되는 손해는?

① 피난항에서의 화물의 양하(discharge)로 인한 손해
② 지진 또는 낙뢰에 인한 손해
③ 갑판유실로 인한 손해
④ 본선, 부선 또는 보관장소에 해수 또는 하천수의 유입으로 인한 손해
⑤ 선박 또는 부선의 불내항(unseaworthiness)으로 인한 손해

115

다음은 Incoterms® 2020 소개문(introduction)의 일부이다. (   )에 들어갈 용어가 올바르게 나열된 것은?

> Likewise, with DDP, the seller owes some obligations to the buyer which can only be performed within the buyer's country, for example obtaining import clearance. It may be physically or legally difficult for the seller to carry out those obligations within the buyer's country and a seller would therefore be better advised to consider selling goods in such circumstances under the (ㄱ) or (ㄴ) rules.

① ㄱ : DAP, ㄴ : DDP   ② ㄱ : CPT, ㄴ : DAP
③ ㄱ : DAT, ㄴ : DPU   ④ ㄱ : DAP, ㄴ : DPU
⑤ ㄱ : CIP, ㄴ : DAT

116 Incoterms® 2020의 CIF 규칙에 관한 설명으로 옳지 않은 것은?

① 물품의 멸실 및 손상의 위험은 물품이 선박에 적재된 때 이전된다.

② 매수인은 자신의 운송계약상 목적항 내의 명시된 지점에서 양하에 관하여 비용이 발생한 경우에 당사자 간에 달리 합의되지 않는 한, 그러한 비용을 매도인으로부터 별도로 상환받을 권리가 없다.

③ 해상운송이나 내수로운송에만 사용된다.

④ 해당되는 경우에 매도인이 물품의 수출통관을 해야 한다.

⑤ 매수인은 매도인에 대하여 운송계약을 체결할 의무가 없다.

117 다음은 Incoterms® 2020의 DPU 규칙에 관한 내용이다. 밑줄 친 부분 중 옳지 않은 것은?

> ㉠ The seller bears all risks involved in bringing the goods to ㉡ and loading them at the named port of destination. ㉢ In this Incoterms® rule , therefore , the delivery and arrival at destination are the same.
> ㉣ DPU is the only Incoterms® rule that requires the seller to unload goods at destination. ㉤ The seller should therefore ensure that it is in a position to organise unloading at the named place.

① ㉠   ② ㉡

③ ㉢   ④ ㉣

⑤ ㉤

118 무역분쟁의 해결에 이용되는 ADR(Alternative Dispute Resolution)로 옳은 것은?

① 알선, 중재, 소송   ② 소송, 중재, 조정

③ 중재, 소송, 화해   ④ 알선, 조정, 중재

⑤ 소송, 화해, 조정

119 수출입통관과 관련하여 관세법상 내국물품이 아닌 것은?

① 우리나라에 있는 물품으로서 외국물품이 아닌 것
② 우리나라의 선박 등이 공해에서 채집하거나 포획한 수산물 등
③ 입항전수입신고가 수리된 물품
④ 수입신고수리전 반출승인을 받아 반출된 물품
⑤ 외국으로부터 우리나라에 도착한 물품으로서 수입신고가 수리되기 전의 물품

120 Incoterms® 2020에 관한 설명으로 옳지 않은 것은?

① Incoterms는 이미 존재하는 매매계약에 편입된(incorporated) 때 그 매매계약의 일부가 된다.
② 대금지급의 시기, 장소, 방법과 관세부과, 불가항력, 매매물품의 소유권 이전 문제를 다루고 있다.
③ 양극단(two extremes)의 E규칙과 D규칙 사이에, 3개의 F규칙과 4개의 C규칙이 있다.
④ CPT와 CIP매매에서 위험은 물품이 최초운송인에게 교부된 때 매도인으로부터 매수인에게 이전된다.
⑤ A1/B1에서 당사자의 기본적인 물품제공/대금지급의무를 규정하고, 이어 인도조항과 위험이 전조항을 보다 두드러진 위치인 A2와 A3으로 각각 옮겼다.

081 국제물류의 특징으로 옳지 않은 것은?

① 국제물동량은 지속적으로 증가하고 있다.
② 국제물류는 해외고객에 대한 서비스향상에 기여한다.
③ 국제물류는 국가 경제발전과 물가안정에 기여한다.
④ 국제물류는 국내물류에 비해 짧은 리드타임을 가지고 있다.
⑤ 국제물류는 제품 및 기업의 국제경쟁력에 기여한다.

082 국제물류의 동향으로 옳지 않은 것은?

① 선박대형화에 따른 항만효율화를 위해 Post Panamax Crane이 도입되었다.
② 선박대형화에 따라 항만의 수심이 깊어지고 있다.
③ 국제특송업체들은 항공화물운송 효율화를 위해 항공기 소형화를 추진하고 있다.
④ 글로벌 공급사슬 관점에서의 국제물류관리가 중요해지고 있다.
⑤ 정보통신기술의 발전으로 국제물류체계가 플랫폼화 및 고도화되고 있다.

083 다음 설명에 해당하는 국제물류시스템의 내용으로 옳지 않은 것은?

> 다국적기업이 해외 각국에 여러 개의 현지 자회사를 가지고 있는 경우 어느 한 국가의 현지 자회사가 지역물류거점의 역할을 담당하여 인접국에 대한 상품공급에 유용한 허브창고를 갖고 상품을 분배하는 시스템

① 허브창고에서 수송거리가 먼 자회사가 존재하는 경우 수송비용증가 및 서비스수준 하락을 가져올 수 있다.
② 고전적 시스템보다 재고량이 감축되어 보관비가 절감된다.
③ 국내 생산공장에서 허브창고까지의 상품수송은 대량수송과 저빈도 수송형태이다.
④ 해당 물류시스템은 창고형뿐만 아니라 통과형으로도 사용가능하다.
⑤ 허브창고의 입지는 수송의 편리성이 아닌 지리적 서비스 범위로만 결정한다.

084 최근 국제물류 환경 변화로 옳지 않은 것은?

① 최적화를 위한 물류기능의 개별적 수행 추세
② 국제 물동량의 지속적인 증가 추세
③ 초대형 컨테이너 선박 증가에 따른 허브항만 경쟁심화 추세
④ 제3자 물류업체들의 국제물류시장 진입 활성화 추세
⑤ 생산시설의 글로벌화에 따른 글로벌 물류네트워크 구축 추세

085 글로벌 소싱의 이유에 해당하지 않는 것은?

① 비용 절감　　　　　　　　　② 상품개발과 생산기간 단축
③ 핵심역량에 집중　　　　　　④ 조직효율성 개선
⑤ 인력 증대

086 해상운송과 관련된 국제기구에 관한 설명으로 옳지 않은 것은?

① IMO는 정부 간 해사기술의 상호협력, 해사안전 및 해양오염방지대책, 국제간 법률 문제 해결 등을 목적으로 설립되었다.
② FIATA는 국제운송인을 대표하는 비정부기구로 전 세계 운송주선인의 통합, 운송 주선인의 권익보호, 운송주선인의 서류통일과 표준거래조건의 개발 등을 목적으로 한다.
③ ICS는 선주의 이익증진을 목적으로 설립된 민간 기구이며, 국제해운의 기술 및 법적 분야에 대해 제기된 문제에 대해 선주들의 의견교환, 정책입안 등을 다룬다.
④ BIMCO는 회원사에 대한 정보제공 및 자료발간, 선주의 단합 및 용선제도 개선, 해운업계의 친목 및 이익 도모를 목적으로 설립되었다.
⑤ CMI는 선박의 항로, 항만시설 등을 통일하기 위해 설치된 UN전문기구이다.

087 UCP 600에서 다음과 같이 환적을 정의하고 있는 운송서류와 관련이 있는 것을 모두 고른 것은?

> Transhipment means unloading from one vessel and reloading to another vessel during the carriage from the port of loading to the port of discharge stated in the credit.

ㄱ. 적어도 두 가지 다른 운송방식을 표시하는 운송서류(Transport document covering at least two different modes of transport)
ㄴ. 선화증권(Bill of lading)
ㄷ. 비유통성 해상화물운송장(Non-negotiable sea waybill)
ㄹ. 용선계약 선화증권(Charter party bill of lading)
ㅁ. 항공운송서류(Air transport document)

① ㄱ, ㄴ
② ㄴ, ㄷ
③ ㄷ, ㄹ
④ ㄷ, ㅁ
⑤ ㄹ, ㅁ

088 선박의 톤수에 관한 설명으로 옳지 않은 것은?

① 총톤수(Gross Tonnage)는 선박이 직접 상행위에 사용되는 총 용적으로 주로 톤세, 항세, 운하통과료, 항만시설 사용료 등을 부과하는 기준이 되고 있다.
② 순톤수(Net Tonnage)는 선박의 총톤수에서 기관실, 선원실 및 해도실 등의 선박 운항과 관련된 장소의 용적을 제외한 것으로 여객이나 화물의 수송에 직접 사용되는 용적을 표시하는 톤수이다.
③ 배수톤수(Displacement Tonnage)는 선체의 수면 아래 부분의 배수용적에 상당하는 물의 중량을 말한다.
④ 재화용적톤수(Measurement Tonnage)는 화물선창 내의 화물을 적재할 수 있는 총 용적으로 선박의 화물적재능력을 용적으로 표시하는 톤수이다.
⑤ 재화중량톤수(Dead Weight Tonnage)는 선박의 만재흘수선에 상당하는 배수량과 경하배수량의 차이이며, 선박의 최대적재능력을 나타낸다.

089 해상운임에 관한 설명으로 옳지 않은 것은?

① Lumpsum freight : 화물의 개수, 중량, 용적 기준과 관계없이 용선계약의 항해 단위 또는 선복의 양을 단위로 계산한 운임

② Forward rate : 용선계약 체결 시 화물을 장기간이 지난 후 적재하기로 하는 경우에 미리 합의하는 운임

③ Back freight : 화물이 목적항에 도착하였으나 수화인이 화물의 인수를 거절하거나 목적항의 사정으로 양륙할 수 없어서 화물을 다른 곳으로 운송하거나 반송할 때 적용되는 운임

④ Pro rate freight : 선박이 운송 도중 불가항력 또는 기타 원인에 의해 목적항을 변경할 경우에 부과되는 운임

⑤ Optional charge : 선적 시에 화물의 양륙항이 확정되지 않고 화주가 여러 항구 중에서 양륙항을 선택할 권리가 있는 화물에 대해서 부과되는 할증요금

090 부정기선 운송에 관한 설명으로 옳지 않은 것은?

① 화주는 용선계약에 따라 항로와 운항일정의 자유로운 선택이 가능하다.

② 선박회사 간의 과다한 운임경쟁을 막기 위해 공표된 운임을 적용하는 것이 일반적이다.

③ 용선계약에 의해서 운송계약이 성립되고, 용선계약서를 작성하게 된다.

④ 운임부담능력이 적거나 부가가치가 낮은 화물을 대량으로 운송할 수 있다.

⑤ 주요 대상화물은 곡물, 광석, 유류 등과 같은 산화물(Bulk cargo)이다.

091 다음에 해당하는 선화증권(Bill of Lading)을 순서대로 나열한 것은?

> ㄱ. 선화증권의 수화인란에 수화인의 상호 및 주소가 기재된 것으로 화물에 대한 권리가 수화인에게 귀속되는 선화증권
> ㄴ. 선화증권의 권리증권 기능을 포기한 것으로서 선화증권 원본 없이 전송받은 사본으로 화물을 인수할 수 있도록 발행된 선화증권
> ㄷ. 선화증권의 송화인란에 수출상이 아닌 제3자를 송화인으로 표시하여 발행하는 선화증권

① ㄱ : Straight B/L, ㄴ : Surrendered B/L, ㄷ : Third Party B/L

② ㄱ : Straight B/L, ㄴ : Short form B/L, ㄷ : Negotiable B/L

③ ㄱ : Order B/L, ㄴ : Groupage B/L, ㄷ : Third Party B/L

④ ㄱ : Order B/L, ㄴ : House B/L, ㄷ : Switch B/L

⑤ ㄱ : Charter Party B/L, ㄴ : Surrendered B/L, ㄷ : Switch B/L

092 운송관련 서류 중 선적지에서 발행하는 서류가 아닌 것은?

① 수입화물선취보증장(Letter of Guarantee)
② 파손화물보상장(Letter of Indemnity)
③ 선화증권(Bill of Lading)
④ 선적예약확인서(Booking Note)
⑤ 적화목록(Manifest)

093 다음 설명에 해당하는 복합운송 경로는?

> 극동아시아에서 미국의 서부연안까지 해상운송이 이루어지고 미국 서해안에서 철도에 환적된 다음 미국 대서양 연안 및 걸프지역 항만까지 운송하는 복합운송 서비스

① America Land Bridge
② Reverse Interior Point Intermodal
③ Overland Common Point
④ Mini Land Bridge
⑤ Micro Land Bridge

094 용선계약에 관한 설명으로 옳지 않은 것은?

① Voyage Charter는 특정 항구에서 다른 항구까지 화물운송을 의뢰하고자 하는 용선자와 선주 간에 체결되는 계약이다.
② CQD는 해당 항구의 관습적 하역 방법 및 하역 능력에 따라 가능한 빨리 하역하는 정박기간 조건이다.
③ Running Laydays는 하역개시일부터 종료일까지 모든 일수를 정박기간에 산입하지만 우천 시, 동맹파업 및 기타 불가항력 등으로 하역을 하지 못한 경우 정박 기간에서 제외하는 조건 이다.
④ Demurrage는 초과정박일수에 대해 용선자가 선주에게 지급하기로 한 일종의 벌과금이다.
⑤ Dispatch Money는 용선계약상 정해진 정박기간보다 더 빨리 하역이 완료되었을 경우에 절약된 기간에 대해 선주가 용선자에게 지급하기로 약정한 보수이다.

095 다음 내용에 해당하는 선박은?

> • 선수, 선미 또는 선측에 램프(ramp)가 설치되어 있어 화물을 이 램프를 통해 트랙터 또는 지게차 등을 사용하여 하역하는 방식의 선박
> • 데릭, 크레인 등의 적양기(lifting gear)의 도움 없이 자력으로 램프를 이용하여 Drive On/Drive Off할 수 있는 선박

① LO−LO(Lift On/Lift Off) Ship
② RO−RO(Roll On/Roll Off) Ship
③ FO−FO(Float On/Float Off) Ship
④ Geared Container Ship
⑤ Gearless Container Ship

096 컨테이너운송에 관한 설명으로 옳은 것은?

① 컨테이너운송은 1920년대 미국에서 해상화물운송용으로 처음 등장하여 군수물자의 운송에 사용된 것이 시초이다.
② 컨테이너의 성격과 구조에 관하여는 일반적으로 함부르크 규칙(1978)에서 규정하고 있다.
③ 특수컨테이너의 지속적인 개발로 컨테이너화물의 운송비중은 현재 전 세계 물동량의 약 70%에 달하고 있다.
④ 탱크(Tank) 컨테이너는 유류, 술, 화학약품, 고압가스 등의 액체화물을 운송하기 위해 설계된 컨테이너를 말한다.
⑤ 컨테이너화물의 하역에는 LO−LO(Lift On/Lift Off) 방식만 적용 가능하다.

097 복합운송주선인(Forwarder)에 관한 설명으로 옳지 않은 것은?

① 송화인으로부터 화물을 인수하여 수화인에게 인도할 때까지 화물의 적재, 운송, 보관 등의 업무를 주선한다.
② 우리나라에서 복합운송주선인은 해상화물은 물론 항공화물도 주선할 수 있다.
③ 복합운송주선인 스스로는 운송계약의 주체가 될 수 없으며, 송화인의 주선인으로서 활동한다.
④ 복합운송주선인의 주요 업무는 화물의 집화, 분류, 수배송 및 혼재작업 등이다.
⑤ 복합운송주선인은 화주를 대신하여 보험계약을 체결하기도 한다.

098 항공화물운송의 특성에 관한 설명으로 옳은 것은?

① 국내항공화물운송과 달리 국제항공화물운송은 대부분 왕복운송형태를 보이고 있다.

② 국제항공화물운송은 송화인이 의뢰한 화물을 그대로 벌크형태로 탑재하기 때문에 지상조업이 거의 필요하지 않다.

③ 항공화물운송은 주간운송에 집중되는 경향이 있다.

④ 신문, 잡지, 정기간행물 등과 같이 판매시기가 한정된 품목도 항공화물운송의 주요 대상이다.

⑤ 해상화물운송과 달리 항공화물운송은 운송 중 매각을 위해 유통성 권리증권인 항공화물운송장(Air Waybill)이 널리 활용되고 있다.

099 항공화물운송의 탑재방식에 관한 설명으로 옳지 않은 것은?

① 컨테이너와 파렛트는 항공화물의 단위탑재에 사용된다.

② 항공화물의 단위탑재 시 고급의류는 컨테이너에 적재하는 것이 적합하다.

③ 여객기에 탑재하는 벨리카고(Belly Cargo)는 파렛트를 활용한 단위탑재만 가능하다.

④ 항공화물의 단위탑재 시 기계부품은 파렛트에 적재하는 것이 적합하다.

⑤ 이글루(Igloo)도 항공화물의 단위탑재 용기이다.

100 최근 국제항공화물운송의 환경 변화에 관한 설명으로 옳지 않은 것은?

① 송화인의 항공화물운송 의뢰는 대부분 항공화물운송주선인(Air Freight Forwarder)에 의해 이루어지고 있다.

② 코로나19 등으로 인해 항공화물운송료가 급등하고 있어 전체 물동량은 줄어들고 있다.

③ 아마존과 같은 국제전자상거래업체의 성장으로 GDC(Global Distribution Center) 관련 항공화물이 증가하고 있다.

④ 국제항공화물운송에서 신선화물이 증가하고 있다.

⑤ 우리나라 인천국제공항의 국제항공 환적화물 비중이 크게 증가하고 있다.

101 국제해상 컨테이너화물의 운송형태에 관한 설명으로 옳지 않은 것은?

① 컨테이너화물은 컨테이너 1개의 만재 여부에 따라 FCL(Full Container Load)과 LCL(Less than Container Load) 화물로 대별할 수 있다.

② CY → CY(FCL → FCL) 운송 : 수출지 CY에서 수입지 CY까지 FCL 형태로 운송되며, 컨테이너운송의 장점을 최대한 살릴 수 있는 방식이다.

③ CFS → CFS(LCL → LCL) 운송 : 수출지 CFS에서 수입지 CFS까지 운송되며, 운송인이 다수의 송화인으로부터 LCL 화물을 모아 혼재하여 운송하는 방식이다.

④ CFS → CY(LCL → FCL) 운송 : 운송인이 다수의 송화인으로부터 화물을 모아 수출지 CFS에서 혼재하여 FCL로 만들고, 수입지 CY에서 분류하지 않고 그대로 수화인에게 인도하는 형태이다.

⑤ CY → CFS(FCL → LCL) 운송 : 수출지 CY로부터 수입지 CFS까지 운송하는 방식으로, 다수의 송화인과 다수의 수화인 구조를 갖고 있다.

102 국제항공기구와 조약에 관한 설명으로 옳은 것은?

① 국제항공운송에 관한 대표적인 조약으로는 Hague규칙(1924), Montreal조약(1999) 등이 있다.

② 국제항공기구로는 대표적으로 FAI(1905), IATA(1945), ICAO(1947) 등이 있다.

③ ICAO(1947)는 국제정기항공사가 중심이 된 민간단체이지만, IATA(1945)는 정부 간 국제협력기구이다.

④ Warsaw조약(1929)은 항공기에 의해 유무상으로 행하는 수화물 또는 화물의 모든 국내외운송에 적용된다.

⑤ ICAO(1947)의 설립목적은 전 세계의 국내외 민간 및 군용항공기의 안전과 발전을 도모하는데 있다.

103 다음은 FCL 컨테이너화물의 선적절차이다. 순서대로 올바르게 나열한 것은?

> ㄱ. 공컨테이너 반입요청 및 반입
> ㄴ. D/R(부두수취증)과 CLP(컨테이너 내부 적부도) 제출
> ㄷ. Pick-up 요청과 내륙운송 및 CY 반입
> ㄹ. B/L(선화증권) 수령 및 수출대금 회수
> ㅁ. 공컨테이너에 화물적입 및 CLP(컨테이너 내부 적부도) 작성

① ㄱ → ㄴ → ㄷ → ㅁ → ㄹ
② ㄱ → ㅁ → ㄴ → ㄷ → ㄹ
③ ㄱ → ㅁ → ㄷ → ㄴ → ㄹ
④ ㅁ → ㄱ → ㄷ → ㄴ → ㄹ
⑤ ㅁ → ㄷ → ㄱ → ㄴ → ㄹ

104 국제복합운송에 관한 설명으로 옳은 것은?

① 국제복합운송이라는 용어는 대표적인 국제복합운송 관련 조약인 바르샤바조약(1929)에서 처음 사용되었다.
② 국제복합운송의 요건으로 하나의 운송계약, 하나의 책임주체, 단일의 운임, 단일의 운송수단 등을 들 수 있다.
③ 국제복합운송이란 국가 간 두 가지 이상의 동일한 운송수단을 이용하여 운송하는 것이다.
④ 컨테이너운송의 발달은 국제복합운송 발달의 계기가 되었다.
⑤ 복합운송 시에는 운송 중 물품 매각이 불필요하기 때문에 복합운송증권은 비유통성 기명식으로 발행되는 것이 일반적이다.

105 다음 중 헤이그규칙상의 선화증권 법정기재사항으로 옳은 것을 모두 고른 것은?

> ㄱ. 주요한 화인
> ㄴ. 여러 통의 선화증권을 발행할 때의 그 원본의 수
> ㄷ. 선화증권의 발행지
> ㄹ. 송화인의 명칭
> ㅁ. 물품의 외관상태
> ㅂ. 송화인이 서면으로 제출한 포장물품의 개수, 수량 또는 중량

① ㄱ, ㄴ, ㄷ
② ㄱ, ㄷ, ㄹ
③ ㄱ, ㅁ, ㅂ
④ ㄴ, ㄹ, ㅂ
⑤ ㄴ, ㅁ, ㅂ

106 항공화물운송장의 설명으로 옳지 않은 것은?

① 항공화물운송장의 원본은 적색, 청색, 녹색 3통이 발행된다.
② 항공화물운송장 원본 2는 적색으로 발행되며, 송화인용이다.
③ 항공화물운송장은 수출입신고 및 통관자료로 사용될 수 있다.
④ 항공화물운송장 원본 3은 화물수취증의 기능을 가진다.
⑤ 항공화물운송장 사본 4는 수화인의 화물수령 증거가 된다.

107 다음에서 설명하는 물류보안 제도는?

> • 공급사슬 전반에 걸친 보안을 보장하기 위하여 제조업자뿐만 아니라 창고보관업자, 운송업자, 서비스
> 업자 등 공급사슬에 참여하는 모든 조직의 보안 사항을 심사하여 인증하는 제도
> • 보안 심사 내용은 일반사항, 보안경영방침, 보안위험평가 및 기획 · 실행 · 운영, 점검 및 시정조치, 경
> 영검토 그리고 지속적인 개선 등 6가지임

① CSI   ② C-TPAT
③ ISPS CODE   ④ ISO 28000
⑤ AEO

108 복합운송증권의 특징으로 옳은 것은?

① 복합운송증권은 운송인이 송화인으로부터 화물을 인수한 시점에 발행된다.
② 복합운송증권은 운송주선인이 발행할 수 없다.
③ 복합운송증권상의 복합운송인의 책임구간은 화물 선적부터 최종 목적지에서 양륙할 때까지
   이다.
④ 복합운송증권상의 복합운송인은 화주에 대해서 구간별 분할책임을 진다.
⑤ 복합운송증권은 양도 가능 형식으로만 발행된다.

109 해상화물운송장에 관한 설명으로 옳지 않은 것은?

① 해상화물운송장에는 그 운송장과 상환으로 물품을 인도한다는 취지의 문언이 없다.

② 해상화물운송장은 운송 중에 양도를 통해 화물의 전매가 가능하다.

③ 송화인은 수화인이 인도를 청구할 때까지 수화인을 자유롭게 변경할 수 있다.

④ 해상화물운송장은 운송계약의 추정적 증거서류이다.

⑤ 해상화물운송장을 사용하는 경우 그 운송장의 제출 없이도 운송인은 수화인에게 화물인도가 가능하다.

110 항만과 공항에 관한 설명으로 옳은 것을 모두 고른 것은?

ㄱ. Sea&Air 운송 등 상호 보완적인 기능을 위해 항만과 공항은 인접하여 위치하는 것이 좋다.
ㄴ. 화물수요창출을 위해 항만에 인접하여 물류단지가 조성되는 것이 일반적이다.
ㄷ. 항공화물 특성상 공항 주변에는 물류단지가 조성되지 않는 것이 일반적이다.
ㄹ. 전 세계 네트워크 구성을 위해 공항은 Hub&Spokes 형태로 입지하고 운영하는 것이 일반적이다.
ㅁ. 국제전자상거래업체들은 항만과 공항의 입지와 무관하게 물류센터를 확보하는 경향이 있다.

① ㄱ, ㄴ, ㄹ   ② ㄱ, ㄷ, ㄹ
③ ㄴ, ㄷ, ㅁ   ④ ㄴ, ㄹ, ㅁ
⑤ ㄷ, ㄹ, ㅁ

111 ICD에 관한 설명으로 옳지 않은 것은?

① 내륙의 공항 내에 설치되어 있는 시설로서 운송기지 또는 운송거점으로서의 역할이 강조되고 있다.

② 컨테이너화물의 통관, 배송, 보관, 집화 등을 수행한다.

③ 철도와 도로가 연결되는 복합운송거점으로서 대량운송을 통한 운송비를 절감할 수 있다.

④ 본래는 내륙통관기지(Inland Clearance Depot)를 의미하였으나 컨테이너화의 확산으로 내륙컨테이너기지로 성장하였다.

⑤ ICD의 이점은 운송면에서 화물의 대단위에 의한 운송효율의 향상과 항만지역의 교통혼잡을 줄일 수 있다는 것이다.

112 Incoterms 2020에 관한 설명으로 옳지 않은 것은?

① FCA규칙에서는 매수인이 자신의 운송수단으로 물품을 운송할 수 있고, DAP규칙, DPU규칙 및 DDP규칙에서는 매도인이 자신의 운송수단으로 물품을 운송할 수 있다.

② "터미널"뿐만 아니라 어떤 장소든 목적지가 될 수 있는 현실을 강조하여 기존의 DAT규칙이 DPU규칙으로 변경되었다.

③ CFR규칙에서는 인도장소에 대한 합의가 없는 경우, 인천에서 부산까지는 피더선으로, 부산 에서 롱비치까지는 항양선박(Ocean Vessel)으로 운송한다면 위험은 인천항의 선박적재 시에 이전한다.

④ 선적전 검사비용은 EXW규칙의 경우 매수인이 부담하고, DDP규칙의 경우 매도인이 부담한다.

⑤ FOB규칙에서 매수인에 의해 지정된 선박이 물품을 수령하지 않은 경우 물품이 계약물품으로 서 특정되어 있지 않더라도 합의된 인도기일부터 매수인은 위험을 부담한다.

113 관세법상 보세운송에 관한 설명으로 옳지 않은 것은?

① 보세운송을 하려는 자는 물품의 감시 등을 위하여 필요하다고 인정하여 대통령령으로 정하는 경우 세관장에게 보세운송신고를 하여야 한다.

② 보세운송의 신고는 화주의 명의로 할 수 있다.

③ 세관장은 보세운송물품의 감시·단속을 위하여 필요하다고 인정될 때에는 관세청장이 정하 는 바에 따라 운송통로를 제한할 수 있다.

④ 보세운송 신고를 한 자는 해당 물품이 운송목적지에 도착하였을 때 도착지의 세관장에게 보 고하여야 한다.

⑤ 수출신고가 수리된 물품은 관세청장이 따로 정하는 것을 제외하고는 보세운송절차를 생략 한다.

114 관세법상 수출입신고를 생략하게 하거나 관세청장이 정하는 간소한 방법으로 신고하게 할 수 있는 물품에 해당되지 않는 것은?

① 휴대품　　　　　　　　　　　② 탁송품
③ 우편물　　　　　　　　　　　④ 별송품
⑤ 해외로 수출하는 운송수단

115 Incoterms 2020의 CIP와 CIF규칙에서 당사자 간에 합의가 없는 경우 매도인이 매수인을 위하여 부보하여야 하는 보험조건에 대하여 올바르게 연결된 것은?

① CIP의 경우 ICC(A) – CIF의 경우 ICC(B)
② CIP의 경우 ICC(A) – CIF의 경우 ICC(C)
③ CIP의 경우 ICC(B) – CIF의 경우 ICC(A)
④ CIP의 경우 ICC(B) – CIF의 경우 ICC(B)
⑤ CIP의 경우 ICC(C) – CIF의 경우 ICC(A)

116 Incoterms 2020에서 물품의 양륙에 관한 설명으로 옳지 않은 것은?

① FCA규칙에서 매도인의 구내가 아닌 그 밖의 장소에서 물품의 인도가 이루어지는 경우 매도인은 도착하는 운송수단으로부터 물품을 양륙할 의무가 없다.
② FOB규칙에서 목적항에서 물품의 양륙비용은 매수인이 지급한다.
③ CPT규칙에서 목적지에서 물품의 양륙비용을 운송계약에서 매도인이 부담하기로 한 경우에는 매도인이 이를 부담하여야 한다.
④ DAP규칙에서 매도인이 운송계약에 따라 목적지에서 물품의 양륙비용을 부담한 경우 별도의 합의가 없다면 매수인으로부터 그 양륙비용을 회수할 수 있다.
⑤ DPU규칙에서 목적지에서 물품의 양륙비용은 매도인이 부담하여야 한다.

117 위부(Abandonment)에 관한 설명으로 옳지 않은 것은?

① 위부의 통지는 피보험자가 손해를 추정전손으로 처리하겠다는 의사표시이다.
② 위부는 피보험자가 잔존물에 대한 모든 권리를 보험자에게 이전하고 전손보험금을 청구하는 행위이다.
③ 피보험자의 위부통지를 보험자가 수락하게 되면 잔존물에 대한 일체의 권리는 보험자에게 이전된다.
④ 피보험자가 위부통지를 하지 않으면 손해는 분손으로 처리된다.
⑤ 보험목적물이 전멸하여 보험자가 회수할 잔존물이 없더라도 위부를 통지하여야 한다.

118 공동해손(General Average)이 발생한 경우 이를 정산하기 위하여 사용되는 국제규칙은?

① Uniform Rules for Collection
② York-Antwerp Rules
③ International Standby Practices
④ Rotterdam Rules
⑤ Uniform Rules for Demand Guarantees

119 무역계약조건 중 선적조건에 관한 설명으로 옳은 것은?

① 계약에서 선적횟수와 선적수량을 구체적으로 나누어 약정한 경우를 분할선적이라고 한다.
② UCP 600에서는 신용장이 분할선적을 금지하고 있더라도 분할선적은 허용된다.
③ UCP 600에서는 동일한 장소 및 일자, 동일한 목적지를 위하여 동일한 특송운송업자가 서명한 것으로 보이는 둘 이상의 특송화물수령증의 제시는 분할선적으로 보지 않는다.
④ UCP 600에서는 신용장이 환적을 금지하고 있다면 물품이 선화증권에 입증된 대로 컨테이너에 선적된 경우라도 환적은 허용되지 않는다.
⑤ UCP 600에서는 신용장이 환적을 금지하고 있는 경우에는 환적이 행해질 수 있다고 표시하고 있는 항공운송서류는 수리되지 않는다.

120 우리나라 중재법상 중재에 관한 설명으로 옳지 않은 것은?

① 중재합의의 당사자는 중재절차의 진행 중에는 법원에 보전처분을 신청할 수 없다.
② 중재인의 수는 당사자 간의 합의로 정하되, 합의가 없으면 3명으로 한다.
③ 당사자 간에 다른 합의가 없으면 중재인은 국적에 관계없이 선정될 수 있다.
④ 당사자 간에 다른 합의가 없는 경우 중재절차는 피신청인이 중재요청서를 받은 날부터 시작된다.
⑤ 중재절차의 진행 중에 당사자들이 화해한 경우 중재판정부는 그 절차를 종료한다.

081 국제물류관리체계에 관한 설명으로 옳지 않은 것은?

① 현지물류체계는 본국 중심의 생산활동과 국제적으로 표준화된 판매활동이 이루어진다.

② 글로벌 SCM 네트워크 체계는 조달, 생산, 판매, 유통 등 기업 활동이 전(全)세계를 대상으로 진행된다.

③ 거점물류체계는 기업 활동의 전부 또는 일부를 특정 경제권의 투자가치가 높은 지역에 배치하고 해당 지역거점을 중심으로 이루어지는 물류관리체계이다.

④ 현지물류체계는 국가별 현지 자회사를 중심으로 물류 및 생산활동을 수행하는 체계로 현지국에 생산거점을 둔다.

⑤ 글로벌 SCM 네트워크 체계는 정보자원, 물류인프라, 비즈니스 프로세스를 국경을 초월해 통합적으로 관리하고 조정한다.

082 국제물류시스템 중 고전적 시스템에 관한 내용으로 옳은 것은?

① 기업은 해외 자회사 창고까지 저속·대량운송수단을 이용하여 운임을 절감할 수 있다.

② 수출국 창고에 재고를 집중시켜 운영할 수 있기 때문에 다른 어떤 시스템보다 보관비가 절감된다.

③ 수출기업으로부터 해외 자회사 창고로의 출하 빈도가 높기 때문에 해외 자회사 창고의 보관비가 상대적으로 절감된다.

④ 해외 자회사 창고는 집하·분류·배송기능에 중점을 둔다.

⑤ 상품이 생산국 창고에서 출하되어 한 지역의 중심국에 있는 중앙창고로 수송된 후 각 자회사 창고 혹은 고객에게 수송된다.

083 선박에 관한 설명으로 옳지 않은 것은?

① 선급제도는 선박의 감항성에 관한 객관적이고 전문적인 판단을 위해 생긴 제도이다.
② 재화중량톤수(DWT)는 관세, 등록세, 소득세, 계선료, 도선료 등의 과세기준이 된다.
③ 건현은 수중에 잠기지 않는 수면 위의 선체 높이를 의미한다.
④ 만재흘수선은 선박의 항행구역 및 시기에 따라 해수와 담수, 동절기와 하절기, 열대 및 북태평양, 북대서양 등으로 구분하여 선박의 우현 측에 표시된다.
⑤ 선박은 해상에서 사람 또는 물품을 싣고 이를 운반하는 데 사용되는 구조물로 부양성, 적재성, 이동성을 갖춘 것이다.

084 해상운송계약에 관한 설명으로 옳지 않은 것은?

① 개품운송계약은 불특정 다수의 화주를 대상으로 하며 선박회사에서 일방적으로 결정한 정형화된 약관을 화주가 포괄적으로 승인하는 부합계약 형태를 취한다.
② 정기용선계약은 일정 기간을 정해 용선자에게 선박을 사용하도록 하는 계약으로 표준서식으로 Gencon 서식이 사용된다.
③ 항해용선에는 화물의 양에 따라 운임을 계산하는 물량용선(Freight Charter)과 화물의 양에 관계없이 본선의 선복을 기준으로 운임을 결정하는 총괄운임용선(Lump Sum Charter)이 있다.
④ 나용선계약은 선박 자체만을 용선하여 선장, 선원, 승무원 및 연료나 장비 등 인적·물적 요소나 운항에 필요한 모든 비용을 용선자가 부담하는 계약이다.
⑤ Gross Term Charter는 항해용선계약에서 선주가 적·양하항에서 발생하는 일체의 하역비 및 항비를 부담하는 조건이다.

085 정기선 운송의 특징에 관한 설명으로 옳지 않은 것은?

① 항로가 일정하지 않고 매 항차마다 항로가 달라진다.
② 정기선 운송은 공시된 스케줄에 따라 운송서비스를 제공한다.
③ 정기선 운임은 태리프(Tariff)를 공시하고 공시된 운임률에 따라 운임이 부과되므로 부정기선 운임에 비해 안정적이다.
④ 정기선 운송은 화물의 집화 및 운송을 위해 막대한 시설과 투자가 필요하다.
⑤ 정기선 운송서비스를 제공하는 운송인은 불특정 다수의 화주를 상대로 운송서비스를 제공하는 공중운송인(Public Carrier)이다.

086 양하 시 하역비를 화주가 부담하지 않는 운임조건을 모두 고른 것은?

ㄱ. Berth Term
ㄴ. FI Term
ㄷ. FO Term
ㄹ. FIO Term
ㅁ. FIOST Term

① ㄱ, ㄴ
② ㄱ, ㄹ
③ ㄴ, ㄷ
④ ㄷ, ㅁ
⑤ ㄷ, ㄹ, ㅁ

087 1998년 미국 외항해운개혁법(OSRA)의 주요 내용으로 옳지 않은 것은?

① FMC에 선사의 태리프(Tariff) 신고의무를 폐지하였다.
② 우대운송계약(Service Contract)을 허용하되 서비스계약 운임률, 서비스 내용, 내륙운송구간, 손해배상 등 주요 내용을 대외비로 인정해주고 있다.
③ 비슷한 조건의 화주가 선사에게 동등한 조건을 요구할 수 있는 'me-too' 조항을 삭제하여 선사의 화주에 대한 차별대우를 인정해 주었다.
④ NVOCC의 자격요건을 강화하여 해상화물운송주선인과 동일하게 FMC로부터 면허취득을 의무화하였다.
⑤ 컨소시엄, 전략적 제휴 등 공동행위 및 경쟁제한 행위를 금지시켰다.

088 다음 설명에 해당하는 정기선 운임은?

화폐, 보석, 유가증권, 미술품 등 고가품의 운송에 있어서 화물의 가격을 기초로 일정률을 징수하는 운임

① Special Rate
② Open Rate
③ Dual Rate
④ Ad Valorem Freight
⑤ Pro Rate Freight

089 항해용선계약에 포함되지 않는 내용은?

① Laytime
② Off Hire
③ Demurrage
④ Cancelling Date
⑤ Despatch Money

090 최근 정기선 시장의 변화에 해당하지 않는 것은?

① 항로안정화협정 또는 협의협정체결 증가
② 선사 간 전략적 제휴 증가
③ 선박의 대형화
④ 글로벌 공급망 확대에 따른 서비스 범위의 축소
⑤ 해운관련 기업에서 블록체인 등 디지털 기술의 도입

091 Gencon Charter Party(1994)와 관련된 정박시간표(time sheet)의 기재사항으로 옳지 않은 것은?

① 도착일시 및 접안일시
② 하역준비완료일시 및 하역준비완료통지서 제출일시
③ 하역개시일시 및 하역실시기간
④ 용선계약서에 약정된 하역률 및 허용정박기간
⑤ 7일 하역량 및 누계

092 다음 설명에 해당하는 부정기선 운임은?

> 선적하기로 약정했던 화물량보다 실제 선적량이 적으면 용선인이 그 부족분에 대해 지불해야 하는 운임

① Dead Freight
② Lump Sum Freight
③ Long Term Contract Freight
④ Freight All Kinds Rate
⑤ Congestion Surcharge

093 Hamburg Rules(1978)상 청구 및 소송에 관한 내용이 옳게 나열된 것은?

> - No compensation shall be payable for loss resulting from delay in delivery unless a notice has been given in writing to the carrier within (ㄱ) consecutive days after the day when the goods were handed over to the (ㄴ).
> - Any action relating to carriage of goods under this Convention is time-barred if judicial or arbitral proceedings have not been instituted within a period of (ㄷ) years.

① ㄱ : 30, ㄴ : consignee, ㄷ : two
② ㄱ : 30, ㄴ : consignor, ㄷ : three
③ ㄱ : 60, ㄴ : consignee, ㄷ : two
④ ㄱ : 60, ㄴ : consignor, ㄷ : three
⑤ ㄱ : 90, ㄴ : consignee, ㄷ : three

094 항공화물의 품목분류요율(CCR) 중 할증요금 적용품목으로 옳지 않은 것은?

① 금괴
② 화폐
③ 잡지
④ 생동물
⑤ 유가증권

095 항공화물 손상(damage) 사고로 생동물이 수송 중 폐사되는 경우를 뜻하는 용어는?

① Breakage
② Wet
③ Spoiling
④ Mortality
⑤ Shortlanded

096 항공화물운송장에 관한 설명으로 옳지 않은 것은?

① 송화인은 항공화물운송장 원본 3통을 1조로 작성하여 화물과 함께 운송인에게 교부하여야 한다.

② 제1원본(녹색)에는 운송인용이라고 기재하고 송화인이 서명하여야 한다.

③ 제2원본(적색)에는 수화인용이라고 기재하고 송화인 및 운송인이 서명한 후 화물과 함께 도착지에 송부하여야 한다.

④ 제3원본(청색)에는 송화인용이라고 기재하고 운송인이 서명하여 화물을 인수한 후 송화인에게 교부하여야 한다.

⑤ 송화인은 항공화물운송장에 기재된 화물의 명세·신고가 정확하다는 것에 대해 그 항공화물운송장을 누가 작성했든 책임을 질 필요가 없다.

097 복합운송증권(FIATA FBL) 이면 약관상 정의와 관련된 용어가 옳게 나열 된 것은?

- (ㄱ) means the Multimodal Transport Operator who issues this FBL and is named on the face of it and assumes liability for the performance of the multimodal transport contract as a carrier.
- (ㄴ) means and includes the Shipper, the Consignor, the Holder of this FBL, the Receiver and the Owner of the Goods.

① ㄱ : Freight Forwarder, ㄴ : Merchant
② ㄱ : Freight Forwarder, ㄴ : Shipowner
③ ㄱ : NVOCC, ㄴ : Merchant
④ ㄱ : NVOCC, ㄴ : Shipowner
⑤ ㄱ : VOCC, ㄴ : Merchant

098 국제복합운송에 관한 설명으로 옳지 않은 것은?

① 하나의 계약으로 운송의 시작부터 종료까지 전(全)과정에 걸쳐, 운송물을 적어도 2가지 이상
의 서로 다른 운송수단으로 운송하는 것을 말한다.

② 각 구간별로 분할된 운임이 아닌 전(全)구간에 대한 일관운임(through rate)을 특징으로 한다.

③ 1인의 계약운송인이 누가 운송을 실행하느냐에 관계없이 운송 전체에 대해 단일 운송인책임
(single carrier's liability)을 진다.

④ 하나의 운송수단에서 다른 운송수단으로 신속하게 환적할 수 있는 컨테이너 운송의 개시와
함께 비약적으로 발달하였다.

⑤ NVOCC는 자신이 직접 선박을 소유하고 화주와 운송계약을 체결하며 일관선하증권(through
B/L)을 발행한다.

099 다음 설명에 해당하는 복합운송인 책임 체계는?

- 손해발생구간을 판명·불명으로 나누어 각각 다른 책임체계를 적용하는 방식
- 손해발생구간을 아는 경우 운송인의 책임은 운송물의 멸실 또는 훼손이 생긴 운송구간에 적용될 국제
조약 또는 강행적인 국내법에 따라 결정됨
- 기존의 운송조약과 조화가 잘되어서 복합운송 규칙과 기존의 다른 운송방식에 적용되는 규칙 간의 충
돌 방지가 가능함

① strict liability   ② uniform liability system

③ network liability system   ④ liability for negligence

⑤ modified liability system

100 국제운송조약 중 항공운송과 관련되는 조약을 모두 고른 것은?

ㄱ. Hague Protocol(1955)

ㄴ. CMR Convention(1956)

ㄷ. CIM Convention(1970)

ㄹ. CMI Uniform Rules for Electronic Bills of Lading(1990)

ㅁ. Montreal Convention(1999)

ㅂ. Rotterdam Rules(2008)

① ㄱ, ㄹ   ② ㄱ, ㅁ

③ ㄱ, ㄴ, ㅁ   ④ ㄴ, ㄷ, ㅂ

⑤ ㄴ, ㄷ, ㄹ, ㅂ

101 공항터미널에서 사용되는 조업장비가 아닌 것은?

① High Loader　　　　② Transporter
③ Tug Car　　　　　 ④ Dolly
⑤ Transfer Crane

102 다음 설명에 해당하는 컨테이너는?

> 위험물, 석유화학제품, 화공약품, 유류, 술 등의 액체화물을 운송하기 위하여 내부에 원통형의 탱크(Tank)를 위치시키고 외부에 철재 프레임으로 고정시킨 컨테이너

① Dry Container
② Flat Rack Container
③ Solid Bulk Container
④ Liquid Bulk Container
⑤ Open Top Container

103 컨테이너 분류에 관한 설명으로 옳지 않은 것은?

① 크기에 따라 ISO 규격 20 feet, 40 feet, 40 feet High Cubic 등이 사용되고 있다.
② 재질에 따라 철재컨테이너, 알루미늄컨테이너, 강화플라스틱컨테이너 등으로 분류된다.
③ 용도에 따라 표준컨테이너, 온도조절컨테이너, 특수컨테이너 등으로 분류된다.
④ 알루미늄컨테이너는 무겁고 녹이 스는 단점이 있으나 제조원가가 저렴하여 많이 이용된다.
⑤ 냉동컨테이너는 과일, 야채, 생선, 육류 등의 보냉이 필요한 화물을 운송하기 위한 컨테이너이다.

104 다음에 해당하는 선화증권의 법적 성질이 옳게 나열된 것은?

> ㄱ. 상법이나 선화증권의 준거법에서 규정하고 있는 법정기재사항을 충족하여야 함
> ㄴ. 선화증권상에 권리자로 지정된 자가 배서의 방법으로 증권상의 권리를 양도할 수 있음
> ㄷ. 선화증권의 정당한 소지인이 이를 발급한 운송인에 대하여 물품의 인도를 청구할 수 있는 효력을 지님

① ㄱ : 요식증권, ㄴ : 지시증권, ㄷ : 채권증권
② ㄱ : 요식증권, ㄴ : 유가증권, ㄷ : 채권증권
③ ㄱ : 요인증권, ㄴ : 지시증권, ㄷ : 처분증권
④ ㄱ : 요인증권, ㄴ : 제시증권, ㄷ : 인도증권
⑤ ㄱ : 문언증권, ㄴ : 제시증권, ㄷ : 인도증권

105 해륙복합운송 경로에 관한 설명으로 옳지 않은 것은?

① SLB(Siberia Land Bridge)는 한국, 일본 등 극동지역의 화물을 해상운송한 후 시베리아 대륙횡단철도를 이용하여 유럽이나 중동까지 운송하는 방식이다.
② CLB(China Land Bridge)는 한국, 일본 등 극동지역의 화물을 해상운송한 후 중국대륙철도와 실크로드를 이용하여 유럽까지 운송하는 방식이다.
③ IPI(Interior Point Intermodal)는 한국, 일본 등 극동지역의 화물을 해상운송한 후 캐나다 대륙횡단철도를 이용하여 캐나다의 동해안 항만까지 운송하는 방식이다.
④ ALB(America Land Bridge)는 한국, 일본 등 극동지역의 화물을 해상운송한 후 미국대륙을 철도로 횡단하고 유럽지역까지 다시 해상운송하는 방식이다.
⑤ MLB(Mini Land Bridge)는 한국, 일본 등 극동지역의 화물을 해상운송한 후 철도와 트럭을 이용하여 미국 동해안이나 미국 멕시코만 지역의 항만까지 운송하는 방식이다.

106 다음에서 설명하는 물류보안 제도는?

> 미국 세관직원이 수출국 항구에 파견되어 수출국 세관직원과 합동으로 미국으로 향하는 컨테이너 화물 중 위험요소가 큰 컨테이너 화물을 선별하여 선적 전에 미리 화물 검사를 시행하게 하는 컨테이너 보안협정

① 10+2 rule   ② CSI
③ ISPS Code   ④ AEO
⑤ ISO 28000

107 다음은 항공화물운송장과 선화증권을 비교한 표이다. (　　)에 들어갈 내용을 순서대로 나열한 것은?

구분	항공화물운송장	선화증권
주요 기능	화물수취증	유가증권
유통 여부	(ㄱ)	유통성
발행 형식	(ㄴ)	지시식(무기명식)
작성 주체	송화인	(ㄷ)

① ㄱ : 유통성, ㄴ : 기명식, ㄷ : 송화인
② ㄱ : 유통성, ㄴ : 기명식, ㄷ : 운송인
③ ㄱ : 비유통성, ㄴ : 지시식, ㄷ : 송화인
④ ㄱ : 비유통성, ㄴ : 지시식, ㄷ : 운송인
⑤ ㄱ : 비유통성, ㄴ : 기명식, ㄷ : 운송인

108 컨테이너 운송에 관한 설명으로 옳지 않은 것은?

① 화물취급의 편리성과 운송의 신속성으로 인해 운송비를 절감할 수 있다.
② 하역작업의 기계화와 업무절차 간소화로 인하여 하역비와 인건비를 절감할 수 있다.
③ 해상운송과 육상운송을 원만하게 연결하고 환적시간을 단축시킴으로써 신속한 해륙일관운송을 가능하게 한다.
④ 송화인 문전에서 수화인 문전까지 효과적인 Door－to－Door 서비스를 구현할 수 있다.
⑤ CY/CFS(FCL/LCL) 운송은 수출지 CY로부터 수입지 CFS까지 운송하는 방식으로 다수의 송화인과 다수의 수화인으로 구성된다.

109 복합운송증권 기능에 관한 설명으로 옳지 않은 것은?

① 복합운송증권은 물품수령증으로서의 기능을 가진다.
② 복합운송증권은 운송계약 증거로서의 기능을 가진다.
③ 지시식으로 발행된 복합운송증권은 배서·교부로 양도가 가능하다.
④ 복합운송증권은 수령지로부터 최종인도지까지 전(全)운송구간을 운송인이 인수하였음을 증명한다.
⑤ UNCTAD/ICC 규칙(1991)상 복합운송증권은 유통성으로만 발행하여야 한다.

110 컨테이너운송에 관한 국제협약이 아닌 것은?

① CCC(Customs Convention on Container, 1956)

② TIR(Transport International Routiere, 1959)

③ ITI(Customs Convention on the International Transit of Goods, 1971)

④ CSC(International Convention for Safe Container, 1972)

⑤ YAR(York – Antwerp Rules, 2004)

111 ICC(A)(2009)의 면책위험에 해당하지 않는 것은?

① 보험목적물의 고유의 하자 또는 성질로 인하여 발생한 손상

② 포획, 나포, 강류, 억지 또는 억류(해적행위 제외) 및 이러한 행위의 결과로 발생한 손상

③ 피보험자가 피보험목적물을 적재할 때 알고 있는 선박 또는 부선의 불감항으로 생긴 손상

④ 동맹파업자, 직장폐쇄노동자 또는 노동쟁의, 소요 또는 폭동에 가담한 자에 의하여 발생한 손상

⑤ 피보험목적물 또는 그 일부에 대한 어떠한 자의 불법행위에 의한 고의적인 손상 또는 고의적인 파괴

112 Incoterms® 2020에서 물품의 인도에 관한 설명으로 옳은 것은?

① CPT 규칙에서 매도인은 지정선적항에서 매수인이 지정한 선박에 적재하여 인도한다.

② EXW 규칙에서 지정인도장소 내에 이용 가능한 복수의 지점이 있는 경우에 매도인은 그의 목적에 가장 적합한 지점을 선택할 수 있다.

③ DPU 규칙에서 매도인은 물품을 지정목적지에서 도착운송수단에 실어둔 채 양하 준비된 상태로 매수인의 처분하에 둔다.

④ FOB 규칙에서 매수인이 운송계약을 체결할 의무를 가지고, 매도인은 매수인이 지정한 선박의 선측에 물품을 인도한다.

⑤ FCA 규칙에서 지정된 물품 인도 장소가 매도인의 영업구 내인 경우에는 물품을 수취용 차량에 적재하지 않은 채로 매수인의 처분하에 둠으로써 인도한다.

113

Marine Insurance Act(1906)에서 비용손해에 관한 설명으로 옳은 것은?

① 특별비용은 공동해손과 손해방지비용을 모두 포함한 비용을 말한다.

② 제3자나 보험자가 손해방지행위를 했다면 그 비용은 손해방지비용으로 보상될 수 있다.

③ 특별비용은 보험조건에 상관없이 정당하게 지출된 경우 보험자로부터 보상받을 수 있다.

④ 보험자의 담보위험 여부에 상관없이 발생한 손해를 방지하기 위해 지출한 구조비는 보상받을 수 있다.

⑤ 보험목적물의 안전과 보존을 위하여 구조계약을 체결했을 경우 발생하는 비용은 특별비용으로 보상될 수 있다.

114

상사중재에 관한 설명으로 옳지 않은 것은?

① 중재인은 해당분야 전문가인 민간인으로서 법원이 임명한다.

② 비공개로 진행되어 사업상의 비밀을 그대로 유지할 수 있다.

③ 중재합의는 분쟁발생 전후를 기준으로 사전합의방식과 사후합의방식이 있다.

④ 뉴욕협약(1958)에 가입된 국가 간에는 중재판정의 승인 및 집행이 보장된다.

⑤ 중재판정은 법원의 확정판결과 동일한 효력을 가지며 중재인은 자기가 내린 판결을 철회하거나 변경할 수 없다.

115

다음 매도인의 의무를 모두 충족하는 Incoterms® 2020 규칙으로 옳은 것은?

- 목적지의 양하비용 중에서 오직 운송계약상 매도인이 부담하기로 된 비용을 부담
- 해당되는 경우에 수출국과 통과국(수입국 제외)에 의하여 부과되는 모든 통관절차를 수행하고 그에 관한 비용을 부담

① CFR   ② CIF

③ FAS1   ④ DAP

⑤ DDP

116 관세법상 특허보세구역에 관한 설명으로 옳은 것은?

① 보세전시장에서는 박람회 등의 운영을 위하여 외국물품을 장치 · 전시하거나 사용할 수 있다.

② 보세창고의 경우 장치기간이 지난 내국물품은 그 기간이 지난 후 30일 내에 반출하면 된다.

③ 보세공장에서는 내국물품은 사용할 수 없고, 외국물품만을 원료 또는 재료로 하여 제품을 제조 · 가공할 수 있다.

④ 보세건설장 운영인은 보세건설장에서 건설된 시설을 수입신고가 수리되기 전에 가동해도 된다.

⑤ 보세판매장에서 판매하는 물품의 반입, 반출, 인도, 관리에 관한 사항은 산업통상자원부령으로 정한다.

117 Incoterms® 2020 규칙이 다루고 있지 않은 것을 모두 고른 것은?

> ㄱ. 매도인과 매수인 각각의 의무
> ㄴ. 매매물품의 소유권과 물권의 이전
> ㄷ. 매매 당사자 간 물품 인도 장소와 시점
> ㄹ. 매매계약 위반에 대하여 구할 수 있는 구제수단

① ㄱ, ㄴ   ② ㄱ, ㄷ
③ ㄴ, ㄷ   ④ ㄴ, ㄹ
⑤ ㄷ, ㄹ

118 관세법상 수입통관에 관한 설명으로 옳지 않은 것은?

① 여행자가 외국물품인 휴대품을 관세통로에서 소비하거나 사용하는 경우는 수입으로 본다.

② 우편물은 수입신고를 생략하거나 관세청장이 정하는 간소한 방법으로 신고할 수 있다.

③ 세관장은 수입에 관한 신고서의 기재사항에 보완이 필요한 경우 해당물품의 통관을 보류할 수 있다.

④ 관세청장은 수입하려는 물품에 대하여 검사대상, 검사범위, 검사방법 등에 관하여 필요한 기준을 정할 수 있다.

⑤ 수입하려는 물품의 신속한 통관이 필요한 때에는 해당물품을 적재한 선박이나 항공기가 입항하기 전에 수입신고할 수 있다.

119 ICD의 기능에 관한 설명으로 옳지 않은 것은?

① CY, CFS 시설 등을 통해 컨테이너의 장치 · 보관 기능을 수행한다.

② 항만에서 이루어지는 본선적재작업과 마셜링 기능을 수행한다.

③ 통관절차를 내륙으로 이동함으로써 내륙통관기지로서의 기능을 수행한다.

④ 화물의 일시적 저장과 취급에 대한 서비스를 제공한다.

⑤ 소량화물을 컨테이너 단위로 혼재작업을 행하는 기능을 수행한다.

120 비엔나협약(CISG, 1980)에서 승낙의 효력에 관한 설명으로 옳은 것은?

① 분쟁해결에 관한 부가적 조건을 포함하고 있는 청약에 대한 회답은 승낙을 의도하고 있는 경우 승낙이 될 수 있다.

② 청약에 대한 동의를 표시하는 상대방의 진술뿐만 아니라 침묵 또는 부작위는 그 자체만으로 승낙이 된다.

③ 승낙을 위한 기간이 경과한 승낙은 당사자 간의 별도의 합의가 없더라도 원칙적으로 계약을 성립시킬 수 있다.

④ 서신에서 지정한 승낙기간은 서신에 표시되어 있는 일자 또는 서신에 일자가 표시되지 아니한 경우에는 봉투에 표시된 일자로부터 계산한다.

⑤ 승낙기간 중 기간의 말일이 승낙자 영업소 소재지의 공휴일 또는 비영업일에 해당하여 승낙의 통지가 기간의 말일에 청약자에게 도달할 수 없는 경우에도 공휴일 또는 비영업일은 승낙기간의 계산에 산입한다.

081 국제물류의 기능에 관한 설명으로 옳지 않은 것은?

① 정보의 비대칭성을 강화하여 생산자의 경쟁력을 제고하는 기능을 한다.

② 생산자와 소비자의 수급 불일치를 해소하는 기능을 한다.

③ 생산물품과 소비물품의 품질을 동일하게 유지하는 기능을 한다.

④ 재화의 생산시점과 소비시점의 불일치를 조정하는 기능을 한다.

⑤ 생산지와 소비지의 장소적, 거리적 격차를 단축시키는 기능을 한다.

082 국제물류의 동향에 관한 설명으로 옳지 않은 것은?

① 운송거점으로서의 허브항만이 지역경제 협력의 거점으로 다각화되고 있다.

② 전자상거래의 발전으로 온라인 정보망과 오프라인 물류망 간 동조화가 강화되고 있다.

③ 재화의 소비 이후 재사용 및 폐기까지 환경유해요소를 최소화하는 환경물류의 중요성이 증대되고 있다.

④ 국제물류의 기능변화에 따라 공급사슬 전체를 관리하는 제3자 물류(3PL) 업체들의 역할이 강화되고 있다.

⑤ 국제물류기업은 항만이나 공항의 공용터미널을 지속적으로 활용하여 체선·체화를 감소시키고 있다.

083 국제민간항공기구(ICAO)에 관한 설명으로 옳지 않은 것은?

① 1944년에 결의된 Chicago Conference를 기초로 하고 있다.

② 회원국의 항공사 대표들이 참석하는 국제연합(UN) 산하의 전문기관이다.

③ 국제항공법회의에서 초안한 국제항공법을 의결한다.

④ 국제민간항공의 안전 확보와 항공 시설 및 기술발전 등을 목적으로 하고 있다.

⑤ 항공기 사고 조사 및 방지, 국제항공운송의 간편화 등의 업무를 하고 있다.

084 항공화물운송의 특성에 관한 설명으로 옳지 않은 것은?

① 대부분 야간에 운송이 집중된다.

② 신속성을 바탕으로 정시 서비스가 가능하다.

③ 여객에 비해 계절에 따른 운송수요의 탄력성이 크다.

④ 화물추적, 특수화물의 안정성, 보험이나 클레임에 대한 서비스가 우수하다.

⑤ 적하를 위하여 숙련된 지상작업이 필요하다.

085 항공운송관련 국제협정을 통합하기 위해 1999년 ICAO 국제항공법회의에서 채택되어 2003년에 발효된 국제조약은?

① Hague Protocol　　　　　　　　② Guadalajara Convention

③ Guatemala Protocol　　　　　　④ Montreal Convention

⑤ Montreal Agreement

086 국제복합운송인에 관한 설명이다. (　　　)에 들어갈 용어를 올바르게 나열한 것은?

- (ㄱ) : 자신이 직접 운송수단을 보유하고 복합운송인으로서 역할을 수행하는 운송인
- (ㄴ) : 해상운송에서 선박을 직접 소유하지 않으면서 해상운송인에 대하여 화주의 입장, 화주에게는 운송인의 입장에서 운송을 수행하는 자

① ㄱ : Actual carrier, ㄴ : NVOCC

② ㄱ : Contracting carrier, ㄴ : NVOCC

③ ㄱ : NVOCC, ㄴ : Ocean freight forwarder

④ ㄱ : Actual carrier, ㄴ : VOCC

⑤ ㄱ : Contracting carrier, ㄴ : VOCC

087 항공화물운송에서 단위탑재용기 요금(BUC)의 사용제한품목이 아닌 것은?

① 유해　　　　　　　　　② 귀중화물

③ 위험물품　　　　　　　④ 중량화물

⑤ 살아있는 동물

088 복합운송인의 책임 및 책임체계에 관한 설명으로 옳지 않은 것은?

① 단일책임체계(uniform liability system)는 복합운송인이 운송물의 손해에 대하여 사고발생 구간에 관계없이 동일한 기준으로 책임을 지는 체계이다.

② 무과실책임(liability without negligence)은 복합운송인의 과실여부와 면책사유를 불문하고 운송기간에 발생한 모든 손해의 결과를 책임지는 원칙이다.

③ 이종책임체계(network liability system)는 손해발생구간이 확인된 경우 해당 구간의 국내법 및 국제조약이 적용되는 체계이다.

④ 과실책임(liability for negligence)은 복합운송인이 선량한 관리자로서 적절한 주의의무를 다하지 못한 손해에 대하여 책임을 지는 원칙이다.

⑤ 절충식책임체계(modified uniform liability system)는 단일책임체계와 이종책임체계를 절충하는 방식으로 UN국제복합운송조약이 채택한 책임체계이다.

089 다음에서 설명하는 복합운송경로는?

> 극동에서 선적된 화물을 파나마 운하를 경유하여 북미 동안 또는 US 걸프만 항구까지 해상운송을 한 후 내륙지역까지 철도나 트럭으로 운송하는 복합운송방식

① Micro Land Bridge

② Overland Common Point

③ Mini Land Bridge

④ Canada Land Bridge

⑤ Reverse Interior Point Intermodal

090 국제복합운송에 관한 설명으로 옳지 않은 것은?

① 컨테이너의 등장으로 인해 비약적으로 발전하였다.

② 단일 운송계약과 단일 책임주체라는 특징을 가지고 있다.

③ 두 가지 이상의 상이한 운송수단이 결합하여 운송되는 것을 말한다.

④ UN국제복합운송조약은 복합운송증권의 발행 여부를 송화인의 선택에 따르도록 하고 있다.

⑤ 복합운송증권의 발행방식은 유통식과 비유통식 중에서 선택할 수 있다.

091 다음 중 해상운송과 관련된 국제조약을 모두 고른 것은?

ㄱ. Hague Rules(1924)	ㄴ. Warsaw Convention(1929)
ㄷ. CMR Convention(1956)	ㄹ. CIM Convention(1970)
ㅁ. Hamburg Rules(1978)	ㅂ. Rotterdam Rules(2008)

① ㄱ, ㄴ, ㄷ
② ㄱ, ㅁ, ㅂ
③ ㄴ, ㄷ, ㄹ
④ ㄷ, ㄹ, ㅁ
⑤ ㄷ, ㄹ, ㅂ

092 정기선 해상운송의 특징에 관한 내용으로 올바르게 연결되지 않은 것은?

① 운항형태 – Regular sailing
② 운송화물 – Heterogeneous cargo
③ 운송계약 – Charter party
④ 운송인 성격 – Common carrier
⑤ 운임결정 – Tariff

093 해상운송과 관련된 용어의 설명으로 옳지 않은 것은?

① 선박은 선박의 외형과 이를 지탱하기 위한 선체와 선박에 추진력을 부여하는 용골로 구분된다.
② 총톤수는 관세, 등록세, 도선료의 부과기준이 된다.
③ 재화중량톤수는 선박이 적재할 수 있는 화물의 최대중량을 표시하는 단위이다.
④ 선교란 선박의 갑판 위에 설치된 구조물로 선장이 지휘하는 장소를 말한다.
⑤ 발라스트는 공선 항해 시 선박의 감항성을 유지하기 위해 싣는 짐으로 주로 바닷물을 사용한다.

094 개품운송계약에 관한 설명으로 옳지 않은 것은?

① 불특정 다수의 화주로부터 개별적으로 운송요청을 받아 이들 화물을 혼재하여 운송하는 방식이다.

② 주로 단위화된 화물을 운송할 때 사용되는 방식이다.

③ 법적으로 요식계약(formal contract)의 성격을 가지고 있기 때문에 개별 화주와 운송계약서를 별도로 작성하여야 한다.

④ 해상운임은 운임율표에 의거하여 부과된다.

⑤ 일반적으로 정기선해운에서 사용되는 운송계약 형태이다.

095 컨테이너화물의 하역절차에 필요한 서류를 모두 고른 것은?

ㄱ. Shipping Request	ㄴ. Booking Note
ㄷ. Shipping Order	ㄹ. Arrival Notice
ㅁ. Delivery Order	ㅂ. Mate's Receipt

① ㄱ, ㄴ   ② ㄱ, ㄷ

③ ㄷ, ㄹ   ④ ㄹ, ㅁ

⑤ ㅁ, ㅂ

096 다음 설명에 해당하는 정기선 할증운임은?

해상운송 계약 시 화물의 최종 양륙항을 확정하지 않고 기항 순서에 따라 몇 개의 항구를 기재한 후, 화주가 화물 도착 전에 양륙항을 선택할 수 있도록 할 때 부과하는 할증료

① Port congestion surcharge

② Transhipment additional surcharge

③ Optional surcharge

④ Bunker adjustment surcharge

⑤ Currency adjustment surcharge

097 다음 설명에 해당하는 용선은?

> 용선자가 일정기간 선박 자체만을 임차하여 자신이 고용한 선장과 선원을 승선시켜 선박을 직접 점유하는 한편, 선박 운항에 필요한 선비 및 운항비 일체를 용선자가 부담하는 방식

① Bareboat charter　　　　② Partial charter
③ Voyage charter　　　　　④ Time charter
⑤ Lumpsum charter

098 다음 설명에 해당하는 국제물류시스템 유형은?

> • 세계 여러 나라에 자회사를 가지고 있는 글로벌기업이 지역물류거점을 설치하여 동일 경제권 내 각국 자회사 창고 혹은 고객에게 상품을 분배하는 형태
> • 유럽의 로테르담이나 동남아시아의 싱가포르 등 국제교통의 중심지에서 인접국가로 수배송서비스를 제공하는 형태

① Classical system
② Transit system
③ Direct system
④ Just In Time system
⑤ Multi-country warehouse system

099 최근 국제물류 환경변화에 관한 설명으로 옳지 않은 것은?

① 국제물류시장의 치열한 경쟁으로 물류기업 간 수평적 통합과 수직적 통합이 가속화되고 있다.
② 온실가스 감축을 위해 메탄올 연료를 사용하는 선박 건조가 증가하고 있다.
③ 4차 산업혁명 시대를 맞아 디지털 기술들을 활용하여 운영효율성과 고객만족을 제고하려는 물류기업들이 늘어나고 있다.
④ 기업경영의 글로벌화가 보편화되면서 글로벌 공급사슬에 대한 중요성이 증대되고 있다.
⑤ 코로나 팬데믹의 영향으로 전자상거래 비중이 감소하는 추세이다.

100 다음 설명에 해당하는 부정기선 운임은?

> ㄱ. 원유, 철광석 등 대량화물의 운송수요를 가진 대기업과 선사 간에 장기간 반복되는 항해에 대하여 적용되는 운임
>
> ㄴ. 화물의 개수, 중량, 용적과 관계없이 항해 또는 선복을 기준으로 일괄 부과되는 운임

① ㄱ : Long Term Contract Freight, ㄴ : Lumpsum Freight
② ㄱ : Long Term Contract Freight, ㄴ : Dead Freight
③ ㄱ : Pro Rate Freight, ㄴ : Lumpsum Freight
④ ㄱ : Pro Rate Freight, ㄴ : Dead Freight
⑤ ㄱ : Consecutive Voyage Freight, ㄴ : Freight All Kinds Rate

101 국제물류와 국내물류의 비교로 옳지 않은 것을 모두 고른 것은?

	구분	국제물류	국내물류
ㄱ	운송방법	주로 복합운송이 이용된다.	주로 공로운송이 이용된다.
ㄴ	재고수준	짧은 리드타임으로 재고 수준이 상대적으로 낮다.	주문시간이 길고, 운송 등의 불확실성으로 재고 수준이 높다.
ㄷ	화물위험	단기운송으로 위험이 낮다.	장기운송과 환적 등으로 위험이 높다.
ㄹ	서류작업	구매주문서와 송장 정도로 서류 작업이 간단하다.	각종 무역운송서류가 필요하여 서류 작업이 복잡하다.
ㅁ	재무적위험	환리스크로 인하여 재무적 위험이 높다.	환리스크가 없어 재무적 위험이 낮다.

① ㄱ, ㄴ, ㄷ
② ㄱ, ㄷ, ㅁ
③ ㄱ, ㄹ, ㅁ
④ ㄴ, ㄷ, ㄹ
⑤ ㄴ, ㄹ, ㅁ

102 다음 설명에 해당하는 컨테이너는?

> 기계류, 철강제품, 판유리 등의 중량화물이나 장척화물을 크레인을 사용하여 컨테이너의 위쪽으로부터 적재 및 하역할 수 있는 컨테이너로, 천장은 캔버스 재질의 덮개를 사용하여 방수 기능이 있음

① Dry container
② Open top container
③ Flat rack container
④ Solid bulk container
⑤ Hanger container

103
다음 설명에 해당하는 컨테이너 화물운송과 관련된 국제협약은?

> 컨테이너의 구조상 안전요건을 국제적으로 통일하기 위하여 1972년에 UN(국제연합)과 IMO(국제해사기구)가 공동으로 채택한 국제협약

① ITI(Customs Convention on the International Transit of Goods, 1971)
② CCC(Customs Convention on Container, 1956)
③ CSC(International Convention for Safe Container, 1972)
④ TIR(Transport International Routiere, 1959)
⑤ MIA(Marine Insurance Act, 1906)

104
컨테이너 화물운송에 관한 설명으로 옳지 않은 것은?

① 편리한 화물취급, 신속한 운송 등의 이점이 있다.
② 하역의 기계화로 하역비를 절감할 수 있다.
③ CY(Container Yard)는 컨테이너를 인수, 인도 및 보관하는 장소로 Apron, CFS 등을 포함한다.
④ CY/CY는 컨테이너의 장점을 최대로 살릴 수 있는 운송 형태로 door to door 서비스가 가능하다.
⑤ CY/CFS는 선적지에서 수출업자가 LCL 화물로 선적하여 목적지 항만의 CFS에서 화물을 분류하여 수입업자에게 인도한다.

105
국제물류 정보기술에 관한 설명으로 옳지 않은 것은?

① ITS(Intelligent Transport System) : 기본 교통체계의 구성요소에 전자, 제어, 통신 등의 첨단기술을 접목시켜 상호 유기적으로 작동하도록 하는 차세대 교통 시스템
② CVO(Commercial Vehicle Operation) : 조직 간 표준화된 전자문서로 데이터를 교환하고, 업무를 처리하는 시스템
③ WMS(Warehouse Management System) : 제품의 입고, 집하, 적재, 출하의 작업 과정과 관련 데이터의 자동처리 시스템
④ DPS(Digital Picking System) : 랙이나 보관구역에 신호장치가 설치되어 있어, 출고 화물의 위치와 수량을 알려주는 시스템
⑤ GPS(Global Positioning System) : 화물 또는 차량의 자동식별과 위치추적의 신속 · 정확한 파악이 가능한 시스템

106 신용장통일규칙(UCP 600) 제23조에 규정된 항공운송서류의 수리요건이 아닌 것은?

① 운송인의 명칭이 표시되고, 운송인 또는 그 대리인에 의하여 서명되어야 한다.

② 물품이 운송을 위하여 인수되었음이 표시되어야 한다.

③ 신용장에 명기된 출발 공항과 목적 공항이 표시되어야 한다.

④ 항공운송서류는 항공화물운송장(AWB)의 명칭과 발행일이 표시되어야 한다.

⑤ 신용장에서 원본 전통이 요구되더라도, 송화인용 원본이 제시되어야 한다.

107 다음은 신용장통일규칙(UCP 600) 제22조 용선계약 선하증권 내용의 일부이다. (　　　)에 들어갈 내용을 올바르게 나열한 것은?

> A bill of lading, however named, containing an indication that it is subject to a charter party(charter party bill of lading), must appear to :
> be signed by :
> • the (ㄱ) or a named (ㄴ) for or on behalf of the (ㄱ), or
> • the (ㄷ) or a named (ㄴ) for or on behalf of the (ㄷ), or

① ㄱ : master, ㄴ : charterer, ㄷ : agent

② ㄱ : master, ㄴ : agent, ㄷ : consignee

③ ㄱ : master, ㄴ : agent, ㄷ : owner

④ ㄱ : owner, ㄴ : agent, ㄷ : consignee

⑤ ㄱ : owner, ㄴ : charterer, ㄷ : agent

108 항만의 시설과 장비에 관한 설명으로 옳지 않은 것은?

① Quay는 해안에 평행하게 축조된, 선박 접안을 위하여 수직으로 만들어진 옹벽을 말한다.

② Marshalling Yard는 선적할 컨테이너나 양륙완료된 컨테이너를 적재 및 보관하는 장소이다.

③ Yard Tractor는 Apron과 CY 간 컨테이너의 이동을 위한 장비로 야드 샤시(chassis)와 결합하여 사용한다.

④ Straddle Carrier는 컨테이너 터미널에서 양다리 사이에 컨테이너를 끼우고 운반하는 차량이다.

⑤ Gantry Crane은 CY에서 컨테이너를 트레일러에 싣고 내리는 작업을 수행하는 장비이다.

109 해상화물운송장을 위한 CMI통일규칙(1990) 내용의 일부이다. (   )에 들어갈 내용을 올바르게 나열한 것은? (단, 대/소문자는 고려하지 않는다.)

> These Rules may be known as the CMI Uniform Rules for Sea Waybills.
> In these Rules :
> • (ㄱ) and (ㄴ) shall mean the parties so named or identified in the contract of carriage.
> • (ㄷ) shall mean the party so named or identified in the contract of carriage, or any persons substituted as (ㄷ) in accordance with Rule 6.

① ㄱ : carrier, ㄴ : shipper, ㄷ : consignee
② ㄱ : carrier, ㄴ : consignee, ㄷ : master
③ ㄱ : shipper, ㄴ : carrier, ㄷ : master
④ ㄱ : shipper, ㄴ : consignee, ㄷ : carrier
⑤ ㄱ : shipper, ㄴ : master, ㄷ : carrier

110 다음 설명에 해당하는 국제물류 보안 제도는?

> • 해상운송인과 NVOCC(Non-Vessel Operating Common Carrier)로 하여금 미국으로 향하는 컨테이너가 선박에 적재되기 전에 화물에 대한 세부정보를 미국 관세청에 제출하게 함으로써 화물 정보를 분석하여 잠재적 테러 위험을 확인할 수 있음
> • CSI(Container Security Initiative) 후속조치의 일환으로 시행됨

① C-TPAT(Customs-Trade Partnership Against Terrorism)
② ISO 28000
③ 10+2 Rule
④ 24-Hour Rule
⑤ Trade Act of 2002 Final Rule

111 내륙컨테이너기지(ICD)에 관한 설명으로 옳지 않은 것은?

① 항만 또는 공항이 아닌 내륙에 설치된 컨테이너 운송관련 시설로서 고정설비를 갖추고 있다.
② 세관통제하에 통관된 수출입화물만을 대상으로 일시저장과 취급에 대한 서비스를 제공한다.
③ 수출입 화주의 유통센터 또는 창고 기능을 한다.
④ 소량화물의 혼재와 분류작업을 수행하는 공간이다.
⑤ 철도와 도로가 연결되는 복합운송거점의 기능을 한다.

112 Incoterms®2020의 개정 내용에 관한 설명으로 옳지 않은 것은?

① FCA에서 본선적재 선하증권에 관한 옵션 규정을 신설하였다.

② FCA, DAP, DPU 및 DDP에서 매도인 또는 매수인 자신의 운송수단에 의한 운송을 허용하고 있다.

③ CIF 규칙은 최대담보조건, CIP 규칙은 최소담보조건으로 보험에 부보하도록 개정하였다.

④ 인코텀즈 규칙에 대한 사용지침(Guidance Note)을 설명문(Explanatory Note)으로 변경하여 구체화하였다.

⑤ 운송의무 및 보험비용 조항에 보안관련 요건을 삽입하였다.

113 다음에서 Incoterms®2020 규칙이 다루고 있는 것을 모두 고른 것은?

ㄱ. 관세의 부과
ㄴ. 매도인과 매수인의 비용
ㄷ. 매도인과 매수인의 위험
ㄹ. 대금지급의 시기, 장소 및 방법
ㅁ. 분쟁해결의 방법, 장소 또는 준거법

① ㄱ, ㄴ   ② ㄴ, ㄷ
③ ㄱ, ㄴ, ㄷ   ④ ㄱ, ㄹ, ㅁ
⑤ ㄴ, ㄷ, ㄹ, ㅁ

114 Incoterms®2020 소개문의 일부이다. (   )에 들어갈 용어로 올바르게 나열된 것은?

ICC decided to make two changes to (ㄱ) and (ㄴ). First, the order in which the two Incoterms®2020 rules are presented has been inverted, and (ㄴ), where delivery happens before unloading, now appears before (ㄱ).
Secondly, the name of the rule (ㄱ) has been changed to (ㄷ), emphasising the reality that the place of destination could be any place and not only a "terminal".

① ㄱ : DAP, ㄴ : DAT, ㄷ : DDP
② ㄱ : DAP, ㄴ : DAT, ㄷ : DPU
③ ㄱ : DAT, ㄴ : DDP, ㄷ : DPU
④ ㄱ : DAT, ㄴ : DAP, ㄷ : DPU
⑤ ㄱ : DAT, ㄴ : DAP, ㄷ : DDP

115 해상보험계약의 용어 설명으로 옳지 않은 것은?

① Warranty란 보험계약자(피보험자)가 반드시 지켜야 할 약속을 말한다.

② Duty of disclosure란 피보험자 등이 보험자에게 보험계약 체결에 영향을 줄 수 있는 모든 중요한 사실을 알려 주어야 할 의무를 말한다.

③ Insurable interest란 피보험자가 보험의 목적물에 대하여 가지는 권리 또는 이익으로 피보험자와 보험의 목적과의 경제적 이해관계를 말한다.

④ Duration of insurance란 보험자의 위험부담책임이 시작되는 때로부터 종료될 때까지의 기간을 말한다.

⑤ Insured amount란 피보험위험으로 인하여 발생한 손해를 보험자로부터 보상받는 대가로 보험계약자가 보험자에게 지급하는 수수료를 말한다.

116 수출입통관과 관련하여 관세법상 내국물품이 아닌 것은?

① 보세공장에서 내국물품과 외국물품을 원재료로 하여 만든 물품

② 우리나라의 선박 등에 의하여 공해에서 채집 또는 포획된 수산물

③ 입항전수입신고가 수리된 물품

④ 수입신고수리 전 반출승인을 얻어 반출된 물품

⑤ 수입신고 전 즉시반출신고를 하고 반출된 물품

117 해상손해의 종류 중 물적 손해에 해당하지 않는 것은?

① 보험목적물의 완전한 파손 또는 멸실

② 보험목적물의 일부에 발생하는 손해로서 피보험자 단독으로 입은 손해

③ 보험목적물에 해상위험이 발생한 경우 손해방지의무를 이행하기 위해 지출되는 비용

④ 보험목적물이 공동의 안전을 위하여 희생되었을 때 이해관계자들이 공동으로 분담하는 손해

⑤ 선박의 수리비가 수리 후의 선박가액을 초과하는 경우

118 무역계약 조건 중 물품과 수량단위의 연결이 옳지 않은 것은?

① 양곡, 철강 − 중량 − ton, pound, kilogram
② 유리, 합판, 타일 − 용적 − CBM, barrel, bushel
③ 섬유류, 전선 − 길이 − meter, yard, inch
④ 잡화, 기계류 − 개수 − piece, set, dozen
⑤ 비료, 밀가루 − 포장 − bale, drum, case

119 관세법상 수출입통관에 관한 설명으로 옳지 않은 것은?

① 물품을 수출입 또는 반송하고자 할 때에는 당해 물품의 품명 · 규격 · 수량 및 가격 등 기타 대통령령이 정하는 사항을 세관장에게 신고하여야 한다.
② 당해 물품을 적재한 선박 또는 항공기가 입항하기 전에 수입신고를 할 수 있다.
③ 세관장은 수출입 또는 반송에 관한 신고서의 기재사항이 갖추어지지 아니한 경우에는 이를 보완하게 할 수 있다.
④ 관세청장은 수입하려는 물품에 대하여 검사대상, 검사범위, 검사방법 등에 관하여 필요한 기준을 정할 수 있다.
⑤ 수입신고와 반송신고는 물품의 화주 또는 완제품공급자나 이들을 대리한 관세사 등의 명의로 해야 한다.

120 무역분쟁해결 방법에 관한 설명으로 옳지 않은 것은?

① ADR(Alternative Dispute Resolution)에는 타협, 조정, 중재가 있다.
② 중재판정은 당사자 간에 있어서 법원의 확정판결과 동일한 효력을 가진다.
③ 소송은 국가기관인 법원의 판결에 의하여 분쟁을 강제적으로 해결하는 방법이다.
④ 뉴욕협약(1958)에 가입한 국가 간에는 중재판정의 승인 및 집행이 보장된다.
⑤ 상사중재의 심리절차는 비공개로 진행되므로, 기업의 영업상 비밀이 누설되지 않는다.

물 류 관 리 사 기 출 문 제 집

CERTIFIED
PROFESSIONAL
LOGISTICIAN

[2교시]

제4과목 보역하역론

제5과목 물류관련법규

보역하역론

CERTIFIED
PROFESSIONAL
LOGISTICIAN

04
과목

121 보관의 기능이 아닌 것은?

① 생산과 소비의 시간적 거리 조정
② 운반 활성화 지수의 최소화
③ 제품의 집산, 분류, 조합
④ 세금 지불 연기 등의 금융 역할
⑤ 구매와 생산의 완충

122 보관의 원칙에 관한 설명으로 옳지 않은 것을 모두 고른 것은?

> ㄱ. 네트워크 보관의 원칙 : 관련 품목을 한 장소에 모아서 계통적으로 분리하고 보관하여 출하의 효율성을 증대시키는 원칙을 말한다.
> ㄴ. 회전대응보관의 원칙 : 입출고 빈도의 정도에 따라 제품의 보관 장소를 결정하는 것으로 입출고 빈도가 낮은 제품을 출입구에서 가까운 장소에 보관하는 원칙을 말한다.
> ㄷ. 동일성·유사성의 원칙 : 제품의 입출고를 용이하게 하고 효율적으로 보관하기 위해 통로 면에 보관하여 작업의 접근성을 강조하는 원칙을 말한다.
> ㄹ. 위치표시의 원칙 : 보관품의 장소, 선반 번호 등의 위치를 표시하여 입출고 업무를 효율화시키는 원칙을 말한다.
> ㅁ. 선입선출의 원칙 : 형상의 특성에 따라 보관 방법을 변경하는 것으로 보관 시 파손이나 분실이 생기기 쉬운 제품에 적용되는 원칙을 말한다.

① ㄱ, ㄴ, ㄹ   ② ㄱ, ㄴ, ㅁ
③ ㄱ, ㄷ, ㄹ   ④ ㄴ, ㄷ, ㅁ
⑤ ㄴ, ㄹ, ㅁ

123

다음의 설명에 해당되는 물류시설은?

> • 재고품의 임시보관거점으로 상품의 배송거점인 동시에 예상 수요에 대한 보관거점이다.
> • 대도시, 지방중소도시에 합리적인 배송을 실시할 목적으로 운영되는 유통의 중계기지이다.
> • 일종의 하치장으로 제조업체들은 원료, 완성품, 폐기물들을 쌓아 두는 경우가 많다.

① 데포(Depot)
② 물류센터
③ 복합화물터미널
④ 스톡 포인트(Stock Point)
⑤ CFS(Container Freight Station)

124

내륙 컨테이너기지(ICD : Inland Container Depot)에 관한 내용으로 옳은 것을 모두 고른 것은?

> ㄱ. 수출입 통관 업무, 집하 및 분류 기능을 수행한다.
> ㄴ. 마샬링(Marshalling) 기능, 본선 선적 및 양화 작업을 수행한다.
> ㄷ. 선사, 트럭회사, 관세사, 포장회사, 포워더(Forwarder) 등을 유치하여 운영하므로 내륙 항만이라고 부른다.
> ㄹ. 노동력의 안정적 확보와 자동화를 통한 생산성 향상이 필요하다.
> ㅁ. 항만 또는 공항이 아닌 내륙 시설이라 공적 권한을 가지지 못한다.

① ㄱ, ㄴ, ㄹ
② ㄱ, ㄴ, ㅁ
③ ㄱ, ㄷ, ㄹ
④ ㄴ, ㄷ, ㅁ
⑤ ㄴ, ㄹ, ㅁ

125

다음은 작년 K사 물류거점시설의 제품별 주요 물류비 배분 내역이며 총 물류비는 50,000천원이었다. 제품 C의 물류비는?

구분		물류정보/관리비	보관 및 재고관리비	운송비	합계
발생 비용		5,000천원	15,000천원	30,000천원	50,000천원
배분 기준		출하 횟수	보관면적	배송 횟수	-
제품	A	15,000회	350,000m²	5,000회	
	B	9,000회	210,000m²	3,000회	
	C	6,000회	140,000m²	2,000회	
	합계	30,000회	700,000m²	10,000회	

① 10,000천원   ② 13,500천원

③ 15,000천원   ④ 20,000천원

⑤ 25,000천원

126 크로스도킹(Cross Docking)에 관한 내용으로 옳은 것을 모두 고른 것은?

> ㄱ. 수요가 일정하고 안정적이며, 재고품절비용이 낮을 경우 효율적으로 운영될 수 있다.
> ㄴ. 대량고객화(Mass Customization) 전략과 연계하여 서비스 차별화를 도모한다.
> ㄷ. 물류센터로 입고되는 상품을 보관 대신 즉시 배송할 준비를 목적으로 하는 시스템이다.
> ㄹ. POS(Point of Sale) 시스템 등 다양한 정보시스템, 대규모 물류센터, 자체 트럭수송단을 운영한다.
> ㅁ. 물류센터의 회전율 감소, 재고 수준 증대, 리드 타임 감소 등의 효과가 있다.

① ㄱ, ㄴ, ㄹ   ② ㄱ, ㄴ, ㅁ

③ ㄱ, ㄷ, ㄹ   ④ ㄴ, ㄷ, ㅁ

⑤ ㄴ, ㄹ, ㅁ

127 일반적인 물류센터의 작업 공정 순서는?

① 입하 → 피킹 → 검품 → 보관 → 격납 → 포장 → 출하

② 입하 → 피킹 → 보관 → 격납 → 검품 → 포장 → 출하

③ 입하 → 격납 → 보관 → 피킹 → 검품 → 포장 → 출하

④ 입하 → 격납 → 포장 → 보관 → 피킹 → 검품 → 출하

⑤ 입하 → 포장 → 격납 → 보관 → 피킹 → 검품 → 출하

128 물류센터의 설계 특성별 고려 사항으로 옳은 것을 모두 고른 것은?

> ㄱ. 운영 특성 : 지리적 위치, 입지 제약, 인구 등
> ㄴ. 주문 특성 : 주문 건수, 주문 빈도, 주문의 크기 등
> ㄷ. 제품 특성 : 크기, 무게, 가격 등
> ㄹ. 환경 특성 : 입고 방법, 보관 방법, 피킹 방법 등
> ㅁ. 설비 특성 : 자동화 수준, 설비 종류 등

① ㄱ, ㄴ, ㄹ   ② ㄱ, ㄴ, ㅁ
③ ㄱ, ㄷ, ㄹ   ④ ㄴ, ㄷ, ㅁ
⑤ ㄴ, ㄹ, ㅁ

129 물류단지의 입지결정 방법에 관한 설명으로 옳지 않은 것은?

① 총비용 비교법 : 각 대안별로 관리비용을 산출하고, 총비용이 최소가 되는 대안을 선택하는 방법이다.
② 무게중심법 : 물류센터를 기준으로 고정된 공급지(공장 등)에서 물류센터까지의 수송비와 물류센터에서 수요지(배송처 등)까지의 수송비를 구하여 그 합이 최소가 되는 입지를 선택하는 방법이다.
③ 톤-킬로법 : 입지에 관련된 요인(접근성, 지역 환경, 노동력 등)에 주관적으로 가중치를 설정하여 각 요인의 평가점수를 합산하는 방법이다.
④ 브라운깁슨법 : 입지에 영향을 주는 인자들을 필수적 요인, 객관적 요인, 주관적 요인으로 구분하여 평가하는 방법이다.
⑤ 손익분기 도표법 : 일정한 물동량(입고량 또는 출고량)의 고정비와 변동비를 산출하고 그 합을 비교하여 물동량에 따른 총비용이 최소가 되는 대안을 선택하는 방법이다.

130 수·배송 네트워크에서 물류 거점(Node) 수의 증가로 나타나는 현상이 아닌 것은?

① 재고비용은 증가한다.
② 배송리드타임은 증가한다.
③ 시설투자비용은 증가한다.
④ 관리비용은 증가한다.
⑤ 총비용은 낮아지다가 일정 수 이상이 되면 점차 증가한다.

131 K사 단일명령수행 자동창고시스템에서는 시간당 180건의 주문을 처리한다. S/R(Storage and Retrieval)기계의 운행당 평균주기시간은 1분이며 한 개의 통로만 담당하고, 각 통로는 2개의 랙을 가진다. 자동창고의 저장용량이 6,000단위이고, 랙의 단(Tier) 수가 20일 때 저장 랙의 베이(Bay) 수는?

① 15   ② 25
③ 35   ④ 50
⑤ 100

132 공급사슬 협업에 있는 A사, B사, C사가 있다. 100단위의 완성품을 C사가 도매상에게 공급하기 위해 A사가 B사에 공급해야 할 단위수량은? (단, B사와 C사는 각각 3%, 5%의 손실률을 가진다.)

A사 → B사 → C사 → 도매상

① 106개   ② 110개
③ 116개   ④ 118개
⑤ 120개

133 자동창고시스템이 시간당 300번의 저장 및 출고 작업을 수행할 수 있다. 10개의 통로와 각 통로에는 한 대씩의 S/R(Storage and Retrieval)기계가 작업을 수행한다. 수행작업 40%는 단일명령에 의해서 수행되며 나머지는 이중명령에 의해서 수행된다. S/R기계의 평균 이용률은? (단, 단일명령수행 주기 시간 : 2분, 이중명령수행 주기시간 : 3분)

① 65%   ② 82.5%
③ 85%   ④ 90%
⑤ 95%

134 스태커 크레인(Stacker Crane)에 적합한 오더피킹(Order Picking)의 출고형태(보관단위 − 피킹단위)는?

① 파렛트−파렛트　　　　　　② 파렛트−케이스
③ 케이스−케이스　　　　　　④ 케이스−단품
⑤ 단품 − 단품

135 자동창고시스템에 관한 설명으로 옳지 않은 것은?

① 컴퓨터 제어방식을 통해 작업의 효율성 향상 효과를 얻을 수 있다.
② 재고관리 및 선입선출에 의한 입출고 관리가 용이하다.
③ 보관능력 및 유연성 측면에서 효율성을 향상시킨다.
④ 자동창고에서 처리할 물품의 치수와 포장, 중량 등을 고려하여 설계한다.
⑤ 다양한 규격의 화물을 취급하는 영업용 창고에 적합하다.

136 창고관리시스템(WMS : Warehouse Management System)의 특성에 관한 설명으로 옳지 않은 것은?

① 물품의 입하, 격납, 피킹, 출하 및 재고사이클카운트의 창고활동을 효율적으로 관리하는 시스템이다.
② RFID, 바코드시스템 및 무선자동인식시스템을 통해 물품 취급을 최소화한다.
③ 재고정확도, 설비활용도, 고객서비스율이 향상된다.
④ 피킹관리, 주문진척관리 및 자동발주시스템과 같은 주문 관련 기능을 수행한다.
⑤ 출고관리, 선입선출관리, 수 · 배송 관리, 크로스도킹과 같은 출고 관련 기능을 수행한다.

137 디지털 피킹시스템(DPS : Digital Picking System)과 디지털 어소팅시스템(DAS : Digital Assorting System)의 특성에 관한 설명으로 옳지 않은 것은?

① DPS는 피킹 물품을 전표 없이 피킹 가능한 시스템으로 다품종 소량, 다빈도 피킹 및 분배작업에 사용된다.
② DPS는 대차식 DPS, 구동컨베이어 DPS, 자동컨베이어 DPS로 분류되며, 대차식 DPS의 초기 설치비가 가장 많이 소요된다.
③ DAS는 적은 인원으로 빠른 분배작업이 가능하여 물류비용을 절감할 수 있다.
④ 멀티 분배 DAS 방식은 고객별 주문상품을 합포장하기에 적합한 분배시스템이다.
⑤ 멀티 다품종분배 DAS 방식은 아이템 수가 많은 의류업 품목에 적합한 시스템이다.

138 집중구매 방식과 분산구매 방식에 관한 설명으로 옳지 않은 것은?

① 집중구매 방식은 구매절차를 표준화하여 구매비용 절감에 유리하다.
② 분산구매 방식은 구매절차가 간단하고 비교적 단기간 내 구매가 가능하다.
③ 가격 차이가 없는 품목의 경우 집중구매가 유리하다.
④ 집중구매 방식은 긴급조달의 어려움이 있다.
⑤ 분산구매 방식은 사업장의 특수 요구사항을 반영하는 자율적인 구매가 가능하다.

139 JIT(Just In Time)에 관한 설명으로 옳지 않은 것은?

① 필요한 시간에, 필요한 장소에, 필요한 양만큼 공급하는 방식이다.
② 공급자는 제조업체의 필요한 자재 소요량을 신속하게 파악할 수 있어야 한다.
③ 공급자와 생산자 간 상호 협력이 미흡할 경우 성과를 기대하기 어렵다.
④ 공급자는 안정적인 장기계약을 통해 제조기업의 한 공정처럼 협력할 수 있어야 한다.
⑤ 수요예측을 기반으로 하는 Push 방식이 효과적이다.

140 자재소요량계획(MRP : Material Requirement Planning)에서 A제품은 3개의 부품 X와 2개의 부품 Y로 구성되어 있으며 순소요량은 50개이다. 부품 X의 가용재고는 45개이며 입고예정량은 없으며, 부품 Y의 가용재고는 50개이며 15개의 입고예정량이 계획되어 있다면 부품 X, Y의 순소요량은?

① X = 105개, Y = 35개
② X = 105개, Y = 45개
③ X = 105개, Y = 105개
④ X = 150개, Y = 45개
⑤ X = 150개, Y = 105개

141 시계열 예측기법은 수요를 평균(혹은 수평), 추세, 계절, 주기, 우연변동 등의 요소로 분해할 수 있다. 다음의 시계열 자료를 분해할 때, ㄱ~ㄹ에 적합한 내용을 순서대로 옳게 나열한 것은?

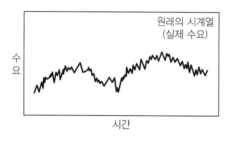
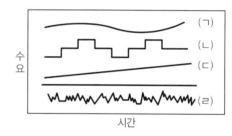

① 주기 − 계절적 패턴 − 추세 − 우연변동
② 추세 − 계절적 패턴 − 주기 − 우연변동
③ 추세 − 우연변동 − 주기 − 계절적 패턴
④ 주기 − 우연변동 − 추세 − 계절적 패턴
⑤ 계절적 패턴 − 주기 − 추세 − 우연변동

142 커피머신을 구매하여 공급하는 도매상은 올해의 구매전략으로 경제적 주문량(EOQ : Economic Order Quantity) 적용을 고려하고 있다. 연간 예상판매량을 10,000대, 대당 가격은 100만원, 대당 연간 재고유지에 소요되는 비용을 구매비용의 25%, 1회 발주에 소요되는 비용이 50만원이라고 할 때 경제적 주문량과 적정 주문 횟수는?

① 100대, 100회
② 200대, 50회
③ 200대, 100회
④ 400대, 25회
⑤ 400대, 50회

143 다음은 K사의 월별 스마트폰 판매량을 나타낸 것이다. 4월의 수요를 예측한 값으로 옳은 것은? [단, 이동평균법의 경우 이동기간 n = 3, 가중이동평균법의 경우 가중치는 최근기간으로부터 0.5, 0.3, 0.2 적용, 지수평활법의 경우 전월 예측치는 45만대였으며, 평활계수(α)는 0.8을 적용, 예측치는 소수점 둘째 자리에서 반올림한다.]

월	실제수요 (만대)	예측치(만대)		
		이동평균법	가중이동평균법	지수평활법
1	40			
2	43			
3	42			45
4	44	(ㄱ)	(ㄴ)	(ㄷ)

① ㄱ : 41.7, ㄴ : 41.9, ㄷ : 42.6
② ㄱ : 41.7, ㄴ : 43.2, ㄷ : 44.2
③ ㄱ : 43.0, ㄴ : 43.2, ㄷ : 42.6
④ ㄱ : 43.0, ㄴ : 41.9, ㄷ : 44.2
⑤ ㄱ : 43.0, ㄴ : 43.2, ㄷ : 44.2

144 재고의사결정과 관련된 비용 중 재고유지비용에 해당되는 항목의 개수는?

- 자본비용
- 저장비용
- 진부화비용
- 품절비용
- 도난 및 파손 비용
- 주문비용

① 2개
② 3개
③ 4개
④ 5개
⑤ 6개

145 K사는 제품 A를 판매하고 있으며 영업일은 200일, 연간 총수요량은 12,000개이다. 제품 A의 안전재고는 135개로 정하고, 공급사에 제품을 주문 시 4일 후에 창고에 입고될 경우 재주문점(ROP : Reorder Point)은?

① 60개
② 120개
③ 240개
④ 375개
⑤ 405개

146 하역합리화 기본원칙 중 활성화의 원칙에서 활성지수가 '2'인 화물의 상태는? (단, 활성지수는 0~4이다.)

① 컨베이어 위에 놓여 있는 상태
② 상자 속에 집어넣은 상태
③ 개품이 바닥에 놓여 있는 상태
④ 파렛트 및 스키드에 쌓은 상태
⑤ 대차에 실어 놓은 상태

147 다음이 설명하는 컨테이너 하역작업 용어는?

> 운송장비에 실려진 화물이 손상 및 파손되지 않도록 화물의 밑바닥이나 틈 사이에 물건을 깔거나 끼우는 작업

① 배닝(Vanning)
② 래싱(Lashing)
③ 디배닝(Devanning)
④ 더니징(Dunnaging)
⑤ 스태킹(Stacking)

148 보관장소에 따른 하역의 분류가 아닌 것은?

① 액체화물 하역
② 터미널 하역
③ 항만 하역
④ 창고 하역
⑤ 배송센터 하역

149 컨베이어의 장점으로 옳지 않은 것은?

① 좁은 장소에서 작업이 가능하다.
② 중력을 이용한 운반이 가능하다.
③ 물품이 포장되어야 운반이 가능하다.
④ 다른 기기와 연계하여 사용이 가능하다.
⑤ 원격조정이나 자동제어가 가능하다.

150 다음이 설명하는 하역장비는?

> ㄱ. 카운터 밸런스형 대형 지게차에 컨테이너 4개의 모서리쇠를 끼워 컨테이너를 고정할 수 있는 스프레더나 체결고리가 달린 유압식 지브 혹은 신축형 붐으로 높이를 조절할 수 있는 컨테이너 상하역장비
> ㄴ. 안벽을 따라 설치된 레일 위를 주행하면서 컨테이너를 선박에 적재하거나 하역하는 데 사용되는 장비

① ㄱ : 트랜스퍼 크레인(Transfer Crane), ㄴ : 리치스태커(Reach Stacker)
② ㄱ : 리치스태커(Reach Stacker), ㄴ : 컨테이너 크레인(Container Crane)
③ ㄱ : 스트래들 캐리어(Straddle Carrier), ㄴ : 컨테이너 크레인(Container Crane)
④ ㄱ : 리치스태커(Reach Stacker), ㄴ : 트랜스퍼 크레인(Transfer Crane)
⑤ ㄱ : 스트래들 캐리어(Straddle Carrier), ㄴ : 트랜스퍼 크레인(Transfer Crane)

151 랙(Rack)에 관한 설명으로 옳은 것은?

① 적층 랙(Mezzanine Rack) : 소품종 대량 입출고될 수 있는 물품 보관에 적합하고 적재 공간을 지게차 통로로 활용하여 적재 효율은 높으나 선입후출(先入後出)해야 하는 단점이 있다.
② 모빌 랙(Mobile Rack) : 레일을 이용하여 직선적으로 수평 이동되는 랙으로 통로를 대폭 절약할 수 있어 다품종 소량의 보관에 적합하다.
③ 플로 랙(Flow Rack) : 피킹 시 피커를 고정하고 랙 자체가 회전하는 형태로 다품종소량물품과 가벼운 물품에 많이 이용된다.
④ 회전 랙(Carousel Rack) : 외팔지주걸이 구조로 기본 프레임에 암(Arm)을 결착하여 물품을 보관하는 랙으로 파이프, 가구, 목재 등의 장척물 보관에 적합하다.
⑤ 드라이브 인 랙(Drive-in Rack) : 천정이 높은 창고에서 복층구조로 겹쳐 쌓는 방식으로 물품의 보관 효율과 공간 효용도가 높다.

152 유닛로드 시스템(Unit Load System)의 장점에 관한 설명으로 옳지 않은 것은?

① 물류관리의 시스템화가 용이하여 하역과 수송의 일관화를 가능하게 한다.
② 대규모 자본투자가 필요 없고 유닛로드용의 자재를 관리하기가 쉬워진다.
③ 수송 및 보관업무의 효율적인 운영과 수송포장의 간이화를 가능하게 한다.
④ 하역작업의 혁신을 통해 수송합리화를 도모할 수 있다.
⑤ 호환성이 증대되어 다른 회사와 공동으로 파렛트를 사용하는 등 시스템 연계성을 높일 수 있다.

153

T11 표준파렛트에 500mm × 300mm × 200mm 크기의 물품을 적재하려고 한다. 파렛트 적재방법을 핀휠(Pinwheel) 적재에서 블록(Block) 적재로 변경하면 파렛트의 바닥면적 적재율(또는 표면이용률)은 변경 전과 비교할 때 얼마나 변동하는가? (단, 적재 높이는 200mm를 유지해야 한다.)

① 25% 감소
② 50% 감소
③ 10% 증가
④ 25% 증가
⑤ 50% 증가

154

파렛트 풀 시스템(PPS : Pallet Pool System)에 관한 설명으로 옳지 않은 것은?

① 운영방식으로 TOFC(Trailer On Flat Car) 방식과 COFC(Container On Flat Car) 방식이 있다.
② 운송형태로 기업단위 PPS, 업계단위 PPS, 개방적 PPS가 있다.
③ 전체적인 파렛트 수량이 줄어들어 사회자본이 줄고 물류기기, 시설의 규격화 및 표준화가 촉진된다.
④ 표준화된 파렛트를 화주, 물류업자들이 공동으로 이용하는 제도로서 풀(Pool)조직이 파렛트에 대한 납품, 회수관리, 수리를 담당한다.
⑤ 지역 간 수급해결, 계절적 수요대응, 설비자금 절감을 위하여 필요한 시스템이다.

155

다음의 분류시스템 방식은?

> ㄱ. 레일을 주행하는 연속된 소형 벨트컨베이어를 레일과 교차하는 방향에서 구동시켜 분류하는 방식으로 통신판매, 의약품, 화장품에 많이 사용된다.
> ㄴ. 컨베이어를 주행하는 트레이, 슬라이드에 물품을 적재하였다가 분류되는 순간에 트레이, 슬라이드가 기울어지는 방식으로 고속처리가 가능하지만 중력에 의한 파손품이 발생할 수 있다.
> ㄷ. 컨베이어의 아래 방향에서 분기장치가 튀어나와 분류하는 방식으로 화물의 하부면에 충격을 주는 단점이 있다.
> ㄹ. 외부에 설치된 안내판을 회전시켜 컨베이어에 가이드벽을 만들어 이동시키는 방식으로 화물 형상에 관계없이 분류가 가능하기 때문에 다양한 종류의 화물을 처리하는 데 사용된다.

①	ㄱ : 크로스벨트 방식(Cross−belt Type) ㄴ : 틸팅 방식(Tilting Type) ㄷ : 팝업 방식(Pop−up Type) ㄹ : 다이버터 방식(Diverter Type)
②	ㄱ : 슬라이딩 슈 방식(Sliding Shoe Type) ㄴ : 틸팅 방식(Tilting Type) ㄷ : 팝업 방식(Pop−up Type) ㄹ : 크로스벨트 방식(Cross−belt Type)
③	ㄱ : 크로스벨트 방식(Cross−belt Type) ㄴ : 팝업 방식(Pop−up Type) ㄷ : 틸팅 방식(Tilting Type) ㄹ : 다이버터 방식(Diverter Type)
④	ㄱ : 크로스벨트 방식(Cross−belt Type) ㄴ : 틸팅 방식(Tilting Type) ㄷ : 슬라이딩 슈 방식(Sliding Shoe Type) ㄹ : 다이버터 방식(Diverter Type)
⑤	ㄱ : 틸팅 방식(Tilting Type) ㄴ : 크로스벨트 방식(Cross−belt Type) ㄷ : 팝업 방식(Pop−up Type) ㄹ : 다이버터 방식(Diverter Type)

156 일관파렛트화의 효과에 관한 설명으로 옳지 않은 것은?

① 물류비용이 저렴해진다.
② 운송과 하역 작업시간이 단축된다.
③ 기업 간 물류 시스템의 제휴가 가능해진다.
④ 작업의 기계화가 진행되어 노동환경이 개선된다.
⑤ 과잉생산 방지, 안정된 가동률 유지가 가능해진다.

157 컨테이너 터미널이 연간 100,000TEU의 물동량을 처리하고 있다. 평균장치일수는 10일, 피크 및 분리계수는 각각 1.5, 평균장치단수는 4단일 경우 소요되는 TGS(Twenty-foot Ground Slot) 수는? (단, 연간 영업일수는 365일이다.)

① 771   ② 1,460
③ 1,541   ④ 2,920
⑤ 3,082

158 항만하역기기 중 컨테이너 터미널 하역기기에 해당하지 않는 것은?

① 트랜스퍼 크레인(Transfer Crane)
② 리치스태커(Reach Stacker)
③ 탑 핸들러(Top Handler)
④ 야드 트랙터(Yard Tractor)
⑤ 로딩 암(Loading Arm)

159 포장기법에 관한 설명으로 옳은 것을 모두 고른 것은?

> ㄱ. 방수방습포장 : 식품원료의 생리적 대사과정을 지연시키고 취급과정 중 미생물에 의한 오염을 줄이는 포장기법이다.
> ㄴ. 가스치환포장 : 내용물의 활성화를 정지시키기 위하여 내부를 진공으로 밀봉하는 포장기법이다.
> ㄷ. 완충포장 : 생산 공장에서 최종 소비자까지 전달되는 유통과정에서 받는 외력에서 포장되어 있는 제품의 파손을 방지하고 안전하게 보호하는 포장기법이다.
> ㄹ. 방청포장 : 운송 중이나 보관 중에 제품을 발청이나 부식으로부터 방지하기 위한 포장기법이다.

① ㄱ, ㄴ   ② ㄴ, ㄷ
③ ㄷ, ㄹ   ④ ㄱ, ㄴ, ㄹ
⑤ ㄱ, ㄷ, ㄹ

160 화물의 취급표시(화인) 방법에 관한 설명으로 옳지 않은 것은?

① 스탬핑(Stamping) : 고무인이나 프레스기를 사용하여 찍는 방법으로 종이상자, 골판지상자에 적용된다.

② 태그(Tag) : 종이, 플라스틱판에 표시내용을 기재한 후 철사, 끈으로 매다는 방법이다.

③ 스텐실(Stencil) : 시트에 문자를 파두었다가 붓, 스프레이로 칠하는 방법으로 나무상자, 드럼에 적용된다.

④ 레이블링(Labeling) : 종이나 직포에 필요한 내용을 미리 인쇄해 두었다가 일정한 위치에 붙이는 것으로 통조림, 유리병에 적용된다.

⑤ 스티커(Sticker) : 금속제품에 사용하는 방법으로 주물을 주입할 때 미리 화인을 해 두어 완성 시 화인이 나타나도록 하는 방법이다.

121 제품의 물리적 성질에 근거한 보관 원칙으로 옳은 것을 모두 고른 것은?

ㄱ. 통로대면의 원칙	ㄴ. 회전대응의 원칙
ㄷ. 높이쌓기의 원칙	ㄹ. 형상특성의 원칙
ㅁ. 중량특성의 원칙	ㅂ. 위치표시의 원칙

① ㄱ, ㄴ
② ㄴ, ㄷ
③ ㄷ, ㄹ
④ ㄹ, ㅁ
⑤ ㅁ, ㅂ

122 보관의 기능으로 옳지 않은 것은?

① Link와 Link를 연결하는 기능
② 고객서비스의 접점 기능
③ 집산, 분류, 구분, 조합, 검사 장소의 기능
④ 재화의 물리적 보존과 관리 기능
⑤ 제품에 대한 장소적 효용 창출 기능

123 다음의 설명에 해당하는 물류시설은?

- 화물의 집화 · 하역 및 이와 관련된 분류 · 포장 · 보관 · 가공 · 조립 또는 통관 등에 필요한 기능을 갖춘 물류시설물을 의미한다.
- 복수의 운송수단 간 연계를 할 수 있는 규모 및 시설을 갖춘 장소를 의미한다.
- 터미널, 화물혼재, 정보센터, 환적, 유통보관의 기능을 수행한다.

① 물류센터
② CFS(Container Freight Station)
③ 복합물류터미널
④ 공동집배송단지
⑤ 데포(Depot)

124 다음 중 항만 및 부두에서 사용하는 항만 기기 또는 시설이 아닌 것은?

① 트랜스포터(Transporter)
② 펜더(Fender)
③ 계선주(Bitt)
④ 안벽(Quay)
⑤ 캡스턴(Capstan)

125 ICD(Inland Container Depot)에 관한 설명으로 옳지 않은 것은?

① ICD는 주로 항만터미널과 내륙운송수단과의 연계가 편리한 지역에 위치한다.
② ICD는 장치보관기능, 수출입 통관기능과 선박의 적하 및 양하기능을 수행함으로써 육상운송수단과의 연계를 지원한다.
③ ICD는 항만지역에 비해 창고 · 보관시설용 토지 취득이 쉽고 시설비가 절감되어 보관료가 저렴하다.
④ ICD는 공적권한과 공공설비를 갖추고 있다.
⑤ ICD는 운송거점으로서 대량운송 실현과 공차율 감소를 통해 운송을 합리화하고 신속한 통관을 지원한다.

126 다음이 설명하는 물류시설의 민간투자사업 방식이 올바르게 연결된 것은?

> ㄱ. 민간 사업자가 도로, 철도, 항만 등의 공공 물류시설 건설 후, 소유권을 먼저 국가 또는 지방자치단체에 이전하고 일정 기간 그 시설물을 운영한 수익으로 투자비를 회수하는 투자방식
> ㄴ. 민간 사업자가 도로, 철도, 항만 등의 공공 물류시설 건설 후, 소유권을 먼저 국가 또는 지방자치단체에 이전하고 일정 기간 국가 또는 지방자치단체로부터 임대료를 받아 투자비를 회수하는 투자방식

① ㄱ : BTL(Build Transfer Lease), ㄴ : BTO(Build Transfer Operate)
② ㄱ : BTO(Build Transfer Operate), ㄴ : BOO(Build Own Operate)
③ ㄱ : BOT(Build Operate Transfer), ㄴ : BTL(Build Transfer Lease)
④ ㄱ : BOO(Build Own Operate), ㄴ : BTL(Build Transfer Lease)
⑤ ㄱ : BTO(Build Transfer Operate), ㄴ : BTL(Build Transfer Lease)

127 보세구역에 관한 설명으로 옳지 않은 것은?

① 보세구역은 '세금이 보류된 구역'으로 수출입화물의 관세를 지불하지 않고 운영되는 특별지역이다.

② 보세장치장은 '항만법'에 근거하며, 외국화물을 취급하는 장소이다.

③ 보세창고는 외국물품을 장치하기 위한 구역으로 세관장의 허가를 받은 경우에는 통관되지 않은 내국물품도 장치가 가능하다.

④ 보세장치장에서는 특정무역상을 위해 외국화물을 양륙하여 반출, 반입, 장치할 수 있다.

⑤ 보세구역은 수출입화물의 집화, 분류, 보관, 운송을 위해 세관장이 지정하거나 특허한 장소이다.

128 A회사의 공장과 수요지의 수요량과 좌표가 다음과 같을 때, 무게중심법에 의한 최적의 신규 물류센터 입지는? (단, 계산한 값은 소수점 첫째 자리에서 반올림한다.)

1) 수요량
  • 수요지 1 : 35톤/월
  • 수요지 2 : 15톤/월
  • 수요지 3 : 20톤/월

2) X, Y좌표

구분	X좌표	Y좌표
수요지 1	6	4
수요지 2	3	5
수요지 3	2	3
공장	4	6

① X : 3, Y : 4
② X : 4, Y : 5
③ X : 4, Y : 6
④ X : 5, Y : 5
⑤ X : 6, Y : 4

129 물류센터 설계 시에는 랙(Rack)의 1개 선반당 적재하중기준을 고려해야 한다. 이 기준에 맞게 화물을 적재한 것은?

	중량 랙	중간 랙	경량 랙
①	700kg	400kg	180kg
②	600kg	350kg	140kg
③	500kg	200kg	160kg
④	400kg	300kg	200kg
⑤	300kg	200kg	170kg

130 다음은 연간 처리물동량 1만 톤 기준, 물류시설 A, B, C 세 곳의 연간 고정비와 변동비의 소요예산이다. 물류시설 입지선정에 관한 설명으로 옳은 것은?

구분		A	B	C
고정비	연간 자본비	5,000,000원	4,800,000원	4,900,000원
	연간 연료비	250,000원	270,000원	300,000원
	연간 용수비	50,000원	60,000원	55,000원
	연간 세금	250,000원	400,000원	400,000원
변동비	단위당 하역비	520,000원	500,000원	500,000원
	단위당 재고비	850,000원	900,000원	800,000원
	단위당 운송비	420,000원	350,000원	400,000원

① 연간 처리물동량 1만 톤일 때, 총비용 면에서 가장 경제적인 물류시설은 C이다.
② 연간 처리물동량 2만 톤일 때, 총비용 면에서 가장 경제적인 물류시설은 B이다.
③ 연간 처리물동량 3만 톤일 때, 총비용 면에서 가장 경제적인 물류시설은 A이다.
④ 연간 처리물동량이 증가할수록, 총비용 면에서 가장 경제적인 물류시설은 A이다.
⑤ 연간 처리물동량이 1만 톤일 때는 고정비만 비교하여 물류시설 입지를 선정한다.

131 다음 그림에 해당하는 저장 중심형 창고 내 흐름 유형에 관한 설명으로 옳은 것은?

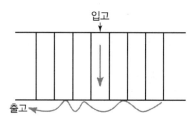

① 재고 종류가 많아질 때, 피킹 순회거리를 짧게 하기 위해 동일 품목을 폭은 좁게, 깊이는 깊게 적치하는 유형
② 선입선출이 많지 않은 소품종다량품의 경우, 적치장 안쪽에서 순서대로 적치해 놓고 출고 시 가까운 곳에서부터 출고하는 유형
③ 선입선출이 필요하게 될 때, 2열 또는 3열의 병렬로 정리하여 입·출고하는 유형
④ 물품을 대량으로 쌓아두면 피킹의 순회거리가 길어지므로 피킹장과 격납장을 분리하여 2단으로 적치하는 유형
⑤ 피킹용 선반 상단부에 예비물품을 파렛트로 적치해 두었다가, 선반 하단부가 비게 되면 상단부의 파렛트를 하단부로 옮겨 놓고 상단부에 새 파렛트를 보충하는 유형

132 배송센터 구축의 이점으로 옳지 않은 것은?

① 수송비 절감 : 수요지에 가까운 배송센터까지 대형차로 수송하고 고객에게는 소형차로 배송하므로 비용이 절감된다.
② 배송 서비스율 향상 : 배송센터에서 고객에게 배송하는 것이 공장에서 고객에게 배송하는 것보다 리드타임이 단축된다.
③ 납품작업의 합리화 : 백화점이나 양판점은 배송센터를 통해 납품작업을 합리화시킨다.
④ 교차수송의 발생 : 각각의 공장에서 제품을 소비지까지 개별 수송하므로 손상, 분실, 오배송이 감소한다.
⑤ 상물분리의 실시 : 배송센터를 활용함으로써 각 영업지점은 상류활동에 전념할 수 있다.

133 랙(Rack)에 관한 설명으로 옳지 않은 것은?

① 파렛트 랙(Pallet Rack) : 포크리프트를 사용하여 파렛트 단위 혹은 선반 단위로 셀마다 격납 보관하는 설비

② 적층 랙(Mezzanine Rack) : 선반을 다층식으로 겹쳐 쌓고 현재 사용하고 있는 높이에서 천장까지의 사이를 이용하는 보관 설비

③ 회전 랙(Carousel Rack) : 입체형이며 소품종 대량 상품을 파렛트 단위로 보관하는 데 적합한 설비

④ 플로우 랙(Flow Rack) : 격납 부분에 레일을 달아 전체가 비스듬히 기울어지게 만든 설비

⑤ 드라이브 인 랙(Drive-in Rack) : 지게차를 가지고 직접 격납 출고를 행하는 설비

134 자재소요계획(MRP : Material Requirement Planning)의 특성에 해당하는 것을 모두 고른 것은?

ㄱ. MRP는 원자재, 부품 등 모든 자재의 소요량 및 소요시기를 역산하여 조달계획을 수립하는 것이다.
ㄴ. MRP는 제조준비비용과 재고유지비용의 균형이 이루어지도록 로트(lot) 크기를 결정한다.
ㄷ. MRP의 제1단계는 직장 개선풍토를 위한 5S(정리, 정돈, 청소, 청결, 습관화)를 추진하는 것이다.
ㄹ. MRP는 로트 크기가 작아서 유휴재고와 창고공간의 감소를 초래한다.
ㅁ. MRP의 우선순위계획은 착수순서와 실시시기를 정하는 것이다.

① ㄱ, ㄴ, ㄷ ② ㄱ, ㄴ, ㅁ
③ ㄱ, ㄷ, ㄹ ④ ㄴ, ㄹ, ㅁ
⑤ ㄷ, ㄹ, ㅁ

135 A업체는 경제적주문량(EOQ : Economic Order Quantity)모형을 이용하여 아래와 같은 조건으로 발주량을 결정하고자 한다. 연간 수요량이 170% 증가하고 연간 단위당 재고유지비용이 10% 감소한다고 할 때, 증감하기 전과 비교하면 EOQ는 얼마나 변동되는가? ($\sqrt{2} = 1.414$, $\sqrt{3} = 1.732$, $\sqrt{4} = 2.236$ 이며, 계산한 값은 소수점 첫째 자리에서 반올림한다.)

• 연간 수요량 : 3,000개
• 1회 주문비용 : 100원
• 연간 단위당 재고유지비용 : 50원

① 14% 증가 ② 17% 증가
③ 22% 증가 ④ 62% 증가
⑤ 73% 증가

136 크로스 도킹(Cross Docking)에 관한 설명으로 옳지 않은 것은?

① 파렛트 크로스 도킹은 일일 처리량이 적을 때 적합한 방식이다.
② 파렛트 크로스 도킹은 기계설비와 정보기술의 도입이 필요하다.
③ 효율적인 크로스 도킹을 위해서는 공급처와 수요처의 정보공유가 필요하다.
④ 크로스 도킹은 창고관리 시스템 영역 중 입·출고 관련 기능에 해당한다.
⑤ 크로스 도킹의 목적은 유통업체에서 발생할 수 있는 불필요한 재고를 제거하는 것이다.

137 유통창고에 관한 설명으로 옳지 않은 것은?

① 유통창고는 원자재와 중간재가 주요 대상 화물이다.
② 유통창고는 자가창고에서 시작하여 공동창고나 배송센터로 발전하고 있다.
③ 유통창고는 수송 면에서 정형적 계획수송이 가능하다.
④ 유통창고는 도매업 및 대중 양판점의 창고가 대표적이다.
⑤ 유통창고는 신속한 배송과 대량생산체제에 대응할 수 있다.

138 2010년부터 2018년까지 A지역의 인구수와 B제품 보관량이 다음과 같을 때, 인구수 변화에 따른 보관량을 예측하고자 한다. 2019년 A지역 인구수가 6.3천 명으로 예측되었을 때, 단순 선형회귀분석법을 통해 2019년 B제품 보관량을 예측한 것은? [단, 2010년부터 2018년까지 인구수와 보관량의 회귀식은 $y = 0.9886x - 0.8295$이며, 결정계수(R^2)는 0.9557로 매우 높은 설명력을 보인다. 계산한 값은 소수점 둘째 자리에서 반올림한다.]

연도	A지역 인구수(천 명)	B제품 보관량(천 대)
2010	3	2
2011	4	3
2012	4	3
2013	5	4
2014	5	5
2015	5	4
2016	6	5
2017	7	6
2018	8	7
2019(예측)	6.3	

① 5.1   ② 5.2
③ 5.3   ④ 5.4
⑤ 5.5

139

ISO의 국제표준규격 20ft와 40ft 컨테이너 내부에 각 1단으로 적재할 수 있는 T-11형 표준 파렛트 최대 개수의 합은?

① 24매   ② 30매
③ 36매   ④ 42매
⑤ 48매

140

창고에 관한 설명으로 옳지 않은 것은?

① 자가창고의 장점은 최적의 창고설계가 가능하다는 것이다.
② 영업창고는 작업시간에 대한 탄력성이 적다는 것이 단점이다.
③ 리스창고는 국가 및 지방자치단체가 공익을 목적으로 건설한 창고이다.
④ 정온창고는 공조기 등으로 온도와 습도를 일정하게 조정 가능한 창고이다.
⑤ 기계화창고는 입하에서 출하까지 자동화되고, 유닛로드로 처리되는 창고이다.

141

다음 중 정성적 수요예측기법으로 옳은 것을 모두 고른 것은?

ㄱ. 회귀분석법	ㄴ. 투입산출모형
ㄷ. 판매원이용법	ㄹ. 전문가조사법
ㅁ. 수명주기유추법	ㅂ. 이동평균법

① ㄱ, ㄴ, ㄷ   ② ㄱ, ㄴ, ㄹ
③ ㄱ, ㅁ, ㅂ   ④ ㄴ, ㄹ, ㅂ
⑤ ㄷ, ㄹ, ㅁ

142 다음과 같이 보관 실적치가 주어졌을 때, 단순이동평균법으로 예측한 9월의 수요는? (단, 이동기간 n = 4를 적용하며, 계산한 값은 소수점 둘째 자리에서 반올림한다.)

월	5	6	7	8	9
보관 실적치	156.6	154.0	152.1	158.6	

① 155.1
② 155.2
③ 155.3
④ 155.4
⑤ 155.5

143 다음과 같은 A회사의 연도별 물동량 처리실적과 예측치가 있다고 할 때, 2018년의 처리실적에 가장 근접한 예측치를 제시할 수 있는 수요예측기법은?

구분	2012년	2013년	2014년	2015년	2016년	2017년	2018년
실적치(만 톤)	44.1	43.1	46.9	45.5	45.2	44.4	49.0
예측치(만 톤)						46.6	
가중치				0.1	0.3	0.6	

① 4년간 이동평균법
② 5년간 이동평균법
③ 3년간 가중이동평균법
④ 평활상수(a) 0.2인 지수평활법
⑤ 평활상수(a) 0.4인 지수평활법

144 JIT(Just In Time) 시스템의 특징에 해당하는 것을 모두 고른 것은?

> ㄱ. JIT 시스템은 한 작업자에게 업무가 할당되는 단일기능공 양성이 필수적이다.
> ㄴ. JIT 시스템은 소량다빈도 배송으로 운송비가 증가한다.
> ㄷ. JIT 시스템은 수요변화에 탄력적인 대처가 가능하다.
> ㄹ. JIT 시스템은 반복적인 생산에 적합하다.
> ㅁ. JIT 시스템은 효과적으로 Push 시스템을 구현한다.

① ㄱ, ㄴ, ㄷ
② ㄱ, ㄷ, ㄹ
③ ㄱ, ㄹ, ㅁ
④ ㄴ, ㄷ, ㄹ
⑤ ㄴ, ㄹ, ㅁ

145 A창고는 처리실적이 지속적으로 저조하였으나, 최근 창고시스템의 고질적인 결함을 개선하면서 처리실적이 급격하게 증가하였다. 이 경우 차기 처리실적을 예측하기 위한 가장 적합한 수요예측방법은?

① 지수평활법   ② 회귀분석법

③ 투입산출모형   ④ 단순이동평균법

⑤ 수명주기예측법

146 하역의 원칙과 그에 관한 설명으로 옳지 않은 것을 모두 고른 것은?

> ㄱ. 최소취급의 원칙 : 취급하는 화물유형을 최소화하여 특정 화물만 집중 관리한다.
> ㄴ. 이동거리 및 시간의 최소화 원칙 : 하역 이동거리를 최소화하여 비용을 절감한다.
> ㄷ. 호환성의 원칙 : 하역작업 공정 간의 연계를 원활하게 한다.
> ㄹ. 활성화의 원칙 : 운반활성지수를 최소화하는 원칙으로 지표와 접점이 작을수록 활성지수는 낮아지며, 하역작업의 효율이 증가한다.
> ㅁ. 취급균형의 원칙 : 하역작업의 공정능력을 파악하여 작업흐름을 비평준화함으로써 효과를 극대화한다.

① ㄱ, ㄴ, ㄷ   ② ㄱ, ㄷ, ㄹ

③ ㄱ, ㄹ, ㅁ   ④ ㄴ, ㄷ, ㄹ

⑤ ㄴ, ㄹ, ㅁ

147 다음 중 Lift on – Lift off 방식의 하역기기가 아닌 것은?

① 지브 크레인(Jib Crane)

② 천장 크레인(Overhead Travelling Crane)

③ 슬랫 크레인(Slat Crane)

④ 케이블 크레인(Cable Crane)

⑤ 컨테이너 크레인(Container Crane)

148 하역시스템을 도입하는 목적에 관한 설명으로 옳지 않은 것은?

① 하역비용의 절감
② 노동환경의 개선
③ 범용성과 융통성의 지양
④ 에너지 또는 자원의 절감
⑤ 고도 운전기능과 안전의 확보

149 항공화물 탑재용기에 관한 설명으로 옳지 않은 것은?

① 항공파렛트는 1인치 이하의 알루미늄 합금으로 만들어진 평판이다.
② 항공파렛트는 화물을 특정 항공기의 내부모양과 일치하도록 탑재 후 망(net)이나 띠(strap)로 묶을 수 있도록 고안된 장비이다.
③ 항공컨테이너는 별도의 보조장비 없이 항공기 화물실에 탑재 및 고정이 가능하도록 제작된 용기이다.
④ 항공컨테이너는 탑재된 화물의 하중을 견딜 수 있는 강도로 제작되고 기체에 손상을 주지 않아야 한다.
⑤ 항공컨테이너와 해상컨테이너는 호환 탑재가 가능하다.

150 하역에 관한 설명으로 옳지 않은 것은?

① 하역은 화물에 대한 시간적 효용과 장소적 효용 창출을 지원한다.
② 하역은 노동집약적인 물류 분야 중의 하나였으나, 최근 기술 발전에 따라 개선되고 있다.
③ 하역은 각종 운반수단에 화물을 싣고 내리기, 보관화물의 창고 내 운반과 격납, 피킹, 분류, 구색관리 등의 작업과 부수작업을 포함한다.
④ 하역은 생산에서 소비까지 전 유통과정의 효용창출과 직접적인 관련이 있으며, 하역의 합리화는 물류합리화에 큰 의미를 가진다.
⑤ 하역은 화물 또는 생산품의 저장과 이동을 말하며, 제조와 품질검사 공정을 포함한다.

151

하역작업에 관한 설명으로 옳은 것을 모두 고른 것은?

> ㄱ. 상·하차작업(Loading & Unloading) : 운송수단에 화물을 싣고 내리는 작업을 말한다.
> ㄴ. 래싱작업(Lashing) : 운송수단에 실린 화물의 손상 방지를 위해 화물 밑이나 틈에 완충재를 끼우는 작업을 말한다.
> ㄷ. 적재작업(Stacking) : 보관시설로 이동하여 정해진 위치와 형태로 쌓는 작업을 말한다.
> ㄹ. 배닝작업(Vanning) : 운송수단에 실린 화물이 움직이지 않도록 줄로 묶는 작업을 말한다.

① ㄱ, ㄴ   ② ㄱ, ㄷ
③ ㄱ, ㄹ   ④ ㄴ, ㄷ
⑤ ㄴ, ㄹ

152

단위적재시스템(ULS : Unit Load System)에 관한 설명으로 옳지 않은 것은?

① 단위적재시스템은 제품이 경박단소화되면서 그 중요성이 점차 감소하고 있다.
② 단위적재시스템을 통해 시간과 비용이 절감되고, 도난 등의 피해가 감소하고 있다.
③ 단위적재시스템을 구축하기 위해서는 수송장비, 하역장비, 창고시설 등의 표준화가 선행되어야 한다.
④ 단위적재시스템을 구축하기 위해서는 포장단위, 거래단위의 표준화가 선행되어야 한다.
⑤ 단위적재시스템은 하역의 기계화를 통한 신속한 적재로 운송수단의 회전율을 향상시킨다.

153

파렛트에 관한 설명으로 옳지 않은 것은?

① 파렛트는 국제표준규격이 정해져 있다.
② 파렛트는 물류합리화의 시발점이 되고 있다.
③ 파렛트를 물류활동의 모든 과정에 사용하여 작업효율을 향상시키는 것을 일관파렛트화(Palletization)라고 한다.
④ 파렛트는 단위적재시스템의 대표적인 용기로 운송, 보관, 하역 등의 효율을 증대시키는 데 적합하다.
⑤ 우리나라 국가표준(KS) 운송용 파렛트에는 T-11형이 있으며, 이는 미국과 유럽의 표준 파렛트와도 동일한 규격이다.

154 오더 피킹(Order Picking)에 관한 설명으로 옳지 않은 것은?

① 존 피킹(Zone Picking)은 여러 피커가 작업범위 공간을 정해두고, 본인이 담당하는 선반의 물품만을 골라 피킹하는 방식이다.

② 릴레이 피킹(Relay Picking)은 피킹전표 중에서 자기가 담당하는 종류만을 피킹하고, 다음 피커에게 넘겨주는 방식이다.

③ 피킹 빈도가 높은 물품일수록 피커의 접근이 쉬운 장소에 저장하는 것이 바람직하다.

④ 파렛트 슬라이딩 랙(Sliding Rack)은 선입선출이 가능하고, 오더 피킹의 효율성이 높은 방식이다.

⑤ 드라이브 인 랙(Drive-in Rack)은 다품종 소량의 제품, 회전율이 높은 제품에 적합한 방식이다.

155 컨베이어에 관한 설명으로 옳지 않은 것은?

① 벨트(Belt) 컨베이어 : 연속적으로 움직이는 벨트를 사용하여 벨트 위에 화물을 싣고 운반하는 기기

② 롤러(Roller) 컨베이어 : 롤러 및 휠을 운반 방향으로 병렬시켜 화물을 운반하는 기기

③ 진동(Vibrating) 컨베이어 : 철판의 진동을 통해 부품 등을 운반하는 기기

④ 스크루(Screw) 컨베이어 : 스크루상에 철판을 삽입하고 이를 회전시켜 액체화물 종류를 운반하는 기기

⑤ 플로우(Flow) 컨베이어 : 파이프 속 공기나 물의 흐름을 이용하여 화물을 운반하는 기기

156 포장에 관한 설명으로 옳지 않은 것은?

① 포장의 간소화로 포장비를 절감할 수 있다.

② 포장은 생산의 마지막 단계이며, 물류의 시작 단계에 해당된다.

③ 한국산업표준(KS)에 따르면 포장은 낱포장(Item packaging), 속포장(Inner packaging), 겉포장(Outer packaging)으로 분류된다.

④ 상업포장은 상품의 파손을 방지하고, 물류비를 절감하는 데 초점을 두고 있다.

⑤ 반강성포장(Semi-rigid packaging)의 포장재료는 골판지상자, 접음상자, 플라스틱 보틀 등이다.

157 파렛트의 적재방법 중에서 동일한 단에서는 물품을 가로·세로로 조합해 쌓으며, 다음 단에서는 방향을 180° 바꾸어 교대로 겹쳐 쌓는 방법은?

① 블록(Block)형 적재
② 벽돌(Brick)형 적재
③ 핀휠(Pinwheel) 적재
④ 스프리트(Split) 적재
⑤ 교호(Alternative)열 적재

158 물류모듈(Module)에 관한 설명으로 옳지 않은 것은?

① 물류모듈의 치수구조는 분할계열치수와 배수계열치수로 구분할 수 있다.
② 운송의 모듈화 대상으로는 트럭이나 화차, 컨테이너 선박 등과 같은 운송 수단들이 해당된다.
③ 분할계열치수는 PVS(Plan View Size : 1,140×1,140mm)를 기준으로 한 치수를 의미한다.
④ 물류모듈이란 물류합리화와 표준화를 위해 기준척도 및 단위구성 요소를 수치적으로 연계시키는 것을 말한다.
⑤ 물류모듈화란 물류시스템을 구성하는 각종 요소인 물류시설 및 장비들의 규격이나 치수가 일정한 배수나 분할관계로 집합되어 있는 집합체를 말한다.

159 다음의 화물 취급표시가 의미하는 것은?

① Stacking Limitation
② Protect from Heat
③ Unstable
④ Center of Gravity
⑤ Do Not Roll

160 파렛트 풀(Pallet Pool)에 관한 설명으로 옳지 않은 것은?

① 파렛트의 장거리 회송이 필요하다.
② 파렛트의 규격 표준화가 필요하다.
③ 물류합리화와 물류비 절감이 가능하다.
④ 지역적, 계절적 수요에 대응이 가능하다.
⑤ 파렛트 규격에 맞는 포장규격의 변경이 필요하다.

121 보관의 원칙으로 옳지 않은 것을 모두 고른 것은?

> ㄱ. 중량특성의 원칙은 물품의 중량에 따라 보관 장소의 높이를 결정하는 원칙이다.
> ㄴ. 회전대응의 원칙은 보관할 물품의 장소를 입출고 빈도에 따라 달리하는 원칙이다.
> ㄷ. 통로대면의 원칙은 창고 내의 원활한 화물의 흐름과 활성화를 위해 동일한 종류의 물품을 동일한 장소에 보관하는 원칙이다.
> ㄹ. 네트워크 보관의 원칙은 시각적으로 보관물품을 용이하게 식별할 수 있도록 보관하는 원칙이다.
> ㅁ. 선입선출의 원칙은 수요가 많은 제품을 먼저 출고한다는 원칙이다.

① ㄱ, ㄴ, ㄹ   ② ㄱ, ㄷ, ㅁ

③ ㄴ, ㄷ, ㄹ   ④ ㄴ, ㄷ, ㅁ

⑤ ㄷ, ㄹ, ㅁ

122 포장에 관한 설명으로 옳지 않은 것은?

① 포장 디자인의 3요소는 선, 형, 색채이다.

② 상업포장의 기본 기능은 판매촉진기능이다.

③ 완충포장은 외부로부터 전달되는 힘과 충격으로부터 상품의 내·외부를 보호하기 위함이다.

④ 포장합리화의 시스템화 및 단위화 원칙은 물류의 모든 활동이 유기적으로 연결되도록 시스템화하며, 포장화물의 단위화를 통해 포장의 합리화를 추구하는 것이다.

⑤ 적정포장의 목적은 상품의 품질보전, 취급의 편의성 등 포장 물류 본연의 기능 최대화이므로 포장 비용은 중요한 고려 사항이 아니다.

123 물류센터의 기능 및 역할에 관한 설명으로 옳지 않은 것은?

① 공급자와 수요자의 중간에 위치하여 수요와 공급을 통합하고 계획하여 효율화를 높이는 시설이다.

② 물류센터의 규모는 목표 재고량을 우선 산정한 후 서비스 수준에 따라서 결정된다.

③ 물류센터의 설계 시 제품의 특성, 주문 특성, 설비 특성 등이 고려되어야 한다.

④ 물류센터의 입지 선정 시 경제적, 자연적, 입지적 요인 등을 고려해야 한다.

⑤ 물류센터 입지의 결정에 있어서 관련 비용의 최소화를 고려해야 한다.

124 물류센터 수가 증가함에 따라 발생하는 관리 요소의 변화로 옳지 않은 것은?

① 시설투자비용은 지속적으로 증가한다.

② 납기준수율이 증가한다.

③ 수송 비용은 증가한다.

④ 배송의 횟수가 증가하므로 배송 비용은 증가한다.

⑤ 물류센터 수가 증가하므로 총 안전재고량은 증가한다.

125 다음이 설명하는 물류시설은?

> • 수출 시, LCL(Less than Container Load) 화물을 특정 장소에 집적하였다가 목적지별로 선별하여 하나의 컨테이너에 적입함
> • 수입 시, 혼재화물을 컨테이너로부터 인출하고 목적지별로 선별하여 수화인에게 인도함

① CFS(Container Freight Station)

② 스톡 포인트(Stock Point)

③ 보세구역

④ 데포(Depot)

⑤ ICD(Inland Container Depot)

126 공동집배송단지의 운영효과에 관한 설명으로 옳지 않은 것은?

① 배송물량을 통합하여 계획 배송하므로 차량의 적재 효율을 높일 수 있다.

② 공동집배송단지를 사용하는 업체들의 공동 참여를 통해 대량 구매 및 계획 매입이 가능하다.

③ 보관 수요를 통합 관리함으로써 업체별 보관 공간 및 관리 비용의 절감이 가능하다.

④ 혼합배송이 가능하여 차량의 공차율이 증가한다.

⑤ 물류 작업의 공동화를 통해 물류비 절감 효과가 있다.

127 양면 골판지의 한쪽 면에 편면 골판지를 접합한 형태로서 비교적 무겁고 손상되기 쉬운 제품 혹은 청과물과 같은 수분을 포함하고 있는 제품 포장에 적합한 골판지는?

① 편면 골판지　　　　　　　　　　② 이중 양면 골판지

③ 양면 골판지　　　　　　　　　　④ 삼중 골판지

⑤ 삼중 양면 골판지

128 다음 설명과 일치하는 화물의 취급표시(화인) 방법으로 옳은 것은?

ㄱ. 기름기가 많은 종이 등에 문자를 파 두었다가 붓이나 스프레이를 사용하여 칠하면 화인이 새겨지는 방법

ㄴ. 표시 내용을 기재한 판(종이, 알루미늄 등)을 철사나 끈 등으로 매는 방법

ㄷ. 고무인이나 프레스기 등으로 찍는 방법

ㄹ. 종이나 직포 등에 필요한 내용을 미리 인쇄해 두었다가 일정한 위치에 붙이는 방법

---

① ㄱ : 스텐실(Stencil), ㄴ : 태그(Tag), ㄷ : 스탬핑(Stamping), ㄹ : 레이블링(Labeling)

② ㄱ : 스탬핑(Stamping), ㄴ : 카빙(Carving), ㄷ : 태그(Tag), ㄹ : 스티커(Sticker)

③ ㄱ : 스텐실(Stencil), ㄴ : 스티커(Sticker), ㄷ : 스탬핑(Stamping), ㄹ : 카빙(Carving)

④ ㄱ : 스탬핑(Stamping), ㄴ : 태그(Tag), ㄷ : 카빙(Carving), ㄹ : 스텐실(Stencil)

⑤ ㄱ : 스탬핑(Stamping), ㄴ : 태그(Tag), ㄷ : 스텐실(Stencil), ㄹ : 카빙(Carving)

129 A사는 현재 2곳의 공장에서 다른 제품을 생산하여 3곳의 수요처에 각각 제품을 공급하고 있다. 물류센터 한 곳을 신축하여 각 공장에서는 물류센터로 운송을 하고, 물류센터에서 3곳의 수요처로 운송할 계획이다. 물류센터와 기존 시설과의 예상되는 1일 운송 빈도는 아래 표와 같으며, 거리는 직각거리(Rectilinear Distance)로 가정한다. 총 이동거리($\sum_{i=1}^{n} W_i *$ $|x - a_i| + |y - b_i|$)를 최소화시키는 신규 물류센터의 최적 위치는?

물류센터의 위치	기존 시설			
	i	시설명	위치 (a_i, b_i)	물류센터와의 1일 운송 빈도(W_i)
	1	공장1	(2, 1)	6
	2	공장2	(12, 7)	5
(x, y)	3	수요처1	(4, 5)	2
	4	수요처2	(7, 8)	4
	5	수요처3	(10, 2)	6

① $(x, y) = (6.0,\ 4.0)$
② $(x, y) = (6.2,\ 3.6)$
③ $(x, y) = (7.0,\ 2.0)$
④ $(x, y) = (7.0,\ 5.0)$
⑤ $(x, y) = (7.8,\ 3.7)$

130 물류센터의 설립을 위한 입지 결정단계에서 우선적으로 고려해야 할 사항이 아닌 것은?

① 토지 구입가격
② 해당 지역의 세금정책 및 유틸리티(전기, 상하수도, 가스 등) 비용
③ 해당 지역의 가용노동인구 및 평균 임금수준
④ 물류센터 내부 레이아웃
⑤ 각종 법적 규제사항

131 다음은 제조업에서 모기업과 부품공급을 하는 협력업체 사이의 물류효율화 방식에 관한 내용이다. 공동순회납품, 서열(Sequence) 공급, Set(혹은 Kit) 공급 방식의 설명을 순서대로 옳게 나열한 것은?

ㄱ. 모기업에서 혼류생산되는 제품들의 생산순서에 맞도록 부품업체가 해당 부품을 순서대로 대차에 담아 공급하는 방식
ㄴ. 부품업체와 모기업 사이에 물류센터(창고)를 설치하여 제품 1대 생산에 필요한 모든 부품들을 사전에 별도 용기에 담아서 모기업 생산현장에 공급하는 방식
ㄷ. 부품업체들이 교대로 여러 부품업체들을 순회하여 모기업에 부품을 공동납품함으로써 모기업의 납품주기 단축에 대응하는 방식
ㄹ. 협력업체에서 모기업에 직접 부품을 납품하지 않고 물류전문회사를 이용하여 납품하는 방식

① ㄴ, ㄷ, ㄹ
② ㄷ, ㄱ, ㄴ
③ ㄷ, ㄱ, ㄹ
④ ㄷ, ㄴ, ㄱ
⑤ ㄹ, ㄴ, ㄱ

132 유닛로드의 종류 또는 크기를 결정하기 위해 고려해야 할 요인이 아닌 것은?

① 적재화물의 형태, 무게
② 적재화물의 적재 형태
③ 유닛로드의 운송수단
④ 창고 조명의 밝기
⑤ 하역장비의 종류와 특성

133 1,100mm × 1,100mm의 표준파렛트에 가로 20cm, 세로 30cm, 높이 15cm의 동일한 종이박스를 적재하려고 한다. 만일 파렛트의 적재 높이를 17cm 이하로 유지해야 한다고 할 때, 최대 몇 개의 종이박스를 적재할 수 있는가?

① 18개
② 19개
③ 20개
④ 21개
⑤ 22개

134 24시간 운영하는 물류센터에 들어오는 트럭은 1일 평균 240대로 도착시간 간격은 평균 6분으로 예상하고 있다. 트럭이 물류센터에서 상 · 하차 작업을 하는 데 소요되는 시간은 평균 3시간이다. 물류센터에 트럭이 도착했을 때 가용한 도크가 없다면 트럭은 빈 도크가 나올 때까지 주차장에서 대기해야 하는데, 고객서비스 차원에서 도착 즉시 도크를 사용할 수 있는 확률을 80% 이상으로 유지하려고 한다. 이에 관한 내용으로 옳지 않은 것은?

① 트럭의 도착시간 간격이 정확히 6분(상수)이고, 차량당 상 · 하차시간이 정확히 3시간(상수) 걸린다면 이론적으로 필요한 도크의 수는 30개로 안전계수를 고려할 필요가 없다.

② 상 · 하차시간은 3시간(상수)이지만 도착시간 간격이 평균 6분, 표준편차가 1분인 확률분포를 따른다면 도크의 수는 30개보다 커야 한다.

③ 상 · 하차시간은 3시간(상수)이지만 도착시간 간격이 평균 6분, 표준편차가 0.1분인 확률분포를 따른다면 도크의 수는 30개보다 작아도 된다.

④ 도착시간 간격이 평균 6분인 확률분포를 따르고 상 · 하차시간도 평균 3시간인 확률분포를 따른다면 도크의 수는 30개보다 커야 한다.

⑤ 도착시간 간격은 6분(상수)을 유지한 상황에서 상 · 하차시간을 2.5시간(상수)로 감소시킬 수 있다면 도크의 수는 30개보다 작아도 된다.

135 파렛트 풀 시스템에 관한 설명으로 옳지 않은 것은?

① 리스 · 렌탈방식을 이용하면 송화주는 공파렛트의 회수에 대해 신경을 쓸 필요가 없다.

② 파렛트 풀 시스템에서도 지역 간에 이동하는 파렛트 수량에 균형이 맞지 않기 때문에 공파렛트를 재배치해야 하는 문제점은 발생한다.

③ 많은 기업에서는 파렛트를 일회용 소모품으로 생각하는 경우가 많은데 풀 시스템을 활용함으로써 친환경물류시스템 구축에도 도움이 된다.

④ 파렛트 즉시교환방식은 화차에 화물이 적재된 파렛트를 선적하면 즉시 동일한 형태, 크기, 품질을 가지는 파렛트를 선적된 수량만큼 송화주에게 돌려주는 방식이다.

⑤ 대차결재방식은 즉시교환방식의 단점을 개선하기 위해 고안된 방식으로 현장에서 즉시 파렛트를 교환하지 않고 일정 시간 내에 동일한 수량의 파렛트를 해당 철도역에 반환하도록 하는 방식이다.

136 일관파렛트화에 관한 설명으로 옳은 것을 모두 고른 것은?

> ㄱ. 일관파렛트화는 화물이 송화인으로부터 수화인에게 도착할 때까지 전 운송과정을 동일한 파렛트를 이용하여 운송하는 것을 의미한다.
> ㄴ. 일관파렛트화를 한다면 표준파렛트를 사용하지 않아도 된다.
> ㄷ. 일관파렛트화에 적용되는 개념은 유닛로드를 컨테이너로 하였을 경우에도 그대로 적용될 수 있다.

① ㄱ
② ㄱ, ㄴ
③ ㄱ, ㄷ
④ ㄴ, ㄷ
⑤ ㄱ, ㄴ, ㄷ

137 자동화창고에서 물품의 보관위치를 결정하는 방식에 관한 설명으로 옳지 않은 것은?

① 지정위치보관(Dedicated Storage)방식은 일반적으로 전체 보관소요 공간을 많이 차지한다.
② 지정위치보관(Dedicated Storage)방식은 일반적으로 품목별 보관소요 공간과 단위시간당 평균 입출고 횟수를 고려하여 보관위치를 사전 지정하여 운영한다.
③ 임의위치보관(Randomized Storage)방식은 일반적으로 전체 보관소요 공간을 적게 차지한다.
④ 등급별보관(Class-based Storage)방식은 보관품목의 입출고 빈도 등을 기준으로 등급을 설정하고, 동일 등급 내에서는 임의보관하는 방식으로 보관위치를 결정한다.
⑤ 근거리 우선보관(Closest Open Location Storage)방식은 지정위치보관(Dedicated Storage)방식의 대표적 유형이다.

138 완성품 배송센터의 규모를 결정하기 위한 목적으로 보관 품목의 2020년 수요를 예측하고자 한다. 2018년 수요 예측치와 실적치, 2019년 실적치가 아래의 표와 같다고 가정할 때, 평활상수(α) 0.4인 지수평활법을 활용한 2020년의 수요 예측치는?

구분	2018년	2019년
실적치(개)	200	300
수요 예측치(개)	250	−

① 256개
② 258개
③ 260개
④ 262개
⑤ 264개

139 DAS(Digital Assort System)에 관한 설명으로 옳지 않은 것은?

① 물품 보관셀에 표시기(display)를 설치하고 피킹작업자가 방문하여 표시량만큼을 피킹한다.

② 보관장소와 주문별 분배장소가 별도로 필요하다.

③ 소품종 대량출하에 더 적합하다.

④ 고객별 주문 상품을 합포장하기에 적합한 분배시스템이다.

⑤ 주문처별로 분배하는 파종식으로 볼 수 있다.

140 랙(Rack)에 관한 설명으로 옳지 않은 것은?

① 파렛트 랙(Pallet Rack)은 주로 파렛트에 쌓아 올린 물품의 보관에 이용한다.

② 캔틸레버 랙(Cantilever Rack)은 외팔지주걸이 구조로 기본 프레임에 암(Arm)을 결착하여 화물을 보관하는 랙으로 파이프, 목재 등 장척물 보관에 적합하다.

③ 유동 랙(Flow Rack)은 화물을 한쪽 방향에서 넣으면 중력을 이용하여 순서대로 쌓이며, 인출할 때는 반대 방향에서 화물을 출고하는 랙으로 선입선출에 유용하다.

④ 드라이브 인 랙(Drive-in Rack)은 선반을 다층식으로 겹쳐 쌓고, 현재 사용하고 있는 높이에서 천장까지의 사이를 이용하는 보관 설비로서 보관효율과 공간활용도가 높다.

⑤ 모빌 랙(Mobile Rack)은 레일을 이용하여 직선적으로 수평 이동되는 랙으로 통로를 대폭 절약할 수 있어 다품종 소량의 보관에 적합하다.

141 창고관리시스템(WMS : Warehouse Management System)에 관한 설명으로 옳지 않은 것은?

① 다품종 소량생산 품목보다 소품종 대량생산 품목의 창고관리에 더 효과적이다.

② RFID/Barcode 등과 같은 자동인식 장치, 무선통신, 자동 제어 방식 등의 기술을 활용한다.

③ 재고 정확도, 공간·설비 활용도, 제품처리능력, 재고회전률, 고객서비스, 노동·설비 생산성 등이 향상된다.

④ 입하, 피킹, 출하 등의 창고 업무 프로세스를 효율적으로 관리하는 데 사용되는 시스템이다.

⑤ 자동발주, 주문 진척관리, 창고 물류장비의 생산성 분석 등에 효과적이다.

142 오더 피킹(Order Picking) 방식에 관한 설명으로 옳지 않은 것은?

① 릴레이(Relay) 방식 : 여러 사람의 피커가 각각 자신이 분담하는 물품의 종류나 작업 범위를 정해놓고 피킹하여 다음 피커에게 넘겨주는 방식이다.

② 존피킹(Zone Picking) 방식 : 여러 사람의 피커가 각각 자기가 분담하는 작업 범위에서 물품을 피킹하는 방식이다.

③ 1인 1건 방식 : 1인의 피커가 1건의 주문전표에서 요구하는 물품을 피킹하는 방식이다.

④ 일괄 오더 피킹 방식 : 한 건의 주문마다 물품을 피킹해서 모으는 방식으로 1인 1건 방식이나 릴레이 방식으로도 할 수 있다.

⑤ 총량 피킹 방식 : 한나절이나 하루의 주문전표를 모아서 피킹하는 방식이다.

143 자동창고시스템에서 수직과 수평방향으로 동시에 이동 가능하고, 수평으로 초당 2m, 수직으로 초당 1m의 속도로 움직이는 스태커 크레인(Stacker Crane)을 활용한다. 이 스태커 크레인이 지점 A(60, 15)에서 지점 B(20, 25)로 이동할 때 소요되는 시간은? [단, (X, Y)는 원점으로부터의 거리(m)를 나타낸다.]

① 10초　　　　　　　　　　② 15초
③ 20초　　　　　　　　　　④ 25초
⑤ 30초

144 창고의 형태 및 기능에 관한 설명으로 옳지 않은 것은?

① 생산과 소비의 거리 조정을 통해 거리적 효용을 창출한다.

② 창고의 형태로는 단층창고, 다층창고, 입체자동창고 등이 있다.

③ 소비지에 가깝게 위치하며, 소단위 배송을 위한 물류시설을 배송센터라고 한다.

④ 물건을 보관하여 재고를 확보함으로써 품절을 방지하고 신용을 증대시키는 기능을 수행한다.

⑤ 물품의 수급을 조정하여 가격안정을 도모하는 기능을 수행한다.

145 재고관리에서 재고 품목수와 매출액에 따라 품목을 특정 그룹별로 구분하여 집중적으로 관리한다면 업무 효율화가 보다 더 용이하다는 전제로 기업에서 보편적으로 사용되고 있는 분석기법은?

① ABC분석   ② PQ분석
③ DEA분석   ④ VE분석
⑤ AHP분석

146 물류 측면에서 재고관리의 기능이 아닌 것은?

① 수급적합기능   ② 생산의 계획·평준화기능
③ 경제적 발주기능   ④ 운송합리화 기능
⑤ 제조·가공기능

147 재고관리시스템에서 재주문점(Reorder Point)을 관리하는 방식이 아닌 것은?

① MRP시스템
② s-S재고시스템
③ 정량발주시스템
④ 투빈시스템(Two Bin System)
⑤ 미니맥스시스템(Mini-Max System)

148 JIT를 도입하여 운영 중인 공장 내부의 A작업장에서 가공된 M부품은 B작업장으로 보내져 여기서 또 다른 공정을 거친다. B작업장은 시간당 300개의 M부품을 필요로 한다. 용기 하나에는 10개의 M부품을 담을 수 있다. 용기의 1회 순회시간은 0.7시간이다. 물류담당자는 시스템 내의 불확실성으로 인해 20%의 안전재고가 필요하다고 판단하였다. 작업장 A와 B 간에 필요한 부품용기의 수는 최소 몇 개인가?

① 21개   ② 23개
③ 26개   ④ 30개
⑤ 34개

149 K사에서 30일이 지난 후 철도차량 정비품 A의 1일 수요의 표준편차와 조달기간을 조사해보니 이전보다 표준편차는 8에서 4로 감소되었고, 조달기간은 4일에서 9일로 증가되었다. 정비품 A의 안전재고수준은 어떻게 변동되는가? (단, 다른 조건은 동일하다.)

① 기존 대비 75% 감소 ② 기존 대비 25% 감소
③ 변동 없음 ④ 기존 대비 25% 증가
⑤ 기존 대비 75% 증가

150 경제적 주문량 모형(EOQ)의 기본 전제조건(또는 가정)이 아닌 것은?

① 수요율이 일정하고 연간 수요량이 알려져 있다.
② 조달기간은 일정하며, 주문량은 전량 일시에 입고된다.
③ 대량주문에 따른 구입 가격 할인은 없다.
④ 모든 수요는 재고 부족 없이 충족된다.
⑤ 재고 유지에 소요되는 비용은 평균재고량에 반비례한다.

151 JIT 시스템의 도입 목표 및 효과가 아닌 것은?

① 제조준비시간의 단축 ② 재고량의 감축
③ 리드타임의 단축 ④ 불량품의 최소화
⑤ 가격의 안정화

152 K사의 B자재에 대한 소요량을 MRP시스템에 의해 산출한 결과, 필요량이 12개로 계산되었다. 주문 Lot Size가 10개이고 불량률을 20%로 가정할 때, 순소요량(Net Requirement)과 계획오더량(Planned Order)은 각각 얼마인가?

① 12개, 12개 ② 12개, 20개
③ 15개, 15개 ④ 15개, 20개
⑤ 15개, 30개

153 어느 상점에서 판매되는 제품과 관련된 자료는 아래와 같다. 경제적 주문량 모형(EOQ)에 의한 정량발주 재고정책을 취할 때 연간 최적 주문 주기는? (단, 1년은 365일로 계산한다.)

> • 연간 수요 : 2,000단위
> • 연간 단위당 재고유지비용 : 200원
> • 1회 주문비용 : 2,000원

① 32.5일   ② 36.5일

③ 40.5일   ④ 44.5일

⑤ 48.5일

154 무인 운반기기의 제어방식에 따른 유형으로 옳은 것은?

① 자기 인도방식(Magnetic Guidance Method)은 자동 주행하는 운반기기의 경로를 제어하는 방식으로 바닥에 테이프나 페인트 선을 그려 페인트와 테이프를 광학센서로 식별하여 진로를 결정하는 방식이다.

② 광학식 인도방식(Optical Guidance Method)은 인도용 동선이 바닥에 매설되어 있어서 저주파가 흐르는 동선을 따라 2개의 탐지용 코일로 탐지하여 자동 주행하는 방식이다.

③ 전자기계 코딩방식(Electro Mechanical Coding Method)은 트레이에 자기로 코드화한 철판을 붙이고 이를 자기 판독 헤드로 읽게 함으로써 컴퓨터에 정보를 전달하여 제어하는 방식이다.

④ 레이저 스캐닝방식(Laser Scanning Method)은 상자에 붙어 있는 바코드 라벨을 정 위치에서 스캐너로 판독하고 컴퓨터에 정보를 전달하여 제어하는 방식이다.

⑤ 자기 코딩방식(Magnetic Coding Method)은 카드 삽입구에 행동지시용 카드를 먼저 삽입, 컴퓨터에 정보를 제공하여 제어하는 방식이다.

155 합리적인 하역의 원칙에 관한 설명으로 옳지 않은 것은?

① 활성화의 원칙 : 운반활성 지수의 최대화를 지향함

② 인터페이스의 원칙 : 공정 간의 접점을 원활히 함

③ 중력이용의 원칙 : 인력작업을 기계화로 대체함

④ 이동거리(시간) 최소화의 원칙 : 하역작업의 이동거리(시간)를 최소화함

⑤ 시스템화의 원칙 : 시스템 전체의 밸런스를 염두에 두고 시너지 효과를 올리기 위함

156 선박에 화물을 싣고 내리는 작업으로 작업방식에 따라 접안 하역과 해상 하역으로 나눌 수 있는 작업은?

① Assembling
② Discharging
③ Devanning
④ Lashing
⑤ Packing

157 컨테이너터미널에서 사용되는 하역장비에 관한 설명으로 옳지 않은 것은?

① 리치 스태커(Reach Stacker)는 장비의 회전 없이 붐에 달린 스프레더만을 회전하여 컨테이너를 이적 또는 하역하는 장비이다.
② 무인운반차량(Automated Guided Vehicle)은 무인으로 컨테이너를 이송하는 장비이다.
③ 야드 트랙터(Yard Tractor, Y/T)는 야드에서 컨테이너를 이동·운송하는 데 사용되는 이동장비로서 일반 도로 운행이 가능한 장비이다.
④ 스트래들 캐리어(Straddle Carrier)는 컨테이너터미널에서 컨테이너를 마샬링 야드로부터 에이프런 또는 CY 지역으로 운반 및 적재할 경우에 사용되는 장비이다.
⑤ 윈치크레인(Winch Crane)은 차체를 이동 및 회전시키면서 컨테이너트럭이나 플랫 카(Flat Car)로부터 컨테이너를 하역하는 장비이다.

158 전용부두에 접안하여 언로더(Unloader)나 그래브(Grab), 컨베이어벨트를 통해 야적장에 야적되며, 스태커(Stacker) 또는 리클레이머(Reclaimer), 트랙호퍼(Track Hopper) 등을 이용하여 상차 및 반출되는 화물은?

① 고철
② 석탄 및 광석
③ 양회(시멘트)
④ 원목
⑤ 철재 및 기계류

159 공항에서 항공화물을 운반 또는 하역하는 데 사용되지 않는 장비는?

① 이글루(Igloo)
② 트랜스포터(Transporter)
③ 트랜스퍼 크레인(Transfer Crane)
④ 돌리(Dolly)
⑤ 터그 카(Tug Car)

160 항만컨테이너터미널에서 컨테이너 적재를 위해 사용되는 하역장비가 아닌 것은?

① 탑핸들러(Top Handler)

② OHBC(Over Head Bridge Crane)

③ RTGC(Rubber-Tired Gantry Crane)

④ RMGC(Rail-Mounted Gantry Crane)

⑤ 하이 리프트 로더(High Lift Loader)

121 보관의 기능에 관한 설명으로 옳지 않은 것은?

① 재화의 물리적 보존과 관리 기능
② 제품의 거리적, 장소적 효용을 높이는 기능
③ 운송과 배송을 원활하게 하는 기능
④ 생산과 판매와의 조정 또는 완충 기능
⑤ 집산, 분류, 구분, 조합, 검사의 장소적 기능

122 보관의 원칙에 관한 설명으로 옳은 것을 모두 고른 것은?

> ㄱ. 회전대응의 원칙 : 보관할 물품의 위치를 입출고 빈도에 따라 달리하며 빈도가 높은 물품은 출입구 가까이에 보관한다.
> ㄴ. 중량특성의 원칙 : 중량에 따라 보관장소를 하층부와 상층부로 나누어 보관한다.
> ㄷ. 형상특성의 원칙 : 동일 품목은 동일 장소에, 유사품은 인접장소에 보관한다.
> ㄹ. 통로대면의 원칙 : 작업의 효율성을 위하여 보관물품의 장소와 선반번호 등 위치를 표시하여 보관한다.
> ㅁ. 네트워크 보관의 원칙 : 연대출고가 예상되는 관련품목을 출하가 용이하도록 모아서 보관한다.

① ㄱ, ㄴ, ㄷ   ② ㄱ, ㄴ, ㄹ
③ ㄱ, ㄴ, ㅁ   ④ ㄴ, ㄷ, ㅁ
⑤ ㄷ, ㄹ, ㅁ

123 하역에 관한 설명으로 옳지 않은 것은?

① 운송 및 보관에 수반하여 발생하는 부수작업을 총칭한다.

② 화물에 대한 시간적 효용과 장소적 효용 창출을 지원한다.

③ 물류기술의 발달로 인해 노동집약적인 물류활동이 자동화 및 무인화로 진행되고 있다.

④ 하역은 항만, 공항, 철도역 등 다양한 장소에서 수행되고 있으나 운송과 보관을 연결하는 기능은 갖고 있지 않다.

⑤ 생산에서 소비까지 전 유통과정에서 발생하는 하역작업의 합리화는 물류합리화에 중요한 요소이다.

124 하역의 기본원칙이 아닌 것을 모두 고른 것은?

ㄱ. 최대 취급의 원칙	ㄴ. 경제성의 원칙
ㄷ. 중력이용의 원칙	ㄹ. 이동거리 및 시간의 최대화 원칙
ㅁ. 화물 단위화의 원칙	

① ㄱ, ㄴ
② ㄱ, ㄹ
③ ㄴ, ㄷ
④ ㄴ, ㅁ
⑤ ㄷ, ㅁ

125 다음이 설명하는 컨테이너 하역작업 용어는?

화물을 창고나 야드 등 주어진 시설과 장소에 정해진 형태와 순서로 정돈하여 쌓는 작업이며 하역 효율화에 크게 영향을 준다.

① 래싱(Lashing)
② 배닝(Vanning)
③ 디배닝(Devanning)
④ 스태킹(Stacking)
⑤ 더니징(Dunnaging)

126 하역 기계화에 관한 설명으로 옳지 않은 것은?

① 하역 분야는 물류활동 중에서 가장 기계화 수준이 높으며, 인력의존도가 낮은 분야이다.

② 파렛트화에 의한 하역 기계화는 주로 물류비의 절감을 위하여 도입한다.

③ 하역 기계화 효과를 높이기 위해서는 물동량과 인건비 수준을 고려하여 도입해야 한다.

④ 액체 및 분립체 등 인력으로 하기 힘든 화물의 경우 기계화 필요성은 더욱 증대된다.

⑤ 하역 기계화를 촉진하기 위해서는 하역기기의 개발과 정보시스템을 통합한 하역자동화시스템 구축이 필요하다.

127 항공화물 탑재방식에 관한 설명으로 옳지 않은 것은?

① 살화물 탑재방식은 개별화물을 항공전용 컨테이너에 넣은 후 언로더(Unloader)를 이용하여 탑재하는 방식이다.

② 살화물 탑재방식은 단시간에 집중적으로 작업해야 하는 화물탑재에 적합한 방식이다.

③ 살화물 탑재방식에서는 트랙터(Tractor)와 카고 카트(Cargo Cart)가 주로 사용된다.

④ 파렛트 탑재방식은 기본적인 항공화물 취급 방법이며, 파렛트화된 화물을 이글루(Igloo)로 씌워서 탑재하는 방식이다.

⑤ 컨테이너 탑재방식은 항공기 내부구조에 적합한 컨테이너를 이용하여 탑재하는 방식이다.

128 크레인에 관한 설명으로 옳지 않은 것은?

① 크레인은 천정크레인(Ceiling Crane), 갠트리크레인(Gantry Crane), 집크레인(Jib Crane), 기타 크레인 등으로 구분된다.

② 갠트리크레인은 레일 위를 주행하는 방식이 일반적이나, 레일 대신 타이어로 주행하는 크레인도 있다.

③ 스태커크레인(Stacker Crane)은 고층랙 창고 선반에 화물을 넣고 꺼내는 크레인의 총칭이다.

④ 언로더(Unloader)는 천정에 설치된 에이치빔(H-beam)의 밑 플랜지에 전동 체인블록 등을 매단 구조이며, 소규모 하역작업에 널리 이용되고 있다.

⑤ 집크레인은 고정식과 주행식이 있으며, 아파트 등의 건설공사에도 많이 쓰이고 수평방향으로 더 넓은 범위 안에서 작업할 수 있다.

129 ICD(Inland Container Depot)에서 수행하는 기능이 아닌 것으로만 짝지어진 것은?

① 마샬링(Marshalling), 본선 선적 및 양화
② 마샬링(Marshalling), 통관
③ 본선 선적 및 양화, 장치보관
④ 장치보관, 집화분류
⑤ 집화분류, 통관

130 복합화물터미널에 관한 설명으로 옳은 것을 모두 고른 것은?

> ㄱ. 창고단지, 유통가공시설, 물류사업자의 업무용 시설 등을 결합하여 종합물류기지 역할을 수행한다.
> ㄴ. 두 종류 이상의 운송수단을 연계하여 운송할 수 있는 규모 및 시설을 갖춘 화물터미널이다.
> ㄷ. 최종 소비자에 대한 배송, 개별 기업의 배송센터 기능도 수행하지만, 정보센터 기능은 수행하지 않는다.
> ㄹ. 환적 기능보다는 보관 기능 위주로 운영되는 물류시설이다.
> ㅁ. 협의로는 운송수단 간의 연계시설, 화물취급장, 창고시설 및 관련 편의시설 등을 의미한다.

① ㄱ, ㄴ, ㄹ
② ㄱ, ㄴ, ㅁ
③ ㄱ, ㄷ, ㅁ
④ ㄴ, ㄷ, ㄹ
⑤ ㄷ, ㄹ, ㅁ

131 물류시설 및 물류단지에 관한 설명으로 옳지 않은 것은?

① CY(Container Yard)는 수출입용 컨테이너를 보관·취급하는 장소이다.
② CFS(Container Freight Station)는 컨테이너에 LCL(Less than Container Load) 화물을 넣고 꺼내는 작업을 하는 시설과 장소이다.
③ 지정장치장은 통관하고자 하는 물품을 일시 장치하기 위해 세관장이 지정하는 구역이다.
④ 통관을 하지 않은 내국물품을 보세창고에 장치하기 위해서는 항만법에 근거하여 해당 지방자치단체장의 허가를 받아야 한다.
⑤ CFS(Container Freight Station)와 CY(Container Yard)는 부두 외부에도 위치할 수 있다.

132 크로스도킹(Cross Docking)에 관한 설명으로 옳지 않은 것은?

① 물류센터를 화물의 흐름 중심으로 운영할 수 있다.

② 물류센터의 재고관리비용은 낮추면서 재고수준을 증가시킬 수 있다.

③ 배송리드타임을 줄일 수 있어서 공급사슬 효율성을 높일 수 있다.

④ 기본적으로 즉시 출고될 물량을 입고하여 보관하지 않고 출고하는 방식으로 운영한다.

⑤ 공급업체가 미리 분류 · 포장하는 기포장방식과 물류센터에서 분류 · 출고하는 중간처리방식으로 운영한다.

133 다음이 설명하는 물류 관련 용어는?

> • 물류센터 입고 상품의 수량과 내역이 사전에 물류센터로 송달되어 오는 정보를 말한다.
> • 물류센터에서는 이 정보를 활용하여 신속하고 정확하게 검품 및 적재업무를 수행할 수 있다.

① ASN(Advanced Shipping Notification)

② ATP(Available To Promise)

③ EOQ(Economic Order Quantity)

④ BOM(Bill Of Material)

⑤ POS(Point Of Sale)

134 자동화창고의 구성 요소에 관한 설명으로 옳지 않은 것은?

① 버킷(Bucket)은 화물의 입출고 및 보관에 사용되는 상자이다.

② 셀(Cell)은 랙 속에 화물이 저장되는 단위공간을 의미한다.

③ 스태커크레인(Stacker Crane)은 승강장치, 주행장치, 포크장치로 구분된다.

④ 이중명령(Dual Command) 시 스태커크레인은 입고작업과 출고작업을 동시에 실행한다.

⑤ 트래버서(Traverser)는 화물을 지정된 입출고 지점까지 수직으로 이동시키는 자동주행장치이다.

135 자동화창고에 관한 설명으로 옳지 않은 것은?

① 단위화 및 규격화된 물품 보관으로 효율적인 재고관리가 가능하다.

② 물류의 흐름보다는 보관에 중점을 두고 설계해야 한다.

③ 고단적재가 가능하여 단위면적당 보관효율이 좋다.

④ 자동화시스템으로 운영되므로 생산성과 효율성을 개선할 수 있다.

⑤ 설비투자에 자금이 소요되므로 신중한 준비와 계획이 필요하다.

136 창고관리시스템(WMS : Warehouse Management System)의 도입효과에 관한 설명으로 옳지 않은 것은?

① 입고관리, 출고관리, 재고관리 등의 업무를 효율적으로 지원한다.

② 설비 활용도와 노동 생산성을 높이며, 재고량과 재고 관련 비용을 증가시킨다.

③ 재고 투명성을 높여 공급사슬의 효율을 높여 준다.

④ 수작업으로 수행되는 입출고 업무를 시스템화하여 작업시간과 인력이 절감된다.

⑤ 전사적 자원 관리 시스템(ERP : Enterprise Resource Planning)과 연계하여 정보화의 범위를 확대할 수 있다.

137 유닛로드(Unit Load)와 관련이 없는 것은?

① 일관파렛트화(Palletization)

② 프레이트 라이너(Freight Liner)

③ 호퍼(Hopper)

④ 컨테이너화(Containerization)

⑤ 협동일관운송(Intermodal Transportation)

138 다음 표는 A회사의 공장들과 주요 수요지들의 위치좌표를 나타낸 것이다. 수요지1의 월별 수요는 200톤이며 수요지2의 월별 수요는 300톤, 수요지3의 월별 수요는 200톤이다. 공장1의 월별 공급량은 200톤이며 공장2의 월별 공급량은 500톤이다. 새롭게 건설할 A회사 물류센터의 최적 입지좌표를 무게 중심법으로 구하라. (단, 소수점 둘째 자리에서 반올림한다.)

구분	X좌표	Y좌표
공장1	10	70
공장2	40	40
수요지1	20	50
수요지2	30	20
수요지3	50	30

① X : 24.2, Y : 32.1 ② X : 28.6, Y : 40.0

③ X : 28.6, Y : 40.7 ④ X : 32.1, Y : 40.0

⑤ X : 32.1, Y : 42.6

---

139 4가지 제품을 보관하는 창고의 기간별 저장소요공간이 다음 표와 같을 때, (ㄱ) 임의위치저장(Randomized Storage) 방식과 (ㄴ) 지정위치저장(Dedicated Storage) 방식으로 각각 산정된 창고의 저장소요공간은?

기간	제품별 저장공간			
	A	B	C	D
1월	27	21	16	16
2월	14	15	20	17
3월	19	12	13	23
4월	15	19	11	20
5월	18	22	18	19

① (ㄱ) : 74, (ㄴ) : 92 ② (ㄱ) : 80, (ㄴ) : 80

③ (ㄱ) : 80, (ㄴ) : 86 ④ (ㄱ) : 80, (ㄴ) : 92

⑤ (ㄱ) : 92, (ㄴ) : 80

140 자동창고시스템에서 AS/RS(Automated Storage/Retrieval System) 장비의 평균가동률은 95%이며, 단일명령(Single Command) 수행시간은 2분, 이중명령(Dual Command) 수행시간은 3.5분이다. 단일명령 횟수가 이중명령 횟수의 3배라면 AS/RS 장비 1대가 한 시간에 처리하는 화물의 개수는? (단, 소수점 첫째 자리에서 반올림한다.)

① 24개   ② 26개
③ 28개   ④ 30개
⑤ 32개

141 유닛로드 시스템(ULS : Unit Load System)의 효과로 옳지 않은 것은?

① 하역의 기계화
② 화물의 파손 방지
③ 신속한 적재
④ 운송수단의 회전율 향상
⑤ 경제적 재고량 유지

142 일관파렛트화(Palletization)의 이점이 아닌 것은?

① 물류현장에서 하역작업의 혼잡을 줄일 수 있다.
② 창고에서 물품의 운반관리를 용이하게 수행할 수 있다.
③ 화물의 입고작업은 복잡하지만, 출고작업은 신속하게 할 수 있다.
④ 기계화가 용이하여 하역시간을 단축할 수 있다.
⑤ 파렛트에 적합한 운송수단의 사용으로 파손 및 손실을 줄일 수 있다.

143 창고설계의 기본원칙이 아닌 것은?

① 직진성의 원칙
② 모듈화의 원칙
③ 역행교차 회피의 원칙
④ 물품 취급 횟수 최소화의 원칙
⑤ 물품이동 간 고저간격 최대화의 원칙

144 항공하역에서 사용하는 장비가 아닌 것은?

① 돌리(Dolly)
② 터그 카(Tug Car)
③ 리프트 로더(Lift Loader)
④ 파렛트 스케일(Pallet Scale)
⑤ 스트래들 캐리어(Straddle Carrier)

145 물류센터 KPI(Key Performance Indicator)에 관한 설명으로 옳지 않은 것은?

① 환경 KPI는 CO_2 절감 등 환경 측면의 공헌도를 관리하기 위한 지표이다.
② 생산성 KPI는 작업인력과 시간당 생산성을 파악하여 작업을 개선하기 위한 지표이다.
③ 납기 KPI는 수주부터 납품까지의 기간을 측정하여 리드타임을 증가시키기 위한 지표이다.
④ 품질 KPI는 오납율과 사고율 등 물류품질의 수준을 파악하여 고객 서비스 수준을 향상시키기 위한 지표이다.
⑤ 비용 KPI는 작업마다 비용을 파악하여 물류센터의 물류비용을 감소시키기 위한 지표이다.

146 물류센터의 보관 방식에 관한 설명으로 옳지 않은 것은?

① 평치저장(Block Storage) : 창고 바닥에 화물을 보관하는 방법으로 소품종 다량 물품 입출고에 적합하며, 공간 활용도가 우수하다.
② 드라이브인랙(Drive-in Rack) : 소품종 다량 물품 보관에 적합하고 적재공간이 지게차 통로로 활용되어 선입선출(先入先出)이 어렵다.
③ 회전랙(Carrousel Rack) : 랙 자체가 수평 또는 수직으로 회전하며, 중량이 가벼운 다품종 소량의 물품 입출고에 적합하다.
④ 이동랙(Mobile Rack) : 수동식 및 자동식이 있으며 다품종 소량 물품 보관에 적합하고 통로 공간을 활용하므로 보관효율이 높다.
⑤ 적층랙(Mezzanine Rack) : 천정이 높은 창고에 복층구조로 겹쳐 쌓는 방식으로 물품의 보관효율과 공간 활용도가 높다.

147 물류센터의 소팅 컨베이어에 관한 설명으로 옳지 않은 것은?

① 슬라이딩슈방식(Sliding-shoe Type)은 반송면에 튀어나온 기구를 넣어 단위화물을 함께 이동시키면서 압출하는 방식으로 충격이 없어 정밀기기, 깨지기 쉬운 물건 등의 분류에 사용된다.

② 틸팅방식(Tilting Type)은 레일을 주행하는 트레이 및 슬라이드의 일부를 경사지게 하여 단위 화물을 활강시키는 방식으로 우체국, 통신판매 등에 사용된다.

③ 저개식방식은 레일을 주행하는 트레이 등의 바닥면을 개방하여 단위화물을 방출하는 방식이다.

④ 크로스벨트방식(Cross-belt Type)은 레일 위를 주행하는 연속된 캐리어에 장착된 소형 벨트 컨베이어를 레일과 교차하는 방향으로 구동시켜 단위화물을 내보내는 방식이다.

⑤ 팝업방식(Pop-up Type)은 컨베이어 반송면의 아래에서 벨트, 롤러, 휠, 핀 등의 분기장치가 튀어나와 단위화물을 내보내는 방식으로, 하부면의 손상 및 충격에 약한 화물에도 적합하다.

148 연간 영업일이 300일인 K도매상은 A제품의 안전재고를 250개에서 400개로 늘리면서 새로운 재주문점을 고려하고 있다. A제품의 연간수요는 60,000개이며 주문 리드타임은 3일이었다. 이때 새롭게 설정된 재주문점은?

① 400

② 600

③ 900

④ 1,000

⑤ 1,200

149 ABC(Activity Based Costing)에 관한 설명으로 옳지 않은 것을 모두 고른 것은?

ㄱ. 재고의 입출고가 활발한 상품을 파악하여 중점적으로 관리하기 위한 기법이다.

ㄴ. 서비스 다양화에 맞추어 보다 정확한 코스트를 파악하려는 원가계산기법이다.

ㄷ. 물류활동의 실태를 물류 원가에 반영하는 것을 목적으로 하고 있다.

ㄹ. 물류활동 또는 작업내용으로 구분하고, 이 활동마다 단가를 산정하여 물류서비스 코스트를 산출한다.

ㅁ. 품목수가 적으나 매출액 구성비가 높은 상품을 A그룹, 품목수는 많으나 매출액 구성비가 낮은 상품을 C그룹으로 관리한다.

---

① ㄱ, ㅁ

② ㄱ, ㄷ, ㄹ

③ ㄱ, ㄷ, ㅁ

④ ㄴ, ㄷ, ㅁ

⑤ ㄴ, ㄹ, ㅁ

150

컨테이너터미널에서 사용되는 컨테이너 크레인에 관한 설명으로 옳지 않은 것은?

① 아웃리치(Out-reach)란 스프레더가 바다 쪽으로 최대로 진행되었을 때, 바다 측 레일의 중심에서 스프레더 중심까지의 거리를 말한다.

② 백리치(Back-reach)란 트롤리가 육지 측으로 최대로 나갔을 때, 육지 측 레일의 중심에서 스프레더 중심까지의 거리를 말한다.

③ 호이스트(Hoist)란 스프레더가 최대로 올라갔을 때 지상에서 스프레더 컨테이너코너 구멍 접촉면까지의 거리를 말한다.

④ 타이다운(Tie-down)이란 크레인이 넘어졌을 때의 육지 측 레일의 중심에서 붐 상단까지의 거리를 말한다.

⑤ 헤드블록(Head Block)이란 스프레더를 달아매는 리프팅 빔으로서 아래 면에는 스프레더 소켓을 잡는 수동식 연결핀이 있으며 윗면은 스프레더 급전용 케이블이 연결되어 있다.

151

어느 도매상점의 제품 A의 연간 수요량이 2,000개이고 제품당 단가는 1,000원이며, 연간 재고유지비용은 제품 단가의 10%이다. 1회 주문비용이 4,000원일 때 경제적 주문량을 고려한 연간 총 재고비용은? (단, 총 재고비용은 재고 유지비용과 주문비용만을 고려한다.)

① 40,000원
② 50,000원
③ 60,000원
④ 70,000원
⑤ 80,000원

152

철도복합운송방식에 관한 설명으로 옳지 않은 것은?

① 피기백(Piggy-back) 방식은 화물열차의 대차 위에 컨테이너를 적재한 트레일러나 트럭을 운송하는 방식과 컨테이너를 직접 철도 대차 위에 적재하여 운송하는 방식이 있다.

② COFC(Container On Flat Car) 방식은 크레인이나 컨테이너 핸들러 등의 하역장비를 이용하여 적재하고 있다.

③ TOFC(Trailer On Flat Car) 방식은 COFC 방식에 비하여 총중량이 적으며, 철도터미널에서의 소요공간이 적어 널리 사용되고 있다.

④ 2단적 열차(Double Stack Train)는 한 화차에 컨테이너를 2단으로 적재하는 방식이다.

⑤ 바이모달시스템(Bi-modal System)은 철도차륜과 도로 주행용 타이어를 겸비한 차량을 이용하여 철도에서는 화차로, 도로에서는 트레일러로 사용하는 방식이다.

153 화인에 관한 설명으로 옳지 않은 것은?

① 화물작업의 편리성, 하역작업 시의 물품손상 예방 등을 위해 포장에 확실히 표시하는 것을 말한다.

② 주화인표시(Main Mark)는 수입업자 화인으로 수입업자의 머리문자를 도형 속에 표기하지 않고, 주소, 성명을 전체 문자로써 표시하는 것을 말한다.

③ 부화인표시(Counter Mark)는 대조번호 화인으로서 생산자나 공급자의 약호를 붙여야 하는 경우에 표기한다.

④ 원산지표시(Origin Mark)는 정상적인 절차에 의해 선적되는 모든 수출품을 대상으로 관세법에 따라 원산지명을 표시한다.

⑤ 취급주의표시(Care Mark)는 화물의 취급, 운송, 적재요령을 나타내는 주의표시로서 일반화물 취급표시와 위험화물 경고표시로 구분된다.

154 손소독제를 판매하는 K상사는 5월 판매량을 60,000개로 예측하였으나 실제로는 56,000개를 판매하였다. 6월의 실제 판매량이 66,000개일 경우 지수평활법에 의한 7월의 판매 예측량은? (단, 지수평활계수 $\alpha = 0.2$를 적용한다.)

① 58,240개   ② 58,860개

③ 60,240개   ④ 60,560개

⑤ 61,120개

155 파렛트 집합적재방식에 관한 설명으로 옳지 않은 것을 모두 고른 것은?

ㄱ. 블록쌓기는 아래에서 위까지 동일한 방식으로 쌓는 가장 단순한 방식으로 작업효율성이 높고 무너질 염려가 없어 안정성이 높다.

ㄴ. 교호열쌓기는 블록쌓기의 짝수층과 홀수층을 90도 회전시켜 교대로 쌓는 방법으로 정방형의 파렛트에서만 적용할 수 있다.

ㄷ. 벽돌쌓기는 벽돌을 쌓듯이 가로와 세로를 조합하여 배열하고, 이후부터는 홀수층과 짝수층을 180도 회전시켜 교대로 쌓는 방법을 말한다.

ㄹ. 스플릿(Split)쌓기는 벽돌쌓기의 변형으로 가로와 세로를 배열할 때 크기의 차이에서 오는 홀수층과 짝수층의 빈 공간이 서로 마주 보게 쌓는 방법이다.

ㅁ. 장방형 파렛트에는 블록쌓기, 벽돌쌓기 및 핀휠(Pinwheel)쌓기 방식이 적용된다.

① ㄱ, ㄴ   ② ㄱ, ㄹ

③ ㄱ, ㅁ   ④ ㄴ, ㄷ

⑤ ㄴ, ㅁ

156 채찍효과(Bullwhip Effect)에 관한 설명으로 옳지 않은 것은?

① 채찍효과에 따른 부정적 영향을 최소화하기 위해서는 가격할인 등의 판매촉진 정책을 장려해야 한다.

② 공급사슬 내의 한 지점에서 직면하게 되는 수요의 변동성이 상류로 갈수록 증폭되는 현상을 의미한다.

③ 채찍효과가 발생하는 원인으로는 부정확한 수요예측, 일괄주문처리 등이 있다.

④ 조달기간이 길어지면 공급사슬 내에서 채찍효과가 커지게 된다.

⑤ 공급사슬에서의 정보공유 등 전략적 파트너십을 구축하면 채찍효과에 효율적으로 대응할 수 있다.

157 A제품을 취급하는 K상점은 경제적 주문량(EOQ)에 의한 제품발주를 통해 합리적인 재고관리를 추구하고 있다. A제품의 연간 수요량이 40,000개, 개당가격은 2,000원, 연간 재고유지비용은 제품단가의 20%, 1회 주문비용이 20,000원일 때 경제적 주문량(EOQ)과 연간 최적 발주횟수는 각각 얼마인가?

① 1,600개, 20회   ② 1,600개, 25회

③ 2,000개, 20회   ④ 2,000개, 40회

⑤ 4,000개, 10회

158 안전재고에 관한 설명으로 옳지 않은 것은?

① 안전재고는 품절예방, 납기준수 및 고객서비스 향상을 위해 필요하다.

② 안전재고 수준을 높이면 재고유지비의 부담이 커진다.

③ 공급업자가 제품을 납품하는 조달기간이 길어지면 안전재고량이 증가하게 된다.

④ 고객수요가 임의의 확률분포를 따를 때 수요변동의 표준편차가 작아지면 제품의 안전재고량이 증가한다.

⑤ 수요와 고객서비스를 고려하여 적정수준의 안전재고를 유지하면 재고비용이 과다하게 소요되는 것을 막을 수 있다.

159 구매방식에 관한 설명으로 옳지 않은 것은?

① 집중구매방식(Centralized Purchasing Method)은 일반적으로 대량구매가 이루어지기 때문에 가격 및 거래조건이 유리하다.

② 분산구매방식(Decentralized Purchasing Method)은 사업장별 구매가 가능하여 각 사업장의 다양한 요구를 반영하기 쉽다.

③ 집중구매방식(Centralized Purchasing Method)은 구매절차 표준화가 용이하며, 자재의 긴급조달에 유리하다.

④ 분산구매방식(Decentralized Purchasing Method)은 주로 사무용 소모품과 같이 구매지역에 따라 가격 차이가 없는 품목의 구매에 이용된다.

⑤ 집중구매방식(Centralized Purchasing Method)은 절차가 복잡한 수입물자 구매 등에 이용된다.

160 A소매점에서의 제품판매에 관한 정보가 아래와 같을 때 가장 합리적인 안전재고 수준은?
[단, Z(0.90) = 1.282, Z(0.95) = 1.645이며, 답은 소수점 둘째 자리에서 반올림한다.]

• 연간 수요 : 6,000개
• 제품 판매량의 표준편차 : 20
• 연간 판매일 : 300일
• 연간 최대 허용 품절량 : 300개
• 제품 조달기간 : 4일

① 51.3

② 65.8

③ 84.8

④ 102.6

⑤ 131.6

121 보관의 기능에 관한 설명으로 옳지 않은 것은?

① 시간적 효용을 창출한다.

② 운송과 배송을 원활하게 연계한다.

③ 제품에 대한 장소적 효용을 창출한다.

④ 생산의 평준화와 안정화를 지원한다.

⑤ 재고를 보유하여 고객 수요에 대응한다.

122 물류센터 입지 선정 단계에서 우선적으로 고려해야 할 사항이 아닌 것은?

① 지가(地價)

② 운송비

③ 시장 규모

④ 각종 법적 규제 사항

⑤ 제품의 보관 위치 할당

123 보관의 원칙에 관한 내용이다. ( )에 들어갈 알맞은 내용은?

(ㄱ) : 보관 및 적재된 제품의 장소, 선반 번호의 위치를 표시하여 입출고와 재고 작업의 효율화를 높이는 원칙

(ㄴ) : 입출고 빈도가 높은 화물은 출입구 가까운 장소에, 낮은 화물은 출입구로부터 먼 장소에 보관하는 원칙

(ㄷ) : 관련 품목을 한 장소에 모아서 계통적으로 분리하여 보관하는 원칙

① ㄱ : 위치표시의 원칙, ㄴ : 형상 특성의 원칙, ㄷ : 네트워크보관의 원칙

② ㄱ : 선입선출의 원칙, ㄴ : 동일성 · 유사성의 원칙, ㄷ : 형상 특성의 원칙

③ ㄱ : 위치표시의 원칙, ㄴ : 회전대응보관의 원칙, ㄷ : 네트워크보관의 원칙

④ ㄱ : 선입선출의 원칙, ㄴ : 중량특성의 원칙, ㄷ : 위치표시의 원칙

⑤ ㄱ : 회전대응보관의 원칙, ㄴ : 중량특성의 원칙, ㄷ : 선입선출의 원칙

124 다음이 설명하는 물류센터 입지결정 방법은?

수요지와 공급지 간의 거리와 물동량을 고려하여 물류센터 입지를 결정하는 기법이다.

① 총비용 비교법   ② 무게 중심법

③ 비용편익분석법   ④ 브라운깁슨법

⑤ 손익분기 도표법

125 다음이 설명하는 물류시설은?

수출입 통관업무, 집하 및 분류 기능을 수행하며 트럭회사, 포워더(Forwarder) 등을 유치하여 운영하므로 내륙 항만이라고도 부른다.

① ICD(Inland Container Depot)   ② CY(Container Yard)

③ 지정장치장   ④ 보세장치장

⑤ CFS(Container Freight Station)

126 복합화물터미널에 관한 설명으로 옳지 않은 것은?

① 마샬링(Marshalling) 기능과 선박의 양하 작업을 수행한다.

② 운송화물을 발송지 및 화주별로 혼재 처리하여 운송 효율을 높인다.

③ 두 종류 이상의 운송수단을 연계하여 화물을 운송한다.

④ 창고, 유통가공시설 등의 다양한 물류기능을 수행하는 시설이 있다.

⑤ 운송수단 예약, 화물의 운행 및 도착 정보를 제공하는 화물정보센터로서의 역할을 한다.

127 물류센터 건립 단계에 관한 설명으로 옳지 않은 것은?

① 입지분석단계 : 지역분석, 시장분석, 정책 및 환경 분석, SWOT 분석을 수행한다.

② 기능분석단계 : 취급 물품의 특성을 감안하여 물류센터기능을 분석한다.

③ 투자효과분석단계 : 시설 규모 및 운영 방식, 경제적 측면의 투자 타당성을 분석한다.

④ 기본설계단계 : 구체적인 레이아웃과 작업방식, 물류비용 정산방법을 설계한다.

⑤ 시공운영단계 : 토목과 건축 시공이 이루어지고 테스트와 보완 후 운영한다.

128 물류센터를 설계할 때 고려할 요인을 모두 고른 것은?

| ㄱ. 입하능력 | ㄴ. 출하시간 |
| ㄷ. 물품 취급횟수 | ㄹ. 보관 면적 |

① ㄱ, ㄴ
② ㄱ, ㄷ
③ ㄷ, ㄹ
④ ㄴ, ㄷ, ㄹ
⑤ ㄱ, ㄴ, ㄷ, ㄹ

129 시중에서 유통되는 '콜라'의 물류특성(보관점수는 적고, 보관수량과 회전수는 많음)을 아래 그림의 보관유형으로 나타낼 때 순서대로 옳게 나타낸 것은?

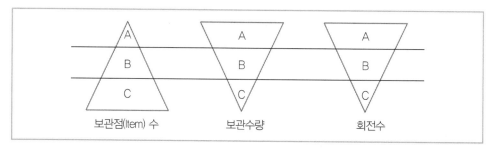

① A−A−A
② A−B−C
③ C−A−A
④ C−B−A
⑤ C−C−C

130 피킹 방식에 관한 설명으로 옳지 않은 것은?

① 디지털 피킹(Digital Picking) : 피킹 물품을 전표없이 피킹하는 방식으로 다품종 소량, 다빈도 피킹작업에 효과적이다.
② 차량탑승피킹 : 파렛트 단위로 피킹하는 유닛로드시스템(Unit Load System)이며, 피킹트럭에 탑승하여 피킹함으로써 보관시설의 공간활용도가 낮다.
③ 존 피킹(Zone Picking) : 여러 피커가 피킹 작업범위를 정해두고, 본인 담당구역의 물품을 골라서 피킹하는 방식이다.
④ 일괄피킹 : 여러 건의 주문을 모아서 일괄적으로 피킹하는 방식이다.
⑤ 릴레이 피킹(Relay Picking) : 피킹 전표에서 해당 피커가 담당하는 품목만을 피킹하고, 다음 피커에게 넘겨주는 방식이다.

131 자동분류시스템에 관한 설명으로 옳지 않은 것은?

① 다이버터(Diverter) 방식은 팝업 방식에 비하여 구조가 상대적으로 복잡하다.

② 팝업(Pop-up) 방식은 여러 개의 롤러(Roller)나 휠(Wheel) 등을 이용하여 물품이 컨베이어의 특정 위치를 지나갈 때 그 물품을 들어 올려서 방향을 바꾸는 방식이다.

③ 다이버터(Diverter) 방식은 다이버터를 사용하여 물품이 이동할 때 가로막아 방향을 바꾸는 방식이다.

④ 트레이(Tray) 방식은 분류해야 할 물품이 담긴 트레이를 기울여서 물품의 위치를 아래로 떨어트리는 방식이다.

⑤ 슬라이딩슈(Sliding Shoe) 방식은 트레이 방식에 비하여 물품의 전환 흐름이 부드러워 상대적으로 물품의 손상 가능성이 낮다.

132 컨테이너터미널 운영방식에 관한 설명으로 옳은 것을 모두 고른 것은?

> ㄱ. 새시 방식(Chassis System) : 컨테이너를 새시 위에 적재한 상태로, 필요할 때 이송하는 방식이다.
> ㄴ. 트랜스테이너 방식(Transtainer System) : 트랜스퍼 크레인(Transfer Crane)을 활용하여 컨테이너를 이동하는 방식으로 자동화가 어렵다.
> ㄷ. 스트래들 캐리어 방식(Straddle Carrier System) : 컨테이너를 스트래들 캐리어의 양다리 사이에 끼우고 자유로이 운반하는 방식이다.

① ㄱ

② ㄴ

③ ㄱ, ㄴ

④ ㄱ, ㄷ

⑤ ㄱ, ㄴ, ㄷ

133 자동창고(AS/RS)에 관한 설명으로 옳은 것은?

① 스태커 크레인(Stacker Crane) : 창고의 통로 공간을 수평 방향으로만 움직이는 저장/반출 기기이다.

② 단일명령(Single Command) 방식 : 1회 운행으로 저장과 반출 작업을 동시에 수행하는 방식이다.

③ 이중명령(Dual Command) 방식 : 2회 운행으로 저장과 반출 작업을 순차적으로 모두 수행하는 방식이다.

④ 임의위치저장(Randomized Storage) 방식 : 물품의 입출고 빈도에 상관없이 저장 위치를 임의로 결정하는 방식이다.

⑤ 지정위치저장(Dedicated Storage) 방식 : 물품의 입출고 빈도를 기준으로 저장위치를 등급(Class)으로 나누고 등급별로 저장위치를 결정하는 방식이다.

134 물류센터의 기능을 모두 고른 것은?

> ㄱ. 조립 및 유통 가공
> ㄴ. 상품의 보호를 위한 포장
> ㄷ. 입출고를 원활하게 하기 위한 오더피킹

① ㄱ
② ㄴ
③ ㄱ, ㄴ
④ ㄴ, ㄷ
⑤ ㄱ, ㄴ, ㄷ

135 창고관리시스템(WMS)을 자체 개발이 아닌, 기성제품(패키지)을 구매할 경우 고려해야 할 요인이 아닌 것은?

① 커스터마이징(customizing) 용이성
② 기성제품(패키지)의 개발 배경
③ 초기투자비용
④ 기존 자사 물류정보시스템과의 연계성
⑤ 유지보수비용

136 수요지에 제품을 공급하기 위한 물류센터와 각 수요지의 위치 좌표(x, y), 그리고 일별 배송횟수가 다음의 표와 같이 주어져 있다. 물류센터와 수요지 간 일별 총 이동거리를 계산한 결과는? [단, 이동거리는 직각거리(rectilinear distance)로 계산한다.]

구분	위치 좌표(단위 : km)		배송횟수(회/일)
	X	Y	
물류센터	6	4	
수요지 1	3	8	2
수요지 2	8	2	3
수요지 3	2	5	2

① 28km
② 36km
③ 38km
④ 42km
⑤ 46km

137 락(Rack)에 관한 설명으로 옳지 않은 것은?

① 드라이버스루랙(Drive-through Rack) : 지게차가 랙의 한 방향으로 진입해서 반대 방향으로 퇴출할 수 있는 랙이다.

② 캔틸레버랙(Cantilever Rack) : 긴 철재나 목재의 보관에 효율적인 랙이다.

③ 적층랙(Mazzanine Rack) : 천정이 높은 창고의 공간 활용도를 높이기 위한 복층구조의 랙이다.

④ 실렉티브랙(Selective Rack) : 경량 다품종 물품의 입출고에 적합한 수평 또는 수직의 회전랙이다.

⑤ 플로우랙(Flow Rack) : 적입과 인출이 반대 방향에서 이루어지는 선입선출이 효율적인 랙이다.

138 컨테이너터미널의 시설에 관한 설명으로 옳지 않은 것은?

① CFS(Container Freight Station) : LCL 화물의 적입(Stuffing)과 FCL 화물의 분리(Stripping) 작업을 할 수 있는 시설이다.

② 선석(Berth) : 컨테이너 선박이 접안할 수 있는 시설이다.

③ 에이프런(Apron) : 야드트럭이 하역작업을 하거나 컨테이너크레인이 주행할 수 있도록 안벽을 따라 일정한 폭으로 포장된 공간이다.

④ 마샬링야드(Marshalling Yard) : 컨테이너의 자체검사, 보수, 사용 전후 청소 등을 수행하는 공간이다.

⑤ 컨트롤센터(Control Center) : 본선 하역작업이나 야드의 컨테이너 배치를 계획하고 통제 감독하는 시설이다.

139 항공운송에서 사용되는 하역장비에 관한 설명으로 옳지 않은 것은?

① 리프트로더(Lift Loader) : 파렛트를 항공기 적재공간 밑바닥 높이까지 들어 올려 기내에 탑재하기 위한 기기이다.

② 소터(Sorter) : 비교적 소형화물을 행선지별, 인도지별로 구분하는 장치로서 통상 컨베이어와 제어장치 등으로 구성된다.

③ 돌리(Dolly) : 파렛트를 운반하기 위한 차대로서 자체 기동력은 없고 Tug Car에 연결되어 사용된다.

④ 트랜스포터(Transporter) : 항공기에서 내린 ULD(Unit Load Device)를 터미널까지 수평이동하는 데 사용하는 장비이다.

⑤ 컨투어게이지(Contour Gauge) : 파렛트에 적재가 끝난 후 적재된 파렛트의 무게를 계량하기 위하여 트레일러에 조립시켜 놓은 장치이다.

140 생수를 판매하는 P사는 지수평활법을 이용하여 8월 판매량을 55,400병으로 예측하였으나, 실제 판매량은 56,900병이었다. 지수평활법에 의한 9월의 생수 판매량 예측치는? [단, 평활상수(α)는 0.6을 적용한다.]

① 54,200병
② 54,900병
③ 55,400병
④ 55,800병
⑤ 56,300병

141 S업체는 경제적주문량(EOQ : Economic Order Quantity) 모형을 이용하여 발주량을 결정하고자 한다. 아래와 같이 연간 수요량이 60% 증가하고, 연간 단위당 재고유지비용이 20% 감소한다고 할 때, 증감하기 전과 비교하여 EOQ는 얼마나 변동되는가? (단, $\sqrt{2}$ 는 1.414, $\sqrt{3}$ 은 1.732, $\sqrt{5}$ 는 2.236이며, 계산한 값은 소수점 첫째 자리에서 반올림한다.)

- 연간 수요량 : 4,000개
- 1회 주문비용 : 400원
- 연간 단위당 재고유지비용 : 75원

① 14% 증가
② 24% 증가
③ 41% 증가
④ 73% 증가
⑤ 124% 증가

142 다음은 L사의 연도별 휴대전화 판매량을 나타낸 것이다. 2021년 휴대전화 수요를 예측한 값으로 옳은 것은? [단, 단순이동평균법의 경우 이동기간(n)은 3년 적용, 가중이동평균법의 경우 가중치는 최근 연도로부터 0.5, 0.3, 0.2을 적용, 지수평활법의 경우 평활상수(α)는 0.4를 적용, 모든 예측치는 소수점 둘째 자리에서 반올림한다.]

연도	판매량(만대)	수요예측치(만대)		
		단순이동평균법	가중이동평균법	지수평활법
2018	36			
2019	34			
2020	37			39
2021		(ㄱ)	(ㄴ)	(ㄷ)

① ㄱ : 32.7, ㄴ : 34.4, ㄷ : 38.2
② ㄱ : 34.9, ㄴ : 34.4, ㄷ : 37.2
③ ㄱ : 35.7, ㄴ : 34.9, ㄷ : 38.2
④ ㄱ : 35.7, ㄴ : 35.9, ㄷ : 36.9
⑤ ㄱ : 35.7, ㄴ : 35.9, ㄷ : 38.2

143 구매방식에 관한 설명으로 옳은 것은?

① 분산구매방식은 본사의 공통품목을 일괄적으로 구매하기에 적합하다.
② 집중구매방식은 분산구매방식보다 사업장별 독립적 구매가 가능하다.
③ 분산구매방식은 구매량에 따라 가격차가 큰 품목의 대량 구매에 적합하다.
④ 집중구매방식은 수요량이 많은 품목에 적합하다.
⑤ 분산구매방식은 집중구매방식 보다 대량 구매가 이루어지기 때문에 가격 및 거래 조건이 유리하다.

144 채찍효과(Bullwhip Effect)의 해소 방안이 아닌 것은?

① 리드타임을 길게 설정
② 공급사슬 주체 간 실시간 정보공유
③ VMI(Vendor Managed Inventory)의 사용
④ EDLP(Every Day Low Pricing)의 적용
⑤ 협력계획, 예측 및 보충(CPFR : Collaborative Planning, Forecasting, and Replenishment)의 적용

145 재고관리의 장점이 아닌 것은?

① 실제 재고량 파악
② 불확실성에 대한 대비
③ 상품 공급의 지연(delay)
④ 가용 제품 확대를 통한 고객서비스 달성
⑤ 수요와 공급의 변동성 대응

146 포장의 원칙이 아닌 것은?

① 표준화의 원칙
② 통로대면의 원칙
③ 재질 변경의 원칙
④ 단위화의 원칙
⑤ 집중화의 원칙

147 JIT(Just In Time) 시스템에 관한 설명으로 옳은 것은?

① 한 작업자에게 업무가 할당되는 단일 기능공 양성이 필수적이다.
② 효과적인 Push 시스템을 구현할 수 있다.
③ 비반복적 생산시스템에 적합하다.
④ 불필요한 부품 및 재공품재고를 없애는 것을 목표로 한다.
⑤ 제조 준비 시간이 길어진다.

148 화인(Mark)에 관한 설명으로 옳은 것을 모두 고른 것은?

ㄱ. 주화인(Main Mark) : 다른 화물과의 식별을 용이하게 하기 위하여 외장에 특정의 기호(Symbol)를 표시
ㄴ. 포장번호(Case Number) : 주화인만으로 다른 화물과 식별이 어려울 때 생산자 또는 공급자의 약자를 보조적으로 표시
ㄷ. 항구표시(Port Mark) : 선적과 양하작업이 용이하도록 도착항을 표시
ㄹ. 원산지표시(Origin Mark) : 당해 물품의 원자재까지 모두 원산지를 표시

① ㄱ, ㄴ
② ㄱ, ㄷ
③ ㄴ, ㄷ
④ ㄴ, ㄹ
⑤ ㄷ, ㄹ

149 정성적 수요예측 기법이 아닌 것은?

① 델파이법
② 시장조사법
③ 회귀분석법
④ 역사적 유추법
⑤ 패널조사법

150 다음이 설명하는 파렛트 적재방식은?

> (ㄱ) : 각 단의 쌓아 올리는 모양과 방향이 모두 같은 일렬 적재방식
> (ㄴ) : 동일한 단내에서는 동일한 방향으로 물품을 나란히 쌓지만, 단별로는 방향을 직각(90도)으로 바꾸거나 교대로 겹쳐 쌓는 적재방식

① ㄱ : 블록적재방식, ㄴ : 교대배열적재방식
② ㄱ : 블록적재방식, ㄴ : 벽돌적재방식
③ ㄱ : 교대배열적재방식, ㄴ : 스플릿적재방식
④ ㄱ : 스플릿적재방식, ㄴ : 벽돌적재방식
⑤ ㄱ : 스플릿적재방식, ㄴ : 교대배열적재방식

151 하역의 기계화와 표준화를 위해 고려해야 할 사항이 아닌 것은?

① 환경영향을 고려해야 한다.
② 물류합리화의 관점에서 추진되어야 한다.
③ 안전성을 고려하여 추진되어야 한다.
④ 특정 화주의 화물을 대상으로 추진되어야 한다.
⑤ 생산자, 제조업자, 물류업자와 관련 당사자의 상호협력을 고려하여야 한다.

152 파렛트 풀(Pallet Pool)에 관한 설명으로 옳지 않은 것은?

① 물류합리화와 물류비 절감이 가능하다.
② 비수기에 불필요한 파렛트 비용을 절감할 수 있다.
③ 파렛트 회수관리의 일원화에 어려움이 있다.
④ 파렛트 규격의 표준화가 필요하다.
⑤ 지역적, 계절적 수요 변동에 대응이 가능하다.

153 하역기기 선정 기준으로 옳지 않은 것은?

① 에너지 효율성
② 하역기기의 안전성
③ 작업량과 작업 특성
④ 하역물품의 원산지
⑤ 취급 품목의 종류

154 다음이 설명하는 시스템은?

> 화물을 품종별, 발송처별, 고객별, 목적지별로 제품을 식별·구분하는 시스템으로 고객의 소량·다빈도 배송요구가 다양해짐에 따라 중요도가 높아지고 있다.

① 운반시스템   ② 분류시스템
③ 반입시스템   ④ 반출시스템
⑤ 적재시스템

155 다음이 설명하는 파렛트 풀 시스템의 운영방식은?

> (ㄱ) : 현장에서 파렛트를 즉시 교환하지 않고 일정 시간 내에 동일한 수량의 파렛트를 반환하는 방식이다.
> (ㄴ) : 파렛트의 이용자가 교환을 위한 동일한 수량의 파렛트를 준비해 놓을 필요가 없는 방식이다.
> (ㄷ) : 파렛트를 동시에 교환하여 사용하는 것으로 언제나 교환에 응할 수 있도록 파렛트를 준비해 놓아야 하는 방식이다.

① ㄱ : 대차결제방식, ㄴ : 리스·렌탈방식, ㄷ : 즉시교환방식
② ㄱ : 대차결제방식, ㄴ : 즉시교환방식, ㄷ : 교환·리스병용방식
③ ㄱ : 리스·렌탈방식, ㄴ : 교환·리스병용방식, ㄷ : 대차결제방식
④ ㄱ : 리스·렌탈방식, ㄴ : 대차결제방식, ㄷ : 교환·리스병용방식
⑤ ㄱ : 교환·리스병용방식, ㄴ : 리스·렌탈방식, ㄷ : 즉시교환방식

156 하역작업과 관련된 용어의 설명으로 옳지 않은 것은?

① 더니지(Dunnage) : 운송기기에 실려진 화물이 손상, 파손되지 않도록 밑바닥에 까는 물건을 말한다.
② 래싱(Lashing) : 운송기기에 실려진 화물을 줄로 고정시키는 작업을 말한다.
③ 스태킹(Stacking) : 화물을 보관시설 또는 장소에 쌓는 작업을 말한다.
④ 피킹(Picking) : 보관 장소에서 화물을 꺼내는 작업을 말한다.
⑤ 배닝(Vanning) : 파렛트에 화물을 쌓는 작업을 말한다.

157

유닛로드 시스템(Unit Load System)에 관한 설명으로 옳지 않은 것은?

① 운송장비, 하역장비의 표준화가 선행되어야 한다.

② 파렛트, 컨테이너를 이용하는 방법이 있다.

③ 화물을 일정한 중량 또는 용적으로 단위화하는 시스템을 말한다.

④ 하역의 기계화를 통한 하역능력의 향상으로 운송수단의 회전율을 높일 수 있다.

⑤ 파렛트는 시랜드사가 최초로 개발한 단위적재기기이다.

158

하역장비에 관한 설명으로 옳지 않은 것은?

① 언로우더(Unloader) : 철광석, 석탄 및 석회석과 같은 벌크(Bulk) 화물을 하역하는 데 사용된다.

② 톱 핸들러(Top Handler) : 공(empty) 컨테이너를 적치하는 데 사용된다.

③ 스트래들 캐리어(Straddle Carrier) : 부두의 안벽에 설치되어 선박에 컨테이너를 선적하거나 하역하는 데 사용된다.

④ 트랜스퍼 크레인(Transfer Crane) : 컨테이너를 적재하거나 다른 장소로 이송 및 반출하는 데 사용된다.

⑤ 천정 크레인(Overhead Travelling Crane) : 크레인 본체가 천장을 주행하며 화물을 상하로 들어 올려 수평 이동하는 데 사용된다.

159

하역합리화의 수평직선 원칙에 해당하는 것은?

① 하역기기를 탄력적으로 운영하여야 한다.

② 운반의 혼잡을 초래하는 요인을 제거하여 하역작업의 톤 · 킬로를 최소화하여야 한다.

③ 불필요한 물품의 취급을 최소화하여야 한다.

④ 하역작업을 표준화하여 효율성을 추구하여야 한다.

⑤ 복잡한 시설과 하역체계를 단순화하여야 한다.

160 하역에 관한 설명으로 옳은 것은?

① 제품에 대한 형태효용을 창출한다.
② 운반활성화 지수를 최소화해야 한다.
③ 적하, 운반, 적재, 반출 및 분류로 구성된다.
④ 화물에 대한 제조공정과 검사공정을 포함한다.
⑤ 기계화와 자동화를 통한 하역생산성 향상이 어렵다.

121 보관의 원칙에 관한 설명으로 옳지 않은 것은?

① 선입선출의 원칙 : 먼저 입고하여 보관한 물품을 먼저 출고하는 원칙이다.

② 회전대응의 원칙 : 입출고 빈도에 따라 보관 위치를 달리하는 원칙으로 입출고 빈도가 높은 화물은 출입구 가까운 장소에 보관한다.

③ 유사성의 원칙 : 연대출고가 예상되는 관련 품목을 출하가 용이하도록 모아서 보관하는 원칙이다.

④ 위치표시의 원칙 : 보관된 물품의 장소와 선반번호의 위치를 표시하여 입출고 작업의 효율성을 높이는 원칙이다.

⑤ 중량특성의 원칙 : 중량에 따라 보관 장소의 높이를 결정하는 원칙으로 중량이 무거운 물품은 하층부에 보관한다.

122 보관의 기능에 해당하는 것을 모두 고른 것은?

> ㄱ. 제품의 시간적 효용 창출
> ㄴ. 제품의 공간적 효용 창출
> ㄷ. 생산과 판매와의 물량 조정 및 완충
> ㄹ. 재고를 보유하여 고객 수요 니즈에 대응
> ㅁ. 수송과 배송의 연계

① ㄱ, ㄴ, ㄹ

② ㄴ, ㄷ, ㅁ

③ ㄱ, ㄴ, ㄷ, ㄹ

④ ㄱ, ㄷ, ㄹ, ㅁ

⑤ ㄴ, ㄷ, ㄹ, ㅁ

123 물류센터의 종류에 관한 설명으로 옳지 않은 것은?

① 항만 입지형은 부두 창고, 임항 창고, 보세 창고 등이 있다.

② 단지 입지형은 유통업무 단지 등의 유통 거점에 집중적으로 입지를 정하고 있는 물류센터 및 창고로 공동창고, 집배송 단지 및 복합 물류터미널 등이 있다.

③ 임대 시설은 화차로 출하하기 위하여 일시 대기하는 화물의 보관을 위한 물류센터이다.

④ 자가 시설은 제조 및 유통 업체가 자기 책임하에 운영하는 물류센터이다.

⑤ 도시 근교 입지형은 백화점, 슈퍼마켓, 대형 할인 매장 및 인터넷 쇼핑몰 등을 지원하는 창고 이다.

124 ICD(Inland Container Depot)에 관한 설명으로 옳은 것을 모두 고른 것은?

ㄱ. 항만지역과 비교하여 창고 보관 시설용 토지 매입이 어렵다.
ㄴ. 화물의 소단위화로 운송의 비효율이 발생한다.
ㄷ. 다양한 교통수단의 높은 연계성이 입지조건의 하나이다.
ㄹ. 통관의 신속화로 통관비가 절감된다.
ㅁ. 통관검사 후 재포장이 필요한 경우 ICD 자체 보유 포장시설을 이용할 수 있다.

① ㄱ, ㄴ, ㄷ
② ㄱ, ㄷ, ㄹ
③ ㄴ, ㄷ, ㄹ
④ ㄴ, ㄹ, ㅁ
⑤ ㄷ, ㄹ, ㅁ

125 복합 물류터미널에 관한 설명으로 옳지 않은 것은?

① 화물의 혼재기능을 수행한다.

② 환적기능을 구비하여 터미널 기능을 실현한다.

③ 장기보관 위주의 보관 기능을 강화한 시설이다.

④ 수요단위에 적합하게 재포장하는 기능을 수행한다.

⑤ 화물 정보센터의 기능을 강화하여 화물 운송 및 재고 정보 등을 제공한다.

126 시장 및 생산공장의 위치와 수요량이 아래 표와 같다. 무게중심법에 따라 산출된 유통센터의 입지 좌표(X, Y)는?

구분	위치 좌표(X, Y)(km)	수요량(톤/월)
시장 1	(50, 10)	100
시장 2	(20, 50)	200
시장 3	(10, 10)	200
생산공장	(100, 150)	

① X : 35, Y : 55
② X : 35, Y : 61
③ X : 61, Y : 88
④ X : 75, Y : 85
⑤ X : 75, Y : 88

127 물류센터의 설계 시 고려사항에 관한 설명으로 옳지 않은 것은?

① 물류센터의 규모 산정 시 목표 재고량은 고려하나 서비스 수준은 고려대상이 아니다.
② 제품의 크기, 무게, 가격 등을 고려한다.
③ 입고방법, 보관방법, 피킹방법, 배송방법 등 운영특성을 고려한다.
④ 설비종류, 운영방안, 자동화 수준 등을 고려한다.
⑤ 물류센터 입지의 결정 시 관련 비용의 최소화를 고려한다.

128 물류센터의 일반적인 입지선정에 관한 설명으로 옳지 않은 것은?

① 수요와 공급을 효율적으로 연계할 수 있는 지역을 선정한다.
② 노동력 확보가 가능한 지역을 선정한다.
③ 경제적, 자연적, 지리적 요인 등을 고려해야 한다.
④ 운송수단의 연계가 용이한 지역에 입지한다.
⑤ 토지 가격이 저렴한 지역을 최우선 선정조건으로 고려한다.

129 물류센터 투자 타당성을 분석할 때 편익의 현재가치 합계와 비용의 현재가치 합계가 동일하게 되는 수준의 할인율을 활용하는 기법은?

① 순현재가치법
② 내부수익율법
③ 브라운깁슨법
④ 손익분기점법
⑤ 자본회수기간법

130 보관 설비에 관한 설명으로 옳지 않은 것은?

① 캔틸레버 랙(Cantilever Rack) : 긴 철재나 목재의 보관에 효율적인 랙이다.
② 드라이브 인 랙(Drive in Rack) : 지게차가 한쪽 방향에서 2개 이상의 깊이로 된 랙으로 들어가 화물을 보관 및 반출할 수 있다.
③ 파렛트 랙(Pallet Rack) : 파렛트 화물을 한쪽 방향에서 넣으면 중력에 의해 미끄러져 인출할 때는 반대 방향에서 화물을 반출할 수 있다.
④ 적층 랙(Mezzanine Rack) : 천장이 높은 창고에서 저장 공간을 복층구조로 설치하여 공간 활용도가 높다.
⑤ 캐러셀(Carousel) : 랙 자체를 회전시켜 저장 및 반출하는 장치이다.

131 물류센터의 작업 계획 수립 시 세부 고려사항으로 옳지 않은 것은?

① 출하 차량 동선 – 평치, 선반 및 특수 시설의 사용 여부
② 화물 형태 – 화물의 포장 여부, 포장 방법 및 소요 설비
③ 하역 방식 – 하역 자동화 수준, 하역 설비의 종류 및 규격
④ 검수 방식 – 검수 기준, 검수 작업 방법 및 소요 설비
⑤ 피킹 및 분류 – 피킹 기준, 피킹 방법 및 소팅 설비

132 물류센터 건설의 업무 절차를 물류거점 분석, 물류센터 설계 그리고 시공 및 운영 등 단계별로 시행하려고 한다. 물류거점 분석 단계에서 수행하는 활동이 아닌 것은?

① 지역 분석
② 하역장비 설치
③ 수익성 분석
④ 투자 효과 분석
⑤ 거시환경 분석

133 3개의 제품(A~C)을 취급하는 1개의 창고에서 기간별 사용공간이 다음 표와 같다. (ㄱ) 임의위치저장(Randomized Storage)방식과 (ㄴ) 지정위치저장(Dedicated Storage) 방식으로 각각 산정된 창고의 저장소요공간(m^2)은?

기간	제품별 사용공간(m^2)		
	A	B	C
1주	14	17	20
2주	15	23	35
3주	34	25	17
4주	18	19	20
5주	15	17	21
6주	34	21	34

① ㄱ : 51, ㄴ : 51   ② ㄱ : 51, ㄴ : 67
③ ㄱ : 67, ㄴ : 89   ④ ㄱ : 89, ㄴ : 94
⑤ ㄱ : 94, ㄴ : 89

134 오더피킹의 출고형태 중 파렛트 단위로 보관하다가 파렛트 단위로 출고되는 제1형태(P→P)의 적재방식에 활용되는 장비가 아닌 것은?

① 트랜스 로보 시스템(Trans Robo System)
② 암 랙(Arm Rack)
③ 파렛트 랙(Pallet Rack)
④ 드라이브 인 랙(Drive in Rack)
⑤ 고층 랙(High Rack)

135 창고에 관한 설명으로 옳은 것은?

① 보세창고는 지방자치단체장의 허가를 받은 경우에는 통관되지 않은 내국물품도 장치할 수 있다.
② 영업창고는 임대료를 획득하기 위해 건립되므로 자가창고에 비해 화주 입장의 창고설계 최적화가 가능하다.
③ 자가창고는 영업창고에 비해 창고 확보와 운영에 소요되는 비용 및 인력문제와 화물량 변동에 탄력적으로 대응할 수 있다.
④ 임대창고는 특정 보관시설을 임대하거나 리스(Lease)하여 물품을 보관하는 창고 형태이다.
⑤ 공공창고는 특정 보관시설을 임대하여 물품을 보관하는 창고형태로 민간이 설치 및 운영한다.

136

다음 설명하는 창고의 기능은?

> ㄱ. 물품 생산과 소비의 시간적 간격을 조정하여 일정량의 화물이 체류하도록 한다.
> ㄴ. 물품의 수급을 조정하여 가격안정을 도모한다.
> ㄷ. 물류활동을 연결시키는 터미널로서의 기능을 수행한다.
> ㄹ. 창고에 물품을 보관하여 재고를 확보함으로써 품절을 방지하여 신용을 증대시키는 역할을 수행한다.

① ㄱ : 가격조정기능, ㄴ : 수급조정기능, ㄷ : 연결기능, ㄹ : 매매기관적 기능
② ㄱ : 수급조정기능, ㄴ : 가격조정기능, ㄷ : 매매기관적 기능, ㄹ : 신용기관적 기능
③ ㄱ : 연결기능, ㄴ : 가격조정기능, ㄷ : 수급조정기능, ㄹ : 판매전진기지적 기능
④ ㄱ : 수급조정기능, ㄴ : 가격조정기능, ㄷ : 연결기능, ㄹ : 신용기관적 기능
⑤ ㄱ : 연결기능, ㄴ : 판매전진기지적 기능, ㄷ : 가격조정기능, ㄹ : 수급조정기능

137

경제적 주문량(EOQ) 모형에 관한 설명으로 옳은 것은?

① 주문량이 커질수록 할인율이 높아지기 때문에 가능한 많은 주문량을 설정하는 것이 유리하다.
② 조달기간이 일정하며, 주문량은 전량 일시에 입고된다.
③ 재고유지비용은 평균재고량에 반비례한다.
④ 재고부족에 대응하기 위한 안전재고가 필요하다.
⑤ 수요가 불확실하기 때문에 주문량과 주문간격이 달라진다.

138

분산구매방식과 비교한 집중구매방식(Centralized Purchasing Method)에 관한 설명으로 옳은 것은?

① 일반적으로 대량 구매가 이루어지기 때문에 수요량이 많은 품목에 적합하다.
② 사업장별 다양한 요구를 반영하여 구매하기에 용이하다.
③ 사업장별 독립적 구매에 유리하나 수량할인이 있는 품목에는 불리하다.
④ 전사적으로 집중구매하기 때문에 가격 및 거래조건이 불리하다.
⑤ 구매절차의 표준화가 가능하여 긴급조달이 필요한 자재의 구매에 유리하다.

139 A상품의 2022년도 6월의 실제 판매량과 예측 판매량, 7월의 실제 판매량 자료가 아래 표와 같을 때 지수평활법을 활용한 8월의 예측 판매량(개)은? [단, 평활상수(α)는 0.4를 적용한다.]

구분	2022년 6월	2022년 7월
실제 판매량	48,000(개)	52,000(개)
예측 판매량	50,000(개)	−

① 48,320　　　　　　　　　② 49,200

③ 50,320　　　　　　　　　④ 50,720

⑤ 50,880

140 제품 B를 취급하는 K물류센터는 경제적 주문량(EOQ)에 따라 재고를 관리 하고 있다. 재고관리에 관한 자료가 아래와 같을 때 (ㄱ)연간 총 재고비용과 (ㄴ)연간 발주횟수는 각각 얼마인가? (단, 총 재고비용은 재고유지비용과 주문비용만을 고려한다.)

- 연간 수요량 : 90,000개
- 제품 단가 : 80,000원
- 제품당 연간 재고유지비용 : 제품 단가의 25 %
- 1회 주문비용 : 160,000원

① ㄱ : 12,000,000원, ㄴ : 75회　　　② ㄱ : 12,000,000원, ㄴ : 90회

③ ㄱ : 18,000,000원, ㄴ : 75회　　　④ ㄱ : 18,000,000원, ㄴ : 90회

⑤ ㄱ : 24,000,000원, ㄴ : 75회

141 수요예측방법에 관한 설명으로 옳지 않은 것은?

① 정성적 수요예측방법에는 경영자판단법, 판매원이용법 등이 있다.

② 정량적 수요예측방법에는 이동평균법, 지수평활법 등이 있다.

③ 델파이법(Delphi Method)은 원인과 결과관계를 가지는 두 요소의 과거 변화량에 대한 인과관계를 분석한 방법으로 정량적 수요예측방법에 해당한다.

④ 가중이동평균법은 예측 기간별 가중치를 부여한 예측방법으로 일반적으로 예측 대상 기간에 가까울수록 더 큰 가중치를 주어 예측하는 방법이다.

⑤ 라이프사이클(Life−cycle) 유추법은 상품의 수명주기 기간별 과거 매출 증감 폭을 기준으로 수요량을 유추하여 예측하는 방법이다.

142 C도매상의 제품판매정보가 아래와 같을 때 최적의 재주문점은? (단, 소수점 첫째 자리에서 반올림한다.)

- 연간수요 : 14,000Box
- 서비스 수준 : 90%, Z(0.90) = 1.282
- 제품 판매량의 표준편차 : 20
- 제품 조달기간 : 9일
- 연간 판매일 : 350일

① 77
② 360
③ 386
④ 437
⑤ 590

143 재고에 관한 설명으로 옳지 않은 것은?

① 고객으로부터 발생하는 제품이나 서비스의 요구에 적절히 대응할 수 있게 한다.
② 안전재고는 재고를 품목별로 일정한 로트(Lot) 단위로 조달하기 때문에 발생한다.
③ 공급사슬에서 발생하는 수요나 공급의 다양한 변동과 불확실성에 대한 완충역할을 수행한다.
④ 재고를 필요이상으로 보유하게 되면 과도한 재고비용이 발생하게 된다.
⑤ 재고관리는 제품, 반제품, 원재료, 상품 등의 재화를 합리적·경제적으로 유지하기 위한 활동이다.

144 JIT(Just In Time) 시스템에 관한 설명으로 옳지 않은 것은?

① 반복적인 생산에 적합하다.
② 효과적인 Pull 시스템을 구현할 수 있다.
③ 공급업체의 안정적인 자재공급과 엄격한 품질관리가 이루어져야 효과성을 높일 수 있다.
④ 제조준비시간 및 리드타임을 단축할 수 있다.
⑤ 충분한 안전재고를 확보하여 품절에 대비하기 때문에 공급업체와 생산업체의 상호협력 없이도 시스템 운영이 가능하다.

145

다음이 설명하는 하역합리화의 원칙은?

> ㄱ. 화물의 이동 용이성을 지수로 하여 이 지수의 최대화를 지향하는 원칙으로 관련 작업을 조합하여 화물 하역작업의 효율성을 높이는 것을 목적으로 한다.
> ㄴ. 불필요한 하역작업의 생략을 통해 작업능률을 높이고, 화물의 파손 및 분실 등을 최소화하는 것을 목적으로 한다.
> ㄷ. 하역작업 시 화물의 이동거리를 최소화하는 것을 목적으로 한다.

① ㄱ : 시스템화의 원칙, ㄴ : 하역 경제성의 원칙, ㄷ : 거리 최소화의 원칙
② ㄱ : 운반 활성화의 원칙, ㄴ : 화물 단위화의 원칙, ㄷ : 인터페이스의 원칙
③ ㄱ : 화물 단위화의 원칙, ㄴ : 거리 최소화의 원칙, ㄷ : 하역 경제성의 원칙
④ ㄱ : 운반 활성화의 원칙, ㄴ : 하역 경제성의 원칙, ㄷ : 거리 최소화의 원칙
⑤ ㄱ : 하역 경제성의 원칙, ㄴ : 운반 활성화의 원칙, ㄷ : 거리 최소화의 원칙

146

하역의 요소에 관한 내용이다. (   )에 들어갈 용어로 옳은 것은?

> • (ㄱ) : 보관장소에서 물건을 꺼내는 작업이다.
> • (ㄴ) : 생산, 유통, 소비 등에 필요하므로 하역의 일부로 볼 수 있으며, 창고 내부와 같이 한정된 장소에서 화물을 이동하는 작업이다.
> • (ㄷ) : 컨테이너에 물건을 싣는 작업이다.
> • (ㄹ) : 물건을 창고 등의 보관시설 장소로 이동하여 정해진 형태로 정해진 위치에 쌓는 작업이다.

① ㄱ : 피킹, ㄴ : 운송, ㄷ : 디배닝, ㄹ : 적재
② ㄱ : 피킹, ㄴ : 운반, ㄷ : 배닝, ㄹ : 적재
③ ㄱ : 적재, ㄴ : 운반, ㄷ : 디배닝, ㄹ : 분류
④ ㄱ : 배닝, ㄴ : 운반, ㄷ : 패킹, ㄹ : 정돈
⑤ ㄱ : 다배닝, ㄴ : 운송, ㄷ : 배닝, ㄹ : 분류

147

하역합리화를 위한 활성화의 원칙에서 활성지수가 '3'인 화물의 상태는? (단, 활성지수는 0~4이다.)

① 대차에 실어 놓은 상태   ② 파렛트 위에 놓인 상태
③ 화물이 바닥에 놓인 상태   ④ 컨베이어 위에 놓인 상태
⑤ 상자 안에 넣은 상태

148 하역시스템에 관한 설명으로 옳지 않은 것은?

① 하역작업 장소에 따라 사내하역, 항만하역, 항공하역 등으로 구분할 수 있다.
② 제조업체의 사내하역은 조달, 생산 등의 과정에서 필요한 운반과 하역기능을 포함한 것이다.
③ 하역시스템의 효율화를 통해 에너지 및 자원을 절약할 수 있다.
④ 하역시스템의 도입 목적은 범용성과 융통성을 지양하는 데 있다.
⑤ 하역시스템의 기계화를 통해 열악한 노동환경을 개선할 수 있다.

149 자동분류시스템의 소팅방식에 관한 설명으로 옳은 것은?

① 크로스벨트(Cross belt) 방식 : 컨베이어 반송면의 아래 방향에서 벨트 등의 분기장치가 나오는 방식으로 하부면의 손상 및 충격에 취약한 화물에는 적합하지 않다.
② 팝업(Pop‐up) 방식 : 레일을 주행하는 연속된 캐리어상의 소형벨트 컨베이어를 레일과 교차하는 방향으로 구동시켜 단위화물을 내보내는 방식이다.
③ 틸팅(Tilting) 방식 : 반송면에 튀어나온 기구를 넣어 단위화물을 함께 이동시키면서 압출하는 방식이다.
④ 슬라이딩슈(Sliding‐shoe) 방식 : 여러 형상의 화물을 수직으로 나누어 강제적으로 분류하므로 충격에 취약한 정밀기기나 깨지기 쉬운 물건은 피해야 한다.
⑤ 다이버터(Diverter) 방식 : 외부에 설치된 안내판을 회전시켜 반송경로상에 가이드벽을 만들어 단위화물을 가이드벽에 따라 이동시키므로 다양한 형상의 화물 분류가 가능하다.

150 포크 리프트(지게차)에 관한 설명으로 옳은 것은?

① 스트래들(Straddle)형은 전방이 아닌 차체의 측면에 포크와 마스트가 장착된 지게차이다.
② 디젤엔진식은 유해 배기가스와 소음이 적어 실내작업에 적합한 환경친화형 장비이다.
③ 워키(Walkie)형은 스프레더를 장착하고 항만 컨테이너 야드 등 주로 넓은 공간에서 사용된다.
④ 3방향 작동형은 포크와 캐리지의 회전이 가능하므로 진행방향의 변경 없이 작업할 수 있다.
⑤ 사이드 포크형은 차체전방에 아웃리거를 설치하고 그 사이에 포크를 위치시켜 안정성을 향상시킨 지게차이다.

151

하역의 기계화가 필요한 화물에 해당하는 것은 몇 개인가?

- 액체 및 분립체로 인하여 인력으로 취급하기 곤란한 화물
- 많은 인적 노력이 요구되는 화물
- 작업장의 위치가 높고 낮음으로 인해 상하차작업이 곤란한 화물
- 인력으로는 시간(Timing)을 맞추기 어려운 화물

① 0개
② 1개
③ 2개
④ 3개
⑤ 4개

152

국가별 파렛트 표준규격의 연결이 옳은 것은?

국가		파렛트 규격
ㄱ.	한국	A. 800×1,200mm
ㄴ.	일본	B. 1,100×1,100mm
ㄷ.	영국	C. 1,100×1,200mm
ㄹ.	미국	D. 1,219×1,016mm

① ㄱ-B, ㄴ-A, ㄷ-C, ㄹ-D
② ㄱ-B, ㄴ-B, ㄷ-A, ㄹ-D
③ ㄱ-B, ㄴ-C, ㄷ-C, ㄹ-A
④ ㄱ-C, ㄴ-A, ㄷ-B, ㄹ-B
⑤ ㄱ-C, ㄴ-B, ㄷ-D, ㄹ-A

153

일관파렛트화(Palletization)의 경제적 효과가 아닌 것은?

① 포장의 간소화로 포장비 절감
② 작업 능률의 향상
③ 화물 파손의 감소
④ 운임 및 부대비용 절감
⑤ 제품의 과잉생산 방지

154 유닛로드 시스템(Unit Load System)의 선결과제에 해당하는 것을 모두 고른 것은?

> ㄱ. 운송 표준화 ㄴ. 장비 표준화
> ㄷ. 생산 자동화 ㄹ. 하역 기계화
> ㅁ. 무인 자동화

① ㄱ, ㄴ, ㄹ ② ㄱ, ㄴ, ㅁ
③ ㄱ, ㄷ, ㅁ ④ ㄴ, ㄷ, ㄹ
⑤ ㄴ, ㄹ, ㅁ

155 다음은 파렛트 풀 시스템 운영방식에 관한 내용이다. 다음 ( )에 들어갈 용어로 옳은 것은?

> • (ㄱ) : 유럽 각국의 국영철도역에서 파렛트 적재 형태로 운송하며, 파렛트를 동시에 교환하여 사용하는 것으로 언제나 교환에 응할 수 있도록 파렛트를 준비해 놓는 방식이다.
> • (ㄴ) : 개별 기업에서 파렛트를 보유하지 않고, 파렛트 풀 회사에서 일정 기간 동안 임차하는 방식이다.

① ㄱ : 즉시교환방식, ㄴ : 리스 · 렌탈방식
② ㄱ : 대차결제교환방식, ㄴ : 즉시교환방식
③ ㄱ : 리스 · 렌탈방식, ㄴ : 교환리스병용방식
④ ㄱ : 교환리스병용방식, ㄴ : 대차결제교환방식
⑤ ㄱ : 리스 · 렌탈방식, ㄴ : 즉시교환방식

156 유닛로드 시스템(Unit Load System)에 관한 설명으로 옳지 않은 것은?

① 운송, 보관, 하역 등의 물류활동을 합리적으로 처리하기 위하여 포장화물의 기계 취급에 적합하도록 단위화한 방식을 말한다.
② 화물을 파렛트나 컨테이너를 이용하여 벌크선박으로 운송한다.
③ 화물취급단위에 대한 단순화와 표준화를 통하여 하역능력을 향상시키고, 물류비용을 절감할 수 있다.
④ 하역을 기계화하고 운송 · 보관 등을 일관하여 합리화할 수 있다.
⑤ 화물처리 과정에서 발생할 수 있는 파손이나 실수를 줄일 수 있다.

157 항만하역기기 중 컨테이너 터미널에서 사용하는 하역기기가 아닌 것은?

① 리치 스태커(Reach Stacker)
② 야드 트랙터(Yard Tractor)
③ 트랜스퍼 크레인(Transfer Crane)
④ 탑 핸들러(Top Handler)
⑤ 호퍼(Hopper)

158 항만운송 사업 중 타인의 수요에 응하여 하는 행위로서 항만하역사업에 해당하는 것은?

① 선적화물을 싣거나 내릴 때 그 화물의 개수를 계산하는 행위
② 선적화물 및 선박(부선을 포함한다)에 관련된 증명 · 조사 · 감정을 하는 행위
③ 선적화물을 싣거나 내릴 때 그 화물의 인도 · 인수를 증명하는 행위
④ 선박을 이용하여 운송된 화물을 화물주 또는 선박운항사업자의 위탁을 받아 항만에서 선박으로부터 인수하거나 화물주에게 인도하는 행위
⑤ 선적화물을 싣거나 내릴 때 그 화물의 용적 또는 중량을 계산하거나 증명하는 행위

159 주요 포장기법 중 금속의 부식을 방지하기 위한 포장 기술은?

① 방청 포장   ② 방수 포장
③ 방습 포장   ④ 진공 포장
⑤ 완충 포장

160 포장 결속 방법으로 옳지 않은 것은?

① 밴드결속－플라스틱, 나일론, 금속 등의 재질로 된 밴드를 사용한다.
② 꺽쇠 물림쇠－주로 칸막이 상자 등에서 상자가 고정되도록 사용하는 방법이다.
③ 테이핑－용기의 견고성을 유지하기 위해 접착테이프를 사용한다.
④ 대형 골판지 상자－작은 부품 등을 꾸러미로 묶지 않고 담을 때 사용한다.
⑤ 슬리브－열수축성 플라스틱 필름을 화물에 씌우고 터널을 통과시킬 때 가열하여 필름을 수축시키는 방법이다.

121 보관의 기능으로 옳지 않은 것은?

① 물품의 거리적 · 장소적 효용 창출 기능
② 물품의 분류와 혼재 기능
③ 물품의 보존과 관리 기능
④ 수송과 배송의 연계 기능
⑤ 고객서비스 신속 대응 기능

122 공동집배송단지의 도입 효과에 관한 설명으로 옳은 것을 모두 고른 것은?

> ㄱ. 배송물량을 통합하여 계획 배송함으로써 차량의 적재 효율을 높일 수 있다.
> ㄴ. 혼합배송이 가능하여 차량의 공차율이 증가한다.
> ㄷ. 공동집배송단지를 사용하는 업체들의 공동 참여를 통해 대량 구매 및 계획 매입이 가능하다.
> ㄹ. 보관 수요를 통합 관리함으로써 업체별 보관 공간 및 관리 비용이 증가한다.
> ㅁ. 물류 작업의 공동화를 통해 물류비 절감 효과가 있다.

① ㄱ, ㄴ, ㄹ   ② ㄱ, ㄴ, ㅁ
③ ㄱ, ㄷ, ㅁ   ④ ㄴ, ㄷ, ㄹ
⑤ ㄷ, ㄹ, ㅁ

123 다음에서 설명하는 물류시설은?

> ㄱ. LCL(Less than Container Load) 화물을 특정 장소에 집적하였다가 목적지별로 선별하여 하나의 컨테이너에 적입하는 장소
> ㄴ. 복수의 운송수단 간 연계를 할 수 있는 규모 및 시설을 갖춘 장소
> ㄷ. 재고품의 임시보관거점으로 상품의 배송거점인 동시에 예상 수요에 대한 보관 장소

① ㄱ : CY(Container Yard), ㄴ : 복합물류터미널, ㄷ : 스톡 포인트(Stock Point)

② ㄱ : CY(Container Yard), ㄴ : 복합물류터미널, ㄷ : 데포(Depot)

③ ㄱ : CFS(Container Freight Station), ㄴ : 복합물류터미널, ㄷ : 스톡 포인트(Stock Point)

④ ㄱ : CFS(Container Freight Station), ㄴ : 공동집배송단지, ㄷ : 스톡 포인트(Stock Point)

⑤ ㄱ : CFS(Container Freight Station), ㄴ : 공동집배송단지, ㄷ : 데포(Depot)

124 다음에서 설명하는 보관의 원칙은?

> • 물품의 입 · 출고 빈도에 따라 보관장소를 결정한다.
> • 출입구가 동일한 창고의 경우 입 · 출고 빈도가 높은 물품을 출입구 근처에 보관하며, 낮은 물품은 출입구로부터 먼 장소에 보관한다.

① 회전대응의 원칙　　　　　　　② 선입선출의 원칙

③ 통로 대면의 원칙　　　　　　　④ 보관 위치 명확화의 원칙

⑤ 유사자재 관리의 원칙

125 물류센터 구조와 설비 결정 요소에 관한 설명으로 옳지 않은 것은?

① 운영특성은 입고, 보관, 피킹, 배송방법을 반영한다.

② 물품특성은 제품의 크기, 무게, 가격을 반영한다.

③ 주문특성은 재고정책, 고객서비스 목표, 투자 및 운영 비용을 반영한다.

④ 환경특성은 지리적 위치, 입지 제약, 환경 제약을 반영한다.

⑤ 설비특성은 설비종류, 자동화 수준을 반영한다.

126 다음에서 설명하는 공공 물류시설의 민간투자사업 방식은?

> ㄱ. 민간 사업자가 건설 후, 소유권을 국가 또는 지방자치단체에 양도하고 일정기간 그 시설물을 운영한 수익으로 투자비를 회수하는 방식
> ㄴ. 민간 사업자가 건설 후, 투자비용을 회수할 때까지 관리 · 운영한 후 계약기간 종료 시 국가에 양도하는 방식
> ㄷ. 민간 사업자가 건설 후, 일정기간 동안 국가 또는 지방자치단체에 임대하여 투자비를 회수하고 임대기간 종료 후에 소유권을 국가 또는 지방자치단체에 양도하는 방식

① ㄱ : BTO(Build Transfer Operate), ㄴ : BOO(Build Own Operate), ㄷ : BLT(Build Lease Transfer)

② ㄱ : BTO(Build Transfer Operate), ㄴ : BOT(Build Operate Transfer), ㄷ : BLT(Build Lease Transfer)

③ ㄱ : BOT(Build Operate Transfer), ㄴ : BTO(Build Transfer Operate), ㄷ : BLT(Build Lease Transfer)

④ ㄱ : BOT(Build Operate Transfer), ㄴ : BOO(Build Own Operate), ㄷ : BTO(Build Transfer Operate)

⑤ ㄱ : BOO(Build Own Operate), ㄴ : BOT(Build Operate Transfer), ㄷ : BTO(Build Transfer Operate)

127 물류단지시설에 관한 설명으로 옳지 않은 것은?

① 물류터미널은 화물의 집하, 하역, 분류, 포장, 보관, 가공, 조립 등의 기능을 갖춘 시설이다.

② 공동집배송센터는 참여업체들이 공동으로 사용할 수 있도록 집배송 시설 및 부대 업무 시설이 설치되어 있다.

③ 지정보세구역은 지정장치장 및 세관검사장이 있다.

④ 특허보세구역은 보세창고, 보세공장, 보세건설장, 보세판매장, 보세전시장이 있다.

⑤ 배송센터는 장치보관, 수출입 통관, 선박의 적하 및 양하기능을 수행하는 육상운송 수단과의 연계 지원시설이다.

128 물류단지의 단일설비입지 결정 방법에 관한 설명으로 옳지 않은 것은?

① 입지요인으로 수송비를 고려한다.

② 시장경쟁력, 재고통합효과, 설비를 고려하는 동적 입지모형이다.

③ 총 운송비용을 최소화하기 위한 입지 결정 방법이다.

④ 총 운송비용은 거리에 비례해서 증가하는 것으로 가정한다.

⑤ 공급지와 수요지의 위치와 반입, 반출 물량이 주어진다.

129 다음에서 설명한 물류단지의 입지결정 방법은?

> • 일정한 물동량(입고량 또는 출고량)의 고정비와 변동비를 산출한다.
> • 물동량에 따른 총비용을 비교하여 대안을 선택하는 방법이다.

① 체크리스트법   ② 톤 – 킬로법

③ 무게 중심법   ④ 손익분기 도표법

⑤ 브라운 & 깁슨법

130 모빌 랙(Mobile Rack)에 관한 설명으로 옳지 않은 것은?

① 파렛트가 랙 내에서 경사면을 이용하여 이동하는 방식으로 선입선출이 요구되는 제품에 적합하다.

② 필요한 통로만을 열어 사용하고 불필요한 통로를 최대한 제거하기 때문에 면적 효율이 높다.

③ 바닥면의 효과적인 사용과 용적 효율이 높다.

④ 공간 효율이 높기 때문에 작업공간이 넓어지고 물품보관이 용이하다.

⑤ 동시작업을 위한 복수통로의 설정이 가능하여 작업효율이 증대된다.

131 물류센터의 규모 결정에 영향을 미치는 요인을 모두 고른 것은?

> ㄱ. 자재취급시스템의 형태   ㄴ. 통로요구조건
> ㄷ. 재고배치   ㄹ. 현재 및 미래의 제품 출하량
> ㅁ. 사무실 공간

① ㄱ, ㄹ   ② ㄷ, ㄹ, ㅁ

③ ㄱ, ㄴ, ㄷ, ㄹ   ④ ㄱ, ㄴ, ㄷ, ㅁ

⑤ ㄱ, ㄴ, ㄷ, ㄹ, ㅁ

132 창고의 기능에 관한 설명으로 옳지 않은 것은?

① 물품을 안전하게 보관하거나 현상을 유지하는 역할을 수행한다.
② 물품의 생산과 소비의 시간적 간격을 조절하여 시간가치를 창출한다.
③ 물품의 수요와 공급을 조정하여 가격안정을 도모하는 역할을 수행한다.
④ 물품을 한 장소에서 다른 장소로 이동시키는 물리적 행위를 통해 장소적 효용을 창출한다.
⑤ 창고에 물품을 보관하여 안전재고를 확보함으로써 품절을 방지하여 기업 신용을 증대시킨다.

133 창고 유형과 특징에 관한 설명으로 옳지 않은 것은?

① 자가창고는 창고의 입지, 시설, 장비를 자사의 물류시스템에 적합하도록 설계, 운영할 수 있다.
② 영업창고 이용자는 초기에 창고건설 및 설비투자와 관련하여 고정비용이 발생한다.
③ 임대창고는 시장환경의 변화에 따라 보관장소를 탄력적으로 운영하기 어렵다.
④ 유통창고는 생산된 제품의 집하 및 배송 기능을 갖춘 창고로 화물의 보관, 가공, 재포장 등의 활동을 수행한다.
⑤ 보세창고는 관세법에 근거하여 세관장의 허가를 얻어 수출입화물을 취급하는 창고를 의미한다.

134 창고관리시스템(WMS : Warehouse Management System)의 특성에 관한 설명으로 옳지 않은 것은?

① 창고 내의 랙(Rack)과 셀(Cell)별 재고를 실시간으로 관리할 수 있다.
② 정확한 위치정보를 기반으로 창고 내 피킹, 포장작업 등을 지원하여 효율적인 물류작업이 가능하다.
③ 입고 후 창고에 재고를 보관할 때, 보관의 원칙에 따라 최적의 장소를 선정하여 저장할 수 있다.
④ 창고 내 물동량의 증감에 따라 작업자의 인력계획을 수립하며 모니터링 기능도 지원한다.
⑤ 고객주문내역 상의 운송수단을 고려한 최적의 경로를 설정하여 비용과 시간을 절감하도록 지원한다.

135 DPS(Digital Picking System)와 DAS(Digital Assorting System)의 특성에 관한 설명으로 옳지 않은 것은?

① DPS는 피킹 대상품목 수를 디지털 기기로 표시하여 피킹하도록 지원하는 시스템이다.

② DAS는 분배된 물품의 순서에 따라 작업자에게 분류정보를 제공하여 신속한 분배를 지원하는 시스템이다.

③ DPS는 작동방식에 따라 대차식, 구동 컨베이어식, 무구동 컨베이어식으로 구분할 수 있다.

④ 멀티 릴레이 DAS는 주문 단위로 출하박스를 투입하여 피킹하는 방식으로 작업자의 이동이 최소화된다.

⑤ 멀티 다품종 DAS는 많은 고객에게 배송하기 위한 분배 과정을 지원하는 방식으로 합포장을 할 때 적합하다.

136 자동화 창고의 구성요소에 관한 설명으로 옳지 않은 것은?

① 랙은 자동화 창고에서 화물 보관을 위한 구조물로 빌딩 랙(Building Rack)과 유닛 랙(Unit Rack) 등이 있다.

② 스태커 크레인(Stacker Crane)은 랙과 랙 사이를 왕복하며 보관품을 입출고시키는 기기이다.

③ 트래버서(Traverser)는 보관품의 입출고 시 작업장부터 랙까지 연결시켜주는 반송장치이다.

④ 무인반송차(AGV : Automative Guided Vehicle)는 무인으로 물품을 운반 및 이동하는 장비이다.

⑤ 보관단위(Unit)는 파렛트형, 버킷형, 레인형, 셀형 등이 있다.

137 K기업이 수요지에 제품 공급을 원활하게 하기 위한 신규 물류창고를 운영하고 자 한다. 수요량은 수요지 A가 50ton/월, 수요지 B가 40ton/월, 수요지 C가 100ton/월이라고 할 때, 무게중심법을 이용한 최적입지 좌표(X, Y)는? (단, 소수점 둘째 자리에서 반올림한다.)

구분	X좌표	Y좌표
수요지 A	10	20
수요지 B	20	30
수요지 C	30	40
공장	50	50

① X=21.5, Y=32.1
② X=25.3, Y=39.1
③ X=36.3, Y=41.3
④ X=39.7, Y=53.3
⑤ X=43.2, Y=61.5

138 재고관리 지표에 관한 설명으로 옳지 않은 것은?

① 서비스율은 전체 수주량에 대한 납기 내 납품량의 비율을 나타낸다.
② 백오더율은 전체 수주량에 대한 납기 내 결품량의 비율을 나타낸다.
③ 재고회전율은 연간 매출액을 평균재고액으로 나눈 비율을 나타낸다.
④ 재고회전기간은 수요대상 기간을 재고 회전율로 나눈값이다.
⑤ 평균재고액은 기말재고액에서 기초재고액을 뺀 값이다.

139 K 기업의 A제품 생산을 위해 소모되는 B부품의 연간 수요량이 20,000개이고 주문비용이 80,000원, 단위당 단가가 4,000원, 재고유지비율이 20%라고 할 때, 경제적 주문량(EOQ)은?

① 2,000개
② 4,000개
③ 6,000개
④ 8,000개
⑤ 10,000개

140 다음 자재소요량 계획(MRP : Material Requirement Planning)에서 부품 X, Y의 순 소요량은?

- 제품 K의 총 소요량 : 50개
- 제품 K는 2개의 X부품과 3개의 Y부품으로 구성
- X 부품 예정 입고량 : 10개, 가용재고 : 5개
- Y 부품 예정 입고량 : 20개, 가용재고 : 없음

① X = 50개, Y = 50개
② X = 60개, Y = 80개
③ X = 85개, Y = 130개
④ X = 100개, Y = 150개
⑤ X = 115개, Y = 170개

141 재고 보유의 역할이 아닌 것은?

① 원재료 부족으로 인한 생산중단을 피하기 위해 일정량의 재고를 보유한다.

② 작업준비 시간이나 비용이 많이 드는 경우 생산 일정 계획을 유연성 있게 수립하기 위하여 재고를 보유한다.

③ 미래에 발생할 수 있는 위험회피를 위해 재고를 보유한다.

④ 계절적으로 집중 출하되는 제품은 미리 확보하여 판매기회를 놓치지 않기 위해 재고를 보유한다.

⑤ 기술력 향상 및 생산공정의 자동화 도입 촉진을 위해 재고를 보유한다.

142 A상품의 연간 평균 재고는 10,000개, 구매단가는 5,000원, 단위당 재고 유지비는 구매단가의 5 %를 차지한다고 할 때, A상품의 연간 재고유지비는? (단, 수요는 일정하고, 재고 보충은 없음)

① 12,500원   ② 25,000원

③ 1,000,000원   ④ 2,500,000원

⑤ 10,000,000원

143 재주문점의 주문관리 기법이 아닌 것은?

① 정량발주법   ② 델파이법

③ Two - Bin법   ④ 기준재고법

⑤ 정기발주법

144 수요예측 방법에 관한 설명으로 옳지 않은 것은?

① 정성적 수요예측방법은 시장조사법, 역사적 유추법 등이 있다.

② 정량적 수요예측방법은 단순이동평균법, 가중이동평균법, 지수평활법 등이 있다.

③ 가중이동평균법은 예측기간이 먼 과거 일수록 낮은 가중치를 부여하고, 가까울수록 더 큰 가중치를 주어 예측하는 방법이다.

④ 시장조사법은 신제품 및 현재 시판 중인 제품이 새로운 시장에 소개될 때 많이 활용된다.

⑤ 지수평활법은 예측하고자 하는 기간의 직전 일정 기간의 시계열 평균값을 활용하여 산출하는 방법이다.

145 하역에 관한 설명으로 옳지 않은 것은?

① 운송 및 보관에 수반하여 발생한다.
② 적하, 운반, 적재, 반출, 분류 및 정돈으로 구성된다.
③ 시간, 장소 및 형태 효용을 창출한다.
④ 생산에서 소비에 이르는 전 유통과정에서 행해진다.
⑤ 무인화와 자동화가 빠르게 진행되고 있다.

146 하역합리화의 기본 원칙에 관한 설명으로 옳지 않은 것은?

① 하역작업의 이동거리를 최소화한다.
② 불필요한 하역작업을 줄인다.
③ 운반활성지수를 최소화한다.
④ 화물을 중량 또는 용적으로 단위화한다.
⑤ 파손과 오손, 분실을 최소화한다.

147 하역작업과 관련된 용어에 관한 설명으로 옳지 않은 것은?

① 디배닝(Devanning) : 컨테이너에서 화물을 내리는 작업
② 래싱(Lashing) : 운송수단에 실린 화물이 움직이지 않도록 화물을 고정시키는 작업
③ 피킹(Picking) : 보관 장소에서 화물을 꺼내는 작업
④ 소팅(Sorting) : 화물을 품종별, 발송지별, 고객별로 분류하는 작업
⑤ 스태킹(Stacking) : 화물이 손상, 파손되지 않도록 화물의 밑바닥이나 틈 사이에 물건을 깔거나 끼우는 작업

148 하역시스템에 관한 설명으로 옳지 않은 것은?

① 물품을 자동차에 상하차하고 창고에서 상하좌우로 운반하거나 입고 또는 반출하는 시스템이다.
② 필요한 원재료 · 반제품 · 제품 등의 최적 보유량을 계획하고 조직하고 통제하는 기능을 한다.
③ 하역작업 장소에 따라 사내하역, 항만하역, 항공하역시스템 등으로 구분할 수 있다.
④ 하역시스템의 기계화 및 자동화는 하역작업환경을 개선하는 데 기여할 수 있다.
⑤ 효율적인 하역시스템 설계 및 구축을 통해 에너지 및 자원을 절약할 수 있다.

149 하역기기에 관한 설명으로 옳은 것은?

① 탑 핸들러(Top Handler) : 본선과 터미널 간 액체화물 이송 작업 시 연결되는 육상 터미널 측 이송장비
② 로딩 암(Loading Arm) : 부두에서 본선으로 석탄, 광석의 벌크화물을 선적하는데 사용하는 장비
③ 돌리(Dolly) : 해상 컨테이너를 적재하거나 다른 장소로 이송, 반출하는데 사용하는 장비
④ 호퍼(Hopper) : 원료나 연료, 화물을 컨베이어나 기계로 이송하는 깔때기 모양의 장비
⑤ 스트래들 캐리어(Straddle Carrier) : 부두의 안벽에 설치되어 선박에 컨테이너를 선적하거나 하역하는데 사용하는 장비

150 하역의 표준화에 관한 설명으로 옳지 않은 것은?

① 생산의 마지막 단계로 치수, 강도, 재질, 기법 등의 표준화로 구성된다.
② 운송, 보관, 포장, 정보 등 물류활동 간의 상호 호환성과 연계성을 고려하여 추진 되어야 한다.
③ 환경과 안전을 고려하여야 한다.
④ 유닛로드 시스템에 적합한 하역 · 운반 장비의 표준화가 필요하다.
⑤ 표준규격을 만들고 일관성 있게 추진되어야 한다.

151 다음에서 설명하는 항만하역 작업방식은?

> 선측이나 선미의 경사판을 거쳐 견인차를 이용하여 수평으로 적재, 양륙 하는 방식으로 페리(Ferry) 선박에서 전통적으로 사용해 온 방식이다.

① LO-LO(Lift on-Lift off) 방식
② RO-RO(Roll on-Roll off) 방식
③ FO-FO(Float on-Float off) 방식
④ FI-FO(Free in-Free out) 방식
⑤ LASH(Lighter Aboard Ship) 방식

152 철도하역 방식에 관한 설명으로 옳지 않은 것은?

① TOFC(Trailer on Flat Car) 방식 : 컨테이너가 적재된 트레일러를 철도화차 위에 적재하여 운송하는 방식

② COFC(Container on Flat Car) 방식 : 철도화차 위에 컨테이너만을 적재하여 운송하는 방식

③ Piggy Back 방식 : 화물열차의 대차 위에 트레일러나 트럭을 컨테이너 등의 화물과 함께 실어 운송하는 방식

④ Kangaroo 방식 : 철도화차에 트레일러 차량의 바퀴가 들어갈 수 있는 홈이 있어 적재높이를 낮게 하여 운송할 수 있는 방식

⑤ Freight Liner 방식 : 트럭이 화물열차에 대해 직각으로 후진하여 무개화차에 컨테이너를 바로 실어 운송하는 방식

153 포장에 관한 설명으로 옳지 않은 것은?

① 소비자들의 관심을 유발시키는 판매물류의 시작이다.

② 물품의 가치를 높이거나 보호한다.

③ 공업포장은 물품 개개의 단위포장으로 판매촉진이 주목적이다.

④ 겉포장은 화물 외부의 포장을 말한다.

⑤ 기능에 따라 공업포장과 상업포장으로 분류한다.

154 화인(Shipping Mark)의 표시방법에 관한 설명으로 옳은 것을 모두 고른 것은?

ㄱ. 스티커(Sticker)는 주물을 주입할 때 미리 화인을 해두는 방법으로 금속제품, 기계류 등에 사용된다.
ㄴ. 스텐실(Stencil)은 화인할 부분을 고무인이나 프레스기 등을 사용하여 찍는 방법이다.
ㄷ. 태그(Tag)는 종이나 플라스틱판 등에 일정한 표시 내용을 기재한 다음 철사나 끈으로 매는 방법으로 의류, 잡화류 등에 사용된다.
ㄹ. 라벨링(Labeling)은 종이나 직포에 미리 인쇄해 두었다가 일정한 위치에 붙이는 방법이다.

① ㄱ, ㄴ   ② ㄱ, ㄷ
③ ㄴ, ㄷ   ④ ㄴ, ㄹ
⑤ ㄷ, ㄹ

155 화인(Shipping Mark)에 관한 설명으로 옳지 않은 것은?

① 기본화인, 정보화인, 취급주의 화인으로 구성되며, 포장화물의 외장에 표시한다.

② 주화인 표시(Main Mark)는 타상품과 식별을 용이하게 하는 기호이다.

③ 부화인 표시(Counter Mark)는 유통업자나 수입 대행사의 약호를 표시하는 기호이다.

④ 품질 표시(Quality Mark)는 내용물품의 품질이나 등급을 표시하는 기호이다.

⑤ 취급주의 표시(Care Mark)는 내용물품의 취급, 운송, 적재요령을 나타내는 기호이다.

156 파렛트의 화물적재방법에 관한 설명으로 옳은 것은?

① 블록쌓기는 맨 아래에서 상단까지 일렬로 쌓는 방법으로 작업효율성이 높고 무너질 염려가 없어 안정성이 높다.

② 교호열쌓기는 짝수층과 홀수층을 180도 회전시켜 쌓는 방식으로 화물의 규격이 일정하지 않아도 적용이 가능한 방식이다.

③ 벽돌쌓기는 벽돌을 쌓듯이 가로와 세로를 조합하여 1단을 쌓고 홀수층과 짝수층을 180도 회전시켜 쌓는 방식이다.

④ 핀휠(Pinwheel)쌓기는 비규격화물이나 정방형 파렛트가 아닌 경우에 이용하는 방식으로 다양한 화물의 적재에 이용된다.

⑤ 스플릿(Split)쌓기는 중앙에 공간을 두고 풍차형으로 쌓는 방식으로 적재효율이 높고 안정적인 적재방식이다.

157 파렛트 풀 시스템(Pallet Pool System)의 운영형태에 관한 설명으로 옳은 것을 모두 고른 것은?

> ㄱ. 교환방식은 동일한 규격의 예비 파렛트 확보를 위하여 추가비용이 발생한다.
> ㄴ. 리스 · 렌탈방식은 개별 기업이 파렛트를 임대하여 사용하는 방식으로 파렛트의 품질유지나 보수가 용이하다.
> ㄷ. 대차결제방식은 운송업체가 파렛트로 화물을 인도하는 시점에 동일한 수의 파렛트를 즉시 인수하는 방식이다.
> ㄹ. 교환 · 리스병용방식은 대차결제방식의 단점을 보완하기 위하여 개발된 방식이다.

① ㄱ, ㄴ   ② ㄱ, ㄷ

③ ㄴ, ㄷ   ④ ㄴ, ㄹ

⑤ ㄷ, ㄹ

158 자동분류장치의 종류에 관한 설명으로 옳지 않은 것은?

① 팝업 방식(Pop – Up Type)은 컨베이어의 아래에서 분기장치가 튀어나와 물품을 분류한다.

② 푸시 오프 방식(Push – Off Type)은 화물의 분류지점에 직각방향으로 암(Arm)을 설치하여 밀어내는 방식이다.

③ 슬라이딩 슈 방식(Sliding – Shoe Type)은 반송면의 아래 부분에 슈(Shoe)가 장착되어 단위 화물과 함께 이동하면서 압출하는 분류방식이다.

④ 크로스 벨트 방식(Cross Belt Type)은 레일을 주행하는 연속된 캐리어에 장착된 소형 컨베이어를 구동시켜 물품을 분류한다.

⑤ 틸팅 방식(Tilting Type)은 벨트, 트레이, 슬라이드 등의 바닥면을 개방하여 물품을 분류한다.

159 유닛로드 시스템(Unit Load System)의 장점에 관한 설명으로 옳지 않은 것은?

① 상 · 하역 또는 보관 시에 기계화된 물류작업으로 인건비를 절감할 수 있다.

② 운송차량의 적재함과 창고 랙을 표준화된 단위규격을 사용하여 적재공간의 효율성을 향상시킨다.

③ 운송과정 중 수작업을 최소화하여 파손 및 분실을 방지할 수 있다.

④ 하역기기 등에 관한 고정투자비용이 발생하지 않기 때문에 대규모 자본투자가 필요 없다.

⑤ 단위 포장용기의 사용으로 포장업무가 단순해지고 포장비가 절감된다.

160 파렛트(Pallet)의 종류에 관한 설명으로 옳은 것은?

① 롤 파렛트(Roll Pallet)는 파렛트 바닥면에 바퀴가 달려 있어 자체적으로 밀어서 움직일 수 있다.

② 시트 파렛트(Sheet Pallet)는 핸드리프트 등으로 움직일 수 있도록 만들어진 상자형 파렛트이다.

③ 스키드 파렛트(Skid Pallet)는 상부구조물이 적어도 3면의 수직측판을 가진 상자형 파렛트이다.

④ 사일로 파렛트(Silo Pallet)는 파렛트 상단에 기둥이 설치된 형태로 기둥을 접거나 연결하는 방식으로 사용한다.

⑤ 탱크 파렛트는(Tank Pallet)는 주로 분말체의 보관과 운송에 이용하는 1회용 파렛트이다.

MEMO

물류관련법규

CERTIFIED
PROFESSIONAL
LOGISTICIAN

05
과목

161 「물류정책기본법」상 청문을 실시하여야 하는 처분으로 옳지 않은 것은?

① 물류관리사 자격의 취소
② 인증우수물류기업에 대한 인증의 취소
③ 국제물류주선업자에 대한 사업의 전부 정지
④ 지정심사대행기관의 지정취소
⑤ 우수녹색물류실천기업의 지정취소

162 「물류정책기본법」상 국가물류정책위원회의 분과위원회로 규정되어 있는 것을 모두 고른 것은?

ㄱ. 물류정책분과위원회	ㄴ. 물류시설분과위원회
ㄷ. 물류보안분과위원회	ㄹ. 국제물류분과위원회

① ㄱ, ㄴ, ㄷ   ② ㄱ, ㄴ, ㄹ
③ ㄱ, ㄷ, ㄹ   ④ ㄴ, ㄷ, ㄹ
⑤ ㄱ, ㄴ, ㄷ, ㄹ

163 A도지사가 국제물류주선업자 甲에게 물류정책기본법령에 따른 과징금을 부과하는 경우에 관한 설명으로 옳지 않은 것은?

① A도지사는 甲에게 사업의 취소를 명하여야 하는 경우로서 그 사업의 취소가 해당 사업의 이용자 등에게 심한 불편을 주는 경우에는 그 사업취소 처분을 갈음하여 과징금을 부과할 수 있다.
② A도지사는 과징금의 금액을 정함에 있어서 甲의 사업규모를 고려할 수 있다.
③ A도지사는 과징금의 금액을 정함에 있어서 甲의 위반행위의 정도 및 횟수를 고려할 수 있다.
④ (법률 개정으로 선지 삭제)
⑤ 甲에게 부과된 과징금을 기한 내에 납부하지 아니한 때에는 A도지사는 이를 「지방행정제재·부과금의 징수 등에 관한 법률」에 따라 징수한다.

164 다음은 「물류정책기본법」의 규정 내용이다. (   )에 들어갈 수 있는 것으로 옳지 않은 것은?

제2조(정의) ① 이 법에서 사용하는 용어의 정의는 다음과 같다.
1. "물류"란 재화가 공급자로부터 조달·생산되어 수요자에게 전달되거나 소비자로부터 회수되어 폐기될 때까지 이루어지는 운송·보관·하역 등과 이에 부가되어 가치를 창출하는 (   ) 등을 말한다.

① 분류
② 수리
③ 체계
④ 상표부착
⑤ 정보통신

165 물류정책기본법령상 물류기업이 환경친화적 물류활동을 위하여 행정적·재정적 지원을 받을 수 있는 활동에 해당하지 않는 것은?

① 환경친화적인 운송수단 또는 포장재료의 사용
② 기존 물류시설·장비·운송수단을 환경친화적인 물류시설·장비·운송수단으로 변경
③ 환경친화적인 물류시스템의 도입 및 개발
④ 물류활동에 따른 폐기물 감량
⑤ 물류자원을 절약하고 재활용하는 활동으로서 환경부장관이 정하여 고시하는 사항

166 「물류정책기본법」상 물류기업에 대하여 물류정보화에 관련된 프로그램의 개발비용의 일부를 지원할 수 있는 자가 아닌 것은? (단, 권한위임·위탁에 관한 규정은 고려하지 않음)

① 국토교통부장관
② 해양수산부장관
③ 산업통상자원부장관
④ 시·도지사
⑤ 관세청장

167 물류정책기본법령상 물류관리사에 관한 설명으로 옳지 않은 것은?

① 물류관리사는 물류활동과 관련하여 전문지식이 필요한 사항에 대하여 계획·조사·연구·진단 및 평가 또는 이에 관한 상담·자문, 그 밖에 물류관리에 필요한 직무를 수행한다.

② 물류관리사 자격시험은 필기의 방식으로 실시하고, 선택형을 원칙으로 하되 기입형을 가미할 수 있다.

③ 물류관리사가 그 자격을 부정한 방법으로 취득한 때에는 국토교통부장관은 그 자격을 취소하여야 한다.

④ 물류관리사가 다른 사람에게 자기의 성명을 사용하여 영업을 하게 한 때에는 국토교통부장관은 그 자격을 취소할 수 있다.

⑤ 국토교통부장관은 물류관리사를 고용한 물류관련 사업자에 대하여 다른 사업자보다 우선하여 재정적 지원을 하려는 경우 미리 시·도지사와 협의하여야 한다.

168 물류정책기본법령상 국제물류주선업에 관한 설명으로 옳지 않은 것은?

① 국제물류주선업이란 타인의 수요에 따라 타인의 명의와 계산으로 타인의 물류시설·장비 등을 이용하여 수출입화물의 물류를 주선하는 사업을 말한다.

② 국제물류주선업을 경영하려는 자는 국토교통부령으로 정하는 바에 따라 시·도지사에게 등록하여야 한다.

③ 국제물류주선업의 등록을 하려는 법인은 3억원 이상의 자본금을 보유하고 그 밖에 대통령령으로 정하는 기준을 충족하여야 한다.

④ 법인인 국제물류주선업자가 등록한 사항 중 임원의 성명을 변경하려는 경우에는 국토교통부령으로 정하는 바에 따라 변경등록을 하여야 한다.

⑤ 국제물류주선업자가 다른 사람에게 등록증을 대여한 경우 시·도지사는 그 등록을 취소하여야 한다.

169 물류시설의 개발 및 운영에 관한 법령에 따라 징역형에 처할 수 있는 위반행위는?

① 복합물류터미널사업자가 「물류시설의 개발 및 운영에 관한 법률」에 따른 사업정지명령을 위반하여 그 사업정지 기간 중에 영업을 한 경우
② 국토교통부장관이 복합물류터미널사업자에게 복합물류터미널의 건설에 관하여 필요한 자료의 제출을 명하였으나 이에 응하지 않은 경우
③ 시 · 도지사가 물류단지개발 시행자에게 물류단지의 개발에 관하여 필요한 보고를 하게 하였으나 거짓으로 보고한 경우
④ 복합물류터미널사업자가 타인에게 자기의 상호를 사용하여 사업을 하게 한 경우
⑤ 복합물류터미널사업의 등록에 따른 권리 · 의무를 승계한 자가 국토교통부장관에게 승계의 신고를 하지 않은 경우

170 물류시설의 개발 및 운영에 관한 법령상 시행자가 물류단지개발사업으로 개발한 토지 · 시설 등을 수의계약 방법으로 공급할 수 없는 것은? (단, 그 밖에 관계법령에 따라 수의계약으로 공급할 수 있는 경우는 제외함)

① 학교용지 · 공공청사용지 등 일반에게 분양할 수 없는 공공시설용지를 국가, 지방자치단체에 공급하는 경우
② 고시된 물류단지개발실시계획에 따라 존치하는 시설물의 유지 · 관리에 필요한 최소한의 토지를 공급하는 경우
③ 토지상환채권에 따라 토지를 상환하는 경우
④ 「공익사업을 위한 토지 등의 취득 및 보상에 관한 법률」에 따른 협의에 응하여 자신이 소유하는 물류단지의 토지 등의 일부를 시행자에게 양도한 자에게 국토교통부령으로 정하는 기준에 따라 토지를 공급하는 경우
⑤ 토지의 규모 및 형상, 입지조건 등에 비추어 토지의 이용가치가 현저히 낮은 토지로서 인접 토지소유자 등에게 공급하는 것이 불가피하다고 인정되는 경우

171 물류시설의 개발 및 운영에 관한 법령상 용어에 관한 설명으로 옳지 않은 것은?

① 물류시설에는 화물의 운송과 관련된 가공·조립·포장·판매 등의 활동을 위한 시설도 포함된다.

② 물류터미널사업에는 「항만법」 제2조 제5호의 항만시설 중 항만구역 안에 있는 화물하역시설 및 화물보관·처리 시설물을 경영하는 사업도 포함된다.

③ 「철도사업법」에 따른 철도사업자가 여객의 수하물 또는 소화물을 보관하는 것은 물류창고업에 해당하지 않는다.

④ 복합물류터미널사업이란 두 종류 이상의 운송수단 간의 연계운송을 할 수 있는 규모 및 시설을 갖춘 물류터미널사업을 말한다.

⑤ 일반물류단지란 물류단지 중 도시첨단물류단지를 제외한 것을 말한다.

172 「국토의 계획 및 이용에 관한 법률」에 따른 개발행위허가의 대상이 아닌 것으로서, 물류시설의 개발 및 운영에 관한 법령상 물류단지 안에서 시장·군수·구청장의 허가를 받아야 하는 행위는? (단, 재해복구 또는 재난수습에 필요한 응급조치를 위하여 하는 행위는 제외함)

① 경작지에서의 관상용 죽목의 임시 식재

② 경작을 위한 토지의 형질변경

③ 물류단지의 개발에 지장을 주지 아니하고 자연경관을 손상하지 아니하는 범위에서의 토석의 채취

④ 물류단지에 존치하기로 결정된 대지 안에서 물건을 쌓아놓는 행위

⑤ 농림수산물의 생산에 직접 이용되는 것으로서 국토교통부령으로 정하는 간이공작물의 설치

173 물류시설의 개발 및 운영에 관한 법령상 복합물류터미널 사업의 등록에 관한 설명으로 옳은 것을 모두 고른 것은?

> ㄱ. 「한국토지주택공사법」에 따른 한국토지주택공사는 복합물류터미널 사업의 등록을 할 수 있다.
> ㄴ. 지방자치단체는 복합물류터미널 사업의 등록을 할 수 없다.
> ㄷ. 복합물류터미널 사업을 등록하기 위해서는 부지면적이 3만 3천 제곱미터 이상이어야 한다.
> ㄹ. 복합물류터미널 사업을 등록하기 위해서는 '주차장'과 '화물취급장', '창고 또는 배송센터'를 갖추어야 한다.
> ㅁ. 법인의 임원 중에 「물류시설의 개발 및 운영에 관한 법률」을 위반하여 금고 이상의 실형을 선고받고 그 집행이 종료된 날부터 3년이 된 자가 있는 법인은 복합물류터미널 사업의 등록을 할 수 없다.

① ㄱ, ㄴ

② ㄱ, ㄷ, ㄹ

③ ㄱ, ㄷ, ㅁ

④ ㄴ, ㄹ, ㅁ

⑤ ㄷ, ㄹ, ㅁ

174 물류시설의 개발 및 운영에 관한 법령상 국가나 지방자치단체가 물류단지개발 사업에 필요한 비용의 일부를 보조 또는 융자할 수 있는 종목이 아닌 것은?

① 물류단지의 간선도로의 건설비
② 이주대책사업비
③ 물류단지 밖에 설치되는 매연저감시설 설치비
④ 문화재 조사비
⑤ 물류단지시설용지와 지원시설용지의 조성비 및 매입비

175 물류시설의 개발 및 운영에 관한 법령상 물류단지 개발 및 운영에 관한 설명으로 옳은 것은?

① 100만 제곱미터 이하의 일반물류단지는 국토교통부장관이 지정한다.
② 물류단지지정권자는 물류단지를 지정하려는 때에는 주민 및 관계 전문가의 의견을 들어야 하고 타당하다고 인정하는 때에는 그 의견을 반영하여야 한다. 다만, 국방상 기밀(機密)사항이거나 대통령령으로 정하는 경미한 사항인 경우에는 의견 청취를 생략할 수 있다.
③ 물류단지 개발의 효율성을 고려하여 노후화된 일반물류터미널 인근 지역에 도시첨단물류단지를 지정해서는 안 된다.
④ 시 · 도지사는 도시첨단물류단지를 지정하려면 도시첨단물류단지 예정지역 토지면적의 5분의 4 이상에 해당하는 토지소유자의 동의를 받아야 한다.
⑤ 물류단지개발사업 시행자 중 「지방공기업법」에 따른 지방공사는 사업대상 토지면적의 3분의 2 이상을 매입하여야만 개발사업에 필요한 토지등을 수용 혹은 사용할 수 있다.

176 물류시설의 개발 및 운영에 관한 법령상 "지원시설"에 해당하지 않는 것은?

① 금융 · 보험시설
② 의료시설
③ 물류단지 종사자의 주거를 위한 공동주택
④ 「농업협동조합법」에 따른 조합이 설치하는 구매사업 또는 판매사업 관련 시설
⑤ 입주기업체에서 발생하는 폐기물의 처리를 위한 시설(재활용시설 포함)

177 화물자동차 운수사업법령상 화물자동차 운수사업에 관한 설명으로 옳지 않은 것은?

① 화물자동차 운송사업이란 다른 사람의 요구에 응하여 화물자동차를 사용하여 화물을 유상으로 운송하는 사업을 말한다.

② 운수종사자란 화물자동차의 운전자, 화물의 운송 또는 운송주선에 관한 사무를 취급하는 사무원 및 이를 보조하는 보조원, 그 밖에 화물자동차 운수사업에 종사하는 자를 말한다.

③ 다른 사람의 요구에 응하여 유상으로 화물운송계약을 중개·대리하는 사업은 화물자동차 운송주선사업에 해당한다.

④ 다른 사람의 요구에 응하여 화물자동차 운송가맹사업을 경영하는 자의 화물 운송수단을 이용하여 자기 명의와 계산으로 화물을 운송하는 사업은 화물자동차 운송가맹사업에 해당한다.

⑤ 화물자동차 운수사업이란 화물자동차 운송사업, 화물자동차 운송주선사업 및 화물자동차 운송가맹사업을 말한다.

178 화물자동차 운수사업법령상 화물자동차 운송사업의 허가 등에 관한 설명으로 옳은 것은?

① 화물자동차 운송사업에 대한 허가를 받은 자가 상호를 변경하는 경우에는 추가적으로 국토교통부장관에게 허가를 받아야 한다.

② 화물자동차 운송사업의 허가를 받은 자가 화물자동차 운송가맹사업을 경영하고자 하는 경우 별도로 국토교통부장관의 운송가맹사업 허가를 받을 필요가 없다.

③ 운송사업자는 그의 주사무소가 광역시에 있는 경우 그 광역시와 맞닿은 도에 있는 공동차고지를 차고지로 이용하더라도 그 광역시에 차고지를 설치하여야 한다.

④ 운송사업자가 주사무소를 관할 관청의 행정구역 외로 이전하는 경우에는 국토교통부장관에게 신고하여야 한다.

⑤ 운송사업자가 화물운송 종사자격이 없는 자에게 화물을 운송하게 하였다는 이유로 국토교통부장관으로부터 감차(減車) 조치 명령을 받은 후 1년이 지나지 아니한 경우에는 증차를 수반하는 허가사항을 변경할 수 없다.

179 「화물자동차 운수사업법」상 화물자동차 운송사업의 상속, 양도·양수 등에 관한 설명으로 옳은 것은?

① 화물자동차 운송사업을 양도·양수하는 경우 양수인은 국토교통부장관으로부터 허가를 얻어야 한다.

② 운송사업자인 법인이 운송사업자가 아닌 법인을 흡수 합병하는 경우 합병으로 존속하는 법인은 국토교통부장관에게 신고하여야 한다.

③ 국토교통부장관은 화물자동차의 지역 간 수급균형과 화물운송시장의 안정과 질서유지를 위하여 국토교통부령으로 정하는 바에 따라 화물자동차 운송사업의 양도·양수와 합병을 제한할 수 있다.

④ 운송사업자가 사망한 경우 상속인이 그 화물자동차 운송사업을 계속하려면 사망한 후 90일 이내에 국토교통부장관으로부터 허가를 얻어야 한다.

⑤ 상속인이 피상속인의 화물자동차 운송사업을 다른 사람에게 양도하기 위해서는 상속인이 국토교통부장관으로부터 허가를 얻어야 한다.

180 「화물자동차 운수사업법」상 운송사업자의 운임·요금, 운송약관에 관하여 (　　　)에 들어갈 내용으로 옳은 것은?

> • 국토교통부장관은 운송사업자로부터 운임과 요금에 대한 신고 또는 변경신고를 받은 날부터 (ㄱ) 이내에 신고수리 여부를 신고인에게 통지하여야 한다.
> • 국토교통부장관은 운송사업자로부터 운송약관에 대한 신고 또는 변경신고를 받은 날부터 (ㄴ) 이내에 신고수리 여부를 신고인에게 통지하여야 한다.
> • 운송약관의 신고를 하지 아니한 자에게는 (ㄷ) 이하의 과태료를 부과한다.

① ㄱ : 14일, ㄴ : 3일, ㄷ : 500만원
② ㄱ : 21일, ㄴ : 3일, ㄷ : 1,000만원
③ ㄱ : 14일, ㄴ : 5일, ㄷ : 500만원
④ ㄱ : 21일, ㄴ : 5일, ㄷ : 1,000만원
⑤ ㄱ : 30일, ㄴ : 7일, ㄷ : 1,000만원

181 「화물자동차 운수사업법」상 운송사업자의 경영의 위·수탁에 관한 설명으로 옳지 않은 것은?

① 운송사업자는 화물자동차 운송사업의 효율적인 수행을 위하여 필요하면 다른 사람(운송사업자를 제외한 개인을 말한다)에게 차량과 그 경영의 일부를 위탁할 수 있다.

② 운송사업자와 위·수탁차주는 대등한 입장에서 합의에 따라 공정하게 위·수탁계약을 체결하여야 한다.

③ 위·수탁계약을 체결하는 경우 위·수탁계약의 기간은 2년 이상으로 하여야 한다.

④ 화물운송사업분쟁조정협의회는 위·수탁계약의 체결·이행으로 발생하는 분쟁의 해결을 지원하는 조직이다.

⑤ 위·수탁계약의 내용이 계약불이행에 따른 당사자의 손해배상책임을 과도하게 가중하여 정함으로써 상대방의 정당한 이익을 침해한 경우에는 그 위·수탁계약은 전부 무효로 한다.

182 화물자동차 운수사업법령상 적재물배상보험등에 관한 설명으로 옳은 것은?

① 운송가맹사업자와 이사화물을 취급하는 운송주선사업자는 적재물배상보험등에 가입하여야 한다.

② 적재물배상보험등에 가입하려는 자는 각 사업자당 3천만원 이상의 금액을 지급할 책임을 지는 적재물배상보험등에 가입하여야 한다.

③ 보험등 의무가입자 및 보험회사등은 화물자동차 운송사업의 허가사항 중 차량대수의 변경(증차)이 있는 경우에도 책임보험계약등의 전부 또는 일부를 해제할 수 있다.

④ 보험회사등이 파산 등의 사유로 영업을 계속할 수 없는 경우 보험회사등은 책임보험계약등의 전부를 해제하거나 해지하여서는 아니 된다.

⑤ 보험등 의무가입자인 운송사업자의 화물자동차 운전자가 그 운송사업자의 사업용 화물자동차를 운전하여 과거 2년 동안 「도로교통법」 제44조 제1항에 따른 술에 취한 상태에서의 운전금지를 4회 위반한 경력이 있는 경우에는 보험회사등은 계약의 체결 및 공동인수를 거부할 수 있다.

183 「화물자동차 운수사업법」상 운송주선사업자에 관한 설명으로 옳은 것을 모두 고른 것은?

> ㄱ. 법인인 운송주선사업자는 자기 명의로 자기의 자회사에게 화물자동차 운송주선사업을 경영하게 할 수 있다.
> ㄴ. 운송가맹점인 운송주선사업자는 자기가 가입한 운송가맹사업자에게 소속되지 않은 운송가맹점에 대하여 화물운송을 주선할 수 있다.
> ㄷ. 운송주선사업자는 화주로부터 중개를 의뢰받은 화물에 대하여 다른 운송주선사업자에게 유상으로 중개를 의뢰할 수 있다.
> ㄹ. 운송주선사업자는 화주로부터 중개를 의뢰받은 화물에 대하여 운송가맹사업자에게 유상으로 화물의 운송을 주선하는 행위를 할 수 있다.

① ㄱ, ㄴ
② ㄱ, ㄷ
③ ㄴ, ㄷ
④ ㄴ, ㄹ
⑤ ㄷ, ㄹ

184 화물자동차 운수사업법령상 운송사업자의 직접운송의무 등에 관한 설명으로 옳지 않은 것은?

① 소유 대수가 2대 이상인 일반화물자동차 운송사업자가 운송주선사업을 동시에 영위하지 않는 경우, 그 운송사업자는 연간 운송계약 화물의 100분의 50 이상을 해당 운송사업자에게 소속된 차량으로 직접 운송하여야 한다.

② 소유 대수가 2대 이상인 일반화물자동차 운송사업자가 운송주선사업을 동시에 영위하는 경우, 그 운송사업자는 연간 운송계약 및 운송주선계약 화물의 100분의 30 이상을 직접 운송하여야 한다.

③ 운송가맹사업자로부터 화물운송을 위탁받은 운송가맹점인 운송사업자는 해당 운송사업자에게 소속되지 않은 차량으로만 화물을 운송하여야 한다.

④ 운송사업자는 직접 운송하는 화물 이외의 화물에 대하여 다른 운송사업자 또는 다른 운송사업자에게 소속된 위 · 수탁차주 외의 자에게 운송을 위탁하여서는 아니 된다.

⑤ 운송사업자가 국토교통부령으로 정하는 바에 따라 운송가맹사업자의 화물정보망을 이용하여 운송을 위탁하면 직접 운송한 것으로 본다.

185 화물자동차 운수사업법령상 권한의 (재)위임·위탁이 허용되지 않는 경우는?

① 국토교통부장관이 화물자동차 운송사업의 허가에 관한 권한의 일부를 시·도지사에게 위임하는 경우

② 시·도지사가 국토교통부장관으로부터 위임받은 권한의 일부를 국토교통부장관의 승인을 받아 시장·군수 또는 구청장에게 재위임하는 경우

③ 국토교통부장관이 화물자동차 운송사업의 임시허가에 관한 권한의 일부를 운송사업자로 구성된 협회에 위탁하는 경우

④ 국토교통부장관이 화물운송 종사자격증의 발급에 관한 권한의 일부를 「교통안전공단법」에 따른 교통안전공단에 위탁하는 경우

⑤ 국토교통부장관이 화물자동차 운전자의 인명사상사고 및 교통법규 위반사항 제공에 관한 권한의 일부를 「교통안전공단법」에 따른 교통안전공단에 위탁하는 경우

186 화물자동차 운수사업법령상 자가용 화물자동차의 사용에 관한 설명으로 옳은 것은?

① 자가용 화물자동차를 국토교통부령으로 정하는 특수자동차로 사용하려는 자는 시·도지사의 허가를 받아야 한다.

② 시·도지사는 자가용 화물자동차의 사용에 관한 허가 신청을 받은 날부터 10일 이내에 허가 여부를 신청인에게 통지하여야 한다.

③ 자가용 화물자동차의 소유자는 천재지변으로 인하여 수송력 공급을 긴급히 증가시킬 필요가 있는 경우에는 시·도지사의 허가를 받지 아니하여도 자가용 화물자동차를 유상으로 화물운송용으로 제공할 수 있다.

④ 자가용 화물자동차의 소유자가 시·도지사의 허가를 받지 아니하고 자가용 화물자동차를 유상으로 임대한 경우, 시·도지사는 12개월 이내의 기간을 정하여 그 자동차의 사용을 제한하여야 한다.

⑤ 시·도지사는 영농조합법인의 신청에 의하여 자가용 화물자동차에 대한 유상운송 허가기간의 연장을 허가할 수 있다.

187

「항만운송사업법」상 검수사등의 자격취득에 관한 결격사유가 있는 사람으로 옳지 않은 것은?

① 미성년자

② 「관세법」에 따른 죄를 범하여 금고 이상의 형의 선고를 받고 그 집행이 면제된 날부터 3년이 지나지 아니한 사람

③ 「항만운송사업법」에 따른 죄를 범하여 금고 이상의 형의 집행유예를 선고받고 그 유예기간 중에 있는 사람

④ 파산선고를 받은 사람

⑤ 검수사등의 자격이 취소된 날부터 2년이 지나지 아니한 사람

188

항만운송사업법령상의 "항만운송"에 해당하지 않는 것은?

① 선박에서 발생하는 폐기물의 운송

② 항만에서 목재를 뗏목으로 편성하여 운송하는 행위

③ 선적화물을 내릴 때 그 화물의 중량을 계산하는 일

④ 선적화물에 관련된 조사를 하는 일

⑤ 선적화물을 내릴 때 그 화물의 인수를 증명하는 일

189

항만운송사업법령상 청문을 하여야 하는 경우로 옳은 것은?

① 항만운송사업자가 사업정지명령을 위반하여 그 정지기간에 사업을 계속한 것을 이유로 해양수산부장관이 항만운송사업의 등록을 취소하는 경우

② 검수사등이 사망하여 그 등록을 말소하는 경우

③ 과태료를 부과하는 경우

④ 항만운송관련사업자가 대통령령으로 정하는 부득이한 사유로 등록을 하지 아니한 항만에서 일시적으로 영업행위를 하려고 신고한 것에 대하여 그 신고확인증을 발급하는 경우

⑤ 검수사등의 자격증을 발급하는 경우

190 유통산업발전법령상 유통산업발전기본계획 및 유통산업발전시행계획에 관한 설명으로 옳은 것은? (단, 권한위임·위탁에 관한 규정은 고려하지 않음)

① 산업통상자원부장관은 유통산업발전기본계획을 시·도지사와 시장·군수·구청장에게 알려야 한다.
② 산업통상자원부장관은 유통산업발전기본계획에 따라 5년마다 유통산업발전시행계획을 세워야 한다.
③ 산업통상자원부장관은 유통산업발전시행계획을 세울 때 관계 중앙행정기관의 장과 협의를 거칠 필요가 없다.
④ 시장·군수·구청장은 유통산업발전기본계획 및 유통산업발전시행계획에 따라 지역별 유통산업발전시행계획을 세우고 시행하여야 한다.
⑤ 관계 중앙행정기관의 장은 유통산업발전시행계획의 집행실적을 다음 연도 2월 말일까지 산업통상자원부장관에게 제출하여야 한다.

191 유통산업발전법령상 유통업상생발전협의회에 관한 설명으로 옳은 것은?

① 유통업상생발전협의회의 구성 및 운영 등에 필요한 사항은 해당 지방자치단체의 조례로 정한다.
② 유통업상생발전협의회 회장은 특별자치시장·시장·군수·구청장이 된다.
③ 유통업상생발전협의회 위원은 특별자치시장·시장·군수·구청장이 임명하거나 위촉한다.
④ 유통업상생발전협의회의 회의는 재적위원 2분의 1 이상의 출석으로 개의하고, 출석위원 2분의 1 이상의 찬성으로 의결한다.
⑤ 특별자치시장·시장·군수·구청장은 유통업상생발전협의회 위원이 금고 이상의 형을 선고받은 경우에는 해당 위원을 해촉하여야 한다.

192 유통산업발전법령상 공동집배송센터의 지정에 관한 설명으로 옳지 않은 것은? (단, 권한위임 · 위탁에 관한 규정은 고려하지 않음)

① 공동집배송센터의 지정을 받으려는 자는 산업통상자원부령으로 정하는 바에 따라 공동집배송센터의 조성 · 운영에 관한 사업계획을 첨부하여 시 · 도지사에게 공동집배송센터 지정 추천을 신청하여야 한다.

② 지정받은 공동집배송센터를 조성 · 운영하려는 자가 지정받은 사항 중 산업통상자원부령으로 정하는 중요 사항을 변경하려는 경우에는 공동집배송변경지정신청서를 시 · 도지사에게 제출하여야 한다.

③ 산업통상자원부장관은 공동집배송센터의 조성을 위하여 필요하다고 인정하는 경우에는 부지의 확보, 도시 · 군계획의 변경 또는 도시 · 군계획시설의 설치 등에 관하여 시 · 도지사에게 협조를 요청할 수 있다.

④ 산업통상자원부장관은 공동집배송센터를 지정하였을 때에는 산업통상자원부령으로 정하는 바에 따라 고시하여야 한다.

⑤ 산업통상자원부장관은 거짓이나 그 밖의 부정한 방법으로 공동집배송센터의 지정을 받은 경우에는 공동집배송센터의 지정을 취소하여야 한다.

193 유통산업발전법령상 분쟁 조정에 관한 설명으로 옳지 않은 것은?

① 유통분쟁조정위원회는 유통분쟁조정신청을 받은 경우 신청일부터 3일 이내에 신청인 외의 관련 당사자에게 분쟁의 조정신청에 관한 사실과 그 내용을 통보하여야 한다.

② 유통분쟁조정위원회가 작성한 조정안을 제시받은 당사자 및 이해관계인은 그 제시를 받은 날로부터 30일 이내에 그 수락 여부를 유통분쟁조정위원회에 통보하여야 한다.

③ 유통분쟁조정위원회의 위원 중 해당 지방자치단체의 장이 위촉한 소비자단체의 대표의 임기는 2년으로 한다.

④ 유통분쟁조정위원회는 분쟁의 성질상 위원회에서 조정함이 적합하지 아니하다고 인정하는 경우에는 조정을 거부할 수 있다.

⑤ 유통분쟁조정위원회는 동일한 시기에 동일한 사안에 대하여 다수의 분쟁조정이 신청된 경우에는 그 다수의 분쟁조정신청을 통합하여 조정할 수 있다.

194

「유통산업발전법」상 중소유통공동도매물류센터에 대한 지원에 관한 설명으로 (   ) 안에 들어갈 수 있는 것을 바르게 나열한 것은? (단, 권한위임에 관한 규정은 고려하지 않음)

> (ㄱ)은 「중소기업기본법」 제2조에 따른 중소기업자 중 대통령령으로 정하는 (ㄴ)이 공동으로 중소유통기업의 경쟁력 향상을 위하여 상품의 보관·배송·포장 등 공동물류사업 등을 하는 물류센터를 건립하거나 운영하는 경우에는 필요한 행정적·재정적 지원을 할 수 있다.

① ㄱ : 기획재정부장관, ㄴ : 소매업자 30인
② ㄱ : 산업통상자원부장관, ㄴ : 소매업자 40인
③ ㄱ : 지방자치단체의 장, ㄴ : 소매업자 50인
④ ㄱ : 중소기업청장, ㄴ : 도매업자 5인
⑤ ㄱ : 기획재정부장관, ㄴ : 도매업자 10인

195

「철도사업법」상 철도사업의 면허취득에 관한 결격사유가 있는 법인으로 옳지 않은 것은?

① 법인의 임원 중에 피한정후견인이 있는 법인
② 법인의 임원 중에 「철도사업법」을 위반하여 금고 이상의 실형을 선고받고 그 집행이 끝나거나(끝난 것으로 보는 경우를 포함한다) 면제된 날부터 2년이 지나지 아니한 사람이 있는 법인
③ 법인의 임원 중에 파산선고를 받고 복권되지 아니한 사람이 있는 법인
④ 법인의 임원 중에 「철도사업법」을 위반하여 금고 이상의 형의 집행유예를 선고받고 그 유예기간 중에 있는 사람이 있는 법인
⑤ 「철도사업법」에 따라 철도사업의 면허가 취소된 후 그 취소일부터 2년이 지난 법인

196

「철도사업법」상 철도사업자의 '철도화물 운송에 관한 책임'에 대한 설명으로 옳지 않은 것은?

① 철도사업자의 화물의 멸실·훼손 또는 인도의 지연에 대한 손해배상책임에 관하여는 「상법」 제135조를 준용한다.
② 철도사업자가 화물의 인도에 관한 주의를 게을리하여 화물이 멸실된 경우에 철도사업자는 그에 대한 손해를 배상할 책임이 있다.
③ 철도사업자가 화물의 수령에 관한 주의를 게을리하여 화물이 훼손된 경우에 철도사업자는 그에 대한 손해를 배상할 책임이 있다.
④ 철도사업자의 사용인이 화물의 보관에 관한 주의를 게을리하여 화물이 훼손된 경우에 철도사업자는 그에 대한 손해를 배상할 책임이 없다.
⑤ 철도사업자의 손해배상책임에 관한 규정을 적용할 때에 화물이 인도 기한을 지난 후 3개월 이내에 인도되지 아니한 경우에는 그 화물은 멸실된 것으로 본다.

197 「철도사업법」상 철도사업자의 준수사항으로 옳지 않은 것은?

① 철도사업자는 「철도안전법」 제21조에 따른 요건을 갖추지 아니한 사람을 운전업무에 종사하게 하여서는 아니 된다.

② 철도사업자는 여객 또는 화물 운송에 부수하여 우편물과 신문 등을 운송하여서는 아니 된다.

③ 철도사업자는 사업계획을 성실하게 이행하여야 한다.

④ 철도사업자는 여객 운임표, 여객 요금표, 감면 사항 및 철도사업약관을 인터넷 홈페이지에 게시하고 관계 역·영업소 및 사업소 등에 갖추어 두어야 하며, 이용자가 요구하는 경우에는 제시하여야 한다.

⑤ 철도사업자는 부당한 운송 조건을 제시하거나 정당한 사유 없이 운송계약의 체결을 거부하는 등 철도운송 질서를 해치는 행위를 하여서는 아니 된다.

198 「철도사업법」상 철도서비스 향상 등에 관한 설명으로 옳지 않은 것은?

① 국토교통부장관은 공정거래위원회와 협의하여 철도사업자 간 경쟁을 제한하지 아니하는 범위에서 철도서비스의 질적 향상을 촉진하기 위하여 우수 철도서비스에 대한 인증을 할 수 있다.

② 철도사업자는 철도사업 외의 사업을 경영하는 경우에는 철도사업에 관한 회계와 철도사업 외의 사업에 관한 회계를 구분하여 경리하여야 한다.

③ 국토교통부장관으로부터 우수 철도서비스에 대한 인증을 받은 자가 아니면 우수서비스마크 또는 이와 유사한 표지를 철도차량, 역 시설 또는 철도 용품 등에 붙이거나 인증 사실을 홍보하여서는 아니 된다.

④ 국토교통부장관은 「철도사업법」에 따른 철도서비스의 품질을 평가하였더라도 그 평가 결과를 신문 등 대중매체를 통하여 공표해야 하는 것은 아니다.

⑤ 국토교통부장관은 공공복리의 증진과 철도서비스 이용자의 권익보호를 위하여 철도사업자가 제공하는 철도서비스에 대하여 적정한 철도서비스 기준을 정하고, 그에 따라 철도사업자가 제공하는 철도서비스의 품질을 평가하여야 한다.

199

농수산물 유통 및 가격안정에 관한 법령상 농림축산식품부장관이 농산물의 비축사업 또는 출하조절사업을 위탁할 수 있는 자를 모두 고른 것은?

> ㄱ. 농업협동조합중앙회 ㄴ. 산림조합중앙회
> ㄷ. 축산업협동조합중앙회 ㄹ. 영농조합법인
> ㅁ. 한국농수산식품유통공사

① ㄱ, ㄴ, ㄷ
② ㄱ, ㄴ, ㅁ
③ ㄱ, ㄹ, ㅁ
④ ㄴ, ㄷ, ㄹ
⑤ ㄷ, ㄹ, ㅁ

200

농수산물 유통 및 가격안정에 관한 법령상 유통조절명령에 관한 설명으로 옳은 것은?

① 농림축산식품부장관 또는 해양수산부장관은 시·도지사와 협의를 거쳐 일정 기간 동안 일정 지역의 해당 농수산물의 생산자등에게 생산조정 또는 출하조절을 하도록 하는 유통조절명령을 할 수 있다.

② 생산자등 또는 생산자단체가 이해관계인·유통전문가의 의견수렴 절차를 거치지 않고 유통명령을 요청하려는 경우에는 해당 농수산물의 생산자등의 대표나 해당 생산자단체의 재적회원 2분의 1 이상의 찬성을 받아야 한다.

③ 유통조절명령에는 유통조절명령의 이유, 대상 품목, 기간 등은 포함되나, 유통조절명령 위반자에 대한 제재조치는 포함되지 않는다.

④ 농림축산식품부장관 또는 해양수산부장관은 유통조절명령 요청자가 유통조절명령을 요청하는 경우에는 유통조절명령 요청서를 관보, 공보, 전국을 보급지역으로 하는 일간신문 중 하나 이상에 공고하여야 한다.

⑤ 농림축산식품부장관 또는 해양수산부장관은 필요하다고 인정하는 경우에는 지방자치단체의 장으로 하여금 유통조절명령 집행업무의 일부를 수행하게 할 수 있다.

161 물류정책기본법령상 환경친화적 운송수단으로의 전환촉진에 관한 설명으로 옳지 않은 것은?

① 시장·군수는 국토교통부장관의 승인을 받아 물류기업 및 화주기업에 대하여 환경친화적 운송수단으로의 전환을 권고하고 지원할 수 있다.

② 화물자동차·철도차량·선박·항공기 등의 배출가스를 저감하기 위하여 시설·장비투자를 하는 경우 환경친화적 운송수단으로의 전환의 지원대상이 될 수 있다.

③ 환경친화적인 연료를 사용하는 운송수단으로 전환하기 위하여 시설·장비투자를 하는 경우 환경친화적 운송수단으로의 전환의 지원대상이 될 수 있다.

④ 환경친화적 운송수단으로의 전환에 필요한 자금의 보조·융자 및 융자 알선은 환경친화적 운송수단으로의 전환의 지원내용에 해당한다.

⑤ 환경친화적 운송수단으로의 전환에 필요한 교육, 컨설팅 및 정보의 제공은 환경친화적 운송수단으로의 전환의 지원내용에 해당한다.

162 물류정책기본법령상 물류공동화·자동화 촉진을 위한 지원에 관한 설명으로 옳은 것은?

① 시·도지사는 물류공동화를 추진하는 물류 관련 단체에 대하여 예산의 범위에서 필요한 자금을 지원할 수 있다.

② 산업통상자원부장관은 물류기업이 물류공동화를 추진하는 경우 물류 관련 단체와 공동으로 추진하도록 명할 수 있다.

③ 시·도지사는 화주기업이 물류자동화를 위하여 물류시설 및 장비를 확충하려는 경우 필요한 자금을 지원하여야 한다.

④ 국토교통부장관·해양수산부장관·산업통상자원부장관은 물류공동화·물류자동화를 위하여 필요한 경우 협의 없이 지원조치를 마련할 수 있다.

⑤ 시·도지사가 물류공동화를 추진하는 물류기업이나 화주기업에 대하여 필요한 자금을 지원하려는 경우 그 내용을 국가물류기본계획에 반영하여야 한다.

163 「물류정책기본법」상 국제물류사업의 촉진 및 지원에 관한 조문의 일부이다. (   )에 들어갈 내용을 바르게 나열한 것은?

> • 국토교통부장관·해양수산부장관 또는 시·도지사는 (ㄱ), 국내 물류 기업의 해외진출, 해외 물류기업의 유치 및 (ㄴ)의 유치 등 국제물류 촉진을 위한 시책을 마련하여야 한다.
> • 국토교통부장관 및 해양수산부장관은 범정부차원의 지원이 필요한 국가 간 물류협력체의 구성 또는 정부간 협정의 체결 등에 관하여는 미리 (ㄷ)의 심의를 거쳐야 한다.

① ㄱ : 국제물류협력체계 구축, ㄴ : 국제물류사업, ㄷ : 국가물류정책위원회
② ㄱ : 국제물류협력체계 구축, ㄴ : 환적(換積)화물, ㄷ : 국가물류정책위원회
③ ㄱ : 국제물류협력체계 구축, ㄴ : 환적(換積)화물, ㄷ : 국무회의
④ ㄱ : 물류 관련 국제표준화, ㄴ : 환적(換積)화물, ㄷ : 국가물류정책위원회
⑤ ㄱ : 물류 관련 국제표준화, ㄴ : 국제물류사업, ㄷ : 국무회의

164 물류정책기본법령상 물류회계의 표준화에 관한 설명으로 옳은 것은?

① 국토교통부장관은 물류기업 및 화주기업의 물류비 산정기준 및 방법 등을 표준화하기 위하여 기업물류비 산정지침을 작성하여 고시하여야 한다.
② 해양수산부장관은 화주기업이 기업물류비 산정지침에 따라 물류비를 관리하도록 하는 의무를 부과할 수 있다.
③ 산업통상자원부장관은 국토교통부장관과 협의하여 기업물류비 산정지침에 따라 물류비를 계산·관리하는 물류기업에 대하여는 필요한 행정적 지원을 하여야 한다.
④ 국토교통부장관은 기업물류비 산정지침에 따라 물류비를 계산·관리하는 화주기업에 대하여 재정적 지원을 할 수는 없다.
⑤ 물류비 관련 용어 및 개념에 대한 정의는 기업물류비 산정지침에 포함되어야 하는 사항이 아니다.

165 물류정책기본법령상 전자문서 및 물류정보에 관한 설명으로 옳은 것은?

① 단위물류정보망 또는 전자문서를 변작하려는 자는 국토교통부장관의 허가를 받아야 한다.

② 국가물류통합정보센터운영자 또는 단위물류정보망 전담기관은 전자문서 및 물류정보를 3년 간 보관하여야 한다.

③ 국토교통부장관은 해양수산부장관 및 산업통상자원부장관과 협의하여 표준전자문서의 개 발·보급계획을 수립하여야 한다.

④ 국가물류통합정보센터운영자는 어떠한 경우에도 전자문서를 공개하여서는 아니 된다.

⑤ 단위물류정보망 전담기관은 물류정보에 대하여 직접적인 이해관계를 가진 자가 동의하는 경 우에는 언제든지 물류정보를 공개할 수 있다.

166 물류정책기본법령상 우수물류기업의 인증에 관한 설명으로 옳지 않은 것은?

① 국토교통부장관 및 해양수산부장관은 소관 물류기업을 각각 우수물류기업으로 인증할 수 있다.

② 우수물류기업 선정을 위한 인증의 기준·절차·방법 등에 필요한 사항은 국토교통부와 해양 수산부의 공동부령으로 정한다.

③ 국토교통부장관 또는 해양수산부장관은 인증우수물류기업이 인증요건을 유지하는지에 대하 여 공동부령으로 정하는 바에 따라 점검하여야 한다.

④ 인증우수물류기업 인증마크의 도안 및 표시방법은 국토교통부장관의 동의를 얻어 산업통상 자원부장관이 정하여 고시한다.

⑤ 국가·지방자치단체 또는 공공기관은 인증우수물류기업에 대하여 재정적 지원을 할 수 있다.

167 물류정책기본법령상 물류현황조사지침에 포함되어야 하는 사항에 해당하는 것을 모두 고른 것은?

> ㄱ. 조사의 체계
> ㄴ. 조사의 종류 및 항목
> ㄷ. 조사의 시기 및 지역
> ㄹ. 조사의 대상·방법 및 절차
> ㅁ. 조사결과의 집계·분석 및 관리

① ㄱ, ㄴ, ㄷ   ② ㄱ, ㄷ, ㄹ

③ ㄱ, ㄴ, ㄹ, ㅁ   ④ ㄴ, ㄷ, ㄹ, ㅁ

⑤ ㄱ, ㄴ, ㄷ, ㄹ, ㅁ

168 물류정책기본법령상 물류계획에 관한 설명으로 옳지 않은 것은?

① 국토교통부장관 및 해양수산부장관은 10년 단위의 국가물류기본계획을 5년마다 공동으로 수립하여야 한다.

② 국가물류기본계획을 수립하려는 경우에는 관계 중앙행정기관의 장 및 시·도지사와의 협의를 거쳐야 한다.

③ 특별시장 및 광역시장은 10년 단위의 지역물류기본계획을 5년마다 수립하여야 한다.

④ 지역물류기본계획은 국가물류기본계획에 배치되지 아니하여야 한다.

⑤ 지역물류기본계획을 수립하려는 경우에는 물류시설분과위원회의 심의를 거쳐 해양수산부장관의 승인을 받아야 한다.

169 물류시설의 개발 및 운영에 관한 법령상 물류시설개발종합계획에 관한 설명으로 옳지 않은 것은?

① 국토교통부장관은 물류시설개발종합계획을 5년 단위로 수립하여야 한다.

② 용수·에너지·통신시설 등 기반시설에 관한 사항도 물류시설개발종합계획에 포함되어야 한다.

③ 물류시설개발종합계획에서 물류시설별 물류시설용지면적의 100분의 10 이상으로 물류시설의 수요·공급계획을 변경하려는 때에는 물류시설분과위원회의 심의를 거쳐야 한다.

④ 국토교통부장관은 물류시설개발종합계획을 수립한 때에는 이를 관보에 고시하여야 한다.

⑤ 시·도지사는 해양수산부장관에게 물류시설개발종합계획의 변경을 청구할 수 있다.

170 물류시설의 개발 및 운영에 관한 법령상 용어에 관한 설명으로 옳은 것은?

① 물류의 공동화·자동화 및 정보화를 위한 시설은 물류시설에 속하지 않는다.

②「유통산업발전법」상 집배송시설 및 공동집배송센터를 경영하는 사업은 복합물류터미널사업에 속한다.

③ 화물의 운송·포장·보관·판매·정보처리 등을 위하여 일반물류단지 안에 설치되는 「약사법」상 의약품 도매상의 창고 및 영업소시설은 일반물류단지시설에 속한다.

④ 화물의 집화·하역 및 이와 관련된 분류·포장·보관·가공·조립 또는 통관 등에 필요한 기능을 갖춘 시설물이지만 가공·조립 시설의 전체 바닥면적 합계가 물류터미널의 전체 바닥면적 합계의 5분의 1인 경우에는 물류터미널에 속하지 않는다.

⑤ 도시첨단물류단지를 조성하기 위하여 시행하는 하수도의 건설사업은 물류단지개발사업에 속하지 않는다.

171 물류시설의 개발 및 운영에 관한 법령상 물류터미널사업자가 설치한 물류터미널의 원활한 운영에 필요한 기반시설의 설치에 필요한 예산을 지방자치단체가 지원할 수 없는 경우는?

① 「도로법」제2조제1호에 따른 도로의 설치
② 「철도산업발전기본법」제3조제1호에 따른 철도의 설치
③ 「수도법」제3조제17호에 따른 수도시설의 설치
④ 「폐기물관리법」제2조제8호에 따른 폐기물처리시설의 설치
⑤ 「물환경보전법」제2조제12호에 따른 수질오염방지시설의 설치

172 물류시설의 개발 및 운영에 관한 법령상 복합물류터미널사업자가 등록한 사항에 대하여 변경등록을 하여야 하는 경우는?

① 영업소 명칭의 변경
② 영업소 위치의 변경
③ 복합물류터미널 설비의 변경
④ 복합물류터미널 구조의 변경
⑤ 복합물류터미널 부지 면적의 10분의 1의 변경

173 물류시설의 개발 및 운영에 관한 법령상 복합물류터미널사업에 관한 설명으로 옳은 것은?

① 특별법에 따라 설립된 법인은 복합물류터미널사업을 경영할 수 없다.
② 국가가 직접 복합물류터미널사업을 경영할 수는 없다.
③ 「상법」에 따라 설립된 법인의 임원이 외국인인 경우 그 법인은 복합물류터미널사업자의 등록을 할 수 없다.
④ 등록신청을 하려는 자는 복합물류터미널의 부지 및 설비의 배치를 표시한 축척 1000분의 1인 평면도를 제출하여야 한다.
⑤ 복합물류터미널사업의 등록기준이 되는 부지 면적은 3만 3천 제곱미터 이상이다.

174 물류시설의 개발 및 운영에 관한 법령상 공공기관이 시행자로서 새로이 설치한 공공시설 중 그 시설을 관리할 국가 또는 지방자치단체에 무상 귀속되는 시설로 옳은 것을 모두 고른 것은?

> ㄱ. 한국토지주택공사가 설치하는 광장
> ㄴ. 한국도로공사가 설치하는 주차장
> ㄷ. 항만공사가 설치하는 운동장
> ㄹ. 한국농어촌공사가 설치하는 녹지
> ㅁ. 한국수자원공사가 설치하는 수도의 관로

① ㄱ, ㅁ
② ㄴ, ㄷ
③ ㄱ, ㄹ, ㅁ
④ ㄴ, ㄷ, ㄹ, ㅁ
⑤ ㄱ, ㄴ, ㄷ, ㄹ, ㅁ

175 물류시설의 개발 및 운영에 관한 법령상 물류단지의 개발 및 운영에 관한 설명으로 옳은 것은?

① 100만 제곱미터의 일반물류단지를 지정하는 경우 국가물류정책위원회의 심의를 거쳐야 한다.
② 일반물류단지개발계획을 수립할 때까지 일반물류단지개발사업 시행자가 확정되지 아니하였다면 일반물류단지를 지정할 수 없다.
③ 국토교통부장관이 일반물류단지개발계획 중 일반물류단지개발사업 시행자를 변경하려는 경우 관할 시 · 도지사의 의견을 들어야 한다.
④ 물류단지개발지침의 내용에는 '문화재의 보존을 위하여 고려할 사항'이 포함되지 않는다.
⑤ 국토교통부장관은 무분별한 물류단지 개발을 방지하고 국토의 효율적 이용을 위하여 시 · 도지사와 협의하여 물류단지 실수요 검증을 실시하여야 하고 실수요검증위원회의 자문을 받아야 한다.

176 물류시설의 개발 및 운영에 관한 법령상 사업의 휴업 · 폐업에 관한 설명으로 옳은 것은?

① 복합물류터미널사업자가 그 사업의 전부를 폐업하려는 때에는 국토교통부장관의 허가를 받아야 한다.
② 복합물류터미널사업자인 법인이 합병의 사유로 해산하는 경우에는 그 청산인은 미리 그 사실을 국토교통부장관에게 신고하여야 한다.
③ 복합물류터미널사업의 일부를 휴업하는 경우 그 휴업기간은 1년을 초과할 수 없다.
④ 복합물류터미널사업자가 폐업하려는 때에는 미리 그 취지를 영업소나 그 밖에 일반 공중이 보기 쉬운 곳에 게시하여야 한다.
⑤ 복합물류터미널사업의 전부를 휴업하려는 자는 휴업하려는 날로부터 7일 이전에 신고서를 국토교통부장관에게 제출하여야 한다.

177 화물자동차 운수사업법령상 운송사업자가 허가사항을 변경하는 경우 변경신고를 하여야 하는 사항을 모두 고른 것은?

> ㄱ. 상호의 변경
> ㄴ. 화물취급소의 폐지
> ㄷ. 법인의 대표자의 변경
> ㄹ. 화물자동차의 대폐차(代廢車)
> ㅁ. 관할 관청의 행정구역 밖으로 주사무소의 이전

① ㄱ, ㄴ, ㅁ   ② ㄱ, ㄹ, ㅁ
③ ㄴ, ㄷ, ㄹ   ④ ㄱ, ㄴ, ㄷ, ㄹ
⑤ ㄱ, ㄴ, ㄷ, ㄹ, ㅁ

178 화물자동차 운수사업법령상 안전운행의 확보, 운송질서의 확립 및 화주의 편의를 도모하기 위하여 필요하다고 인정될 경우 운송가맹사업자에 대하여 발령될 수 있는 개선명령에 해당하지 않는 것은?

① 감차 조치   ② 화물자동차의 구조변경
③ 운송시설의 개선   ④ 운송약관의 변경
⑤ 화물의 안전운송을 위한 조치

179 화물자동차 운수사업법령상 자가용 화물자동차의 사용에 관한 설명으로 옳은 것은? (단, 조례는 고려하지 않음)

① 천재지변으로 인하여 수송력 공급을 긴급히 증가시킬 필요가 있는 경우 자가용 화물자동차의 소유자는 시·도지사의 허가를 받아 자가용 화물자동차를 유상으로 화물운송용으로 제공할 수 있다.
② 자가용 화물자동차의 소유자가 자가용 화물자동차를 사용하여 화물자동차 운송사업을 경영한 경우 시·도지사는 1년 이내의 기간을 정하여 그 자동차의 사용을 제한하거나 금지할 수 있다.
③ 영농조합법인이 소유하는 자가용 화물자동차에 대한 유상운송 허가기간은 2년 이내로 한다.
④ 시·도지사는 영농조합법인의 유상운송 허가기간의 연장을 허가할 수 없다.
⑤ 자가용 화물자동차의 대폐차를 하려는 자는 국토교통부장관의 허가를 받아야 한다.

180 화물자동차 운수사업법령상 운송약관에 관한 설명으로 옳지 않은 것은?

① 운송약관의 변경신고에 대한 수리 여부는 변경신고를 받은 날부터 3일 이내에 신고인에게 통지되어야 한다.

② 국토교통부장관이 수리기간 내에 운송약관 신고수리 여부를 신고인에게 통지하지 아니하면 수리기간이 끝난 날에 신고를 수리한 것으로 본다.

③ 운송약관의 신고 또는 변경신고는 이 법 제48조에 따른 협회로 하여금 대리하게 할 수 있다.

④ 운송약관에는 손해배상 및 면책에 관한 사항을 적어야 한다.

⑤ 운송사업자가 화물자동차 운송사업의 허가를 받는 때에 표준약관의 사용에 동의하면 운송약관을 신고한 것으로 본다.

181 화물자동차 운수사업법령상 화물자동차 운송사업에서 여객자동차 운송사업용 자동차에 싣기 부적합하여 화주가 밴형 화물자동차에 탈 때 함께 실을 수 있는 화물의 기준으로 옳은 것을 모두 고른 것은?

> ㄱ. 합판·각목 등 건축기자재
> ㄴ. 혐오감을 주는 동물 또는 식물
> ㄷ. 화주 1명당 화물의 중량이 20킬로그램 이상일 것
> ㄹ. 화주 1명당 화물의 용적이 2만 세제곱센티미터 이상일 것

① ㄱ, ㄴ   ② ㄴ, ㄹ

③ ㄷ, ㄹ   ④ ㄱ, ㄴ, ㄷ

⑤ ㄱ, ㄷ, ㄹ

182 화물자동차 운수사업법령상 운송주선사업에 관한 설명으로 옳지 않은 것은?

① 일반화물운송주선사업의 허가신청서에는 상용인부 2명 이상의 고용을 증명하는 서류를 첨부하여야 한다.

② 운송주선사업의 허가사항에 대한 변경신고의 수리 여부는 변경신고를 받은 날부터 5일 이내에 신고인에게 통지되어야 한다.

③ 운송주선사업자는 자기 명의로 다른 사람에게 화물자동차 운송주선사업을 경영하게 할 수 없다.

④ 운송주선사업자가 운송가맹사업자에게 화물의 운송을 주선하는 행위는 이 법에 따른 재계약·중개 또는 대리로 보지 아니한다.

⑤ (개정으로 인해 삭제)

183 화물자동차 운수사업법령상 적재물배상보험등에 관한 설명으로 옳은 것은?

① 최대 적재량이 3톤이고 총 중량이 5톤인 화물자동차를 소유하고 있는 운송사업자는 적재물배상 책임보험에 가입하여야 한다.

② 이사화물을 취급하는 운송주선사업자는 운송사업자의 책임에 따른 손해배상 책임을 이행하기 위하여 적재물배상 책임보험 또는 공제에 가입하여야 한다.

③ 화물자동차 운송사업의 허가가 취소된 경우에도 책임보험계약등의 전부 또는 일부를 해제하거나 해지하여서는 아니 된다.

④ 화물자동차 운송가맹사업자가 감차 조치 명령을 받은 경우에도 책임보험계약등의 전부 또는 일부를 해제하거나 해지하여서는 아니 된다.

⑤ 보험회사등은 자기와 책임보험계약등을 체결하고 있는 보험등 의무가입자에게 그 계약종료일 50일 전까지 그 계약이 끝난다는 사실을 알려야 한다.

184 화물자동차 운수사업법령상 운송사업의 허가를 취소하여야 하는 경우는?

① 화물자동차 교통사고와 관련하여 거짓으로 보험금을 청구하여 금고 이상의 형을 선고받고 그 형이 확정된 경우

② 정당한 사유 없이 운송계약의 인수를 거부한 경우

③ 화물운송 종사자격이 없는 자에게 화물을 운송하게 한 경우

④ 3대의 화물자동차를 소유한 운송사업자가 중대한 교통사고로 1명 이상의 사상자를 발생하게 한 경우

⑤ 화물자동차 소유 대수가 2대 이상인 운송사업자가 영업소 설치 허가를 받지 아니하고 주사무소 외의 장소에서 상주하여 영업한 경우

185 「화물자동차 운수사업법」상 위·수탁계약의 갱신 등에 관한 조문의 일부이다. (   )에 들어갈 숫자를 바르게 나열한 것은?

> 운송사업자는 위·수탁차주가 위·수탁계약기간 만료 전 (ㄱ)일부터 (ㄴ)일까지 사이에 위·수탁계약의 갱신을 요구하는 경우에는 대통령령으로 정하는 바에 따라 위·수탁계약을 갱신하기 어려운 중대한 사유가 있는 경우를 제외하고는 이를 거절할 수 없다. 다만, 최초 위·수탁계약의 기간을 포함한 전체 위·수탁계약 기간이 (ㄷ)년을 초과하는 경우에는 그러하지 아니하다.

① ㄱ : 120, ㄴ : 30, ㄷ : 5 　　③ ㄱ : 150, ㄴ : 30, ㄷ : 5

② ㄱ : 120, ㄴ : 60, ㄷ : 6 　　④ ㄱ : 150, ㄴ : 60, ㄷ : 5

⑤ ㄱ : 150, ㄴ : 60, ㄷ : 6

186 화물자동차 운수사업법령상 사업자단체에 관한 설명으로 옳지 않은 것은?

① 공제조합을 설립하려면 공제조합의 조합원 자격이 있는 자의 10분의 1 이상이 발기하여야 한다.

② 파산선고를 받고 복권된 사람은 공제조합의 운영위원회의 위원이 될 수 없다.

③ 운송사업자로 구성된 협회, 운송주선사업자로 구성된 협회 및 운송가맹사업자로 구성된 협회는 각각 연합회를 설립할 수 있다.

④ 연합회가 공제사업을 하는 경우의 공제조합 운영위원회 위원은 시·도별 협회의 대표 전원을 포함하여 37명 이내로 한다.

⑤ 공제조합이 조합에 고용된 자의 업무상 재해로 인한 손실을 보상하기 위한 공제사업을 하려면 공제규정을 정하여 국토교통부장관의 인가를 받아야 한다.

187 유통산업발전법령상 공동집배송센터에 관한 설명으로 옳은 것을 모두 고른 것은?

> ㄱ. 공동집배송센터의 시설기준으로서 주요시설의 연면적은 공동집배송센터 전체 연면적의 100분의 50 이상이 되어야 한다.
> ㄴ. 공동집배송센터의 시설기준으로서의 전자주문시스템(EOS)은 집배송시설 기능의 원활화를 위하여 우선적으로 설치되도록 노력하여야 하는 부대시설에 해당한다.
> ㄷ. 부지의 면적이 8만 제곱미터인 지역은 공동집배송센터개발촉진지구로 지정할 수 없다.
> ㄹ. 공동집배송센터의 신탁개발을 위하여 신탁계약을 체결한 경우 신탁업자는 계약 체결일부터 10일 이내에 신탁계약서 사본을 산업통상자원부장관에게 제출하여야 한다.

① ㄱ, ㄴ   ② ㄱ, ㄷ

③ ㄴ, ㄷ   ④ ㄷ, ㄹ

⑤ ㄱ, ㄴ, ㄹ

188 유통산업발전법령상 대규모점포등에 관한 설명으로 옳지 않은 것은?

① 특별자치시장은 대규모점포등의 개설등록을 하려는 대규모점포등의 위치가 전통상업보존구역에 있을 때에는 등록을 제한하거나 조건을 붙일 수 있다.

② 개설등록을 하지 아니하고 대규모점포등을 개설한 자는 1년 이하의 징역 또는 3천만원 이하의 벌금에 처한다.

③ 대규모점포등 관리자는 관리규정을 개정하려는 경우 해당 인터넷 홈페이지에 제안내용을 공고하고 입점상인들에게 개별적으로 통지하여야 한다.

④ 대규모점포등의 영업을 정당한 사유 없이 6개월간 계속하여 휴업한 경우는 대규모점포등의 등록 취소 사유에 해당한다.

⑤ (개정으로 인해 삭제)

189

유통산업발전법령상 유통업상생발전협의회(이하 "협의회"라 함)에 관한 설명으로 옳지 않은 것은?

① 협의회는 회장 1명을 포함한 11명 이내의 위원으로 구성한다.
② 해당 지역의 소비자단체의 대표 또는 주민단체의 대표는 협의회의 위원이 될 수 있다.
③ 협의회 위원의 임기는 2년으로 한다.
④ 협의회의 회의는 재적위원 3분의 2 이상의 출석으로 개의하고, 출석위원 과반수의 찬성으로 의결한다.
⑤ 협의회는 분기별로 1회 이상 개최하는 것을 원칙으로 한다.

190

유통산업발전법령상 대규모점포 개설등록 내용의 변경등록 사항이 아닌 것은?

① 종사자수 등 인력관리계획의 변경
② 법인 명칭의 변경
③ 법인 소재지의 변경
④ 업태 변경
⑤ 개설등록(매장면적을 변경등록한 경우에는 변경등록) 당시 매장면적의 10분의 1 이상의 변경

191

유통산업발전법령상 유통산업의 경쟁력 강화에 관한 설명으로 옳은 것은?

① 상점가진흥조합은 사업조합으로 설립할 수 없다.
② 상점가진흥조합은 조합원의 자격이 있는 자 중 같은 업종을 경영하는 자가 3분의 1 이상인 경우에는 그 같은 업종을 경영하는 자의 5분의 3 이상의 동의를 받아 결성할 수 있다.
③ 「중소기업기본법」에 따른 중소기업자가 아닌 자도 상점가진흥조합의 조합원이 될 수 있다.
④ 지방자치단체의 장은 체인사업자가 유통관리사의 고용 촉진 사업을 추진하는 경우 예산의 범위에서 필요한 자금을 지원할 수 있다.
⑤ 지방자치단체가 중소유통공동도매물류센터를 건립하여 운영을 위탁하는 경우에는 해당 중소유통공동도매물류센터의 매출액의 1천분의 10 이내에서 시설 및 장비의 이용료를 징수할 수 있다.

192 항만운송사업법령상 항만용역업에 속하지 않는 것은?

① 본선을 경비하는 사업
② 선박을 소독하는 사업
③ 선박용 연료를 공급하는 사업
④ 선박에서 사용하는 맑은 물을 공급하는 사업
⑤ 통선으로 본선과 육지 간의 연락을 중계하는 사업

193 「항만운송사업법」상 검수사등에 관한 조문의 일부이다. (　　)에 들어갈 것을 바르게 나열한 것은?

> • 제7조의2(부정행위자에 대한 제재) ① 해양수산부장관은 제7조제1항에 따른 검수사등의 자격시험에서 부정행위를 한 응시자에 대하여 그 시험을 정지 또는 무효로 하고, 그 시험을 정지하거나 무효로 한 날부터 (ㄱ)간 같은 종류의 자격시험 응시자격을 정지한다.
> • 제8조(결격사유) 다음 각 호의 어느 하나에 해당하는 사람은 검수사등의 자격을 취득할 수 없다.
> 　5. 검수사등의 자격이 취소된 날부터 (ㄴ)이 지나지 아니한 사람

① ㄱ : 2년, ㄴ : 2년　　　　② ㄱ : 2년, ㄴ : 3년
③ ㄱ : 3년, ㄴ : 2년　　　　④ ㄱ : 3년, ㄴ : 3년
⑤ ㄱ : 5년, ㄴ : 3년

194 항만운송사업법령상 항만운송관련사업에 관한 설명으로 옳은 것은?

① 선용품공급업을 하려는 자는 해양수산부장관에게 등록하여야 한다.
② 선체, 기관 등 선박시설 및 설비를 수리, 교체 또는 도색하는 사업은 항만운송관련사업에 속한다.
③ 항만용역업의 등록을 신청하려는 자는 부두시설 등 항만시설을 사용하는 경우에는 해당 항만시설의 사용허가서 사본을 제출하여야 한다.
④ 해양수산부장관은 항만운송관련사업의 등록을 취소하는 경우 500만원 이하의 과징금을 병과할 수 있다.
⑤ 항만운송관련사업자가 사업정지명령을 위반하여 그 정지기간에 사업을 계속한 경우에는 청문을 실시하지 않고 항만운송관련사업의 등록을 취소할 수 있다.

195

철도사업법령상 철도사업의 관리에 관한 설명으로 옳지 않은 것은?

① 철도사업의 면허가 취소된 후 그 취소일부터 2년이 지나지 아니한 법인은 철도사업의 면허를 받을 수 없다.

② 철도사업자는 여객 유치를 위한 기념행사의 경우에는 여객운임·요금을 감면할 수 없다.

③ 국토교통부장관은 여객 운임의 상한을 지정하려면 미리 기획재정부장관과 협의하여야 한다.

④ 철도사업자는 국토교통부장관이 지정하는 날 또는 기간에 운송을 시작하여야 하지만, 천재지변으로 운송을 시작할 수 없는 경우에는 국토교통부장관의 승인을 받아 날짜를 연기하거나 기간을 연장할 수 있다.

⑤ 국토교통부장관이 철도사업의 면허를 발급하는 경우에는 철도의 공공성과 안전을 강화하고 이용자 편의를 증진시키기 위하여 필요한 부담을 붙일 수 있다.

196

철도사업법령상 국토교통부장관의 인가를 받아야 하는 사항을 모두 고른 것은?

> ㄱ. 철도사업약관의 변경
> ㄴ. 철도사업자의 사업계획의 중요 사항의 변경
> ㄷ. 철도사업자의 철도사업의 양도·양수
> ㄹ. 공동운수협정의 경미한 사항의 변경

① ㄱ, ㄴ 　　　　　② ㄱ, ㄷ

③ ㄴ, ㄷ 　　　　　④ ㄷ, ㄹ

⑤ ㄱ, ㄴ, ㄹ

197

철도사업법령상 국유철도시설의 점용허가에 관한 설명으로 옳은 것은?

① 국유철도시설의 점용허가로 인하여 발생한 권리와 의무를 이전하려는 경우에는 한국철도공사 사장의 허가를 받아야 한다.

② 국유철도시설의 점용허가를 받은 자의 점용이 폐지된 경우 예외 없이 원상회복의무가 면제된다.

③ 점용료는 매년 1월 말까지 당해연도 해당분을 선납하여야 하나 국토교통부장관이 부득이한 사유로 선납이 곤란하다고 인정하는 경우에는 그 납부기한을 따로 정할 수 있다.

④ 점용허가를 받은 자가 점용허가의 기간만료에 따른 원상회복을 하지 아니하는 경우에는 「민사집행법」에 따라 시설물을 철거할 수 있다.

⑤ 점용허가를 받은 철도 재산에 대한 원상회복의무가 면제되는 경우에도 시설물 등을 무상으로 국가에 귀속시킬 수 없다.

198 철도사업법령상 전용철도에 관한 설명으로 옳은 것은?

① 전용철도를 운영하려는 자는 전용철도의 건설·운전·보안 및 운송에 관한 사항이 포함된 운영계획서를 첨부하여 국토교통부장관의 면허를 받아야 한다.

② 전용철도의 운영을 양수하려는 자는 국토교통부령이 정하는 바에 따라 국토교통부장관의 인가를 받아야 한다.

③ 전용철도운영자가 그 운영의 전부 또는 일부를 휴업한 경우에는 1개월 이내에 국토교통부장관에게 신고하여야 한다.

④ 전용철도운영자가 사망한 경우 상속인이 그 전용철도의 운영을 계속하려는 경우에는 피상속인이 사망한 날부터 2개월 이내에 국토교통부장관에게 등록하여야 한다.

⑤ 이 법에 따라 전용철도 등록이 취소된 자는 취소일부터 6개월 이내에 전용철도를 등록할 수 있다.

199 농수산물 유통 및 가격안정에 관한 법령상 농수산물의 생산조정 및 출하조절에 관한 설명으로 옳지 않은 것은?

① 농림축산식품부장관은 쌀과 보리를 제외한 농산물의 수급조절과 가격안정을 위하여 필요하다고 인정할 때에는 농산물가격안정기금으로 농산물을 비축할 수 있다.

② 수입이익금을 정하여진 기한까지 내지 아니하면 국세 체납처분의 예에 따라 징수할 수 있다.

③ 기획재정부장관은 주요 농수산물의 수급조절과 가격안정을 위하여 필요하다고 인정할 때에는 해당 농산물의 파종기 이전에 예시가격을 결정할 수 있고, 이 경우 미리 농림축산식품부장관과 협의하여야 한다.

④ 농림축산식품부장관은 국내 농산물 시장의 수급안정 및 거래질서 확립을 위하여 「관세법」에 따라 몰수되거나 국고에 귀속된 농산물을 이관받을 수 있다.

⑤ 비축사업등의 실시과정에서 발생한 농산물의 감모에 대해서는 농림축산식품부장관이 정하는 한도에서 비용으로 처리한다.

200 농수산물 유통 및 가격안정에 관한 법령상 농림축산식품부장관의 권한에 해당하는 것은?

① 양곡부류와 청과부류를 종합한 중앙도매시장의 개설
② 시가 개설자인 지방도매시장의 업무규정 변경에 대한 승인
③ 경매사의 임면
④ 수입이익금의 부과·징수
⑤ 농수산물집하장의 설치·운영

161 물류정책기본법상 국제물류주선업의 등록을 할 수 있는 자는?

① 피한정후견인

②「물류정책기본법」을 위반하여 금고 이상의 실형을 선고받고 그 집행이 종료되거나 집행이 면제된 날부터 2년이 지나지 아니한 자

③「유통산업발전법」을 위반하여 금고 이상의 형의 집행유예를 선고받고 그 유예기간 중에 있는 자

④「화물자동차 운수사업법」을 위반하여 벌금형을 선고받고 2년이 지나지 아니한 자

⑤ 대표자가 피성년후견인인 법인

162 물류정책기본법상 다른 사람에게 자기의 성명 또는 상호를 사용하여 사업을 하게 하거나 그 인증서 · 등록증 · 지정증 또는 자격증을 대여하지 못하도록 금지되어 있는 자를 모두 고른 것은?

ㄱ. 인증우수물류기업	ㄴ. 국제물류주선업자
ㄷ. 물류관리사	ㄹ. 우수녹색물류실천기업

① ㄴ, ㄷ

② ㄱ, ㄴ, ㄹ

③ ㄱ, ㄷ, ㄹ

④ ㄴ, ㄷ, ㄹ

⑤ ㄱ, ㄴ, ㄷ, ㄹ

163 물류정책기본법상 지역물류현황조사에 관한 설명이다. (　　)에 들어갈 내용을 바르게 나열한 것은?

> - 시·도지사는 지역물류현황조사의 효율적인 수행을 위하여 필요한 경우에는 지역물류현황조사의 (ㄱ)를 전문기관으로 하여금 수행하게 할 수 있다.
> - 시·도지사가 지역물류현황조사를 시장·군수·구청장에게 요청하는 경우에는 효율적인 지역물류현황조사를 위하여 조사의 시기, 종류 및 방법 등에 관하여 해당 시·도의 (ㄴ)(으)로 정하는 바에 따라 (ㄷ)을 작성하여 통보할 수 있다.

① ㄱ : 전부, ㄴ : 조례, ㄷ : 조사현황
② ㄱ : 전부 또는 일부, ㄴ : 조례, ㄷ : 조사지침
③ ㄱ : 일부, ㄴ : 규칙, ㄷ : 조사지침
④ ㄱ : 전부 또는 일부, ㄴ : 규칙, ㄷ : 조사현황
⑤ ㄱ : 일부, ㄴ : 조례, ㄷ : 조사내용

164 물류정책기본법령상 물류사업의 범위에 관한 대분류와 세분류의 연결이 옳지 않은 것은?

① 화물운송업 – 파이프라인운송업
② 물류시설운영업 – 창고업
③ 물류서비스업 – 화물주선업
④ 물류시설운영업 – 물류터미널운영업
⑤ 화물운송업 – 항만운송사업

165 물류정책기본법령상 국토교통부장관으로부터 물류기업이 행정적·재정적 지원을 받을 수 있는 물류보안 관련 활동에 해당하지 않는 것은?

① 물류보안 관련 시설·장비의 개발·도입
② 물류보안 관련 제도·표준 등 국가 물류보안 시책의 수립
③ 물류보안 관련 교육 및 프로그램의 운영
④ 물류보안 관련 시설·장비의 유지·관리
⑤ 물류보안 사고 발생에 따른 사후복구조치

166 물류정책기본법령상 물류정보화를 통한 물류체계의 효율화 시책에 포함되어야 할 사항에 해당하지 않는 것은?

① 물류환경의 변화와 전망에 관한 사항
② 물류정보의 연계 및 공동활용에 관한 사항
③ 물류정보의 표준에 관한 사항
④ 물류정보의 보안에 관한 사항
⑤ 물류분야 정보통신기술의 도입 및 확산에 관한 사항

167 물류정책기본법령상 물류신고센터가 화주기업 또는 물류기업 등 이해관계인에게 조정을 권고하는 경우 서면으로 통지하여야 하는 사항을 모두 고른 것은?

ㄱ. 신고의 주요내용
ㄴ. 조정권고 내용
ㄷ. 조정권고에 대한 수락 여부 통보기한
ㄹ. 향후 신고 처리에 관한 사항
ㅁ. 그 밖에 물류신고센터의 장이 인정하는 사항

① ㄱ, ㄴ   ② ㄴ, ㄷ, ㅁ
③ ㄱ, ㄴ, ㄷ, ㄹ   ④ ㄱ, ㄷ, ㄹ, ㅁ
⑤ ㄴ, ㄷ, ㄹ, ㅁ

168 물류정책기본법령상 국가물류정책위원회 위원의 해촉사유에 해당하지 않는 것은?

① 심신장애로 인하여 직무를 수행할 수 없게 된 경우
② 직무와 관련 없는 비위사실이 있는 경우
③ 직무태만으로 인하여 위원으로 적합하지 아니하다고 인정되는 경우
④ 품위손상으로 인하여 위원으로 적합하지 아니하다고 인정되는 경우
⑤ 위원 스스로 직무를 수행하는 것이 곤란하다고 의사를 밝히는 경우

169 물류시설의 개발 및 운영에 관한 법령상 물류단지의 개발에 대한 설명으로 옳지 않은 것은?

① 국가 또는 지방자치단체는 물류단지시설용지와 지원시설용지의 조성비 및 매입비의 전부를 보조하거나 융자할 수 있다.

② 국가 또는 지방자치단체는 물류단지의 원활한 개발을 위하여 물류단지 안의 공동구 등 기반시설의 설치를 우선적으로 지원하여야 한다.

③ 시·도지사 또는 시장·군수는 물류단지개발사업을 촉진하기 위하여 지방자치단체에 물류단지개발특별회계를 설치할 수 있다.

④ 물류단지개발사업의 시행자인 지방자치단체가 실시계획 승인을 받은 경우 그가 조성하는 용지를 분양·임대받거나 시설을 이용하려는 자로부터 대금의 전부 또는 일부를 미리 받을 수 있다.

⑤ 물류단지지정권자는 물류단지개발사업의 시행자에게 용수공급시설·하수도시설·전기통신시설 및 폐기물처리시설을 설치하게 할 수 있다.

170 물류시설의 개발 및 운영에 관한 법령상 화물의 운송·집화·하역·분류·포장·가공·조립·통관·보관·판매·정보처리 등을 위하여 일반물류단지 안에 설치되는 일반물류단지시설에 해당하지 않는 것은?

① 「유통산업발전법」에 따른 공동집배송센터

② 「농수산물유통 및 가격안정에 관한 법률」에 따른 농수산물산지유통센터

③ 「화물자동차 운수사업법」에 따른 화물자동차운수사업에 이용되는 차고

④ 「철도사업법」에 따른 철도사업자가 그 사업에 사용하는 화물운송·하역 및 보관 시설

⑤ 「궤도운송법」에 따른 궤도사업을 경영하는 자가 그 사업에 사용하는 화물운송·하역 및 보관 시설

171 물류시설의 개발 및 운영에 관한 법령상 물류시설개발종합계획에 포함되어야 할 사항이 아닌 것은?

① 물류시설의 장래수요에 관한 사항

② 물류시설의 공급정책 등에 관한 사항

③ 물류시설의 지정·개발에 관한 사항

④ 물류시설의 개별화·정보화에 관한 사항

⑤ 물류시설의 기능개선 및 효율화에 관한 사항

172 물류시설의 개발 및 운영에 관한 법령상 복합물류터미널사업에 대한 설명으로 옳지 않은 것은?

① 복합물류터미널사업이란 두 종류 이상의 운송수단 간의 연계운송을 할 수 있는 규모 및 시설을 갖춘 물류터미널사업을 말한다.

② 복합물류터미널사업을 경영하려는 자는 국토교통부령으로 정하는 바에 따라 국토교통부장관의 인가를 받아야 한다.

③ 복합물류터미널사업의 등록에 따른 권리·의무를 승계한 자는 국토교통부령으로 정하는 바에 따라 국토교통부장관에게 신고하여야 한다.

④ 복합물류터미널사업자는 복합물류터미널사업의 전부 또는 일부를 휴업하거나 폐업하려는 때에는 미리 국토교통부장관에게 신고하여야 한다.

⑤ 국토교통부장관은 복합물류터미널사업자가 다른 사람에게 등록증을 대여한 때에는 등록을 취소하여야 한다.

173 물류시설의 개발 및 운영에 관한 법령상 물류단지의 지정에 대한 설명으로 옳은 것은?

① 100만 제곱미터 규모 이하의 일반물류단지는 국토교통부장관이 지정한다.

② 시·도지사는 일반물류단지를 지정하려는 때에는 일반물류단지개발계획을 수립하여 관계 행정기관의 장과 협의한 후 물류시설분과위원회의 심의를 거쳐야 한다.

③ 국토교통부장관이 노후화된 유통업무설비 부지 및 인근 지역에 도시첨단물류단지를 지정하려면 시·도지사의 신청을 받아야 한다.

④ 국토교통부장관 또는 시·도지사가 일반물류단지를 지정하려면 일반물류단지 예정지역 토지면적의 2분의 1 이상에 해당하는 토지소유자의 동의와 토지소유자의 총수 및 건축물 소유자 총수 각 2분의 1 이상의 동의를 받아야 한다.

⑤ 시·도지사가 일반물류단지개발계획을 수립할 때까지 일반물류단지개발사업의 시행자가 확정되지 아니한 경우에는 일반물류단지의 지정 후에 이를 일반물류단지개발계획에 포함시킬 수 있다.

174 물류시설의 개발 및 운영에 관한 법령상 물류단지의 개발에 관한 기본지침에 포함되어야 할 사항이 아닌 것은?

① 물류단지의 지정 · 개발 · 지원에 관한 사항
② 「환경영향평가법」에 따른 전략환경영향평가, 소규모 환경영향평가 및 환경영향평가 등 환경보전에 관한 사항
③ 문화재의 보존을 위하여 고려할 사항
④ 물류단지의 지역별 · 규모별 · 연도별 배치 및 우선순위에 관한 사항
⑤ 분양가격의 결정에 관한 사항

175 물류시설의 개발 및 운영에 관한 법령상 물류단지개발사업의 시행자에 대한 설명으로 옳지 않은 것은?

① 물류단지개발사업의 시행자로 지정받은 「민법」 또는 「상법」에 따라 설립된 법인은 사업대상 토지면적의 2분의 1 이상을 매입하여야 토지 등을 수용하거나 사용할 수 있다.
② 물류단지개발사업의 시행자는 물류단지개발실시계획을 수립하여 물류단지지정권자의 승인을 받아야 한다.
③ 물류단지지정권자가 물류단지개발사업의 시행자를 지정할 때에는 사업계획의 타당성 및 재원조달능력과 다른 법률에 따라 수립된 개발계획과의 관계 등을 고려하여야 한다.
④ 물류단지개발사업의 시행자는 물류단지개발사업 중 용수시설의 건설을 대통령령으로 정하는 바에 따라 지방자치단체에 위탁하여 시행할 수 있다.
⑤ 「한국도로공사법」에 따른 한국도로공사는 물류단지개발사업의 시행자로 지정받을 수 있다.

176 물류시설의 개발 및 운영에 관한 법령상 물류터미널 사업자가 물류터미널 공사시행인가를 받은 공사계획에 대해 인가권자의 변경인가를 받아야 하는 경우를 모두 고른 것은?

> ㄱ. 공사기간을 변경하는 경우
> ㄴ. 물류터미널 부지 면적의 3분의 1을 변경하는 경우
> ㄷ. 물류터미널 안의 건축물의 연면적(하나의 건축물의 각 층의 바닥면적의 합계)의 2분의 1을 변경하는 경우
> ㄹ. 물류터미널 안의 공공시설 중 주차장, 상수도, 하수도, 유수지, 운하, 부두, 오 · 폐수시설 및 공동구를 변경하는 경우

① ㄱ, ㄴ
② ㄷ, ㄹ
③ ㄱ, ㄴ, ㄷ
④ ㄴ, ㄷ, ㄹ
⑤ ㄱ, ㄴ, ㄷ, ㄹ

177 화물자동차 운수사업법상 공영차고지에 관한 설명으로 옳지 않은 것은?

① 「공공기관의 운영에 관한 법률」에 따른 공공기관 중 대통령령으로 정하는 공공기관은 공영차고지를 설치하여 직접 운영할 수 있다.

② 도지사는 공영차고지를 설치하여 운송사업자에게 운영을 위탁할 수 있다.

③ 군수는 공영차고지를 설치하여 운송가맹사업자에게 임대할 수 있다.

④ 「지방공기업법」에 따른 지방공사가 공영차고지의 설치·운영에 관한 계획을 수립하는 경우에는 미리 시·도지사의 인가를 받아야 한다.

⑤ 시·도지사를 제외한 차고지설치자가 인가받은 공영차고지의 설치·운영에 관한 계획을 변경하려면 미리 시·도지사에게 신고하여야 한다.

178 화물자동차 운수사업법령상 화물자동차 운송주선사업에 관한 설명으로 옳지 않은 것은?

① 운송주선사업자는 운송주선사업의 허가를 받은 날부터 5년마다 법령상의 허가기준에 관한 사항을 신고하여야 한다.

② 운송주선사업자는 요금을 정하여 미리 신고하여야 한다.

③ 운송주선사업의 허가취소 처분을 하려면 청문을 하여야 한다.

④ 관할관청은 운송주선사업 허가증을 발급하였을 때에는 그 사실을 협회에 통지하여야 한다.

⑤ 관할관청은 운송주선사업의 허가취소 등의 사유에 해당하는 위반행위를 적발하였을 때에는 특별한 사유가 없으면 적발한 날부터 30일 이내에 처분을 하여야 한다.

179 화물자동차 운수사업법상 화물자동차 운송사업의 허가 등에 관한 설명으로 옳지 않은 것은?

① 화물자동차 운송가맹사업의 허가를 받은 자는 화물자동차 운송사업의 허가를 받지 아니한다.

② 개인 운송사업자가 아닌 운송사업자는 주사무소 외의 장소에서 상주(常住)하여 영업하려면 국토교통부령으로 정하는 바에 따라 국토교통부장관의 허가를 받아 영업소를 설치하여야 한다.

③ 국토교통부장관은 운송사업자의 허가취소 사유와 직접 관련이 있는 화물자동차의 위·수탁 차주였던 자에 대하여 임시허가를 할 수 있다.

④ 국토교통부장관은 화물자동차 운수사업의 질서를 확립하기 위하여 화물자동차 운송사업의 허가를 수반하는 변경허가에 조건 또는 기한을 붙일 수 있다.

⑤ 국토교통부장관은 운송사업자가 사업정지처분을 받은 경우에는 주사무소를 이전하는 변경허가를 하여서는 아니 된다.

180 화물자동차 운수사업법령상 화물자동차 운수사업의 운전업무 종사자격에 관한 설명으로 옳은 것은?

① 여객자동차 운수사업용 자동차를 운전한 경력이 있는 자가 화물자동차 운수사업의 운전업무에 종사하려면 그 운전경력이 2년 이상이어야 한다.

② 파산선고를 받고 복권되지 아니한 자는 화물운송 종사자격을 취득할 수 없다.

③ 화물운송 종사자격이 취소된 자에게는 500만원 이하의 과태료를 부과한다.

④ 국토교통부장관은 화물운송 종사자격을 취득한 자가 화물운송 중에 고의나 과실로 교통사고를 일으켜 사람을 사망하게 한 경우 화물운송 종사자격을 취소하여야 한다.

⑤ 화물운송 종사자격의 효력정지 처분은 처분 대상자의 주소지를 관할하는 시 · 도지사가 관장한다.

181 화물자동차 운수사업법령상 운송가맹사업자의 허가사항 변경신고 대상에 해당하지 않는 것은?

① 상호의 변경
② 화물취급소의 설치 및 폐지
③ 주사무소 · 영업소의 이전
④ 화물취급소의 이전
⑤ 화물자동차 운송가맹계약의 체결 또는 해제 · 해지

182 화물자동차 운수사업법상 운수종사자의 준수사항이 아닌 것은?

① 운송사업자에게 화물의 종류 · 무게 및 부피 등을 거짓으로 통보하는 행위를 하여서는 아니 된다.

② 고장 및 사고차량 등 화물의 운송과 관련하여 자동차관리사업자와 부정한 금품을 주고받는 행위를 하여서는 아니 된다.

③ 일정한 장소에 오랜 시간 정차하여 화주를 호객하는 행위를 하여서는 아니 된다.

④ 문을 완전히 닫지 아니한 상태에서 자동차를 출발시키거나 운행하는 행위를 하여서는 아니 된다.

⑤ 택시 요금미터기의 장착 등 국토교통부령으로 정하는 택시 유사표시행위를 하여서는 아니 된다.

183 화물자동차 운수사업법령상 적재물배상보험등에 관한 설명으로 옳지 않은 것은?

① 적재물배상보험등에 가입하려는 이사화물운송주선사업자는 사고 건당 500만원 이상의 금액을 지급할 책임을 지는 적재물배상보험등에 가입하여야 한다.

② 적재물배상보험등에 가입하려는 운송사업자는 사고 건당 2천만원 이상의 금액을 지급할 책임을 지는 적재물배상보험등에 가입하여야 한다.

③ 최대 적재량이 5톤 이상인 특수용도형 화물자동차 중 「자동차관리법」에 따른 피견인자동차를 소유하고 있는 운송사업자는 적재물배상보험등에 가입하여야 한다.

④ 총 중량이 10톤 이상인 화물자동차 중 국토교통부령으로 정하는 화물자동차를 직접 소유하고 있는 운송가맹사업자는 각 화물자동차별 및 각 사업자별로 사고 건당 2천만원 이상의 금액을 지급할 책임을 지는 적재물배상보험등에 가입하여야 한다.

⑤ 보험회사가 「보험업법」에 따라 허가를 받거나 신고한 적재물배상보험요율과 책임준비금 산출기준에 따라 손해배상책임을 담보하는 것이 현저히 곤란하다고 판단한 경우에는 다수의 보험회사등이 공동으로 책임보험계약등을 체결할 수 있다

184 화물자동차 운수사업법령상 화물자동차 운송사업의 폐업에 관한 설명으로 옳지 않은 것은?

① 운송사업자가 화물자동차 운송사업의 전부를 폐업하려면 국토교통부령으로 정하는 바에 따라 미리 신고하여야 한다.

② 운송사업자가 화물자동차 운송사업의 전부를 폐업하려면 미리 그 취지를 영업소나 그 밖에 일반 공중(公衆)이 보기 쉬운 곳에 게시하여야 한다.

③ 운송사업자가 화물자동차 운송사업의 폐업신고를 한 경우 해당 화물자동차의 자동차등록증과 자동차등록번호판을 반납하여야 한다.

④ 운송사업자가 화물자동차 운송사업의 폐업신고를 하는 경우 관할관청에 화물운송 종사자격증명을 반납하여야 한다.

⑤ 국토교통부장관은 화물자동차 운송사업의 전부폐업 신고에 관한 권한을 시·도지사에게 위임한다.

185 화물자동차 운수사업법령상 화물자동차 운송사업자에 관한 설명으로 옳은 것은?

① 운송사업자는 감차 조치 명령을 받은 후 2년이 지나지 아니하면 증차를 수반하는 허가사항을 변경할 수 없다.

② 견인형 특수자동차를 사용하여 컨테이너를 운송하는 운송사업자는 운임과 요금을 정하여 미리 국토교통부장관의 인가를 받아야 한다.

③ 운송사업자는 화물자동차의 안전운전을 확보하기 위하여 화물자동차 운전자의 교통사고, 교통법규 위반사항 및 범죄경력을 기록·관리하여야 한다.

④ 일반화물자동차 소유 대수가 1대인 운송사업자는 연간 운송계약 화물의 100분의 50 이상을 직접 운송하여야 한다.

⑤ 국토교통부장관은 운송사업자가 정당한 사유 없이 집단으로 화물운송을 거부하여 화물운송에 커다란 지장을 주어 국가경제에 매우 심각한 위기를 초래하면 국무회의 심의를 거쳐 그 운송사업자에게 업무개시를 명할 수 있다.

186 화물자동차 운수사업법상 위·수탁계약의 해지에 관한 설명이다. (   )에 들어갈 내용으로 옳지 않은 것은?

> 운송사업자가 (   )에 해당하는 사유로 화물자동차 운송사업허가의 취소를 받은 경우에는 해당 운송사업자와 위·수탁차주의 위·수탁계약은 해지된 것으로 본다.

① 부정한 방법으로 화물자동차 운송사업 허가를 받은 경우

② 부정한 방법으로 화물자동차 운송사업 변경허가를 받은 경우

③ 화물자동차 운송사업의 허가기준을 충족하지 못하게 된 경우

④ 화물자동차 운송사업자의 직접운송 의무를 위반한 경우

⑤ 법인의 임원 중 화물자동차 운송사업 허가를 받을 수 없는 결격사유에 해당하는 자가 있게 되었음에도 3개월 이내에 그 임원을 개임하지 않은 경우

187 유통산업발전법령상 대규모점포를 구성하는 매장에 관한 설명으로 옳지 않은 것은?

① 매장이란 상품의 판매와 이를 지원하는 용역의 제공에 직접 사용되는 장소를 말한다.

② 하나 또는 대통령령으로 정하는 둘 이상의 연접되어 있는 건물 안에 하나 또는 여러 개로 나누어 설치되는 매장이어야 한다.

③ 상시 운영되는 매장이어야 한다.

④ 매장면적의 합계가 2천 제곱미터 이상이어야 한다.

⑤ 개설등록 당시 매장면적의 10분의 1 이상을 변경할 경우 변경등록을 하여야 한다.

188 유통산업발전법령상 대규모점포등의 개설등록에 관한 설명으로 옳지 않은 것은?

① 대규모점포를 개설하려는 자는 영업을 시작하기 전에 산업통상자원부령으로 정하는 바에 따라 상권영향평가서 및 지역협력계획서를 첨부하여 특별자치시장·시장·군수·구청장에게 등록하여야 한다.

② 특별자치시장·시장·군수·구청장은 개설등록을 하려는 대규모점포등의 위치가 전통상업보존구역에 있을 때에는 등록을 제한하거나 조건을 붙일 수 있다.

③ 특별자치시장·시장·군수·구청장은 개설등록하려는 점포의 소재지로부터 산업통상자원부령으로 정하는 거리 이내의 범위 일부가 인접 특별자치시·시·군·구에 속하여 있는 경우 인접지역의 특별자치시장·시장·군수·구청장에게 개설등록을 신청 받은 사실을 통보하여야 한다.

④ 대규모점포등개설등록신청서를 제출받은 특별자치시장·시장·군수 또는 구청장은 별도의 서류확인 절차 없이 그 신청에 따라 등록하여야 한다.

⑤ 특별자치시장·시장·군수 또는 구청장은 대규모점포등의 개설등록을 한 때에는 그 신청인에게 대규모점포등개설등록증을 교부하여야 한다.

189 유통산업발전법상 대규모점포등에 대한 영업시간의 제한 등에 관한 설명으로 옳은 것은?

① 특별자치시장·시장·군수·구청장은 건전한 유통질서 확립, 근로자의 건강권 및 대규모점포등과 중소유통업의 상생발전을 위하여 필요하다고 인정하는 경우 대형마트와 준대규모점포에 대하여 영업시간제한 또는 의무휴업을 명하여야 한다.

② 연간 총매출액 중 「농수산물 유통 및 가격안정에 관한 법률」에 따른 농수산물의 매출액 비중이 50퍼센트 이상인 대규모점포등으로서 해당 지방자치단체의 조례로 정하는 대규모점포등에 대하여는 영업시간제한 또는 의무휴업을 명하여서는 아니 된다.

③ 특별자치시장·시장·군수·구청장은 영업시간을 제한할 경우 오전 0시부터 오전 11시까지의 범위에서 제한할 수 있다.

④ 특별자치시장·시장·군수·구청장은 의무휴업일을 지정할 경우 매월 이틀을 지정하여야 한다.

⑤ 특별자치시장·시장·군수·구청장은 의무휴업일을 지정할 경우 공휴일 중에서 지정하여야 하고, 이해당사자와 합의를 거치더라도 공휴일이 아닌 날을 의무휴업일로 지정할 수는 없다.

190 유통산업발전법의 적용이 배제되는 시장·사업장 및 매장이 아닌 것은?

① 「농수산물 유통 및 가격안정에 관한 법률」 제2조에 따른 농수산물도매시장
② 「전통시장 및 상점가 육성을 위한 특별법」 제2조에 따른 전통시장
③ 「축산법」 제34조에 따른 가축시장
④ 「농수산물 유통 및 가격안정에 관한 법률」 제2조에 따른 민영농수산물도매시장
⑤ 「농수산물 유통 및 가격안정에 관한 법률」 제2조에 따른 농수산물종합유통센터

191 유통산업발전법령상 용어의 정의에 관한 설명으로 옳지 않은 것은?

① "프랜차이즈형 체인사업"이란 체인본부의 계속적인 경영지도 및 체인본부와 가맹점 간의 협업에 의하여 가맹점의 취급품목·영업방식 등의 표준화사업과 공동구매·공동판매·공동시설활용 등 공동사업을 수행하는 형태의 체인사업을 말한다.
② "유통산업"이란 농산물·임산물·축산물·수산물(가공물 및 조리물을 포함한다) 및 공산품의 도매·소매 및 이를 경영하기 위한 보관·배송·포장과 이와 관련된 정보·용역의 제공 등을 목적으로 하는 산업을 말한다.
③ "임시시장"이란 다수의 수요자와 공급자가 일정한 기간 동안 상품을 매매하거나 용역을 제공하는 일정한 장소를 말한다.
④ "전문상가단지"란 같은 업종을 경영하는 여러 도매업자 또는 소매업자가 일정지역에 점포 및 부대시설 등을 집단으로 설치하여 만든 상가단지를 말한다.
⑤ "무점포판매"란 상시 운영되는 매장을 가진 점포를 두지 아니하고 상품을 판매하는 것으로서 다단계판매, 전화권유판매, 카탈로그판매, 텔레비전홈쇼핑 등에 해당하는 것을 말한다.

192 항만운송사업법상 항만운송사업의 등록에 관한 설명으로 옳지 않은 것은?

① 항만운송사업을 하려는 자는 항만하역사업, 감정사업, 검수사업, 검량사업의 종류별로 등록하여야 한다.
② 항만하역사업과 감정사업은 항만별로 등록한다.
③ 항만하역사업의 등록은 이용자별·취급화물별 또는 「항만법」 제2조제5호의 항만시설별로 등록하는 한정하역사업과 그 외의 일반하역사업으로 구분하여 행한다.
④ 항만운송사업의 등록을 신청하려는 자는 해양수산부령으로 정하는 바에 따라 사업계획을 첨부한 등록신청서를 제출하여야 한다.
⑤ 해양수산부장관은 감정사업의 등록신청을 받으면 사업계획과 감정사업의 등록기준을 검토한 후 등록요건을 모두 갖추었다고 인정하는 경우에는 해양수산부령으로 정하는 바에 따라 등록증을 발급하여야 한다.

193 항만운송사업법령상 항만운송사업의 운임 및 요금에 관한 설명으로 옳지 않은 것은?

① 검량사업의 등록을 한 자는 해양수산부령으로 정하는 바에 따라 요금을 정하여 관리청에게 미리 신고하여야 한다. (법률 개정으로 선지 일부 변경)

② 항만하역사업의 등록을 한 자는 해양수산부령으로 정하는 항만시설에서 하역하는 화물에 대하여 해양수산부령으로 정하는 바에 따라 그 운임과 요금을 정하여 신고하여야 한다.

③ 항만하역사업의 등록을 한 자는 해양수산부령으로 정하는 항만시설에서 해양수산부령으로 정하는 품목에 해당하는 화물에 대하여 신고한 운임과 요금을 변경할 때에는 변경신고를 하여야 한다.

④ 적법하게 권한을 위임받은 시·도지사는 해양수산부령으로 정하는 품목에 해당하는 화물에 대하여 항만하역사업을 등록한 자로부터 운임 및 요금의 설정 신고를 받은 경우 신고를 받은 날부터 30일 이내에 신고수리 여부를 신고인에게 통지하여야 한다.

⑤ 관리청이 운임 및 요금의 신고인에게 신고수리 여부 통지기간 내에 신고수리 여부를 통지하지 아니하면 그 기간이 끝난 날에 신고를 수리한 것으로 본다. (법률 개정으로 선지 일부 변경)

194 항만운송사업법령상 항만시설운영자등이 부두운영계약을 해지할 수 있는 사유로 옳지 않은 것은?

① 「항만법」에 따른 항만재개발사업의 시행 등 공공의 목적을 위하여 항만시설등을 부두운영회사에 계속 임대하기 어려운 경우

② 항만시설등이 멸실되어 부두운영계약을 계속 유지할 수 없는 경우

③ 부두운영회사가 항만시설등의 임대료를 2개월 이상 연체한 경우

④ 부두운영회사가 항만시설등의 분할 운영 금지 등 금지행위를 하여 부두운영계약을 계속 유지할 수 없는 경우

⑤ 부두운영회사가 항만시설등의 효율적인 사용 및 운영 등을 위하여 항만시설운영자등과 해양수산부장관이 협의한 사항을 정당한 사유 없이 이행하지 아니하여 부두운영계약을 계속 유지할 수 없는 경우

195 철도사업법령상 법인의 결격사유에 관한 설명이다. (   )에 들어갈 법률에 해당하지 않는 것은?

> (   )을 위반하여 금고 이상의 형의 집행유예를 선고받고 그 유예 기간 중인 임원이 있는 법인은 철도사업의 면허를 받을 수 없다.

① 「도시철도법」
② 「국가철도공단법」
③ 「한국철도공사법」
④ 「철도산업발전 기본법」
⑤ 「철도물류산업의 육성 및 지원에 관한 법률」

196 철도사업법상 제재수단에 관한 설명이다. (   )에 들어갈 내용을 바르게 나열한 것은?

> 국토교통부장관이 철도사업자에게 (ㄱ)처분을 하여야 하는 경우로서 그 (ㄱ)처분이 그 철도사업자가 제공하는 철도서비스의 이용자에게 심한 불편을 주거나 그 밖에 공익을 해칠 우려가 있을 때에는 그 (ㄱ)처분을 갈음하여 1억원 이하의 (ㄴ)(을)를 부과·징수할 수 있다.

① ㄱ : 사업정지, ㄴ : 과태료
② ㄱ : 사업정지, ㄴ : 과징금
③ ㄱ : 면허취소, ㄴ : 과태료
④ ㄱ : 면허취소, ㄴ : 과징금
⑤ ㄱ : 사업정지 또는 면허취소, ㄴ : 벌금

197 철도사업법령상 국토교통부장관의 인가를 받아야 하는 경우가 아닌 것은?

① 전용철도의 등록을 한 법인이 합병하려는 경우
② 철도사업자가 사업계획 중 여객열차의 운행구간을 변경하려는 경우
③ 철도사업자가 공동운수협정에 따른 운행구간별 열차 운행횟수의 5분의 1을 변경하려는 경우
④ 철도사업자가 그 철도사업을 양도·양수하려는 경우
⑤ 국가가 소유·관리하는 철도시설에 건물을 설치하기 위해 국토교통부장관으로부터 점용허가를 받은 자가 그 점용허가로 인하여 발생한 권리와 의무를 이전하려는 경우

198 철도사업법령상 국토교통부장관이 철도사업자에 대하여 사업의 일부정지를 명할 수 있는 경우는?

① 거짓이나 그 밖의 부정한 방법으로 철도사업의 면허를 받은 경우
② 중대한 과실에 의한 1회의 철도사고로 3명의 사망자가 발생한 경우
③ 사업 경영의 불확실로 인하여 사업을 계속하는 것이 적합하지 아니할 경우
④ 철도사업의 면허기준에 미달하게 되었으나 3개월 이내에 그 기준을 충족시킨 경우
⑤ 「철도안전법」 제21조에 따른 요건을 갖추지 아니한 사람을 1년 이내에 2회 운전업무에 종사하게 한 경우

199 농수산물 유통 및 가격안정에 관한 법령상 농수산물도매시장에 대한 설명으로 옳지 않은 것은?

① 시가 지방도매시장을 개설하려면 도지사의 허가를 받아야 한다.
② 중앙도매시장의 개설자는 청과부류와 수산부류에 대하여는 도매시장법인을 두어야 한다.
③ 도매시장 개설자는 법인이 아닌 자를 시장도매인으로 지정할 수 없다.
④ 중앙도매시장에 두는 도매시장법인은 농림축산식품부장관 또는 해양수산부장관이 도매시장 개설자와 협의하여 지정한다.
⑤ 시장도매인은 해당 도매시장의 도매시장법인 · 중도매인에게 농수산물을 판매하지 못한다.

200 농수산물 유통 및 가격안정에 관한 법령상 농수산물종합유통센터의 시설기준 중 필수시설에 해당하는 것은?

① 식당
② 휴게실
③ 주차시설
④ 직판장
⑤ 수출지원실

161 물류정책기본법상 물류계획의 수립·시행에 관한 설명으로 옳지 않은 것은?

① 국토교통부장관 및 해양수산부장관은 국가물류정책의 기본방향을 설정하는 10년 단위의 국가물류기본계획을 5년마다 공동으로 수립하여야 한다.

② 국가물류기본계획에는 국가물류정보화사업에 관한 사항이 포함되어야 한다.

③ 국토교통부장관은 국가물류기본계획을 수립하거나 변경한 때에는 관계 중앙행정기관의 장에게 통보하며, 관계 중앙행정기관의 장은 이를 시·도지사에게 통보하여야 한다.

④ 국토교통부장관 및 해양수산부장관은 국가물류기본계획을 시행하기 위하여 연도별 시행계획을 매년 공동으로 수립하여야 한다.

⑤ 특별시장 및 광역시장은 지역물류정책의 기본방향을 설정하는 10년 단위의 지역 물류기본계획을 5년마다 수립하여야 한다.

162 물류정책기본법령상 국가물류정책위원회에 관한 설명으로 옳지 않은 것은?

① 국가물류정책에 관한 주요 사항을 심의하기 위하여 산업통상자원부장관 소속으로 국가물류정책위원회를 둔다.

② 국가물류정책위원회는 위원장을 포함한 23명 이내의 위원으로 구성한다.

③ 공무원이 아닌 국가물류정책위원회 위원의 임기는 2년으로 하되, 연임할 수 있다.

④ 국가물류정책위원회의 업무를 효율적으로 추진하기 위하여 분과위원회를 둘 수 있다.

⑤ 국가물류정책위원회 전문위원의 임기는 3년 이내로 하되, 연임할 수 있다.

163 물류정책기본법상 국제물류주선업에 관한 설명으로 옳은 것은?

① 국제물류주선업을 경영하려는 자는 국토교통부령으로 정하는 바에 따라 시·도지사에게 등록하여야 한다.

② 국제물류주선업 등록을 하려는 자는 2억원 이상의 자본금(법인이 아닌 경우에는 4억원 이상의 자산평가액을 말한다)을 보유하여야 한다.

③ 거짓이나 그 밖의 부정한 방법으로 등록을 한 경우에는 국제물류주선업 등록을 취소하거나 6개월 이내의 기간을 정하여 사업의 전부 또는 일부의 정지를 명할수 있다.

④ 국제물류주선업자가 사망한 때 상속인에게는 국제물류주선업의 등록에 따른 권리·의무가 승계되지 않는다.

⑤ 국제물류주선업의 등록에 따른 권리·의무를 승계하려는 자는 국토교통부장관의 허가를 얻어야 한다.

164 물류정책기본법상 물류관련협회에 관한 설명으로 옳은 것을 모두 고른 것은?

> ㄱ. 물류관련협회를 설립하려는 경우에는 해당 협회의 회원이 될 자격이 있는 기업 100개 이상이 발기인으로 정관을 작성하여 해당 협회의 회원이 될 자격이 있는 기업 200개 이상이 참여한 창립총회의 의결을 거쳐야 한다.
>
> ㄴ. 물류관련협회는 설립인가를 받아 설립등기를 함으로써 성립한다.
>
> ㄷ. 물류관련협회에 관하여 이 법에 규정한 것 외에는 「민법」 중 재단법인에 관한 규정을 준용한다.
>
> ㄹ. 국토교통부장관 및 해양수산부장관은 물류관련협회의 발전을 위하여 필요한 경우에는 물류관련협회를 행정적·재정적으로 지원할 수 있다.

① ㄱ, ㄷ

② ㄴ, ㄹ

③ ㄷ, ㄹ

④ ㄱ, ㄴ, ㄹ

⑤ ㄱ, ㄴ, ㄷ, ㄹ

165

물류정책기본법에 따른 행정업무 및 조치에 관한 설명으로 옳지 않은 것은?

① 국토교통부장관·해양수산부장관 및 산업통상자원부장관의 업무소관이 중복되는 경우에는 서로 협의하여 업무소관을 조정한다.

② 국제물류주선업자에게 사업의 정지를 명하여야 하는 경우로서 그 사업의 정지가 해당 사업의 이용자 등에게 심한 불편을 주는 경우에는 그 사업정지처분을 갈음하여 1천만원 이하의 과징금을 부과할 수 있다.

③ 과징금을 기한 내에 납부하지 아니한 때에는 시·도지사는 「지방재정법」에 따라 징수한다.

④ 국제물류주선업자에 대한 등록을 취소하려면 청문을 하여야 한다.

⑤ 이 법에 따라 업무를 수행하는 위험물질운송단속원은 「형법」 제129조부터 제132조까지의 규정에 따른 벌칙의 적용에서는 공무원으로 본다.

166

물류정책기본법상 위반행위자에 대한 벌칙 혹은 과태료의 상한이 중한 것부터 경한 순서로 바르게 나열한 것은?

> ㄱ. 국가물류통합정보센터 또는 단위물류정보망에 의하여 처리·보관 또는 전송되는 물류정보를 훼손한 자
> ㄴ. 우수물류기업의 인증이 취소되었음에도 인증마크를 계속 사용한 자
> ㄷ. 단말장치의 장착명령에 위반했음을 이유로 하여 내린 위험물질 운송차량의 운행중지 명령에 따르지 아니한 자
> ㄹ. 국제물류주선업의 등록을 하지 아니하고 국제물류주선업을 경영한 자

① ㄱ - ㄷ - ㄴ - ㄹ
② ㄱ - ㄹ - ㄷ - ㄴ
③ ㄷ - ㄱ - ㄹ - ㄴ
④ ㄹ - ㄱ - ㄴ - ㄷ
⑤ ㄹ - ㄷ - ㄴ - ㄱ

167 물류정책기본법상 물류체계의 효율화에 관한 설명으로 옳지 않은 것은?

① 국토교통부장관은 효율적인 물류활동을 위하여 필요한 물류시설 및 장비를 확충할 것을 물류 기업에 명할 수 있다.

② 해양수산부장관은 효율적인 물류활동을 위하여 필요한 물류시설 및 장비의 확충에 필요한 행 정적 · 재정적 지원을 할 수 있다.

③ 시 · 도지사는 물류공동화를 추진하는 물류기업이나 화주기업 또는 물류 관련 단체에 대하여 예산의 범위에서 필요한 자금을 지원할 수 있다.

④ 산업통상자원부장관은 물류공동화를 확산하기 위하여 필요한 경우에는 시범지역을 지정하거 나 시범사업을 선정하여 운영할 수 있다.

⑤ 시 · 도지사는 물류공동화 촉진을 위한 조치를 하려는 경우에는 중복을 방지하기 위하여 미리 해당 조치와 관련하여 국토교통부장관 · 해양수산부장관 또는 산업통상자원부장관과 협의하 여야 한다.

168 물류정책기본법령상 물류정보화에 관한 설명으로 옳지 않은 것은?

① 국토교통부장관 · 해양수산부장관 · 산업통상자원부장관 또는 관세청장은 물류정보화를 통 한 물류체계의 효율화를 위하여 필요한 시책을 강구하여야 한다.

② 단위물류정보망은 물류정보의 수집 · 분석 · 가공 및 유통 등을 촉진하기 위하여 구축 · 운영 된다.

③ 「한국토지주택공사법」에 따른 한국토지주택공사는 단위물류정보망 전담기관으로 지정될 수 있다.

④ 국토교통부장관, 해양수산부장관, 시 · 도지사 및 행정기관은 단위물류정보망 전담기관에 대 한 지정을 취소하려면 청문을 하여야 한다.

⑤ 단위물류정보망 전담기관이 시설장비와 인력 등의 지정기준에 미달하게 된 경우에는 그 지정 을 취소하여야 한다.

169 물류시설의 개발 및 운영에 관한 법령상 지원시설에 해당하지 않는 것은?

① 교육 · 연구 시설

② 선상수산물가공업시설

③ 단독주택 · 공동주택 및 근린생활시설

④ 물류단지의 종사자의 생활과 편의를 위한 시설

⑤ 「건축법 시행령」 별표 1 제5호에 따른 문화 및 집회시설

170 물류시설의 개발 및 운영에 관한 법령상 물류시설개발종합계획의 수립에 관한 설명으로 옳은 것은?

① 국토교통부장관은 물류시설개발종합계획을 10년 단위로 수립하여야 한다.

② 물류시설개발종합계획에는 용수·에너지·통신시설 등 기반시설에 관한 사항이 포함되어야 하는 것은 아니다.

③ 국토교통부장관은 물류시설개발종합계획 중 물류시설별 물류시설용지면적의 100분의 5 이상으로 물류시설의 수요·공급계획을 변경하려는 때에는 물류시설분과 위원회의 심의를 거쳐야 한다.

④ 국토교통부장관은 관계 기관에 물류시설개발종합계획을 수립하는 데에 필요한 자료의 제출을 요구할 수 있으나, 물류시설에 대하여 조사할 수는 없다.

⑤ 관계 중앙행정기관의 장이 물류시설개발종합계획의 변경을 요청할 때에는 물류시설개발종합계획의 주요 변경내용에 관한 대비표를 국토교통부장관에게 제출하여야 한다.

171 물류시설의 개발 및 운영에 관한 법률상 국토교통부장관이 복합물류터미널사업자의 등록을 취소하여야 하는 것을 모두 고른 것은?

> ㄱ. 거짓이나 그 밖의 부정한 방법으로 제7조제1항에 따른 등록을 한 때
> ㄴ. 제7조제3항에 따른 변경등록을 하지 아니하고 등록사항을 변경한 때
> ㄷ. 제16조를 위반하여 다른 사람에게 등록증을 대여한 때
> ㄹ. 제17조에 따른 사업정지명령을 위반하여 그 사업정지기간 중에 영업을 한 때

① ㄱ, ㄹ
② ㄴ, ㄷ
③ ㄱ, ㄴ, ㄷ
④ ㄱ, ㄷ, ㄹ
⑤ ㄴ, ㄷ, ㄹ

172 물류시설의 개발 및 운영에 관한 법령상 물류터미널사업에 관한 설명으로 옳지 않은 것은?

① 「한국농어촌공사 및 농지관리기금법」에 따른 한국농어촌공사는 복합물류터미널사업의 등록을 할 수 있는 자에 해당한다.

② 일반물류터미널사업을 경영하려는 자는 물류터미널 건설에 관하여 필요한 경우 국토교통부장관의 공사시행인가를 받아야 한다.

③ 물류터미널 안의 공공시설 중 오·폐수시설 및 공동구를 변경하는 경우에는 인가권자의 변경인가를 받아야 한다.

④ 복합물류터미널사업자는 복합물류터미널사업의 일부를 휴업하려는 때에는 미리 국토교통부장관에게 신고하여야 하며, 그 휴업기간은 6개월을 초과할 수 없다.

⑤ 물류터미널을 건설하기 위한 부지 안에 있는 국가 또는 지방자치단체 소유의 토지로서 물류터미널 건설사업에 필요한 토지는 해당 물류터미널 건설사업 목적이 아닌 다른 목적으로 매각하거나 양도할 수 없다.

173 물류시설의 개발 및 운영에 관한 법령상 일반물류단지의 지정에 관한 설명으로 옳지 않은 것은?

① 일반물류단지는 국토교통부장관이 지정하지만, 100만 제곱미터 이하의 일반물류단지는 관할 시·도지사가 지정한다.

② 시·도지사는 일반물류단지를 지정하려는 때에는 일반물류단지개발계획을 수립하여 관계 행정기관의 장과 협의한 후 지역물류정책위원회의 심의를 거쳐야 한다.

③ 시·도지사는 일반물류단지를 지정할 때에는 일반물류단지개발계획과 물류단지 개발지침에 적합한 경우에만 일반물류단지를 지정하여야 한다.

④ 일반물류단지개발계획에는 일반물류단지의 개발을 위한 주요시설의 지원계획이 포함되어야 한다.

⑤ 중앙행정기관의 장은 일반물류단지의 지정이 필요하다고 인정하는 때에는 대상지역을 정하여 국토교통부장관에게 일반물류단지의 지정을 요청할 수 있으며, 이 경우 일반물류단지개발계획안을 작성하여 제출하여야 한다.

174 물류시설의 개발 및 운영에 관한 법령상 물류단지개발지침에 관한 설명으로 옳지 않은 것은?

① 국토교통부장관은 물류단지개발지침을 작성하여 관보에 고시하여야 한다.

② 물류단지개발지침에는 문화재의 보존을 위하여 고려할 사항이 포함되어야 한다.

③ 국토교통부장관은 물류단지개발지침을 작성할 때에는 미리 시ㆍ도지사의 의견을 듣고 관계 중앙행정기관의 장과 협의한 후 물류시설분과위원회의 심의를 거쳐야 한다.

④ 국토교통부장관은 물류단지개발지침에 포함되어 있는 토지가격의 안정을 위하여 필요한 사항을 변경할 때에는 물류시설분과위원회의 심의를 거쳐야 한다.

⑤ 물류단지개발지침은 지역 간의 균형 있는 발전을 위하여 물류단지시설용지의 배분이 적정하게 이루어지도록 작성되어야 한다.

175 물류시설의 개발 및 운영에 관한 법령상 특별법에 따라 설립된 법인인 시행자가 물류단지개발 사업의 시행으로 새로 공공시설을 설치한 경우에는 종래의 공공시설은 시행자에게 무상으로 귀속되고 새로 설치된 공공시설은 그 시설을 관리할 국가 또는 지방자치단체에 무상으로 귀속되는 바, 이러한 공공시설에 해당하지 않는 것은?

① 방풍설비　　　　　　　　　② 공원
③ 철도　　　　　　　　　　　④ 녹지
⑤ 공동구

176 물류시설의 개발 및 운영에 관한 법령상 물류단지의 원활한 개발을 위하여 국가나 지방자치단체가 설치를 우선적으로 지원하여야 하는 기반시설에 해당하는 것을 모두 고른 것은?

ㄱ. 물류단지 안의 공동구	ㄴ. 유수지 및 광장
ㄷ. 보건위생시설	ㄹ. 집단에너지공급시설

① ㄱ, ㄴ　　　　　　　　　② ㄱ, ㄴ, ㄹ
③ ㄱ, ㄷ, ㄹ　　　　　　　④ ㄴ, ㄷ, ㄹ
⑤ ㄱ, ㄴ, ㄷ, ㄹ

177 화물자동차 운수사업법상 운송주선사업자에 관한 설명으로 옳은 것은?

① 운송주선사업자는 운송 또는 주선 실적을 관리하고 국토교통부령으로 정하는 바에 따라 국토교통부장관의 승인을 받아야 한다.

② 운송주선사업자가 위 · 수탁차주에게 화물운송을 위탁하는 경우에는 운송가맹사업자의 화물정보망을 이용할 수 있다.

③ 운송사업자로 구성된 협회, 운송주선사업자로 구성된 협회 및 운송가맹사업자로 구성된 협회는 그 공동목적을 달성하기 위하여 국토교통부령으로 정하는 바에 따라 공동으로 연합회를 설립하여야 한다.

④ 부정한 방법으로 허가를 받고 화물자동차 운송주선사업을 경영한 자에 대하여는 500만원 이하의 과태료를 부과한다.

⑤ 운송주선사업자는 주사무소 외의 장소에서 상주하여 영업하려면 국토교통부령으로 정하는 바에 따라 국토교통부장관에게 신고하고 영업소를 설치하여야 한다.

178 화물자동차 운수사업법령상 적재물배상보험등에 관한 설명으로 옳지 않은 것은?

① 이사화물을 취급하는 운송주선사업자는 적재물배상보험등에 가입하여야 한다.

② 건축폐기물 · 쓰레기 등 경제적 가치가 없는 화물을 운송하는 차량으로서 국토교통부장관이 정하여 고시하는 화물자동차는 적재물배상보험등의 가입 대상에서 제외된다.

③ 운송주선사업자의 경우 각 화물자동차별로 적재물배상보험등에 가입하여야 한다.

④ 보험회사등은 적재물배상보험등에 가입하여야 하는 자가 적재물배상보험등에 가입하려고 하면 대통령령으로 정하는 사유가 있는 경우 외에는 적재물배상보험등의 계약의 체결을 거부할 수 없다.

⑤ 이 법에 따라 화물자동차 운송사업을 휴업한 경우 보험회사등은 책임보험계약등의 전부 또는 일부를 해제하거나 해지할 수 있다.

179 화물자동차 운수사업법령상 자가용 화물자동차의 사용에 관한 설명으로 옳은 것은?

① 특수자동차를 제외한 화물자동차로서 최대 적재량이 2.5톤 이상인 자가용 화물자동차는 사용신고대상이다.

② 자가용 화물자동차를 사용하여 화물자동차 운송사업을 경영한 경우 국토교통부장관은 6개월 이내의 기간을 정하여 그 자동차의 사용을 제한하거나 금지할 수 있다.

③ 이 법을 위반하여 자가용 화물자동차를 유상으로 화물운송용으로 제공하거나 임대한 자에게는 1천만원 이하의 과태료를 부과한다.

④ 시 · 도지사는 자가용 화물자동차를 무상으로 화물운송용으로 제공한 자를 수사기관에 신고한 자에 대하여 대통령령으로 정하는 바에 따라 포상금을 지급할 수 있다.

⑤ 자가용 화물자동차로서 대통령령으로 정하는 화물자동차로 사용하려는 자는 국토교통부령으로 정하는 기준에 따라 시 · 도지사의 허가를 받아야 한다.

180 화물자동차 운수사업법령상 화물자동차 휴게소의 건설사업 시행에 관한 설명으로 옳지 않은 것은?

① 「한국철도시설공단법」에 따른 한국철도시설공단은 화물자동차 휴게소 건설사업을 할 수 있는 공공기관에 해당하지 않는다.

② 화물자동차 휴게소 건설사업을 시행하려는 자는 사업의 명칭 · 목적, 사업을 시행하려는 위치와 면적 등 대통령령으로 정하는 사항이 포함된 건설계획을 수립하여야 한다.

③ 화물자동차 휴게소의 건설 대상지역 및 시설기준은 국토교통부령으로 정한다.

④ 「도로법」 제10조에 따른 고속국도 또는 일반국도에 인접한 지역으로서 총중량 8톤 이상인 화물자동차의 일일 평균 교통량이 3천대 이상인 지역은 화물자동차 휴게소의 건설 대상지역이다.

⑤ 사업시행자는 건설계획을 수립한 때에는 이를 공고하고, 관계 서류의 사본을 20일 이상 일반인이 열람할 수 있도록 하여야 한다.

181

화물자동차 운수사업법상 공제조합에 관한 규정 내용이다. (   )에 들어갈 내용을 바르게 나열한 것은?

> 공제조합을 설립하려면 공제조합의 조합원 자격이 있는 자의 (ㄱ) 이상이 발기하고, 조합원 자격이 있는 자 (ㄴ)인 이상의 동의를 받아 창립총회에서 정관을 작성한 후 국토교통부장관에게 인가를 신청하여야 한다.

① ㄱ : 5분의 1, ㄴ : 50 ② ㄱ : 5분의 1, ㄴ : 100
③ ㄱ : 5분의 1, ㄴ : 200 ④ ㄱ : 10분의 1, ㄴ : 100
⑤ ㄱ : 10분의 1, ㄴ : 200

182

화물자동차 운수사업법령상 화물자동차 운송사업의 차량충당조건에 관한 설명으로 옳은 것은?

① 신규등록에 충당되는 화물자동차는 차령이 2년의 범위에서 대통령령으로 정하는 연한 이내여야 한다.
② (법률 개정으로 선지 삭제)
③ 부득이한 사유가 없는 한 대폐차 변경신고를 한 날부터 30일 이내에 대폐차하여야 한다.
④ 대폐차의 절차 및 방법 등에 관하여 국토교통부령으로 규정한 사항 외에 필요한 세부사항은 국토교통부장관이 정하여 고시한다.
⑤ 국토교통부장관은 차량충당조건에 대하여 2014년 1월 1일을 기준으로 5년마다 그 타당성을 검토하여 개선 등의 조치를 하여야 한다.

183

화물자동차 운수사업법상 과징금에 관한 설명으로 옳지 않은 것은? (단, 권한위임에 관한 규정은 고려하지 않음)

① 국토교통부장관은 운송사업자에게 이 법에 의한 감차 조치를 명하여야 하는 경우에는 이를 갈음하여 과징금을 부과할 수 없다.
② 과징금을 부과하는 경우 그 액수는 총액이 1천만원 이하여야 한다.
③ 과징금을 부과하려면 사업정지처분이 해당 화물자동차 운송사업의 이용자에게 심한 불편을 주거나 그 밖에 공익을 해칠 우려가 있어야 한다.
④ 국토교통부장관은 과징금 부과처분을 받은 자가 과징금을 정한 기한에 내지 아니하면 국세 체납처분의 예에 따라 징수한다.
⑤ 징수한 과징금은 법에서 정한 외의 용도로는 사용할 수 없다.

184 화물자동차 운수사업법령상 운송사업자의 준수사항에 관한 설명으로 옳지 않은 것은?

① 최대적재량 1.5톤 이하의 화물자동차의 경우에는 주차장, 차고지 또는 지방자치단체의 조례로 정하는 시설 및 장소에서만 밤샘주차할 것

② 화주로부터 부당한 운임 및 요금의 환급을 요구받았을 때에는 환급할 것

③ (법률 개정으로 선지 삭제)

④ 개인화물자동차 운송사업자의 경우 주사무소가 있는 특별시·광역시·특별자치시 또는 도와 맞닿은 특별시·광역시·특별자치시 또는 도에 상주하여 화물자동차 운송사업을 경영하지 아니할 것

⑤ 화물자동차 운전자가 「도로교통법」을 위반해서 난폭운전을 하지 않도록 운행관리를 할 것

185 화물자동차 운수사업법상 위·수탁계약에 관한 설명으로 옳은 것은? (단, 권한위임에 관한 규정은 고려하지 않음)

① 국토교통부장관은 해지된 위·수탁계약의 위·수탁차주였던 자가 감차 조치가 있는 날부터 6개월이 지난 후 임시허가를 신청하는 경우 3개월로 기간을 한정하여 허가할 수 있다.

② 임시허가를 받은 자가 허가 기간 내에 다른 운송사업자와 위·수탁계약을 체결하지 못하고 임시허가 기간이 만료된 경우 6개월 내에 임시허가를 신청할 수 있다.

③ 국토교통부장관이 건전한 거래질서의 확립과 공정한 계약의 정착을 위하여 표준 위·수탁계약서를 고시한 경우에는 계약당사자의 위·수탁계약은 이에 따라야 한다.

④ 운송사업자가 부정한 방법으로 변경허가를 받았다는 사유로 위·수탁차주의 화물자동차가 감차 조치를 받은 경우에는 해당 운송사업자와 위·수탁차주의 위·수탁계약은 해지된 것으로 본다.

⑤ 위·수탁계약의 내용 중 일부에 대하여 당사자 간 이견이 있는 경우 계약내용을 일방의 의사에 따라 정함으로써 상대방의 정당한 이익을 침해한 경우에는 그 위·수탁계약은 전부 무효로 한다.

186 화물자동차 운수사업법상 화물자동차 운송사업의 허가를 받을 수 없는 결격사유가 있는 자에 해당하는 것을 모두 고른 것은?

> ㄱ. 이 법을 위반하여 징역 이상의 형의 집행유예를 선고받고 그 유예기간이 지난 후 1년이 지난 자
> ㄴ. 이 법을 위반하여 징역 이상의 실형을 선고받고 그 집행이 면제된 날부터 1년이 지난 자
> ㄷ. 부정한 방법으로 화물자동차 운송사업의 허가를 받아 허가가 취소된 후 3년이 지난 자
> ㄹ. 화물운송 종사자격이 없는 자에게 화물을 운송하게 하여 허가가 취소된 후 3년이 지난 자

① ㄴ
② ㄱ, ㄷ
③ ㄴ, ㄷ
④ ㄱ, ㄴ, ㄹ
⑤ ㄴ, ㄷ, ㄹ

187 유통산업발전법령상 유통업상생발전협의회(이하 "협의회"라 함)에 관한 설명으로 옳은 것은?

① 협의회는 회장 1명을 포함한 9명 이내의 위원으로 구성한다.
② 해당 지역의 대·중소유통 협력업체·납품업체 등 이해관계자는 협의회의 위원이 될 수 없다.
③ 협의회 위원의 임기는 3년으로 한다.
④ 협의회의 회의는 재적위원 3분의 1 이상의 출석으로 개의하고, 출석위원 과반수 이상의 찬성으로 의결한다.
⑤ 협의회는 분기별로 1회 이상 개최하는 것을 원칙으로 한다.

188 유통산업발전법상 중소유통공동도매물류센터에 대한 지원에 관한 설명이다. (   )에 들어갈 수 있는 내용을 바르게 나열한 것은?

> • (ㄱ)은 「중소기업기본법」 제2조에 따른 중소기업자 중 대통령령으로 정하는 소매업자 50인 또는 도매업자 10인이 공동으로 중소유통기업의 경쟁력 향상을 위하여 상품의 보관·배송·포장 등 공동물류사업 등을 하는 물류센터를 건립하거나 운영하는 경우에는 필요한 행정적·재정적 지원을 할 수 있다.
> • 중소유통공동도매물류센터의 건립, 운영 및 관리 등에 필요한 사항은 (ㄴ)이 정하여 고시한다.

① ㄱ : 기획재정부장관, ㄴ : 산업통상자원부장관
② ㄱ : 산업통상자원부장관, ㄴ : 지방자치단체의 장
③ ㄱ : 지방자치단체의 장, ㄴ : 중소벤처기업부장관
④ ㄱ : 중소벤처기업부장관, ㄴ : 기획재정부장관
⑤ ㄱ : 기획재정부장관, ㄴ : 중소벤처기업부장관

189 유통산업발전법상 대규모점포의 등록결격사유가 있는 자로 옳지 않은 것은?

① 미성년자
② 피성년후견인
③ 파산선고를 받고 복권된 후 3개월이 지난 자
④ 이 법을 위반하여 징역의 실형을 선고받고 그 집행이 면제된 날부터 6개월이 지난 자
⑤ 이 법을 위반하여 징역형의 집행유예선고를 받고 유예기간 중에 있는 자

190 유통산업발전법령상 유통분쟁조정위원회(이하 "위원회"라 함)에 관한 설명으로 옳지 않은 것은?

① 위원회는 위원장 1명을 포함하여 11명 이상 15명 이하의 위원으로 구성한다.
② 유통분쟁조정신청을 받은 위원회는 신청일부터 7일 이내에 신청인 외의 관련 당사자에게 분쟁의 조정신청에 관한 사실과 그 내용을 통보하여야 한다.
③ 분쟁의 조정신청을 받은 위원회는 원칙적으로 조정신청을 받은 날부터 60일 이내에 이를 심사하여 조정안을 작성하여야 한다.
④ 당사자가 조정안을 수락하고 조정서에 기명날인하거나 서명하였을 때에는 당사자 간에 조정서와 동일한 내용의 합의가 성립된 것으로 본다.
⑤ 위원회는 동일한 시기에 동일한 사안에 대하여 다수의 분쟁조정이 신청된 경우에는 그 다수의 분쟁조정신청을 통합하여 조정할 수 있다.

191 유통산업발전법상 지방자치단체의 장이 행정적 · 재정적 지원을 할 수 있는 대상으로 옳지 않은 것은?

① 재래시장의 활성화
② 전문상가단지의 건립
③ 비영리법인의 판매사업 활성화
④ 중소유통공동도매물류센터의 건립 및 운영
⑤ 중소유통기업의 창업 지원 등 중소유통기업의 구조개선 및 경쟁력 강화

192 항만운송사업법령상 타인의 수요에 응하여 하는 행위로서 항만운송에 해당하는 것은?

① 선박에서 발생하는 분뇨 및 폐기물의 운송

② 탱커선에 의한 운송

③ 선박에서 사용하는 물품을 공급하기 위한 운송

④ 선적화물을 싣거나 내릴 때 그 화물의 용적 또는 중량을 계산하거나 증명하는 일

⑤ 「해운법」에 따른 해상여객운송사업자가 여객선을 이용하여 하는 여객운송에 수반되는 화물
운송

193 항만운송사업법령상 2020년 6월 화물 고정 항만용역업에 채용된 甲이 받아야 하는 교육훈련
에 관한 설명으로 옳은 것은?

① 화물 고정 항만용역작업은 안전사고가 발생할 우려가 높은 작업에 해당되지 않으므로 甲은
교육훈련의 대상이 아니다.

② 甲은 채용된 날부터 6개월 이내에 실시하는 신규자 교육훈련을 받아야 한다.

③ 甲이 2020년 9월에 실시하는 신규자 교육훈련을 받는다면, 2021년에 실시하는 재직자 교육
훈련은 면제된다.

④ 甲이 최초의 재직자 교육훈련을 받는다면, 그 후 매 3년마다 실시하는 재직자 교육훈련을 받
아야 한다.

⑤ 甲의 귀책사유 없이 교육훈련을 받지 못한 경우에도 甲은 화물 고정 항만용역 작업에 종사하
는 것이 제한되어야 한다.

194 항만운송사업법령상 항만운송 분쟁협의회(이하 "분쟁협의회"라 함)에 관한 설명으로 옳지 않
은 것은?

① 분쟁협의회는 취급화물별로 구성·운영된다.

② 분쟁협의회는 위원장 1명을 포함하여 7명의 위원으로 구성한다.

③ 분쟁협의회의 위원장은 위원 중에서 호선한다.

④ 분쟁협의회의 위원에는 항만운송사업의 분쟁 관련 업무를 담당하는 공무원 중에서 해당 항만
을 관할하는 지방해양수산청장 또는 시·도지사가 지명하는 사람이 포함된다.

⑤ 분쟁협의회는 항만운송과 관련된 노사 간 분쟁의 해소에 관한 사항을 심의·의결한다.

195 철도사업법령상 철도사업자의 사업계획 변경에 관한 설명으로 옳지 않은 것은?

① 철도사업자는 여객열차의 운행구간을 변경하려는 경우에는 국토교통부장관에게 신고하여야 한다.

② 철도사업자는 사업용철도노선별로 여객열차의 정차역을 10분의 2 이상 변경하려는 경우에는 국토교통부장관의 인가를 받아야 한다.

③ 국토교통부장관은 노선 운행중지, 감차 등을 수반하는 사업계획 변경명령을 받은 후 1년이 지나지 아니한 철도사업자의 사업계획 변경을 제한할 수 있다.

④ 국토교통부장관은 사업의 개선명령을 받고 이를 이행하지 아니한 철도사업자의 사업계획 변경을 제한할 수 있다.

⑤ 국토교통부장관이 지정한 날 또는 기간에 운송을 시작하지 아니한 철도사업자의 사업계획 변경에 대하여 국토교통부장관은 이를 제한할 수 있다.

196 철도사업법령상 과징금처분에 관한 설명으로 옳지 않은 것은?

① 국토교통부장관이 사업정지처분을 갈음하여 철도사업자에게 부과하는 과징금은 1억원 이하이다.

② 과징금의 수납기관은 과징금을 수납한 때에는 지체 없이 그 사실을 국토교통부장관에게 통보하여야 한다.

③ (법률 개정으로 선지 삭제)

④ 국토교통부장관은 과징금을 부과하고자 하는 때에는 그 위반행위의 종별과 해당 과징금의 금액 등을 명시하여 이를 납부할 것을 서면으로 통지하여야 한다.

⑤ 국토교통부장관은 매년 10월 31일까지 다음 연도의 과징금 운용계획을 수립하여 시행하여야 한다.

197 철도사업법령상 전용철도를 운영하는 자가 등록사항의 변경을 등록하지 않아도 되는 사유에 해당하는 것을 모두 고른 것은?

> ㄱ. 운행시간을 연장한 경우
> ㄴ. 운행횟수를 단축한 경우
> ㄷ. 전용철도 건설기간을 4월 조정한 경우
> ㄹ. 주사무소 · 철도차량기지를 제외한 운송관련 부대시설을 변경한 경우

① ㄱ, ㄴ   ② ㄷ, ㄹ

③ ㄱ, ㄴ, ㄷ   ④ ㄴ, ㄷ, ㄹ

⑤ ㄱ, ㄴ, ㄷ, ㄹ

198 철도사업법령상 철도서비스 향상 등에 관한 설명으로 옳지 않은 것은?

① 국토교통부장관은 공정거래위원회와 협의하여 철도사업자 간 경쟁을 제한하지 아니하는 범위에서 우수 철도서비스에 대한 인증을 할 수 있다.

② 철도사업자의 신청에 의하여 우수철도서비스인증을 하는 경우에 그에 소요되는 비용은 예산의 범위 안에서 국토교통부가 부담한다.

③ 철도서비스 평가업무 등을 위탁받은 자는 철도서비스의 평가 등을 할 때 철도사업자에게 관련 자료 또는 의견 제출 등을 요구할 수 있다.

④ 철도사업자는 철도사업 외의 사업을 경영하는 경우에는 철도사업에 관한 회계와 철도사업 외의 사업에 관한 회계를 구분하여 경리하여야 한다.

⑤ 철도사업자는 관련 법령에 따라 산출된 영업수익 및 비용의 결과를 회계법인의 확인을 거쳐 회계연도 종료 후 4개월 이내에 국토교통부장관에게 제출하여야 한다.

199 농수산물 유통 및 가격안정에 관한 법령상 중도매인에 관한 설명으로 옳지 않은 것은?

① 중도매인의 업무를 하려는 자는 부류별로 해당 도매시장 개설자의 허가를 받아야 한다.

② 도매시장 개설자는 법인이 아닌 중도매인에게 중도매업의 허가를 하는 경우 3년 이상 10년 이하의 범위에서 허가 유효기간을 설정할 수 있다.

③ 중도매업의 허가를 받은 중도매인은 도매시장에 설치된 공판장에서는 그 업무를 할 수 없다.

④ 해당 도매시장의 다른 중도매인과 농수산물을 거래한 중도매인은 농림축산식품부령 또는 해양수산부령으로 정하는 바에 따라 그 거래 내역을 도매시장 개설자에게 통보하여야 한다.

⑤ 부류를 기준으로 연간 반입물량 누적비율이 하위 3퍼센트 미만에 해당하는 소량품목의 경우 중도매인은 도매시장 개설자의 허가를 받아 도매시장법인이 상장하지 아니한 농수산물을 거래할 수 있다.

200 농수산물 유통 및 가격안정에 관한 법령상 경매사에 관한 설명으로 옳지 않은 것은?

① 도매시장법인은 2명 이상의 경매사를 두어야 한다.

② 경매사는 경매사 자격시험에 합격한 자 중에서 임명한다.

③ 도매시장법인은 경매사가 해당 도매시장의 산지유통인이 된 경우 그 경매사를 면직하여야 한다.

④ 도매시장법인이 경매사를 임면하면 도매시장 개설자에게 신고하여야 한다.

⑤ 도매시장 개설자는 경매사의 임면 내용을 전국을 보급지역으로 하는 일간신문 또는 지정·고시된 인터넷 홈페이지에 게시하여야 한다.

161 물류정책기본법상 화주의 수요에 따라 유상으로 물류활동을 영위하는 것을 업으로 하는 물류사업으로 명시되지 않은 것은?

① 물류장비의 폐기물을 처리하는 물류서비스업
② 물류터미널을 운영하는 물류시설운영업
③ 물류컨설팅의 업무를 하는 물류서비스업
④ 파이프라인을 통하여 화물을 운송하는 화물운송업
⑤ 창고를 운영하는 물류시설운영업

162 물류정책기본법상 물류현황조사에 관한 설명으로 옳지 않은 것은?

① 해양수산부장관은 물류현황조사의 결과에 따라 물류비 등 물류지표를 설정하여 물류정책의 수립 및 평가에 활용할 수 있다.
② 시 · 도지사는 지역물류현황조사의 효율적인 수행을 위하여 필요한 경우에는 지역 물류현황조사의 일부를 전문기관으로 하여금 수행하게 할 수 있다.
③ 시 · 도지사는 물류기업 등에게 지역물류현황조사를 요청하는 경우 조례로 정하는 바에 따라 조사지침을 작성 · 통보할 수 없고, 국토교통부장관의 물류현황조사지침을 따르도록 해야 한다.
④ 국토교통부장관은 물류기업에게 물류현황조사에 필요한 자료의 제출을 요청할 수 있다.
⑤ 지역물류현황조사는 「국가통합교통체계효율화법」에 따른 국가교통조사와 중복되지 아니하도록 하여야 한다.

163 물류정책기본법상 국가물류기본계획에 포함되어야 할 사항으로 명시되지 않은 것은?

① 물류관련 행정소송전략에 관한 사항
② 물류보안에 관한 사항
③ 국가물류정보화사업에 관한 사항
④ 물류시설ㆍ장비의 수급ㆍ배치 및 투자 우선순위에 관한 사항
⑤ 환경친화적 물류활동의 촉진ㆍ지원에 관한 사항

164 물류정책기본법상 위험물질운송안전관리센터의 관리대상으로 명시된 위험물질을 모두 고른 것은?

> ㄱ. 「위험물안전관리법」에 따른 위험물
> ㄴ. 「화학물질관리법」에 따른 유해화학물질
> ㄷ. 「폐기물관리법」에 따른 생활폐기물
> ㄹ. 「고압가스 안전관리법」에 따른 고압가스
> ㅁ. 「총포ㆍ도검ㆍ화약류 등 단속법」에 따른 화약류

① ㄱ, ㄴ, ㄷ
② ㄱ, ㄴ, ㄹ
③ ㄱ, ㄷ, ㅁ
④ ㄴ, ㄹ, ㅁ
⑤ ㄷ, ㄹ, ㅁ

165 물류정책기본법상 국제물류주선업에 관한 설명으로 옳은 것은?

① 국제물류주선업을 경영하려는 자는 국토교통부장관에게 등록하여야 한다.
② 피한정후견인은 국제물류주선업의 등록을 할 수 있다.
③ 국제물류주선업자가 사망한 때에는 그 상속인은 국제물류주선업의 등록에 따른 권리ㆍ의무를 승계한다.
④ 등록증 대여 등의 금지규정에 위반하여 다른 사람에게 등록증을 대여한 경우에는 시ㆍ도지사는 사업의 전부의 정지를 명할 수 있다.
⑤ 시ㆍ도지사는 국제물류주선업자가 거짓이나 그 밖의 부정한 방법으로 등록을 한 경우에는 사업의 일부의 정지를 명할 수 있다.

166

물류정책기본법령상 물류신고센터에 관한 설명으로 옳은 것은?

① 물류신고센터는 신고 내용이 명백히 거짓인 경우 접수된 신고를 종결할 수 있으며, 이 경우 종결 사유를 신고자에게 통보할 필요가 없다.

② 물류신고센터의 장은 산업통상자원부장관이 지명하는 사람이 된다.

③ 화물운송의 단가를 인하하기 위한 고의적 재입찰 행위로 발생한 분쟁에 대해서는 물류신고센터에 신고할 수 없다.

④ 물류신고센터는 신고 내용이 이미 수사나 감사 중에 있다는 이유로 접수된 신고를 종결할 수 없다.

⑤ 물류신고센터가 조정을 권고하는 경우에는 신고의 주요내용, 조정권고 내용, 조정 권고에 대한 수락 여부 통보기한, 향후 신고 처리에 관한 사항을 명시하여 서면으로 통지해야 한다.

167

물류정책기본법령상 환경친화적 물류의 촉진에 관한 설명으로 옳지 않은 것은?

① 환경친화적인 연료를 사용하는 운송수단으로 전환하는 경우는 지원의 대상이 된다.

② 물류기업과 화주기업의 환경친화적 협력체계 구축을 위한 정책과 사업의 개발 및 제안은 녹색물류협의기구의 업무에 해당한다.

③ 화물자동차의 배출가스를 저감하기 위한 장비투자를 하는 경우는 지원의 대상이 된다.

④ 선박의 배출가스를 저감하기 위한 시설투자를 하는 경우는 지원의 대상이 된다.

⑤ 녹색물류협의기구의 위원장은 국토교통부장관이 임명한다.

168

물류정책기본법상 물류관련협회에 관한 설명으로 옳지 않은 것은?

① 물류관련협회를 설립하려는 경우에는 해당 협회의 회원이 될 자격이 있는 기업 100개 이상이 발기인으로 정관을 작성하여야 한다.

② 물류관련협회를 설립하려는 경우에는 해당 협회의 회원이 될 자격이 있는 기업 150개 이상이 참여한 창립총회의 의결을 거쳐야 한다.

③ 물류관련협회를 설립하려는 경우에는 소관에 따라 국토교통부장관 또는 해양수산부장관의 설립인가를 받아야 한다.

④ 물류관련협회는 설립인가를 받아 설립등기를 함으로써 성립한다.

⑤ 물류관련협회는 법인으로 한다.

169 물류시설의 개발 및 운영에 관한 법령상 용어의 설명으로 옳지 않은 것은?

① 「철도사업법」에 따른 철도사업자가 그 사업에 사용하는 화물운송·하역 및 보관 시설은 일반 물류단지 안에 설치하더라도 일반물류단지시설에 해당하지 않는다.

② 「유통산업발전법」에 따른 공동집배송센터를 경영하는 사업은 물류터미널사업에서 제외된다.

③ 「주차장법」에 따른 주차장에서 자동차를 보관하는 사업은 물류창고업에서 제외된다.

④ 화물의 집화·하역과 관련된 가공·조립 시설의 전체 바닥면적 합계가 물류터미널의 전체 바닥면적 합계의 4분의 1을 넘는 경우에는 물류터미널에 해당하지 않는다.

⑤ 물류단지시설의 운영을 효율적으로 지원하기 위하여 물류단지 안에 설치되는 금융·보험·의료 시설은 지원시설에 해당된다.

170 물류시설의 개발 및 운영에 관한 법률상 복합물류터미널사업의 등록에 관한 설명으로 옳지 않은 것은?

① 「민법」 또는 「상법」에 따라 설립된 법인은 국토교통부장관에게 등록하여 복합물류터미널사업을 경영할 수 있다.

② 복합물류터미널사업의 등록을 하려면 부지 면적이 10,000제곱미터 이상이어야 한다.

③ 복합물류터미널사업의 등록을 하려면 물류시설개발종합계획에 배치되지 않아야 한다.

④ 임원 중에 파산선고를 받고 복권되지 아니한 자가 있는 법인은 복합물류터미널 사업을 등록할 수 없다.

⑤ 물류시설의 개발 및 운영에 관한 법률을 위반하여 벌금형 이상을 선고받은 후 2년이 지나지 아니한 자는 등록을 할 수 없다.

171 물류시설의 개발 및 운영에 관한 법령상 물류단지의 개발 및 운영에 관한 설명으로 옳지 않은 것은?

① 국토교통부장관은 노후화된 일반물류터미널 부지 및 인근 지역에 도시첨단물류 단지를 지정할 수 있다.

② 시장·군수·구청장은 시·도지사에게 도시첨단물류단지 지정을 신청할 수 있다.

③ 국토교통부장관은 물류단지의 개발에 관한 기본지침을 작성하여 관보에 고시하여야 한다.

④ 물류단지지정권자는 도시첨단물류단지를 지정한 후 1년 이내에 물류단지 실수요 검증을 실시하여야 한다.

⑤ 도시첨단물류단지 안에서 「건축법」에 따른 건축물의 용도변경을 하려는 자는 시장·군수·구청장의 허가를 받아야 한다.

172 물류시설의 개발 및 운영에 관한 법률상 물류창고업의 등록에 관한 설명이다. (   )에 들어갈 숫자를 바르게 나열한 것은?

> 보관시설의 전체 바닥면적의 합계가 (ㄱ)제곱미터 이상이거나 보관장소의 전체면적의 합계가 (ㄴ)제곱미터 이상인 물류창고를 소유 또는 임차하여 물류창고업을 경영하려는 자는 관할 행정청에게 등록하여야 한다.

① ㄱ : 500, ㄴ : 2,500
② ㄱ : 1,000, ㄴ : 2,500
③ ㄱ : 1,000, ㄴ : 4,500
④ ㄱ : 2,000, ㄴ : 2,500
⑤ ㄱ : 2,000, ㄴ : 4,500

173 물류시설의 개발 및 운영에 관한 법령상 스마트물류센터에 관한 설명으로 옳은 것은?

① 국가 또는 지방자치단체는 스마트물류센터의 구축 및 운영에 필요한 자금의 대출 등으로 인한 금전채무의 보증한도, 보증료 등 보증조건을 우대할 수 있다.
② 스마트물류센터 인증의 유효기간은 인증을 받은 날부터 5년으로 한다.
③ 스마트물류센터 인증의 등급은 3등급으로 구분한다.
④ 스마트물류센터 예비인증은 본(本)인증에 앞서 건축물 설계에 반영된 내용을 대상으로 한다.
⑤ 스마트물류센터임을 사칭한 자에게는 과태료를 부과한다.

174 물류시설의 개발 및 운영에 관한 법령상 물류단지개발사업에 관한 설명으로 옳지 않은 것은?

① 「상법」에 따라 설립된 법인이 물류단지개발사업을 시행하는 경우에는 사업대상 토지면적의 3분의 2 이상을 매입하여야 토지등을 수용하거나 사용할 수 있다.
② 물류단지개발사업에 필요한 토지등을 수용하려면 물류단지 지정 고시가 있은 후 「공익사업을 위한 토지 등의 취득 및 보상에 관한 법률」에 따른 사업인정 및 그 고시가 있어야 한다.
③ 물류단지개발사업에 필요한 토지등의 수용 재결의 신청은 물류단지개발계획에서 정하는 사업시행기간 내에 할 수 있다.
④ 국가 또는 지방자치단체는 물류단지개발사업에 필요한 이주대책사업비의 일부를 보조하거나 융자할 수 있다.
⑤ 물류단지개발사업을 시행하는 지방자치단체는 해당 물류단지의 입주기업체 및 지원기관에게 물류단지개발사업의 일부를 대행하게 할 수 있다.

175

물류시설의 개발 및 운영에 관한 법령상 물류 교통 · 환경 정비지구에서 국가 또는 시 · 도지 사가 시장 · 군수 · 구청장에게 행정적 · 재정적 지원을 할 수 있는 사업이 아닌 것은?

① 「화학물질관리법」에 따른 유독물 보관 · 저장시설의 보수 · 개조 또는 개량
② 도로 등 기반시설의 신설 · 확장 · 개량 및 보수
③ 「소음 · 진동관리법」에 따른 방음 · 방진시설의 설치
④ 「화물자동차 운수사업법」에 따른 공영차고지 및 화물자동차 휴게소의 설치
⑤ 「환경친화적 자동차의 개발 및 보급 촉진에 관한 법률」에 따른 전기자동차의 충전시설의 설 치 · 정비 또는 개량

176

물류시설의 개발 및 운영에 관한 법령상 물류단지재정비사업에 관한 설명으로 옳지 않은 것은?

① 물류단지의 부분 재정비사업은 지정된 물류단지 면적의 3분의 2 미만을 재정비 하는 사업을 말한다.
② 물류단지지정권자는 준공된 날부터 20년이 지나서 물류산업구조의 변화 및 물류 시설의 노후 화 등으로 물류단지를 재정비할 필요가 있는 경우에는 물류단지재정비사업을 할 수 있다.
③ 물류단지의 부분 재정비사업에서는 물류단지재정비계획 고시를 생략할 수 있다.
④ 물류단지지정권자는 물류단지재정비시행계획을 승인하려면 미리 입주업체 및 관계 지방자치 단체의 장의 의견을 듣고 관계 행정기관의 장과 협의하여야 한다.
⑤ 승인 받은 재정비시행계획에서 사업비의 100분의 10을 넘는 사업비 증감을 하고자 하면 그에 대하여 물류단지지정권자의 승인을 받아야 한다.

177

화물자동차 운수사업법령상 화물자동차 운송사업의 허가에 관한 설명으로 옳지 않은 것은?

① 30대의 화물자동차를 사용하여 화물을 운송하는 사업을 경영하려는 자는 일반화물 자동차 운 송사업의 허가를 받아야 한다.
② 화물자동차 운송사업의 허가에는 조건을 붙일 수 있다.
③ 화물자동차 운송사업자가 법인인 경우 대표자를 변경하려면 변경허가를 받아야 한다.
④ 화물자동차 운송사업자가 운송약관의 변경명령을 받고 이를 이행하지 아니한 경우 증차를 수 반하는 허가사항을 변경할 수 없다.
⑤ 운송사업자가 사업정지처분을 받은 경우에는 주사무소를 이전하는 변경허가를 받을 수 없다.

178 화물자동차 운수사업법령상 운송약관에 관한 설명으로 옳은 것은?

① 운송약관을 신고할 때에는 신고서에 적재물배상보험계약서를 첨부하여야 한다.

② 운송사업자는 운송약관의 신고를 협회로 하여금 대리하게 할 수 없다.

③ 시·도지사가 화물자동차 운수사업법령에서 정한 기간 내에 신고수리 여부를 신고인에게 통지하지 아니하면 그 기간이 끝난 날에 신고를 수리한 것으로 본다.

④ 공정거래위원회는 표준약관을 작성하여 운송사업자에게 그 사용을 권장할 수 있다.

⑤ 운송사업자가 화물자동차운송사업의 허가를 받는 때에 표준약관의 사용에 동의하면 운송약관을 신고한 것으로 본다.

179 화물자동차 운수사업법령상 운임 및 요금에 관한 설명으로 옳지 않은 것은?

① 운송사업자는 운임과 요금을 정하여 미리 국토교통부장관에게 신고하여야 한다.

② 화물자동차 안전운임의 적용을 받는 화주와 운수사업자는 해당 화물자동차 안전운임을 게시하거나 그 밖에 적당한 방법으로 운수사업자와 화물차주에게 알려야 한다.

③ 화주는 운수사업자에게 화물자동차 안전운송운임 이상의 운임을 지급하여야 한다.

④ 화물운송계약 중 화물자동차 안전운임에 미치지 못하는 금액을 운임으로 정한 경우 그 부분은 취소하고 새로 계약하여야 한다.

⑤ 화물자동차 운송사업의 운임 및 요금의 신고는 운송사업자로 구성된 협회가 설립한 연합회로 하여금 대리하게 할 수 있다.

180 화물자동차 운수사업법상 운송사업자의 책임에 관한 설명으로 옳은 것을 모두 고른 것은?

> ㄱ. 적재물사고로 발생한 운송사업자의 손해배상에 관하여 화주가 요청하면 국토교통부장관은 이에 관한 분쟁을 조정(調停)할 수 있다.
> ㄴ. 국토교통부장관은 운송사업자의 손해배상책임에 관한 분쟁의 조정 업무를 「소비자기본법」에 따른 한국소비자원에 위탁할 수 있다.
> ㄷ. 화물이 인도기한이 지난 후 3개월 이내에 인도되지 아니하면 그 화물은 멸실된 것으로 본다.

① ㄱ

② ㄷ

③ ㄱ, ㄴ

④ ㄴ, ㄷ

⑤ ㄱ, ㄴ, ㄷ

181 화물자동차 운수사업법령상 운송사업자의 준수사항에 관한 설명으로 옳지 않은 것은?

① 운송사업자는 택시 요금미터기의 장착을 하여서는 아니 된다.

② 운송사업자는 화물자동차 운송사업을 양도·양수하는 경우에 양도·양수에 소요 되는 비용을 위·수탁차주에게 부담시켜서는 아니 된다.

③ 최대적재량 1.5톤을 초과하는 화물자동차를 밤샘주차하는 경우 차고지에서만 하여야 한다.

④ 화주로부터 부당한 운임 및 요금의 환급을 요구받았을 때에는 환급하여야 한다.

⑤ 밴형 화물자동차를 사용해서 화주와 화물을 함께 운송하는 사업자는 화물자동차 바깥쪽에 "화물"이라는 표기를 한국어 및 외국어(영어, 중국어 및 일어)로 표시하여야 한다.

182 화물자동차 운수사업법상 위·수탁계약의 해지 등에 관한 조문의 일부이다. ( )에 들어갈 숫자를 바르게 나열한 것은?

> 운송사업자는 위·수탁계약을 해지하려는 경우에는 위·수탁차주에게 (ㄱ)개월 이상의 유예기간을 두고 계약의 위반 사실을 구체적으로 밝히고 이를 시정하지 아니하면 그 계약을 해지한다는 사실을 서면으로 (ㄴ)회 이상 통지하여야 한다. 다만, 대통령령으로 정하는 바에 따라 위·수탁 계약을 지속하기 어려운 중대한 사유가 있는 경우에는 그러하지 아니하다.

① ㄱ : 1, ㄴ : 1

② ㄱ : 2, ㄴ : 2

③ ㄱ : 2, ㄴ : 3

④ ㄱ : 3, ㄴ : 2

⑤ ㄱ : 3, ㄴ : 3

183 화물자동차 운수사업법상 화물자동차 운송주선사업의 허가를 반드시 취소하여야 하는 경우를 모두 고른 것은?

> ㄱ. 화물자동차 운송주선사업의 허가기준을 충족하지 못하게 된 경우
> ㄴ. 거짓이나 그 밖의 부정한 방법으로 운송주선사업 허가를 받은 경우
> ㄷ. 화물자동차 운수사업법 제27조(화물자동차 운송주선사업의 허가취소 등)에 따른 사업정지명령을 위반하여 그 사업정지기간 중에 사업을 한 경우

① ㄱ

② ㄷ

③ ㄱ, ㄴ

④ ㄴ, ㄷ

⑤ ㄱ, ㄴ, ㄷ

184 화물자동차 운수사업법령상 화물자동차 운송가맹사업에 관한 설명으로 옳지 않은 것은?

① 운송가맹사업자는 주사무소 외의 장소에서 상주하여 영업하려면 허가를 받고 영업소를 설치하여야 한다.

② 화물자동차 운송가맹사업 허가대장은 전자적 처리가 불가능한 특별한 사유가 없으면 전자적 처리가 가능한 방법으로 작성하여 관리하여야 한다.

③ 운송사업자 및 위·수탁차주인 운송가맹점은 화물의 원활한 운송을 위한 차량위치의 통지를 성실히 이행하여야 한다.

④ 시장·군수·구청장은 안전운행의 확보, 운송질서의 확립 및 화주의 편의를 도모하기 위하여 필요하다고 인정하면 운송가맹사업자에게 화물자동차의 구조변경 및 운송시설의 개선을 명할 수 있다.

⑤ 허가를 받은 운송가맹사업자가 주사무소를 이전한 경우 변경신고를 하여야 한다.

185 화물자동차 운수사업법령상 적재물배상보험등에 관한 설명으로 옳은 것은?

① 특수용도형 화물자동차 중 「자동차관리법」에 따른 피견인자동차를 소유하고 있는 운송사업자는 적재물배상보험등의 의무가입 대상이다.

② 이사화물을 취급하는 운송주선사업자는 적재물배상보험등의 의무가입 대상이다.

③ 적재물배상보험등에 가입하려는 자가 운송사업자인 경우 각 사업자별로 가입하여야 한다.

④ 중대한 교통사고로 감차 조치 명령을 받은 경우에도 책임보험계약등을 해제하거나 해지하여서는 아니 된다.

⑤ 적재물배상보험등에 가입하려는 자가 운송주선사업자인 경우 각 화물자동차별로 가입하여야 한다.

186 화물자동차 운수사업법령상 경영의 위·수탁에 관한 설명으로 옳은 것은?

① 운송사업자는 필요한 경우 다른 사람에게 차량과 그 경영의 전부를 위탁할 수 있다.

② 위·수탁계약의 기간은 2년 이상으로 하여야 한다.

③ 위·수탁계약의 내용이 계약불이행에 따른 당사자의 손해배상책임을 과도하게 가중하여 정함으로써 상대방의 정당한 이익을 침해한 경우에는 위·수탁계약 전부를 무효로 한다.

④ 화물운송사업분쟁조정협의회가 위·수탁계약의 분쟁을 심의한 결과 조정안을 작성하여 분쟁당사자에게 제시하면 분쟁당사자는 이에 따라야 한다.

⑤ 운송사업자가 위·수탁계약의 갱신 요구를 거절하는 경우에는 그 요구를 받은 날부터 30일 이내에 위·수탁차주에게 거절 사유를 적어 서면으로 통지하여야 한다.

187

유통산업발전법상 정의에 관한 설명이다. (   )에 들어갈 내용을 바르게 나열한 것은?

> (ㄱ) : 다수의 수요자와 공급자가 일정한 기간 동안 상품을 매매하거나 용역을 제공하는 일정한 장소
>
> (ㄴ) 체인사업 : 체인본부의 계속적인 경영지도 및 체인본부와 가맹점 간의 협업에 의하여 가맹점의 취급품목 · 영업방식 등의 표준화사업과 공동구매 · 공동판매 · 공동시설활용 등 공동사업을 수행하는 형태의 체인사업

① ㄱ : 상점가, ㄴ : 조합형
② ㄱ : 상점가, ㄴ : 임의가맹점형
③ ㄱ : 임시시장, ㄴ : 조합형
④ ㄱ : 임시시장, ㄴ : 임의가맹점형
⑤ ㄱ : 임시시장, ㄴ : 프랜차이즈형

188

유통산업발전법령상 유통산업발전계획에 관한 설명으로 옳은 것은?

① 산업통상자원부장관은 10년마다 유통산업발전기본계획을 수립하여야 한다.
② 유통산업발전기본계획에는 유통산업의 지역별 · 종류별 발전방안이 포함되지 않아도 된다.
③ 시 · 도지사는 유통산업발전기본계획에 따라 2년마다 유통산업발전시행계획을 수립하여야 한다.
④ 시 · 도지사는 유통산업발전시행계획의 집행실적을 다음 연도 1월 말일까지 산업통상자원부장관에게 제출하여야 한다.
⑤ 지역별 유통산업발전시행계획은 유통전문인력 · 부지 및 시설 등의 수급방안을 포함하여야 한다.

189

유통산업발전법령상 대규모점포등의 관리규정에 관한 설명으로 옳은 것을 모두 고른 것은?

> ㄱ. 관리규정을 제정하기 위해서는 입점상인의 4분의 3 이상의 동의를 얻어야 한다.
> ㄴ. 대규모점포등관리자는 대규모점포등관리자신고를 한 날부터 1개월 이내에 관리규정을 제정하여야 한다.
> ㄷ. 시 · 도지사는 대규모점포등의 효율적이고 공정한 관리를 위하여 표준관리규정을 마련하여 보급하여야 한다.
> ㄹ. 대규모점포등관리자는 입점상인의 3분의 2 이상의 동의를 얻어 관리규정을 개정할 수 있다.

① ㄱ, ㄴ   ② ㄱ, ㄷ
③ ㄴ, ㄷ   ④ ㄴ, ㄹ
⑤ ㄷ, ㄹ

190

유통산업발전법상 유통산업의 경쟁력 강화에 관한 설명으로 옳은 것을 모두 고른 것은?

ㄱ. 상점가진흥조합은 협동조합 또는 사업조합으로 설립한다.
ㄴ. 상점가진흥조합의 구역은 다른 상점가진흥조합의 구역과 중복될 수 있다.
ㄷ. 지방자치단체의 장은 중소유통공동도매물류센터를 건립하여 중소유통 기업자단체에 그 운영을 위탁할 수 있다.
ㄹ. 중소유통공동도매물류센터의 건립, 운영 및 관리 등에 관하여 필요한 사항은 산업통상자원부장관이 정하여 고시한다.

① ㄱ, ㄷ
② ㄴ, ㄷ
③ ㄴ, ㄹ
④ ㄱ, ㄴ, ㄹ
⑤ ㄱ, ㄷ, ㄹ

191

유통산업발전법령상 공동집배송센터에 관한 설명으로 옳은 것은?

① 상업지역 내에서 부지면적이 1만제곱미터이고, 집배송시설면적이 5천제곱미터인 지역 및 시설물은 공동집배송센터로 지정할 수 있다.
② 공동집배송센터의 지정을 받은 날부터 정당한 사유 없이 3년 이내에 시공을 하지 아니하는 경우 산업통상자원부장관은 그 지정을 취소할 수 있다.
③ 공동집배송센터를 신탁개발하는 경우 신탁계약을 체결한 신탁업자는 공동집배송센터사업자의 지위를 승계하지 않는다.
④ 관계 중앙행정기관의 장은 집배송시설의 효율적 배치를 위하여 공동집배송센터 개발촉진지구의 지정을 산업통상자원부장관에게 요청할 수 있다.
⑤ 공동집배송센터 개발촉진지구의 집배송시설에 대하여는 시·도지사가 공동집배송센터로 지정할 수 있다.

192

항만운송사업법령상 항만운송의 유형으로 분류할 수 없는 것은?

① 선적화물을 실을 때 그 화물의 개수를 계산하는 일
② 통선(通船)으로 본선과 육지 간의 연락을 중계하는 행위
③ 항만에서 선박 또는 부선(艀船)을 이용하여 운송될 화물을 하역장[수면(水面) 목재 저장소는 제외]에서 내가는 행위
④ 선박을 이용하여 운송될 화물을 화물주의 위탁을 받아 항만에서 화물주로부터 인수하는 행위
⑤ 선적화물 및 선박에 관련된 증명·조사·감정을 하는 일

193 항만운송사업법상 등록 또는 신고에 관한 설명으로 옳지 않은 것은?

① 항만운송관련사업 중 선용품공급업은 신고대상이다.

② 항만하역사업과 검수사업의 등록은 항만별로 한다.

③ 한정하역사업에 대하여 관리청은 이용자 · 취급화물 또는 항만시설의 특성을 고려하여 그 등록기준을 완화할 수 있다.

④ 선박연료공급업을 등록한 자가 사용 장비를 추가하려는 경우에는 사업계획 변경신고를 하지 않아도 된다.

⑤ 등록한 항만운송사업자가 그 사업을 양도한 경우 양수인은 등록에 따른 권리 · 의무를 승계한다.

194 항만운송사업법령상 감정사업의 등록을 한 자가 요금의 변경신고를 할 경우 제출 서류에 기재하여야 하는 사항을 모두 고른 것은?

ㄱ. 사업의 종류	ㄴ. 취급화물의 종류
ㄷ. 항만명	ㄹ. 변경하려는 요금의 적용방법

① ㄱ, ㄴ   ② ㄷ, ㄹ

③ ㄱ, ㄴ, ㄹ   ④ ㄴ, ㄷ, ㄹ

⑤ ㄱ, ㄴ, ㄷ, ㄹ

195 철도사업법령상 철도사업약관 및 사업계획에 관한 설명으로 옳은 것은?

① 철도사업자는 철도사업약관을 정하여 국토교통부장관의 허가를 받아야 한다.

② 국토교통부장관은 철도사업약관의 변경신고를 받은 날부터 10일 이내에 신고수리여부를 신고인에게 통지하여야 한다.

③ 철도사업자는 여객열차의 운행구간을 변경하려는 경우 국토교통부장관의 인가를 받아야 한다.

④ 철도사업자는 사업용철도노선별로 여객열차의 정차역의 10분의 2를 변경하는 경우 국토교통부장관에게 신고하여야 한다.

⑤ 철도사업자가 사업계획 중 인가사항을 변경하려는 경우에는 사업계획을 변경하려는 날 1개월 전까지 사업계획변경인가신청서를 제출하여야 한다.

196 철도사업법령상 과징금에 관한 설명으로 옳지 않은 것은?

① 징수한 과징금은 철도사업 종사자의 양성을 위한 시설 운영의 용도로 사용할 수 있다.

② 과징금 부과처분을 받은 자가 납부기한까지 과징금을 내지 아니하면 국세 체납 처분의 예에 따라 징수한다.

③ 과징금은 철도사업자의 신청에 따라 분할하여 납부할 수 있다.

④ 하나의 위반행위에 대하여 사업정지처분과 과징금처분을 함께 부과할 수 없다.

⑤ 국토교통부장관은 과징금으로 징수한 금액의 운용계획을 수립하여 시행하여야 한다.

197 철도사업법상 철도사업자에 관한 설명으로 옳지 않은 것은?

① 철도사업자는 여객에 대한 운임을 변경하려는 경우 국토교통부장관에게 신고하여야 한다.

② 철도사업자는 철도사업을 양도·양수하려는 경우에는 국토교통부장관의 인가를 받아야 한다.

③ 철도사업자가 국토교통부장관의 허가를 받아 그 사업의 전부 또는 일부를 휴업하는 경우 휴업기간은 6개월을 넘을 수 없다.

④ 철도사업자의 화물의 멸실·훼손에 대한 손해배상책임에 관하여는 「상법」 제135조(손해배상책임)를 준용하지 않는다.

⑤ 철도사업자는 타인에게 자기의 성명 또는 상호를 사용하여 철도사업을 경영하게 하여서는 아니 된다.

198 철도사업법령상 전용철도에 관한 설명이다. ( )에 들어갈 내용을 바르게 나열한 것은?

> • 전용철도를 운영하려는 자는 전용철도 건설기간을 1년 연장한 경우 국토교통부장관에게 (ㄱ)을(를) 하여야 한다.
> • 전용철도운영자가 그 운영의 일부를 폐업한 경우에는 (ㄴ) 이내에 국토교통부장관에게 (ㄷ)하여야 한다.

① ㄱ : 신고, ㄴ : 15일, ㄷ : 등록

② ㄱ : 신고, ㄴ : 1개월, ㄷ : 등록

③ ㄱ : 등록, ㄴ : 15일, ㄷ : 신고

④ ㄱ : 등록, ㄴ : 1개월, ㄷ : 신고

⑤ ㄱ : 등록, ㄴ : 3개월, ㄷ : 신고

199 농수산물 유통 및 가격안정에 관한 법령상 농수산물도매시장의 개설 · 폐쇄에 관한 설명으로 옳지 않은 것은?

① 시가 지방도매시장을 개설하려면 도지사에게 신고하여야 한다.

② 특별시 · 광역시 · 특별자치시 및 특별자치도가 도매시장을 폐쇄하는 경우 그 3개월 전에 이를 공고하여야 한다.

③ 특별시 · 광역시 · 특별자치시 또는 특별자치도가 도매시장을 개설하려면 미리 업무 규정과 운영관리계획서를 작성하여야 한다.

④ 도매시장은 양곡부류 · 청과부류 · 축산부류 · 수산부류 · 화훼부류 및 약용작물 부류별로 개설하거나 둘 이상의 부류를 종합하여 개설한다.

⑤ 도매시장의 명칭에는 그 도매시장을 개설한 지방자치단체의 명칭이 포함되어야 한다.

200 농수산물 유통 및 가격안정에 관한 법령상 농수산물공판장에 관한 설명으로 옳지 않은 것은?

① 농림수협등, 생산자단체 또는 공익법인이 공판장을 개설하려면 시 · 도지사의 승인을 받아야 한다.

② 공판장에는 중도매인, 매매참가인, 산지유통인 및 경매사를 둘 수 있다.

③ 공판장의 경매사는 공판장의 개설자가 임면한다.

④ 공판장의 중도매인은 공판장의 개설자가 지정한다.

⑤ 공익법인이 운영하는 공판장의 개설승인 신청서에는 해당 공판장의 소재지를 관할하는 시장 또는 자치구의 구청장의 의견서를 첨부하여야 한다.

161 물류정책기본법상 물류계획에 관한 설명으로 옳지 않은 것은?

① 특별시장 및 광역시장은 지역물류정책의 기본방향을 설정하는 10년 단위의 지역물류기본계획을 5년마다 수립하여야 한다.

② 국가물류기본계획에는 국가물류정보화사업에 관한 사항이 포함되어야 한다.

③ 국가물류기본계획은 「국토기본법」에 따라 수립된 국토종합계획 및 「국가통합교통체계효율화법」에 따라 수립된 국가기간교통망계획과 조화를 이루어야 한다.

④ 지역물류기본계획은 국가물류기본계획에 배치되지 아니하여야 한다.

⑤ 해양수산부장관은 국가물류기본계획을 수립한 때에는 이를 관보에 고시하여야 한다.

162 물류정책기본법령상 국토교통부장관이 행정적·재정적 지원을 할 수 있는 환경친화적 물류활동을 위하여 하는 활동에 해당하는 것을 모두 고른 것은?

> ㄱ. 환경친화적인 운송수단 또는 포장재료의 사용
> ㄴ. 기존 물류장비를 환경친화적인 물류장비로 변경
> ㄷ. 환경친화적인 물류시스템의 도입 및 개발
> ㄹ. 물류활동에 따른 폐기물 감량

① ㄱ, ㄷ   ② ㄱ, ㄹ

③ ㄴ, ㄷ   ④ ㄴ, ㄷ, ㄹ

⑤ ㄱ, ㄴ, ㄷ, ㄹ

163 물류정책기본법령상 물류인력의 양성 및 물류관리사에 관한 설명으로 옳지 않은 것은?

① 「대한무역투자진흥공사법」에 따른 대한무역투자진흥공사는 물류연수기관이 될 수 없다.

② 물류관리사는 물류활동과 관련하여 전문지식이 필요한 사항에 대하여 계획·조사·연구·진단 및 평가 또는 이에 관한 상담·자문, 그 밖에 물류관리에 필요한 직무를 수행한다.

③ 국토교통부장관은 물류관리사를 고용한 물류관련 사업자에 대하여 다른 사업자보다 우선하여 행정적·재정적 지원을 할 수 있다.

④ 물류관리사는 다른 사람에게 자격증을 대여하여서는 아니 된다.

⑤ 물류관리사 자격의 취소를 하려면 청문을 하여야 한다.

164 물류정책기본법령상 녹색물류협의기구에 관한 설명으로 옳지 않은 것은?

① 녹색물류협의기구는 환경친화적 물류활동 지원을 위한 사업의 심사 및 선정 업무를 수행한다.

② 국토교통부장관은 녹색물류협의기구가 환경친화적 물류활동 촉진을 위한 연구·개발 업무를 수행하는 데 필요한 행정적·재정적 지원을 할 수 있다.

③ 녹색물류협의기구의 위원장은 위원 중에서 국토교통부장관이 지명하는 사람으로 한다.

④ 녹색물류협의기구는 위원장을 포함한 15명 이상 30명 이하의 위원으로 구성한다.

⑤ 국토교통부장관은 위원이 직무와 관련된 비위사실이 있는 경우에는 해당 위원을 해임 또는 해촉할 수 있다.

165 물류정책기본법령상 국가물류정책위원회에 관한 설명으로 옳지 않은 것은?

① 국가물류정책위원회는 국가물류체계의 효율화에 관한 중요 정책 사항을 심의·조정한다.

② 국가물류정책위원회의 위원 중 공무원이 아닌 위원의 임기는 2년으로 하되, 연임할 수 있다.

③ 국가물류정책위원회에는 5명 이내의 비상근 전문위원을 둘 수 있다.

④ 국가물류정책위원회의 업무를 효율적으로 추진하기 위하여 물류정책분과위원회, 물류시설분과위원회, 국제물류분과위원회를 둘 수 있다.

⑤ 물류시설분과위원회의 위원장은 해당 분과위원회의 위원 중에서 해양수산부장관이 지명하는 사람으로 한다.

166 물류정책기본법령상 국제물류주선업에 관한 설명으로 옳은 것은?

① 컨테이너장치장을 소유하고 있는 자가 국제물류주선업을 등록하려는 경우 1억원 이상의 보증보험에 가입하여야 한다.

② 국제물류주선업을 경영하려는 자는 해양수산부장관에게 등록하여야 한다.

③ 국제물류주선업자는 등록기준에 관한 사항을 5년이 경과할 때마다 신고하여야 한다.

④ 국제물류주선업자가 그 사업을 양도한 때에는 그 양수인은 국제물류주선업의 등록에 따른 권리 · 의무를 승계한다.

⑤ 해양수산부장관은 국제물류주선업자의 폐업 사실을 확인하기 위하여 필요한 경우에는 국세청장에게 폐업에 관한 과세정보의 제공을 요청할 수 있다.

167 물류정책기본법령상 우수물류기업의 인증에 관한 설명으로 옳지 않은 것은?

① 국토교통부장관 및 해양수산부장관은 물류기업의 육성과 물류산업 발전을 위하여 소관 물류기업을 각각 우수물류기업으로 인증할 수 있다.

② 국제물류주선기업에 대한 우수물류기업 인증의 주체는 해양수산부장관이다.

③ 인증우수물류기업은 우수물류기업의 인증이 취소된 경우에는 인증서를 반납하고, 인증마크의 사용을 중지하여야 한다.

④ 국가 또는 지방자치단체는 인증우수물류기업이 해외시장을 개척하는 경우에는 해외시장 개척에 소요되는 비용을 우선적으로 지원할 수 있다.

⑤ 국토교통부장관 및 해양수산부장관은 우수물류기업의 인증과 관련하여 우수물류 기업 인증심사 대행기관을 공동으로 지정하여 인증신청의 접수 업무를 하게 할 수 있다.

168 물류정책기본법령상 물류 공동화 · 자동화 촉진에 관한 설명으로 옳은 것을 모두 고른 것은?

> ㄱ. 시 · 도지사는 화주기업이 물류공동화를 추진하는 경우에는 물류기업과 공동으로 추진하도록 권고할 수 있다.
> ㄴ. 시 · 도지사는 물류기업이 정보통신기술을 활용하여 물류공동화를 추진하는 경우 우선적으로 예산의 범위에서 필요한 자금을 지원할 수 있다.
> ㄷ. 국토교통부장관 · 해양수산부장관 또는 산업통상자원부장관은 물류기업이 물류자동화를 위하여 물류시설 및 장비를 확충하거나 교체하려는 경우에는 필요한 자금을 지원할 수 있다.

① ㄱ   ② ㄷ

③ ㄱ, ㄴ   ④ ㄴ, ㄷ

⑤ ㄱ, ㄴ, ㄷ

169 물류시설의 개발 및 운영에 관한 법률상 국가 또는 지방자치단체는 물류터미널사업자가 설치한 물류터미널의 원활한 운영에 필요한 기반시설의 설치 또는 개량에 필요한 예산을 지원할 수 있다. 이러한 기반시설에 해당하지 않는 것은?

① 「도로법」 제2조제1호에 따른 도로
② 「철도산업발전기본법」 제3조제1호에 따른 철도
③ 「수도법」 제3조제17호에 따른 수도시설
④ 「국토의 계획 및 이용에 관한 법률 시행령」 제2조제1항제6호에 따른 보건위생 시설 중 종합의료시설
⑤ 「물환경보전법」 제2조제12호에 따른 수질오염방지시설

170 물류시설의 개발 및 운영에 관한 법률상 물류터미널사업협회에 관한 설명이다. (   )에 들어갈 내용을 바르게 나열한 것은?

> 물류터미널사업협회를 설립하려는 경우에는 해당 협회의 회원의 자격이 있는 자 중 (ㄱ) 이상의 발기인이 정관을 작성하여 해당 협회의 회원 자격이 있는 자의 (ㄴ) 이상이 출석한 창립총회의 의결을 거친 후 국토교통부장관의 설립인가를 받아야 한다.

① ㄱ : 2분의 1, ㄴ : 3분의 1   ② ㄱ : 3분의 1, ㄴ : 3분의 1
③ ㄱ : 3분의 1, ㄴ : 2분의 1   ④ ㄱ : 5분의 1, ㄴ : 3분의 1
⑤ ㄱ : 5분의 1, ㄴ : 4분의 1

171 물류시설의 개발 및 운영에 관한 법령상 복합물류터미널사업에 관한 설명으로 옳은 것은?

① 복합물류터미널사업이란 두 종류 이상의 운송수단 간의 연계운송을 할 수 있는 규모 및 시설을 갖춘 물류터미널사업을 말한다.
② 「항만공사법」에 따른 항만공사는 복합물류터미널사업의 등록을 할 수 있는 자에 해당하지 않는다.
③ 「물류시설의 개발 및 운영에 관한 법률」을 위반하여 벌금형을 선고받은 후 1년이 지난 자는 복합물류터미널사업의 등록을 할 수 있다.
④ 부지 면적이 3만제곱미터인 경우는 복합물류터미널사업의 등록기준 중 부지면적 기준을 충족한다.
⑤ 복합물류터미널사업자가 그 등록한 사항 중 영업소의 명칭을 변경하려는 경우에는 변경등록을 하여야 한다.

172

물류시설의 개발 및 운영에 관한 법률상 물류시설개발종합계획에 포함되어야 하는 사항으로 옳은 것을 모두 고른 것은?

> ㄱ. 물류시설의 지역별 · 규모별 · 연도별 배치 및 우선순위에 관한 사항
> ㄴ. 물류시설의 환경보전 · 관리에 관한 사항
> ㄷ. 도심지에 위치한 물류시설의 정비와 교외이전에 관한 사항
> ㄹ. 물류보안에 관한 사항

① ㄱ, ㄴ
② ㄷ, ㄹ
③ ㄱ, ㄴ, ㄷ
④ ㄴ, ㄷ, ㄹ
⑤ ㄱ, ㄴ, ㄷ, ㄹ

173

물류시설의 개발 및 운영에 관한 법률상 물류터미널사업에 관한 설명으로 옳지 않은 것은? (단, 물류터미널은 「국토의 계획 및 이용에 관한 법률」에 따른 도시 · 군계획시설에 해당하는 물류터미널에 한정한다)

① 물류터미널사업자는 물류터미널의 건설을 위하여 필요한 때에는 다른 사람의 토지에 출입하거나 이를 일시 사용할 수 있다.

② 물류터미널을 건설하기 위한 부지 안에 있는 국가 소유의 토지로서 물류터미널 건설사업에 필요한 토지는 해당 물류터미널 건설사업 목적이 아닌 다른 목적으로 매각하거나 양도할 수 없다.

③ 복합물류터미널사업자는 복합물류터미널사업의 전부 또는 일부를 휴업하거나 폐업하려는 때에는 미리 국토교통부장관에게 신고하여야 한다.

④ 일반물류터미널사업자는 건설하려는 물류터미널의 구조 및 설비 등에 관한 공사 계획을 수립하여 국토교통부장관의 공사시행인가를 받아야 한다.

⑤ 물류터미널을 건설하기 위한 부지 안에 있는 국가 또는 지방자치단체 소유의 재산은 「국유재산법」, 「공유재산 및 물품 관리법」, 그 밖의 다른 법령에도 불구하고 물류터미널사업자에게 수의계약으로 매각할 수 있다.

174 물류시설의 개발 및 운영에 관한 법률상 물류시설개발종합계획에 관한 설명으로 옳지 않은 것은?

① 국토교통부장관은 물류시설개발종합계획을 5년 단위로 수립하여야 한다.

② 국토교통부장관은 물류시설개발종합계획을 효율적으로 수립하기 위하여 필요하다고 인정하는 때에는 물류시설에 대하여 조사할 수 있다.

③ 집적[클러스터(cluster)]물류시설은 창고 및 집배송센터 등 물류활동을 개별적으로 수행하는 최소 단위의 물류시설을 말한다.

④ 물류시설개발종합계획은 「물류정책기본법」에 따른 국가물류기본계획과 조화를 이루어야 한다.

⑤ 관계 중앙행정기관의 장은 필요한 경우 국토교통부장관에게 물류시설개발종합계획을 변경하도록 요청할 수 있다.

175 물류시설의 개발 및 운영에 관한 법령상 물류단지의 개발 및 운영에 관한 설명으로 옳은 것은?

① 도시첨단물류단지개발사업의 경우에는 물류단지 실수요 검증을 실수요검증위원회의 자문으로 갈음할 수 없다.

② 물류단지개발지침의 내용 중 토지가격의 안정을 위하여 필요한 사항을 변경할 때에는 시·도지사의 의견을 듣고 관계 중앙행정기관의 장과 협의한 후 물류시설분과위원회의 심의를 거쳐야 한다.

③ 국가정책사업으로 물류단지를 개발하는 경우 일반물류단지의 지정권자는 시·도 지사가 된다.

④ 도시첨단물류단지개발사업의 시행자는 「공공주택 특별법」 제2조제2호에 따른 공공주택지구 내 사업에 따른 시설과 도시첨단물류단지개발사업에 따른 시설을 일단의 건물로 조성할 수 있다.

⑤ 공고된 물류단지개발계획안의 내용에 대하여 의견이 있는 자는 그 열람기간 내에 물류단지지정권자에게 의견서를 제출할 수 있다.

176 물류시설의 개발 및 운영에 관한 법령상 물류단지개발사업에 관한 설명으로 옳지 않은 것은?

① 물류단지지정권자는 준공검사를 한 결과 실시계획대로 완료되지 아니한 경우에는 지체 없이 보완시공 등 필요한 조치를 명하여야 한다.

② 물류단지개발사업의 시행자는 특별한 사유가 없으면 이주자 또는 인근지역의 주민을 우선적으로 고용하여야 한다.

③ 물류단지지정권자는 물류단지개발사업의 시행자에게 물류단지의 진입도로 및 간선도로를 설치하게 할 수 있다.

④ 시·도지사 또는 시장·군수는 물류단지개발사업을 촉진하기 위하여 지방자치단체에 물류단지개발특별회계를 설치할 수 있다.

⑤ 물류단지개발사업의 시행자는 물류단지 안에 있는 기존의 시설을 철거하지 아니하여도 물류단지개발사업에 지장이 없다고 인정하는 때에는 이를 남겨두게 할 수 있다.

177 화물자동차 운수사업법령상 위·수탁계약에 관한 설명으로 옳은 것을 모두 고른 것은?

> ㄱ. 위·수탁차주가 화물운송 종사자격을 갖추지 아니한 경우는 위·수탁 계약을 지속하기 어려운 중대한 사유가 있는 경우에 해당한다.
> ㄴ. 국토교통부장관이 공정거래위원회와 협의하여 표준 위·수탁계약서를 고시한 경우, 위·수탁계약의 당사자는 이를 사용하여야 한다.
> ㄷ. 위·수탁계약의 내용이 당사자 일방에게 현저하게 불공정한 경우로서 계약불이행에 따른 당사자의 손해배상책임을 과도하게 경감하여 정함으로써 상대방의 정당한 이익을 침해한 경우 그 부분에 한정하여 무효로 한다.

① ㄱ   ② ㄴ
③ ㄱ, ㄷ   ④ ㄴ, ㄷ
⑤ ㄱ, ㄴ, ㄷ

178

화물자동차 운수사업법상 화물자동차 운송사업의 상속 및 그 신고에 관한 설명으로 옳은 것은?

① 운송사업자가 사망한 경우 상속인이 그 운송사업을 계속하려면 피상속인이 사망한 후 6개월 이내에 국토교통부장관에게 신고하여야 한다.

② 국토교통부장관은 신고를 받은 날부터 14일 이내에 신고수리 여부를 신고인에게 통지하여야 한다.

③ 국토교통부장관이 「화물자동차 운수사업법」에서 정한 기간 내에 신고수리 여부를 신고인에게 통지하지 아니하면 그 기간이 끝난 날에 신고를 수리한 것으로 본다.

④ 상속인이 상속신고를 하면 피상속인이 사망한 날부터 신고한 날까지 피상속인에 대한 화물자동차 운송사업의 허가는 상속인에 대한 허가로 본다.

⑤ 상속인이 피상속인의 화물자동차 운송사업을 다른 사람에게 양도하려면 국토교통부장관의 승인을 받아야 한다.

179

화물자동차 운수사업법상 화물자동차 운송주선사업자에 관한 설명으로 옳은 것은?

① 운송주선사업자가 허가사항을 변경하려면 국토교통부장관에게 신고하여야 한다.

② 운송주선사업자는 주사무소 외의 장소에서 상주하여 영업하려면 국토교통부장관에게 신고하여야 한다.

③ 운송주선사업자는 화주로부터 중개를 의뢰받은 화물에 대하여 다른 운송주선사업자에게 수수료를 받고 중개를 의뢰할 수 있다.

④ 운송주선사업자가 운송사업자에게 화물운송을 위탁하는 경우에는 운송가맹사업자의 화물정보망을 이용할 수 없다.

⑤ 부정한 방법으로 화물자동차 운송주선사업의 허가를 받고 화물자동차 운송주선사업을 경영한 자는 과태료 부과 대상이다.

180

화물자동차 운수사업법령상 화물자동차 운송사업의 허가에 관한 설명으로 옳은 것은?

① 화물자동차 운송사업자가 감차 조치 명령을 받은 후 6개월이 지났다면 증차를 수반하는 허가사항을 변경할 수 있다.

② 화물자동차 운송사업자는 허가받은 날부터 3년마다 허가기준에 관한 사항을 신고하여야 한다.

③ 국토교통부장관은 운송사업자가 사업정지처분을 받은 경우 주사무소를 이전하는 변경허가를 할 수 있다.

④ 화물자동차 운송사업의 허가에는 기한을 붙일 수 없다.

⑤ 화물자동차 운송사업자가 상호를 변경하려면 국토교통부장관에게 신고하여야 한다.

181 화물자동차 운수사업법령상 적재물배상보험등에 관한 설명으로 옳은 것은?

① 보험등 의무가입자인 화물자동차 운송주선사업자는 각 화물자동차별로 적재물배상보험등에 가입하여야 한다.

② 이사화물운송만을 주선하는 화물자동차 운송주선사업자는 사고 건당 2천만원 이상의 금액을 지급할 책임을 지는 적재물배상보험등에 가입하여야 한다.

③ 특수용도형 화물자동차 중「자동차관리법」에 따른 피견인자동차를 소유하고 있는 운송사업자는 적재물배상보험등에 가입하여야 하는 자에 해당하지 않는다.

④ 보험등 의무가입자 및 보험회사등은 화물자동차 운송사업의 허가가 취소된 경우 책임보험계약등을 해제하거나 해지할 수 없다.

⑤ 적재물배상보험등에 가입하지 아니한 보험등 의무가입자는 형벌 부과 대상이다.

182 화물자동차 운수사업법령상 운임 및 요금 등에 관한 설명으로 옳은 것은?

① 운송사업자는 운임과 요금을 정하여 미리 신고하여야 하며, 신고를 받은 국토교통부장관은 30일 이내에 신고수리 여부를 신고인에게 통지하여야 한다.

② 화물자동차 안전운임위원회 위원의 임기는 2년으로 하되, 연임할 수 있다.

③ 화물자동차 안전운임위원회에는 기획재정부, 고용노동부의 3급 또는 4급 공무원으로 구성된 특별위원을 둘 수 있다.

④ 화물운송계약 중 화물자동차 안전운임에 미치지 못하는 금액을 운임으로 정한 부분은 무효로 하며, 당사자는 운임을 다시 정하여야 한다.

⑤ 화물자동차 안전운임위원회는 안전운송원가를 심의·의결함에 있어 운송사업자의 운송서비스 수준을 고려하여야 한다.

183 화물자동차 운수사업법령상 화물자동차 휴게소에 관한 설명으로 옳은 것은?

① 국토교통부장관은 휴게소 종합계획을 10년 단위로 수립하여야 한다.

② 국토교통부장관은 휴게소 종합계획을 수립하는 경우 미리 시·도지사의 의견을 듣고 관계 중앙행정기관의 장과 협의하여야 한다.

③「한국공항공사법」에 따른 한국공항공사는 화물자동차 휴게소 건설사업을 할 수 있는 공공기관에 해당하지 않는다.

④ 휴게소 건설사업 시행자는 그 건설계획을 수립하면 이를 공고하고, 관계 서류의 사본을 10일 이상 일반인이 열람할 수 있도록 하여야 한다.

⑤「항만법」에 따른 항만이 위치한 지역으로서 화물자동차의 일일 평균 왕복 교통량이 1만5천 대인 지역은 화물자동차 휴게소의 건설 대상지역에 해당하지 않는다.

184 화물자동차 운수사업법령상 자가용 화물자동차에 관한 설명으로 옳지 않은 것은?

① 자가용 화물자동차로서 대통령령으로 정하는 화물자동차로 사용하려는 자는 국토교통부령으로 정하는 기준에 따라 시 · 도지사의 허가를 받아야 한다.

② 천재지변으로 인하여 수송력 공급을 긴급히 증가시킬 필요가 있는 경우, 자가용 화물자동차의 소유자는 시 · 도지사의 허가를 받으면 자가용 화물자동차를 유상으로 화물운송용으로 임대할 수 있다.

③ 자가용 화물자동차를 사용하여 화물자동차 운송사업을 경영한 경우 시 · 도지사는 6개월 이내의 기간을 정하여 그 자동차의 사용을 제한하거나 금지할 수 있다.

④ 자가용 화물자동차의 소유자가 자가용 화물자동차를 사용하여 화물자동차 운송사업을 경영하였음을 이유로 시 · 도지사가 사용을 금지한 자가용 화물자동차의 소유자는 해당 화물자동차의 자동차등록증과 자동차등록번호판을 반납하여야 한다.

⑤ 「화물자동차 운수사업법」을 위반하여 자가용 화물자동차를 유상으로 화물운송용으로 제공한 자는 형벌 부과 대상이다.

185 화물자동차 운수사업법령상 화물자동차 운송사업의 폐업에 관한 설명으로 옳지 않은 것은?

① 운송사업자가 화물자동차 운송사업의 전부를 폐업하려면 미리 신고하여야 한다.

② 폐업 신고의 의무는 신고에 대한 수리 여부가 신고인에게 통지된 때에 이행된 것으로 본다.

③ 운송사업자가 화물자동차 운송사업의 전부를 폐업하려면 미리 그 취지를 영업소나 그 밖에 일반 공중이 보기 쉬운 곳에 게시하여야 한다.

④ 화물자동차 운송사업의 폐업 신고를 한 운송사업자는 해당 화물자동차의 자동차등록증과 자동차등록번호판을 반납하여야 한다.

⑤ 화물자동차 운송사업의 폐업 신고를 받은 관할관청은 그 사실을 관할 협회에 통지하여야 한다.

186 화물자동차 운수사업법상 화물자동차 운송사업의 허가를 받을 수 없는 자는?

① 「화물자동차 운수사업법」을 위반하여 징역 이상의 실형을 선고받고 그 집행이 면제된 날부터 3년이 지난 자

② 「화물자동차 운수사업법」을 위반하여 징역 이상의 형의 집행유예를 선고받고 그 유예기간이 종료된 후 1년이 지난 자

③ 부정한 방법으로 화물자동차 운송사업의 허가를 받아 그 허가가 취소된 후 3년이 지난 자

④ 「화물자동차 운수사업법」 제11조에 따른 운송사업자의 준수사항을 위반하여 화물자동차 운송사업의 허가가 취소된 후 3년이 지난 자

⑤ 파산선고를 받고 복권된 자

187 유통산업발전법상 공동집배송센터에 관한 설명으로 옳은 것은?

① 시·도지사는 물류공동화를 촉진하기 위하여 필요한 경우에는 시장·군수·구청장의 추천을 받아 산업통상자원부령으로 정하는 요건에 해당하는 지역 및 시설 물을 공동집배송센터로 지정할 수 있다.

② 공동집배송센터사업자는 지정받은 사항 중 산업통상자원부령으로 정하는 중요사항을 변경하려면 시·도지사의 변경지정을 받아야 한다.

③ 공동집배송센터의 지정을 받은 날부터 정당한 사유 없이 2년 이내에 시공을 하지 아니하는 경우에는 공동집배송센터의 지정이 취소될 수 있다.

④ 거짓으로 공동집배송센터의 지정을 받은 경우는 공동집배송센터의 지정을 취소할 수 있는 사유에 해당한다.

⑤ 시·도지사는 집배송시설의 집단적 설치를 촉진하고 집배송시설의 효율적 배치를 위하여 공동집배송센터 개발촉진지구의 지정을 산업통상자원부장관에게 요청할 수 있다.

188 유통산업발전법상 형벌 부과 대상에 해당하지 않는 것은?

① 유통표준전자문서를 위작하는 죄의 미수범
② 대규모점포를 개설하려는 자로서 부정한 방법으로 대규모점포의 개설등록을 한 자
③ 대규모점포등관리자로서 부정한 방법으로 회계감사를 받은 자
④ 유통정보화서비스를 제공하는 자로서 「유통산업발전법 시행령」으로 정하는 유통표준전자문서 보관기간을 준수하지 아니한 자
⑤ 대규모점포등관리자로서 신고를 하지 아니하고 대규모점포등개설자의 업무를 수행한 자

189 유통산업발전법령상 대규모점포의 등록에 관한 설명으로 옳은 것을 모두 고른 것은?

> ㄱ. 전통상업보존구역에 대규모점포를 개설하려는 자는 상권영향평가서 및 지역협력계획서를 첨부하여 시·도지사에게 등록하여야 한다.
> ㄴ. 대규모점포의 매장면적이 개설등록 당시의 매장면적보다 20분의 1이 증가한 경우 변경등록을 하여야 한다.
> ㄷ. 매장이 분양된 대규모점포에서는 매장면적의 2분의 1이상을 직영하는 자가 있는 경우에는 그 직영하는 자가 대규모점포등개설자의 업무를 수행한다.

① ㄱ
② ㄷ
③ ㄱ, ㄴ
④ ㄴ, ㄷ
⑤ ㄱ, ㄴ, ㄷ

190 유통산업발전법상 유통산업의 경쟁력 강화에 관한 설명으로 옳은 것은?

① 산업통상자원부장관은 「중소기업기본법」 제2조에 따른 중소기업자 중 대통령령으로 정하는 소매업자 30인이 공동으로 중소유통공동도매물류센터를 건립하는 경우 필요한 행정적 · 재정적 지원을 할 수 있다.

② 산업통상자원부장관은 중소유통공동도매물류센터를 건립하여 중소유통기업자단체에 그 운영을 위탁할 수 있다.

③ 지방자치단체의 장은 상점가진흥조합이 주차장 · 휴게소 등 공공시설의 설치 사업을 하는 경우에는 예산의 범위에서 필요한 자금을 지원할 수 있다.

④ 상점가진흥조합은 조합원의 자격이 있는 자의 과반수의 동의를 받아 결성한다.

⑤ 상점가진흥조합의 조합원은 상점가에서 도매업 · 소매업 · 용역업이나 그 밖의 영업을 하는 모든 자로 한다.

191 유통산업발전법상 대규모점포등관리자의 회계감사에 관한 설명이다. (   )에 들어갈 내용을 바르게 나열한 것은?

> 대규모점포등관리자는 대통령령으로 정하는 바에 따라 「주식회사의 외부감사에 관한 법률」 제3조제1항에 따른 감사인의 회계감사를 매년 (ㄱ)회 이상 받아야 한다. 다만 입점상인의 (ㄴ)이(가) 서면으로 회계감사를 받지 아니하는 데 동의한 연도에는 회계감사를 받지 아니할 수 있다.

① ㄱ : 1, ㄴ : 과반수   ② ㄱ : 1, ㄴ : 3분의 2 이상

③ ㄱ : 2, ㄴ : 과반수   ④ ㄱ : 2, ㄴ : 3분의 2 이상

⑤ ㄱ : 2, ㄴ : 5분의 3 이상

192 항만운송사업법령상 항만운송 분쟁협의회에 관한 설명으로 옳은 것은?

① 항만운송 분쟁협의회는 사업의 종류별로 구성한다.

② 항만운송근로자 단체는 항만운송 분쟁협의회 구성에 참여할 수 있다.

③ 항만운송 분쟁협의회의 회의는 분쟁협의회의 위원장이 필요하다고 인정하거나 재적위원 3분의 1 이상의 요청이 있는 경우에 소집한다.

④ 항만운송 분쟁협의회의 회의는 재적위원 과반수의 출석으로 개의하고, 출석위원 과반수의 찬성으로 의결한다.

⑤ 항만운송과 관련된 노사 간 분쟁의 해소에 관한 사항은 항만운송 분쟁협의회의 심의 · 의결사항에 포함되지 않는다.

193 항만운송사업법상 항만운송에 해당하지 않는 것은?

① 타인의 수요에 응하여 하는 행위로서 「해운법」에 따른 해상화물운송사업자가 하는 운송

② 타인의 수요에 응하여 하는 행위로서 항만에서 뗏목으로 편성하여 운송된 목재를 수면 목재 저장소에 들여놓는 행위

③ 타인의 수요에 응하여 하는 행위로서 항만에서 화물을 선박에 싣거나 선박으로부터 내리는 일

④ 타인의 수요에 응하여 하는 행위로서 항만에서 선박 또는 부선을 이용하여 운송될 화물을 하역장에서 내가는 행위

⑤ 타인의 수요에 응하여 하는 행위로서 항만이나 지정구간에서 목재를 뗏목으로 편성하여 운송하는 행위

194 항만운송사업법령상 항만운송사업에 관한 설명으로 옳은 것은?

① 항만운송사업의 종류는 항만하역사업, 검수사업, 감정사업, 검량사업으로 구분된다.

② 항만운송사업의 등록신청인이 법인인 경우 그 법인의 정관은 등록신청시 제출하여야 하는 서류에 포함되지 않는다.

③ 검수사등의 자격이 취소된 날부터 3년이 지난 사람은 검수사등의 자격을 취득할 수 없다.

④ 항만운송사업을 하려는 자는 항만별로 관리청에 등록하여야 한다.

⑤ 항만운송사업자가 사업정지명령을 위반하여 그 정지기간에 사업을 계속한 경우는 항만운송사업의 정지사유에 해당한다.

195 철도사업법령상 철도사업자에 관한 설명으로 옳지 않은 것은?

① 철도사업을 경영하려는 자는 지정 · 고시된 사업용철도노선을 정하여 국토교통부 장관의 면허를 받아야 한다.

② 천재지변으로 철도사업자가 국토교통부장관이 지정하는 날에 운송을 시작할 수 없는 경우에는 국토교통부장관의 승인을 받아 날짜를 연기할 수 있다.

③ 철도사업의 면허를 받을 수 있는 자는 법인으로 한다.

④ 철도사업자는 여객에 대한 운임을 변경하려는 경우 국토교통부장관의 허가를 받아야 한다.

⑤ 철도사업자는 사업계획 중 여객열차의 운행구간을 변경하려는 경우 국토교통부 장관의 인가를 받아야 한다.

196 철도사업법상 철도사업의 관리에 관한 설명으로 옳지 않은 것은?

① 철도사업자는 그 철도사업을 양도·양수하려는 경우에는 국토교통부장관의 인가를 받아야 한다.

② 철도시설의 개량을 사유로 하는 경우 휴업기간은 6개월을 넘을 수 없다.

③ 철도사업자가 선로 또는 교량의 파괴로 휴업하는 경우에는 국토교통부장관에게 신고하여야 한다.

④ 국토교통부장관은 철도사업자가 거짓이나 그 밖의 부정한 방법으로 철도사업의 면허를 받은 경우에는 면허를 취소하여야 한다.

⑤ 국토교통부장관은 과징금으로 징수한 금액의 운용계획을 수립하여 시행하여야 한다.

197 철도사업법령상 전용철도에 관한 설명이다. ( )에 들어갈 내용을 바르게 나열한 것은?

> • 전용철도운영자가 사망한 경우 상속인이 그 전용철도의 운영을 계속하려는 경우에는 피상속인이 사망한 날부터 (ㄱ) 이내에 국토교통부 장관에게 신고하여야 한다.
> • 전용철도운영자가 그 운영의 전부 또는 일부를 휴업한 경우에는 (ㄴ) 이내에 국토교통부장관에게 신고하여야 한다.

① ㄱ : 1개월, ㄴ : 1개월   ② ㄱ : 1개월, ㄴ : 2개월

③ ㄱ : 2개월, ㄴ : 3개월1   ④ ㄱ : 3개월, ㄴ : 1개월

⑤ ㄱ : 3개월, ㄴ : 3개월

198 철도사업법령상 국유철도시설의 점용허가에 관한 설명으로 옳은 것은?

① 점용허가는 철도사업자와 철도사업자가 출자·보조 또는 출연한 사업을 경영하는 자에게만 한다.

② 철골조 건물의 축조를 목적으로 하는 경우에는 점용허가기간은 20년을 초과하여서는 아니 된다.

③ 점용허가를 받은 자가 「공공주택 특별법」에 따른 공공주택을 건설하기 위하여 점용허가를 받은 경우에 해당할 때에는 점용료 감면대상이 될 수 없다.

④ 국토교통부장관은 점용허가를 받지 아니하고 철도시설을 점용한 자에 대하여 점용료의 100분의 150에 해당하는 금액을 변상금으로 징수할 수 있다.

⑤ 점용허가로 인하여 발생한 권리와 의무를 이전하려는 경우에는 국토교통부장관에게 신고하여야 한다.

199 농수산물 유통 및 가격 안정에 관한 법령상 농산물가격안정기금에 관한 설명으로 옳은 것은?

① 다른 기금으로부터의 출연금은 농산물가격안정기금의 재원으로 할 수 없다.

② 농산물의 수출 촉진사업을 위하여 농산물가격안정기금을 대출할 수 없다.

③ 농산물가격안정기금의 여유자금은 「자본시장과 금융투자업에 관한 법률」 제4조에 따른 증권의 매입의 방법으로 운용할 수 있다.

④ 농림축산식품부장관은 농산물가격안정기금의 여유자금의 운용에 관한 업무를 농업정책보험금융원의 장에게 위탁한다.

⑤ 농림축산식품부장관은 농산물가격안정기금의 수입과 지출을 명확히 하기 위하여 농협은행에 기금계정을 설치하여야 한다.

200 농수산물 유통 및 가격 안정에 관한 법률상 농수산물도매시장에 관한 설명으로 옳은 것은?

① 도매시장은 중앙도매시장의 경우에는 시 · 도가 개설하고, 지방도매시장의 경우에는 시 · 군 · 구가 개설한다.

② 중앙도매시장의 개설자가 업무규정을 변경하는 때에는 농림축산식품부장관 또는 산업통상자원부장관의 승인을 받아야 한다.

③ 도매시장법인은 도매시장 개설자가 부류별로 지정하되, 3년 이상 10년 이하의 범위에서 지정 유효기간을 설정할 수 있다.

④ 상품성 향상을 위한 규격화는 도매시장 개설자의 의무사항에 포함된다.

⑤ 도매시장법인이 다른 도매시장법인을 인수하거나 합병하는 경우에는 해당 도매 시장 개설자에게 신고하여야 한다.

161 물류정책기본법상 물류현황조사에 관한 설명으로 옳지 않은 것은?

① 국토교통부장관은 물류에 관한 정책의 수립을 위하여 필요하다고 판단될 때에는 관계 행정기관의 장과 미리 협의한 후 물동량의 발생현황과 이동경로 등에 관하여 조사할 수 있다.

② 국토교통부장관은 물류현황조사를 위한 조사지침을 작성하려는 경우에는 미리 시·도지사와 협의하여야 한다.

③ 도지사는 지역물류에 관한 정책의 수립을 위하여 필요한 경우에는 해당 행정구역의 물동량 현황과 이동경로, 물류시설·장비의 현황과 이용실태 등에 관하여 조사할 수 있다.

④ 해양수산부장관은 물류현황조사를 효율적으로 수행하기 위하여 필요한 경우에는 물류현황조사의 전부 또는 일부를 전문기관으로 하여금 수행하게 할 수 있다.

⑤ 도지사는 관할 군의 군수에게 지역물류현황조사를 요청하는 경우에는 효율적인 지역물류현황조사를 위하여 조사의 시기, 종류 및 방법 등에 관하여 해당 도의 조례로 정하는 바에 따라 조사지침을 작성하여 통보할 수 있다.

162 물류정책기본법상 물류계획의 수립에 관한 설명으로 옳지 않은 것은?

① 국토교통부장관 및 해양수산부장관은 국가물류정책의 기본방향을 설정하는 10년 단위의 국가물류기본계획을 5년마다 공동으로 수립하여야 한다.

② 국가물류기본계획에는 국가물류정보화사업에 관한 사항이 포함되어야 한다.

③ 국토교통부장관은 국가물류기본계획을 수립하거나 변경한 때에는 이를 관보에 고시하고, 관계 중앙행정기관의 장 및 시·도지사에게 통보하여야 한다.

④ 특별시장 및 광역시장은 지역물류정책의 기본방향을 설정하는 5년 단위의 지역 물류기본계획을 3년마다 수립하여야 한다.

⑤ 지역물류기본계획은 국가물류기본계획에 배치되지 아니하여야 한다.

163 물류정책기본법령상 물류회계의 표준화를 위한 기업물류비 산정지침에 포함되어야 하는 사항으로 명시되지 않은 것은?

① 물류비 관련 용어 및 개념에 대한 정의
② 우수물류기업 선정을 위한 프로그램 개발비의 상한
③ 영역별·기능별 및 자가·위탁별 물류비의 분류
④ 물류비의 계산 기준 및 계산 방법
⑤ 물류비 계산서의 표준 서식

164 물류정책기본법령상 도로운송 시 위험물질운송안전관리센터의 감시가 필요한 위험물질을 운송하는 차량의 최대 적재량 기준에 관한 설명이다. (   )에 들어갈 내용은?

> • 「위험물안전관리법」 제2조제1항제1호에 따른 위험물을 운송하는 차량 : (ㄱ)리터 이상
> • 「화학물질관리법」 제2조제7호에 따른 유해화학물질을 운송하는 차량 : (ㄴ)킬로그램 이상

① ㄱ : 5,000, ㄴ : 5,000
② ㄱ : 5,000, ㄴ : 10,000
③ ㄱ : 10,000, ㄴ : 5,000
④ ㄱ : 10,000, ㄴ : 10,000
⑤ ㄱ : 10,000, ㄴ : 20,000

165 물류정책기본법상 물류공동화 및 자동화 촉진에 관한 설명으로 옳은 것을 모두 고른 것은?

> ㄱ. 해양수산부장관은 물류공동화를 추진하는 물류기업에 대하여 예산의 범위에서 필요한 자금을 지원할 수 있다.
> ㄴ. 국토교통부장관은 화주기업이 물류공동화를 추진하는 경우에는 물류 기업이나 물류 관련 단체와 공동으로 추진하도록 권고할 수 있다.
> ㄷ. 자치구 구청장은 물류공동화를 확산하기 위하여 필요한 경우에는 시범지역을 지정하거나 시범사업을 선정하여 운영할 수 있다.
> ㄹ. 산업통상자원부장관은 물류기업이 물류자동화를 위하여 물류시설 및 장비를 확충하거나 교체하려는 경우에는 필요한 자금을 지원할 수 있다.

① ㄱ, ㄷ
② ㄱ, ㄹ
③ ㄴ, ㄷ
④ ㄱ, ㄴ, ㄹ
⑤ ㄴ, ㄷ, ㄹ

166 물류정책기본법령상 단위물류정보망 전담기관으로 지정될 수 없는 것은? (단, 고시는 고려하지 않음)

① 「한국자산관리공사 설립 등에 관한 법률」에 따른 한국자산관리공사
② 「인천국제공항공사법」에 따른 인천국제공항공사
③ 「한국공항공사법」에 따른 한국공항공사
④ 「한국도로공사법」에 따른 한국도로공사
⑤ 「항만공사법」에 따른 항만공사

167 물류정책기본법령상 국가물류통합정보센터의 운영자로 지정될 수 없는 자는?

① 중앙행정기관
② 「한국토지주택공사법」에 따른 한국토지주택공사
③ 「과학기술분야 정부출연연구기관 등의 설립·운영 및 육성에 관한 법률」에 따른 정부출연연구기관
④ 자본금 1억원인 「상법」상 주식회사
⑤ 「물류정책기본법」에 따라 설립된 물류관련협회

168 물류정책기본법상 국토교통부장관 또는 해양수산부장관이 소관 인증우수물류기업의 인증을 취소하여야 하는 경우는?

① 거짓이나 그 밖의 부정한 방법으로 인증을 받은 경우
② 물류사업으로 인하여 공정거래위원회로부터 과징금 부과 처분을 받은 경우
③ 인증요건의 유지여부 점검을 정당한 사유 없이 3회 이상 거부한 경우
④ 우수물류기업의 인증기준에 맞지 아니하게 된 경우
⑤ 다른 사람에게 자기의 성명 또는 상호를 사용하여 영업을 하게 하거나 인증서를 대여한 때

169 물류시설의 개발 및 운영에 관한 법령상 복합물류터미널사업에 관한 설명으로 옳지 않은 것은?

① 복합물류터미널사업자가 그 사업을 양도한 때에는 그 양수인은 복합물류터미널 사업의 등록에 따른 권리 · 의무를 승계한다.

② 국토교통부장관은 복합물류터미널사업의 등록에 따른 권리 · 의무의 승계신고를 받은 날부터 10일 이내에 신고수리 여부를 신고인에게 통지하여야 한다.

③ 복합물류터미널사업자의 휴업기간은 3개월을 초과할 수 없다.

④ 복합물류터미널사업자인 법인의 합병 외의 사유에 따른 해산신고를 하려는 자는 해산신고서를 해산한 날부터 7일 이내에 국토교통부장관에게 제출하여야 한다.

⑤ 복합물류터미널사업자는 복합물류터미널사업의 전부 또는 일부를 휴업하거나 폐업하려는 때에는 미리 국토교통부장관에게 신고하여야 한다.

170 물류시설의 개발 및 운영에 관한 법령상 물류단지 실수요 검증에 관한 설명으로 옳지 않은 것은?

① 물류단지 실수요 검증을 실시하기 위하여 국토교통부 또는 시 · 도에 각각 실수요검증위원회를 둔다.

② 도시첨단물류단지개발사업의 경우에는 실수요 검증을 실수요검증위원회의 자문으로 갈음할 수 있다.

③ 실수요검증위원회의 위원장 및 부위원장은 공무원이 아닌 위원 중에서 각각 호선한다.

④ 실수요검증위원회의 심의결과는 심의 · 의결을 마친 날부터 14일 이내에 물류단지 지정요청자등에게 서면으로 알려야 한다.

⑤ 실수요검증위원회의 회의는 분기별로 2회 이상 개최하여야 한다.

171 물류시설의 개발 및 운영에 관한 법령상 물류단지개발특별회계 조성의 재원을 모두 고른 것은? (단, 조례는 고려하지 않음)

> ㄱ. 차입금
> ㄴ. 정부의 보조금
> ㄷ. 해당 지방자치단체의 일반회계로부터의 전입금
> ㄹ. 「지방세법」에 따라 부과 · 징수되는 재산세의 징수액 중 15퍼센트의 금액

① ㄱ, ㄴ   ② ㄴ, ㄹ

③ ㄷ, ㄹ   ④ ㄱ, ㄴ, ㄷ

⑤ ㄱ, ㄴ, ㄷ, ㄹ

172 물류시설의 개발 및 운영에 관한 법령상 일반물류단지시설에 해당할 수 없는 것은?

① 물류터미널 및 창고
② 「수산식품산업의 육성 및 지원에 관한 법률」에 따른 수산물가공업시설(냉동 · 냉장업 시설은 제외한다)
③ 「유통산업발전법」에 따른 전문상가단지
④ 「농수산물유통 및 가격안정에 관한 법률」에 따른 농수산물도매시장
⑤ 「자동차관리법」에 따른 자동차경매장

173 물류시설의 개발 및 운영에 관한 법령상 물류창고업의 등록에 관한 설명이다. (   )에 들어갈 내용은?

> 물류창고업의 등록을 한 자가 물류창고 면적의 (ㄱ) 이상을 증감하려는 경우에는 국토교통부와 해양수산부의 공동부령으로 정하는 바에 따라 변경 등록의 사유가 발생한 날부터 (ㄴ)일 이내에 변경등록을 하여야 한다.

① ㄱ : 100분의 5, ㄴ : 10
② ㄱ : 100분의 5, ㄴ : 30
③ ㄱ : 100분의 10, ㄴ : 10
④ ㄱ : 100분의 10, ㄴ : 30
⑤ ㄱ : 100분의 10, ㄴ : 60

174 물류시설의 개발 및 운영에 관한 법령상 복합물류터미널사업의 등록에 관한 설명으로 옳지 않은 것은?

① 「지방공기업법」에 따른 지방공사는 복합물류터미널사업의 등록을 할 수 있다.
② 복합물류터미널사업의 등록을 위해 갖추어야 할 부지 면적의 기준은 3만 3천 제곱미터 이상이다.
③ 복합물류터미널사업 등록이 취소된 후 1년이 지나면 등록결격사유가 소멸한다.
④ 국토교통부장관은 복합물류터미널사업의 변경등록신청을 받고 결격사유의 심사 후 신청내용이 적합하다고 인정할 때에는 지체없이 변경등록을 하여야 한다.
⑤ 복합물류터미널의 부지 및 설비의 배치를 표시한 축척 500분의 1 이상의 평면도는 복합물류터미널사업의 등록신청서에 첨부하여 국토교통부장관에게 제출하여야 할 서류이다.

175 물류시설의 개발 및 운영에 관한 법령상 입주기업체협의회에 관한 설명으로 옳지 않은 것은?

① 입주기업체협의회는 그 구성 당시에 해당 물류단지 입주기업체의 75퍼센트 이상이 회원으로 가입되어 있어야 한다.

② 입주기업체협의회의 회의는 정관에 다른 규정이 있는 경우를 제외하고는 회원 과반수의 출석과 출석회원 과반수의 찬성으로 의결한다.

③ 입주기업체협의회의 일반회원은 입주기업체의 대표자로 한다.

④ 입주기업체협의회의 특별회원은 일반회원 외의 자 중에서 정하되 회원자격은 입주기업체협의회의 정관으로 정하는 바에 따른다.

⑤ 입주기업체협의회는 매 사업연도 개시일부터 3개월 이내에 정기총회를 개최하여야 한다.

176 물류시설의 개발 및 운영에 관한 법령상 국가 또는 지방자치단체가 우선적으로 지원하여야 하는 기반시설로 명시된 것을 모두 고른 것은?

ㄱ. 하수도시설 및 폐기물처리시설	ㄴ. 보건위생시설
ㄷ. 집단에너지공급시설	ㄹ. 물류단지 안의 공동구

① ㄱ

② ㄴ, ㄹ

③ ㄱ, ㄴ, ㄷ

④ ㄱ, ㄷ, ㄹ

⑤ ㄴ, ㄷ, ㄹ

177 화물자동차 운수사업법령상 운송사업자의 직접운송의무에 관한 설명이다. (   )에 들어갈 내용은? (단, 사업기간은 1년 이상임)

- 일반화물자동차 운송사업자는 연간 운송계약 화물의 (ㄱ) 이상을 직접 운송하여야 한다.
- 운송사업자가 운송주선사업을 동시에 영위하는 경우에는 연간 운송계약 및 운송주선계약 화물의 (ㄴ) 이상을 직접 운송하여야 한다.

① ㄱ : 3분의 2, ㄴ : 3분의 1

② ㄱ : 100분의 30, ㄴ : 100분의 20

③ ㄱ : 100분의 30, ㄴ : 100분의 30

④ ㄱ : 100분의 50, ㄴ : 100분의 20

⑤ ㄱ : 100분의 50, ㄴ : 100분의 30

178 화물자동차 운수사업법령상 경영의 위탁 및 위·수탁계약에 관한 설명으로 옳지 않은 것은?

① 운송사업자는 화물자동차 운송사업의 효율적인 수행을 위하여 필요하면 다른 운송사업자에게 차량과 그 경영의 일부를 위탁할 수 있다.

② 국토교통부장관이 경영의 위탁을 제한하려는 경우 화물자동차 운송사업의 허가에 조건을 붙이는 방식으로 할 수 있다.

③ 위·수탁계약의 기간은 2년 이상으로 하여야 한다.

④ 위·수탁계약을 체결하는 경우 계약의 당사자는 양도·양수에 관한 사항을 계약서에 명시하여야 한다.

⑤ 위·수탁차주가 계약기간 동안 화물운송 종사자격의 효력 정지 처분을 받았다면 운송사업자는 위·수탁차주의 위·수탁계약 갱신 요구를 거절할 수 있다.

179 화물자동차 운수사업법상 화물자동차 운송가맹사업에 관한 설명으로 옳지 않은 것은?

① 다른 사람의 요구에 응하여 자기 화물자동차를 사용하여 유상으로 화물을 운송하는 사업은 화물자동차 운송가맹사업에 해당하지 않는다.

② 화물자동차 운송가맹사업의 허가를 받은 자는 화물자동차 운송주선사업의 허가를 받지 아니한다.

③ 화물자동차 운송가맹사업의 허가를 받은 자는 화물자동차 운송사업의 허가를 받지 아니한다.

④ 운송가맹사업자는 적재물배상 책임보험 또는 공제에 가입하여야 한다.

⑤ 운송가맹사업자의 화물정보망은 운송사업자가 다른 운송사업자나 다른 운송사업자에게 소속된 위·수탁차주에게 화물운송을 위탁하는 경우에도 이용될 수 있다.

180 화물자동차 운수사업법령상 운수사업자(개인 운송사업자는 제외)가 관리하고 신고하여야 하는 사항을 모두 고른 것은?

> ㄱ. 운수사업자가 직접 운송한 실적
> ㄴ. 운수사업자가 화주와 계약한 실적
> ㄷ. 운수사업자가 다른 운수사업자와 계약한 실적
> ㄹ. 운송가맹사업자가 소속 운송가맹점과 계약한 실적

① ㄱ, ㄴ ② ㄷ, ㄹ
③ ㄱ, ㄴ, ㄷ ④ ㄱ, ㄴ, ㄹ
⑤ ㄱ, ㄴ, ㄷ, ㄹ

181 화물자동차 운수사업법령상 공영차고지를 설치하여 직접 운영할 수 있는 자가 아닌 것은?

① 도지사
② 자치구의 구청장
③ 「지방공기업법」에 따른 지방공사
④ 「한국토지주택공사법」에 따른 한국토지주택공사
⑤ 「한국농수산식품유통공사법」에 따른 한국농수산식품유통공사

182 화물자동차 운수사업법령상 사업자단체에 관한 설명으로 옳지 않은 것은? (단, 협회는 화물자동차 운수사업법 제48조의 협회로 함)

① 운수사업자의 협회 설립은 화물자동차 운송사업, 화물자동차 운송주선사업 및 화물자동차 운송가맹사업의 종류별 또는 시·도별로 할 수 있다.
② 협회는 개인화물자동차 운송사업자의 화물자동차를 운전하는 사람에 대한 경력 증명서 발급에 필요한 사항을 기록·관리하고, 운송사업자로부터 경력증명서 발급을 요청받은 경우 경력증명서를 발급해야 한다.
③ 협회의 사업에는 국가나 지방자치단체로부터 위탁받은 업무가 포함된다.
④ 협회는 국토교통부장관의 허가를 받아 적재물배상 공제사업 등을 할 수 있다.
⑤ 화물자동차 휴게소 사업시행자는 화물자동차 휴게소의 운영을 협회에게 위탁할 수 있다.

183 화물자동차 운수사업법상 국가가 그 소요자금의 일부를 보조하거나 융자할 수 있는 사업이 아닌 것은?

① 낡은 차량의 대체
② 화물자동차 휴게소의 건설
③ 공동차고지 및 공영차고지 건설
④ 운수사업자의 자동차 사고로 인한 손해배상 책임의 보장
⑤ 화물자동차 운수사업의 서비스 향상을 위한 시설·장비의 확충과 개선

184 화물자동차 운수사업법상 화물자동차 운송주선사업에 관한 설명으로 옳은 것은?

① 운송주선사업자는 자기 명의로 다른 사람에게 화물자동차 운송주선사업을 경영하게 할 수 있다.

② 운송주선사업자는 화주로부터 중개 또는 대리를 의뢰받은 화물에 대하여 다른 운송주선사업자에게 수수료나 그 밖의 대가를 받고 중개 또는 대리를 의뢰할 수 있다.

③ 운송가맹사업자의 화물운송계약을 중개·대리하는 운송주선사업자는 화물자동차 운송가맹점이 될 수 있다.

④ 국토교통부장관은 운수종사자의 집단적 화물운송 거부로 국가경제에 매우 심각한 위기를 초래할 우려가 있다고 인정할 만한 상당한 이유가 있으면 운송주선사업자에게 업무개시를 명할 수 있다.

⑤ 운송주선사업자는 공영차고지를 임대받아 운영할 수 있다.

185 화물자동차 운수사업법상 화물의 멸실·훼손 또는 인도의 지연으로 발생한 운송사업자의 손해배상 책임에 관한 설명으로 옳지 않은 것은?

① 손해배상 책임에 관하여 「상법」을 준용할 때 화물이 인도기한이 지난 후 1개월 이내에 인도되지 아니하면 그 화물은 멸실된 것으로 본다.

② 국토교통부장관은 화주가 요청하면 운송사업자의 손해배상 책임에 관한 분쟁을 조정할 수 있다.

③ 국토교통부장관은 화주가 분쟁조정을 요청하면 지체 없이 그 사실을 확인하고 손해내용을 조사한 후 조정안을 작성하여야 한다.

④ 화주와 운송사업자 쌍방이 조정안을 수락하면 당사자 간에 조정안과 동일한 합의가 성립된 것으로 본다.

⑤ 국토교통부장관은 분쟁조정 업무를 「소비자기본법」에 따라 등록한 소비자단체에 위탁할 수 있다.

186 화물자동차 운수사업법령상 사업 허가 또는 신고에 관한 설명으로 옳은 것은?

① 운송사업자는 관할 관청의 행정구역 내에서 주사무소를 이전하려면 국토교통부 장관의 변경허가를 받아야 한다.

② 운송사업자는 허가받은 날부터 5년마다 허가기준에 관한 사항을 신고하여야 한다.

③ 국토교통부장관은 운송사업자가 사업정지처분을 받은 경우에도 주사무소를 이전하는 변경허가를 할 수 있다.

④ 운송주선사업자가 허가사항을 변경하려면 국토교통부장관의 변경허가를 받아야 한다.

⑤ 운송가맹사업자가 화물취급소를 설치하거나 폐지하려면 국토교통부장관의 변경 허가를 받아야 한다.

187 항만운송사업법령상 항만용역업의 내용에 해당하지 않는 것은?

① 통선으로 본선과 육지 사이에서 사람이나 문서 등을 운송하는 행위를 하는 사업

② 본선을 경비하는 행위나 본선의 이안 및 접안을 보조하기 위하여 줄잡이 역무를 제공하는 행위를 하는 사업

③ 선박의 청소[유창 청소는 제외한다], 오물 제거, 소독, 폐기물의 수집 · 운반, 화물 고정, 칠 등을 하는 행위를 하는 사업

④ 선박에 음료, 식품, 소모품, 밧줄, 수리용 예비부분품 및 부속품, 집기, 그 밖에 이와 유사한 선용품을 공급하는 행위를 하는 사업

⑤ 선박에서 사용하는 맑은 물을 공급하는 행위를 하는 사업

188 항만운송사업법령상 항만운송사업에 관한 설명으로 옳지 않은 것은?

① 항만하역사업의 등록신청서에 첨부하여야 하는 사업계획에는 사업에 제공될 수면 목재저장소의 수, 위치 및 면적이 포함되어야 한다.

② 항만운송사업의 등록을 신청하려는 자가 법인인 경우 등록신청서에 정관을 첨부하여야 한다.

③ 검수사의 자격이 취소된 날부터 2년이 지나지 아니한 사람은 검수사의 자격을 취득할 수 없다.

④ 「민사집행법」에 따른 경매에 따라 항만운송사업의 시설 · 장비 전부를 인수한 자는 종전의 항만운송사업자의 권리 · 의무를 승계한다.

⑤ 항만하역사업의 등록을 한 자는 컨테이너 전용 부두에서 취급하는 컨테이너 화물에 대하여 그 운임과 요금을 정하여 관리청의 인가를 받아야 한다.

189 항만운송사업법령상 부두운영회사의 운영 등에 관한 설명으로 옳은 것은?

① 항만시설운영자등은 항만시설등의 효율적인 사용 및 운영 등을 위하여 필요하다고 인정하는 경우에는 부두운영회사 선정계획의 공고 없이 부두운영계약을 체결할 수 있다.

② 부두운영회사의 금지행위 위반 시 책임에 관한 사항은 부두운영계약에 포함되지 않아도 된다.

③ 부두운영회사가 부두운영 계약기간을 연장하려는 경우에는 그 계약기간이 만료되기 3개월 전까지 부두운영계약의 갱신을 신청하여야 한다.

④ 화물유치 또는 투자 계획을 이행하지 못한 부두운영회사에 대하여 부과하는 위약금은 분기별로 산정하여 합산한다.

⑤ 항만운송사업법에서 정한 것 외에 부두운영회사의 항만시설 사용에 대해서는 「국유재산법」 또는 「지방재정법」에 따른다.

190 유통산업발전법상 용어의 정의에 관한 설명으로 옳지 않은 것은?

① "임시시장"이란 다수의 수요자와 공급자가 일정한 기간 동안 상품을 매매하거나 용역을 제공하는 일정한 장소를 말한다.

② "상점가"란 같은 업종을 경영하는 여러 도매업자 또는 소매업자가 일정 지역에 점포 및 부대시설 등을 집단으로 설치하여 만든 상가단지를 말한다.

③ "무점포판매"란 상시 운영되는 매장을 가진 점포를 두지 아니하고 상품을 판매하는 것으로서 산업통상자원부령으로 정하는 것을 말한다.

④ "물류설비"란 화물의 수송·포장·하역·운반과 이를 관리하는 물류정보처리활동에 사용되는 물품·기계·장치 등의 설비를 말한다.

⑤ "공동집배송센터"란 여러 유통사업자 또는 제조업자가 공동으로 사용할 수 있도록 집배송시설 및 부대업무시설이 설치되어 있는 지역 및 시설물을 말한다.

191 유통산업발전법의 적용이 배제되는 시장·사업장 및 매장을 모두 고른 것은?

> ㄱ. 「농수산물 유통 및 가격안정에 관한 법률」에 따른 농수산물공판장
> ㄴ. 「농수산물 유통 및 가격안정에 관한 법률」에 따른 민영농수산물도매시장
> ㄷ. 「농수산물 유통 및 가격안정에 관한 법률」에 따른 농수산물종합유통센터
> ㄹ. 「축산법」에 따른 가축시장

① ㄹ

② ㄱ, ㄷ

③ ㄴ, ㄹ

④ ㄱ, ㄴ, ㄷ

⑤ ㄱ, ㄴ, ㄷ, ㄹ

192 유통산업발전법상 대규모점포등에 관한 설명으로 옳은 것은?

① 대규모점포를 개설하려는 자는 영업을 개시하기 30일 전까지 개설 지역 및 시기 등을 포함한 개설계획을 예고하여야 한다.

② 유통산업발전법을 위반하여 징역의 실형을 선고받고 그 집행이 면제된 날부터 6월이 지난 사람은 대규모점포등의 등록을 할 수 있다.

③ 대형마트의 영업시간을 제한하는 경우 조례로 달리 정하지 않는 한 오전 0시부터 오전 11시까지의 범위에서 영업시간을 제한할 수 있다.

④ 대규모점포등관리자는 대규모점포등의 관리 또는 사용에 관하여 입점상인의 3분의 2 이상의 동의를 얻어 관리규정을 제정하여야 한다.

⑤ 대규모점포등개설자가 대규모점포등을 폐업하려는 경우에는 특별자치시장 · 시장 · 군수 · 구청장의 허가를 받아야 한다.

193 유통산업발전법상 유통산업의 경쟁력 강화에 관한 설명으로 옳은 것은?

① 체인사업자는 체인점포의 경영을 개선하기 위하여 유통관리사의 고용 촉진을 추진하여야 한다.

② 지방자치단체의 장은 자신이 건립한 중소유통공동도매물류센터의 운영을 중소유통기업자단체에 위탁할 수 없다.

③ 상점가진흥조합은 협동조합으로 설립하여야 하고 사업조합의 형식으로는 설립할 수 없다.

④ 지방자치단체의 장은 상점가진흥조합이 조합원의 판매촉진을 위한 공동사업을 하는 경우에는 필요한 자금을 지원할 수 없다.

⑤ 상점가진흥조합의 구역은 다른 상점가진흥조합 구역의 5분의 1 이하의 범위에서 그 다른 상점가진흥조합의 구역과 중복되어 지정할 수 있다.

194 유통산업발전법령상 공동집배송센터에 관한 설명으로 옳지 않은 것은?

① 산업통상자원부장관은 공동집배송센터를 지정하거나 변경지정하려면 미리 관계 중앙행정기관의 장과 협의하여야 한다.

② 공동집배송센터사업자가 신탁계약을 체결하여 공동집배송센터를 신탁개발하는 경우 신탁계약을 체결한 신탁업자는 공동집배송센터사업자의 지위를 승계한다.

③ 공업지역 내에서 부지면적이 2만제곱미터이고, 집배송시설면적이 1만제곱미터인 지역 및 시설물은 공동집배송센터로 지정할 수 없다.

④ 산업통상자원부장관은 공동집배송센터의 시공후 공사가 6월 이상 중단된 경우에는 공동집배송센터의 지정을 취소할 수 있다.

⑤ 공동집배송센터의 지정을 추천받고자 하는 자는 공동집배송센터지정신청서에 부지매입관련 서류를 첨부하여 시·도지사에게 제출하여야 한다.

195 철도사업법령상 철도사업의 면허에 관한 설명으로 옳지 않은 것은?

① 철도사업을 경영하려는 자는 지정·고시된 사업용철도노선을 정하여 국토교통부 장관의 면허를 받아야 한다.

② 국토교통부장관은 면허를 하는 경우 철도의 공공성과 안전을 강화하고 이용자 편의를 증진시키기 위하여 필요한 부담을 붙일 수 있다.

③ 법인이 아닌 자도 철도사업의 면허를 받을 수 있다.

④ 철도사업의 면허를 받기 위한 사업계획서에는 사용할 철도차량의 대수·형식 및 확보계획이 포함되어야 한다.

⑤ 신청자가 해당 사업을 수행할 수 있는 재정적 능력이 있어야 한다는 것은 면허 기준에 포함된다.

196 철도사업법령상 전용철도 등록사항의 경미한 변경에 해당하지 않는 것은?

① 운행시간을 단축한 경우

② 배차간격을 연장한 경우

③ 철도차량 대수를 10분의 2의 범위 안에서 변경한 경우

④ 전용철도를 운영하는 법인의 임원을 변경한 경우

⑤ 전용철도 건설기간을 6월의 범위 안에서 조정한 경우

197 철도사업법상 여객 운임에 관한 설명으로 옳지 않은 것은?

① 철도사업자는 재해복구를 위한 긴급지원이 필요하다고 인정되는 경우에는 일정한 기간과 대상을 정하여 여객 운임·요금을 감면할 수 있다.

② 철도사업자는 여객 운임·요금을 감면하는 경우에는 그 시행 3일 이전에 감면 사항을 인터넷 홈페이지 등 일반인이 잘 볼 수 있는 곳에 게시하여야 하며, 긴급한 경우에는 미리 게시하지 아니할 수 있다.

③ 철도사업자는 열차를 이용하는 여객이 정당한 운임·요금을 지급하지 아니하고 열차를 이용한 경우에는 승차 구간에 해당하는 운임 외에 그의 50배의 범위에서 부가 운임을 징수할 수 있다.

④ 철도사업자는 송하인이 운송장에 적은 화물의 품명·중량·용적 또는 개수에 따라 계산한 운임이 정당한 사유 없이 정상 운임보다 적은 경우에는 송하인에게 그 부족 운임 외에 그 부족 운임의 5배의 범위에서 부가 운임을 징수할 수 있다.

⑤ 철도사업자는 부가 운임을 징수하려는 경우에는 사전에 부가 운임의 징수 대상 행위, 열차의 종류 및 운행 구간 등에 따른 부가 운임 산정기준을 정하고 철도 사업약관에 포함하여 국토교통부장관에게 신고하여야 한다.

198 철도사업법령상 국유철도시설의 점용허가에 관한 설명으로 옳지 않은 것은?

① 국유철도시설의 점용허가는 철도사업자와 철도사업자가 출자·보조 또는 출연한 사업을 경영하는 자에게만 하여야 한다.

② 국유철도시설의 점용허가를 받은 자는 부득이한 사유가 없는 한 매년 1월 15일까지 당해연도의 점용료 해당분을 선납하여야 한다.

③ 국유철도시설의 점용허가로 인하여 발생한 권리와 의무를 이전하려는 경우에는 국토교통부장관의 인가를 받아야 한다.

④ 국토교통부장관은 점용허가를 받은 자가 「공공주택 특별법」에 따른 공공주택을 건설하기 위하여 점용허가를 받은 경우 점용료를 감면할 수 있다.

⑤ 국토교통부장관은 점용허가기간이 만료된 철도 재산의 원상회복의무를 면제하는 경우에 해당 철도 재산에 설치된 시설물 등의 무상 국가귀속을 조건으로 할 수 있다.

199 농수산물 유통 및 가격안정에 관한 법률상 민영도매시장에 관한 설명으로 옳은 것은?

① 민간인 등이 광역시 지역에 민영도매시장을 개설하려면 농림축산식품부장관의 허가를 받아야 한다.

② 민영도매시장 개설허가 신청에 대하여 시·도지사가 허가처리 지연 사유를 통보하는 경우에는 허가 처리기간을 10일 범위에서 한 번만 연장할 수 있다.

③ 시·도지사가 민영도매시장 개설 허가 처리기간에 허가 여부를 통보하지 아니하면 허가 처리기간의 마지막 날에 허가를 한 것으로 본다.

④ 민영도매시장의 개설자는 시장도매인을 두어 민영도매시장을 운영하게 할 수 없다.

⑤ 민영도매시장의 중도매인은 해당 민영도매시장을 관할하는 시·도지사가 지정한다.

200 농수산물 유통 및 가격안정에 관한 법령상 도매시장법인에 관한 설명이다. (   )에 들어갈 내용은?

> • 도매시장 개설자는 도매시장에 그 시설규모·거래액 등을 고려하여 적정수의 도매시장법인·시장도매인 또는 중도매인을 두어 이를 운영하게 하여야 한다. 다만, 중앙도매시장의 개설자는 (ㄱ)와 수산부류에 대하여는 도매시장법인을 두어야 한다.
> • 도매시장법인은 도매시장 개설자가 부류별로 지정하되, 중앙도매시장에 두는 도매시장법인의 경우에는 농림축산식품부장관 또는 해양수산부장관 과 협의하여 지정한다. 이 경우 (ㄴ) 이상 10년 이하의 범위에서 지정유효기간을 설정할 수 있다.

① ㄱ : 청과부류, ㄴ : 3년
② ㄱ : 양곡부류, ㄴ : 3년
③ ㄱ : 청과부류, ㄴ : 5년
④ ㄱ : 양곡부류, ㄴ : 5년
⑤ ㄱ : 축산부류, ㄴ : 5년

MEMO

물 류 관 리 사 기 출 문 제 집

CERTIFIED
PROFESSIONAL
LOGISTICIAN

기출문제
정답 및 해설

정답 및 해설

2017년 기출문제

001	002	003	004	005	006	007	008	009	010
④	③	④	③	④	④	①	①	③	④
011	012	013	014	015	016	017	018	019	020
②	④	④	⑤	②	③	②	①	⑤	③
021	022	023	024	025	026	027	028	029	030
②	②	⑤	②	⑤	②	①	①	①	①
031	032	033	034	035	036	037	038	039	040
③	④	⑤	⑤	③	③	②	①	⑤	①

001 물류관리의 목표는 물류비용의 절감 및 고객서비스의 개선으로 이 둘은 상충 관계에 있다. 노동투입을 증가시키면 물류비용이 증가하므로 올바르지 않은 표현이다.

002 ① 상거래의 결과로 발생하는 물류관리는 제품의 이동이나 보관에 대한 수요를 충족시켜 유통기능을 완결시키는 역할을 한다(수요의 유발이 아니라 수요를 충족시키는 것이다).
② 유통관리는 형태 효용, 시간 효용, 장소 효용, 소유 효용을 창출하며, 형태 효용은 생산, **시간과 장소 효용은 물류관리, 소유 효용은 마케팅(마케팅 중 특히 유통)**과 밀접한 연관성이 있다.
④ 물류발전을 통하여 지역 간 균형발전을 도모할 수 있음은 물론 교통체증 **완화로 이어져 생활환경이 개선**된다.
⑤ 물류활동은 기존의 수송, 보관, 하역 등 **기능별 시스템화(부분최적화)에서 종합적인 시스템(전체최적화)**으로 관리할 필요성이 요구된다.

003 SRM 솔루션의 운영을 통하여 모든 공급자가 아닌 **외부 공급자와 사용기업 사이**의 장기적인 협업관계 형성을 가능하게 한다.

004 분산구매의 장점에 대한 설명이다.

005 ① 시너지플러스(Synergy plus) : 복수의 화주에게 물류서비스를 제공하는 서비스제공업체(물류업체, 컨설팅회사 등)의 브레인 역할을 수행한다.
② 솔루션통합자(Solution integrator) : 복수의 서비스제공업체를 통합하여 화주에게 물류서비스를 제공한다.
③ 거래파트너(Trading partner) : 화주와 서비스제공사 간의 조정, 통제의 역할을 수행하며 공급망 설계 등을 제공한다.
⑤ 제4자 물류 기업 유형에 해당하지 않는다.

006 ERP 시스템은 전사적 자원관리로서 생산 및 재고계획, 구매, 창고, 재무, 회계, 인적 자원, 고객관계관리 등과 같은 다양한 업무의 **종합적인 시스템화**를 추구하는 경영혁신기법이다.

007 물류서비스 품질은 기대와 인지 사이의 불일치 정도로 파악할 수 있으며 **고객에게 인지된 서비스와 고객이 기대했던 서비스를 비교**한 결과로 결정된다.

008 효율적 공급사슬은 비용을 절감하는 데 초점이 맞춰져 있고, 대응적 공급사슬의 경우 상황 변화에 어떻게 대응할지에 초점이 맞춰져 있다.

009 • FIFO : 10개×1,000원＋15개×1,500원＝32,500원
• LIFO : 20개×1,500원＋5개×1,000원＝35,000원
즉, 출고금액의 차이는 2,500원이다.

010 ① MRO의 주된 구매품목은 생산활동에 필요한 직접 관련 원자재를 제외한, 관리 등에 필요한 **모든 소모성 자재** 등을 의미한다.
② MRO 사업자는 구매 대상 품목을 **표준화하여 주문관리 효율성을 증진시킬 필요가 있다.
③ MRO는 Maintenance, Repair & Operation의 약어이다.
⑤ MRO 사업자는 여러 공급업체를 통합하여 표준화된 상품** 데이터베이스를 구축한다.

011 CPFR은 '협력적 계획예측 및 보충시스템'으로 무엇보다 협업관계를 개발하는 것이 최우선되어야 한다. 그 후 계획, 예측, 보충을 하는 것이다.

012 고객의 Needs가 복잡해지고 다양해져 **다품종 소량생산의 요구가 많아지므로** 이에 대응하기 위해 SCM이 **필요한 것**이며 단순기능제품의 대량생산방식을 추구하고 있기 때문에 SCM이 필요한 것이 아니다.

013 완전주문충족률 = 정시에 완전한 수량으로 손상없이 정확한 문서와 함께 인도된 건수/총주문건수(신뢰성의 지표가 된다)
  ① 현금화 사이클 타임(cash－to－cash cycle time) : 원자재 현금 구입 시점부터 제품 판매를 통한 현금 회수 시점까지의 시간을 평가한 것
  ② 주문충족 리드타임(order fulfillment lead time) : 고객의 주문 요구에 서비스로 대응한 시점까지의 시간을 평가한 것
  ③ 총공급사슬관리비용(total supply chain management cost) : 제조사 및 공급업체의 공급망 프로세스와 관련된 고정 및 운영비용 등의 측정치를 평가한 것
  ⑤ 공급사슬 대응시간(supply chain response time) : 공급망이 시장 수요에 신속하게 대응할 수 있는 시간을 평가한 것

014 유통기업들은 유통채널을 기존의 싱글채널, 다채널(Multi channel)에서 고객이 모바일, 온라인, 오프라인 등을 통해서 상품을 검색하고 구매할 수 있도록 하는 옴니채널(Omni channel)로 전환하고 있다.

015 구매활동은 물류, 생산, 마케팅활동과 종합적으로 **연결되어 전체 물류로서 수행**된다.

016 ③은 물류정보에 대한 설명이다.

017 아웃렛(Outlet Store)에 대한 설명이다.

018 지급 형태별 구분에 해당하는 비용 항목은 자가물류비와 위탁물류비로 구분된다.

과목	비목	
영역별	• 조달물류비	• 사내물류비
	• 판매물류비	• 역물류비
기능별	• 운송비	• 보관비
	• 포장비	• 하역비
	• 물류정보	• 관리비

지급 형태별	• 자가물류비	• 위탁물류비
세목별	• 재료비	• 노무비
	• 경비	• 이자
조업도별	• 고정물류비	• 변동물류비

019 모두 옳은 표현이다.

020 물류비관리시스템 구축 자체는 목적이 아니라 수단일 뿐이다. 즉, 물류비관리시스템은 구축비용이 고가이므로 초반에는 물류비를 상승시키는 단점이 있으나 구축된 물류비관리시스템을 활용함으로써 장기적으로는 물류비를 절감시키는 효과가 있다.

021 2차원 코드는 데이터 구성 방법에 따라 다층형(1차원 바코드를 여러 겹으로 하는 것)과 **매트릭스형 코드**로 나뉜다.

022 '배터리를 내장'하고 있다는 키워드를 통해 태그의 유형 중 능동형, 반능동형(반수동형)으로 선지를 좁힐 수 있고, '판독기로부터 신호를 받을 때까지는 미작동'이라는 말을 통해 반능동형(반수동형)(Semi－passive type)임을 알 수 있다.

023 공급자 중심이 아닌 **수요자 중심** 경제이다.

024 생산, 유통, 소비 분야에서 물자가 요구되는 상황에 따라 물량, 장소, 시기의 **우선순위별**로 집중하여 제공하는 원칙은 **집중 지원의 원칙**이다.

025 물류정보시스템은 단거리, 장거리 등 거리의 제한 없이 업무처리를 할 수 있다.

026 물류합리화의 핵심은 물류표준화와 물류공동화로 대별되며, 물류공동화는 효율성 제고 및 비용 절감의 효과를 누리기 위한 것이므로 화물의 품질을 높이는 것과는 전혀 관련이 없다.

027 물류 업무 인원을 **감소시킬** 수 있다.

028 수배송관리시스템(TMS)에 대한 설명이다.
  ② TRS(Trunked Radio System) : 주파수 공용통신으로 중계국에 할당된 여러 개의 채널을 공동으로 사용하는 무전기시스템

③ EDI(Electronic Data Interchange) : 전자문서 교환시스템
④ Procurement System : 조달업무를 전자화한 시스템
⑤ GIS-T(Geographical Information System for Transportation) : 운송을 위한 교통지리정보시스템

029 ㄱ. '조직 및 구성원 모두가 품질관리의 실천자'라는 어구를 통해 전사적 품질경영(TQM : Total Quality Management)에 대한 설명임을 알 수 있다.
ㄴ. '무결점 품질을 목표'라는 어구를 통해 6시그마에 대한 설명임을 알 수 있다.
ㄷ. '제약요인(constraints)을 찾아 집중적으로 개선' 이라는 어구를 통해 제약이론(TOC : Theory Of Constraint)에 대한 설명임을 알 수 있다.

030 공동배송센터(Joint Distribution Center)에 대한 설명이다.
② 스태커크레인 등을 사용하여 입출고작업을 하는 창고로 입체자동화창고라고도 한다.
③ 국가 또는 지방공공단체가 공공의 이익을 목적으로 건설한 창고를 말한다.
④ 항만 터미널과 내륙운송수단 간 연계가 편리한 산업 지역에 위치한 컨테이너 장치장이나 컨테이너 화물에 통관기능까지 부여된 컨테이너 통관기지 장소를 말한다.
⑤ 컨테이너의 하역작업을 위해 컨테이너의 인수·인도·보관을 위한 컨테이너를 쌓아 두는 장소를 말한다.

031 ① 물류거점을 통한 수·배송으로 수송경로가 단축되고 대형차량의 이용이 가능하므로 규모의 경제를 달성하여 결론적으로 수송비가 **감소**한다.
② 지점과 영업소의 수주 통합으로 효율적 물류관리가 이루어지고, 리드타임(lead time)이 **감소**한다.
④ 물류거점(물류센터 등)에서 하역의 기계화, 창고자동화 추진이 가능하므로 물류효율성이 **증가**한다.
⑤ 영업부는 **판매활동**에만 전념하여 도·소매업의 매출이 증대된다.

032 상충 관계를 고려하여 **물류서비스의 향상과 함께 물류비를 최소화**하는 것이다.

033 ① 20피트 컨테이너에 1단적 적입하는 경우 2열씩 10개까지 적재할 수 있다.

② 20피트 컨테이너에 2단적 적입하는 경우 2열씩 20개까지 적재할 수 있다.
③ 40피트 컨테이너에 1단적 적입하는 경우 2열씩 20개까지 적재할 수 있다.
④ 40피트 컨테이너에 2단적 적입하는 경우 2열씩 40개까지 적재할 수 있다.
⑤ 45피트 컨테이너에 2단적 적입하는 경우 2열씩 40(44)개까지 적재할 수 있다.
※ ISO표준컨테이너의 크기
20피트 컨테이너 높이 2.4m×폭 2.6m ×길이 6m
40피트 컨테이너 높이 2.4m×폭 2.6m ×길이 12m
45피트 컨테이너 높이 2.4m×폭 2.6m ×길이 13m

034 균형성과표(BSC : Balanced Scorecard)는 재무적 성과 외에도 고객, 내부프로세스, 학습과 성장도 중요하게 고려하는 것이다. 균형성과표의 성공을 위해서는 실무자와 경영자 및 관리자가 함께 노력하여야 한다.

035 손익분기점 판매량
$$\frac{고정원가}{(단위당\ 가격 - 단위당\ 변동비)} = \frac{고정원가}{단위당\ 공헌이익}$$
$$= 10{,}000{,}000/5{,}000 = 2{,}000개$$

036 • T11은 1,100×1,100, T12는 1,200×1,000을 의미한다.
• 해당 문제는 보기에 치수를 대입하는 방식으로 푸는 것이 효율적이다.
※ T11 및 T12 표준파레트 모두 적용되는 포장모듈 치수는 600mm×500mm, 600mm×250mm, 500mm×300mm, 500mm×200mm, 300mm ×250mm, 300mm×200mm, 250mm×200mm 이다.

037 국토교통부는 친환경 물류활동을 하는 기업을 평가하여, **화주기업이나 물류기업을 대상**으로 우수녹색물류실천기업으로 인증하고 있다.

038 2020 물류분야 온실가스 감축목표치가 가장 높은 사업은 철도, 연안해운 전환수송(modal shift)(515만 톤), 3PL 및 공동물류활성화(358만 톤) 순이다.

039 현실적으로 재래시장에서는 비용상의 문제로 모든 농산물에 콜드체인시스템을 적용하기는 어렵다.

040 ISO 10000은 품질기준시리즈이며 품질경영시스템은 ISO 9001이다.

2018년 기출문제

001	002	003	004	005	006	007	008	009	010
②	①	⑤	③	①	⑤	③	④	②	②
011	012	013	014	015	016	017	018	019	020
①	①	⑤	④	③	⑤	④	①	④	②
021	022	023	024	025	026	027	028	029	030
③	⑤	③	④	⑤	⑤	④	④	②	③
031	032	033	034	035	036	037	038	039	040
④	②	②	①	④	⑤	②	⑤	①	③

001 자사화물 중심의 수·배송물류 추구에서 제3자물류 또는 제4자물류 추구로 발전하고 있다.

002 주문 횟수가 감소하는 것이 아니라 전자상거래 확산으로 소량 다빈도주문이 증가하여 물류의 중요성이 부각되고 있다.

003
- 물류비 200억 × 9% = 18억
- 물류비 10% 절감 시 물류비 절감 효과 = 1.8억
- x(매출액) × 2% = 1.8억, x는 90억원

004

지역	제품	거리	중량	배부기준
가	A	100km	200톤	100 × 200톤 = 2만톤 킬로미터
	B		300톤	100 × 300톤 = 3만톤 킬로미터
나	A	300km	200톤	300 × 200 = 6만톤 킬로미터
	B		100톤	300 × 100 = 3만톤 킬로미터

→ A기업의 합 8만톤 킬로미터, B기업의 합 6만톤 킬로미터이다. 즉, 운송비 비율은 4 : 3이다.

005 물류의 기본적 기능으로는 **장소적 기능, 시간적 기능, 인격적 기능, 가격적 기능, 품질적 기능, 수량적 기능**이 있다.

006 물류비의 비목별 계산 과정은 '물류비 계산 욕구 명확화 → 자료 식별 및 입수 → 물류비 배부기준의 선정 → 물류비 배부와 집계 → 물류비 계산의 보고'로 이루어진다.

007 세계교역량의 급격한 **증가**가 올바른 표현이다.

008 노무비는 기능별 물류비가 아닌 세목별 물류비(재료비, 노무비, 경비, 이자)이다.

009 **주문처리활동(Order Processing)**은 적재서류 준비, 재고기록 갱신, 신용장 처리작업, 주문 확인 등의 활동이다.

010 고객서비스 측정 요소 중 거래 전 요소는 목표 배송일(target delivery dates), 재고 가용성(stock availability)이다. 주문이행 비율(order fill rate)과 정시 배달(on-time delivery)은 거래 시 요소, 고객 불만(customer complaints)과 회수 및 클레임(returns and claims)은 거래 후 요소이다.

011 고가 상품의 가격이 변하지 않을 경우에는 수요의 변동성이 작으므로 공급사슬의 수익관리전략이 유용하지 않다(수요의 변동이 심한 경우 공급사슬의 수익관리전략이 유용하다).

012 공급사슬의 유연성이나 신속성을 달성하는 방법으로 비용 절감보다는 고객의 요구에 대응하기 위해 다양한 전략이 마련되어야 한다.

013 제품의 유통지역이 가장 광범위하며 제품가용성을 높이기 위하여 많은 수의 물류거점이 필요한 시기는 '**성숙기**'이다.

014 최근에는 제품의 수명주기가 점점 짧아지고 있다.

015 대응적 공급사슬은 고객 욕구에 신속히 대응하는 전략이고, 효율적 공급사슬은 비용을 절감하고 편익(고객 만족)을 증가시키는 전략이다.

016 ① 크로스도킹(cross docking)은 미국의 **월마트**에서 개발하고 실행하여 성공을 거둔 공급사슬관리 기법이다.
② 채찍효과(bullwhip effect)의 경우 단순 계약 관계의 구축보다는 **공급사슬 내 각 주체 간의 전략적 파트너십이 채찍효과 감소**에 도움이 된다.
③ CRM(Customer Relationship Management)은 **공급자가 아닌 소비자들**을 고객으로 만들고 장기간 관계를 유지하고자 하는 것이다.

④ CPFR(Collaborative Planning Forecasting and Replenishment)은 모든 참여자들이 원할 때 원자재 및 완제품을 가질 수 있는 계획을 수립하고 수요를 예측하는 기법이다. 공장에서 제품을 완성하는 대신 시장 가까이로 제품의 완성을 지연시켜 소비자가 원하는 다양한 수요를 개별적으로 만족시킬 수 있도록 하는 것은 지연전략(postponement)이다.

017 공급사슬 취약성의 증가 요인은 수요의 변동성 증가, 글로벌화 전략, 아웃소싱 전략이다. 공급사슬 구성원들의 협력체제 구축은 공급사슬을 강화할 수 있는 요인이다.

018 전략이 전술보다 상위 개념이다. 전술(관리)적 계획은 의사결정이 일상적이고 구체적이지만, 전략적 계획은 의사결정이 혁신적이고 불확실하다.

019 자사만의 독자적인 물류비 적용 기준을 확립하는 것은 기업의 개별적인 운영상의 한계를 극복하기 위한 물류공동화의 취지에 어긋나므로 물류공동화 전제 조건으로 옳지 않다.

020 시장조사법에 대한 설명이다. 나머지 선지는 모두 정량적 예측방법이다.

021 물류는 마케팅믹스의 4P 중 유통(place)과 가장 밀접한 관계가 있다.

022 카탈로그 쇼룸(Catalog Showrooms)은 대형 쇼핑센터와 인접한 곳에 단독출점하여 **무점포에 가까운 형태이긴 하지만**, 상품 쇼룸과 카탈로그를 비치해 두고 소비자는 구입 신청에 필요한 사항을 기입하여 제출하면 계산한 후 점포의 상품 수불대에서 상품을 수령하는 셀프서비스 방식의 소매 업태이다.

023 '상품구색의 변화'에 기초하여 소매상의 변천 과정을 설명하는 이론은 소매 아코디언 이론이다.

024 주변의 교통혼잡을 완화시키는 것이 공동 수·배송 도입에 따른 기대효과이다.

025 ① 사내물류(생산물류)에 대한 설명이다.
② 반품물류에 대한 설명이다.
③ 판매물류에 대한 설명이다.
④ 조달물류에 대한 설명이다.

026

	수요 예측량	예정 입고량	재고량	발주량
현재	–	–	150개	70개
1주	40개		110개	70개
2주	50개		60개	
3주	50개	70개	80개 (10 + 70)	
4주	50개	70개	100개 (70 + 30)	

027 바코드는 결제시스템(QR 코드 등)에도 사용되고 있다.

⑤ EAN – 14(GS1 – 14, KAN)는 업체 간 거래 단위인 물류 단위, 주로 골판지박스에 사용되는 국제표준 물류 바코드이다.

028 역물류와 재주문은 관련이 없다.

029
• 연료 사용량 : 30,000/5km = 6,000
• 추정 배출량 : 6,000 × 0.002 = 12

030 물류정보시스템에 생산관리 모듈은 포함되어 있지 않다.

031 ① 주문처리 우선순위는 주문처리시간에 **영향을 미친다.**

② 병렬처리(parallel processing) 방식은 **순차처리(sequential processing) 방식에 비해** 총 주문처리시간이 단축될 수 있다.

③ 주문을 모아서 일괄처리하면 주문처리비용은 단축되지만 실시간 처리하는 것보다는 **주문처리시간이 증가**한다.

⑤ 물류정보시스템을 활용하여 주문처리시간을 줄이기 위해서는 **초기 투자비용이 많이 소요**된다.

032 최초의 물류보안제도는 2001.9.11. '9.11 테러' 이후의 2002 반테러 민관협력제도 C – TPAT이다.

033 ① ISBN(International Standard Book Number)은 출판물의 효율화를 위한 표시 제도로 음성, 영상 등 무형의 자료를 **포함하여** 종이에 인쇄된 대부분의 출판물에 고유번호를 부여하는 것이다.

③ POS(Point of Sales) 시스템의 장점은 바코드를 사용하여 상품의 정보를 간단하게 읽을 수 있고 오류가 감소하여 **인건비가 감소**된다는 것이다.

④ CVO(첨단화물운송시스템)는 지능형교통시스템(ITS)의 일종으로 교통여건, 도로상황 등 각종 교통정보를 운전자에게 신속하고 정확하게 제공한다.

⑤ **전자문서교환(Electronic Data Interchange)**은 기업 간에 데이터를 효율적으로 교환하기 위해 지정한 데이터와 문서의 표준화 시스템이지, 인쇄된 문서를 교환하는 시스템이 아니다.

034 산출회계(throughput accounting, 스루풋회계)는 재고를 **투자**로 평가한다.

035 물류시스템과 관련된 개별비용은 상충(Trade off)된다(**예** 물류거점 수가 증가하면 수송비는 늘어나고 배송비는 감소함).

① 생산지(원자재 공급지)에서 소비지까지 연계되도록 물류시스템을 구축한다.

036 매트릭스형 물류조직에 대한 설명이다.

037 6 – 시그마 수준은 같은 실험을 100만 회 시행했을 때 3.4회(3.4ppm) 정도 오류가 나는 수준이다.

038 모두 옳은 표현이다.

039 7R은 적격 상품(Right Commodity), 적절한 가격(Right Price), 적절한 품질(Right Quality), 적절한 양(Right Quantity), 적절한 장소(Right Place), 적절한 시간(Right Time), 좋은 인상(Right Impression)으로 이루어진다.

040 지식기능(AI)과 관련한 물류합리화 유형은 생지능형, 인력을 줄이는 것을 생력이라고 한다.

001	002	003	004	005	006	007	008	009	010
③	⑤	②	①	③	④	③	②	④	①
011	012	013	014	015	016	017	018	019	020
②	①	③	②	⑤	⑤	②	③	④	②
021	022	023	024	025	026	027	028	029	030
③	⑤	④	③	④	①	③	⑤	④	①
031	032	033	034	035	036	037	038	039	040
⑤	⑤	①	③	②	①	⑤	④	②	④

001 유통가공은 생산자로부터 소비자에 이르기까지 유통 과정에서 추가되는 작업(냉장, 냉동, 조립, 라벨링)을 말하며 상품유통 전문업자 등이 적극적으로 개입하고 있다.

002 역물류는 반품, 회수, 폐기물류로 구분된다. 일회용 소모성 자재는 재활용할 수 없으므로 회수물류 대상에 해당하지 않는다.

003 스마트팩토리는 설계 · 개발, 제조 및 유통 · 물류 등 생산과정에 디지털 자동화 솔루션이 결합된 정보통신 기술(ICT)을 적용하여 생산성, 품질, 고객만족도를 향상시키는 지능형 생산공장으로 다품종 소량, 다빈도(소로트 다빈도배송) 생산이 가능하다.

004 ② 상품의 거래활동은 상적유통에 해당한다.
③ 금융, 보험 등의 보조활동은 유통조성기능에 해당한다.
④ 판매를 위한 상품의 포장은 물적유통에 해당한다.
⑤ 효율 향상을 위해 상적유통과 물적유통을 구분하여 관리해야 한다(상물분리).

005 물류서비스 품질을 결정하는 요인 중 서비스 시행 중의 요인으로는 재고수준, 주문의 편리성, 시스템의 정확성이 있다. ㄷ, ㄹ, ㅂ은 거래 전 요인에 해당한다.

006 신규 물류서비스를 도입하고자 할 때의 추진 순서는 '고객 목표시장(Target Market) 선정 → 고객 니즈(Needs)에 부합하는 물류서비스 개발 → 물류서비스 실행을 위한 운영전략 수립 → 물류서비스 제공 시스템 구축'이다.

007 한 기업이 경쟁업체의 우수한 물류서비스를 모방하는 것은 어렵긴 하지만 가능하다(벤치마킹).

008 생산 및 운송 로트(Lot) 대량화는 물류서비스의 신뢰성을 향상시킨다기보다는 효율성을 증대시키기 위한 방안이다.

009 부품공급에서 소비자에 이르는 공급사슬에서 경로구성원 각자의 이익극대화(부분최적화)보다는 **공급사슬 전체의 이익극대화(전체최적화)를 추구**해야 한다.

010 ② 수요 예측, 주문 처리 등은 전술적 의사 결정에 해당한다.
③ 운영 절차, 일정 계획 등은 운영적 의사 결정에 해당한다.
④ 마케팅 전략, 고객서비스 요구 사항 등은 전략적 의사 결정에 해당한다.
⑤ 전략, 전술, 운영의 세 가지 의사 결정은 상호 간에 보완적으로 이루어져야 한다.

011 기업 규모가 커지고 최고경영자가 기업의 모든 업무를 관리하기 어려울 때 적합한 것은 **사업부제 조직**이다.

012 장기간의 전략적 제휴 형태 또는 합작 기업으로 설립한 별도의 조직을 통해 **종합적 서비스**를 제공하는 것은 3자물류보다는 4자물류의 개념에 더 가깝다.

013 물류 아웃소싱은 결국 외부 업체에 물류업무를 맡겨버리는 것이므로 제조업체는 물류전문지식의 사내 축적이 어렵다고 볼 수 있다. 사내 축적을 위해서는 자가 물류가 적절하다.

014 제약이론에 대한 설명이다. TOC(Theory of Constraints)는 기업의 재무적인 성과를 나타내기 위하여 3가지 요소 개념을 사용한다. 첫째, **스루풋**은 판매에 의한 기업의 현금 창출 정도를 나타내며 둘째, **재고**는 판매를 위하여 재화에 투자된 자금으로 정의되고, 셋째, **운영비용**은 기업이 재고를 스루풋으로 전환하기 위하여 지출한 비용을 말한다.

015 물류비 절감과 고객서비스 개선 사이에는 상충 관계가 존재하므로 비용을 고려하지 않은 채 물류서비스 수준 최대화를 추구하는 것은 바람직하지 않다.

016 모두 녹색물류 실행과 관련이 있다.

017 • 2018년 영업이익 = 5억(100 × 0.05).
물류비 = 10억
• 매출액 30% 증가(130억)의 이익 = 6.5억.
즉 1.5억 이익 증가
• 물류비용 3억 절감 = 3억 이익 증가.
즉 총 4.5억 이익 증가

018 재무회계는 외부 정보 이용자들을 위한 정보 제공을
목적으로 작성하여 관리회계에 비해 정확도가 떨어진
다. 관리회계 방식이 재무회계 방식보다 상세하고 정
확하게 물류비를 산정할 수 있다.

019 생산물류비에 대한 설명이다. 조달물류비는 원재료
등의 조달에서 구매자(제조업체)에게 납품될 때까지
의 물류활동에 따른 비용을 의미한다.

020 B제품 배부기준 : 보관비(2/5), 포장비(1/2), 하역
비(3/5), 운송비(3/10) → 제품 B의 물류비는 4,500
만원
① 제품 A의 물류비 : 5,500만원(10,000 − 4,500)
③ 제품 A의 운송비 : 3,600만원(6,000 − 2,400)
④ 제품 B의 보관비 : 400만원
⑤ 제품 A와 B의 하역비 : 각각 800만원, 1,200만원

021 ㄱ. Cross − Docking에 대한 설명이다.
ㄴ. CRP(Continuous Replenishment Process)에
대한 설명이다. CRP에는 VMI(Vendor Managed
Inventory)와 CMI(Co − Managed Invetory)가
있다.
ㄷ. CPFR(Collaborative Planning, Forecasting
and Replenishment)에 대한 설명이다.

022 일회 주문량을 증가시켜 운송비용을 절감하는 주문방
식을 일괄대량주문, Bacth 주문방식이라 한다. 시장
수요에 의한 주문량의 변화가 아닌 물류비용 절감을
위한 배치주문과 같은 일회 주문량의 대량화는 채찍
효과를 증대시킨다. 채찍효과의 주원인은 불확실성
이다.

023 ㄹ. SCM에서는 제품개발 · 생산 · 유통 · 마케팅 등
의 부문별 경쟁력을 내부 역량으로 확보하는 것도
중요하지만, 기업경영 환경을 글로벌화해서 외부
의 도움을 받고 협업하여 부문별 경쟁력을 갖출
수도 있다.

024 해당 사례는 지연전략(Postponement)이다. Push −
Pull 생산이라고도 한다.
② Exponential Smoothing : 지수평활법
④ VMI(Vendor Managed Inventory : 공급자 주
도 재고관리
⑤ S&OP(Sales and Operation Planning) : 판매
생산계획

025 구매량에 따라 가격할인이 가능한 품목에 적합한 방
식은 집중구매이다. 개별 수요처에서 각각 구매하는
것은 분산구매, 각 공장의 수요를 본사에 모아서 구매
하는 것은 집중구매이다.

026 유통경로상의 한 업체가 다른 업체를 법적으로 소유
및 관리하는 유형은 전방통합을 의미하며, 이는 수직
적 유통경로에 대한 설명이다.

027 대리 도매기관은 상품의 소유권 없이 제조업자 등을
대리하여 상품을 판매해 준다. 상인 도매기관은 상품
의 소유권을 가진다.

028 화물운송정보에는 화물집하정보, 화물터미널정보,
교통상황정보, 지리적 정보, 수배송정보, 실시간 차
량 및 화물추적정보 등이 포함된다.

029 재고관리보다 포괄적이고 상위 개념인 창고관리에 대
한 설명이다.

030 ② 13자리 바코드의 처음 세 자리는 **국가코드(880)**를
의미한다.
③ 정보의 변경과 추가가 **불가능**하다.
④ 응용 범위가 다양하고 신속한 데이터 수집이 가능
하며 도입 비용도 **저렴**하다.
⑤ 읽기는 가능하지만 **쓰는 것은 불가능**하다.

031 저주파수일수록 인식 속도가 느리며 고주파일수록 인
식 속도가 빠르다.

032 품목별로 해당 품목이 부적합품인지 여부는 POS 시
스템으로부터 알기 어렵다.

033 아웃렛에 대한 설명이다.

034 물류표준화는 규격, 재질, 강도 등을 표준화하는 것
이고 물류의 다품종과 소량화는 물류환경의 최근 동
향이다.

035 ㄴ. 보관시설 표준화, ㅁ. 기타 물류기기 표준화는 소프트웨어 부문이 아닌 하드웨어 부문의 표준화이다.

036 표준 파렛트의 종류와 규격은 **국가별로 모두 상이**하다.

037 물류공동화에서 기업별로 차별화된 물류서비스를 제공하는 것은 어렵다.

038 ㄴ. 표준화가 어려운 소량화물에 대하여 공동 수·배송하기는 어렵다.

039 ①, ④ 수동형은 자체 전원이 없으므로 능동형 RFID 보다 가격이 저가이다.
③ **단거리** 데이터 교환에 적합하다.
⑤ 수동형은 구조가 간단하고 **반영구적**으로 사용할 수 있다.

040 화물을 추적하고 관리하고 점검하는 기술은 블록체인이다.

2020년 기출문제

001	002	003	004	005	006	007	008	009	010
②	①	②	③	②	①	③	⑤	④	③
011	012	013	014	015	016	017	018	019	020
③	③	⑤	③	③	②	③	④	①	⑤
021	022	023	024	025	026	027	028	029	030
①	①	①	③	②	⑤	⑤	②	④	④
031	032	033	034	035	036	037	038	039	040
②	④	⑤	⑤	①	④	⑤	①	②	④

001 7R은 적격 상품(Right Commodity), 적절한 가격(Right Price), 적절한 품질(Right Quality), 적절한 양(Right Quantity), 적절한 장소(Right Place), 적절한 시간(Right Time), 좋은 인상(Right Impression)으로 이루어진다. 경향(Trend)이 아니라 시간(Time)이다.

002 ② 운송물류에 관한 설명이다.
③ 포장에 관한 설명이다.
④ 정보물류에 관한 설명이다.
⑤ 하역에 관한 설명이다.

003 생산물류란 자재가 생산공정에 투입되는 시점부터 제품이 생산 및 포장되어 나올 때까지의 물류활동을 말한다.

004 제조업 중심의 생산자 물류에서 고객 중심의 소비자 물류로 전환되고 있어, **다품종 소량생산**이 중요시되고 있다.

005 ㄴ. 물적유통은 로지스틱스보다 관리범위가 **좁다**.
ㄹ. **공급사슬관리(SCM)는 기업 간** 정보시스템 통합을 추구한다.

006 물류정책기본법상 내용이다. 화물주선업의 세세분류는 국제물류주선업, 화물자동차운송주선사업이다.

물류 서비 스업	화물취급업 (하역업 포함)	화물의 하역, 포장, 가공, 조립, 상표 부착, 프로그램 설치, 품질검사 등 부가적인 물류업
	화물주선업	국제물류주선업, 화물자동차운송주선사업
	물류 장비임대업	운송장비임대업, 산업용 기계·장비 임대업, 운반용기 임대업, 화물자동차임대업, 화물선박임대업, 화물항공기임대업, 운반·적치·하역장비 임대업, 컨테이너·파렛트 등 포장용기 임대업, 선박대여업
	물류 정보처리업	물류정보 데이터베이스 구축, 물류지원 소프트웨어 개발·운영, 물류관련 전자문서 처리업
	물류 컨설팅업	물류 관련 업무프로세스 개선 관련 컨설팅, 자동창고, 물류자동화 설비 등 도입 관련 컨설팅, 물류 관련 정보시스템 도입 관련 컨설팅
	해운부대 사업	해운대리점업, 해운중개업, 선박관리업
	항만 운송관련업	항만용역업, 물품공급업, 선박급유업, 컨테이너 수리업, 예선업
	항만 운송사업	항만하역사업, 검수사업, 감정사업, 검량사업

007 제품 추적은 거래 후의 측정 요소이다.

008 인도시간에 대한 설명이다.

009
- 구조적 단계 : 원·부자재의 공급에서 생산과정을 거쳐 완제품의 유통과정까지의 흐름을 최적화하기 위해 유통 경로 및 물류네트워크를 설계하는 단계
- 전략적 단계 : 고객이 원하는 것이 무엇인지를 파악하는 동시에 회사이익 목표를 달성할 수 있는 최적의 서비스 수준을 정하는 단계
- 기능적 단계 : 물류거점 설계 및 운영, 운송관리, 자재 및 재고관리를 하는 단계
- 실행 단계 : 정보화 구축에 관련된 정책 및 절차 수립, 정보화 설비와 장비를 도입·조작·변화관리를 하는 단계

010 도입기에서는 인지도 형성, 신중한 판매망 구축, 높은 수준의 재고가용성과 물류서비스 시스템 유연성이 확보되는 특징이 있으며 판매망이 소수의 지점에 집중되고 제품의 가용성은 제한된다.
①, ② 성숙기에 대한 설명이다.
④ 도입기의 후반부터 성장기에 대한 설명이다.
⑤ 쇠퇴기에 대한 설명이다.

011 사업부형 물류조직은 수직적 조직이므로 교류나 인력의 교차 사용이 어렵다.

012 ㄹ. 제4자물류는 제3자물류 업체＋물류컨설팅업체＋IT업체 등으로 이루어져 있는 Joint Venture 기업으로 되어 있어 네트워크형 조직에 가깝다. 매트릭스형 물류조직은 4PL이 아니라 물류담당자들이 평상시에는 자기 부서에서 근무하다가 특정 물류 문제를 해결하기 위하여 여러 다른 부서의 인원이 모여 구성되는 물류조직이다.

013 거점집약 시 재고의 편재는 해소되고 집약된 거점의 평균재고가 증가하므로 결품률이 줄어들기 때문에 재고의 과부족 발생 가능성이 낮아진다.

014 물류의 개별기능들이 포함되어야 물류시스템이라고 할 수 있다.

015 운영적 계획은 실행, 일일, 단기, 하위관리자의 단순하고 반복적이고 구조적인 계획이다. 즉 주문처리는 매일 반복되는 업무이다.

016 포장은 제외되어야 한다.

017 회수물류비에는 파렛트, 컨테이너, 포장용기의 회수비용이 포함된다.
① 환불과 위약금이 아닌 물적유통비용만 처리된다.
② 폐기 비용은 별도로 구분이 된다. 반품물류비에는 운송, 검수, 분류, 보관비용이 포함된다.
③ 회수물류비는 판매된 제품과 물류용기의 회수비용이다. 재사용에 투입되는 비용은 회수물류비가 아니다.
⑤ 제품이 정상적으로 사용된 후 소멸 처리하는 것은 폐기비용으로 간주한다.

018 • 이익 : 매출×0.15 = 500억 + 0.15 = 75억
　　　• 물류비 : 50억
　　　• 영업이익률 : 20% 증가 → 500억×0.2 = 100억
　　　• 기존의 이익 75억 → 100억 = 25억 증가

019 우선 조달물류 영역을 구분해야 한다. 조달물류비란 공급업체로부터 조달물류거점까지의 물류활동에 소요된 비용 일체이다.
공급업체로부터 부품 운송 및 하역 + 창고 입고를 위한 검수 = 40만원 + 10만원 = 50만원

020 관리형 VMS는 수직적 유통경로시스템 중에서 통합 또는 통제 정도가 가장 **약한** 시스템이다. 통제가 가장 강한 순서대로 기업형, 계약형, 관리형, 동맹형이다.

021 **구색갖춤 편의기능(제조. 도매. 소매. 소비자)**
　　　• 공급사가 고객사를 위해 제공하는 기능
　　　• 도매가 소매에, 소매가 소비자에게 제공하는 기능

022 체인본부가 최소한의 기본적인 기능만 하며 통제력이 약한 가맹점사업의 종류는 볼런터리 체인이다.

023 전자문서 교환방식(EDI)에 대한 설명이다.

024 ① 국가식별코드(88) : 국가를 식별하는 코드로 우리나라의 경우 880을 사용
② 제조업체 코드 : 제조원 또는 판매원에 부여하는 코드로 각 업체를 식별하는 코드
④ 상품품목 코드 : 제조업체 코드를 부여받은 업체에서 자사의 상품별로 식별하여 부여하는 코드
⑤ 체크 디지트 : 바코드의 오류를 검증하는 코드로 앞의 12자리를 조합하여 나오는 코드

025 1차원 바코드에 비하여 오류복원 기능이 높아 데이터 복원율이 좋다.

026 ① RFID(Radio Frequency Identification)는 태그 데이터의 변경 및 추가가 가능하다.
② USN(Ubiquitous Sensor Network)는 센서 네트워크를 이용하여 유비쿼터스 환경을 구현하는 기술이며, RFID 태그, 블루투스 장치 등이 활용된다.
③ CALS의 개념은 Computer Aided Logistics Support로부터 Commerce At Light Speed로 발전되었다.
④ ASP(Application Service Provider)란 응용소프트웨어 공급서비스를 뜻하며, 자체 개발하는 것

이 아니고 개발되어 있는 것을 클라우드처럼 사용자들이 이 시스템에 접속하여 사용하는 것이다.

027 ① CVO는 Commercial Vehicle Operations의 약어로서, 화물차량에 부착된 단말기를 이용하여 실시간으로 차량 및 화물을 추적·관리하는 방식이다.
② KL – NET는 한국물류정보통신이다.
③ KT – NET는 한국무역정보통신이다.
④ PORT – MIS는 항만운영관리 시스템으로서, **해양수산부**에서 개발 및 운영하는 시스템이다.

028 • SS(안전재고산식) = α(수요의 표준편차)×z(안전계수값)×$\sqrt{조달기간}$
　　　• 물류센터가 4개일 때의 리드타임은 통합된 물류센터 1개보다 4배 더 걸리므로 $\sqrt{4}$ → $\sqrt{2}$ 이고, 안전재고량은 2가 1로 절반으로 줄어든다.
　　　• 종전 안전재고는 센터당 100개로 총 400개였으나, 통합 후에는 200개가 된다.

029 물류센터 통합으로 인해 **리스크 풀링(Risk Pooling, 위험분산)**이 된다.

030 생산자와 부품공급자가 신제품을 공동 개발하는 것은 CPFR이다. VMI는 유통업자 선에서 POS정보를 공급업자가 볼 수 있게 하고 공급업자가 알아서 보충해주는 것이다. 즉 공급자가 재고를 관리해 준다는 것이다.

031 생산자와 공급자 간의 협력을 통하여 **이익의 극대화**를 실현할 수 있다.

032 • T-11형 : 1,100mm×1,100mm
　　　• T-12형 : 1,000mm×1,200mm

033 **물류모듈 T – 11파렛트 적재 수량**
　　　• 8톤 트럭 적재함 : 12매(2열 6행)
　　　• 11톤 트럭 적재함 : 16매(2열 8행)
　　　• 20피트 컨테이너 : 10매(2열 5행)
　　　• 40피트 컨테이너 : 20매(2열 10행)

034 모두 물류표준화 대상 분야에 해당한다.

035 공차율은 감소한다.

036 '운송업자가 협동조합을 설립하고'라는 어구를 통해 공동수주 공동배송형임을 유추할 수 있다. 공동수주 공동배송형이란 운송업자가 협동조합을 설립하여 화주로부터 운

송오더를 공동수주하고 조합원들(운송업자)에게 배치하여 공동 운송하도록 하는 수배송 공동화의 유형이다.

037 순물류는 공급망 구성원 간 거래가 반복되므로 거래 조건이 단순하며 역물류는 불확실성과 변동성으로 거래 조건이 복잡하다.

038 AEO 제도에 대한 설명이다.

039 다빈도 수송은 탄소 배출이 증가하므로 녹색물류 추진 방향으로 적절치 않다.

040 퍼블릭 블록체인(Public Block Chain)만 누구나 접근이 가능하다.

구분	퍼블릭 블록체인	프라이빗 블록체인	컨소시엄 블록체인
방식	개방형 블록체인	개인형 블록체인	반중앙형 블록체인
접근	누구나 접근 가능	허가받은 사용자만 접근 (한 기관에서 독자적으로 활용)	반중앙형 블록체인
증명	채굴 등 알고리즘 기반 익명의 거래 증명	중앙기관이 거래 증명	허가받은 사용자만 접근 (허가받은 기관 공동 참여)
장점	안정성, 신뢰성, 투명성	효율성, 확장성, 신속성 (기업별 특화 가능)	사전 합의된 규칙 기반 인증된 사용자가 증명
단점	확장성이 낮고 거래 속도 느림	퍼블릭에 비해 보안성이 낮음	프라이빗과 유사하나, 사용자별 권한부여 차별화로 민감한 정보 관리
활용	가상 화폐 등	일반 기업 등	R3CEV 등

2021년 기출문제

001	002	003	004	005	006	007	008	009	010
⑤	④	⑤	⑤	②	①	④	⑤	①	②
011	012	013	014	015	016	017	018	019	020
②	⑤	③	②	②	①	④	③	⑤	①
021	022	023	024	025	026	027	028	029	030
④	③	①	④	③	②	②	④	②	③
031	032	033	034	035	036	037	038	039	040
③	①	②	②	③	④	⑤	①	⑤	④

001 SCM은 물류관리의 진화된 기법으로서 참여기업 간 조정과 협업을 강조하는 공급사슬관리의 중요성이 증가하고 있다. 공급사슬관리는 통합관리, 부분, 개별 등의 단어와 어울리지 않는다.

002 ㄱ. 거래활동은 상적유통(상류)활동이며, ㄷ. 표준화 활동은 유통조성활동이다.

003 반품물류에 대한 설명이다. 반품물류는 소비자의 클레임 제기 등으로 인하여 이미 판매된 제품의 반품과 관련된 물류활동이며, 고객에게 상품을 인도하는 과정에서 발생한다.
④ 폐기물류는 파손 또는 진부화된 재고, 포장용기 등을 폐기하는 과정에서 발생하는 물류이다.

004 물류기능을 화주기업이 직접 수행하는 빈도는 적어지고, 기업의 유연성증가와 고정비용의 감소를 위하여 물류부문을 아웃소싱하여 3PL 또는 4PL로 발전하는 경향이 있다.

005 7R은 적정상품(Right Commodity), 적정가격(Right Price), 적정품질(Right Quality), 적정양(Right Quantity), 적정장소(Right Place), 적정시간(Right Time), 좋은 인상(Right Impression)으로 이루어진다.

006 화물취급업에 대한 내용이다[물류정책기본법 영 제3조(물류사업의 범위) 별표1].

007 정시배송율 = 정시배송건수/배송의뢰총건수
= 3/5 = 0.6

008 비용과 서비스는 상충관계에 있다. 서비스 수준을 높이면 물류비는 증가할 수 밖에 없다. 서비스 수준을 높이면 매출액은 증가할 것이나, 물류비가 증가되어 실제 이익은 감소될 수 있다.

009 전략적 의사결정은 장기적인 계획에 대한 의사결정이며, 최고경영자 등의 관점에서 실시하는 것이다. 시설입지, 운송수단선택, 운송경로 등 물류시스템을 선정하는 과정에서의 의사결정은 전략적 의사결정 활동으로 볼 수 있다.

010 소비자 서비스는 개별 제품별로 각각 상이한 수준으로 제공되어야 한다.

011 제4자물류는 물류기능별 서비스가 아닌 공급체인 전반을 통합 관리하며, 상하계약이 아닌 장기간의 전략적 제휴형태 또는 합작기업으로 설립한 별도의 조직을 통해 종합적 서비스를 제공한다.

012 그리드형 물류조직은 다국적 기업에서 많이 볼 수 있는 조직형태로 모회사의 권한을 자회사에게 이양하는 형태를 지니며 모회사의 스태프 부문이 자회사의 해당 물류부분을 관리하고 지원한다. 그리드형 물류조직은 자회사물류(2PL)의 대표적인 형태이다.
① 라인과 스탭형 조직은 작업(업무수행)부문과 지원부문을 분리한 조직이다.
② 스탭부문과 라인부문이 분리되지 않은 조직형태이다.
③ 기업의 규모가 커지고 최고 경영자가 기업의 모든 업무를 관리하기가 어려워짐에 따라 각 사업단위의 성과를 극대화하기 위해 등장했다

013 6 sigma 프로세스

정의 (Define)	고객들의 요구사항과 품질의 중요 영향요인(CTQ, Critical To Quality), 즉 고객만족을 위해 개선해야 할 중요부분을 인지하고 이를 근거로 개선작업을 수행할 프로세스를 선정하는 단계
측정 (Measure)	현재 불량수준을 측정하여 수치화하는 단계
분석 (Analyze)	- 불량의 발생원인을 파악하고 개선대상을 선정하는 단계 - 프로세스의 현재 수준과 목표 수준 간에 차이가 발생하는 원인을 규명한다. 파레토도, 특성요인도 등의 도구를 활용한다.
개선 (Improve)	개선과제를 선정하고 실제 개선작업을 수행하는 단계

관리 (Control)	개선결과를 유지하고 새로운 목표를 설정하는 단계

014 수송은 거점과 거점간의 이동 및 장거리 이동을 말하며, 물류거점과 소비공간을 연결하는 단거리 이동은 배송으로 표현하는 것이 적절하다.

015 재료비는 세목별 비목이다.

과목		영역별	기능별	지급형태별	세목별	조업도별
계정	비목	• 조달 물류비 • 생산 물류비 • 사내 물류비 • 판매 물류비 • 역물류비	• 운송비 • 보관비 • 포장비 • 하역비 (유통 가공비 포함) • 물류정보 • 관리비	• 자가 물류비 • 위탁 물류비 (2PL, 3PL)	• 재료비 • 노무비 • 경비 • 이자	• 고정 물류비 • 변동 물류비

016 ① 물류비 분류체계에 있어서 중 세목별 계정구분방식을 의미한다.

017 손익분기점 판매량

$$\text{손익분기점 판매량} = \frac{\text{고정원가}}{(\text{판매가격} - \text{단위당 변동원가})} = \frac{\text{고정원가}}{\text{단위당 공헌이익}}$$

1. 변동비 = 가격 60% = 100,000 × 0.6 = 60,000
2. 당기손익분기점판매량
= 100,000,000원/(100,000원 − 60,000원)
= 2,500개
3. 목표판매량 − 100,000,000원 + 100,000,000원
(목표이익)/(100,000원 − 60,000원) = 5,000개

018 물류기업들이 성공을 위해 비전, 전략, 실행, 평가가 정렬되도록 균형성과표(BSC : Balanced Scorecard)를 도입하였다. 균형성과표는 재무 관점(Financial Perspective), 고객 관점(Customer Perspective), 내부 경영프로세스 관점(Internal Business Process Perspective), 학습과 성장 관점(Learning & Growth Perspective)에서 성과지표를 설정하여 미래성과를 창출하는 것이며 단기성과가 아닌 미래이익에 선행하는 비재무적 성과도 관리한다.

019 e-조달의 경우, 전자조달플랫폼 등을 이용하므로 구매자와 판매자 간에 밀접한 관계가 약해진다.

020 협상절차를 통해 가장 유리한 업체와 계약을 체결하는 것은 협의에 의한 방법이다.

021 집중구매는 자재의 긴급조달이 어렵다. 반대로 분산구매는 자주적 구매가 가능하고, 긴급수요의 경우 유리하다.

022 무선주파수식별법(RFID : Radio Frequency Iden-tification)은 판독기를 이용하여 태그(Tag)에 기록된 정보를 판독하는 무선주파수인식기술이다. RFID는 국가별 이해관계, 산업 간의 상이성 때문에 통일된 글로벌표준 RFID 주파수를 설정하기는 쉽지 않다.

023 정보의 발생원, 처리장소, 전달대상 등이 넓게 분산되어 있다.

024 국제표준 바코드는 개별 품목에 고유한 식별코드를 부착해 정보를 공유 하는 국제표준체계이다. 현재 세계적으로 사용되는 GS1 표준코드는 미국에서 제정한 코드 UPC와 유럽에서 제정한 코드 EAN 등을 표준화한 것이다.

025 ① LAN에 대한 설명이다.
② 신용카드결제시스템 또한 VAN(Value Added Network)을 이용하는 것이므로 중소기업, 소매기업들 또한 다양하게 활용할 수 있다.
③ VAN 사업은 1970년대 등장하였다.
⑤ VAN에는 보안적인 성격이 있으므로 그 자체로 효용이 있다. 따라서 컴퓨터 성능향상에 의한 이용감소와는 거리가 멀다.

026 물류정보시스템은 재고관리 정확도 향상, 결품률 감소, 배송시간 정확도 보장 등과 같은 효과를 기대하며 또한 비용절감을 목표로 한다.

027 SCM은 전체 공급사슬을 관리하여 비용과 시간을 최소화하고 이익을 최대화하도록 지원 하는 방법이다. ABM은 활동을 기준으로 상품별/기관별/부문별 목표 및 실적(손익)을 측정하여 성과 차이와 원가 차이를 분석하는 원가관리시스템이다.

028 일회 주문량을 증가시켜 운송비용을 절감하는 주문방식을 일괄대량주문(Batch 주문, 일괄주문처리, Order batching)이라 하는데, 시장수요에 의한 주문량의 변화가 아닌 물류비용 절감을 위한 배치주문과 같은

일회 주문량의 대량화는 채찍효과를 증대시킨다. 따라서 납품주기를 단축시키고 납품회수를 늘리는 것은 채찍효과의 감소방안에 더욱 적합하다.

029 물자의 이동이 국외나 역외까지 글로벌하게 확대되어 이루어지고 있다.

030 CPFR(Collaborative Planning, Forecasting and Replenishment, 협력설계예측 및 보충)은 유통업체인 Wal-Mart와 Warner-Lambert사 사이에 처음 시도되었다. 협업설계예측 및 보충시스템으로 제조업체가 상호 협업을 통해 함께 계획하고 상품을 보충하는 협업프로세스이다.
① Postponement : 공장에서 제품을 완성하는 대신 시장 가까이로 제품의 완성을 지연시켜 소비자가 원하는 다양한 수요를 만족시키는 것이다.
② Cross-Docking : 물류센터 도착 즉시 점포별로 구분하여 출하하는 시스템으로 적재시간과 비용을 절감할 수 있다.
④ ECR : 제품 생산단계에서부터 유통ㆍ물류의 전 과정을 하나의 프로세스로 보아 관련 기업들의 긴밀한 협력으로 효율 극대화를 추구하는 효율적 고객대응기법이다.
⑤ CRP(지속적 보충프로그램) : 주문량에 근거하여 공급업체로 주문하던 Push 방식과 달리 실제 판매데이터와 예측수요데이터를 근거로 상품을 보충시키는 Pull 방식 시스템이다.

031 적재율 = 점유면적/총면적
① $1,100 \times 550 \times 2 / 1,100 \times 1,100 = 1$
② $1,100 \times 366 \times 3 / 1,100 \times 1,100 = 0.9981$
③ $733 \times 366 \times 4 / 1,100 \times 1,100 = 0.8868$
④ $660 \times 440 \times 4 / 1,100 \times 1,100 = 0.96$
⑤ $576 \times 523 \times 4 / 1,100 \times 1,100 = 0.9958$

032 물류표준화란 포장, 하역, 수송, 보관, 정보, 포장 등 물류활동의 각 단계에서 사용되는 기기, 용기, 설비 등을 규격화하여 상호 간 호환성과 연계성을 확보하는 것이다.

033 재료가 경량화된다는 것은 들어가는 투입자원이 줄어든다는 것을 의미한다.

034 1. NULS(분할계열치수) : 1,100mm × 1,100mm의 파레트를 기준으로 한 포장모듈치수를 의미한다.
2. PVS(배수계열치수) : 1,140mm × 1,140mm를 기준으로 한 물류계열치수를 의미한다.

035 물류공동화의 선결조건 중 하나는 물류시스템을 개방하여 외부 물류시스템의 연계를 하는 것이다.

036 ㄱ. 대량 수배송의 경우 규모의 경제가 이루어질 것이기 때문에 공동수배송시스템이 필요 없다.

037 납품대행형은 백화점이나 판매점으로의 납품에 있어서 도매업자 등의 발화주가 개개의 점포별로 납품하는 것이 아니라 수송업자가 다수의 화주상품을 집하해서 발화주를 대신하여 납품하는 형태를 말한다. 납품대행방식은 일반적으로 백화점, 할인점 등에서의 공동화 유형이다.

038 ② ISO 28000(International Standard Organization 28000) : 국제적인 비정부기구에서 기업 보안관리 표준의 필요성에 부응하여 도입한 물류보안경영의 표준 및 인증제도로 생산자, 운송·보관업자 등을 포함하는 공급사슬내의 모든 기업을 적용 대상으로 한다.
③ ISPS code(International Ship and Port Facility Security code, 선박 및 항만시설 보안규칙) : 각 국정부와 항만관리당국, 선사들이 갖추어야 할 보안 관련 조건들을 명시하고, 보안사고예방에 대한 가이드라인을 제시하였다.
④ CSI(Container Security Initiative, 컨테이너안전협정) : 미국 관세국경보호청(CBP : Customs and Border Protection)은 9.11테러 이후 반테러프로그램의 일환으로 CSI를 도입하였다.

039 제조물책임법이란 제조물의 결함으로 인하여 발생한 손해로부터 피해자를 보호하기 위해 제정된 법률을 의미한다.
④ 생산자책임재활용제도란 재활용의무 대상제품, 포장재의 생산자에게 일정량의 재활용의무를 부여하여 재활용하게 하고 이를 이행하지 않을 경우 부과금을 생산자에게 부과하는 제도이다.

040 **국가과학기술표준분류의 물류기술(EI10)**
EI1001. 물류운송기술
EI1002. 보관기술
EI1003. 하역기술
EI1004. 물류정보화기술
EI1005. 물류시스템 운용기술
EI1006. 교통수단별 물류운용기술
EI1007. 물류표준화기술
EI1099. 달리 분류되지 않는 물류기술

2022년 기출문제

001	002	003	004	005	006	007	008	009	010
④	①	⑤	③	①	②	⑤	⑤	④	③
011	012	013	014	015	016	017	018	019	020
⑤	④	⑤	②	④	③	⑤	④	④	①
021	022	023	024	025	026	027	028	029	030
④	①	⑤	③	④	②	③	②	⑤	①
031	032	033	034	035	036	037	038	039	040
③	①	③	⑤	④	③	②	②	①	④

001 물류시스템의 구축방향은 수배송, 포장, 보관, 하역 등 주요 부문을 유기적으로 연계하여 구축하는 방향 쪽으로 해야 하며, 물류 전체를 통합적인 시스템으로 구축하여 상충 관계에서 발생하는 문제점을 해결하는 방안을 모색하여야 한다.

002 공동수·배송의 경우 설비 및 운송차량의 적재 및 운행효율을 향상시킨다. 따라서, 공차율이 감소한다.

003 집배송공동형에 대한 설명이다.
① 노선집하공동형 : 노선집하공동방식은 각 노선사업자가 집화해 온 노선화물의 집화부분만을 공동화하는 방식이다.
② 납품대행형 : 백화점이나 판매점으로의 납품에 있어서 도매업자 등의 발화주가 개개의 점포별로 납품하는 것이 아니라 수송업자가 다수의 화주상품을 집하해서 발화주를 대신하여 납품하는 형태를 말한다.
③ 공동수주·공동배송형 : 공동으로 영업하고 배송하는 형태를 말한다.
④ 배송공동형 : 물류센터까지는 각 화주 또는 개개의 운송사업자가 화물을 운반하고 배송만 공동으로 한다.

004 기업 간의 이해 불일치, 정보공유 기피 등이 공동수배송시스템 활성화의 장애 요인이다. 자사의 정보시스템, 각종 규격 및 서비스에 대한 공유를 지향해야 한다.

005 예산관점에서 운송조직, 보관조직, 하역조직, 유통조직 등 물류 기능에 따라 분류할 수 있다. 공식화 정도에 따라 비공식적, 준공식적, 공식적 조직으로 분류할 수 있다.

006 하드웨어 부문과 소프트웨어 부문의 표준화

하드웨어 부문의 표준화	소프트웨어 부문의 표준화
• 내수용 컨테이너 규격화 • 파렛트, 지게차, 트럭적재함 표준화 • 기타 물류기기 표준화 • 보관시설 표준화(랙, 건물 사양)	• 표준코드 활용 • 물류용어 통일 • 포장치수 표준화 • 거래단위 표준화 및 전표 표준화

007 • 이행수준 : 설비, 장비 등의 도입
　　• 기능수준 : 운송관리, 자재관리, 재고관리, 물류거점 설계 및 운영
　　• 구조수준 : 물류네트워크 및 유통경로 설계
　　• 전략수준 : 최적의 고객 서비스 선점

008 배수치수 모듈은 1,140mm × 1,140mm Unit Load Size를 기준으로 하고, 최대 허용공차 −40mm를 인정하고 있는 Plan View Unit Load Size를 기본단위로 하고 있다.

009 **교대배열(Row) 적재**
교호열쌓기는 블록쌓기의 짝수층과 홀수층을 90도 회전시켜 교대로 쌓는 방법으로 정방형의 파렛트에서만 적용할 수 있다.
① 스플릿(Split) 적재 : 벽돌쌓기의 변형으로 가로와 세로를 배열할 때 크기의 차이에서 오는 홀수층과 짝수층의 빈 공간이 서로 마주보게 쌓는 방법이다.
② 풍차형(Pinwheel) 적재 : 파렛트 중앙부에 공간을 만드는 형태로 이 공간을 감싸듯 풍차형으로 화물을 적재하는 패턴이다. 통상은 홀수단과 짝수단의 방향을 바꾸어 적재한다.
③ 벽돌(Brick) 적재 : 동일한 단에서는 물품을 가로·세로로 조합해 쌓으며, 다음 단에서는 방향을 180° 바꾸어 교대로 겹쳐 쌓는 방법이다.
⑤ 블록(Block) 적재 : 블록쌓기는 아래에서 위까지 동일한 방식으로 쌓는 가장 단순한 방식으로 작업 효율성이 높고 무너질 염려가 없어 안정성이 낮다.

010 ① Drum, Buffer, Rope는 공정 간 자재의 흐름 관리를 통해 재고를 최소화하고 제조 기간을 단축하는 기법으로서 제약공정을 중점적으로 관리한다.
② Thinking Process(합리적인 사고과정)는 제약요인을 개선하여 목표를 달성하는 구체적 해결방안을 도출하는 기법으로서 전체최적화를 추구한다.
③ Critical Chain Project Management(CCPM, 중요 연쇄 프로젝트 관리)는 주 공정 연쇄법으로

자원제약사항을 고려하여 일정을 작성하는 기법으로 옳은 선지이다.
④ Throughput Account는 전통적인 원가회계방식을 대체하는 새로운 성과측정 방법을 의미한다.
⑤ 정의, 측정, 분석, 개선, 관리의 DMAIC 프로세스를 활용하는 개념은 6−Sigma이다. Optimized Production Technology는 애로공정에 초점을 맞춘 최적생산기술을 의미한다.

011 RFID의 경우 일시에 다량(복수)의 정보를 빠르게 판독할 수 있다는 장점이 있다.

012 상품품목 코드는 5자리로 구성된다.

013 • 주파수공용통신(TRS : Trunked Radio System) : 다수의 이용자가 복수의 무선채널을 일정한 제어하에 공동 이용하는 이동 통신 시스템을 말한다.
• 지능형교통정보시스템(ITS : Intelligent Transport Systems)
• 첨단화물운송시스템(CVO : Commercial Vehicle Operation) : 화물 및 화물차량에 대한 위치를 실시간으로 추적관리하여 각종 부가정보를 제공하는 시스템이다.
• 철도화물정보망(KROIS : Korean Railroad Operating Information System) : KL−Net과 연계되어 EDI로 운용되고 철도공사, 화주, 운송업체, 터미널 등이 서비스 대상이 된다.
• 판매시점관리(POS : Point Of Sales,)

014 JIT−II시스템에 대한 설명이다.
JIT 시스템의 발전형태로 미국의 보스(Bose)사에서 처음 도입한 시스템으로 Pull 방식에 기반한 공급망 관리기법이다. 납품회사의 직원이 발주회사의 공장에 파견 근무하면서 구매·납품업무를 대행해 효율을 높이는 생산·운영시스템이다.
① JIT : 제품생산에 요구되는 부품 등 자재를 필요한 시기에 필요한 수량만큼 조달하여 낭비적 요소를 근본적으로 제거하려는 시스템이다.
③ MRP(Material Requirement Planning, 자재소요계획시스템) : 전산화프로그램으로 재고관리와 생산일정을 계획·통제하고, 적량의 품목을 적시에 주문하여 적정 재고수준을 통제하기 위한 시스템이다.
④ ERP(Enterprise Resource Planning, 전사적 자원관리) : ERP는 생산, 판매, 구매, 인사, 재무, 물류 등 기업업무 전반을 통합 관리하는 경영관리시스템의 일종이다. 이는 기업이 보유하고 있

는 모든 자원에 대해서 효과적인 사용 계획과 관리를 위한 시스템이다.

⑤ ECR(Efficient Consumer Response : 효율적 고객대응) : 제품 생산단계에서부터 유통·물류의 전 과정을 하나의 프로세스로 보아 관련 기업들의 긴밀한 협력으로 효율 극대화를 추구하는 효율적 고객대응기법이다.

015 ① ASP(Application Service Provider)는 기업 운영에 필요한 각종 소프트웨어를 인터넷을 통하여 제공하는 새로운 방식의 비즈니스이며, 개발이 완료된 시스템을 연결 및 판매(임대)하는 것이므로 정보시스템을 자체 개발하는 것에 비해 구축기간이 빠르다.

② CALS 개념은 Computer Aided Acquisition & Logistics Support로부터 Commerce At Light Speed로 발전되었다.
- CALS(Computer Aided Acquisition Logistics Support) : 설계단계에서 개발·구매·제조·판매·재고·유지·보수에 이르기까지 기업들이 갖고 있는 모든 정보를 표준에 맞춰 디지털화한 뒤 기업 내는 물론 기업 간, 나아가 국제 간에 공유하는 기업정보화 시스템이다.
- CALS(Commerce At Light Speed) : 제조업체와 협력업체 등 관련 기업들이 공유하며 경영에 활용하는 기업 간 정보시스템이다. 제품의 기획과 설계에서부터, 개발·생산·부품의 조달·유지보수·사후관리·폐기에 이르기까지 상품의 라이프사이클 전 과정에서 발생되는 각종 정보를 인터넷 및 초고속정보통신망과 연계하여 디지털화한 통합업무환경을 뜻한다.

③ IoT는 인간과 사물, 서비스의 세 가지로 분산된 환경요소에 대해 인간의 명시적 개입 없이 상호협력적으로 센싱(sensing), 네트워킹, 정보처리 등 지능적 단계를 형성하는 사물 공간 연결망이다. 인간의 학습능력과 지각능력, 추론능력, 자연언어의 이해능력 등을 컴퓨터 프로그램으로 실현한 기술은 인공지능(A.I)에 대한 설명이다.

⑤ QR코드는 2차원 바코드이다. 2차원 코드로 Maxi Code, QR Code, Data Code, Code 16K, PDF-417, 2D Data Matrix 등이 있다.

016
$$손익분기점\ 판매량$$
$$= \frac{고정원가}{(판매가격 - 단위당\ 변동원가)} = \frac{고정원가}{단위당\ 공헌이익}$$

- 손익분기점 판매량 = 10억원(고정원가)/5만원(판매가격 − 변동원가) = 20,000개

- 손익분기매출액 = 20,000원(손익분기점 판매량) × 10만원(판매가격) = 20억

017 물류기업 및 화주기업의 물류비 계산을 위한 절차와 방법에 대한 기준을 제공함으로써 개별기업의 물류회계표준화를 도모하고 물류비 산정의 정확성과 관리의 합리성을 제고하는 데 있다(기업물류비 산정지침 제1조). 즉, 화주기업도 적용대상이다.

018 ABC(Activity – Based Costing, 활동기준원가계산)는 제품별로 활동소비량에 따라 제조간접비를 배부하여 기존의 전통적인 원가계산방식에 비해 좀 더 합리적인 원가배부를 목적으로 하는 원가계산방식이다. 전통적 원가계산방법의 직접원가 배부기준은 임의적이지 않다.

019 기업의 성과 중 재무적 관점, 고객관점, 비즈니스 프로세스 관점, 학습 및 성장의 관점에서 종합적이고 균형적으로 측정하는 성과평가시스템이다.

020 운송활동은 생산지와 소비지의 거리적, 장소적, 공간적 불일치를 해결하는 기능을 수행한다. 생산시기와 소비시기의 불일치를 해결하는 기능은 보관기능에 대한 설명이다.

021 물류정책기본법 제2조(정의) 1. "물류"란 재화가 공급자로부터 조달·생산되어 수요자에게 전달되거나 소비자로부터 회수되어 폐기될 때까지 이루어지는 운송·보관·하역 등과 이에 부가되어 가치를 창출하는 가공·조립·분류·수리·포장·상표부착·판매·정보통신 등을 말한다.

022 완제품의 판매로 출하되어 고객에게 인도될 때까지의 물류활동은 판매물류의 영역이다. 사내물류란 창고에 보관 중인 자재의 출고작업을 시작으로 자재를 생산공정에 투입하고 생산된 완제품을 보관 창고에 입고하기까지 수반되는 운반, 보관, 하역, 재고관리 등 사내에서 이루어지는 물류활동을 말한다.

023 지수평활법에 대한 설명이다.
① 시장조사법 : 수요의 정성적 예측방법 중 가장 계량적이고 객관적인 방법으로 수요의 크기, 제품과 서비스에 대하여 고객의 심리, 선호도, 구매동기 등 질적정보의 확인이 가능한 조사기법이다.

② 회귀분석법 : 인과형 예측기법의 대표적인 기법으로 종속변수의 예측에 관련된 독립변수를 파악하여 종속변수와 독립변수의 관계를 방정식으로 나타내는 것이다.

④ 델파이법 : 수요의 정성적 예측기법으로 전문가들을 한 자리에 모으지 않고 일련의 질의서를 통해 각자의 의견을 취합하여 중기 또는 장기 수요의 종합적인 예측결과를 도출해 내는 기법이다.

024 라스트마일은 물류업체가 상품을 최종소비자에게 직접 전달하기 위한 배송의 마지막 구간을 의미하며, 전자상거래 확산으로 인해 라스트마일 물류비는 증가하고 있다.

025 ㄹ. 4자 물류의 경우 장기간의 전략적 제휴형태 또는 합작기업으로 설립한 별도의 조직을 통해 종합적 서비스를 제공한다. 제4자물류는 공급체인의 효율화를 위한 발전적인 방안으로 고객의 사이클 타임이 감소하며, 필요한 운전자본이 감소하게 된다.

026 물류전략은 기업전략과 같이 수립되어야 한다.

027 전문품 도매상은 한정기능도매상이 아닌 완전기능도매상의 분류이다.
- 상인도매상의 경우 완전기능도매상과 한정기능도매상으로 구분된다.
- 완전기능도매상은 도매상인과 산업재 유통업자로 구분된다. 도매상인은 일반상품 도매상, 한정상품 도매상, 전문상품 도매상으로 구분된다.
- 한정기능도매상은 현금도매상, 트럭도매상, 직송도매상, 진열도매상, 우편주문도매상, 프랜차이즈 도매상으로 구분된다.

028 유통경로상 준거적 권력의 원천은 일체감을 갖기 원해서 생기는 권력(파워)이다.

029 '할인형 대규모 전문점', '기존 전문점과 상품구색은 유사', '저렴한 가격'이라는 문구를 보아 카테고리 킬러에 대한 설명임을 알 수 있다.
카테코기킬러는 한정된 제품계열에서 깊이 있고 풍부한 상품 구색으로 전문점과 유사하나 저렴한 가격으로 판매하는 소매점으로 대량판매, 다점포화, 셀프서비스 방식을 채택하고 있다(예 하이마트).

030 리스크풀링(Risk Pooling)에 대한 설명이다. 리스크풀링이란 재고위험관리기법 중 하나로 여러 지역의 수요를 하나로 통합했을 때 수요 변동성이 감소한다는 것이다. 이것은 지역별로 다른 수요를 합쳤을 때, 특정 고객으로부터의 높은 수요 발생을 낮은 수요의 다른 지역에서 상쇄할 수 있기 때문에 가능하다. 이 변동성의 감소는 안전재고의 감소를 가져오게 되며 따라서 평균 재고도 감소하게 된다.

② Quick Response(신속대응) : 제조업체와 유통업체 간에 표준상품코드로 데이터 베이스를 구축하고, 고객의 구매성향을 파악·공유하여 적절히 대응하는 전략이다.

③ Continuous Replenishment Process(CRP : 지속적 보충프로그램) : 공급업자와 소매업자 간에 POS 정보를 공유하여 별도의 주문 없이 공급업자가 제품을 보충할 수 있도록 하는 SCM응용기법이다.

⑤ Cross Docking(크로스도킹) : 창고나 물류센터로 입고되는 상품을 보관하지 않고 곧바로 소매점포에 배송하는 물류시스템이다.

031 주어진 식 '이산화탄소 배출량(kg) = 연료사용량(L) × 이산화탄소 배출계수(kg/L)'를 활용하면,
- 연비개선 전 이산화탄소 배출량 : $100,000/4 \times 0.002 = 60$
- 연비개선 후 이산화탄소 배출량 : $100,000/5 \times 0.002 = 50$
- 연비개선 전 대비 연비개선 후 이산화탄소 배출감소량(kg) : 10

032 주문주기시간(Order Cycle Time)에 대한 설명이다.
② 주문전달시간(Order Transmittal Time) : 주문을 주고받는 데 소요되는 시간을 의미한다.

③ 주문처리시간(Order Processing Time) : 적재서류 준비, 재고기록 갱신, 신용장 처리작업, 주문확인, 주문정보를 생산, 판매, 회계부서 등에 전달하는 활동에 관련한 시간을 의미한다.

④ 인도시간(Delivery Time) : 주문품을 재고지점에서 고객에게 전달하는 활동이며 이때 걸리는 시간을 의미한다.

⑤ 주문조립시간(Order Assembly Time) : 주문받은 정보를 발송부서나 창고 등에 전달한 후부터 주문받은 제품을 발송 준비하는 데 걸리는 시간이며 생산, 인도, 회수는 포함하지 않는다.

033 ㄴ. 역물류의 경우 순물류에 비해 화물 수량 및 재고를 정확하게 예측할 수 없고, 화물의 추적 및 가시성 확보가 어렵다.

034 모두 옳은 설명이다.
블록체인이란 분산원장 또는 공공거래장부라고도 불리며, 다수의 상대방과 거래를 할때 데이터를 중앙 서버가 아닌 사용자들의 개인 디지털 장비에 분산·저장하여 공동으로 관리하는 분산형 정보기술이다.

035 ㄱ. 거래 후 요소이다.
ㄷ. 거래 전 요소이다.

036 ㄱ. 모듈화를 통한 제품 유연성 확보에 초점을 두는 것은 대응적 공급사슬에 대한 설명이다.
ㄹ. 리드타임 단축보다 비용최소화에 초점을 두는 것은 효율적 공급사슬에 대한 설명이다.

037 지연전략(Postponement)에 대한 설명이다. 지연전략이란 공장에서 제품을 완성하는 대신 시장 가까이로 제품의 완성을 지연시켜 소비자가 원하는 다양한 수요를 만족시키는 것이다.

038 구매자의 사전구매(Forward Buying)의 경우 실제 수요가 아닌 예측수요에 기반해 구매하는 것이므로 불확실성이 증대되어 채찍효과를 증대시킨다. 이외에도 로트(lot)단위, 일괄주문(batch order)은 수요의 왜곡현상을 발생시켜 채찍효과를 유발할 수 있다.

039 물류센터 도착 즉시 점포별로 구분하여 출하하는 시스템으로 적재시간과 비용을 절감할 수 있는 Cross Docking에 대한 설명이다.

040 ㄱ : ISO28000(공급사슬보안경영시스템)
ㄴ : AEO(종합인증우수업체, Authorized Economic Operator)
ㄷ : C-TPAT(Customs Trade Partnership Against Terrorism)

2023년 기출문제

001	002	003	004	005	006	007	008	009	010
③	④	③	②	②	①	③	①	②	③
011	012	013	014	015	016	017	018	019	020
⑤	④	②	⑤	①	①	③	⑤	①	④
021	022	023	024	025	026	027	028	029	030
④	④	③	②	⑤	①	③	①	②
031	032	033	034	035	036	037	038	039	040
③	④	②	①	④	⑤	①	⑤	④	④

001 인사관리의 경우 물류관리의 대상이 아니다.

002 7R은 적정상품(Right Commodity), 적정가격(Right Price), 적정품질(Right Quality), 적정양(Right Quantity), 적정장소(Right Place), 적정시간(Right Time), 좋은 인상(Right Impression)으로 이루어진다.
※ Right Safety, Right Promotion, Right Customer 은 7R원칙에 포함되지 않는다.

003 제품수명주기란 하나의 제품이 시장에 도입되어 폐기되기까지의 과정을 말한다. 제품수명주기에 따라 물류관리전략을 차별화할 수 있는데, 제품수명주기는 ① 도입기, ② 성장기, ③ 성숙기, ④ 쇠퇴기, ⑤ 소멸기로 구분할 수 있다.

004

005
- 영역별 분류 : 조달물류, 생산물류, 사내물류, 판매물류, 역물류
- 참고로 물류의 영역별 분류와 관련한 계정/비목은 아래와 같다.

과목		영역별	기능별	지급형태별	세목별	조업도별
계정	비목	• 조달물류비 • 생산물류비 • 사내물류비 • 판매물류비 • 역물류비	• 운송비 • 보관비 • 포장비 • 하역비 (유통가공비 포함) • 물류정보관리비	• 자가물류비 • 위탁물류비 (2PL, 3PL)	• 재료비 • 노무비 • 경비 • 이자	• 고정물류비 • 변동물류비

006 최근 전자상거래 활성화에 따라 물동량은 증가함에 따라 물류관리의 역할은 증가하고 있다. 즉, 전자상거래의 비중이 늘어남에 따라 신속하고 신뢰성 높은 저비용 물류체계의 구축이 더욱 중요해지고 있다.

007 소비자 요구 충족을 위해서 수요예측 등 종합적 물류계획의 수립 및 관리가 중요해지고 있으며, 물류의 **소량 다빈도화**가 이루어지고 있다.

008 회귀분석법에 대한 설명이다. 회귀분석에서는 독립변수들과 종속변수와의 관계가 회귀식이라는 함수에 의해 표현되는데, 여기서는 각 독립변수가 종속변수에 미치는 영향의 정도, 방향 등이 회귀계수로서 나타나게 된다.

009 물류와 마케팅 기능이 상호작용하는 분야는 고객서비스 관리 부분이다.

010 상물분리를 실시하면 **영업부서는 판매활동에만 전념**하고 물류부서는 물류거점에서 여러 지점 및 영업소의 주문을 통합할 수 있어 트럭 등 배송차량의 적재율 향상과 효율적 이용이 가능하며 대량 수배송이 가능하여 고객서비스를 향상시킬 수 있다.

011 물류란 생산단계에서 소비단계로의 물적 흐름으로 조달부문을 **포함**한 모든 활동이다.

012 **제약이론의 지속적 개선 프로세스**
제약자원 식별 → 제약자원 최대 활용 → 비제약자원을 제약자원에 종속화 → 제약자원 개선 → 개선 프로세스 반복

013

정의 (Define)	고객들의 요구사항과 품질의 중요 영향요인(CTQ, Critical To Quality), 즉 고객만족을 위해 개선해야 할 중요부분을 인지하고 이를 근거로 개선작업을 수행할 프로세스를 선정하는 단계
측정 (Measure)	• 현재 불량수준을 측정하여 수치화하는 단계 • 통계적 기법을 활용해서 현재 프로세스의 능력을 계량적으로 파악하고, 품질에 결정적인 영향을 미치는 핵심품질특성(CTQ : Critical to Quality)의 충족 정도를 평가
분석 (Analyze)	• 불량의 발생원인을 파악하고 개선대상을 선정하는 단계 • 프로세스의 현재 수준과 목표 수준 간에 차이가 발생하는 원인을 규명 • 파레토, 특성요인도 등의 도구를 활용
개선 (Improve)	개선과제를 선정하고 실제 개선작업을 수행하는 단계
관리 (Control)	개선결과를 유지하고 새로운 목표를 설정하는 단계

014 데포에 대한 설명이다. 데포란 SP(스톡포인트)보다 작은 국내용 2차 창고 또는 수출상품을 집화, 분류, 수송하기 위한 내륙 CFS를 말하며 단말배송소라고도 한다.

015

과목		영역별	기능별	지급형태별	세목별	조업도별
계정	비목	• 조달물류비 • 생산물류비 • 사내물류비 • 판매물류비 • 역물류비	• **운송비** • **보관비** • **포장비** • **하역비** (유통가공비 포함) • 물류정보관리비	• 자가물류비 • **위탁물류비** (2PL, 3PL)	• 재료비 • 노무비 • 경비 • 이자	• 고정물류비 • 변동물류비

016 구매전략은 단가인하보다 공급망 관리를 통한 총비용 절감차원에서 수립되어야 한다.

017 수직적 유통경로시스템은 전통적 유통경로시스템의 단점인 경로구성원 간의 업무조정 및 이해상충의 조정을 전문적으로 관리 혹은 통제하는 경로조직으로 **신규기업에게 높은 진입장벽을 부여**한다.

018

$$손익분기점 판매량$$
$$= \frac{고정원가}{(판매가격 - 단위당 변동원가)} = \frac{고정원가}{단위당 공헌이익}$$

- 고정원가 : 10,000만원, 판매가격 : 10만원/개, 단위당 공헌이익 : 2.5만원/개
- 손익분기점 판매량(개수) = 10,000만원/2.5만원 = 4,000개
  연간 손익분기 매출액 : 4,000×10만원 = 40,000만원

019 공동수배송을 실시할 경우 물류시설의 효율적 이용과 작업의 기계화 및 자동화가 가능해져 물류업무 인원을 감소시킬 수 있다.

020
- P1의 경우,
  - 운송비 : 10,000원×(3,750/5,000) = 7,500원
  - 보관비 : 2,000원×(1,500/6,000) = 500원
  - 하역비 : 1,000원×(9,000/10,000) = 900원
  - 간접물류비 배부액 : 8,900천원
- P2의 경우,
  - 운송비 : 10,000원×(1,250/5,000) = 2,500원
  - 보관비 : 2,000원×(4,500/6,000) = 1,500원
  - 하역비 : 1,000원×(1,000/10,000) = 100원
  - 간접물류비 배부액 : 4,100천원

021 공동수배송에 참가한 기업들의 **화물형태가 일정**하고, 취급하는 **제품의 동질성이 높을수록 공동수배송 추진이 용이**하다.

022 강도표준화 또한 그 효과를 나타나기까지 오랜 시간이 걸리지 않을 수 있다.

023 창고 수가 늘어나면 배송비는 감소한다.

024 현금화 사이클타임(Cash - to - Cash Cycle Time)은 회사가 원자재를 현금으로 구입한 시점부터 제품판매로 현금을 회수한 시점까지의 시간을 평가한 성과지표이다.

025 ㄱ. QR(Quick Response) : 생산 및 유통업자가 전략적으로 협력하여 소비자의 선호 등을 즉시 파악하고, 시장변화에 신속하게 대응함으로써 시장에 적합한 제품을 적시 · 적소에 적절한 가격으로 제공하는 것을 원칙으로 한다.

ㄴ. ECR(Efficient Consumer Response, 효율적 고객대응) : 제품 생산단계에서부터 유통 · 물류의 전 과정을 하나의 프로세스로 보아 관련 기업들의 긴밀한 협력으로 효율 극대화를 추구하는 효율적 고객대응기법이다. 상품이 생산 · 포장단계에서부터 판매진열대에 이르기까지 전 과정을 필요한 시기에 신속 · 정확하게 이동하기 때문에 재고가 줄어든다.

ㄷ. EHCR(Efficient Healthcare Consumer Response, 효율적고객대응) : ECR 전략을 의료산업에 적용한 것으로 의료공급체인을 효율적 · 효과적인 방법으로 관리하여 공급체인 내의 모든 비효율적인 요소를 제거하고 관련 비용의 최소화와 고객서비스의 극대화를 위한 의료업계 전체의 노력을 의미한다.

026 공동수배송은 계획에 따른 배송이기에 개별소비자의 긴급배달 요청에 유연하게 대응하지 못한다. 즉, 공동수배송은 개별의 물류서비스를 차별화하기 위해 도입되었다고 보기 어렵다.

027 유닛로드시스템은 하역합리화 도모를 위해 **화물을 일정한 표준의 중량 또는 체적으로 단위화**하여 기계를 이용해서 하역하는 시스템을 의미한다. 유닛로드시스템화 방법으로는 파렛트화, 컨테이너화, 일관파렛트화, 하역의 기계화가 있다.

⑤ 일관파렛트화는 화물이 **송화인으로부터 수화인에게 도착할 때까지 전 운송과정을 동일한 파렛트를 이용하여 운송하는 것을 의미**한다. 일관파렛트화는 파렛트 규격 통일 및 표준화가 선행되어야 한다.

028 SCM은 채찍효과를 감소시키기 위해 등장하였다고 볼 수 있는데, 채찍효과란 최종 고객으로부터 공급망의 상류로 갈수록 판매 예측정보가 왜곡되는 현상(Bullwhip Effect)으로, 최종소비자의 수요 정보가 공급자 방향으로 전달되는 과정에서 수요변동이 증폭되는 현상을 말한다.

029 ① 공동재고관리(CMI : Co - Managed Inventory)에 대한 설명이다. 공급자재고관리(VMI : Vendor Managed Inventory)는 공급자 주도형 재고관리로서 유통업체에서 발생하는 재고를 **제조업체가 전담해서 주도적으로 관리**하는 방식이다.

030 ㄴ. 외주물류는 **단기적 관계**를 기반으로 이루어지는 반면, 3자물류는 **중장기적 협력 관계**를 기반으로 운영된다.

ㄹ. 외주물류는 주로 중간관리층의 의사결정에 따라 **수의계약 형태로 주로 진행**되는 반면, 3자물류는 **최고경영층의 의사결정에 따라 경쟁계약의 형태**로 진행된다.

031 Reverse Logistics(역물류)에 대한 설명이다.
① Forward Logistics(순물류)
④ Gatekeeping(정보의 취사선택)
⑤ Life Cycle Assessment(전과정 평가) : 원재료 조달, 가공, 제조, 유통, 사용, 폐기에 걸쳐 잠재적으로 환경에 끼치는 영향을 분석하여 정량적으로 산출하고 평가하는 것

032 제품공급의 리드타임(Lead time)을 단축시키는 것은 채찍효과의 제거 방안이다.

033 ISF[Importer Sucurity Filing, 10＋2(Ten Plus Two Rule)]에 대한 설명이다.
① C－TPAT(Customs－Trade Partnership Against Terrorism) : 세관·국경보호청(CBP)이 도입한 반테러 민·관 파트너십 제도로서, 미국의 수입업자, 선사, 항공사, 터미널 운영사, 포워더, 통관중개인 등을 적용대상으로 함
④ CSI(Container Security Initiative) : 미국 관세청 직원을 해외항구에 파견, 위험성이 높은 화물을 미리 검사함으로써 미국행 화물의 안전도를 높이기 위한 조치
⑤ ISPS(International Ship and Port Facility Security) code : 각국정부와 항만관리당국, 선사들이 갖추어야 할 보안 관련 조건들을 명시하고, 보안사고예방에 대한 가이드라인을 제시

034 • 연비개선 전 이산화탄소 배출량
  : $150,000/5 \times 0.002 = 60kg$
• 목표 이산화탄소배출량
  : $60kg - 10kg(감축) = 50kg$
• 연비개선 후 이산화탄소 배출량
  : $150,000/X \times 0.002 = 50kg$, $X = 6km/L$

035 제4자물류의 경우에도 일반적인 물류와 마찬가지로 B2C 거래에 집중한다.

036 물류정보는 정보의 절대량이 많고 복잡하며 성수기와 평상시의 정보량 차이가 크다.

037 POS(Point Of Sales, 판매시점정보관리시스템)에 대한 설명이다.
② KAN(Korean Article Number) : 한국에서 사용되는 EAN(European Article Number) 바코드를 의미한다.
③ ERP(Enterprise Resource Planning, 전사적자원관리) : 생산, 판매, 구매, 인사, 재무, 물류 등 기업업무 전반을 통합 관리하는 경영관리시스템의 일종이다. 이는 기업이 보유하고 있는 모든 자원에 대해서 효과적인 사용 계획과 관리를 위한 시스템이다.
⑤ DPS(Digital Picking System) : 랙 또는 보관구역에 신호장치가 설치되어 출고시킬 화물이 보관된 지역을 알려주면서 출고화물이 몇 개인지 알려주는 시스템이다.

038 반영구적으로 사용 가능한 것은 구조가 간단한 **수동형**(Passive Type) RFID 시스템의 특징이다.

능동형 RFID의 특징
• 자체적으로 배터리를 통해 전력공급을 받아 전파를 송신
• 3m 이상의 원거리 전송이 가능하고, 센서와 결합 가능
• 배터리에 의한 가격 상승과 동작시간의 상대적 제한이 단점

039 EAN－13은 소매상품에 부착하기 적합하다.
※ 물류식별코드는 ITF(Interleaved Two of Five)－14 활용

040 국제적으로는 다양한 EDI 시스템이 존재하지만, 국내 EDI 시스템 개발 사례는 존재하지 않는다.

정답 및 해설

2017년 기출문제

041	042	043	044	045	046	047	048	049	050
④	③	①	④	⑤	①	②	③	③	①
051	052	053	054	055	056	057	058	059	060
①	②	③	②	③	②	②	④	②	④
061	062	063	064	065	066	067	068	069	070
④	④	④	④	③	⑤	⑤	⑤	①	④
071	072	073	074	075	076	077	078	079	080
②	⑤	⑤	②	③	⑤	③	②	④	④

041 지체료(Detention Charge)는 화주가 허용된 시간 (Free Time) 이내에 반출해 간 컨테이너를 지정된 선사의 CY로 반환하지 않을 경우 발생하는 비용이다. 비상사태에 대비하여 부과하는 할증료는 특별운항할증료이다.

042 「한국해운조합법」 제6조 내용이다.

043 항공운송사업은 운송량에 대한 생산탄력성이 매우 낮다고 할 수 있다(항공기의 유휴를 고려).

044 착륙중량(landing weight)은 이륙중량에서 비행 시 소모된 연료의 무게를 뺀 항공기의 무게이다.

045 운송은 장소적 효용, 시간적 효용을 가지고 있으며, 운송의 시간적 효용으로는 재화의 일시적 보관기능을 수행한다는 점이다.

046 화물자동차 운송사업은 일반화물자동차 운송사업, 개별화물자동차 운송사업, 용달화물자동차 운송사업으로 구분된다.

047
- 「항공사업법」상 상업서류송달업이란 타인의 수요에 맞추어 유상으로 「우편법」 제1조의2제7호 단서에 해당하는 수출입 등에 관한 서류와 그에 딸린 견본품을 항공기를 이용하여 송달하는 사업을 말한다.
- 관세법령상 과세가격이 미화 250달러 이하인 물품으로서 견품으로 사용될 것으로 인정되는 물품은 관세가 면제된다. 이는 관세법상 소액물품 등의 면세 규정이다.

048 컨테이너 운송이 활발해짐에 따라 복합운송이 발달한 것은 맞으나 우리나라에서 연안운송이 차지하는 비율은 미미하다.

049
- 북서코너법 : 북서쪽에서부터 남동쪽으로 공급량과 수요량에 맞추어 수송량을 배정한다.

  $$총운송비용 = (100 \times 20,000) + (20 \times 42,000)$$
  $$+ (130 \times 13,000) + (40 \times 11,000)$$
  $$+ (160 \times 17,000)$$
  $$= 7,690,000$$

- 보겔추정법 : 기회비용의 개념을 적용하여 총운송비용이 최소가 되도록 공급량을 할당한다.

  $$총운송비용 = (150 \times 13,000) + (20 \times 7,000)$$
  $$+ (80 \times 15,000) + (120 \times 4,000)$$
  $$+ (80 \times 17,000)$$
  $$= 5,130,000원$$

- 총운송비용의 차이

  $$7,690,000원 - 5,130,000원 = 2,560,000원$$

050 철도운송은 운송 서비스의 완결성이 부족하고 일반적으로 공로운송이 필요하다.

051 전용철도(자가용 철도)란 다른 사람의 수요에 따른 영업을 목적으로 하지 아니하고 자신의 수요에 따라 특수목적을 수행하기 위하여 설치하거나 운영하는 철도를 말한다. "사업용철도"란 철도사업을 목적으로 설치하거나 운영하는 철도를 말한다.

052 선박법 제1조의2의 내용이다.

053 • 원칙적 운임 = Max(실제중량기준운임, 부피중량 기준운임)
• 해당 문제에서는 상기 공식으로 운임을 구할 수 있는 근거가 없으므로 중량단계별 할인요율에 의한 운임을 계산해본다.
• 일정 단계에 따라 요율이 적용되는 화물요율에 있어 중량이 높아짐에 따라 kg당 요율을 낮게 적용하는 중량단계별 할인요율을 적용하여 500kg 이상의 요율을 적용할 경우 항공 운임은 500kg×3,500/kg = 1,750,000원이 부과된다.
Min[1,800,000원(450kg×4,000), 1,750,000원(500kg×3,500)]

054 보안 및 환경 관련 규제가 강화되고 있다.

055 • 경제효용거리의 한계(km) = D/T − R
• D : 톤당 철도발착비 + 배송비 + 하역비 + 포장비
• T : 트럭의 톤 · km당 수송비
• R : 철도의 톤 · km당 수송비
= 12,000/(120 − 70) = 12,000/50
= 240km

056 ② 현호(sheer) : 길이 방향으로 볼 때 갑판이 선수부에서 상승한 정도
③ 플레어(flare) : 외현 상부의 모양이 상갑판 부근에서 바깥쪽으로 굽어진 정도
④ 캠버(camber) : 횡방향 단면에서 볼 때 갑판 중심부가 중심부에서 상승한 정도
⑤ 선저경사(rise of floor) : 횡방향 단면에서 볼 때 선저판이 외현에서 상승한 정도

057 1지점에서 다른 지점까지의 최소거리는 20km, 2지점에서는 30km, 3지점에서는 10km, 4지점에서는 20km, 5지점에서는 10km, 6지점에서는 20km, 7지점에서는 20km이다. 따라서 최소로 필요한 도로 연장은 130km이다(20km + 30km + 10km + 20km + 10km + 20km + 20km).

058 운송물의 일부 멸실 또는 훼손에 대한 사업자의 손해 배상책임은 수하인이 운송물을 수령한 날로부터 **14일** 이내에 그 일부 멸실 또는 훼손에 대한 사실을 사업자에게 통지를 발송하지 아니하면 소멸한다.

059 L → 1 → 4 → 6 → 5 → 2 → 3 = 3 + 1 + 2 + 1 + 2 + 3 = 12km

060

수송수요 모형	세부모형의 종류
화물발생 모형	회귀분석법, 원단위법, 카테고리 분석법
화물분포 모형	중력모형, 성장인자법, 엔트로피극대화 모형
수단분담 모형	통행교차모형, 로짓모형
통행배정 모형	용량비제약모형, 용량제약모형, 반복배정법, 분할배정법, 교통망 평행배정법

061 현행 연안운송사업의 등록기준은 선박 1척 이상으로 규정되어 있어 등록 기준의 완화는 필요 없다(해운법 제19조).

062 열차페리 등 복합운송은 두 종류 이상의 운송수단이 결부되기 때문에 손해 발생 시 책임소재가 명확하지 않다.

063 • A → 1 → 5 → B : 2톤
• A → 1 → 3 → B : 2톤
• A → 2 → 6 → B : 3톤
• A → 2 → 4 → 6 → B : 2톤
∴ 2톤 + 2톤 + 3톤 + 2톤 = 9톤

064 ① 하이 로더(high loader) : ULD를 항공기에 탑재할 때 사용하는 장비이다.
② 포크리프트 트럭(forklift truck) : 지게차를 의미한다.
③ 트랜스포터(transporter) : 자동차를 수송하는 차량으로 특수용도형 화물자동차로 분류된다.
⑤ 셀프 프로펠드 컨베이어(self propelled conveyor) : 수하물 및 소형화물을 화물창에 낱개 단위로 탑재할 때 사용하는 장비이다.

065 화차취급 운송은 장거리 운송이고 혼재차 운송은 상대적으로 단거리 운송이다.

066 연료비는 변동비 대상 항목이지만 광열수도료, 복리후생비는 고정비 대상 항목이다.

067 선적요청서(S/R) – Booking Note(B/N) – 기기수령증(E/R) – 부두수취증(D/R) – 본선수취증(M/R) – 선하증권(B/L)

068 VTS는 해상교통관제시스템으로 화물자동차가 아닌 선박과 관련이 있다. VTS는 해상교통량의 폭주, 위험화물의 증가와 잠재적인 환경 오염의 위험 등에서 항만의 안전 또는 항만 효율성을 제고하기 위해 실시하는 통합 서비스 업무이다.

069 ② 공차중량은 연료, 냉각수, 윤활유 등을 포함하여 운행에 필요한 장비를 갖춘 상태의 중량을 말한다.
③ 차량 총중량은 승차 정원을 포함하여 화물 최대적재량 적재 시의 자동차 전체 중량이다.
④ 축하중은 차축에만 걸리는 전체 하중이다.
⑤ 승차정원은 운전자를 포함하여 승차 가능한 최대 인원수를 말한다.
※ 화물자동차의 세부기준
 • 경형 : 배기량이 1,000cc 미만으로서 길이 3.6m, 너비 1.6m, 높이 2.0m 이하인 것
 • 소형 : 최대 적재량이 1톤 이하인 것으로서, 총중량이 3.6톤 이하인 것
 • 중형 : 최대 적재량이 1톤 초과 5톤 미만이거나, 총중량이 3.5톤 이하인 것
 • 대형 : 최대 적재량이 5톤 이상이거나, 총중량이 10톤 이상인 것

070 • A지점 : 20톤×(4+2)=120톤
 • B지점 : 25톤×(2+4+1)=175톤
 • C지점 : 15톤×(4+4+3+6)=255톤
 • D지점 : 10톤×(1+3+5)= 90톤
 • E지점 : 30톤×(6+5)=330톤
 따라서, 수요량 가중치를 고려한 배송센터의 최적 위치는 D 지점이다.

071 공차율 극소화를 위하여 차량의 배송빈도를 낮춘다.

072 탄력성은 경제량 상호의 변동 관계를 파악하기 위한 개념이므로 운임에 따른 운송수요의 탄력성은 운임의 변화율에 대한 운송수요의 변화율의 비로 나타내야 한다.

073 모두 옳은 표현이다.

074 IMDG란 포장된 위험물의 해상운송에 관한 국제규칙으로서 국제해사기구가 해상에서의 인명안전에 관한 협약(SOLAS) 제7장(위험물의 운송)에 따라 1965년에 제정한 강행규정이다.
 ① IMDG 코드에서 위험물이라는 용어에는 이전의 위험화물을 담았던 세정되지 아니한 빈 포장용기도 포함된다. 단, 모든 위험성을 제거하거나 비위험화물을 채우거나 위험물의 잔류물을 깨끗이 청소하고 증거를 제거시킨 경우에는 그러하지 아니하다.
 ③ IMDG 코드상 1급(Class 1)은 화학류이며 인화성 액체류는 3급(Class 3)에 해당한다.
 ④ PSN(Proper Shipping Name, 적정선적명)은 물질을 가장 정확하게 나타내는 등재부분으로서 IMDG Code의 위험물 목록(DGL)상에 대문자로 표기된 부분을 말하며, UN/ICAO에 등록된 위험품의 정식명칭을 의미한다.
 ⑤ 화주 등은 위험물을 정확하게 분류하여야 하고, 해당 위험물에 가장 적합한 포장용기를 사용하여야 하며 적절한 표시, 표찰 및 명찰을 부착하여야 한다.

075 ① 가동률은 실제 가동 일수를 목표 가동 일수로 나누어 산출한다.
 ② 회전율은 총 운송량을 평균 적재량으로 나누어 산출한다.
 ④ 복화율은 귀로 시 영차운행횟수를 편도운행횟수로 나누어 산출한다.
 ⑤ 적재율은 평균적재중량을 적재가능총중량으로 나누어 산출한다.

076 종합보세구역의 지정은 관세청장이 한다.

077 선적항의 CFS로부터 목적지의 CY까지 컨테이너에 의해 운송되는 형태로서 운송인이 여러 수출업자들로부터 화물을 CFS에 집하하여 목적지의 수입업자 창고 또는 공장까지 운송하는 것을 말한다.

078 작은 비용을 갖는 수송경로부터 우선적으로 수송량을 전부 배정한다.
 1. A－2, 20톤
 2. B－1, 35톤
 3. B－3, 15톤
 4. C－3, 30톤

079 ㄴ. 물류기지, 집배차량, 자동분류기 등 대규모 투자가 필요하다.
 ㅁ. 집하와 배송이 동시에 수행되는 운송사업이다.

080 • 속도가 빠른 운송수단일수록 운송빈도가 더욱 높아져 운송비가 증가한다.
• 속도가 느린 운송수단일수록 운송빈도가 더욱 낮아져 보관비가 증가한다.

2018년 기출문제

041	042	043	044	045	046	047	048	049	050
⑤	④	⑤	①	④	⑤	②	①	④	①
051	052	053	054	055	056	057	058	059	060
①	②	⑤	①	④	②	④	③	②	⑤
061	062	063	064	065	066	067	068	069	070
④	③	②	③	④	②	③	②	③	⑤
071	072	073	074	075	076	077	078	079	080
④	①	③	④	②	①	③	③	③	①

041 물류보안 및 환경 관련 규제가 강화되고 있다.

042 컨테이너는 해상운송 외에도 육상운송 및 항공운송에서도 사용할 수 있다.

043 화물자동차운송은 대량화물운송에 부적합하다.

044 • 변동비 : 연료비, 수리비
• 고정비 : 감가상각비, 보험료, 제세공과금, 인건비

045 **운송수단을 선택할 때의 고려사항**
• 화물의 종류 및 중량
• 운임부담력
• 화물 운송구간의 소요시간
• Lot Size
• 운송비용, 운송거리 등

046 부정기선운송 시 부적운임은 선적하기로 계약했던 화물량보다 실선적량이 부족한 경우 용선자인 화주가 부족분에 대해서도 지불하는 운임을 의미한다.

047 • 자동차운송의 경제적 효용거리(Km) = $D/(T - R)$
• 자동차운송의 경제적 효용거리(km)
  = 53,000원 / (8,000원 − 7,500원) = 106km
즉, A기업은 106km 이상 구간에서 철도운송이 유리하다.

048 ② 보닛트럭(Cab – behind – engine truck) : 상자형 화물실을 갖추고 있는 원동기부의 덮개가 운전실 앞쪽에 나와 있다.
③ 픽업(pickup) : 화물실의 지붕이 없고, 옆판이 운전대와 일체로 되어 있다.

④ 믹서 자동차(truck mixer, agitator) : 적재함 위에 회전하는 드럼을 싣고 화물을 뒤섞으면서 운행한다.

⑤ 지게차(fork lift truck) : 화물 적재장치(포크, 램)와 승강장치를 구비하고 있다.

049
- 실차율(영차율) = 적재 주행거리/총주행거리
$$= 52,000km/60,000km$$
$$= 86.7\%$$
- 적재율 = 평균 적재 중량/최대 적재 중량
$$= 12톤/15톤$$
$$= 80.0\%$$
- 가동률 = 실제 가동 차량 수/누적 실제 차량 수
$$= 300대/360대$$
$$= 83.3\%$$

050 덤프트럭에 대한 설명이다.

051
② 컨버터블(Convertible) 적재함 차량 : 밴형 차량의 적재함 덮개 전체 또는 측면부가 적재함에 설치된 레일을 따라 앞뒤로 개폐될 수 있도록 제작된 차량

③ 셔터도어(Shutter Door) 차량 : 문을 여는 방향으로 일정한 공간이 필요하고 문을 여닫는 데 시간이 소요되는 밴형 차량의 문제점을 해결하기 위해 여닫이식 문 대신 상하로 개폐할 수 있는 셔터형으로 제작한 차량

④ 윙바디(Wing Body) 차량 : 적재함 상부를 들어 올릴 수 있도록 한 차량

⑤ 폴트레일러(Pole Trailer) 차량 : 장척화물을 운반하는 트레일러차량

052 화물정보망과 생산력의 감소는 아무 관련이 없다.

053 **실적신고 내용**
- 운송의뢰자 정보 : 사업자등록번호(운수사업자 한정)
- 계약내용 : 계약월, 계약금액
- 의뢰받은 화물을 재위탁한 경우 계약내용
- 배차내용 : 차량등록번호, 운송완료월, 운송료, 배차횟수

054 축간거리는 운임과 관련이 없다(축간거리란 앞바퀴 중심부와 뒷바퀴 중심부 사이의 거리를 말한다).

055 ㄱ, ㄷ. 선박의 감항능력을 유지하는 것은 해상운송인의 의무이며, 컨테이너야드는 선사가 관리한다.

056 $X_{14} + X_{24} + X_{34} = 400$

공급제약 조건	• 공급지 1 : $X_{11} + X_{12} + X_{13} + X_{14} = 300$ • 공급지 2 : $X_{21} + X_{22} + X_{23} + X_{24} = 500$ • 공급지 3 : $X_{31} + X_{32} + X_{33} + X_{34} = 200$
수요제약 조건	• 수요지 1 : $X_{11} + X_{21} + X_{31} = 200$ • 수요지 2 : $X_{12} + X_{22} + X_{32} = 400$ • 수요지 3 : $X_{13} + X_{23} + X_{33} = 100$ • 수요지 4 : $X_{14} + X_{24} + X_{34} = 300$

057 유통센터를 P라 한다면,
$P - A = 45분 = a$
$P - B = 55분 = b$
$A - B = 25분 = c$
$2(a+b) - (a+b+c) = a+b-c$
$= 45분 + 55분 - 25분 = 75분(= 1시간 15분)$

058 $S - b - c - d - F : 10 + 3 + 2 + 10 = 25km$

059
- 최소비용법
가장 비용이 저렴한 칸부터 차례대로 할당하는 방법이다.
총운송비용 $= (5 \times 100) + (10 \times 200)$
$+ (11 \times 200) + (20 \times 100)$
$= 6,700$

- 보겔추정법
기회비용이 가장 큰 칸부터 할당하는 방법이다.
총운송비용 $= (5 \times 100) + (11 \times 200)$
$+ (16 \times 100) + (10 \times 100)$
$+ (13 \times 100)$
$= 6,600$

- 총운송비용의 차이
$6,700 - 6,600 = 100$

060 안전수요량(안전재고)은 재고관리 시 중요한 고려 요소이다.

효율적인 수 · 배송 관리를 위한 고려 요소
- 리드타임
- 적재율
- 차량운행 대수
- 운송수단의 선택
- 수 · 배송 범위 및 루트
- 수 · 배송의 비율과 적기배송 방문 스케줄 결정

061 고정 다이어그램에 대한 설명이다.

062 모든 노드에 원유를 공급하는 송유관의 최단 경로는
- $S-a-b-c-f-e = 3+2+4+2+2 = 13km$
- $a-d-G = 3+4 = 7km$

위 두 경로를 합하면, $13km + 7km = 20km$이다.

063 • c–d 노드 간 용량이 7일 때 S–F의 최대 유량
$S>a>b$: 3이고,
$S>c>b$: 3이므로,
$S>a>b>F$: 6이 되고,
$S>c>d>F$: 4가 된다.
→ S>F의 최대 유량 $6+4 = 10$

• c>d 노드 간 용량이 2로 감소할 때 S>F의 최대 유량
$S>a>b$: 3이고,
$S>c>b$: 3이므로,
$S>a>b>F$: 6이 되고,
$S>c>d>F$: 2가 된다.
→ S>F의 최대 유량 : $6+2 = 8$
→ S에서 F까지의 최대 유량의 감소분 = $10-8 = 2$

064 북서코너법
$P1>D1$: 10kg
$P1>D2$: 5kg
$P2>D2$: 10kg
$P2>D3$: 2kg
$P3>D3$: 5kg
→ 총 수송비 = $(10 \times 20,000) + (5 \times 40,000)$
$+ (10 \times 20,000) + (2 \times 100,000)$
$+ (5 \times 40,000)$
$= 1,000,000$원

065 운송물의 인도예정일(시)에 운송이 불가능한 경우에 운송물의 수탁을 거절한다.

066 일관운송은 단일책임, 단일운임, 단일운송계약을 특징으로 가지고 있다.
ㄷ. 송화인의 요청에 따라 운송인이 직접 집화, 포장까지 수행하는 운송서비스체계
ㄹ. 문전에서 문전까지 일관된 운송서비스체계

067 ① 우유 회사가 축산 농가를 돌면서 우유를 거두어 온데서 유래한 것으로 구입처가 여러 거래처를 돌면서 상품이나 부품을 수거하는 순회배송시스템이다.

② Point to Point 시스템의 특징으로는 셔틀운송의 존재, 많은 노선의 수, 지역별로 터미널이 있어야 한다는 것 등이 있다.
④ Hub & Spoke 시스템과 Point to Point 시스템을 혼합운영하는 시스템이다.
⑤ 영국국철이 개발한 정기적 급행 컨테이너 수송 방식을 말한다.

068 ① 고객이 운송장에 손해배상한도액을 기재하지 않았을 경우 한도액은 50만원이 적용되고, 운송물의 가액에 따라 할증요금을 지급하는 경우에는 각 운송가액 구간별 **최고가액**이 적용된다.
③ 운송장에 인도예정일의 기재가 없는 경우에는 운송장에 기재된 운송물의 수탁일로부터 인도예정장소에 따라 일반 지역 **2일**, 도서, 산간벽지 3일로 한다.
④ 운송물의 멸실, 현저한 훼손 또는 연착이 운송물의 성질이나 하자 또는 고객의 과실로 인한 것인 때에는 사업자는 운임의 전액을 비롯하여 통지, 최고, 운송물의 처분 등에 소요되는 비용을 청구할 수 있다.
⑤ 운송물의 일부 멸실 또는 훼손에 대한 사업자의 손해배상책임은 수화인이 운송물을 수령한 날로부터 **14일** 이내에 그 일부 멸실 또는 훼손에 대한 사실을 사업자에게 통지를 발송하지 아니하면 소멸한다.

069 ① 철도화물 운임은 대량화물 등의 경우 별도의 할인제도를 운영하고 있다.
② 철도화물 운임체계는 컨테이너취급운임, 화차취급운임, 혼재운임으로 구분하여 운영하고 있다.
④ 일반화물의 최저기본운임은 사용화차의 최대 적재중량에 대한 100km에 해당하는 운임이다.
⑤ 1km 미만의 거리와 1톤 미만의 일반화물은 반올림하여 계산한다.

070 ① Kangaroo방식은 열차의 바닥면이 높은 경우 바닥면의 중앙부를 낮춰 트레일러를 집어넣는 방식이며 터널의 높이 제한, 차량의 높이 제한 등이 있을 경우 피기백 방식보다 높이가 낮아 유리하다.
② TOFC(Trailer On Flat Car)는 컨테이너가 실린 트레일러를 통째로 화자 위에 적재하는 방식으로 방식의 종류에는 Piggy back system, Kangaroo system, Freight Liner 방식이 있다.
③ Freight Liner는 영국 국철이 개발한 정기적 급행 컨테이너 열차로서 대형 컨테이너를 적재하고 터미널 사이를 고속의 고정편성을 통해 정기적으로 운행하는 방식이다.

④ COFC(Container On Flat Car)는 컨테이너만을 화차에 적재하는 방식으로 지게차에 의한 방식, 크레인을 이용해 매달아 싣는 방식, 플렉시 밴방식이 있다.

071 Train Ferry는 화차를 실을 수 있는 페리를 의미하며 스스로 항해할 능력이 없다.

072 철도운송의 경우 객차 및 화차의 소재 관리가 어렵다.

073 항공운항 스케줄 관리는 대리점이 아닌 항공사가 직접 하는 업무이다.

074 ㄴ. 기본요율(Normal Charge)은 "N"으로 표시되고, 최저운임(Minimum Charge)은 "M"으로 표시된다.
ㅁ. 특정품목 할인요율(SCR)은 다량의 상품 수송에 적용하고자 그 요율과 관련하여 설정된 최저중량의 제한을 받도록 되어 있다.

075 송화인과의 운송계약 체결에 대한 문서증명으로 사용할 수 있다.

076 ② 정기선운송은 컨테이너화물을 운송하고, 부정기선운송은 벌크화물을 운송한다.
③ 정기선운송인은 공공 일반운송인의 역할을, 부정기선운송인은 사적 계약운송인의 역할을 수행한다.
④ 정기선운송 운임은 공표운임(Tariff)에 의해 결정되고, 부정기선운송 운임은 수요와 공급에 의해 결정된다.
⑤ 정기선운송의 하역비 부담 조건은 Berth term이 있고, 부정기선은 FI, FO, FIO 등에 의해 결정된다.

077 ㄱ. 항해용선계약(Voyage Charter) : 한 항구에서 다른 항구까지 한 번의 항해를 위해 체결하는 운송계약
ㄴ. 선복용선계약(Lump Sum Charter) : 한 선박의 선복 전부를 하나의 선적으로 간주하여 운임액을 결정하는 용선계약
ㄷ. 일대용선계약(Daily Charter) : 하루 단위로 용선하는 용선계약
ㄹ. 정기용선계약(Time Charter) : 모든 장비를 갖추고 선원이 승선해 있는 선박을 일정 기간 정하여 사용하는 계약
ㅁ. 나용선계약(Bare Boat Charter) : 선박만을 용선하여 인적 및 물적 요소 전체를 용선자가 부담하고 운항의 전 과정을 관리하는 계약

078 ① 총톤수(Gross Tonnage) : 제세 납부의 기준이 되는 톤수로서, 선박 내부의 총 용적량으로 상갑판 하부의 적량과 상갑판 상부의 밀폐된 장소의 적량을 모두 합한 것
② 순톤수(Net Tonnage) : 순수하게 여객, 화물수송에 사용되는 공간의 용적
④ 배수톤수(Displacement Tonnage) : 군함에 적용되는 톤수로 선체가 수면에 잠겨 있는 부분의 용적과 같은 물의 중량
⑤ 재화용적톤수(Measurement Tonnage) : 화물을 실을 수 있는 선박 내부의 용적을 톤수로 나타낸 것

079 기명식 선화증권은 특별하게 수하인을 기재하므로 배서에 의한 유통이 되지 않는다.

080 카보타지는 해운자유주의 정책이 아닌 해운보호주의의 일환으로 국가 내에서 여객 및 화물을 운송하는 권리를 외국선박에는 주지 않고 자국선박이 독점하는 국제관례를 의미한다.

2019년 기출문제

041	042	043	044	045	046	047	048	049	050
⑤	③	④	⑤	⑤	②	③	⑤	①	④
051	052	053	054	055	056	057	058	059	060
①	③	④	③	②	②	②	②	⑤	④
061	062	063	064	065	066	067	068	069	070
③	①	③	①	①	⑤	③	⑤	③	③
071	072	073	074	075	076	077	078	079	080
②	①	①	④	②	⑤	④	④	⑤	④

041 운송수단을 선택할 때의 고려사항으로는 로트의 크기, 화물의 종류, 화물의 중량 및 용적, 화물 고유의 성질, 화물의 가치, 운송거리, 납기, 고객의 중요도 등이 있다.

042 전체 운행거리에서 화물의 적재효율을 높이기 위하여 영차율(전체 운행거리에서 화물을 적재하고 운행한 비율)을 극대화한다(공차율을 최소화한다).

043 배송은 간선운송(장거리)보다는 지선운송(단거리)에 가깝다. 간선운송에 가까운 것은 수송이다.

044 운송수요는 많은 이질적인 개별수요로 구성되어 있기 때문에 변동성이 크고 유동적이다. 즉 비계획적이고 비체계적이다.

045 시간적 효용인 보관에 해당한다.

046 자동차운송은 운송거리가 짧을수록 적합하고, 해상운송은 거리가 길수록 합리적이다.

047 항공운송은 리드타임(Lead Time)이 짧기 때문에 재고유지비용이 감소한다.

048 유통재고량을 적절한 양으로 유지시킨다.

049 공차중량은 연료, 냉각수, 윤활유 등의 기본적인 것만 채운 상태에서 화물은 적재하지 않은 상태의 중량이다.

050 특장차의 차량에 특수장비를 갖추어 차체의 무게가 더 무거워진다(예 소방차).

051 최소비용법은 가장 낮은 비용 셀에 전부 할당하고 해당 할당이 끝나면 순차적으로 그 다음 낮은 셀에 할당하는 방법이다.
- 총운송비용 $= (1 \times 120) + (3 \times 50) + (4 \times 30)$
  $+ (5 \times 30) + (9 \times 30) + (10 \times 40)$
  $= 1,210,000$원
- 공급지 B에서 수요지 X까지의 운송량은 단위운송비용 9에 할당된 30톤이다.

052 $C - B - E : 2 + 2 + 2 = 6$
$C - H - G : 2 + 3 + 3 = 8$
$C - H - I : 2 + 3 + 2 = 7$
※ 합산 총운송거리 $= 6 + 8 + 7 = 21$km

053 밴 트레일러는 일반잡화 및 냉동화물 등의 운반에 사용된다.

054 한 번에 운송되는 화물 단위가 클수록 대형차량을 이용하며 이 경우에 운송단위당 부담하는 고정비(감가상각비 등) 및 일반관리비는 감소하게 된다.

055 ㄷ. 전폭이 넓을수록 주행의 안전성이 향상된다.
ㅁ. 제1축간거리가 길수록 적재함 중량이 앞바퀴에 많이 전달된다.

056 • T − 11형(1.1m × 1.1m)의 경우 가로로 2개, 세로로 5개까지 적재 가능하므로 적재 가능 파렛트 수는 10개이다.
• T − 12형(1.2m × 1.0m)의 경우 1.2m 쪽을 가로로 5개(1열), 1.0m를 가로로 6개(2열) 적재하면 적재 가능 파렛트 수는 11개이다.

057 ① 안전운임제는 과로 · 과적 · 과속에 내몰리는 화물운송 종사자의 근로 여건을 개선하고자 화물자동차운수사업법에 법률로서 그 토대를 마련하였다.
③ 안전운임은 수출입 컨테이너, 시멘트에 대하여 3년 일몰제(2020~2022년)로 도입되었다.
④ 안전운송원가는 철강재와 일반형 화물자동차 운송 품목에 우선적으로 도입된다.
⑤ 화물자동차 안전운임위원회는 4명의 공익대표위원에 화주 운수사업자, 화물차주 대표위원 각 3명씩을 포함하여 13명으로 구성되었다.

058 고속도로, 국도, 지방도로를 운행하는 차량 중 총중량 40톤, 축하중 10톤을 초과하거나 적재적량을 초과한 화물을 적재한 차량으로서 중량 측정계의 오차 10%(1할)를 감안하여 그 이상 시 고발조치하고 일정 벌금이 부과되고 있다.

059 표준약관(제2조, 제20조)
운송물의 가액을 기재하지 않은 경우이므로 50만원 한도까지만 보상받는다. 상품권(유가증권 등)에 대해서는 수탁거절 사유이므로 보상받지 못한다.

060 ① 철도역 또는 터미널에서의 화차조성비용을 절감하기 위해 화차의 수 및 형태가 고정되어 있는 서비스 방식으로 출발지 → 목적지 → 출발지를 연결하는 루프형 순환구간에서 서비스를 제공하는 형태이다. 화차의 수와 구성이 고정되어 있어 터미널에서의 화차취급비용을 블록트레인에 비해 15~20% 절감할 수 있다.
② 각 지역에서 온 열차들을 하나의 Hub 역에 모아 연결하여 운송하고 목적지 인근의 Hub 역에서 분리한 후 목적지까지 전달하는 형태이다. 중·단거리 수송 또는 소규모 터미널에서 이용할 수 있는 Modula Train(소형열차) 형태이다. Single-Wagon Train의 대안으로 제시된 열차 형태로 중간역에서 화차취급을 단순화하여 열차조성을 신속하게 할 수 있다.
③ 복수의 중간역 또는 터미널을 거치면서 운행하는 가장 일반적인 형태의 열차 서비스이다. 모든 종류의 화차 및 화물을 수송하며 목적지까지 열차운행을 위한 충분한 물량이 확보된 경우에만 운행하므로 일반적으로 화물의 대기시간이 매우 긴 편이다.
⑤ 하나의 열차를 단위로 하여 동일한 화물을 대량으로 운송하는 형태의 열차이다.

061 • A>B>D>F : 4
• A>C>E>F : 4
• A>B>E>D>F : 6
따라서 최대유량은 4+4+6=14

062 ㄱ. 지붕이 있는 유개차에 대한 설명이다.
ㄴ. 곡형평판차에 대한 설명이다.

063 일반적으로 30kg의 중량제한을 두고 있기 때문에 쌀 10kg는 수탁거절 대상이 아니다.

064 화차에 컨테이너만을 적재하고 컨테이너를 트레일러로부터 분리하여 직접 플랫카에 적재하는 것이다.

065 • 수탁 : 사업자가 택배를 위하여 고객으로부터 운송물을 수령하는 것
• 수하인 : 고객이 운송장에 운송물의 수령자로 지정하여 기재하는 자

• 인도 : 사업자가 수하인에게 운송장에 기재된 운송물을 넘겨주는 것
• 고객 : 사업자에게 택배를 위탁하는 자로서 운송장에 송하인으로 기재되는자

066 • C2C : 개인과 개인 간의 거래
• B2B : 기업과 기업 또는 거래처 간의 거래
• B2C : 기업과 개인 간의 거래
• B2G : 기업과 정부 간의 거래

067 나용선계약(Bareboat Charter, Demise Charter)에 대한 설명이다. 나용선계약은 선주에게서 선박만을 용선하고, 용선자는 선장 등을 비롯하여 인적 및 물적 요소 전체를 부담하여 운행 전부에 걸친 관리를 하는 용선계약이다.

068 겸용선(Combination Carrier)은 건화물과 액체화물을 모두 운송하여 수송생산성을 높이기 위해 개발된 선박을 말한다. 부선(Barge)에 적재된 화물을 본선에 설치되어 있는 크레인으로 하역하는 선박은 LASH선이다.

069 함부르크 규칙에서는 항해과실 면책조항을 폐지하였다(함부르크 규칙은 화주권익 강화 측면이 강하고 운송인에 관련된 책임 등이 강화되었다).

070 "계속적으로 반복", "일정 구간 반복", "할인운임"이라는 키워드를 통해 특정품목할인효율(Specific Commodity Rate, S.C.R.)에 대한 설명임을 알 수 있다.

071 Freight Collect은 후불운임으로 무역조건이 FOB 계약(그 외 F조건 포함)으로 체결되는 경우에 적용되는 운임이다.

072 ② 순톤수(Net Tonnage) : 직접 상행위에 사용되는 공간으로 총톤수에서 선박운항에 직접적으로 필요한 공간의 용적을 뺀 톤수를 말하며, 항만세, 톤세, 항만시설 이용료의 기준이 된다.
③ 중량톤수(Weight Tonnage) : 선박의 크기 또는 화물 중량을 나타내는 단위이다.
④ 배수톤수(Displacement Tonnage) : 군함에서 주로 사용되는 톤수로 선체의 수면 아래에 있는 부분의 용적과 대등한 물의 중량을 나타내는 배수량을 말한다.

⑤ 재화중량톤수(Dead Weight Tonnage) : 선박에 적재할 수 있는 화물의 최대용적을 표시하는 톤수이다.

073 Buyer's Consolidation(수화인 화물혼재서비스)에 대한 설명이다. Buyer's Consolidation은 운송인이 여러 수출업자들로부터 화물을 CFS에서 집하 및 혼재하여 목적지의 수입업자 창고 또는 공장까지 운송하는 것을 의미한다.

074 국제물류주선업자(Freight Forwarder)는 항공기를 가지고 있지 않지만 독자적인 운송약관과 자체 운임요율표를 가지고 있으며 HAWB(House Air Way bill)를 발행하는 자이다. MAWB는 항공사가 발행하는 서류이다.

075 15km(AB : 3, AD : 4, DE : 2, EF : 3, EC : 3)

076

수요지 공급지	X	Y	Z	공급량	기회비용
A	12	6	13	250	6
B	8	4	5	150	1
C	7	9	9	200	2
수요량	100	300	200	600	
기회비용	1	2	4		

- 기회비용의 개념을 적용한다.
- 보겔추정법에 의한 최소 총 운송비용
  : $(250 \times 6) + (50 \times 4) + (100 \times 5) + (100 \times 7)$
    $+ (100 \times 9) = 3,800,000$원
- 보겔추정법에 의한 공급지 B에서 수요지 Z까지의 운송량 : 100톤

077

구분	경험적 모형	수학적 모형
용량비제약 모형	전량배정법	Dial 모형
용량제약 모형	• 반복배정법 • 분할배정법 • 수형망 단위 분할배정법	교통망 평형배정모형

078
- 4개의 허브를 서로 잇는 노선 : 6개
- 허브와 나머지 16개의 공항을 잇는 노선 : 16개
  ∴ 22(6 + 16)

079 화물분포모형에는 성장인자법, 중력모형, 엔트로피 극대화모형이 있으며, 성장인자법에는 균일성장률법, 평균성장률법, 프래타법 등이 포함된다.

080 최소비용수송계획 = 최소비용법 + 최대수송량계획

경로	단위당 비용	수송량	비용
A-가-라-바 -B	9	7	63
A-가-다-바-B	10	3	30
A-나-라-마-사-B	13	15	195
A-나-마-사-B	14	3	42
A-나-가-다-바 -사-B	16	1	16
합계		29	346

041	042	043	044	045	046	047	048	049	050
④	①	③	③	②	①	②	④	⑤	②
051	052	053	054	055	056	057	058	059	060
①	④	⑤	②	③	⑤	⑤	③	⑤	②,④
061	062	063	064	065	066	067	068	069	070
④	①	③	②	③	④	⑤	①	④	③
071	072	073	074	075	076	077	078	079	080
③	①	②	⑤	④	②	③	⑤	③	①

041 "최고한도", "최저한도" 등의 표현이 동시에 등장한 것으로 보아 운임결정이론 중 절충설이 적절하다.
 ※ ② 운임부담력설(최고한도) ③ 생산비설(운송원가, 최저한도) ⑤ 일반균형이론(수요와 공급)

042 영차율은 전체 운행거리 중 화물을 적재하고 운행한 비율을 나타낸다.

043 운송은 장소적 격차를 해소시켜 줌으로써 시장가격을 평준화시킨다.

044 "장척화물"이라는 키워드를 통해 폴 트레일러 트럭(Pole – trailer Truck)임을 알 수 있다.

045 ②는 WMS(Warehouse Management System)에 대한 설명이다.

046 환적 컨테이너, 공 컨테이너(비어 있는 컨테이너)는 대상에 해당되지 않는다.

047 ㄴ. 해상운송은 물품의 파손, 분실, 사고발생의 위험이 적고 타 운송수단에 비해 안전성이 낮다(위험하여 보험료가 높다).
 ㄷ. 항공기는 대량화물, 중량화물을 싣기가 타 운송수단에 비해 부적합하다.

048 화물의 밀도가 높을수록 동일한 적재용기에 많이 적재할 수 있으므로 (단위당) 운임이 낮아진다.

049 악천후에도 견디는 철도운송이 적합하다.

050 ②는 무진동트럭을 의미한다. 분립체수송차는 벌크 상태의 물품을 실어나르는 차량이다.

051 공차는 화물을 적재하지 않고 연료, 냉각수, 윤활유 등을 채운 상태의 화물차량 중량을 말한다.

052 화물운송의 3대 구성 요소는 운송방식(Mode), 운송경로(Link), 운송연결점(Node)이다.

053 ① 덤프 컨테이너의 경우 해당 구간 운임의 25%를 가산 적용한다.
 ② 방사성물질이 적재된 컨테이너는 해당 구간 운임에 150%를 가산 적용한다.
 ③ 위험물, 유독물, 유해화학물질이 적재된 컨테이너는 해당 구간 운임에 30%를 가산 적용한다.
 ④ 화약류가 적재된 컨테이너는 해당 구간 운임에 100%를 가산 적용한다(고시사항이므로 맞추기 쉽지 않은 문제이다).

054 ㄴ, ㄹ, ㅂ은 변동비이다.
 ※ 물동량이 늘어나면 같이 증가하는 성격을 가지고 있으면 변동비이고 그렇지 않으면 고정비이다.

055 운송업체의 대형화, 전문화를 지향해야 한다.

056 배차의 탄력성이 높다. 배차의 탄력성이 낮은 것은 철도 운송의 단점이다.

057 컨테이너 '만' 적재하므로 통상적으로 트레일러 등이 함께 적재되는 TOFC 방식(캥거루 방식 포함)은 제거된다.

058 ㄱ : 트랜스테이너방식, ㄴ : 스트래들캐리어방식,
 ㄷ : 샤시방식

059 Running Laydays는 불가항력을 포함한 하역 개시일부터 끝날 때까지의 모든 기간을 정박기간으로 계산하는 조건이다.

060 ④는 도로운송의 장점이다.
 ② 해당 선지는 용적의 대상이 모호하여 복수정답처리 되었음

061 양하항산택할증료(양륙항산택할증료, Optional Charge)에 대한 설명이다.

062 휴항의 내용은 묵시적 확약(일반적으로 인지될 수 있는 사항, 당연히 인정되는 내용)이 아니다.

063 헤이그 규칙에서는 'from Tackle to Tackle' 운송책임 구간이었으나 함부르크 규칙에서는 'from Receipt to Delivery'로 축소하였다.

064 화차의 봉인은 내용물의 이상 유무를 검증하기 위한 것으로 (최종적으로는) 송화인의 책임으로 하여야 한다.

065 '바젤 협정'은 항공협정과는 관련이 없는 폐기물 관련 협정이다.

066 고객(송화인)이 운송물의 가액에 따라 할증요금을 지급하는 경우에는 각 운송가액구간별 최고가액이 적용됨을 명시해 놓는다.

067 ① 운송주선인은 복합운송에서 전 운송 구간에 운송책임을 지지만 구간별 운송인과 직접 계약을 체결한다.
② 운송주선인은 여러 화주의 LCL화물과 관련하여 혼재운송을 주로 취급한다.
③ 운송주선인은 화주를 대신하여 운송인과 운송계약을 체결하고, 화물운송에 따른 보험 업무도 대리한다.
④ 운송주선인이 작성하는 서류는 선하증권, 항공화물운송장 외에도 다양하다.

068 항공화물은 고가화물에 적절하다.

069 • 중량 : 실제중량(40kg)과 용적중량[45CBM(kg) $(100 \times 45 \times 60/6,000)]$ 중 큰 45kg를 택한다.
• 운임 : 45kg 이상인 경우 9,000원을 적용하므로, 운임은 405,000원이다.

070 ㄴ. 300만원을 초과하는 경우 수탁을 거절하므로 거절사유가 아니다.
ㄷ. 운송물의 인도예정일시에 따른 운송이 불가능한 경우 수탁거절된다.

071 공동 수 · 배송시스템의 경우 기업별로 물류서비스를 차별화하기가 어렵다.

072 ㄱ : Dolly(달리)
ㄴ : High Loader

ㄷ : Tug Car(모터 트럭)
ㄹ : Hand Lift Jack

073

수요지 공급지	X	Y	Z	공급 량	기회 비용
A	10원	7원	8원	15톤	1
B	17원	10원	14원	15톤	4
C	5원	25원	12원	20톤	7
수요량	15톤	20톤	15톤	50톤	
기회비용	5	3	4		

초기 기회비용을 구한 뒤 기회비용이 큰 곳부터 할당하면, $(15 \times 5) + (12 \times 5) = 135$원

074 일반요율은 일반화물에 적용하는 요율로 실제중량과 용적을 고려하여 운송요율을 책정한다.

075 ① 집화와 배송은 동시에 이루어지도록 한다.
② 효율적인 수송경로는 소형 차량보다 대형 차량을 우선 배차한다.
③ 배송지역의 범위가 넓을 경우, 운행 경로 계획은 물류센터에서 먼 지역부터 수립한다.
⑤ 배송경로는 상호 교차를 지양한다.

076 비용이 가장 적은 곳부터 할당한다.
$(5 \times 500) + (8 \times 500) + (10 \times 700) + (20 \times 200)$
$+ (25 \times 100) = 20,000$원

077 $S - A - B - E - G = 14$km

078 순회 배송방법 $= 30(= 10 + 12 + 8)$, 개별 배송방법 $= 44(= 10 \times 2 + 12 \times 2)$, 둘 간의 차는 14km이다.

079 ① 배송, 화물의 보관 및 집화 업무까지 공동화하는 방식을 집배공동형이라 한다.
② 크로스도킹은 사전 스케줄링이 필요한 흐름형 창고를 의미한다.
④ 소량 다빈도 화물에 대한 운송요구가 증가함에 따라 그 필요성이 지속적으로 증가하고 있다.
⑤ 공동납품대행형은 백화점, 할인점 등에서 공동화하는 방식이다.

080 $(15 \times 4) + (5 \times 5) + (15 \times 4) + (2 \times 12) + (10 \times 6)$
$= 234$원

041	042	043	044	045	046	047	048	049	050
⑤	④	⑤	③	⑤	④	①	③	①	③

051	052	053	054	055	056	057	058	059	060
④	④	②	②	④	⑤	⑤	③	④	③

061	062	063	064	065	066	067	068	069	070
④	①	③	③	②	④	②	④	①	②

071	072	073	074	075	076	077	078	079	080
②	⑤	②	③	⑤	②	①	③	④	①

041 운송의 3대 요소는 운송연결점(Node), 운송경로(Link), 운송수단(Mode)이다. 운송수단은 선박, 항공기, 자동차, 기차 등을 의미한다.

042 채트반공식

$$경제효용거리의 한계(km) = \frac{D}{T-R}$$

- D : 톤당 철도발착비 + 배송비 + 하역비 + 포장비
- T : 트럭의 톤 · km당 수송비
- R : 철도의 톤 · km당 수송비

※ 경제효용거리 : $50,000/(900-500) = 125$

043 화물을 넣지 않은 공컨테이너는 규격별로 적(積)컨테이너 운임단가의 공컨테이너는 규격별로 적컨테이너 운임단가의 74%를 적용하여 계산한다.

044 Covered hopper car(호퍼차)는 석탄 등 Bulk 화물을 실어나를 때 이용된다.

045 달리(Dolly)란 적재작업이 완료된 항공화물의 단위탑재용기를 터미널에서 항공기까지 견인차에 연결하여 수평 이동하는 장비이다.

046 운송의 효율성을 향상시킬 수 있는 방안으로는 가동율 극대화, 수송의 대형화, 회전율 극대화, 영차율 극대화가 있다.

047 최근 운송의 환경변화로 운송화물이 다품종 소량화되고 있다.

048 ① Block train : 스위칭 야드(Switching Yard)를 이용하지 않고 철도화물역 또는 터미널 간을 직행운행하는 전용열차의 한 형태로 화차의 수와 타입이 고정되어 있지 않다.
② Shuttle train : 철도역 또는 터미널에서의 화차 조성비용을 줄이기 위해 화차의 수와 타입이 고정되며 출발지 → 목적지 → 출발지를 연결하는 루프형 구간에서 서비스를 제공하는 방식이다.
④ Y – Shuttle train : 한 개의 중간터미널을 거치는 것을 제외하고는 셔틀트레인(Shuttle Train)과 같은 형태의 서비스를 제공하는 방식이다.

049 ② 일정 운송량, 운송거리의 하한선 이하로 운송될 경우 일괄 적용되는 운임은 최저운임이다. 무차별운임은 화물의 종류에 관계없이 적용되는 운임을 의미한다.
③ 단일화주의 화물을 운송수단의 적재능력만큼 적재 및 운송하고 적용하는 운임은 단일운임이다.
④ 운송거리에 비례하여 운임이 증가하는 형태의 운임은 비례운임이다.
⑤ 운송되는 화물의 가격에 따라 운임의 수준이 달라지는 형태의 운임은 종가운임이다

050 안정성과 하역작업의 기계화 측면에서 가장 효율적인 방식은 Pallet Loading 방식이다.

051

사업자 기재사항	고객 기재사항
• 사업자의 상호, 주소 및 전화번호, 담당자(집하자)이름 • 운송물품 수탁한 당해 사업소(사업자의 본 · 지점, 출장소 등)의 상호, 주소 및 전화번호 • 운송물의 중량 및 용적 구분 • 운임, 기타 운송에 관한 비용 및 지급방법 • 손해배상한도액 • 문의처 전화번호 • 기타 운송에 관하여 필요한 사항	• 송하인(고객)의 주소, 이름(상호) 및 전화번호 • 수하인의 주소, 이름(상호) 및 전화번호 • 운송물의 종류, 수량 및 가액 • 운송물의 인도 예정장소 및 인도예정일 • 운송 상의 특별한 주의사항 • 운송장의 작성 연월일

052 북서코너법을 적용하여 계산한 총 운송비용은 $(300 \times 8) + (100 \times 9) + (300 \times 12) + (200 \times 10) + (100 \times 6) = 9,500$만원이며, 공급지2와 수요지2의 교차점에서 운송량은 300만큼 할당이 된다.

053 '인도'라 함은 사업자가 고객(수화인)에게 운송장에 기재된 운송물을 넘겨주는 것을 말한다.

054 ① 일관수송이 가능하기 때문에 화물의 수취가 편리하다.
③ 철도운송에 비해 규모의 경제효과가 낮아 에너지 효율이 낮다.
④ 화물자동차 운송은 대량화물운송에 부적합하다.
⑤ 정시성이 높은 것은 철도운송이다.

055 가동률 : 270대/300대 = 90%
① 본 문제상으로는 알 수 없음(귀로 시 영차운행횟수 정보 필요)
② 영차율 : 21,000km/30,000km = 70%
③ 적재율 : 4톤/5톤 = 80%
⑤ 공차거리율 = (1 − 영차거리율) = (1 − 0.7)
　　　　　　　　= 30%

구분	내용
가동률	일정기간 동안 화물을 운송하거나 운송을 위해 운행한 일수 비율을 의미한다. 가동률 = $\dfrac{\text{실제가동일}}{\text{목표가동일}}$ = $\dfrac{\text{실운행시간(일수)}}{\text{목표운행시간(일수)}}$
회전율	차량이 일정한 시간 내에 화물을 운송한 횟수로서 운송생산성 측정의 가장 기본이 되는 지표이다. 회전율 = $\dfrac{\text{총운송량(총운반횟수)}}{\text{평균적재량}}$ 　　 = $\dfrac{\text{총 영차거리}}{\text{평균 영차거리}}$
영차율 (실차율)	전체 화물운송거리 중에서 실제로 얼마나 화물을 적재하고 운행했는지를 나타내는 지표로 적재거리를 총운행거리로 나누어 산출한다. 영차율(실차율) = $\dfrac{\text{영차운행거리(적재거리)}}{\text{총 운행거리}}$
복화율	편도운송을 한 후 귀로에 복화운송을 얼마나 수행했는가를 나타내는 지표이다. 복화율 = $\dfrac{\text{귀로 시 영차운행횟수}}{\text{편도운행횟수}}$
적재율	차량에 화물을 몇 톤을 싣고 운행을 했느냐를 나타내는 지표이다. 총운행적재율 = $\dfrac{\text{(총운송량/총운행횟수)}}{\text{차량적재정량}}$ 영차운행적재율 = $\dfrac{\text{(총운송량/적재운행횟수)}}{\text{차량적재정량}}$

056 모두 운임에 영향을 주는 요인이다. 운임에 영향을 주는 요인들은 거리, 부피/중량, 밀도, 취급용이성, 적재성, 책임, 시장상황 등이 있다.

057 ② VMS(적재관리시스템) : 화물의 특징에 따라 적정한 화물차에 화물이 효율적으로 적재될 수 있도록 차량의 소요, 배차, 적재 위치 등을 지정해 주는 적재 관리 시스템이다.
③ TRS(주파수공용통신) : 다수의 이용자가 복수의 무선채널을 일정한 제어하에 공동 이용하는 이동통신 시스템을 말한다.
④ RFID(Radio Frequency Identification) : 판독기를 이용하여 태그(Tag)에 기록된 정보를 판독하는 무선주파수인식기술이다.

058 사업자는 다음 각 호의 경우에 운송물의 수탁을 거절할 수 있다.
1. 고객(송화인)이 운송장에 필요한 사항을 기재하지 아니한 경우
2. 고객(송화인)이 제9조 제2항의 규정에 의한 청구나 승낙을 거절하여 운송에 적합한 포장이 되지 않은 경우
3. 고객(송화인)이 제11조 제1항의 규정에 의한 확인을 거절하거나 운송물의 종류와 수량이 운송장에 기재된 것과 다른 경우
4. 운송물 1포장의 크기가 가로 · 세로 · 높이 세 변의 합이 (　)cm를 초과하거나, 최장변이 (　)cm를 초과하는 경우
5. 운송물 1포장의 무게가 (　　)kg를 초과하는 경우
6. 운송물 1포장의 가액이 300만원을 초과하는 경우
7. 운송물의 인도예정일(시)에 따른 운송이 불가능한 경우
8. 운송물이 화약류, 인화물질 등 위험한 물건인 경우
9. 운송물이 밀수품, 군수품, 부정임산물 등 관계기관으로부터 허가되지 않거나 위법한 물건인 경우
10. 운송물이 현금, 카드, 어음, 수표, 유가증권 등 현금화가 가능한 물건인 경우
11. 운송물이 재생 불가능한 계약서, 원고, 서류 등인 경우
12. 운송물이 살아 있는 동물, 동물사체 등인 경우
13. 운송이 법령, 사회질서 기타 선량한 풍속에 반하는 경우
14. 운송이 천재, 지변 기타 불가항력적인 사유로 불가능한 경우

059 적재율을 극대화시키고 차량의 대형화를 통해 배송빈도를 감소시켜야 운송효율성이 향상된다.

060 1. 영차(실차)운행거리 28,000km × 영차(실차)운행 시 0.5L/ton · km × 18L = 252,000

2. 공차운행거리 8,000 km × 공차운행 시 0.3 L/km = 2,400

3. 254,400L

061 COFC(Container on Flat Car) 방식은 컨테이너만을 화차에 적재하는 방식으로 지게차에 의한 방식, 크레인을 이용해 매달아 싣는 방식, 플렉시 밴방식이 있다. TOFC 방식은 컨테이너가 실린 트레일러를 통째로 화차 위에 적재하는 방식으로 방식의 종류에는 Piggy back system, Kangaroo system, Freight Liner 방식이 있다.

062 Lien Clause(유치권 조항)는 화주(용선자)가 운임 및 기타 부대경비를 지급하지 아니할 때 선주가 그 화물을 유치할 수 있는 권한이 있음을 나타내는 조항이다.
② Indemnity Clause(배상조항) : 정기용선계약에서 용선자가 선주에게 보상할 내용을 규정한 약관을 말한다.
③ Not before Clause : 본선이 선적준비완료 예정일 이전에 도착할 경우 용선자는 규정된 기일까지 선적의무가 없다는 조항이다.
④ Deviation Clause(이로조항) : 본선이 규정된 항로에서 이탈한 것 또는 항로를 변경하는 것을 허용하는 조항이다.
⑤ General Average Clause(공동해손조항) : 선박, 적하보험에서 담보되어 있는 공동해손과 구조비의 정산 시 기준이 되는 규칙과 법률을 규정한 조항을 말한다.

063 동일 지역에서의 집화와 배송은 동시에 이루어지도록 설계하는 것이 효율적이다.

수 · 배송시스템 설계 시 고려 요소
- 리드타임
- 적재율
- 차량의 회전율
- 차량운행 대수
- 차량 적재함의 개선
- 상하차 자동화기기 도입
- 운송수단의 선택
- 수배송 범위 및 루트
- 수배송의 비율과 적기배송 방문 스케줄 결정
- 편도수송이나 중복수송 회피

064 Outport Surcharge(벽지항 할증료)는 기항이 드문 항구에 양적하는 경우 부과되는 할증료이다. 운송 도중에 당초 지정된 양륙항을 변경하는 화물에 대한 할증료는 Optional Charge(양륙항 변경할증료)라고 한다.

065 선적서류보다 물품이 먼저 목적지에 도착하는 경우, 수입화주가 선하증권 제시 없이 선사로부터 화물을 조기에 인수하기 위해 사용할 수 있는 서류로는 해상화물운송장(Sea Waybill), Surrender B/L, L/G (Letter of Guarantee)이 있다.

066 Forwarder's Consolidation에 대한 설명이다.
① Buyer's Consolidation : 다수의 송하인의 화물을 단일의 수하인에게 운송해 주는 형태이다.
④, ⑤ Shipper's Consolidation(Seller's Consolidation) : 수출업자가 한 사람이고 수입업자가 다수일 때 수출업자가 주체가 되어 집하, 혼재하여 운송하는 방법

067 Groupage B/L은 컨테이너를 이용하여 화물을 수출함에 있어 선사가 포워더에게 발행하는 서류로 Master B/L이라고도 한다. 혼재를 주선한 HOUSE B/L은 운송주선인이 운송인으로부터 Master B/L을 받고 각 화주들에게 발행해 주는 선하증권이다.

068 High Capacity Aircraft는 대형기종의 항공기이다.

069 ② SCR(Specific Commodity Rate) : 특정품목할인요율(SCR)은 주로 해상운송화물을 항공운송으로 유치하기 위해 설정된 요율이다.
③ CCR(Commodity Classification Rate) : 특정 구간의 특정품목에 대하여 적용되는 요율로서 보통 일반화물요율에 대한 백분율로 할증(S) 또는 할인(R)되어 결정된다.
④ BUC(Bulk Unitization Charge) : 단위탑재용기요금으로 항공사가 송화인 또는 대리점에 컨테이너나 파렛트 단위로 판매 시 적용되는 요금이다.
⑤ CCF(Charge Collect Fee) : 착불 수수료를 의미하며, 항공운송에서 수입화물의 운임이 착지불될 때 수입자에게 청구하는 비용이다.

070 - 최소비용법 : $(200 \times 4) + (100 \times 8) + (200 \times 9) + (200 \times 15) + (100 \times 13) = 7,700$
- 보겔추정법 : 기회비용을 고려하여, $(200 \times 6) + (200 \times 9) + (200 \times 8) + (100 \times 12) + (100 \times 15) = 7,300$
- 총 운송비용의 차이는 $7,700 - 7,300 = 400$(천원)

071 ① 스케레탈 트레일러 : 스케레탈 트레일러는 컨테이너 운송을 위해 제작된 트레일러(Chassis)로서 전후단에 컨테이너 고정장치가 부착되어 있으며 20피트용, 40피트용 등의 종류가 있다.
③ 중저상식 트레일러 : 하대의 중앙부위가 오목하게 낮게 설계된 트레일러로 중량화물 등의 운송에 주로 이용한다.
④ 저상식 트레일러 : 적재를 용이하게 하기 위하여 높이가 낮은 하대를 가진 트레일러를 의미한다. 일반적으로 불도저, 기중기 등 건설장비 운반에 적합하다.
⑤ 평상식 트레일러 : 평상식 트레일러는 하대(적재대)의 상면이 평면으로 된 트레일러로 일반화물 및 강재 등의 운송에 적합하다.

072 **택배운송장의 기능**
1. 계약서의 기능
2. 택배요금 영수증의 기능
3. 화물인수증의 기능
4. 화물취급지시서의 기능
※ 택배운송장은 그 자체로 금전적인 가치를 지니고 있지는 않으므로 유가증권은 아니다.

073 아래의 경로를 다 더하면 최대수송량 19Ton이다.
－X－A－E－Y＝6T
－X－A－C－E－Y＝2T
－X－A－C－Y＝3T
－X－B－C－F－G－Y＝3T
－X－B－D－G－Y＝5T

074 ① Berth : 선박이 접안하여 하역작업이 이루어질 수 있도록 구축된 구조물이다.
② Marshalling Yard : 바로 선적해야 할 컨테이너를 하역순서대로 정렬하여 두거나 양륙된 컨테이너를 배치해 놓은 장소이다.
④ CY(Container Yard) : 수출입 컨테이너의 반입, 장치, 보관, 인수도가 이루어지는 장소이다.
⑤ CFS(Container Freight Station) : 컨테이너 화물의 혼재 및 분류작업이 이루어지는 장소이다.

075 택배요금은 국가마다 상이하다.

076 공장－A－C－E－D－B－물류센터로 가는 24km가 가장 최단거리이다.

077 ② 화물 발생량 및 도착량에 영향을 주는 다양한 변수 간의 상관관계에 대한 복수의 식을 도출하여, 교차하는 화물량을 예측하는 모형은 화물발생 모형 중 회귀분석법과 관련된 모형이다.
③ 범주화한 운송수단을 대상으로 운송구간의 운송비용을 이용하여 구간별 통행량을 산출하는 모형은 화물발생모형 중 카테고리분석법과 관련된 모형이다.
④ 일정구역에서 화물의 분산정도가 극대화한다는 가정을 바탕으로 분석한 모형은 화물분포모형 중 엔트로피극대화와 관련된 모형이다.
⑤ 성장인자모형은 존간 통행비용을 고려하지 않고, 존별 통행발생 및 도착량의 추정 성장률을 적용하는 방법이다.

078 특별운임이란 수송조건과는 별개로 해운동맹측이 비동맹선과 적취 경쟁을 하게 되면 일정조건하에서 정상 요율보다 인하한 특별요율을 적용하는 운임으로 정기선 운임의 종류이다.

079 ㄷ. 고정 다이어그램(Diagram)배송 : 고정다이어그램은 과거 통계치에 의존하여 배송스케줄을 설정하고, 적시배달을 중시하는 배송시스템으로 배송범위가 협소하고 빈도가 많은 경우에 유리하다.

080 북서코너법(North－West Corner Method)은 시간, 거리, 위치를 고려하지 않고 비용만 고려한다.

2022년 기출문제

041	042	043	044	045	046	047	048	049	050
③	③	②	④	③	③	⑤	⑤	②	③
051	052	053	054	055	056	057	058	059	060
⑤	①	③	④	⑤	①	⑤	④	②	④
061	062	063	064	065	066	067	068	069	070
③	②,④	①	③	④	②	⑤	④	②	①
071	072	073	074	075	076	077	078	079	080
③	④	④	①	①	②	①	②	⑤	④

041 운송의 3대 요소는 운송연결점(Node), 운송경로(Link), 운송수단(Mode)이다.

042 운송 효율화 측면에서 운송비용을 절감하기 위해 소빈도 대량운송을 실시한다.

043 ㄷ. 특화된 운송서비스를 제공하거나 틈새시장을 공략하기 위한 경우에는 일반적인 선택기준 외에 다른 기준을 고려할 수 있다.
　　ㅁ. 운송수단의 선택 시에는 운송물량, 운임, 기후의 영향, 운송의 안전성, 중량, 배차 및 배선, 운송비 부담력 등을 고려해야 한다.

044 해상운송은 장거리 운송의 장점을 가지고 있고, 대량화물을 운송할 때 단위비용이 낮기에 자동차 운송보다 유리하다.

045 파이프라인 운송은 유류·가스, 전기 등 운송 등에 이용되는 운송수단으로 화물 및 운송경로에 대한 제약이 크기 때문에 다른 운송수단과 연계하여 활용해야 하는 단점이 있다.

046 '용이', '간단', '필요시 이용'이라는 문구로 미루어 보아 편리성 요건과 관련한 내용임을 추측할 수 있다.

047 국내화물운송 합리화를 위해 운송업체 간 제휴나 M&A를 통하여 운송업체의 대형화, 전문화를 유도해야 한다.

048 채트반 공식으로 산출된 경계점 거리 이내에서는 화물자동차운송이 철도운송보다 유리하다.

049 부피가 큰 화물에 적용되는 운임산정 기준은 용적기준이다.

050 전용 특장차란 특수한 장비를 갖추어 특수한 용도에 쓰는 자동차로 소방차, 제설차, 믹서 트럭, 탱크로리 따위가 있다. 특장차의 종류로는 덤프트럭, 믹서트럭, 분립체수송차(Bulk Truck), 액체수송차, 냉동냉장차, 차량운송용 차량, 동물운송 차량, 활어운송 차량, 중량물운송 차량, 무진동 차량 등이 있다.

051 ① 축하중 10톤 초과
② 길이 16.7m 초과
③ 폭 2.5m 초과
④ 높이 4m 초과

052 ② 트레일러 바디는 장척물 운송에 용이해야 하므로 대형이다.
③ 폴트레일러 트럭에 미닫이문은 부착되어 있지 않다.
④ 더블트레일러 트럭에 관한 설명이다.
⑤ 모듈트럭에 대한 설명이다.

053 변동비와 고정비는 조업도의 증감을 기준으로 구분한다. 조업도의 증가와 같이 증가하는 것은 변동비이며 조업도의 증가와 관계없이 일정한 것은 고정비이다. 감가상각비의 경우 조업도의 증감과 관계없이 매년 일정하게 발생하므로 고정비이다.

054 위험물을 컨테이너 일부에만 수납하는 경우에는 유사시 빠른 조치를 위해 위험물을 컨테이너 문에서 가까운 곳에 수납해야 한다.

055 플랫랙 컨테이너에 대한 설명이다. 플랫랙 컨테이너는 승용차, 목재, 기계류 같은 중량화물을 운송하기 위해 상부 구조가 없이 기둥만 두어 전후좌우에서 사용할 수 있는 개방형 컨테이너이다.

056 Block Train에 대한 설명이다. 블록트레인은 스위칭 야드(Switching Yard)를 이용하지 않고 철도화물역 또는 터미널 간을 직행 운행하는 전용열차의 한 형태로 화차의 수와 타입이 고정되어 있지 않다. 물량 등이 충분하며, 조차장이 적은 철도망일 경우 효율적인 서비스 형태이다.

057 화물을 넣지 않은 공컨테이너는 규격별로 적컨테이너 운임단가의 공컨테이너는 규격별로 적컨테이너 운임단가의 74%를 적용하여 할인계산한다.

058 RIPI(Reversed Interior Point Intermodal, Mircro Land Bridge)에 대한 설명이다.

059 철도운송은 문전에서 문전까지의 일관운송서비스를 제공할 수 없기 때문에 적재와 하역 시 많은 단계를 필요로 하며 운송 서비스의 완결성이 부족하고 추가적인 공로운송이 필요하다.

060 해상운임에서 실제 운임부과 기준이 되는 운임톤(Revenue Ton)은 중량과 용적 중에서 운임이 높게 계산되는 편을 택하여 표시하는 것이다.

061 전통적 해운국들은 편의치적의 확산을 방지하기 위해 제2선적제도를 고안하여 도입하였고, 제2선적제도는 나라의 특정 지역을 정하여 그 지역에 등록한 외항 선박에 대하여는 그 나라 국적선과는 달리 편의치적선에 준하는 선박관련세제 및 선원고용상의 특례를 부여하는 제도를 말한다(우리나라의 경우 제주도를 선박등록특구로 지정). 즉, 기존의 전통적 선적제도를 폐지하는 것이 아닌 이와 별개로 운용되는 제도이다.

062 ㄹ. 항해용선계약의 운임결정은 선적량(선복)을 기준으로 결정되고, 나용선 계약의 경우 임차료를 기준(임차료는 기간을 기초로 결정됨)으로 결정된다.
ㅁ. 나용선 계약의 경우라도 용선주(임차인)가 전부 비용을 부담하는 것은 아니고 선주가 일부비용을 부담(감가상각비, 보험료)하는 것이 있다.

063 상당한 주의를 기울여도 하자를 쉽게 발견할 수 없는 경우 발생하는 손실에 대해 운송인은 면책이다.

064 Letter of Indemnity(파손화물보상장)에 대한 설명이다. L/I는 은행은 Foul B/L를 수리하지 않기 때문에 화주가 실제로는 Foul B/L임에도 불구하고 Clean B/L으로 바꾸어 받을 경우 선박회사에게 제시하는 보상장을 말한다.

065 화물의 실제 운송경로는 운임 산출 시 근거로 한 경로와 반드시 일치할 필요는 없다.

066 ㄴ. 기종별 규격의 비표준화로 ULD의 기종 간 호환성이 낮다.
ㄹ. 출발지에서 출발 시부터 회수가 불가능한 ULD도 있다.

067 운송주선인은 직접 운송수단을 보유하지 않은 채 화주를 대신하여 화물운송을 주선한다.

068 항공화물운송주선업자는 항공운송을 주선할 뿐 CFS(보세창고)를 운영하는 주체는 아니다.

069 1. 물류센터 – 3 (30분)
2. 3 – 1(70분)
3. 1 – 2(40분)
4. 2 – 물류센터(90분)
1.부터 4.까지 모두 더하면 소요되는 최소시간은 230분이다.

070 수송문제에서 초기해에 대한 최적해 검사기법으로는 최소비용법, 북서코너법, 보겔의 추정법, 디딤돌법이 있다.

071 아래의 경로를 다 더하면 필요한 도로의 최소길이는 23km이다.
AD : 4, BD : 5, BE : 4, CE : 3, EG : 3, EH : 2, HF : 2

072 최단 경로들로 네트워크를 구성하면,
1. 물류센터 – 4 = 10
2. 물류센터 – 7 = 20
3. 1 – 4 = 20
4. 4 – 8 = 20
5. 5 – 8 = 20
6. 물류센터 – 6 = 30
7. 1 – 2 = 30
8. 2 – 3 = 30

073 1. 최소비용법이므로 공급지와 수요지간 톤당 단위운송비용이 가장 낮은 곳부터 배정하면 최소운송비용은, 661만원[(23,000×130톤)+(25,000×100톤)+(27,000×50톤)]
2. 패널티비용은 200만원[(수요지2(10톤)×20만원)+360만원(수요지3(20톤)×18만원)] = 560만원
3. 둘의 합계는 1,221만원(661만원+560만원)

074 기회비용이 가장 큰 공급지(B)와 수요지(W)부터 할
당하면 B−W(80톤) → C−X(100톤) → C−Y(30
톤) → B−Y(40톤) → A−Y(20톤) → A−Z(80톤)
이다.
할당이 안 될 셀은 A−W, A−X, B−X, B−Z, C−
W, C−Z이다.

075 **화물분포모형**

모형	특성
성장인자법 (Growth factor model)	− 존 간 통행비용을 고려하지 않음 − 존별 통행발생 및 도착량의 추정 성장률 을 적용하는 방법 − Heuristic 기반모형으로 모형구조가 비 교적 단순 − 기준연도의 O/D표를 근거로 하여 추정 하므로 부정확함
중력모형 (Gravity model)	− 물리학의 중력이론을 이론적 근거로 함 − 존별 통행발생 및 도착량을 만족시키며, 통행비용을 최소화하는 통행분포모형
엔트로피 극대화모형 (Entropy maximization model)	− 중력모형의 일반 형태로 변환된 모형 − 존별 통행발생량 또는 도착량을 만족시 키며 엔트로피를 극대화하는 통행분포 모형

076 공식적인 계약에 따른 개인 보증제도는 택배서비스와
관련이 없다.

077 택배사업자는 운송물이 현금, 카드, 어음, 수표, 유가
증권 등 현금화가 가능한 물건인 경우 운송물의 수탁
을 거절할 수 있다.

078 ㄴ. 사업자가 운반하는 도중에 운송물의 포장이 훼손
되어 재포장하는 경우, 지체없이 고객(송화인)에
게 그 사실을 알려야 한다.
ㅁ. 사업자는 운송물의 포장이 운송에 적합하지 아니
한 때에는 고객(송화인)에게 필요한 포장을 하도
록 청구하거나, 고객(송화인)의 승낙을 얻어 운송
중 발생될 수 있는 충격량을 고려하여 포장을 해
야 한다. 다만, 이 과정에서 추가적인 포장비용이
발생할 경우에는 사업자는 고객(송화인)에게 추
가 요금을 청구할 수 있다.

079 ① 사업자는 운송 중에 발생한 운송물의 멸실, 훼손
또는 연착에 대하여 고객(송화인)의 청구가 있으
면 그 발생일로부터 1년에 한하여 사고증명서를
발행한다.
② 사업자는 운송장에 운송물의 인도예정일의 기재
가 없는 경우, 도서·산간지역은 운송물의 수탁일
로부터 3일에 해당하는 날까지 인도한다.
③ 운송물의 일부 멸실 또는 훼손에 대한 사업자의 손
해배상책임은 고객(수화인)이 운송물을 수령한 날
로부터 14일 이내에 그 사실을 사업자에게 통지를
발송하지 아니하면 소멸한다.
④ 운송물의 일부 멸실, 훼손 또는 연착에 대한 사업자
의 손해배상책임은 고객(수화인)이 운송물을 수령
한 날로부터 1년이 경과하면 소멸한다.

080 사업자가 고객(송화인)으로부터 배상요청을 받은 경
우, 고객(송화인)이 손해입증서류를 제출한 날로부터
30일 이내에 사업자는 우선 배상한다(단, 손해입증서
류가 허위인 경우에는 적용되지 아니한다).

2023년 기출문제

041	042	043	044	045	046	047	048	049	050
③	④	③	③	①	②	①	②	②	①
051	052	053	054	055	056	057	058	059	060
⑤	④	①	③	①	⑤	③	⑤	③	②
061	062	063	064	065	066	067	068	069	070
④	①	⑤	③	①	⑤	②	⑤	④	③
071	072	073	074	075	076	077	078	079	080
③	①	④	④	④	⑤	④	⑤	②	④

041 ① 철도운송은 항공운송을 제외하고는 상대적으로 **운송시간이 짧으며**, 초기인프라 설치 관련 **진입비용이 높다.**
② 해상운송의 경우 부정기선도 활발하게 운영되므로 유연성과 전문성이 떨어진다는 표현은 부적절하다.
④ 공로운송은 접근성이 가장 뛰어나지만 1회 수송량이 적어 운임부담력이 상대적으로 **높다.**
⑤ 연안운송은 초기 항만하역시설투자비가 높다.

042 ㄱ : 항공, ㄴ : 거점, ㄷ : 친환경, ㄹ : 안정적인

043 운송수요는 많은 이질적인 개별수요로 구성되어 있으나, **집합성을 가질 수 있다.**

044 전체 운행거리에서 **화물의 적재율을 높여 영차율을** 극대화하여야 한다.

045 제품을 필요한 시점까지 물류거점에 **보관**하였다가 수요에 따라 공급(배송)하는 과정에서 생산과 소비의 시간적 격차를 조정하는 운송효용(시간적 효용기능)이 달성된다.

046 미국물류관리협회는 물류를 생산에서 소비에 이르는 여러 활동을 포함하되 수요예측이나 주문처리 또한 마케팅이 아닌 **물류의 영역으로 구분**하였다.

047 공로운송은 전체 운송수단에서 차지하는 비중이 가장 높다

048 **운송합리화를 위한 3S1L**
• 신속하게(Speedy)
• 안전하게(Safety)
• 정확하게(Surely)
• 저렴하게(Low)

049 **화물자동차의 운행상 안전기준**

운행기준	길이	자동차 길이의 1/10을 더한 길이 이내. 고속도로에서는 19m 이내
	너비	자동차의 후사경으로 뒤쪽을 확인할 수 있는 범위(후사경의 높이보다 화물을 낮게 적재한 경우에는 그 화물을, 후사경의 높이보다 화물을 높게 적재한 경우에는 뒤쪽을 확인할 수 있는 범위를 말한다)의 너비를 넘지 아니할 것. 고속도로에서는 3m
	높이	지상으로부터 4m 이내. 고속도로에서는 4.2m
	축하중	10톤 이내
	운송중량	최대적재량의 11할(110%) 이내
	기타	편하중 적재, 화물낙하위험이 있는 차량은 고속도로 통행제한

※ 승차인원 : 자동차의 승차인원은 승차정원 이내일 것(도로교통법 시행령 제22조)

050 허가기준대수 : 50대 이상(운송가맹점이 소유하는 화물자동차 대수를 포함하되, 8개 이상의 시·도에 5대 이상 분포되어야 한다)

051 • 믹서트럭, 분립체수송차(Bulk Truck), 액체수송차, 냉동냉장차, 차량운송용 차량, 동물운송 차량, 활어운송 차량, 중량물운송 차량, 무진동 차량 등은 특수한 장비를 갖추어 특수한 용도에 쓰는전용특장차이다.
• 리프트게이트 부착차량이란 적재함 후문에 화물을 싣고 내릴 수 있는 리프트를 장착한 차량으로 상하역 조력장치를 부착한 합리화 특장차로 볼 수 있다.

052 화물자동차 적재관리시스템(Vanning Management System)에 대한 설명이다.
③ Tracking System(주문배송추적시스템)
⑤ CVO(Commercial Vehicle Operating system, 첨단화물운송정보시스템) : 화물 및 화물차량에 대한 위치를 실시간으로 추적관리하여 각종 부가정보를 제공하는 시스템

053 자가용 화물차 이용 시보다 기동성이 떨어지고, 보험료가 높다.

054 단일운임에 대한 설명이다.

055 **화물자동차의 유형별 분류**

일반형	보통의 화물운송용인 것
덤프형	적재함을 원동기의 힘으로 기울여 적재물을 중력에 의해 쉽게 미끄러뜨리는 구조의 화물운송용의 것
밴형	일반 화물자동차의 화물 적재 공간에 박스형의 덮개를 고정적으로 설치한 차량
특수용도형	특정한 용도를 위해 특수한 구조로 하거나, 기구를 장치한 것

056 운송수단, 배송량 등을 고려하여 경제적인 수배송 경로를 설정하는 방식인 변동다이어그램에 대한 설명이다.
① 루트(Route) 배송 : 일정한 배송경로를 반복적으로 배송하는 방법으로 비교적 광범위한 지역에 소량화물을 요구하는 다수의 고객을 대상으로 배송할 때에 유리한 방법으로 판매지역에 대하여 배송 담당자가 배송 트럭에 화물을 상·하차하고 화물을 수수함과 동시에 현금수수도 병행하는 방식이다.
② 밀크런(Milk Run) 배송 : 방문하는 장소와 시간을 정하여 매일같이 순회하는 운송시스템이다.
④ 단일 배송 : 하나의 배송처에 1대의 차량을 배차하는 방법으로 보통 주문자가 신속한 배송을 요구할 때 이용한다.

057

$$경제효용거리의 \ 한계(km) = \frac{D}{T-R}$$

- D : 톤당 철도발착비 + 배송비 + 하역비 + 포장비
- T : 트럭의 톤·km당 수송비
- R : 철도의 톤·km당 수송비

→ $10,000/(80-40) = 250km$

058 ①, ②, ③, ④의 경우 무개화차에 해당된다. 반면 탱크화차(Tank Car)는 탱크로리를 장착한 화차로서 원유 등과 같은 액체화물을 운송하기 위해 일체형으로 설계된 화차를 말한다.
② 플랫카(Flat Car) : 장물차로 바닥판만 있는 화차를 말하며 주로 기계류, 건설장비 등과 같이 대중량·대용적화물, 장척화물 등을 운송하는 화차

③ 컨테이너카(Container Car) : 컨테이너 수송에 적합한 평탄한 화차로 평면의 철도화차 상단에 컨테이너를 고정하여 운송하는 컨테이너 전용화차
④ 더블스텍카(Double Stack Car) : 컨테이너를 2단으로 적재하여 운송이 가능한 화차로 우리나라에서는 운행되지 않음

059 일반화물의 화차 1량에 대한 최저운임은 사용화차의 최대 적재중량에 대한 100km에 해당하는 운임이다.

060 Block Train은 스위칭 야드(Switching Yard)를 이용하지 않고 철도화물역 또는 터미널 간을 직행 운행하는 전용열차의 한 형태로 화차의 수와 타입이 **고정되어 있지 않다.**

061 해상운송은 물품의 파손, 분실, 사고발생의 위험이 적고, 타 운송수단(철도운송, 항공운송)에 비해 안전성이 낮다.

062 ② Fl Charter에 대한 설명이다.
③ FO Charter에 대한 설명이다.
④ Net Term Charter에 대한 설명이다.

063 ① 해운동맹이란 특정의 정기항로에 취항하고 있는 선박회사가 상호 과당경쟁을 피할 목적으로 운송에 있어서의 운임 및 영업조건 등을 협정하는 일종의 해운에 관한 국제 카르텔이다
② 해운동맹은 운영 방식에 따라 개방형 해운동맹과 폐쇄형 해운동맹으로 구분되며, 개방형 해운동맹은 가입을 희망하는 선사면 모두 받아들이나, 폐쇄형 해운동맹은 일정한 조건을 붙여 조건을 불충족한 선사는 가입이 제한된다.
③ 해운동맹은 정기선의 운임을 높게 유지함으로써 동맹을 탈퇴함으로써 받게되는 손실이 크므로 동맹유지가 쉽고 이탈이 없는 편이다.
④ 동맹사 간의 연체료는 발생하지 않는다.

064 항해용선계약에서 용선자는 용선주에게 운임을 지급하고 **용선주는 선박운항에 따른 비용을 부담**한다.

065 전문접수 및 항공기 도착 → 서류 분류 및 검토 → 창고분류 및 배정 → 화물분류 작업 → 화물분류 작업 → 도착 통지 → 운송장 인도 → 보세운송

066 일반화물요율은 품목분류요율이나 특정품목할인요율보다 **후순위로 적용**된다.

067 D/O는 선사가 수입자에게 제공하는 서류이다.

068 기회비용을 구하여 기회비용이 가장 큰 쪽에 전부 배정하는 방식으로 진행하면,
- 총 운송비용은 $(7 \times 100) + (5 \times 400) + (10 \times 100) + (12 + 100) + (11 \times 100) = 6,000,000$원
- 공급지 B에서 수요지 X까지의 운송량은 400톤이다.

	X	Y	Z		기회비용1	기회비용2	기회비용3
A	3. 100 / 10	4. 100 / 12	/ 16	200	2	2	2
B	2. 400 / 5	/ 8	/ 20	400	3	3	
C	/ 14	5. 100 / 11	1. 100 / 7	200	4	3	3
수요량(톤)	500	200	100	800			
기회비용1	5	3	9*				
기회비용2	5*	3					
기회비용3	4*	1					

069 모두 옳은 선지이다.

070 Forwarder's Consolidation이란 여러 화주(송화인)의 소량 컨테이너화물(LCL)을 수출지의 CFS에서 혼재하여 FCL 단위화물로 선적 운송하고, 수입지에 도착한 후 CFS에서 컨테이너 화물을 분류하여 다수의 수입자들에게 인도해주는 서비스이다[CFS to CFS (LCL/LCL)].

071 통행교차모형은 화물분포모형이 아닌 수단분담모형이다.

072 허브 앤 스포크 시스템에서는 셔틀을 거의 운영하지 않는다.

073 $X_{11} + X_{12} + X_{13} + X_{14} = 80$

074 1. 출발지 − a − c − 도착지 : 6
2. 출발지 − a − d − f − 도착지 : 3
3. 출발지 − a − d − e − f − 도착지 : 1
4. 출발지 − b − d − e − f − 도착지 : 6
총합 : 16

075 배차되는 각 트럭의 용량의 합은 총수요 이상이고 특정 고객의 수요보다는 커야 한다.

076 ① **영업소**는 회사가 점포를 개설하여 직접 운영하는 영업장을 말한다.
② **집배센터**은 일정한 지역의 영업거점으로 집배차량 통제 및 집배구역을 관리하고 주로 집배·배송 업무를 수행하는 영업장을 말한다.
③ **취급점**은 수탁자가 점포, 차량을 준비하여 화물집화만을 수행하는 영업장을 말한다.
④ **터미널**은 화물의 분류, 차량의 간선운행 기능을 갖는 영업장을 말한다.

077 배송경로는 상호 교차되지 않도록 한다.

078 '수탁'이라 함은 사업자가 택배를 수행하기 위하여 고객(송화인)으로부터 운송물을 수령하는 것을 말한다.

079 운송장 기재사항

사업자 기재사항	고객 기재사항
• 사업자의 상호, 주소 및 전화번호, 담당자(집하자)이름 • 운송물품 수탁한 당해 사업소(사업자의 본·지점, 출장소 등)의 상호, 주소 및 전화번호 • **운송물의 중량 및 용적 구분** • **운임, 기타 운송에 관한 비용 및 지급방법** • **손해배상한도액** • 문의처 전화번호 • 기타 운송에 관하여 필요한 사항	• 송하인(고객)의 주소, 이름(상호) 및 전화번호 • 수하인의 주소, 이름(상호) 및 전화번호 • 운송물의 종류, 수량 및 가액 • 운송물의 인도 예정장소 및 인도예정일 • 운송상의 특별한 주의사항 • 운송장의 작성 연월일

080 C2B 택배에 대한 설명이다.

정답 및 해설

2017년 기출문제

081	082	083	084	085	086	087	088	089	090
③	④	④	②	⑤	③	⑤	②	③	④
091	092	093	094	095	096	097	098	099	100
④	①	①	④	②	⑤	③	⑤	②	⑤
101	102	103	104	105	106	107	108	109	110
④	②	①	③	①	②	④	⑤	③	①
111	112	113	114	115	116	117	118	119	120
②	④	⑤	①	③	①	④	①	②	⑤

081 글로벌시장의 수평적 분업화로 다품종, **소량생산으**로 변화하는 추세이다(다품종 대량생산을 지향해야 하나 아직까지 추세는 다품종, 소량생산이다).

082 운송, 하역, 보관, 포장, 정보 및 관리 비용은 물류비의 구성요소이다. 제품개발비용은 무형자산이다.

083 아웃소싱은 내부 물류전문인력 양성이 어렵다는 것이 단점이다.

084 선석(Berth)은 선박의 접안 장소로 화물의 하역작업이 이루어질 수 있도록 구축된 구조물을 말한다.

085 국제물류주선업자가 보험을 수배(또는 가입대행)하는 것은 맞지만 보험증명서를 발행하진 않는다. 보험증명서는 보험사에서 발행한다.

086 오프라인 중심의 개별적·선별적 서비스보다는 **IT 기반 통합적 물류서비스 제공**을 지향한다.

087 ㄱ. '안전재고'를 설정해야 하며, 출하빈도가 높은 국제물류시스템은 통과시스템이다.
ㄴ. '중앙창고'를 보유할 수 있는 국제물류시스템은 다국적 창고시스템이다.

088 운송인이라 함은 스스로 또는 그 자의 명의로 송하인과 해상운송계약을 체결한 자를 말한다.

089 해당 물품은 길이가 9.1m이므로 40' DRY CONTAINER에 적재하는 것이 적합하다.
- 20피트 컨테이너 : 6m×2.4×2.4
- 40피트 컨테이너 : 12m×2.4×2.4

090 Ocean Freight(해상운임비용)는 화물의 운송 대가이다.
① Terminal Handling Charge : 터미널화물처리비
② Wharfage : 부두사용료
③ CFS Charge : 화물조작장 처리비용
⑤ Container Demurrage : 체선료

091 해상운임은 선불조건이며 착화통지처는 **신용장 개설의뢰인**이다.

092 부정기운송은 불특정 다수가 아닌 단일 화주의 대량 Bulk 화물을 취급한다.

093 ㄱ은 Dead Freight(부적운임), ㄴ은 Lumpsum Freight(공적운임, 선복운임)에 대한 설명이다.
- Back Freight : 목적항에 화물이 도착하였으나 화물인수를 거절한 경우 반송에 부과되는 운임, 또는 원래의 목적지가 아닌 변경된 목적지로 운송해야 할 때 지불하는 추가운임
- Pro-Rate Freight : 선박이 항해 중 불가항력적인 사유로 더 이상 항해를 계속할 수 없는 경우, 그때까지 실제로 운송된 거리에 따라 받는 운임
- Freight All Kinds : 화물의 종류나 내용과는 관계없이 중량과 용적에 따라 동일하게 부과하는 운임

094 ① GMQ는 냉동어류, 목재 등 품목에 적용하는 조건으로 물품의 잠재적 하자나 내부의 부패 상태를 알 수 없을 때 상관습에 비추어 수입지에서 판매적격일 것을 전제조건으로 하는 품질결정방법이다. FAQ(Fare Average Quality) 품질조건은 곡물

매매에서 많이 사용되며, 선적지에서 해당 계절 출하품의 평균중등품을 표준으로 한다.

② TQ(Tale Quale Terms) 품질조건은 곡물의 선적 품질 조건이 되며, 매도인은 **선적 시의 품질**은 보장하나 양륙 시의 품질상태에 대하여는 책임을 지지 않는다. 양륙품질조건(Landed Quality Term)의 조건은 인도물품의 품질이 계약과 일치하는지의 여부를 목적항에서 물품을 양륙한 시점에 판정하는 조건이다.

③ 양륙품질조건의 경우에는 **매수인**에게 품질수준의 미달 또는 운송 도중의 변질에 대한 입증책임이 귀속된다.

⑤ 과부족용인규정에 따른 정산 시 정산기준가격에 대한 아무런 약정을 하지 않았을 경우 수량은 5%의 과부족 변동을 매도인의 임의선택으로 허용하는 것이 일반적인 상관례이다.

095 Mini Land Bridge(MLB)는 극동에서 선적한 화물을 북미의 서안까지 해상운송 후 대륙횡단철도로 북미 연안까지 연결하는 복합운송 경로이다.
※ ALB는 MLB 경로를 비롯하여 유럽까지 가는 경로까지를 의미한다.

096 ※ Incoterms 2020 개정으로 일부 선지 삭제함
"관세지급인도규칙"(DDP)이란 매도인이 지정된 목적지에서 수입통관을 이행하고, 도착된 운송수단으로부터 물품을 **양하 준비된 상태로** 매수인에게 인도한다.

097 항공 관련 최초 국제규범인 바르샤바 조약에 대한 내용이다.

098 ① Shipper's Interest Insurance(화주항공보험) : 화주의 화물을 항공기로 운항하는 중 발생할 수 있는 위험에 대한 담보보험

② Container Owner's Third Party Liability Insurance(컨테이너 소유자 제3자 배상책임보험약관) : 컨테이너운송 중에 발생한 신체적, 재산적 손해에 대하여 법률상의 배상 책임에 따라 컨테이너의 소유자 또는 임차인이 입는 손해를 전보하는 보험

③ Protection and Indemnity Insurance(선주상호보험) : 해상운송 시에 선주들이 서로 손해를 보호하기 위한 상호보험

④ Container Itself Insurance(컨테이너 자체 보험) : 컨테이너 자체의 멸실, 손상 등의 손해를 보상하기 위한 보험으로 담보조건으로는 전위험담보조건과 전손담보조건이 있음

099 피보험이익은 **보험사고**가 발생할 때까지 확정되어 있어야 한다.

100 Incoterms® 2010에서 FAS 규칙은 변경사항이 없다. 지정 선적항에서 매수인이 지정한 본선의 선측에 물품이 인도되어 놓인 때부터 물품에 대한 비용과 위험은 매수인이 부담한다.

101 AWB는 유가증권이 아니라 화물수령증의 역할을 한다.

102 추정전손은 위부의 **통지를 하여야** 현실전손으로 전환될 수 있다.

103 Commodity Classification Rate는 품목별 분류운임률, 품목분류운임을 말한다.
② Specific Commodity Rate : 특정품목 할인요율(할증제도는 없음)
③ Bulk Unitization Charge : 단위탑재용기요금
④ General Cargo Rate : 일반화물요율
⑤ Valuation Charge : 종가운임(화물의 가격을 기준으로 일정률을 운임으로 부과하는 방식)

104 초과정박일에 대하여 계약상 정박일수를 경과할 때 용선자가 선주에게 지급하는 약정금은 체선료(Demurrage)이다.

105 CSI는 2002년부터 미국 관세청이 국토안보정책의 일환으로 도입된 컨테이너 보안협정이다.

106 "DWT all told on summer load line in metric tons"란에 하계 만재흘수선을 기준으로 한 재화중량톤수를 M/T로 표기한다.

107 우리나라에 도착한 물품이 **수입신고 수리되지 않고** 베트남으로 바로 선적하였으므로 반송통관을 적용한다.

108 Network Liability System(이중책임체계)와 Uniform Liability System(단일책임체계)에 대한 설명이다. Modified Uniform Liability System(변형 통합책임체계)은 단일책임체계와 이중책임체계의 절충방식이다.

109 정형거래조건(인코텀즈)은 가격조건을 뜻한다.

110 주로 중계무역에 사용되며, 중개무역업자가 실제 수출자와 실제 수입자를 서로 모르게 하기 위하여 사용되는 B/L은 Switch B/L이다.

111 통관하고자 하는 물품을 일시 장치하기 위한 장소는 지정장치장이다.

112 운송인의 책임한도는 포장물 또는 단위당 10,000**포앙카레프랑**과 총중량 1kg당 30**포앙카레프랑** 중 큰 금액으로 한다.

113 Hague Rules에서는 운송인의 항해과실만 면책으로 규정하고 상업과실은 면책사항이 아니다. Hamburg Rules에서는 운송인의 항해과실면책, 선박취급상의 과실면책, 선박에 있어서 화재의 면책조항 등을 폐지하여 운송인의 책임을 더욱 강화하였다.

114 Master B/L은 선사가 포워더에게 발행한다.
② Forwarder's Cargo Receipt : 운송주선인의 화물수령증
③ Dock Receipt : 부두수취증
⑤ Shipping Request : 선적의뢰서

115 D조건을 제외한 CFR, FCA, CPT 조건의 경우 매도인에게 보험부보의무가 없으므로 매수인이 보험에 부보할 이유가 발생한다(의무는 아님).

116 (선장이 아닌) **운송인의 명칭**을 표시하고 다음의 자에 의하여 서명되어야 한다.
• **운송인** 또는 운송인을 위한 또는 그를 대리하는 기명대리인
• **선장** 또는 선장을 위한 또는 그를 대리하는 기명대리인
운송인, 선장 또는 대리인의 서명은 운송인, 선장 또는 대리인의 서명으로서 특정되어야 한다. 또한 대리인의 서명은 그가 운송인을 위하여 또는 대리하여 또는 선장을 위하여 또는 대리하여 서명한 것인지를 표시하여야 한다.

117 지상약관(Paramount Clause)에 대한 설명이다.
① Limitation of Freight Forwarder's Liability : 복합운송인의 책임제한
② Partial Invalidity : 일부 무효
③ Lien : 유치권
⑤ Jurisdiction and Applicable Law : 준거법

118 B/L보다 화물이 목적항에 도착했을 경우 개설은행이 연대보증을 하면서 발행해주는 서류인 L/G에 대한 설명이다.
② D/O(Delivery Order) : 화물인도지시서
③ S/R(Shipping Request) : 선적의뢰서
④ M/R(Mate's Receipt) : 본선수취증
⑤ L/I(Letter of Indemnity) : 파손화물보상장

119 상사중재의 경우 심리 과정과 판정문은 **비공개**하는 것이 원칙이다(기업의 영업비밀유지 등이 가능하다).

120 용적(부피)중량에 의한 운임산출방법
• 운임부과 중량 환산기준 : 6,000cm³(가로×세로×높이) = 1kg
• 80×50×60 / 6,000 = 40kg
• 실제 무게 30kg와 용적중량 40kg 중 40kg이 더 큰 값이므로 40kg를 운임산출기준으로 적용한다.
• 항공운임 = 40kg×5$ = 200$

2018년 기출문제

081	082	083	084	085	086	087	088	089	090
④	④	②	③	⑤	②	③	⑤	②	②

091	092	093	094	095	096	097	098	099	100
①	④	④	①	④	⑤	⑤	①	③	③

101	102	103	104	105	106	107	108	109	110
④	②	②	②	②	②	②	①	①	⑤

111	112	113	114	115	116	117	118	119	120
④	⑤	③	①	①	⑤	③	②	③	③

081 국내물류에 비해 국제물류는 운송과정에서 위험요소가 **크다.**

082 한국은 2018년 키르기스스탄에서 열린 국제철도협력기구 장관급 회의에서 국제철도협력기구(OSJD)에 정회원으로 가입하였다.

083 **중국**은 컨테이너 해운산업 구조조정을 위하여 국영해운기업의 인수합병을 실행하였다.

084 ① 제품의 수명주기가 **짧아짐**에 따라 신속한 국제운송이 요구되고 있다.
② 환경친화적 물류관리를 위하여 세계적으로 환경오염에 대한 규제가 **강화**되고 있다.
④ 기업들은 SCM체제를 구축하여 **효율적 재고관리**를 통한 빠른 고객대응을 추구하게 되었다.
⑤ e-Logistics의 활용으로 물류 가시성이 **높아지**고 있다.

085 글로벌 구매 시에는 국제운송, 수입통관 절차가 추가되므로 국내 구매와 동일한 절차는 아니다.

086 북극해항로는 **러시아 연안을 항해하는 북동항로**와 캐나다 연안을 지나는 북서항로가 있다.

087 **항만 내에서 발생하는 서비스의 대가**
ㄱ. 단위탑재용기요금(BUC : Bulk Unitization Charge) : 항공운송 운임요일에 해당하는 단위탑재용기요금으로 파렛트, 컨테이너 등 단위탑재용기(ULD)별 중량을 기준으로 요금을 미리 정해놓고 부과하는 방식
ㄴ. 터미널화물처리비(THC : Terminal Handling Charge) : 화물이 컨테이너터미널에 입고된 순

간부터 본선의 선측까지, 반대로 본선 선측에서 CY의 게이트를 통과하기까지 화물의 이동 비용
ㄷ. 유류할증료(BAF : Bunker Adjustment Factor) : 유류가격의 인상으로 발생하는 손실을 보전하기 위한 할증료
ㄹ. 부두사용료(Wharfage) : 항만 내 부두사용료로 해운항만청 고시에 의하여 부과됨
ㅁ. PSS(Peak Season Surcharge) : 성수기 물량 증가로 컨테이너 수급불균형 및 항만의 혼잡 심화에 따른 비용 상승에 대한 할증료

088 ① ISF(국제해운연맹) : 선원 문제에 관한 선주의 권익 보호와 자문을 위해 1909년 창설된 민간기구로 런던에 그 본부가 있다.
② FIATA(운송주선인연합회) : 국가별 대리점협회와 개별 대리점으로 구성된 기구로서 1926년 비엔나에서 국제적인 대리업의 확장에 따른 제반 문제점을 다루기 위해 설립되었다.
③ BIMCO(국제해사협의회) : 1905년에 발틱해와 백해 지역 선주들의 이익을 위하여 창설되었다.
④ CMI(국제해사법연합회) : 해상법·해사 관련 관습·관행 및 해상실무의 통일화에 기여하기 위하여 1897년 벨기에 앤트워프에서 창설된 민간국제기구이다.

089 적재되지 않은 컨테이너선의 미사용 선복이나, 용선되지 못하고 계선 중인 부정기선의 선복은 항만당국으로부터 보상받을 수 **없다.**

090 ① IATA는 국제항공운송협회로 1945년 쿠바의 하바나에서 세계항공사회의를 개최함으로써 설립되었다. ACI는 국제항공협회로 1991년 1월 1일 국제공항운영협의회와 공항협의조정위원회, 국제민간공항협회 등 공항 관련 3개 단체를 통해 설립되었으며, 전 세계 공항의 안전과 발전, 공항 간 협력을 위해 결성된 비영리단체이다.
③ IATA는 세계항공운송에 관한 각종 절차와 규정을 심의하고 제정·결정하는 **민간의 국제협력단체로** 캐나다 몬트리올과 스위스 제네바에 본부를 두었다.
④ FIATA는 1926년 설립된 국가별 운송주선인협회와 개별운송주선인으로 구성된 국제민간기구로서 전 세계적인 운송주선인의 연합체이다. FAI는 항공스포츠를 통한 각국의 정치, 인종 초월, 인류 이해, 친선 도모, 참된 국제정신 고양을 위해 설립되었다.
⑤ ICAO는 국제연합 산하 전문기구로 국제항공운송에 필요한 원칙과 기술 및 안전에 대해 연구하며, 캐나다의 몬트리올에 본부를 두고 있다.

091 Bulky/Lengthy Surcharge는 용적 또는 장척할증료이다.

092 체선료가 96시간 내에 지급되지 않는 경우 선주는 용선계약을 언제든지 중지시키고 그것으로 인해 발생한 어떤 손실에 대해 소송을 제기할 권한을 가진다.

093 Rotterdam Rules, Hague Rules, Hamburg Rules, Hague – Visby Rule은 해상운송 관련 규범이다.

094 RIPI(Reversed Interior Point Intermodal)에 대한 설명이다.
② Overland Common Point : 극동에서 미주대륙으로 운송되는 화물에 공통운임이 부과되는 지역으로서 로키산맥 동쪽 지역을 말한다.
③ Canada Land Bridge : 1979년 일본의 포워더에 의해 개발된 운송루트로 포워더 주도형의 서비스이다.
④ American Land Bridge : 유럽, 북미행 화물의 루트로 개발한 것으로 극동, 일본에서 유럽행 화물을 운반한다.
⑤ Mini Land Bridge : 1972년 Seatrain이 찰스톤을 경유해 유럽에서 캘리포니아로의 수송을 개시하였고, 이 수송의 귀항로를 이용해서 극동에서 미국 동쪽 해안으로 화물을 운반한 것이 미국과 극동 간의 복합운수송의 발단이 되었다.

095 NVOCC(무선박운송인)는 자신이 **직접 선박을 보유하지 않은** 계약운송인형 국제복합운송업자를 말한다.

096 Semi – trailer combination(세미 트레일러 방식)은 공로운송방식이다.

097 ㄱ은 ITI협약, ㄴ은 CSC협약, ㄷ은 TIR협약, ㄹ은 CCC협약에 대한 설명이다.

098 수출선적절차
선적요청서(shipping request) → 선적예약서(booking list) → 기기수도증(equipment receipt) → 부두수취증(dock receipt) → 선하증권(bill of lading)

099 TSR은 시베리아 횡단 철도로 러시아 우랄산맥 동부의 첼랴빈스크와 블라디보스크를 연결하는 약 9,288km의 대륙횡단철도이다. Sea(해상) & Air(항공) 복합운송시스템과는 관련이 없다.

100 부지조항(Unknown Clause)에 대한 설명이다. 이 증권 전면에 나와 있는 기호, 번호, 명세, 품질, 수량, 치수, 중량, 부피, 성질, 종류, 가액 및 기타 물품의 명세는 화주가 신고한 대로이며, 운송인은 그것의 정확성에 대해서 책임을 지지 않는다. 화주는 그가 신고한 상세 명세가 정확하다는 것을 운송인에게 담보하며, 그것의 부정확성으로 인하여 발생하는 모든 멸실, 손해, 비용, 책임, 벌과금, 과태료에 대해서 운송인에게 보상한다.

101 ㄷ. Sea waybill : 유통성이 없는 해상화물운송장으로 물품이 운송서류보다 먼저 도착지에 도착하는 경우 수입화주가 화물을 조기에 인수할 수 있다.
ㅂ. Surrender B/L : B/L의 유통성이 소멸된 선하증권이므로 물품이 운송서류보다 먼저 도착지에 도착하는 경우 수입화주가 화물을 조기에 인수할 수 있다.

102 AWB의 전면약관에는 표기되어 있으나 B/L 전면약관에 기재되어 있지 않은 항목은 Currency(통화단위), Amount of Insurance(보험금액), Declared value for carriage(송하인의 운송신고가격)이다.

103 화물이 LCL화물일 경우 포워더가 소량의 단위화물을 여러 화주로부터 인수받아 소량의 LCL화물을 집화하여 FCL화물로 만드는 과정을 **혼재(Consolidation)**라고 한다.

104 복합운송증권은 발행인의 특별한 제한이 없어 FIATA B/L에 한해서는 운송주선업자도 발행 가능하다.

105 레일을 따라 이동하기 때문에 **자유로운 이동은 불가능**하다.

106 거점항만 및 공항을 중심으로 Hub & Spoke 운송시스템이 **증가**하고 있다.

107 세관이 수출입기업 등 무역과 관련된 자를 대상으로 우수업체로 공인해주는 제도는 AEO이다.

108 미샬링야드는 컨테이너를 선적하거나 양륙하기 위해 정렬시켜 놓도록 구획된 부두 공간으로, 에이프런(Apron)에 접한 일부 공간이다. 안벽에 접한 부분으로 안벽 크레인이 주행할 수 있도록 레일이 설치된 장소는 에이프런(Apron)이다.

109 스트래들캐리어는 자동화가 되지 않은 터미널에 적합한 장비이고, 터미널이 자동화가 되어 있다면 스트래들캐리어의 필요성은 감소한다.

110 오프쇼어링은 저렴한 인건비를 위해 해외로 생산공장을 이전하는 것이므로 생산의 오프쇼어링 증가는 해상물동량 증가세를 가속화시키는 원인이다.

111 물품의 제조는 공장에서 이루어지는 것이며 ICD에서 수행하는 기능이 아니다.

112 냉동화물약관(Refrigerating Machinery Clause)은 육류 및 생선 등의 화물을 운송하는 중에 냉동기의 고장에 의해서 생기는 모든 멸실이나 손상을 담보하는 부가조건이다.

113 ㄱ. 구조료(Salvage Charge) : 해난에 봉착한 재산에 발생할 가능성이 있는 손해를 방지하기 위하여 자발적으로 화물을 구조한 자에게 해상법에 의하여 지불하는 보수
ㄴ. 특별비용(Particular Charge) : 안전 또는 보존을 위해 피보험자에 의하여 또는 피보험자를 위하여 소요되는 비용으로서 공동해손비용과 구조료 이외의 비용

114 ICC(C)는 ICC(B)에서 열거된 위험 중 지진, 화산의 분화, 낙뢰 · 갑판 유실, 선박, 부선, 선창, 운송용구, 컨테이너, 지게차 또는 보관장소에 해수 또는 호수, 강물의 유입, **추락손** 등은 담보되지 않는다.

115 '서면에 의한 협정'에는 당사자들에 의해 서명된 또는 편지나 전보의 교환에 포함된 중재 조항이나 중재 조약이 포함되어야 한다.

116 Checking – packing – marking(검사, 포장, 화인)은 매수인의 의무가 아닌 매도인의 의무이다.

117 CIP에 대한 설명이다.

118 **보세공장**은 외국물품을 원료 또는 재료로 하거나 외국물품과 내국물품을 원료 또는 재료로 하여 제조, 가공 기타 이와 유사한 작업을 할 수 있다.

119 overcarried는 예정된 목적지 또는 경유지를 지나쳐 다른 곳으로 운송되거나, 운송준비 상태가 완료되지 않은 상태에서 잘못 운송된 화물이나 서류를 말한다.

120 '당사자 합의 하에 조정인을 개입'한다는 키워드로 조정에 대한 설명임을 알 수 있다.

2019년 기출문제

081	082	083	084	085	086	087	088	089	090
⑤	③	④	①	①	⑤	⑤	③	②	③
091	092	093	094	095	096	097	098	099	100
④	②	①	③	③	②	②	④	②	②
101	102	103	104	105	106	107	108	109	110
③	①	①	③	②	②	④	⑤	②	④
111	112	113	114	115	116	117	118	119	120
⑤	②	⑤	⑤	④	②	④	④	①	③

081 무역규제 완화는 물류비용 **감소**로 이어진다.

082 보호주의가 확산되면 지역별로 전개하는 글로벌 분업체제가 **약화**된다.

083 국제 경영활동에서 **최소비용**으로 사업효율성을 향상시킨다.

084 일본의 TSL(Techno Super Line)은 초고속화물선이므로 **고속화**와 관련된 사례이다.

085 선박 고장 등의 사유로 선박이용이 방해되는 기간 동안에 용선자가 용선료를 지불하지 않아도 되는 조항을 Off – hire 조항이라고 한다.
② Demurrage(체선료) : 초과정박일에 대한 용선자 또는 화주가 선주에게 지급하는 보수
③ Employment and Indemnity(보상약관) : 선장은 본선의 사용, 대리점업무 등에 관여하여 용선자의 명령 지시에 따라야 되는 의무가 있는데, 이로 인해 발생한 모든 결과 또는 손해에 대하여 용선자가 선주에게 보상하는 것을 약정한 정기용선계약상의 약관
④ Laytime(정박기간)
⑤ Cancelling Date(해약선택권이 발생하는 날짜)

086 수입화물선취보증서(L/G : Letter of Guarantee)는 수입지에서 활용되는 서류로, 수입화물은 도착되었으나 원본 B/L이 도착하지 않았을 경우 수입상과 신용장 개설은행이 연대보증한 서류를 선박회사에 제출하여 수입화물을 인도받을 수 있도록 하는 서류이다.

087 Demurrage(체선료)는 무료장치기간(free time)을 정해두고 그 기간 내에 컨테이너를 반출해 가지 않을 경우 징수하는 부대비용이다. Detention Charge(지체료)는 화주가 허용된 시간 이내에 반출해 간 컨테이너를 지정된 선사의 CY로 반환하지 않을 경우 지불하는 비용이다.

088 ① 건현은 선박의 수중에 잠기지 않는 수면 위의 선체 높이로 예비부력을 표시한다. 흘수(Draft)는 선박의 물속에 잠긴 부분을 수직으로 잰 길이로 운하, 강 등에 대한 선박의 통행 가능 여부와 항구 등에 대한 출입 가능 여부 등을 결정하는 주요 기준이다.
② 편의치적(FOC)은 선주가 선박 운항에 관한 자국의 엄격한 규제, 세금 등을 회피할 목적으로 파나마, 온두라스 등과 같은 조세회피국가에 선적을 두는 것을 말한다.
④ 재화중량톤수(DWT)는 만재배수량과 경하배수량의 차이로 적재할 수 있는 화물의 중량을 의미한다.
⑤ 순톤수(Net Tonnage)는 직접 상행위에 사용되는 용적으로 톤세, 항세, 항만시설 사용료 등의 부과기준이 된다. 운임톤(Revenue Ton)은 중량과 용적 중에서 운임이 높게 계산되는 편을 택하여 표시하는 것이다.

089 용선계약의 내용은 상대적으로 협상력이 약한 용선자를 보호하기 위해 함부르크 규칙(화주 권익 강화) 같은 강행법규에 의해 규율된다.

090 로테르담 규칙에는 화물관련 운송인의 의무에 수령 및 인도가 추가되었으며, 당사자 간의 합의된 기간 내에 인도가 되지 않은 경우 운임의 2.5배를 최고한도로 보상이 가능하다.

091 Port Mark는 목적항 또는 목적지를 표시하는 목적항 표시이다.

092 • 정박기간 산정조건이 WWD SHEX이고 6월 1일 오후에 하역준비완료통지를 하였으므로 정박기간은 2일 주간부터 기산하여, 현충일인 6일과 일요일인 7일을 제외한다.
• 정박기간은 총 5일(2, 3, 4, 5, 8일)이므로 용선자는 초과정박일인 6월 9일 화요일 하루에 대한 체선료 US$ 2,000를 지불한다.

093 '미국 주요 내륙지점'이라는 키워드를 통해 IPI에 대한 설명임을 유추할 수 있다.

094 헤이그 의정서는 1955년 9월 헤이그에서 열린 국제항공사협의회에서 바르샤바 협약의 내용을 일부 수정한 의정서이다.

095 ICAO에 대한 설명이다. ICAO는 세계 민간항공의 건전한 발전을 도모하기 위하여 1947년에 발족한 국제기구이다.
① FIATA : 국제운송주선인협회연맹
② IATA : 국제항공운송협회
④ FAI : 국제항공연맹
⑤ ICC : 국제상업회의소

096 트랜스포터에 대한 설명이다.
① Pallet scale : 파레트저울
② Lift Loader : 일반적으로 항공기 화물 하역에 사용되는 로더로 트럭의 섀시에 테이블 리프터를 장착하여 하대를 승강시킬 수 있게 한 구조이다.
④ Countour Gauge : 기계 부속류의 합격품과 불합격품을 판정하는 측기이다.

097 • 여객 사망 한도액 : 12만 5,000프랑
• 화물 책임한도액 : 위탁수하물 250프랑/1kg, 휴대수하물 5,000프랑/1인당

098 화주이익보험(Shipper's Interest Insurance)에 대한 설명이다. 화주이익보험은 화주가 보험사에 보험의뢰를 하는 것이 아니라 항공사가 화주의 이익을 위해 포괄계약을 맺은 보험사에 보험의뢰를 하는 것을 의미한다.
① 항공적하보험
② 해상적하보험
③ 화물배상책임보험 : 항공운송업자가 운송화물에 입힌 손해로 인해 부담하는 법률상 배상책임을 담보함
⑤ 선박보험 : 선박이 건조, 항해, 수리, 정박 중에 입는 손해를 보상하는 보험을 총칭함

099 복합운송주선인은 보험 수배는 하지만 보험금을 지급하진 않는다. 보험금 지급은 보험회사가 하는 것이다.

100 복합운송증권은 운송인뿐만 아니라 운송주선인도 발행할 수 있다.

101 ① Dock Receipt : 화물을 선사가 지정하는 장소(Dock)에 인도했을 경우 선박회사가 화물의 수취를 증명하여 화주에게 주는 화물수취증을 의미한다.

② Equipment Interchange Receipt(기기인수도
증) : 수출자가 물품을 컨테이너에 적입하여 수출
하고자 할 때 컨테이너를 임대할 때 발행하는 서류
이다.
④ Cargo Delivery Order(화물인도지시서) : 물품
의 보관자에 대하여 그 물품을 선하증권의 정당한
소지인에게 인도하라고 지시하는 서류이다.
⑤ Letter of Indemnity(파손화물보상장) : 화주가
Foul B/L을 Clean B/L로 바꾸어 받을 경우 선사
에 제시하는 서류를 의미한다.

102 서명권자
• B/L : 운송인, 선장, 대리인
• AWB : 운송인, 대리인(**기장은 서명권자가 아니다**)

103 송화주에게 발행된 유통성 선하증권을 송화주가 배서
하여 운송인에게 반환함으로써 **선하증권의 유통성이
소멸된 B/L은 Surrender B/L**이다. Straight B/L은
수하인 란에 수하인의 성명이 기입된 선하증권으로 수
하인으로 기명된 자만이 물품인도를 청구할 수 있다.

104 컨테이너 자체 중량을 의미한다.

105 항공화물운송장은 원칙적으로는 화주(送하인)가 작
성하며 상환증권의 성격을 갖지 않는다.

106 ① 항로(Access Channel)는 바람과 파랑의 방향에
대해 30~60°의 각도를 갖는 것이 좋다.
③ 비트(bitt)는 선박의 접안과 화물의 하역을 위해 목
재 및 철재 등의 기둥을 육상에 박아 윗부분을 콘크
리트로 굳힌 선박의 계류시설이다. 잔교는 해안선
과 직각의 형태로 돌출된 교량형 간이구조물로서
선박의 접안과 화물의 적양한 작업, 선원 및 여객
의 승하선에 이용되며 목재, 철재, 석재로 된 기둥
을 해저에 박은 뒤 기둥의 윗부분을 콘크리트로 굳
힌 후 이 위에 교량형 구조물을 설치하여 육지와
연결한 형태이다.
④ 박지는 접안을 앞둔 선박이 일시적으로 닻을 내리
고 대기하는 수역으로 수면이 잔잔하고 닻을 내리
기 좋은 지반이어야 하며, 사용목적에 따라 차이가
있다(**예** 정박지, 묘박지 등).
⑤ 선회장은 선박이 방향을 전환할 수 있는 장소로서
대게 자선의 경우 대상 선박 길이의 3배를 직경으
로 하는 원이며, 예선이 있을 경우에는 대상 선박
길이의 2배를 직경으로 하는 원으로 한다.

107 선사 간 전략적 제휴 또는 합병을 유도하는 기능은 없다.

108 ICD(Inland Container Depot, 내륙컨테이너기지)
는 항공운송수단과의 효율적 연계가 쉽지 않다.

109 '선박', '항만시설' 등의 키워드로 ISPS(International
Ships Port Facility Security) code에 대한 설명임
을 알 수 있다.

110 피보험자가 본선의 소유자, 관리자, 용선자 또는 운항
자의 파산 또는 재정상의 궁핍한 사정을 **알지 못한 상
태에서 부보**하고 이 계약기간 중에 발생한 멸실, 손상
또는 비용은 면책조항에 해당하지 않는다.

111 ① UCP 600 제6조는 신용장상에 'Irrevocable'의 명
시가 있거나 또는 취소 여부에 대한 명시가 없더라
도 모두 **취소 불능 신용장**에 속하는 것으로 규정하
고 있다.
② 선적기간을 정하기 위하여 사용된 'to', until ;
'till', 'from', 'between'은 언급된 당해 일자를 **포함**
하고, 'before', 'after'는 언급된 당해 일자를 **제외**
한다.
③ 신용장은 이용 가능한 해당 은행과 모든 은행을 이
용할 수 있는지 여부를 명시**하여야 한다**.
④ 신용장 거래에서는 수입자가 아닌 개설은행이 수
출자에게 대금지급을 확약한다. 신용장의 발행의
뢰인은 수입자이고 환어음 지급인은 개설은행이
므로 틀린 설명이 된다.

112 '시황을 사유'로 하여 클레임을 제기하는 것은 마켓 클
레임이다.

113 보세창고는 통관을 하고자 하는 물품을 일시 장치하
기 위한 장소로서 **세관장의 특허**를 받아 운영하는 장
소를 말한다.

114 포장된 물품의 적입 의무는 인코텀즈에서 다루고 있
지 않다.

115 FAS(선측인도조건) – FOB(본선인도조건) – CFR(운
임포함인도조건) – CIF(운임보험료포함인도조건)
※ F그룹 > C그룹 > D그룹으로 갈수록 매도인의 비
용 및 위험부담이 커진다.

116 ※ 인코텀즈 2020 개정으로 문제 일부 변경하였음

"Delivered at Place Unloaded" means that the seller delivers the goods – and transfers risk – to the buyer when the goods, once unloaded from the arriving means of transport, are placed at the disposal of the buyer at a named place of destination or at the agreed point within that place, if any such point is agreed. "Delivered Duty Paid" means that I he seller delivers the goods when the goods are placed at the disposal of the buyer, cloarod for import on the arriving means of transport ready for unloading at the named place of destination. The seller bears all the costs and risks involved in bringing the goods to the place o! destination and has an obligation to clear the goods not only for export but also lor import, to pay any duty for both oxport and import and to carry out all customs formalities.

※ Incoterms 2020 원문상 DPU와 DDP에 대한 설명이다.

117 ① **보험금액**은 실제 보험계약자가 보험에 가입한 금액으로서 손해가 발생할 경우 보험자가 피보험자에게 지급하기로 약정한 최고금액이다. **보험가액**은 보험사고 발생 시 피보험자가 입게 되는 손해액의 최고 한도액이며 보상받을 수 있는 최고 한도액이다.
② **피보험이익**은 손해보험에서 보험사고의 발생에 의하여 손해를 입을 우려가 있는 피보험자의 경제적 이익이므로 보험계약 체결 시 반드시 확정되어 있어야 하는 것은 아니다. 다만 보험사고 시에는 반드시 확정되어 있어야 한다.
③ 동일한 해상사업과 이익 또는 그 일부에 관하여 둘 이상의 보험계약이 피보험자에 의해서 또는 피보험자를 대리하여 체결되고 보험금액이 MIA에서 허용된 손해보상액을 초과하는 경우 **중복보험**에 해당한다. **공동보험**은 여러 명의 보험자가 보험가입자의 위험에 대해 공동으로 책임을 지는 것이다.
⑤ **기평가보험증권**은 다툼을 미연에 방지하고 보험가액 평가에 소요되는 시간과 경비를 절약하여 신속한 보상을 하기 위해 사용되는 것으로 보험목적물의 **협정보험가액이 기재**된 보험증권이다.

118 **구상무역에 사용되는 신용장**
ㄴ. 동시개설신용장(Back – to – Back L/C) : 수입국에서 신용장을 개설할 때 이에 상응하는 대응수출입에 관해 수출국에서 신용장을 동시에 개설하는 것을 조건으로 하는 신용장
ㄷ. 토마스신용장 : 원신용장 개설 시 상대방이 일정 기간 후 동액 신용장을 개설한다는 보증서를 첨부해야 원신용장이 유효하게 되는 신용장
ㅁ. 기탁신용장(Escrow L/C) : 일반신용장 조건에 일치하는 서류와 환어음 제시는 동일하나, 매매대금을 수익자명의 상호 약정 계좌에 기탁하게 명시된 신용장

119 'on or about' 용어가 지정일자와 함께 기재된 경우에는 지정일자 이전 5일과 이후 5일을 더하여 총 11일간을 선적기한으로 본다. 따라서 선적은 2019년 5월 5일~5월 15일까지 이행해야 한다.

120 ① 규격매매(Sales by type)는 주로 전기, 전자제품 등의 거래에 사용되는 것으로, 상품의 규격이나 품질 수준을 국제기구 등이 부여한 등급으로 결정하는 방식이다. 표준품매매(Sales by Standard)는 수확예정인 농수산물, 광물과 같은 1차 산품의 경우에는 특정 연도와 계절의 표준품을 기준으로 등급을 결정하는 방식이다.
② M/L(More or Less)는 Bulk Cargo에서와 같이 운송 중 수량의 변화가 예상되는 물품에 대해 약정된 허용 범위 내에서 과부족(5% 범위)을 인정하는 조건이다. about, approximately 등은 10% 범위를 의미한다.
④ D/A(Documents Against Acceptance)는 수출상이 계약에 따라 물품을 선적 후 구비서류에 기한부어음(Usance Bill)을 발행하여 은행을 통해 수입상의 거래은행 앞으로 어음대금의 추심을 의뢰하여 대금을 회수하는 방식이다. 이와 반대로 D/P는 일람불 환어음을 발행한다.
⑤ M/T(Mail Transfer)는 수입자가 거래은행에 의뢰하여, 수표를 사용하지 않고 우편으로 외국의 은행에 대하여 특정 금액의 지급에 대하여 지시하는 방법이다.

2020년 기출문제

081	082	083	084	085	086	087	088	089	090
①	⑤	②	⑤	③	⑤	④	②	③	①
091	092	093	094	095	096	097	098	099	100
⑤	③	⑤	④	①	①	①	⑤	③	④
101	102	103	104	105	106	107	108	109	110
②	④	⑤	④	④	②	①	③	③	①
111	112	113	114	115	116	117	118	119	120
⑤	③	③	①	④	②	②	④	⑤	②

081 ㄹ. 인적 기능에 대한 설명이다. 적극적인 대고객 서비스가 필요한 요즘 인적 기능 측면이 강조되고 있다.
ㅁ. 시간적 기능에 대한 설명이다. 장소적 기능은 생산지와 소비지의 장소적 차이를 조정하는 기능이다.

082 파이프라인운송은 파이프 매설비용 등 최초 고정비가 크지만 변동비가 적다.

083 ㄱ. '자회사 창고로 상품 출하 후 해당 창고에서 배송하는' 가장 일반적인 시스템은 고전적 시스템이다.
ㄴ. '직송하는 형태', '자회사가 물류에 직접적으로 관여하지 않는'이라는 표현을 통해 직송시스템에 대한 설명임을 알 수 있다.

084 자사물류보다는 아웃소싱을 통해 물류전문업체를 활용하고 있다.

085 정보 공유를 통한 의사결정을 이루기 위해서는 부서 간의 **협동**이 당연히 중요하다.

086 왕항복항 간 물동량의 불균형이 발생하는 경우 공컨테이너의 수급불균형 현상이 생기므로 회수문제가 **발생한다.**

087 '단열구조'라는 표현을 통해 Insulated Container(단열 컨테이너)임을 알 수 있다.
⑤ Skeleton Container : 바닥만 있는 컨테이너를 의미한다.

088 Bottom Rail(밑단레일) : 100mm를 초과하는 레일에 수직으로 또는 75mm를 초과하는 레일 재질 내 손상이 있는 경우 심각한 구조적 결함이 있다고 보는 것이다.

089 광석, 석탄 등 벌크 화물 운송을 중심이 되는 운송은 **부정기선 운송**이다.

090 Shipping Request(S/R, 선적요청) → Booking Note (B/N, 선복예약)(Booking List) → Shipping Order (S/O, 선적지시) → Mate's Receipt(M/R, 본선수취) → Shipped B/L(수취식 B/L)
※ 해상운송화물의 선적 절차는 서류 중심으로 공부하여야 한다.

091 용선계약서를 사용하는 운송방법은 부정기선운송방법이다.

092 ㄴ. BIMCO(발틱 국제해사협의회) : 순수한 민간단체로 국제해운의 경제적·상업개입 협조에 주력하는 기구이다.
ㄷ. 국제해운회의소(ICS : International Chamber of Shipping) : 각국의 선주협회들이 선주들의 권익옹호 및 상호협조를 목적으로 설립된 국제 민간기구이다.
ㄱ. FIATA는 국제적인 대리업의 확장에 따른 제반 문제점을 다루기 위해 설립된 운송주선인의 민간기구이다. IACS는 국제선급연합으로 각국의 선급에 대한 검사를 하고 있으며 이 검사 결과에 따라 그 선급의 위상이 정하여진다.
ㄹ. ICC(국제상업회의소)는 국제무역과 경제발전을 촉진할 목적으로 설립된 국제연합의 전문기구이다. IMO(국제해사기구)는 정부 간 해사기술의 상호협력, 해사안전 및 해양오염방지대책 수립 등을 목적으로 설립되었다.

093 ① 선박 자체만을 빌리는 선박임대차계약은 **나용선계약**이다.
② 용선계약기간을 통상 한 개의 항해를 단위로 하는 것은 **항해용선계약**이다.
③ 용선자가 선장 및 선원을 고용하고 관리·감독하는 것은 **나용선계약**이다.
④ 선박의 유지 및 수리비를 용선자가 부담하는 것은 **나용선계약**이다.

094 흘수란 선저에서 만재흘수선까지 이르는 높이를 말한다.
※ 배가 안전한 항해를 하기 위해서는 어느 정도의 예비부력(Reserved buoyancy)을 가져야 한다. 이 예비 부력은 선체의 옆 부분을 수직으로 측정할 때 물속에 들어가지 않는 부분의 높이로서 결정되는데, 이를 건현이라 한다.

095 ㄷ. FI Charter : 적하 시는 화주가 부담하고 양하 시는 선주가 부담
　　ㄹ. FO Charter : 적하 시는 선주가 부담하고 양하 시는 화주가 부담

096 총톤수와 재화중량톤수를 각각 의미한다.
- 순톤수 : 총톤수에서 선박의 운항에 직접 이용되는 기관실, 선원실, 해도실 등 적량을 공제한 톤수로 환산한 것이다.
- 배수톤수 : 선박이 밀어낸 물의 무게를 배수량이라고 하고 이는 선박의 무게가 된다.
- 재화용적톤수 : 재화용적톤수(Measurement Tonnage)는 선박의 각 선창의 용적과 특수화물의 창고 용적 등 전체 선박의 용적을 나타낸다.
- 운하톤수 : 배가 운하를 통과할 때에 통행료를 셈하는 기준이 되는 톤수로, 파나마 운하와 수에즈 운하에서 특별히 정한 적량 측도 규정에 따른다.

097 ② 엄격책임(strict liability)원칙은 운송인의 면책조항을 인정하지 않는다.
③ 무과실책임(liability without negligence)원칙은 과실의 유무를 묻지 않고 운송인이 결과를 책임지는 것이나, 예외적으로 불가항력 등의 면책은 인정한다.
④ 단일책임체계(uniform liability system)은 화주에 대해 운송계약의 체결자인 복합운송인이 전 운송구간에 걸쳐서 **전적으로 동일 내용의 책임을 부담하는 책임체계**이다.
⑤ UN국제복합운송조약이 채택하고 있는 체계로 단일변형책임체계라고도 하는 것은 변형 통합책임체계(Modified Uniform Liability System)이다.

098 ㄱ. 'UN 산하 항공전문기구'라는 표현을 통해 ICAO임을 알 수 있다.
　　ㄴ. '국제적 민간항공단체'라는 표현을 통해 IATA임을 알 수 있다.
　　※ FAI(국제항공연맹) : 항공스포츠를 통한 각국의 정치, 인종 초월, 인류 이해, 친선 도모, 참된 국제정신 고양을 위해 설립되었으며, 주요 활동으로는 각종 스포츠 경기대회 개최 장려, 각종 항공기록 통제 규정 제정 등이 있다.

099 몬트리올 협정은 헤이그 의정서를 업데이트한 내용이다. 위탁수화물, 화물의 책임한도액의 경우 차이는 없으나(즉, 헤이그 의정서에 비해 몬트리올 협정에서 변경이 없었다) 여객의 경우 헤이그 의정서는 1인당 US$ 20,000인 데 비해 몬트리올 협정은 US$ 75,000(소송비용 포함)으로 인상되었다.

100 항공여객운송에 비해 왕복운송의 비중이 낮다.

101 국제복합운송의 특징은 일관선하증권(through B/L), **일관운임(through rate)**, 단일운송인책임(single carrier's liability)이다.

102 포워더 상호 간에 이루어지는 소량화물 공동집화(Co-loading service)에 대한 설명이다.

103 '극동에서 유럽대륙', 'TSR구간 포함'이라는 표현을 통해 Siberia Land Bridge에 대한 설명임을 알 수 있다.

104 ㄱ. IPI(Interior Point Intermodal) : 한국, 일본 등의 극동지역 항만에서 선적된 화물을 북미서안까지 해상운송한 후에, 북미대륙의 횡단철도를 이용하여 미국 주요 내륙지점의 철도터미널을 이용하여 화물의 인도가 행해지는 복합운송방식을 말한다.
　　ㄴ. RIPI(Reversed Interior Point Intermodal) : 한국, 일본 등 극동지역에서 파나마운하를 통과하여 미국 동부지역으로 해상 운송한 후 미국 내륙지점까지 운송하는 복합운송방식을 말한다.

105 용선계약에 따른다는 **어떠한 표시도 포함하고 있지 않아야 한다.**

106 지시식 선하증권(Order B/L)은 선하증권의 수하인으로 "Order", "Order of Shipper", "Order of … (Buyer)", "Order of Negotiation Bank"로 표시하여 발행되는 선하증권이다. 수화인란에 특정인을 기재하고 있는 선하증권은 Straight B/L(기명식 선하증권)이다.

107 ② B/L은 일반적으로 본선 선적 후 발행하는 **선적선하증권(On board B/L)으로 발행**된다.
③ AWB는 유통성이 **없다**.
④ AWB는 송화인이 작성하여 운송인에게 교부한다.
⑤ AWB는 상환증권의 성격을 **갖지 않는다.**

108 '테러', '미국 관세청',' 공급사슬 전반' 등의 표현을 통해 C-TPAT에 대한 설명임을 알 수 있다.
① CSI(Container Security Initiative) : 테러에 사용되는 물품이 선박의 컨테이너에 숨겨져 미국에 몰래 반입되는 것을 근본적으로 차단하기 위해 도입된 제도이다.

② ISF(International Shipping Federation) : 국제해운연맹

④ PIP : 캐나다의 AEO인증제도

109
- 운송계약을 체결함에 있어서 **송하인**은 자신의 명의로 또는 수하인의 대리인 또는 그를 대신하여 이를 체결하는 것이며, 또 송하인은 그가 운송계약을 체결할 권한이 있다는 것을 운송인에게 담보하는 것이다.
- 송하인은 물품과 관련하여 자신이 제공한 세부사항이 정확함을 보장해야 하고, 부정확함으로 인해 발생할 수 있는 손상, 손해, 비용을 **운송인**에게 보상해야 한다.

110
- 선적기간을 정하기 위하여 'to', until ; 'till', 'from', 'between'은 (기간에) 언급된 당해 일자를 **포함**하고, 'before', 'after'는 언급된 당해 일자를 **제외**한다.
- (환어음 등의) 만기일 결정을 위해 사용된 'from'과 'after'는 언급된 당해 일자를 **제외**한다.

111 CISG 제2조(협약의 적용제외)

이 협약은 다음과 같은 매매에는 적용되지 아니한다.
1. 개인용, 가족용 또는 가사용으로 구입되는 물품의 매매. 다만 매도인이 계약의 체결 전 또는 그 당시에 물품이 그러한 용도로 구입된 사실을 알지 못하였거나 또는 알았어야 할 것도 아닌 경우에는 제외한다.
2. 경매에 의한 매매
3. 강제집행 또는 기타 법률상의 권한에 의한 매매
4. 주식, 지분, 투자증권, 유통증권 또는 통화의 매매
5. 선박, 부선, 수상익선(水上翼船), 또는 항공기의 매매
6. 전기의 매매 등

112
① D/A(Documentary against Acceptance)는 관련 서류가 첨부된 기한부(Usance) 환어음을 통해 결제하는 방식이다.
② 표준품 매매(Sales by Standard)란 공산품과 같이 생산될 물품의 정확한 견본의 제공이 **용이하지 않은** 물품의 거래에 주로 사용된다.
④ CAD(Cash Against Document, 서류상환대금결제)는 환어음을 발행하지 않는 방식으로 물품인도가 아닌 운송서류를 수입상에게 인도함으로써 대금결제를 받을 수 있는 일종의 직불방식이다.
⑤ RT(Rye Terms)에 대한 설명이다.

113
- 피보험이익의 전멸, 피보험사고로 피보험이익이 전부 상실되어 피보험자가 다시 회복할 수 없는 경우에 성립되는 것은 **현실전손**이다.
- 이례적이지 않은 희생이나 비용이 자발적, 의도적으로 발생했어야 하고, 위험에 처한 기간 동안 공동항해 중 공동위험에 처한 재산을 보호하기 위해 인위적이고 합리적인 희생 및 비용이 발생하였을 때 **공동해손**처리를 한다.

114 ②~⑤는 담보되지 않는 손해이다.

115 수출자가 수입통관이 어려운 경우에는 DDP가 아닌 DAP, DPU를 사용할 수 있다.

116 매수인은 운송계약상 목적항 내의 지점을 명시해야 할 의무가 있고 그 지점에서 양하비용이 발생하게 되면 **매도인이 지출을 한다**. 별도로 당사자들이 다르게 합의하지 않았다면 그 비용은 매도인이 지출해야 하고 매수인에게 상환받을 수 없다.

117 The seller bears all risks involved in bringing the goods to and **unloading** them at the named place of destination.

118 ADR은 대체적 분쟁해결방법으로 알선, 조정, 중재이다(소송은 ADR에 포함되지 않음).

119 수입신고가 **수리되기 전**의 물품은 **외국물품**이다.

120 인코텀즈는 대금지급의 시기, 장소, 방법과 관세부과, 불가항력, 매매물품의 소유권 이전 문제를 다루고 **있지 않다**.

081	082	083	084	085	086	087	088	089	090
④	③	⑤	①	⑤	⑤	②	①	④	②
091	092	093	094	095	096	097	098	099	100
①	①	④	③	②	④	④	④	③	②
101	102	103	104	105	106	107	108	109	110
⑤	③	④	③	②	④	①	②	①	①
111	112	113	114	115	116	117	118	119	120
①	⑤	①	⑤	②	④	⑤	②	③	①

081 국내물류에 비해 국제물류의 리드타임이 길다.

082 국제특송업체들은 항공화물운송 효율화를 위해 항공기 대형화를 추진하고 있다.

083 다국적(행) 창고시스템(Multi – country Warehouse System)에 대한 설명으로, 상품이 생산국 창고에서 출하되어 특정경제권 내 물류거점 국가에 설치된 중앙창고로 수송된 다음 각국의 자회사 창고나 고객 또는 유통경로의 다음 단계로 수송되는 국제물류시스템이다. 허브창고의 입지는 수송의 편리성뿐만 아니라 지리적 서비스 범위, 인력가용성, 토지가격 등을 종합적으로 고려하여 결정한다.

084 최적화를 위한 물류기능의 통합적 수행 추세이다.

085 기업들은 글로벌 소싱을 활용하여 공급사슬을 확대하고 외부 조달비용 절감을 시도하는 구매전략이다. 고정인력을 줄이기 위해 글로벌 소싱이 필요하다.

086 국제해사법위원회(CMI : Committee Maritime Internationa)는 해상법ㆍ해사관련 관습ㆍ관행 및 해상실무의 통일화에 기여하기 위하여 1897년 벨기에 앤트워프에서 창설된 민간국제기구이다.

087 UCP상 환적의 정의이다.
ㄱ, ㅁ. vessel, port of loading to the port of discharge을 통해 항공운송이나, 둘 이상의 운송수방식을 표시하는 복합운송서류는 적절치 않다.
ㄹ. UCP 600상 선하증권은 용선계약에 따른다는 어떠한 표시도 포함하고 있지 않아야 한다.

088 총톤수는 선박의 크기를 나타낼 때 가장 일반적으로 사용하는 선박 톤수로 선박의 밀폐된 내부 전체 용적을 말하며, 각국의 해운력과 선박의 크기 및 보유 선복량을 비교할 때 이용된다. 직접 상행위에 사용되는 총 용적으로 주로 톤세, 항세, 운하통과료, 항만시설 사용료 등을 부과하는 기준이 되고 있는 것은 순톤수이다.

089 비례운임(Pro Rate Freight)은 선박이 항해 중 불가항력 등의 이유로 항해를 계속할 수 없을 때 중도에서 화물을 화주에게 인도하고 선주는 운송한 거리의 비율에 따라 부과하는 운임이다.

090 선박회사 간의 과다한 운임경쟁을 막기 위해 공표된 운임을 적용하는 것은 정기선의 일반적인 특징이다.

091 ㄱ : 수하인이 기재된 Straight B/L(기명식 선하증권)을 의미한다.
ㄴ : 권리증권 기능을 포기한 B/L은 Surrendered B/L이다.
ㄷ : Third Party B/L(제3자 선하증권)에 대한 설명이다.

092 수입화물선취보증장(Letter of Guarantee)은 선하증권보다 수입화물이 목적항에 먼저 도착하여 화물 인수 지연에 따른 통관이 지연되어 화물 변질, 보관료 증가, 판매기회 상실 등의 부담이 발생할 우려가 있을 때, 이러한 불편을 해소하기 위해 수하인이 사용할 수 있는 서류로 신용장거래 시 수입국에서 발행된다.
② 파손화물보상장(Letter of Indemnity) : 은행은 Foul B/L을 수리하지 않기 때문에 화주가 실제로는 Foul B/L임에도 불구하고 Clean B/L으로 바꾸어 받을 경우 선박회사에게 제시하는 보상장을 말한다.

093 MLB(Mini Land Bridge)란 극동아시아에서 미국 태평양 연안까지 해상운송하고, 태평양 연안의 항구로부터 미국동안까지 철도운송하는 방식이다. 국제무역에서 철도나 육로를 해상과 해상을 잇는 교량처럼 활용하는 랜드브리지의 하나로, 보통 랜드브리지가 육상에서 수 개국을 거치나 1개국만 거치므로 미니(mini)라는 명칭이 붙었다.

094 연속정박기간(Running Laydays)은 하역 시작일로부터 끝날 때까지의 모든 기간을 정박기간으로 계산하는 방법이다.

095 RO/RO선

경사판(Ramp)을 통하여 하역할 수 있는 선박으로, 선박의 선수미나 선측에 설치되어 있는 입구를 통해 트럭이나 지게차를 이용하여 컨테이너를 양륙하거나, 자동차 등을 램프를 통하여 바로 선적할 수 있도록 건조된 선박이다.

096 ① 컨테이너운송은 철도운송이 시초이다.
② 컨테이너 국제 운송시 컨테이너 취급, 적재 또는 수송 도중 일어나는 인명의 안전을 확보하기 위하여 컨테이너의 기준을 국제적으로 규정하기 위해 UN이 IMO(국제해사기구)와 협동으로 1972년에 컨테이너안전협약(CSC, International Convention for Safe Containers)을 채택하였다.
③ 컨테이너화물의 운송비중은 현재 전 세계 물동량의 70% 미만이다.
⑤ 컨테이너화물의 하역에는 LO – LO(Lift On/Lift Off) 방식 뿐 아니라 RO – RO 방식 또한 적용 가능하다.

097 포워더는 자체 운송 수단을 보유하지 않지만 집화, 분배, 혼재 등의 업무를 수행하는 운송의 주체자로서의 기능을 수행하는 자로서 운송주선인, 국제운송주선인, 복합운송인, 복합운송주선인 등으로 용어를 혼용하여 사용하고 있다. 포워더는 운송주체로서의 역할과 기능을 하며 운송수단을 수배하고 운송계약의 체결과 선복의 예약 또한 할 수 있다.

098 ① 항공화물운송은 항공여객운송에 비해 왕복운송의 비중이 낮고 편도운송이 많다.
② 항공화물운송은 항공여객운송과 달리 지상조업(Ground Handling)이 필요하다.
③ 항공화물전용기에 의한 운송은 주로 야간에 이루어진다.
⑤ AWB는 일반적으로 기명식으로 발행되어 유통성이 없다.

099 여객기에 탑재하는 벨리카고(Belly Cargo)는 파렛트를 활용한 단위탑재뿐 아니라 벌크형태로 탑재도 가능하다.

100 코로나19 등으로 인해 항공화물운송료가 급등하고 있지만 전체 물동량은 많아지고 있다.

101 CY/CFS 운송은 하나의 수출자(송화인)가 둘 이상의 수입자(수화인)의 화물을 한 컨테이너에 적입한 경우에 이용된다.

102 ① Hague규칙(1924)은 선하증권통일조약으로서 해상운송에 관한 조약이다.
② FAI(1905)는 국제항공연맹, IATA(1945)는 국제항공운송협회, ICAO(1947)는 국제민간항공기구를 의미한다.
③, ⑤ ICAO는 시카고조약에 의거하여 국제항공의 안전성 확보와 항공질서 감시를 위한 관리를 목적으로 설립된 UN산하 항공전문기구이며, IATA는 항공사들이 설립한 순수 민간단체로 여객운임 및 화물요율 등을 결정하는 국제기구이다.
④ 바르샤바협약은 국제간 항공운송으로서 운송계약상 발송지 및 목적지가 모두 체약국에 있는 경우 적용되며, 유상인 경우에 적용된다.

103 ㄱ. 공컨테이너 반입요청 및 반입(공장 내 반입으로 해석이 적절)
ㅁ. 공컨테이너에 화물적입 및 CLP(컨테이너 내부 적부도) 작성
ㄷ. Pick – up 요청과 내륙운송 및 CY 반입
ㄴ. D/R(부두수취증)과 CLP(컨테이너 내부 적부도) 제출
ㄹ. B/L(선화증권) 수령 및 수출대금 회수

104 ① 바르샤바조약(1929)은 항공운송에서 사용되는 협약이다.
②, ③ 복합운송은 서로 다른 2가지 이상의 운송수단에 의해 운송된다.
⑤ 복합운송증권은 비유통성, 기명식으로 발행되는 것이 일반적인 것은 아니다(유통성, 지시식으로 발행도 충분히 가능).

105 보기상 법정기재사항은 아래와 같다.
ㄱ. 주요한 화인
ㅁ. 물품의 외관상태
ㅂ. 송화인이 서면으로 제출한 포장물품의 개수, 수량 또는 중량

106 IATA가 정한 국제항공화물운송장의 구성 표준양식

구분	용도	색깔
원본1	운송인용 (For Issuing Carrier)	녹색
원본2	수하인용 (For Consignee)	적색
원본3	송하인용 (For Shipper)	청색

107 ISO 28000

- 국제적인 비정부기구에서 기업 보안관리 표준의 필요성에 부응하여 도입한 물류보안경영의 표준 및 인증제도로 생산자, 운송·보관업자 등을 포함하는 공급사슬 내의 모든 기업을 적용 대상으로 한다.
- 수출입 안전관리 역량을 강화시키기 위해서 기업이 비용을 부담하고 도입하는 민간프로그램으로, 보안관리 시스템을 구축하고 인증을 받으면 일정한 보안자격을 갖춘 것으로 인정한다.

① CSI(Container Security Initiative) : 컨테이너안전협정

② C－TPAT : 세관·국경보호청(CBP, Customs andBorder Protection)이 도입한 반테러 민·관 파트너십 제도로서, 미국의 수입업자, 선사, 항공사, 터미널 운영사, 포워더, 통관중개인 등을 적용대상으로 한다.

③ ISPS CODE : 선박 및 항만시설 보안규칙

⑤ AEO는 정부주도의 무역보안인증이고 ISO 28000은 민간부문의 물류보안인증이다.

108 ② 복합운송증권은 실질적인 운송인(Actual Carrier)에 의해서만 발행되는 선하증권과는 달리 운송주선인도 발행할 수 있다.

③, ④ 복합운송증권은 전 운송구간에 걸쳐 화주에게 단일책임을 진다.

⑤ 복합운송증권은 양도 가능/양도 불가능 형식으로 선택적으로 발행된다.

109 해상화물운송장을 이용한 화물의 전매는 불가능하다.

110 ㄷ. 항공화물 특성상 공항 주변에는 물류단지가 조성되는 것이 일반적이다.
ㅁ. 국제전자상거래업체들은 항만과 공항의 입지 근처에 물류센터를 확보하는 경향이 있다.

111 항만 내에서 이루어져야 할 본선 선적 및 양하작업과 마샬링 기능을 제외한 장치보관기능, 집하분류기능, 통관기능을 가지는 내륙의 특정구역으로서, 선사 및 대리점, 포워더, 하역회사, 관세사, 트럭회사, 포장회사 등이 입주하여 물류 관련활동을 수행할 수 있는 장소를 말한다.

112 FOB규칙에서 매도인은 선박에 물품을 선적할 때까지 의무를 부담한다.

113 보세운송을 하려는 자는 관세청장이 정하는 바에 따라 세관장에게 보세운송의 신고를 하여야 한다. 다만, 물품의 감시 등을 위하여 필요하다고 인정하여 대통령령으로 정하는 경우에는 세관장의 승인을 받아야 한다(관세법 제213조).

114 관세법 제241조(수출·수입 또는 반송의 신고)
② 다음 각 호의 어느 하나에 해당하는 물품은 대통령령으로 정하는 바에 따라 수입신고를 생략하게 하거나 관세청장이 정하는 간소한 방법으로 신고하게 할 수 있다.
1. 휴대품·탁송품 또는 별송품
2. 우편물
3. 제91조부터 제94조까지, 제96조제1항 및 제97조제1항에 따라 관세가 면제되는 물품
3의2. 제135조, 제136조, 제149조 및 제150조에 따른 보고 또는 허가의 대상이 되는 운송수단. 다만, 다음 각 목의 어느 하나에 해당하는 운송수단은 제외한다.
　가. 우리나라에 수입할 목적으로 최초로 반입되는 운송수단
　나. 해외에서 수리하거나 부품 등을 교체한 우리나라의 운송수단
　다. 해외로 수출 또는 반송하는 운송수단
4. 국제운송을 위한 컨테이너(별표 관세율표 중 기본세율이 무세인 것으로 한정한다)

115 CIP 최대부보의무 변경
적하보험 가입 시 CIF의 최소부보의무(C)가 유지되나, CIP는 최대부보의무[ICC(A)]를 부담해야 한다.

조건	인코텀즈 2010	인코텀즈 2020
CIF	매도인의 최소부보의무 ICC(C)	• 매도인의 최소부보의무 ICC(C) • 높은 수준의 담보조건 부보 합의 가능
CIP	매도인의 최소부보의무 ICC(C)	• 매도인의 최대부보의무 ICC(A) • 낮은 수준의 담보조건 부보 합의 가능

116 DAP규칙에서 매도인이 운송계약에 따라 목적지에서 물품의 양륙비용을 부담한 경우 별도의 합의가 없다면 매수인으로부터 그 양륙비용을 회수할 수 없다(이미 지불했다면 보전받을 수는 없다).

117 잔존물이 있는 경우에만 위부를 하고 전손으로 추정한다.

118 ① 추심통일규칙에 대한 내용이다.
③ 스탠드바이 신용장에 관한 통일규칙(ISP98)에 대한 내용이다.
④ 로테르담 규칙 : 국제해상물건운송계약에 관한 UNCITRAL조약으로 복합운송(Door to Door)에 부응하는 해결책 제공과 운송인의 운송물에 대한 책임을 강화한 규칙이다.
⑤ ICC 청구보증통일규칙(URDG)에 대한 내용이다.

119 ① 계약에서 선적횟수와 선적수량을 구체적으로 나누어 약정한 경우를 할부선적이라고 한다.
② UCP 600에서는 신용장이 분할선적을 금지하고 있더라도 분할선적은 허용될 수 없다.
④ UCP 600에서는 신용장이 환적을 금지하고 있다면 물품이 선화증권에 입증된 대로 컨테이너에 선적된 경우라도 환적은 허용된다.
⑤ UCP 600에서는 신용장이 환적을 금지하고 있는 경우에는 환적이 행해질 수 있다고 표시하고 있는 항공운송서류는 수리된다.

120 중재합의 당사자는 중재절차의 진행 중에는 법원에 (재산처분 등의) 보전처분을 신청할 수 있다.

2022년 기출문제

081	082	083	084	085	086	087	088	089	090
①	①	②	②	①	①	⑤	④	②	④
091	**092**	**093**	**094**	**095**	**096**	**097**	**098**	**099**	**100**
⑤	①	③	③	④	⑤	①	⑤	③	②
101	**102**	**103**	**104**	**105**	**106**	**107**	**108**	**109**	**110**
⑤	④	④	①	③	②	⑤	⑤	⑤	⑤
111	**112**	**113**	**114**	**115**	**116**	**117**	**118**	**119**	**120**
⑤	②	⑤	①	④	①	④	①	②	④

081 현지물류체계의 본국 중심의 생산활동보다는 현지국 중심 생산활동을 하여야 하며, 판매활동은 국제적으로 표준화하는 것보다 현지화된 판매활동을 하는 것이 생산성이 더 높다.

082 ②, ③ 고전적 시스템이란 수출국 기업에서 해외의 자회사 창고로 상품을 대량출하한 후, 발주요청이 있을 때 해당 창고에서 최종 고객에게 배송하는 가장 보편적인 시스템이나 보관비용이 많이 든다는 단점이 있다.
④ 해외 자회사 창고는 주로 보관에 중점을 둔다.
⑤ 다국적행 창고시스템에 대한 설명이다.

083 총톤수는 관세, 등록세, 소득세, 계선료, 도선료 등의 과세기준이 된다.
재화중량톤수는 선박의 항해에 필요한 연료유, 식수 등의 중량을 제외한 적재할 수 있는 화물의 최대 중량으로 용선료의 기준이 되는 선박 톤수이다.

084 정기용선계약은 일정 기간을 정해 용선자에게 선박을 사용하도록 하는 계약으로 NYPE(The New York Produce Exchange Form)이라는 표준계약서가 사용되는 것이 대체적이다. Gencon 서식은 항해용선계약에서 사용된다.

085 정기선 운송의 경우 특정한 항구 간을 운항계획에 따라 규칙적으로 반복 운항하여 항로가 일정하고 선박의 운항 패턴이 규칙적이다.

086 하역비 부담조건 유형

구분	내용
Berth(Liner) Term Charter	적하 시와 양하 시의 하역비를 선주가 부담
FIO(Free In, Out) Charter	적하 시와 양하 시의 하역비를 모두 화주가 부담
FIOST(Free In, Out, Stowed, Trimmed)	선내 하역비 부담 조건으로 선적, 양륙, 본선 내의 적입, 화물정리비까지 모두 **화주가** 책임과 비용을 부담하는 조건이다.
FI Charter	적하 시는 화주가 부담, 양하 시는 **선주가 부담**
FO Charter	적하 시는 선주가 부담, 양하 시는 화주가 부담
Gross Term Charter	항비, 하역비, 검수비 모두 선주가 부담하는 조건
Net Term Charter	항비, 하역비, 검수비 모두 화주가 부담하는 조건

087 OSRA는 정기선 시장에서의 시장자유화를 추구하고 있으므로, 내륙운송업자와 선사들 간의 공동협상을 허용하고 있으며, 공동행위 및 경쟁제한 행위를 금지시키지 않았다. OSRA를 통해 선사 간 통합, 전략적 제휴가 가속화되었다.

088 종가기준(Ad Valorem) 운임이란 보석이나 예술품, 희귀품 등에 대해서는 보통 상품가격의 2~5% 정도의 일정비율을 할증 추가한 운임으로 정기선 운임에서 통용되는 계산기준이다.

089 Off-hire(휴항약관 조항)은 정기용선계약에서 특정한 사유로 선박의 이용이 방해되는 기간 동안 용선자의 용선료 지불의무를 중단하도록 하는 조항이다.

090 글로벌 공급망 확대에 따른 서비스 범위의 확대가 올바른 표현이다.

091 정박시간표(time sheet)는 운송화물의 양륙 및 적재를 위하여 용선이 정박하는 기간을 계산하기 위한 하역시간표를 말한다. 이에 기재사항은 '일시'와 '기간'이며, 하역량 및 누계는 기재사항이 아니다.

092 공적운임(Dead Freight)이란 실제 적재량을 계약한 화물량만큼 채우지 못할 경우 사용하지 않은 부분에 대하여 부과하는 운임이다.

093 • 화물이 수하인(consignee)에게 인도된 날로부터 연속되는 60일 이내에 운송인에게 문서로 통지를 하지 않은 때는 인도지연으로 생긴 손실에 대한 배상금은 지급하지 않는다.
• 법적절차 또는 중재절차가 2년의 기간 내에 개시되지 아니한 때는 이 조약에 의한 화물운송에 관한 어떠한 소송도 무효가 된다.

094 품목분류요율(CCR : Commodity Classification Rate) 특정구간의 특정품목에 대하여 적용되는 요율로서 보통 일반화물요율에 대한 백분율로 할증(S) 또는 할인(R)되어 결정된다
• 할인운임(R) : 신문, 점자책, 잡지, 정기간행물, 서류, 카탈로그, 비동반 수하물 등
• 할증운임(S) : 생동물, 귀중화물, 자동차, 시체, 금, 보석, 화폐, 증권 등

095 항공운송화물의 사고유형

사고유형		내용
화물 손상	Mortality	운송 중 동물이 폐사되었거나 식물이 고사된 경우
	Spoiling	내용물이 부패되거나 변질되어 상품의 가치를 잃게 되는 경우
지연 (Delay)	SSPD(Short Shipped)	적하목록에는 기재되어 있으나 화물이 탑재되지 않은 경우
	OFLD (Off-Load)	출발지나 경유지에서 선복부족으로 인하여 의도적이거나, 실수로 화물을 내린 경우
	OVCD (Over-Carried)	– 예정된 목적지 또는 경유지를 지나서 화물이 운송되었거나 발송준비가 완료되지 않은 상태에서 화물이 실수로 발송된 경우 – 항공화물 지연(delay) 사고의 하나로, 화물이 하기되어야 할 지점을 지나서 내려진 경우
	STLD(Short Landed)	적하목록에는 기재되어 있으나 화물이 도착되지 않은 경우
	Cross Labelled	실수로 인해서 라벨이 바뀌거나 운송장 번호, 목적지 등을 잘못 기재한 경우
분실		탑재 및 하역, 창고보관, 화물인수, 타 항공사 인계 시에 분실된 경우

096 항공화물운송장은 운임이나 요금 등의 회계처리를 위하여 사용되고 운송인과 운송계약체결의 증거가 되므로 작성한 내용에 대하여 책임의무가 있다.

097 ㄱ. Freight Forwarder(운송주선인)는 복합운송선하증권을 발행하고 성명이 기재되는 운송인으로서 복합운송계약의 이행을 위하여 책임을 지는 사람이다.
　　ㄴ. Merchant(상인)는 송화인, 수하인, 이 복합운송증권의 소지인, 물건의 수취인 및 소유자를 의미한다.

098 NVOCC는 자신이 직접 선박 등 운송수단을 보유하지 않은 계약운송인형 국제복합운송업자를 말한다.

099 network liability system(이종책임체계)에 대한 설명이다.
복합운송인의 책임체계는 Uniform liability system(단일책임체계), Network liability system(이종책임체계), Modified Uniform liability system(수정단일책임체계)로 구분할 수 있으며, 이종책임체계에서는 복합운송인이 운송구간 전체에 대하여 책임을 지지만 책임 내용은 손해발생구간의 판명 여부에 따라 달라진다.

100 ㄱ. Hague Protocol(1955, 헤이그 의정서) : 바르샤바 협약의 내용을 일부 수정한 의정서로서 1955년 채택된 Hague Protocol에서는 여객에 대한 운송인의 보상 책임한도액을 인상했다.
　　ㅁ. Montreal Convention(1999) : 미국이 항공운송 사고 시 운송인의 책임한도액이 너무 적다는 이유로 바르샤바 조약을 탈퇴하였다. 이에 따라 IATA가 미국정부와 직접교섭은 하지 않고 미국을 출발, 도착, 경유하는 항공회사들 간의 회의에서 운송인의 책임한도액을 인상하기로 합의한 협정이다.
　　ㄴ. CMR Convention(1956) : 국제도로물품운송계약에 관한 협약
　　ㄷ. CIM Convention(1970) : 철도화물운송에 관한 국제조약
　　ㄹ. CMI Uniform Rules for Electronic Bills of Lading(1990) : 전자선하증권의 CMI통일규칙
　　ㅂ. Rotterdam Rules(2008) : 국제해상물건운송계약에 관한 UNCITRAL조약

101 Transfer Crane는 항만에서 사용되는 장비로 갠트리 크레인으로 하역을 마친 뒤 컨테이너는 야드라는 곳으로 이동하게 되는데, 이때 컨테이너 장치장에 컨테이너를 내리거나 올려주는 기능을 하며 화물을 보관하기 위해 사공된다.
　① High Loader : 항공화물을 항공기 화물 시에 적재하는 전용탑재기이다.
　② Transporter : 하역작업이 완료된 단위적재용기를 터미널에서 항공기까지 수평이동에 사용하는 장비로서 파렛트를 올려놓은 차량에 엔진을 장착하여 자주식으로 운행되는 차량이다.
　③ Tug Car : Dolly를 연결하여 이동하는 차량으로 Tractor라고 한다.
　④ Dolly : 적재작업이 완료된 항공화물의 단위탑재용기를 터미널에서 항공기까지 견인차에 연결하여 수평 이동하는 장비이다.

102 액체 산물 컨테이너에 관한 설명이다.

103 알루미늄은 그 성질상 녹이 슬지 않는다.

104 ㄱ은 선하증권의 요식증권성, ㄴ은 지시증권성 ㄷ은 채권증권성을 의미한다. 이외에도 선화증권은 권리증권성 및 유통증권성을 가지고 있다.

105 IPI는 한국, 일본 등의 극동지역 항만에서 선적된 화물을 북미서안까지 해상운송한 후에, 북미대륙의 횡단철도를 이용하여 미국 주요 내륙지점의 철도터미널 또는 선사의 CY/CFS에서 화물 인도가 행해지는 복합운송방식이다.

106 CSI에 대한 설명이다. 컨테이너안전협정(CSI : Container Security Initiative)은 미국 관세국경보호청(CBP : Customs and Border Protection)에 의해 9.11테러 이후 반테러프로그램의 일환으로 도입되었으며, 미국 관세청 직원을 해외항구에 파견, 위험성이 높은 화물을 미리 검사함으로써 미국행 화물의 안전도를 높이기 위한 조치이다.

107

구분	항공화물운송장 (AWB)	선하증권 (B/L)
유통성	비유통성	유통성
수하인	기명식	통상 지시식
작성 주체	송하인이 작성	운송인(선사)가 작성
성격	화물수령증	권리증권
발행 시기	화물인도시점 (수취식)	선적 후 발행(선적식)

108 CY/CFS 운송은 하나의 수출자(송화인)가 둘 이상의 수입자(수화인)의 화물을 한 컨테이너에 적입한 경우에 이용된다.

109 UNCTAD/ICC 규칙(1991)상 복합운송서류(MTD)는 유통 가능한 형식 또는 특정 수하인이 지정된 유통 불가능한 형식으로 발행된 복합운송계약을 증명하는 증권이다.

110 요크앤트워프규칙(York – Antwerp Rules)은 해상보험과 관련한 국제협약이다.

111 ICC(A)에서 제3자의 불법행위에 의한 전체 또는 일부의 의도적인 손상 또는 파괴는 면책위험에 해당하지 않는다.

112 ① CPT 규칙에서 매도인은 지정선적항에서 매도인이 지정한 선박에 적재하여 인도한다.
③ DPU 규칙에서 매도인은 물품을 지정목적지에서 도착운송수단에서 물품을 양하하는 데 수반되는 모든 위험과 비용을 부담한다.
④ FOB 규칙에서 매수인이 운송계약을 체결할 의무를 가지고, 매도인은 매수인이 지정한 본선(On Board)에 물품을 인도한다.
⑤ FCA 규칙에서 지정장소가 매도인의 영업구 내라면 물품은 매수인이 준비한 운송수단에 적재될 때 인도된다.

113 ① 특별비용(Particular Charge)은 피보험 목적물의 안전 보존을 위하여 피보험자 또는 대리인에 의하여, 지출된 비용으로 공동해손비용과 구조비 이외의 비용이다.
② 보험자가 아닌 피보험자(또는 그 대리인)가 손해방지행위를 했다면 그 비용은 손해방지비용으로 보상될 수 있다.

③ 특별비용은 피보험목적물에 안전과 보존을 위하여 지출된 경우에만 보험자로부터 보상받을 수 있다.
④ 보험자의 손해를 방지하기 위해 지출한 비용은 손해방지비용이다.

114 중재인은 해당분야 전문가인 민간인으로서 중재인 풀에서 합의에 의해 지정된다.

115 DAP에 대한 설명이다. "목적지인도규칙"(DAP)이란 물품이 지정목적지에서 도착운송수단에 실린 채 양하 준비된 상태로 매수인의 임의처분에 놓이는 때에 매도인이 인도한 것으로 된다. 매도인은 지정목적지까지 물품을 운송하는 데 발생하는 모든 위험을 부담한다.

116 ② 보세창고의 경우 장치기간이 지난 내국물품은 그 기간이 지난 후 10일 내에 그 운영인의 책임으로 반출하여야 한다.
③ 외국물품 또는 외국물품과 내국물품을 원료로 하거나 재료로 하여 수출하는 물품을 제조 · 가공하거나 수리 · 조립 · 검사 · 포장 기타 이와 유사한 작업을 하는 것을 목적으로 한다.
④ 운영인은 보세건설장에서 건설된 시설을 수입신고가 수리되기 전에 가동하여서는 아니 된다.
⑤ 보세판매장에서 판매할 수 있는 물품의 종류, 판매 한도는 기획재정부령으로 정한다

117 Incoterms는 매매물품의 소유권 이전 문제 및 매매계약 위반에 대하여 구할 수 있는 구제수단을 다루지 않는다.

118 여행자가 외국물품인 휴대품을 관세통로에서 소비하거나 사용하는 경우는 관세법상 수입으로 보지 않는 소비 또는 사용에 해당한다.

119 ICD에 선박 적하, 양하, 마샬링 기능은 없다.

120 ①, ② 승낙은 절대적으로 무조건적이어야 하며(Mirror Rule, 완전일치의 원칙) 부분승낙으로는 계약이 성립하지 않고 침묵이나 무행위도 승낙으로 간주하지 않는다.
③ 승낙을 위한 기간이 경과한 승낙은 원칙적으로 계약을 성립시킬 수 없다.
⑤ 승낙기간 중 기간의 말일이 승낙자 영업소 소재지의 공휴일 또는 비영업일에 해당하여 승낙의 통지가 기간의 말일에 청약자에게 도달할 수 없는 경우에는 공휴일 또는 비영업일은 승낙기간계산에 불산입한다.

081	082	083	084	085	086	087	088	089	090
①	⑤	②	③	④	①	④	②	⑤	④
091	092	093	094	095	096	097	098	099	100
②	③	①	③	④	③	①	⑤	⑤	①
101	102	103	104	105	106	107	108	109	110
④	②	③	⑤	②	④	③	⑤	①	④
111	112	113	114	115	116	117	118	119	120
②	③	②	④	⑤	①	③	②	⑤	①

081 정보통신기술의 발전으로 국내외 물류기업들은 국제물류체계를 플랫폼화 및 고도화하고 있는 추세이고 정보의 접근가능성은 더욱 커지고 있다. 따라서 정보의 비대칭성이 강화된다는 표현은 틀린 표현이다.

082 국제물류 물동량 증가에 따라 현실적으로 체선·체화는 **증가**하고 있는 추세이다.

083 ICAO는 시카고조약에 의거하여 국제항공의 안전성 확보와 항공질서 감시를 위한 관리를 목적으로 설립된 UN 산하 항공전문기구로 항공사 대표들이 참석하는 것이 아닌 정부 간 국제협력기구이다.

084 항공여객운송에 비해 수요에 대한 계절적 변동이 거의 없다(운송수요의 탄력성이 **작다**).

085 Montreal Convention(몬트리올 협약)에 대한 설명이다.
① Hague Protocol : 바르샤바 협약의 내용을 일부 수정한 의정서로서 1955년 채택된 Hague Protocol에서는 여객에 대한 운송인의 보상 책임한도액을 인상했다.
② Guadalajara Convention : 이 협약에 의해 계약운송인은 계약운송의 전부에 대해서, 실행운송인은 자신이 실행하는 운송부분에 대해서만 바르샤바협약의 적용을 받게 되었다.
③ Guatemala Protocol : 1965년 7월 국제민간항공기구(ICAO) 총회에서 개정된 바르샤바조약상 운송인의 책임한도액을 재개정할 필요성이 제기된 후 ICAO의 법률위원회에서 초안한 내용을 1971년에 과테말라 외교회의에서 통과시킨 의정서이다.

⑤ Montreal Agreement : 미국이 항공운송 사고 시 운송인의 책임한도액이 너무 적다는 이유로 바르샤바 조약을 탈퇴하였다. 이에 따라 IATA가 미국정부와 직접교섭은 하지 않고 미국을 출발, 도착, 경유하는 항공회사들 간의 회의에서 운송인의 책임한도액을 인상하기로 합의한 협정이다.

086 ㄱ. Actual carrier : 실제운송인형 복합운송인은 자신이 직접 운송수단을 보유하여 운송서비스를 제공하기도 하며 직접 운송수단을 보유하고 있는 선사, 항공사, 철도회사를 의미한다.
ㄴ. NVOCC : 계약운송인형 국제물류주선업자는 운송수단을 직접 보유하지 않으면서 운송의 주체자로서의 역할과 책임을 다하는 운송인을 말한다.

087 단위탑재용기요금이란 항공사가 송화인 또는 대리점에 컨테이너나 파렛트 단위로 판매 시 적용되는 요금으로 중량화물은 BUC의 사용이 가능하다.

088 무과실책임원칙은 과실의 유무를 묻지 않고 운송인이 결과를 책임지는 것이지만, **불가항력 등의 면책을 인정**한다.

089 RIPI(Reverse Interior Point Intermodal)에 대한 설명이다. 이는 한국, 일본 등 극동지역에서 파나마운하를 통과하여 미국 동부지역으로 해상 운송한 후 미국 내륙지점까지 운송하는 복합운송방식이다.
① Micro Land Bridge : 극동지역의 항만에서 북미의 서해안 항만까지 해상운송한 후, 북미대륙의 횡단철도를 이용하여 화물을 인도하는 경로
② Overland Common Point : 극동에서 미주대륙으로 운송되는 화물에 공통운임이 부과되는 지역으로서 로키산맥 동쪽 지역을 말한다.
③ Mini Land Bridge : 극동아시아에서 미국 태평양 연안까지 해상운송하고, 태평양 연안의 항구로부터 미국 동안까지 철도운송하는 방식이다.
④ Canada Land Bridge : 극동 지역에서 캐나다의 밴쿠버나 미국의 시애틀까지 해상 운송을 한 후에, 육상 운송으로 대륙을 횡단하고, 다시 해상 운송으로 유럽의 항구에 이르는 운송 경로이다.

090 복합운송증권은 실질적인 운송인(Actual Carrier)에 의해서만 발행되는 선하증권과는 달리 운송주선인도 발행할 수 있으며, 송화인의 선택에 따라 복합운송증권의 발행 여부를 결정짓지는 않는다.

091 ㄱ. Hague Rules(1924) – 해상운송
ㄴ. Warsaw Convention(1929) – 항공운송
ㄷ. CMR Convention(1956) – 도로운송
ㄹ. CIM Convention(1970) – 철도운송
ㅁ. Hamburg Rules(1978) – 해상운송
ㅂ. Rotterdam Rules(2008) – 해상운송

092 Charter party의 경우 부정기선 해상운송의 특징이다. 정기선운송의 운송계약은 개품운송계약(COA : Contract of Affreightment in a General Ship)이며, 계약체결증거는 선하증권(B/L)이다.

093 선체와 선박에 추진력을 부여하는 것은 기관이다.
※ 용골(Keel)이란 선체를 구성하는 기초로 선체의 최하부의 중심선에 있는 종강력재이다.

094 개품운송계약은 불특정 다수의 화주를 대상으로 하며 선박회사에서 **일방적으로 결정한 정형화된 약관을 화주가 포괄적으로 승인**하는 부합계약 형태를 취한다.

095 ※ 실제 시험에서 문제의 모호성으로 전체정답 처리됨
ㄱ. Shipping Request : 화주가 선사에 제출하는 운송의뢰서로서 운송화물의 명세가 기재되며 이것을 기초로 선적지시서, 선적계획, 선하증권 등을 발행한다.
ㄴ. Booking Note : 선박회사가 해상운송계약에 의한 운송을 인수하고 그 증거로서 선박회사가 발급하는 서류이다.
ㄷ. Shipping Order : 선적지시서는 선사 또는 그 대리점이 화주에게 교부하는 선적승낙서를 의미한다.
ㄹ. Arrival Notice : 도착통지서(A/N : Arrival Notice)는 선사가 화주가 도착화물을 신속히 인수할 수 있도록 해당 선박이 도착하기 전에 화주에게 화물의 도착을 알리는 서류이다.
ㅁ. Delivery Order : 수입상이 선하증권 원본을 제출하면 선사는 화물인도지시시서(D/O : Delivery Order)를 발급한다.
ㅂ. Mate's Receipt : 본선과 송하인 간에 화물의 수도가 이뤄진 사실을 증명하며, 본선에서의 화물점유를 나타내는 우선적 증거이다.
※ 상기 서류들 중 ㄱ, ㄴ, ㄷ, ㅂ의 경우에는 선적절차 진행 시 발생하는 서류이다.

096 Optional surcharge에 대한 설명이다.
① Port congestion surcharge(체선/체화할증료) : 도착항의 항만혼잡으로 신속히 하역할 수 없어 손실이 발생할 경우 이를 보전하기 위해 부과하는 운임이다.
② Transhipment additional surcharge(환적할증료) : 화물이 운송 도중 환적될 때 발생하는 추가비용을 보전하기 위한 할증료이다.
④ Bunker adjustment surcharge(유류할증료) : 유류할증료는 벙커유의 가격변동에 따른 손실을 보전하기 위해 부과하는 운임이다.
⑤ Currency adjustment surcharge(통화할증료) : 급격한 환율변동으로 선사가 입을 수 있는 환차손에 대한 할증료이다.

097 ② 일부용선계약(Partial charter party)은 선복(Ship's space)의 일부를 빌리는 것이다.
③ 항해용선계약(Voyage charter party)은 특정항구에서 특정항구까지 선복(Ship's space)을 빌리는 것이다.
④ 정기용선계약(Time charter party)은 일정기간을 정하여 선복(Ship's space)을 빌리는 것이다.
⑤ 선복용선계약(Lump – Sum Charter)은 항해용선계약의 종류로서 적하량에 관계없이 일정한 선복을 계약하고 운임도 포괄적으로 약정하는 선복운임을 적용한다.

098 Multi – country warehouse system[다국적(행)창고 시스템]에 대한 설명이다.
① Classical system(고전적 시스템) : 수출국 기업에서 해외의 자회사 창고로 상품을 출하한 후, 발주요청이 있을 때 해당 창고에서 최종 고객에게 배송하는 가장 보편적인 시스템이나 보관비용이 많이 든다는 단점이 있다.
② Transit system(통과시스템) : 수입국 자회사 창고는 단지 통과센터로의 기능만 수행하는 유형으로 수출기업으로부터 출하빈도가 높기 때문에 해외자회사 창고에서의 보관비가 상대적으로 절감되는 장점이 있으나, 출하가 빈번하여 시설 사용예약, 하역과 선적 및 통관 비용이 증가하며 혼재수송 가능성이 낮아져 운임의 할인 혜택이 적어진다는 단점도 존재한다.
③ Direct system(직송시스템) : 수출국의 공장 또는 배송센터로부터 해외 자회사의 고객 또는 최종 소비자나 판매점으로 상품을 직송하는 형태이다.
④ JIT(적시생산방식)

099 코로나 팬데믹의 영향으로 전자상거래 비중이 증가하는 추세이다.

100 ㄱ : Long Term Contract Freight(장기운송계약 운임)이란, 화물을 장기적 또는 반복적으로 운송하기 위한 장기운송계약을 체결할 경우의 운임이다.

ㄴ : Lumpsum Freight(선복운임)이란, 화물의 양과 관계없이 항해 또는 선복을 단위로 하여 일괄 부과하는 운임이다.

- Freight All Kinds Rate(무차별운임) : 정기선운송 시 무차별운임은 화물이나 화주, 장소에 따라 차별하지 않고 화물의 중량이나 용적을 기준으로 일률적으로 부과하는 운임이다.
- Pro RataRate Freight(비례운임) : 선박이 항해 중 불가항력 등의 이유로 항해를 계속할 수 없을 때 중도에서 화물을 화주에게 인도하고 선주는 운송한 거리의 비율에 따라 부과하는 운임이다.
- Consecutive Voyage Freight(연속항해운임) : 특정 항로를 반복 · 연속하여 항해하는 경우에 약정한 연속 항해의 전부에 대하여 적용하는 운임이다.
- Dead Freight(공적운임) : 실제 적재량을 계약한 화물량만큼 채우지 못할 경우 사용하지 않은 부분에 대하여 부과하는 운임이다.

101

구분		국제물류	국내물류
ㄱ	운송방법	주로 복합운송이 이용된다.	주로 공로운송이 이용된다.
ㄴ	재고수준	주문시간이 길고, 운송 등의 불확실성으로 재고 수준이 높다.	짧은 리드타임으로 재고 수준이 상대적으로 낮다.
ㄷ	화물위험	장기운송과 환적 등으로 위험이 높다.	단기운송으로 위험이 낮다.
ㄹ	서류작업	각종 무역운송 서류가 필요하여 서류 작업이 복잡하다.	구매주문 서와 송장 정도로 서류 작업이 간단하다.
ㅁ	재무적 위험	환리스크로 인하여 재무적 위험이 높다.	환리스크가 없어 재무적 위험이 낮다.

102 컨테이너의 위쪽이 개방되어 있어 위쪽으로부터 적재 및 하역할 수 있는 컨테이너는 Open top container 이다.

103 CSC(컨테이너안전협약)에 대한 설명이다.

① ITI(국제통과화물 통관협약) : 관세협력이사회가 1971년 신국제도로운송 통관조약 작성과 병행하여 새로 채택한 조약으로 국제도로운송통관조약이 도로주행차량 또는 적재된 컨테이너의 도로운송을 대상으로 하고 있는데 비해, 본 조약은 각종 운송기기에 의한 육해공 모든 운송수단을 대상으로 하고 있다.

② CCC(Customs Convention on Container, 1956) : 컨테이너 자체가 국경을 통과함에 따라 당사국 간의 관세 및 통관방법 등을 협약 · 시행할 필요성이 있어, 1956년 유럽경제위원회에 의해 채택되었다.

④ TIR(Transport International Routiere, 1959) : 1959년 유럽경제위원회가 도로운송차량에 의한 화물의 국제운송을 용이하게 하기 위한 목적으로 채택하였다.

104 CY/CFS는 선적지에서 수출업자가 FCL 화물로 선적하고 목적지의 CFS에서 컨테이너를 개봉하여 화물을 분류한 후 여러 수입업자에게 인도한다.

105 조직 간 표준화된 전자문서로 데이터를 교환하고, 업무를 처리하는 시스템은 EDI에 대한 설명이다.

※ CVO(Commercial Vehicle Operation) : 구차구화시스템

106 항공운송서류에는 서류의 발행일이 표시되어 있어야 하는 것은 맞으나 명칭은 반드시 표시되어야 하는 것은 아니다.

107 신용장통일규칙(UCP 600) 제22조 용선계약 선하증권 어떤 명칭을 사용하든 간에 용선계약에 따른다는 선하증권(용선계약부 선하증권)은 다음과 같이 보여야 한다.

다음의 자에 의해서 서명되어야 한다.

- 선장(ㄱ. master), 선장을 위한 또는 그를 대리하는 기명대리인(ㄴ. agent)
- 선주(ㄷ. owner), 또는 선주를 위한 또는 그를 대리하는 기명대리인(ㄴ. agent)
- 용선자, 또는 용선자를 위한 또는 그를 대리하는 기명대리인

선장, 선주, 용선자 또는 대리인의 서명은 선장, 선주, 용선자 또는 대리인의 서명으로서 특정되어야 한다. 대리인의 서명은 그가 선장, 선주 또는 용선자를 위하여 또는 대리하여 서명한 것인지를 표시하여야 한다. 선주를 위하여 또는 대리하여 또는 용선자를 위하여

또는 대리하여 서명하는 대리인은 선주 또는 용선자의 명칭을 표시하여야 한다.

108 Gantry Crane은 CY가 아닌 Apron에 부설된 레일을 따라 움직이거나 레일 위에서 움직이기 때문에 자유로운 이동은 불가능하다.

109 ㄱ : carrier(운송인), ㄴ : shipper(송화인),
ㄷ : consignee(수화인)에 대한 설명이다.

110 24 – Hour Rule에 대한 설명이다.

111 ICD는 수출입화물의 수송거점일 뿐만 아니라 화주의 일반화물의 유통센터 또는 창고 기능까지 담당하고 있다.

112 CIF 규칙은 최소담보조건, CIP 규칙은 최대담보조건으로 보험에 부보하도록 개정하였다.

113 인코텀즈의 경우 매도인과 매수인의 인도, 비용, 위험만 다루고 있다.

114 ㄱ : DAT, ㄴ : DAP, ㄷ : DPU
※ DAT(2010) → DPU(2020)로 개정

115 보험금액(Insured Amount)이란 피보험자가 실제로 보험에 가입한 금액으로서 손해발생 시 보험자가 부담하는 보상책임의 최고한도액은 보험금액이다. 피보험위험으로 인하여 발생한 손해를 보험자로부터 보상받는 대가로 보험계약자가 보험자에게 지급하는 수수료는 보험료(Premium)이다.

116 보세공장에서 내국물품과 외국물품을 원재료로 하여 만든 물품은 외국물품이다.

117 물적손해는 전손(현실전손, 추정전손)과 분손(단독해손, 공동해손)으로 이루어진다.
③의 경우 물적손해가 아닌 비용손해이다.
① 현실전손
② 단독해손
③ 손해방지비용(비용손해)
④ 공동해손
⑤ 추정전손

118 유리, 합판, 타일 – 면적 – Square foot

119 **수출**신고는 물품의 화주 또는 완제품공급자나 이들을 대리한 관세사 등의 명의로 해야 한다.

120 ※ 실제 시험에서는 전체정답 처리됨
무역분쟁의 해결에 이용되는 ADR(Alternative Dispute Resolution)에는 **알선**, 조정, 중재가 있다.

정답 및 해설

2017년 기출문제

121	122	123	124	125	126	127	128	129	130
②	④	④	③	①	③	③	④	③	②
131	132	133	134	135	136	137	138	139	140
④	②	③	①	⑤	⑤	②	③	⑤	①
141	142	143	144	145	146	147	148	149	150
①	②	①	③	④	④	④	①	③	②
151	152	153	154	155	156	157	158	159	160
②	②	⑤	①	①	⑤	③	⑤	③	⑤

121 운반 활성화 지수를 **최대화**해야 한다.

122 ㄴ. 회전대응보관의 원칙은 입출고 빈도의 정도에 따라 제품의 보관 장소를 결정하는 것으로 입출고 빈도가 **높은** 제품을 출입구에서 가까운 장소에 보관하는 원칙을 말한다.
ㄷ. **통로대면보관**의 원칙에 대한 설명이다. 동일성·유사성의 원칙은 동일 품종은 동일 장소에 보관하고, 유사품은 근처 가까운 장소에 보관해야 한다는 것이다.
ㅁ. **형상특성의 원칙**에 대한 설명이다. 선입선출의 원칙은 먼저 보관한 물품을 먼저 출고하는 것이다(상품형식변경이 잦은 것, 상품수명주기가 짧은 것, 파손·감모가 생기기 쉬운 것).

123 '임시보관거점'이면서 대상 물품이 '원료, 완성품, 폐기물'인 것은 스톡 포인트이다.
① 데포(Depot) : 스톡 포인트와 마찬가지로 '임시보관거점'이나, 목적이 수출 상품을 집화, 분류, 수송하기 위한 내륙 CFS이다.
⑤ CFS(Container Freight Station) : LCL 화물을 모아 FCL 화물로 혼재하는 장소이다.

124 ㄴ. ICD는 내륙에 있으므로 본선 작업과 마샬링(Marshalling) 기능은 수행할 수 없다.

ㅁ. 항만 또는 공항이 아닌 내륙 시설로서 공적 권한(통관 기능)을 가지고 있다.

125 • 제품 C의 물류정보/관리비
= 5,000천원 × 6,000/30,000 = 1,000천원
• 제품 C의 보관 및 재고관리비
= 15,000천원 × 140,000/700,000 = 3,000천원
• 제품 C의 운송비 = 30,000천원 × 2,000/10,000
= 6,000천원
→ 제품 C의 물류비 = 1,000천원 + 3,000천원
+ 6,000천원 = 10,000천원

126 ㄴ. 대량생산과 고객화가 합쳐진 대량고객화는 재고 수준을 최소한으로 하면서 상품회전율을 증가시키는 데 목적이 있는 크로스도킹과 연계하기 어렵다.
ㄹ. 물류센터의 회전율 **증가**, 재고 수준 **감소**, 리드 타임 **감소** 등의 효과가 있다.

127 물류센터 내의 작업 흐름
입차 및 입하 → 격납(보관공간에 밀어넣는 행위) → 보관 및 보충 → 피킹 → 유통가공 → 검수(검품) → 포장 → 방향별 분류 → 상차 및 출하

128 ㄱ. 환경 특성 : 지리적 위치, 입지 제약, 인구 등
ㄹ. 운영 특성 : 입고 방법, 보관 방법, 피킹 방법 등

129 ③은 요인평정법에 대한 설명이다. 톤 – 킬로법은 개별 수요처와 배송센터까지의 거리와 수요처까지의 운송량에 대하여 '운송수량(톤) × 거리(km)'에 의해 평가하고 그 총계가 가장 적은 곳에 배송센터를 설치하는 방법이다.

130 물류 거점 수가 증가하면 배송리드타임은 **감소**한다.

131 • 시간당 180건 → 1분당 3건 처리
• 6,000단위/(2 × 20층 × 3건) = 100단위/2단위
= 50bay

132 C사가 100단위의 완성품을 도매상에게 공급하는데 손실률이 5%이므로 B사가 C사에 공급해야 할 단위수량은 100/(1 − 0.05) = 105.3(약 106개)이다. 따라서 A사가 B사에 공급해야 할 단위수량은 106/(1 − 0.03) = 109.3(약 110개)이다.

133
- 단일작업명령 : 300번 × 40% = 120번
  → 120회 작업 × 2분
- 이중명령작업 : 300번 × 60% = 180번
  → 90회 작업 × 3분
- 기기평균이용률 = $\dfrac{\text{실제가동시간}}{\text{총가용시간}}$

  $= \dfrac{(120\text{회} \times 2\text{분}) \times (90\text{회} \times 3\text{분})}{60\text{분} \times 10\text{대}}$

  $= 85\%$

134 스태커 크레인을 이용하여 입고 시 화자와 출고 시 화자가 같게 하는 보관단위는 파렛트이다.

135 자동창고시스템은 포장, 치수, 중량의 단위화가 필요하므로 다양한 규격화물보다는 표준화된 화물을 취급하는 것이 유리하다.

136 선입선출관리와 크로스도킹은 출고 관련 기능보다는 보관관리 기능에 더욱 적합하며, 수·배송관리의 경우에도 TMS(운송관리시스템)에 더 적합하다고 볼 수 있어 옳지 않은 선지이다.
  ※ WMS의 주요 기능
  - 재고 관련 기능 : 입고관리, 보관관리, 재고관리
  - 주문 관련 기능 : 피킹관리, 주문진척관리
  - 출고 관련 기능 : 출고관리, 수·배송관리
  - 관리 관련 기능 : 인력관리, 물류센터 지표 관리
  - Interface 기능 : 무선통신, 자동인식, 자동화설비 제어

137 자동컨베이어 DPS의 초기 설치비가 가장 많이 소요된다.

138 가격 차이가 없는 품목의 경우 **분산구매**가 유리하다.

139 JIT는 실제 주문(실제 수요)에 근거하여 생산량을 정하는 Pull 방식이 효과적이다.

140 ※ 순소요량 = 총소요량 − 가용재고 − 입고예정량
  - A의 경우 X = 3A, Y = 2A로 구성되어 있다.
  - 부품 X = (50 × 3) − 45 = 105개(순소요량)
  - 부품 Y = (50 × 2) − 50 − 15 = 35개(순소요량)

141 시계열의 구성요소
  - 주기(C) : 수요가 장기간에 걸쳐 점차적으로 증가 또는 감소함을 나타낸다.
  - 계절(S) : 수요가 시즌에 따라 급격한 증가와 감소를 나타낸다.
  - 추세(T) : 수요가 증가 또는 감소하는 경향을 나타낸다.
  - 우연변동(I) : 수요가 우연한 요인에 의해 발생되어 예측 및 통제가 불가능하다.

142
- 경제적 주문량(EOQ)

  $= \sqrt{\dfrac{2 \times 1\text{회 주문비용} \times \text{연간수요량}}{\text{연간 단위당 재고유지비}}}$

  $= \sqrt{\dfrac{2 \times 50\text{만원} \times 10,000}{100\text{만원} \times 0.25}}$

  $= 200\text{대}$

- 연간 적정 주문 횟수 $= \dfrac{10,000}{200} = 50\text{회}$

143
- 이동평균법 $= \dfrac{(40 + 43 + 42)}{3} = 41.7$
- 가중이동평균법 $= (40 \times 0.2) + (43 \times 0.3) + (42 \times 0.5)$

  $= 41.9$
- 지수평활법 = 전월예측치 + α(실제치 − 전월예측치) = 45 + 0.8(42 − 45) = 42.6

144 재고유지비용은 재고를 유지하는 데 투입되는 비용으로 자본비용(자본 기회비용), 저장비용(광열냉동비), 진부화비용, 도난 및 파손에 의한 손실비용, 보험료 등이 해당된다. 품절비용과 주문비용은 재고유지비용보다는 창고운영비용에 적합하다.

145
- 재주문점(ROP) = 조달기간 동안의 평균수요 + 안전재고
- 조달기간 동안의 평균수요 = 평균수요 × 조달기간

  = (12,000개/200일) × 4 = 240개

  → 재주문점 = 240 + 135 = 375개

146

상태	활성지수
바닥에 낱개의 상태로 놓여 있을 때	0
상자 속에 들어 있을 때	1
파렛트나 스키드 위에 놓여 있을 때	2
대차 위에 놓여 있을 때	3
컨베이어 위에 놓여 있을 때	4

147 물건을 깔거나 끼우는 작업은 더니징(Dunnaging)이다.

① 배닝(Vanning) : 컨테이너에 물품을 실어 넣는 작업이다.

② 래싱(Lashing) : 화물이 움직이지 않도록 줄로 묶는 작업이다.

③ 디배닝(Devanning) : 컨테이너에 물품을 내리는 작업이다.

⑤ 스태킹(Stacking) : 물품을 쌓아 올리는 작업이다.

148 ①은 보관장소에 따른 분류가 아닌 화물형태에 의한 분류이다.

149 반드시 포장되어야만 운반되는 것은 아니다. 미포장 물품도 운반 가능하다.

150 ㄱ. '스프레더'와 '붐'이 결합되어 있는 장비는 리치스태커이다.

ㄴ. 안벽을 따라 설치된 레일 위를 주행하면서 컨테이너를 하역하는 장비는 컨테이너 크레인이다.

151 ① 적재 공간을 지게차 통로로 활용해야 하는 랙은 드라이브 랙이다. 이 중 선입후출해야 하는 단점이 있는 랙은 **드라이브인 랙**(Drive – in Rack)이다(선입선출이 가능한 경우 드라이브 – 스루랙이다).

③ 회전 랙(Carousel Rack)에 대한 설명이다.

④ 암(Arm) 랙(외팔지주랙)에 대한 설명이다.

⑤ 적층 랙(Mezzanine Rack)에 대한 설명이다.

152 설비나 인프라를 위해 대규모 자본투자가 **필요**하고, 유닛로드시스템을 운영하기 위한 유닛로드용의 자재(파렛트, 컨테이너 등)를 관리하기가 쉽지 않다.

153 • T11(1,100mm × 1,100mm)에서 핀휠(pinwheel) 적재 시에는 4개, 블록(Block) 적재 시 6개 적재 가능하다.

• 적재방법 변경 시 바닥면적 적재율은 4 → 6, 즉 50% 증가한다.

※ 핀휠적재와 블록적재

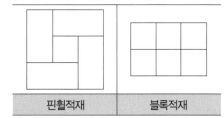

핀휠적재	블록적재

154 파렛트 풀 시스템의 운영방식은 즉시교환방식, 렌탈방식, 교환리스병용, 대차결제 방식이 있다. TOFC, COFC 방식은 철도 하역방법에 관한 내용이다.

155 ㄱ. '소형 벨트컨베이어를 레일과 교차(Cross)하는 방향에서 구동시켜 분류하는 방식'으로 크로스벨트 방식임을 알 수 있다.

ㄴ. '슬라이드가 기울어지는(틸팅) 방식'으로 틸팅 방식임을 알 수 있다.

ㄷ. '분기장치가 튀어나와 분류하는 방식'으로 팝업 방식임을 알 수 있다.

ㄹ. '안내판을 회전시켜'라는 표현으로 다이버터 방식임을 알 수 있다.

156 일관파렛트화를 운영하는 경우 물류효율화를 위해 적정화물량을 유지해야 하므로 오히려 과잉생산을 유발시킬 수 있다.

157 TSG(Twenty – foot Ground Slot, 장치장소요면적)

$$TSG = \frac{연간수요(물동량) \times 피크계수 \times 분리계수 \times 평균장치일수}{평균장치단수 \times 연간영업일수}$$

$$= \frac{100,000 \times 1.5 \times 1.5 \times 10}{4단 \times 365일} = 1,541$$

158 로딩 암은 컨테이너 터미널 하역기기가 아니라 대량의 액체 및 기체제품을 운반선(Bulk 선박)에 선적 또는 하역할 때 사용하는 굴절형 팔 형태의 항만하역장비이다(항만법 시행령 별표4).

159 ㄱ. 식품원료의 생리적 대사과정을 지연시키고 취급과정 중 미생물에 의한 오염을 줄이는 포장기법은 **가스치환포장**이다. 방수방습포장은 습도에 민감한 화물에 적용하는 포장으로 습기가 상품에 스며들지 않도록 방지하는 포장기법으로 실리카겔 등으로 습기를 방지한다.

ㄴ. 내용물의 활성화를 정지시키기 위하여 내부를 진공으로 밀봉하는 포장기법은 **진공포장**이다.

160 '주물'과 관련된 화인방법은 카빙(Carving)에 대한 설명이다.

2018년 기출문제									
121	122	123	124	125	126	127	128	129	130
④	⑤	③	①	②	⑤	②	②	②	②
131	132	133	134	135	136	137	138	139	140
①	④	③	②	⑤	①	①	④	②	③
141	142	143	144	145	146	147	148	149	150
⑤	③	④	④	①	③	③	③	⑤	⑤
151	152	153	154	155	156	157	158	159	160
②	①	⑤	⑤	⑤	④	②	③	④	①

121 ㄹ. 형상특성의 원칙 : 제품의 형상에 따라 보관방법을 변경하여 형상특성에 부응하여 보관하는 원칙이다.
ㅁ. 중량특성의 원칙 : 제품의 중량에 따라 보관장소나 높낮이를 결정해야 한다는 원칙이다.

122 장소적 효용을 창출시키는 기능은 운송의 기능이다. 보관의 기능은 주로 시간적 효용과 관련이 있다.

123 '통관'을 수행하며, '복수의 운송수단 간 연계'를 할 수 있는 곳은 복합물류터미널이다.

124 트랜스포터(Transporter)는 항공화물의 하역장비이다. 항공운송에서 하역작업이 완료된 파렛트를 터미널에서 항공기까지 이동시키는 데 사용하는 장비이다.

125 ICD는 항만에서만 이루어질 수 있는 본선작업과 마샬링기능은 수행할 수 없다.

126 ㄱ. BTO(Build Transfer Operate)는 수익형 민간투자사업방식을 의미하며 건설(Build) → 이전(Transfer) → 운영(Operate) 방식으로 진행된다. 민간 사업자가 직접 시설을 건설해 정부, 지방자치단체 등에 기부채납하는 대신 일정 기간 사업을 위탁경영해 투자금을 회수하는 방식으로 민간자본은 일정기간 사회기반시설의 운영권을 갖고, 소유권은 정부나 지자체가 갖는 것이다. 해당 문제에서는 '건설 후'(Build), '소유권을 먼저 국가 등에 이전'(Transfer), '운영한 수익'(Operate)의 표현을 통해 BTO임을 알 수 있다.
ㄴ. BTL(Build Transfer Lease)은 임대형 민간투자사업방식을 의미하며 사회기반시설의 준공(Build)과 동시에 당해 시설의 소유권은 국가 또는 지방

자치단체에 이전(Transfer)되지만 사업시행자에게 시설사용권을 인정하여 국가 또는 지방자치단체 등이 협약에서 정한 기간 동안 다시 임차(Lease)하여 사용, 수익하는 방식이다. 해당 문제에서는 '건설 후'(Build), '소유권을 먼저 국가 등에 이전'(Transfer), 임대료를 받아'(Lease)의 표현을 통해 BTL임을 알 수 있다.

※ BOT(Build – Operate – Transfer)는 사업자가 자금을 조달하고 건설한 후 일정 기간 운영까지 맡는 수주 방식을 말한다. 초기 투자가 필요하지만 직접 사업을 기획하기 때문에 수익성이 높고 오랜 기간 고정적으로 수입을 올릴 수 있다.

※ 민자유치방식

BOO	BOT	BTO	BLT	BTL
Build (민간 건설)	Build (민간 건설)	Build (민간 건설)	Build (민간 건설)	Build (민간 건설)
Own (민간 소유)	Operate (민간 운영)	Transfer (소유권 이전)	Lease (정부 운영)	Transfer (소유권 이전)
Operate (민간 운영)	Transfer (소유권 이전)	Operate (민간 운영)	Transfer (소유권 이전)	Lease (정부 운영)

127 보세장치장은 **관세법**에 근거한다.

128
$$X = \frac{(35 \times 6) + (15 \times 3) + (20 \times 2) + (70 \times 4)}{35 + 15 + 20 + 70}$$
$$= \frac{575}{140} = 4.1(4)$$

$$Y = \frac{(35 \times 4) + (15 \times 5) + (20 \times 3) + (70 \times 6)}{35 + 15 + 20 + 70}$$
$$= \frac{695}{140} = 4.9(5)$$

129 적재하중 기준 랙의 구분
- 중량급 랙 : 한 선반당 적재하중이 500kg을 초과하는 랙을 의미한다.
- 중간급 랙 : 한 선반당 적재하중이 500kg 이하인 랙을 의미한다.
- 경량급 랙 : 한 선반당 적재하중이 150kg 이하인 랙을 의미한다.

130

구분		A	B	C
고정비	연간 자본비	5,000,000원	4,800,000원	4,900,000원
	연간 연료비	250,000원	270,000원	300,000원
	연간 용수비	50,000원	60,000원	55,000원
	연간 세금	250,000원	400,000원	400,000원
	소계	5,550,000원	5,530,000원	5,655,000원
변동비	단위당 하역비	520,000원	500,000원	500,000원
	단위당 재고비	850,000원	900,000원	800,000원
	단위당 운송비	420,000원	350,000원	400,000원
	소계	1,790,000원	1,750,000원	1,700,000원

- A의 비용산식 = 5,550,000원 + (1,790,000원 × 물동량)
- B의 비용산식 = 5,530,000원 + (1,750,000원 × 물동량)
- C의 비용산식 = 5,655,000원 + (1,700,000원 × 물동량)

※ 상기 비용산식에 물동량에 1만톤, 2만톤, 3만톤 등 주어진 수치를 대입하여 연산한 후 비교한다.

131 문제상 그림유형(제4유형)은 대량재고 및 대량출고에 해당한다. 재고 종류가 많아질 때, 피킹 순회거리를 짧게 하기 위해 동일 품목을 폭은 좁게, 깊이는 깊게 적치하는 유형으로 빼내기가 어려워지는 것을 고려하여 플로우 랙을 사용할 수 있다.

132 각각의 공장에서 제품을 소비지까지 개별 수송하는 것이 아닌 개별 공장에서 배송센터로 이동한 후 배송센터에서 한데 모아 배송한다.

133 회전 랙은 경량의 다품종 소량 상품을 보관하는 데 적합하다.

134 ㄷ. MRP의 제1단계는 순소요량 결정이다. MRP는 제품생산수량 및 생산일정을 입력하여 원자재, 부분품 등의 자재조달계획을 세우고 효율적인 재고관리를 도모하는 시스템으로 직장 개선풍토를 위한 5S와는 관련이 없다.

ㄹ. 로트 크기를 최소화하고 소량의 재고만을 유지하는 것은 JIT의 특징이다.

135 ※ $EOQ = \sqrt{\dfrac{2 \times 1회 \, 주문비용 \times 연간수요량}{연간단위당 \, 재고유지비}}$

• 증감 전 $EOQ = \sqrt{\dfrac{2 \times 100 \times 3,000}{50}}$

$= \sqrt{12,000} = 109.5$

• 증감 후 EOQ

$= \sqrt{\dfrac{2 \times 100 \times (3,000 + 3,000 \times 1.7)}{50 - (50 \times 0.1)}}$

$= \sqrt{\dfrac{1,620,000}{45}} = \sqrt{36,000} = 189.7$

즉, 80.2(= 189.7 − 109.5)만큼 EOQ가 증가하였으므로, $\dfrac{80.2}{109.5} \times 100 = 73.2 (= 73\%)$ 증가하였다.

136 파렛트 크로스 도킹은 창고의 보관기능보다는 흐름기능을 중시하는 것으로 적재된 파렛트별로 입고되어 사전에 분류된 소매점포로 바로 배송되는 형태를 가지고 있다. 주로 물동량이 많고 꾸준히 있어야 적합한 방식이다(처리량이 적으면 크로스 도킹이 불필요하다).

137 유통창고는 다 만들어진 제품을 시장(소비지)에 배급하기 위한 저장창고이므로 완제품(최종재)이 주요 대상 화물이다. 원자재와 중간재가 주요 대상 화물이 되는 창고는 물류창고이다.

138 해당 회귀식($y = 0.9886x - 0.8295$)의 x에 6.3천 명을 대입하면, 답은 5.4이다(즉, 독립 변수를 집어넣은 값을 묻는 문제이다).

139 [풀이 방법 1]
배수계열치수(PVS)에 따르면 20ft 컨테이너 한 대에 T−11형 10장을 적재할 수 있고 40ft 컨테이너 한 대에 T−11 20장을 적재할 수 있다.

[풀이 방법 2]
• 20ft 컨테이너 길이는 5,896mm, 너비는 2,348mm 이므로 길이상으로 5매, 너비상으로 2매 즉, 5매 ×2매 = 10매 적재 가능
• 40ft 컨테이너 길이는 12,034mm, 너비는 2,348 mm이므로 길이상으로 10매, 너비상으로 2매, 즉, 10매×2매 = 20매 적재 가능
• 10매 + 20매 = 30매

140 공공창고는 국가 및 지방자치단체가 공익을 목적으로 건설한 창고이다. 리스창고는 기업이 보관공간을 리스하는 것으로 영업창고의 단기적 임대와 자가창고의 장기적 계약 사이의 중간적인 형태의 창고이다.

141 정성적 방법은 일반적으로 데이터가 존재하지 않거나 데이터에 대한 계량화가 어려울 때 소비자 선호도 또는 전문가의견을 바탕으로 미래수요를 예측하는 기법이다. ㄱ, ㄴ, ㅂ 은 정량적 수요예측기법이다.

142 n = 4는 4기간을 이용하라는 의미이다.
※ (156.6 + 154.0 + 152.1 + 158.6)/4 = 621.3/4 = 155.325

143 평활상수(a) 0.2인 지수평활법이 46.16으로 2018년 실적치 49.0에 가장 근접한 예측치를 제시하였다.
① 4년간 이동평균법 = (46.9 + 45.5 + 45.2 + 44.4)/4 = 45.5
② 5년간 이동평균법 = (43.1 + 46.9 + 45.5 + 45.2 + 44.4)/5 = 45.02
③ 3년간 가중이동평균법 = (0.1 × 45.5) + (0.3 × 45.2) + (0.6 × 44.4) = 44.75
④ 평활상수(a) 0.2인 지수평활법 = 46.6 + 0.2(44.4 − 46.6) = 46.16
⑤ 평활상수(a) 0.4인 지수평활법 = 46.6 + 0.4(44.4 − 46.6) = 45.72

144 ㄱ. JIT 시스템은 수요가 있을 때 필요한 기능을 할 수 있으려면 한 작업자가 다중기능공이 되게끔 해야 한다.
ㅁ. JIT 시스템은 효과적으로 수요에 근거하여 조달하고 생산하는 Pull 시스템을 구현한다.

145 지수평활법에 대한 설명이다. 지수평활법은 정량적 예측기법으로 **가장 최근 데이터에 가장 큰 가중치가 주어지고** 시간이 지남에 따라 가중치가 기하학적으로 감소되는 가중치 이동 평균 예측 기법의 하나이다.

146 ㄱ. 최소취급의 원칙 : **취급을 최소화**하는 것이지 최급 '화물'을 최소화하는 것과는 관련이 없다.
ㄹ. 활성화의 원칙 : 운반활성지수를 **최대화**하는 원칙으로 지표와 접점이 작을수록 활성지수는 **높아진다.**
ㅁ. 취급균형의 원칙 : 하역작업의 공정능력을 파악하여 작업흐름을 **평준화**하는 것으로 전 과정에 작업량을 균등하게 배분해야 한다는 의미이다.

147 Lift on – Lift off(LO – LO 방식)은 적양하작업 시 기중기 또는 데릭으로 하역작업을 하는 방식이다. 슬랫 크레인은 없는 크레인이다.

148 범용성과 융통성의 지양 → 범용성과 융통성의 지향

149 항공컨테이너와 해상컨테이너는 서로 모양이 상이해 호환 탑재가 **불가능**하다.

150 제조와 품질검사는 하역(물류영역)이 아닌 생산/운영의 영역이다.

151 ㄴ. **더니징(Dunnaging)**은 운송수단에 실린 화물의 손상 방지를 위해 화물 밑이나 틈에 완충재를 끼우는 작업을 말한다.
　　ㄹ. **래싱(Lashing)**은 운송수단에 실린 화물이 움직이지 않도록 줄로 묶는 작업을 말한다. 베닝(Vanning)은 컨테이너에 물품을 실어 넣는 작업이다.

152 일관운송이 증가함에 따라 단위적재시스템 또한 그 중요성이 증가하고 있다.

153 미국(1219×1016), 유럽(1200×800)의 표준 파렛트형은 T – 11형(1,100×1,100)이 아니다.

154 드라이브 인 랙(Drive – in Rack)은 한쪽 면이 벽인 랙으로 선입선출이 어려운 랙이다. **소품종 대량화물**에 적절하며, 회전율이 높은 제품보다는 **계절성이 있는 화물**(성수기 시까지 단순보관)의 보관에 적합한 방식이다.

155 플로우 컨베이어(흐름 컨베이어)의 대상은 **분립체**이다. 따라서 파이프 속 공기를 이용하여 화물을 운반할 수는 있으나 물의 흐름을 이용하여 화물을 운반할 수는 없다.

156 상업포장의 목적은 판매 촉진이고 공업포장은 상품 파손 방지와 비용 절감이다.

157 물품을 가로 · 세로로 조합해 쌓으며, 다음 단에서는 방향을 180° 바꾸어 교대로 겹쳐 쌓는 방법은 벽돌형 적재이다.
　① 블록(Block)형 적재 : 물건을 홀수층과 짝수층 모두 같은 방향으로 적재하는 패턴이다.
　③ 핀휠(Pinwheel) 적재 : **파렛트 중간에 구멍이 뚫려 있는 형태**로 이 공간을 감싸듯 풍차형으로 화물을 적재하는 패턴이다. 홀수층과 짝수층의 방향을 바꾸어 적재한다.
　④ 스프리트(Split) 적재 : 벽돌 적재를 할 때 화물과 파렛트의 치수가 일치하지 않는 경우 물건 사이에 일부 공간을 만드는 패턴이다.
　⑤ 교호(Alternative)열 적재 : 한 단에는 블록형 적재와 같은 모양과 방향으로 물건을 나열하고, 다음 단에는 90° 방향을 바꾸어 홀수층과 짝수층을 교차적으로 적재하는 것이다.

158 분할계열치수는 PVS가 아닌 실제물동량의 평면 치수인 NULS(Net Unit Load Size : (1,100×1,100 mm)를 기준으로 한 방법이며, 배수계열치수가 PVS (Plan View Size : 1,140×1,140mm)를 기준으로 한 치수를 의미한다.

159 화물무게중심의 위치를 표시한다.

160 파렛트 풀 시스템은 회송의 불편함을 극복하기 위해 도입된 것으로 파렛트의 장거리 회송이 불필요하여 회수운반비 절감이 가능하다.

2019년 기출문제									
121	122	123	124	125	126	127	128	129	130
⑤	⑤	②	④	①	④	②	①	③	④
131	132	133	134	135	136	137	138	139	140
②	④	③	③	④	③	⑤	②	①	④
141	142	143	144	145	146	147	148	149	150
①	④	③	①	①	⑤	①	④	③	⑤
151	152	153	154	155	156	157	158	159	160
⑤	④	②	④	③	②	④	②	③	⑤

121 ㄷ. **동일성 및 유사성의 원칙**은 창고 내의 원활한 화물의 흐름과 활성화를 위해 동일한 종류의 물품을 동일한 장소에 보관하는 원칙이다. 통로대면의 원칙은 물품의 입, 출고를 용이하게 하고 효율적으로 보관하기 위해서 통로 면에 보관하는 것이다.

ㄹ. **명료성의 원칙**은 시각적으로 보관물품을 용이하게 식별할 수 있도록 보관하는 원칙이다. 네트워크 보관의 원칙은 관련 품목을 한 장소에 모아서 보관하고 출고 시 연대출고하는 것이다.

ㅁ. **회전대응의 원칙**은 수요가 많은 제품을 먼저 출고한다는 원칙이다. 선입선출의 원칙은 먼저 보관한 물품을 먼저 출고하는 것이다.

122 물류관리는 기본적으로 비용과 고객서비스를 고려한다. 포장에 대해서는 비용도 당연히 중요한 고려 사항이다.

123 물류센터의 규모는 서비스 수준을 결정하고 목표 재고량을 결정한다.
※ 물류센터 규모 설정 : 서비스 수준 결정 → 제품별 재고량 결정 → 보관량 및 보관용적의 산정 → 하역장업 방식과 설비 결정 → 총면적 산출

124 물류센터 수가 증가하면(물류거점이 늘어나면) 배송기지가 많아지는 것이므로 수송 횟수는 늘어나나 배송 횟수는 감소하여 배송비가 **감소**한다.

125 'LCL', '혼재화물'이라는 표현으로 CFS(화물조작장)에 대한 설명임을 알 수 있다. CFS에서는 LCL 화물을 FCL 화물로 만드는 작업을 한다.

126 혼재를 하여 혼합배송이 가능하여 차량의 **영차율**이 증가하고 물류비를 절감시키는 효과가 있다.

127 이중 양면 골판지에 대한 설명이다. 이중 양면 골판지는 양면 골판지에 단면 골판지를 덧붙인 것으로, 주로 상하기 쉬운 물품 또는 중량품에 사용되는 골판지이다.
① 편면 골판지 : 파형으로 골을 낸 골심지에 한쪽에만 라이너를 붙인 것으로, 주로 내장용으로 사용된다.
③ 양면 골판지 : 파형으로 골을 낸 골심지의 양쪽에 라이너를 붙인 것으로, 골판지 상자용으로 가장 많이 사용된다.
④ 삼중 골판지 : 이중 양면 골판지에 단면 골판지를 덧붙인 것으로 초중량물 수송용에 사용된다.

128 • 카빙(엠보싱) : 직접 내용상품에 쇠로 된 인각을 찍거나 주물의 경우 주물을 주입할 때 미리 화인을 해두어 제품 완성 시 화인이 나타나도록 하는 방법이다.
• 스티커 : 못으로 박는 등의 방법에 의해 고정시키는 것을 말한다.

129 각각의 (x, y) 값을 주어진 식에 대입한다.
① $(x, y) = (6.0, 4.0) = 149$
② $(x, y) = (6.2, 3.6) = 145.6$
③ $(x, y) = (7.0, 2.0) = 140$
④ $(x, y) = (7.0, 5.0) = 143$
⑤ $(x, y) = (7.8, 3.7) = 143.3$
이동거리를 최소화시키는 최적의 위치는 ③이다.

130 물류센터 내부 레이아웃은 설립을 위한 입지결정 **이후에 고려해야 할 사항**이다.

131 ㄷ. 공동순회납품 : 부품업체들이 **교대로 여러 부품업체들을 순회(공동순회납품)**하여 모기업에 부품을 공동납품함으로써 모기업의 납품주기 단축에 대응하는 방식
ㄱ. 서열 공급 : 모기업에서 혼류생산되는 제품들의 생산순서에 맞도록[서열(Sequence) 공급] 부품업체가 해당 부품을 순서대로 대차에 담아 공급하는 방식
ㄴ. Set 공급 : 부품업체와 모기업 사이에 물류센터(창고)를 설치하여 제품 1대 생산에 필요한 모든 부품들을 사전에 **별도 용기에 담아서[Set(혹은 Kit) 공급]** 모기업 생산현장에 공급하는 방식

132 유닛로드의 종류와 크기를 결정하기 위해서는 적재화물의 형태, 무게, 적재 형태, 유닛로드의 운송수단, 하역장비의 종류와 특성 등을 고려해야 한다. 창고 조명의 밝기는 안전과 관련되는 요인이다.

133 $\dfrac{1,100 \times 1,100}{200 \times 300} = \dfrac{1,210,000}{60,000} = 20.16$

적재 높이가 실질적으로 17cm 이하로 유지해야 하는 제한이 있으므로 1단 적재해야 한다. 즉, 최대 20개의 종이박스를 적재할 수 있다.

134 ③의 경우 도착시간 간격이 평균 6분, 표준편차가 0.1분인 확률분포를 따를 때, 도크의 수 30개를 공식에 대입해 보면 240[Z = (30 − 6)/0.1]이 된다. 즉, 도크 수가 30개보다 작으면 1일 평균 240대보다 더 작은 대수가 들어와야 하는 것이므로 30개보다 작으면 안 된다.

135 파렛트 즉시교환방식은 화차에 화물이 적재된 파렛트를 선적하면 즉시 선적된 수량만큼 동일한 형태 및 크기의 파렛트를 돌려주는 것은 맞으나, 동일한 품질을 갖는 파렛트를 돌려받는 것은 어렵다(동일 품질은 보장받을 수 없다).

136 ㄴ. 일관파렛트화는 파렛트의 규격이 통일되고 표준화가 선행되어야 원활하게 적용될 수 있다.

137 가까운 위치부터 적재하는 근거리 우선보관방식은 **임의위치보관방식**의 대표적 유형이다.

138 지수평활법
- 차기예측치 = 당기 판매예측치 + a(당기 판매실적치 − 당기 판매예측치)
- 2019년 예측치 = 250 + 0.4(200 − 250)
  = 250 − 20 = 230
- 2020년 예측치 = 230 + 0.4(300 − 230)
  = 230 + 28 = 258

139 물품 보관셀에 표시기(display)를 설치하고 피킹작업자가 방문하여 표시량만큼을 피킹하는 것은 DPS(Digital Picking System)에 대한 설명이다.

140 선반을 **다층식**으로 겹쳐 쌓고, 현재 사용하고 있는 높이에서 천장까지의 사이를 이용하는 보관 설비로서 보관효율과 공간활용도가 높은 것은 **적층 랙(Mezzanine Rack)**이다. 드라이브 인 랙(Drive − in Rack)은 파렛트에 적재된 물품의 보관에 이용되고 한쪽에 출입구를 두며 지게차를 이용하여 실어 나르는 데 사용하는 랙으로, 로드빔을 제거하여 지게차가 랙 안으로 진입할 수 있도록 하여 지게차 통로면적이 절감되며 보관효율이 높다.

141 소품종 대량생산 품목보다 **다품종 소량생산 품목**의 창고관리에 더 효과적이다.

142 한 건의 주문마다 물품을 피킹해서 모으는 방식은 싱글 오더 피킹 방식이다. 일괄 오더 피킹 방식은 여러 건의 주문전표를 한데 모아 한꺼번에 피킹하는 방식이다.

143
- 좌표상의 차이가 이동거리를 의미한다.
- 지점 A(60, 15)에서 지점 B(20, 25)까지 수평으로 60 − 20 = 40(m), 수직으로 25 − 15 = 10(m) 이동하였다.
- 수평으로 40m/2 = 20초, 수직으로 10m/1 = 10초가 소요된다.
- 스태커크레인은 수직과 수평 방향으로 동시에 이동 가능하므로 더 오래 걸리는 20초가 소요된다(즉, 수직 이동이 먼저 끝나도 수평 이동을 지속한다).

144 생산과 소비의 거리 조정을 통해 거리적 효용을 창출하는 것은 **운송의 기능**에 해당한다.

145 '재고'를 '그룹별로 구분'한다는 표현으로 보아 ABC분석에 대한 설명임을 알 수 있다. ABC분석은 관리해야 할 대상을 A그룹(소수대형매출상품), B그룹(중간상품), C그룹(다수소형매출상품)으로 나눈 후 A그룹을 중점 관리대상으로 선정하여 집중 관리함으로써 관리효과를 높이려는 분석방법이다.

146 ⑤는 유통 측면에서의 재고관리 기능이다.

147 MRP(Material Requirement Planning, 자재소요량 계획)는 완제품 생산계획의 실현을 위해 자재소요량을 산정해 주는 자재관리기법이다. 재주문점은 재고관리기법에서 관리하는 방식이다.

148 필요용기수량 = $\dfrac{\text{부품소요량} \times \text{순회시간} \times \text{안전계수}}{\text{용기당 부품보관수량}}$

$\rightarrow \dfrac{300개 \times 0.7 \times 1.2}{10개} = 25.2개(26개)$

149 ※ 안전재고 = 안전계수 × 수요의 표준편차 $\times \sqrt{조달기간}$

안전계수는 같고 표준편차는 8에서 4로 0.5배로 변동되었다. 그리고 $\sqrt{조달기간}$ 은 $\sqrt{4} = 2$에서 $\sqrt{9} = 3$으로 1.5배로 변동되었다. 따라서 $0.5 \times 1.5 = 0.75$, 즉 이전의 0.75 수준으로 변동되었다. → 기존 대비 25% 감소한다.

150 재고 유지에 소요되는 비용은 평균재고량에 **비례**한다 (단위당 재고유지비용은 고정).

151 JIT에 가격을 통제하는 기능은 없다(부수적인 이유로 가격이 안정화가 될 수는 있으나 JIT 도입 목표 및 직접적인 효과는 아니다).
　※ JIT의 목표
　　• 리드타임 단축과 수요 변화에 대한 신속한 대응
　　• 자재취급노력의 경감
　　• 불량품의 최소화(수준 높은 품질기준 적용)와 품질 향상

152 • 순소요량 × (1 − 불량률 0.2) = 필요량 12개 → 순소요량 = 12/0.8 = 15
　• 순소요량은 15개지만 주문 Lot Size가 10개 단위이므로 20개를 계획오더량으로 산정하게 된다.

153 • $EOQ = \sqrt{\dfrac{2 \times D \times S}{H}}$
　　　$= \sqrt{\dfrac{2 \times 2,000 \times 2,000}{200}} = 200$
　• 연간주문횟수 $= \dfrac{연간수요}{EOQ}$
　　　　　$= 2,000단위/200$
　　　　　$= 10회$
　• 연간 최적 주문주기는 365/10 = 36.5(일)/회이다.

154 ① 광학식 인도방식(Optical Guidance Method)에 대한 설명이다.
② 자기 인도방식(Magnetic Guidance Method)에 대한 설명이다
③ 자기 코딩방식(Magnetic Coding Method)에 대한 설명이다.
⑤ 전자기계 코딩방식(Electro Mechanical Coding Method)에 대한 설명이다.

155 인력작업을 기계화로 대체하는 것은 기계화의 원칙에 대한 설명이다. 중력이용의 원칙은 위에서 아래로 움직이도록 하는 것이 경제적이라는 원칙이다.

156 Discharging(양륙, 양하)에 대한 설명이다.
③ 컨테이너에 물건을 내리는 것이다.
④ 운송기기에 실린 화물을 움직이지 않도록 줄로 묶는 작업이다.

157 야드 트랙터는 CY 내에서 트레일러를 이동하는 데 쓰이는 견인차량으로 **일반 도로에서는 운행할 수 없다**. 일반 도로에서 운행 가능한 차량은 로드트랙터이다.

158 '그래브', '트랙호퍼'를 이용하여 상차 및 반출되는 화물은 석탄 및 광석이다.

159 트랜스퍼 크레인은 마샬링 야드에서 사용되는 장비로 항만하역기기 중 컨테이너 하역설비에 해당한다.

160 하이 리프트 로더는 **항공화물** 하역에 사용된다.

2020년 기출문제

121	122	123	124	125	126	127	128	129	130
②	③	④	②	④	①	①	④	①	②
131	132	133	134	135	136	137	138	139	140
④	②	①	⑤	②	②	③	④	④	④
141	142	143	144	145	146	147	148	149	150
⑤	③	③	⑤	①	⑤	④	①	①	④
151	152	153	154	155	156	157	158	159	160
①	③	②	④	③	①	③	④	③	②

121 제품의 거리적, 장소적 효용을 높이는 기능은 운송의 기능이다.

122 ㄷ. **동일성 및 유사성의 원칙** : 동일 품목은 동일 장소에, 유사품은 인접장소에 보관한다.
ㄹ. **위치표시의 원칙** : 작업의 효율성을 위하여 보관물품의 장소와 선반번호 등 위치를 표시하여 보관한다.

123 하역은 항만, 공항, 철도역 등 다양한 장소에서 수행되고 있으며 운송과 보관을 연결하는 **기능을 갖고 있다.**

124 ㄱ. **최소** 취급의 원칙
ㄹ. 이동거리 및 시간의 **최소화** 원칙

125 '쌓는 작업'은 스태킹(Stacking)이다.

126 하역 분야는 물류활동 중에서 가장 기계화 수준이 낮으며, 인력의존도가 **높은** 분야이므로 하역기계화가 필요하다.

127 살화물 탑재방식은 개별화물을 항공전용 컨테이너에 넣은 후 High Lift Loader를 이용하여 탑재하는 방식이다. 언로더는 항구에서 사용하는 기중기를 의미한다.

128 **천정크레인**은 천정에 설치된 에이치빔(H‒beam)의 밑 플랜지에 전동 체인블록 등을 매단 구조이며, 소규모 하역작업에 널리 이용되고 있다. 언로더는 항구에서 사용하는 기중기이다.

129 마샬링(Marshalling), 본선 적재 및 양화 기능은 항만시설에서만 수행할 수 있다.

130 ㄷ. 최종 소비자에 대한 배송, 개별 기업의 배송센터 기능도 수행하며 **정보센터 기능도** 수행한다.
ㄹ. **보관 기능보다는 환적 기능** 위주로 운영되는 물류시설이다.

131 통관을 하지 않은 내국물품을 보세창고에 장치하기 위해서는 **관세법**에 근거하여 해당 **세관장**의 허가를 받아야 한다.

132 물류센터의 재고관리비용은 **낮추면서** 재고수준을 **감소시킬 수 있다.**

133 '사전에 물류센터로 송달되어 오는 정보'라는 표현으로 ASN(Advanced Shipping Notification)에 대한 설명임을 알 수 있다.
④ BOM(Bill Of Material) : 원자재명세서를 의미한다.

134 트래버서(Traverser)는 화물을 지정된 입출고 지점까지 **수평**으로 이동시키는 자동주행장치이다.

135 물류의 **보관보다는 흐름**에 중점을 두고 설계해야 한다.

136 설비 활용도와 노동 생산성을 높이며, 재고량과 재고 관련 비용을 **감축시킨다.**

137 호퍼(Hopper)는 유닛로드화되지 않는 화물(주로 Bulk 화물)을 옮기는 데 사용하는 설비로 유닛로드와 관련이 없다.

138

구분	X좌표	Y좌표	상대적 가중치
공장 1	10	70	$\dfrac{200}{200+300+200+200+500}$ $= \dfrac{200}{1,400} = \dfrac{2}{14}$
공장 2	40	40	$\dfrac{500}{200+300+200+200+500}$ $= \dfrac{500}{1,400} = \dfrac{5}{14}$

구분	X좌표	Y좌표	상대적 가중치
수요지 1	20	50	$\dfrac{200}{200+300+200+200+500} = \dfrac{200}{1,400} = \dfrac{2}{14}$
수요지 2	30	20	$\dfrac{300}{200+300+200+200+500} = \dfrac{300}{1,400} = \dfrac{3}{14}$
수요지 3	50	30	$\dfrac{200}{200+300+200+200+500} = \dfrac{200}{1,400} = \dfrac{2}{14}$

- $X = \dfrac{(10\times2)+(40\times5)+(20\times2)+(30\times3)+(50\times2)}{14}$
  $= 32.14$
- $Y = \dfrac{(70\times2)+(40\times5)+(50\times2)+(20\times3)+(30\times2)}{14}$
  $= 40.0$

139 (ㄱ) 임의위치저장방식 = 기간별 공간소요량 합 중 최댓값 = 80(1월 : 80, 2월 : 66, 3월 : 67, 4월 : 65, 5월 : 77)

(ㄴ) 지정위치저장방식 = 전 기간에 걸친 제품별 최대 공간소요량의 합 = 92(= 27 + 22 + 20 + 23)

140 • 처리횟수의 변수를 지정한다.
→ 이중명령 횟수 = x, 단일명령 횟수 = $3x$
- 평균가동률
$= \dfrac{\text{단일명령 수행시간} + \text{이중명령 수행시간}}{\text{단위시간}}$
$\to \dfrac{(2분 \times 3x)+(3.5분 \times x)}{60분} = 0.95$

주어진 식에서 x를 구하면 $x = 6$회
- 이중명령 횟수에 따른 화물 처리 개수 : $x = 6$회
  → 12개(2개/회)
- 단일명령 횟수에 따른 화물 처리 개수 : $x = 18$회
  → 18개(1개/회)
- AS/RS 장비 1대가 한 시간에 처리하는 화물 처리 개수 → 30개

141 유닛로드 시스템에서는 ULD의 기본 도구인 파렛트와 컨테이너를 사용하게 되는데 이에 따라 파렛트 단위와 컨테이너 단위를 빈 공간 없이 가득 채우기 위해 로트주문을 하게 된다. 이에 따라 불필요한 양이 추가 주문되므로 경제적 재고량 유지는 어렵다.

142 일관파렛트화는 포크리프트트럭이나 자동화설비를 이용하므로 화물의 **입출고작업 모두 신속**하게 할 수 있다.

143 '물품이동 간 고저간격 **최소화**의 원칙'이 올바른 표현이다.

144 스트래들 캐리어(Straddle Carrier)는 항만하역장비이다.

145 납기 KPI는 수주부터 납품까지의 기간을 측정하여 리드타임을 **감소**시키기 위한 지표이다.

146 평치저장(Block Storage) : 창고 바닥에 화물을 보관하는 방법으로 고층적재가 어려우므로 공간 활용도가 **나쁘다**.

147 팝업방식(Pop-up Type)은 컨베이어 반송면의 아래에서 벨트, 롤러, 휠, 핀 등의 분기장치가 튀어나와 단위화물을 내보내는 방식으로, 하부면의 손상 및 충격에 약한 화물에는 **적합하지 않다**.

148 • 평균수요 = 연간수요/영업일수 = 200개/일, 안전재고 = 400개
- 안전재고를 고려한 재주문점 = (평균수요 × 조달기간) + 안전재고 → (200개 × 3일) + 400 = 1,000개

149 ㄱ, ㅁ은 ABC(활동기준원가계산, Activity Based Costing)에 대한 설명이 아닌 파레토 법칙의 ABC 재고분류에 대한 설명이다.

150 타이다운(Tie-down)이란 태풍 등에 의해 크레인이 넘어지지 않도록 하는 안전장치이다.

151 • 경제적 주문량(EOQ)
$= \sqrt{\dfrac{2 \times CO \times D}{CH}} = \sqrt{\dfrac{2 \times 4,000 \times 2,000}{1,000 \times 0.1}}$
$= \sqrt{160,000} = 400$개

- 연간 총 재고비용
  - 재고유지비용 = 평균재고량 × 연간 단위당 재고

  유지비용(CH) = $\dfrac{EOQ}{2} \times$ CH

  $= 400/2 \times 100 = 20,000$원
  - 주문비용 = 연간주문횟수 × 1회주문비용(CO)

  $= \dfrac{D}{EOQ} \times CO = 2,000/400 \times 4,000$

  $= 20,000$원
  - $20,000 + 20,000 = 40,000$원

152 COFC 방식은 TOFC 방식에 비하여 총중량이 적으며, 철도터미널에서의 소요공간이 적어 널리 사용되고 있다(TOFC는 컨테이너와 트레일러까지 실으므로 총중량이 무겁고 소요공간이 많다).

153 주화인표시(Main Mark)는 수입업자 화인으로 수입업자의 머리문자를 도형 속에 **표기하여 사용**하고, 주소, 성명을 전체 문자로써 **표시하지는 않는다.**

154 **지수평활법**
- $F_6 = F_5 + a(Y_5 - F_5)$

  $= 60,000 + 0.2(56,000 - 60,000)$

  $= 59,200$개
- $F_7 = F_6 + a(Y_6 - F_6)$

  $= 59,200 + 0.2(66,000 - 59,200)$

  $= 60,560$개

155 ㄱ. 블록쌓기는 아래에서 위까지 동일한 방식으로 쌓는 가장 단순한 방식으로 안정성이 **낮다.**
ㄷ. 장방형(직사각형) 파렛트에는 블록쌓기, 벽돌쌓기 및 **스플릿** 방식이 적용된다.

156 채찍효과에 따른 부정적 영향을 최소화하기 위해서는 가격할인 등의 판매촉진 정책을 지양해야 한다 [EDLP(Every Day Low Price) 정책이 채찍효과를 감소시키는 데 더 효과적이다].

157 • 경제적 주문량(EOQ)

  $= \sqrt{\dfrac{2 \times CO \times D}{CH}} = \sqrt{\dfrac{2 \times 20,000 \times 40,000}{2,000 \times 0.2}}$

  $= \sqrt{4,000,000} = 2,000$개

- 연간발주횟수 $= \dfrac{\text{연간수요}}{EOQ} = \dfrac{40,000}{2,000} = 20$회

158 수요의 표준편차가 작아지면 안전재고량도 감소한다.

159 집중구매방식(Centralized Purchasing Method)은 구매절차 표준화가 용이하며, 자재의 긴급조달에는 절차상으로 **불리하다.**

160 • 안전재고 = 수요의 표준편차 × 안전계수

  $\times \sqrt{\text{조달기간}}$
- 목표서비스율 = 1 − 허용결품률

  $= 1 - \dfrac{300개}{6,000개} = 95\%$

문제에서 안전계수값은 Z(0.95) = 1.645이므로, 안전재고 $= 20 \times 1.645 \times \sqrt{4} = 65.8$개

2021년 기출문제

121	122	123	124	125	126	127	128	129	130
③	⑤	③	②	①	①	④	⑤	①	②
131	132	133	134	135	136	137	138	139	140
①	④	④	⑤	②	②	④	④	⑤	⑤
141	142	143	144	145	146	147	148	149	150
④	③	④	①	③	②	④	②	③	①
151	152	153	154	155	156	157	158	159	160
④	③	④	②	①	⑤	⑤	③	②	③

121 제품에 대한 장소적 효용을 창출하는 것은 운송의 기능이다.

122 물류센터 입지 결정 시 고려사항
- 토지 구입가격(지가)
- 해당 지역의 세금정책 및 유틸리티(전기, 상하수도, 가스 등) 비용
- 해당 지역의 가용노동인구 및 평균 임금수준
- 각종 법적 규제사항
- 운송비, 시장규모

123 − 형상 특성의 원칙 : 형상의 특성에 따라 보관 방법을 변경하는 것으로 보관 시 파손이나 분실이 생기기 쉬운 제품에 적용되는 원칙을 말한다.
− 동일성·유사성의 원칙 : 동일품종은 동일장소에 보관하고, 유사품은 근처 가까운 장소에 보관해야 한다는 원칙이다.

124 무게중심법이란 공급지 및 수요지가 고정되어 있고, 각 공급지로부터 단일 배송센터로 반입되는 물량과 배송센터로부터 각 수요지로 반출되는 물동량이 정해져 있을 때 활용하는 기법이다.

125 ICD란 항만터미널과 내륙 운송수단과의 연계가 편리한 산업지역에 위치한 컨테이너 장치장으로 컨테이너 화물의 통관기능까지 갖춘 시설이다.

126 복합화물터미널은 내륙에 위치하고 있으므로 마샬링(Marshalling) 기능과 선박의 양하 작업을 수행할 수는 없다.

127 기본설계단계에서는 구체적인 레이아웃을 설계하는 것은 부적절하며, 구체적인 레이아웃은 물류센터 입

주업체가 정하는 것이 적절하다.

128 물류센터 설계 시 고려사항
- 제품의 특성, 주문 특성, 설비 특성, 보관면적
- 입하 능력의 평준화
- 입하 시간의 규제
- 출하 시간의 단축
- 물품의 취급횟수 최소화

129 보관점수는 적고(A), 보관수량(A)과 회전수(A)는 많은 것은 A−A−A유형이다.

130 차량탑승피킹 : 파렛트 단위로 피킹하는 유닛로드시스템(Unit Load System)이며, 피킹트럭에 탑승하여 피킹함으로써 보관시설의 공간활용도가 높다.

131 다이버터(Diverter) 방식은 팝업 방식에 비하여 구조가 상대적으로 단순하다.
- 다이버터(Diverter) 방식은 외부에 설치된 안내판(암, Arm)을 회전시켜 반송 경로상 가이드벽을 만들어 벽을 따라 단위화물을 이동시키는 방식으로 화물 형상에 관계없이 분류가 가능하기 때문에 다양한 종류의 화물을 처리하는 데 사용된다.
- 팝업(Pop−up) 방식은 컨베이어의 아래방향에서 벨트, 롤러, 휠, 핀 등의 분기장치가 튀어나와 분류하는 방식으로 화물의 하부면에 충격을 주는 단점이 있다.

132 ㄴ. 트랜스테이너 방식이란 샤시에 탑재한 컨테이너를 마셜링 야드로 이동시켜 장치하는 방식으로 일정한 방향으로 이동하므로 전산화에 의한 자동화가 가능한 방식이며 좁은 면적의 야드를 가진 터미널에 가장 적합한 방식이다.

133 ① 스태커 크레인(Stacker Crane)은 창고의 통로 공간을 수평 방향(트래버서) 및 수직방향(스태커)으로 움직일 수 있는 저장/반출 기기이다.
② 단일명령(Single Command) 방식 : 1회 운행으로 저장이나 반출 작업을 1회 수행하는 방식이다.
③ 이중명령(Dual Command) 방식 : 1회 운행으로 저장과 반출 작업을 동시에 순차적으로 모두 수행하는 방식이다.
⑤ 지정위치저장방식은 일반적으로 품목별 보관소요 공간과 단위시간당 평균 입출고 횟수를 고려하여 보관위치를 사전 지정하여 운영하며, 일반적으로 전체 보관소요 공간을 많이 차지한다.

보관품목의 입출고 빈도 등을 기준으로 등급을 설정하고, 동일 등급 내에서는 임의보관하는 방식으로 보관위치를 결정하는 방식은 등급별저장(Class – based Storage) 방식이다

134 모두 물류센터의 기능에 해당한다.

135 패키지의 개발배경은 사용자 입장에서 고려할 필요가 없다.

136

구분	위치 좌표 (단위 : km)		배송 횟수 (회/일)	직교각의 거리 합	총 이동 거리
	X	Y			
물류센터	6	4			
수요지 1	3	8	2	$(6-3)+(8-4)=7$	14
수요지 2	8	2	3	$(8-6)+(4-2)=4$	12
수요지 3	2	5	2	$(6-2)+(5-4)=5$	10

일별 총이동거리 = 36km(14 + 12 + 10)

137 실렉티브랙(Selective Rack)은 파렛트랙이라고도 하며, 포크리프트를 사용하여 파렛트 단위 혹은 선반 단위로 셀마다 격납 보관하는 설비이다.
경량 다품종 물품의 입출고에 적합한 수평 또는 수직의 회전랙은 회전 랙(Carousel Rack)이다.

138 Marshalling Yard는 바로 선적해야 할 컨테이너를 하역순서대로 정렬하여 두거나 양륙된 컨테이너를 배치해 놓은 장소이다. 또한 접안선박이 입항하기 전에 접안선박의 적부계획에 따라 작업 순서대로 컨테이너를 쌓아두는 장치장 역할을 한다. 그리고 양하된 컨테이너를 일시적으로 보관한 후 화주의 인도요구에 즉시 응할 수 있도록 임시 장치해 두는 일정한 공간이다.

139 컨투어 게이지(Contour Gauge) : 파렛트에 적재된 화물의 윤곽을 정리하기 위한 스케일(Scale)과 같은 것이다.

140 지수평활법(Exponential Smoothing)은 가장 최근의 값에 가장 많은 가중치를 두고 자료가 오래될수록 가중치를 지수적으로 감소시키면서 예측하는 방법으로 단기예측에 적합하다
- 차기예측치 = 당기 판매예측치 + (당기 판매실적치 – 당기 판매예측치)

- 답 : 9월 예측치는 $55,400 + 0.6(56,900 - 55,400)$ $= 56,300$병

141 1. $EOQ = \sqrt{\dfrac{2*D*S}{H}}$

2. 해당 문제는 변동분을 물어보고 있으므로,
$\sqrt{\dfrac{(1+0.6)}{(1-0.2)}} = \sqrt{2} = 1.414$

3. 즉 41% 증가하였다.

142
- 단순이동평균법 : $(37 + 34 + 36)/3 = 35.66$
- 가중이동평균법 : $(37 \times 0.5) + (34 \times 0.3)$ $+ (36 \times 0.2) = 35.9$
- 지수평활법 : $39 + 0.4(37 - 39) = 38.2$

143 ① 집중구매방식은 본사의 공통품목을 일괄적으로 구매하기에 적합하다.
② 분산구매방식은 집중구매방식보다 사업장별 독립적 구매가 가능하다.
③ 집중구매방식은 구매량에 따라 가격차가 큰 품목의 대량 구매에 적합하다.
⑤ 집중구매방식은 분산구매방식보다 대량 구매가 이루어지기 때문에 가격 및 거래 조건이 유리하다.

144 제품공급의 리드타임(Lead time)을 단축시켜야 한다.

145 재고관리를 하는 경우 과소재고가 발생할 확률이 적어지므로 상품 공급을 적절한 시기에 할 수 있다.

146 통로대면의 원칙은 포장이 아닌 보관합리화 원칙으로 제품의 입출고를 용이하게 하고 효율적으로 보관하기 위해 통로 면에 보관하여 작업의 접근성을 강조하는 원칙을 말한다.

147 ① 한 작업자에게 여러 업무를 수행할 수 있는 다기능공 양성이 필수적이다.
② 효과적인 Pull 시스템을 구현할 수 있다.
③ 반복적 생산시스템에 적합하다.
⑤ 제조 준비 시간이 길어지면 수요발생 대응이 어려워지므로 적절하지 않은 설명이다.

148 ㄴ. 포장번호(Case Number) : 전체포장수량 안내 및 해당 포장물이 전체포장수량에서 몇 번째 인지 나타내는 번호
ㄹ. 원산지표시(Origin Mark) : 당해 물품의 원산지를 표시

149 인과형 예측기법은 정량적 수요예측기법으로 분류할 수 있으며, 인과형 모형에 속하는 기법으로는 회귀분석, 계량경제모형, 투입–산출모형, 선도지표법 등이 있다. 회기분석법은 정량적 수요예측기법이다.

150 • 벽돌적재방식 : 동일한 단에서는 물품을 가로·세로로 조합해 쌓으며, 다음 단에서는 방향을 180° 바꾸어 교대로 겹쳐 쌓는 방법이다.
• 스플릿적재방식 : 벽돌쌓기의 변형으로 가로와 세로를 배열할 때 크기의 차이에서 오는 홀수층과 짝수층의 빈 공간이 서로 마주보게 쌓는 방법이다.

151 개별기업을 위해 표준화를 하는 것은 적절하지 않으며 물류공동화를 위해 전반적인 산업을 고려하여 표준화하여야 한다.

152 파렛트 회수관리의 일원화에 어려움이 있는 것은 파렛트를 단일기업이 유용했을 때 생길 수 있는 문제이다.

153 하역기기의 선정기준
• 화물의 특성 : 화물의 형상, 크기, 중량 등을 감안하여 선정한다.
• 화물의 흐름, 시설의 배치 및 건물의 구조 등 작업환경특성을 고려하여 선정한다.
• 작업의 특성 : 작업량, 취급품목의 종류, 운반거리 및 범위, 통로의 크기 등 작업특성을 고려하여 선정한다.
• 경제성(채산성) : 한 가지 방법보다는 복수의 대체안을 검토하여 선정한다.
• 하역기기 특성 : 안전성, 신뢰성, 성능, 에너지효율성 등을 고려하여 선정한다.

154 제품을 식별·구분하는 시스템은 분류시스템이다.

155 ㄱ : 대차결제방식 – 교환방식의 단점을 보완하기 위한 것으로 현장에서 즉시 파렛트를 교환하지 않고 일정 시간 이내에 파렛트를 운송사에 반환하는 방식이다. 반환일수를 초과하거나 분실한 경우에는 정해진 변상금을 지불하게 된다.
ㄴ : 리스·렌탈방식 – 개별기업에서 각각 파렛트를 보유하지 않고 파렛트 풀을 운영하는 기관이 사용자의 요청에 따라 규격화된 파렛트를 사용자가 소재하는 가까운 거점(depot)에 공급해 주는 방식이다. 파렛트의 수리를 렌탈회사가 하기 때문에 파렛트의 품질유지가 용이하고 파렛트의 매수를 최소화하여 운영할 수 있다.

ㄷ : 즉시교환방식 – 송화주는 파렛트화된 화물을 운송사에 위탁하는 시점에서 동일한 수의 파렛트를 운송사에서 인수하고, 수화주는 파렛트화된 화물을 인수할 때 동일한 수의 파렛트를 운송사에 인도해 주는 방식이다.

156 배닝작업(Vanning) : 하역작업에서 컨테이너(Container)에 물건을 실어 넣는 작업이다.

157 파렛트는 1920년대 고안되고 1950년대 발전하였는데 누가 개발하였는지는 명확하지 않다.

158 스트래들 캐리어(Straddle Carrier)는 컨테이너 미널에서 컨테이너를 마샬링 야드로부터 에이프런 또는 CY지역으로 운반 및 적재할 경우에 사용되는 장비이다. 부두의 안벽에 설치되어 선박에 컨테이너를 선적하거나 하역하는 데 사용되는 장비는 컨테이너 크래인이다.

159 ② 이외의 선지는 하역의 보조적인 원칙이다.
① 탄력성의 원칙
③ 최소취급의 원칙
④ 표준화의 원칙
⑤ 단순화의 원칙

160 ① 제조, 가공에 대한 설명이다.
② 운반활성화 지수를 최대화해야 한다.
④ 화물에 대한 제조공정과 검사공정을 포함하지 않는다.
⑤ 기계화와 자동화를 통한 하역생산성 향상은 쉽다.

121	122	123	124	125	126	127	128	129	130
③	④	③	⑤	③	③	①	⑤	②	③

131	132	133	134	135	136	137	138	139	140
①	②	④	②	④	④	②	①	③	⑤

141	142	143	144	145	146	147	148	149	150
③	④	②	⑤	④	②	①	④	⑤	④

151	152	153	154	155	156	157	158	159	160
⑤	②	⑤	①	①	②	⑤	④	①	⑤

121 유사성의 원칙은 동일품종은 동일장소에 보관하고, 유사품은 근처 가까운 장소에 보관해야 한다는 원칙이다. 연대출고가 예상되는 관련품목을 출하가 용이하도록 모아서 보관하는 것은 네트워크 보관의 원칙이다.

122 ㄴ. 운송의 기능이다.

123 스톡포인트(Stock Point)에 적절한 설명이다.

124 ㄱ. 항만지역과 비교하였을 때 창고 보관 시설용 토지 매입이 용이하다.
ㄴ. 화물의 대단위화에 따른 운송효율 향상과 교통혼잡 완화로 운송비가 절감된다.

125 장기보관 위주의 보관 기능은 물류창고에 적절한 설명이다.

126 생산공장의 수요량은 500 이라고 하면,
X 좌표는, $\left(50 \times \frac{100}{1000}\right) + \left(20 \times \frac{200}{1000}\right)$
$+ \left(10 \times \frac{200}{1000}\right) + \left(100 \times \frac{500}{1000}\right) = 61$
Y 좌표는, $\left(10 \times \frac{100}{1000}\right) + \left(50 \times \frac{200}{1000}\right)$
$+ \left(10 \times \frac{200}{1000}\right) + \left(150 \times \frac{500}{1000}\right) = 88$

127 물류센터의 규모 산정 시 목표 재고량과 서비스 수준은 모두 고려대상이다.

128 지가는 입지선정 시 고려사항 중 하나일 뿐 지가뿐만 아니라 고객목표서비스 수준, 리드타임, 입지인프라 등을 종합적으로 고려해야 한다.

129 투자 시 기대수익과 투자비용을 같게 만드는 할인율을 활용하는 기법은 내부수익율법(IRR : Internal Rate of Return)이다.

130 드라이브인 랙은 파렛트 화물을 한쪽 방향에서 넣으면 중력에 의해 미끄러져 인출할 때는 반대 방향에서 화물을 반출할 수 있다. 파렛트랙은 포크리프트를 사용하여 파렛트 단위 혹은 선반 단위로 셀마다 격납 보관하는 설비이다.

131 창고 내부 보관방식에 대한 고려사항이다.

132 하역장비 설치는 시공 및 운영 등 단계에서 수행하는 활동이다.

133 − 임의위치저장방식은 임의로 저장 위치를 정하며 기간별 저장소요공간 중 6주차에 최대 89이다.
  (A : 34, B : 21, C : 34 = 89)
− 지정위치저장방식은 특정위치에 할당되므로 제품별 최대 저장소요공간을 계산하면 94이다.
  (A : 34, B : 25, C : 35 = 94)

134 암 랙(Arm Rack)은 외팔지주걸이 구조로 기본 프레임에 암(Arm)을 결착하여 물품을 보관하는 랙으로 파이프, 가구, 목재 등의 장척물 보관에 적합하며, 파렛트 단위로 보관 및 출고하는 방식에 활용되기 적합하지 않다.

135 ① 보세창고의 운영인은 미리 세관장에게 신고를 하고 외국물품의 장치에 방해되지 아니하는 범위에서 보세창고에 내국물품을 장치할 수 있다.
② 자가창고는 영업창고에 비해 자사의 특수 물품에 적합한 구조와 하역설비를 갖추는 등 창고설계 최적화가 가능하다.
③ 영업창고는 자가창고에 비해 창고 확보와 운영에 소요되는 비용 및 인력문제와 화물량 변동에 탄력적으로 대응할 수 있다.
⑤ 임대창고에 대한 설명이다.

136
- 수급조정기능 : 물품 생산과 소비의 시간적 간격을 조정하여 일정량의 화물이 체류하도록 한다.
- 가격조정기능 : 물품의 수급을 조정하여 가격안정을 도모한다.
- 연결기능 : 물류활동을 연결시키는 터미널로서의 기능을 수행한다.
- 신용기관적 기능 : 창고에 물품을 보관하여 재고를 확보함으로써 품절을 방지하여 신용을 증대시키는 역할을 수행한다.

137
① EOQ 모형에서는 대량주문에 따른 구입 가격 할인은 없다.
③ EOQ 모형에서는 재고유지에 소요되는 비용은 평균재고량에 비례한다(단위당 재고유지비용 일정).
④ EOQ 모형에서는 모든 수요는 재고부족 없이 충족된다.
⑤ EOQ 모형에서는 수요가 일정하다고 가정한다.

138
② 분산구매방식에 대한 설명이다.
③ 분산구매방식에 대한 설명이다.
④ 전사적으로 집중구매하기 때문에 가격 및 거래조건이 유리하다.
⑤ 구매절차의 표준화가 가능하나, 긴급조달의 어려움이 있다.

139
지수평활법을 활용하면,
- 7월의 예측판매량 $= 50,000 + 0.4(48,000 - 50,000) = 49,200$(개)
- 8월의 예측판매량 $= 49,200 + 0.4(52,000 - 49,200) = 50,320$(개)

140
$$EOQ = \sqrt{\frac{2 \times CO \times D}{CH}}$$
$$= \sqrt{\frac{2 \times 160,000 \times 90,000}{80,000 \times 0.25}}$$
$$= \sqrt{\frac{28,800,000,000}{20,000}}$$
$$= 1,200 개$$

(ㄱ) 연간 발주횟수 $= \dfrac{연간수요}{EOQ} = \dfrac{90,000개}{1,200개}$
$$= 75회$$

(ㄴ) 연간 총 재고비용 = 연간재고유지비용+1회 주문비용
- 연간주문비용 = 연간주문횟수 × 1회주문비용 = 75회 × 160,000원 = 12,000,000원
- 연간 재고유지비용 = 평균재고량 × 연간단위당 재고유지비용

$$\frac{EOQ}{2}개 \times 160,000원 = \frac{1,200}{2} \times 20,000원$$
$$= 12,000,000원$$
- 연간 총재고비용
$$= 12,000,000원 + 12,000,000원$$
$$= 24,000,000원$$

141
델파이법은 수요의 정성적 예측기법으로 전문가들을 한자리에 모으지 않고 일련의 질의서를 통해 각자의 의견을 취합하여 중기 또는 장기 수요의 종합적인 예측결과를 도출해 내는 기법이다. 원인과 결과관계를 가지는 두 요소의 과거 변화량에 대한 인과관계를 분석한 방법은 인과형 예측기법이다.

142
재주문점 = 일평균수요 × 조달기간
$$= \frac{연간수요}{연간판매일} \times 조달기간 = \frac{14,000}{350} \times 9 = 360$$
안전재고 = 수요의 표준편차 × 안전계수 × $\sqrt{조달기간}$
$$= 20 \times 1.282 \times \sqrt{9} = 77$$
안전재고를 고려한 재주문점
= 재주문점 + 안전재고 = 360 + 77 = 437

143
재고가 일정한 로트(Lot) 단위로 조달된다면 수요의 표준편차가 줄어드는 것이므로 안전재고에 대한 설명으로 적절하지 않다.
※ 안전재고 = 수요의 표준편차 × 안전계수 × $\sqrt{조달기간}$

144
JIT상 공급자는 안정적인 장기계약을 통해 제조기업의 한 공정처럼 협력할 수 있어야 하며, 공급자와 생산자 간 상호 협력이 미흡할 경우 성과를 기대하기 어렵다.

145
ㄱ : 운반 활성화의 원칙 : 화물의 이동 용이성을 지수로 하여 이 지수의 최대화를 지향하는 원칙으로 관련 작업을 조합하여 화물 하역작업의 효율성을 높이는 것을 목적으로 한다.
ㄴ : 하역 경제성의 원칙 : 불필요한 하역작업의 생략을 통해 작업능률을 높이고, 화물의 파손 및 분실 등을 최소화하는 것을 목적으로 한다.
ㄷ : 거리 최소화의 원칙 : 하역작업 시 화물의 이동 거리를 최소화하는 것을 목적으로 한다.
- 시스템화 : 파렛트화 또는 컨테이너화를 효과적으로 실시하기 위해서는 파렛트와 컨테이너의 규격, 구조 및 품질 등이 유기적으로 연결되도록 할 필요가 있는데 이 경우 필요한 원칙이다.
- 화물단위화 : 취급단위를 크게 하여 작업능률을 향상시키는 원칙이다.

146 • 피킹 : 보관장소에서 물건을 꺼내는 작업이다.
• 운반 : 생산, 유통, 소비 등에 필요하므로 하역의 일부로 볼 수 있으며, 창고 내부와 같이 한정된 장소에서 화물을 이동하는 작업이다.
• 배닝 : 컨테이너에 물건을 싣는 작업이다.
• 적재 : 물건을 창고 등의 보관시설 장소로 이동하여 정해진 형태로 정해진 위치에 쌓는 작업이다.

147 활성지수

상태	활성지수
바닥에 낱개의 상태로 놓여있을 때	0
상자 속에 들어있을 때	1
파렛트나 스키드 위에 놓여있을 때	2
대차 위에 놓여 있을 때	3
컨베이어 위에 놓여있을 때	4

148 하역시스템의 도입 목적은 범용성과 융통성을 지향하는 데 있다.

149 ① 팝업(Pop – up) 방식 : 컨베이어 반송면의 아래 방향에서 벨트 등의 분기장치가 나오는 방식으로 하부면의 손상 및 충격에 취약한 화물에는 적합하지 않다.
② 크로스벨트(Cross belt) 방식 : 레일을 주행하는 연속된 캐리어상의 소형벨트 컨베이어를 레일과 교차하는 방향으로 구동시켜 단위화물을 내보내는 방식이다.
③ 슬라이딩슈(Sliding – shoe) 방식 : 반송면에 튀어나온 기구를 넣어 단위화물을 함께 이동시키면서 압출하는 방식이다.
④ 틸팅(Tilting) : 여러 형상의 화물을 수직으로 나누어 강제적으로 분류하므로 충격에 취약한 정밀기기나 깨지기 쉬운 물건은 피해야 한다.

150 ① 사이드 포크형은 전방이 아닌 차체의 측면에 포크와 마스트가 장착된 지게차이다.
② 디젤엔진식은 유해 배기가스와 소음이 많다.
③ 워키(Walkie)형은 비교적 좁은 곳에서 사용된다. 스프레더를 장착하고 항만 컨테이너 야드 등 주로 넓은 공간에서 사용되는 것은 탑핸들러에 대한 설명이다.
⑤ 스트래들(Straddle)형은 차체전방에 아웃리거를 설치하고 그 사이에 포크를 위치시켜 안정성을 향상시킨 지게차이다.

151 모두 물류합리화 관점에서 하역의 기계화가 필요한 화물들이다.

152

국가	파렛트 규격
영국	800×1,200mm
한국, 일본	1,100×1,100mm(T – 11)
한국	1,100×1,200mm(T – 12)
미국	1,219×1,016mm

153 일관파렛트화는 제품의 과잉생산 방지와는 아무런 관련이 없다.

154 유닛로드시스템의 구축을 위해서 물류활동 간 접점에서의 표준화가 중요하다(운송 표준화, 장비 표준화, 하역 기계화).

155 ㄱ. 즉시교환방식 : 유럽 각국의 국영철도역에서 파렛트 적재 형태로 운송하며, 파렛트를 동시에 교환하여 사용하는 것으로 언제나 교환에 응할 수 있도록 파렛트를 준비해 놓는 방식이다.
ㄴ. 리스ㆍ렌탈방식 : 개별 기업에서 파렛트를 보유하지 않고, 파렛트 풀 회사에서 일정 기간 동안 임차하는 방식이다.
• 대차결제교환방식 : 교환방식의 단점을 보완하기 위한 것으로 현장에서 즉시 파렛트를 교환하지 않고 일정 시간 이내에 파렛트를 운송사에 반환하는 방식이다.
• 교환리스병용방식 : 교환방식과 렌탈방식의 결점을 보완한 방식으로 관리 운영상 어려움이 많아 활성화되지 못하고 있는 실정이다.

156 화물을 파렛트나 컨테이너를 이용하여 컨테이너선박으로 운송한다.

157 호퍼(Hopper)의 경우 산화물(Bulk Cargo) 하역작업 시 주로 활용되는 하역기기이다.

158 ① 검수사업에 대한 설명이다.
② 감정사업에 대한 설명이다.
③ 검수사업에 대한 설명이다.
⑤ 검량사업에 대한 설명이다.

159 방청 포장은 금속표면의 녹이나 부식을 방지하기 위한 포장기법이며 일반적으로 방청제 도포나 가연성 플라스틱 도포가 사용된다.

160 열수축성 플라스틱 필름을 화물에 씌우고 터널을 통과시킬 때 가열하여 필름을 수축시키는 방법은 쉬링크에 대한 설명이다. 슬리브는 보통 필름으로 슬리브를 만들어 4개 측면을 감싸는 방법이다.

2023년 기출문제									
121	122	123	124	125	126	127	128	129	130
①	③	③	①	③	②	⑤	②	④	①
131	132	133	134	135	136	137	138	139	140
⑤	④	②	⑤	④	③	③	⑤	①	③
141	142	143	144	145	146	147	148	149	150
⑤	④	④	③	③	③	⑤	②	④	①
151	152	153	154	155	156	157	158	159	160
②	⑤	③	⑤	③	③	①	⑤	④	①

121 제품에 대한 거리적, 장소적 효용 창출 기능은 물적 유통기능(운송)이다. 보관은 시간적 효용을 창출한다.

122 ㄴ. 배송물량의 혼합배송에 의해 차량 적재율의 증가, 횟수의 감소 및 운송거리의 단축을 통하여 **공차율이 감소**한다.
ㄹ. 보관 수요를 통합 관리함으로써 업체별 보관 공간 및 관리 비용의 **절감**이 가능하다.

123 ㄱ. CFS : LCL(Less than Container Load) 화물을 특정 장소에 집적하였다가 목적지별로 선별하여 하나의 컨테이너에 적입하는 장소
ㄴ. 복합물류터미널 : 복수의 운송수단 간 연계를 할 수 있는 규모 및 시설을 갖춘 장소
ㄷ. 스톡 포인트(Stock Point) : 재고품의 임시보관거점으로 상품의 배송거점인 동시에 예상 수요에 대한 보관 장소이며 대도시, 지방중소도시에 합리적인 배송을 실시할 목적으로 설립된 유통의 중계기지
• CY : 공컨테이너 또는 풀컨테이너를 보관할 수 있는 넓은 장소를 말하며 넓게는 CFS, Marshalling Yard, Apron까지도 포함
• DEPOT, 데포 : SP(스톡포인트)보다 작은 국내용 2차 창고, 또는 수출상품을 집화, 분류, 수송하기 위한 내륙 CFS를 데포라고 하며 단말배송소라고도 한다. 효율적인 수송을 위해 갖추어진 집배중계 및 배송처에 컨테이너가 CY(Container Yard)에 반입되기 전 야적된 상태에서 컨테이너를 적재시키는 장소
• 공동집배송단지 : 공동집배송센터는 여러 유통사업자 또는 제조업자가 공동으로 사용할 수 있도록 집배송시설 및 부대업무시설이 설치되어 있는 시설

124 회전대응 원칙에 대한 설명이다.
　② 선입선출의 원칙 : 먼저 입고한 물품을 먼저 출고하는 것으로 제품 수명주기(Product Life Cycle)가 짧은 경우에 많이 적용
　③ 통로 대면의 원칙 : 제품의 입출고를 용이하게 하고 효율적으로 보관하기 위해 통로 면에 보관하여 작업의 접근성을 강조하는 원칙

125 주문 특성은 주문건수, 주문빈도, 주문의 크기 등을 반영한다. ③은 관리특성에 해당한다.

126 ㄱ. BTO : 민간 사업자가 도로, 철도, 항만 등의 공공 물류시설 건설 후, 소유권을 먼저 국가 또는 지방자치단체에 이전하고 일정기간 그 시설물을 운영한 수익으로 투자비를 회수하는 투자방식
　ㄴ. BOT : 민간 사업자가 건설 후, 투자비용을 회수할 때까지 관리 · 운영한 후 계약기간 종료 시 국가에 양도하는 방식이다. 즉, 준공 후, 일정기간 동안 사업시행자 소유권 인정하고 기간 만료 후 국가 또는 지자체에 소유권 귀속되는 방식
　ㄷ. BLT : 민간 사업자가 건설 후, 일정기간 동안 국가 또는 지방자치단체에 임대하여 투자비를 회수하고 임대기간 종료 후에 소유권을 국가 또는 지방자치단체에 양도하는 방식. 즉, 준공 후, 일정기간 동안 정부 또는 제3자에게 시설을 임대해 관리운영하고, 기간 만료 후 국가 또는 지자체에 소유권 귀속되는 방식
　ㄹ. BOO(Build Own Operate) : 준공과 동시, 소유권 및 관리운영권이 사업시행자에게 귀속됨

127 배송센터(distribution center)란 개별기업 또는 협의체에서 유통창고의 집배송기능을 강조하는 것으로 유통업체에서 매일 상품의 집화와 배송을 실시하는 장소이다. 장치보관, 수출입 통관, 선박의 적하 및 양하기능을 수행하는 육상운송 수단과의 연계 지원시설은 복합물류터미널이다.

128 단일설비입지 결정 방법에는 총비용비교법, 가중점수법, 손익분기점 분석, 부하 · 거리법 등으로 시장경쟁력, 재고통합효과, 설비 등은 계산과정에서 고려되지 않는 요인이다.

129 고정비와 변동비를 바탕으로 입지결정하는 방법은 손익분기 도표법에 대한 설명이다.
　① 체크리스트법 : 입지에 관련된 양적 요인과 질적 요인을 동시에 고려하여 중요도에 따라 가장 평가점수가 높은 입지를 선정하는 기법이다.

　② 톤 – 킬로법 : 각 수요지에서 배송센터까지의 거리와 각 수요지까지의 운송량에 대해 평가하고 총계가 최소가 되는 입지를 선정하는 기법이다.
　③ 무게 중심법 : 공급지 및 수요지가 고정되어 있고, 각 공급지로부터 단일 배송센터로 반입되는 물량과 배송센터로부터 각 수요지로 반출되는 물동량이 정해져 있을 때 활용하는 기법이다.
　⑤ 브라운 & 깁슨법 : 양적 요인과 질적 요인을 모두 고려할 수 있도록 평가기준을 필수적 기준(요인), 객관적 기준(요인), 주관적 기준(요인)으로 구분하여 입지평가지표를 계산 후 평가하는 복수공장 입지분석모형이다.

130 유동 랙(Flow Rack, 플로우 랙)에 대한 설명이다. 파렛트가 랙 내에서 경사면을 이용하여 이동하는 방식으로 선입선출이 요구되는 제품에 적합한 랙은 중력식 랙(Gravity Rack)이다.

131 모두 물류센터 규모결정에 영향을 미치는 요인이다. 자재취급시스템의 형태는 고정된 설비와 이동되는 장비를 포함한다.

132 운송의 기능에 대한 설명이다.

133 영업창고 이용자(화주)는 자가창고가 아니기 때문에 초기에 창고건설 및 설비투자와 관련하여 고정비용이 필요치 않다. 영업창고는 화주의 측면에서 설비투자, 고정투자가 불필요한 장점이 있는 반면 자사품목에만 적합한 창고 설계는 어렵다.

134 운송관리시스템(TMS : Transportation Management System)에 대한 설명이다.

135 멀티 + 릴레이 분배방식 DAS
• 냉장 및 신선식품의 통과형 또는 생산형 물류센터의 입고수량을 1차 통로별 중분류와 2차 점포별로 분배하는 방식이다.
• 짧은 시간 내에 많은 아이템을 분배하므로 동시에 여러 종류 이상의 아이템을 분배할 수 있도록 하여 단품분배보다 생산성을 30~40% 이상 향상시킬 수 있어 냉장, 신선식품의 통과형 물류단지 또는 도시락, 가공생산하는 물류센터에 적합하다.

136 트래버서(Traverser)는 스태커 크레인을 횡(수평이동)으로 이동시키는 장치이다.

137 X = 10×50 + 20×40 + 30×100 + 50×190/50 +
40 + 100 + 190 = 36.3
Y = 20×50 + 30×40 + 40×100 + 50×190/50 +
40 + 100 + 190 = 41.3

138 평균재고량 = (기초재고 + 기말재고) ÷ 2

139 EOQ 공식

$$Q = \sqrt{\frac{2SD}{H}}$$

- S : 1회 생산준비비(발주비용 또는 주문비용)
- D : 연간 수요량
- H : 연간 단위당 재고유지비(자재구매단가 × 재고유지비율)

$$Q = \sqrt{\frac{2 \times 80,000 \times 20,000}{4,000 \times 0.2}} = 2,000개$$

140 순소요량 = 총소요량 − 재고
X 부품 순소요량 = 100개(2×50) − 15 = 85
Y 부품 순소요량 = 150개(3×50) − 20 = 150

141 기술력이 향상되거나 생산공정의 자동화 도입이 촉진되는 경우 재고가 줄어들 수 있다.

142 총 비용 = 연간 재고유지비용 + 연간 주문비용
연간 재고유지비용 = 5,000원(구매단가) × 0.05(단위당 재고유지비) × 10,000개(연간평균재고)
= 2,500,000원

143 델파이법의 경우 수요예측기법 중 정성적 예측기법 중 하나이며, 전문가 의견통합법에 속한다.

144 지수평활법(Exponential Smoothing)은 가장 최근의 값에 가장 많은 가중치를 두고 자료가 오래될수록 가중치를 지수적으로 감소시키면서 예측하는 방법으로 단기예측에 적합하다.
⑤의 설명은 전기예측법에 대한 설명이다.

145 시간효용(보관) 장소효용(운송), 형태효용(유통가공)과 하역은 관련이 없다. 하역은 화물에 대한 시간적 효용과 장소적 효용의 **창출을 지원하는 행위**이다.

146 운반활성지수를 **최대화**하는 원칙으로 지표와 접점이 작을수록 활성지수는 높아진다.

147 적재작업(Stacking, 스태킹)은 보관시설로 이동하여 정해진 위치와 형태로 쌓는 작업을 말한다. 운송장비에 실려진 화물이 손상 및 파손되지 않도록 화물의 밑바닥이나 틈 사이에 물건을 깔거나 끼우는 작업은 던네이지(Dunnage)라고 한다.

148 재고관리시스템에 대한 설명이다.

149 ① 로딩 암(Loading Arm)에 대한 설명이다. 탑 핸들러(Top Handler)는 항만 CY에서 주로 공컨테이너의 야적, 차량적재, 단거리 이송에 사용되며, 마스트에 스프레더 등을 장착하여 사용한다.
② 호퍼(Hopper)에 대한 설명이다. 로딩 암은 대량의 액체 및 기체제품을 운반선에 선적 또는 하역할 때 사용하는 굴절형 팔 형태의 항만하역장비로 유류, 가스의 하역·선적에 사용한다.
③ 탑 핸들러, 스트래들 캐리어, 리치 스태커에 대한 설명이다. 돌리(Dolly)란 파렛트를 올려놓고 운반하기 위한 차대로서 자체구동력이 없으며 사방에 파렛트가 미끄럼 방지를 위해 스토퍼(Stopper)를 부착하고 있고, Tug Car에 연결되어 사용된다.
⑤ 컨테이너 크레인에 대한 설명이다. 스트래들 캐리어(Straddle Carrier)란 컨테이너터미널에서 컨테이너를 마샬링 야드로부터 에이프런 또는 CY지역으로 운반 및 적재할 경우에 사용되는 장비이다. 부두의 안벽에 설치되어 선박에 컨테이너를 선적하거나 하역하는데 사용하는 장비는 갠트리크레인이다.

150 포장의 표준화에 대한 설명이다. 포장은 생산의 마지막 단계이며, 물류의 시작단계에 해당한다.
※ 포장표준화 4대 요소
- 치수의 표준화
- 강도의 표준화
- 기법의 표준화
- 재료의 표준화

151 RO−RO(Roll on−Roll off) 방식에 대한 설명이다.
① LO−LO(Lift on−Lift off) 방식 : 본선 또는 육상의 갠트리크레인(Gantry crane)을 사용하여 컨테이너를 본선에 수직으로 하역하는 방식이다. LO/LO 하역기기로는 지브 크레인, 천장 크레인, 케이블 크레인, 컨테이너 크레인이 있다.
③ FO−FO(Float on−Float off) 방식 : 부선에 컨테이너(Container)를 적재하고 부선에 설치되어 있는 크레인 또는 엘리베이터를 이용하여 하역하는 방식

152 Freight Liner 방식은 영국국철이 개발한 정기적 급행 컨테이너 열차로서 대형 컨테이너를 적재하고 터미널 사이를 고속의 고정편성을 통해 정기적으로 운행하는 방식이다. 트럭이 화물열차에 대해 직각으로 후진하여 무개화차에 컨테이너를 바로 실어 운송하는 방식은 플렉시 밴에 대한 설명이다.

153 공업포장은 상품의 파손을 방지하고, 물류비를 절감하는 데 초점을 두고 있다. 판매촉진이 기본 기능인 것은 상업포장이다.

154 ㄱ. 카빙(Carving)에 대한 설명이다. 스티커(Sticker)는 일정한 표시내용을 기재한 것을 못으로 박거나 혹은 특정방법에 의해 고정시키는 방법이다.

ㄴ. 스탬핑(Stamping)에 대한 설명이다. 스텐실(Stencil)은 기름기가 많은 무거운 종이나 셀룰로이드판, 플라스틱판 등의 시트에 문자를 파 두었다가 붓이나 스프레이를 사용하여 칠하는 방법이다.

155 부(화인)표시(Counter Mark)는 대조번호 화인으로서 **생산자나 수출대행사**의 약호를 붙여야 하는 경우에 표기한다. 내용물품의 직접 생산자 또는 수출대행사 등이 주표시의 위쪽이나 밑쪽에 기재하며 생략하는 경우도 있다.

156 ① 블록쌓기는 아래에서 위까지 동일한 방식으로 쌓는 가장 단순한 방식으로 작업효율성이 높고 무너질 염려가 없어 안정성이 **낮다.** 맨 아래에서 상단까지 일렬로 쌓는 방법으로 작업효율성이 높고 무너질 염려가 없어 안정성이 높은 적재방식은 벽돌적재이다.

② 교호열쌓기는 블록쌓기의 짝수층과 홀수층을 90도 회전시켜 교대로 쌓는 방법으로 **정방형의 파렛트**에서만 적용할 수 있다.

④ 핀휠(Pinwheel)쌓기 : 파렛트 중앙부에 공간을 만드는 형태로 이 공간을 감싸듯 풍차형으로 화물을 적재하는 패턴이다. 통상은 홀수단과 짝수단의 방향을 바꾸어 적재한다.

⑤ 스프리트(Split)쌓기 : 벽돌쌓기의 변형으로 가로와 세로를 배열할 때 크기의 차이에서 오는 홀수층과 짝수층의 빈 공간이 서로 마주보게 쌓는 방법이다.

157 ㄷ. 대차결제방식은 즉시교환방식의 단점을 개선하기 위해 고안된 방식으로 현장에서 즉시 파렛트를 교환하지 않고 일정 시간 내에 동일한 수량의 파렛트를 해당 철도역에 반환하도록 하는 방식이다. 운송업체가 파렛트로 화물을 인도하는 시점에 동일한 수의 파렛트를 즉시 인수하는 방식은 즉시교환방식이다.

ㄹ. 대차결제방식은 즉시교환방식의 단점을 보완하기 위하여 개발된 방식이다. 교환·리스병용방식은 교환방식과 렌탈방식의 결점을 보완한 방식으로 관리 운영상 어려움이 많아 활성화되지 못하고 있는 실정이다.

158 저개식 방식에 대한 설명이다. 틸팅 방식(Tilting Type)은 컨베이어를 주행하는 트레이, 슬라이드 등에 물품을 적재하였다가 분류되는 순간에 트레이, 슬라이드가 기울어지게 하여 화물을 떨어뜨려 분리하는 방식으로 고속처리가 가능하지만 중력에 의한 파손품이 발생될 수 있다.

159 대규모 자본투자가 필요하고 유닛로드용의 자재를 관리하기가 어려워진다.

160 ② 시트 파렛트(Sheet Pallet)는 1회용 파렛트로 목재나 플라스틱으로 제작되어 가격이 저렴하고 가벼우나 하역을 위하여 Push–Pull 장치를 부착한 포크리프트가 필요하다.

③ 스키드 파렛트(Skid Pallet)는 파렛트의 경우에는 상단 및 하단 데크(deck)가 있으나, 스키드의 경우에는 바닥 데크가 없다. 그로 인해서 스키드는 마찰이 적어 화물을 적재 후 끌기에 적절하다. 따라서 파렛트에 비해 이동이 용이한 만큼 중장비에 주로 활용된다. 또한 바닥 데크가 없는 만큼 중첩 시 공간을 보다 더 활용할 수 있으며, 파렛트의 경우에는 이와 반대로 상단 및 하단에 데크가 있기 때문에 끌기에는 용이하지 않으나 보다 안정적인 포장 형태이다.

④ 사일로 파렛트(Silo Pallet)는 주로 분말체를 담는 데 사용되며, 밀폐상의 측면과 뚜껑을 가지고 하부에 개폐장치가 있는 상자형 파렛트이다. 파렛트 상단에 기둥이 설치된 형태로 기둥을 접거나 연결하는 방식으로 사용하는 것은 기둥형 파렛트이다.

⑤ 탱크 파렛트는(Tank Pallet)는 주로 액체 취급 시 사용되고 밀폐를 위한 뚜껑을 가지며 상부 또는 하부에 개폐장치가 있다.

161 법 제68조(청문) 국토교통부장관, 해양수산부장관, 시 · 도지사 및 행정기관은 다음 각 호의 어느 하나에 해당하는 취소를 하려면 청문을 하여야 한다.
1. 제28조제8항에 따른 단위물류정보망 전담기관에 대한 지정의 취소
2. 제31조에 따른 국가물류통합정보센터운영자에 대한 지정의 취소
3. 제39조제1항에 따른 인증우수물류기업에 대한 인증의 취소
4. 제40조의2에 따른 심사대행기관 지정의 취소
5. 제47조제1항에 따른 국제물류주선업자에 대한 **등록의 취소**
6. 삭제
7. 제53조에 따른 물류관리사 자격의 취소
8. 제60조의6제1항에 따른 우수녹색물류실천기업의 지정취소
9. 제60조의8에 따른 지정심사대행기관의 지정취소

162 법 제19조(분과위원회) ① 국가물류정책위원회의 업무를 효율적으로 추진하기 위하여 다음 각 호의 분과위원회를 둘 수 있다.
1. 물류정책분과위원회
2. 물류시설분과위원회
3. 국제물류분과위원회

163 법 제67조(과징금) ① 시 · 도지사는 제47조제1항에 따라 국제물류주선업자에게 사업의 정지를 명하여야 하는 경우로서 그 사업의 정지가 해당 사업의 이용자 등에게 심한 불편을 주는 경우에는 그 사업정지 처분을 갈음하여 1천만원 이하의 과징금을 부과할 수 있다.

164 법 제2조(정의) ① 이 법에서 사용하는 용어의 정의는 다음과 같다.
1. "물류"란 재화가 공급자로부터 조달 · 생산되어 수요자에게 전달되거나 소비자로부터 회수되어 폐기될 때까지 이루어지는 운송 · 보관 · 하역 등과 이에 부가되어 가치를 창출하는 가공 · 조립 · **분류** · 수리 · 포장 · **상표부착** · 판매 · **정보통신** 등을 말한다.

165 영 제47조(환경친화적 물류활동) 3. 그 밖에 물류자원을 절약하고 재활용하는 활동으로서 국토교통부장관 및 **해양수산부장관**이 정하여 고시하는 사항

166 법 제27조(물류정보화의 촉진) ② **국토교통부장관 · 해양수산부장관 · 산업통상자원부장관 또는 관세청장**은 물류정보화를 촉진하기 위하여 필요한 경우에는 예산의 범위에서 물류기업 또는 물류 관련 단체에 대하여 물류정보화에 관련된 설비 또는 프로그램의 개발 · 운용비용의 일부를 지원할 수 있다.

167 법 제54조(물류관리사 고용사업자에 대한 우선지원) ① **국토교통부장관 또는 시 · 도지사**는 물류관리사를 고용한 물류관련 사업자에 대하여 다른 사업자보다 우선하여 행정적 · 재정적 지원을 할 수 있다.
② 시 · 도지사는 제1항에 따른 지원을 하려는 경우에는 중복을 방지하기 위하여 미리 **국토교통부장관과 협의**하여야 한다.

168 법 제2조(정의) 11. "국제물류주선업"이란 타인의 수요에 따라 **자기의 명의**와 계산으로 타인의 물류시설 · 장비 등을 이용하여 수출입화물의 물류를 주선하는 사업을 말한다.

169 1년 이하의 징역 또는 1천만원 이하의 벌금에 처한다. [법 제65조(벌칙) ① 4.]
① 등록취소사유이다. [법 제17조(등록의 취소 등) ① 8.]
②, ③ 300만원 이하의 과태료 [법 제67조(과태료) ①]
⑤ 200만원 이하의 과태료 [법 제67조(과태료) ② 1.]

170 영 제41조(토지·시설 등의 공급방법 등) ④ 시행자는 다음 각 호의 어느 하나에 해당하는 경우에는 제2항에도 불구하고 수의계약의 방법으로 토지·시설 등을 공급할 수 있다.
3. 「공익사업을 위한 토지 등의 취득 및 보상에 관한 법률」에 따른 협의에 응하여 자신이 소유하는 물류단지의 토지등의 **전부**를 시행자에게 양도한 자에게 국토교통부령으로 정하는 기준에 따라 토지를 공급하는 경우

171 법 제2조(정의) 3. "물류터미널사업"이란 물류터미널을 경영하는 사업으로서 복합물류터미널사업과 일반물류터미널사업을 말한다. 다만, 다음 각 목의 시설물을 경영하는 사업은 **제외**한다.
가. 「항만법」 제2조제5호의 항만시설 중 항만구역 안에 있는 화물하역시설 및 화물보관·처리 시설

172 법 제25조(행위제한 등) ② 다음 각 호의 어느 하나에 해당하는 행위는 제1항에도 불구하고 **허가를 받지 아니**하고 할 수 있다.
1. 재해복구 또는 재난수습에 필요한 응급조치를 위하여 하는 행위
2. 그 밖에 대통령령으로 정하는 행위
법 제18조(행위허가의 대상 등) ③ 법 제25조제2항제2호에서 "그 밖에 대통령령으로 정하는 행위"란 다음 각 호의 어느 하나에 해당하는 행위로서 「국토의 계획 및 이용에 관한 법률」 제56조에 따른 개발행위허가의 대상이 아닌 것을 말한다.
1. 농림수산물의 생산에 직접 이용되는 것으로서 국토교통부령으로 정하는 간이공작물의 설치
2. 경작을 위한 토지의 형질변경
3. 물류단지의 개발에 지장을 주지 아니하고 자연경관을 손상하지 아니하는 범위에서의 토석의 채취
4. 물류단지에 존치하기로 결정된 대지 안에서 물건을 쌓아놓는 행위
5. 관상용 죽목의 임시 식재(**경작지에서의** 임시 식재는 **제외**한다)

173 ㄴ. 국가 또는 **지방자치단체**는 복합물류터미널 사업의 등록을 할 수 있다. [법 제7조(복합물류터미널 사업의 등록) ②]

ㅁ. 3년이 아닌 **2년**이 올바른 표현이다. [법 제8조(등록의 결격사유) 3. 나.]

174 영 제28조(비용의 보조 또는 융자) 법 제39조제1항에 따라 국가나 지방자치단체가 보조 또는 융자할 수 있는 비용의 종목은 다음 각 호와 같다.
1. 물류단지의 간선도로의 건설비
2. 물류단지의 녹지의 건설비
3. 이주대책사업비
4. 물류단지시설용지와 지원시설용지의 조성비 및 매입비
5. 용수공급시설·하수도 및 공공폐수처리시설의 건설비
6. 문화재 조사비

175 ① 법 제22조(일반물류단지의 지정) ① 일반물류단지는 다음 각 호의 구분에 따른 자가 지정한다.
1. 국가정책사업으로 물류단지를 개발하거나 물류단지 개발사업의 대상지역이 2개 이상의 특별시·광역시·특별자치시·도 또는 특별자치도("시·도")에 걸쳐 있는 경우 : 국토교통부장관
2. 제1호 외의 경우 : 시·도지사
③ 법 제22조의2(도시첨단물류단지의 지정 등) ① 도시첨단물류단지는 국토교통부장관 또는 시·도지사가 다음 각 호의 어느 하나에 해당하는 지역에 지정하며, 시·도지사(특별자치도지사는 제외한다)가 지정하는 경우에는 시장·군수·구청장의 신청을 받아 지정할 수 있다.
1. 노후화된 일반물류터미널 부지 및 인근 지역
④ 법 제22조의3(토지소유자 등의 동의) ① 국토교통부장관 또는 시·도지사는 도시첨단물류단지를 지정하려면 도시첨단물류단지 예정지역 토지면적의 **2분의 1 이상**에 해당하는 토지소유자의 동의를 받아야 한다.
⑤ 법 제32조(토지등의 수용·사용) ① 시행자는 물류단지개발사업에 필요한 토지 등을 수용하거나 사용할 수 있다. 다만, 제27조제2항제5호(「**민법** 또는 「**상법**」에 따라 설립된 법인)의 시행자인 경우에는 사업대상 토지면적의 **3분의 2 이상**을 매입하여야 토지 등을 수용하거나 사용할 수 있다.

176 「농업협동조합법」에 따른 조합이 설치하는 구매사업 또는 판매사업 관련 시설은 일반물류단지시설이다.

177 법 제2조(정의)

4. "화물자동차 운송주선사업"이란 다른 사람의 요구에 응하여 유상으로 화물운송계약을 중개·대리하거나 화물자동차 운송사업 또는 **화물자동차 운송가맹사업을 경영하는 자의 화물 운송수단을 이용하여** 자기 명의와 계산으로 화물을 운송하는 사업(화물이 이사화물인 경우에는 포장 및 보관 등 부대서비스를 함께 제공하는 사업을 포함한다)을 말한다.

5. "화물자동차 운송가맹사업"이란 다른 사람의 요구에 응하여 **자기 화물자동차를 사용하여** 유상으로 화물을 운송하거나 화물정보망(인터넷 홈페이지 및 이동통신단말장치에서 사용되는 응용프로그램을 포함한다. 이하 같다)을 통하여 소속 화물자동차 운송가맹점(제3조제3항에 따른 운송사업자 및 제40조제1항에 따라 화물자동차 운송사업의 경영의 일부를 위탁받은 사람인 운송가맹점만을 말한다)에 의뢰하여 화물을 운송하게 하는 사업을 말한다.

178 ① 법 제3조(화물자동차 운송사업의 허가 등) ③ 제1항에 따라 화물자동차 운송사업의 허가를 받은 자(이하 "운송사업자"라 한다)가 허가사항을 변경하려면 국토교통부령으로 정하는 바에 따라 국토교통부장관의 변경허가를 받아야 한다. 다만, 대통령령으로 정하는 경미한 사항을 변경하려면 국토교통부령으로 정하는 바에 따라 국토교통부장관에게 신고하여야 한다.

영 제3조(화물자동차 운송사업의 허가 및 신고 대상) ② 법 제3조제3항 단서에서 "대통령령으로 정하는 경미한 사항"이란 다음 각 호의 어느 하나에 해당하는 사항을 말한다.

1. 상호의 변경

② 법 제29조(화물자동차 운송가맹사업의 허가 등) ① 화물자동차 운송가맹사업을 경영하려는 자는 국토교통부령으로 정하는 바에 따라 국토교통부장관에게 **허가**를 받아야 한다.

③ 규칙 제5조(차고지의 설치 등) ① 법 제3조제1항에 따라 화물자동차 운송사업의 허가를 받으려는 자(이하 "운송사업자"라 한다)는 주사무소 또는 영업소가 있는 특별시·광역시·특별자치시·특별자치도·시·군(광역시의 군은 제외한다. 이하 이 항에서 같다) 또는 같은 도 내에 있는 이에 맞닿은 시·군에 차고지를 설치하여야 한다. 다만, 다음 각 호의 어느 하나에 해당하는 경우에는 **그러하지 아니하다.**

1. 주사무소 또는 영업소가 특별시·광역시에 있는 경우 그 특별시·광역시·특별자치시와 맞닿은 특별시·광역시·특별자치시 또는 도에 있는 공동차고지, 공영차고지, 화물자동차 휴게소, 화물터미널 또는 지방자치단체의 조례로 정한 시설을 차고지로 이용하는 경우

④ 운송사업자가 주사무소를 관할 관청의 **행정구역 외로** 이전하는 경우에는 국토교통부장관에게 **허가**를 받아야 한다.

179 ①, ⑤ 법 제16조(화물자동차 운송사업의 양도와 양수 등) ① 화물자동차 운송사업을 양도·양수하려는 경우에는 국토교통부령으로 정하는 바에 따라 양수인은 국토교통부장관에게 **신고**하여야 한다.

② 법 제16조(화물자동차 운송사업의 양도와 양수 등) ② 운송사업자인 법인이 서로 합병하려는 경우(운송사업자인 법인이 운송사업자가 아닌 법인을 흡수 합병하는 경우는 **제외**한다)에는 국토교통부령으로 정하는 바에 따라 합병으로 존속하거나 신설되는 법인은 국토교통부장관에게 신고하여야 한다.

④ 제17조(화물자동차 운송사업의 상속) ① 운송사업자가 사망한 경우 상속인이 그 화물자동차 운송사업을 계속하려면 피상속인이 사망한 후 90일 이내에 국토교통부장관에게 **신고**하여야 한다.

180 법 제5조(운임 및 요금 등) ③ 국토교통부장관은 제1항에 따른 신고 또는 변경신고를 받은 날부터 14일 이내에 신고수리 여부를 신고인에게 통지하여야 한다.
법 제6조(운송약관) ② 국토교통부장관은 제1항에 따른 신고 또는 변경신고를 받은 날부터 3일 이내에 신고수리 여부를 신고인에게 통지하여야 한다.
법 제70조(과태료) 3. 제6조(제28조 및 제33조에서 준용하는 경우를 포함한다)에 따른 운송약관의 신고를 하지 아니한 자에 해당하는 자에게는 **500만원** 이하의 과태료를 부과한다.

181 법 제40조(경영의 위탁) ⑦ 위·수탁계약의 내용이 당사자 일방에게 현저하게 불공정한 경우로서 다음 각 호의 어느 하나에 해당하는 경우에는 **그 부분에 한정하여 무효**로 한다.

3. 계약불이행에 따른 당사자의 손해배상책임을 과도하게 경감하거나 가중하여 정함으로써 상대방의 정당한 이익을 침해한 경우

182 ② 영 제9조의7(적재물배상 책임보험 등의 가입 범위) 법 제35조에 따라 적재물배상 책임보험 또는 공제(이하 "적재물배상보험등"이라 한다)에 가입하려는 자는 다음 각 호의 구분에 따라 **사고 건당 2천만원**[법 제24조제1항본문에 따라 화물자동차 운송주선사업의 허가를 받은 자(이하 "운송주선사업자"라 한다)가 이사화물운송만을 주선하는 경우

에는 500만원] 이상의 금액을 지급할 책임을 지는 적재물배상보험등에 가입하여야 한다.

③, ④ **법 제37조(책임보험계약등의 해제)** 보험등 의무가입자 및 보험회사등은 **다음 각 호의 어느 하나에 해당하는 경우 외에는** 책임보험계약등의 전부 또는 일부를 해제하거나 해지하여서는 아니 된다.

5. 제29조제2항 본문에 따라 화물자동차 운송가맹사업의 허가사항이 변경(감차만을 말한다)된 경우

8. 보험회사등이 파산 등의 사유로 영업을 계속할 수 없는 경우

⑤ **법 제36조(적재물배상보험등 계약의 체결 의무)** ② 보험등 의무가입자가 적재물사고를 일으킬 개연성이 높은 경우 등 국토교통부령으로 정하는 사유에 해당하면 제1항에도 불구하고 **다수의 보험회사등이 공동으로 책임보험계약등을 체결**할 수 있다.

규칙 제41조의14(책임보험계약등을 공동으로 체결할 수 있는 경우) 법 제36조제2항에서 "국토교통부령으로 정하는 사유"란 법 제36조제1항에 따른 보험등 의무가입자가 다음 각 호의 어느 하나에 해당하는 경우를 말한다.

1. 운송사업자의 화물자동차 운전자가 그 운송사업자의 사업용 화물자동차를 운전하여 과거 2년 동안 다음 각 목의 어느 하나에 해당하는 사항을 2회 이상 위반한 경력이 있는 경우

   가. 「도로교통법」 제43조에 따른 무면허운전 등의 금지

   나. 「도로교통법」 제44조제1항에 따른 술에 취한 상태에서의 운전금지

   다. 「도로교통법」 제54조제1항에 따른 사고발생 시 조치의무

183 ㄱ. **법 제25조(운송주선사업자의 명의이용 금지)** 운송주선사업자는 자기 명의로 다른 사람에게 화물자동차 운송주선사업을 경영하게 할 수 **없다**.

ㄷ. **법 제26조(운송주선사업자의 준수사항)** ② 운송주선사업자는 화주로부터 중개 또는 대리를 의뢰받은 화물에 대하여 다른 운송주선사업자에게 수수료나 그 밖의 대가를 받고 중개 또는 대리를 의뢰하여서는 **아니 된다**.

184 **법 제11조의2(운송사업자의 직접운송 의무 등)** ③ 다른 운송사업자나 운송주선사업자로부터 화물운송을 위탁받은 운송사업자와 운송가맹사업자로부터 화물운송을 위탁받은 운송사업자(운송가맹점인 운송사업자만 해당한다)는 해당 운송사업자에게 **소속된 차량으로** 직접 화물을 운송하여야 한다. 다만, 다른 운송

사업자나 운송주선사업자로부터 화물운송을 위탁받은 운송사업자가 제1항 단서에 따른 국토교통부령으로 정하는 차량으로 운송하는 경우에는 이를 직접 운송한 것으로 본다.

185 **영 제14조(권한의 위임)** 3의1. 법 제3조제12항에 따른 화물자동차 운송사업의 임시허가에 관한 권한을 시·도지사에게 위임한다.

186 ① **법 제55조(자가용 화물자동차 사용신고)** ① 화물자동차 운송사업과 화물자동차 운송가맹사업에 이용되지 아니하고 자가용으로 사용되는 화물자동차(이하 "자가용 화물자동차"라 한다)로서 대통령령으로 정하는 화물자동차로 사용하려는 자는 국토교통부령으로 정하는 사항을 시·도지사에게 **신고**하여야 한다. 신고한 사항을 변경하려는 때에도 또한 같다.

② **법 제55조(자가용 화물자동차 사용신고)** ② 시·도지사는 제1항에 따른 **신고** 또는 변경신고를 받은 날부터 10일 이내에 신고수리 여부를 신고인에게 통지하여야 한다.

③ **법 제56조(유상운송의 금지)** 자가용 화물자동차의 소유자 또는 사용자는 자가용 화물자동차를 유상(그 자동차의 운행에 필요한 경비를 포함한다)으로 화물운송용으로 제공하거나 임대하여서는 아니 된다. 다만, 국토교통부령으로 정하는 사유에 해당되는 경우로서 시·도지사의 **허가를 받으면** 화물운송용으로 제공하거나 임대할 수 있다.

규칙 제49조(유상운송의 허가 사유) 법 제56조 단서에서 "국토교통부령으로 정하는 사유에 해당되는 경우"란 다음 각 호의 어느 하나에 해당하는 경우를 말한다.

1. 천재지변이나 이에 준하는 비상사태로 인하여 수송력 공급을 긴급히 증가시킬 필요가 있는 경우

④ **법 제56조의2(자가용 화물자동차 사용의 제한 또는 금지)** ① 시·도지사는 자가용 화물자동차의 소유자 또는 사용자가 다음 각 호의 어느 하나에 해당하면 **6개월** 이내의 기간을 정하여 그 자동차의 사용을 제한하거나 금지할 수 있다.

1. 자가용 화물자동차를 사용하여 화물자동차 운송사업을 경영한 경우

2. 제56조 단서에 따른 허가를 받지 아니하고 자가용 화물자동차를 유상으로 운송에 제공하거나 임대한 경우

187 **법 제8조(결격사유)** 다음 각 호의 어느 하나에 해당하는 사람은 검수사등의 자격을 취득할 수 없다.

1. 미성년자
2. 피성년후견인 또는 피한정후견인
3. 이 법 또는 「관세법」에 따른 죄를 범하여 금고 이상의 형의 선고를 받고 그 집행이 끝나거나(집행이 끝난 것으로 보는 경우를 포함한다) 집행이 면제된 날부터 3년이 지나지 아니한 사람
4. 이 법 또는 「관세법」에 따른 죄를 범하여 금고 이상의 형의 집행유예를 선고받고 그 유예기간 중에 있는 사람
5. 검수사등의 자격이 취소된 날부터 2년이 지나지 아니한 사람

188 **규칙 제2조(항만운송에서 제외되는 운송)** 「항만운송사업법」 제2조제1항제5호다목에서 "해양수산부령으로 정하는 운송"이란 다음 각 호의 운송을 말한다.

1. 선박에서 사용하는 물품을 공급하기 위한 운송
2. 선박에서 발생하는 분뇨 및 **폐기물**의 운송
3. 탱커선 또는 어획물운반선[어업장에서부터 양륙지까지 어획물 또는 그 제품을 운반하는 선박을 말한다]에 의한 운송

189 **법 제29조의3(청문)** 관리청은 다음 각 호의 어느 하나에 해당하는 처분을 하려면 청문을 하여야 한다.

1. 제8조의3제1항에 따른 자격의 취소
2. 제26조에 따른 등록의 취소
3. 제26조의5제1항에 따른 등록의 취소

법 제26조(사업의 정지 및 등록의 취소) ① 관리청은 항만운송사업자가 다음 각 호의 어느 하나에 해당하면 그 등록을 취소하거나 6개월 이내의 기간을 정하여 그 항만운송사업의 정지를 명할 수 있다. 다만, 제5호 또는 제6호에 해당하는 경우에는 그 등록을 취소하여야 한다.

1. 정당한 사유 없이 운임 및 요금을 인가 · 신고된 운임 및 요금과 다르게 받은 경우
2. 제6조에 따른 등록기준에 미달하게 된 경우
3. 항만운송사업자 또는 그 대표자가 「관세법」 제269조부터 제271조까지에 규정된 죄 중 어느 하나의 죄를 범하여 공소가 제기되거나 통고처분을 받은 경우
4. 사업 수행 실적이 1년 이상 없는 경우
5. 부정한 방법으로 사업을 등록한 경우
6. 사업정지명령을 위반하여 그 정지기간에 사업을 계속한 경우

② 제1항에 따른 처분의 기준 · 절차와 그 밖에 필요한 사항은 대통령령으로 정한다.

법 제26조의5(등록의 취소 등) ① 관리청은 항만운송관련사업자가 다음 각 호의 어느 하나에 해당하면 그 등록을 취소하거나 6개월 이내의 기간을 정하여 그 사업의 전부 또는 일부의 정지를 명할 수 있다. 다만, 제3호 또는 제5호에 해당하는 경우에는 그 등록을 취소하여야 한다.

3. 부정한 방법으로 사업의 등록 또는 신고를 한 경우
5. 사업정지명령을 위반하여 그 정지기간에 사업을 계속한 경우

190 ① **법 제5조(기본계획의 수립 · 시행 등)** ④ 산업통상자원부장관은 기본계획을 특별시장 · 광역시장 · 특별자치시장 · 도지사 · 특별자치도지사("**시 · 도지사**")에게 알려야 한다.

② **법 제5조(기본계획의 수립 · 시행 등)** ① 산업통상자원부장관은 유통산업의 발전을 위하여 5년마다 **유통산업발전기본계획**을 관계 중앙행정기관의 장과 협의를 거쳐 세우고 시행하여야 한다(시행계획은 매년 세워야 한다).

③ **법 제6조(시행계획의 수립 · 시행 등)** ① 산업통상자원부장관은 기본계획에 따라 매년 유통산업발전시행계획을 **관계 중앙행정기관의 장과 협의를 거쳐** 세워야 한다.

④ **법 제7조(지방자치단체의 사업시행 등)** ① **시 · 도지사**는 기본계획 및 시행계획에 따라 다음 각 호의 사항을 포함하는 지역별 시행계획을 세우고 시행하여야 한다. 이 경우 시 · 도지사는 미리 시장 · 군수 · 구청장의 의견을 들어야 한다.

191 ① **법 제7조의5(유통업상생발전협의회)** ② 협의회의 구성 및 운영 등에 필요한 사항은 **산업통상자원부령**으로 정한다.

②, ③ **규칙 제4조의2(유통업상생발전협의회의 구성)** ② 회장은 **부시장**(특별자치시의 경우 행정부시장을 말한다) · **부군수** · **부구청장**이 되고, 위원은 **특별자치시장 · 시장 · 군수 · 구청장**이 임명하거나 위촉하는 다음 각 호의 자가 된다.

④ **규칙 제4조의3(협의회의 운영 등)** ① 협의회의 회의는 재적위원 **3분의 2 이상**의 출석으로 개의하고, 출석위원 **3분의 2 이상**의 찬성으로 의결한다.

⑤ **규칙 제4조의2(유통업상생발전협의회의 구성)** ④ 특별자치시장 · 시장 · 군수 · 구청장은 제2항제1호 · 제2호 및 제3호의 위원이 다음 각 호의 어느 하나에 해당하는 경우에는 해당 위원을 해촉할 수 있다.

1. 금고 이상의 형을 선고받은 경우

192 법 제29조(공동집배송센터의 지정 등) ④ 제1항에 따라 지정받은 공동집배송센터를 조성·운영하려는 자는 지정받은 사항 중 산업통상자원부령으로 정하는 중요 사항을 변경하려면 **산업통상자원부장관의 변경지정**을 받아야 한다.

193 법 제39조(조정의 효력) ② 조정안을 제시받은 당사자는 그 제시를 받은 날부터 **15일** 이내에 그 수락 여부를 위원회에 통보하여야 한다.

194 법 제17조의2(중소유통공동도매물류센터에 대한 지원) ① 산업통상자원부장관, 중소벤처기업부장관 또는 **지방자치단체의 장**은 「중소기업기본법」 제2조에 따른 중소기업자 중 대통령령으로 정하는 **소매업자 50인** 또는 **도매업자 10인** 이상의 자(이하 이 조에서 "중소유통기업자단체"라 한다)가 공동으로 중소유통기업의 경쟁력 향상을 위하여 중소유통공동도매물류센터를 건립하거나 운영하는 경우에는 필요한 행정적·재정적 지원을 할 수 있다.

195 제7조(결격사유) 2. 철도사업의 면허가 취소된 후 그 취소일부터 **2년이 지나지 아니한 법인**

196 상법 제135조(손해배상책임) 운송인은 자기 또는 운송주선인이나 사용인, 그 밖에 운송을 위하여 사용한 자가 운송물의 수령, 인도, **보관** 및 운송에 관하여 주의를 게을리하지 아니하였음을 증명하지 아니하면 운송물의 멸실, 훼손 또는 연착으로 인한 손해를 배상할 책임이 있다.

197 법 제19조(우편물 등의 운송) 철도사업자는 여객 또는 화물 운송에 부수하여 우편물과 신문 등을 운송할 수 있다.

198 법 제27조(평가 결과의 공표 및 활용) ① 국토교통부장관은 철도서비스의 품질을 평가한 경우에는 그 평가 결과를 대통령령으로 정하는 바에 따라 신문 등 대중매체를 통하여 **공표하여야 한다.**

199 영 제12조(비축사업등의 위탁) ① 농림축산식품부장관은 법 제13조제4항에 따라 다음 각 호의 농산물의 비축사업 또는 출하조절사업을 **농업협동조합중앙회·농협경제지주회사·산림조합중앙회** 또는 **한국농수산식품유통공사**에 위탁하여 실시한다.

200 ① 법 제10조(유통협약 및 유통조절명령) ② 농림축산식품부장관 또는 해양수산부장관은 부패하거나 변질되기 쉬운 농수산물로서 농림축산식품부령 또는 해양수산부령으로 정하는 농수산물에 대하여 현저한 수급 불안정을 해소하기 위하여 특히 필요하다고 인정되고 농림축산식품부령 또는 해양수산부령으로 정하는 생산자등 또는 생산자단체가 요청할 때에는 **공정거래위원회**와 협의를 거쳐 일정 기간 동안 일정 지역의 해당 농수산물의 생산자등에게 생산조정 또는 출하조절을 하도록 하는 유통조절명령을 할 수 있다.

② 법 제10조(유통협약 및 유통조절명령) ④ 제2항에 따라 생산자등 또는 생산자단체가 유통명령을 요청하려는 경우에는 제3항에 따른 내용이 포함된 요청서를 작성하여 이해관계인·유통전문가의 의견수렴 절차를 거치고 해당 농수산물의 생산자 등의 대표나 해당 생산자단체의 재적회원 **3분의 2 이상**의 찬성을 받아야 한다.

③ 법 제10조(유통협약 및 유통조절명령) ③ 유통명령에는 유통명령을 하는 이유, 대상 품목, 대상자, 유통조절방법 등 대통령령으로 정하는 사항이 포함되어야 한다.
영 제11조(유통조절명령) 유통조절명령에는 다음 각 호의 사항이 포함되어야 한다.
7. 명령이행 확인의 방법 및 **명령 위반자에 대한 제재조치**

④ 규칙 제11조(유통명령의 요청자 등) ② 제1항 각 호에 따른 요청자가 유통명령을 요청하는 경우에는 유통명령 요청서를 해당 **지역에서 발행되는 일간지**에 공고하거나 이해관계자 대표 등에게 발송하여 10일 이상 의견조회를 하여야 한다.

2018년 기출문제

161	162	163	164	165	166	167	168	169	170
①	①	②	①	③	④	⑤	⑤	⑤	③
171	172	173	174	175	176	177	178	179	180
④	⑤	⑤	③	③	④	④	①	①	②
181	182	183	184	185	186	187	188	189	190
④	①	③	⑤	②	②	④	④	④	①
191	192	193	194	195	196	197	198	199	200
④	③	③	②	③	③	③	③	③	④

161 법 제60조(환경친화적 운송수단으로의 전환촉진) ① 국토교통부장관 · 해양수산부장관 또는 **시 · 도지사**는 물류기업 및 화주기업에 대하여 환경친화적인 운송수단으로의 전환을 권고하고 지원할 수 있다.

162 ② 법 제23조(물류 공동화 · 자동화 촉진) ② 국토교통부장관 · 해양수산부장관 · 산업통상자원부장관 또는 시 · 도지사는 **화주기업**이 물류공동화를 추진하는 경우에는 물류기업이나 물류 관련 단체와 공동으로 추진하도록 **권고**할 수 있으며, 권고를 이행하는 경우에 우선적으로 제1항의 지원을 할 수 있다.

③ 법 제23조(물류 공동화 · 자동화 촉진) ⑤ **국토교통부장관 · 해양수산부장관 또는 산업통상자원부장관**은 물류기업이 물류자동화를 위하여 물류시설 및 장비를 확충하거나 교체하려는 경우에는 필요한 자금을 지원할 수 있다.

④ 법 제23조(물류 공동화 · 자동화 촉진) ⑥ 국토교통부장관 · 해양수산부장관 또는 산업통상자원부장관은 제1항부터 제5항까지의 조치를 하려는 경우에는 중복을 방지하기 위하여 미리 **협의하여야 한다.**

⑤ 법 제23조(물류 공동화 · 자동화 촉진) ⑦ 시 · 도지사는 제1항부터 제4항까지의 조치를 하려는 경우에는 중복을 방지하기 위하여 미리 해당 조치와 관련하여 국토교통부장관 · 해양수산부장관 또는 산업통상자원부장관과 협의하고, 그 내용을 제14조에 따른 **지역물류기본계획**과 제16조에 따른 지역물류시행계획에 반영하여야 한다.

163 법 제61조(국제물류사업의 촉진 및 지원) ① 국토교통부장관 · 해양수산부장관 또는 시 · 도지사는 **국제물류협력체계 구축**, 국내 물류기업의 해외진출, 해외 물류기업의 유치 및 **환적화물**의 유치 등 국제물류 촉진을 위한 시책을 마련하여야 한다.

③ 국토교통부장관 및 해양수산부장관은 범정부차원의 지원이 필요한 국가 간 물류협력체의 구성 또는 정부간 협정의 체결 등에 관하여는 미리 **국가물류정책위원회**의 심의를 거쳐야 한다.

164 ② 법 제26조(물류회계의 표준화) ② **국토교통부장관**은 물류기업 및 화주기업이 제1항의 기업물류비 산정지침에 따라 물류비를 관리하도록 **권고할 수 있다.**

③, ④ 법 제26조(물류회계의 표준화) ③ **국토교통부장관**은 해양수산부장관 및 산업통상자원부장관과 협의하여 제1항의 기업물류비 산정지침에 따라 물류비를 계산 · 관리하는 물류기업 및 화주기업에 대하여는 필요한 행정적 · 재정적 지원을 **할 수 있다.**

⑤ 영 제18조(기업물류비 산정지침) 법 제26조제1항에 따른 기업물류비 산정지침에는 다음 각 호의 사항이 포함되어야 한다.
  1. 물류비 관련 용어 및 개념에 대한 정의
  2. 영역별 · 기능별 및 자가 · 위탁별 물류비의 분류
  3. 물류비의 계산 기준 및 계산 방법
  4. 물류비 계산서의 표준 서식

165 ① 법 제33조(전자문서 및 물류정보의 보안) ① **누구든지** 단위물류정보망 또는 제32조제1항의 전자문서를 위작 또는 변작하거나 위작 또는 변작된 전자문서를 행사하여서는 **아니 된다.**

② 영 제25조(전자문서 및 물류정보의 보관기간) 법 제33조제3항에 따른 전자문서 및 물류정보의 보관기간은 **2년**으로 한다.

④ 법 제34조(전자문서 및 물류정보의 공개) ① 국가물류통합정보센터운영자 또는 단위물류정보망 전담기관은 **대통령령으로 정하는 경우를** 제외하고는 전자문서 또는 물류정보를 공개하여서는 아니 된다.

⑤ 법 제34조(전자문서 및 물류정보의 공개) ② 국가물류통합정보센터운영자 또는 단위물류정보망 전담기관이 제1항에 따라 전자문서 또는 물류정보를 공개하려는 때에는 미리 **대통령령으로 정하는 이해관계인의 동의를** 받아야 한다.

166 법 제41조(인증서와 인증마크) ② 인증마크의 도안 및 표시방법 등에 대하여는 공동부령으로 정하는 바에 따라 **국토교통부장관 및 해양수산부장관이 공동**으로 정하여 고시한다.

167 영 제4조(물류현황조사지침) ① 법 제8조제1항에 따른 물류현황조사를 위한 조사지침에는 다음 각 호의 사항이 포함되어야 한다.
1. 조사의 종류 및 항목
2. 조사의 대상·방법 및 절차
3. 조사의 체계
4. 조사의 시기 및 지역
5. 조사결과의 집계·분석 및 관리
6. 그 밖에 효율적인 물류현황조사를 위하여 필요한 사항

168 법 제15조(지역물류기본계획의 수립절차) ② 특별시장 및 광역시장이 지역물류기본계획을 수립하거나 대통령령이 정하는 중요한 사항을 변경하려는 경우에는 미리 해당 시·도에 인접한 시·도의 시·도지사와 협의한 후 제20조의 **지역물류정책위원회**의 심의를 거쳐야 한다. 이 경우 특별시장 및 광역시장은 수립하거나 변경한 지역물류기본계획을 국토교통부장관 및 해양수산부장관에게 **통보**하여야 한다.

169 법 제5조(물류시설개발종합계획의 수립절차) ③ **관계 중앙행정기관의 장**은 필요한 경우 국토교통부장관에게 물류시설개발종합계획을 변경하도록 요청할 수 있다.

170 ① 법 제2조(정의) 1. 물류의 공동화·자동화 및 정보화를 위한 시설은 "물류시설"이다.
② 법 제2조(정의) 3. "물류터미널사업"이란 물류터미널을 경영하는 사업으로서 복합물류터미널사업과 일반물류터미널사업을 말한다. 다만, 다음 각 목의 시설물을 경영하는 사업은 **제외**한다.
　가. 「항만법」 제2조제5호의 항만시설 중 항만구역 안에 있는 화물하역시설 및 화물보관·처리 시설
　나. 「공항시설법」 제2조제7호의 공항시설 중 공항구역 안에 있는 화물운송을 위한 시설과 그 부대시설 및 지원시설
　다. 「철도사업법」 제2조제8호에 따른 철도사업자가 그 사업에 사용하는 화물운송·하역 및 보관 시설
　라. 「유통산업발전법」 제2조제15호 및 제16호의 집배송시설 및 공동집배송센터
④ 법 제2조(정의) 2. "물류터미널"이란 화물의 집화·하역 및 이와 관련된 분류·포장·보관·가공·조립 또는 통관 등에 필요한 기능을 갖춘 시설물을 말한다. 다만, 가공·조립 시설은 대통령령으로 정하는 규모 이하의 것이어야 한다.
　영 제2조(가공·조립시설의 규모 등) ① 법 제2조제2호 단서에서 "대통령령으로 정하는 규모 이하의 것"이란 가공·조립 시설의 전체 바닥면적 합계가 물류터미널의 전체 바닥면적 합계의 **4분의 1 이하**인 것을 말한다.
⑤ **법 제2조(정의)** 9. "물류단지개발사업"이란 물류단지를 조성하기 위하여 시행하는 다음 각 목의 사업으로서 도시첨단물류단지개발사업과 일반물류단지개발사업을 말한다.
　가. 물류단지시설 및 지원시설의 용지조성사업과 건축사업
　나. 도로·철도·궤도·항만 또는 공항 시설 등의 건설사업
　다. 전기·가스·용수 등의 공급시설과 전기통신 설비의 건설사업
　라. **하수도**, 폐기물처리시설, 그 밖의 환경오염방지시설 등의 건설사업
　마. 그 밖에 가목부터 라목까지의 사업에 딸린 사업

171 영 제12조의2(기반시설) 법 제20조제2항에서 "도로·철도·용수시설 등 대통령령으로 정하는 기반시설"이란 다음 각 호의 어느 하나에 해당하는 시설을 말한다.
1. 「도로법」 제2조제1호에 따른 도로
2. 「철도산업발전기본법」 제3조제1호에 따른 철도
3. 「수도법」 제3조제17호에 따른 수도시설
4. 「물환경보전법」 제2조제12호에 따른 수질오염방지시설

172 영 제4조(복합물류터미널사업의 등록) ② 법 제7조제3항에서 "대통령령으로 정하는 사항"이란 다음 각 호 외의 사항을 말한다.
1. 복합물류터미널의 부지 면적의 변경(변경 횟수에 불구하고 통산하여 부지 면적의 10분의 1 미만의 변경만 해당한다)
2. 복합물류터미널의 구조 또는 설비의 변경
3. 영업소의 명칭 또는 위치의 변경

173 ①, ② 법 제7조(복합물류터미널사업의 등록) ② 제1항에 따른 등록을 할 수 있는 자는 다음 각 호의 어느 하나에 해당하는 자로 한다.
1. 국가 또는 지방자치단체
2. 「공공기관의 운영에 관한 법률」에 따른 공공기관(이하 "공공기관"이라 한다) 중 대통령령으로 정하는 공공기관
3. 「지방공기업법」에 따른 지방공사
4. 특별법에 따라 설립된 법인
5. 「민법」 또는 「상법」에 따라 설립된 법인
③ 외국인인 경우에도 특정 서류를 제출하는 경우 복합물류터미널사업을 등록할 수 있다.

④ 규칙 제4조(복합물류터미널사업의 등록신청) 2. 등록신청을 하려는 자는 복합물류터미널의 부지 및 설비의 배치를 표시한 축척 500분의 1 이상의 평면도를 제출하여야 한다.

174 영 제26조(공공시설의 범위) 법 제36조에 따른 공공시설은 「국토의 계획 및 이용에 관한 법률」 제2조제13호에 따른 공공시설 중 다음 각 호의 시설을 말한다.
1. 도로
2. 공원
3. 광장
4. 주차장(국가 또는 지방자치단체가 설치한 것만 해당한다)
5. 철도
6. 하천
7. 녹지
8. 운동장(국가 또는 지방자치단체가 설치한 것만 해당한다)
9. 공공공지
10. 수도(한국수자원공사가 설치하는 수도의 경우에는 관로만 해당한다)
11. 하수도
12. 공동구
13. 유수지시설
14. 구거

175 ① 법 제22조(일반물류단지의 지정) ① 일반물류단지는 다음 각 호의 구분에 따른 자가 지정한다.
1. 국가정책사업으로 물류단지를 개발하거나 물류단지 개발사업의 대상지역이 2개 이상의 특별시 · 광역시 · 특별자치시 · 도 또는 특별자치도("시 · 도")에 걸쳐 있는 경우 : 국토교통부장관
2. 제1호 외의 경우 : 시 · 도지사
② 법 제22조(일반물류단지의 지정) ⑤ 일반물류단지개발계획을 수립할 때까지 제3호의 시행자가 확정되지 아니하였거나 제8호의 세부목록의 작성이 곤란한 경우에는 일반물류단지의 지정 후에 이를 일반물류단지개발계획에 포함시킬 수 있다.
④ 영 제15조(물류단지개발지침의 내용 등) ① 법 제22조의6제1항에 따른 물류단지개발지침에는 다음 각 호의 사항이 포함되어야 한다.
1. 물류단지의 계획적 · 체계적 개발에 관한 사항
2. 물류단지의 지정 · 개발 · 지원에 관한 사항
3. 「환경영향평가법」에 따른 전략환경영향평가, 소규모 환경영향평가 및 환경영향평가 등 환경보전에 관한 사항
4. 지역 간의 균형발전을 위하여 고려할 사항

5. 문화재의 보존을 위하여 고려할 사항
6. 토지가격의 안정을 위하여 필요한 사항
7. 분양가격의 결정에 관한 사항
8. 토지 · 시설 등의 공급에 관한 사항
⑤ 법 제22조의7(물류단지 실수요 검증) ① 제22조 또는 제22조의2에 따라 물류단지를 지정하는 국토교통부장관 또는 시 · 도지사(이하 "물류단지지정권자"라 한다)는 무분별한 물류단지 개발을 방지하고 국토의 효율적 이용을 위하여 물류단지 지정 전에 물류단지 실수요 검증을 실시하여야 한다. 이 경우 물류단지지정권자는 실수요 검증 대상사업에 대하여 관계 행정기관과 협의하여야 한다.

176 ①, ②, ③ 법 제15조(사업의 휴업 · 폐업) ① 복합물류터미널사업자는 복합물류터미널사업의 전부 또는 일부를 휴업하거나 폐업하려는 때에는 미리 국토교통부장관에게 신고하여야 한다.
② 복합물류터미널사업자인 법인이 합병 외의 사유로 해산한 경우에는 그 청산인(파산에 따라 해산한 경우에는 파산관재인을 말한다)은 지체 없이 그 사실을 국토교통부장관에게 신고하여야 한다.
③ 제1항에 따른 휴업기간은 6개월을 초과할 수 없다.
⑤ 규칙 제12조(사업의 휴업 · 폐업 등 신고) ① 법 제15조에 따라 복합물류터미널사업의 휴업 · 폐업신고 또는 복합물류터미널사업자인 법인의 합병 외의 사유에 따른 해산신고를 하려는 자는 별지 제8호서식의 휴업 · 폐업 또는 해산신고서를 휴업 · 폐업 또는 해산한 날부터 7일 이내에 국토교통부장관에게 제출하여야 한다.

177 영 제3조(화물자동차 운송사업의 허가 및 신고 대상) ② 법 제3조제3항 단서에서 "대통령령으로 정하는 경미한 사항"이란 다음 각 호의 어느 하나에 해당하는 사항을 말한다.
1. 상호의 변경
2. 대표자의 변경(법인인 경우만 해당한다)
3. 화물취급소의 설치 또는 폐지
4. 화물자동차의 대폐차
5. 주사무소 · 영업소 및 화물취급소의 이전. 다만, 주사무소의 경우 관할 관청의 행정구역 내에서의 이전만 해당한다.

178 법 제31조(개선명령) 국토교통부장관은 안전운행의 확보, 운송질서의 확립 및 화주의 편의를 도모하기 위하여 필요하다고 인정하면 운송가맹사업자에게 다음 각 호의 사항을 명할 수 있다.
1. 운송약관의 변경
2. 화물자동차의 구조변경 및 운송시설의 개선

3. 화물의 안전운송을 위한 조치
4. 제34조에서 준용하는 「가맹사업거래의 공정화에 관한 법률」 제7조・제10조・제11조 및 제13조에 따른 정보공개서의 제공의무 등, 가맹금의 반환, 가맹계약서의 기재사항 등, 가맹계약의 갱신 등의 통지
5. 제35조에 따른 적재물배상보험등과 「자동차손해배상 보장법」에 따라 운송가맹사업자가 의무적으로 가입하여야 하는 보험・공제의 가입
6. 그 밖에 화물자동차 운송가맹사업의 개선을 위하여 필요한 사항으로서 대통령령으로 정하는 사항

179 ② 법 제56조의2(자가용 화물자동차 사용의 제한 또는 금지) ① 시・도지사는 자가용 화물자동차의 소유자 또는 사용자가 다음 각 호의 어느 하나에 해당하면 **6개월** 이내의 기간을 정하여 그 자동차의 사용을 제한하거나 금지할 수 있다.
1. 자가용 화물자동차를 사용하여 화물자동차 운송사업을 경영한 경우
2. 허가를 받지 아니하고 자가용 화물자동차를 유상으로 운송에 제공하거나 임대한 경우

③, ④ 규칙 제51조(유상운송 허가조건 등) ② 영농조합법인이 소유하는 자가용 화물자동차에 대한 유상운송 허가기간은 **3년 이내**로 하여야 한다.
③ 시・도지사는 **영농조합법인의 신청에 의하여** 유상운송 허가기간의 연장을 허가할 수 있다. 이 경우 영농조합법인은 허가기간 만료일 30일 전까지 시・도지사에게 유상운송 허가기간의 연장을 신청하여야 한다.

⑤ 법 제3조(화물자동차 운송사업의 허가 등) ③ 제1항에 따라 화물자동차 운송사업의 허가를 받은 자가 허가사항을 변경하려면 국토교통부령으로 정하는 바에 따라 국토교통부장관의 변경허가를 받아야 한다. 다만, 대통령령으로 정하는 경미한 사항을 변경하려면 국토교통부령으로 정하는 바에 따라 국토교통부장관에게 **신고**하여야 한다.
영 제3조 ② 법 제3조제3항 단서에서 "대통령령으로 정하는 경미한 사항"이란 다음 각 호의 어느 하나에 해당하는 사항을 말한다.
1. 상호의 변경
2. 대표자의 변경(법인인 경우만 해당한다)
3. 화물취급소의 설치 또는 폐지
4. **화물자동차의 대폐차**
5. 주사무소・영업소 및 화물취급소의 이전. 다만, 주사무소의 경우 관할 관청의 행정구역 내에서의 이전만 해당한다.

180 법 제3조(화물자동차 운송사업의 허가 등) ⑤ 국토교통부장관이 제4항에서 정한 기간 내에 신고수리 여부 또는 민원 처리 관련 법령에 따른 처리기간의 연장 여부를 신고인에게 통지하지 아니하면 그 기간이 끝난 날의 **다음 날**에 신고를 수리한 것으로 본다.

181 규칙 제3조의2(화물의 기준 및 대상차량) ① 법 제2조 제3호 후단에 따른 화물의 기준은 다음 각 호의 어느 하나에 해당하는 것으로 한다.
1. 화주 1명당 화물의 중량이 20킬로그램 이상일 것
2. 화주 1명당 화물의 용적이 4만 세제곱센티미터 이상일 것
3. 화물이 다음 각 목의 어느 하나에 해당하는 물품일 것
   가. 불결하거나 악취가 나는 농산물・수산물 또는 축산물
   나. 혐오감을 주는 동물 또는 식물
   다. 기계・기구류 등 공산품
   라. 합판・각목 등 건축기자재
   마. 폭발성・인화성 또는 부식성 물품

182 존재하지 않는 규정이다.
※ 법령 개정으로 인해 일부 선지 삭제

183 ① 법 제35조(적재물배상보험등의 의무 가입) 최대적재량이 **5톤** 이상이거나 총 중량이 **10톤** 이상인 화물자동차 중 국토교통부령으로 정하는 화물자동차를 소유하고 있는 운송사업자는 제7조제1항에 따른 손해배상 책임을 이행하기 위하여 대통령령으로 정하는 바에 따라 적재물배상 책임보험 또는 공제에 가입하여야 한다.
③, ④ 법 제37조(책임보험계약등의 해제) 보험등 의무가입자 및 보험회사등은 **다음 각 호의 어느 하나에 해당하는 경우** 외에는 책임보험계약등의 전부 또는 일부를 해제하거나 해지하여서는 아니 된다.
1. 화물자동차 운송사업의 허가사항이 변경(감차만을 말한다)된 경우
2. 화물자동차 운송사업을 휴업하거나 폐업한 경우
3. **화물자동차 운송사업의 허가가 취소되거나 감차 조치 명령을 받은 경우**
4. 화물자동차 운송주선사업의 허가가 취소된 경우
5. 화물자동차 운송가맹사업의 허가사항이 변경(감차만을 말한다)된 경우
6. 화물자동차 운송가맹사업의 허가가 취소되거나 감차 조치 명령을 받은 경우
7. 적재물배상보험등에 이중으로 가입되어 하나의 책임보험계약등을 해제하거나 해지하려는 경우

8. 보험회사등이 파산 등의 사유로 영업을 계속할 수 없는 경우
9. 그 밖에 대통령령으로 정하는 경우
⑤ **법 제38조(책임보험계약등의 계약 종료일 통지 등)** ① 보험회사등은 자기와 책임보험계약등을 체결하고 있는 보험등 의무가입자에게 그 계약종료일 30일 전까지 그 계약이 끝난다는 사실을 알려야 한다.

184 **법 제19조(화물자동차 운송사업의 허가취소 등)** ① 국토교통부장관은 운송사업자가 다음 각 호의 어느 하나에 해당하면 그 허가를 취소하거나 6개월 이내의 기간을 정하여 그 사업의 전부 또는 일부의 정지를 명령하거나 감차 조치를 명할 수 있다. 다만, **제1호·제5호 또는 제13호의 경우에는 그 허가를 취소하여야 한다.**
1. 부정한 방법으로 제3조제1항에 따른 허가를 받은 경우
5. 제4조 각 호의 어느 하나에 해당하게 된 경우. 다만, 법인의 임원 중 제4조 각 호의 어느 하나에 해당하는 자가 있는 경우에 3개월 이내에 그 임원을 개임하면 허가를 취소하지 아니한다.
13. 화물자동차 교통사고와 관련하여 거짓이나 그 밖의 부정한 방법으로 보험금을 청구하여 금고 이상의 형을 선고받고 그 형이 확정된 경우

185 **법 제40조의2(위·수탁계약의 갱신 등)** 운송사업자는 위·수탁차주가 위·수탁계약기간 만료 전 150일부터 60일까지 사이에 위·수탁계약의 갱신을 요구하는 경우에는 대통령령으로 정하는 바에 따라 위·수탁계약을 갱신하기 어려운 중대한 사유가 있는 경우를 제외하고는 이를 거절할 수 없다. 다만, 최초 위·수탁계약의 기간을 포함한 전체 위·수탁계약 기간이 6년을 초과하는 경우에는 그러하지 아니하다.

186 **법 제51조의5(운영위원회 위원의 결격 사유)** 파산선고를 받고 복권되지 아니한 사람은 공제조합의 운영위원회의 위원이 될 수 없다.

187 ㄱ. 공동집배송센터의 시설기준(규칙 제23조제1항 관련) 별표6
ㄴ. 전자주문시스템(EOS)은 정보 및 주문처리시설이다. 공동집배송센터의 시설기준(규칙 제23조제1항 관련) 별표6(즉, 주된 시설이다)
ㄷ. **규칙 제24조(공동집배송센터개발촉진지구 지정 요건 등)** 부지의 면적은 10만 제곱미터 이상이어야 한다.

ㄹ. 공동집배송센터의 신탁개발을 위하여 신탁계약을 체결한 경우 신탁업자는 계약 체결일부터 14일 이내에 신탁계약서 사본을 산업통상자원부장관에게 제출하여야 한다.

188 ※ 법률 개정으로 일부 선지 삭제하였음
법 제11조(등록의 취소 등) ① 1. 대규모점포등 개설자가 정당한 사유 없이 1년 이내에 영업을 시작하지 아니한 경우에 취소 사유에 해당한다.

189 ※ 법률 개정으로 일부 선지 변경하였음
규칙 제4조의3(협의회의 운영 등) ① 협의회의 회의는 재적위원 3분의 2 이상의 출석으로 개의하고, 출석위원 3분의 2 이상의 찬성으로 의결한다.

190 **규칙 제5조(대규모점포등의 개설등록 등)** ④ 법 제8조제1항 후단에 따라 변경등록을 하여야 하는 사항은 다음 각 호의 어느 하나의 사항을 말한다.
1. 법인의 명칭, 개인 또는 법인 대표자의 성명, 개인 또는 법인의 주소
2. 개설등록 당시 매장면적의 10분의 1 이상의 변경
3. 업태 변경(대규모점포만 해당한다)
4. 점포의 소재지·상호

191 ① **법 제18조(상점가진흥조합)** ④ 상점가진흥조합은 협동조합 또는 **사업조합으로** 설립한다.
② **법 제18조(상점가진흥조합)** ③ 상점가진흥조합은 제2항에 따른 조합원의 자격이 있는 자의 3분의 2 이상의 동의를 받아 결성한다. 다만, 조합원의 자격이 있는 자 중 같은 업종을 경영하는 자가 **2분의 1 이상인** 경우에는 그 같은 업종을 경영하는 자의 5분의 3 이상의 동의를 받아 결성할 수 있다.
③ **법 제18조(상점가진흥조합)** ② 상점가진흥조합의 조합원이 될 수 있는 자는 제1항의 자로서 「중소기업기본법」 제2조에 따른 **중소기업자에 해당하는 자로** 한다.
⑤ **법 제17조의2(중소유통공동도매물류센터에 대한 지원)** ③ 지방자치단체가 중소유통공동도매물류센터를 건립하여 운영을 위탁하는 경우에는 운영주체와 협의하여 해당 중소유통공동도매물류센터의 매출액의 **1천분의 5** 이내에서 시설 및 장비의 이용료를 징수하여 시설물 및 장비의 유지·관리 등에 드는 비용에 충당할 수 있다.

192 영 2조(항만운송관련사업의 종류) 항만운송관련사업의 업종별 사업의 내용은 다음 각 호와 같다.

1. 항만용역업 : 다음 각 목의 행위를 하는 사업

　가. 통선으로 본선과 육지 사이에서 사람이나 문서 등을 운송하는 행위

　나. 본선을 경비하는 행위나 본선의 이안 및 접안을 보조하기 위하여 줄잡이 역무를 제공하는 행위

　다. 선박의 청소[유창청소는 제외한다], 오물 제거, **소독**, 폐기물의 수집·운반, 화물 고정, 칠 등을 하는 행위

　라. 선박에서 사용하는 맑은 물을 공급하는 행위

3. **선박연료공급업** : 선박용 **연료**를 공급하는 사업

193 법 제7조의2(부정행위자에 대한 제재) ① 해양수산부장관은 제7조제1항에 따른 검수사등의 자격시험에서 부정행위를 한 응시자에 대하여 그 시험을 정지 또는 무효로 하고, 그 시험을 정지하거나 무효로 한 날부터 **3년간** 같은 종류의 자격시험 응시자격을 정지한다.
법 제8조(결격사유) 다음 각 호의 어느 하나에 해당하는 사람은 검수사등의 자격을 취득할 수 없다.

5. 검수사등의 자격이 취소된 날부터 **2년**이 지나지 아니한 사람

194 ① 법 제26조의3(사업의 등록 등) ① 항만운송관련사업을 하려는 자는 항만별·업종별로 해양수산부령으로 정하는 바에 따라 관리청에게 등록하여야 한다. 다만, **선용품공급업**을 하려는 자는 해양수산부령으로 정하는 바에 따라 해양수산부장관에게 **신고**하여야 한다.
③ 규칙 제26조(항만운송관련사업의 등록 신청 및 신고) ① 항만시설의 사용허가서 사본은 **선박수리업 및 컨테이너수리업의 경우에만 제출**한다.
④ 법 제27조의6(과징금) ① 관리청은 항만운송사업자 또는 항만운송관련사업자가 제26조제1항 또는 제26조의5제1항 각 호의 어느 하나에 해당하여 사업정지처분을 하여야 하는 경우로서 그 사업의 정지가 그 사업의 이용자 등에게 심한 불편을 주거나 공익을 해칠 우려가 있는 경우에는 **사업정지처분을 갈음**하여 500만원 이하의 과징금을 부과할 수 있다.
⑤ 법 제29조의3(청문) 항만운송관련사업의 등록을 취소할 때에는 청문을 하여야 한다.

195 법 제9조의2(여객 운임·요금의 감면) ① 철도사업자는 재해복구를 위한 긴급지원, 여객 유치를 위한 기념행사, 그 밖에 철도사업의 경영상 필요하다고 인정되는 경우에는 일정한 기간과 대상을 정하여 신고한 여객 운임·요금을 감면할 수 **있다.**

196 ㄱ. 법 제11조(철도사업약관) ① 철도사업자는 철도사업약관을 정하여 **국토교통부장관에게 신고**하여야 한다. 이를 변경하려는 경우에도 같다.

ㄴ. 법 제12조(사업계획의 변경) ① 철도사업자는 사업계획을 변경하려는 경우에는 국토교통부장관에게 신고하여야 한다. 다만, 대통령령으로 정하는 중요 사항을 변경하려는 경우에는 **국토교통부장관의 인가**를 받아야 한다.

ㄷ. 법 제14조(사업의 양도·양수 등) ① 철도사업자는 그 철도사업을 양도·양수하려는 경우에는 **국토교통부장관의 인가**를 받아야 한다.

ㄹ. 법 제13조(공동운수협정) ① 철도사업자는 다른 철도사업자와 공동경영에 관한 계약이나 그 밖의 운수에 관한 협정을 체결하거나 변경하려는 경우에는 국토교통부령으로 정하는 바에 따라 국토교통부장관의 인가를 받아야 한다. 다만, 국토교통부령으로 정하는 **경미한 사항**을 변경하려는 경우에는 국토교통부령으로 정하는 바에 따라 **국토교통부장관에게 신고**하여야 한다.

197 ① 법 제45조(권리와 의무의 이전) 점용허가로 인하여 발생한 권리와 의무를 이전하려는 경우에는 대통령령으로 정하는 바에 따라 **국토교통부장관의 인가**를 받아야 한다.
② 법 제46조(원상회복의무) ① 점용허가를 받은 자는 점용허가기간이 만료되거나 점용허가가 취소된 경우에는 점용허가된 철도 재산을 **원상으로 회복하여야 한다.** 다만, 국토교통부장관은 원상으로 회복할 수 없거나 원상회복이 부적당하다고 인정하는 경우에는 원상회복의무를 면제할 수 있다.
④ 법 제46조(원상회복의무) ② 국토교통부장관은 점용허가를 받은 자가 원상회복을 하지 아니하는 경우에는 「행정대집행법」에 따라 시설물을 철거하거나 그 밖에 필요한 조치를 할 수 있다.
⑤ 법 제46조(원상회복의무) ③ 국토교통부장관은 **원상회복의무를 면제하는 경우**에는 해당 철도 재산에 설치된 시설물 등의 **무상 국가귀속**을 조건으로 할 수 있다.

198 ① 법 제34조(등록) ① 전용철도를 운영하려는 자는 국토교통부령으로 정하는 바에 따라 전용철도의 건설 · 운전 · 보안 및 운송에 관한 사항이 포함된 운영계획서를 첨부하여 국토교통부장관에게 **등록**을 하여야 한다.

② 법 제36조(전용철도 운영의 양도 · 양수 등) ① 전용철도의 운영을 양도 · 양수하려는 자는 국토교통부령으로 정하는 바에 따라 국토교통부장관에게 **신고하여야** 한다.

④ 법 제37조(전용철도 운영의 상속) ① 전용철도운영자가 사망한 경우 상속인이 그 전용철도의 운영을 계속하려는 경우에는 피상속인이 사망한 날부터 **3개월** 이내에 국토교통부장관에게 신고하여야 한다.

⑤ 법 제35조(결격사유) 이 법에 따라 전용철도 등록이 취소된 자는 취소일부터 **1년**이 지나지 않은 경우 전용철도를 등록할 수 없다.

199 법 제8조(가격 예시) ① **농림축산식품부장관 또는 해양수산부장관**은 농림축산식품부령 또는 해양수산부령으로 정하는 주요 농수산물의 수급조절과 가격안정을 위하여 필요하다고 인정할 때에는 해당 농산물의 파종기 또는 수산물의 종자입식 시기 이전에 생산자를 보호하기 위한 하한가격[이하 "예시가격"이라 한다]을 예시할 수 있다.

③ 농림축산식품부장관 또는 해양수산부장관은 예시가격을 결정할 때에는 미리 **기획재정부장관**과 협의하여야 한다.

200 법 제16조(수입이익금의 징수 등) ① **농림축산식품부장관**은 추천을 받아 농산물을 수입하는 자 중 농림축산식품부령으로 정하는 품목의 농산물을 수입하는 자에 대하여 농림축산식품부령으로 정하는 바에 따라 국내가격과 수입가격 간의 차액의 범위에서 수입이익금을 부과 · 징수할 수 있다.

161 제44조(등록의 결격사유)
다음 각 호의 어느 하나에 해당하는 자는 국제물류주선업의 등록을 할 수 없으며, 외국인 또는 외국의 법령에 따라 설립된 법인의 경우에는 해당 국가의 법령에 따라 다음 각 호의 어느 하나에 해당하는 경우에도 또한 같다.

1. 피성년후견인 또는 피한정후견인
2. 이 법, 「화물자동차 운수사업법」, 「항공사업법」, 「항공안전법」, 「공항시설법」 또는 「해운법」을 위반하여 금고 이상의 실형을 선고받고 그 집행이 종료(집행이 종료된 것으로 보는 경우를 포함한다)되거나 집행이 면제된 날부터 2년이 지나지 아니한 자
3. **이 법, 「화물자동차 운수사업법」, 「항공사업법」, 「항공안전법」, 「공항시설법」 또는 「해운법」**을 위반하여 금고 이상의 형의 집행유예를 선고받고 그 유예기간 중에 있는 자
4. 이 법, 「화물자동차 운수사업법」, 「항공사업법」, 「항공안전법」, 「공항시설법」 또는 「해운법」을 위반하여 벌금형을 선고받고 2년이 지나지 아니한 자
5. 제47조제1항에 따라 등록이 취소(이 조 제1호에 해당하여 등록이 취소된 경우는 제외한다)된 후 2년이 지나지 아니한 자
6. 법인으로서 대표자가 제1호부터 제5호까지의 어느 하나에 해당하는 경우
7. 법인으로서 대표자가 아닌 임원 중에 제2호부터 제5호까지의 어느 하나에 해당하는 사람이 있는 경우

162 제66조(등록증 대여 등의 금지)
인증우수물류기업 · 국제물류주선업자 및 우수녹색물류실천기업은 다른 사람에게 자기의 성명 또는 상호를 사용하여 사업을 하게 하거나 그 인증서 · 등록증 · 지정증 또는 자격증을 대여하여서는 아니 된다.

제66조의2(물류관리사 자격증 대여 금지 등)
① 물류관리사는 다른 사람에게 자기의 성명을 사용하여 사업을 하게 하거나 물류관리사 자격증을 대여하여서는 아니 된다.

163 제9조(지역물류현황조사 등) ③ 시·도지사는 지역물류현황조사의 효율적인 수행을 위하여 필요한 경우에는 지역물류현황조사의 **전부 또는 일부**를 전문기관으로 하여금 수행하게 할 수 있다.

④ 시·도지사는 제2항에 따라 지역물류현황조사를 요청하는 경우에는 효율적인 지역물류현황조사를 위하여 조사의 시기, 종류 및 방법 등에 관하여 해당 특별시·광역시·특별자치시·도 및 특별자치도(이하 "시·도"라 한다)의 **조례**로 정하는 바에 따라 **조사지침**을 작성하여 통보할 수 있다.

164 물류정책기본법 시행령[별표 1]

물류사업의 범위

대분류	세분류	세세분류
화물 운송업	육상화물 운송업	화물자동차운송사업, 화물자동차운송가맹사업, 철도사업
	해상화물 운송업	외항정기화물운송사업, 외항부정기화물운송사업, 내항화물운송사업
	항공화물 운송업	정기항공운송사업, 부정기항공운송사업, 상업서류송달업
	파이프라인 운송업	파이프라인운송업
물류시설 운영업	**창고업** (공동집배송센터운영업 포함)	일반창고업, 냉장 및 냉동 창고업, 농·수산물 창고업, 위험물품보관업, 그 밖의 창고업
	물류터미널 운영업	복합물류터미널, 일반물류터미널, 해상터미널, 공항화물터미널, 화물차전용터미널, 컨테이너화물조작장(CFS), 컨테이너장치장(CY), 물류단지, 집배송단지 등 물류시설의 운영업
물류 서비스업	화물취급업 (하역업 포함)	화물의 하역, 포장, 가공, 조립, 상표부착, 프로그램 설치, 품질검사 등 부가적인 물류업
	화물주선업	국제물류주선업, 화물자동차운송주선사업
	물류장비 임대업	운송장비임대업, 산업용 기계·장비 임대업, 운반용기 임대업, 화물자동차임대업, 화물선박임대업, 화물항공기임대업, 운반·적치·하역장비 임대업, 컨테이너·파렛트 등 포장용기 임대업, 선박대여업
	물류정보 처리업	물류정보 데이터베이스 구축, 물류지원 소프트웨어 개발·운영, 물류 관련 전자문서 처리업
	물류 컨설팅업	물류 관련 업무프로세스 개선 관련 컨설팅, 자동창고, 물류자동화 설비 등 도입 관련 컨설팅, 물류 관련 정보시스템 도입 관련 컨설팅
	해운부대 사업	해운대리점업, 해운중개업, 선박관리업
물류 서비스업	항만운송 관련업	항만용역업, 선용품공급업, 선박연료공급업, 선박수리업, 컨테이너 수리업, 예선업
	항만운송 사업	항만하역사업, 검수사업, 감정사업, 검량사업
종합물류 서비스업	종합물류 서비스업	종합물류서비스업

165 법 제35조의2(국가 물류보안 시책의 수립 및 지원) ② 국토교통부장관은 관계 중앙행정기관의 장과 협의하여 물류기업 또는 화주기업이 다음 각 호의 어느 하나에 해당하는 활동을 하는 경우에는 행정적·재정적 지원을 할 수 있다.

　　1. 물류보안 관련 시설·장비의 개발·도입
　　2. 물류보안 관련 제도·표준 등 국가 물류보안 시책의 **준수**
　　3. 물류보안 관련 교육 및 프로그램의 운영
　　4. 그 밖에 대통령령으로 정하는 물류보안 활동
영 제26조의2(국가 물류보안 시책의 수립 및 지원) 법 제35조의2제2항제4호에서 "대통령령으로 정하는 물류보안 활동"이란 다음 각 호의 어느 하나에 해당하는 활동을 말한다.
1. 물류보안 관련 시설·장비의 유지·관리
2. 물류보안 사고 발생에 따른 사후복구조치
3. 그 밖에 국토교통부장관이 정하여 고시하는 활동

166 제19조(물류정보화 시책) ① 국토교통부장관·해양수산부장관·산업통상자원부장관 또는 관세청장은 법 제27조제1항에 따라 물류정보화를 통한 물류체계의 효율화 시책을 강구할 때에는 다음 각 호의 사항이 포함되도록 하여야 한다.
1. 물류정보의 표준에 관한 사항
2. 물류분야 정보통신기술의 도입 및 확산에 관한 사항
3. 물류정보의 연계 및 공동활용에 관한 사항
4. 물류정보의 보안에 관한 사항
5. 그 밖에 물류효율의 향상을 위하여 필요한 사항

167 제4조의5(조정의 권고) 법 제37조의3제1항에 따라 물류신고센터가 조정을 권고하는 경우에는 다음 각 호의 사항을 명시하여 서면으로 통지해야 한다.
1. 신고의 주요내용
2. 조정권고 내용
3. 조정권고에 대한 수락 여부 통보기한
4. 향후 신고 처리에 관한 사항

168 영 제10조의2(위원의 해촉 등) ① 법 제18조제2항제 1호에 따라 위원을 지명한 자는 위원이 다음 각 호의 어느 하나에 해당하는 경우에는 그 지명을 철회할 수 있다.

1. 심신장애로 인하여 직무를 수행할 수 없게 된 경우
2. 직무와 **관련된** 비위사실이 있는 경우
3. 직무태만, 품위손상이나 그 밖의 사유로 인하여 위원으로 적합하지 아니하다고 인정되는 경우
4. 위원 스스로 직무를 수행하는 것이 곤란하다고 의사를 밝히는 경우

169 제39조(물류단지개발사업의 지원) ① 국가 또는 지방자치단체는 대통령령으로 정하는 바에 따라 물류단지개발사업에 필요한 비용의 **일부**를 보조하거나 융자할 수 있다.

170 「농수산물유통 및 가격안정에 관한 법률」 제51조에 따른 농수산물산지유통센터(축산물의 도축·가공·보관 등을 하는 축산물 종합처리시설을 포함한다)은 **지원시설**에 해당한다(법 제2조 제8호).

171 물류시설개발종합계획에는 다음 각 호의 사항이 포함되어야 한다.

1. 물류시설의 장래수요에 관한 사항
2. 물류시설의 공급정책 등에 관한 사항
3. 물류시설의 지정·개발에 관한 사항
4. 물류시설의 지역별·규모별·연도별 배치 및 우선순위에 관한 사항
5. 물류시설의 기능개선 및 효율화에 관한 사항
6. 물류시설의 **공동화·집단화**에 관한 사항
7. 물류시설의 국내 및 국제 연계수송망 구축에 관한 사항
8. 물류시설의 환경보전·관리에 관한 사항
9. 도심지에 위치한 물류시설의 정비와 교외이전에 관한 사항
10. 그 밖에 대통령령으로 정하는 사항

172 법 제7조(복합물류터미널사업의 등록) ① 복합물류터미널사업을 경영하려는 자는 국토교통부령으로 정하는 바에 따라 국토교통부장관에게 **등록**하여야 한다.

173 ① 제22조(일반물류단지의 지정) ① 일반물류단지는 국토교통부장관이 지정한다. 다만, 대통령령으로 정하는 규모 이하의 일반물류단지는 관할 **시·도지사가 지정**한다.

② 제22조(일반물류단지의 지정) ③ 시·도지사는 일반물류단지를 지정하려는 때에는 일반물류단지개발계획을 수립하여 관계 행정기관의 장과 협의한 후 「물류정책기본법」 제20조의 **지역물류정책위원회의 심의**를 거쳐야 한다. 일반물류단지개발계획 중 대통령령으로 정하는 중요 사항을 변경하려는 때에도 또한 같다.

③ 제22조의2(도시첨단물류단지의 지정 등) ① 도시첨단물류단지는 국토교통부장관 또는 시·도지사가 다음 각 호의 어느 하나에 해당하는 지역에 지정하며, 시·도지사(특별자치도지사는 제외한다)가 지정하는 경우에는 **시장·군수·구청장의 신청**을 받아 지정할 수 있다.

1. 노후화된 일반물류터미널 부지 및 인근 지역
2. 노후화된 유통업무설비 부지 및 인근 지역
3. 그 밖에 국토교통부장관이 필요하다고 인정하는 지역

④ 제22조의3(토지소유자 등의 동의) ① 국토교통부장관 또는 시·도지사는 **도시첨단물류단지**를 지정하려면 도시첨단물류단지 예정지역 토지면적의 2분의 1 이상에 해당하는 토지소유자의 동의와 토지소유자 총수(그 지상권자를 포함하며, 1필지의 토지를 여러 명이 공유하는 경우 그 여러 명은 1인으로 본다) 및 건축물 소유자 총수(집합건물의 경우 각 구분소유자 각자를 1인의 소유자로 본다) 각 2분의 1 이상의 동의를 받아야 한다.

174 제15조(물류단지개발지침의 내용 등) ① 법 제22조의6제1항에 따른 물류단지개발지침에는 다음 각 호의 사항이 포함되어야 한다.

1. 물류단지의 계획적·체계적 개발에 관한 사항
2. 물류단지의 지정·개발·지원에 관한 사항
3. 「환경영향평가법」에 따른 전략환경영향평가, 소규모 환경영향평가 및 환경영향평가 등 환경보전에 관한 사항
4. 지역 간의 균형발전을 위하여 고려할 사항
5. 문화재의 보존을 위하여 고려할 사항
6. 토지가격의 안정을 위하여 필요한 사항
7. 분양가격의 결정에 관한 사항
8. 토지·시설 등의 공급에 관한 사항

175 제32조(토지등의 수용·사용) ① 시행자는 물류단지개발사업에 필요한 토지등을 수용하거나 사용할 수 있다. 다만, 제27조제2항제5호의 시행자인 경우에는 사업대상 토지면적의 **3분의 2 이상**을 매입하여야 토지등을 수용하거나 사용할 수 있다.

176 영 제5조(공사시행의 인가 등) ② 법 제9조제1항 후단에 따라 공사계획의 변경에 관한 인가를 받아야 하는 경우는 다음 각 호와 같다.

1. 공사의 기간을 변경하는 경우
2. 물류터미널의 부지 면적을 변경하는 경우(부지 면적의 **10분의 1 이상을** 변경하는 경우만 해당한다)
3. 물류터미널 안의 건축물의 연면적(하나의 건축물의 각 층의 바닥면적의 합계를 말한다. 이하 같다)을 변경하는 경우(연면적의 **10분의 1 이상을 변경**하는 경우만 해당한다)
4. 물류터미널 안의 공공시설 중 도로 · 철도 · 광장 · 녹지나 그 밖에 **국토교통부령으로 정하는 시설**을 변경하는 경우

규칙 제8조(물류터미널공사시행변경인가의 신청) ③ 영 제5조제2항제4호에서 "그 밖에 국토교통부령으로 정하는 시설"이란 **주차장, 상수도, 하수도, 유수지, 운하, 부두, 오 · 폐수시설 및 공동구**를 말한다.

177 법 제45조(공영차고지의 설치) ③ 제2항에 따라 시 · 도지사를 제외한 차고지설치자가 설치 · 운영계획을 수립하는 경우에는 미리 시 · 도지사의 **인가**를 받아야 한다. 인가받은 계획을 변경하려는 경우에도 또한 같다.

178 제5조(운임 및 요금 등) ① 운송사업자는 운임과 요금을 정하여 미리 국토교통부장관에게 신고하여야 한다. 이를 변경하려는 때에도 또한 같다.

179 법 제3조(화물자동차 운송사업의 허가 등) ⑫ 국토교통부장관은 제40조의3제3항에 따라 해지된 위 · 수탁계약의 위 · 수탁차주였던 자가 허가취소 또는 감차 조치가 있는 날부터 3개월 내에 제1항에 따른 허가를 신청하는 경우 6개월 이내로 기간을 한정하여 허가(이하 "임시허가"라 한다)를 할 수 있다. 다만, 운송사업자의 허가취소 또는 감차 조치의 사유와 직접 관련이 있는 화물자동차의 위 · 수탁차주였던 자는 **제외**한다.

180 ① 규칙 제18조(화물자동차 운전자의 연령 · 운전경력 등의 요건) 3. 운전경력이 2년 이상일 것. 다만, 여객자동차 운수사업용 자동차 또는 화물자동차 운수사업용 자동차를 운전한 경력이 있는 경우에는 그 운전경력이 1년 이상이어야 한다.

② 법 제4조(결격사유) 다음 각 호의 어느 하나에 해당하는 자는 제3조제1항에 따른 **화물자동차 운송사업의 허가**를 받을 수 없다. 법인의 경우 그 임원 중 다음 각 호의 어느 하나에 해당하는 자가 있는 경우에도 또한 같다.

1. 피성년후견인 또는 피한정후견인
2. 파산선고를 받고 복권되지 아니한 자
3. 이 법을 위반하여 징역 이상의 실형을 선고받고 그 집행이 끝나거나(집행이 끝난 것으로 보는 경우를 포함한다) 집행이 면제된 날부터 2년이 지나지 아니한 자
4. 이 법을 위반하여 징역 이상의 형(刑)의 집행유예를 선고받고 그 유예기간 중에 있는 자
5. 제19조제1항(제1호 및 제2호는 제외한다)에 따라 허가가 취소(제4조제1호 또는 제2호에 해당하여 제19조제1항제5호에 따라 허가가 취소된 경우는 제외한다)된 후 2년이 지나지 아니한 자
6. 제19조제1항제1호 또는 제2호에 해당하여 허가가 취소된 후 5년이 지나지 아니한 자

③ 과태료 부과 여부와는 관계 없다.

④ 법 제23조(화물운송 종사자격의 취소) ① 국토교통부장관은 화물운송 종사자격을 취득한 자가 화물운송 중에 고의나 과실로 교통사고를 일으켜 사람을 사망하게 하거나 다치게 한 경우 그 **자격을 취소하거나 6개월 이내의 기간을 정하여 그 자격의 효력**을 정지시킬 수 있다.

⑤ 규칙 제4조(관할관청) ④ 화물운송 종사자격의 취소 또는 효력정지 처분은 처분 대상자의 주소지를 관할하는 시 · 도지사가 관장한다.

181 영 제9조의3(운송가맹사업자의 허가사항 변경신고의 대상) 법 제29조제2항 단서에 따라 변경신고를 하여야 하는 사항은 다음 각 호와 같다.

1. 대표자의 변경(법인인 경우만 해당한다)
2. 화물취급소의 설치 및 폐지
3. 화물자동차의 대폐차(화물자동차를 직접 소유한 운송가맹사업자만 해당한다)
4. 주사무소 · 영업소 및 화물취급소의 이전
5. 화물자동차 운송가맹계약의 체결 또는 해제 · 해지

182 법 제26조(운송주선사업자의 준수사항) ④ 운송주선사업자는 운송사업자에게 화물의 종류 · 무게 및 부피 등을 거짓으로 통보하거나 「도로법」 제77조 또는 「도로교통법」 제39조에 따른 기준을 위반하는 화물의 운송을 주선하여서는 아니 된다.

183 법 제35조(적재물배상보험등의 의무 가입) 최대 적재량이 5톤 이상이거나 총 중량이 10톤 이상인 화물자동차 중 국토교통부령으로 정하는 화물자동차를 소유하고 있는 운송사업자는 제7조제1항에 따른 손해배상 책임을 이행하기 위하여 대통령령으로 정하는 바에 따라 적재물배상 책임보험 또는 공제에 가입하여야 한다.

규칙 제41조의13(적재물배상보험등의 가입 대상차량 등) ① 법 제35조제1호에서 "국토교통부령으로 정하는 화물자동차"란 제3조에 따른 화물자동차 중 일반형·밴형 및 특수용도형 화물자동차와 견인형 특수자동차를 말한다. 다만, 특수용도형 화물자동차 중 「자동차관리법」 제2조제1호에 따른 피견인자동차는 제외한다.

184 규칙 제18조의10(화물운송 종사자격증명의 게시 등) ② 운송사업자는 다음 각 호의 어느 하나에 해당하는 경우에는 **협회에 화물운송 종사자격증명을 반납하여야 한다.**
1. 제19조제1항에 따라 퇴직한 화물자동차 운전자의 명단을 제출하는 경우
2. 제26조에 따라 화물자동차 운송사업의 휴업 또는 폐업 신고를 하는 경우

185 ① 제3조(화물자동차 운송사업의 허가 등) ⑧ 운송사업자는 다음 각 호의 어느 하나에 해당하면 증차를 수반하는 허가사항을 변경할 수 없다.
1. 제13조에 따른 개선명령을 받고 이를 이행하지 아니한 경우
2. 제19조제1항에 따른 감차조치 명령을 받은 후 **1년**이 지나지 아니한 경우
② 법 제5조(운임 및 요금 등) ① 운송사업자는 운임과 요금을 정하여 미리 국토교통부장관에게 **신고**하여야 한다. 이를 변경하려는 때에도 또한 같다. **영 제4조(운임 및 요금의 신고)** 법 제5조제1항(법 제33조에서 준용하는 경우를 포함한다)에 따라 운임 및 요금을 신고하여야 하는 화물자동차 운송사업의 허가를 받은 자 또는 화물자동차 운송가맹사업의 허가를 받은 자는 다음 각 호의 어느 하나에 해당하는 운송사업자 또는 운송가맹사업자를 말한다.
1. **구난형** 특수자동차를 사용하여 고장차량·사고차량 등을 운송하는 운송사업자 또는 운송가맹사업자
3. 밴형 화물자동차를 사용하여 화주와 화물을 함께 운송하는 운송사업자 및 운송가맹사업자
③ 법 제10조의2(화물자동차 운전자의 교통안전 기록·관리) ① **국토교통부장관**은 화물자동차의 안전운전을 확보하기 위하여 화물자동차 운전자의 교통사고, 교통법규 위반사항 및 제9조의2제1항에 따른 범죄경력을 기록·관리하여야 한다. 이 경우 국토교통부장관은 경찰청장에게 필요한 자료의 제공 등 협조를 요청할 수 있다.

④ 규칙 제21조의5(운송사업자의 직접운송의무 등) ① 법 제11조의2제1항에 따라 **일반화물자동차 운송사업자는 연간 운송계약 화물의 100분의 50 이상을 직접 운송하여야 한다.** 다만, 사업기간이 1년 미만인 경우에는 신규허가를 받은 날 또는 휴업 후 사업개시일부터 그 해의 12월 31일까지의 운송계약 화물을 기준으로 한다. 소유 대수에 관계없다.

186 법 제40조의3(위·수탁계약의 해지 등) ③ 운송사업자가 다음 각 호의 어느 하나에 해당하는 사유로 제19조제1항에 따른 허가취소 또는 감차 조치(위·수탁차주의 화물자동차가 감차 조치의 대상이 된 경우에만 해당한다)를 받은 경우 해당 운송사업자와 위·수탁차주의 위·수탁계약은 해지된 것으로 본다.
1. 제19조제1항제1호·제2호·제3호 또는 제5호

[참조] 제19조제1항제1호·제2호·제3호 또는 제5호
1. 부정한 방법으로 운송사업 허가를 받은 경우
2. 부정한 방법으로 변경허가를 받거나, 변경허가를 받지 아니하고 허가사항을 변경한 경우
3. 운송사업 허가기준을 충족하지 못하게 된 경우
5. 결격사유의 어느 하나에 해당하게 된 경우. 다만, 법인의 임원 중 결격사유에 해당하는 자가 있는 경우에 3개월 이내에 그 임원을 개임하면 허가를 취소하지 아니한다.

2. 그 밖에 운송사업자의 귀책사유(위·수탁차주의 고의에 의하여 허가취소 또는 감차 조치될 수 있는 경우는 제외한다)로 허가취소 또는 감차 조치되는 경우로서 대통령령으로 정하는 경우

187 법 제2조(정의) 3. "대규모점포"란 다음 각 목의 요건을 모두 갖춘 매장을 보유한 점포의 집단으로서 별표에 규정된 것을 말한다.
가. 하나 또는 대통령령으로 정하는 둘 이상의 연접되어 있는 건물 안에 하나 또는 여러 개로 나누어 설치되는 매장일 것
나. 상시 운영되는 매장일 것
다. 매장면적의 합계가 **3천 제곱미터** 이상일 것

188 규칙 제5조(대규모점포등의 개설등록 등) ⑦ 대규모점포등개설등록신청서를 제출받은 특별자치시장·시장·군수 또는 구청장은 「전자정부법」에 따른 행정정보의 공동이용을 통하여 다음 각 호의 **서류를 확인하여야 한다.**

189 ①, ② **제12조의2(대규모점포등에 대한 영업시간의 제한 등)** ① 특별자치시장·시장·군수·구청장은 건전한 유통질서 확립, 근로자의 건강권 및 대규모점포등과 중소유통업의 상생발전을 위하여 필요하다고 인정하는 경우 대형마트와 준대규모점포에 대하여 다음 각 호의 영업시간 제한을 명하거나 의무휴업일을 지정하여 의무휴업을 **명할 수 있다.** 다만, 연간 총매출액 중 「농수산물 유통 및 가격안정에 관한 법률」에 따른 농수산물의 매출액 비중이 **55퍼센트** 이상인 대규모점포등으로서 해당 지방자치단체의 조례로 정하는 대규모점포 등에 대하여는 그러하지 아니하다.

1. 영업시간 제한
2. 의무휴업일 지정

③ **제12조의2(대규모점포등에 대한 영업시간의 제한 등)** ② 특별자치시장·시장·군수·구청장은 오전 0시부터 **오전 10시**까지의 범위에서 영업시간을 제한할 수 있다.

⑤ **제12조의2(대규모점포등에 대한 영업시간의 제한 등)** ③ 특별자치시장·시장·군수·구청장은 매월 이틀을 의무휴업일로 지정하여야 한다. 이 경우 의무휴업일은 공휴일 중에서 지정하되, 이해당사자와 합의를 거쳐 공휴일이 아닌 날을 의무휴업일로 지정할 수 **있다.**

190 **법 제4조(적용 배제)** 다음 각 호의 시장·사업장 및 매장에 대하여는 이 법을 적용하지 아니한다.

1. 「농수산물 유통 및 가격안정에 관한 법률」에 따른 농수산물도매시장·농수산물공판장·민영농수산물도매시장 및 농수산물종합유통센터
2. 「축산법」에 따른 가축시장

191 **법 제2조(정의)**

나. 프랜차이즈형 체인사업
독자적인 상품 또는 판매·경영 기법을 개발한 체인본부가 상호·판매방법·매장운영 및 광고방법 등을 결정하고, 가맹점으로 하여금 그 결정과 지도에 따라 운영하도록 하는 형태의 체인사업이다.

다. 임의가맹점형 체인사업
체인본부의 계속적인 경영지도 및 체인본부와 가맹점 간의 협업에 의하여 가맹점의 취급품목·영업방식 등의 표준화사업과 공동구매·공동판매·공동시설활용 등 공동사업을 수행하는 형태의 체인사업이다.

192 **법 제4조(사업의 등록)** ② 항만하역사업과 **검수사업**은 **항만별로** 등록한다.

193 **법 제10조(운임 및 요금)** ⑤ 관리청이 정한 기간 내에 신고수리 여부 또는 민원 처리 관련 법령에 따른 처리기간의 연장을 신고인에게 통지하지 아니하면 그 기간(민원 처리 관련 법령에 따라 처리기간이 연장 또는 재연장된 경우에는 해당 처리기간을 말한다)이 **끝난 날의 다음 날**에 신고를 수리한 것으로 본다.

194 **법 제26조의9(부두운영계약의 해지)** ① 항만시설운영자등은 다음 각 호의 어느 하나에 해당하는 사유가 있으면 부두운영계약을 해지할 수 있다.

1. 「항만 재개발 및 주변지역 발전에 관한 법률」에 따른 항만재개발사업의 시행 등 공공의 목적을 위하여 항만시설등을 부두운영회사에 계속 임대하기 어려운 경우
2. 부두운영회사가 항만시설등의 임대료를 **3개월** 이상 연체한 경우
3. 항만시설등이 멸실되거나 그 밖에 해양수산부령으로 정하는 사유로 부두운영계약을 계속 유지할 수 없는 경우

규칙 제29조의5(부두운영계약의 해지) 법 제26조의9제1항제3호에서 "해양수산부령으로 정하는 사유"란 다음 각 호의 어느 하나에 해당하는 경우를 말한다.

1. 부두운영회사가 부두운영계약 기간 동안 자기의 귀책사유로 법 제26조의6제2항제2호에 따른 투자 계획을 이행하지 못한 경우
2. 부두운영회사가 제29조제2호에 따른 항만시설등의 분할 운영 금지 등 금지행위를 한 경우
3. 정당한 사유 없이 부두운영회사가 제29조제3호에 따른 사항을 이행하지 아니한 경우

195 ※ 관련 법령 개정으로 선지 일부 변경하였음
법 제7조(결격사유) 이 법 또는 대통령령으로 정하는 철도 관계 법령을 위반하여 금고 이상의 실형을 선고받고 그 집행이 끝나거나(끝난 것으로 보는 경우를 포함한다) 면제된 날부터 2년이 지나지 아니한 사람은 철도사업의 면허를 받을 수 없다.
영 제2조(철도관계법령) 「철도사업법」 제7조제1호다목 및 라목에서 "대통령령으로 정하는 철도 관계 법령"이란 각각 다음 각 호의 법령을 말한다.

1. 「철도산업발전 기본법」
2. 「철도안전법」
3. 「도시철도법」
4. 「국가철도공단법」
5. 「한국철도공사법」

196 법 제17조(과징금처분) ① 국토교통부장관은 철도사업자에게 **사업정지**처분을 하여야 하는 경우로서 그 **사업정지**처분이 그 철도사업자가 제공하는 철도서비스의 이용자에게 심한 불편을 주거나 그 밖에 공익을 해칠 우려가 있을 때에는 그 사업정지처분을 갈음하여 1억원 이하의 **과징금**을 부과 · 징수할 수 있다.

197 전용철도의 등록을 한 법인이 합병하려는 경우는 '신고'를 하여야 한다.

198 법 제16조(면허취소 등) ① 국토교통부장관은 철도사업자가 다음 각 호의 어느 하나에 해당하는 경우에는 면허를 취소하거나, 6개월 이내의 기간을 정하여 사업의 전부 또는 일부의 정지를 명하거나, 노선 운행중지 · 운행제한 · 감차 등을 수반하는 사업계획의 변경을 명할 수 있다. 다만, 제4호 및 제7호의 경우에는 면허를 취소하여야 한다.
1. 면허받은 사항을 정당한 사유 없이 시행하지 아니한 경우
2. 사업 경영의 불확실 또는 자산상태의 현저한 불량이나 그 밖의 사유로 사업을 계속하는 것이 적합하지 아니할 경우
3. 고의 또는 중대한 과실에 의한 철도사고로 대통령령으로 정하는 다수의 사상자(5명)가 발생한 경우
4. 거짓이나 그 밖의 부정한 방법으로 제5조에 따른 철도사업의 면허를 받은 경우
5. 면허에 붙인 부담을 위반한 경우
6. 철도사업의 면허기준에 미달하게 된 경우. 다만, 3개월 이내에 그 기준을 충족시킨 경우에는 예외로 한다.
7. 철도사업자의 임원 중 제7조제1호 각 목의 어느 하나의 결격사유에 해당하게 된 사람이 있는 경우. 다만, 3개월 이내에 그 임원을 바꾸어 임명한 경우에는 예외로 한다.
8. 국토교통부장관이 지정한 날 또는 기간에 운송을 시작하지 아니한 경우
9. 휴업 또는 폐업의 허가를 받지 아니하거나 신고를 하지 아니하고 영업을 하지 아니한 경우
10. 준수사항을 1년 이내에 3회 이상 위반한 경우
11. 개선명령을 위반한 경우
12. 명의 대여 금지를 위반한 경우

199 법 제23조(도매시장법인의 지정) ① 도매시장법인은 도매시장 개설자가 부류별로 지정하되, 중앙도매시장에 두는 도매시장법인의 경우에는 **농림축산식품부장관 또는 해양수산부장관과 협의하여 지정**한다. 이 경우 5년 이상 10년 이하의 범위에서 지정 유효기간을 설정할 수 있다.

200 [별표3] 농수산물종합유통센터의 시설기준(제46조 제3항 관련)

구분	기준
부지	20,000m² 이상
건물	10,000m² 이상
시설	1. 필수시설 　가. 농수산물 처리를 위한 집하 · 배송시설 　나. 포장 · 가공시설 　다. 저온저장고 　라. 사무실 · 전산실 　마. 농산물품질관리실 　바. 거래처주재원실 및 출하주대기실 　사. 오수 · 폐수시설 　아. 주차시설 2. 편의시설 　가. 직판장 　나. 수출지원실 　다. 휴게실 　라. 식당 　마. 금융회사 등의 점포 　바. 그 밖에 이용자의 편의를 위하여 필요한 시설

[비고]
1. 편의시설은 지역 여건에 따라 보유하지 않을 수 있다.
2. 부지 및 건물 면적은 취급 물량과 소비 여건을 고려하여 기준면적에서 50퍼센트까지 낮추어 적용할 수 있다.

2020년 기출문제

161	162	163	164	165	166	167	168	169	170
③	①	①	④	③	②	①	⑤	②	⑤
171	172	173	174	175	176	177	178	179	180
④	②	⑤	④	①	②	②	③	①	①
181	182	183	184	185	186	187	188	189	190
⑤	④	②	④	④	④	②	③	③	②
191	192	193	194	195	196	197	198	199	200
③	④	②	①	①	③	⑤	②	③	⑤

161 법 제11조(국가물류기본계획의 수립) ⑤ 국토교통부 장관은 국가물류기본계획을 수립하거나 변경한 때에는 이를 관보에 고시하고, **관계 중앙행정기관의 장 및 시·도지사에게 통보**하여야 한다.

162 법 제17조(국가물류정책위원회의 설치 및 기능) ① 국가물류정책에 관한 주요 사항을 심의하기 위하여 **국토교통부장관** 소속으로 국가물류정책위원회를 둔다.

163 ② 법 제43조(국제물류주선업의 등록) ③ 제1항에 따라 등록을 하려는 자는 3억원 이상의 자본금(법인이 아닌 경우에는 6억원 이상의 자산평가액을 말한다)을 보유하고 그 밖에 대통령령으로 정하는 기준을 충족하여야 한다.
③ 법 제47조(등록의 취소 등) ① 시·도지사는 국제물류주선업자가 다음 각 호의 어느 하나에 해당하는 경우에는 등록을 취소하거나 6개월 이내의 기간을 정하여 사업의 전부 또는 일부의 정지를 명할 수 있다. 다만, **제1호·제4호·제5호**에 해당하는 경우에는 등록을 **취소하여야** 한다.
1. 거짓이나 그 밖의 부정한 방법으로 등록을 한 경우
④ 법 제45조(사업의 승계) ① 국제물류주선업자가 그 사업을 양도하거나 **사망한 때** 또는 법인이 합병한 때에는 그 양수인·상속인 또는 합병 후 존속하는 법인이나 합병으로 설립되는 법인은 국제물류주선업의 등록에 따른 권리·의무를 **승계한다**.
⑤ 법 제45조(사업의 승계) ② 제1항에 따라 국제물류주선업의 등록에 따른 권리·의무를 승계한 자는 국토교통부령으로 정하는 바에 따라 **시·도지사에게 신고**하여야 한다.

164 ㄷ. 법 제55조(물류관련협회 등) ⑤ 물류관련협회에 관하여 이 법에 규정한 것 외에는 「민법」 중 **사단법인**에 관한 규정을 준용한다.

165 법 제67조(과징금) ③ 제1항에 따른 과징금을 기한 내에 납부하지 아니한 때에는 시·도지사는 「**지방행정제재·부과금의 징수 등에 관한 법률**」에 따라 징수한다.

166 ㄱ. 법 제71조(벌칙) ② 제33조제2항을 위반하여 국가물류통합정보센터 또는 단위물류정보망에 의하여 처리·보관 또는 전송되는 물류정보를 훼손하거나 그 비밀을 침해·도용 또는 누설한 자는 5년 이하의 징역 또는 5천만원 이하의 벌금에 처한다.
ㄹ. 법 제71조(벌칙) ④ 다음 각 호의 어느 하나에 해당하는 자는 1년 이하의 징역 또는 1천만원 이하의 벌금에 처한다.
2. 제43조제1항에 따른 국제물류주선업의 등록을 하지 아니하고 국제물류주선업을 경영한 자
ㄷ. 법 제71조(벌칙) ⑦ 다음 각 호의 어느 하나에 해당하는 자는 1천만원 이하의 벌금에 처한다.
1. 제29조의3제2항에 따른 위험물질 운송차량의 운행중지 명령에 따르지 아니한 자
ㄴ. 법 제73조(과태료) ① 다음 각 호의 어느 하나에 해당하는 자에게는 200만원 이하의 과태료를 부과한다.
3. 법 제39조제2항을 위반하여 인증마크를 계속 사용한 자

167 법 제21조(물류시설·장비의 확충) ① 국토교통부장관·해양수산부장관 또는 산업통상자원부장관은 효율적인 물류활동을 위하여 필요한 물류시설 및 장비를 확충할 것을 물류기업에 **권고**할 수 있으며, 이에 필요한 행정적·재정적 지원을 할 수 있다.

168 제28조(단위물류정보망의 구축) ⑦ 제6항에 따른 단위물류정보망 전담기관의 지정에 필요한 시설장비와 인력 등의 기준과 지정절차는 대통령령으로 정한다.
⑧ 제1항에 따라 전담기관을 지정하여 단위물류정보망을 구축·운영하는 관계 행정기관은 단위물류정보망 전담기관이 다음 각 호의 어느 하나에 해당하는 경우에는 그 지정을 취소할 수 있다. 다만, **제1호**에 해당하는 경우에는 지정을 **취소하여야** 한다.
1. 거짓이나 그 밖의 부정한 방법으로 지정을 받은 경우
2. 제7항에 따른 지정기준에 미달하게 된 경우

169 영 제2조(가공·조립시설의 규모 등) 「수산식품산업의 육성 및 지원에 관한 법률」 제16조에 따른 수산가공품 생산공장 및 같은 법 제19조의5에 따른 수산물가공업시설(냉동·냉장업 시설 및 **선상수산물가공업시설은 제외한다**) (법률 개정으로 인한 해설 변경)

170 ① **법 제4조(물류시설개발종합계획의 수립)** ① 국토교통부장관은 물류시설의 합리적 개발·배치 및 물류체계의 효율화 등을 위하여 물류시설의 개발에 관한 종합계획을 5년 단위로 수립하여야 한다.
② **영 제3조(물류시설개발종합계획의 수립)** ① 법 제4조제3항제10호(물류시설개발종합계획 포함사항)에서 "그 밖에 대통령령으로 정하는 사항"이란 **용수·에너지·통신시설** 등 기반시설에 관한 사항을 말한다.
③ **법 제5조(물류시설개발종합계획의 수립절차)** ① 국토교통부장관은 물류시설개발종합계획을 수립하는 때에는 관계 행정기관의 장으로부터 소관별 계획을 제출받아 이를 기초로 물류시설개발종합계획안을 작성하여 특별시장·광역시장·특별자치시장·도지사 또는 특별자치도지사의 의견을 듣고 관계 중앙행정기관의 장과 협의한 후 「물류정책기본법」 물류시설분과위원회의 심의를 거쳐야 한다. 물류시설개발종합계획 중 대통령령으로 정하는 사항을 변경하려는 때에도 **또한 같다.**
영 제3조(물류시설개발종합계획의 수립) ② 법 제5조제1항 후단에서 "대통령령으로 정하는 사항을 변경하려는 때"란 물류시설별 물류시설용지면적의 **100분의 10 이상**으로 물류시설의 수요·공급 계획을 변경하려는 때를 말한다.
④ **법 제5조(물류시설개발종합계획의 수립절차)** ⑤ 국토교통부장관은 물류시설개발종합계획을 효율적으로 수립하기 위하여 필요하다고 인정하는 때에는 **물류시설**에 대하여 조사할 수 **있다.**

171 **법 제17조(등록의 취소 등)** ① 국토교통부장관은 복합물류터미널사업자가 다음 각 호의 어느 하나에 해당하는 때에는 그 등록을 취소하거나 6개월 이내의 기간을 정하여 사업의 정지를 명할 수 있다. 다만, **제1호·제4호·제7호** 또는 **제8호**에 해당하는 때에는 등록을 **취소하여야 한다.**
1. 거짓이나 그 밖의 부정한 방법으로 제7조제1항에 따른 등록을 한 때
4. 제8조 각 호의 어느 하나에 해당하게 된 때. 다만, 같은 조 제3호에 해당하는 경우로서 그 사유가 발생한 날부터 3개월 이내에 해당 임원을 개임한 경우에는 그러하지 아니하다.

7. 제16조를 위반하여 다른 사람에게 자기의 성명 또는 상호를 사용하여 사업을 하게 하거나 등록증을 대여한 때
8. 이 조에 따른 사업정지명령을 위반하여 그 사업정지기간 중에 영업을 한 때

172 **법 제9조(공사시행의 인가)** ① 복합물류터미널사업자는 건설하려는 물류터미널의 구조 및 설비 등에 관한 공사계획을 수립하여 국토교통부장관의 공사시행인가를 받아야 하며, 일반물류터미널사업을 경영하려는 자는 물류터미널 건설에 관하여 필요한 경우 **시·도지사**의 공사시행인가를 받을 수 있다.

173 **법 제22조(일반물류단지의 지정)** ④ 관계 행정기관의 장과 제27조제2항제2호부터 제5호까지의 어느 하나에 해당하는 자는 일반물류단지의 지정이 필요하다고 인정하는 때에는 대상지역을 정하여 국토교통부장관 또는 시·도지사에게 일반물류단지의 지정을 요청할 수 있다. 이 경우 **중앙행정기관의 장 이외의 자**는 일반물류단지개발계획안을 작성하여 제출하여야 한다.

174 **법 제22조의6(물류단지개발지침)** ② 국토교통부장관은 물류단지개발지침을 작성할 때에는 미리 시·도지사의 의견을 듣고 관계 중앙행정기관의 장과 협의한 후 「물류정책기본법」 제19조제1항제2호에 따른 물류시설분과위원회의 심의를 거쳐야 한다. 물류단지개발지침을 변경할 때(**국토교통부령으로 정하는 경미한 사항을 변경할 때는 제외한다**)에도 또한 같다.
영 제15조(물류단지개발지침의 내용 등) ① 법 제22조의6제1항에 따른 물류단지개발지침에는 다음 각 호의 사항이 포함되어야 한다.
6. 토지가격의 안정을 위하여 필요한 사항
규칙 제16조(물류단지개발지침의 경미한 변경) 법 제22조의6제2항 후단에서 "국토교통부령으로 정하는 경미한 사항"이란 **영 제15조제1항제6호**의 사항을 말한다.

175 **영 제26조(공공시설의 범위)** 법 제36조에 따른 공공시설은 「국토의 계획 및 이용에 관한 법률」 제2조제13호에 따른 공공시설 중 다음 각 호의 시설을 말한다.
1. 도로
2. 공원
3. 광장
4. 주차장(국가 또는 지방자치단체가 설치한 것만 해당한다)
5. 철도
6. 하천
7. 녹지

8. 운동장(국가 또는 지방자치단체가 설치한 것만 해당한다)
9. 공공공지
10. 수도(한국수자원공사가 설치하는 수도의 경우에는 관로만 해당한다)
11. 하수도
12. 공동구
13. 유수지시설
14. 구거

176 법 제39조(물류단지개발사업의 지원) ② 국가 또는 지방자치단체는 물류단지의 원활한 개발을 위하여 필요한 도로·철도·항만·용수시설 등 기반시설의 설치를 우선적으로 지원하여야 한다.
영 제29조(기반시설의 설치지원) 법 제39조제2항에 따라 국가나 지방자치단체가 지원하는 기반시설은 다음 각 호와 같다.
1. 도로·철도 및 항만시설
2. 용수공급시설 및 통신시설
3. 하수도시설 및 폐기물처리시설
4. 물류단지 안의 공동구
5. 집단에너지공급시설
6. 그 밖에 물류단지개발을 위하여 특히 필요한 공공시설로서 **국토교통부령으로 정하는 시설**
규칙 제20조(기반시설의 설치지원) 영 제29조제6호에서 "그 밖에 물류단지개발을 위하여 특히 필요한 공공시설로서 국토교통부령으로 정하는 시설"이란 **유수지 및 광장**을 말한다.

177 ① 법 제47조의2(실적 신고 및 관리 등) ① 운송사업자(개인 운송사업자는 제외한다), 운송주선사업자 및 운송가맹사업자는 국토교통부령으로 정하는 바에 따라 운송 또는 주선 실적을 관리하고 이를 국토교통부장관에게 **신고**하여야 한다.
③ 법 제50조(연합회) ① 운송사업자로 구성된 협회, 운송주선사업자로 구성된 협회 및 운송가맹사업자로 구성된 협회는 그 공동목적을 달성하기 위하여 국토교통부령으로 정하는 바에 따라 **각각 연합회를 설립할 수 있다.** 이 경우 운송사업자로 구성된 협회, 운송주선사업자로 구성된 협회 및 운송가맹사업자로 구성된 협회는 각각 그 연합회의 회원이 된다.
④ 법 제67조(벌칙) 다음 각 호의 어느 하나에 해당하는 자는 **2년 이하의 징역** 또는 **2천만원** 이하의 벌금에 처한다.
  1. 제3조제1항 또는 제3항에 따른 허가를 받지 아니하거나 거짓이나 그 밖의 부정한 방법으로 허가를 받고 화물자동차 운송사업을 경영한 자

⑤ 법 제3조(화물자동차 운송사업의 허가 등) ⑪ 운송사업자는 주사무소 외의 장소에서 상주하여 영업하려면 국토교통부령으로 정하는 바에 따라 국토교통부장관의 **허가**를 받아 영업소를 설치하여야 한다. 다만, 개인 운송사업자의 경우에는 그러하지 아니하다.

178 법 제9조의7(적재물배상 책임보험 등의 가입 범위) 법 제35조에 따라 적재물배상 책임보험 또는 공제에 가입하려는 자는 다음 각 호의 구분에 따라 사고 건당 **2천만원**[운송주선사업자가 이사화물운송만을 주선하는 경우에는 500만원] 이상의 금액을 지급할 책임을 지는 적재물배상보험등에 가입하여야 한다.
1. 운송사업자 : 각 화물자동차별로 가입
2. 운송주선사업자 : **각 사업자별로 가입**
3. 운송가맹사업자 : 법 제35조제1호에 따른 화물자동차를 직접 소유한 자는 각 화물자동차별 및 각 사업자별로, 그 외의 자는 각 사업자별로 가입

179 ②, ③ 법 제56조의2(자가용 화물자동차 사용의 제한 또는 금지) ① **시·도지사**는 자가용 화물자동차의 소유자 또는 사용자가 다음 각 호의 어느 하나에 해당하면 6개월 이내의 기간을 정하여 그 자동차의 사용을 제한하거나 금지할 수 있다.
  1. 자가용 화물자동차를 사용하여 화물자동차 운송사업을 경영한 경우
  2. 제56조 단서에 따른 허가를 받지 아니하고 자가용 화물자동차를 유상으로 운송에 제공하거나 임대한 경우
④ 법 제60조의2(신고포상금 지급 등) ① 시·도지사는 다음 각 호의 어느 하나에 해당하는 자를 시·도지사나 수사기관에 신고 또는 고발한 자에 대하여 대통령령으로 정하는 바에 따라 포상금을 지급할 수 있다.
  1. 제56조를 위반하여 자가용 화물자동차를 **유상으로** 화물운송용으로 제공하거나 임대한 자
⑤ 법 제55조(자가용 화물자동차 사용신고) ① 화물자동차 운송사업과 화물자동차 운송가맹사업에 이용되지 아니하고 자가용으로 사용되는 화물자동차로서 대통령령으로 정하는 화물자동차로 사용하려는 자는 국토교통부령으로 정하는 사항을 시·도지사에게 **신고**하여야 한다. 신고한 사항을 변경하려는 때에도 또한 같다.

180 법 제46조의3(화물자동차 휴게소의 건설사업 시행 등) ① 화물자동차 휴게소 건설사업을 할 수 있는 자는 다음 각 호의 어느 하나에 해당하는 자로 한다.

1. 국가 또는 지방자치단체
2. 「공공기관의 운영에 관한 법률」에 따른 공공기관 중 대통령령으로 정하는 공공기관
3. 「지방공기업법」에 따른 지방공사
4. 대통령령으로 정하는 바에 따라 제1호부터 제3호 까지의 자로부터 지정을 받은 법인

영 제9조의18(화물자동차 휴게소 건설사업의 시행 등) ① 법 제46조의3제1항제2호에서 "대통령령으로 정하는 공공기관"이란 다음 각 호의 기관을 말한다.

1. 「한국철도공사법」에 따른 **한국철도공사**

181 법 제51조의3(공제조합의 설립인가 절차 등) ① 공제 조합을 설립하려면 공제조합의 조합원 자격이 있는 자의 10분의 1 이상이 발기하고, 조합원 자격이 있는 자 200인 이상의 동의를 받아 창립총회에서 정관을 작성한 후 국토교통부장관에게 인가를 신청하여야 한다.

182 ① 법 제57조(차량충당조건) ①화물자동차 운송사업 및 화물자동차 운송가맹사업의 신규등록, 증차 또는 대폐차(대폐차 : 차령이 만료된 차량 등을 다른 차량으로 대체하는 것을 말한다)에 충당되는 화물자동차는 차령이 3년의 범위에서 대통령령으로 정하는 연한 이내여야 한다.

② (법률개정으로 해설 삭제)

③ 규칙 제52조의3(대폐차의 대상 및 절차 등) ① 법 제57조제2항에 따른 대폐차의 대상·기한·절차·범위 및 주기는 다음 각 호의 구분에 따른다.

2. 기한 : 대폐차 변경신고를 한 날부터 15일 이내에 대폐차할 것. 다만, 국토교통부장관이 정하여 고시하는 부득이한 사유가 있는 경우에는 6개월 이내에 대폐차할 수 있다. (법률 개정으로 선지변경)

⑤ 법 제65조의2(규제의 재검토) 국토교통부장관은 다음 각 호의 사항에 대하여 2014년 1월 1일을 기준으로 3년마다 그 타당성을 검토하여 개선 등의 조치를 하여야 한다.

8. 제57조에 따른 차량충당조건

183 법 제21조(과징금의 부과) ① 국토교통부장관은 운송 사업자가 제19조제1항 각 호의 어느 하나에 해당하여 사업정지처분을 하여야 하는 경우로서 그 사업정지처분이 해당 화물자동차 운송사업의 이용자에게 심한 불편을 주거나 그 밖에 공익을 해칠 우려가 있으면 대통령령으로 정하는 바에 따라 **사업정지처분을 갈음**하여 **2천만원** 이하의 과징금을 부과·징수할 수 있다.

184 규칙 제21조(운송사업자의 준수사항) 화물운송 질서 확립, 화물자동차 운송사업의 차고지 이용 및 운송시설에 관한 사항과 그 밖에 수송의 안전 및 화주의 편의를 위하여 운송사업자가 준수하여야 할 사항은 다음 각 호와 같다.

2. 개인화물자동차 운송사업자의 경우 주사무소가 있는 특별시·광역시·특별자치시 또는 도와 이와 맞닿은 특별시·광역시·특별자치시 또는 도 **외의 지역**에 상주하여 화물자동차 운송사업을 경영하지 아니할 것

185 ①, ② 법 제3조(화물자동차 운송사업의 허가 등) ⑫ 국토교통부장관은 제40조의3제3항에 따라 해지된 위·수탁계약의 위·수탁차주였던 자가 허가취소 또는 감차 조치가 있는 날부터 **3개월** 내에 제1항에 따른 허가를 신청하는 경우 **6개월** 이내로 기간을 한정하여 허가(이하 "임시허가"라 한다)를 할 수 있다. 다만, 운송사업자의 허가취소 또는 감차 조치의 사유와 직접 관련이 있는 화물자동차의 위·수탁차주였던 자는 제외한다.

⑬ 제12항에 따라 임시허가를 받은 자가 허가 기간 내에 다른 운송사업자와 위·수탁계약을 체결하지 못하고 임시허가 기간이 만료된 경우 **3개월** 내에 제1항에 따른 허가를 신청할 수 있다.

③, ⑤ 법 제40조(경영의 위탁) ④ 제3항에 따른 계약의 당사자는 그 계약을 체결하는 경우 차량소유자·계약기간, 그 밖에 국토교통부령으로 정하는 사항을 계약서에 명시하여야 하며, 서명날인한 계약서를 서로 교부하여 보관하여야 한다. 이 경우 국토교통부장관은 건전한 거래질서의 확립과 공정한 계약의 정착을 위하여 표준 위·수탁계약서를 고시하여야 하고, 이를 우선적으로 사용하도록 **권고**할 수 있다.

⑦ 제3항에 따른 위·수탁계약의 내용이 당사자 일방에게 현저하게 불공정한 경우로서 다음 각 호의 어느 하나에 해당하는 경우에는 **그 부분에 한정하여 무효**로 한다.

1. 운송계약의 형태·내용 등 관련된 모든 사정에 비추어 계약체결 당시 예상하기 어려운 내용에 대하여 상대방에게 책임을 떠넘기는 경우

2. 계약내용에 대하여 구체적인 정함이 없거나 당사자 간 이견이 있는 경우 계약내용을 일방의 의사에 따라 정함으로써 상대방의 정당한 이익을 침해한 경우

186 법 제4조(결격사유) 다음 각 호의 어느 하나에 해당하는 자는 제3조제1항에 따른 화물자동차 운송사업의 허가를 받을 수 없다. 법인의 경우 그 임원 중 다음 각 호의 어느 하나에 해당하는 자가 있는 경우에도 또한 같다.
1. 피성년후견인 또는 피한정후견인
2. 파산선고를 받고 복권되지 아니한 자
3. 이 법을 위반하여 징역 이상의 실형을 선고받고 그 집행이 끝나거나(집행이 끝난 것으로 보는 경우를 포함한다) 집행이 면제된 날부터 **2년**이 지나지 아니한 자
4. 이 법을 위반하여 징역 이상의 형의 집행유예를 선고받고 그 유예기간 중에 있는 자
5. 제19조제1항(제1호 및 제2호는 제외한다)에 따라 허가가 취소(제4조제1호 또는 제2호에 해당하여 제19조제1항제5호에 따라 허가가 취소된 경우는 제외한다)된 후 **2년**이 지나지 아니한 자
6. 제19조제1항제1호 또는 제2호에 해당하여 허가가 취소된 후 **5년**이 지나지 아니한 자

법 제19조(화물자동차 운송사업의 허가취소 등) ① 국토교통부장관은 운송사업자가 다음 각 호의 어느 하나에 해당하면 그 허가를 취소하거나 6개월 이내의 기간을 정하여 그 사업의 전부 또는 일부의 정지를 명령하거나 감차 조치를 명할 수 있다. 다만, 제1호·제5호 또는 제13호의 경우에는 그 허가를 취소하여야 한다.
1. 부정한 방법으로 제3조제1항에 따른 허가를 받은 경우
2. 부정한 방법으로 제3조제3항에 따른 변경허가를 받거나, 변경허가를 받지 아니하고 허가사항을 변경한 경우
5. 제4조 각 호의 어느 하나에 해당하게 된 경우. 다만, 법인의 임원 중 제4조 각 호의 어느 하나에 해당하는 자가 있는 경우에 3개월 이내에 그 임원을 개임하면 허가를 취소하지 아니한다.

187 ①, ②, ③ **규칙 제4조의2(유통업상생발전협의회의 구성)** ① 유통업상생발전협의회는 성별 및 분야별 대표성 등을 고려하여 회장 1명을 포함한 **11명** 이내의 위원으로 구성한다.
② 회장은 **부시장**·부군수·부구청장이 되고, 위원은 특별자치시장·시장·군수·구청장이 임명하거나 위촉하는 다음 각 호의 자가 된다.

1. 해당 지역에 대규모점포 등을 개설하였거나 개설하려는 대형유통기업의 대표 3명
2. 해당 지역의 전통시장, 슈퍼마켓, 상가 등 중소유통기업의 대표 3명
3. 다음 각 목의 어느 하나에 해당하는 자
   가. 해당 지역의 소비자단체의 대표 또는 주민단체의 대표
   나. 해당 지역의 유통산업분야에 관한 학식과 경험이 풍부한 자
   다. 그 밖에 **대·중소유통 협력업체·납품업체**·농어업인 등 이해관계자
③ 위원의 임기는 **2년**으로 한다.
④ **규칙 제4조의3(협의회의 운영 등)** ① 협의회의 회의는 재적위원 **3분의 2 이상**의 출석으로 개의하고, 출석위원 **3분의 2 이상**의 찬성으로 의결한다.

188 법 제17조의2(중소유통공동도매물류센터에 대한 지원) ① **산업통상자원부장관, 중소벤처기업부장관** 또는 **지방자치단체의 장**은 「중소기업기본법」에 따른 중소기업자 중 대통령령으로 정하는 소매업자 50인 또는 도매업자 10인 이상의 자가 공동으로 중소유통기업의 경쟁력 향상을 위하여 중소유통공동도매물류센터를 건립하거나 운영하는 경우에는 필요한 행정적·재정적 지원을 할 수 있다.
법 제17조의2(중소유통공동도매물류센터에 대한 지원) ④ 중소유통공동도매물류센터의 건립, 운영 및 관리 등에 필요한 사항은 **중소벤처기업부장관**이 정하여 고시한다.

189 법 제10조(등록의 결격사유) 다음 각 호의 어느 하나에 해당하는 자는 대규모점포등의 등록을 할 수 없다.
1. 피성년후견인 또는 미성년자
2. 파산선고를 받고 **복권되지 아니한** 자
3. 이 법을 위반하여 징역의 실형을 선고받고 그 집행이 끝나거나(집행이 끝난 것으로 보는 경우를 포함한다) 집행이 면제된 날부터 **1년**이 지나지 아니한 사람
4. 이 법을 위반하여 징역형의 집행유예선고를 받고 그 유예기간 중에 있는 사람
5. 등록이 취소된 후 1년이 지나지 아니한 자
6. 대표자가 제1호부터 제5호까지의 어느 하나에 해당하는 법인

190 영 제16조(유통분쟁조정절차) ① 유통분쟁조정위원회는 유통분쟁조정신청을 받은 경우 신청일부터 3일 이내에 신청인 외의 관련 당사자에게 분쟁의 조정신청에 관한 사실과 그 내용을 통보하여야 한다.

191 비영리법인의 판매사업 활성화는 지원 규정이 없다.
① 재래시장의 활성화(법 제15조 제3항)
② 전문상가단지의 건립(법 제20조 제1항)
④ 중소유통공동도매물류센터의 건립 및 운영(법 제17조의2)
⑤ 중소유통기업의 창업 지원 등 중소유통기업의 구조개선 및 경쟁력 강화(법 제15조 제4항)

192 법 제2조(정의) ① 이 법에서 "항만운송"이란 타인의 수요에 응하여 하는 행위로서 다음 각 호의 어느 하나에 해당하는 것을 말한다.
16. 선적화물을 싣거나 내릴 때 그 화물의 용적 또는 중량을 계산하거나 증명하는 일[이하 "검량"이라 한다]

193 ① 법 제27조의3(항만운송 종사자 등에 대한 교육훈련) ① 항만운송사업 또는 항만운송관련사업에 종사하는 사람 중 해양수산부령으로 정하는 안전사고가 발생할 우려가 높은 작업에 종사하는 사람은 해양수산부장관이 실시하는 **교육훈련을 받아야 한다.**
②, ③, ④ **규칙 제30조의2(항만운송 종사자 등에 대한 교육훈련)** ① 법 제27조의3제1항에서 "해양수산부령으로 정하는 안전사고가 발생할 우려가 높은 작업"이란 다음 각 호의 작업을 말한다.
1. 법 제3조제1호의 항만하역사업
2. 영 제2조제1호나목 중 줄잡이 **항만용역업**
② 제1항에 따른 작업에 종사하는 사람은 교육훈련기관이 실시하는 교육훈련을 다음 각 호의 구분에 따라 받아야 한다.
1. 신규자 교육훈련 : 제1항에 따른 작업에 채용된 날부터 **6개월** 이내에 실시하는 교육훈련
2. 재직자 교육훈련 : 제1호의 **교육훈련을 받은 연도의 다음 연도** 및 그 후 매 2년마다 실시하는 교육훈련
3. 화물 고정 항만용역업
⑤ 법 제 27조의3(항만운송 종사자 등에 대한 **교육훈련**) ② 해양수산부장관은 제1항에 따른 교육훈련을 받지 아니한 사람에 대하여 해양수산부령으로 정하는 바에 따라 항만운송사업 또는 항만운송관련사업 중 해양수산부령으로 정하는 작업에 종사하는 것을 제한하여야 한다. 다만, 해양수산부령으로 정하는 정당한 사유로 교육훈련을 받지 못한 경우에는 **그러하지 아니하다.**
규칙 제30조의2(항만운송 종사자 등에 대한 **교육훈련**) ⑥ 법 제27조의3제2항 단서에서 "해양수산부령으로 정하는 정당한 사유"란 다음 각 호의 어느 하나에 해당하는 사유를 말한다.

1. 교육훈련 수요의 급격한 증가에 따라 교육훈련기관이 그 수요를 **충족**하지 못하는 경우
2. 그 밖에 제1항에 따른 작업에 종사하는 사람의 **귀책사유 없이** 교육훈련을 받지 못한 경우

194 법 제27조의8(항만운송 분쟁협의회 등) ① 항만운송사업자 단체, 항만운송근로자 단체 및 그 밖에 대통령령으로 정하는 자는 항만운송과 관련된 분쟁의 해소 등에 필요한 사항을 협의하기 위하여 **항만별로** 항만운송 분쟁협의회를 구성·운영할 수 있다.

195 제12조(사업계획의 변경) ① 철도사업자는 사업계획을 변경하려는 경우에는 국토교통부장관에게 신고하여야 한다. 다만, 대통령령으로 정하는 중요 사항을 변경하려는 경우에는 **국토교통부장관의 인가**를 받아야 한다.
제5조(사업계획의 중요한 사항의 변경) 법 제12조제1항 단서에서 "대통령령으로 정하는 중요 사항을 변경하려는 경우"란 다음 각 호의 어느 하나에 해당하는 경우를 말한다.
2. 운행구간의 변경(여객열차의 경우에 한한다)

196 (시험 출제연도 이후 법률 개정으로 해설 삭제, 정답 없음)

197 영 제12조(전용철도 등록사항의 경미한 변경 등) ① 법 제34조제1항 단서에서 "대통령령으로 정하는 경미한 변경의 경우"란 다음 각 호의 어느 하나에 해당하는 경우를 말한다.
1. 운행시간을 연장 또는 단축한 경우
2. 배차간격 또는 운행횟수를 단축 또는 연장한 경우
3. 10분의 1의 범위 안에서 철도차량 대수를 변경한 경우
4. 주사무소·철도차량기지를 제외한 운송관련 부대시설을 변경한 경우
5. 임원을 변경한 경우(법인에 한한다)
6. 6월의 범위 안에서 전용철도 건설기간을 조정한 경우

198 규칙 제20조(우수철도서비스 인증절차 등) ③ 철도사업자의 신청에 의하여 우수철도서비스인증을 하는 경우에는 그에 소요되는 비용은 당해 **철도사업자가 부담**한다.

199 법 제26조(중도매인의 업무 범위 등의 특례) 허가를 받은 중도매인은 도매시장에 설치된 공판장에서도 그 업무를 **할 수 있다.**

200 법 제27조(**경매사의 임면**) ④ 도매시장법인이 경매사를 임면하였을 때에는 농림축산식품부령 또는 해양수산부령으로 정하는 바에 따라 그 내용을 도매시장 개설자에게 신고하여야 하며, 도매시장 개설자는 **농림축산식품부장관 또는 해양수산부장관이 지정하여 고시한 인터넷 홈페이지에 그 내용을 게시하여야 한다.**

2021년 기출문제

161	162	163	164	165	166	167	168	169	170
①	③	①	②	③	⑤	⑤	②	①	②
171	172	173	174	175	176	177	178	179	180
④	③	④	②	①	①	③	⑤	④	⑤
181	182	183	184	185	186	187	188	189	190
③	②	④	④	②	②	④	⑤	⑤	①
191	192	193	194	195	196	197	198	199	200
②	②	④	③	③	③	④	④	①	⑤

161 제2조(정의) 제1항
2. "물류사업"이란 화주의 수요에 따라 유상으로 물류활동을 영위하는 것을 업으로 하는 것으로 다음 각 목의 사업을 말한다.
　가. 자동차 · 철도차량 · 선박 · 항공기 또는 파이프라인 등의 운송수단을 통하여 화물을 운송하는 화물운송업
　나. 물류터미널이나 창고 등의 물류시설을 운영하는 물류시설운영업
　다. 화물운송의 주선, 물류장비의 임대, 물류정보의 처리 또는 물류컨설팅 등의 업무를 하는 물류서비스업
　라. 가목부터 다목까지의 물류사업을 종합적 · 복합적으로 영위하는 종합물류서비스업

162 제9조(**지역물류현황조사 등**) ④ 시 · 도지사는 지역물류현황조사를 요청하는 경우에는 효율적인 지역물류현황조사를 위하여 조사의 시기, 종류 및 방법 등에 관하여 시 · 도의 조례로 정하는 바에 따라 조사지침을 작성하여 통보할 수 있다.

163 제11조(**국가물류기본계획의 수립**) ② 국가물류기본계획에는 다음 각 호의 사항이 포함되어야 한다.
　1. 국내외 물류환경의 변화와 전망
　2. 국가물류정책의 목표와 전략 및 단계별 추진계획
　2의2. 국가물류정보화사업에 관한 사항
　3. 운송 · 보관 · 하역 · 포장 등 물류기능별 물류정책 및 도로 · 철도 · 해운 · 항공 등 운송수단별 물류정책의 종합 · 조정에 관한 사항
　4. 물류시설 · 장비의 수급 · 배치 및 투자 우선순위에 관한 사항
　5. 연계물류체계의 구축과 개선에 관한 사항

6. 물류 표준화·공동화 등 물류체계의 효율화에 관한 사항
6의2. 물류보안에 관한 사항
7. 물류산업의 경쟁력 강화에 관한 사항
8. 물류인력의 양성 및 물류기술의 개발에 관한 사항
9. 국제물류의 촉진·지원에 관한 사항
9의2. 환경친화적 물류활동의 촉진·지원에 관한 사항
10. 그 밖에 물류체계의 개선을 위하여 필요한 사항

164 제29조(위험물질운송안전관리센터의 설치·운영)
① 국토교통부장관은 위험물질의 안전한 도로운송을 위하여 위험물 운송차량을 위험물질운송안전관리센터를 설치·운영한다. 이 경우 국토교통부장관은 대통령령으로 정하는 바에 따라 한국교통안전공단에 위험물질운송안전관리센터의 설치·운영을 대행하게 할 수 있다.
1. 「위험물안전관리법」에 따른 위험물
2. 「화학물질관리법」에 따른 유해화학물질
3. 「고압가스 안전관리법」에 따른 고압가스
4. 「원자력안전법」에 따른 방사성폐기물
5. 「폐기물관리법」에 따른 지정폐기물
6. 「농약관리법」에 따른 농약과 원제
7. 그 밖에 대통령령으로 정하는 물질

165 ① 제43조(국제물류주선업의 등록) ① 국제물류주선업을 경영하려는 자는 국토교통부령으로 정하는 바에 따라 시·도지사에게 등록하여야 한다.
② 제44조(등록의 결격사유) 피성년후견인 또는 피한정후견인는 국제물류주선업의 등록을 할 수 없다.
④, ⑤ 제47조(등록의 취소 등) ① 시·도지사는 국제물류주선업자가 다음 각 호의 어느 하나에 해당하는 경우에는 등록을 취소하거나 6개월 이내의 기간을 정하여 사업의 전부 또는 일부의 정지를 명할 수 있다. 다만, 제1호·제4호·제5호에 해당하는 경우에는 등록을 취소하여야 한다.
(전술생략)
1. 거짓이나 그 밖의 부정한 방법으로 등록을 한 경우
5. 다른 사람에게 자기의 성명 또는 상호를 사용하여 영업을 하게 하거나 등록증을 대여한 경우

166 ①, ④ 규칙 제4조의3(물류분쟁 신고의 종결처리) 물류신고센터는 신고 내용이 명백히 거짓인 경우, 신고 내용이 이미 수사나 감사 중에 있는 경우 접수된 신고를 종결할 수 있다. 이 경우 종결 사실과 그 사유를 신고자에게 서면 등의 방법으로 통보해야 한다.
② 영 제27조의2(물류신고센터의 설치 및 운영)
   ② 물류신고센터의 장은 국토교통부 또는 해양수산부의 물류정책을 총괄하는 부서의 장으로서 국토교통부장관 또는 해양수산부장관이 지명하는 사람이 된다.
③ 법 제37조의2(물류신고센터의 설치 등) ② 화물의 운송·보관·하역 등의 단가를 인하하기 위하여 고의적으로 재입찰하거나 계약단가 정보를 노출하는 행위로 분쟁이 발생하는 경우 그 사실을 물류신고센터에 신고할 수 있다.

167 영 제48조의2(녹색물류협의기구의 구성 및 운영 등)
① 법 녹색물류협의기구는 위원장을 포함한 15명 이상 30명 이하의 위원으로 구성한다.
② 녹색물류협의기구의 위원장은 위원 중에서 호선한다.

168 법 제55조(물류관련협회 등) ② 물류관련협회를 설립하려는 경우에는 해당 협회의 회원이 될 자격이 있는 기업 100개 이상이 발기인으로 정관을 작성하여 해당 협회의 회원이 될 자격이 있는 기업 200개 이상이 참여한 창립총회의 의결을 거친 후 소관에 따라 국토교통부장관 또는 해양수산부장관의 설립인가를 받아야 한다.

169 법 제2조(정의) 7. "일반물류단지시설"이란 화물의 운송·집화·하역·분류·포장·가공·조립·통관·보관·판매·정보처리 등을 위하여 일반물류단지 안에 설치되는 다음 각 목의 시설을 말한다.
   자. 그 밖에 물류기능을 가진 시설로서 대통령령으로 정하는 시설
영 제2조(가공·조립시설의 규모 등) ② 법 제2조제7호자목에서 "그 밖에 물류기능을 가진 시설로서 대통령령으로 정하는 시설"이란 다음 각 호의 시설을 말한다.
5. 「철도사업법」에 따른 철도사업자가 그 사업에 사용하는 화물운송·하역 및 보관 시설

170 법 제7조(복합물류터미널사업의 등록) ④ 등록을 하려는 자가 갖추어야 할 등록기준은 다음 각 호와 같다
1. 복합물류터미널이 해당 지역 운송망의 중심지에 위치하여 다른 교통수단과 쉽게 연계될 것
2. 부지 면적이 3만3천제곱미터 이상일 것

3. 다음 각 목의 시설을 갖출 것
　　가. 주차장
　　나. 화물취급장
　　다. 창고 또는 배송센터
4. 물류시설개발종합계획 및 「물류정책기본법」의 국가물류기본계획상의 물류터미널의 개발 및 정비계획 등에 배치되지 아니할 것

171 제22조의7(물류단지 실수요 검증) ① 도시첨단물류단지를 지정하는 국토교통부장관 또는 시·도지사는 무분별한 물류단지 개발을 방지하고 국토의 효율적 이용을 위하여 물류단지 지정 전에 물류단지 실수요 검증을 실시하여야 한다. 이 경우 물류단지지정권자는 실수요 검증 대상사업에 대하여 관계 행정기관과 협의하여야 한다.

172 법 제21조의2(물류창고업의 등록) ① 다음 각 호의 어느 하나에 해당하는 물류창고를 소유 또는 임차하여 물류창고업을 경영하려는 자는 국토교통부와 해양수산부의 공동부령으로 정하는 바에 따라 국토교통부장관 또는 해양수산부장관에게 등록하여야 한다.
1. 전체 바닥면적의 합계가 1천제곱미터 이상인 보관시설
2. 전체면적의 합계가 4천500제곱미터 이상인 보관장소

173 ① 영 제12조의5(스마트물류센터에 대한 지원) ② 「신용보증기금법」에 따라 설립된 신용보증기금 및 「기술보증기금법」에 따라 설립된 기술보증기금은 법 제21조의7제2항에 따라 스마트물류센터의 구축 및 운영에 필요한 자금의 대출 등으로 인한 금전채무의 보증한도, 보증료 등 보증조건을 우대할 수 있다.
② 법 제21조의4(스마트물류센터의 인증 등) ① 국토교통부장관은 스마트물류센터의 보급을 촉진하기 위하여 스마트물류센터를 인증할 수 있다. 이 경우 인증의 유효기간은 인증을 받은 날부터 3년으로 한다.
③ 규칙 제13조의2(스마트물류센터 인증기준) ② 스마트물류센터 인증의 등급은 5등급으로 구분한다.
⑤ 법 제65조(벌칙) ② 제21조의4제5항을 위반하여 거짓의 인증마크를 제작·사용하거나 스마트물류센터임을 사칭한 자는 3천만원 이하의 벌금에 처한다.

174 법 제32조(토지등의 수용·사용) ① 시행자는 물류단지개발사업에 필요한 토지등을 수용하거나 사용할 수 있다. 다만, 「민법」 또는 「상법」에 따라 설립된 법인이 시행자인 경우에는 사업대상 토지면적의 3분의 2 이상을 매입하여야 토지등을 수용하거나 사용할 수 있다.
② 제1항에 따라 토지등을 수용하거나 사용하는 경우에 물류단지 지정 고시를 한 때에는 「공익사업을 위한 토지 등의 취득 및 보상에 관한 법률」에 따른 사업인정 및 그 고시를 한 것으로 본다.

175 법 제59조의7(물류 교통·환경 정비사업의 지원) 국가 또는 시·도지사는 지정된 정비지구에서 시장·군수·구청장에게 다음 각 호의 사업에 대한 행정적·재정적 지원을 할 수 있다.
1. 도로 등 기반시설의 신설·확장·개량 및 보수
2. 「화물자동차 운수사업법」에 따른 공영차고지 및 화물자동차 휴게소의 설치
3. 「소음·진동관리법」에 따른 방음·방진시설의 설치
4. 그 밖에 정비지구의 교통·환경 정비를 위하여 대통령령으로 정하는 사업
규칙 제46조의8(물류 교통·환경 정비사업의 지원) 법 제59조의7제4호에서 "대통령령으로 정하는 사업"이란 「환경친화적 자동차의 개발 및 보급 촉진에 관한 법률」에 따른 전기자동차의 충전시설 및 수소연료공급시설을 설치·정비 또는 개량하는 사업을 말한다.

176 규칙 제42조의2(물류단지재정비사업의 구분 등) ① 물류단지의 전부 재정비사업은 토지이용계획 및 주요 기반시설계획의 변경을 수반하는 경우로서 지정된 물류단지 면적의 100분의 50 이상을 재정비하는 사업을 말한다.
② 물류단지의 부분 재정비사업은 제1항 이외의 물류단지재정비사업을 말한다.

177 ① 제3조(화물자동차 운송사업의 허가 등) ① 화물자동차 운송사업을 경영하려는 자는 각 호의 구분에 따라 국토교통부장관의 허가를 받아야 한다.
1. 일반화물자동차 운송사업 : 20대 이상의 범위에서 대통령령으로 정하는 대수 이상의 화물자동차를 사용하여 화물을 운송하는 사업
2. 개인화물자동차 운송사업 : 화물자동차 1대를 사용하여 화물을 운송하는 사업으로서 대통령령으로 정하는 사업

③ 제3조(화물자동차 운송사업의 허가 등) ③ 운송사업자가 허가사항을 변경하려면 국토교통부령으로 정하는 바에 따라 국토교통부장관의 변경허가를 받아야 한다. 다만, 대통령령으로 정하는 경미한 사항을 변경하려면 국토교통부령으로 정하는 바에 따라 국토교통부장관에게 신고하여야 한다.
규칙 제3조(화물자동차 운송사업의 허가 및 신고 대상) ② 법 제3조제3항 단서에서 "대통령령으로 정하는 경미한 사항"이란 다음 각 호의 어느 하나에 해당하는 사항을 말한다.
　　　　　　　　(전술생략)
2. 대표자의 변경(법인인 경우만 해당한다)

178 ① 규칙 제16조(운송약관의 신고 등) ② 운송약관 신고서에는 다음 각 호의 서류를 첨부하여야 한다.
　1. 운송약관
　2. 운송약관의 신·구대비표(변경신고인 경우만 해당한다)
② 규칙 제16조(운송약관의 신고 등) ④ 운송약관의 신고 또는 변경신고는 협회로 하여금 대리하게 할 수 있다.
③ 법 제6조(운송약관) ③ 국토교통부장관이 제2항에서 정한 기간 내에 신고수리 여부 또는 민원 처리 관련 법령에 따른 처리기간의 연장 여부를 신고인에게 통지하지 아니하면 그 기간이 끝난 날의 다음 날에 신고를 수리한 것으로 본다.
④ 법 제6조(운송약관) ④ 국토교통부장관은 제48조 또는 제50조에 따라 설립된 협회 또는 연합회가 작성한 것으로서 「약관의 규제에 관한 법률」에 따라 공정거래위원회의 심사를 거친 화물운송에 관한 표준이 되는 약관("표준약관")이 있으면 운송사업자에게 그 사용을 권장할 수 있다.

179 법 제5조의5(화물자동차 안전운임의 효력) ③ 화물운송계약 중 화물자동차 안전운임에 미치지 못하는 금액을 운임으로 정한 부분은 무효로 하며, 해당 부분은 화물자동차 안전운임과 동일한 운임을 지급하기로 한 것으로 본다.

180 모두 옳은 표현이다.

181 규칙 제21조(운송사업자의 준수사항) 4. 최대적재량 1.5톤 이하의 화물자동차의 경우에는 주차장, 차고지 또는 지방자치단체의 조례로 정하는 시설 및 장소에서만 밤샘주차할 것

182 법 제40조의3(위·수탁계약의 해지 등) ① 운송사업자는 위·수탁계약을 해지하려는 경우에는 위·수탁차주에게 2개월 이상의 유예기간을 두고 계약의 위반 사실을 구체적으로 밝히고 이를 시정하지 아니하면 그 계약을 해지한다는 사실을 서면으로 2회 이상 통지하여야 한다. 다만, 대통령령으로 정하는 바에 따라 위·수탁계약을 지속하기 어려운 중대한 사유가 있는 경우에는 그러하지 아니하다.

183 법 제27조(화물자동차 운송주선사업의 허가취소 등) ① 국토교통부장관은 운송주선사업자가 다음 각 호의 어느 하나에 해당하면 그 허가를 취소하거나 6개월 이내의 기간을 정하여 그 사업의 정지를 명할 수 있다. 다만, 제1호·제2호 및 제9호의 경우에는 그 허가를 취소하여야 한다.
　1. 제28조에서 준용하는 제4조 각 호의 어느 하나(결격사유)에 해당하게 된 경우. 다만, 법인의 임원 중 제4조 각 호의 어느 하나에 해당하는 자가 있는 경우 3개월 이내에 그 임원을 개임한 경우에는 취소하지 아니한다.
　2. 거짓이나 그 밖의 부정한 방법으로 허가를 받은 경우
　9. 이 조에 따른 사업정지명령을 위반하여 그 사업 정지기간 중에 사업을 한 경우

184 법 제31조(개선명령) 국토교통부장관은 안전운행의 확보, 운송질서의 확립 및 화주의 편의를 도모하기 위하여 필요하다고 인정하면 운송가맹사업자에게 다음 각 호의 사항을 명할 수 있다.
　1. 운송약관의 변경
　2. 화물자동차의 구조변경 및 운송시설의 개선
　　(후술생략)

185 ① 제41조의13(적재물배상보험등의 가입 대상차량 등) ① 법 제35조제1호에서 "국토교통부령으로 정하는 화물자동차"란 제3조에 따른 화물자동차 중 일반형·밴형 및 특수용도형 화물자동차와 견인형 특수자동차를 말한다. 다만, 다음 각 호의 어느 하나에 해당하는 화물자동차는 제외한다.
　1. 건축폐기물·쓰레기 등 경제적 가치가 없는 화물을 운송하는 차량으로서 국토교통부장관이 정하여 고시하는 화물자동차
　2. 배출가스저감장치를 차체에 부착함에 따라 총중량이 10톤 이상이 된 화물자동차 중 최대 적재량이 5톤 미만인 화물자동차
　3. 특수용도형 화물자동차 중 「자동차관리법」에 따른 피견인자동차

③ ⑤ 제9조의7(적재물배상 책임보험 등의 가입 범위) 적재물배상 책임보험 또는 공제에 가입하려는 자는 다음 각 호의 구분에 따라 사고 건당 2천만원 이상의 금액을 지급할 책임을 지는 적재물배상보험등에 가입하여야 한다.
1. 운송사업자 : 각 화물자동차별로 가입
2. 운송주선사업자 : 각 사업자별로 가입
3. 운송가맹사업자 : 법 제35조제1호에 따른 화물자동차를 직접 소유한 자는 각 화물자동차별 및 각 사업자별로, 그 외의 자는 각 사업자별로 가입
④ 제37조(책임보험계약등의 해제) 보험등 의무가입자 및 보험회사등은 다음 각 호의 어느 하나에 해당하는 경우 외에는 책임보험계약등의 전부 또는 일부를 해제하거나 해지하여서는 아니 된다.
6. 제32조제1항에 따라 화물자동차 운송가맹사업의 허가가 취소되거나 감차 조치 명령을 받은 경우
제32조(화물자동차 운송가맹사업의 허가취소 등) ①
12. 중대한 교통사고 또는 빈번한 교통사고로 1명 이상의 사상자를 발생하게 한 경우

186 ① 법 제40조(경영의 위탁) ① 운송사업자는 화물자동차 운송사업의 효율적인 수행을 위하여 필요하면 다른 사람(운송사업자를 제외한 개인을 말한다)에게 차량과 그 경영의 일부를 위탁하거나 차량을 현물출자한 사람에게 그 경영의 일부를 위탁할 수 있다.
③ 법 제40조(경영의 위탁) ⑦ 위·수탁계약의 내용이 당사자 일방에게 현저하게 불공정한 경우로서 다음 각 호의 어느 하나에 해당하는 경우에는 그 부분에 한정하여 무효로 한다.
(전술생략)
2. 계약내용에 대하여 구체적인 정함이 없거나 당사자 간 이견이 있는 경우 계약내용을 일방의 의사에 따라 정함으로써 상대방의 정당한 이익을 침해한 경우
④ 법 제39조(조정의 효력) ② 조정안을 제시받은 당사자는 그 제시를 받은 날부터 15일 이내에 그 수락 여부를 위원회에 통보하여야 한다.
⑤ 법 제40조의2(위·수탁계약의 갱신 등)② 운송사업자가 갱신 요구를 거절하는 경우에는 그 요구를 받은 날부터 15일 이내에 위·수탁차주에게 거절 사유를 적어 서면으로 통지하여야 한다.

187 제2조(정의)
5. "임시시장"이란 다수의 수요자와 공급자가 일정한 기간 동안 상품을 매매하거나 용역을 제공하는 일정한 장소를 말한다.
6. 다. 임의가맹점형 체인사업
체인본부의 계속적인 경영지도 및 체인본부와 가맹점 간의 협업에 의하여 가맹점의 취급품목·영업방식 등의 표준화사업과 공동구매·공동판매·공동시설 활용 등 공동사업을 수행하는 형태의 체인사업

188 ① 제5조(기본계획의 수립·시행 등) ① 산업통상자원부장관은 유통산업의 발전을 위하여 5년마다 유통산업발전기본계획을 관계 중앙행정기관의 장과 협의를 거쳐 세우고 시행하여야 한다.
②, ⑤ 기본계획에는 다음 각 호의 사항이 포함되어야 한다.
1. 유통산업 발전의 기본방향
2. 유통산업의 국내외 여건 변화 전망
3. 유통산업의 현황 및 평가
4. 유통산업의 지역별·종류별 발전 방안
5. 산업별·지역별 유통기능의 효율화·고도화 방안
6. 유통전문인력·부지 및 시설 등의 수급 변화에 대한 전망
7. 중소유통기업의 구조개선 및 경쟁력 강화 방안
8. 대규모점포와 중소유통기업 및 중소제조업체 사이의 건전한 상거래질서의 유지 방안
9. 그 밖에 유통산업의 규제완화 및 제도개선 등 유통산업의 발전을 촉진하기 위하여 필요한 사항
③ 제6조(시행계획의 수립·시행 등) ① 산업통상자원부장관은 기본계획에 따라 매년 유통산업발전시행계획을 관계 중앙행정기관의 장과 협의를 거쳐 세워야 한다.
④ 영 제6조(기본계획 등의 수립을 위한 자료의 제출 요청 등) ③ 관계 중앙행정기관의 장은 시행계획의 집행실적을 다음 연도 2월 말일까지 산업통상자원부장관에게 제출하여야 한다.

189 ㄱ. 제12조의6(관리규정) ① 대규모점포등관리자는 대규모점포등의 관리 또는 사용에 관하여 입점상인의 3분의 2 이상의 동의를 얻어 관리규정을 제정하여야 하며 관리규정에 따라 대규모점포등을 관리하여야 한다.

ㄴ. 영 제7조의7(관리규정의 제정·개정 방법) ① 관리규정을 제정하려는 대규모점포등관리자는 대규모점포등관리자신고에 따른 신고를 한 날부터 3개월 이내에 표준관리규정을 참조하여 관리규정을 제정하여야 한다.

190 ㄴ. 제18조(상점가진흥조합) ⑤ 상점가진흥조합의 구역은 다른 상점가진흥조합의 구역과 중복되어서는 아니 된다.
ㄹ. 제17조의2(중소유통공동도매물류센터에 대한 지원) ④ 중소유통공동도매물류센터의 건립, 운영 및 관리 등에 필요한 사항은 중소벤처기업부장관이 정하여 고시한다.

191 ① 규칙 제19조(공동집배송센터의 지정요건)
1. 부지면적이 3만제곱미터 이상이고, 집배송시설면적이 1만제곱미터 이상일 것
③ 제32조(공동집배송센터의 신탁개발) ② 신탁계약을 체결한 신탁업자는 공동집배송센터사업자의 지위를 승계한다. 이 경우 공동집배송센터사업자는 계약체결일부터 14일 이내에 신탁계약서 사본을 산업통상자원부장관에게 제출하여야 한다.
④ 제34조(공동집배송센터 개발촉진지구의 지정 등) ① 시·도지사는 집배송시설의 집단적 설치를 촉진하고 집배송시설의 효율적 배치를 위하여 공동집배송센터 개발촉진지구의 지정을 산업통상자원부장관에게 요청할 수 있다.
⑤ 지정권자는 산업통상자원부장관이다.

192 제2조(항만운송관련사업의 종류) 항만운송관련사업의 업종별 사업의 내용은 다음 각 호와 같다.
1. 항만용역업 : 다음 각 목의 행위를 하는 사업
가. 통선과 육지 사이에서 사람이나 문서 등을 운송하는 행위
②, ③, ④, ⑤의 경우 항만운송이다.

193 제26조의3(사업의 등록 등) ③ 항만운송관련사업 중 선박연료공급업을 등록한 자는 사용하려는 장비를 추가하거나 그 밖에 사업계획 중 해양수산부령으로 정하는 사항을 변경하려는 경우 해양수산부령으로 정하는 바에 따라 해양수산부장관에게 사업계획 변경신고를 하여야 한다.

194 규칙 제15조(운임 및 요금) ③ 검수사업·감정사업 또는 검량사업의 등록을 한 자는 요금의 설정신고 또는 변경신고를 할 때에는 다음 각 호의 사항을 기재한 서류를 해양수산부장관, 지방해양수산청장 또는 시·도지사에게 제출하여야 한다.
1. 상호
2. 성명 및 주소
3. 사업의 종류
4. 취급화물의 종류
5. 항만명(검수사업만 해당한다)
6. 변경 전후의 요금 비교, 변경 사유와 변경 예정일(요금을 변경하는 경우만 해당한다)
7. 설정하거나 변경하려는 요금의 적용방법

195 ①, ② 제11조(철도사업약관)
① 철도사업자는 철도사업약관을 정하여 국토교통부장관에게 신고하여야 한다. 이를 변경하려는 경우에도 같다.
③ 국토교통부장관은 제1항에 따른 신고 또는 변경신고를 받은 날부터 3일 이내에 신고수리 여부를 신고인에게 통지하여야 한다.
④ 철도사업자는 사업용철도노선별로 여객열차의 정차역의 10분의 2를 변경하는 경우 국토교통부장관에게 인가를 받아야 한다.
⑤ 제8조(사업계획의 변경절차 등) ① 철도사업자는 사업계획을 변경하려는 때에는 사업계획을 변경하려는 날 1개월 전까지(변경하려는 사항이 인가 사항인 경우에는 2개월 전까지) 사업계획변경신고서 또는 사업계획변경인가신청서를 제출하여야 한다.

196 〈22년 과징금 분할납부금지 규정 삭제로 정답 없음〉

197 제24조(철도화물 운송에 관한 책임) ① 철도사업자의 화물의 멸실·훼손 또는 인도의 지연에 대한 손해배상책임에 관하여는 「상법」 제135조를 준용한다.
상법 제135조(손해배상책임) 운송인은 자기 또는 운송주선인이나 사용인, 그 밖에 운송을 위하여 사용한 자가 운송물의 수령, 인도, 보관 및 운송에 관하여 주의를 게을리하지 아니하였음을 증명하지 아니하면 운송물의 멸실, 훼손 또는 연착으로 인한 손해를 배상할 책임이 있다.

198 ㄱ. 제34조(등록) ① 전용철도를 운영하려는 자는 국토교통부령으로 정하는 바에 따라 전용철도의 건설·운전·보안 및 운송에 관한 사항이 포함된 운영계획서를 첨부하여 국토교통부장관에게 등록을 하여야 한다. 등록사항을 변경하려는 경우에도 같다. 다만 대통령령으로 정하는 경미한 변경의 경우에는 예외로 한다. (6월의 범위안에서 전용철도 건설기간을 조정한 경우)

ㄴ. ㄷ. 제38조(전용철도 운영의 휴업·폐업) 전용철도운영자가 그 운영의 전부 또는 일부를 휴업 또는 폐업한 경우에는 1개월 이내에 국토교통부장관에게 신고하여야 한다.

199 제17조(도매시장의 개설 등) ① 도매시장은 대통령령으로 정하는 바에 따라 부류별로 또는 둘 이상의 부류를 종합하여 중앙도매시장의 경우에는 특별시·광역시·특별자치시 또는 특별자치도가 개설하고, 지방도매시장의 경우에는 특별시·광역시·특별자치시·특별자치도 또는 시가 개설한다.
다만, 시가 지방도매시장을 개설하려면 도지사의 허가를 받아야 한다.

200 제43조(공판장의 개설) ② 농림수협등, 생산자단체 또는 공익법인이 공판장의 개설승인을 받으려면 농림축산식품부령 또는 해양수산부령으로 정하는 바에 따라 공판장 개설승인 신청서에 업무규정과 운영관리계획서 등 승인에 필요한 서류를 첨부하여 시·도지사에게 제출하여야 한다.
규칙 제40조(공판장의 개설승인 절차) ① 공판장 개설승인 신청서에는 다음 각 호의 서류를 첨부하여야 한다.
1. 공판장의 업무규정. 다만, 도매시장의 업무규정에서 이를 정하는 도매시장공판장의 경우는 제외한다.
2. 운영관리계획서

161 법 제11조(국가물류기본계획의 수립) ⑤ 국토교통부장관은 국가물류기본계획을 수립하거나 변경한 때에는 이를 관보에 고시하고, 관계 중앙행정기관의 장 및 시·도지사에게 통보하여야 한다.

162 법 제59조(환경친화적 물류의 촉진) ② 국토교통부장관·해양수산부장관 또는 시·도지사는 물류기업, 화주기업 또는 「화물자동차 운수사업법」 제2조제11호가목에 따른 개인 운송사업자가 환경친화적 물류활동을 위하여 다음 각 호의 활동을 하는 경우에는 행정적·재정적 지원을 할 수 있다.
1. 환경친화적인 운송수단 또는 포장재료의 사용
2. 기존 물류시설·장비·운송수단을 환경친화적인 물류시설·장비·운송수단으로 변경
3. 그 밖에 대통령령으로 정하는 환경친화적 물류활동
영 제47조(환경친화적 물류활동) 법 제59조제2항제3호에서 "그 밖에 대통령령으로 정하는 환경친화적 물류활동"이란 다음 각 호의 활동을 말한다.
1. 환경친화적인 물류시스템의 도입 및 개발
2. 물류활동에 따른 폐기물 감량
3. 그 밖에 물류자원을 절약하고 재활용하는 활동으로서 국토교통부장관 및 해양수산부장관이 정하여 고시하는 사항

163 ① 규칙 제11조(물류연수기관) 법 제50조제2항제3호에 따른 물류연수기관은 다음 각 호와 같다.
2. 법 제55조제1항에 따라 설립된 물류관련협회 또는 물류관련협회가 설립한 교육·훈련기관
3. 법 제56조제1항에 따라 설치된 물류지원센터
4. 「화물자동차 운수사업법」 제48조제1항 및 제50조제1항에 따라 화물자동차운수사업자가 설립한 협회 또는 연합회와 화물자동차운수사

업자가 설립한 협회 또는 연합회가 설립한 교육·훈련기관

5. 「대한무역투자진흥공사법」에 따른 대한무역투자진흥공사
6. 「민법」 제32조에 따라 설립된 물류와 관련된 비영리법인
7. 그 밖에 국토교통부장관 및 해양수산부장관이 지정·고시하는 기관
8. 「한국해양수산연수원법」에 따른 한국해양수산연수원
9. 「항만운송사업법」 제27조의3에 따라 해양수산부장관의 설립인가를 받아 설립된 교육훈련기관

164 영 제48조의2(녹색물류협의기구의 구성 및 운영 등) ② 녹색물류협의기구의 위원장은 위원 중에서 호선한다.

165 영 제13조(분과위원회) ② 각 분과위원회의 위원장은 해당 분과위원회의 위원 중에서 국토교통부장관(물류정책분과위원회 및 물류시설분과위원회의 경우로 한정한다) 또는 해양수산부장관(국제물류분과위원회의 경우로 한정한다)이 지명하는 사람으로 한다.

166 ① 법 제43조(국제물류주선업의 등록) ③ 등록을 하려는 자는 3억원 이상의 자본금(법인이 아닌 경우에는 6억원 이상의 자산평가액을 말한다)을 보유하고 그 밖에 대통령령으로 정하는 기준을 충족하여야 한다.
영 제30조의2(국제물류주선업의 등록) 법 제43조제3항에서 "대통령령으로 정하는 기준"이란 다음 각 호의 어느 하나에 해당하는 경우를 제외하고는 1억원 이상의 보증보험에 가입하여야 하는 것을 말한다.
1. 자본금 또는 자산평가액이 10억원 이상인 경우
2. 컨테이너장치장을 소유하고 있는 경우
3. 「은행법」 제2조제1항제2호에 따른 은행으로부터 1억원 이상의 지급보증을 받은 경우
4. 1억원 이상의 화물배상책임보험에 가입한 경우
② 법 제43조(국제물류주선업의 등록) ① 국제물류주선업을 경영하려는 자는 국토교통부령으로 정하는 바에 따라 시·도지사에게 등록하여야 한다.
③ 법 제43조(국제물류주선업의 등록) ④ 국제물류주선업자는 등록기준에 관한 사항을 3년이 경과할 때마다 국토교통부령으로 정하는 바에 따라 신고하여야 한다.
⑤ 법 제46조(사업의 휴업·폐업 관련 정보의 제공 요청) 시·도지사는 국제물류주선업자의 휴업·폐업 사실을 확인하기 위하여 필요한 경우에는 관할 세무관서의 장에게 대통령령으로 정하는 바에 따라 휴업·폐업에 관한 과세정보의 제공을 요청할 수 있다. 이 경우 요청을 받은 세무관서의 장은 정당한 사유가 없으면 그 요청에 따라야 한다.

167 물류정책기본법 시행령 [별표 1의2] 사업별 우수물류기업 인증의 주체와 대상
국제물류주선기업, 화물정보망기업, 화물자동차운송기업에 대한 우수물류기업 인증의 주체는 국토교통부장관이다. (물류창고기업 : 국토교통부장관 또는 해양수산부장관, 종합물류서비스기업 : 국토교통부장관, 해양수산부장관 공동)

168 틀린 선지 없음

169 영 제12조의2(기반시설)
1. 「도로법」 제2조제1호에 따른 도로
2. 「철도산업발전기본법」 제3조제1호에 따른 철도
3. 「수도법」 제3조제17호에 따른 수도시설
4. 「물환경보전법」 제2조제12호에 따른 수질오염방지시설

170 법 제19조(물류터미널사업협회) ② 물류터미널사업협회를 설립하려는 경우에는 해당 협회의 회원의 자격이 있는 자 중 5분의 1 이상의 발기인이 정관을 작성하여 해당 협회의 회원 자격이 있는 자의 3분의 1 이상이 출석한 창립총회의 의결을 거친 후 국토교통부장관의 설립인가를 받아야 한다.

171 ② 법 제7조(복합물류터미널사업의 등록) ② 제1항에 따른 등록을 할 수 있는 자는 다음 각 호의 어느 하나에 해당하는 자로 한다.
1. 국가 또는 지방자치단체
2. 「공공기관의 운영에 관한 법률」에 따른 공공기관 중 대통령령으로 정하는 공공기관
3. 「지방공기업법」에 따른 지방공사
4. 특별법에 따라 설립된 법인
5. 「민법」 또는 「상법」에 따라 설립된 법인
영 제4조(복합물류터미널사업의 등록) ① 법 제7조제2항제2호에서 "대통령령으로 정하는 공공기관"이란 다음 각 호의 기관을 말한다.
1. 「한국철도공사법」에 따른 한국철도공사
2. 「한국토지주택공사법」에 따른 한국토지주택공사
3. 「한국도로공사법」에 따른 한국도로공사
4. 「한국수자원공사법」에 따른 한국수자원공사

6. 「한국농어촌공사 및 농지관리기금법」에 따른 한국농어촌공사
7. 「항만공사법」에 따른 항만공사

③ 법 제8조(등록의 결격사유) 다음 각 호의 어느 하나에 해당하는 자는 복합물류터미널사업의 등록을 할 수 없다.
   1. 이 법을 위반하여 벌금형 이상을 선고받은 후 2년이 지나지 아니한 자 (후술 생략)

④ 법 제7조(복합물류터미널사업의 등록) ④ 등록을 하려는 자가 갖추어야 할 등록기준은 다음 각 호와 같다.
   1. 복합물류터미널이 해당 지역 운송망의 중심지에 위치하여 다른 교통수단과 쉽게 연계될 것
   2. 부지 면적이 3만3천제곱미터 이상일 것
   3. 다음 각 목의 시설을 갖출 것
      가. 주차장
      나. 화물취급장
      다. 창고 또는 배송센터
   4. 물류시설개발종합계획 및 국가물류기본계획 상의 물류터미널의 개발 및 정비계획 등에 배치되지 아니할 것

⑤ 법 제7조(복합물류터미널사업의 등록) ③ 복합물류터미널사업의 등록을 한 자가 그 등록한 사항 중 대통령령으로 정하는 사항을 변경하려는 경우에는 대통령령으로 정하는 바에 따라 변경등록을 하여야 한다.

영 제4조(복합물류터미널사업의 등록) ② 법 제7조 제3항에서 "대통령령으로 정하는 사항"이란 다음 각 호 외의 사항을 말한다.
   1. 복합물류터미널의 부지 면적의 변경(변경 횟수에 불구하고 통산하여 부지 면적의 10분의 1 미만의 변경만 해당한다)
   2. 복합물류터미널의 구조 또는 설비의 변경
   3. 영업소의 명칭 또는 위치의 변경

172 법 제4조(물류시설개발종합계획의 수립) ③ 물류시설개발종합계획에는 다음 각 호의 사항이 포함되어야 한다.
   1. 물류시설의 장래수요에 관한 사항
   2. 물류시설의 공급정책 등에 관한 사항
   3. 물류시설의 지정·개발에 관한 사항
   4. 물류시설의 지역별·규모별·연도별 배치 및 우선순위에 관한 사항
   5. 물류시설의 기능개선 및 효율화에 관한 사항
   6. 물류시설의 공동화·집단화에 관한 사항
   7. 물류시설의 국내 및 국제 연계수송망 구축에 관한 사항
   8. 물류시설의 환경보전·관리에 관한 사항

9. 도심지에 위치한 물류시설의 정비와 교외이전에 관한 사항
10. 그 밖에 대통령령으로 정하는 사항

영 제3조(물류시설개발종합계획의 수립) ① 법 제4조제3항제10호에서 "그 밖에 대통령령으로 정하는 사항"이란 용수·에너지·통신시설 등 기반시설에 관한 사항을 말한다.

173 법 제9조(공사시행의 인가) ① 복합물류터미널사업자는 건설하려는 물류터미널의 구조 및 설비 등에 관한 공사계획을 수립하여 국토교통부장관의 공사시행인가를 받아야 하며, 일반물류터미널사업을 경영하려는 자는 물류터미널 건설에 관하여 필요한 경우 시·도지사의 공사시행인가를 받을 수 있다.

174 법 제4조(물류시설개발종합계획의 수립) ② 물류시설개발종합계획은 물류시설을 다음 각 호의 기능별 분류에 따라 체계적으로 수립한다. 이 경우 다음 각 호의 물류시설의 기능이 서로 관련되어 있는 때에는 이를 고려하여 수립하여야 한다.
   1. 단위물류시설 : 창고 및 집배송센터 등 물류활동을 개별적으로 수행하는 최소 단위의 물류시설
   2. 집적[클러스터(cluster)]물류시설 : 물류터미널 및 물류단지 등 둘 이상의 단위물류시설 등이 함께 설치된 물류시설

175 ① 법 제22조의7(물류단지 실수요 검증) ③ 도시첨단물류단지개발사업의 경우에는 실수요 검증을 실수요검증위원회의 자문으로 갈음할 수 있다.
② 법 제22조의6(물류단지개발지침) ② 국토교통부장관은 물류단지개발지침을 작성할 때에는 미리 시·도지사의 의견을 듣고 관계 중앙행정기관의 장과 협의한 후 「물류정책기본법」에 따른 물류시설분과위원회의 심의를 거쳐야 한다. 물류단지개발지침을 변경할 때(국토교통부령으로 정하는 경미한 사항을 변경할 때는 제외한다)에도 또한 같다.

영 제15조(물류단지개발지침의 내용 등) ① 물류단지개발지침에는 다음 각 호의 사항이 포함되어야 한다.
   1. 물류단지의 계획적·체계적 개발에 관한 사항
   2. 물류단지의 지정·개발·지원에 관한 사항
   3. 「환경영향평가법」에 따른 전략환경영향평가, 소규모 환경영향평가 및 환경영향평가 등 환경보전에 관한 사항
   4. 지역 간의 균형발전을 위하여 고려할 사항
   5. 문화재의 보존을 위하여 고려할 사항
   6. 토지가격의 안정을 위하여 필요한 사항
   7. 분양가격의 결정에 관한 사항
   8. 토지·시설 등의 공급에 관한 사항

규칙 제16조(물류단지개발지침의 경미한 변경) 법 제22조의6제2항 후단에서 "국토교통부령으로 정하는 경미한 사항"이란 영 제15조제1항제6호의 사항을 말한다.
③ 법 제22조(일반물류단지의 지정) ① 일반물류단지는 다음 각 호의 구분에 따른 자가 지정한다.
　1. 국가정책사업으로 물류단지를 개발하거나 물류단지 개발사업의 대상지역이 2개 이상의 시·도라 한다)에 걸쳐 있는 경우 : 국토교통부장관
　2. 제1호 외의 경우 : 시·도지사
⑤ 영 제17조(주민 등의 의견청취) ② 공고된 물류단지개발계획안의 내용에 대하여 의견이 있는 자는 그 열람기간 내에 해당 시장·군수·구청장에게 의견서를 제출할 수 있다. ③ 시장·군수·구청장은 제2항에 따라 제출된 의견에 대한 검토의견을 물류단지지정권자에게 제출하여야 한다.

176 법 제45조(이주대책 등) ① 시행자는「공익사업을 위한 토지 등의 취득 및 보상에 관한 법률」로 정하는 바에 따라 물류단지개발사업으로 인하여 생활의 근거를 상실하게 되는 자("이주자")에 대한 이주대책 등을 수립·시행하여야 한다.
② 입주기업체 및 지원기관은 특별한 사유가 없으면 이주자 또는 인근지역의 주민을 우선적으로 고용하여야 한다.

177 ㄴ. 법 제40조(경영의 위탁) ④ 이 경우 국토교통부장관은 건전한 거래질서의 확립과 공정한 계약의 정착을 위하여 표준 위·수탁계약서를 고시하여야 하고, 이를 우선적으로 사용하도록 권고할 수 있다.

178 ①, ②, ③ 법 제17조(화물자동차 운송사업의 상속) ① 운송사업자가 사망한 경우 상속인이 그 화물자동차 운송사업을 계속하려면 피상속인이 사망한 후 90일 이내에 국토교통부장관에게 신고하여야 한다.
② 국토교통부장관은 제1항에 따른 신고를 받은 날부터 5일 이내에 신고수리 여부를 신고인에게 통지하여야 한다.
③ 국토교통부장관이 제2항에서 정한 기간 내에 신고수리 여부 또는 민원 처리 관련 법령에 따른 처리기간의 연장 여부를 신고인에게 통지하지 아니하면 그 기간이 끝난 날의 다음 날에 신고를 수리한 것으로 본다.
⑤ 규정 없음

179 ② 법 제24조(화물자동차 운송주선사업의 허가 등) ⑧ 운송주선사업자는 주사무소 외의 장소에서 상주하여 영업하려면 국토교통부령으로 정하는 바에 따라 국토교통부장관의 허가를 받아 영업소를 설치하여야 한다.
③ 법 제26조(운송주선사업자의 준수사항) ② 운송주선사업자는 화주로부터 중개 또는 대리를 의뢰받은 화물에 대하여 다른 운송주선사업자에게 수수료나 그 밖의 대가를 받고 중개 또는 대리를 의뢰하여서는 아니 된다.
④ 법 제34조의4(화물정보망 등의 이용) ① 운송사업자가 다른 운송사업자나 다른 운송사업자에게 소속된 위·수탁차주에게 화물운송을 위탁하는 경우에는 운송가맹사업자의 화물정보망이나 「물류정책기본법」 제38조에 따라 인증 받은 화물정보망을 이용할 수 있다.
⑤ 법 제67조(벌칙) 다음 각 호의 어느 하나에 해당하는 자는 2년 이하의 징역 또는 2천만원 이하의 벌금에 처한다. (전술 생략)
　4. 허가를 받지 아니하거나 거짓이나 그 밖의 부정한 방법으로 허가를 받고 화물자동차 운송주선사업을 경영한 자

180 ① 법 제3조(화물자동차 운송사업의 허가 등) ⑧ 운송사업자는 다음 각 호의 어느 하나에 해당하면 증차를 수반하는 허가사항을 변경할 수 없다.
　1. 개선명령을 받고 이를 이행하지 아니한 경우
　2. 감차조치 명령을 받은 후 1년이 지나지 아니한 경우
②, ③, ④ 법 제3조(화물자동차 운송사업의 허가 등) ⑨ 운송사업자는 허가받은 날부터 5년의 범위에서 대통령령으로 정하는 기간마다 국토교통부령으로 정하는 바에 따라 허가기준에 관한 사항을 국토교통부장관에게 신고하여야 한다.
⑮ 국토교통부장관은 운송사업자가 사업정지처분을 받은 경우에는 주사무소를 이전하는 변경허가를 하여서는 아니 된다.
⑭ 국토교통부장관은 화물자동차 운수사업의 질서를 확립하기 위하여 화물자동차 운송사업의 허가 또는 증차를 수반하는 변경허가에 조건 또는 기한을 붙일 수 있다.

181 ①, ② 영 제9조의7(적재물배상 책임보험 등의 가입 범위) 법 제35조에 따라 적재물배상 책임보험 또는 공제에 가입하려는 자는 다음 각 호의 구분에 따라 사고 건당 2천만원[운송주선사업자가 이사화물운송만을 주선하는 경우에는 500만원] 이상의 금액을 지급할 책임을 지는 적재물배상보험등에 가입하여야 한다.

1. 운송사업자 : 각 화물자동차별로 가입
2. 운송주선사업자 : 각 사업자별로 가입
3. 운송가맹사업자 : 화물자동차를 직접 소유한 자는 각 화물자동차별 및 각 사업자별로, 그 외의 자는 각 사업자별로 가입

④ 법 제37조(책임보험계약등의 해제) 보험등 의무 가입자 및 보험회사등은 다음 각 호의 어느 하나에 해당하는 경우 외에는 책임보험계약등의 전부 또는 일부를 해제하거나 해지하여서는 아니 된다.
  1. 제3조제3항 본문에 따라 화물자동차 운송사업의 허가사항이 변경(감차만을 말한다)된 경우
  2. 제18조제1항(제28조 및 제33조에서 준용하는 경우를 포함한다)에 따라 화물자동차 운송사업을 휴업하거나 폐업한 경우
  3. 제19조제1항에 따라 화물자동차 운송사업의 허가가 취소되거나 감차 조치 명령을 받은 경우
  4. 제27조제1항에 따라 화물자동차 운송주선사업의 허가가 취소된 경우
  (후술 생략)

⑤ 법 제70조(과태료) ① 다음 각 호의 어느 하나에 해당하는 자에게는 1천만원 이하의 과태료를 부과한다.
  15. 제35조에 따른 적재물배상보험등에 가입하지 아니한 자

182 ① 법 제5조(운임 및 요금 등) ① 운송사업자는 운임과 요금을 정하여 미리 국토교통부장관에게 신고하여야 한다. 이를 변경하려는 때에도 또한 같다.
③ 국토교통부장관은 제1항에 따른 신고 또는 변경신고를 받은 날부터 14일 이내에 신고수리 여부를 신고인에게 통지하여야 한다.
② 영 제4조의2(화물자동차 안전운임위원회 구성 및 운영 등) ③ 위원의 임기는 1년으로 하되, 연임할 수 있다. 다만, 위원의 사임 등으로 새로 위촉된 위원의 임기는 전임 위원의 잔여임기로 한다.
③ 영 제4조의3(특별위원의 자격 및 위촉) 특별위원은 다음 각 호의 관계 행정기관의 3급 또는 4급 공무원이나 고위공무원단에 속하는 공무원 중에서 국토교통부장관이 위촉하거나 임명한다.
  1. 산업통상자원부
  2. 국토교통부
  3. 해양수산부
④ 법 제5조의5(화물자동차 안전운임의 효력) ③ 화물운송계약 중 화물자동차 안전운임에 미치지 못하는 금액을 운임으로 정한 부분은 무효로 하며, 해당 부분은 화물자동차 안전운임과 동일한 운임을 지급하기로 한 것으로 본다.

183 ① 제46조의2(화물자동차 휴게소의 확충) ① 국토교통부장관은 화물자동차 운전자의 근로 여건을 개선하고 화물의 원활한 운송을 도모하기 위하여 운송경로 및 주요 물류거점에 화물자동차 휴게소를 확충하기 위한 종합계획("휴게소 종합계획")을 5년 단위로 수립하여야 한다.
③ 법 제46조의3(화물자동차 휴게소의 건설사업 시행 등) ① 화물자동차 휴게소 건설사업을 할 수 있는 자는 다음 각 호의 어느 하나에 해당하는 자로 한다.
  1. 국가 또는 지방자치단체
  2. 「공공기관의 운영에 관한 법률」에 따른 공공기관 중 대통령령으로 정하는 공공기관
  3. 「지방공기업법」에 따른 지방공사
  4. 대통령령으로 정하는 바에 따라 제1호부터 제3호까지의 자로부터 지정을 받은 법인
영 제9조의19(화물자동차 휴게소 건설사업의 시행 등) ① 법 제46조의3제1항제2호에서 "대통령령으로 정하는 공공기관"이란 다음 각 호의 기관을 말한다.
  8. 「한국공항공사법」에 따른 한국공항공사
④ 법 제46조의3(화물자동차 휴게소의 건설사업 시행 등) ④ 사업시행자는 건설계획을 수립한 때에는 대통령령으로 정하는 바에 따라 이를 공고하고, 관계 서류의 사본을 20일 이상 일반인이 열람할 수 있도록 하여야 한다.
⑤ 규칙 제43조의3(화물자동차 휴게소의 건설 대상지역 및 시설기준) ① 화물자동차 휴게소의 건설 대상지역은 다음 각 호의 어느 하나에 해당하는 지역을 말한다.
  1. 「항만법」 제2조제1호에 따른 항만 또는 「산업입지 및 개발에 관한 법률」 제2조제8호에 따른 산업단지 등이 위치한 지역으로서 화물자동차의 일일 평균 왕복 교통량이 1만5천대 이상인 지역

184 법 제55조(자가용 화물자동차 사용신고) ① 화물자동차 운송사업과 화물자동차 운송가맹사업에 이용되지 아니하고 자가용으로 사용되는 화물자동차("자가용 화물자동차")로서 대통령령으로 정하는 화물자동차로 사용하려는 자는 국토교통부령으로 정하는 사항을 시·도지사에게 신고하여야 한다.
⑤ 2년 이하의 징역 또는 2천만원 이하의 벌금 대상이다.

185 법 제18조(화물자동차 운송사업의 휴업 및 폐업 신고) ② 신고가 신고서의 기재사항 및 첨부서류에 흠이 없고, 법령 등에 규정된 형식상의 요건을 충족하는 경우에는 신고서가 접수기관에 도달된 때에 신고 의무가 이행된 것으로 본다.

186 법 제4조(결격사유) 다음 각 호의 어느 하나에 해당하는 자는 제3조제1항에 따른 화물자동차 운송사업의 허가를 받을 수 없다. 법인의 경우 그 임원 중 다음 각 호의 어느 하나에 해당하는 자가 있는 경우에도 또한 같다.
1. 피성년후견인 또는 피한정후견인
2. 파산선고를 받고 복권되지 아니한 자
3. 이 법을 위반하여 징역 이상의 실형을 선고받고 그 집행이 끝나거나(집행이 끝난 것으로 보는 경우를 포함한다) 집행이 면제된 날부터 2년이 지나지 아니한 자
4. 이 법을 위반하여 징역 이상의 형의 집행유예를 선고받고 그 유예기간 중에 있는 자
5. 제19조(화물자동차 운송사업의 허가취소 등) 제1항(제1호 및 제2호는 제외한다)에 따라 허가가 취소(제4조제1호 또는 제2호에 해당하여 제19조제1항제5호에 따라 허가가 취소된 경우는 제외한다)된 후 2년이 지나지 아니한 자
6. 제19조제1항제1호 또는 제2호에 해당하여 허가가 취소된 후 5년이 지나지 아니한 자

187 ① 법 제29조(공동집배송센터의 지정 등) ① 산업통상자원부장관은 물류공동화를 촉진하기 위하여 필요한 경우에는 시·도지사의 추천을 받아 부지 면적, 시설 면적 및 유통시설로의 접근성 등 산업통상자원부령으로 정하는 요건에 해당하는 지역 및 시설물을 공동집배송센터로 지정할 수 있다.
② 법 제29조(공동집배송센터의 지정 등) ④ 공동집배송센터사업자는 지정받은 사항 중 산업통상자원부령으로 정하는 중요 사항을 변경하려면 산업통상자원부장관의 변경지정을 받아야 한다.
③, ④ 법 제33조(시정명령 및 지정취소) ② 산업통상자원부장관은 다음 각 호의 어느 하나에 해당하는 경우에는 공동집배송센터의 지정을 취소할 수 있다. 다만, 제1호에 해당하는 경우에는 그 지정을 취소하여야 한다.
1. 거짓이나 그 밖의 부정한 방법으로 공동집배송센터의 지정을 받은 경우
2. 공동집배송센터의 지정을 받은 날부터 정당한 사유 없이 3년 이내에 시공을 하지 아니하는 경우
3. 제1항에 따른 시정명령을 이행하지 아니하는 경우

4. 공동집배송센터사업자의 파산 등 대통령령으로 정하는 사유로 정상적인 사업추진이 곤란하다고 인정되는 경우

188 ①, ②, ④, ⑤, 법 제49조(벌칙) ① 제22조제1항을 위반하여 유통표준전자문서를 위작 또는 변작하거나 위작 또는 변작된 전자문서를 사용하거나 유통시킨 자는 10년 이하의 징역 또는 1억원 이하의 벌금에 처한다.
② 다음 각 호의 어느 하나에 해당하는 자는 1년 이하의 징역 또는 3천만원 이하의 벌금에 처한다.
1. 제8조제1항 전단을 위반하여 등록을 하지 아니하고 대규모점포등을 개설하거나 거짓이나 그 밖의 부정한 방법으로 대규모점포등의 개설등록을 한 자
2. 제12조제3항을 위반하여 신고를 하지 아니하고 대규모점포등개설자의 업무를 수행하거나 거짓이나 그 밖의 부정한 방법으로 대규모점포등개설자의 업무수행신고를 한 자
③ 제22조제3항을 위반하여 유통표준전자문서를 보관하지 아니한 자는 1년 이하의 징역 또는 1천만원 이하의 벌금에 처한다.
④ 제1항에 규정된 죄의 미수범은 처벌한다.
⑤ 법 제52조(과태료) ② 다음 각 호의 어느 하나에 해당하는 자에게는 1천만원 이하의 과태료를 부과한다.
1. 제12조의5제1항을 위반하여 회계감사를 받지 아니하거나 부정한 방법으로 받은 자

189 ㄱ. 법 제8조(대규모점포등의 개설등록 및 변경등록) ① 대규모점포를 개설하거나 전통상업보존구역에 준대규모점포를 개설하려는 자는 영업을 시작하기 전에 산업통상자원부령으로 정하는 바에 따라 상권영향평가서 및 지역협력계획서를 첨부하여 특별자치시장·시장·군수·구청장에게 등록하여야 한다.
ㄴ. 법 제8조(대규모점포등의 개설등록 및 변경등록) ③ 특별자치시장·시장·군수·구청장은 제1항에 따라 개설등록 또는 변경등록[점포의 소재지를 변경하거나 매장면적이 개설등록(매장면적을 변경등록한 경우에는 변경등록) 당시의 매장면적보다 10분의 1이상 증가하는 경우로 한정한다]을 하려는 대규모점포등의 위치가 제13조의3에 따른 전통상업보존구역에 있을 때에는 등록을 제한하거나 조건을 붙일 수 있다.

190 ① 법 제17조의2(중소유통공동도매물류센터에 대한 지원) ① 산업통상자원부장관, 중소벤처기업부장관 또는 지방자치단체의 장은 「중소기업기본법」에 따른 중소기업자 중 대통령령으로 정하는 소매업자 50인 또는 도매업자 10인 이상의 자("중소유통기업자단체")가 공동으로 중소유통기업의 경쟁력 향상을 위하여 다음 각 호의 사업을 하는 물류센터("중소유통공동도매물류센터")를 건립하거나 운영하는 경우에는 필요한 행정적·재정적 지원을 할 수 있다.

② 법 제17조의2(중소유통공동도매물류센터에 대한 지원) ② 지방자치단체의 장은 중소유통공동도매물류센터를 건립하여 다음 각 호의 단체 또는 법인에 그 운영을 위탁할 수 있다.
  1. 중소유통기업자단체
  2. 중소유통공동도매물류센터를 운영하기 위하여 지방자치단체와 중소유통기업자단체가 출자하여 설립한 법인

④ 법 제18조(상점가진흥조합) ③ 상점가진흥조합은 조합원의 자격이 있는 자의 3분의 2 이상의 동의를 받아 결성한다.

⑤ 법 제18조(상점가진흥조합) ① 상점가에서 도매업·소매업·용역업이나 그 밖의 영업을 하는 자는 해당 상점가의 진흥을 위하여 상점가진흥조합을 결성할 수 있다.

② 상점가진흥조합의 조합원이 될 수 있는 자는 제1항의 자로서 「중소기업기본법」 제2조에 따른 중소기업자에 해당하는 자로 한다.

191 법 제12조의5(대규모점포등관리자의 회계감사) ① 대규모점포등관리자는 대통령령으로 정하는 바에 따라 「주식회사의 외부감사에 관한 법률」 제3조제1항에 따른 감사인의 회계감사를 매년 1회 이상 받아야 한다. 다만 입점상인의 3분의 2 이상이 서면으로 회계감사를 받지 아니하는 데 동의한 연도에는 회계감사를 받지 아니할 수 있다.

192 ① 법 제27조의8(항만운송 분쟁협의회 등) ① 항만운송사업자 단체, 항만운송근로자 단체 및 그 밖에 대통령령으로 정하는 자는 항만운송과 관련된 분쟁의 해소 등에 필요한 사항을 협의하기 위하여 항만별로 항만운송 분쟁협의회를 구성·운영할 수 있다.

③ 영 제26조의6(분쟁협의회의 운영) ② 분쟁협의회의 회의는 분쟁협의회의 위원장이 필요하다고 인정하거나 재적위원 과반수의 요청이 있는 경우에 소집한다.

④ 영 제26조의6(분쟁협의회의 운영) ③ 분쟁협의회의 회의는 재적위원 3분의 2 이상의 출석으로 개의하고, 출석위원 3분의 2 이상의 찬성으로 의결한다.

⑤ 영 제26조의7(분쟁협의회의 협의사항) 분쟁협의회는 다음 각 호의 사항을 심의·의결한다.
  1. 항만운송과 관련된 노사 간 분쟁의 해소에 관한 사항

193 법 제2조(정의) ① 이 법에서 "항만운송"이란 타인의 수요에 응하여 하는 행위로서 다음 각 호의 어느 하나에 해당하는 것을 말한다.
  1. 선박을 이용하여 운송된 화물을 화물주 또는 선박운항업자의 위탁을 받아 항만에서 선박으로부터 인수하거나 화물주에게 인도하는 행위
  2. 선박을 이용하여 운송될 화물을 화물주 또는 선박운항업자의 위탁을 받아 항만에서 화물주로부터 인수하거나 선박에 인도하는 행위
  3. 제1호 또는 제2호의 행위에 선행하거나 후속하여 제4호부터 제13호까지의 행위를 하나로 연결하여 하는 행위
  4. 항만에서 화물을 선박에 싣거나 선박으로부터 내리는 일
  5. 항만에서 선박 또는 부선을 이용하여 화물을 운송하는 행위, 해양수산부령으로 정하는 항만과 항만 외의 장소와의 사이(이하 "지정구간"이라 한다)에서 부선 또는 범선을 이용하여 화물을 운송하는 행위와 항만 또는 지정구간에서 부선 또는 뗏목을 예인선으로 끌고 항해하는 행위. 다만, 다음 각 목의 어느 하나에 해당하는 운송은 제외한다.
    가. 「해운법」에 따른 해상화물운송사업자가 하는 운송
    나. 「해운법」에 따른 해상여객운송사업자가 여객선을 이용하여 하는 여객운송에 수반되는 화물 운송
    다. 해양수산부령으로 정하는 운송
  6. 항만에서 선박 또는 부선을 이용하여 운송된 화물을 창고 또는 하역장[수면 목재저장소는 제외한다]에 들여놓는 행위
  7. 항만에서 선박 또는 부선을 이용하여 운송될 화물을 하역장에서 내가는 행위
  8. 항만에서 제6호 또는 제7호에 따른 화물을 하역장에서 싣거나 내리거나 보관하는 행위
  9. 항만에서 제6호 또는 제7호에 따른 화물을 부선에 싣거나 부선으로부터 내리는 행위
  10. 항만이나 지정구간에서 목재를 뗏목으로 편성하여 운송하는 행위
  11. 항만에서 뗏목으로 편성하여 운송된 목재를 수면 목재저장소에 들여놓는 행위나, 선박 또

는 부선을 이용하여 운송된 목재를 수면 목재
저장소에 들여놓는 행위

12. 항만에서 뗏목으로 편성하여 운송될 목재를
수면 목재저장소로부터 내는 행위나, 선박
또는 부선을 이용하여 운송될 목재를 수면 목
재저장소로부터 내는 행위

13. 항만에서 제11호 또는 제12호에 따른 목재를
수면 목재저장소에서 싣거나 내리거나 보관
하는 행위

14. 선적화물을 싣거나 내릴 때 그 화물의 개수를
계산하거나 그 화물의 인도·인수를 증명하
는 일[이하 "검수"라 한다]

15. 선적화물 및 선박(부선을 포함한다)에 관련된
증명·조사·감정을 하는 일[이하 "감정"이
라 한다]

16. 선적화물을 싣거나 내릴 때 그 화물의 용적 또
는 중량을 계산하거나 증명하는 일[이하 "검
량"이라 한다]

194 ② 규칙 제4조(항만운송사업의 등록신청) ① 법 제5
조제1항에 따라 항만운송사업의 등록을 신청하려
는 자는 별지 제1호서식의 항만운송사업 등록신청
서에 사업계획서와 다음 각 호의 구분에 따른 서류
를 첨부하여 해양수산부장관, 지방해양수산청장
또는 특별시장·광역시장·도지사·특별자치도
지사에게 제출하여야 한다.

1. 신청인이 법인인 경우
가. 정관
나. 직전 사업연도의 재무제표(기존의 법인만
제출한다)
(이하 생략)

③ 법 제8조(결격사유) 다음 각 호의 어느 하나에 해당
하는 사람은 검수사등의 자격을 취득할 수 없다.

1. 미성년자
2. 피성년후견인 또는 피한정후견인
3. 이 법 또는 「관세법」에 따른 죄를 범하여 금고
이상의 형의 선고를 받고 그 집행이 끝나거나
(집행이 끝난 것으로 보는 경우를 포함한다) 집
행이 면제된 날부터 3년이 지나지 아니한 사람
4. 이 법 또는 「관세법」에 따른 죄를 범하여 금고
이상의 형의 집행유예를 선고받고 그 유예기간
중에 있는 사람
5. 검수사등의 자격이 취소된 날부터 2년이 지나
지 아니한 사람

④ 법 제4조(사업의 등록) ① 항만운송사업을 하려는
자는 사업의 종류별로 해양수산부장관에게관리청
에 등록하여야 한다.

⑤ 법 제26조(사업의 정지 및 등록의 취소) ① 해양수
산부장관은관리청은 항만운송사업자가 다음 각
호의 어느 하나에 해당하면 그 등록을 취소하거나
6개월 이내의 기간을 정하여 그 항만운송사업의
정지를 명할 수 있다. 다만, 제5호 또는 제6호에
해당하는 경우에는 그 등록을 취소하여야 한다.

1. 정당한 사유 없이 운임 및 요금을 인가·신고된
운임 및 요금과 다르게 받은 경우
2. 제6조에 따른 등록기준에 미달하게 된 경우
3. 항만운송사업자 또는 그 대표자가 「관세법」 제
269조부터 제271조까지에 규정된 죄 중 어느
하나의 죄를 범하여 공소가 제기되거나 통고처
분을 받은 경우
4. 사업 수행 실적이 1년 이상 없는 경우
5. 부정한 방법으로 사업을 등록한 경우
6. 사업정지명령을 위반하여 그 정지기간에 사업
을 계속한 경우

195 법 제9조(여객 운임·요금의 신고 등) ① 철도사업자
는 여객에 대한 운임(여객운송에 대한 직접적인 대가
를 말하며, 여객운송과 관련된 설비·용역에 대한 대
가는 제외한다)·요금을 국토교통부장관에게 신고
하여야 한다. 이를 변경하려는 경우에도 같다.

196 법 제15조(사업의 휴업·폐업) ① 철도사업자가 그
사업의 전부 또는 일부를 휴업 또는 폐업하려는 경우
에는 국토교통부령으로 정하는 바에 따라 국토교통부
장관의 허가를 받아야 한다. 다만, 선로 또는 교량의
파괴, 철도시설의 개량, 그 밖의 정당한 사유로 휴업
하는 경우에는 국토교통부령으로 정하는 바에 따라
국토교통부장관에게 신고하여야 한다.

② 제1항에 따른 휴업기간은 6개월을 넘을 수 없다.
다만, 제1항 단서에 따른 휴업의 경우에는 예외로
한다.

197 법 제37조(전용철도 운영의 상속) ① 전용철도운영
자가 사망한 경우 상속인이 그 전용철도의 운영을 계
속하려는 경우에는 피상속인이 사망한 날부터 3개월
이내에 국토교통부장관에게 신고하여야 한다.

법 제38조(전용철도 운영의 휴업·폐업) 전용철도운
영자가 그 운영의 전부 또는 일부를 휴업 또는 폐업한
경우에는 1개월 이내에 국토교통부장관에게 신고하
여야 한다.

198 ② 영 제13조(점용허가의 신청 및 점용허가기간) ② 국토교통부장관은 법 제42조제1항의 규정에 의하여 국가가 소유·관리하는 철도시설에 대한 점용허가를 하고자 하는 때에는 다음 각 호의 기간을 초과하여서는 아니된다. 다만, 건물 그 밖의 시설물을 설치하는 경우 그 공사에 소요되는 기간은 이를 산입하지 아니한다.

　1. 철골조·철근콘크리트조·석조 또는 이와 유사한 견고한 건물의 축조를 목적으로 하는 경우에는 50년(법률 개정 30년 → 50년)

③ 법 제44조(점용료) ① 국토교통부장관은 대통령령으로 정하는 바에 따라 점용허가를 받은 자에게 점용료를 부과한다.

② 제1항에도 불구하고 점용허가를 받은 자가 다음 각 호에 해당하는 경우에는 대통령령으로 정하는 바에 따라 점용료를 감면할 수 있다.

　1. 국가에 무상으로 양도하거나 제공하기 위한 시설물을 설치하기 위하여 점용허가를 받은 경우

　2. 제1호의 시설물을 설치하기 위한 경우로서 공사기간 중에 점용허가를 받거나 임시 시설물을 설치하기 위하여 점용허가를 받은 경우

　3. 「공공주택 특별법」에 따른 공공주택을 건설하기 위하여 점용허가를 받은 경우

　4. 재해, 그 밖의 특별한 사정으로 본래의 철도 점용 목적을 달성할 수 없는 경우

　5. 국민경제에 중대한 영향을 미치는 공익사업으로서 대통령령으로 정하는 사업을 위하여 점용허가를 받은 경우

④ 법 제44조의2(변상금의 징수) 국토교통부장관은 제42조제1항에 따른 점용허가를 받지 아니하고 철도시설을 점용한 자에 대하여 제44조제1항에 따른 점용료의 100분의 120에 해당하는 금액을 변상금으로 징수할 수 있다.

⑤ 법 제45조(권리와 의무의 이전) 제42조에 따른 점용허가로 인하여 발생한 권리와 의무를 이전하려는 경우에는 대통령령으로 정하는 바에 따라 국토교통부장관의 인가를 받아야 한다.

199 ① 법 제55조(기금의 조성) ① 기금은 다음 각 호의 재원으로 조성한다.

　1. 정부의 출연금

　2. 기금 운용에 따른 수익금

　3. 제9조의2제3항, 제16조제2항 및 다른 법률의 규정에 따라 납입되는 금액

　4. 다른 기금으로부터의 출연금

② 법 제57조(기금의 용도) ① 기금은 다음 각 호의 사업을 위하여 필요한 경우에 융자 또는 대출할 수 있다.

　1. 농산물의 가격조절과 생산·출하의 장려 또는 조절

　2. 농산물의 수출 촉진

　3. 농산물의 보관·관리 및 가공

　4. 도매시장, 공판장, 민영도매시장 및 경매식 집하장(제50조에 따른 농수산물집하장 중 제33조에 따른 경매 또는 입찰의 방법으로 농수산물을 판매하는 집하장을 말한다)의 출하촉진·거래대금정산·운영 및 시설설치

　5. 농산물의 상품성 향상

　6. 그 밖에 농림축산식품부장관이 농산물의 유통구조 개선, 가격안정 및 종자산업의 진흥을 위하여 필요하다고 인정하는 사업

④ 법 제60조의2(여유자금의 운용) 농림축산식품부장관은 기금의 여유자금을 다음 각 호의 방법으로 운용할 수 있다.

　1. 「은행법」에 따른 은행에 예치

　2. 국채·공채, 그 밖에 「자본시장과 금융투자업에 관한 법률」 제4조에 따른 증권의 매입

⑤ 영 제21조(기금계정의 설치) 농림축산식품부장관은 법 제54조에 따른 농산물가격안정기금의 수입과 지출을 명확히 하기 위하여 한국은행에 기금계정을 설치하여야 한다.

200 ① 법 제17조(도매시장의 개설 등) ① 도매시장은 대통령령으로 정하는 바에 따라 부류별로 또는 둘 이상의 부류를 종합하여 중앙도매시장의 경우에는 특별시·광역시·특별자치시 또는 특별자치도가 개설하고, 지방도매시장의 경우에는 특별시·광역시·특별자치시·특별자치도 또는 시가 개설한다. 다만, 시가 지방도매시장을 개설하려면 도지사의 허가를 받아야 한다.

② 법 제17조(도매시장의 개설 등) ⑤ 중앙도매시장의 개설자가 업무규정을 변경하는 때에는 농림축산식품부장관 또는 해양수산부장관의 승인을 받아야 하며, 지방도매시장의 개설자(시가 개설자인 경우만 해당한다)가 업무규정을 변경하는 때에는 도지사의 승인을 받아야 한다.

③ 법 제23조(도매시장법인의 지정) ① 도매시장법인은 도매시장 개설자가 부류별로 지정하되, 중앙도매시장에 두는 도매시장법인의 경우에는 농림축산식품부장관 또는 해양수산부장관과 협의하여 지정한다. 이 경우 5년 이상 10년 이하의 범위에서 지정 유효기간을 설정할 수 있다.

⑤ 법 제23조의2(도매시장법인의 인수·합병) ① 도매시장법인이 다른 도매시장법인을 인수하거나 합병하는 경우에는 해당 도매시장 개설자의 승인을 받아야 한다.

2023년 기출문제									
161	162	163	164	165	166	167	168	169	170
②	④	②	③	④	①	④	①	③	⑤
171	172	173	174	175	176	177	178	179	180
④	④	④	③④	⑤	④	⑤	①	①	⑤
181	182	183	184	185	186	187	188	189	190
⑤	⑤	⑤	①	②	④	⑤	①	②	
191	192	193	194	195	196	197	198	199	200
⑤	④	①	③	③	③	③	②	②	③

161 국토교통부장관은 물류현황조사지침을 작성하려는 경우에는 미리 **관계 중앙행정기관의 장**과 협의하여야 한다.

162 특별시장 및 광역시장은 지역물류정책의 기본방향을 설정하는 10년 단위의 지역물류기본계획을 5년마다 수립하여야 한다.
1. 물류비 관련 용어 및 개념에 대한 정의
2. 영역별 · 기능별 및 자가 · 위탁별 물류비의 분류
3. 물류비의 계산 기준 및 계산 방법
4. 물류비 계산서의 표준 서식

163 영 제18조(기업물류비 산정지침) 기업물류비 산정지침에는 다음 각 호의 사항이 포함되어야 한다.
1. 물류비 관련 용어 및 개념에 대한 정의
2. 영역별 · 기능별 및 자가 · 위탁별 물류비의 분류
3. 물류비의 계산 기준 및 계산 방법
4. 물류비 계산서의 표준 서식

164 규칙 제2조의2(위험물질운송안전관리센터의 감시가 필요한 위험물질의 종류 등)
② 법 제29조의2제1항 후단에 따른 위험물질 운송차량의 최대 적재량 기준은 다음 각 호와 같다.
1. 「위험물안전관리법」 제2조제1항제1호에 따른 위험물을 운송하는 차량: 10,000리터 이상
2. 「폐기물관리법」 제2조제4호에 따른 지정폐기물을 운송하는 차량: 10,000킬로그램 이상
3. 「화학물질관리법」 제2조제7호에 따른 유해화학물질을 운송하는 차량: 5,000킬로그램 이상
4. 「고압가스 안전관리법 시행규칙」상 가연성가스를 운송하는 차량: 6,000킬로그램 이상
5. 「고압가스 안전관리법 시행규칙」상 독성가스를 운송하는 차량: 2,000킬로그램 이상

165 ㄷ. 국토교통부장관 · 해양수산부장관 · 산업통상자원부장관 또는 시 · 도지사는 물류공동화를 확산하기 위하여 필요한 경우에는 시범지역을 지정하거나 시범사업을 선정하여 운영할 수 있다.

166 단위물류정보망 전담기관(대통령령으로 정하는 공공기관)
1. 「인천국제공항공사법」에 따른 인천국제공항공사
2. 「한국공항공사법」에 따른 한국공항공사
3. 「한국도로공사법」에 따른 한국도로공사
4. 「한국철도공사법」에 따른 한국철도공사
5. 「한국토지주택공사법」에 따른 한국토지주택공사
6. 「항만공사법」에 따른 항만공사
7. 제1호부터 제6호까지에서 규정한 기관 외에 국토교통부장관이 지정하여 고시하는 공공기관

167 제30조의2(국가물류통합정보센터의 설치 · 운영)
② 국토교통부장관은 다음 각 호의 어느 하나에 해당하는 자를 국가물류통합정보센터의 운영자로 지정할 수 있다.
1. 중앙행정기관
2. 대통령령으로 정하는 공공기관(한국토지주택공사, 46번 문제 해설)
3. 「정부출연연구기관 등의 설립 · 운영 및 육성에 관한 법률」 또는 「과학기술분야 정부출연연구기관 등의 설립 · 운영 및 육성에 관한 법률」에 따른 정부출연연구기관(이하 "정부출연연구기관"이라 한다)
3의2. 제55조제1항에 따라 설립된 물류관련협회
4. 그 밖에 자본금 2억원 이상, 업무능력 등 대통령령으로 정하는 기준과 자격을 갖춘 「상법」상의 주식회사

168 제39조(인증우수물류기업 인증의 취소 등) ① 국토교통부장관 또는 해양수산부장관은 소관 인증우수물류기업이 다음 각 호의 어느 하나에 해당하는 경우에는 그 인증을 취소할 수 있다. 다만, **제1호에 해당하는 때에는 인증을 취소하여야 한다.**
1. 거짓이나 그 밖의 부정한 방법으로 인증을 받은 경우 (중략)

169 휴업기간은 **6개월**을 초과할 수 없다.

170 실수요검증위원회의 회의는 분기별로 **1회** 이상 개최하되, 국토교통부장관 또는 위원장이 필요하다고 인정되는 경우에는 국토교통부장관 또는 위원장이 수시로 소집할 수 있다. 이 경우 위원장은 그 의장이 된다.

171 제40조(물류단지개발특별회계의 설치) ② 특별회계는 다음 각 호의 재원으로 조성된다.

1. 해당 지방자치단체의 일반회계로부터의 전입금
2. 정부의 보조금
3. 부과·징수된 과태료
4. 「개발이익환수에 관한 법률」 제4조제1항에 따라 지방자치단체에 귀속되는 개발부담금 중 해당 지방자치단체의 조례로 정하는 비율의 금액
5. 「국토의 계획 및 이용에 관한 법률」 제65조제8항에 따른 수익금
6. 「지방세법」 제112조제1항(같은 항 제1호는 제외한다) 및 같은 조 제2항에 따라 부과·징수되는 재산세의 징수액 중 대통령령으로 정하는 비율의 금액
7. 차입금
8. 해당 특별회계자금의 융자회수금·이자수입금 및 그 밖의 수익금

영 제30조(물류단지개발특별회계의 재원) 법 제40조제2항제6호에서 "대통령령으로 정하는 비율"이란 10퍼센트를 말한다. 다만, 해당 지방자치단체의 조례로 달리 정하는 경우에는 그 비율을 말한다.

172 법 제2조(정의)

7. "일반물류단지시설"이란 화물의 운송·집화·하역·분류·포장·가공·조립·통관·보관·판매·정보처리 등을 위하여 일반물류단지 안에 설치되는 다음 각 목의 시설을 말한다.
   가. 물류터미널 및 창고
   나. 「유통산업발전법」 제2조제3호·제8호·제16호 및 제17조의2의 대규모점포·전문상가단지·공동집배송센터 및 중소유통공동도매물류센터
   다. 「농수산물유통 및 가격안정에 관한 법률」 제2조제2호·제5호 및 제12호의 농수산물도매시장·농수산물공판장 및 농수산물종합유통센터
   라. 「궤도운송법」에 따른 궤도사업을 경영하는 자가 그 사업에 사용하는 화물의 운송·하역 및 보관 시설
   마. 「축산물위생관리법」 제2조제11호의 작업장
   바. 「농업협동조합법」·「수산업협동조합법」·「산림조합법」·「중소기업협동조합법」 또는 「협동조합 기본법」에 따른 조합 또는 그 중앙회(연합회를 포함한다)가 설치하는 구매사업 또는 판매사업 관련 시설
   사. 「화물자동차 운수사업법」 제2조제2호의 화물자동차운수사업에 이용되는 차고, 화물취급소, 그 밖에 화물의 처리를 위한 시설
   아. 「약사법」 제44조제2항제2호의 의약품 도매상의 창고 및 영업소시설
   자. 그 밖에 물류기능을 가진 시설로서 대통령령으로 정하는 시설
   차. 가목부터 자목까지의 시설에 딸린 시설(제8호가목 또는 나목의 시설로서 가목부터 자목까지의 시설과 동일한 건축물에 설치되는 시설을 포함한다)

영 제2조(가공·조립시설의 규모 등) 법 제2조제7호자목에서 "그 밖에 물류기능을 가진 시설로서 대통령령으로 정하는 시설"이란 다음 각 호의 시설을 말한다.

1. 「관세법」에 따른 보세창고
2. 「식품산업진흥법」 제19조의5에 따른 「수산식품산업의 육성 및 지원에 관한 법률」 제16조에 따른 수산물가공업시설(**냉동·냉장업 시설만 해당**한다)
3. 「항만법」 제2조제5호의 항만시설 중 항만구역에 있는 화물하역시설 및 화물보관·처리 시설
4. 「공항시설법」 제2조제7호의 공항시설 중 공항구역에 있는 화물운송을 위한 시설과 그 부대시설 및 지원시설
5. 「철도사업법」 제2조제8호에 따른 철도사업자가 그 사업에 사용하는 화물운송·하역 및 보관 시설
6. 그 밖에 물류기능을 가진 시설로서 국토교통부령으로 정하는 시설

173 법 제21조의2(물류창고업의 등록) ② 물류창고업의 등록을 한 자가 그 등록한 사항 중 대통령령으로 정하는 사항을 변경하려는 경우에는 국토교통부와 해양수산부의 공동부령으로 정하는 바에 따라 변경등록의 사유가 발생한 날부터 **30일** 이내에 변경등록을 하여야 한다.

영 제12조의3(물류창고업의 변경등록) 법 제21조의2제2항에서 "대통령령으로 정하는 사항"이란 다음 각 호의 어느 하나에 해당하는 사항을 말한다.

1. 물류창고업의 등록을 한 자의 성명(법인인 경우에는 그 대표자의 성명) 및 상호
2. 물류창고의 소재지
3. 물류창고 면적의 100분의 10 이상의 증감

174 법 제8조(등록의 결격사유) 다음 각 호의 어느 하나에 해당하는 자는 복합물류터미널사업의 등록을 할 수 없다. (중략)

2. 복합물류터미널사업 등록이 취소된 후 **2년**이 지나지 아니한 자

규칙 제6조(복합물류터미널사업의 변경등록) ② 국토교통부장관은 제1항에 따른 변경등록신청을 받은 경우 법 제7조제4항에 따른 **등록기준에 적합한지 여부**와 법 제8조에 따른 **등록의 결격사유에 해당하는지 여부**를 심사한 후 그 신청내용이 적합하다고 인정할 때에는 지체없이 변경등록을 하여야 한다.

175 입주기업체협의회는 매 사업연도 개시일부터 **2개월** 이내에 정기총회를 개최하여야 하며, 필요한 경우에는 임시총회를 개최할 수 있다.

176 **영 제29조(기반시설의 설치지원)**
법 제39조제2항에 따라 국가나 지방자치단체가 지원하는 기반시설은 다음 각 호와 같다.
1. 도로 · 철도 및 항만시설
2. 용수공급시설 및 통신시설
3. 하수도시설 및 폐기물처리시설
4. 물류단지 안의 공동구
5. 집단에너지공급시설
6. 그 밖에 물류단지개발을 위하여 특히 필요한 공공시설로서 국토교통부령으로 정하는 시설

177 **규칙 제21조의5(운송사업자의 직접운송의무 등)**
① 법 제11조의2제1항에 따라 일반화물자동차 운송사업자는 연간 운송계약 화물의 **100분의 50 이상**을 직접 운송하여야 한다.
③ 제1항의 규정에도 불구하고 법 제11조의2제4항에 따라 운송사업자가 운송주선사업을 동시에 영위하는 경우에는 연간 운송계약 및 운송주선계약 화물의 **100분의 30 이상**을 직접 운송하여야 한다. 다만, 사업기간이 1년 미만인 경우는 제1항 단서를 준용한다.

178 **법 제40조(경영의 위탁)** ① 운송사업자는 화물자동차 운수사업의 효율적인 수행을 위하여 필요하면 다른 사람(**운송사업자를 제외한 개인**을 말한다)에게 차량과 그 경영의 일부를 위탁하거나 차량을 현물출자한 사람에게 그 경영의 일부를 위탁할 수 있다.

179 "화물자동차 운송가맹사업"이란 **다른 사람의 요구에 응하여 자기 화물자동차를 사용하여 유상으로 화물을 운송하거나** 화물정보망을 통하여 소속 화물자동차 운송가맹점에 의뢰하여 화물을 운송하게 하는 사업을 말한다.

180 **규칙 제44조의2(운송 또는 주선실적의 신고 및 관리 등)** ① 운수사업자는 국토교통부장관이 정하여 고시하는 기준과 절차에 따라 다음 각 호의 형태에 따른 실적을 관리하고 이를 구축된 화물운송실적관리시스템을 통해 국토교통부장관에게 신고하여야 한다.
1. 운수사업자가 화주와 계약한 실적
2. 운수사업자가 다른 운수사업자와 계약한 실적
3. 운수사업자가 다른 운송사업자 소속의 위 · 수탁차주와 계약한 실적
4. 운송가맹사업자가 소속 운송가맹점과 계약한 실적
5. 운수사업자가 직접 운송한 실적(법 제11조의2제1항 단서에 따른 차량으로 운송한 실적 및 법 제11조의2제5항에 따른 정보망을 이용한 위탁운송실적을 포함한다)

181 **제2조(정의)** 9. "공영차고지"란 화물자동차 운수사업에 제공되는 차고지로서 다음 각 목의 어느 하나에 해당하는 자가 설치한 것을 말한다.
가. 특별시장 · 광역시장 · 특별자치시장 · **도지사** · 특별자치도지사
나. 시장 · 군수 · 구청장(**자치구의 구청장**을 말한다)
다. 「공공기관의 운영에 관한 법률」에 따른 공공기관 중 대통령령으로 정하는 공공기관
라. 「지방공기업법」에 따른 **지방공사**

영 제2조(공영차고지 설치 대상 공공기관) 법 제2조제9호다목에서 "대통령령으로 정하는 공공기관"이란 다음 각 호의 기관을 말한다.
1. 「인천국제공항공사법」에 따른 인천국제공항공사
2. 「한국공항공사법」에 따른 한국공항공사
3. 「한국도로공사법」에 따른 한국도로공사
4. 「한국철도공사법」에 따른 한국철도공사
5. 「한국토지주택공사법」에 따른 **한국토지주택공사**
6. 「항만공사법」에 따른 항만공사

182 **법 제50조(연합회)** ① 운송사업자로 구성된 협회, 운송주선사업자로 구성된 협회 및 운송가맹사업자로 구성된 협회는 그 공동목적을 달성하기 위하여 국토교통부령으로 정하는 바에 따라 각각 연합회를 설립할 수 있다.

법 제51조(공제사업) ① 운수사업자가 설립한 **협회의 연합회**는 대통령령으로 정하는 바에 따라 국토교통부장관의 허가를 받아 운수사업자의 자동차 사고로 인한 손해배상 책임의 보장사업 및 **적재물배상 공제사업** 등을 할 수 있다.

183 제43조(재정지원) ① 국가는 지방자치단체, 「공공기관의 운영에 관한 법률」에 따른 공공기관 중 대통령령으로 정하는 공공기관, 「지방공기업법」에 따른 지방공사, 사업자단체 또는 운수사업자가 다음 각 호의 어느 하나에 해당하는 사업을 수행하는 경우로서 재정적 지원이 필요하다고 인정되면 대통령령으로 정하는 바에 따라 소요자금의 일부를 보조하거나 융자할 수 있다.

1. 공동차고지 및 공영차고지 건설
2. 화물자동차 운수사업의 정보화
3. 낡은 차량의 대체
4. 연료비가 절감되거나 환경친화적인 화물자동차 등으로의 전환 및 이를 위한 시설·장비의 투자
5. 화물자동차 휴게소의 건설
6. 화물자동차 운수사업의 서비스 향상을 위한 시설·장비의 확충과 개선
7. 그 밖에 화물자동차 운수사업의 경영합리화를 위한 사항으로서 국토교통부령으로 정하는 사항

184 ① 제25조(운송주선사업자의 명의이용 금지) 운송주선사업자는 자기 명의로 다른 사람에게 화물자동차 운송주선사업을 경영하게 할 수 **없다.**

② 제26조(운송주선사업자의 준수사항) ② 운송주선사업자는 화주로부터 중개 또는 대리를 의뢰받은 화물에 대하여 다른 운송주선사업자에게 수수료나 그 밖의 대가를 받고 중개 또는 대리를 의뢰하여서는 **아니 된다.**

④ 제14조(업무개시 명령) ① 국토교통부장관은 운송사업자나 운수종사자가 정당한 사유 없이 집단으로 화물운송을 거부하여 화물운송에 커다란 지장을 주어 국가경제에 매우 심각한 위기를 초래하거나 초래할 우려가 있다고 인정할 만한 상당한 이유가 있으면 **그 운송사업자 또는 운수종사자**에게 업무개시를 명할 수 있다

⑤ 제45조(공영차고지의 설치) ① 제2조제9호 각 목의 어느 하나에 해당하는 자는 공영차고지를 설치하여 직접 운영하거나 다음 각 호의 어느 하나에 해당하는 자에게 임대(운영의 위탁을 포함한다)할 수 있다.

1. 사업자단체
2. 운송사업자
3. 운송가맹사업자
4. 운송사업자로 구성된 「협동조합 기본법」 제2조제1호에 따른 협동조합

185 화물이 인도기한이 지난 후 **3개월** 이내에 인도되지 아니하면 그 화물은 멸실된 것으로 본다.

186 ① 법 제3조(화물자동차 운송사업의 허가 등) ③ 운송사업자가 허가사항을 변경하려면 국토교통부령으로 정하는 바에 따라 국토교통부장관의 변경허가를 받아야 한다. 다만, 대통령령으로 정하는 경미한 사항을 변경하려면 국토교통부령으로 정하는 바에 따라 **국토교통부장관에게 신고하여야 한다.**
영 제3조(화물자동차 운송사업의 허가 및 신고 대상) ② 법 제3조제3항 단서에서 "대통령령으로 정하는 경미한 사항"이란 다음 각 호의 어느 하나에 해당하는 사항을 말한다.

1. 상호의 변경
2. 대표자의 변경(법인인 경우만 해당한다)
3. 화물취급소의 설치 또는 폐지
4. 화물자동차의 대폐차
5. 주사무소·영업소 및 화물취급소의 이전. 다만, **주사무소의 경우 관할 관청의 행정구역 내에서의 이전만 해당**한다.

③ 제3조(화물자동차 운송사업의 허가 등) ⑮ 국토교통부장관은 운송사업자가 사업정지처분을 받은 경우에는 주사무소를 이전하는 변경허가를 하여서는 **아니 된다.**

④ 제24조(화물자동차 운송주선사업의 허가 등) ② 운송주선사업자가 허가사항을 변경하려면 국토교통부령으로 정하는 바에 따라 국토교통부장관에게 **신고하여야 한다.**

⑤ 제29조(화물자동차 운송가맹사업의 허가 등) ② 허가를 받은 운송가맹사업자는 허가사항을 변경하려면 국토교통부령으로 정하는 바에 따라 국토교통부장관의 변경허가를 받아야 한다. 다만, 대통령령으로 정하는 경미한 사항을 변경하려면 국토교통부령으로 정하는 바에 따라 국토교통부장관에게 **신고하여야 한다.** 영 제9조의2(운송가맹사업자의 허가사항 변경신고의 대상) 법 제29조제2항 단서에 따라 변경신고를 하여야 하는 사항은 다음 각 호와 같다. (중략)
2. 화물취급소의 설치 및 폐지

187 ④의 경우 항만용역업이 아닌 선용품공급업이다.
영 제2조(항만운송관련사업의 종류)
2. **선용품공급업** : 선박(건조 중인 선박 및 해양구조물 등을 포함한다)에 음료, 식품, 소모품, 밧줄, 수리용 예비부분품 및 부속품, 집기, 그 밖에 이와 유사한 선용품을 공급하는 사업

188 제10조(운임 및 요금) ① 항만하역사업의 등록을 한 자는 해양수산부령으로 정하는 바에 따라 운임과 요금을 정하여 관리청의 인가를 받아야 한다. 이를 변경할 때에도 또한 같다.

② 제1항에도 불구하고 해양수산부령으로 정하는 항만시설에서 하역하는 화물 또는 해양수산부령으로 정하는 품목에 해당하는 화물에 대하여는 **해양수산부령으로 정하는 바**에 따라 그 운임과 요금을 정하여 **관리청에 신고**하여야 한다. 이를 변경할 때에도 또한 같다.
규칙 제15조의2(운임 및 요금의 신고) 법 제10조제2항에서 "해양수산부령으로 정하는 품목에 해당하는 화물"이란 컨테이너 전용 부두에서 취급하는 컨테이너 화물을 말한다.

189 ② **규칙 제29조(부두운영계약의 내용)** 법 제26조의6제2항제5호에서 "해양수산부령으로 정하는 사항"이란 다음 각 호의 사항을 말한다.
   1. 부두운영회사의 항만시설등의 안전관리에 관한 사항
   2. **부두운영회사의 항만시설등의 분할 운영 금지 등 금지행위 및 위반시 책임에 관한 사항**
   3. 항만시설등의 효율적인 사용 및 운영 등을 위하여 항만시설운영자등과 해양수산부장관이 협의한 사항
③ **규칙 제29조의3(부두운영계약의 갱신)** ① 부두운영회사가 계약기간을 연장하려는 경우에는 그 계약기간이 만료되기 **6개월 전**까지 항만시설운영자등에게 부두운영계약의 갱신을 신청하여야 한다.
④ **규칙 제29조의4(위약금의 부과)** ① 법 제26조의7제1항 본문에 따른 위약금은 부두운영회사가 부두운영계약 기간 동안의 총 화물유치 또는 투자 계획을 이행하지 못한 경우에 부과한다. 이 경우 위약금은 별표 4에 따라 **연도별**로 산정하여 합산한다.
⑤ 제26조의10(부두운영회사의 항만시설 사용) 이 법에서 정한 것 외에 부두운영회사의 항만시설 사용에 대해서는 「**항만법**」 또는 「**항만공사법**」에 따른다.

190 "상점가"란 일정 범위의 가로 또는 지하도에 대통령령으로 정하는 수 이상의 도매점포ㆍ소매점포 또는 용역점포가 밀집하여 있는 지구를 말한다. 같은 업종을 경영하는 여러 도매업자 또는 소매업자가 일정 지역에 점포 및 부대시설 등을 집단으로 설치하여 만든 상가단지는 전문상가단지를 의미한다.

191 제4조(적용 배제) 다음 각 호의 시장ㆍ사업장 및 매장에 대하여는 이 법을 적용하지 아니한다.
   1. 「농수산물 유통 및 가격안정에 관한 법률」 제2조제2호ㆍ제5호ㆍ제6호 및 제12호에 따른 농수산물도매시장ㆍ농수산물공판장ㆍ민영농수산물도매시장 및 농수산물종합유통센터
   2. 「축산법」 제34조에 따른 가축시장

192 ① 제8조의3(대규모점포등의 개설계획 예고) 대규모점포를 개설하려는 자는 영업을 개시하기 **60일 전**까지, 준대규모점포를 개설하려는 자는 영업을 시작하기 30일 전까지 산업통상자원부령으로 정하는 바에 따라 개설 지역 및 시기 등을 포함한 개설계획을 예고하여야 한다.
② **제10조(등록의 결격사유)** 다음 각 호의 어느 하나에 해당하는 자는 대규모점포등의 등록을 할 수 없다. (중략)
   3. 이 법을 위반하여 징역의 실형을 선고받고 그 집행이 끝나거나(집행이 끝난 것으로 보는 경우를 포함한다) 집행이 면제된 날부터 **1년**이 지나지 아니한 사람
③ **제12조의2(대규모점포등에 대한 영업시간의 제한 등)** ② 특별자치시장ㆍ시장ㆍ군수ㆍ구청장은 제1항제1호에 따라 오전 0시부터 **오전 10시**까지의 범위에서 영업시간을 제한할 수 있다.
⑤ **제13조의2(대규모점포등의 휴업ㆍ폐업 신고)** 대규모점포등개설자(제12조제3항에 따라 신고한 자를 포함한다)가 대규모점포등을 휴업하거나 폐업하려는 경우에는 산업통상자원부령으로 정하는 바에 따라 특별자치시장ㆍ시장ㆍ군수ㆍ구청장에게 **신고**를 하여야 한다.

193 ② **제17조의2(중소유통공동도매물류센터에 대한 지원)** ② 지방자치단체의 장은 중소유통공동도매물류센터를 건립하여 다음 각 호의 단체 또는 법인에 그 운영을 위탁할 수 있다.
   1. **중소유통기업자단체**
   2. 중소유통공동도매물류센터를 운영하기 위하여 지방자치단체와 중소유통기업자단체가 출자하여 설립한 법인
③ **제18조(상점가진흥조합)** ④ 상점가진흥조합은 협동조합 또는 **사업조합**으로 설립한다.
④ **제19조(상점가진흥조합에 대한 지원)** 지방자치단체의 장은 상점가진흥조합이 다음 각 호의 사업을 하는 경우에는 예산의 범위에서 필요한 자금을 **지원할 수 있다.**
   1. 점포시설의 표준화 및 현대화
   2. 상품의 매매ㆍ보관ㆍ수송ㆍ검사 등을 위한 공동시설의 설치
   3. 주차장ㆍ휴게소 등 공공시설의 설치
   4. 조합원의 판매촉진을 위한 공동사업
   5. 가격표시 등 상거래질서의 확립
   6. 조합원과 그 종사자의 자질향상을 위한 연수사업 및 정보제공
⑤ **제18조(상점가진흥조합)** ⑤ 상점가진흥조합의 구역은 다른 상점가진흥조합의 구역과 **중복되어서는 아니 된다.**

194 제29조(공동집배송센터의 지정 등) ① 산업통상자원부장관은 물류공동화를 촉진하기 위하여 필요한 경우에는 시·도지사의 추천을 받아 부지 면적, 시설 면적 및 유통시설로의 접근성 등 산업통상자원부령으로 정하는 요건에 해당하는 지역 및 시설물을 공동집배송센터로 지정할 수 있다.
규칙 제19조(공동집배송센터의 지정요건) 법 제29조제1항에서 "산업통상자원부령으로 정하는 요건"이라 함은 다음 각호의 요건을 말한다.
    1. 부지면적이 3만제곱미터 이상(「국토의 계획 및 이용에 관한 법률」에 따른 상업지역 또는 공업지역의 경우에는 2만제곱미터 이상)이고, 집배송시설면적이 1만제곱미터 이상일 것
    2. 도시내 유통시설로의 접근성이 우수하여 집배송기능이 효율적으로 이루어질 수 있는 지역 및 시설물

195 제5조(면허 등) ③ 철도사업의 면허를 받을 수 있는 자는 **법인으로 한다.**

196 영 제12조(전용철도 등록사항의 경미한 변경 등) ① 법 제34조제1항 단서에서 "대통령령으로 정하는 경미한 변경의 경우"란 다음 각 호의 어느 하나에 해당하는 경우를 말한다.
    1. 운행시간을 연장 또는 단축한 경우
    2. 배차간격 또는 운행횟수를 단축 또는 연장한 경우
    3. **10분의 1**의 범위안에서 철도차량 대수를 변경한 경우
    4. 주사무소·철도차량기지를 제외한 운송관련 부대시설을 변경한 경우
    5. 임원을 변경한 경우(법인에 한한다)
    6. 6월의 범위 안에서 전용철도 건설기간을 조정한 경우

197 제10조(부가 운임의 징수) ① 철도사업자는 열차를 이용하는 여객이 정당한 운임·요금을 지급하지 아니하고 열차를 이용한 경우에는 승차 구간에 해당하는 운임 외에 **그의 30배**의 범위에서 부가 운임을 징수할 수 있다.

198 영 제14조(점용료) ④ 점용료는 **매년 1월말**까지 당해 연도 해당분을 선납하여야 한다. 다만, 국토교통부장관은 부득이한 사유로 선납이 곤란하다고 인정하는 경우에는 그 납부기한을 따로 정할 수 있다.

199 ① 제47조(민영도매시장의 개설) ① 민간인등이 특별시·광역시·특별자치시·특별자치도 또는 시 지역에 민영도매시장을 개설하려면 **시·도지사**의 허가를 받아야 한다.
③ 제47조(민영도매시장의 개설) ⑤ 시·도지사는 제2항에 따른 민영도매시장 개설허가의 신청을 받은 경우 신청서를 받은 날부터 30일 이내에 허가 여부 또는 허가처리 지연 사유를 신청인에게 통보하여야 한다. 이 경우 허가 처리기간에 허가 여부 또는 허가처리 지연 사유를 통보하지 아니하면 허가 처리기간의 마지막 날의 **다음 날**에 허가를 한 것으로 본다.
④ 제48조(민영도매시장의 운영 등) ① 민영도매시장의 개설자는 중도매인, 매매참가인, 산지유통인 및 **경매사**를 두어 직접 운영하거나 시장도매인을 두어 이를 운영하게 할 수 있다.
⑤ 제48조(민영도매시장의 운영 등) ② 민영도매시장의 중도매인은 민영도매시장의 **개설자**가 지정한다.

200 제22조(도매시장의 운영 등) 도매시장 개설자는 도매시장에 그 시설규모·거래액 등을 고려하여 적정 수의 도매시장법인·시장도매인 또는 중도매인을 두어 이를 운영하게 하여야 한다. 다만, 중앙도매시장의 개설자는 농림축산식품부령 또는 해양수산부령으로 정하는 부류에 대하여는 도매시장법인을 두어야 한다.
규칙 제18조의2(도매시장법인을 두어야 하는 부류) ① 법 제22조 단서에서 "농림축산식품부령 또는 해양수산부령으로 정하는 부류"란 **청과부류와 수산부류**를 말한다.
제23조(도매시장법인의 지정) ① 도매시장법인은 도매시장 개설자가 부류별로 지정하되, 중앙도매시장에 두는 도매시장법인의 경우에는 농림축산식품부장관 또는 해양수산부장관과 협의하여 지정한다. 이 경우 **5년** 이상 10년 이하의 범위에서 지정 유효기간을 설정할 수 있다.

물 류 관 리 사 기 출 문 제 집

CERTIFIED
PROFESSIONAL
LOGISTICIAN

123456

실전모의고사

실전모의고사 제1회
실전모의고사 제2회

제1과목	물류관리론

001 다음 중 물류영역에 대한 정의로 옳지 않은 것은?

① 판매물류란 완제품의 판매를 위하여 출고할 때부터 고객에게 인도될 때까지의 물류를 말한다.

② 반품물류란 고객에게 판매된 제품이 제품상의 하자 등의 이유로 교환되거나 공장으로 되돌아 올 때까지의 물류활동을 말한다.

③ 조달물류란 물자가 조달처로부터 운송되어 매입자의 보관창고에 입고, 보관되었다가 생산공 정에 투입될 때까지의 물류활동을 말한다.

④ 생산물류란 물자가 생산공정에 투입되어 제품으로 만들어지기까지의 물류활동을 말한다.

⑤ 사내물류란 물자의 조달에서부터 완성품의 공장출하에 이르기까지의 물류를 말한다.

002 물류보안 관련 제도에 관한 설명으로 옳지 않은 것은?

① CSI(Container Security Initiative) : 외국항만에 미국 세관원을 파견하여 미국으로 수출 할 컨테이너 화물에 대한 위험도를 사전에 평가하는 컨테이너 보안협정

② C-TPAT : 미국 세관(국경안전청)이 도입한 반테러 민관 파트너십제도

③ ISO 14001 : 여러 국가의 물류보안제도를 수용, 준수하는 보안경영시스템이 갖추어 있음을 인증하는 제도

④ ISPS Code : 각국 정부와 항만관리당국, 선사들이 갖춰야 할 보안 관련 조건들을 명시하고, 보안사고 예방에 대한 가이드라인 제시

⑤ ISF(Importer Security Filing) : 선적지에서 출항 24시간 전, 미국 세관에 온라인으로 신 고를 하도록 한 제도

003 물류합리화에 관한 설명으로 옳지 않은 것은?

① 물류합리화를 위해서는 시스템적 접근에 의한 물류활동 전체의 합리화를 추진하여야 한다.
② 물류 수발주처리의 전산화 등 물류정보의 전달체계 개선은 물류합리화 대상이 되지 않는다.
③ 경제규모의 증대, 물류비의 증대 및 노동력 수급상의 문제점 등은 물류합리화의 필요성을 증대시킨다.
④ 차량이나 창고 공간의 활용을 극대화해서 유휴부문을 최소화하는 것도 물류합리화 대책이 될 수 있다.
⑤ 물류합리화는 운송, 보관, 포장, 하역뿐만 아니라 물류조직도 그 대상이 된다.

004 컨테이너화의 장점이 아닌 것은?

① 대량 취급 용이로 물류효율 향상
② 화물흐름의 신속화
③ 컨테이너 회수 및 보관장소 관리 용이
④ 복합 및 연계운송의 활성화
⑤ 물류표준화 및 효율화에 기여

005 물류공동화 추진상의 문제점이 아닌 것은?

① 물류비 절감에 따른 소비자가의 하락
② 배송순서 조절의 어려움 발생
③ 물류서비스 차별화의 한계
④ 매출, 고객명단 등 기업비밀 노출 우려
⑤ 비용배분에 대한 분쟁발생

006 물류관리전략에 관한 일반적인 설명으로 옳은 것은?

① 일, 주 단위의 업무운영에 관한 구체적인 사항을 수립하는 것이 전술적 계획이다.
② 배송빈도가 높을수록 물류센터의 재고회전율은 감소한다.
③ 고객맞춤형 제품의 경우, 유통과정에서 완성하기보다는 공장에서부터 완성된 형태로 출하하는 것이 재고부담을 줄이는 좋은 방법이다.
④ 상물을 분리함으로써 배송차량의 효율적 운행이 가능하고, 트럭 적재율도 향상된다.
⑤ 운영적 계획과 전술적 계획을 미리 수립한 후 전략적 계획을 수립하는 것은 탑다운(Top – Down) 방식이다.

007 수요예측기법들 중 정량적인 기법이 아닌 것은?

① 이동평균법   ② 회귀분석법
③ 델파이법   ④ 지수평활법
⑤ 시계열분석법

008 도매상의 종류에 대한 설명으로 옳지 않은 것은?

① 상인 도매상은 제조업자에게 대금을 지불하고 제품을 구입하여, 다시 그 제품을 고객에게 판매한다.
② 상인 도매상은 상품을 직접 구매하여 판매하는 기능을 하는 도매기관을 말한다.
③ 제조업자 도매상은 제조업자가 직접 도매기능을 수행하는 도매상이다.
④ 대리인 도매상은 제조업자의 상품을 대신 판매, 유통시켜주는 기능을 가지고 있는 도매상을 말한다.
⑤ 상인 도매상은 상품에 대한 소유권이 없고, 대리인 도매상은 소유권이 있다.

009 다음은 무엇에 관한 설명인가?

소비자의 요구가 개별화됨에 따라 종래의 표준화된 제품을 대량생산해서 판매하던 방식에서 개별 고객의 요구에 맞춰 제조, 납품하는 방식으로 변화하여 유통대상 품목이 많아지고 재고 및 물류관리가 복잡해지고 있다.

① 대량고객화(Mass Customization)
② 공급자 재고관리(Vendor Managed Inventory)
③ 시장실험(Test Marketing)
④ 판매시점관리(Point of Sale)
⑤ 신속대응(Quick Response)

010 물류서비스의 수준을 결정하는 요소에 대한 설명으로 옳지 않은 것은?

① 물류서비스와 물류비용 사이에는 상충관계가 존재한다.
② 기업은 공헌이익이 적더라도 고객서비스 수준을 제고시키는 정책을 사용하기도 한다.
③ 물류서비스는 최소한 비용의 한계 안에서 제공될 수 있어야 한다.
④ 일반적으로 물류비용의 책정은 고객서비스 수준의 대가로 창출되는 공헌이익이 최대가 되는 부분에서 이루어져야 한다.
⑤ 물류서비스는 최소한 비용의 한계 안에서 제공될 수 있어야 한다.

011 슈메네(Schmenner)는 고객과의 상호작용(개별화 정도)과 노동집중도(노동집약 형태)에 따라 서비스 프로세스를 분류하였다. 다음 중 상대적으로 노동집중도가 높은 조직에서 인적자원 관리를 위한 의사결정 시 고려사항으로 옳지 않은 것은?

① 직무수행의 방법과 통제
② 고용 및 훈련계획
③ 인력자원 운영에 대한 스케줄링
④ 토지, 시설 및 설비에 대한 투자결정
⑤ 복리후생

012 JIT 시스템의 운영특성에 관한 설명으로 옳지 않은 것은?

① 생산소요시간 감소 및 각 공정 간 작업부하의 균일화를 위해 소 로트(lot)가 요구된다.

② 재고를 최소로 유지하기 위해서는 불량 없는 품질관리가 중요하다.

③ 공급되는 부품의 품질, 수량, 납품시기 측면에서 공급업체와의 신뢰성 구축과 긴밀한 협조체제가 요구된다.

④ 원활한 활동을 위해 노동력의 유연성과 팀워크가 요구된다.

⑤ 재고수준이 일정할 필요가 없으며 상황에 따라 변하는 예측수요 등에 바탕을 둔 재고관리가 요구된다.

013 물류비 산정의 일반기준에 해당하지 않는 것은?

① 물류활동의 개선방안 도출 용이

② 영역별, 기능별, 관리목적별 구분 집계

③ 포괄손익계산서와 재무상태표 활용

④ 운영을 위한 정보시스템 구축 필요

⑤ 인력, 자금, 시설 등의 회계정보 작성

014 세목별 물류비 분류항목으로 옳지 않은 것은?

① 재료비   ② 노무비

③ 경비   ④ 이자

⑤ 유통가공비

015 다음의 총 비용분석에 관한 설명 중 옳은 것을 모두 고르면?

> ㉠ 값싼 운송수단일 경우, 마케팅부문에는 영향이 없지만 생산부문에는 원자재 부족에 의한 생산 중단이 발생한다.
> ㉡ 창고에서 사용하는 파렛트가 고객이 요구하는 규격과 상이할 경우, 고객에게 인도할 때 추가비용이 발생할 수 있다.
> ㉢ 기업은 낮은 비용을 지불하는 운송수단을 사용할 경우, 운송비는 절약할 수 있지만 서비스 수준이 낮아질 수 있다.
> ㉣ 물류서비스 수준을 높여서 물류 각 기능의 총비용을 최소화할 수 있다.

① ㉠, ㉡
② ㉠, ㉣
③ ㉡, ㉢
④ ㉠, ㉣
⑤ ㉢, ㉣

016 발주단말기를 이용한 데이터 직접 전송으로 즉시 납품이 가능한 자동발주시스템(EOS : Electronic Ordering System)에 관한 설명으로 옳지 않은 것은?

① 발주시간 단축, 발주오류 감소로 발주작업 효율성 제고가 가능하다.
② EOS 도입 이후, 오납이나 결품이 발생할 가능성이 큰 것이 단점이다.
③ EOS를 도입한 점포는 한정된 매장 공간에 보다 많은 종류의 상품을 진열할 수 있다.
④ EOS를 도입한 소매점의 경우 상품코드에 의한 정확한 발주가 가능하다.
⑤ EOS를 위한 발주작업의 표준화 및 매뉴얼화는 신속한 발주체계 확립에 기여할 수 있다.

017 다음 중 물류정보시스템에 대한 설명으로 옳지 않은 것은?

① GS1/UCC(Global Standard 1/Uniform Code Council) 시스템은 코드를 인쇄한 기업에 관계없이 어느 국가, 어느 장소에서도 사용이 가능하다.
② CRP(Continuos Replenishment Program)는 주로 제조업체나 물류센터의 보충발주를 자동화하는 시스템이다.
③ CAO(Computer Assisted Ordering)는 자동화된 주문관리에 의해 수요관리의 효율성을 도모하여 재고수준을 감소시킬 수 있다.
④ VMI(Vendor Managed Inventory)는 생산자가 소매업자와 상호 협의하여 소매업자의 재고를 관리하는 개념이다.
⑤ POS(Point of Sales)는 생산시점관리 데이터와 다른 재고 관련 정보를 연계한 자동발주의 개념이다.

018 RFID 시스템에 관한 설명으로 옳지 않은 것은?

① 원거리 인식 및 여러 개의 정보를 동시에 판독하거나 수정할 수 있다.
② 장애물 투과기능도 지니고 있기 때문에 교통 분야에 적용도 가능하며 반영구적인 사용이 가능하다.
③ 태그에 대용량의 데이터를 반복적으로 저장할 수 있으며 데이터 인식속도도 타 매체에 비해 빠르다.
④ 바코드시스템과 마찬가지로 접촉하지 않으면 인식이 불가능하다.
⑤ 기존 바코드에 기록할 수 있는 가격, 제조일 등 정보 외에 다양한 정보를 인식할 수 있다.

019 매트릭스형 조직의 특징에 관한 설명으로 옳지 않은 것은?

① 항공우주산업과 같은 첨단기술분야에 효과적이다.
② 물류를 하나의 프로그램으로 보고 기업 전체가 물류관리에 참여하는 조직의 유형이다.
③ 명령, 지시계통인 라인의 흐름이 정체될 수 있다.
④ 물류담당자들이 평상시에는 자기부서에서 근무하다가 필요시 해당 부서의 인원들과 함께 문제를 해결하기 위해 구성된 조직이다.
⑤ 기능형과 프로그램형의 중간 형태이다.

020 포장합리화에 관한 설명으로 옳지 않은 것은?

① 포장의 크기를 대형화할 수 있는지 여부를 결정해야 한다.
② 포장을 할 경우, 가능하면 비슷한 길이와 넓이를 가진 화물을 모아 포장 크기를 규격화시켜야 한다.
③ 내용물의 보호기능을 유지하는 범위에서 사양의 변경을 통한 비용절감이 이루어질 수 있도록 검토해야 한다.
④ 적정포장 기준이 포장합리화의 절대적인 기준이 되어야 한다.
⑤ 물류활동에 필요한 장비나 기기 등을 운송, 보관, 하역기능과 유기적 연결이 가능하도록 해야 한다.

021 1,100mm × 1,100mm 평파렛트에 겉포장 치수가 길이 550mm, 폭 275mm인 화물을 적재하였을 때 적재효율은?

① 100%
② 95%
③ 90%
④ 85%
⑤ 80%

022 제3자 물류와 기존의 외주물류를 비교하여 설명한 것으로 옳지 않은 것은?

① 제3자 물류의 운영기간은 중장기 위주이나 외주물류의 경우 단기 위주이다.
② 제3자 물류의 계약방식은 수의계약형태가 많으나 외주물류의 경우 경쟁계약 형태가 많다.
③ 제3자 물류의 서비스의 제공방식은 통상 제안형이나 외주물류의 경우 수주형이다.
④ 제3자 물류의 관리형태는 통합관리형이나 외주물류의 경우는 분산관리형이다.
⑤ 제3자 물류의 서비스 범위는 종합적 서비스 형태이나 외주 물류의 경우 기능별 서비스 형태이다.

023 공급사슬관리(SCM)의 등장 배경으로 옳지 않은 것은?

① 제조업체의 경우 전체 부가가치의 약 60~70%가 제조과정 내부에서 발생하고 있어 공장자동화를 통한 기업내부 혁신의 필요성이 커졌기 때문이다.
② 수요정보의 왜곡현상을 줄이고 그에 따른 안전재고의 증가를 예방하기 위해서이다.
③ 인터넷, EDI 및 ERP와 같은 정보통신기술의 발전으로 인해 공급망관리를 통한 기업 간 프로세스 통합이 가능하게 되었다.
④ 기업의 경영환경이 글로벌화되고 물류관리의 복잡성이 증대되고 있기 때문에 통합적 물류관리의 필요성이 높아졌다.
⑤ 기업경쟁력을 높이기 위해서 기업 내부 최적화보다는 공급망 전체의 최적화를 통한 물류관리가 중요해졌다.

024

CPFR(Collaborative Planning Forecasting & Replenishment)에 관한 설명으로 옳지 않은 것은?

① 결품으로 인한 고객만족도 저하현상에 대응하기 위한 안정적인 재고관리의 수단이다.
② 수요예측이나 판매계획 정보를 유통업체와 제조업체가 공유하여, 생산-유통 전 과정의 자원 및 시간의 활용을 극대화하는 비즈니스 모델이다.
③ 유통업체인 Wal-Mart와 Warner-Lamber사 사이에 처음 시도되었다.
④ 유통비용 절감 및 고객서비스 향상을 위하여 출하데이터를 근거로 재고를 즉시 보충하는 유통시스템이다.
⑤ 생산 및 수요예측에 대하여 제조업체와 유통업체가 공동으로 책임을 진다.

025

최종 고객으로부터 공급망의 상류로 갈수록 판매예측 정보가 왜곡되는 현상(Bullwhip Effect)이 심화되어 가고 있다. 이에 대한 대처방안으로 옳지 않은 것은?

① 불확실성 최소화   ② 리드타임 단축
③ 전략적 파트너십   ④ 규모의 경제 추구
⑤ 수요변동의 최소화

026

SCM의 응용기법에 관한 설명으로 옳은 것은?

① CRP(Continuous Replenishment Program)는 물류센터에 재고를 보관하지 않고 바로 거래처로 배송하는 것이다.
② CAO(Computer Assisted Ordering)는 소비자의 구매행태를 근거로 상품을 그룹화하여 관리하는 것이다.
③ ERP(Enterprise Resource Planning)는 제조-유통업체가 공동으로 생산계획, 수요예측, 재고보충을 구현하는 것이다.
④ 크로스 도킹(Cross Docking)은 기업 내의 자원을 효율적으로 관리하기 위한 통합정보시스템이다.
⑤ VMI(Vendor Managed Inventory)는 공급자가 유통매장의 재고를 주도적으로 관리하는 것이다.

027

구매계약의 유형에 관한 설명으로 옳지 않은 것은?

① 일반경쟁방식은 불성실한 업체의 경쟁참가를 배제한다.
② 지명제한경쟁방식은 절차의 간소화로 경비절감이 가능하다.
③ 수의계약방식은 신용이 확실한 거래처의 선정이 가능하다.
④ 일반경쟁방식은 긴급한 경우, 소요시기에 맞추어 구매하기 어렵다.
⑤ 수의계약은 공정성이 결여될 수 있다.

028

다음에서 설명하고 있는 향후 활용이 예상되는 차세대 물류기술은?

> 인간과 사물, 서비스의 세 가지로 분산된 환경요소에 대해 인간의 명시적 개입 없이 상호 협력적으로 센싱(Sensing), 네트워킹, 정보처리 등 지능적 단계를 형성하는 사물 공간 연결망이다.

① IoT(Internet of Things) ② Ubiquitous
③ Process Mining ④ Big Data
⑤ Cloud Computing

029

각종 국제환경협약에 관한 내용으로 옳지 않은 것은?

① 몬트리올의정서에서는 CFC(염화불화탄소) 등 오존층 파괴물질의 생산 및 사용을 규제하고 있다.
② EuP(Energy-using Product)에서는 납, 크롬, 카드뮴, 수은 등 6개 물질에 대한 사용규제 조항을 담고 있다.
③ WEEE에서는 생산자의 전기, 전자제품 폐기에 관한 처리지침을 담고 있다.
④ 교토의정서는 에너지 사용과 관련된 협약으로 지구온난화 물질에 대한 규제를 담고 있다.
⑤ 바젤협약에서는 유해폐기물의 국가 간의 이동을 금지하고 있다.

030 파렛트의 집합적재방식 중 홀수단과 짝수단을 180도 바꾸어 교차적으로 적재하는 방식으로 장방향 적재에 적합한 방식은?

① 교호열 적재   ② 핀휠 적재

③ 벽돌형 적재   ④ 스플릿 적재

⑤ 블록형 적재

031 가장 최신값에 가장 큰 가중치를 두고 자료가 오래될수록 가중치를 감소시키면서 수요를 예측하는 기법은?

① 가중이동평균법   ② 지수평활법

③ 회귀분석법   ④ 투입 – 산출모형

⑤ 역사적 유추법

032 수직적 유통경로시스템(VMS : Vertical Marketing System)에 관한 설명으로 옳지 않은 것은?

① 동맹형 VMS는 둘 이상의 유통경로 구성원들이 대등한 관계에서 상호 의존성을 인식하고 자발적으로 형성한 통합시스템 또는 제휴시스템이다.

② 자원 및 재료 등의 안정적인 확보가 가능하다.

③ 수직적 통합의 정도가 강할수록 신규기업에게는 높은 진입장벽으로 작용할 수 있다.

④ 유통경로의 조직형태 중 유연성이 가장 뛰어난 형태이다.

⑤ 도소매상이 제조업체를 직접 통제하기 위하여 계열화하는 것을 후방통합이라고 한다.

033 MRP 시스템상 입력해야 하는 입력요소가 아닌 것은?

① Inventory Record File   ② Master Production Schedule

③ Lead Time   ④ BOM

⑤ Quaility

034 공급사슬시스템 전략에 관한 설명으로 다음 빈칸 안에 들어갈 내용으로 옳은 것은?

> • (ㄱ)은 과잉생산, 과잉재고, 보관기간, 운송시간 등 낭비적 요소를 제거해 종래의 공급사슬의 문제점을 해결하는 전략이다.
> • (ㄴ)은 고객들이 원하는 바를 파악해 이를 개발한 후 시장에 내놓고 반응을 살피는 것으로, 소규모 인원이 신속하게 제품을 개발하고 지속적으로 이를 업데이트 하는 전략이다.

① ㄱ : 린(Lean)생산방식, ㄴ : 예측생산(MTS)방식
② ㄱ : 린(Lean)생산방식, ㄴ : 애자일(Agile)생산방식
③ ㄱ : 지속보충(CRP)방식, ㄴ : 신속대응(QR)방식
④ ㄱ : 지속보충(CRP)방식, ㄴ : 예측생산(MTS)방식
⑤ ㄱ : 신속대응(QR)방식, ㄴ : 애자일(Agile)생산방식

035 다음 빈칸에 들어갈 용어의 순서로 올바른 것은?

> • (ㄱ) : 물류비에 대한 비용항목을 나타내는 것이 아니고, 물류비에 대한 분류체계를 나타내는 용어이다.
> • (ㄴ) : 물류비에 대한 비용항목을 나타내는 약어로서, 모든 물류활동을 수행하는 데 발생하는 비용항목을 나타내는 포괄적 의미이다.
> • (ㄷ) : 재료비, 노무비, 경비, 이자의 기본적인 4가지 사항으로 구분하고, 경비는 필요에 따라 공공서비스비, 감가상각비, 관리유지비, 일반경비로 구분할 수 있다.

① ㄱ : 과목, ㄴ : 비목, ㄷ : 세목   ② ㄱ : 과목, ㄴ : 세목, ㄷ : 비목
③ ㄱ : 비목, ㄴ : 과목, ㄷ : 세목   ④ ㄱ : 비목, ㄴ : 세목, ㄷ : 과목
⑤ ㄱ : 세목, ㄴ : 비목, ㄷ : 과목

036 활동기준 원가계산(Activity – Based Costing)에 관한 설명으로 옳지 않은 것은?

① 업무를 활동단위로 세분하여 원가를 산출하는 방법이다.
② 활동별로 원가를 분석하여 낭비요인이 있는 물류업무영역을 알 수 있다.
③ 노무비, 재료비 및 경비로 나누어 계산한다.
④ 산정원가를 바탕으로 원가유발 요인분석이나 성과측정을 할 수 있다.
⑤ 물류서비스별, 활동별, 유통경로별, 고객별, 프로세스별 수익성을 분석할 수 있다.

037 이동 중인 차량 등 운송수단에 탑재하여 이동 간 발생하는 정보를 실시간으로 송신 및 수신할 수 있는 화물추적통신시스템은 무엇인가?

① TRS
② MRP
③ JIT
④ EDI
⑤ EOS

038 다음 표에서 설명하는 개념으로 올바른 것은?

- 제조업체가 제품을 생산하고 바코드를 붙여서 출시하는 것을 말한다.
- 생산이나 포장단계에서 바코드를 인쇄하고 가공식품이나 잡화 등에 실시한다.
- 국제규격인 13자리를 표시하며 운영비용이 싸고 효율이 높다.

① 인스토어마킹
② 소스마킹
③ POS
④ MRP
⑤ VMI

039 고객관계관리(CRM)기법에 대한 설명으로 옳지 않은 것은?

① 추가비용을 최소화하고 고객과의 상호작용의 가치를 높여 이익을 증대시키는 개념이다.
② 수익성 높은 고객과의 관계를 창출, 지원하여 매출을 최적화하고 고객기반을 확충하는 전략이다.
③ 고객의 데이터베이스 정보를 기업의 마케팅에 활용하는 기법이다.
④ 기존고객의 관리보다는 주로 신규고객과 잠재고객의 창출에 초점을 맞추는 개념이다.
⑤ 고객들의 성향과 욕구를 파악하여 이를 충족시키면서 기업의 목표를 달성하고자 하는 전략이다.

040 기업의 통합물류운영관점에서 재고거점수가 증가할 경우의 영향으로 옳지 않은 것은?

① 배송비 감소
② 재고유지비용 증가
③ 총물류비용 감소
④ 시설투자비 증가
⑤ 고객서비스 수준향상

041 녹색물류체계 구축에 관한 내용과 관계가 없는 것은?

① 고비용 저효율 도로운송에서 저비용 고효율 연안 및 철도운송으로의 전환
② 트랜스퍼 크레인(Transfer Crane)의 에너지 공급체계를 경유에서 전기로 전환
③ 접안선박이 육상전기를 사용할 수 있도록 육상전기 사용시설(AMP)의 설치
④ 녹색물류기업인증제도의 도입과 시행
⑤ AEO제도의 도입과 시행

042 선박운송에 관한 설명이 옳은 것으로 모두 묶인 것은?

> ㉠ 대량화물 혹은 중량화물의 장거리 운송에 적합하다.
> ㉡ 대량화물의 장거리 운송 시 타 수단에 비해 운임이 가장 저렴하다.
> ㉢ 선박운송의 유형으로는 내륙수면운송, 연안운송, 근해운송, 국제해상운송 등이 있다.
> ㉣ 일부 컨테이너 바지운송을 제외하고 대부분의 내륙수로운송은 석탄, 곡물, 모래 등 무겁고 부피가 큰 저가 물품들을 운반하는 데 이용되고 있다.

① ㉠, ㉡   ② ㉠, ㉡, ㉢
③ ㉠, ㉡, ㉣   ④ ㉠, ㉢, ㉣
⑤ ㉠, ㉡, ㉢, ㉣

043 화물자동차의 운임결정에 관한 설명으로 옳지 않은 것은?

① 운송거리가 길어질수록 총운송원가는 증가하여 운임이 증가한다.
② 동일한 중량이라면 부피나 면적이 적은 화물이 밀도가 높다.
③ 화물의 밀도가 동일할지라도 적재율이 떨어지면 운송량이 적어져 단위당 운송비는 낮은 수준에서 결정된다.
④ 밀도가 높은 화물은 동일한 용적을 갖는 적재용기에 많이 적재하고 운송할 수 있게 되어, 밀도가 높을수록 단위당 운송비는 낮아진다.
⑤ 운송되는 화물의 단위가 클수록 대형차량을 이용하게 되며 대형차량을 이용할수록 운송단위당 부담하는 고정비는 낮아지게 된다.

044 화물자동차 운임결정에 영향을 주는 요소에 관한 설명으로 옳지 않은 것은?

① 화물의 취급이 어려울수록 운임은 증가한다.

② 밀도가 높은 화물은 동일한 용적을 갖는 적재용기에 많이 적재하게 되어 밀도가 높을수록 단위무게당 운임은 증가한다.

③ 한 번에 운송되는 화물의 단위가 클수록 대형차량을 이용하게 되며, 이때 단위당 부담하는 고정비 및 일반관리비는 감소한다.

④ 적재율이 떨어지면 운송량이 적어져 단위당 운임은 증가한다.

⑤ 운송화물의 파손, 분실, 부패, 폭발 등 사고발생 가능성에 따라 운임은 변동된다.

045 파이프나 H형강 등 장척물의 수송이 주 목적이며, 풀 트레일러를 연결하여 적재함과 턴테이블이 적재물을 고정시켜 수송하는 것은?

① 폴 트레일러 트럭(Pole – trailer truck)

② 풀 트레일러 트럭(Full – trailer truck)

③ 세미 트레일러 트럭(Semi – trailer truck)

④ 모터 트럭(Motor truck)

⑤ 더블 트레일러 트럭(Double – trailer truck)

046 화물자동차의 명칭과 화물적재와의 관계에 관한 설명으로 옳은 것은?

① 전폭 : 파렛트 적재수, 컨테이너의 적재 여부에 영향을 준다.

② 전후 오버행 : 커브 시 안전도에 영향을 준다.

③ 하대높이 : 지하도 및 교량 통과 높이에 영향을 준다.

④ 제1축간거리 : 축간거리가 길수록 적재함의 길이가 커지거나 적재함 중량이 뒷바퀴에 많이 전달된다.

⑤ 오프 : 오프값이 클수록 적재함 중량이 뒷바퀴에 많이 전달된다.

047 다음의 물량을 출발지점에서 도착지점까지 운송하려면 8톤 화물차량이 일평균 몇 대가 필요한가? (단, 도착지에서 출발지로 회송하는 경우 공차운행됨을 가정한다.)

- 출발지 : 인천
- 도착지 : 금산
- 총물량(월) : 1,100,000kg
- 일일 차량 운행 횟수 : 2회(편도)
- 월 운행일수 : 25일
- 8톤 1대당 적정 적재물량 : 4,000kg

① 2대   ② 4대
③ 6대   ④ 8대
⑤ 10대

048 수배송시스템 설계 시 효율화 대상의 하드웨어 대책으로 가장 적합한 것은?

① 배송의 계획화(루트화, 다이어그램 수송)
② 화물의 로트(Lot)화
③ 경로의 단순, 간략화
④ 공동화(고밀도화)
⑤ 차량적재함의 개선과 개량

049 다이어그램 배송방법에 대한 설명으로 적합한 것은?

① 차량의 적재율을 기준으로 가장 적합한 배송방식을 결정한다.
② 비교적 광범위한 지역에서 소량의 화물을 가진 다수고객에게 배송할 때 유리하다.
③ 배송범위가 60km 이상인 경우 주로 적용한다.
④ 배송범위가 30km 이내, 배송빈도는 2회/일, 또는 1.5회/일(30~60km)인 경우 주로 적용한다.
⑤ 배송범위를 몇 가지 경로로 구분한 후 1회/일 배송을 원칙으로 배송차량의 크기와 출발 시간을 정한다.

050 다음 TMS(Transportation Managemnet System)의 주요 기능과 가장 거리가 먼 것은?

① 신속한 배송의뢰 주문처리기능
② 일일 배송계획기능
③ 화물의 입출고 빈도 ABC 분석기능
④ 차량의 운행관리기능
⑤ GPS를 이용한 화물추적기능

051 중견 제조기업인 A사는 물류효율화를 위해 전국에 산재해 있는 물류거점수를 줄여 물류네트 워크를 재구축하려고 한다. 이때 나타나는 효과로 모두 묶인 것은?

⊙ 재고비 감소	ⓒ 재고관리비 감소
ⓒ 수송비 감소	② 배송비 감소

① ⊙, ⓒ, ⓒ   ② ⓒ, ⓒ, ②
③ ⊙, ⓒ, ②   ④ ⊙, ⓒ, ②
⑤ ⊙, ⓒ, ⓒ, ②

052 화물의 출발지와 도착지 간 거리가 A기업은 100km, B기업은 200km이며, 운송량은 A기업은 5톤, B기업은 1톤이다. 국내 운송 시 각 수단별 요금체계가 다음과 같을 때 A기업과 B기업에 최소 운송비용 측면에서 가장 유리한 운송수단은? (단, 다른 조건은 동일하다.)

구분		화물자동차	철도	연안해송
운임	기본운임	200,000원	150,000원	100,000원
	톤·km당 추가운임	1,000원	900원	800원
톤·km당 부대운임		100원	300원	500원

① A, B 모두 화물자동차 운송이 저렴하다.
② A는 화물자동차가 저렴하고, B는 모든 수단이 동일하다.
③ A는 모든 수단이 동일하고, B는 연안해송이 저렴하다.
④ A, B 모두 철도운송이 저렴하다.
⑤ A는 연안해송, B는 철도운송이 저렴하다.

053 택배운송장의 역할과 중요성에 관한 설명으로 옳지 않은 것은?

① 배송완료 후 배송 여부 등에 대한 책임소재를 확인하는 증거서류 역할을 하게 된다.

② 선불로 요금을 지불한 경우에는 운송장을 영수증으로 사용할 수 있다.

③ 택배회사가 화물을 송화인으로부터 이상 없이 인수하였음을 증명하는 서류이다.

④ 운송장에 인쇄된 바코드를 스캐닝함으로써 추적정보를 생성시켜 주는 역할을 하게 된다.

⑤ 착불화물의 경우에는 운송장을 증빙으로 제시하여 수화인에게 요금을 청구하는 것은 불가능하다.

054 수배송 시스템을 합리적으로 설계하기 위한 요건과 분석기법에 관한 설명으로 옳지 않은 것은?

① 모든 방문처를 경유해야 하는 차량수를 최소로 하면서 동시에 차량의 총수송거리를 최소화하는 기법을 VSP(Vehicle Schedule Program)라 한다.

② 루트배송법은 다수의 소비자에게 소량 배송하기에 적합한 시스템으로 비교적 광범위한 지역을 대상으로 한다.

③ 수배송시스템 설계 시 배송범위, 운송계획 등을 고려하여야 효율성을 높일 수 있다.

④ SWEEP법, TSP(Traveling Salesman Program)법 등이 포함되는 변동다이어그램은 운송수단, 배송량 등을 고려하여 경제적인 수배송경로를 설정하는 방식이다.

⑤ 고정다이어그램은 과거 통계치에 의존하여 배송스케줄을 설정하고, 적시배달을 중시하는 배송시스템으로 배송범위가 협소하고 빈도가 많은 경우에 유리하다.

055 공장에서 물류센터까지 연간 7,000,000개의 제품을 운송하려고 한다. 다음 세 가지 수송수단 중 '수송 중 재고비용'이 가장 저렴한 순서대로 나열한 것은? (단, 제품당 가격은 7,000원이며, 연간 재고유지비용은 제품가격의 20%이다.)

구분	운임(원/개)	수송시간(일)	1회 운송량(개)
철송	22	23	400,000
트럭	35	11	100,000
항공	75	2	30,000

① 철송-트럭-항공   ② 철송-항공-트럭

③ 트럭-철송-항공   ④ 트럭-항공-철송

⑤ 항공-트럭-철송

056 택배표준약관(공정거래위원회 표준약관 제10026호)상의 용어에 관한 설명으로 옳은 것은?

① "운송장"이라 함은 사업자와 고객 간의 택배계약의 성립과 내용을 증명하기 위하여 고객의 청구에 의하여 사업자가 발행한 문서이다.

② "고객"이라 함은 택배사업자에게 택배를 위탁하는 자로서 운송장에 수하인으로 기재되는 자를 말한다.

③ "택배"라 함은 소형, 소량의 운송물을 고객의 주택, 사무실에서 수탁하여 수하인의 주택, 사무실까지 운송하여 인수하는 것을 말한다.

④ "수탁"이라 함은 사업자가 택배를 위하여 고객으로부터 운송물을 수령하는 것을 말한다.

⑤ "손해배상한도액"은 고객이 운송장에 운송물의 가액을 기재한 경우에만 적용한다.

057 효율적인 화물자동차 운송시스템 설계를 위한 기본요건에 관한 설명으로 옳지 않은 것은?

① 화물을 지정된 시간 내에 목적지에 배송할 수 있어야 한다.

② 운송, 배송 및 배차계획 등을 조직적으로 실시해야 한다.

③ 최저주문단위제를 폐지하여 배송주문량 및 주문 횟수를 확대한다.

④ 수주에서 출하까지 작업의 표준화 및 효율화를 수행해야 한다.

⑤ 적절한 유통재고량 유지를 위한 다이어그램배송 등을 사용한 체계적인 운송계획을 수립해야 한다.

058 네트워크 문제와 관련된 설명으로 옳지 않은 것은?

① 네트워크는 공간적, 지리적 위치나 시간적 상태를 나타내는 노드(node)와 이를 연결하는 링크(link) 또는 아크(arc)에 의해 표현된다.

② 최단경로문제는 비용, 거리, 시간의 관점에서 최단경로를 찾는 문제로서 외판원의 경로선택문제 등이 이에 해당한다.

③ 최소걸침나무문제는 네트워크상의 모든 마디를 가장 적은 비용 또는 짧은 시간으로 연결하는 방법을 찾는 문제이다.

④ 최대흐름문제는 네트워크상의 한 지점에서 다른 지점으로 보낼 수 있는 최대유량을 찾는 문제이다.

⑤ 네트워크문제를 해결하는 대표적인 기법은 선형계획법이다.

059 COFC(Container On Flat Car)방식에서 컨테이너를 화차에 바꿔 싣는 방향에 따라 비교적 취급량이 적은 종류일 때 사용하는 방식은?

① 플랙시 밴(Flexi – Van)방식
② 매달아 싣는 방식
③ 세로 – 가로 이동방식
④ 적 · 양화방식
⑤ 컨테이너 이동방식

060 우리나라의 철도운송의 특징에 관한 설명으로 옳은 것은?

① 철도화물의 운송 시 필요한 화차는 형태에 따라 유개화차, 무개화차 등이 있다.
② 통상적으로 국내 철도화물의 운송실적은 화물자동차의 운송실적보다 많다.
③ 우리나라 철도노선의 궤간 폭은 1,524mm인 광궤를 이용하고 있다.
④ 철도운송의 분담률을 높이기 위해 Block Train과 Double Stack Train을 운행하고 있다.
⑤ 철도운송은 대량화물운송 및 문전운송 측면에서 다른 운송수단보다 유리하다.

061 항공운송용 단위탑재용기(ULD : Unit Load Device)와 관련된 설명으로 옳지 않은 것은?

① 종류에는 파렛트, 컨테이너, 이글루, GOH(Garment on Hanger) 등이 있다.
② 기종별 규격의 비표준화로 ULD의 기종 간 호환성이 낮다.
③ 지상조업시간, 하역시간을 단축할 수 있다.
④ 운송화물의 안전성이 제고된다.
⑤ 초기 투자비용이 적게 든다.

062 다음에서 설명하는 항공운임요율은 무엇인가?

> 항공사는 화물운송 도중 사고가 발생하여 배상해야 할 때는 일반적으로 IATA의 규정에 따라서 배상한다. 그러나 화주가 고가의 화물에 대하여 정해진 배상기준금액을 초과하여 배상받고자 할 경우에는 항공사에 신고를 하고 일정률의 추가운임을 지불한다.

① Valuation Charge
② Bulk Unitization Charge
③ Commodity Classification Rate
④ Specific Commodity Rate
⑤ General Cargo Rate

063 항공화물운송장의 기능에 관한 설명으로 옳지 않은 것은?

① 운송계약의 증거서류이다.
② 유통가능한 유가증권이다.
③ 운송물품에 대한 수령증이다.
④ 운임 및 요금의 청구서이다.
⑤ 수출입신고서 및 통관자료이다.

064 항공화물운송장(AWB)과 선하증권(B/L)을 비교 설명한 것으로 옳지 않은 것은?

① 항공화물운송장은 화물수령증이고 선하증권은 권리증권의 성격을 가진다.
② 항공화물운송장은 송화인의 작성하는 것이 원칙이고 선하증권은 통상 운송인이 작성한다.
③ 항공화물운송장의 발행시기는 화물인도시점이고 선하증권은 선적 후에 발행한다.
④ 항공화물운송장과 선하증권은 각각 원본 2장을 발행하는 것을 원칙으로 한다.
⑤ 항공화물운송장은 수화인을 기명식으로 기재하여 발행되고 선하증권은 통상 지시식으로 발행된다.

065 다음은 항공화물의 수입절차이다. 절차를 순서대로 옳게 나열한 것은?

> 가. 수입통관절차 수행 및 물품 반출
> 나. 발송통지서 접수
> 다. 수하인에게 화물도착 통지
> 라. 적하목록 세관제출
> 마. 하기신고 및 보세구역 물품 반입

① 나→라→마→다→가   ② 나→다→라→마→가
③ 마→나→가→다→라   ④ 다→나→가→라→마
⑤ 가→라→마→나→다

066

항공운송에 관한 설명으로 옳은 것을 모두 고른 것은?

> ㉠ 몬트리올협약상 제소기한은 2년이며, 중재에 의한 분쟁해결을 허용하고 있다.
> ㉡ ICAO는 항공화물운송장의 표준양식을 제정하고 있다.
> ㉢ 바르샤바협약은 국제 간 항공운송으로서 운송계약상 발송지 및 목적지가 모두 체약국에 있는 경우 적용된다.
> ㉣ 화주가 항공운송인(실제운송인)과 항공운송계약을 체결한 경우, 운송계약체결의 증거로서 항공운송인은 화주에게 House Air WayBill을 발행한다.
> ㉤ 항공화물운송장은 복수로 발행되며, 제1원본은 운송인용으로 송하인이 서명한다.

① ㉠, ㉡, ㉢   ② ㉠, ㉢, ㉣
③ ㉠, ㉢, ㉤   ④ ㉡, ㉣, ㉤
⑤ ㉢, ㉣, ㉤

067

컨테이너 종류별 그 적절한 운반대상 화물을 연결한 것으로 적절하지 않은 것은?

① Tank Container – 유류, 화학품
② Hanger Container – 가축사료, 소맥분
③ Flat Rack Container – 승용차, 기계류, 목재
④ Open Top Container – 중량물, 기계류, 장척화물
⑤ Reefer Container – 채소, 냉동물, 과일

068

다음의 내용에 적합한 시설은?

> 본선 입항 전에 미리 입안된 선내 적치계획에 따라 선적 예정 컨테이너를 순서대로 쌓아 두기 위한 곳으로, 컨테이너 터미널 운영에 있어 중심이 되는 중요한 장소이다.

① 에이프런(Apron)
② 컨트롤 타워(Control Tower)
③ 마샬링 야드(Marshalling Yard)
④ CFS(Container Freight Station)
⑤ 안벽(Quay)

069 항만 내 컨테이너 터미널 시설과 관계가 없는 것은?

① 안벽(Berth)
② 에이프런(Apron)
③ 마샬링 야드(Marshalling Yard)
④ 컨테이너 야드(Container Yard)
⑤ ODCY(Off Dock Container Yard)

070 다음 중 중량화물이나 장척화물운송에 적합하도록 천장이나 측면이 개방된 컨테이너를 모두 고른 것은?

㉠ Reefer Container	㉡ Open Top Container
㉢ Flat Rack Container	㉣ Pen Container

① ㉠, ㉡
② ㉠, ㉢
③ ㉡, ㉢
④ ㉡, ㉣
⑤ ㉢, ㉣

071 선박의 측면 또는 선미에 설치된 램프를 이용하여 트레일러에 의해 컨테이너를 싣고 내리는 하역방식은?

① Lo-Lo(Lift on/Lift off) 방식
② Fo-Fo(float on/Float off) 방식
③ Ro-Ro(Roll on/Roll off) 방식
④ Semi-container 방식
⑤ Full-Container 방식

072 다음은 파렛트 규격 중 한국산업표준(KST-2033)에서 정하고 있는 아시아 일관수송용 평파렛트의 크기에 해당되는 것을 모두 고른 것은?

㉠ 1,067mm×1,067mm	㉡ 1,100mm×1,100mm
㉢ 1,140mm×1,140mm	㉣ 1,200×800mm
㉤ 1,200mm×1,000mm	㉥ 1,219mm×1,016mm

① ㉠, ㉡, ㉢
② ㉡, ㉤
③ ㉣, ㉤
④ ㉡, ㉣, ㉤
⑤ ㉣, ㉤, ㉥

073

다음 중 해운동맹에 관한 설명으로 옳지 않은 것은?

① 해운동맹은 가입 및 탈퇴의 자유 유무에 따라 개방동맹과 폐쇄동맹으로 분류된다.

② 가장 막강한 폐쇄동맹이었던 극동/구주운임동맹(FEFC)은 현재 해체되었다.

③ 해운동맹은 공동합의를 전제로 하기 때문에 시장환경의 변화에 탄력적으로 대응할 수 있다.

④ 해운동맹은 운임에 중점을 두었기 때문에 운임동맹이라고도 한다.

⑤ 컨테이너화의 확산으로 운송서비스가 동질화되어 동맹선의 비교우위가 사실상 없어지게 되었다.

074

다음 컨테이너 화물과 관련된 서류를 선적 절차에 따라 순서대로 옳게 나열한 것은?

가. D/R(Dock Receipt)	나. S/R(Shipping Request)
다. E/R(Equipment Receipt)	라. Booking List
마. Booking Note	바. B/L(Bill of Lading)

① 가 - 나 - 다 - 마 - 라 - 바 　　② 나 - 마 - 라 - 다 - 가 - 바

③ 나 - 마 - 다 - 라 - 바 - 가 　　④ 다 - 라 - 나 - 바 - 마 - 가

⑤ 나 - 마 - 가 - 다 - 라 - 바

075

다음은 부정기선의 운송계약 중 무엇에 관한 설명인가?

일정 기간 선박만을 용선하여 인적 및 물적요소 일체를 용선자가 통제, 부담하는 조건으로 운항의 전부에 걸친 관리계약

① Voayage Charter 　　② Time Charter

③ Lump Sum Charter 　　④ Net Term Charter

⑤ Bareboat Charter

076

해상운송과 관련된 서류를 선적 절차에 따라 순서대로 옳게 나열한 것은?

① S/R→S/O→M/R→D/O→B/L
② S/R→S/O→B/L→M/R→D/O
③ S/R→M/R→S/O→B/L→D/O
④ S/R→D/O→S/O→B/L→M/R
⑤ S/R→S/O→M/R→B/L→D/O

077

정기선운송에 필요한 서류에 관한 설명으로 옳지 않은 것은?

① 수화인수취증(B/N) : 선사 또는 대리점이 수화인으로부터 선하증권을 받아 대조 후, 본선이나 터미널에 화물인도를 지시하는 서류
② 기기수도증(E/R) : 육상운송회사가 선박회사로부터 기기류를 넘겨받는 것을 증명하는 서류
③ 본선적부도(S/P) : 본선 내의 컨테이너 적재위치를 나타내는 도표
④ 부두수취증(D/R) : 선사가 화주로부터 화물을 수취한 때에 화물의 상태를 증명하는 서류
⑤ 선적지시서(S/O) : 선사 또는 그 대리점이 화주에게 교부하는 선적승낙서

078

FIATA 복합운송증권에 관한 설명으로 옳지 않은 것은?

① 프레이트 포워더(Freight Forwarder)는 화주의 단독위험으로 화물을 보관할 수 있다.
② 프레이트 포워더가 인도지연으로 인한 손해, 화물의 멸실, 손상 이외의 결과적 멸실 또는 손상에 대해 책임을 져야 할 경우, 프레이트 포워더의 책임한도는 본 FBL(Forwarder's B/L)에 의거한 복합운송계약 운임의 2배 상당액을 초과하지 않는다.
③ FBL에 따르면, 화물의 손상, 멸실 등의 경우, 프레이트 포워더는 무과실을 입증하지 못하는 한 배상책임을 면할 수 없다.
④ 해상운송이나 내수로운송이 포함되지 않은 국제복합운송의 경우, 프레이트 포워더의 책임은 멸실 또는 손상된 화물의 총중량 1kg당 8.33SDR(Special Drawing Rights)을 초과하지 않는 금액으로 제한된다.
⑤ 프레이트 포워더의 총책임은 화물의 전손에 대한 책임한도를 초과한다.

079 Charter Party B/L에 관한 설명으로 옳지 않은 것은?

① 화주가 대량 화물을 수송하기 위하여 일항행 또는 일정 기간 동안 부정기선(tramper)을 사용하는 경우, 화주와 선박회사 사이에 체결된 용선계약에 의하여 발행되는 선하증권을 말한다.
② 제3자에게 양도된 경우 선하증권의 내용보다 용선계약서의 내용이 우선한다.
③ 이면에는 용선계약서의 모든 내용이 편입된다는 문언이 포함되어 있다.
④ 약식(short form)으로 발행된다.
⑤ 신용장통일규칙(UCP 600)은 신용장에서 별도의 약정이 없는 한, 이 선하증권은 수리하지 않는다고 규정하고 있다.

080 수송 문제를 해결하기 위하여 최소비용법(least-cost method)을 적용하고자 한다. 아래와 같은 운송조건하에서 최소비용법을 적용할 때 네 번째로 할당되는 운송구간과 할당량을 순서대로 나열한 것은? (단, 공급지에서 수요지까지의 운송비는 각 셀의 우측 상단에 제시되어 있음)

(단위 : 천원, 톤)

공급지 \ 수요지	1	2	3	공급량
A	4	3	5	20
B	7	6	9	50
C	8	5	10	30
수요량	35	20	45	100

① A-1, 20톤
② B-1, 35톤
③ B-2, 20톤
④ C-1, 30톤
⑤ C-3, 30톤

081 국제물류관리의 특징에 관한 설명으로 옳은 것은?

① 국내물류보다 운송절차가 단순하여 관리가 용이하다.

② 신제품을 해외시장에 공급하는 경우 리드타임을 감소시키는 것이 수익창출과 밀접한 관련이 있다.

③ 국가 간 물류시스템, 설비, 장비가 표준화되어 있어 관리상 제약이 거의 없다.

④ Point-to-Point 운송방식이 확대되고 있는 반면, Hub&Spoke 방식은 축소되고 있는 추세이다.

⑤ 국제물류는 국가 간 수출입통관절차가 단순하여 국내물류와 비교할 때 물류관리에 큰 차이가 없다.

082 국제물류의 활동 중 상품의 수급조절기능, 수송조절기능, 물류거점기능 등의 역할을 수행하는 것은?

① 보관   ② 운송

③ 포장   ④ 하역

⑤ 글로벌 소싱

083 단위당 비용(Unit cost)을 낮추거나 규모의 경제를 실현하기 위해 취해지고 있는 국제물류의 동향으로 옳지 않은 것은?

① 컨테이너 선박의 대형화

② 항만 수심의 증심

③ Post Panamax

④ 정기선사 간 전략적 제휴 확대

⑤ 기항항만(Calling ports) 수의 확대

084 국제물품매매계약에 관한 UN협약에 관한 설명으로 옳지 않은 것은?

① 동 협약은 경매에 의한 매매, 강제집행 또는 기타 법률상의 권한에 의한 매매 등의 국제매매 계약에는 적용이 배제된다.

② 청약은 그것이 취소불능한 것이라도 어떠한 거절의 통지가 청약자에게 도달한 때에는 그는 매수인의 계약해제권은 상실되나 매도인에 대한 대체품 인도청구권은 상실되지 않는다.

③ 매수인은 물품을 인수한 당시와 실질적으로 동등한 상태의 물품을 반환할 수 없는 경우에는 매수인의 계약해제권은 상실되나 매도인에 대한 대체품 인도청구권은 상실되지 않는다.

④ 매수인은 손해배상 이외의 구제를 구하는 권리행사로 인하여 손해배상을 청구할 수 있는 권리를 박탈당하지 아니한다.

⑤ 청약은 그것이 취소불능한 것이라도 그 철회가 청약의 도달 전 또는 그와 동시에 피청약자에게 도달하는 경우에는 이를 철회할 수 있다.

085 화인(Shipping Mark)에 관한 내용으로 옳지 않은 것은?

① 주의표시(Care Mark) : 화물의 운송 또는 보관시에 취급상 주의사항을 표시한다.

② 원산지표시(Country of origin mark) : 당해 화물의 원산지국을 표시한다.

③ 도착항표시(Port mark) : 선적, 양륙 작업을 용이하게 하고 화물이 잘못 배송되는 일이 없도록 목적지의 항구를 표시한 것이다.

④ 부화인(Counter mark) : 주화인만으로 다른 화물과의 구별이 어려울 때 주화인 아래에 화주의 약자를 표시하는 것을 말한다.

⑤ 주화인(Main mark) : 주화인은 다른 화물과의 식별을 용이하게 하기 위하여 일정한 기호로써 보통 외면에 삼각형, 다이아몬드형, 마름모, 타원형 등의 표시를 하고 그 안에 상호의 약자 등을 기재한다.

086 Incoterms 2020의 각 조건 중 복합운송에 사용할 수 있는 조건은?

① FAS
② CFR
③ CIP
④ FOB
⑤ CIF

087 Incoterms 2020의 각 조건 중 운송계약체결이 매수인의 의무인 조건은?

① DPU   ② DAP

③ CPT   ④ FCA

⑤ CIP

088 다음 Incoterms 2020에서 규정하는 무역거래조건은?

> The seller delivers the goods – and transfer risk – to the buyer when the goods, once unloaded from the arriving means of transport, are placed at the disposal of the buyer at a named place of destination or at the agreed point within that place, if any such point is agreed.

① CIF   ② FOB

③ EXW   ④ DPU

⑤ DDP

089 Incoterms 2020의 내용 중 다음 빈칸에 들어갈 용어로 올바른 것은?

> (ㄱ) B6 Delivery/transport document : if the parties have so agreed, the (ㄴ) must instruct the carrier to issue to the seller, at the buyer's cost and risk, a transport document stating that the goods have been loaded(such as a bill of lading with an onboard notation).

① ㄱ : FOB, ㄴ : seller   ② ㄱ : FCA, ㄴ : buyer

③ ㄱ : CFR, ㄴ : seller   ④ ㄱ : CIF, ㄴ : buyer

⑤ ㄱ : CIP, ㄴ : buyer

090 Incoterms 2020에서 FOB 조건에 대한 설명으로 옳지 않은 것은?

① FOB는 선적항에서 물품인도를 조건으로 하는 선적지 매매조건이다.

② FOB는 매도인이 지정선적항에서 매수인이 지정한 선박에 적재하거나 또는 이미 그렇게 인도된 물품을 조달하여 매수인에게 인도하는 것을 의미한다.

③ FOB는 매도인이 운송계약을 체결할 의무를 부담한다.

④ FOB는 해상 및 내수로 운송에 사용 가능한 조건이다.

⑤ FOB는 물품에 대한 위험이전의 분기점과 비용 부담의 분기점이 일치한다.

091

다음 신용장에 규정된 선하증권 조항 중 각 밑줄 친 부분에 관한 설명으로 옳지 않은 것은?

> ① FULL SET OF CLEAN ② ON BOARD OCEAN BILL OF LADING MADE OUT ③ TO THE ORDER OF ABC BANK MARKED ④ "FREIGHT COLLECT" AND ⑤ NOTIFY ACCOUNTEE

① 전통으로 구성된 선하증권을 의미한다.
② 본선적재 후 발행되는 선적선하증권을 의미한다.
③ 지시식 선하증권을 의미한다.
④ 이 경우 적용되는 Incoterms 2010의 규칙은 CFR 또는 CIF 규칙이다.
⑤ 착화통지처는 신용장 발행의뢰인이다.

092

신용장통일규칙(UCP600)이 적용되는 신용장에서 항공운송서류를 요구할 때 그 서류가 갖추어야 할 요건이 아닌 것은?

① 신용장에 기재된 출발공항과 도착공항의 표시가 있어야 한다.
② 운송을 위해 물품을 수령했다는 표시가 있어야 한다.
③ 항공운송서류에는 서류의 발행일이 표시되어 있어야 한다.
④ 신용장이 운송서류의 원본 전부(full set)를 요구하더라도 수화인용 원본만 있으면 된다.
⑤ 운송인의 명칭(상호)을 표시하고 운송인 또는 그 대리인이 서명해야 한다.

093

국제상사분쟁해결에 관한 설명으로 옳지 않은 것은?

① 중재는 심문절차나 그 판정문에 대해 비공개 원칙을 견지하고 있다.
② '외국중재판정의 승인과 집행에 관한 UN협약(뉴욕협약, 1958)'에 가입된 회원국가 간에 내려진 중재판정은 상대국에 그 효력을 미칠 수 있다.
③ 당사자에 의한 무역클레임 해결방법에는 클레임 포기, 화해 등이 있고, 제3자에 의한 해결방법으로는 알선, 조정, 중재, 소송 등이 있다.
④ 중재를 통한 분쟁해결은 계약체결 시 당사자 간의 중재합의에 의해 할 수 있지만, 분쟁이 발생한 후에는 당사자가 합의를 하더라도 중재로 분쟁을 해결할 수 없다.
⑤ 중재는 단심제이고 한 번 내려진 중재판정은 중재 절차에 하자가 없는 한 확정력을 갖는다.

094

무역클레임 해결방법과 상사중재에 관한 설명으로 옳지 않은 것은?

① 알선은 제3자가 개입하여 해결하는 방법으로 법적 구속력은 없다.
② 소송은 공개주의가 원칙이고, 중재는 비공개주의가 원칙이다.
③ 중재조항에는 준거법, 중재기관, 중재인이 포함되어야 한다.
④ 중재판정은 법원의 확정판결과 동일한 효력을 가진다.
⑤ 중재는 단심제이다.

095

운송인의 책임에 관한 설명으로 옳지 않은 것은?

① Hague Rules(1924)는 운송인의 의무 및 책임의 최소한을 규정하고 있다.
② Hague Rules(1924)는 운송인과 화주 간의 위험배분에 관해 이해의 조정을 도모하지 않았다.
③ Hamburg Rules(1978)가 제정된 배경은 종래의 관련 규칙이 선박을 소유한 선진국 선주에게 유리하고, 개도국 화주에게 불리하다는 주장과 관련이 있다.
④ Hague-Visby Rules(1968)는 그 자체가 독립된 새로운 협약이 아니라 Hague Rules(1924)를 개정하기 위한 것이었다.
⑤ Hague Rules(1924)는 운송인의 기본적인 의무로서 선박의 감항능력에 관한 주의의무를 규정하고 있다.

096

다음 빈칸에 들어갈 단어로 옳은 것은?

로테르담 규칙은 운송인의 책임한도액을 포장당 (   ), 1kg당 (   ) 중 높은 금액으로 규정하고 있다.

① 667SDR, 2SDR
② 835SDR, 2.5SDR
③ 835SDR, 3SDR
④ 875SDR, 2.5SDR
⑤ 875SDR, 3SDR

097 다음은 실제 정박기간이 4일 이고 US$ 2,000의 조출료가 발생한 항해용선계약이다. (ㄱ), (ㄴ)에 해당하는 내용은?

- 계약(약정) 정박기간 : (ㄱ)일
- 체선료 : US$ 6,000/일
- 조출료 : 체선료 1/3
- 정박기간의 시작 : (ㄴ) 발부 후 일정한 시간이 경과한 이후 개시
- 정박기간의 종료 : 적양하작업이 완료된 때

---

① ㄱ : 3일, ㄴ : N/R(Notice of Readiness)
② ㄱ : 3일, ㄴ : M/R(Mate's Receipt)
③ ㄱ : 5일, ㄴ : N/R(Notice of Readiness)
④ ㄱ : 5일, ㄴ : M/R(Mate's Receipt)
⑤ ㄱ : 6일, ㄴ : M/R(Mate's Receipt)

098 항공화물운송의 서비스 측면에서 가지는 장점을 설명한 것 중 옳지 않은 것은?

① 급격한 수요변동에 효율적으로 대처할 수 있다.
② 변질성이 강한 제품에 대한 시장 확대가 가능하다.
③ 고객서비스의 향상으로 매출 증대가 가능하다.
④ 재고가 감소하여 투입자본 및 재고관리비가 증가된다.
⑤ 판매기간이 짧은 상품에 대한 시장 확보가 가능하다.

099 항공화물의 무게가 20kg이고, 부피가 가로 90m, 세로 50cm, 높이 40cm이다. 항공운임이 kg당 US$ 4인 경우, 이 화물의 운임은?

① US$ 80
② US$ 100
③ US$ 120
④ US$ 140
⑤ US$ 200

100 국제항공운송협회(IATA)에 관한 설명으로 옳지 않은 것은?

① IATA는 국제항공사 간의 협력을 강화할 목적으로 설립된 UN 산하의 국제기구이다.
② IATA는 약관을 포함한 항공권의 규격 및 발권절차의 통일을 추구하고 있다.
③ IATA는 ICAO와 연대 협력한다.
④ IATA는 항공운송업계의 바람직한 경쟁을 목표로 한다.
⑤ IATA는 출입국절차의 간소화를 위해 노력하고 있다.

101 1980년 유엔무역개발회의(UNCTAD)에서 채택된 UN국제물품복합운송조약(United Nations Convention on International Multimodal Transport of Goods)의 내용에 관한 설명으로 옳지 않은 것은?

① 하나의 복합운송계약에 의할 것
② 하나의 복합운송인이 관계할 것
③ 최소 두 종류 이상의 운송수단을 이용할 것
④ 운송물의 수령지 또는 인도지가 체약국 내에 있는 2국 간의 복합운송계약을 적용 대상으로 할 것
⑤ 운송도중 사고발생 구간에 대한 책임체계는 기존 강행법규나 국제조약이 우선 적용될 것

102 Incoterms 2020에서 FOB 조건에 대한 설명으로 옳지 않은 것은?

① FOB는 선적항에서 물품인도를 조건으로 하는 선적지 매매조건이다.
② FOB는 매도인이 수출통관 의무를 가지고 있으며 매수인이 수입통관 의무를 가지고 있다.
③ FOB는 해상 및 내수로 운송에만 사용가능한 조건이다.
④ FOB는 매도인이 매수인의 위험을 위해 보험을 부보해야 한다.
⑤ FOB는 매도인이 지정선적항에서 매수인이 지정한 선박에 적재하거나 또는 그렇게 인도된 물품을 조달하여 매수인에게 인도하는 것을 의미한다.

103 해상고유의 위험으로 옳지 않은 것은?

① 침몰(Sinking)
② 선장 및 선원의 악행(Barratry)
③ 악천후(Heavy Weather)
④ 충돌(Collision)
⑤ 행방불명(Missing)

104 다음 박스에서 설명하는 선하증권의 약관내용으로 옳은 것은?

> 이행보조자의 면책약관으로 이 약관에 의해 운송인이 발행한 선하증권에서 이행보조자는 운송인과 면책과 책임제한을 받으며, 화물의 손상에 대해서 화주로부터 선하증권의 책임과 면책의 범위를 벗어난 손해배상청구를 받지 않게 되었다.

① 히말라야약관　　　　　　　② 갑판적 화물
③ 지상약관　　　　　　　　　④ 부지조항
⑤ 이로조항

105 항공화물운송의 서비스 측면에서 가지는 장점을 설명한 것 중 옳지 않은 것은?

① 급격한 수요변동에 효율적으로 대처할 수 있다.
② 변질성이 강한 제품에 대한 시장 확대가 가능하다.
③ 고객서비스의 향상으로 매출 증대가 가능하다.
④ 재고가 감소하여 투입자본 및 재고관리비가 증가된다.
⑤ 판매기간이 짧은 상품에 대한 시장 확보가 가능하다.

106 극동지역에서 파나마운하를 통과하여 미국 동부 또는 멕시코만까지 해상운송한 후 미국 내륙지점까지 철도로 운송하는 복합운송경로는?

① ALB　　　　　　　　　　② TCR
③ OCP　　　　　　　　　　④ RIPI
⑤ SLB

107 다음 로테르담 규칙에 들어갈 말로 옳은 것은?

> 로테르담 규칙에서 운송인의 책임한도액은 포장당 (　　　), 1kg당 (　　　) 중 높은 금액으로 규정하고 있다.

① 667SDR, 2SDR　　　　　　② 835SDR, 2.5SDR
③ 835SDR, 3SDR　　　　　　④ 875SDR, 2.5SDR
⑤ 875SDR, 3SDR

108 운송서류의 정당한 수하인에 관한 설명으로 옳지 않은 것은?

① 지시식 선하증권 중 "to order"로 발행된 경우 신용장 매입은행이 배서한 선하증권 원본소지인

② 기명식 선하증권으로 발행된 경우 consignee란에 기재되어 있는 자

③ 지시식 선하증권 중 "to order of shipper"로 발행된 경우 shipper가 배서한 선하증권 원본소지인

④ 지시식 선하증권 중 "to order of D bank"로 발행된 경우 D은행이 지시한 자

⑤ 지시식 선하증권 중 "to order of ABC"로 발행된 경우 ABC가 배서한 선하증권 원본소지인

109 화물이 적재된 단위 탑재용기를 올려놓은 상태에서 터미널에서 항공기까지 수평이동을 할 수 있는 장비로 엔진이 장착되어 자체 구동력이 있는 차량은 무엇인가?

① Tug car
② Dolly
③ Nose dock
④ Work station
⑤ Transporter

110 복합운송인의 책임체계에 관한 설명으로 옳지 않은 것은?

① 단일책임체계는 유일한 면책사유로 불가항력에 상당하는 사유만을 인정하고 있다.

② 단일책임체계는 기존의 각 운송종류별 책임한도가 달라서 그 중 어느 것을 선택할 것인지가 문제시된다.

③ 이종책임체계에서 판명손해의 경우 그 손해가 항공구간에서 발생했으면 몬트리올 협정을 적용한다.

④ 이종책임체계에서 불명손해의 경우 그 손해가 해상구간에서 발생한 것으로 추정하여 헤이그－비스비 규칙을 적용하거나 별도로 정한 기본책임을 적용한다.

⑤ 이종책임체계에서는 복합운송인이 운송구간 전체에 대하여 책임을 지지만 책임내용은 손해 발생구간의 판명 여부에 따라 달라진다.

111 복합운송증권에 관한 설명으로 옳지 않은 것은?

① 복합운송증권은 복합운송계약에 의해 복합운송인이 발행하는 운송서류로서 복합운송계약의 내용, 운송증권 및 운송화물의 수령 등을 증명하는 증거서류이다.

② 복합운송증권은 두 가지 이상의 다른 운송방식에 의하여 운송물품의 수탁지와 목적지가 상이한 국가의 영역 간에 이루어지는 복합운송계약하에서 발행되는 증권이다.

③ 컨테이너 화물에 대한 복합운송증권은 FIATA의 표준양식을 사용하여 발행될 수도 있다.

④ 'UN 국제물품복합운송조약 1980'에 따르면 복합운송증권은 송하인의 선택에 관계없이 배서에 의한 양도가 가능한 유통성증권으로만 발행된다.

⑤ 복합운송증권을 발행하는 복합운송인은 해상운송인, 육상운송인, 항공운송인, 그리고 운송주선업자도 될 수 있다.

112 컨테이너를 이용한 수출화물의 해상운송절차를 순서대로 올바르게 나열한 것은?

㉠ On board B/L 발급	㉡ D/R 발급
㉢ Stowage Plan 작성	㉣ Shipping Request
㉤ EIR 접수	㉥ Sealing

① ㉣ − ㉤ − ㉥ − ㉡ − ㉢ − ㉠
② ㉣ − ㉥ − ㉢ − ㉡ − ㉤ − ㉠
③ ㉠ − ㉤ − ㉥ − ㉢ − ㉡ − ㉣
④ ㉥ − ㉣ − ㉤ − ㉢ − ㉡ − ㉠
⑤ ㉢ − ㉣ − ㉥ − ㉤ − ㉠ − ㉡

113 수입통관절차에 관한 설명으로 옳지 않은 것은?

① 수입신고는 관세법상 화주, 관세사, 관세사법인, 통관취급법인이 할 수 있다.

② 수입신고는 물품 반입일 또는 장치일로부터 3개월 이내에 하여야 한다.

③ 수입신고를 함으로써 적용법령, 과세물건, 납세의무자가 확정된다.

④ 물품을 수입하고자 하는 자는 당해 물품이 장치된 보세구역을 관할하는 세관장에게 수입신고를 하여야 한다.

⑤ 수입신고 시기는 출항 전 수입신고, 입항 전 수입신고, 입항 후 보세구역 도착 전 수입신고 및 보세구역 장치 후 수입신고의 네 가지 유형으로 구분된다.

114 극동지역에서 선적한 화물을 미국 태평양 연안항구로 해상운송 후, 미국 동부의 대서양 연안이나 멕시코만의 항구까지 철도로 운송하여 이곳에서 다른 선박에 환적하여 유럽의 각 항구까지 해상운송하는 경로로 1972년 Sea Train사가 개발한 복합운송경로는?

① SLB
② ALB
③ CLB
④ MLB
⑤ TCR

115 국제항공운송협회(IATA)에 관한 설명으로 옳지 않은 것은?

① IATA는 국제항공사 간의 협력을 강화할 목적으로 설립된 UN 산하의 국제기구이다.
② IATA는 약관을 포함한 항공권의 규격 및 발권절차의 통일을 추구하고 있다.
③ IATA는 ICAO와 연대 협력한다.
④ IATA는 항공운송업계의 바람직한 경쟁을 목표로 한다.
⑤ IATA는 출입국절차의 간소화를 위해 노력하고 있다.

116 다음 중 선박이 정박하여 하역작업 개시일부터 종료일까지 일요일이나 공휴일을 모두 포함한 일수를 정박기간으로 계산함으로써 용선자에게 가장 불리한 조건은?

① WWD SHEX unless used
② Running Laydays
③ WWD SHEX
④ WWD
⑤ CQD

117

항해용선계약의 주요 조항에 대한 설명으로 옳지 않은 것은?

① 해약조항(Canceling Clause)이란 계약된 날짜에 선박이 준비되지 않은 경우 선주는 용선주의 손실에 대하여 배상책임이 있으며 선주가 계약을 취소할지 여부에 대하여 선택할 수 있도록 한 조항이다.

② Not Before Clause : 본선이 선적준비완료 예정일 이전에 도착하여도 하역을 하지 않는다는 조항이다.

③ 공동해손조항(General average clause) : 공동해손에 대해서는 다른 법규나 관습을 배제하고, 1974년의 요크 앤트워프 규칙이 적용된다.

④ 유치권 조항(Lien clause) : 화주가 운임 등 경비를 지급하지 않는 경우에 선주가 운임 또는 용선료의 지급을 확보하기 위하여 선주 측에 화물압류의 권리가 있다는 조항이다.

⑤ 면책조항(Exception clause) : 일정한 종류의 위험이나 우발사고 또는 태만으로 인해 손해가 발생한 경우에 선주가 책임지지 않는다는 면책조항이다.

118

FOB 조건으로 한 수입가격이 1,000만달러, 부산항까지 해상운임이 200만달러, 부산에서 서울까지 육상운임이 100만달러, 해상적하보험료가 50만달러, 수입관세율이 8%, 부가가치세가 10%인 경우 관세와 부가가치세는 각각 얼마인가?

① 관세 80만달러, 부가가치세 8만달러
② 관세 80만달러, 부가가치세 100만달러
③ 관세 100만달러, 부가가치세 10만달러
④ 관세 100만달러, 부가가치세 135만달러
⑤ 관세 108만달러, 부가가치세 130만달러

119

Incoterms 2020에 대한 설명으로 옳지 않은 것은?

① DDP 조건은 인코텀즈상 인도조건 중 매도인의 최대의무(Minimum obligation) 부담조건이다.
② FCA 조건은 복합운송에서는 사용될 수 없으며, 해상 및 내수로 운송에 사용 가능한 조건이다.
③ CFR 조건은 복합운송에서는 사용될 수 없으며, 해상 및 내수로 운송에 사용 가능한 조건이다.
④ EXW 조건은 인코텀즈상 인도조건 중 매도인의 최소의무(Minimum obligation) 부담조건이다.
⑤ CIF 조건은 위험이 이전되고 비용은 다른 장소에서 이전되므로, 두 개의 분기점을 가지고 있다.

120 Incoterms 2020에서 각 규칙별 매수인의 의무조항으로 옳지 않은 것은?

① B1 General obligations
② B2 Delivery
③ B3 Transfer
④ B4 Carriage
⑤ B5 Insurance

제4과목 | 보관하역론

121 물류 과정에서 보관은 입고와 출고, 자재와 생산, 생산과 판매의 유동적이고 일시적인 완충재 역할과 링크(Link)와 링크를 이어주는 노드(Node)의 역할을 한다. 다음 중 보관의 기능이 아닌 것은?

① 포장의 표준화를 통한 포장비 절감 기능
② 수송비와 생산비의 절감 기능
③ 수요와 공급의 조절 기능
④ 판매시점의 조절 기능
⑤ 마케팅과 연계한 상품의 시장 출시일 조절 기능

---

122 다음은 어떤 보관원칙에 대한 설명인가?

> 물품의 정리와 출고가 용이하도록 관련 품목의 연대적 출고를 예상하여 품목을 정리하고 계통적으로 보관함으로써 출하할 때 피킹효율의 향상을 도모하기 위한 보관 원칙이다.

① 회전대응의 원칙
② 선입선출의 원칙
③ 통로대면 보관의 원칙
④ 위치표시의 원칙
⑤ 네트워크 보관의 원칙

123 보관에서 선입선출(FIFO)의 원칙이 반드시 필요한 상품은?

① 상품 수명주기가 길어 상품가치에 큰 영향이 없는 상품
② 상품의 파손이 발생하지 않는 상품
③ 진부화 속도가 느린 상품
④ 형식 변경이 잦은 상품
⑤ 저가이면서 부피가 작은 상품

124 창고의 기능에 관한 설명으로 옳지 않은 것은?

① 생산과 소비의 거리 조정을 통해 거리적 효용을 창출한다.
② 생산과 소비의 시간적 간격을 조정하여 수급조정기능을 수행한다.
③ 물품의 수급을 조정하여 가격안정을 도모하는 기능을 수행한다.
④ 물건을 보관하여 재고를 확보함으로써 품절을 방지하고 신용을 증대시키는 기능을 수행한다.
⑤ 직접 물품을 판매하거나 판매를 위한 기지로서의 기능을 수행하기도 한다.

125 다음은 창고에 관한 설명이다. 해당되는 내용이 올바르게 설명된 것은?

> ㉠ 영업창고는 물류 및 정보 시스템의 관점에서 통합물류시스템과의 연결성이 자가창고에 비해 강하다.
> ㉡ 관세법에 근거하여 창고업자가 국세청의 허가를 받아 세관의 감독하에 수입화물을 보관하는 창고를 보세창고라고 한다.
> ㉢ 리스창고는 시장 환경변화에 따라 보관장소를 탄력적으로 옮기는 데 제약요건이 있다.
> ㉣ 자가창고는 계절적 요소에 따라 탄력적으로 이용하는 것이 어려워서 인력, 하역장비에 따르는 고정비 요소를 고려하여야 한다.
> ㉤ 창고의 위치 결정은 화물의 흐름을 고려하여 결정하는데 창고입지의 다섯 가지 요인은 P(Product), Q(Quantity), R(Reliability), S(Service), T(Time)이다.

① ㉢, ㉣, ㉤
② ㉢, ㉣
③ ㉠
④ ㉠, ㉢
⑤ ㉡, ㉢

126 A사의 작업시간에 관한 자료가 다음과 같을 때 입하작업 공수비율과 가동률은?

> • 총작업시간 : 100시간
> • 실작업시간 : 80시간
> • 출하작업시간 : 60시간

① 입하작업공수비율 : 20%, 가동률 : 33%
② 입하작업공수비율 : 20%, 가동률 : 80%
③ 입하작업공수비율 : 33%, 가동률 : 60%
④ 입하작업공수비율 : 50%, 가동률 : 80%
⑤ 입하작업공수비율 : 60%, 가동률 : 33%

127 창고관리 시스템(WMS)의 주요 기능에 관한 설명으로 옳지 않은 것은?

① 재고관련기능 – 입고관리, 보관관리, 선입선출관리
② 주문관련기능 – 피킹관리, 자동발주 시스템
③ 출고관련기능 – 수배송관리, 배차 스케줄 운영
④ 관리관련기능 – 인력관리, 물류센터 지표관리, 위치(Location) 관리를 통한 재고내역 및 실물위치 추적 용이성
⑤ 인터페이스(interface)기능 – 무선통신, 물류센터의 실시간 정보화

128 창고관리 시스템의 구축단계의 순서를 옳게 나타낸 것은?

> ㉠ 사양정의   ㉡ 요구분석
> ㉢ 대안평가   ㉣ 개발설치
> ㉤ 업체선정

① ㉡ → ㉠ → ㉢ → ㉤ → ㉣   ② ㉠ → ㉡ → ㉢ → ㉣ → ㉤
③ ㉠ → ㉡ → ㉣ → ㉤ → ㉢   ④ ㉡ → ㉣ → ㉤ → ㉢ → ㉠
⑤ ㉡ → ㉤ → ㉠ → ㉣ → ㉢

129 자동화 창고에서 물품을 보관하는 위치를 결정하는 보관방식에 관한 설명으로 옳은 것은?

① 근거리 우선보관(Closest Open Storage) 방식은 지정위치 보관방식의 대표적인 유형이다.

② 급별보관(Class – based Storage) 방식은 일반적으로 물품관리의 용이성을 고려하여 보관 위치를 결정한다.

③ 지정위치보관(Dedicated Storage) 방식은 일반적으로 품목별 보관소요 공간과 단위시간당 평균 입출고 횟수를 고려하여 보관위치를 결정한다.

④ 임의위치보관(Randomized Storage) 방식은 일반적으로 물품의 입출고 빈도를 고려하여 보관위치를 결정한다.

⑤ 전체 보관소요 공간을 가장 많이 차지하는 보관방식은 임의위치보관(Randomized Storage) 방식이다.

130 T – 11형 표준규격 파렛트에 가로 700mm, 세로 400mm, 높이 300mm인 제품을 핀휠 방식으로 적재할 경우에 바닥면적 적재율은 약 얼마인가? (단, 소수점 첫째 자리에서 반올림한다.)

① 87%　　　　　　　　　　② 90%
③ 93%　　　　　　　　　　④ 96%
⑤ 99%

131 각 품목의 입출고 비용은 입출고 횟수에만 비례하고 1회당 입출고량과는 상관없다. 창고의 입구와 출구는 동일한 곳에 위치하며, 품목별로 보관위치를 지정하여(deddicated) 사용한다. 단위시간당 전체 입출고에 필요한 총 이동거리를 최소화하기 위해 입출구에서 가장 가까운 위치에 배치하여야 할 품목은?

품목	보관 소요공간	단위시간당 평균 입출고 횟수
ㄱ	200	20
ㄴ	60	5
ㄷ	80	10
ㄹ	140	7
ㅁ	90	6

① ㄱ　　　　　　　　　　② ㄴ
③ ㄷ　　　　　　　　　　④ ㄹ
⑤ ㅁ

132 A공장에서 신설 물류센터를 경유하여 B, C, D 수요지에 제품을 공급하고자 한다. 공장과 수요지의 위치, 수요량, 수송단가가 다음 표와 같다면 총수송비를 최소로 하는 신설 물류센터의 입지를 무게중심법을 이용하여 구한 좌표는? (단, 소수점 첫째 자리에서 반올림한다.)

구분	위치좌표(X, Y)(km)	수요량(Box)	Box당 운송단가(원/km)
A공장	(90, 70)	7,000	30
B수요지	(10, 80)	1,000	10
C수요지	(20, 20)	2,000	20
D수요지	(40, 50)	4,000	20

① (68, 60) ② (68, 49)

③ (77, 60) ④ (77, 49)

⑤ (52, 64)

133 물류단지에 관한 설명으로 옳지 않은 것은?

① 물류단지에서 사용하는 자동인식 시스템의 대표적인 사례는 바코드, 무선 태그, RFID, 머신 비전(Machine Vision) 등이다.
② 창고관리 시스템(WMS)은 물류단지 내의 업무와 정보를 총괄하며 설비제어 시스템을 통제하는 물류단지의 핵심기능이다.
③ 물류단지에 필요한 기본설비는 입출고장, 입출고 설비 및 기계, 보관 관련 설비, 하역용 기기 및 비품, 사무실, 후생시설 등이다.
④ 물류단지의 입지선정 방법은 총비용비교법, 손익분기도표법, EOQ 모형 등이다.
⑤ 물류단지 시스템 기본설계항목은 입지선정, 시설배치, 격납구분, 시스템흐름(Flow)과 매뉴얼 작성 등이다.

134 입화 시스템에 대한 설명 중 가장 적합하지 않은 것은?

① 입화란 화물을 창고 내 적입하는 작업이다.
② 작업시간의 경우 입화와 오더 피킹이 출하작업보다 높은 비중을 차지하고 있다.
③ 입화 시 입화설비 외에도 트럭에 입화설비를 갖추어야 하므로 영업용보다는 자가용이나 전용 트럭이 훨씬 효율적이다.
④ 입화 시스템에는 입화 화물의 임시보관, 검품 및 보관장소에 대한 사무능률화가 요구된다.
⑤ 입화와 동시 출고청구서와 출고지시서가 교부되는 유기적인 동시공학이 요구된다.

135 동일한 제품을 토털 피킹(Total Picking)한 후 거래처별로 분배하는 형태의 시스템은?

① DAS(Digital Assort System)

② DPS(Digital Picking System)

③ WMS(Enterprise Management System)

④ ERP(Enterprise Resource Planning)

⑤ R/F(Radio Frequency)

136 '갑'회사는 3종류의 제품을 보관하는 창고를 신축하려고 하며, 지정위치 저장(Dedicated Storage) 방식을 사용할 예정이다. 각 제품의 입출고는 독립적으로 이루어지며, 각 제품의 재고수준도 상호 독립적이다. 각 제품당 보관서비스 수준이 98%가 되도록 보관 소요공간을 할당하는 경우 가장 근사한 창고의 보관서비스 수준은?

① 100%   ② 98%

③ 96%   ④ 94%

⑤ 92%

137 투빈 시스템(Two Bin System)에 관한 설명으로 옳지 않은 것은?

① 부품의 재고관리에 많이 사용하는 기법으로 선입선출(FIFO)을 지킬 수 있는 가능성이 높아진다.

② 주문량의 중심이 되므로 Q시스템이라고도 부르며, 계속적인 재고수준 조사를 통하여 리드타임 기간의 수요변동에 대비해야 한다.

③ 흐름랙(Flow Rack)을 사용하면 통로공간의 낭비를 줄일 수 있어 공간효율성이 뛰어나며, 저장 및 반출 작업을 단순화시킬 수 있다.

④ 투빈 시스템을 사용하기 위해서는 한가지 품목에 대하여 두 개의 저장공간이 필요하다.

⑤ 조달기간이 짧은 저가 품목에 대하여 많이 사용하는 방법이다.

138 재고관리 및 통제에 관한 설명으로 옳지 않은 것은?

① 정량발주법은 현재의 재고상태를 파악하여 재고량이 재주문점에 도달하면 미리 설정된 일정량을 주문하는 시스템이다.

② ABC 재고관리에서 A품목은 매출액이 매우 적어서 가능한 노력이 적게 드는 관리방법을 택하며, B품목은 매출액이 비교적 적지만 품목이 많으므로 정량발주 시스템 적용이 바람직하고, C품목은 매출액이 높은 품목으로 정기발주 시스템 이용이 적합하다.

③ 정기발주법은 재고량이 특정 수준에 이르도록 적정량을 일정기간마다 재주문하는 방법이다.

④ 안전재고는 수요의 변동, 수요의 지연, 공급의 불확실성 등으로 품절이 발생하여 계속적인 공급중단 사태를 방지하기 위한 예비목적의 재고량이다.

⑤ 조달기간(Lead Time)은 발주 후 창고에 주문품목들이 들어오기까지의 기간으로 기간이 짧을수록 재고수준은 낮아진다.

139 다음 표와 같이 과거 실적치가 주어졌을 때, 가중이동평균법(Weighted Moving Average)으로 예측한 5월의 수요량은? (단, 2월 가중치는 0.1, 3월 가중치는 0.3, 4월 가중치는 0.6이며, 소수점 첫째 자리에서 반올림한다.)

월	1	2	3	4	5
수요량	145	183	163	178	?

① 166
② 170
③ 174
④ 178
⑤ 182

140 파렛트는 사용재료, 형태, 용도 등에 따른 유형으로 구분할 수 있다. 다음 중 용도에 따른 유형이 아닌 것은?

① Disposable Pallet
② Pool Pallet
③ Exchange Pallet
④ Flat Pallet
⑤ Reusable Pallet

141 자재보관을 위하여 사용되는 회전랙(Carousel)에 관한 설명으로 옳지 않은 것은?

① 랙이 작업자의 위치로 이동하므로 작업자의 이동을 최소화하는 방법이다.
② 회전랙은 수평형 회전랙(Horizontal Carousel)과 수직형 회전랙(Vertical Carousel)으로 구분할 수 있다.
③ 일반적으로 수직형 회전랙은 수평형 회전랙보다 높은 천장이 필요하다.
④ 일반적으로 수평형 회전랙이 수직형 회전랙보다 품목보호 및 보안성이 뛰어나다.
⑤ 자동창고와 비교할 때 도입비용이 저렴하여 소화물 자동창고(AS/RS)의 대안으로 사용된다.

142 보관설비에 대한 다음 설명 중 틀린 것은?

① 평치보관은 특별한 자동화 설비가 필요 없다는 장점을 가지고 있으나, 공간활용률이 낮아진다는 단점도 가지고 있다.
② 보관물품의 선입선출을 위하여 플로 랙(Flow-Through Rack)을 운영할 수 있다.
③ 타이어, 유리 등과 같이 형태가 특수한 물품이나 조심스럽게 다루어야 하는 물품은 캔틸레버 랙에 보관하여야 한다.
④ 창고 내의 공간 활용도를 높이기 위하여 모바일 랙(Mobile Rack)을 사용하는 것이 유리하다.
⑤ 상품을 대량으로 취급하는 경우 건물의 층고에 여유가 있으면 하이스택 랙(High-Stack Rack)을 설치하는 것이 바람직하다.

143 회전 랙(Carrousel)에 대한 설명으로 가장 옳은 것은?

① 형태가 특수한 화물을 보관하기에 적합하다.
② 화물을 랙에 입출고하기 위하여 지게차를 이용한다.
③ 주로 파렛트를 이용하여 유니트화한다.
④ 보통 한쪽에서 입고하면 반대편에서 출고하는 형태를 취한다.
⑤ 일반적으로 화물의 피킹장소를 고정시켜 사용한다.

144 암(Arm)을 이용하여 컨베이어가 흐르는 방향에 대해서 직각 방향으로 화물을 밀어내는 방식이며, 구조가 간단해서 어떤 컨베이어와도 연결이 용이한 분류 방식은 무엇인가?

① Pusher 방식   ② Slide Shoe 방식

③ Carrier 방식   ④ Pop－up Roller 방식

⑤ Diverter 방식

145 분류시스템(Sorting System)의 명칭에 관한 설명으로 옳지 않은 것은?

① 팝업(Pop－up) 소팅 컨베이어 : 컨베이어 반송면의 아래 방향에서 벨트, 롤러, 휠, 핀 등의 분기장치가 튀어나와 단위화물을 내보내는 컨베이어

② 틸팅(Tilting) 소팅 컨베이어 : 레일을 주행하는 트레이, 슬라이드의 일부 등을 경사지게 하여 단위화물을 활강시키는 컨베이어

③ 다이버터(Diverter) 소팅 컨베이어 : 외부에 설치된 암(Arm)을 회전시켜 반송 경로상에 가이드벽을 만들어 단위화물을 이동시키는 컨베이어

④ 크로스 벨트(Cross Belt) 소팅 컨베이어 : 레일을 주행하는 연속된 캐리어상의 소형벨트 컨베이어를 레일과 교차하는 방향에 구동시켜 단위화물을 내보내는 컨베이어

⑤ 슬라이딩 슈(Sliding Shoe) 소팅 컨베이어 : 레일을 주행하는 트레이 등의 바닥면을 개방하여 단위화물을 방출하는 컨베이어

146 충전지식 포크리프트의 설명으로 옳지 않은 것은?

① 변속 및 역전 조작이 간단하여 운전이 용이하다.

② 출발 가속도가 크다.

③ 배기가스가 나오지 않는다.

④ 운전이 조용하다.

⑤ 장거리 운전에 적합하다.

147 화물의 권상, 권하 횡방향 끌기 등의 목적을 위해 사용하는 장치의 총칭은?

① 엘리베이터(Elevator)   ② 모노레일(MonoRail)

③ 호이스트(Hoist)   ④ 트롤리(Trolley)

⑤ 포크 리프트(Fork Lift)

148 다음은 무엇에 관한 설명인가?

> 하역장에 도크가 설치되어 있지 않은 경우에 트럭이 자체적으로 화물을 승강시킬 수 있도록 차체에 부착하여 사용하는 장치

① 리프트 게이트(Lift Gate)
② 도크 레벨러(Dock Leveller)
③ 도크 보드(Dock Board)
④ 파렛트 로더(Pallet Loader)
⑤ 테이블 리프터(Table Lifter)

149 파렛타이저(Palletizer)에 관한 설명으로 옳지 않은 것은?

① 파렛타이저의 표준화 대상으로는 용어 및 기호, 안전장치, 호환성, 조작방법 등이 있다.
② 기계 파렛타이저는 캐리지, 클램프 또는 푸셔 등의 적재장치를 사용하여 파렛트에 물품을 자동적으로 적재하는 파렛타이저이다.
③ 고상식 파렛타이저는 높은 위치에 적재장치를 구비하고 일정한 적재 위치에서 파렛트를 내리면서 물품을 적재하는 파렛타이저이다.
④ 저상식 파렛타이저는 파렛트를 낮은 장소에 놓고 적재장치를 오르내리면서 물품을 적재하는 파렛타이저이다.
⑤ 로봇식 파렛타이저는 산업용 로봇에 머니플레이터(Manipulator)를 장착하여 물품을 적재하는 방식의 파렛타이저로, 저속 및 고속처리가 가능하지만 파렛트 패턴 변경이 어려운 단점이 있다.

150 어떤 제품의 연간 수요는 100,000개, 1회 주문비용은 20,000원, 개당 주문단가는 100원, 개당 연간 재고유지비용은 주문단가의 10%이다. 경제적 주문량(EOQ)을 이용하여 재고보충을 한다면 이 품목의 재고회전율은?

① 5
② 8
③ 10
④ 12
⑤ 14

151 자동차 부품을 생산하는 ABC 회사는 자동차 회사의 파업으로 1억원 상당의 부품을 3개월 동안 납품하지 못하고 보관하고 있었다. 그동안 보관하는 데 소요된 창고면적은 100제곱미터이고 보관비용으로 제곱미터당 월 50,000원을 지출했다. 이 제품의 연간 진부화 비용은 제품가격의 4%이고 금리 또한 연 4%이다. 여기에 제시되지 않은 비용은 무시하고 3개월 동안의 재고유지비를 산출하면 얼마인가?

① 17,000,000원 ② 35,000,000원
③ 25,000,000원 ④ 45,000,000원
⑤ 18,000,000원

152 다음은 임의의 부품에 대한 자재계획표의 일부이다. 부품의 리드타임(Lead Time)과 로트 크기(Lot Size)는?

구분		주						
		1	2	3	4	5	6	7
부품	총소요량	200		200		200		400
	예정입고량	400						
	예상가용량	200	200	0	0	200	200	200
	순소요량					200		200
	계획보충량					400		400
	계획발주량			400		400		

① 리드타임 : 2주, 로트크기 : 200
② 리드타임 : 2주, 로트크기 : 400
③ 리드타임 : 3주, 로트크기 : 200
④ 리드타임 : 3주, 로트크기 : 400
⑤ 리드타임 : 4주, 로트크기 : 200

153 A사의 작업시간에 관한 자료가 다음과 같을 때 입하작업공수비율과 가동률은?

• 총작업시간 : 100시간	• 실작업시간 : 80시간
• 출하작업시간 : 60시간	• 입하작업시간 : 20시간
• 대기시간 : 20시간	

① 입하작업 공수비율 : 20%, 가동률 : 33%
② 입하작업 공수비율 : 20%, 가동률 : 80%
③ 입하작업 공수비율 : 33%, 가동률 : 60%
④ 입하작업 공수비율 : 50%, 가동률 : 80%
⑤ 입하작업 공수비율 : 60%, 가동률 : 33%

154 컨테이너 터미널에서 사용되는 하역방식은 안벽과 야드 간의 컨테이너 이송에 사용되는 장비에 따라 여러 가지 유형으로 구분되고 있다. 현재 국내에서 주로 사용하는 방식은 무엇인가?

① 섀시 방식(Chassis System)
② 스트래들 캐리어 방식(Straddle Carrier System)
③ 트랜스테이너 방식(Transtainer System)
④ 혼합방식(Mixed System)
⑤ 무인이송차량 방식(Automated Guided Vehicle System)

155 컨테이너 전용터미널에서 사용되는 하역 또는 이송장비가 아닌 것은?

① 언로더(Unloader)
② 갠트리 크레인(Gantry Crane)
③ 트랜스퍼 크레인(Transfer Crane)
④ 리치 스태커(Reach Stacker)
⑤ 탑 핸들러(Top Handler)

156 컨테이너 터미널이 연간 100,000TEU의 물동량을 처리하고, 평균 장치일수는 10일이며, 피크 및 분리계수는 각각 1.5이면서, 평균장치단수는 5단위일 경우 소요되는 TGS(Twenty-foot Ground Slot) 수는 얼마가 되겠는가?

① 308
② 548
③ 1,233
④ 3,082
⑤ 6,164

157 파렛트 풀 시스템의 운영방식에서 렌탈방식의 단점이 아닌 것은?

① 이용자가 교환을 위한 동질, 동수의 파렛트를 준비해 놓을 필요가 없다.
② 파렛트를 인도하고 반환할 때 다소 복잡한 사무처리가 필요하다.
③ 일부 화주의 편재(쏠림현상) 등에 의하여 파렛트가 쌓이는 곳이 발생한다.
④ 편재(쏠림현상)되어 쌓여지는 파렛트는 렌탈회사 측면에서는 부담이 된다.
⑤ 렌탈회사의 데포(Depot)에서 화주까지의 공 파렛트 수송이 필요하다.

158 다음 중 포장과 관련된 설명으로 옳지 않은 것은?

① 포장이란 상품을 전시, 판매, 운송, 보관함에 있어서 상품의 훼손으로부터 보호하고자 적절한 용기나 짐구리개로 물건을 싸는 기술 또는 싸인 상태를 말한다.
② 포장 디자인의 3요소는 선, 형, 색채이다.
③ 포장설계 시 고려할 사항은 하역성, 표시성, 작업성, 경제성, 보호성이다.
④ 상업포장의 1차적인 기능은 보호기능이고, 공업포장의 1차적인 기능은 판매촉진기능이다.
⑤ 내부포장은 물품이나 개별포장화물을 적절한 단위로 모아서 포장하거나 중간용기에 넣는 기술 또는 상태를 말한다.

159 공동집배송의 개념과 도입효과에 관한 설명으로 옳지 않은 것은?

① 공동집배송을 통하여 차량 적재율을 높이고 운송거리의 단축을 통하여 물류비의 절감을 기대할 수 있다.

② 공동집배송은 작업을 공동으로 수행하므로 화물흐름의 원활화, 인력절감, 공간활용의 극대화를 기대할 수 있다.

③ 공동집배송센터는 화주 및 물류업자가 공동으로 사용할 수 있도록 집배송시설 및 부대업무시설이 설치되어 있는 지역 및 시설물이다.

④ 공동집배송단지는 관련법상의 제약과 높은 지가로 개별업체 차원에서 개발이 곤란한 경우에 유용하다.

⑤ 공동집배송단지로 개발하는 것은 토지효율 및 투자효율을 낮출 수 있다.

160 '갑'회사의 3개월간 판매실적 정보와 6월의 수요예측량은 아래 표와 같다. 3개월간 이동평균법(A)과 단순지수평활법(B)을 이용하여 계산한 '갑'회사의 8월의 수요예측량(개)은? [단, 평활상수(a)는 0.3, 답은 소수점 첫째 자리에서 반올림한다.]

① A : 200, B : 201
② A : 200, B : 204
③ A : 200, B : 205
④ A : 202, B : 201
⑤ A : 202, B : 205

제5과목　물류관련법규

161 물류정책기본법령상 물류사업의 범위에 포함되지 않는 것은?

① 외항정기화물운송사업
② 산업용 기계, 장비 임대업
③ 선박연료공급업
④ 도선업
⑤ 상업서류송달업

162 물류정책기본법령상 국가물류기본계획에 대한 설명으로 옳은 것은?

① 국토교통부장관 및 해양수산부장관은 국가물류정책의 기본방향을 설정하는 10년 단위의 국가물류기본계획을 5년마다 공동으로 수립하여야 한다.

② 국가물류기본계획에는 물류 자동화·공동화 등 물류체계의 효율화에 관한 사항이 포함되어야 한다.

③ 국토교통부장관 및 해양수산부장관은 국가물류기본계획을 수립하려는 경우에는 관계 중앙행정기관의 장 및 시·도지사와 협의한 후 물류정책분과위원회의 심의를 거쳐야 한다.

④ 국토교통부장관 및 해양수산부장관은 국가물류기본계획을 시행하기 위하여 연도별 시행계획을 5년마다 공동으로 수립하여야 한다.

⑤ 관계 행정기관의 장은 전년도의 연도별시행계획의 추진실적과 해당 연도의 시행계획을 매년 3월 말까지 국토교통부장관 및 해양수산부장관에게 제출하여야 한다.

163 물류정책기본법령상 단위물류정보망에 관한 설명으로 옳은 것은?

① 「항만공사법」에 따른 항만공사는 단위물류정보망 전담기관으로 지정받을 수 없다.

② 관계 행정기관은 단위물류정보망 전담기관을 지정하려는 경우에는 신청방법 등을 정하여 20일 이상 관보, 공보 또는 인터넷 홈페이지에 이를 공고하여야 한다.

③ 공공기관이 아닌 자로서 단위물류정보망 전담기관으로 지정받을 수 있는 자는 자본금이 2억원 이상인 「상법」에 따른 주식회사이어야 한다.

④ 공공기관이 아닌 자로서 단위물류정보망 전담기관으로 지정받을 수 있는 자는 「국가기술자격법」에 따른 정보통신분야(기술·기능 분야)에서 2년 이상 근무한 경력이 있는 사람 1명 이상을 보유하여야 한다.

⑤ 공공기관이 아닌 자로서 단위물류정보망 전담기관으로 지정받을 수 있는 자는 「국가기술자격법」에 따른 정보통신기사·정보처리기사 또는 전자계산기조직응용기사 이상의 국가기술자격이나 이와 동등한 자격이 있다고 국토교통부장관이 정하여 고시하는 사람 1명 이상을 보유하여야 한다.

164 물류정책기본법령상 우수녹색물류실천기업 지정에 관한 설명으로 옳지 않은 것은?

① 국토교통부장관은 환경친화적 물류활동을 모범적으로 하는 물류기업과 화주기업을 우수기업으로 지정할 수 있다.

② 국토교통부장관은 우수녹색물류실천기업에 지정증을 발급하고, 지정을 나타내는 표시를 정하여 우수녹색물류실천기업이 사용하게 할 수 있다.

③ 우수녹색물류실천기업으로 지정받으려는 자는 각 평가항목에 대한 합산 점수가 70점 이상이어야 하고, 평가항목별 배점의 5할 이상을 취득하여야 한다.

④ 국토교통부장관은 지정받은 자가 지정기준을 적합하게 유지하고 있는지를 3년마다 정기적으로 점검하여야 한다.

⑤ 우수녹색물류실천기업이 아닌 자는 지정표시나 이와 유사한 표시를 하여서는 아니 된다.

165 물류정책기본법령상 물류 관련 신기술에 관한 설명으로 옳지 않은 것은?

① 국토교통부장관·해양수산부장관 또는 시·도지사는 첨단화물운송체계·클라우드컴퓨팅·무선주파수인식 등 물류 관련 신기술·기법의 연구개발 및 이를 통한 첨단 물류시설·장비·운송수단의 보급·촉진을 위한 시책을 마련하여야 한다.

② 국토교통부장관·해양수산부장관 또는 시·도지사는 물류기업이 기존 물류시설·장비·운송수단을 첨단물류시설 등으로 전환하거나 첨단물류시설 등을 새롭게 도입하는 경우에는 이에 필요한 행정적·재정적 지원을 할 수 있다.

③ 국토교통부장관 또는 해양수산부장관은 우수 물류신기술 등 지정 신청을 받으면 신청일부터 90일 이내에 우수 물류신기술 등의 지정 여부를 결정해야 한다.

④ 국토교통부장관 또는 해양수산부장관은 신청된 물류신기술등이 일정기준에 해당하고 그 성능 또는 품질이 우수하다고 판단되는 경우(다른 법령에 따라 신기술로 지정을 받은 경우는 제외한다) 5년의 범위에서 우수 물류신기술 등으로 지정할 수 있다.

⑤ 우수 물류신기술등 심사의 세부기준 및 절차 등에 관한 사항은 국토교통부장관 또는 해양수산부장관이 정해서 고시한다.

166

물류정책기본법령상 국제물류주선업자에게 부과하는 과징금 금액에 대한 설명으로 틀린 것은?

위반행위의 종별과 과징금의 금액

위반행위	근거 법조문	과징금 금액	
		2차 위반	3차 위반
1. 국제물류주선업 등록기준에 못 미치게 된 경우	법 제47조제1항제2호 및 제67조제1항	(ㄱ)	(ㄴ)
2. 등록기준 정기신고 규정을 위반하여 신고를 하지 않거나 거짓으로 신고한 경우	법 제47조제1항제3호 및 제67조제1항	(ㄷ)	(ㄹ)

※ 비고 : (ㅁ)

① (ㄱ) : 100만원
② (ㄴ) : 200만원
③ (ㄷ) : 100만원
④ (ㄹ) : 300만원
⑤ (ㅁ) : 위반행위의 횟수는 국토교통부령으로 정하는 처분기준에 따른 위반행위의 횟수 산정 기준에 따른다.

167

물류정책기본법령상 물류관련협회에 관한 내용으로 틀린 것은?

① 물류기업, 화주기업, 그 밖에 물류활동과 관련된 자는 물류체계를 효율화하고 업계의 건전한 발전 및 공동이익을 도모하기 위하여 필요할 경우 물류관련협회를 설립할 수 있다.

② 물류관련협회를 설립하려는 경우에는 해당 협회의 회원이 될 자격이 있는 기업 50개 이상이 발기인으로 정관을 작성하여 해당 협회의 회원이 될 자격이 있는 기업 100개 이상이 참여한 창립총회의 의결을 거친 후 소관에 따라 국토교통부장관 또는 해양수산부장관의 설립인가를 받아야 한다.

③ 물류관련협회에 관하여 이 법에 규정한 것 외에는 「민법」 중 사단법인에 관한 규정을 준용한다.

④ 국토교통부장관 및 해양수산부장관은 물류관련협회의 발전을 위하여 필요한 경우에는 물류관련협회를 행정적 · 재정적으로 지원할 수 있다.

⑤ 물류관련협회는 설립인가를 받아 설립등기를 함으로써 성립한다.

168 물류시설의 개발 및 운영에 관한 법령상 용어의 정의의 대한 설명으로 옳지 않은 것은?

① "물류터미널"이란 화물의 집화 · 하역 및 이와 관련된 분류 · 포장 · 보관 · 가공 · 조립 또는 통관 등에 필요한 기능을 갖춘 시설물을 말한다. 다만, 가공 · 조립 시설은 가공 · 조립 시설의 전체 바닥면적 합계가 물류터미널의 전체 바닥면적 합계의 4분의 1 이하의 것이어야 한다.

② 중소유통공동도매물류센터는 일반물류단지시설이다.

③ 연구시설은 지원시설이다.

④ "일반물류단지개발사업"이란 물류단지개발사업 중 도시첨단물류단지사업을 제외한 것을 말한다.

⑤ 「철도사업법」에 따른 철도사업자가 여객의 수하물 또는 소화물을 보관하는 것은 물류창고업에 해당한다.

169 물류시설의 개발 및 운영에 관한 법령상 물류시설개발종합계획과 다른 계획과의 관계에 대한 설명으로 옳지 않은 것은??

① 물류시설개발종합계획은 「물류정책기본법」 제11조의 국가물류기본계획과 조화를 이루어야 한다.

② 국토교통부장관, 관계 중앙행정기관의 장 또는 시 · 도지사는 물류시설을 지정 · 개발하거나 인 · 허가를 할 때 이 법에 따라 수립된 물류시설개발종합계획과 상충되거나 중복되지 아니하도록 하여야 한다.

③ 국토교통부장관은 다른 행정기관이 직접 지정 · 개발하려는 물류시설 개발계획이 물류시설개발종합계획과 상충되거나 중복된다고 인정하는 경우 그 계획을 변경하도록 요청할 수 있다.

④ ③의 경우 조정이 필요하면 「물류정책기본법」상 물류정책분과위원회에 조정을 요청할 수 있다.

⑤ 시 · 도지사는 다른 행정기관이 인 · 허가를 하려는 물류시설 개발계획이 물류시설개발종합계획과 상충되거나 중복된다고 인정하는 경우 그 계획을 변경하도록 요청할 수 있다.

170 물류시설의 개발 및 운영에 관한 법령상 공사시행의 인가에 대한 설명으로 옳지 않은 것은?

① 복합물류터미널사업자는 건설하려는 물류터미널의 구조 및 설비 등에 관한 공사계획을 수립하여 국토교통부장관의 공사시행인가를 받아야 한다.

② 일반물류터미널사업을 경영하려는 자는 물류터미널 건설에 관하여 필요한 경우 시·도지사의 공사시행인가를 받을 수 있다.

③ 인가받은 공사계획 중 대통령령으로 정하는 사항을 변경하는 경우와 복합물류터미널사업자가 「산업집적활성화 및 공장설립에 관한 법률」에 따른 제조시설 및 그 부대시설과 「유통산업발전법」에 따른 대규모점포 및 준대규모점포의 매장과 그 매장에 포함되는 용역의 제공장소를 설치하는 경우에는 해당 인가권자의 변경인가를 받아야 한다.

④ 국토교통부장관 또는 시·도지사는 공사시행인가 또는 변경인가를 하려는 때에는 관할 특별자치시장·특별자치도지사·시장·군수 또는 구청장의 의견을 듣고, 관계 법령에 적합한지를 미리 소관 행정기관의 장과 협의하여야 한다.

⑤ 국토교통부장관은 공사시행인가를 한 때에는 사업시행기간(착공예정일 및 준공예정일을 제외한다)을 관보에 고시하여야 한다.

171 물류시설의 개발 및 운영에 관한 법령상 복합물류터미널사업자에게 부과하는 과징금에 대한 설명으로 옳은 것은?

① 국토교통부장관은 복합물류터미널사업자가 사업의 정지를 명하여야 하는 경우로서 그 사업의 정지가 그 사업의 이용자 등에게 심한 불편을 주는 경우에는 그 사업정지처분을 갈음하여 2천만원 이하의 과징금을 부과할 수 있다.

② 과징금을 기한까지 내지 아니하면 국토교통부장관은 대통령령으로 정하는 바에 따라 지방세징수법에 따라 징수한다.

③ 복합물류터미널 사업자가 사업의 전부 또는 일부를 휴업한 후 정당한 사유 없이 신고한 휴업기간이 지난 후에도 사업을 재개하지 않은 경우 1차 위반 시 과징금 금액은 300만원이다.

④ 복합물류터미널 사업자가 인가 또는 변경인가를 받지 않고 공사를 시행하거나 변경한 경우 2차 위반 시 과징금 금액은 300만원이다.

⑤ 복합물류터미널 사업자가 변경등록을 하지 않고 등록사항을 변경한 경우 3차 위반 시 과징금 금액은 300만원이다.

172 물류시설의 개발 및 운영에 관한 법령상 스마트물류센터 인증절차에 대한 설명으로 옳지 않은 것은?

① 물류창고를 소유하거나 임차하여 운영하는 자는 「건축법」에 따른 사용승인을 받은 물류창고에 대하여 스마트물류센터의 인증을 신청할 수 있다.

② 인증기관의 장은 인증신청을 받으면 인증심사 전문인력 중에서 7명 이내의 사람으로 인증심사단을 구성하여 서류심사와 현장실사를 실시하고, 인증기준에 따른 심사 내용 및 점수, 인증 여부 및 등급이 포함된 인증심사 결과보고서를 작성한 후 인증심의위원회의 심의를 거쳐 인증 여부 및 인증 등급을 결정해야 한다.

③ 신청인은 인증심사 결과에 이의가 있는 경우에는 통보를 받은 날부터 14일 내에 인증기관의 장에게 재심사를 신청할 수 있다. 이 경우 재심사의 신청인은 재심사에 필요한 비용을 인증기관의 장에게 추가로 납부해야 한다.

④ 스마트물류센터를 소유하려는 자 또는 임차하여 운영하려는 자가 재정지원을 받기 위하여 필요하면 본인증에 앞서 건축물 설계에 반영된 내용을 대상으로 스마트물류센터 예비인증을 받을 수 있다.

⑤ 인증기관의 장은 스마트물류센터로 인증한 날을 기준으로 3년마다 정기 점검을 실시해야 한다.

173 물류시설의 개발 및 운영에 관한 법령상 물류단지개발사업으로 개발한 토지 및 시설을 공급할 때 수의계약의 방법으로 공급할 수 있는 사유가 아닌 것은?

① 학교용지·공공청사용지 등 일반에게 분양할 수 없는 공공시설용지를 국가·지방자치단체나 그 밖에 관계 법령에 따라 해당 공공시설을 설치할 수 있는 자에게 공급하는 경우

② 실시계획에 따라 존치하는 시설물의 유지·관리에 필요한 최소한의 토지를 공급하는 경우

③ 「공익사업을 위한 토지 등의 취득 및 보상에 관한 법률」에 따른 협의에 응하여 자신이 소유하는 물류단지의 토지등의 전부를 시행자에게 양도한 자에게 국토교통부령으로 정하는 기준에 따라 토지를 공급하는 경우

④ 토지상환채권에 따라 토지를 상환하는 경우

⑤ 유치업종배치계획에 포함된 기업에 대하여 물류단지지정권자와 협의하여 그 기업이 직접 사용할 물류시설(판매시설을 포함한다) 용지를 공급하는 경우

174 물류시설의 개발 및 운영에 관한 법령상 물류단지개발사업의 시행자가 지방공기업법에 따른 지방공사인 경우, 조성하는 용지를 이용하려는 자로부터 선수금을 받기 위하여 갖추어야 하는 요건은?

① 물류단지사업의 시행자는 실시계획 승인을 받을 것
② 분양하려는 토지에 대한 소유권을 확보하고 해당 토지에 설정된 저당권을 말소하였을 것
③ 분양하려는 토지에 대한 개발사업의 공사진척률이 100분의 10 이상에 달하였을 것
④ 분양계약을 이행하지 아니하는 경우 선수금의 환불을 담보하기 위하여 보증금액이 선수금에 그 금액에 대한 보증 또는 보험기간에 해당하는 약정이자 상당액을 더한 금액 이상으로 한다는 내용이 포함된 보증서 등을 물류단지지정권자에게 제출할 것
⑤ 분양계약을 이행하지 아니한 경우 선수금을 받은 날 이전이어야 하며, 종료일은 준공일부터 30일 이상 지난 날이라는 내용이 포함된 보증서 등을 물류단지지정권자에게 제출할 것

175 물류시설의 개발 및 운영에 관한 법령상 수수료 금액에 대한 설명 중 틀린 것은?

① 복합물류터미널사업의 등록 및 변경등록의 신청 : 20,000원
② 물류터미널의 구조 및 설비 등에 관한 공사시행인가와 변경인가의 신청 : 15,000원
③ 스마트물류센터 인증의 신청 : 3,000,000원
④ 스마트물류센터 인증 재심사의 신청 : 3,000,000원
⑤ 예비인증의 신청 : 3,000,000원

176 화물자동차 운수사업 법령상 화물자동차 운수사업에 제공되는 차고지로서 공영차고지로 볼 수 없는 것은?

① 특별자치시장 설치한 차고지
② 시장이 설치한 차고지
③ 인천국제공항공사가 설치한 차고지
④ 지방공사가 설치한 차고지
⑤ 한국수자원공사가 설치한 차고지

177 화물자동차 운수사업 법령상 운임 및 요금에 관한 설명으로 옳지 않은 것은 ?

① 운송사업자는 운임과 요금을 정하여 미리 국토교통부장관에게 신고하여야 한다. 이를 변경하려는 때에도 또한 같다.

② 국토교통부장관은 신고 또는 변경신고를 받은 날부터 14일 이내에 신고수리 여부를 신고인에게 통지하여야 한다.

③ 국토교통부장관이 기간 내에 신고수리 여부 또는 민원 처리 관련 법령에 따른 처리기간의 연장 여부를 신고인에게 통지하지 아니하면 그 기간이 끝난 날에 신고를 수리한 것으로 본다.

④ 운송사업 운임 및 요금신고서에는 원가계산서, 운임요금표를 첨부하여야 한다.

⑤ 운임 및 요금의 신고 또는 변경신고는 연합회로 하여금 대리하게 할 수 있다.

178 화물자동차 운수사업 법령상 화물자동차 안전운송원가 심의 및 의결 시 고려사항을 모두 고르면?

> ㉠ 인건비, 감가상각비 등 고정비용
> ㉡ 운송사업자의 운송서비스 수준
> ㉢ 운송서비스 제공에 필요한 추가적인 시설 및 장비 사용료
> ㉣ 유류비, 부품비 등 변동비용
> ㉤ 화물의 상 · 하차 대기료

① ㉡, ㉢, ㉤
② ㉠, ㉡, ㉢, ㉣
③ ㉠, ㉡, ㉣, ㉤
④ ㉠, ㉢, ㉣, ㉤
⑤ ㉠, ㉡, ㉢, ㉣, ㉤

179 화물자동차 운수사업 법령상 운송사업자의 책임으로 옳은 것은?

① 화물의 멸실 · 훼손 또는 인도의 지연으로 발생한 운송사업자의 손해배상 책임에 관하여는 「상법」을 준용한다.

② 화물이 인도기한이 지난 후 1개월 이내에 인도되지 아니하면 그 화물은 멸실된 것으로 본다.

③ 국토교통부장관은 손해배상에 관하여 화주가 요청하면 국토교통부령으로 정하는 바에 따라 이에 관한 분쟁을 조정할 수 있다.

④ 당사자 쌍방이 조정안을 수락하면 당사자 간에 조정안과 동일한 합의가 성립된 것으로 본다.

⑤ 국토교통부장관은 분쟁조정 업무를 「소비자기본법」에 따른 한국소비자원에 위탁할 수 있다.

180 화물자동차 운수사업 법령상 운송사업자의 준수사항에 대한 설명으로 옳지 않은 것은?

① 운송사업자는 위·수탁차주가 다른 운송사업자와 동시에 1년 이상의 운송계약을 체결하는 것을 제한할 수 있다.

② 「자동차관리법 시행규칙」 별표 1에 따른 밴형 화물자동차를 사용하여 화주와 화물을 함께 운송하는 운송사업자는 운송을 시작하기 전에 화주에게 구두 또는 서면으로 총 운임·요금을 통지하거나 소속 운수종사자로 하여금 통지하도록 지시해야 한다.

③ 개인화물자동차 운송사업자는 자기 명의로 운송계약을 체결한 화물에 대하여 다른 운송사업자에게 수수료나 그 밖의 대가를 받고 그 운송을 위탁하거나 대행하게 하는 등 화물운송 질서를 문란하게 하는 행위를 하지 않아야 한다.

④ 최대적재량 1.5톤 이하의 화물자동차의 경우에는 주차장, 차고지 또는 지방자치단체의 조례로 정하는 시설 및 장소에서만 밤샘주차해야 한다.

⑤ 화주로부터 부당한 운임 및 요금의 환급을 요구받았을 때에는 환급하여야 한다.

181 화물자동차 운수사업 법령상 화물자동차 운송사업의 양도와 양수 등에 대한 설명으로 옳지 않은 것은?

① 화물자동차 운송사업을 양도·양수하려는 경우에는 양도인은 국토교통부장관에게 신고하여야 한다.

② 화물자동차 운송사업의 양도는 해당 화물자동차 운송사업의 전부 또는 일부를 대상으로 한다.

③ 허가기준대수 이상을 소유한 운송사업자가 허가기준대수를 초과하는 부분을 주사무소가 양도인의 주사무소와 다른 시·도 내에 있는 같은 업종의 다른 운송사업자에게 양도하는 경우에는 그 초과대수만을 대상으로 할 수 있다.

④ 연합회는 화물자동차의 지역 간 수급균형과 화물운송시장의 안정과 질서유지를 위하여 화물자동차 운송사업의 양도·양수와 합병을 제한할 수 있다.

⑤ 화물자동차 운송사업을 양도·양수신고가 있으면 화물자동차 운송사업을 양도한 자와 위·수탁계약을 체결한 위·수탁차주는 그 동일한 내용의 위·수탁계약을 화물자동차 운송사업을 양수한 자와 체결한 것으로 보며, 합병으로 소멸되는 법인과 위·수탁계약을 체결한 위·수탁차주는 그 동일한 내용의 위·수탁계약을 합병으로 존속하거나 신설되는 법인과 체결한 것으로 본다.

182 화물자동차 운수사업 법령상 운송가맹사업자의 허가 및 신고에 관한 설명으로 틀린 것은?

① 허가를 받은 운송가맹사업자는 허가사항을 변경하려면 국토교통부령으로 정하는 바에 따라 국토교통부장관의 변경허가를 받아야 한다.

② 운송가맹사업자가 화물취급소의 설치 및 폐지하는 경우 국토교통부장관에게 신고하여야 한다.

③ 운송가맹사업자가 화물자동차의 대폐차(화물자동차를 직접 소유한 운송가맹사업자만 해당한다)를 하려는 경우 국토교통부장관에게 신고하여야 한다.

④ 운송가맹사업자는 주사무소 외의 장소에서 상주하여 영업하려면 국토교통부장관에게 신고를 하여야 한다.

⑤ 운송가맹사업자는 대표자의 변경(법인인 경우만 해당한다)을 하려면 국토교통부장관에게 신고하여야 한다.

183 화물자동차 운수사업 법령상 경영의 위탁과 관련한 설명으로 옳지 않은 것은?

① 운송사업자는 화물자동차 운송사업의 효율적인 수행을 위하여 필요하면 다른 사람(운송사업자를 말한다)에게 차량과 그 경영의 일부를 위탁하거나 차량을 현물출자한 사람에게 그 경영의 일부를 위탁할 수 있다.

② 운송사업자와 위ㆍ수탁차주는 대등한 입장에서 합의에 따라 공정하게 위ㆍ수탁계약을 체결하고, 신의에 따라 성실하게 계약을 이행하여야 한다.

③ 위ㆍ수탁계약의 기간은 2년 이상으로 하여야 한다.

④ 위ㆍ수탁계약의 내용이 당사자 일방에게 현저하게 불공정한 경우로서 계약불이행에 따른 당사자의 손해배상책임을 과도하게 경감하거나 가중하여 정함으로써 상대방의 정당한 이익을 침해한 경우에는 그 부분에 한정하여 무효로 한다.

⑤ 화물운송사업분쟁조정협의회는 운송사업자와 위ㆍ수탁차주 간 차량의 대폐차에 관한 분쟁을 심의ㆍ조정한다.

184 화물자동차 운수사업 법령상 위수탁계약의 해지 등에 대한 설명으로 옳지 않은 것은?

① 운송사업자는 위·수탁계약을 해지하려는 경우에는 위·수탁차주에게 2개월 이상의 유예기간을 두고 계약의 위반 사실을 구체적으로 밝히고 이를 시정하지 아니하면 그 계약을 해지한다는 사실을 서면으로 2회 이상 통지하여야 한다.

② 운송사업자가 부정한 방법으로 변경허가를 받거나, 변경허가를 받지 아니하고 허가사항을 변경하여 허가취소 또는 감차 조치(위·수탁차주의 화물자동차가 감차 조치의 대상이 된 경우에만 해당한다)를 받은 경우 해당 운송사업자와 위·수탁차주의 위·수탁계약은 해지된 것으로 본다.

③ 연합회는 해지된 위·수탁계약의 위·수탁차주였던 자가 다른 운송사업자와 위·수탁계약을 체결할 수 있도록 지원하여야 한다.

④ ③의 경우 해당 위·수탁차주였던 자와 위·수탁계약을 체결한 운송사업자는 위·수탁계약의 체결을 명목으로 부당한 금전지급을 요구하여서는 아니 된다.

⑤ 위·수탁차주는 운송사업자의 동의를 받아 위·수탁계약상의 지위를 타인에게 양도할 수 있다.

185 화물자동차 운수사업 법령상 공제조합의 재무건전성에 대한 설명으로 옳지 않은 것은?

① 공제조합은 공제금 지급능력과 경영의 건전성을 확보하기 위하여 자본적정성, 자산건전성, 유동성확보에 대한 재무건전성 기준을 지켜야 한다.

② "지급여력금액"이란 자본금, 대손충당금, 이익잉여금 및 그 밖에 이에 준하는 것으로서 국토교통부장관이 정하는 금액을 합산한 금액에서 영업권, 선급비용 등 국토교통부장관이 정하는 금액을 뺀 금액을 말한다.

③ "지급여력기준금액"이란 공제사업을 운영함에 따라 발생하게 되는 위험을 국토교통부장관이 정하는 방법에 따라 금액으로 환산한 것을 말한다.

④ "지급여력비율"이란 지급여력기준금액을 지급여력금액으로 나눈 비율을 말한다.

⑤ 공제조합이 준수하여야 하는 재무건전성 기준상 지급여력비율은 100분의 100 이상을 유지해야 한다.

186 화물자동차 운수사업 법령상 벌칙에 대한 설명으로 옳지 않은 것은?

① 허가를 받지 아니하거나 거짓이나 그 밖의 부정한 방법으로 허가를 받고 화물자동차 운송사업을 경영한 자는 2년 이하의 징역 또는 2천만원 이하의 벌금에 처한다.

② 자가용 화물자동차를 유상으로 화물운송용으로 제공하거나 임대한 자는 2년 이하의 징역 또는 2천만원 이하의 벌금에 처한다.

③ 거짓이나 부정한 방법으로 화물자동차 유가보조금을 교부받은 자는 1년 이하의 징역 또는 1천만원 이하의 벌금에 처한다.

④ 화물운송 종사자격증을 받지 아니하고 화물자동차 운수사업의 운전 업무에 종사한 자는 500만원 이하의 과태료를 부과한다.

⑤ 국토교통부장관이 공표한 화물자동차 안전운임보다 적은 운임을 지급한 자는 2년 이하의 징역 또는 2천만원 이하의 벌금에 처한다.

187 유통산업발전법령상 대규모점포등을 등록하는 경우 특별자치시장·시장·군수·구청장이 다른 행정기관의 장과 협의를 한 사항에 대하여는 해당 허가등을 받은 것으로 보는데, 이에 해당하지 않는 것은?

① 「축산물 위생관리법」 제24조에 따른 축산물판매업의 신고
② 「의료기사 등에 관한 법률」 제12조에 따른 안경업소개설의 등록
③ 「공연법」 제9조제1항에 따른 공연장의 등록
④ 「주류 면허 등에 관한 법률」에 따른 주류제조면허
⑤ 「담배사업법」 제16조제1항에 따른 소매인의 지정

188 유통산업발전법령상 상점가진흥조합에 대한 설명으로 옳은 것은?

① 상점가에서 도매업·소매업을 하는 자는 해당 상점가의 진흥을 위하여 상점가진흥조합을 결성할 수 있다. 다만, 용역업이나 그 밖의 영업에 대해서는 그러하지 아니하다.

② 상점가진흥조합의 조합원이 될 수 있는 자는 「중소기업기본법」에 따른 중소기업자에 해당하는 자로 한다.

③ 상점가진흥조합은 조합원의 자격이 있는 자의 4분의 3 이상의 동의를 받아 결성한다. 다만, 조합원의 자격이 있는 자 중 같은 업종을 경영하는 자가 2분의 1 이상인 경우에는 그 같은 업종을 경영하는 자의 5분의 3 이상의 동의를 받아 결성할 수 있다.

④ 상점가진흥조합은 협동조합으로만 설립한다.

⑤ 상점가진흥조합의 구역은 미리 산업통상자원부 장관에게 신고한 후 다른 상점가진흥조합의 구역과 중복될 수 있다.

189 유통산업발전법령상 유통분쟁조정에 관련한 내용으로 옳은 것은?

① 유통분쟁조정위원회는 유통분쟁조정신청을 받은 경우 신청일부터 7일 이내에 신청인외의 관련 당사자에게 분쟁의 조정신청에 관한 사실과 그 내용을 통보하여야 한다.

② 유통분쟁조정위원회의 공무원이 아닌 위원의 임기는 1년으로 한다.

③ 분쟁의 조정신청을 받은 유통분쟁조정위원회는 신청을 받은 날부터 30일 이내에 이를 심사하여 조정안을 작성하여야 한다. 다만, 부득이한 사정이 있는 경우에는 위원회의 의결로 그 기간을 연장할 수 있다.

④ 시(특별자치시는 제외한다)·군·구의 위원회의 조정안에 불복하는 자는 조정안을 제시받은 날부터 30일 이내에 시·도의 위원회에 조정을 신청할 수 있다.

⑤ 조정신청을 받은 시·도의 위원회는 그 신청 내용을 시·군·구의 위원회 및 신청인 외의 당사자에게 통지하고, 조정신청을 받은 날부터 30일 이내에 이를 심사하여 조정안을 작성하여야 한다. 다만, 부득이한 사정이 있는 경우에는 위원회의 의결로 그 기간을 연장할 수 있다.

190 유통산업발전법령상 공동집배송센터에 대한 설명으로 옳은 것은?

① 공동집배송센터의 지정을 받으려는 자는 산업통상자원부령으로 정하는 바에 따라 공동집배송센터의 조성·운영에 관한 사업계획을 첨부하여 시·도지사에게 공동집배송센터 지정을 신청하여야 한다.

② 지정받은 공동집배송센터를 조성·운영하려는 자는 지정받은 사항 중 산업통상자원부령으로 정하는 중요 사항을 변경하려면 시도지사의 변경지정을 받아야 한다.

③ 산업통상자원부장관은 공동집배송센터를 지정하거나 변경지정하려면 미리 시·도지사와 협의하여야 한다.

④ 공동집배송센터로 지정받기 위해서는 부지면적이 3만제곱미터 이상(「국토의 계획 및 이용에 관한 법률」 제36조에 따른 상업지역 또는 공업지역의 경우에는 2만제곱미터 이상)이고, 집배송시설면적이 1만 5천제곱미터 이상이어야 한다.

⑤ 공동집배송센터로 지정받기 위해서는 도시 내 유통시설로의 접근성이 우수하여 집배송기능이 효율적으로 이루어질 수 있는 지역 및 시설물이어야 한다.

191 유통산업발전법령상 공동집배송센터의 지정취소 사유에 대한 설명으로 옳지 않은 것은?

① 공동집배송센터의 지정을 받은 날부터 3년 이내에 준공되지 아니한 경우
② 공동집배송센터의 지정을 받은 날부터 정당한 사유 없이 3년 이내에 시공을 하지 아니하는 경우
③ 공동집배송센터사업자인 법인, 조합 등이 해산된 경우
④ 공동집배송센터의 시공 후 공사가 6월 이상 중단된 경우
⑤ 거짓이나 그 밖의 부정한 방법으로 공동집배송센터의 지정을 받은 경우

192 철도사업법령상 여객 운임 및 요금의 신고 등에 대한 설명으로 옳지 않은 것은?

① 철도사업자는 여객에 대한 운임(여객운송에 대한 직접적인 대가를 말하며, 여객운송과 관련된 설비·용역에 대한 대가는 제외한다)·요금을 국토교통부장관에게 신고하여야 한다. 이를 변경하려는 경우에도 같다.
② 철도사업자는 여객 운임·요금을 정하거나 변경하는 경우에는 원가와 버스 등 다른 교통수단의 여객 운임·요금과의 형평성 등을 고려하여야 한다. 이 경우 여객에 대한 운임은 사업용철도노선의 분류, 철도차량의 유형 등을 고려하여 국토교통부장관이 지정·고시한 상한을 초과하여서는 아니 된다.
③ 국토교통부장관은 여객 운임의 상한을 지정하려면 미리 중앙행정기관의 장과 협의하여야 한다.
④ 국토교통부장관은 신고 또는 변경신고를 받은 날부터 3일 이내에 신고수리 여부를 신고인에게 통지하여야 한다.
⑤ 철도사업자는 신고 또는 변경신고를 한 여객 운임·요금을 그 시행 1주일 이전에 인터넷 홈페이지, 관계 역·영업소 및 사업소 등 일반인이 잘 볼 수 있는 곳에 게시하여야 한다.

193 철도사업법령상 공동운수협정에 대한 설명으로 옳지 않은 것은?

① 철도사업자는 다른 철도사업자와 공동경영에 관한 계약이나 그 밖의 운수에 관한 협정을 체결하거나 변경하려는 경우에는 국토교통부령으로 정하는 바에 따라 국토교통부장관의 인가를 받아야 한다.
② 철도사업자가 여객 운임·요금의 변경신고를 한 경우 이를 반영하기 위한 사항을 변경하려는 경우에는 국토교통부장관의 인가를 받아야 한다.
③ 공동운수협정에 따른 운행구간별 열차 운행횟수의 10분의 1 이내에서의 변경을 하려는 경우 국토교통부장관에게 신고하여야 한다.
④ 국토교통부장관은 공동운수협정을 인가하려면 미리 공정거래위원회와 협의하여야 한다.
⑤ 국토교통부장관은 제1항 단서에 따른 신고를 받은 날부터 3일 이내에 신고 수리 여부를 신고인에게 통지하여야 한다.

194 철도사업법령상 전용철도의 운영에 관한 설명으로 옳지 않은 것은?

① 전용철도를 운영하려는 자는 전용철도의 건설 · 운전 · 보안 및 운송에 관한 사항이 포함된 운영계획서를 첨부하여 국토교통부장관에게 등록을 하여야 한다.

② 국토교통부장관은 전용철도의 등록기준을 적용할 때에 환경오염, 주변 여건 등 지역적 특성을 고려할 필요가 있거나 그 밖에 공익상 필요하다고 인정하는 경우에는 등록을 제한하거나 부담을 붙일 수 있다.

③ 전용철도의 운영을 양도 · 양수하려는 자는 국토교통부장관에게 신고하여야 한다.

④ 전용철도운영자가 사망한 경우 상속인이 그 전용철도의 운영을 계속하려는 경우에는 피상속인이 사망한 날부터 1개월 이내에 국토교통부장관에게 신고하여야 한다.

⑤ 전용철도의 등록을 한 법인이 합병하려는 경우에는 국토교통부장관에게 신고하여야 한다.

195 철도사업법령상 점용료와 관련된 변상금에 대한 설명으로 올바른 것은?

> 제44조의2(변상금의 징수) 국토교통부장관은 점용허가를 받지 아니하고 철도시설을 점용한 자에 대하여 점용료의 100분의 (   )에 해당하는 금액을 변상금으로 징수할 수 있다.

① 105

② 110

③ 120

④ 150

⑤ 200

196 항만운송사업법령상 검수사의 결격사유로 틀린 것은??

① 미성년자

② 피성년후견인 또는 피한정후견인

③ 이 법 또는 「관세법」에 따른 죄를 범하여 금고 이상의 형의 선고를 받고 그 집행이 끝나거나(집행이 끝난 것으로 보는 경우를 포함한다) 집행이 면제된 날부터 2년이 지나지 아니한 사람

④ 이 법 또는 「관세법」에 따른 죄를 범하여 금고 이상의 형의 집행유예를 선고받고 그 유예기간 중에 있는 사람

⑤ 검수사 등의 자격이 취소된 날부터 2년이 지나지 아니한 사람

197 항만운송사업법령상 부두운영계약에 포함되어야 할 내용으로 바르게 묶인 것은?

> ⊙ 부두운영회사가 부두운영계약 기간 동안 항만시설등의 임차 · 사용을 통하여 달성하려는 화물유치 ·
> 투자 계획과 해당 화물유치 · 투자 계획을 이행하지 못하는 경우에 부두운영회사가 부담하여야 하는
> 위약금에 관한 사항
> ⓒ 계약기간
> ⓒ 임대료 및 그 밖에 부두운영회사가 항만시설운영자 또는 항만공사에 내야 하는 비용의 지급 능력
> ② 화물의 유치 능력
> ⑩ 재무구조의 건전성

① ⊙, ⓒ, ②, ⑩　　　　　　　　　② ⊙, ⓒ, ②, ⑩

③ ⊙, ⓒ, ⓒ, ⑩　　　　　　　　　④ ⊙, ⓒ, ⓒ, ②

⑤ ⊙, ⓒ, ⓒ, ②, ⑩

198 항만운송사업법령상 항만운송 종사자 등에 대한 교육훈련 등에 대한 설명으로 옳지 않은
것은?

① 항만운송사업 또는 항만운송관련사업에 종사하는 사람 중 화물 고정 항만용역업에 종사하는
사람은 해양수산부장관이 실시하는 교육훈련을 받아야 한다.

② 해양수산부장관은 제1항에 따른 교육훈련을 받지 아니한 사람에 대하여 해양수산부령으로
정하는 바에 따라 항만운송사업 또는 항만운송관련사업 중 해양수산부령으로 정하는 작업에
종사하는 것을 제한하여야 한다.

③ 신규자 교육훈련은 작업에 채용된 날부터 6개월 이내에 실시하는 교육훈련이다.

④ 재직자 교육훈련은 신규자 교육훈련을 받은 연도의 다음 연도 및 그 후 매년마다 실시하는 교
육훈련이다.

⑤ 교육훈련기관은 해양수산부장관의 설립인가를 받아 그 주된 사무소의 소재지에서 설립등기
를 함으로써 성립한다.

199 농수산물 유통 및 가격안정에 관한 법령상 농림업관측에 대한 설명으로 옳지 않은 것은?

① 농림축산식품부장관은 농산물의 수급안정을 위하여 가격의 등락 폭이 큰 주요 농산물에 대하여 매년 기상정보, 생산면적, 작황, 재고물량, 소비동향, 해외시장 정보 등을 조사하여 이를 분석하는 농림업관측을 실시하고 그 결과를 공표하여야 한다.

② 농림업관측에도 불구하고 농림축산식품부장관은 주요 곡물의 수급안정을 위하여 농림축산식품부장관이 정하는 주요 곡물에 대한 상시 관측체계의 구축과 국제 곡물수급모형의 개발을 통하여 매년 주요 곡물 생산 및 수출 국가들의 작황 및 수급 상황 등을 조사 · 분석하는 국제곡물관측을 별도로 실시하고 그 결과를 공표하여야 한다.

③ 농림축산식품부장관은 효율적인 농림업관측 또는 국제곡물관측을 위하여 필요하다고 인정하는 경우에는 품목을 지정하여 지역농업협동조합, 지역축산업협동조합, 품목별 · 업종별협동조합, 산림조합, 그 밖에 농림축산식품부령으로 정하는 자로 하여금 농림업관측 또는 국제곡물관측을 실시하게 할 수 있다.

④ 농림축산식품부장관은 농림업관측업무 또는 국제곡물관측업무를 효율적으로 실시하기 위하여 농림업 관련 연구기관 또는 단체를 농림업관측 전담기관(국제곡물관측업무를 포함한다)으로 지정하고, 그 운영에 필요한 경비를 충당하기 위하여 예산의 범위에서 출연금 또는 보조금을 지급할 수 있다.

⑤ ④에 따른 농업관측 전담기관은 한국농수산식품유통공사로 한다.

200 농수산물 유통 및 가격안정에 관한 법령상 도매시장의 개설 등에 관한 설명으로 옳지 않은 것은?

① 도매시장은 대통령령으로 정하는 바에 따라 부류별로 또는 둘 이상의 부류를 종합하여 중앙도매시장의 경우에는 특별시 · 광역시 · 특별자치시 또는 특별자치도가 개설하고, 지방도매시장의 경우에는 특별시 · 광역시 · 특별자치시 · 특별자치도 또는 시가 개설한다. 다만, 시가 지방도매시장을 개설하려면 도지사의 허가를 받아야 한다.

② 시가 지방도매시장의 개설허가를 받으려면 농림축산식품부령 또는 해양수산부령으로 정하는 바에 따라 지방도매시장 개설허가 신청서에 업무규정과 운영관리계획서를 첨부하여 도지사에게 제출하여야 한다.

③ 특별시 · 광역시 · 특별자치시 또는 특별자치도가 도매시장을 개설하려면 미리 업무규정과 운영관리계획서를 작성하여야 하며, 중앙도매시장의 업무규정은 농림축산식품부장관 또는 해양수산부장관의 승인을 받아야 한다.

④ 중앙도매시장의 개설자가 업무규정을 변경하는 때에는 농림축산식품부장관 또는 해양수산부장관의 승인을 받아야 하며, 지방도매시장의 개설자(시가 개설자인 경우만 해당한다)가 업무규정을 변경하는 때에는 도지사의 승인을 받아야 한다.

⑤ 시가 지방도매시장을 폐쇄하려면 그 3개월 전에 도지사의 허가를 받아야 한다. 다만, 특별시 · 광역시 · 특별자치시 및 특별자치도가 도매시장을 폐쇄하는 경우에는 그 6개월 전에 이를 공고하여야 한다.

제1과목　물류관리론

001 기업의 통합물류운영관점에서 재고거점수가 증가할 경우 설명으로 틀린 것은?

① 총물류비용 감소　　　　　　　　② 재고유지비용 증가

③ 배송비 감소　　　　　　　　　　④ 시설투자비 증가

⑤ 고객서비스 수준 향상

002 물류의 기본적 기능으로 볼 수 없는 것은?

① 생산과 소비 간의 장소격차 조정

② 생산자와 소비자 간의 소득격차 조정

③ 생산단위와 소비단위의 수량불일치 조정

④ 생산과 소비시기의 시간격차 조정

⑤ 생산자와 소비자 간의 품질격차 조정

003 물류표준화에 관한 설명으로 옳은 것은?

① 포장표준화의 주요 요소인 재료, 기법, 치수, 강도 중에서 강도의 표준화가 가장 선행되어야 한다.

② 물류 프로세스에서의 화물 취급단위를 규격화하고 설비 등의 규격, 강도, 재질 등을 다양화한다.

③ 하역보관의 기계화, 자동화 등에 필수적인 선결 과제이다.

④ 세계화에 대응하는 물류표준화는 필요 없다.

⑤ 국가차원의 물류표준화 추진은 비효율적이다.

004 물류공동화의 대상에 해당하는 것을 모두 고른 것은?

> ㉠ 수배송 공동화 ㉡ 보관 공동화
> ㉢ 하역 공동화 ㉣ 유통가공 공동화
> ㉤ 정보 공동화

① ㉠, ㉡, ㉢, ㉣ ② ㉠, ㉡, ㉣, ㉤
③ ㉠, ㉢, ㉣, ㉤ ④ ㉡, ㉢, ㉣, ㉤
⑤ ㉠, ㉡, ㉢, ㉣, ㉤

005 상류와 물류에 관한 설명으로 옳은 것은?

① 상류는 물류경로상에서 이동 또는 보관 중인 물품에 대한 관리활동을 포함한다.
② 상류와 물류를 분리하면 재고가 분산되어 재고관리에 어려움이 발생할 수 있다.
③ 물류란 상품의 소유권 이전활동을 말하며, 유통경로 내에서 판매자와 구매자의 관계에 초점이 있다.
④ 상권이 확대될수록, 무게나 부피가 큰 제품일수록 상류와 물류의 통합 필요성이 높아진다.
⑤ 상류와 물류를 분리하면 물류거점에서 여러 지점 및 영업소의 주문을 통합할 수 있어 배송차량의 적재율 향상과 효율적 이용이 가능하다.

006 제품수명주기와 고객서비스 전략에 관한 설명으로 옳지 않은 것은?

① 도입기 단계에서는 판매망이 소수의 지점에 집중되고 제품의 가용성은 제한된다.
② 성장기 단계에서는 비용 절감을 위해 재고를 집중하여 통합 관리할 가능성이 크다.
③ 성장기 단계에서는 비용과 서비스 간의 상충관계를 고려한 물류서비스 전략이 필요하다.
④ 성숙기 단계에서는 물류서비스의 차별화 전략이 필요하다.
⑤ 쇠퇴기 단계에서는 비용최소화보다는 위험최소화 전략이 필요하다.

007 유통경로의 역할에 대한 설명으로 옳지 않은 것은?

① 거래의 효율성 증대 ② 제품구색의 불일치 조정
③ 거래의 정형화 ④ 상품 및 시장정보 제공
⑤ 중간상의 재고부담 감소

008 수직적 유통경로시스템에 대한 설명으로 옳지 않은 것은?

① 중앙통제적 조직구조를 가지며 유통경로가 전문적으로 관리되고 규모의 경제를 실행할 수 있으며, 경로구성원 간의 조정을 기할 수 있는 시스템이다.
② 유통경로 구성원인 도매, 소매기관의 적극적인 활동이 필수적이므로 유통기관을 자기의 판매망으로 확립하기 위해 수직적 통합이 요구된다.
③ 수직적 유통경로시스템이란 생산에서 소비에 이르기까지의 유통과정을 체계적으로 통합하고 조정하여 하나의 통합된 체제를 유지하는 시스템을 의미한다.
④ 수직적 유통시스템이 형성되는 이유는 각각의 기업이 단독적으로 마케팅 활동을 효과적으로 수행하지 못하기 때문에 서로 결합시킴으로써 시너지효과를 얻기 위해서이다.
⑤ 수직적 유통시스템의 형성 이유는 마케팅 비용을 절감하고, 경쟁기업과 대항하기 위해서이다.

009 고객서비스의 구성요소는 거래 전 요소, 거래 발생 시 요소, 거래 후 요소로 구분할 수 있다. 이 가운데 거래 전 요소에 해당하는 것은?

① 재고품절수준
② 제품주문정보 입수 가능성
③ 제품대체성
④ 주문의 간편성
⑤ 명문화된 고객서비스 정책

010 물류서비스의 품질측정 구성요소로 옳지 않은 것은?

① 화주기업에게 차량, 장비 등 물류서비스를 원활히 제공해 줄 수 있는 능력
② 화주기업에게 전반적인 업무수행에 대해 확신을 주는 능력
③ 화주기업에게 정확하고 신속하게 물류서비스를 제공할 수 있는 능력
④ 화주기업과의 원활한 의사소통 능력
⑤ 화주기업의 영업이익률을 높여줄 수 있는 능력

011 제약이론(TOC)에 관한 설명으로 옳지 않은 것은?

① 이스라엘의 골드랫이 제안하였다.
② SCM에 응용이 가능하다.
③ 납기준수율이 향상된다.
④ 병목공정을 집중관리한다.
⑤ 성과보다는 프로세스 개선이 목표이다.

012 6-시그마 기법에 관한 설명으로 옳지 않은 것은?

① 6-시그마 기법은 수치데이터를 통하여 분석적인 접근방식과 오픈마인드 수행을 요구한다.
② 6-시그마 기법은 상의하달 방식으로 강력하게 추진하는 것이 보다 효과적이다.
③ 6-시그마 기법은 프로세스 중시형 접근방법이다.
④ 6-시그마 기법을 도입하여 고품질을 추구하는 기업은 지속적으로 비용이 더 많이 소요된다.
⑤ 6-시그마 기법을 활용하면 제품 또는 서비스의 리드타임이 단축되고 재고감축효과가 있다.

013 활동기준원가계산(ABC : Activity Based Costing) 기법의 구성요소에 포함되지 않는 것은?

① 활동(activity)
② 자원(Resource)
③ 원가동인(Cost Driver)
④ 활동동인(Activity Driver)
⑤ 자원동인(Resource Driver)

014 일반기준에 의한 물류비 계산방식에 관한 설명으로 옳지 않은 것은?

① 물류비의 인식기준은 원가계산준칙에서 일반적으로 채택하고 있는 발생기준을 준거로 한다.
② 시설부담이자와 재고부담이자에 대해서는 기회원가의 개념을 적용한다.
③ 물류비의 계산은 먼저 관리항목별 계산을 수행한 후 비목별 계산을 수행한다.
④ 자가물류비는 자사 설비나 인력을 사용하여 물류활동을 수행함으로써 소비되는 비용으로 재료비, 노무비, 경비 등이 포함된다.
⑤ 관리항목별 계산은 조직별, 지역별, 고객별, 활동별로 물류비를 집계하는 것이다.

015 간이기준에 의한 물류비 산정방식에 관한 설명으로 옳은 것은?

① 영역별, 관리항목별, 조업도별로만 간단하게 구분하고 있다.
② 원가회계방식에 의한 원가자료로부터 실적물류비를 발생요인별로 계산한다.
③ 실적물류비는 현재까지 물류활동에 투입된 비용을 말한다.
④ 기업물류비 산정지침에 의해 역물류비가 관리항목별로 분류에 포함되었다.
⑤ 제조원가명세서 및 포괄손익계산서의 계정항목별로 물류비를 추계하여 계산한다.

016 출판물 및 문헌정보의 유통의 효율화를 위하여 국제적으로 표준화된 방법으로 고유번호를 부여하여 각종 도서의 일정한 위치에 표시하는 것은?

① ISBN
② SSCC
③ ISDN
④ UCC
⑤ QR CODE

017 물류정보시스템에 대한 설명으로 옳지 않은 것은?

① EAN 코드에는 대표적으로 EAN - 13형과 EAN - 8형이 있다.
② 물류정보시스템의 구축에는 상품코드의 표준화가 선행되어야 한다.
③ POS는 판매시점에 발생하는 정보를 수집한다.
④ EDI는 제한되고 지리적으로 인접한 영역 내에 설치된 고속통신망이다.
⑤ CVO는 화물 및 화물차량에 대한 위치를 실시간으로 추적 및 관리할 수 있다.

018 RFID에 관한 설명으로 옳지 않은 것은?

① 판독기를 이용하여 태그(Tag)에 기록된 정보를 판독하는 무선주파수 인식기술이다.
② 바코드와는 달리 제품의 원산지 및 중간 이동과정 등 다량의 데이터를 저장할 수 있다.
③ RFID 시스템은 리더기, 태그 등의 요소로 구성된다.
④ RFID 주파수대역에 따라 다양한 분야에 응용될 수 있다.
⑤ 능동형(Active) 태그는 배터리 없이 근거리통신에 사용한다.

019 물류자회사를 만들었을 때 모회사에서 본 장점에 관한 설명으로 옳지 않은 것은?

① 모회사에서 추구하는 핵심사업에 역량을 집중할 수 있는 여건 확립
② 물류시설, 인원, 장비 등을 물류자회사 소속으로 분리하여 운영하면 물류관리 책임 및 물류비 관리의 다원화 실현
③ 고임금의 물류관련 종업원을 자회사로 전환시켜 임금수준을 조절할 수 있는 완충지대 역할을 수행
④ 모회사의 물류전략을 잘 이해하고 실천할 수 있는 물류자회사를 설립하여 전체적인 비용을 낮추면서 효과적은 서비스를 제공
⑤ 외부 물류기업에 의뢰하기보다는 물류자회사를 설립하여 운영한다면 현금유출 축소 및 물류, 판매관련 정보수집이 신속하고 용이

020 파랫트 랙의 높이가 2,000mm일 경우, 외부규격이 235mm(폭)×339mm(길이)×250mm (높이)인 골판지상자를 규격이 1,000(폭)mm×1,200(길이)mm×140mm(높이)인 표준파렛트 위에 적재하여 랙에 보관하고자 할 때 쌓을 수 있는 골판지상자의 단 수는?

① 4단
② 5단
③ 6단
④ 7단
⑤ 8단

021 물류 아웃소싱에 관한 설명으로 옳지 않은 것은?

① 물류활동을 효율화하기 위해 물류기능을 외부의 전문업체에 위탁하는 것이다.
② 기업 핵심정보의 유출가능성이 있으며 사내에 물류전문지식의 축적이 어려울 수 있다.
③ 유연성이 있는 고용형태와 급여체계 실현이 가능하다.
④ 주요 대상영역은 주문접수 및 처리, 고객서비스관리, 재고관리 분야이다.
⑤ 고객불만에 대한 신속한 대처능력이 저하될 수 있다.

022 제3자 물류(3PL) 활용을 위한 물류 아웃소싱에 관한 설명으로 옳지 않은 것은?

① 아웃소싱업체에 대하여 적극적이고 직접적인 지휘통제체계 구축이 필요하다.
② 화주기업은 물류 아웃소싱을 통하여 핵심역량에 집중할 수 있어서 기업경쟁력 제고에 유리하다.
③ 화주기업은 고객불문에 대한 신속한 대처가 곤란하고 사내에 물류전문지식 축적의 어려움을 겪을 수 있다.
④ 화주기업은 물류 아웃소싱 이전에 자사의 물류비 현황을 정확히 파악하는 것이 중요하다.
⑤ 물류 아웃소싱의 주된 목적과 전략은 조직 전체의 전략과 일관성을 유지해야 한다.

023 크로스 도킹(Cross – docking)에 관한 설명으로 옳지 않은 것은?

① 미국의 K마트에서 최초로 개발하고 실행하여 성공을 거둔 공급망 관리기법이다.
② 크로스 도킹은 주문한 제품이 물류센터에서 재분류되어서 각각의 점포로 즉시 배송되어야 하는 신선식품의 경우에 보다 적합하다.
③ 크로스 도킹시스템이 도입되면 물류센터는 보관거점의 기능에서 탈피할 수 있다.
④ EDI, 바코드, RFID 등과 같은 정보기술의 활용을 통해 크로스 도킹시스템은 보다 효과적으로 실현될 수 있다.
⑤ 크로스 도킹을 통해 물류센터에서 제품이 머무르는 시간을 감소시킬 수 있는 장점이 있다.

024 기업물류, 환경변화의 하나인 대량고객화에 대한 설명으로 옳은 것은?

① 다품종 대량생산　　　　　　　② 다품종 소량생산
③ 저원가 고비용 생산　　　　　　④ 소품종 대량생산
⑤ 소품종 소량생산

025 채찍효과에 관한 설명으로 옳지 않은 것은?

① 시장에서의 수요정보가 왜곡되는 현상을 말한다.
② 채찍효과가 발생하는 이유 중의 하나는 수요예측이 소비자의 실제 수요에 기반하지 않고 거래선의 주문량에 근거하여 이루어지기 때문이다.
③ 일괄주문(Batch order)은 수요의 왜곡현상을 발생시키고 채찍효과를 유발할 수 있다.
④ 공급망 전반에 걸쳐 수요정보를 중앙집중화하고 상호 공유한다면 채찍효과를 줄일 수 있다.
⑤ 공급망 내 각 주체 간의 전략적 파트너십보다는 단순 계약관계의 구축이 채찍효과 감소에 도움이 된다.

026 ECR(Efficient Consumer Response)의 주요 전략요소에 해당되지 않는 것은?

① 효율적인 반품관리　　　　　　② 효율적인 매장진열관리
③ 효율적인 재고보충　　　　　　④ 효율적인 판매촉진
⑤ 효율적인 신제품 도입 및 소개

027 공급사슬의 활동을 계획, 구매, 제조, 배송, 반품의 범주로 구분하여 활동주체들의 업무 프로세스 연계 정도를 분석하는 것은?

① BSC(Balanced Score Card)
② CMI(Co-Managed Inventory)
③ TQM(Total Quality Management)
④ EVA(Economic Value Added)
⑤ SCOR(Supply Chain Operations Reference)

028 최근 글로벌 물류환경의 변화에 해당하지 않는 것은?

① 국제물류수요의 증가
② 물류기업의 M&A 및 전략적 제휴확산
③ 인터넷, 모바일, RFID 등 IT기술의 급격한 발전
④ 기업 간 경쟁으로 물류 아웃소싱 감소
⑤ 유엔 기후변화협약 '발리로드맵' 채택에 따른 친환경 물류활동 증가

029 친환경 녹색물류에 관한 설명으로 옳지 않은 것은?

① 녹색물류 활동을 통한 비용절감이 가능하며, 기업의 사회적 이미지가 제고된다.
② 순물류 및 역물류 상의 과정에서 발생하는 환경오염을 감소시키기 위한 제반 물류활동을 의미한다.
③ 우리나라에서는 폐기물을 다량 발생시키고 있는 생산자에게 폐기물을 감량 및 회수하고, 재활용할 의무를 부여하는 생산자책임 재활용제도를 운영하고 있다.
④ 기업에서는 비용과 서비스에 상관없이 환경을 고려한 물류시스템을 도입해야 한다.
⑤ 물류활동을 통하여 발생되는 제품 및 포장재의 감량과 폐기물의 발생을 최소화하는 방법 등을 말한다.

030 소매업 발전에 관한 이론 중 다음의 설명에 적합한 이론은?

> ㉠ 하버드 대학의 맥나이어 교수가 미국과 영국의 소매업 발전과정을 분석하여 증명한 이론이다.
> ㉡ 소매기관들은 처음에는 혁신적인 형태에서 출발하여 성장하다가 새로운 개념으로 등장한 신업태에게 그 자리를 양보하고 사라진다.
> ㉢ 진입단계 성장단계 쇠퇴단계의 세 단계로 구성된다.
> ㉣ 근래에 등장한 새로운 업태인 대형할인점, 카테고리킬러 등의 소매시장 진입을 효과적으로 설명하지만 가격만을 소매업 변천의 주원인으로 본다는 한계가 있다.

① 소매 수레바퀴이론
② 소매 아코디언이론
③ 변증법 이론
④ 소매 수명주기이론
⑤ 소매 균등발전이론

031 유통경로 내에서 존재하는 경로흐름 중 경로흐름의 방향이 전방기능흐름인 기능은?

① 소유기능
② 협상기능
③ 자금조달기능
④ 위험부담기능
⑤ 금융기능

032 다음 중 최적의 고객서비스 수준은 몇 %인지 고르시오.

매출액	물류비용	고객서비스(%)
1,000	100	60
1,100	150	70
1,200	200	80
1,300	250	90
1,400	500	95

① 60
② 70
③ 80
④ 90
⑤ 95

033

다음에서 설명하는 물류합리화 기법으로 올바른 것은?

⊙ 고객만족을 추구하는 상품과 서비스의 흐름 재설계
ⓒ 재로베이스에서 새로 시작
ⓒ 경쟁우위 확보와 전사적 최적화 도모

① Reengineering
② Restructuring
③ 제약이론
④ 공급망관리
⑤ JIT

034

다음에서 설명하는 개념으로 옳은 것은?

⊙ 공시된 회계자료에 의해 산출되는 물류비는 '판매비 및 일반관리비' 항목에 여러 물류비가 혼입되어
있다. 운송비 및 판매비는 판매비, 물류정보비는 일반관리비 등에 포함되어 있어 사실상 포괄손익계
산서에서 물류비를 모두 추출해보면 겉으로 보이는 것보다 훨씬 많은 물류비를 발견하게 된다.
ⓒ 물류비를 계산하는 기업에서도 자사의 물류활동에 소요되는 비용을 물류비용으로 파악하지 않고 물류
아웃소싱 기업에 위탁한 비용만을 물류비로 계산하기 때문에 물류비의 크기는 적게 나타날 수 있다.

① 물류과포화설
② 물류빙산설
③ 물류비 직접부과의 원칙
④ 물류비 관련성의 원칙
⑤ 물류비 예외관리의 원칙

035

다음 중 자가물류비에 속하지 않는 것은?

① 재료비
② 노무비
③ 입고료 및 출고료
④ 경비
⑤ 이자

036 물류정보시스템 구축전략의 단계별 순서로 올바른 것은?

> ⊙ 시스템 운영에서 나타나는 문제점을 분석 관리하고, 시스템에서 발생하는 정보를 데이터베이스화하여 각 단계에서 구축수단을 제공하는 툴로 이용한다.
> ⓒ 최고경영자의 확고한 의지로 구성원에게 시스템의 중요성을 인식시키고, 관련 기업 간의 시스템 통합을 추진해야 한다.
> ⓒ 소스 마킹을 통한 제품코드의 표준화로 시스템을 통합하고, 전용선을 이용한 통신망 구축으로 정보를 적시적소에 제공하며, 바코드를 이용하여 정보리드타임을 감소시킬 수 있다.
> ② 물류정보시스템 분야의 인력확보를 위한 교육이 필요하고, 중역정보시스템을 이용하여 정보의 재가공 문제를 해결할 수 있다.
> ⑩ 물류시스템의 장기적 구축전략과 최고경영자의 프로젝트에 대한 계속적인 관심이 필요하며, 정보기술의 선택에 대한 전략수립이 요구된다.

① ②-⑩-⊙-ⓒ-ⓒ
② ②-⑩-ⓒ-ⓒ-⊙
③ ⑩-②-ⓒ-ⓒ-⊙
④ ⑩-ⓒ-ⓒ-②-⊙
⑤ ⑩-②-ⓒ-ⓒ-⊙

037 다음 표에서 설명하고 있는 코드의 종류로서 올바른 것은?

> 미국의 택배회사인 UPS사가 고객서비스를 향상시키고 내부물류관리 효율성을 증대시키기 위해 개발한 매트릭스형 코드로 운송 및 추적관리에 필요한 대용량의 데이터를 좁은 영역에 표현할 수 있는 특징을 가지고 있다.

① Maxi Code
② PDF-417
③ QR Code
④ Data Matrix
⑤ ISBN

038 라인과 스태프형 조직에 대한 설명으로 옳지 않은 것은?

① 스태프가 물류현장에 대한 충분한 이해 없이 계획을 수립하는 경우 문제점이 야기될 수 있다.
② 라인은 스태프로부터 조언을 받는 관계이다.
③ 라인활동은 제품 또는 서비스의 생산과 판매활동에 상당한 영향을 미친다.
④ 라인은 재고 및 비용분석, 물류계획 등을 담당하고, 스태프는 수주처리, 정보처리, 운송, 포장, 보관 등의 업무를 담당한다.
⑤ 라인과 스태프를 분리함으로써 실시기능과 지원기능을 명확히 구별한다.

039

기업은 제품이나 서비스의 형태, 시간, 장소, 소유가치를 창출하는 활동을 수행하는데, 이 중 물류와 가장 관계가 깊은 것은?

① 형태, 시간
② 시간, 장소
③ 장소, 소유
④ 소유, 형태
⑤ 시간, 소유

040

유통경로에 대한 역할로 올바르지 않은 것은?

① 제품구색의 불일치 조정
② 거래 정형화
③ 상품정보제공
④ 중간상 재고부담 감소
⑤ 거래효율성 증가

제2과목	화물운송론

041

물류보안 및 안전에 관한 설명으로 옳지 않은 것은?

① CSI는 미국으로 운송되는 모든 수출화물에 대해 선적지에서 선적 24시간 전까지 미국세관에 적하목록 제출을 의무화하는 규정이다.
② C-TPAT은 미국 CBP가 도입한 반테러 민관 파트너십제도이다.
③ ADR은 각국 정부와 항만관리당국, 선사들이 갖춰야 할 보안 관련 조건들을 명시한 국제해상 보안규약이다.
④ 위험물컨테이너점검제도는 위험물의 적재, 수납, 표찰 등에 관한 국제규정인 국제해상위험물 규칙(IMDG Code)의 준수 여부를 점검하고, 위험물 운송 중 사고를 예방하기 위한 제도이다.
⑤ 항만보안법은 컨테이너를 통해 이동하는 WMD 등 위험화물을 사전에 통제하는 데 필요한 거의 모든 조치가 포함되어 있다.

042 운송수단과 그 특징으로 옳게 짝지어진 것은?

> ㉠ 대량화물 운송에 적합하다.
> ㉡ 일관운송이 용이하다.
> ㉢ 원거리 운송에 유리하다.
> ㉣ 단거리 운송에 유리하다.
> ㉤ 중량에 제한을 많이 받지 않는다.

① 선박 : ㉠, ㉢, ㉤
② 철도 : ㉡, ㉢, ㉤
③ 항공기 : ㉠, ㉡, ㉢, ㉣, ㉤
④ 화물차 : ㉡, ㉣, ㉤
⑤ 파이프라인 : ㉠, ㉢, ㉣

043 화물자동차 운송의 원가항목 중 고정비에 해당하는 것은?

① 차량 수리비
② 차량 감가상각비
③ 차량 타이어비
④ 차량 연료비
⑤ 고속도로 통행비

044 물류거점시설에 관한 설명으로 옳지 않은 것은?

① ICD(Inland Container Depot)는 내륙에 설치된 통관기지로서 수출입화물의 통관, 컨테이너의 보관, 철도연계운송 및 하역, 포장 등의 기능을 수행하고 있다.
② 철도, CY(Container Yard)는 철도운송과 관련된 화물처리시설로서 컨테이너를 효율적으로 배치, 회수, 보관하기 위하여 운영되고 있다.
③ 국내 복합물류터미널은 군포, 양산 등에서 운영하고 있다.
④ 일반물류터미널에는 화물취급장, 보관시설, 관리용 건물, 주차장 등의 시설이 입지한다.
⑤ 물류터미널의 범주에 속하지 않는 집배송센터 및 공동집배송단지는 복합물류터미널 기능의 강화로 그 필요성이 점차 약화되고 있다.

045 기존의 도로(공로) 중심의 운송체계를 철도 및 연안운송 등으로 전환하는 것을 뜻하는 용어는?

① 3PL(3rd Party Logistics)

② ITS(Inteligent Transport System)

③ 통합물류서비스(Integrated Logistics Service)

④ 모달시프트(Modal Shift)

⑤ LCL(Less than Container Load)

046 우리나라 공로수배송의 효율화 방안으로 옳지 않은 것은?

① 공로수배송의 효율성을 제고하기 위해서는 육, 해, 공을 연계한 공로수배송 시스템을 구축하여야 한다.

② 종합물류정보시스템을 구축하여 공로수배송의 시스템화를 기할 수 있도록 지원하여야 한다.

③ 공로, 철도, 연안운송, 항공운송 등이 적절한 역할분담을 할 수 있도록 지원하여야 한다.

④ 영세한 화물자동차 운송업체의 소형 전문화를 통해 범위의 경제를 실현할 수 있는 기반을 조성하여야 한다.

⑤ 업무영역 조정, 요금책정의 자율화 등 시장경제의 원리에 입각한 자율경영기반 구축을 지원하여야 한다.

047 다음 중 택배표준약관상 택배사업자의 운송물 수탁에서 인도까지 관련 행위에 대한 설명으로 옳지 않은 것은?

① 고객이 운송장에 운송물의 가액을 기재하지 않으면 사업자는 손해배상한도액이 적용됨을 운송장에 명시할 수 있다.

② 운임의 청구에 대하여 고객과의 합의에 따라 운송물의 인도 시 수화인에게 수취할 수 있다.

③ 사업자는 운송물의 포장이 운송에 적합하지 아니할 때에 적합한 포장을 하도록 청구하거나 고객의 승낙을 얻어 고객의 부담으로 필요한 포장을 할 수 있다.

④ 택배사업자는 다른 운송업자와 협정체결 등으로 공동으로 운송하거나 다른 사업자의 운송수단을 이용하여 수탁화물을 운송해서는 아니 된다.

⑤ 운송물이 재생 불가능한 계약서, 설계도면과 같은 경우 수탁을 거절할 수 있다.

048

(주)태백식품에서는 우동을 생산하여 전국 대리점 또는 영업소에 매일 수송하고 있다. 자체 차량은 8톤 트럭 2대를 보유하고 있으며 부족한 차량은 외주(제3자 물류)에 의존하고 있다. 다음 운송조건에서 자체 차량을 제외한 매일 평균 용차(외주) 대수는 몇 대인가?

> - 출발지 : 강원도 원주
> - 월평균 수송량 : 라면 2,400,000박스
> - 8톤 트럭 평균 적재량 : 4,000박스
> - 외주차량은 연간 계약된 물류회사 차량을 이용
> - 도착지 : 대전, 천안지역
> - 공장에서 해당 도착지 차량가동횟수 : 1일 평균 2회전
> - 차량 월평균 가동일수 : 20일

① 13대　　　　　　　　　　② 14대
③ 15대　　　　　　　　　　④ 16대
⑤ 20대

049

Hub&Spokes 시스템의 특징에 해당되지 않는 것은?

① 노선의 수가 적어 운송의 효율성이 높아진다.
② 허브터미널의 수가 증가한다.
③ 10개의 노드(node)가 있을 경우, Hub&Spokes 시스템을 채택할 경우 9개의 링크가 발생한다.
④ 전체적인 터미널 작업인력이 감소한다.
⑤ Hub & Spokes 시스템은 해상운송, 항공운송 및 육상운송 모두에 적용될 수 있다.

050

개인차주 K씨는 적재정량 12톤 차량을 1대 보유하여 운행하고 있다. 1주일 동안 운행한 실적을 조사했더니 다음과 같다. 이때 평균적재효율은 얼마인가?

구분	주행거리(km)	적재량(ton)
1일차	150	7
2일차	200	8
3일차	100	4
4일차	300	10
5일차	300	10
6일차	100	7
7일차	150	5

① 67.3%　　　　　　　　　　② 67.5%
③ 67.7%　　　　　　　　　　④ 67.9%
⑤ 68.1%

051 물류의 효율성을 평가하는 지표 중 화물자동차의 적재능력 및 총운행거리에 대한 통행당 톤 ×km의 합의 비율은 어떤 항목에 해당하는가?

① 평균적재율
② 적재효율
③ 적재통행률
④ 적재시간율
⑤ 적재거리율

052 1일 이상 소요되는 운송이나 도시순회운송에서 일정시간 동안 운행 후에 운전원을 교대하여 차량을 계속 운행시킴으로써 차량의 가동시간을 최대화하고 화물의 인도를 신속하게 하는 운송시스템은?

① 왕복운송시스템
② 셔틀운송시스템
③ 환경운송시스템
④ 릴레이식 운송시스템
⑤ 중간환승 시스템

053 다음은 어떠한 공동 수배송 시스템에 관한 설명인가?

> 정시루트 배송시스템으로 집배구역 내에서 차량의 효율적인 이용을 도모하기 위해 배송처의 거리, 수량, 지정시간, 도로상황 등을 감안하여 여러 곳의 배송처를 묶어서 정시에 정해진 루트로 배송하는 형태이다.

① 다이어그램(Diagram) 배송 시스템
② 스왑보디(Swap body) 시스템
③ 혼합배송 시스템
④ 납품대행 시스템
⑤ 크로스 도킹(Cross-docking) 시스템

054 화물자동차의 운영효율성 지표에 관한 설명으로 옳지 않은 것은?

① 회전율＝총운송량÷평균적재량
② 복화율＝귀로 시 영차운행횟수÷왕복운행횟수
③ 실차율＝적재거리÷총운행거리
④ 가동률＝실제가동일÷목표가동일
⑤ 총운행적재율＝(총운송량÷운행횟수)÷차량적재정량

055 효율적인 수배송설계를 위한 고려요소에 해당하지 않는 것은?

① 지정된 시간 내 목적지에 정확한 배송계획
② 최대 주문단위제 등을 이용한 수배송수요 안정화 계획
③ 적절한 유통재고량 유지를 위한 다이어그램(Diagram) 배송 등 수송계획
④ 수주에서 출하까지의 작업표준화 및 효율화계획
⑤ 총물류비용 최소화 관점에서 배송센터 입지 및 배송계획

056 택배 간선운송 중 허브 앤 스포크(Hub&Spoke) 시스템의 특징이 아닌 것은?

① 노선의 수가 적어 운송의 효율성이 높아진다.
② 집배센터에 배달물량이 집중되므로 충분한 상하차 여건을 갖추지 않으면 배송지연이 발생할 수 있다.
③ 모든 노선이 허브를 중심으로 구축된다.
④ 셔틀노선의 증편이 용이하여 영업소의 확대에 유리하다.
⑤ 대형의 분류능력을 갖는 허브터미널이 필요하다.

057 수송수요 분석모형의 화물발생량 예측단계에서 사용하는 기법이 아닌 것은?

① 통행교차모형(Trip-interchange Model)
② 회귀분석법(Regression Model)
③ 원단위법(Trip Rate Method)
④ 카테고리분석법(Category Method)
⑤ 성장률법(Growth Rate Method)

058 국내의 철도운송에 관한 설명으로 옳지 않은 것은?

① 철도에 의한 정부 간 컨테이너 화물운송은 주로 야간에 이루어진다.
② 철도운송은 시간의 절감과 수송력 재고를 위해 Block Train과 Double Stack Train을 운행하고 있다.
③ 철도노선의 궤간은 폭에 따라 표준궤, 광궤, 협궤 등으로 구분되며, 이 중 우리나라에서는 표준궤를 이용하고 있다.
④ 정부 간 컨테이너 철도운송을 위해 의왕과 양산에 내륙 컨테이너기지를 두고 있다.
⑤ 국내 화물운송시장에서 철도운송은 도로운송에 비하여 수송분담률이 낮다.

059 국내 철도화물의 운임체계에 관한 설명으로 옳지 않은 것은?

① 운송거리(km) × 운임률(운임/km) × 화물중량(톤)으로 산정한다.
② 일반화물의 최저 기본운임은 화차표기하중톤수 100km에 해당하는 운임으로 한다.
③ 1km 미만의 거리와 1톤 미만의 일반화물은 실제 거리와 중량으로 계산한다.
④ 화물중량이 1량의 최저중량에 미달된 경우, 별도로 정한 중량을 적용한다.
⑤ 컨테이너화물의 최저 기본운임은 규격별 컨테이너의 100km에 해당하는 운임으로 한다.

060 카페리의 특징에 관한 설명으로 옳지 않은 것은?

① 생동물, 과일, 생선 등을 산지로부터 신속하게 직송하여 화물을 유통시킨다.
② 육상의 도로혼잡을 감소시킨다.
③ 상·하역비를 절감할 수 있다.
④ 컨테이너선에 비해 운임수준이 다소 낮아 매우 경제적인 운송수단이다.
⑤ 불특정 다수를 대상으로 사람과 화물을 동시에 운송할 수 있다.

061 항공운임요율에 관한 설명으로 옳은 것을 모두 고른 것은?

> ⊙ 품목분류요율은 모든 품목에 적용되는 할인 및 할증요율이다.
> ⓒ 기본요율은 화물 1건당 45kg 미만의 화물운송에 적용되는 요율이다.
> ⓒ 중량단계별 할인요율은 중량이 낮아짐에 따라 요율을 낮게 적용하는 요율이다.
> ⓔ 특정 품목할인요율은 항공운송을 이용할 가능성이 높은 품목에 대하여 낮은 요율을 적용하는 요율이다.

① ⊙, ⓒ   ② ⊙, ⓒ
③ ⓒ, ⓒ   ④ ⓒ, ⓔ
⑤ ⓒ, ⓔ

062 항공운임에 관한 설명으로 옳지 않은 것은?

① 일반화물요율(GCR)은 최저운임, 기본요율, 중량단계별 할증요율로 구성된다.

② 특정품목할인요율(SCR)은 주로 해상운송화물을 항공운송으로 유치하기 위해 설정된 요율이다.

③ 종가운임(Valuation Charge)은 항공화물운송장에 화물의 실제가격이 기재된 경우에 부과된다.

④ 종가운임이 부과되면 항공운송인의 책임제한이 적용되지 않고 화주는 항공화물운송장에 기재된 가격 전액을 배상받을 수 있다.

⑤ 단위탑재용기운임(BUC)은 파렛트 또는 컨테이너 단위로 부과된다.

063 항공운송에 가장 적합한 화물은?

① 대량화물　　　　　　　　　　　② 저가화물

③ 원자재 혹은 반제품　　　　　　④ 신속배송을 요구하는 고가의 화물

⑤ 부피에 비해 무거운 화물

064 항공화물운송에 관한 설명으로 옳은 것은?

① 항공화물운송은 여객운송에 비해 일방성(Directional Imbalance)이 적은 특성을 가지고 있다.

② 전 세계 항공화물 포워더의 이익을 보호하고, 대표하는 단체는 ICAO이다.

③ 항공사가 포워더에게 발행하는 운송장을 HAWB이라 한다.

④ 운임산출시 근거로 한 운송경로는 실제의 화물운송경로와 반드시 일치할 필요는 없다.

⑤ 항공화물의 파손 및 손상에 대한 클레임은 화물인수 후 7일 이내에 서면으로 해야 한다.

065 다음은 항공화물의 운송절차 중 일부이다. 수출운송절차의 순서로 옳은 것은?

> ⊙ 운송장 접수　　　　　　　　ⓒ 화물반입 및 접수
> ⓒ 장치통관　　　　　　　　　　ⓔ 적재
> ⓜ 탑재

① ⊙－ⓒ－ⓒ－ⓔ－ⓜ　　　　　② ⊙－ⓒ－ⓒ－ⓜ－ⓔ
③ ⊙－ⓒ－ⓔ－ⓒ－ⓜ　　　　　④ ⓒ－⊙－ⓒ－ⓔ－ⓜ
⑤ ⓒ－⊙－ⓔ－ⓒ－ⓜ

066 항공운송의 전세운송(charter)에 관한 설명으로 옳지 않은 것은?

① 전세운송은 IATA 운임(tariff)에 상관없이 화물, 기종 등에 따라 다양하게 결정된다.
② 전세운송은 항공사에 대해서도 항공기 가동률을 높이는 데 큰 역할을 한다.
③ 전세운송을 위해서는 필요한 조치가 많다는 점과 상대국의 규정을 감안하여 시간적 여유를 두고 항공사와 협의해야 한다.
④ 항공사는 전세운송을 할 때 중간 기착지에 대해서도 해당 국가의 허락을 얻어야 한다.
⑤ 전세자가 사용하고 남은 공간은 전세자의 동의에 상관없이 누구도 사용할 수 없다.

067 다음은 LCL(Less－than Container Load) 화물의 수출흐름에 대하여 설명한 것이다. 수출의 순서를 차례대로 옳게 나열한 것은?

> 가. FCL(Full Container Load) 화물과 동일한 절차를 수행한다.
> 나. 내륙 데포(Depot)에 도착한 후 화물을 행선지별로 분류하여 공컨테이너에 적입한다.
> 다. 트럭회사는 CFS(Container Freight Station) 또는 내륙 데포까지 일반트럭이나 트레일러로 운송한다.
> 라. 트럭회사는 화주와의 운송계약에 따라 발송지에서 화물을 싣는다.
> 마. 화주로부터 CFS나 내륙 데포까지 운송주문을 접수한다.

① 마 → 가 → 나 → 다 → 라
② 마 → 나 → 다 → 라 → 가
③ 마 → 다 → 라 → 가 → 나
④ 마 → 라 → 가 → 나 → 다
⑤ 마 → 라 → 다 → 나 → 가

068 컨테이너 화물에 관한 설명으로 옳지 않은 것은?

① FCL은 하나의 컨테이너에 만재되어 운송되는 화물을 의미한다.

② 컨테이너 하역시스템으로는 스트래들 캐리어방식, 트랜스테이너방식 등이 있다.

③ Feeder Charge는 FCL이 CY(off-dock CY 포함)에 반입되는 순간부터 반출될 때까지의 모든 비용을 말한다.

④ CFS 또는 CY로부터 화물 또는 컨테이너를 무료장치기간(Free Time) 내에 반출하지 않으면 보관료(Storage Charge)를 징수한다.

⑤ 20ft 컨테이너 1개를 1TEU라 하며, TEU를 컨테이너 물동량 산출단위로 이용한다.

069 컨테이너 한 개를 채울 수 없는 소량화물(LCL 화물)을 인수, 인도하고 보관하거나 컨테이너에 적입(Stuffing) 또는 적출(Unstuffing, Devanning) 작업을 하는 장소는?

① 컨테이너 야드(Container Yard)

② Container Transit Station

③ CFS(Container Freight Station)

④ 에이프런(Apron)

⑤ 보세창고

070 컨테이너 화물의 운송형태에 관한 설명으로 옳지 않은 것은?

① CY/CY 운송은 수출자의 공장에서 컨테이너를 만재한 상태에서 수입자의 창고까지 운송하는 형태를 말하며, Door-to-Door 운송이라고도 한다.

② CFS/CFS 운송은 주로 다수의 수출자와 다수의 수입자 간에 이용된다.

③ CY/CFS 운송은 하나의 수출자가 둘 이상의 수입자의 화물을 한 컨테이너에 적입한 경우에 이용된다.

④ CFS/CY 운송은 수입업자가 여러 송하인으로부터 물품을 수입할 때 주로 이용된다.

⑤ CFS/CFS 운송은 Pier-to-door 운송 또는 Seller's Consolidation이라고도 한다.

071 단위적재(Unit Load) 운송시스템에 관한 설명으로 옳지 않은 것은?

① 파렛트 시스템은 단거리 운송에 적합하고 컨테이너 시스템은 장거리 운송에 주로 이용되고 있다.

② 컨테이너 시스템은 수송용기로 개발되었기 때문에 수송수단 간의 중계를 원활하게 해주나 일관운송이 가능하지 않다.

③ 파렛트 시스템은 일반적으로 정육면체 또는 직육면체의 화물을 적재하기는 편리하지만, 분립체나 액체화물의 경우에는 적재가 곤란하다.

④ 컨테이너 시스템은 장척화물이나 초과중량화물 등과 같이 컨테이너에 적입하기 곤란한 화물을 제외하고는 거의 모든 화물을 적입하여 운송할 수 있다.

⑤ 파렛트 시스템은 파렛트 운송 및 하역에 필요한 기기인 포크리프트, 파렛트 로더, 승강장치 등이 필요하다.

072 유닛로드 시스템에 관한 설명으로 옳은 것을 모두 고른 것은?

> ㉠ 기업의 특정 기능을 외부의 전문사업자로 하여금 수행하게 하는 시스템이다.
> ㉡ 하역 및 운반의 단위적재를 통하여 운송의 합리화를 추구하는 시스템이다.
> ㉢ 화물을 일정한 표준의 중량과 용적으로 단위화시키는 시스템이다.
> ㉣ 화물의 현재 위치나 상태 및 화물이 이동한 경로를 파악할 수 있는 시스템이다.

① ㉠, ㉡　　　　　　　　　　② ㉠, ㉢

③ ㉡, ㉢　　　　　　　　　　④ ㉡, ㉣

⑤ ㉢, ㉣

073 정기선 해운에 관한 설명으로 옳지 않은 것은?

① 해상의 특정 항로에서 정해진 운항계획에 따라 예정된 항구를 규칙적으로 반복 운항하는 운송을 의미한다.

② 정기선 운송인을 전용운송인 또는 계약운송인이라고도 한다.

③ 불특정 다수의 일반화물운송에 이용되며 선적화물은 다수의 개별화물로 구성된다.

④ 정기선 화물은 일반적으로 부정기선 화물에 비하여 고가이기 때문에 운임 부담력이 높다.

⑤ 화물의 종류, 수량에 관계없이 표준화된 계약인 선하증권을 사용한다.

074 선박에 관한 설명으로 옳지 않은 것은?

① 선박은 크게 선체(hull), 기관(engine), 기기(machinery)로 구성되어 있다.
② 흘수란 수면에서 선저의 최저부까지의 수직거리로서, 건현의 반대 개념이다.
③ 형폭은 선체의 제일 넓은 부분에서 추정한 프레임의 외판에서 외판까지의 수평거리를 의미한다.
④ 격벽은 수밀과 강도 유지를 위해 선창 내부를 수직으로 분리하는 구조물을 의미한다.
⑤ 전장은 만재흘수선상의 선수수선으로부터 타주의 선미수선까지의 수평거리로 선박의 길이는 이것을 사용한다.

075 선박회사와 화주 간의 하역비를 부담하는 방식에 관한 설명으로 옳지 않은 것은?

① Liner Term은 화주가 선적비와 양하비 모두를 부담하는 방식이다.
② Free in Term은 선박회사가 양하비를, 화주는 선적비만을 부담하는 방식이다.
③ Free out Term은 선박회사가 선적비를, 화주는 양하비만을 부담하는 방식이다.
④ Free in/out Term은 화주가 선적비와 양하비 모두를 부담하는 방식이다.
⑤ Berth Term은 선박회사가 선적비와 양하비 모두를 부담하는 방식이다.

076 선박이 적재할 수 있는 화물의 최대중량을 의미하며 선박의 매매, 용선료 등의 기준이 되는 선박의 톤수는?

① 총톤수   ② 순톤수
③ 만재배수톤수   ④ 경화배수톤수
⑤ 재화중량톤수

077 부정기선 운임에 대한 설명으로 옳지 않은 것은?

① Spot 운임(Spot Rate) : 계약 직후 아주 짧은 기간 내에 선적이 개시될 수 있는 상황에서 지불되는 운임

② 선물운임(Forward Rate) : 용선계약으로부터 실제 적재시기까지 오랜 기간이 있는 조건의 운임으로 선주와 화주는 장래 시황을 예측하여 결정하는 운임

③ 일대용선운임(Daily Charter Freight) : 본선이 지정선적항에서 화물을 적재한 날로부터 기산하여 지정양륙항까지 운송한 후 화물인도 완료시점까지의 1일(24시간)당 용선요율을 정하여 부과하는 운임

④ 장기계약운임(Long Term Contract Freight) : 반복되는 항해에 의하여 화물을 운송하는 경우에 항해 수에 따라 기간이 약정되어 있는 운임

⑤ 선복운임(Lump Sum Freight) : 본선의 선복을 단위로 하여 포괄적으로 정해지는 운임

078 운송 관련 국제기구에 관한 설명으로 옳지 않은 것은?

① 국제해운연맹(ISF) : 선주들의 권익보호와 선주들에 대한 자문을 목적으로 각국의 선주협회들이 1919년 결성한 국제민간기구이다.

② 국제해법회(CMI) : UN경제사회이사회 산하의 경제위원회 중 하나이며, 아시아 횡단 철도망, 아시아횡단 고속도로망 등을 주요 추진사업으로 하고 있다.

③ 국제선급협회연합회(IACS) : 각국 선급협회의 공통목적을 달성하고자 상호 협력하고 여타 국제단체와의 협의를 위해 1968년에 결성되었다.

④ 국제해사기구(IMO) : 국제적 해사안전 및 해상오염 방지대책의 수립, 정부 간 해운 관련 차별조치의 철폐 등을 설립목적으로 한다.

⑤ 국제해운회의소(ICS) : 각국의 선주협회들이 선주들의 권익 옹호 및 상호 협조를 목적으로 1921년 런던에서 설립된 국제민간기구이다.

079 해상운임의 부대비용 중 Detention Charge에 해당하는 것은?

① 북미수출의 경우, 도착항에서 하역 및 터미널 작업비용을 해상운임과는 별도로 징수하는 것으로서 TEU당 부과하고 있다.

② 적하 또는 양하일수가 약정된 정박기간을 초과하는 경우, 초과일수에 대하여 용선자가 선주에게 지불하는 것으로 1일 또는 1톤당으로 지불하는 금액이다.

③ 화주가 무료사용 허용기간(Free Time)을 초과하여 컨테이너를 반환하지 않은 경우, 선박회사에게 지불하는 비용이다.

④ 화물이 CY에 입고된 순간부터 선측까지, 반대로 본선의 선측에서 CY의 게이트를 통과하기까지 화물의 이동에 따르는 비용을 말한다.

⑤ LCL 화물 운송 시에 선적지 및 도착지의 CFS에서 화물의 혼재 또는 분류작업을 할 때 발생하는 비용이다.

080 북서코너법(north – west corner method)과 보겔추정법(Vogel's approximation method)을 적용하여 총운송비용을 구할 때 각각의 방식에 따라 산출된 총운송비용의 차이는? (단, 공급지에서 수요지까지의 톤당 운송비는 각 셀의 우측 상단에 제시되어 있음)

공급지＼수요지	A	B	C	공급량
X	20	7	15	100
Y	42	13	28	150
Z	4	11	17	200
수요량	120	170	160	450

① 1,190,000원

② 1,370,000원

③ 2,560,000원

④ 2,830,000원

⑤ 2,920,000원

081 국제물류계획의 수립에 있어서 일반적인 전략이 아닌 것은?

① 물류시스템의 설계는 Trade−off 분석을 통한 총비용 개념으로 접근한다.
② 물류표준화와 공동화를 통하여 비용절감을 추구한다.
③ 물류아웃소싱을 지양하고 자가물류체계를 확대한다.
④ 단위운송비를 낮추기 위하여 수송단위의 대형화를 추구한다.
⑤ JIT물류는 고객서비스 수준을 고려하여 선택적으로 사용한다.

082 최근 물류 패러다임의 일반적인 변화 추세가 아닌 것은?

① 재고 과다형에서 재고 축소형으로의 변화
② 자가물류에서 제3자 물류로의 변화
③ 고투자, 자본집약형에서 저투자, 노동집약형으로의 변화
④ 독립, 개별물류에서 공동, 통합물류로의 변화
⑤ 국내물류관리에서 글로벌 SCM으로의 변화

083 상품이 생산국 창고에서 출하되어 특정경제권 내 물류거점 국가에 설치된 중앙창고로 수송된 다음, 각국의 자회사 창고나 고객 또는 유통경로의 다음 단계로 수송되는 국제물류시스템은?

① Direct System
② Transit System
③ Multi−country Warehouse System
④ Point to Point System
⑤ Class

084

무역계약 성립을 위한 유효한 승낙(Acceptance)이 되기 위하여 갖추어야 하는 요건으로 옳지 않은 것은?

① 승낙은 청약의 내용과 완전 일치해야 한다.
② 승낙의 내용은 절대적이고 무조건적이어야 한다.
③ 승낙은 약정된(Specified) 기간 내 또는 합리적인(Reasonable) 기간 내에 해야 한다.
④ 승낙의 내용은 상대방에게 약정된 형식으로 통지되어야 한다.
⑤ 피청약자 외에도 해당 무역계약과 관계있는 이해관계인 경우에는 승낙을 할 수 있다.

085

Incoterms의 CIF 조건에서 보험증권(Insurance policy)의 발급 시에 보험계약자는 누가 되는가?

① 수입상
② 수출상
③ 수출상 거래은행
④ 신용장 개설은행
⑤ 매입은행

086

다음 Incoterms에 대한 설명으로 옳지 않은 것은?

① Incoterms는 매매계약에 따른 계약의 위반과 계약당사자의 권리구제 등의 사항에 관하여는 다루지 아니한다.
② Incoterms는 그 자체가 국제적인 협약이나 조약과 같은 강제력을 갖는다.
③ Incoterms는 계약당사자들의 상호 합의에 따라 채택하여 적용할 수 있다.
④ Incoterms는 매매당사자의 권리, 의무관계를 규정하고 있다.
⑤ Incoterms는 2020년도에 제8차 개정이 되었으며, 현재 11가지 정형거래조건으로 구성되어 있다.

087

Incoterms 2020 각 조건 중 매도인이 수입통관절차를 밟아야 하는 것은?

① DPU
② CIP
③ EXW
④ DDP
⑤ FOB

088 다음 Incoterms 2020에서 정하는 무역거래조건은?

Two locations are important : the place or point (if any) at which the goods are delivered (for the transfer of risk) and the place or point agreed as the destination of the goods (as the point to which the seller promises to contract for carriage).

① CIF
③ CPT
⑤ DPU

② FOB
④ DDP

089 다음 Incoterms 2020에서 정하는 무역거래조건은?

(   ) means that the seller delivers the goods – and transfers risk – to the buyer when the goods are placed at the disposal of the buyer on the arriving means of transport ready for unloading at the named place of destination or at the agreed point within that place, if any such point is agreed.

① DAP
③ FOB
⑤ FCA

② DPU
④ EXW

090 Incoterms 2020에서 각 조건별로 규정된 비용의 이전시기로 옳지 않은 것은?

① EXW : 매도인의 구내에서 매수인의 임의처분 상태로 적치된 때
② FAS : 지정된 선적항에서 본선의 선측에 매수인의 임의처분하에 적치된 때
③ CFR : 지정된 도착항까지의 운임
④ CIP : 지정된 도착지까지의 운임
⑤ DAP : 도착지의 지정된 장소에서 운송수단상에서 매수인의 임의처분하에 적치된 때

091 신용장의 종류에 대한 설명으로 옳지 않은 것은?

① Transferable L/C란 신용장상에 'Transferable'이라는 문구가 있어 최초의 수익자가 신용장 금액의 전부 또는 일부를 제3자에게 양도할 수 있도록 허용하고 있는 신용장이다.

② Usance L/C란 신용장에 의해서 발행되는 어음이 지급인에게 제시되면 즉시 그 어음대금을 지급받을 수 있도록 한 신용장을 말한다.

③ Packing L/C란 개설은행이 매입은행으로 하여금 수출상에게 선적 전에 일정한 조건으로 수출대금을 전대할 수 있도록 수권하는 문언을 신용장상에 기재하고 그 선수금의 상환을 확약한 신용장이다.

④ Payment by Installment L/C란 지급기한이 서로 다른 복수의 환어음을 요구하여 수회에 걸쳐 분할하여 지급이 이루어지도록 하는 신용장을 말한다.

⑤ Confirmed L/C란 개설은행 이외의 제3의 은행이 수익자가 발행하는 환어음의 지급, 인수, 매입을 확약하고 있는 신용장을 말한다.

092 다음 해상보험에 관한 설명 중 옳지 않은 것은?

① Total Loss Only란 보험목적물이 전부 멸실 또는 손실되었을 경우에 한해서 담보책임을 지는 조건이다.

② Abandonment와 관련된 손해는 Constructive Total Loss이다.

③ 공동해손의 정산기준은 국제규칙인 York – Antwe게 Rules이다.

④ 신협회적하약관상 가장 제한적인 담보조건은 ICC(A) 조건이다.

⑤ 보험목적물이 실질적으로 멸실되었거나, 성질의 상실로 인한 가치가 완전히 상실되었을 경우 Actual Total Loss로 간주한다.

093 국제물류분쟁을 해결하는 방법 중 상사중재에 관한 설명으로 옳은 것은?

① 뉴욕협약에 가입된 국가 간에는 중재판정의 승인 및 집행을 보장받는다.

② 중재는 2심, 3심에서 항소, 상고가 가능하다.

③ 중재는 원칙적으로 공개적으로 진행된다.

④ 중재는 법원의 확정판결과 동일한 효력이 없다.

⑤ 중재는 소송에 비해 분쟁해결에 시간과 비용이 많이 든다.

094 다음 중 선박이 정박하여 하역작업 개시일부터 종료일까지 일요일이나 공휴일을 모두 포함한 일수를 정박기간으로 계산함으로써 용선자에게 가장 불리한 조건은?

① WWD SHEX unless used　　② Running Laydays
③ WWD SHEX　　④ WWD
⑤ CQD

095 "International Convention for the Unification of certain Rules of Law Relating to Bills of Lading"(일명 선하증권통일조약)으로서 1924년 8월에 체결된 국제조약은?

① 하터법(Hater Act)
② 헤이그 규칙(Hague Rules)
③ 바르샤바 조약(Warsaw Convention)
④ 함부르크 규칙(Hamburg Rules)
⑤ 헤이그－비스비 규칙(Hague－Visby Rules)

096 양륙지에서 선사 또는 대리점이 수하인으로부터 선하증권 또는 보증장을 받고 본선 또는 터미널(CY 또는 CFS)에 화물인도를 지시하는 서류는?

① Container Load Plan　　② Tally Sheet
③ Equipment Receipt　　④ Dock Receipt
⑤ Delivery Order

097 운송서류의 정당한 수하인에 관한 설명으로 옳지 않은 것은?

① 지시식 선하증권 중 "to order"로 발행된 경우 신용장 매입은행이 배서한 선하증권 원본 소지인
② 기명식 선하증권으로 발행된 경우 consignee란에 기재되어 있는 자
③ 지시식 선하증권 중 "to order of shipper"로 발행된 경우 shipper가 배서한 선하증권 원본 소지인
④ 지시식 선하증권 중 "to the order of D bank"로 발행된 경우 D은행이 지시한 자
⑤ 지시식 선하증권 중 "to the order of ABC"로 발행된 경우 ABC가 배서한 선하증권 원본 소지인

098 항공화물운송에 관한 설명으로 옳은 것은?

① 혼합화물(Mixed cargo)은 House air waybill에 의하여 각 품목마다 각기 다른 요율이 적용되는 성질을 가진 여러 가지 품목들로 구성된 화물을 말한다.
② 항공화물 혼재업자는 자체의 운임표가 없어 항공사의 운임표를 사용한다.
③ 혼합화물에는 중량에 의한 할인요율이 적용될 수 없다.
④ 혼재화물 운송 시 혼재업자가 송하인으로 명시되지 않아도 된다.
⑤ 혼재화물 운송 시 Master air waybill 상에서 출발지의 혼재업자가 송하인이 되고 도착지의 혼재업자가 수하인이 된다.

099 항공화물운임에 관한 설명으로 옳지 않은 것은?

① 요율의 적용시점은 항공화물운송장 발행일로 한다.
② 항공화물의 요율은 공항에서 공항까지의 운송구간만을 대상으로 한다.
③ 운임의 기준통화는 도착지 국가의 현지통화로 설정되는 것이 원칙이나 많은 국가에서 미국달러로 요율을 설정하고 있다.
④ 미국 출발 화물의 중량요율(Weight rate)은 파운드당 요율로 표시할 수 있다.
⑤ 운임산출에 적용한 경로대로 수송하지 않아도 운임의 변동은 없다.

100 IATA의 Dangerous Goods Regulation(DGR)에서 규정하고 있는 위험품목이 아닌 것은?

① Flammable gases(발화성 가스)
② Oxidizing substances(산화성 물질)
③ Corrosives(부식성 물질)
④ Perishable cargo(부패성 화물)
⑤ Radioacitve materials(방사성 물질)

101 다음 중 UNCTAD/ICC 복합운송증권규칙에 대한 내용으로 옳지 않은 것은?

① 본 규칙은 단일운송 또는 복합운송의 여부와 무관하게 운송계약에 적용할 수 있다.

② 운송인의 반증책임을 전제로 한 과실책임원칙과 함께 변형통합책임체계를 채택하였다.

③ 운송인은 사용인의 항해과실 및 본선 관리상의 과실, 고의 또는 과실에 의한 화재가 아닌 경우 면책이지만 감항성 결여는 예외 없이 귀책사유이다.

④ 화물인도 후 9개월 내에 소송이 제기되지 않으면 운송인은 모든 책임을 면한다.

⑤ 운송인의 예상가능한 손해에 대한 작위 및 부작위에 대해서는 책임제한의 혜택이 박탈된다.

102 Incoterms의 CIF 조건에서 보험증권(Insurance policy)의 발급 시에 보험계약자는 누가 되는가?

① 수입상
② 수출상
③ 수출상 거래은행
④ 신용장 개설은행
⑤ 매입은행

103 NVOCC에 관한 설명으로 옳은 것을 모두 고른 것은?

> ㉠ 운송수단을 보유한 선박운송인이다.
> ㉡ VOCC에 대해서는 화주의 입장이 된다.
> ㉢ 화주에 대해서는 운송인의 기능을 수행한다.

① ㉠
② ㉡
③ ㉠, ㉡
④ ㉠, ㉢
⑤ ㉡, ㉢

104 철도역 컨테이너 하역방식에 대한 설명 중 옳지 않은 것은?

① TOFC는 피기백방식, 캥거루 방식, 프레이트 라이너 등으로 구분할 수 있다.

② TOFC 방식은 컨테이너를 실은 트레일러를 화차 위에 적재하는 방식이다.

③ COFC 방식은 별도의 하역기기를 필요로 한다.

④ COFC 방식은 화차 위에 컨테이너만을 적재하는 방식이다.

⑤ COFC 방식은 TOFC 방식보다 일반화되어 있지 않다.

105 연안운송의 장점으로 옳지 않은 것은?

① 운송 신속성
② 운송비 절감
③ 공로의 혼잡
④ 대량화물 국내운송에 적합성
⑤ 에너지 절약

106 항공운송에서 사용하는 탑재용기(ULD)가 아닌 것은?

① High Loader
② GOH(Garment On Hanger)
③ Igloo
④ Certified Aircraft Containers
⑤ Pallet

107 신용장통일규칙(UCP 600)에서의 일자 해석기준에 대한 설명으로 옳지 않은 것은?

① first half, second half는 각각 해당 월의 1일부터 15일까지, 16일부터 말일까지로 해석되며, 양쪽 일자가 포함된다.
② from 및 after가 환어음의 만기일을 결정하기 위하여 사용된 경우에는 언급된 일자를 제외하여 계산한다.
③ before 및 after가 선적기간을 결정하기 위하여 사용되는 경우에는 언급된 일자를 제외한다.
④ first half, second half는 각각 해당 월의 1일부터 15일까지, 16일부터 말일까지로 해석되며, 양쪽 일자가 포함된다.
⑤ on or about은 '당해 일자 또는 그때쯤'이라는 뜻으로서, 초일 및 종료일을 제외하여 당해 일자의 5일 전부터 5일 후까지의 기간을 의미한다.

108 해상손해의 종류 중 물적손해로만 묶인 것으로 옳은 것은?

㉠ 구조비	㉡ 현실전손
㉢ 추정전손	㉣ 손해방지비용
㉤ 단독해손	㉥ 특별비용
㉦ 공동해손	

① ㉠, ㉣, ㉦
② ㉡, ㉤, ㉦
③ ㉢, ㉣, ㉥
④ ㉡, ㉢, ㉥
⑤ ㉠, ㉣, ㉥

109 협회적하약관 ICC(C)에서 보험자의 담보위험이 아닌 것은?

① 갑판유실 ② 투하
③ 공동해손의 희생 ④ 운송용구의 타물과의 충돌
⑤ 공동해손의 희생

110 청약의 요건으로 옳지 않은 것은?

① 계약체결의 제안이 있어야 한다.
② 불특정다수에게 행해져야 한다.
③ 자기에게 청약하도록 하는 청약의 유인은 청약의 요건이 아니다.
④ 물품에 대한 명세, 수량, 가격이 명확해야 한다.
⑤ 승낙이 있으면 그것에 구속된다는 의사를 나타낸 것이어야 한다.

111 Incoterms 2020 무역거래조건 중 매도인이 수입통관절차를 밟아야 하는 것은?

① DPU ② CIP
③ FOB ④ EXW
⑤ DDP

112 선박의 분류에 대한 설명으로 옳지 않은 것은?

① Full Container Ship : 컨테이너 전용 화물선으로 컨테이너만을 적재하도록 설계되었다.
② 전용선 : 특정한 화물만을 적재하여 운송할 수 있도록 설계된 선박이다.
③ Tanker : 원유, 가스 등 액화되거나 기화된 화물 운송에 이용할 수 있도록 설계된 선박이다.
④ Ro-Ro선 : 컨테이너를 크레인을 이용하여 수직으로 하역할 수 있도록 설계된 선박이다.
⑤ LASH선 : 화물을 적재한 부선을 본선에 적재하여 운송하는 선박

113 정기선 운임에 대한 설명으로 바르지 않은 것은?

① 유가할증료(BAF) : 선박의 주연료인 벙커유의 가격변동에 따른 손실을 보전하기 위하여 연료가격이 일정수준 이상으로 상승하거나 특별히 가격이 높은 지역으로 항해할 경우에 부과되는 할증운임

② Congetion Surcharge(체선할증료) : 일정 기준 이상의 중량화물에 부과하는 할증료이다.

③ 터미널화물처리비(THC) : 화물이 컨테이너 터미널에 입고된 시점부터 본선의 선측까지 또는 본선의 선측에서 컨테이너 터미널의 게이트를 통과할 때까지의 화물 이동에 소요되는 화물처리비용

④ 체선료(Demurrage charge) : 선적 또는 양하 일수가 약정된 정박기간을 초과하는 경우 초과일수에 대하여 용선자가 선주에게 지불하는 금액으로 1일 또는 1톤당 얼마를 지불하는 금액을 말한다.

⑤ 통운임(Through freight) : 일관된 운송계약에 의하여 최초의 적출지에서부터 최후의 목적지에 이르기까지의 전 운송구간에 대하여 통운송을 하는 경우 각 운송구간의 운임과 접속비용을 합하여 산출한 운임

114 정기용선계약에서 선주가 부담하는 비용이 아닌 것은?

① 선원의 급료 ② 선박의 감가상각비
③ 선용품비 ④ 선박의 연료비
⑤ 선박보험료

115 UN 국제복합운송조약에서 채택하고 있는 복합운송인 책임제도는?

① Liability Without Negligence
② Tie−up Liability System
③ Network Liability System
④ Uniform Liability System
⑤ Modified Uniform Liability System

116

다음 용어에 관한 설명으로 옳지 않은 것은?

① Marshalling Yard는 하역작업을 위한 공간으로 Container Crane이 설치되어 컨테이너의 양하 및 적하가 이루어지는 장소이다.

② Container Freight Station은 화물의 혼재 및 분류작업을 하는 곳이다.

③ Rubber Tired Gantry Crane은 컨테이너를 야드에 장치하거나 장치된 컨테이너를 섀시에 실어주는 작업을 하는 컨테이너 이동장비로 고무바퀴가 장착된 이동성이 있는 Crane이다.

④ Reach Stacker는 컨테이너 터미널 또는 CY(ICD) 등에서 컨테이너를 트레일러에 상, 하차 하거나 야드에 적재할 때 사용하는 타이어주행식의 장비이다.

⑤ Yard Chasis는 Van Trailer의 컨테이너를 싣는 부분을 말한다.

117

수입통관절차에 대한 설명 중 옳지 않은 것은?

① 물품을 수입하고자 하는 자는 사전에 해당 물품이 관련법령에 의한 수입요건(검사, 검역, 추천, 허가 등)을 구비하여야 하는지 여부를 확인하고 수입계약을 체결한다.

② 원칙적으로 모든 수입물품은 세관에 수입신고를 하여야 하며, 수입신고가 수리되어야 물품을 국내로 반입할 수 있다.

③ 수입신고 시에는 수입신고서에 선하증권, 상업송장, 포장명세서 등과 같은 서류를 첨부하여 세관에 제출한다.

④ 수입신고는 화주, 관세사, 통관법인 또는 관세사법인의 명의로 신고가 가능하다.

⑤ 수입하고자 하는 자는 보세구역 장치 후에만 수입신고가 가능하다.

118

통관 시에 부과되는 관세에 관한 설명으로 옳지 않은 것은?

① 동일한 국가에서 동일한 물품을 반복적으로 수입하여도 관세가 감면되지는 않는다.

② 관세납부 시 환율은 전신환 매입률을 적용한다.

③ 관세에는 종량세, 종가세 등이 있다.

④ 관세는 수입물품에 부과한다.

⑤ 수입한 수출용 원재료에 대하여 부과된 관세는 수출 시에 환급받을 수 있다.

119 다음은 Federal Express가 사용하여 익일배송을 실현시킨 물류시스템에 대한 설명이다. 이 시스템에 해당하는 것은?

> 물품을 출발지에서 일정한 지역의 중심지에 보내면, 같은 시간대에 다른 곳에서 온 물품과 합류하여 최종 목적지별로 물품이 재분류된 후, 이를 싣고 온 비행기편으로 개별목적지로 출발하는 시스템이다.

① Road Feeder System
② Hub and Spoke System
③ Open Sky System
④ Pull System
⑤ Hybrid Combination System

120 국제물류활동의 위험 및 불확실성을 증가시키는 요인이 아닌 것은?

① 안전재고량의 확보
② 글로벌 공급사슬의 리드타임 증가
③ 복잡한 통관절차 및 수출입 프로세스
④ 각국의 법규 및 관습의 차이
⑤ 전쟁이나 테러

제4과목 보관하역론

121 트렁크 룸(Trunk Room)에 관한 설명으로 옳지 않은 것은?

① 개인이나 기업을 대상으로 의류, 골동품, 서류, 자기테이프 등을 주로 보관하는 영업 창고이다.
② 창고의 공간을 세분하여 소단위의 화물을 위탁보관한다.
③ 물품을 해충, 곰팡이, 습기 등으로부터 지키기 위해 항온, 항습서비스를 부가하여 보관한다.
④ 물품을 적시에 간편하고도 신속하게 배송하기 위해 대체로 도심과 인접한 곳에 입지한다.
⑤ 화물의 입출고, 저장, 물품선별 및 분류작업 등이 기계화, 전산화를 통해 자동화되어 있다.

122 보관의 원칙에 관한 설명으로 옳지 않은 것은?

① 선입선출의 원칙이란 먼저 입고한 물품을 먼저 출고하는 것으로 제품 수명주기(Product Life Cycle)가 짧은 경우에 많이 적용된다.

② 위치표시의 원칙이란 물품의 보관장소에 특정한 기호를 사용하여 위치를 표시하는 것으로 입출고 작업의 효율성을 높일 수 있다.

③ 회전대응보관의 원칙이란 입출고 빈도의 정도에 따라 물품의 보관장소를 결정하는 것으로 입출고 빈도가 높은 물품은 출입구로부터 가까운 장소에 보관한다.

④ 중량특성의 원칙이란 물품의 중량에 따라 보관장소의 출입구를 기준으로 한 거리와 높낮이를 결정하는 것이다.

⑤ 형상특성의 원칙이란 표준화된 물품은 형상에 따라 보관하고 표준화되지 않은 물품은 랙(Rack)에 보관하는 것이다.

123 일반적인 물류센터의 작업 공정 순서는?

① 입하 → 피킹 → 검품 → 보관 → 격납 → 포장 → 출하
② 입하 → 피킹 → 보관 → 격납 → 검품 → 포장 → 출하
③ 입하 → 격납 → 보관 → 피킹 → 검품 → 포장 → 출하
④ 입하 → 격납 → 포장 → 보관 → 피킹 → 검품 → 출하
⑤ 입하 → 포장 → 격납 → 보관 → 피킹 → 검품 → 출하

124 자가창고와 비교할 때 영업창고의 장점으로 옳지 않은 것은?

① 창고의 건설자금이 불필요하여 재무유동성이 향상된다.
② 보관 관련 비용에 대한 지출을 명확히 알 수 있다.
③ 전문가에 의한 수불관리가 이루어지기 때문에 관리가 안전하다.
④ 시설변경의 탄력성이 높다.
⑤ 입지선정이 용이하다.

125 다음의 자동화 창고에 대한 설명 중 올바르지 않은 것은?

① 피킹설비 및 운반기기를 자동화하고 컴퓨터 제어방식을 통해 입출고 작업의 효율성 제고효과와 인력절감 효과를 거둘 수 있다.

② 물품의 보관에 있어서는 Free Location 방식을 채택하여 보관능력을 향상시킨다.

③ 자동화 창고는 물품의 흐름보다는 보관에 중점을 두어 설계되어야 한다.

④ 자동화 창고에서 처리할 물품들은 치수와 포장, 중량 등을 기준으로 단위화가 선행되어야 한다.

⑤ 적은 투자로 기존 건물을 개조하고 랙을 설치하여 제한적인 자동창고의 효과를 볼 수도 있다.

126 10개의 통로로 구성된 자동창고에서 각 통로마다 한 대의 스태커 크레인이 파렛트에 실린 화물을 운반한다. 전체작업 중 이중명령으로 수행하는 작업이 50%, 단일명령으로 수행하는 작업이 50%이다. 스태커 크레인이 단일명령을 실행하는 시간은 평균 5분, 이중명령을 실행하는 시간은 평균 7분이다. 스태커 크레인의 효율이 100%라면 이 자동창고에서 시간당 운반할 수 있는 파렛트는 몇 개인가?

① 120개
② 150개
③ 180개
④ 210개
⑤ 240개

127 창고관리 시스템에 관한 설명으로 옳지 않은 것은?

① 물류센터를 효과적으로 운영하기 위해 자동화, 정보화, 지능화가 요구되고 있으며, 컴퓨터 통합관리 창고의 등장과 정보기술의 발달로 창고관리 시스템(WMS)이 등장하게 되었다.

② 입하, 피킹(Picking), 출하 및 재고사이클 카운트 등의 창고 비즈니스 프로세스와 창고활동을 효율적으로 관리하는 데 사용되는 시스템이다.

③ WMS와 연휴하는 주 정보시스템은 PMS(Production Management System), TMS (Transportation Management System) 그리고 MHS(Material Handling System)이다.

④ WMS를 갖춘 물류센터는 RFID(Radio Frequency Identification)나 바코드 시스템, 무선 자동인식시스템 등 물품과 정보의 일체적 관리를 자동적으로 실시하는 시스템이 정비되어 있다.

⑤ WMS 도입으로 재고 정확도, 공간설비 활용도, 제품처리능력, 재고회전율, 고객서비스, 노동, 설비 생산성 등이 향상된다.

128 창고관리시스템(WMS)에 대해 잘못 설명한 것은?

① WMS를 활용하면 재고 정확도, 공간/설비 활용도가 높아진다.

② WMS를 활용하면 서류/전표 작업, 직간접 인건비는 증가하지만 제품 피킹시간, 제품 망실, 설비비용 등은 감소한다.

③ WMS패키지(Package)를 도입하려면 세부 기능분석이 반드시 필요하다.

④ 물류센터의 대형화, 중앙집중화, 부가가치 기능 강화의 추세에 따라 WMS가 유통중심형 물류센터를 위한 차별화 전략의 핵심 요인으로 등장했다.

⑤ 고객의 다양한 요구사항 때문에 WMS 패키지 시장의 성장은 예상보다 저조하나 ERP 패키지의 도입이 활발해지면서, 그 하위 시스템으로서 도입이 확대되고 있다.

129 제품상자의 크기가 가로 40cm, 세로 35cm, 높이 30cm이다. 이를 KSA 표준규격 1,100mm ×1,100mm의 파렛트에 7상자 적재하면 파렛트 평면적에 대한 적재율은 얼마인가?

① 61% ② 69%

③ 81% ④ 123%

⑤ 144%

130 다음과 같은 조건에서 제품을 보관하기 위해 필요한 창고의 바닥면적은?

- 파렛트 적재단수 : 1단
- 파렛트당 제품 적재수량 : 200Box
- 제품수량 : 100,000Box
- 파렛트의 면적 : 1.2 제곱미터
- 창고적재율 : 30%

① 500 ② 600

③ 750 ④ 1,000

⑤ 2,000

131 물류센터(창고)를 설계하기 위하여 천장의 높이를 결정해야 한다. 다음과 같은 조건으로 물류센터의 천장 높이를 올바르게 산출한 것은?

- 파렛트 포장화물 높이(파렛트 높이 포함) : 2.0m
- 파렛트 포장화물 적재단수(랙 사용 안함) : 4단
- 지게차 포크가 파렛트 포장화물을 들어 올리는 데 필요한 높이 : 0.3m
- 파렛트 화물의 최대높이와 천장의 여유치수 : 0.5m

---

① 2.8m   ② 3.7m

③ 4.3m   ④ 8.0m

⑤ 8.8m

132 물류단지의 입지선정을 위해 어떤 물량이 어느 경로로 흐르고 있는가를 과거에서부터 현재까지의 경향을 파악하는 분석기법은?

① P-Q분석   ② R분석

③ SWOT분석   ④ ABC분석

⑤ S-T분석

133 '갑'회사의 물류거점시설 작업동선의 효율성 제고를 위하여 다음과 같은 조건을 파악하였다. 향후 물량증가가 없다고 가정할 때, 트럭 도크는 몇 개가 필요한가?

- 연간 트럭 출입대수 : 10,000대
- 안전계수 : 30%
- 연간 도크당 작업시간 : 3,000시간
- 1일 대당 작업시간 : 6시간

---

① 18대   ② 22개

③ 24개   ④ 26개

⑤ 28개

134 주문 품목을 피킹한 후 재분류 작업이 필요 없는 피킹 방식은?

> ⊙ 단일주문 피킹 방식　　　　　　　ⓒ 릴레이 피킹 방식
> ⓒ 일괄주문 피킹 방식　　　　　　　ⓔ 씨뿌리기 피킹 방식

① ⊙, ⓒ　　　　　　　　　　　② ⊙, ⓒ
③ ⓒ, ⓒ　　　　　　　　　　　④ ⓒ, ⓔ
⑤ ⓒ, ⓔ

135 물류단지시설에 관한 설명으로 옳지 않은 것은?

① 데포(Depot)는 제조업체가 원료나 완성품을 쌓아두거나 유통업체가 배송 전 단계로 재고품을 비축 또는 다음 단계의 배송센터로 제품을 이전시키기 전에 일시 보관하는 시설이다.
② 물류터미널은 화물의 집하, 하역 및 이와 관련된 분류, 포장, 보관, 가공, 조립 또는 통관 등에 필요한 기능을 갖춘 시설이다.
③ 복합화물터미널은 두 종류 이상의 운송수단 간의 연계운송을 수행할 수 있는 시설이다.
④ 공동집배송센터는 여러 유통사업자 또는 제조업자가 공동으로 사용할 수 있도록 집배송시설 및 부대업무시설이 설치되어 있는 시설이다.
⑤ 내륙 컨테이너기지(ICD)는 주로 항만터미널과 내륙운송수단과의 연계가 편리한 산업지역에 위치한 컨테이너 장치장으로 컨테이너 화물의 통관기능까지 갖춘 시설이다.

136 보관에 관한 설명으로 옳지 않은 것은?

① 단순저장기능 중심에서 라벨링, 재포장 등 유통지원기능이 강화되고 있다.
② 생산과 판매의 조정 및 완충기능을 수행한다.
③ 수요변동의 폭이 적은 물품에 대해 안전재고 수준을 높이고 있다.
④ 운영효율성을 향상시키기 위해 물류정보 시스템의 사용이 증가하고 있다.
⑤ 다품종 소량화, 소량 다빈도화, 리드타임 단축 등 시장환경 변화에 신속하게 대응해야 한다.

137 재고관리모형과 관련하여 Q형 모형(고정주문량 모형)과 P형 모형(고정기간 모형)을 비교한 것으로 옳지 않은 것은?

	구분	Q형 모형	P형 모형
①	주문량	일정함	가변적임
②	주문시기	재주문점 이하 시	조사주기마다
③	재고수준	허용 결품률에 좌우	매우 낮음
④	관리대상	저가 품목	고가 품목
⑤	관리측면	관리부담이 많음	관리부담이 적음

138 다음 표와 같은 상황에서 후입선출법을 적용하였을 때 기말재고자산은?

일자	거래	수량	단가
6월 1일	전월 이월	50	180원
6월 10일	매입	100	200원
6월 11일	매출	80	
6월 20일	매입	150	220원
6월 25일	매출	100	

① 18,000원   ② 20,000원

③ 22,000원   ④ 24,000원

⑤ 26,000원

139 다음은 무엇에 관한 설명인가?

> 제조업체 또는 공급업체, 도매배송센터가 상품보충 시스템을 관리하는 경우로 상품보충 시스템이 실행될 때마다 판매, 재고정보가 유통업체에서 제조업체로 전송되는 것으로, 이러한 정보는 제조업체의 상품보충 시스템에서 미래의 상품수요량 예측 데이터로 활용되며, 또한 제조업체의 생산공정에서는 생산량 조절에도 사용된다.

① TMS(Transportation Management System)

② POS(Point Of Slaes)

③ VMI(Vendor Managed Inventory)

④ MPS(Master Production Scheduling)

⑤ CPT(Carriage Paid To)

140 파렛트(Pallet)의 종류와 설명으로 옳지 않은 것은?

① 스키드 파렛트(Skid Pallet) : 핸드리프트로 하역할 수 있도록 만들어진 단면형 파렛트이다.

② 시트 파렛트(Sheet Pallet) : 1회용 파렛트로 목재나 플라스틱으로 제작되어 가격이 저렴하고 가벼우나 하역을 위하여 Push-Pull 장치를 부착한 지게차가 필요하다.

③ 사일로 파렛트(Silo Pallet) : 주로 분말체를 담는 데 사용되며, 밀폐상의 측면과 뚜껑을 가지고 하부에 개폐장치가 있는 상자형 파렛트이다.

④ 롤 상자형 파렛트(Roll Box Pallet) : 받침대 밑면에 바퀴가 달리고 상부구조가 박스인 파렛트로 최근에는 배송용으로 많이 사용된다.

⑤ 기둥 파렛트(Post Pallet) : 주로 액체를 취급하는 데 사용되며 밀폐상의 측면과 뚜껑을 가지며 상부 또는 하부에 출입구가 있는 상자형 파렛트이다.

141 낱개피킹 시스템 중 작업자 이동형 시스템에서 사용하는 설비가 아닌 것은?

① Bin Shelving
② Storage Drawer
③ Mezzanine
④ Carousel
⑤ Mobile Storage

142 다음 창고보관 장비 중 포크리프트가 랙 내부에 진입하여 하역작업을 할 수 있고, 보관장소와 통로를 겸하기 때문에 화물의 적재율을 높일 수 있으며, 소품종 대량의 제품이며 회전율이 적은 제품에 적합하고, 계절적인 수요가 있는 화물의 보관에 매우 경제적인 랙은 무엇인가?

① 모빌 랙
② 파렛트 랙
③ 드라이브 인 랙
④ 암 랙
⑤ 적층 랙

143 폐쇄형 천장 트럭에 동일 간격으로 매달려 있는 운반기에 화물을 탑재하여 운반하며, 가공, 조립, 포장, 보관 작업 등에 사용되는 기기는?

① 체인 컨베이어(Chain Conveyor)
② 무인이송차량(AGV)
③ 지브크레인(Jib Crane)
④ 롤러 컨베이어(Roller Conveyor)
⑤ 트롤리 컨베이어(Trolly Conveyor)

144 자동분류 컨베이어 방식 중 화물이 진행하는 방향에 대해 컨베이어 위에 비스듬히 놓인 암 (Arm)을 이용하여 물품을 분류하는 방식은?

① 푸셔(Pusher) 방식

② 크로스 벨트(Cross-Belt) 방식

③ 다이버터(Diverter) 방식

④ 슬라이딩 슈(Sliding-Shoe) 방식

⑤ 경사트레이(Tilted Tray) 방식

145 포크리프트의 설명으로 잘못된 것은?

① 카운터 밸런스(Counter Balance)형 포크리프트는 가장 일반적인 형식으로 포크 등 승강 및 적재장치를 차체 전반부에 장착한 형식이다.

② 스트래들리치(Straddle Reach)형 포크리프트는 차체 전방에 주행 차륜을 부착한 2개의 아웃리거(Outrigger)를 가지고 있으며, 차체 후방에는 카운트웨이트가 있어 포크리프트의 안정성을 유지한다.

③ 사이드포크(Side Fork)형 포크리프트는 승강 및 적재장치를 차체 측면에 설치한 차량이다.

④ 피킹(Picking) 포크리프트는 랙 창고에 사용되며 포크면의 높이에 운전대를 설치하여 임의의 높이에서 작업자가 작업을 할 수 있다.

⑤ 피킹(Picking) 포크리프트는 좁은 통로에서 사용가능하며 포크가 180도 회전할 수 있다.

146 통로가 좁은 창고에서 장척화물을 취급하기에 가장 적합한 장비는?

① 스트래들(Straddle) 트럭

② 리치(Reach) 트럭

③ 사이드로더(Side Loader) 트럭

④ 튜렛(Turret) 트럭

⑤ 플랫폼(Platform) 트럭

147 수직과 수평방향으로 동시에 이동이 가능하고, 수평으로 초당 3m, 수직으로 초당 1m의 속도로 움직이는 스태커 크레인(Stacker Crane)이 지점 A(10, 30)에서 지점 B(40, 15)로 이동할 때 소요되는 시간은?

① 10초   ② 15초
③ 20초   ④ 25초
⑤ 30초

148 컨테이너 야드(CY)에서 사용하는 장비가 아닌 것은?

① 탑 핸들러(Top Handler)
② 리치 스태커(Reach Stacker)
③ 트랜스테이너 크레인(Transtainer Crane)
④ 스트래들 캐리어(Straddle Carrier)
⑤ 타워 크레인(Tower Crane)

149 다음 중 하역에 대한 설명으로 옳지 않은 것은?

① 하역은 각종 운반수단에 화물을 싣고 내리는 것과 보관화물을 창고 내에서 운반하고 쌓아두고, 꺼내고, 나누고, 상품구색을 갖추는 등의 작업 및 이에 부수하는 제반작업을 총칭한다.
② 하역은 생산에서 소비에 이르는 전 유통과정의 효용창출에 직접적인 영향을 미치므로 하역합리화는 물류합리화와 관련성이 크다.
③ 하역은 화물의 상하차 작업, 운송기관 상호간의 중계작업, 창고의 입출고 작업 등 그 범위가 매우 넓다.
④ 협의의 하역은 사내하역만을 의미하나, 광의의 의미로는 수출품 및 수입품 선적을 위한 항만하역까지도 포함한다.
⑤ 하역은 시간적 효용과 거리적 효용을 모두 창출하기 때문에 중요성이 날로 증대되고 있다.

150 다음과 같은 조건일 때, 제품 A의 보관공간으로 몇 상자 분의 면적을 할당하여야 하는가?

> - 주간 수요는 평균이 1,000상자, 표준편차가 300상자인 정규분포를 따름
> - 주문 리드타임은 2주
> - 보유재고가 2,500상자일 때, 7,000상자를 주문하는 정량발주 시스템 사용

① 7,300상자   ② 7,500상자

③ 7,700상자   ④ 7,900상자

⑤ 8,100상자

151 제품 A는 주당 500박스에서 1,000박스 사이로 수요가 발생하며, 회사는 박스당 20,000원에 공급받아 40,000원에 판매한다. 이때의 서비스수준 및 최적 재고수준은? (단, 판매되지 않은 제품의 잔존가치는 없으며, 무상 폐기처분된다.)

① 서비스 수준 : 30%, 최적 재고수준 : 160개

② 서비스 수준 : 33%, 최적 재고수준 : 665개

③ 서비스 수준 : 50%, 최적 재고수준 : 750개

④ 서비스 수준 : 67%, 최적 재고수준 : 335개

⑤ 서비스 수준 : 77%, 최적 재고수준 : 835개

152 운반관리(Material Handling)에 관한 설명으로 옳지 않은 것은?

① 운반의 4요소는 동작(Motion), 시간(Time), 수량(Quantity), 공간(Space)이다.

② 운반관리는 그 형상을 불문하고 모든 물질의 이동, 포장, 저장에 관한 기술과 과학을 말한다.

③ 운반관리는 제조공정 및 검사공정을 포함하지 않는다.

④ 운반관리의 주안점은 직선의 흐름, 계속적인 흐름, 최소의 노력과 시간, 작업의 분산화, 생산 작업 극대화이다.

⑤ 운반작업 개선의 원칙으로 노동단축, 거리단축, 기계화 등이 있다.

153 다음은 회전수가 높은 품목의 보관시스템에 대한 설명이다. 차례대로 올바르게 짝지어진 것은?

> ㉠ 회전수만 높고 보관수량이 적은 중간공정이나 임시출고라인에서 피킹을 실시하는 제품에 적합하다.
> ㉡ 보관품목수는 적지만 보관수량이 많은 제품으로 맥주, 청량음료, 시멘트 등 입출고가 빠른 물품의 대량 처리에 편리하다.
> ㉢ 보관품목수와 보관수량이 많고 회전수가 높아 관리가 매우 복잡한 형태로 고층 랙과 모노레일, 스태커 크레인의 조합을 통해 컴퓨터 컨트롤 방식을 채용해야 효율적이다.

① ㉠ A－A－A, ㉡ A－C－A, ㉢ C－A－A
② ㉠ A－C－A, ㉡ A－A－A, ㉢ C－A－A
③ ㉠ C－A－A, ㉡ A－C－A, ㉢ A－A－A
④ ㉠ C－A－C, ㉡ C－C－C, ㉢ A－C－C
⑤ ㉠ A－C－A, ㉡ C－A－A, ㉢ A－A－A

154 블록 트레인에 관한 설명으로 옳지 않은 것은?

① 물동량이 충분하고 조차장이 작은 경우에 적합하다.
② 고객맞춤형 직통 컨테이너화차 방식이다.
③ 출발역으로부터 도착역까지 직송서비스를 제공한다.
④ 일반 철도운송보다 운송시간 단축에 유리하고 녹색물류에 적합하다.
⑤ 루프형 구간 서비스로 단거리 수송에 유리하다.

155 항만하역에 관한 설명으로 옳지 않은 것은?

① 항만하역이란 항만에서 항만운송면허사업자가 화주나 선박운항업자로부터 위탁을 받아 선박에 의해 운송된 화물을 선박으로부터 인수받아 화주에게 인도하는 과정을 총칭한다.
② 환적작업은 안벽에 계류된 부선에 적재되어 있는 화물을 양륙하여 운반기구에 적재하는 작업이다.
③ 선내작업으로는 본선 내의 화물을 내리는 양하와 본선에 화물을 올리는 적하가 있다.
④ 육상에서는 운반차량을 이용한 상차, 하차, 출고상차, 하차입고 등의 작업이 있다.
⑤ 컨테이너 전용부두의 경우 부두 내 CY/CFS에서 나온 컨테이너는 마샬링 야드에서 선적 대기하다가 선내작업을 할 수 있다.

156 승용차, 목재, 기계류 같은 중량화물을 운송하기 위해 상부 구조가 없이 기둥만 두어 전후 좌우에서 사용할 수 있는 개방형 컨테이너는?

① Dry Bulk Container   ② Flat Rack Container

③ Dry Cargo Container   ④ Side Open Container

⑤ Open Top Container

157 어떤 집배송센터의 집하작업에서 연속된 5개 공정별 사이클타임은 다음 표와 같다. 공정 개선 후, 1공정의 사이클타임을 50% 줄일 수 있었다. 개선 후의 애로공정명, 애로공정의 사이클타임, 공정효율(Balance Efficiency)은 각각 얼마인가? (단, 소수점 이하 둘째 자리에서 반올림한다.)

공정명	1공정	2공정	3공정	4공정	5공정
개선 전 사이클타임(분)	8	5	4	6	4

① 2공정, 5분, 67.5%   ② 4공정, 5분, 67.5%

③ 2공정, 6분, 76.7%   ④ 4공정, 6분, 76.7%

⑤ 4공정, 4분, 67.5%

158 주문 품목을 피킹한 후 재분류 작업이 필요 없는 피킹 방식은?

㉠ 단일주문 피킹 방식	㉡ 릴레이 피킹 방식
㉢ 일괄주문 피킹 방식	㉣ 씨뿌리기 피킹 방식

① ㉠, ㉡   ② ㉠, ㉢

③ ㉡, ㉢   ④ ㉡, ㉣

⑤ ㉢, ㉣

159 다음과 같은 판매실적 정보와 6월에 대한 예측치가 있다. 7월의 실판매량과 오차가 가장 적은 F_7값을 제시할 수 있는 예측기법은?

구분	1월	2월	3월	4월	5월	6월	7월
실판매량	100	90	93	102	89	82	85
예측치	–	–	–	–	–	92	F_7
(가중치)				0.3	0.4	0.3	

① 3개월 이동평균법
② 3개월 가중평균법
③ 5개월 이중평균법
④ 평활상수 0.3인 지수평활법
⑤ 평활상수 0.4인 지수평활법

160 다음 중 안전재고량에 관한 설명으로 옳지 않은 것은?

① 수요는 확정적으로 발생하고, 부품의 공급업자가 부품을 납품하는 데 소요되는 기간(조달기간)이 확률적으로 변할 때, 조달기간의 평균이 길어지더라도 조달기간에 대한 편차가 같다면 부품의 공급업자와 생산공장 사이의 안전재고량은 변동이 없다.
② 안전재고량은 안전계수와 수요의 표준편차에 비례한다.
③ 고객의 수요가 확률적으로 변동한다고 할 때, 수요변동의 분산이 작아지면 완제품에 대한 안전재고량은 감소한다.
④ 생산자의 생산수량의 변동폭이 작아지면 부품의 공급업자와 생산공장 사이의 안전재고량은 감소한다.
⑤ 부품의 공급업자가 부품을 납품하는 데 소요되는 기간의 분산이 작아지면 부품의 공급업자와 생산공장 사이의 안전재고량은 증가한다.

161 물류정책기본법령상 물류현황조사에 대한 설명으로 옳지 않은 것은?

① 국토교통부장관 또는 해양수산부장관은 물류에 관한 정책 또는 계획의 수립·변경을 위하여 필요하다고 판단될 때에는 관계 행정기관의 장과 미리 협의한 후 물동량의 발생현황과 이동경로, 물류시설·장비의 현황과 이용실태, 물류인력과 물류체계의 현황, 물류비, 물류산업과 국제물류의 현황 등에 관하여 조사할 수 있다.

② 물류현황조사는 「국가통합교통체계효율화법」에 따른 국가교통조사와 중복되지 아니하도록 하여야 한다.

③ 물류현황조사지침에는 조사결과의 집계·분석 및 관리사항이 포함되어야 한다.

④ 국토교통부장관 또는 해양수산부장관은 물류현황조사를 효율적으로 수행하기 위하여 필요한 경우에는 물류현황조사의 전부 또는 일부를 전문기관으로 하여금 수행하게 할 수 있다

⑤ 국토교통부장관 또는 산업통상부장관은 물류현황조사의 결과에 따라 물류비 등 물류지표를 설정하여 물류정책의 수립 및 평가에 활용할 수 있다.

162 다음 중 물류정책기본법령상 위험물질운송안전관리센터의 업무로 올바르게 묶인 것은?

ㄱ. 위험물질운송안전관리시스템과 무선통신이 가능하고 위험물질 운송차량의 위치정보의 수집 등이 가능한 이동통신단말장치의 장착·운용 및 운송계획정보의 입력 등에 관한 교육
ㄴ. 위험물질운송안전관리센터의 업무 수행을 지원하기 위한 전자정보시스템의 구축·운영
ㄷ. 위험물질 운송차량의 사고 관련 상황 감시 및 사고발생 시 사고 정보 전파
ㄹ. 관계 행정기관과의 위험물질운송안전관리시스템 공동 활용 체계 구축
ㅁ. 위험물질 운송차량의 소유자 및 운전자 정보, 운행정보, 사고발생 시 대응 정보 등 위험물질운송안전관리센터 운영에 필요한 정보의 수집 및 관리

① ㄴ, ㄷ, ㅁ
② ㄱ, ㄷ, ㅁ
③ ㄴ, ㄷ, ㄹ
④ ㄱ, ㄴ, ㄹ, ㅁ
⑤ ㄱ, ㄴ, ㄷ, ㄹ, ㅁ

163 물류정책기본법령상 공동투자유치 활동에 관한 설명으로 옳지 않은 것은?

① 국토교통부장관·해양수산부장관 또는 시·도지사는 물류시설에 외국인투자기업 및 환적화물을 효과적으로 유치하기 위하여 필요한 경우에는 해당 물류시설관리자 또는 국제물류 관련 기관·단체와 공동으로 투자유치 활동을 수행할 수 있다.

② 물류시설관리자와 국제물류 관련 기관·단체는 제1항에 따른 공동투자 유치활동에 대하여 특별한 사유가 없는 한 적극 협조하여야 한다.

③ 국토교통부장관·해양수산부장관 또는 시·도지사는 효율적인 투자유치를 위하여 필요하다고 인정되는 경우에는 재외공관 등 관계 행정기관 및 대한무역투자진흥공사 등 관련 기관·단체에 협조를 요청할 수 있다.

④ 국토교통부장관 및 해양수산부장관은 물류시설관리자의 외국인투자기업 및 환적화물에 대한 적극적인 유치활동을 촉진하기 위하여 필요한 경우에는 해당 물류시설관리자의 투자유치활동에 대한 평가를 할 수 있다.

⑤ 국토교통부장관 및 해양수산부장관은 물류시설관리자의 외국인투자기업 및 환적화물에 대한 적극적인 유치활동을 촉진하기 위하여 필요한 경우에는 해당 시·도지사의 투자유치활동에 대한 평가를 할 수 있다.

164 물류정책기본법령상 국제물류사업의 지원을 받을 수 있는 물류기업 또는 관련 전문기관 및 단체에 해당하는 기업 또는 단체가 아닌 자는?

① 국토연구원
② 한국철도기술연구원
③ 한국무역협회
④ 한국해양수산개발원
⑤ 한국무역투자진흥공사

165 물류정책기본법령상 국제물류주선업자에게 부과하는 과징금에 대한 설명으로 옳은 것은?

① 시 · 도지사는 국제물류주선업자에게 등록 취소 처분을 명하여야 하는 경우로서 그 사업의 정지가 해당 사업의 이용자 등에게 심한 불편을 주는 경우에는 그 등록취소 처분을 갈음하여 1천만원 이하의 과징금을 부과할 수 있다.

② 과징금을 기한 내에 납부하지 아니한 때에는 시 · 도지사는 「국세징수법」에 따라 징수한다.

③ 시 · 도지사는 국제물류주선업자의 사업규모, 사업지역의 특수성, 위반행위의 정도 및 횟수 등을 고려하여 과징금의 금액의 4분의 1의 범위에서 이를 늘리거나 줄일 수 있다.

④ (법률 개정으로 선지 삭제)

⑤ 과징금 납부통지를 받은 자는 통지를 받은 날부터 20일 이내에 시 · 도지사가 정하는 수납기관에 과징금을 내야 한다. (법률 개정으로 선지 변경)

166 물류정책기본법령상 국제물류주선업자의 사업승계에 관련한 내용으로 옳지 않은 것은?

① 국제물류주선업자가 그 사업을 양도하거나 사망한 때 또는 법인이 합병한 때에는 그 양수인 · 상속인 또는 합병 후 존속하는 법인이나 합병으로 설립되는 법인은 국제물류주선업의 등록에 따른 권리 · 의무를 승계한다.

② 국제물류주선업의 등록에 따른 권리 · 의무를 승계한 자는 국토교통부령으로 정하는 바에 따라 시 · 도지사에게 신고하여야 한다.

③ 「공항시설법」 또는 「해운법」을 위반하여 벌금형을 선고받고 3년이 지나지 아니한 자는 승계를 받을 수 없다.

④ 피성년후견인 또는 피한정후견인자는 등록의 결격사유로 승계에도 마찬가지로 결격사유로 적용된다.

⑤ 국제물류주선업자인 법인의 합병을 신고하려는 자는 별지 제11호서식의 법인합병신고서를 그 권리 · 의무를 승계한 날부터 30일 이내에 시 · 도지사에게 제출하여야 한다.

167 물류정책기본법령상 용어의 정의로 올바르지 않은 것은?

① "물류보안"이란 공항·항만과 물류시설에 폭발물, 무기류 등 위해물품을 은닉·반입하는 행위와 물류에 필요한 시설·장비·인력·조직·정보망 및 화물 등에 위해를 가할 목적으로 행하여지는 불법행위를 사전에 방지하기 위한 조치를 말한다.

② "물류"란 재화가 공급자로부터 조달·생산되어 수요자에게 전달되거나 소비자로부터 회수되어 폐기될 때까지 이루어지는 운송·보관·하역 등과 이에 부가되어 가치를 창출하는 가공·조립·분류·수리·포장·상표부착·판매·정보통신 등을 말한다.

③ "단위물류정보망"란 효율적인 물류활동을 위하여 시설·장비·정보·조직 및 인력 등이 서로 유기적으로 기능을 발휘할 수 있도록 연계된 집합체를 말한다.

④ "물류공동화"란 물류기업이나 화주기업들이 물류활동의 효율성을 높이기 위하여 물류에 필요한 시설·장비·인력·조직·정보망 등을 공동으로 이용하는 것을 말한다.

⑤ "국가물류정보화사업"이란 국가, 지방자치단체 및 제22조에 따른 물류관련기관이 정보통신기술과 정보가공기술을 이용하여 물류관련 정보를 생산·수집·가공·축적·연계·활용하는 물류정보화사업을 말한다.

168 물류시설의 개발 및 운영에 관한 법령상 물류시설개발종합계획에 대한 설명으로 옳은 것은?

① 국토교통부장관은 물류시설의 합리적 개발·배치 및 물류체계의 효율화 등을 위하여 물류시설의 개발에 관한 종합계획을 10년 단위로 수립하여야 한다.

② 집적[클러스터(cluster)]물류시설은 물류시설 상호 간의 화물운송이 원활히 이루어지도록 제공되는 도로 및 철도 등 교통시설을 말한다.

③ 용수·에너지·통신시설 등 기반시설에 관한 사항은 물류시설개발종합계획 고려사항이다.

④ 물류시설의 자동화에 관한 사항은 물류시설개발종합계획 고려사항이다.

⑤ 시·도지사는 필요한 경우 국토교통부장관에게 물류시설개발종합계획을 변경하도록 요청할 수 있다.

169 물류시설의 개발 및 운영에 관한 법령상 복합물류터미널사업을 등록할 수 있는 자를 모두 고르면?

> ㄱ. 「한국수자원공사법」에 따른 한국수자원공사
> ㄴ. 「한국농어촌공사 및 농지관리기금법」에 따른 한국농어촌공사
> ㄷ. 「항만공사법」에 따른 항만공사
> ㄹ. 「상법」에 따라 설립된 법인
> ㅁ. 특별법에 따라 설립된 법인

① ㄱ, ㄷ, ㅁ   ② ㄷ, ㄹ, ㅁ
③ ㄴ, ㄷ, ㄹ   ④ ㄱ, ㄴ, ㄹ, ㅁ
⑤ ㄱ, ㄴ, ㄷ, ㄹ, ㅁ

170 물류시설의 개발 및 운영에 관한 법령상 국공유지의 처분제한에 대한 설명으로 옳은 것은?

① 물류터미널을 건설하기 위한 부지 안에 있는 국가 또는 지방자치단체 소유의 토지로서 물류터미널 건설사업에 필요한 토지는 국토교통부장에게 신고한 후 해당 물류터미널 건설사업 목적 외 다른 용도로 매각할 수 있다.

② 물류터미널을 건설하기 위한 부지 안에 있는 국가 또는 지방자치단체 소유의 재산은 반드시 경쟁입찰의 방식으로 물류터미널사업자에게 매각할 수 있다.

③ 그 재산의 용도폐지(행정재산인 경우에 한정한다.) 및 매각에 관하여는 국토교통부장관 또는 시·도지사가 미리 관계 행정기관의 장과 협의하여야 한다.

④ 협의요청이 있은 때에는 관계 행정기관의 장은 그 요청을 받은 날부터 7일 이내에 용도폐지 및 매각, 그 밖에 필요한 조치를 하여야 한다.

⑤ 물류터미널사업자에게 매각하려는 재산 중 관리청이 불분명한 재산은 다른 법령에도 불구하고 국토교통부장관이 이를 관리하거나 처분한다.

171 물류시설의 개발 및 운영에 관한 법령상 물류터미널 협회의 설립 시 제출해야하는 서류로 옳지 않은 것은?

① 발기인의 이력서   ② 회원명부
③ 잔고증명서   ④ 예산의 수입지출계획서
⑤ 창립총회 회의록

172 물류시설의 개발 및 운영에 관한 법령상 스마트물류센터에 대한 지원에 대한 설명으로 옳지 않은 것은?

① 국가는 스마트물류센터 구축에 드는 비용의 일부를 보조하거나 융자할 수 있다.

② 지방자치단체는 스마트물류센터 인증을 받은 자가 스마트물류센터의 구축 및 운영에 필요한 자금을 마련하기 위해 국내 금융기관에서 대출을 받은 경우 그 금리와 국토교통부장관이 관계 중앙행정기관의 장과 협의하여 정하는 금리와의 차이에 따른 차액의 전부를 보전할 수 있다.

③ 국가는 스마트물류센터 신축 또는 증·개축 시「국토의 계획 및 이용에 관한 법률」에 따라 특별시·광역시·특별자치시·특별자치도·시 또는 군의 조례로 정하는 용적률 및 높이의 하한을 적용할 수 있다.

④ 기술보증기금은 스마트물류센터의 구축 및 운영에 필요한 자금의 대출 등으로 인한 금전채무의 보증한도를 우대할 수 있다.

⑤ 신용보증기금은 스마트물류센터의 구축 및 운영에 필요한 보증료를 우대할 수 있다.

173 물류시설의 개발 및 운영에 관한 법령상 물류단지 실수요 검증에 관한 설명으로 옳지 않은 것은?

① 물류단지를 지정하는 국토교통부장관 또는 시·도지사는 무분별한 물류단지 개발을 방지하고 국토의 효율적 이용을 위하여 물류단지 지정 전에 물류단지 실수요 검증을 실시하여야 한다. 이 경우 물류단지지정권자는 실수요 검증 대상사업에 대하여 관계 행정기관과 협의하여야 한다.

② 실수요 검증을 실시하기 위하여 국토교통부 또는 시·도에 각각 실수요검증위원회를 둔다.

③ 도시첨단물류단지개발사업의 경우에는 실수요 검증을 실수요검증위원회의 자문으로 갈음할 수 있다.

④ 실수요검증위원회는 위원장 1명과 부위원장 1명을 포함하여 10명 이상 20명 이하의 위원으로 구성하되, 성별을 고려하여 구성한다.

⑤ 실수요검증위원회의 구성 및 운영 등에 필요한 사항은 국토교통부령 또는 해당 시·도의 조례로 각각 정한다.

174 물류시설의 개발 및 운영에 관한 법령상 물류 교통·환경 정비지구의 지정에 대한 설명으로 옳은 것은?

① 국토교통부장관은 물류시설의 밀집으로 도로 등 기반시설의 정비와 소음·진동·미세먼지 저감 등 생활환경의 개선이 필요한 경우로서 대통령령으로 정하는 요건에 해당하는 경우 시·도지사에게 물류 교통·환경 정비지구의 지정을 신청할 수 있다. 정비지구를 변경하려는 경우에도 또한 같다.

② 정비지구로 지정하려는 지역의 면적이 30만 제곱미터 이상이어야 하고, 물류시설 총부지면적이 정비지구로 지정하려는 지역의 면적의 100분의 50 이상이어야 한다.

③ 정비지구의 지정 또는 변경을 신청하려는 시장·군수·구청장은 정비계획을 수립하여 시·도지사에게 제출하여야 한다.

④ 시장·군수·구청장은 제1항에 따른 정비지구의 지정 또는 변경을 신청하려는 경우에는 주민설명회를 열고, 그 내용을 14일 이상 주민에게 공람하여 의견을 들어야 하며, 지방의회의 의견을 들은 후(이 경우 지방의회는 시장·군수·구청장이 정비지구의 지정 또는 변경 신청서를 통지한 날부터 30일 이내에 의견을 제시하여야 하며, 의견제시 없이 30일이 지난 때에는 이의가 없는 것으로 본다) 그 의견을 첨부하여 신청하여야 한다.

⑤ 시장·군수·구청장은 공람기간 내에 주민설명회를 개최해야 하며, 정비지구 대상지역이 둘 이상의 시·군·구의 관할지역에 걸쳐있는 경우에는 하나의 시·군·구에서 주민설명회를 통합하여 개최할 수 있다.

175 물류시설의 개발 및 운영에 관한 법령상 다음 빈칸에 들어갈 단어로 올바르게 짝지어진 것은?

복합물류터미널사업의 등록에 따른 권리·의무를 승계한 자는 국토교통부령으로 정하는 바에 따라 국토교통부장관에게 신고하여야 한다. 이 경우 승계의 신고를 하지 아니한 자는 (   ) 이하의 (   )를 부과한다.

① 1,000만원 – 과징금
② 2,000만원 – 과징금
③ 5,00만원 – 과징금
④ 300만원 – 과태료
⑤ 200만원 – 과태료

176 화물자동차 운수사업 법령상 화물자동차 운송사업의 허가에 관한 설명으로 옳지 않은 것은?

① 개인화물자동차 운송사업을 경영하려면 국토교통부장관의 허가를 받아야 한다.

② 화물자동차 운송가맹사업의 허가를 받은 자는 국토교통부장관의 허가를 받지 않고도 화물자동차 운송사업을 경영할 수 있다.

③ 화물자동차 운송사업자가 허가사항을 변경하려면 국토교통부령으로 정하는 바에 따라 국토교통부장관의 변경허가를 받아야 한다. 다만, 대통령령으로 정하는 경미한 사항을 변경하려면 국토교통부령으로 정하는 바에 따라 국토교통부장관에게 신고하여야 한다.

④ 국토교통부장관은 변경신고를 받은 날부터 7일 이내에 신고수리 여부를 신고인에게 통지하여야 한다.

⑤ 국토교통부장관이 기간 내에 신고수리 여부 또는 민원 처리 관련 법령에 따른 처리기간의 연장 여부를 신고인에게 통지하지 아니하면 그 기간이 끝난 날의 다음 날에 신고를 수리한 것으로 본다.

177 화물자동차 운수사업 법령상 화물자동차 안전운임위원회에 대한 설명으로 옳지 않은 것은?

① 화물자동차 안전운임제도의 발전을 위한 연구 및 건의에 관한 사항 등을 심의·의결하기 위하여 국토교통부장관 소속으로 화물자동차 안전운임위원회를 둔다.

② 위원회는 위원장을 포함하여 15명 이내의 범위에서 구성한다.

③ 위원회에는 관계 행정기관의 공무원으로 구성된 5명 이내의 특별위원을 둘 수 있다.

④ 위원회의 회의는 위원장을 포함한 재적위원 과반수의 출석으로 개의하고 출석위원 과반수의 찬성으로 의결한다.

⑤ 위원의 임기는 1년으로 하되, 연임할 수 있다. 다만, 위원의 사임 등으로 새로 위촉된 위원의 임기는 전임 위원의 잔여임기로 한다.

178 화물자동차 운수사업 법령상 화물자동차 안전운임의 주지 의무에 대한 설명으로 틀린 것은?

① 화주는 운수사업자 또는 화물차주에게 화물자동차 안전운송운임 이상의 운임을 지급하여야 한다.
② 운수사업자는 화물차주에게 화물자동차 안전위탁운임 이상의 운임을 지급하여야 한다.
③ 화물운송계약 중 화물자동차 안전운임에 미치지 못하는 금액을 운임으로 정한 부분은 무효로 하며, 해당 부분은 화물자동차 안전운송원가와 동일한 금액을 지급하기로 한 것으로 본다.
④ 화주와 운수사업자 · 화물차주는 운임 지급과 관련하여 서로 부정한 금품을 주고받아서는 아니 된다.
⑤ 화물자동차 안전운임의 적용을 받는 화주와 운수사업자는 대통령령으로 정하는 바에 따라 해당 화물자동차 안전운임을 게시하거나 그 밖에 적당한 방법으로 운수사업자와 화물차주에게 알려야 한다.

179 화물자동차 운수사업 법령상 화물자동차 운전자의 관리에 관한 설명으로 옳은 것은??

① 운송사업자는 화물자동차 운전자를 채용하거나 채용된 화물자동차 운전자가 퇴직하였을 때에는 그 명단을 채용 또는 퇴직한 날이 속하는 달의 다음 달 말일까지 협회에 제출해야 하며, 협회는 이를 종합해서 제출받은 달의 말일까지 연합회에 보고해야 한다.
② 운전자 명단에는 운전자의 성명 · 생년월일과 운전면허의 종류 · 취득일 및 화물운송 종사자격의 취득일을 분명히 밝혀야 한다.
③ 운송사업자는 폐업을 하게 되었을 때에는 화물자동차 운전자의 경력에 관한 기록 등 관련 서류를 연합회에 이관하여야 한다.
④ 연합회는 개인화물자동차 운송사업자의 화물자동차를 운전하는 사람에 대한 경력증명서 발급에 필요한 사항을 기록 · 관리하고, 운송사업자로부터 경력증명서 발급을 요청받은 경우 경력증명서를 발급해야 한다.
⑤ 운송사업자는 매 분기 말 현재 화물자동차 운전자의 취업 현황을 별지 제14호서식에 따라 다음 분기 첫 달 5일까지 협회에 통지하여야 하며, 협회는 이를 종합하여 그 다음 달 5일까지 시 · 도지사 및 연합회에 보고하여야 한다.

180 화물자동차 운수사업 법령상 운송사업자의 직접운송의무 등에 대한 설명으로 옳지 않은 것은?

① 국토교통부령으로 정하는 운송사업자는 화주와 운송계약을 체결한 화물에 대하여 국토교통부령으로 정하는 비율 이상을 해당 운송사업자에게 소속된 차량으로 직접 운송하여야 한다.

② 운송사업자가 운송주선사업을 동시에 영위하는 경우에는 연간 운송계약 및 운송주선계약 화물의 100분의 20 이상을 직접 운송하여야 한다.

③ 일반화물자동차 운송사업자는 연간 운송계약 화물의 100분의 50 이상을 직접 운송하여야 한다.

④ 운송사업자가 국토교통부령으로 정하는 바에 따라 운송가맹사업자의 화물정보망이나 「물류정책기본법」 제38조에 따라 인증받은 화물정보망을 이용하여 운송을 위탁하면 직접 운송한 것으로 본다.

⑤ ④의 경우 직접운송의 인정기준은 위탁운송 화물의 100분의 80에서 100분의 100의 범위에서 국토교통부장관이 정하여 고시하는 기준에 따른다.

181 화물자동차 운수사업 법령상 화물자동차 운송사업의 허가취소에 대한 설명 중 무조건 허가를 취소하여야 하는 대상으로 바르게 묶인 것은?

㉠ 부정한 방법으로 운송사업 허가를 받은 경우
㉡ 화물운송 종사자격이 없는 자에게 화물을 운송하게 한 경우
㉢ 화물자동차 교통사고와 관련하여 거짓이나 그 밖의 부정한 방법으로 보험금을 청구하여 금고 이상의 형을 선고받고 그 형이 확정된 경우
㉣ 부정한 방법으로 운송사업 변경허가를 받거나, 변경허가를 받지 아니하고 허가사항을 변경한 경우

---

① ㉠, ㉢
② ㉡, ㉣
③ ㉠, ㉡, ㉣
④ ㉠, ㉢, ㉣
⑤ ㉠, ㉡, ㉢, ㉣

182 화물자동차 운수사업 법령상 적재물배상보험등의 가입에 관한 설명으로 옳지 않은 것은?

① 이사화물을 취급하는 운송주선사업자는 손해배상 책임을 이행하기 위하여 대통령령으로 정하는 바에 따라 적재물배상 책임보험 또는 공제에 가입하여야 한다.

② 적재물배상 책임보험 또는 공제에 가입하려는 자는 원칙적으로 사고 건당 2천만원 이상의 금액을 지급할 책임을 지는 적재물배상보험 등에 가입하여야 한다.

③ 운송주선사업자가 이사화물운송만을 주선하는 경우에는 사고 건당 500만원 이상의 금액을 지급할 책임을 지는 적재물배상보험 등에 가입하여야 한다.

④ 운송사업자는 적재물배상 책임보험 또는 공제를 각 사업자별로 가입하여야 한다.

⑤ 「대기환경보전법」에 따른 배출가스저감장치를 차체에 부착함에 따라 총중량이 10톤 이상이 된 화물자동차 중 최대 적재량이 5톤 미만인 화물자동차는 적재물배상보험 등의 가입의무가 없다.

183 화물자동차 운수사업 법령상 다음 빈 칸에 들어갈 단어로 옳은 것은?

> 제40조의2(위 · 수탁계약의 갱신 등) ① 운송사업자는 위 · 수탁차주가 위 · 수탁계약기간 만료 전 (   )일부터 (   )일까지 사이에 위 · 수탁계약의 갱신을 요구하는 때에는 다음 각 호의 어느 하나에 해당하는 경우를 제외하고는 이를 거절할 수 없다.
>
> (이하생략)

① 180일 – 90일   ② 180일 – 60일

③ 180일 – 45일   ④ 150일 – 90일

⑤ 150일 – 60일

184 화물자동차 운수사업 법령상 유가보조금 지급 요건으로 옳은 것을 모두 고르면?

> ㉠ 「부가가치세법」 제8조에 따라 사업자등록을 하고 실제로 사업을 영위하는 운송사업자 · 운송가맹사업자 또는 위 · 수탁차주가 구매한 유류일 것
> ㉡ 경유 또는 액화석유가스를 연료로 사용하는 사업용 화물자동차로서 법 또는 다른 법령에 따라 운행의 제한을 받지 아니할 것
> ㉢ 주유소 또는 자가주유시설의 고정된 설비에서 유류를 직접 주유받을 것
> ㉣ 유류 구매를 입증하는 자료에 적힌 구매자 이름, 자동차등록번호, 구매 일시 · 장소, 구매량, 구매금액, 구매한 유류의 종류 · 단가 등이 실제 주유한 내용과 일치할 것
> ㉤ 다른 법령 또는 국가 간의 조약 · 협정에 따라 유류비를 지원받거나 조세가 면제된 유류를 공급받은 자 또는 화물자동차가 아닐 것

① ㉡, ㉢, ㉣

② ㉠, ㉡, ㉤

③ ㉠, ㉢, ㉣, ㉤

④ ㉠, ㉡, ㉢, ㉣

⑤ ㉠, ㉡, ㉢, ㉣. ㉤

185 화물자동차 운수사업 법령상 자가용 화물자동차의 사용에 관한 설명으로 옳지 않은 것은?

① 화물자동차 운송사업과 화물자동차 운송가맹사업에 이용되지 아니하고 자가용으로 사용되는 화물자동차로서 특수자동차를 제외한 화물자동차로서 최대 적재량이 2.5톤 이상인 화물자동차로 사용하려는 자는 시 · 도지사에게 신고하여야 한다.

② 자가용 화물자동차의 소유자 또는 사용자는 원칙적으로 자가용 화물자동차를 유상으로 화물운송용으로 제공하거나 임대하여서는 아니 된다.

③ 「농어업경영체 육성 및 지원에 관한 법률」에 따라 설립된 영농조합법인이 그 사업을 위하여 화물자동차를 직접 소유 · 운영하는 경우 국토교통부장관의 허가를 받으면 화물운송용으로 제공하거나 임대할 수 있다.

④ 영농조합법인이 소유하는 자가용 화물자동차에 대한 유상운송 허가기간은 3년 이내로 하여야 한다.

⑤ 시 · 도지사는 영농조합법인의 신청에 의하여 유상운송 허가기간의 연장을 허가할 수 있다.

186 유통산업발전법령상 상점가의 범위를 설명한 내용 중 다음 빈칸에 들어갈 숫자를 전부 합한 것은?

> **제5조(상점가의 범위)** 법 제2조제7호에서 "일정 범위의 가로 또는 지하도에 대통령령으로 정하는 수 이상의 도매점포 · 소매점포 또는 용역점포가 밀집하여 있는 지구"란 다음 각 호의 어느 하나에 해당하는 지구를 말한다.
>
> 1. (_____)천제곱미터 이내의 가로 또는 지하도에 (_____)개 이상의 도매점포 · 소매점포 또는 용역점포가 밀집하여 있는 지구
> 2. 상품 또는 영업활동의 특성상 전시 · 판매 등을 위하여 넓은 면적이 필요한 동일 업종의 도매점포 또는 소매점포(이하 이 조에서 "특성업종도소매점포"라 한다)를 포함한 점포가 밀집하여 있다고 특별자치시장 · 시장 · 군수 · 구청장이 인정하는 지구로서 다음 각 목의 요건을 모두 충족하는 지구
>   가. 가로 또는 지하도의 면적이 특성업종도소매점포의 평균면적에 도매점포 또는 소매점포의 수를 합한 수를 곱한 면적과 용역점포의 면적을 합한 면적 이내일 것
>   나. 도매점포 · 소매점포 또는 용역점포가 (_____)개 이상 밀집하여 있을 것
>   다. 특성업종도소매점포의 수가 나목에 따른 점포 수의 100분의 (_____) 이상일 것

① 2,090

② 2,150

③ 2,110

④ 3,090

⑤ 3,110

187 유통산업발전법령상 유통산업의 경쟁력을 강화하기 위한 방안에 관한 설명으로 옳지 않은 것은?

① 산업통상자원부장관은 유통산업의 경쟁력을 강화하기 위하여 무점포판매업의 발전시책을 수립 · 시행할 수 있다.

② 산업통상부장관은 재래시장의 활성화에 필요한 시책을 수립 · 시행하여야 하고, 정부 또는 지방자치단체의 장은 이에 필요한 행정적 · 재정적 지원을 할 수 있다.

③ 지방자치단체의 장은 중소유통기업의 구조개선 및 경쟁력 강화에 필요한 시책을 수립 · 시행할 수 있고, 이에 필요한 행정적 · 재정적 지원을 할 수 있다.

④ 체인사업자는 직영하거나 체인에 가입되어 있는 점포의 경영을 개선하기 위하여 체인점포의 시설 현대화를 추진하여야 한다.

⑤ 산업통상자원부장관 · 중소벤처기업부장관 또는 지방자치단체의 장은 체인사업자 또는 체인사업자단체가 공동브랜드 또는 자기부착상표의 개발 · 보급사업을 추진하는 경우에는 예산의 범위에서 필요한 자금 등을 지원할 수 있다.

188 유통산업발전법령상 유통표준전자문서 및 유통정보의 보안에 관련한 내용으로 옳지 않은 것은?

① 누구든지 유통표준전자문서를 위작 또는 변작하거나 위작 또는 변작된 전자문서를 사용하거나 유통시켜서는 아니 된다.

② 유통정보화서비스를 제공하는 자는 유통표준전자문서 또는 컴퓨터 등 정보처리조직의 파일에 기록된 유통정보를 공개하여서는 아니 된다.

③ 국가의 안전보장에 위해가 없고 타인의 비밀을 침해할 우려가 없는 정보로서 관계행정기관의 장, 특별시장 · 광역시장 · 도지사 또는 특별자치도지사가 행정목적상 필요에 의하여 신청하는 유정보는 공개할 수 있다.

④ 유통정보화서비스를 제공하는 자는 유통표준전자문서를 3년간 보관하여야 한다.

⑤ 유통표준전자문서를 위작 또는 변작하거나 위작 또는 변작된 전자문서를 사용하거나 유통시킨 자는 1년 이하의 징역 또는 1천만원 이하의 벌금에 처한다.

189 유통산업발전법령상 국유재산 및 공유재산의 매각 등에 대한 설명으로 옳지 않은 것은?

① 국가 또는 지방자치단체는 대규모점포의 개설과 중소유통공동도매물류센터의 건립을 위하여 필요한 경우로서 대규모점포를 개설하거나 중소유통공동도매물류센터를 건립하려는 예정부지에 있는 「국유재산법」 또는 「공유재산 및 물품관리법」에 따른 일반재산을 매각하려는 경우에는 「국유재산법」 또는 「공유재산 및 물품 관리법」에도 불구하고 국유재산 · 공유재산을 수의계약으로 매각할 수 있다.

② 국유재산 · 공유재산의 매각의 내용 및 조건에 관하여는 「국유재산법」 또는 「공유재산 및 물품 관리법」에서 정하는 바에 따른다.

③ 대규모점포를 개설하려는 자 또는 중소유통공동도매물류센터를 건립하려는 자는 도로의 개설에 관한 업무를 대통령령으로 정하는 바에 따라 국가기관 또는 지방자치단체에 위탁하여 시행할 수 있다.

④ 대규모점포를 개설하려는 자 또는 중소유통공동도매물류센터를 건립하려는 자가 도로의 개설을 위탁하여 시행하려는 경우에는 국가 또는 지방자치단체와 위탁계약을 체결하여야 한다.

⑤ 대규모점포를 개설하려는 자 또는 중소유통공동도매물류센터를 건립하려는 자가 도로의 개설에 관한 업무를 국가기관 또는 지방자치단체에 위탁하여 시행하는 경우에는 국토교통부령으로 정하는 요율의 위탁수수료를 지급하여야 한다.

190 유통산업발전법령상 벌칙에 대한 설명으로 옳지 않은 것은?

① 등록을 하지 아니하고 대규모점포 등을 개설하거나 거짓이나 그 밖의 부정한 방법으로 대규모점포 등의 개설등록을 한 자는 1년 이하의 징역 또는 3천만원 이하의 벌금에 처한다.

② 유통표준전자문서를 보관하지 아니한 자는 1년 이하의 징역 또는 1천만원 이하의 벌금에 처한다.

③ 유통표준전자문서 또는 컴퓨터 등 정보처리조직의 파일에 기록된 유통정보를 공개한 자는 1천만원 이하의 벌금에 처한다.

④ 대규모점포가 의무휴업 명령을 위반한 자는 1억원 이하의 벌금을 부과한다.

⑤ 과태료는 대통령령으로 정하는 바에 따라 산업통상자원부장관, 중소벤처기업부장관 또는 지방자치단체의 장이 부과·징수한다.

191 철도사업법령상 철도사업 면허를 받을 수 없는 결격사유로 옳지 않은 것은?

① 법인의 임원 중 피성년후견인 또는 피한정후견인이 있는 법인

② 법인의 임원 중 미성년자가 있는 법인

③ 법인의 임원 중 파산선고를 받고 복권되지 아니한 사람이 있는 법인

④ 법인의 임원 중 「도시철도법」을 위반하여 금고 이상의 실형을 선고받고 그 집행이 끝나거나 면제된 날부터 2년이 지나지 아니한 사람이 있는 법인

⑤ 철도사업의 면허가 취소된 후 그 취소일부터 2년이 지나지 아니한 법인

192 철도사업법령상 철도사업자의 사업계획의 변경에 대한 설명으로 옳지 않은 것은?

① 철도사업자는 사업계획을 변경하려는 경우에는 원칙적으로 국토교통부장관에게 신고하여야 한다.

② 사업용 철도노선별로 여객열차의 정차역을 신설 또는 폐지하거나 10분의 2 이상 변경하는 경우에는 국토교통부장관의 인가를 받아야 한다.

③ 공휴일·방학기간 등 수송수요와 열차운행계획상의 수송력과 현저한 차이가 있는 경우로서 3월 이내의 기간 동안 운행횟수를 변경하는 경우에는 국토교통부장관의 인가를 받아야 한다.

④ 국토교통부장관은 철도사업자가 노선 운행중지, 운행제한, 감차 등을 수반하는 사업계획 변경명령을 받은 후 1년이 지나지 아니한 경우에는 사업계획의 변경을 제한할 수 있다.

⑤ 철도사업자의 사업계획 변경의 절차·기준과 그 밖에 필요한 사항은 국토교통부령으로 정한다.

193

철도사업법령상 철도사업의 휴업 및 폐업에 관한 설명으로 옳지 않은 것은?

① 철도사업자가 그 사업의 전부 또는 일부를 휴업 또는 폐업하려는 경우에는 국토교통부령으로 정하는 바에 따라 국토교통부장관의 허가를 받아야 한다.

② 선로 또는 교량의 파괴, 철도시설의 개량, 그 밖의 정당한 사유로 휴업하는 경우에는 국토교통부령으로 정하는 바에 따라 국토교통부장관에게 신고하여야 한다.

③ 휴업기간은 1년을 넘을 수 없다.

④ 허가를 받거나 신고한 휴업기간 중이라도 휴업 사유가 소멸된 경우에는 국토교통부장관에게 신고하고 사업을 재개할 수 있다.

⑤ 철도사업자는 철도사업의 휴업 또는 폐업의 허가를 받은 때에는 그 허가를 받은 날부터 7일 이내에 그 내용을 철도사업자의 인터넷 홈페이지, 관계 역 · 영업소 및 사업소 등 일반인이 잘 볼 수 있는 곳에 게시하여야 한다.

194

철도사업법령상 국유철도시설의 점용허가에 대한 설명으로 옳지 않은 것은?

① 점용허가는 철도사업자와 철도사업자가 출자 · 보조 또는 출연한 사업을 경영하는 자에게만 하며, 시설물의 종류와 경영하려는 사업이 철도사업에 지장을 주지 아니하여야 한다.

② 점용허가를 받은 자가 「공공주택 특별법」에 따른 공공주택을 건설하기 위하여 점용허가를 받은 경우 점용료를 감면할 수 있다.

③ 국토교통부장관은 국가가 소유 · 관리하는 철도시설에 대한 점용허가를 하고자 하는 때 철골조 · 철근콘크리트조 · 석조 또는 이와 유사한 견고한 건물의 축조를 목적으로 하는 경우에는 15년을 초과하여서는 아니 된다.

④ 국토교통부장관은 점용허가를 받은 자가 설치하려는 시설물의 전부 또는 일부가 철도시설 관리에 관계되는 경우에는 점용허가를 받은 자의 부담으로 그의 위탁을 받아 시설물을 직접 설치하거나 「국가철도공단법」에 따라 설립된 국가철도공단으로 하여금 설치하게 할 수 있다.

⑤ 국토교통부장관은 점용허가를 받은 자가 점용허가를 받은 날부터 1년 이내에 해당 점용허가의 목적이 된 공사에 착수하지 아니한 경우 그 점용허가를 취소할 수 있다.

195 항만운송사업법령상 용어의 정의로 옳지 않은 것은?

① 선적화물을 싣거나 내릴 때 그 화물의 용적 또는 중량을 계산하거나 증명하는 일은 검량이라 한다.

② 항만운송사업이란 영리를 목적으로 하는지 여부에 관계없이 항만운송을 하는 사업을 말한다.

③ 부두운영회사란 항만하역사업 및 그 부대사업을 수행하기 위하여 항만시설운영자등과 부두 운영계약을 체결하고, 항만시설 및 그 항만시설의 운영에 필요한 장비·부대시설 등을 일괄 적으로 임차하여 사용하는 자를 말한다.

④ 항만에서 뗏목으로 편성하여 운송될 목재를 수면 목재저장소로부터 내가는 행위나, 선박 또 는 부선을 이용하여 운송될 목재를 수면 목재저장소로부터 내가는 행위 또한 항만운송에 해 당한다.

⑤ 항만운송관련사업은 항만에서 선박에 물품이나 역무를 제공하는 항만용역업·선용품공급 업·선박연료공급업·선박수리업 및 컨테이너수리업을 말하며, 선박수리업은 제외한다.

196 항만운송사업법령상 항만운송사업자의 사업정지 및 등록취소에 관한 설명으로 옳지 않은 것은?

① 관리청은 항만운송사업자가 항만운송사업자 또는 그 대표자가 「관세법」 제269조부터 제271 조까지에 규정된 죄 중 어느 하나의 죄를 범하여 공소가 제기되거나 통고처분을 받은 경우 그 등록을 취소하여야 한다.

② 관리청은 항만운송사업자가 부정한 방법으로 사업을 등록한 경우 그 등록을 취소하여야 한다.

③ 관리청은 항만운송사업자가 사업정지명령을 위반하여 그 정지기간에 사업을 계속한 경우 그 등록을 취소하여야 한다.

④ 관리청은 항만운송사업자가 사업 수행 실적이 1년 이상 없는 경우 그 등록을 취소하거나 6개 월 이내의 기간을 정하여 그 항만운송사업의 정지를 명할 수 있다.

⑤ 관리청은 항만운송사업자가 정당한 사유 없이 운임 및 요금을 인가·신고된 운임 및 요금과 다르게 받은 경우 그 등록을 취소하거나 6개월 이내의 기간을 정하여 그 항만운송사업의 정지 를 명할 수 있다.

197 항만운송사업법령상 항만운송 분쟁협의회 등에 대한 설명으로 옳지 않은 것은?

① 항만운송사업자 단체, 항만운송근로자 단체 및 그 밖에 대통령령으로 정하는 자는 항만운송과 관련된 분쟁의 해소 등에 필요한 사항을 협의하기 위하여 항만별로 항만운송 분쟁협의회를 구성·운영할 수 있다.

② 항만운송사업자 단체와 항만운송근로자 단체는 항만운송과 관련된 분쟁이 발생한 경우 제1항에 따른 항만운송 분쟁협의회를 통하여 분쟁이 원만하게 해결되고, 분쟁기간 동안 항만운송이 원활하게 이루어질 수 있도록 노력하여야 한다.

③ 항만운송 분쟁협의회는 위원장 1명을 포함하여 7명의 위원으로 구성한다.

④ 분쟁협의회의 회의는 분쟁협의회의 위원장이 필요하다고 인정하거나 재적위원 과반수의 요청이 있는 경우에 소집한다.

⑤ 분쟁협의회의 회의는 재적위원 과반수 이상의 출석으로 개의하고, 출석위원 과반수 이상의 찬성으로 의결한다.

198 항만운송사업법령상 검수사업·감정사업 및 검량사업의 등록기준에 대한 설명으로 옳지 않은 것은?

① 부산항에서 검수사업을 등록하려는 경우 검수사가 25명 이상이어야 한다.

② 군산항에서 검수사업을 등록하려는 경우 자본금은 5천만원 이상이어야 한다.

③ 포항항에서 검수사업을 등록하려는 경우 검수사가 7명 이상이어야 한다.

④ 인천항에서 감정사업을 등록하려는 경우 자본금은 5천만원 이상이어야 한다.

⑤ 자본금 기준에 있어서 사업자가 개인인 경우에는 자본금을 갈음하여 재산평가액을 적용한다.

199 농수산물 유통 및 가격안정에 관한 법령상 몰수농산물 등의 이관에 대한 설명으로 옳지 않은 것은?

① 농림축산식품부장관은 국내 농산물 시장의 수급안정 및 거래질서 확립을 위하여 「관세법」 및 「검찰청법」에 따라 몰수되거나 국고에 귀속된 농산물을 이관받을 수 있다.

② 농림축산식품부장관은 이관받은 몰수농산물 등을 매각·공매·기부 또는 소각하거나 그 밖의 방법으로 처분할 수 있다.

③ 농림축산식품부장관은 몰수농산물 등의 처분업무를 농업협동조합중앙회 또는 한국농수산식품유통공사 중에서 지정하여 대행하게 할 수 있다.

④ 몰수농산물 등의 처분절차 등에 관하여 필요한 사항은 「관세법」 및 「검찰청법」에서 따로 정한다.

⑤ 처분대행기관장은 매각·공매의 방법으로 처분한 경우 인수·보관 및 처분에 든 비용과 대행수수료를 제외한 매각·공매 대금을 농산물가격안정기금에 납입하여야 한다.

200

농수산물 유통 및 가격안정에 관한 법령상 산지유통인의 등록과 관련한 설명으로 옳지 않은 것은?

① 농수산물을 수집하여 도매시장에 출하하려는 자는 농림축산식품부령 또는 해양수산부령으로 정하는 바에 따라 부류별로 도매시장 개설자에게 등록하여야 한다.

② 도매시장법인, 중도매인 및 이들의 주주 또는 임직원은 해당 도매시장에서 산지유통인의 업무를 하여서는 아니 된다.

③ 산지유통인은 등록된 도매시장에서 농수산물의 출하업무 외의 판매 · 매수 또는 중개업무를 할 수 있다.

④ 도매시장 개설자는 등록을 하여야 하는 자가 등록을 하지 아니하고 산지유통인의 업무를 하는 경우에는 도매시장에의 출입을 금지 · 제한하거나 그 밖에 필요한 조치를 할 수 있다.

⑤ 국가나 지방자치단체는 산지유통인의 공정한 거래를 촉진하기 위하여 필요한 지원을 할 수 있다.

MEMO

물 류 관 리 사 기 출 문 제 집

CERTIFIED
PROFESSIONAL
LOGISTICIAN

123456

실전모의고사
정답 및 해설

실전모의고사 제1회
실전모의고사 제2회

001	002	003	004	005	006	007	008	009	010	011	012	013	014	015	016	017	018	019	020
⑤	③	②	③	①	④	③	⑤	①	②	④	⑤	③	⑤	③	②	⑤	④	②	④
021	022	023	024	025	026	027	028	029	030	031	032	033	034	035	036	037	038	039	040
①	②	①	④	④	⑤	①	①	②	③	②	④	⑤	②	①	③	①	②	④	③
041	042	043	044	045	046	047	048	049	050	051	052	053	054	055	056	057	058	059	060
⑤	⑤	③	②	①	②	③	⑤	④	③	①	③	⑤	①	⑤	④	③	⑤	③	①
061	062	063	064	065	066	067	068	069	070	071	072	073	074	075	076	077	078	079	080
⑤	①	②	④	①	③	②	③	⑤	③	⑤	③	②	③	②	⑤	⑤	①	⑤	②	⑤
081	082	083	084	085	086	087	088	089	090	091	092	093	094	095	096	097	098	099	100
④	①	⑤	③	④	③	④	④	②	③	④	④	④	③	②	⑤	③	④	③	①
101	102	103	104	105	106	107	108	109	110	111	112	113	114	115	116	117	118	119	120
⑤	④	②	①	④	④	⑤	⑤	①	④	③	④	①	②	②	①	②	①	④	②	②
121	122	123	124	125	126	127	128	129	130	131	132	133	134	135	136	137	138	139	140
①	⑤	④	①	②	②	④	①	③	③	③	①	④	⑤	①	④	②	②	②	④
141	142	143	144	145	146	147	148	149	150	151	152	153	154	155	156	157	158	159	160
④	③	⑤	①	⑤	⑤	③	①	⑤	③	①	②	③	①	③	①	③	④	⑤	④
161	162	163	164	165	166	167	168	169	170	171	172	173	174	175	176	177	178	179	180
④	①	③	③	③	④	②	⑤	④	⑤	④	②	⑤	①	④	⑤	③	⑤	②	①
181	182	183	184	185	186	187	188	189	190	191	192	193	194	195	196	197	198	199	200
⑤	④	①	①	④	⑤	④	②	⑤	⑤	①	③	②	④	③	③	⑤	④	⑤	⑤

제1과목 [물류관리론]

001 사내물류란 매입물자의 보관창고에서 판매를 위한 장소까지의 물류활동을 의미한다.

002 물류보안경영시스템 인증제도는 ISO14001이 아니라 ISO280000이다. ISO 14001는 환경경영인증을 의미한다.

003 물류합리화는 모든 물류활동에서 추구되어야 하므로 물류정보의 전달체계 개선도 당연히 물류합리화의 대상이라고 할 수 있다.

004 컨테이너화는 시설의 확보에 따른 경비부담 및 제설비의 관리문제가 발생한다.

005 소비자가의 하락은 물류공동화 추진상 문제점에 해당하지 않는다.

006 ① 일, 주 단위의 업무운영에 관한 구체적인 사항을 수립하는 것이 **운영적 계획**이다.
② 배송빈도가 높을수록 물류센터의 재고회전율은 **증가**한다.
③ 고객맞춤형 제품의 경우 공장에서부터 완성된 형태로 출하하는 것보다는 지연전략(Postpone)을 이용하여 유통과정에서 완성출하함으로써 재고절감 및 리드타임 단축 등의 효과를 노릴 수 있다.
⑤ 해당 설명은 바텀업(Bottom-up) 방식이다.

007 델파이법은 시장조사법, 패널동의법, 역사적 유추법과 함께 대표적인 정성적인 수요예측기법이다.

008 상인 도매상은 상품에 대한 소유권이 있고, 대리인 도매상은 소유권이 없다. 상인 도매상이란 취급하는 제품에 대한 소유권을 가지는 독립된 사업체이다.

009 대량고객화에 대한 설명이다. 대량고객화(Mass Customization)는 대량생산(Mass Production)과 고객화(Customization)의 합성어이다.

010 최소 비용 한계에서는 물류서비스의 향상을 기대할 수 없으므로 최적 물류서비스와 적정비용이 함께 고려되어야 한다.

011 ④는 노동집약도가 낮은 서비스 조직에서의 의사결정 시 고려사항이다.

012 JIT는 적시에 필요한 것만을 적당량만 생산하여 생산시간을 단축하고 재고를 최소화하여 낭비를 줄이는 시스템이다.

013 포괄손익계산서와 재무상태표를 기준으로 물류비 총액을 추정하는 것은 일반기준이 아닌 간이기준 산정방식이다.

014 유통가공비는 기능별 물류비 중 하역비에 해당한다.

015 ㉠ 운송수단에 따라 소요시간, 안전성, 기업 마케팅전략 부응 여부 등에 영향을 미친다.
㉣ 물류서비스 수준을 높이면 총비용이 상승한다(상충관계).

016 EOS는 편의점 등에서 상품 판매 시 POS 데이터를 통해 상품부족분에 대하여 거래처에 자동으로 주문하여 오납이나 결품의 발생 가능성 없이 신속하고 정확하게 배달해 주는 시스템을 의미한다.

017 POS 정보는 생산시점관리 데이터가 아닌 판매시점관리 데이터로 유통업체의 재고 및 판매실적을 실시간으로 파악할 수 있다.

018 RFID는 비접촉식 무선의 형태이다.

019 ②는 프로그램형 조직에 대한 설명이다.

020 **포장합리화의 원칙**
- 규격화, 표준화의 원칙
- 대형화, 대량화의 원칙
- 사양변경의 원칙
- 재질변경의 원칙
- 시스템화, 단위화의 원칙

021 $(550m \times 2) \times (275mm \times 4) = 1,100mm \times 1,100mm$ 이므로 100%이다.

022 제3자 물류의 계약방식은 통상적으로 경쟁계약의 형태가 많다.

023 제조업체의 경우 전체 부가가치의 약 60~70%가 제조과정 외부에서 발생하고 있고 공급망 전체 최적화에 의한 물류관리가 중요해져서 SCM이 등장하게 되었다.

024 CPFR은 유통업체와 공급업체가 함께 계획하고 수요예측하여 재고를 보충한다.

025 규모의 경제를 추구하는 경우 채찍효과가 심화된다.

026 ① CRP(Continuous Replenishment Program, 지속적 상품보충)는 제조자로부터 유통업자에 이르는 상품의 이동을 관리하고 통제하는 데 사용되는 방법이다.
② CAO(Computer Assisted Ordering, 컴퓨터 지원주문)는 공급체인에서 제조업자의 창고, 유통센터, 소매업자에 이르는 전체 재고를 컴퓨터에 의한 자동주문을 수행하도록 함으로써 효과적인 운반 및 배달계획을 지원해주어 물류비용을 감소시켜 준다.

③ ERP(Enterprise Resource Planning, 전사적 자원관리)은 기업 내의 자원을 효율적으로 관리하기 위한 통합정보시스템이다.
④ 크로스 도킹(Cross Docking)은 물류센터에 재고를 보관하지 않고 바로 거래처로 배송하는 것이다.

027 일반경쟁방식은 입찰공고를 통해 불특정다수의 희망자를 경쟁시키므로 불성실한 업체의 경쟁참가를 배제하기 어렵다.

028 IoT(사물인터넷)에 대한 설명이다.

029 납, 크롬, 카드뮴, 수은 등 6개 물질에 대한 사용규제조항을 담고 있는 것은 RoHS(Restriction On Hazardous Substances, 유해물질사용 제한지침)이다. EuP는 에너지 사용제품의 친환경설계 지침이다.

030 홀수단과 짝수단을 '180도' 바꾸어 적재하며, 장방형 화물에 적합한 것은 벽돌형 적재이다.
① 교호열 적재와 헷갈릴 수 있는데 교호열 적재는 홀수단과 짝수단을 '90도' 회전 후 적재한다.
② 핀휠 적재는 '중앙부에 빈 공간'이 생기는 적재형이다.
④ 스플릿 적재는 벽돌 적재를 하여 화물과 파렛트가 일치하지 않는 경우 물건 사이에 인위적으로 공간을 만드는 적재방법이며 벽돌형 적재가 그 근본이 된다.
⑤ 블록형 적재는 '홀수단과 짝수단을 모두 같은 방향'으로 적재하는 것을 말한다.

031 가장 최근값에 가장 큰 가중치를 두는 수요예측기법은 지수평활법이다.

032 수직적 유통경로시스템은 관리, 통제에 초점이 맞추어져 있으므로 유연성이 떨어진다.

033 MRP는 원자재명세서, 재고기록철, MPS, 리드타임을 기본 입력요소로 하여 최상위 수준으로 완제품을 조립하기 위해 필요한 부품의 필요시기와 소요량을 컴퓨터로 활용하여 출력해내는 재고관리기법이다.

034 ㄱ은 린생산방식(JIT), ㄴ은 시장에 대하여 기민하게 대응하는 개발방법론인 애자일생산방식이다.

035 ㄱ은 과목, ㄴ은 비목, ㄷ은 세목에 대한 설명이다.

036 활동기준 원가계산의 구성요소는 자원(Resource), 활동(Activity), 원가대상(Cost object), 자원동인(Resource driver), 활동동인(Activity driver)이다.

037 TRS(Trunked Radio System, 공용주파수 통신시스템)에 대한 설명이다.

038 소스마킹에 대한 설명이다. 인스토어마킹이란 소매점에서 판매하기 전 작업실 등에서 마킹을 하는 것으로 주로 생선, 정육 등에 실시한다.

039 고객관계관리는 주로 신규고객보다는 기존고객에 집중하며 선별된 고객에 대하여 고객이 원하는 제품과 서비스를 지속적으로 제공함으로써 고객의 가치를 극대화시키는 통합 고객관계관리 프로세스이다.

040 재고거점수가 증가하면 일정 거점수까지는 총물류비용 감소효과가 있는 것은 맞지만 도입비용, 창고유지를 위한 간접비, 불확실한 수요에 대한 안전재고증가 등을 고려해보았을 때 결국 총물류비용은 증가한다.

제2과목   화물운송론

041 AEO제도는 수출입안전관리 종합우수업체 인증제도로 무역보안 및 무역안전을 위한 제도이다.

042 모두 옳은 선지이다.

043 밀도가 동일한 화물일지라도 적재율이 떨어진다면 단위당 운송량이 적어져 운송비는 높아진다.

044 밀도가 높은 화물일수록 단위무게당 운임은 감소한다.

045 장척물 수송에 적합한 것은 풀(Pole) 트레일러 트럭이다.

046 ① 하대폭 : 파렛트 적재수, 컨테이너의 적재 여부에 영향을 준다.
③ 전고 : 지하도 및 교량 통과 높이에 영향을 준다(하대높이는 적재량에 영향을 준다).
④ 제1축간거리 : 축간거리가 길수록 적재함의 길이가 커지거나 적재함 중량이 앞바퀴에 많이 전달된다.

⑤ 오프 : 오프값이 클수록 전축에 하중이 많이 걸린다 (오프는 적재실의 앞뒤 간의 중심으로부터 후측의 중심선까지의 거리이며 후축은 차체중량 및 적재화물의 중량을 담당하는 정도와의 관계를 나타낸다).

047 · 적재물량(월) : $2 \times 25 \times 4,000 = 200,000 kg$
· 트럭 대수 : $1,100,000 kg / 200,000 kg = 5.5$대(6대)

048 배송의 계획화(루트화, 다이어그램 수송), 화물의 로트(Lot)화, 경로의 단순, 간략화, 공동화(고밀도화)는 소프트웨어 대책이다.

049 다이어그램 배송방법은 주행경로 – 배송순서 – 시간표 – 계획배송으로 실시하는 배송방식으로, 배송범위가 협소하고 빈도가 높을 경우 효과적이다.

050 화물의 입출고 빈도 ABC 분석은 재고관리와 관련한 기법이다.

051 물류거점수를 줄이는 경우 재고비 및 재고관리비는 감소한다. 또한 물류거점이 줄어들면 수송비는 감소하지만 거점에서부터의 배송비는 증가한다.

052 · A기업의 최소 운송비는 아래와 같다.
– 화물자동차 : $200,000 + (1,000 \times 100 \times 5)$
$+ (100 \times 100 \times 5) = 750,000$원
– 철도 : $150,000 + (900 \times 100 \times 5)$
$+ (300 \times 100 \times 5) = 750,000$원
– 연안해송의 경우 : $100,000 + (800 \times 100 \times 5)$
$+ (500 \times 100 \times 5)$
$= 750,000$원
· B기업의 최소 운송비는 아래와 같다.
– 화물자동차 : $200,000 + (1,000 \times 200 \times 1)$
$+ (100 \times 200 \times 1) = 420,000$원
– 철도 : $150,000 + (900 \times 200 \times 1)$
$+ (300 \times 200 \times 1) = 390,000$원
– 연안해송의 경우 : $100,000 + (800 \times 200 \times 1)$
$+ (500 \times 200 \times 1)$
$= 360,000$원

053 착불화물(또는 착지신용택배화물)의 경우에는 운송장을 증빙으로 제시하여 수화인에게 요금을 청구할 수 있다.

054 VSP기법은 배송루트를 설계하기 위해 컴퓨터 소프트웨어로 도로 네트워크상 복수의 배송센터에서 다수

의 고객에게 배송하는 데 필요한 보유차량 대수, 소요시간, 도로거리, 배송량 등을 고려하여 차량의 운행효율을 최대로 하는 배송루트와 필요한 차량대수를 계산하는 방식이다.

055 ※ 수송 중 재고비용 = 수송시간 × 재고유지비용 × 연간 운송량
· 철송 : $23 \times 1,400 \times 7,000,000$
$= 225,400,000,000$원
· 트럭 : $11 \times 1,400 \times 7,000,000$
$= 107,800,000,000$원
· 항공 : $2 \times 1,400 \times 7,000,000$
$= 19,600,000,000$원

056 ① "운송장"이라 함은 사업자와 고객 간의 택배계약의 성립과 내용을 증명하기 위하여 **사업자**의 청구에 의하여 **고객**이 발행한 문서이다.
② "고객"이라 함은 택배사업자에게 택배를 위탁하는 자로서 운송장에 **송하인**으로 기재되는 자를 말한다.
③ "택배"라 함은 수하인의 주택, 사무실까지 운송하여 **인도**하는 것을 말한다.
⑤ "손해배상한도액"은 고객이 운송장에 운송물의 가액을 **기재하지 않은 경우**에 한하여 적용한다.

057 최저주문단위제를 실시하여 배송주문량 및 주문 횟수를 줄여야 효율적인 화물자동차 운송시스템이 될 수 있다.

058 네트워크 문제를 해결하는 기법으로 최단경로법, 최대수송량법, 최소비용법, 클라크 라이트법이 있다. 선형계획법은 정해진 네트워크상에서 적절한 배분 및 통합계획을 수립할 때 사용되는 방법이다.

059 COFC(Container On Flat Car)방식에서 컨테이너를 화차에 바꿔 싣는 방향에 따라 비교적 취급량이 적은 종류일 때 사용하는 방식은 세로 – 가로 이동방식이다. 세로 – 가로 이동방식은 COFC방식에서 스프레드 지게차 또는 리치 스태커를 이용하여 트레일러에 세로로 적재되어 있는 컨테이너를 가로로 바꿔 화차에 적재하는 것이다.

060 ② 국내화물운송실적은 화물자동차가 철도보다 많다.
③ 우리나라 철도노선은 1,435mm의 표준궤이다.
④ 이단적열차(Double Stack Train)을 운행하고 있지 않다.
⑤ 대량화물운송은 선박운송이 유리하다.

061 ULD는 초기 투자비용이 많이 든다.

062 가격에 따라 추가운임을 부과하는 것은 Valuation Charge이다.

063 유통가능한 유가증권은 선하증권(B/L)의 성격이고 항공화물운송장(AWB)은 비유통성 증권이다.

064 원본은 2장이 아니라 3장이다.

065 발송통지서 접수 → 적하목록 세관제출 → 하기신고 및 보세구역 물품 반입 → 수하인에게 화물도착 통지 → 수입통관절차 수행 및 물품 반출

066 ⓒ 항공화물운송장의 표준양식은 IATA에서 제정한다. ICAO는 항공운송의 질서와 안전을 위한 국제기구이다.
ⓔ 화주가 항공운송인(실제운송인)과 항공운송계약을 체결한 경우, 운송계약체결의 증거로서 항공운송인은 화주에게 Master Air WayBill을 발행한다. HWAB(House Air WayBill)은 항공화물운송주선인이 화주에게 발행하는 것이다.

067 Hanger Container는 의류에 적합하다. 가축사료, 소맥분에 적합한 컨테이너는 Solid Bulk Container이다.

068 마샬링 야드에 대한 설명이다.

069 ODCY는 항만 밖에 있는 시설이다.

070 ⊙ 냉장, 냉동화물에 적합하다.
ⓔ 동물운송에 적합하다.

071 해당 문제는 Ro−Ro 방식에 대한 설명이다. Ro−Ro 방식은 크레인을 사용하지 않는 방식이다.

072 아시아 일관수송용 평파렛트의 크기는 1,100mm×1,100mm, 1,200mm×1,000mm가 대표적이다.

073 해운동맹은 공동합의를 전제로 하기 때문에 시장환경의 변화에 탄력적으로 대응하기가 어렵다.

074 컨테이너 화물의 선적 절차와 관련된 서류 발급 순서는 'S/R(Shipping Request, 선복요청서)−Booking Note(선적예약서)−Booking List(선적목록)−E/R

(Equipment Receipt, 기기수도증)−D/R(Dock Receipt, 부두수령증)−B/L(Bill of Lading, 선하증권)'이다.

075 Bareboat Charter(나용선계약)에 대한 설명이다.
① Voayage Charter : 항해용선계약
② Time Charter : 기간용선계약
③ Lump Sum Charter : 선복용선계약
④ NET TERM CHARTER(용선자가 본선의 항비와 하역료 모두 비용을 부담하는 조건)

076 선적 절차에 따른 순서는 선적요청서(S/R : Shipping Request)−선적지시서(S/O : Shipping Order)−본선수취증(M/R : Mate's Receipt)−선하증권(B/L : Bill of Lading)−화물인도지시서(D/O : Delivery Order) 순이다.

077 화물선적예약서(B/N : Booking Note)는 선사가 화주로부터 구두 또는 문서로 선적예약을 받은 때 화물명세, 필요 컨테이너 수, 운송조건 등을 기입한 서류이다.

078 프레이트 포워더의 총책임은 화물의 전손에 대한 책임을 한도로 한다.

079 제3자에게 양도된 경우 용선계약서의 내용보다 선하증권의 내용이 우선한다.

080 작은 비용을 갖는 수송경로부터 우선적으로 수송량을 전부배정한다.
1. A−2, 20톤
2. B−1, 35톤
3. B−3, 15톤
4. C−3, 30톤

제3과목   국제물류론

081 Hub&Spoke 방식이 확대되고 있는 반면, Point−to−Point 운송방식은 축소되고 있는 추세이다(Point−to−Point 운송방식의 단점인 중복수송을 Hub&Spoke에서는 Hub를 구축함으로써 완화시켜 준다).

082 국제물류의 활동 중 상품의 "수송"조절기능, "물류거점"기능 등의 역할을 수행하는 것은 보관이다.

083 기항항만 수의 확대는 선박회전율의 감소를 초래하여 규모의 경제 실현을 어렵게 만든다.

084 매수인이 물품을 인수한 상태와 실질적으로 동등한 물품을 반환하는 것이 불가능한 경우에는 매수인은 계약의 해제를 선언하거나 매도인에게 대체품의 인도를 요구하는 권리를 상실한다.

085 부화인은 주화인만으로는 다른 화물과의 구별이 어려울 때 주화인 아래에 생산자 또는 공급자의 약자를 표시하는 것을 말한다.

086 CIP조건은 모든 운송수단에서 사용 가능하다. 반면 FAS, FOB, CFR, CIF 조건은 해상운송 및 내수로운송을 위해서만 사용할 수 있다.

087 운송계약체결이 매수인의 의무인 경우는 F그룹(FCA, FAS, FOB) 조건이다.

088 DPU 조건은 물품이 지정목적지에서 또는 지정목적지 내에 어떠한 지점이 합의된 경우에는 그 지점에서 도착운송수단으로부터 양하된 상태로 매수인의 처분하에 놓인 때 매도인이 매수인에게 물품(및 위험)을 인도하는 것을 의미한다.

089 FCA 조건은 당사자들이 합의한 경우에 매수인은 물품이 적재되었음을 기재한 운송서류를 자신의 비용과 위험으로 매도인에게 발행하도록 운송인에게 지시하여야 한다.

090 FOB는 매수인이 운송계약을 체결할 의무를 부담한다.

091 CFR 또는 CIF 조건은 운임선불이므로 Freight Prepaid라고 표기한다.

092 신용장에서 운송서류의 원본 전부(full set)를 요구하더라도 **탁송인 또는 송하인용** 원본이 있으면 된다.

093 분쟁이 발생한 후에도 당사자가 합의를 하는 경우 중재로 분쟁을 해결할 수 **있다.**

094 준거법, 중재기관, **중재지**가 포함되어야 한다.

095 헤이그 규칙은 해상운송인의 과실책임주의를 원칙으로 하고 있으며, 운송인과 화주 간 위험배분에 관하여도 조정을 하고 있다.

096 로테르담 규칙은 운송인의 책임한도액을 포장당 875SDR, 1kg당 3SDR 중 높은 금액으로 규정하고 있으며, 인도지연이 있는 경우 운임의 2.5배 이내에서 손해배상을 해야 한다.

097 정박기간의 시작은 하역준비완료통지(N/R : Notice of Readiness)를 제출하면 게시된다. 조출료가 US$ 2,000인 경우 1일분의 조출료가 발생했다고 볼 수 있으므로 계약(약정)정박기간은 5일이다.

098 재고가 감소하면 재고관리비도 감소한다.

099 무게운임과 부피를 중량으로 환산하여 한 운임 중 큰 운임을 적용한다.
- 무게운임 : 20kg
- 부피중량운임 : 30kg(90 × 50 × 40/6,000)
※ 30kg × US$ 4 = US$ 120

100 ICAO에 대한 설명이다.

101 UN국제물품복합운송조약에서 복합운송인의 책임한도는 손해구간이 판명된 경우에는 해당 구간의 국제규칙이나 강행적인 국내법과 MT 조약 중 높은 쪽을 택할 수 있도록 손해배상청구인에게 그 선택권을 부여하였다.

102 FOB는 본선 적재 시에 매도인의 위험과 비용이 끝나므로 별도 보험계약을 체결할 필요가 없다.

103 해상고유의 위험은 침몰, 좌초, 충돌, 악천후, 행방불명이다. 선장 및 선원의 악행은 해상위험으로 분류한다.

104 히말라야약관에 대한 설명이다.
② 갑판적 화물 : 갑판적 화물의 위험에 대해서는 책임을 부담하지 않는다는 면책조항이다.
③ 지상약관 : 해상운송계약이 어느 나라의 법에 준하느냐를 규정하는 것으로 준거법을 결정하는 조항이다.

105 재고가 감소하면 재고관리비는 **감소한다.**

106 극동에서 파나마 운하를 경유하여 미국 동부 해안으로 해상운송 후, 철도나 트럭으로 내륙지역으로 육상(철도)운송하는 방식은 RIPI(Reverse Interior Point Intermodal)이다.

107 로테르담 규칙에서는 운송인의 책임한도액을 포장당 875SDR, 1kg당 3SDR 중 높은 금액으로 규정하고 있으며, 인도지연의 경우 운임의 2.5배 이내에서 손해배상을 하여야 한다. 다만, 이 금액은 포장당 875SDR, 1kg당 3SDR의 한도를 초과하지 못한다.

108 지시식의 경우 배서인이 피배서인을 기재하므로 피배서인이 지시하는 자가 수하인이 된다.

109 Transporter에 대한 설명이다.

110 이종책임체계에서 판명손해의 경우에는 그 손해가 항공구간에서 발생했으면 바르샤바 조약을 적용한다.

111 복합운송증권은 유통성과 비유통성 모두 발행 가능하다(유통성을 가지고 있는 것이 원칙이며 비유통성으로 표기하여 발행할 수도 있다).

112 ㄹ 화주는 선사에 선적요청서(S/R)을 제출한다.
ㅁ EIR(기기수도증)을 접수한다.
ㅂ 컨테이너 봉인(Seal)한다.
ㄴ CY 운영인은 컨테이너 적입화물을 수취하면 부두수취증(D/R)을 발행하여 화주에게 교부한다.
ㄷ S/P(Stowage Plan, 본선적입도)를 작성한다.
ㄱ 선사는 B/L을 화주에게 발행한다.

113 관세법에 의해 수입신고는 물품 반입일 또는 장치일로부터 30일 이내에 하여야 한다.

114 ALB(아메리카 랜드브리지)는 극동지역에서 미국서부해안까지 해상운송 후 미국대륙을 횡단한 후 다시 해상으로 유럽으로 운송하는 경로이다.

115 ICAO에 대한 설명이다.

116 Running Laydays는 하역작업 시작일로부터 종료일까지 경과일수를 모두 정박기간에 산입하는 조건으로, 불가항력, 일요일, 공휴일 모두 정박기간에 포함되기 때문에 용선자에게 가장 불리하다.

117 해약조항(Canceling Clause)이란 계약된 날짜에 선박이 준비되지 않은 경우 선주는 용선주의 손실에 대하여 배상책임이 있으며 용선자가 계약을 취소할지 여부에 대하여 선택할 수 있도록 한 조항이다.

118 • 관세의 과세표준은 CIF를 기준으로 구한다. CIF가격은 1,250만달러이다(수입가격 1,000만달러 + 해상운임 200만달러 + 해상적하보험료 50만달러).
• 관세 = CIF 가격 × 8% = 100만달러
• 부가가치세 = (관세의 과세가격 + 관세) × 10% → (1,250만달러 + 100만달러) × 10% = 135만달러

119 FCA 조건은 선택된 **운송형태에 관계없이 사용** 가능하며, **하나 이상의 운송방식**이 사용되는 경우에도 사용될 수 있다.

120 당사자의 의무 중 B2의 매수인의 의무조항은 인도가 아닌 수령(Taking delivery)이다.

제4과목　보관하역론

121 ①은 보관의 기능이 아니라 물류의 기능 중 포장의 기능에 대한 설명이다.

122 '연대적 출고'라는 표현을 통해 네트워크 보관의 원칙에 대한 설명임을 알 수 있다. 네트워크 보관원칙은 연대출고가 예정된 제품을 한 곳에 모아 피킹효율을 증대시키는 보관원칙이다.

123 형식 변경이 잦은 상품의 경우 형식 변경이 이루어지기 전에 먼저 들어온 물품부터 판매(선입선출)되어야 하므로 FIFO 원칙이 반드시 필요하다.

124 운송의 기능에 대한 설명이다.

125 ㄱ 영업창고는 물류 및 정보 시스템의 관점에서 통합물류시스템과의 연결성이 자가창고에 비해 **약하다.**
ㄴ 관세법에 근거하여 창고업자가 **세관장의 특허**를 받아 세관의 감독하에 수입화물을 보관하는 창고를 보세창고라고 한다.
ㅁ 창고의 위치 결정은 화물의 흐름을 고려하여 결정하는데 창고입지의 다섯가지 요인은 P(Product), Q(Quantity), R(Route), S(Service), T(Time)이다.

126 • 입하작업의 공수비율 = 입하작업/총작업시간 = 20시간/100시간 = 20%
• 가동률 = 실작업시간/총작업시간 = 80시간/100시간 = 80%

127 위치관리를 통한 재고내역 및 실물위치 파악기능은 '관리관련기능'보다는 '재고관련기능'에 적절하다.

128 ㉡ 요구분석 → (효과분석) → ㉠ 사양정의 → ㉢ 대안평가 → ㉤ 업체선정 → ㉣ 개발설치 → (운영)

129 ① 근거리 우선보관(Closest Open Storage) 방식은 임의위치 보관방식의 대표적인 유형이다.
② 급별보관(Class – based Storage) 방식은 비용과 품질관리 수준을 고려하여 보관위치를 결정한다.
④ 지정위치보관 방식은 일반적으로 물품의 입출고 빈도를 고려하여 보관위치를 결정한다.
⑤ 전체 보관소요 공간을 가장 많이 차지하는 보관방식은 지정위치보관 방식이다.

130 면적 충진율 = 적재면적/가용총면적 × 100
= (700mm × 400mm × 4)/(1,100mm × 1,100mm) × 100 = 93%
※ 높이는 적재율을 구하는 데 불필요한 정보이다.

131 특정 상품의 입출고 횟수당 품목의 소요공간을 계산하여 해당 값이 작을수록 재고회전율이 높은 것을 의미한다. ㄷ이 가장 값이 작아 재고회전율이 높으므로 입출구에서 가장 가까운 위치에 배치하여야 한다.
※ ㄱ = 200/20 = 10, ㄴ = 60/5 = 12, ㄷ = 80/10 = 8, 140/7 = 20, ㅁ = 90/6 = 15

132

구분	위치좌표 (X, Y) (km)	수요량 (Box)	Box당 운송단가 (원/km)	수송비	가중치
A공장	(90, 70)	7,000	30	210,000	210,000/340,000
B수요지	(10, 80)	1,000	10	10,000	1/34
C수요지	(20, 20)	2,000	20	40,000	4/34
D수요지	(40, 50)	4,000	20	80,000	8/34
–	–	–	총 수송비	340,000	–

• X좌표 = $\sum$ (각 지역의 가중치 × 각 지역의 X좌표)
• X = $\left(\frac{21}{34} \times 90\right) + \left(\frac{1}{34} \times 10\right) + \left(\frac{4}{34} \times 20\right) + \left(\frac{8}{34} \times 40\right)$

$$= \frac{(21 \times 90) + (1 \times 10) + (4 \times 20) + (8 \times 40)}{34}$$

$$= \frac{1,890 + 10 + 80 + 320}{34} = 68$$

• Y좌표 = $\sum$ (각 지역의 가중치 × 각 지역의 Y좌표)

• Y = $\frac{(21 \times 70) + (1 \times 80) + (4 \times 20) + (8 \times 50)}{34}$

$$= \frac{1,470 + 80 + 80 + 400}{34} = 60$$

133 EOQ 입지선정 방법이 아닌 모형은 경제적 주문수량 모델이다.

134 출고청구서는 출화를 위하여 화주가 작성하여 제출하는 서류이다. 출고지시서는 그 이후 화주가 창고 비용을 모두 처리하면 창고회사가 내주는 서류이다. 출고지시서를 내어준다. 즉, 입화와 출고청구서 및 출고지시서 교부는 동시에 발생하지 않는다.

135 DAS는 동일한 제품을 토털피킹 한 후 거래처별 분배할 때 상품의 종류와 수량을 정보시스템에 의해서 지시해 주고 정확한 수량이 투입될 수 있도록 하는 시스템이다.

136 여러 개 사건(3종류의 제품이 각각 98% 보관서비스 수준이 되는 것)이 동시에 충족될 확률은 개별 확률의 곱으로 계산한다. → 0.98 × 0.98 × 0.98 = 약 94%

137 투빈시스템은 계속 재고조사를 하지 않고 두 개의 Bin에 재고를 넣고 사용하여 Bin 하나의 재고를 완전 소진하면 이를 재발주점으로 설정하여 정량발주가 이루어지는 시스템을 의미한다. Q시스템은 정량주문방식을 의미한다.

138 ABC 재고관리에서 A품목은 매출액이 매우 높은 반면 단가는 저렴하여 가장 치밀하게 관리하는 품목으로 매번 수요예측을 다시 하는 정기발주방식을 취한다. B품목은 정량발주방식을 주로 취한다. C품목은 품목수는 많지만 총매출액은 매우 적은 형태로, 정기/정량 혼합방식이나 투빈시스템을 주로 취한다.

139 가중이동평균법은 예측하려는 기간에 가까울수록 높은 가중치를 배정한다. → 5월의 수요량 : (178 × 0.6) + (163 × 0.3) + (183 × 0.1) = 174

140 Flat Pallet는 형태별 구분이다.

141 수직형 회전랙은 입출고구가 하나여서 수평형 회전랙보다 보안성이 좋다.

142 타이어, 유리 등과 같은 경우는 형상에 맞는 특수랙 사용이 필요하다. 캔틸레버 랙(Cantilever Rack)은 장척물 보관에 적합한 랙이다.

143 ① 형상보관에 의한 전용랙에 대한 설명이다.
② 지게차(하역기기)없이 피커의 위치에서 입출고한다.
③ 회전 랙은 경량 소형화물이므로 파렛트를 활용하지 않는다.
④ Flow Rack에 대한 설명이다.

144 '직각 방향으로 화물을 밀어내는 방식'의 표현으로 보아 'Pusher 방식'임을 알 수 있다.

145 레일을 주행하는 트레이 등의 '바닥면을 개방하여' 단위화물을 방출하는 컨베이어는 **저개식 컨베이어**이다.

146 충전지식 포크리프트는 배터리 용량문제로 **단거리 운전**에 적합하다.

147 권상(감아올림), 권하(풀어내림), 횡방향 끌기의 기능을 통합적으로 갖춘 장치를 호이스트라고 부른다(트롤리는 횡적이동의 기능만 한다).

148 리프트 게이트에 대한 설명이다.

149 로봇식 파렛타이저는 파렛트의 **패턴 변경이 쉽다**는 장점이 있다.

150 • $EOQ = \sqrt{\dfrac{2 \times CO \times D}{CH}}$

(D : 연간수요, CO : 1회 주문비용, CH : 연간 단위당 재고유지비용)

• $EOQ = \sqrt{\dfrac{2 \times 20,000원 \times 100,000개}{100원 \times 0.1}} = 20,000개$

• 평균재고량 $= \dfrac{EOQ}{2} = \dfrac{20,000개}{2} = 10,000개$

• 재고회전율 $= \dfrac{연간 총재고량}{평균 재고량} = \dfrac{100,000개}{10,000개}$
$= 10회$

151 • 재고유지비용에는 세금, 보험료, 보관료, 감가상각비, 진부화비용, 재고투자에 의해 묶인 기회비용 등이 포함된다.

• 보관비용 = 50,000원 × 100제곱미터 × 3개월
= 15,000,000원

• 진부화비용 = 1억원 × 4% × 3개월/12개월
= 1,000,000원

• 이자비용 = 1억원 × 4% × 3개월/12개월
= 1,000,000원

• 총 재고비용 = 15,000,000 + 1,000,000
+ 1,000,000 = 17,000,000원

152 계획보충량과 계획발주량을 보면 400개씩 주문(로트 크기 400)되고, 주문 후에 2주 후에 보충(리트타임 2주)되는 것을 확인할 수 있다.

153 공수비율은 일의 양을 의미하므로 입하작업 공수비율은 입하작업시간을 총작업시간으로 나누는 것이 적절하다.

• 20(입하작업시간)/100(총작업시간) × 100 = 20%

• 가동률 = 실작업시간/총작업시간, 80시간/100시간 × 100 = 80%

154 국내에서 주료 사용하는 방식은 트랜스테이너 방식으로, 야드 섀시에 탑재된 컨테이너를 마샬링 야드로 이동시켜 트랜스퍼 크레인에 의해 장치하는 방식이다.

155 언로더는 재래식 항만의 기중기식 하역기기로 벌크화물 및 조악화물을 옮기는 역할을 한다. 언로더는 컨테이너 전용터미널에서는 사용되지 않는다.

156 • 소요 TGS = $\dfrac{\begin{array}{c}연간처리예상물동량 \times 평균장치일수 \\ \times 피크계수 \times 분리계수\end{array}}{평균단적수 \times 연간영업일수}$

• TGS = $\dfrac{100,000TEU \times 10일 \times 1.5 \times 1.5}{5 \times 365일} ≒ 1,232.8$

157 렌탈방식의 단점이 아니라 장점이다.

158 **공업포장의 1차적인 기능은 보호기능**이고, **상업포장의 1차적인 기능은 판매촉진기능**이다.

159 공동집배송단지는 한정된 토지 및 자본을 공동으로 나누어 쓰기 때문에 공동집배송단지로 개발하는 것은 토지효율 및 **투자효율이 높다**.

160 • 이동평균법(A) : (205＋190＋210)/3＝약 202개
　　• 단순지수평활법(B) : 지수평활법에 의한 예측치
　　　(C)＝a×전기의 실적치＋(1－a)×전기의 예측치
　　　→ 7월의 예측치＝0.3×190＋0.7×200＝197개
　　　→ C＝0.3×210＋(1－0.3)×197＝약 201개

161 도선업은 물류사업의 범위에 포함되지 않는다.

제5과목　물류관련법규

162 ② 국가물류기본계획에는 물류 **표준화**·공동화 등 물류체계의 효율화에 관한 사항이 포함되어야 한다.
③ 국토교통부장관 및 해양수산부장관은 국가물류기본계획을 수립하려는 경우에는 관계 중앙행정기관의 장 및 시·도지사와 협의한 후 **국가물류정책위원회**의 심의를 거쳐야 한다.
④ 국토교통부장관 및 해양수산부장관은 국가물류기본계획을 시행하기 위하여 연도별 시행계획을 **매년 공동**으로 수립하여야 한다.
⑤ 관계 행정기관의 장은 전년도의 연도별시행계획의 추진실적과 해당 연도의 시행계획을 매년 **2월** 말까지 국토교통부장관 및 해양수산부장관에게 제출하여야 한다.

163 ① 「항만공사법」에 따른 항만공사는 단위물류정보망 전담기관으로 지정받을 수 있다.
② 관계 행정기관은 단위물류정보망 전담기관을 지정하려는 경우에는 신청방법 등을 정하여 30일 이상 관보, 공보 또는 인터넷 홈페이지에 이를 공고하여야 한다.
④ 공공기관이 아닌 자로서 단위물류정보망 전담기관으로 지정받을 수 있는 자는 「국가기술자격법」에 따른 정보통신분야(기술·기능 분야)에서 3년 이상 근무한 경력이 있는 사람 1명 이상을 보유하여야 한다.
⑤ 공공기관이 아닌 자로서 단위물류정보망 전담기관으로 지정받을 수 있는 자는 「국가기술자격법」에 따른 정보통신기사·정보처리기사 또는 전자계산기조직응용기사 이상의 국가기술자격이나 이와 동등한 자격이 있다고 국토교통부장관이 정하여 고시하는 사람 2명 이상을 보유하여야 한다.

164 우수녹색물류실천기업으로 지정받으려는 자는 각 평가항목에 대한 합산 점수가 70점 이상이어야 하고, 평가항목별 배점의 2할 이상을 취득하여야 한다. (법률 개정으로 인한 해설 개정)

165 국토교통부장관 또는 해양수산부장관은 우수 물류신기술 등 지정 신청을 받으면 신청일부터 120일 이내에 우수 물류신기술 등의 지정 여부를 결정해야 한다.

166 ■ 물류정책기본법 시행령 [별표 3]

위반행위의 종별과 과징금의 금액

위반행위	근거 법조문	과징금 금액	
		2차 위반	3차 위반
1. 국제물류주선업 등 록기준에 못 미치게 된 경우	법 제47조제1항 제2호 및 제67조제1항	100 만원	200 만원
2. 등록기준 정기신고 규정을 위반하여 신고를 하지 않거나 거짓으로 신고한 경우	법 제47조제1항 제3호 및 제67조제1항	100 만원	200 만원

※ 비고 : 위반행위의 횟수는 국토교통부령으로 정하는 처분기준에 따른 위반행위의 횟수 산정 기준에 따른다.

167 물류관련협회를 설립하려는 경우에는 해당 협회의 회원이 될 자격이 있는 기업 100개 이상이 발기인으로 정관을 작성하여 해당 협회의 회원이 될 자격이 있는 기업 200개 이상이 참여한 창립총회의 의결을 거친 후 소관에 따라 국토교통부장관 또는 해양수산부장관의 설립인가를 받아야 한다.

168 법 제2조(정의) 5의3. "물류창고업"이란 화주(貨主)의 수요에 따라 유상으로 물류창고에 화물을 보관하거나 이와 관련된 하역·분류·포장·상표부착 등을 하는 사업을 말한다. 다만, 다음 각 목의 어느 하나에 해당하는 것은 제외한다.
가. 「주차장법」에 따른 주차장에서 자동차의 보관, 「자전거 이용 활성화에 관한 법률」에 따른 자전거 주차장에서 자전거의 보관
나. 「철도사업법」에 따른 철도사업자가 여객의 수하물 또는 소화물을 보관하는 것
다. 그 밖에 「위험물안전관리법」에 따른 위험물저장소에 보관하는 것 등 국토교통부와 해양수산부의 공동부령으로 정하는 것

169 법 제6조(물류시설개발종합계획과 다른 계획과의 관계) ③ 국토교통부장관, 관계 중앙행정기관의 장 또는 시·도지사는 다음 각 호의 어느 하나에 해당하는 경우에는 그 계획을 변경하도록 요청할 수 있다. 이 경우 조정이 필요하면 「물류정책기본법」상 **물류시설분과위원회**에 조정을 요청할 수 있다.

170 규칙 제10조(물류터미널공사시행인가 및 변경인가의 고시) ① 국토교통부장관 또는 시·도지사는 공사시행인가를 한 때에는 다음 각 호의 사항을 관보에 고시하여야 한다.
1. 사업의 명칭
2. 사업시행자의 주소 및 성명(법인의 경우에는 그 명칭·주소와 대표자의 성명을 말한다)
3. 물류터미널의 종류
4. 사업시행지역의 위치 및 면적
5. 사업시행기간(**착공예정일 및 준공예정일을 포함한다**)
6. 토지등이 있는 경우에는 그 세목과 소유자 및 「공익사업을 위한 토지 등의 취득 및 보상에 관한 법률」 제2조제5호에 따른 관계인의 성명 및 주소

171 ① 국토교통부장관은 복합물류터미널사업자가 사업의 정지를 명하여야 하는 경우로서 그 사업의 정지가 그 사업의 이용자 등에게 심한 불편을 주는 경우에는 그 사업정지처분을 갈음하여 **1천만원** 이하의 과징금을 부과할 수 있다.
② 국토교통부장관은 독촉을 받은 자가 납부기한까지 과징금을 내지 아니한 경우에는 소속 공무원으로 하여금 **국세 체납처분의 예**에 따라 과징금을 강제징수하게 할 수 있다.
③, ④, ⑤ 물류시설의 개발 및 운영에 관한 법률 시행령 [별표 1]

위반행위의 종류와 과징금의 금액(제7조제1항 관련)

위반행위	근거 법조문	과징금 금액		
		1차 위반	2차 위반	3차 위반
1. 법 제7조제3항에 따른 변경등록을 하지 않고 등록사항을 변경한 경우	법 제17조 제1항 제2호	–	300 만원	400 만원
2. 법 제7조제4항의 등록기준에 맞지 않게 된 경우. 다만, 3개월 이내에 그 기준을 충족시킨 때에는 그렇지 않다.	법 제17조 제1항 제3호	–	300 만원	600 만원
3. 법 제9조제1항에 따른 인가 또는 변경인가를 받지 않고 공사를 시행하거나 변경한 경우	법 제17조 제1항 제5호	–	300 만원	400 만원
4. 사업의 전부 또는 일부를 휴업한 후 정당한 사유 없이 법 제15조 제1항에 따라 신고한 휴업기간이 지난 후에도 사업을 재개하지 않은 경우	법 제17조 제1항 제6호	–	600 만원	–

172 규칙 제13조의3(스마트물류센터 인증절차 및 방법) 인증기관의 장은 인증신청을 받으면 인증심사 전문인력 중에서 **5명** 이내의 사람으로 인증심사단을 구성하여 서류심사와 현장실사를 실시하고, 인증기준에 따른 심사 내용 및 점수, 인증 여부 및 등급이 포함된 인증심사 결과보고서를 작성한 후 인증심의위원회의 심의를 거쳐 인증 여부 및 인증 등급을 결정해야 한다.

173 영 제41조(토지·시설 등의 공급방법 등) ④ 시행자는 다음 각 호의 어느 하나에 해당하는 경우에는 수의계약의 방법으로 토지·시설 등을 공급할 수 있다.
1. 학교용지·공공청사용지 등 일반에게 분양할 수 없는 공공시설용지를 국가·지방자치단체나 그 밖에 관계 법령에 따라 해당 공공시설을 설치할 수 있는 자에게 공급하는 경우
2. 법 제29조제1항에 따라 고시한 실시계획에 따라 존치하는 시설물의 유지·관리에 필요한 최소한의 토지를 공급하는 경우
3. 「공익사업을 위한 토지 등의 취득 및 보상에 관한 법률」에 따른 협의에 응하여 자신이 소유하는 물류단지의 토지등의 전부를 시행자에게 양도한 자에게 국토교통부령으로 정하는 기준에 따라 토지를 공급하는 경우
4. 토지상환채권에 따라 토지를 상환하는 경우
5. 토지의 규모 및 형상, 입지조건 등에 비추어 토지의 이용가치가 현저히 낮은 토지로서 인접 토지소유자 등에게 공급하는 것이 불가피하다고 인정되는 경우
6. 법 제27조제2항제1호부터 제3호까지에 해당하는 시행자가 물류산업의 발전을 위하여 물류단지에서 복합적이고 입체적인 개발이 필요하여 국토교통부령으로 정하는 절차와 방법에 따라 선정된 자에게 토지를 공급하는 경우

6의2. 법 제23조제1항에 따라 고시된 사항 중 유치업
종배치계획에 포함된 기업에 대하여 물류단지
지정권자와 협의하여 그 기업이 직접 사용할 물
류시설(판매시설은 **제외**한다) 용지를 공급하
는 경우

7. 그 밖에 관계 법령에 따라 수의계약으로 공급할 수
있는 경우

174 영 제33조(선수금) ① 선수금을 받으려는 시행자는
다음 각 호의 구분에 따른 요건을 갖추어야 한다.

1. 법 제27조제2항제1호부터 제3호까지에 해당하는
시행자 : **실시계획 승인을 받을 것**

> 법 제27조제2항제1호부터 제3호
> 1. 국가 또는 지방자치단체
> 2. 대통령령으로 정하는 공공기관
> 3. 「지방공기업법」에 따른 지방공사

2. 법 제27조제2항제4호 및 제5호에 해당하는 시행
자 : 다음 각 목의 요건을 모두 갖출 것

> 법 제27조제2항제4호 및 제5호
> 4. 특별법에 따라 설립된 법인
> 5. 「민법」 또는 「상법」에 따라 설립된 법인

가. 실시계획 승인을 받을 것
나. 분양하려는 토지에 대한 소유권을 확보하고 해당
토지에 설정된 저당권을 말소하였을 것. 다만, 부
득이한 사유로 토지소유권을 확보하지 못하였거
나 저당권을 말소하지 못한 경우에는 시행자·토
지소유자 및 저당권자는 다음 내용의 공동약정서
를 공증하여 실시계획 승인권자에게 제출하여야
한다.
1) 토지소유자는 제3자에게 해당 토지를 양도하
거나 담보로 제공하지 아니할 것
2) 해당 대금을 낸 자가 준공인가 또는 준공인가
전 사용허가를 받아 해당 토지를 사용하게 되는
경우에는 토지소유자 및 저당권자는 지체 없이
소유권을 이전하고 저당권을 말소할 것
다. 분양하려는 토지에 대한 개발사업의 공사 진척률
이 100분의 10 이상에 달하였을 것
라. 분양계약을 이행하지 아니하는 경우 선수금의 환
불을 담보하기 위하여 다음의 내용이 포함된 보증
서 등을 물류단지지정권자에게 제출할 것
1) 보증 또는 보험금액은 선수금에 그 금액에 대한
보증 또는 보험기간에 해당하는 약정이자 상당
액을 더한 금액 이상으로 할 것
2) 보증 또는 보험기간의 개시일은 선수금을 받은
날 이전이어야 하며, 종료일은 준공일부터 30
일 이상 지난 날일 것. 다만, 그 사업기간을 연

장한 경우에는 당초의 보증 또는 보험기간에 그
연장한 기간을 더한 기간을 보증 또는 보험기간
으로 하는 보증서 등을 제출하여야 한다.

175 ■ 물류시설의 개발 및 운영에 관한 법률 시행규칙 [별
표 5]

수수료(제31조 관련)

신청내용	금액(1건당)
1. 법 제7조제1항 및 제3항에 따른 복합물류터미널사업의 등록 및 변경등록의 신청	20,000원
2. 법 제9조에 따른 물류터미널의 구조 및 설비 등에 관한 공사시행인가와 변경인가의 신청	15,000원
3. 법 제21조의2제1항 및 제2항에 따른 물류창고업의 등록 및 변경등록	10,000원
4. 법 제21조의4제1항에 따른 스마트물류센터 인증의 신청	
가. 제13조의3제1항에 따른 인증의 신청	3,000,000원
나. 제13조의3제6항에 따른 인증 재심사의 신청	1,500,000원
다. 제13조의5에 따른 예비인증의 신청	3,000,000원

176 법 제2조(정의) "공영차고지"란 화물자동차 운수사업
에 제공되는 차고지로서 다음 각 목의 어느 하나에 해
당하는 자가 설치한 것을 말한다.
가. 특별시장·광역시장·특별자치시장·도지사·
특별자치도지사(이하 "시·도지사"라 한다)
나. 시장·군수·구청장(자치구의 구청장을 말한다)
다. 「공공기관의 운영에 관한 법률」에 따른 공공기관
중 대통령령으로 정하는 공공기관
라. 「지방공기업법」에 따른 지방공사
영 제2조(공영차고지 설치 대상 공공기관) 법 제2조제
9호다목에서 "대통령령으로 정하는 공공기관"이란
다음 각 호의 기관을 말한다.
1. 「인천국제공항공사법」에 따른 인천국제공항공사
2. 「한국공항공사법」에 따른 한국공항공사
3. 「한국도로공사법」에 따른 한국도로공사
4. 「한국철도공사법」에 따른 한국철도공사
5. 「한국토지주택공사법」에 따른 한국토지주택공사
6. 「항만공사법」에 따른 항만공사

177 국토교통부장관이 기간 내에 신고수리 여부 또는 민원 처리 관련 법령에 따른 처리기간의 연장 여부를 신고인에게 통지하지 아니하면 그 기간이 끝난 날의 **다음 날에 신고를 수리한 것으로 본다.**

178 모두 화물자동차 안전운송원가 심의 및 의결 시 고려사항이다.

179 화물이 인도기한이 지난 후 **3개월** 이내에 인도되지 아니하면 그 화물은 멸실된 것으로 본다.

180 운송사업자는 위·수탁차주가 다른 운송사업자와 동시에 1년 이상의 운송계약을 체결하는 것을 **제한하거나 이를 이유로 불이익을 주어서는 아니 된다.**

181 ① 화물자동차 운송사업을 양도·양수하려는 경우에는 **양수인**은 국토교통부장관에게 신고하여야 한다.
② 화물자동차 운송사업의 양도는 해당 화물자동차 운송사업의 **전부**를 대상으로 한다.
③ 허가기준대수 이상을 소유한 운송사업자가 허가기준대수를 초과하는 부분을 주사무소가 양도인의 주사무소와 **같은** 시·도 내에 있는 같은 업종의 다른 운송사업자에게 양도하는 경우에는 그 초과대수만을 대상으로 할 수 있다.
④ **국토교통부장관**은 화물자동차의 지역 간 수급균형과 화물운송시장의 안정과 질서유지를 위하여 화물자동차 운송사업의 양도·양수와 합병을 제한할 수 있다.

182 운송가맹사업자는 주사무소 외의 장소에서 상주하여 영업하려면 국토교통부령으로 정하는 바에 따라 국토교통부장관의 허가를 받아 영업소를 설치하여야 한다.

183 운송사업자는 화물자동차 운송사업의 효율적인 수행을 위하여 필요하면 다른 사람(**운송사업자를 제외한 개인을 말한다**)에게 차량과 그 경영의 일부를 위탁하거나 차량을 현물출자한 사람에게 그 경영의 일부를 위탁할 수 있다.

184 운송사업자는 위·수탁계약을 해지하려는 경우에는 위·수탁차주에게 **1개월** 이상의 유예기간을 두고 계약의 위반 사실을 구체적으로 밝히고 이를 시정하지 아니하면 그 계약을 해지한다는 사실을 서면으로 2회 이상 통지하여야 한다.

185 "지급여력비율"이란 **지급여력금액**을 **지급여력기준금액**으로 **나눈 비율**을 말한다.

186 국토교통부장관이 공표한 화물자동차 안전운임보다 적은 운임을 지급한 자는 **1천만원** 이하의 과태료를 부과한다.

187 **법 제9조(허가 등의 의제 등)** 12호에 따라 「주류 면허 등에 관한 법률」 제9조에 따른 주류 판매업면허 승계의 신고만 인허가 등 의제가 적용된다.

188 **법 제18조(상점가진흥조합)**
① 상점가에서 도매업·소매업·**용역업이나 그 밖의 영업**을 하는 자는 해당 상점가의 진흥을 위하여 상점가진흥조합을 결성할 수 있다.
③ 상점가진흥조합은 제2항에 따른 **조합원의 자격이 있는 자의 3분의 2 이상의 동의**를 받아 결성한다. 다만, 조합원의 자격이 있는 자 중 같은 업종을 경영하는 자가 2분의 1 이상인 경우에는 그 같은 업종을 경영하는 자의 5분의 3 이상의 동의를 받아 결성할 수 있다.
④ 상점가진흥조합은 협동조합 또는 **사업조합**으로 설립한다.
⑤ 상점가진흥조합의 구역은 다른 상점가진흥조합의 구역과 중복되어서는 아니 된다.

189 ① 영 제16조(유통분쟁조정절차) ① 법 제36조에 따른 유통분쟁조정위원회는 유통분쟁조정신청을 받은 경우 신청일부터 **3일** 이내에 신청인외의 관련 당사자에게 분쟁의 조정신청에 관한 사실과 그 내용을 통보하여야 한다.
② 법 제36조(유통분쟁조정위원회) ⑤ 공무원이 아닌 위원의 임기는 **2년**으로 한다.
③ 법 제37조(분쟁의 조정) ② 분쟁의 조정신청을 받은 위원회는 신청을 받은 날부터 **60일** 이내에 이를 심사하여 조정안을 작성하여야 한다. 다만, 부득이한 사정이 있는 경우에는 위원회의 의결로 그 기간을 연장할 수 있다.
④ 법 제37조(분쟁의 조정) ③ 제2항에 따른 시(특별자치시는 제외한다)·군·구의 위원회의 조정안에 불복하는 자는 조정안을 제시받은 날부터 **15일** 이내에 시·도의 위원회에 조정을 신청할 수 있다.

190 ① 법 제29조(공동집배송센터의 지정 등) ② 공동집배송센터의 지정을 받으려는 자는 산업통상자원부령으로 정하는 바에 따라 공동집배송센터의 조성·운영에 관한 사업계획을 첨부하여 시·도지사에게 공동집배송센터 **지정 추천을 신청하여야** 한다.
② 법 제29조(공동집배송센터의 지정 등) ④ 지정받은 공동집배송센터를 조성·운영하려는 자(이하 "공동집배송센터사업자"라 한다)는 지정받은 사항 중 산업통상자원부령으로 정하는 중요 사항을 변경하려면 **산업통상자원부장관의 변경지정을** 받아야 한다.
③ 법 제29조(공동집배송센터의 지정 등) ⑤ 산업통상자원부장관은 공동집배송센터를 지정하거나 변경지정하려면 미리 **관계 중앙행정기관의 장과** 협의하여야 한다.
④ 규칙 제19조(공동집배송센터의 지정요건) 1. 부지면적이 3만제곱미터 이상(「국토의 계획 및 이용에 관한 법률」 제36조에 따른 상업지역 또는 공업지역의 경우에는 2만제곱미터 이상)이고, 집배송시설면적이 **1만 제곱미터** 이상일 것

191 법 제33조(시정명령 및 지정취소) 공동집배송센터의 지정을 받은 날부터 5년 이내에 준공되지 아니한 경우

192 법 제9조(여객 운임·요금의 신고 등) ③ 국토교통부장관은 제2항에 따라 여객 운임의 상한을 지정하려면 미리 **기획재정부장관과** 협의하여야 한다.

193 법 제13조(공동운수협정) ① 철도사업자는 다른 철도사업자와 공동경영에 관한 계약이나 그 밖의 운수에 관한 협정을 체결하거나 변경하려는 경우에는 국토교통부령으로 정하는 바에 따라 국토교통부장관의 인가를 받아야 한다. 다만, **국토교통부령으로 정하는 경미한 사항을** 변경하려는 경우에는 국토교통부령으로 정하는 바에 따라 국토교통부장관에게 **신고**하여야 한다.
규칙 제9조(공동운수협정의 인가 등) ③ 법 제13조제1항 단서에서 "국토교통부령으로 정하는 경미한 사항"이란 다음 각 호의 어느 하나에 해당되는 사항을 말한다.
1. 철도사업자가 법 제9조에 따른 여객 운임·요금의 **변경신고를 한 경우 이를 반영하기 위한 사항**
2. 철도사업자가 법 제12조의 규정에 의하여 사업계획변경을 신고하거나 사업계획변경의 인가를 받은 때에는 이를 반영하기 위한 사항
3. 공동운수협정에 따른 운행구간별 열차 운행 횟수의 10분의 1 이내에서의 변경

4. 그 밖에 법에 의하여 신고 또는 인가·허가 등을 받은 사항을 반영하기 위한 사항

194 법 제37조(전용철도 운영의 상속) ① 전용철도운영자가 사망한 경우 상속인이 그 전용철도의 운영을 계속하려는 경우에는 피상속인이 사망한 날부터 **3개월** 이내에 국토교통부장관에게 신고하여야 한다.

195 법 제44조의2(변상금의 징수) 국토교통부장관은 제42조제1항에 따른 점용허가를 받지 아니하고 철도시설을 점용한 자에 대하여 제44조제1항에 따른 점용료의 100분의 120에 해당하는 금액을 변상금으로 징수할 수 있다.

196 법 제8조(결격사유)에 따르면 '이 법 또는 「관세법」에 따른 죄를 범하여 금고 이상의 형의 선고를 받고 그 집행이 끝나거나(집행이 끝난 것으로 보는 경우를 포함한다) 집행이 면제된 날부터 3년이 지나지 아니한 사람'이 올바른 표현이다.

197 모두 부두운영계약에 포함되어야 할 내용이다[**법 제26조의6(부두운영계약의 체결 등)**].

198 재직자 교육훈련은 신규자 교육훈련을 받은 연도의 다음 연도 및 그 후 매 2년마다 실시하는 교육훈련이다[**규칙 제30조의2(항만운송 종사자 등에 대한 교육훈련)**].

199 규칙 제7조(농림업관측 전담기관의 지정) 농업관측 전담기관은 **한국농촌경제연구원**으로 한다.

200 법 제17조(도매시장의 개설 등) 시가 지방도매시장을 폐쇄하려면 그 3개월 전에 도지사의 허가를 받아야 한다. 다만, 특별시·광역시·특별자치시 및 특별자치도가 도매시장을 폐쇄하는 경우에는 그 3개월 전에 이를 공고하여야 한다.

실전모의고사 제2회

001	002	003	004	005	006	007	008	009	010	011	012	013	014	015	016	017	018	019	020
①	②	③	⑤	⑤	②	⑤	④	⑤	⑤	⑤	④	③	③	⑤	①	④	⑤	②	④
021	022	023	024	025	026	027	028	029	030	031	032	033	034	035	036	037	038	039	040
④	①	①	①	⑤	①	⑤	④	④	①	①	④	①	②	③	⑤	①	④	②	④
041	042	043	044	045	046	047	048	049	050	051	052	053	054	055	056	057	058	059	060
③	①	②	⑤	④	④	④	①	②	①	②	④	①	②	②	④	①	②	③	④
061	062	063	064	065	066	067	068	069	070	071	072	073	074	075	076	077	078	079	080
④	①	④	④	①	⑤	⑤	③	③	⑤	②	③	②	⑤	①	⑤	④	②	③	③
081	082	083	084	085	086	087	088	089	090	091	092	093	094	095	096	097	098	099	100
③	③	③	⑤	②	②	④	③	①	④	②	④	①	②	②	⑤	①	⑤	③	①
101	012	103	104	105	106	107	108	109	110	111	112	113	114	115	116	117	118	119	120
③	②	⑤	⑤	①	①	⑤	②	③	②	⑤	④	②	②	①	⑤	②	⑤	②	①
121	122	123	124	125	126	127	128	129	130	131	132	133	134	135	136	137	138	139	140
⑤	⑤	③	④	③	②	③	②	③	⑤	⑤	②	④	①	①	③	③	⑤	②	⑤
141	142	143	144	145	146	147	148	149	150	151	152	153	154	155	156	157	158	159	160
④	③	⑤	③	②	③	②	⑤	⑤	②	③	④	②	⑤	②	②	④	①	⑤	⑤
161	162	163	164	165	166	167	168	169	170	171	172	173	174	175	176	177	178	179	180
⑤	②	⑤	③	③	③	③	③	③	③	③	⑤	⑤	⑤	④	③	③	③	②	②
181	182	183	184	185	186	187	188	189	190	191	192	193	194	195	196	197	198	199	200
①	④	⑤	⑤	③	④	②	⑤	⑤	④	②	③	③	③	⑤	①	⑤	①	④	③

제1과목 물류관리론

001 재고거점수가 증가하게 되면 배송비용은 감소하나 도입비용이 증가하게 되고, 창고를 유지하기 위하여 간접비 또한 증가하며, 불확실성에 대비한 안전수요 증가 등 총물류비용이 증가하는 단점이 있다.

002 ① 장소적 기능
③ 수량적 기능
④ 시간적 기능
⑤ 품질적 기능

003 ① 포장표준화의 주요 요소인 재료, 기법, 치수, 강도 중에서 **포장치수**의 표준화가 가장 선행되어야 한다.
② 물류 프로세스에서의 화물 취급단위를 규격화하고 설비 등의 규격, 강도, 재질 등을 **통합**하여야 한다.
④ 세계화에 대응하는 물류표준화는 **필요**하다.
⑤ 국가차원의 물류표준화 추진은 **효율적**이다.

004 모두 물류공동화 대상이다.

005 ① 물류에 대한 설명이다.
② 상류와 물류를 분리하면 재고가 분산되어 재고관리가 쉬워진다.
③ 상류에 대한 설명이다.
④ 상권이 확대될수록, 무게나 부피가 큰 제품일수록 상류와 물류의 **분리** 필요성이 높아진다.

006 **성숙기** 단계에서는 경쟁업체의 증가로 매출액은 증가할 수 있으나 수익율은 정체되거나 감소되는 시기여서 비용 절감을 위해 많은 수의 거점의 재고를 집중하여 통합 관리할 가능성이 크다.

007 중간상은 도매상과 소매상을 의미하며 이들이 생산자를 대신해 재고를 대량 저장함으로써 생산자의 부담을 줄여주게 된다.

008 **수평적** 유통시스템이 형성되는 이유는 각각의 기업이 단독적으로 마케팅 활동을 효과적으로 수행하지 못하기 때문에 동일한 유통경로상에 있는 2개 이상의 기관들이 독자성을 유지하면서 자본, 마케팅 자원 등을 수평적으로 서로 결합시킴으로써 시너지효과를 얻기 위해서이다.

009 ① 거래 발생 시 요소
② 거래 발생 시 요소
③ 거래 발생 시 요소
④ 거래 발생 시 요소

010 화주기업의 영업이익률을 높여줄 수 있는 능력은 물류서비스의 품질을 측정하는 요소가 아니다(최적의 물류서비스 제공을 통해 화주기업의 경쟁력이 높아져 간접적으로 영업이익률이 높아질 수 있다고 하더라도).

011 제약이론에서는 부분적인 프로세스 관점이 아닌 전체 프로세스 개선관점에서 기업의 성과를 늘려야 한다.

012 6-시그마 기법 도입 초기에는 비용이 많이 소요되나, 불량품 발생률이 극히 낮아지면 불량품을 발견, 분석, 시정하는 시스템 유지가 불필요해지기 때문에 장기적으로는 비용이 감소한다.

013 활동기준원가계산이란 원가가 발생하게 된 원인을 찾아서 이를 기반으로 원가를 배분하고자 하는 방식이다. 활동기준원가계산의 구성요소는 자원, 자원동인, 활동, 활동동인이다.

014 물류비의 계산은 먼저 비목별로 계산한 후, 관리항목별(조직, 지역, 고객, 활동별)로 구분해야 한다.

015 간이기준은 회계장부 및 포괄손익계산서 및 재무상태표 등으로부터 간단하게 추계하여 물류비를 계산하는 방식을 말하며 재무회계방식이라고도 한다.

016 ISBN(International Standard Book Number, 국제표준도서번호)에 대한 설명이다.

017 ④는 LAN(Local Area Network, 근거리통신망)에 대한 설명이다. EDI(Electronic Data Interchange)은 전자문서교환시스템이다.

018 능동형 태그는 전원을 내장하여 능동적으로 전파를 송신할 수 있다.

019 물류자회사의 물류관리 책임 및 물류비 관리의 일원화, 명확화가 실현된다.

020 • 최대 적재높이 = 랙의 높이 - 파렛트의 높이
$= 1,850mm(2,000-150)$
• 적재단수 $= 1,850mm/250mm = 7.4단 = 7단$

021 제3자 물류는 물류정보시스템, 수출입대행업무, 운송 등 물류업무의 모든 분야에 대해서 그 업무를 대행하는 것을 말한다.

022 제3자 물류는 느슨하고 일시적인 외주물류와의 관계에서 벗어나 밀접하고 협력적인 관계를 맺는 것이 필요하므로 적극적이고 직접적인 지휘통제체계 구축보다는 협력적 관계 구축이 필요하다.

023 크로스 도킹은 미국의 월마트가 최초로 도입한 기법이다.

024 대량고객화는 고객의 Needs에 맞춰 제조 및 납품하는 것으로 다품종 대량생산을 의미한다.

025 공급망 내 각 주체 간의 단순 계약관계의 구축보다는 전략적 파트너십이 채찍효과 감소에 도움이 된다.

026 ECR(효율적 소비자대응)은 소비자 만족에 초점을 둔 공급체인관리의 효율성을 극대화하기 위한 모델로, 세부적인 구현전략은 다음과 같다.
  • 효율적인 매장진열관리
  • 효율적인 재고보충
  • 효율적인 판매촉진
  • 효율적인 신제품 도입 및 소개

027 SCOR에 대한 설명이다.

028 기업들은 핵심역량의 집중을 위해 물류전문업체에 아웃소싱이 증가하고 있다

029 물류비용과 서비스에 상관없이 환경을 고려한 물류시스템을 도입하면 기업이 부담되어 물류활동이 위축될 것이므로 바람직하지 않다.

030 '맥나이어 교수', '진입-성장-쇠퇴', '가격만을 소매업 변천의 주원인'의 키워드를 통해 소매 수레바퀴이론임을 알 수 있다.

031 유통경로 내에 존재하는 유통흐름은 물적 흐름, 소유권, 촉진, 협상, 금융, 위험부담, 주문, 대금결제 등 8가지로 구분된다. 이는 전방기능흐름, 양방기능흐름, 후방기능흐름으로 분류할 수 있는데, 물적 흐름, 소유권, 촉진은 전방기능흐름, 협상, 금융, 위험부담은 양방기능흐름, 주문, 대금결제는 후방기능흐름이다.

032 고객서비스는 매출액에서 물류비용을 뺀 공헌이익이 최대가 되는 수준에서 결정한다. 매출액이 1,300일 때 공헌이익(1,050)이 가장 크므로 최적의 고객서비스 수준은 90%가 적절하다.

033 리엔지니어링에 대한 설명이다. 리엔지니어링은 기업체질과 구조의 근본적인 개혁을 의미하며 경영성과의 지표들을 비약적으로 향상시킬 수 있도록 근본에서부터 조직구조와 업무방법 등을 혁신하는 물류합리화 기법이다. 리스트럭처링은 구조조정에 중점을 두며 비능률적인 조직에 대한 사업구조를 개편하는 데 목적이 있다.

034 물류빙산설에 관한 설명이다. 직접부과의 원칙, 관련성의 원칙, 예외관리의 원칙 등은 물류비계산의 일반원칙에 대한 설명이다.

035 입 · 출고료는 위탁물류비에 해당한다.

036 물류정보시스템의 구축전략은 단계별로 ㉢-㉣-㉡-㉠ 순이다.

037 'UPS', '매트릭스형 코드' 키워드를 통해 Maxi Code에 대한 설명임을 유추할 수 있다.

038 • 라인의 역할 : 재고관리, 주문처리, 창고보관, 선적, 운송, 차량관리 등
  • 스태프의 역할 : 물류전략 수립, 물류시스템과 절차개선, 재고관리분석, 물류채산성 분석, 물류예산 관리, 창고배치 등

039 물류는 공급자로부터 소비자에게 제품을 인도하여 공간적, 시간적 가치를 창출하는 활동이다.

040 생산자의 재고부담감소가 적절한 역할이다. 중간상의 재고부담은 증가하게 되어 있다.

제2과목 화물운송론

041 ADR은 대체적 분쟁 해결(Alternative Dispute Resolution) 또는 미국예탁증권(American Depositary Receipt)을 의미한다.

042 ② 철도 : ㉠, ㉢, ㉤
  ③ 항공기 : ㉢, ㉤
  ④ 화물차 : ㉡, ㉣
  ⑤ 파이프라인 : ㉢

043 감가상각비는 고정비이다(감가상각방법 중 정액법 연상하여 암기).

044 물류터미널의 일부인 집배송센터 및 공동집배송단지는 복합물류터미널 기능의 강화로 그 필요성이 점차 증가하고 있다.

045 모달시프트는 도로운송 중심의 운송체계를 철도 및 연안운송으로 전환하여 도로운송 수송비율을 낮추는 것을 의미한다.

046 범위의 경제를 실현하기 위해서는 소형전문화가 아닌 대형전문화를 추진해야 한다. 참고로 범위의 경제란 기업이 여러 재화나 서비스를 함께 생산할 때 발생하는 총비용이 그러한 재화나 서비스를 별도의 기업이 생산했을 때 발생하는 총비용보다 작아지는 경우를 의미한다.

047 ④의 금지규정은 없는 규정이다.

048
- 1일 8톤 트럭의 적재량 : $2 \times 4,000 = 8,000$박스
- 월평균 트럭 1대 수송량 : $20 \times 8,000 = 160,000$ 박스
- 월평균 트럭소요대수 : $2,400,000 / 160,000 = 15$대
- 월평균 외주대수 : $15 - 2 = 13$대

049 Hub&Spokes 시스템의 특징은 가급적 허브터미널을 최소화하는 데 그 특징이 있다. 다만 예외적으로 Sub-hub 터미널을 둘 필요가 있는 경우는 있다.

050 $\left(\frac{7}{12} \times 150\right) + \left(\frac{8}{12} \times 200\right) + \left(\frac{4}{12} \times 100\right) + \left(\frac{10}{12} \times 300\right)$
$+ \left(\frac{7}{12} \times 100\right) + \left(\frac{5}{12} \times 150\right) = 874.9$

$$\frac{874.9}{150+200+100+300+300+100+150} = \frac{874.9}{1300}$$
$$= 0.673$$

051 ① 평균적재율 : 화물자동차의 적재통행 시 적재능력에 대한 실제 적재한 중량의 비율
③ 적재통행률 : 화물자동차의 총통행수 중에서 적재상태의 통행비율
④ 적재시간율 : 화물자동차의 총통행시간 중에서 적재상태의 통행시간비율
⑤ 적재거리율 : 화물자동차의 총통행거리 중에서 적재상태의 통행거리비율

052 릴레이 운송이란 1회의 편도운송거리가 1일 이상 소요되는 운송이나 일정한 도시들을 순회하며 집화나 배달을 하는 경우의 운송에서 일정한 시간의 운행 후에 운전사를 교대하여 차량을 계속 운행시킴으로써 차량의 가동시간을 최대화하고 화물의 인도시간을 신속하게 하는 시스템이다.

053 다이어그램 배송 시스템에 대한 설명이다.

054 복화율 = 귀로 시 영차운행횟수 ÷ 귀로운행횟수

055 효율적인 수배송시스템 설계를 위해서는 가능한 **최소** 주문단위제를 통한 수배송수요 안정화가 필요하다.

056 Hub&Spoke는 단거리 운송인 셔틀노선이 없다.

057 통행교차모형은 수송수단 분담단계에서 사용하는 기법이다.

058 Block Train은 시행되고 있지만 Double Stack Train(이단적화차, 컨테이너 2개를 동시에 화차에 적재운송)은 운행하지 않는다.

059 일반화물의 1km 미만의 거리와 1톤 미만의 일반화물은 반올림하여 계산한다.

060 일반적으로 카페리운송은 컨테이너선에 비해 운임수준은 높다.

061 ㉠ 품목분류요율은 일부 특정품목에 한하여 적용된다.
㉢ 중량단계별 할인요율은 중량이 **높아짐**에 따라 요율을 낮게 적용하는 요율이다.

062 항공운임은 중량단계별 **할인**요율을 적용한다.

063 항공운송의 가장 큰 특징은 신속성과, 부피가 작고 고가의 화물의 물건에 적합하다는 것이다.

064 ① 항공화물운송과 여객운송 모두 일방성을 가지고 있다.
② 항공화물 포워더 단체는 FIATA이다.
③ 항공사가 포워더에게 발행하는 운송장은 MAWB (Master Air WayBill)이 있다. 포워더가 화주에게 발행하는 운송장을 HAWB(House Air WayBill)이라 한다.
⑤ 항공화물의 파손 및 손상에 대한 클레임은 화물인수 후 14일 이내 서면으로 해야 한다.

065 항공화물의 수출운송절차는 '장치장 반입 – 운송장 접수 – 화물반입 및 접수 – 장치통관 – 적재 – 탑재' 순이다.

066 항공운송의 전세운송은 전세자가 사용하고 남는 공간은 전세자의 동의를 받고 다른 사람이 사용할 수 있다.

067 마 → 라 → 다 → 나 → 가

068 Feeder Service 발생 시 Main Port까지의 해상운임 또는 육상운임에 상당하는 Feeder Charge가 부과된다. Feeder Service는 컨테이너선이 기항하는 항과 기항하지 않는 항 사이의 트럭(Truck), 화차 또는 내륙선에 의한 수송을 말한다.

069 만재(풀) 컨테이너화물은 컨테이너 장치장(CY), 소량 컨테이너화물은 컨테이너화물 조작장(CFS)에서 각각 처리 또는 장치된다.

070 CFS/CFS 운송은 Pier-to-Pier 운송 또는 Forwarder's Consolidation이라고도 한다.

071 컨테이너 시스템은 대표적으로 일관운송을 가능하게 하는 시스템이다.

072 ㉠ 아웃소싱의 개념이다.
㉣ 위치추적의 개념이다.

073 부정기선 운송인을 전용운송인 또는 계약운송인이라고도 하며, 정기선 운송인은 불특정다수의 화주를 대상으로 하는 공공운송인이다.

074 **수선간장**은 만재홀수선상의 선수수선으로부터 타주의 선미수선까지의 수평거리를 말하며 선박의 길이는 이것을 사용한다. **전장**은 선체에 고정적으로 붙어있는 모든 돌출물을 포함한 배의 맨 앞부분에서부터 맨 끝까지의 수평거리를 말하며 전장은 수선간장보다 길다.

075 Liner Term은 선박회사가 선적비와 양하비 모두 부담하는 조건이다.

076 재화중량톤수는 적재중량톤수라고도 하며 선박이 실을 수 있는 화물 중량을 톤수로 나타낸 수치이다.
• 배수톤수 : 군함에 사용하는 중량톤으로 물의 배수량을 말한다.
• 만재배수톤수 : 선박이 안전하게 물에 뜰 수 있는 최대중량으로 선박에 화물, 연료, 선원, 선원용품 등을 만재하였을 때의 중량이다.
• 경하배수톤수 : 선박 자체의 중량을 의미하는 것으로 일반적으로 선박이 건조된 직후 화물 등을 적재

하지 않고 물에 떠있을 때의 중량톤으로 나타낸 것이다. 참고로 만재배수톤수에서 재화중량톤수를 빼면 경하배수톤수가 된다.

077 • 연속항해운임(Consecutive Voyage Contract Freight) : 특정항로에 대해 반복되는 항해에 의하여 화물을 운송하는 경우에 항해 수에 따라 기간이 약정되어 있는 운임이다.
• 장기계약운임(Long Term Contract Freight) : 원자재나 상품을 장기적이고 반복적으로 운송하기 위해 장기간의 운송을 계약체결할 때의 운임이 적용되며 '몇 년간 몇 만톤'의 운임톤 단위 등으로 계약하게 된다.

078 국제해법회(CMI : Commite Maritime International)란 해사관습과 해사실무를 통일하는 해사사법의 입법기관으로 1887년 벨기에의 Antwerp에서 창설되었으며, 현재 36개국이 가입하고 있다.
• 아시아태평양 경제사회위원회(ESCAP) : UN경제사회이사회 산하의 경제위원회 중 하나이며, 아시아횡단 철도망, 아시아횡단 고속도로망 등을 주요 추진사업으로 하고 있다.

079 Detention Charges는 화주가 컨테이너 또는 트레일러를 대여 받았을 경우 규정된 시간 내에 선사에 반환을 하지 못한 경우 벌과금으로 지불해야 하는 비용을 말한다.

080 • 북서코너법
– 북서쪽에서부터 남동쪽으로 공급량과 수요량에 맞추어 수송량을 배정한다.
– 총운송비용 = $(100 \times 20,000) + (20 \times 42,000) + (130 \times 13,000) + (40 \times 11,000) + (160 \times 17,000) = 7,690,000$
• 보겔추정법
– 기회비용의 개념을 적용하여 총운송비용이 최소가 되도록 공급량을 할당한다.
– 총운송비용 = $(150 \times 13,000) + (20 \times 7,000) + (80 \times 15,000) + (120 \times 4,000) + (80 \times 17,000) = 5,130,000$원
• 총운송비용의 차이
→ $7,690,000$원 $- 5,130,000$원 $= 2,560,000$원

제3과목　국제물류론

081 물류관리에 있어서 자가물류체계는 지양하는 추세이 며 물류아웃소싱이 적극 권장하는 것이 좋다.

082 저투자, 노동집약형에서 **고투자, 자본집약형**으로의 변화가 적절한 표현이다.

083 Multi-country Warehouse System(다국가 창고 시스템)을 의미한다.

084 오직 피청약자만 승낙을 할 수 있다.

085 CIF 조건은 매도인인 수출상이 보험을 부보한다.

086 Incoterms는 강제력이 없다.

087 DDP 조건은 매도인은 도착지까지 물품을 운송하는 데 필요한 모든 비용과 위험을 부담하며, 물품의 수출 통관 및 수입통관의무가 있다.

088 CPT는 두 곳이 중요하다. 물품이 (위험이전을 위하 여) 인도되는 장소 또는 지점(있는 경우)이 그 하나이 고, 물품의 목적지로서 합의된 장소 또는 지점이 다른 하나이다(매도인은 이 지점까지 운송계약을 체결하 고 약속한다).

089 DAP 조건은 물품이 지정목적지에서 또는 지정목적 지 내에 어떠한 지점이 합의된 경우에는 그 지점에서 도착운송수단에 실어둔 채 양하준비된 상태로 매수인 의 처분하에 놓인 때 매도인이 매수인에게 물품을 인 도하는 것을 의미한다.

090 CIP 지정된 도착지까지의 운송비와 보험료이다.

091 Usance L/C란 신용장에 의해서 발행되는 어음이 지 급인에게 제시된 후 일정기간이 경과한 후에 지급받 을 수 있도록 어음지급기일이 명시된 기한부어음을 발행할 수 있는 신용장을 말한다.

092 신협회적하약관상 가장 제한적인 담보조건은 ICC(C) 이다.

093 ② 중재는 단심제이다.

③ 중재는 원칙적으로 비공개로 진행된다.
④ 중재는 법원의 확정판결과 동일한 효력이 있다.
⑤ 중재는 소송에 비해 분쟁해결에 시간과 비용이 절 약된다.

094 지속기간(Running Laydays)이란 하역작업이 시작 일부터 종료일까지의 경과일수로 정박기간을 정하는 방법으로 불가항력 및 공휴일이 모두 포함되어 용선 자에게 가장 불리한 조건이다.

095 헤이그 규칙은 해상운송과 관련한 최초의 국제규칙으 로 선하증권에 관한 규정의 통일을 위하여 1924년 브 뤼셀에서 제정하여 1931년 발효되었다.

096 D/O는 대금 결제 후 선하증권 원본 수취한 수입자가 선사에 제시하면 수입화주에게 화물을 인도할 것을 지시하기 위하여 본선 또는 창고관리자 앞으로 발행 되는 서류이다.

097 피배서인이 지시하는 자가 수하인이 된다.

098 ① 혼합화물(Mixed cargo)은 Master air waybill에 의 하여 각 품목마다 각기 다른 요율이 적용되는 성질 을 가진 여러 가지 품목들로 구성된 화물을 말한다.
② 항공화물 혼재업자는 **자체운임표**를 사용한다.
③ 혼합화물에는 중량에 의한 할인요율 **적용 가능**하다.
④ 혼재화물 운송시 혼재업자가 송하인으로 **명시되 어야** 한다.

099 운임의 기준통화는 **출발지** 국가의 현지통화로 설정되 는 것이 원칙이나 **일부** 국가에서 미국달러로 요율을 설정하고 있다.

100 IATA의 DGR에서 규정하고 있는 위험품목은 화약 류, 가스류, 인화성 액체, 유기과산화물, 방사성 물 질, 부식성 물질, 기타 유해성 물질이다.

101 운송인 또는 그 사용인의 항해 또는 선박관리에 관한 행위, 태만, 운송인 고의 또는 과실로 인한 것이 아닌 화재에 대해서는 면책된다. 다만, 불감항성으로 발생 한 멸실, 손상은 항해개시 시에 선박의 감항성 확보를 위하여 상당한 주의를 하였음을 운송인이 입증한 경 우에 면책된다.

102 CIF 조건은 매도인이 운임 및 보험을 부보한다.

103 NVOCC(**Non Vessel** Operating Common Carrier) 는 무선박운송인을 의미한다.

104 TOFC 방식은 COFC 방식보다 일반화되어 있지 않다.

105 연안운송은 도로운송이나 철도운송에 비해 **느리다.**

106 하이로더(High Loader)는 화물탑재에 사용하는 기기로 ULD를 적재하는 기기이다.

107 on or about은 '당해 일자 또는 그때쯤'이라는 뜻으로서, 초일 및 종료일을 **포함**하여 당해 일자의 5일 전부터 5일 후까지의 기간을 의미한다.

108 • 물적손해 : 현실전손, 추정전손, 단독해손, 공동해손
• 비용손해 : 구조료, 특별비용, 손해방지비용

109 갑판유실은 ICC(A), ICC(B)에서 담보한다.

110 1인 **또는 다수의 특정인**에게 행해져야 한다.

111 DDP 조건은 매도인의 최대의무를 나타내는 조건으로 매도인이 도착지까지 물품을 운송하는 데 필요한 모든 비용과 위험을 부담하며 수출통관 및 수입통관 모두 매도인의 책임이다.

112 Ro-Ro선 : 경사판(Ramp)을 이용하여 하역할 수 있도록 설계된 선박이다.

113 Congetion Surcharge(체선할증료) : 항구가 혼잡하여 정박이 길어질 때 적재화물에 대하여 부과하는 할증료이다. 일정 기준 이상의 중량화물에 부과하는 할증료는 중량할증료(heavy cargo)이다.

114 정기용선계약에서 선주는 직접비(선원비, 수리비, 선용품비)와 간접비(감가상각비, 보험료 등)을 부담하며 용선자는 용선료와 운항비(연료비, 항만사용료, 하역비 등)을 부담한다.

115 UN 국제복합운송조약에서는 수정단일책임체계(단일책임체계와 이종책임체계의 절충)를 채택하고 있다.

116 하역작업을 위한 공간으로 Container Crane이 설치되어 컨테이너의 양하 및 적하가 이루어지는 장소 Apron에 대한 설명이다. 마샬링야드(M/Y)는 주로 적재예정이거나 양륙된 컨테이너를 정렬하고 보관하는 장소이다.

117 관세법상 수입신고의 시기는 다양할 수 있다(입항 전, 출항 전, 보세구역 도착 전, 보세구역 도착 후 등).

118 과세환율은 관세청장이 정하여 고시하는 환율을 적용한다.

119 Hub and Spoke System에 대한 설명이다.

120 안전재고의 확보는 불확실성을 감소시킨다.

제4과목 보관하역론

121 "트렁크 룸"은 보통 의류, 골동품 등 고급 잡화품을 보관하기 위한 영업창고로 상대적으로 대량보관의 필요성이 적어 기계화, 전산화를 통한 자동화가 될 필요성이 적다.

122 형상특성의 원칙이란 표준화되지 않은 물품은 형상에 따라 보관하고 표준화된 물품은 랙(Rack)에 보관하는 것이다.

123 물류센터 작업공정은 입하 → 격납 → 보관 및 보충 → 피킹 → 유통가공 → 검품 → 포장 → 상차 및 출하 순으로 이루어진다.

124 영업창고는 자가가 아니므로 시설변경이 어렵다. 즉, 시설변경 탄력성이 낮다.

125 자동화 창고는 보관보다는 물품의 흐름에 중점을 두어 설계되어야 한다.

126 • '전체작업 중 이중명령으로 수행하는 작업이 50%, 단일명령으로 수행하는 작업이 50%이다.'라는 문장은 작업이 세트로 이루어진다는 뜻이다(5분 + 7분).
• 세트당 처리파렛트 수 = 1p + 2p = 3pallet
• 시간당 처리세트 수 = 60분/12분 = 5회
• 스태커 크레인 1대의 시간당 처리파렛 수 : 5회 × 3p = 15pallet
• 스태커 크레인 10대의 총 처리파렛트 수 = 10대 × 15p = 150pallet

127 WMS와 연휴하는 시스템은 생산관리시스템(PMS)가 아니라 OMS(주문관리시스템, Ordering Management System), TMS(운송관리시스템), MHS(하역시스템)이다.

128 WMS를 활용하면 서류/전표 작업, 직간접 인건비도 감소한다.

129 적재율 = 점유면적/총가용면적 × 100
$$= (40 \times 35 \times 7개)/(110 \times 110) \times 100 ≒ 81\%$$

130
- 소요파렛트 수 = 100,000/200 = 500pallet
- 소요면적 = 500pallet × 1.2제곱미터 = 600제곱미터
- 600제곱미터/30%(창고적재율) = 2,000제곱미터
따라서 제품을 보관하기 위해 필요한 창고의 바닥면적은 2,000제곱미터이다.

131 천장 높이는 다음과 같이 구한다. '천장 높이 산정 = (포장화물 × 적재단수) + 지게차 포크의 최소 승강높이 + 화물의 최대높이와 천장간의 여유치수' 따라서 주어진 식을 대입해보면 (2.0m × 4단) + 0.3m + 0.5m = 8.8m이다.

132 R분석에 대한 설명이다.

133
- 필요도크 = 총 처리대상 물동량(양, 시간)/도크 1개의 단위처리능력(양, 시간)
- 10,000대 × 6시간 × (1 + 0.3)/3,000시간 = 26개

134 ⓒ, ⓔ은 피킹 이동거리는 감소되는 장점이 있으나 총량 피킹 후 출하작업장에서 재분류가 필요한 단점이 있다.

135 '원료', '완성품', '재고품'을 일시보관하는 시설로 대도시, 지방중소도시에 합리적인 배송을 실시할 목적으로 설립된 유통의 중계기지는 Stock Point이다. Depot은 수출입 상품의 임시보관 거점으로 활용되며, 주로 내륙 CFS를 의미한다.

136 수요의 변동폭이 적다 = 수요의 표준편차가 적다 = 안전재고량은 줄어든다.
참고로 '안전재고량 = 수요의 표준편차 × 안전계수 × $\sqrt{조달기간}$' 이다.

137 P형 모형은 재고수준과 회전율이 높다(A형 상품에 적합). 또한 매 기간 목표재고량을 다시 계산하므로 수요의 변동폭이 큰 상품에 더 적합하다(안전재고량이 크다).

138 후입선출법은 늦게 매입된 재고가 먼저 빠져나간다.
- 매출(6월 11일) = (180 × 50) + (200 × 100) − (200 × 80) = 9,000 + 20,000 − 16,000 = 13,000원
- 매출(6월 25일) = (220 × 150) − (220 × 110)
  = 33,000원 − 22,000원
  = 11,000원
- 기말재고자산 = 13,000원 + 11,000원
  = 24,000원

139 '제조업체, 공급업체가 상품보충시스템을 관리', '판매, 재고정보가 유통업체에서 제조업체로 전송'이라는 표현을 통해 VMI임을 알 수 있다. VMI는 지속보충 시스템(CRP : Continuous Replenish Planning)의 하나로 공급업체가 유통업체가 공유해준 판매/재고정보를 바탕으로 유통업체의 발주확정과 재고보충을 하는 시스템을 의미한다.

140 주로 액체를 취급하는 데 사용되며 밀폐상의 측면과 뚜껑을 가지며 상부 또는 하부에 출입구가 있는 상자형 파렛트는 탱크 파렛트(Tank Pallet)이다. Post Pallet는 파렛트의 기능과 랙의 기능을 동시에 가지며 미 사용시 기둥을 접고 겹쳐 쌓아 부피를 줄일 수 있도록 고안된 파렛트이다.

141 Carousel은 화물을 작업자에게 이동시켜주므로 작업자(피커)가 이동할 필요가 없다.

142 드라이브 인 랙에 대한 설명이다. 드라이브 인 랙은 적재공간이 곧 통로가 되므로 적재율이 높다.

143 '천장에 매달려' 운반기를 이용하여 운반 등 작업에 사용되는 기기는 트롤리 컨베이어이다.

144 '비스듬히 놓인 암(Arm)을 이용'하여 물품을 분류하는 방식은 다이버터 방식이다.

145 **카운터 밸런싱형 포크리프트는** 차체 전방에 주행 차륜을 부착한 2개의 아웃리거(Outrigger)를 가지고 있으며, 차체 후방에는 카운트웨이트가 있어 포크리프트의 안정성을 유지한다. 스트래들형 포크리프트는 차체 후방에 카운트웨이트가 필요 없다.

146 사이드로더 트럭이 좁은 창고에서 장척화물 취급하기에 가장 적합하다. 튜렛 트럭은 포크에 장척물 적재 후 돌릴 때 넓은 공간이 필요하여 장척화물 취급이 사이드로더 트럭에 비해선 효율성이 떨어진다.

147
- 수평이동거리(거리 30m, 3m/sec) $= \dfrac{30m}{3m/s}$
  $= 10$초
- 수직이동거리(거리 15m, 1m/sec) $= \dfrac{30m}{3m/s}$
  $= 15$초

즉, 동시 이동하는 경우 이동소요시간이 긴 것(수직이동거리)이 제약이 된다.

148 타워 크레인은 CY가 아닌 안벽에 설치되어 사용된다.

149 시간적 효용과 거리적 효용을 모두 창출하는 것은 운송이며, 하역은 그 자체로 아무런 가치도 창출하지 못한다.

150
- 조달기간 중 수요 = 평균수요 × 조달기간 = 1,000상자 × 2주 = 2,000상자
- 재주문점 2,500상자에서 EOQ인 7,000상자를 주문하면, 조달기간 중 수요량인 2,000상자가 소모되고 재고가 500상자 남았을 때 주문한 7,000상자가 도착한다. 즉, 7,500상자(2,500 + 7,000 − 2000)를 보관할 공간을 확보해 두어야 한다.

151
- 서비스수준 $= \dfrac{충족된\ 수요}{총수요} = \dfrac{500}{1,000} \times 100$
  $= 50\%$(수요 500박스를 예상하여 주문하였는데, 실제로는 1,000박스 수요가 발생할 수도 있는 상황)
- 최적 재고수준 = 평균재고 + 안전재고(본 문제에서는 안전재고 언급이 없으므로 무시)
- 평균재고 $= \dfrac{최소수요 + 최대수요}{2} = \dfrac{500 + 1,000}{2}$
  $= 750$개

152 운반관리의 주안점은 작업의 **집중화**이다.

153

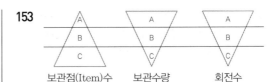

|보관점(Item)수 | 보관수량 | 회전수|

- ㉠ A–C–A : **회전수만 높고**(회전수 A), **보관수량이 적은**(보관수량 C) 중간공정이나 출고라인에서 피킹을 실시하는 제품(보관품목수 A)에 적합하다.
- ㉡ A–A–A : **보관품목수는 적지만**(보관품목수 A), **보관수량이 많은 제품**(보관수량 A)으로 맥주, 청량음료, 시멘트 등 **입출고가 빠른 물품**(회전수 A)의 대량 처리에 편리하다.
- ㉢ C–A–A : **보관품목수와 보관수량이 많고**(보관품목수 A, 보관수량 A) **회전수가 높아**(회전수 A) 관리가 매우 복잡한 형태로 고층 랙과 모노레일, 스태커 크레인의 조합을 통해 컴퓨터 컨트롤 방식을 채용해야 효율적이다.

154 블록 트레인은 고속직행 화물컨테이너 전용편성 열차로 단거리가 아닌 장거리 수송에 적합하다.

155 **부선양하**는 안벽에 계류된 부선에 적재되어 있는 화물을 양륙하여 운반기구에 적재하는 작업이다. 환적은 운송수단에서 타 운송수단으로 옮겨 싣는 작업을 말한다.

156 상부 구조(천장)이 없고 기둥만 두어 비정형 화물을 주로 싣는 컨테이너는 FR컨테이너(Flat Rack Container)이다.

157
- 개선 후, 1공정의 사이클타임 50%가 줄어드므로, 8분 → 4분이 됨

공정명	1공정	2공정	3공정	4공정	5공정
개선 전 사이클타임(분)	4	5	4	6	4

- 개선 후 애로공정은 4공정(6분)이다.
- 이때 공정효율은 LOB
  $= \dfrac{4분 + 5분 + 4분 + 6분 + 4분}{6분 \times 5공정} \times 100$
  $= \dfrac{23분}{30분} \times 100 ≒ 76.66$이다.

158 ㉢, ㉣은 총량 피킹 후 출하작업장에서 재분류가 필요한 피킹 방법이다.

159 ⑤ 평활상수 0.4인 지수평활법 $= F_6 + a(Y_6 - F_6)$
$= 92 + 0.4(82-92) = 88 \rightarrow$ 오차 $= 3$

① 3개월 이동평균법 $= (102 + 89 + 82)/3 = 91$
$\rightarrow$ 오차 $= 6$

② 3개월 가중평균법 $= (102 \times 0.3) + (89 \times 0.4) +$
$(82 \times 0.3) = 90.8 \rightarrow$ 오차 $= 5.8$

③ 5개월 이동평균법 $= (90 + 93 + 102 + 89 + 82)/5$
$= 91.2 \rightarrow$ 오차 $= 6.2$

④ 평활상수 0.3인 지수평활법 $= F_6 + a(Y_6 - F_6)$
$= 92 + 0.3(82-92) = 89 \rightarrow$ 오차 $= 4$

160 부품의 공급업자가 부품을 납품하는 데 소요되는 기간이 리드타임이므로 리드타임의 분산이 작아지면 (편차가 작아지면) 안전재고량은 감소한다.

제5과목   물류관련법규

161 제7조(물류현황조사) 제4항에 따르면 국토교통부장관 또는 해양수산부장관은 물류현황조사의 결과에 따라 물류비 등 물류지표를 설정하여 물류정책의 수립 및 평가에 활용할 수 있다.

162
> 법 제29조(위험물질운송안전관리센터의 설치 · 운영) ② 위험물질운송안전관리센터는 다음 각 호의 업무를 수행한다.
> 1. 위험물질 운송차량의 소유자 및 운전자 정보, 운행정보, 사고발생 시 대응 정보 등 위험물질 운송안전관리센터 운영에 필요한 정보의 수집 및 관리
> 2. 단말장치의 장착 · 운용 및 운송계획정보의 입력 등에 관한 교육
> 3. 위험물질운송안전관리센터의 업무 수행을 지원하기 위한 전자정보시스템의 구축 · 운영
> 4. 위험물질 운송차량의 사고 관련 상황 감시 및 사고발생 시 사고 정보 전파
> 5. 「도로교통법」 제6조에 따라 각 시 · 도경찰청장이 공고하는 통행 금지 및 제한 구간, 「물환경보전법」 제17조에 따른 상수원보호구역 등 통행제한 구간, 그 밖에 국토교통부령으로 정하는 통행제한 구간에 진입한 위험물질 운송차량에 대한 통행금지 알림 및 관계 기관 등에 해당 위험물질 운송차량의 통행제한구간 진입 사실 전파

> 6. 관계 행정기관과의 위험물질운송안전관리시스템 공동 활용 체계 구축
> 7. 그 밖에 위험물질 운송차량의 사고예방 및 사고발생 시 신속한 방재 지원에 필요한 사항

163
> 제63조(투자유치활동 평가) ① 국토교통부장관 및 해양수산부장관은 물류시설관리자의 외국인투자기업 및 환적화물에 대한 적극적인 유치활동을 촉진하기 위하여 필요한 경우에는 해당 물류시설관리자의 투자유치활동에 대한 평가를 할 수 있다.

164
> 법 제61조(국제물류사업의 촉진 및 지원) ② 국토교통부장관 · 해양수산부장관 또는 시 · 도지사는 대통령령으로 정하는 물류기업 또는 관련 전문기관 · 단체가 추진하는 다음 각 호의 국제물류사업에 대하여 행정적인 지원을 하거나 예산의 범위에서 필요한 경비의 전부나 일부를 지원할 수 있다.
> 영 제49조(국제물류사업에 대한 지원) 법 제61조제2항 각 호 외의 부분에서 "대통령령으로 정하는 물류기업 또는 관련 전문기관 · 단체"란 다음 각 호의 어느 하나에 해당하는 기업 또는 단체를 말한다.
> 1. 물류사업을 영위하는 기업
> 2. 「정부출연연구기관 등의 설립 · 운영 및 육성에 관한 법률」에 따른 다음 각 목의 정부출연연구기관
>   가. 국토연구원
>   나. 한국교통연구원
>   다. 한국해양수산개발원
> 3. 「과학기술분야 정부출연연구기관 등의 설립 · 운영 및 육성에 관한 법률」에 따른 한국철도기술연구원
> 4. (없음)
> 5. 물류관련협회
> 6. 법 제56조에 따른 물류지원센터
> 7. 「화물자동차 운수사업법」 제33조제1항 및 제35조제1항에 따라 화물자동차운수사업자가 설립한 협회 및 연합회
> 8. 「민법」 제32조에 따라 산업통상자원부장관의 허가를 받아 설립된 한국무역협회
> 9. 그 밖에 국토교통부장관이 해양수산부장관 및 산업통상자원부장관과 협의하여 지정 · 고시하는 단체

165 ① 시·도지사는 국제물류주선업자에게 **사업의 정지**를 명하여야 하는 경우로서 그 사업의 정지가 해당 사업의 이용자 등에게 심한 불편을 주는 경우에는 그 **사업정지 처분**을 갈음하여 1천만원 이하의 과징금을 부과할 수 있다.

② 과징금을 기한 내에 납부하지 아니한 때에는 시·도지사는 「**지방행정제재·부과금의 징수 등에 관한 법률**」에 따라 징수한다.

③ 시·도지사는 국제물류주선업자의 사업규모, 사업지역의 특수성, 위반행위의 정도 및 횟수 등을 고려하여 과징금의 금액의 **2분의 1**의 범위에서 이를 늘리거나 줄일 수 있다.

④ (법률 개정으로 해설 삭제)

166 「공항시설법」 또는 「해운법」을 위반하여 벌금형을 선고받고 **2년**이 지나지 아니한 자는 승계를 받을 수 없다.

167 • "**물류체계**"란 효율적인 물류활동을 위하여 시설·장비·정보·조직 및 인력 등이 서로 유기적으로 기능을 발휘할 수 있도록 연계된 집합체를 말한다.

• "단위물류정보망"이란 기능별 또는 지역별로 관련 행정기관, 물류기업 및 그 거래처를 연결하는 일련의 물류정보체계를 말한다.

168 ① 국토교통부장관은 물류시설의 합리적 개발·배치 및 물류체계의 효율화 등을 위하여 물류시설의 개발에 관한 종합계획을 **5년** 단위로 수립하여야 한다.

② 집적물류시설은 물류터미널 및 물류단지 등 **둘 이상의 단위물류시설 등이 함께 설치된** 물류시설이다. 물류시설 상호 간의 화물운송이 원활히 이루어지도록 제공되는 도로 및 철도 등 교통시설은 연계물류시설에 대한 설명이다.

④ 물류시설의 **공동화·집단화**에 관한 사항이 물류시설개발종합계획 고려사항이다.

⑤ **관계 중앙행정기관의 장**은 필요한 경우 국토교통부장관에게 물류시설개발종합계획을 변경하도록 요청할 수 있다.

169
> 법 제7조(복합물류터미널사업의 등록) ② 복합물류터미널사업을 등록을 할 수 있는 자는 다음 각 호의 어느 하나에 해당하는 자로 한다.
> 1. 국가 또는 지방자치단체
> 2. 「공공기관의 운영에 관한 법률」에 따른 공공기관(이하 "공공기관"이라 한다) 중 대통령령으로 정하는 공공기관

> 대통령령으로 정하는 공공기관 (영 제4조 제1항)
> 1. 「한국철도공사법」에 따른 한국철도공사
> 2. 「한국토지주택공사법」에 따른 한국토지주택공사
> 3. 「한국도로공사법」에 따른 한국도로공사
> 5. 「한국수자원공사법」에 따른 한국수자원공사
> 6. 「한국농어촌공사 및 농지관리기금법」에 따른 한국농어촌공사
> 7. 「항만공사법」에 따른 항만공사
>
> 3. 「지방공기업법」에 따른 지방공사
> 4. 특별법에 따라 설립된 법인
> 5. 「민법」 또는 「상법」에 따라 설립된 법인

170 ① 물류터미널을 건설하기 위한 부지 안에 있는 국가 또는 지방자치단체 소유의 토지로서 물류터미널 건설사업에 필요한 토지는 해당 **물류터미널 건설사업 목적이 아닌 다른 목적으로 매각하거나 양도할 수 없다.**

② 물류터미널을 건설하기 위한 부지 안에 있는 국가 또는 지방자치단체 소유의 재산은 「국유재산법」, 「공유재산 및 물품 관리법」, 그 밖의 다른 법령에도 불구하고 물류터미널사업자에게 **수의계약**으로 매각할 수 있다.

④ 협의요청이 있은 때에는 관계 행정기관의 장은 그 요청을 받은 날부터 **30일** 이내에 용도폐지 및 매각, 그 밖에 필요한 조치를 하여야 한다.

⑤ 물류터미널사업자에게 매각하려는 재산 중 관리청이 불분명한 재산은 다른 법령에도 불구하고 **기획재정부장관**이 이를 관리하거나 처분한다.

171
> 영 제10조(협회의 설립) ① 물류터미널사업자는 법 제19조에 따른 물류터미널사업협회를 설립하려는 경우에는 사업자 7명 이상의 발기인이 창립총회의 의결을 거쳐 설립인가신청서에 다음 각 호의 서류를 첨부하여 국토교통부장관에게 제출하여야 한다.
> 1. 정관
> 2. 발기인의 명부 및 이력서
> 3. 회원의 명부
> 4. 사업계획서 및 예산의 수입지출계획서
> 5. 창립총회 회의록

172

제12조의5(스마트물류센터에 대한 지원) ① 국가 또는 지방자치단체는 다음 각 호의 지원을 할 수 있다.
1. 스마트물류센터 구축에 드는 비용의 일부 보조 또는 융자
2. 스마트물류센터 인증을 받은 자가 스마트물류센터의 구축 및 운영에 필요한 자금을 마련하기 위해 국내 금융기관에서 대출을 받은 경우 그 금리와 국토교통부장관이 관계 중앙행정기관의 장과 협의하여 정하는 금리와의 차이에 따른 차액의 전부 또는 일부 보전
3. 스마트물류센터 신축 또는 증·개축 시 「국토의 계획 및 이용에 관한 법률」 제78조에 따라 특별시·광역시·특별자치시·특별자치도·시 또는 군의 조례로 정하는 용적률 및 높이의 **상한 적용**
② 「신용보증기금법」에 따라 설립된 신용보증기금 및 「기술보증기금법」에 따라 설립된 기술보증기금은 법 제21조의7 제2항에 따라 스마트물류센터의 구축 및 운영에 필요한 자금의 대출 등으로 인한 금전채무의 보증한도, 보증료 등 보증조건을 우대할 수 있다.

173 규칙 제16조의4(실수요검증위원회의 기능 및 구성) 제2항에 따라 실수요검증위원회는 위원장 1명과 부위원장 1명을 포함하여 **20명 이상 40명 이하**의 위원으로 구성하되, 성별을 고려하여 구성한다.

174 ① 시장·군수·구청장은 물류시설의 밀집으로 도로 등 기반시설의 정비와 소음·진동·미세먼지 저감 등 생활환경의 개선이 필요한 경우로서 대통령령으로 정하는 요건에 해당하는 경우 시·도지사에게 물류 교통·환경 정비지구의 지정을 신청할 수 있다. 정비지구를 변경하려는 경우에도 또한 같다.
② 영 제46조의2(물류 교통·환경 정비지구의 지정 요건 등) 제1호에 따라 정비지구의 지정을 신청할 수 있는 지역은 다음 각 호의 요건을 모두 충족하는 지역으로 한다.
1. 물류시설의 밀집으로 도로의 신설·확장·개량 및 보수 등 기반시설의 정비가 필요하거나 소음·진동 방지, 미세먼지 저감 등 생활환경의 개선이 필요한 지역일 것
2. 정비지구로 지정하려는 지역의 면적이 **30만 제곱미터** 이상일 것
3. 물류시설 총부지면적이 정비지구로 지정하려는 지역의 면적의 100분의 30 이상일 것

④ 시장·군수·구청장은 제1항에 따른 정비지구의 지정 또는 변경을 신청하려는 경우에는 주민설명회를 열고, 그 내용을 14일 이상 주민에게 공람하여 의견을 들어야 하며, 지방의회의 의견을 들은 후(이 경우 지방의회는 시장·군수·구청장이 정비지구의 지정 또는 변경 신청서를 통지한 날부터 **60일** 이내에 의견을 제시하여야 하며, 의견제시 없이 **60일**이 지난 때에는 이의가 없는 것으로 본다) 그 의견을 첨부하여 신청하여야 한다.
⑤ 시장·군수·구청장은 공람기간 내에 주민설명회를 개최해야 하며, 정비지구 대상지역이 둘 이상의 시·군·구의 관할지역에 걸쳐있는 경우에는 **각각**의 시·군·구에서 주민설명회를 개최해야 한다.

175

법 제67조(과태료) ② 다음 각 호의 어느 하나에 해당하는 자에게는 200만원 이하의 과태료를 부과한다.
1. 복합물류터미널사업의 등록에 따른 권리·의무를 승계하고 승계의 신고를 하지 아니한 자
2. 스마트물류센터의 소유자 또는 대표자는 인증이 취소된 경우 인증서를 반납하고, 인증마크의 사용을 중지하여야 하는데 이를 위반하고 인증마크를 계속 사용한 자

176 국토교통부장관은 변경신고를 한 날부터 3일 이내에 신고수리 여부를 신고인에게 통지하여야 한다.

177 위원회에는 관계 행정기관의 공무원으로 구성된 3명 이내의 특별위원을 둘 수 있다.

178 화물운송계약 중 화물자동차 안전운임에 미치지 못하는 금액을 운임으로 정한 부분은 무효로 하며, 해당 부분은 화물자동차 **안전운임과 동일한 운임**을 지급하기로 한 것으로 본다.

179 ① 운송사업자는 화물자동차 운전자를 채용하거나 채용된 화물자동차 운전자가 퇴직하였을 때에는 그 명단을 채용 또는 퇴직한 날이 속하는 달의 **다음 달 10일**까지 협회에 제출해야 하며, 협회는 이를 종합해서 제출받은 달의 말일까지 연합회에 보고해야 한다.
③ 운송사업자는 폐업을 하게 되었을 때에는 화물자동차 운전자의 경력에 관한 기록 등 관련 서류를 **협회**에 이관하여야 한다.

④ **협회**는 개인화물자동차 운송사업자의 화물자동차를 운전하는 사람에 대한 경력증명서 발급에 필요한 사항을 기록·관리하고, 운송사업자로부터 경력증명서 발급을 요청받은 경우 경력증명서를 발급해야 한다.

⑤ 운송사업자는 매 분기 말 현재 화물자동차 운전자의 취업 현황을 별지 다음 분기 첫 달 5일까지 협회에 통지하여야 하며, 협회는 이를 종합하여 그 다음 달 **말일**까지 시·도지사 및 연합회에 보고하여야 한다.

180 운송사업자가 운송주선사업을 동시에 영위하는 경우에는 연간 운송계약 및 운송주선계약 화물의 100분의 30 이상을 직접 운송하여야 한다.

181 ⓒ, ⓔ은 국토교통부장관이 사안에 따라 허가취소, 업무정지명령, 감차조치를 선택하여 할 수 있으나 ⓝ, ⓒ은 무조건 허가취소사유이다.

182 운송사업자는 적재물배상 책임보험 또는 공제를 **각 화물자동차별**로 가입하여야 한다.

183 법 제40조의2 제1항에 대한 내용이다.

184 유가보조금은 다음의 요건을 모두 갖춘 경우에 지급한다.
- 「부가가치세법」 제8조에 따라 사업자등록을 하고 실제로 사업을 영위하는 운송사업자·운송가맹사업자 또는 위·수탁차주가 구매한 유류일 것
- 경유 또는 액화석유가스를 연료로 사용하는 사업용 화물자동차로서 법 또는 다른 법령에 따라 운행의 제한을 받지 아니할 것
- 법 제8조 제1항에 따른 화물자동차 운수사업의 운전업무 종사자격 요건을 갖춘 자가 운행할 것
- 주유소 또는 자가주유시설의 고정된 설비에서 유류를 직접 주유받을 것
- 해당 화물자동차의 연료와 일치하는 종류의 유류를 구매할 것
- 유류 구매를 입증하는 자료에 적힌 구매자 이름, 자동차등록번호, 구매 일시·장소, 구매량, 구매금액, 구매한 유류의 종류·단가 등이 실제 주유한 내용과 일치할 것
- 다른 법령 또는 국가 간의 조약·협정에 따라 유류비를 지원받거나 조세가 면제된 유류를 공급받은 자 또는 화물자동차가 아닐 것
- 그 밖에 유가보조금의 부정수급을 방지하기 위하여 국토교통부장관이 정하여 고시하는 사항을 지킬 것

185 「농어업경영체 육성 및 지원에 관한 법률」에 따라 설립된 영농조합법인이 그 사업을 위하여 화물자동차를 직접 소유·운영하는 경우 **시·도지사**의 허가를 받으면 화물운송용으로 제공하거나 임대할 수 있다

186
> **영 제5조(상점가의 범위)** 법 제2조 제7호에서 "일정 범위의 가로 또는 지하도에 대통령령으로 정하는 수 이상의 도매점포·소매점포 또는 용역점포가 밀집하여 있는 지구"란 다음 각 호의 어느 하나에 해당하는 지구를 말한다.
> 1. **2천제곱미터** 이내의 가로 또는 지하도에 30개 이상의 도매점포·소매점포 또는 용역점포가 밀집하여 있는 지구
> 2. 상품 또는 영업활동의 특성상 전시·판매 등을 위하여 넓은 면적이 필요한 동일 업종의 도매점포 또는 소매점포(이하 이 조에서 "특성업종도소매점포"라 한다)를 포함한 점포가 밀집하여 있다고 특별자치시장·시장·군수·구청장이 인정하는 지구로서 다음 각 목의 요건을 모두 충족하는 지구
>   가. 가로 또는 지하도의 면적이 특성업종도소매점포의 평균면적에 도매점포 또는 소매점포의 수를 합한 수를 곱한 면적과 용역점포의 면적을 합한 면적 이내일 것
>   나. 도매점포·소매점포 또는 용역점포가 30개 이상 밀집하여 있을 것
>   다. 특성업종도소매점포의 수가 나목에 따른 점포 수의 100분의 50 이상일 것

187 **법 제15조(분야별 발전시책)** 제3호에 따라 정부는 재래시장의 활성화에 필요한 시책을 수립·시행하여야 하고, 정부 또는 지방자치단체의 장은 이에 필요한 행정적·재정적 지원을 할 수 있다.

188 법 제49조(벌칙)에 따라 유통표준전자문서를 위작 또는 변작하거나 위작 또는 변작된 전자문서를 사용하거나 유통시킨 자는 **10년** 이하의 징역 또는 **1억원** 이하의 벌금에 처한다.

189 **법 제35조의2(국유재산·공유재산의 매각 등)** 제3호에 따라 대규모점포를 개설하려는 자 또는 중소유통공동도매물류센터를 건립하려는 자가 도로의 개설에 관한 업무를 국가기관 또는 지방자치단체에 위탁하여 시행하는 경우에는 **산업통상자원부령**으로 정하는 요율의 위탁수수료를 지급하여야 한다.

190 법 제52조(과태료) 제1호에 따라 대규모점포가 의무휴업 명령을 위반한 자는 1억원 이하의 **과태료를** 부과한다.

191 법 제7조(결격사유)에 의해 미성년자는 결격사유에 해당하지 않는다.

192 영 제5조(사업계획의 중요한 사항의 변경)에 의해 사업용 철도노선별로 10분의 1 이상의 운행횟수의 변경(여객열차의 경우에 한한다)을 하려는 경우에는 국토교통부장관의 인가를 받아야 한다. 다만, 공휴일·방학기간 등 수송수요와 열차운행계획상의 수송력과 현저한 차이가 있는 경우로서 3월 이내의 기간 동안 운행횟수를 변경하는 경우를 제외한다.

193 휴업기간은 **6개월**을 넘을 수 없다.

194 법 제13조(점용허가의 신청 및 점용허가기간) 제2호에 의해 국토교통부장관은 국가가 소유·관리하는 철도시설에 대한 점용허가를 하고자 하는 때 철골조·철근콘크리트조·석조 또는 이와 유사한 견고한 건물의 축조를 목적으로 하는 경우에는 **50년(법률 개정 30년 → 50년)**을 초과하여서는 아니된다.

195 법 제2조(정의)에 따라 항만운송관련사업은 항만에서 선박에 물품이나 역무를 제공하는 항만용역업·선용품공급업·선박연료공급업·선박수리업 및 컨테이너수리업을 말하며, 선박수리업을 **포함**한다.

196

> 법 제26조(사업의 정지 및 등록의 취소) ① 관리청은 항만운송사업자가 다음 각 호의 어느 하나에 해당하면 그 등록을 취소하거나 6개월 이내의 기간을 정하여 그 항만운송사업의 정지를 명할 수 있다. 다만, **제5호 또는 제6호**에 해당하는 경우에는 그 등록을 **취소**하여야 한다.
> 1. 정당한 사유 없이 운임 및 요금을 인가·신고된 운임 및 요금과 다르게 받은 경우
> 2. 제6조에 따른 등록기준에 미달하게 된 경우
> 3. 항만운송사업자 또는 그 대표자가 「관세법」 제269조부터 제271조까지에 규정된 죄 중 어느 하나의 죄를 범하여 공소가 제기되거나 통고처분을 받은 경우
> 4. 사업 수행 실적이 1년 이상 없는 경우
> 5. 부정한 방법으로 사업을 등록한 경우
> 6. 사업정지명령을 위반하여 그 정지기간에 사업을 계속한 경우

197 분쟁협의회의 회의는 재적위원 **3분의 2 이상**의 출석으로 개의하고, 출석위원 **3분의 2 이상**의 찬성으로 의결한다.

198 부산항에서 검수사업을 등록하려는 경우 검수사가 **40명 이상**이어야 한다.

[별표 2] 검수사업·감정사업 및 검량사업의 등록기준 (제4조 관련)

구분	검수사업			감정사업	검량사업
	1급지 (부산항, 인천항, 울산항, 포항항, 광양항)	2급지 (마산항, 군산항)	3급지 (1급지와 2급지를 제외한 항)		
1. 자본금	5천만원 이상	5천만원 이상	5천만원 이상	5천만원 이상	5천만원 이상
2. 검수사	가. 부산항 : 40명 이상 나. 인천항 : 25명 이상 다. 울산항, 포항항, 광양항 : 7명 이상	3명 이상	2명 이상		
3. 감정사				6명 이상	
4. 검량사					6명 이상

비고 : 사업자가 개인인 경우에는 자본금을 갈음하여 재산평가액을 적용한다.

199 법 제9조의2(몰수농산물 등의 이관) 제5항에 따라 몰수농산물 등의 처분절차 등에 관하여 필요한 사항은 **농림축산식품부령**으로 정한다.

200 법 제29조(산지유통인의 등록) 제4항에 따라 산지유통인은 등록된 도매시장에서 농수산물의 출하업무 외의 판매·매수 또는 중개업무를 하여서는 아니 된다.

MEMO

MEMO

01 증권경제전문 토마토TV가 만든 교육브랜드

토마토패스는 24시간 증권경제 방송 토마토TV · 인터넷 종합언론사 뉴스토마토 등을 계열사로
보유한 토마토그룹에서 출발한 금융전문 교육브랜드 입니다.

경제 ·금융· 증권 분야에서 쌓은 경험과 전략을 바탕으로 최고의 금융교육 서비스를 제공하고 있으며
현재 무역 · 회계 · 부동산 자격증 분야로 영역을 확장하여 괄목할만한 성과를 내고 있습니다.

뉴스토마토	TomatoTV	토마토증권통	eTomato
www.newstomato.com	tv.etomato.com	stocktong.io	www.etomato.com
싱싱한 정보, 건강한 뉴스	24시간 증권경제 전문방송	가장 쉽고 빠른 증권투자!	맛있는 증권정보

02 차별화된 고품질 방송강의

토마토 TV의 방송제작 장비 및 인력을 활용하여 다른 업체와는 차별화된 고품질 방송강의를 선보입니다.
터치스크린을 이용한 전자칠판, 핵심내용을 알기 쉽게 정리한 강의 PPT,
선명한 강의 화질 등 으로 수험생들의 학습능력 향상과 수강 편의를 제공해 드립니다.

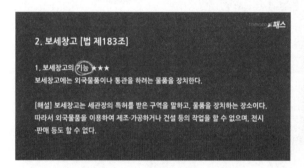 

03 최신 출제경향을 반영한 효율적 학습구성

토마토패스에서는 해당 자격증의 특징에 맞는 커리큘럼을 구성합니다.
기본서의 자세한 해설을 통해 꼼꼼한 이해를 돕는 정규이론반(기본서 해설강의) · 핵심이론을 배우고
실전문제에 바로 적용해보는 이론 + 문제풀이 종합형 핵심종합반 · 실전감각을 익히는
출제 예상 문제풀이반 · 시험 직전 휘발성 강한 핵심 항목만 훑어주는 마무리특강까지!
여러분의 합격을 위해 최대한의 효율을 추구하겠습니다.

정규이론반   핵심종합반   문제풀이반   마무리특강

04 가장 빠른 1:1 수강생 학습 지원

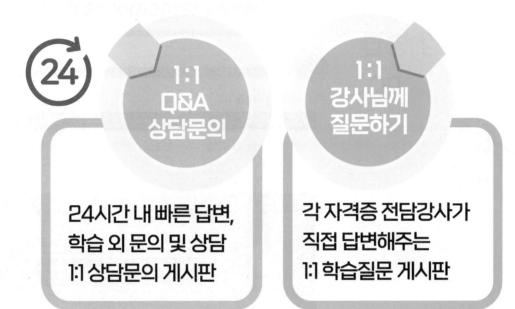

토마토패스에서는 가장 빠른 학습지원 및 피드백을 위해 다음과 같이 1:1 게시판을 운영하고 있습니다.

· Q&A 상담문의 (1:1) ㅣ 학습 외 문의 및 상담 게시판, 24시간 이내 조치 후 답변을 원칙으로 함 (영업일 기준)

· 강사님께 질문하기(1:1) ㅣ 학습 질문이 생기면 즉시 활용 가능, 각 자격증 전담강사가 직접 답변하는 시스템

이 외 자격증 별 강사님과 함께하는 오픈카톡 스터디, 네이버 카페 운영 등 수강생 편리에 최적화된

수강 환경 제공을 위해 최선을 다하고 있습니다.

05 100% 리얼 후기로 인증하는 수강생 만족도

2020 하반기 수강후기 별점 기준 (100으로 환산)

토마토패스는 결제한 과목에 대해서만 수강후기를 작성할 수 있으며,

합격후기의 경우 합격증 첨부 방식을 통해 100% 실제 구매자 및 합격자의 후기를 받고 있습니다.

합격선배들의 생생한 수강후기와 만족도를 토마토패스 홈페이지 수강후기 게시판에서 만나보세요!

또한 푸짐한 상품이 준비된 합격후기 작성 이벤트가 상시로 진행되고 있으니,

지금 이 교재로 공부하고 계신 예비합격자분들의 합격 스토리도 들려주시기 바랍니다.

강의 수강 방법
PC

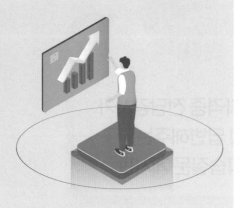

02 회원가입 후 자격증 선택

· 회원가입시 본인명의 휴대폰 번호와 비밀번호 등록
· 자격증은 홈페이지 중앙 카테고리 별로 분류되어 있음

03 원하는 과정 선택 후 '자세히 보기' 클릭

04 상세안내 확인 후 '수강신청' 클릭하여 결제

· 결제방식 [무통장입금(가상계좌) / 실시간 계좌이체 / 카드 결제] 선택 가능

05 결제 후 '나의 강의실' 입장

06 '학습하기' 클릭

07 강좌 '재생' 클릭

· IMG Tech 사의 Zone player 설치 필수
· 재생 버튼 클릭시 설치 창 자동 팝업

강의 수강 방법
모바일

탭 · 아이패드 · 아이폰 · 안드로이드 가능

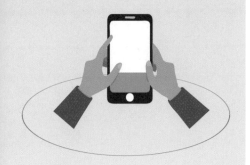

01 토마토패스 모바일 페이지 접속

WEB · 안드로이드 인터넷, ios safari에서
www.tomatopass.com 으로 접속하거나

 Samsung Internet (삼성 인터넷)

 Safari (사파리)

APP · 구글 플레이 스토어 혹은 App store에서
합격통 혹은 토마토패스 검색 후 설치

 Google Play Store

 앱스토어   🍅패스 합격통

---

02 존플레이어 설치 (버전 1.0)

· 구글 플레이 스토어 혹은 App store에서 '존플레이어' 검색 후 버전 1.0 으로 설치
(***2.0 다운로드시 호환 불가)

03 토마토패스로 접속 후 로그인

04 좌측 👤아이콘 클릭 후
'나의 강의실' 클릭

05 강좌 '재생' 버튼 클릭

· **기능소개**
과정공지사항 : 해당 과정 공지사항 확인
강사님께 질문하기 : 1:1 학습질문 게시판
Q&A 상담문의 : 1:1 학습외 질문 게시판
재생 : 스트리밍, 데이터 소요량 높음, 수강 최적화
다운로드 : 기기 내 저장, 강좌 수강 시 데이터 소요량 적음
PDF : 강의 PPT 다운로드 가능

👤   **토마토패스**   ☰

금융투자자격증 은행/보험자격증 FPSB/국제자격증 회계/세무지

나의 강의실

과정공지사항   강사님께 질문하기

학습자료실   Q&A 상담문의

과정명	증권투자권유대행인 핵심종합반		
수강기간	2021-08-23 ~ 2022-08-23		
최초 수강일	2021-08-23	최근 수강일	2021-09-09
진도율	77.0%		

강의명	재생	다운로드	진도율	PDF
1강 금융투자상품01	▶	⬇	0%	📄
2강 금융투자상품02	▶	⬇	100%	📄
3강 금융투자상품03	▶	⬇	100%	📄
4강 유가증권시장, 코스닥시장01	▶	⬇	94%	📄
5강 유가증권시장, 코스닥시장02	▶	⬇	71%	📄
6강 유가증권시장, 코스닥시장03	▶	⬇	0%	📄
7강 채권시장01	▶	⬇	96%	📄
8강 채권시장02	▶	⬇	0%	📄
9강 기타 증권시장	▶	⬇	93%	📄

토마토패스
물류관리사 7개년 과목별 기출문제집

———

초 판 발 행	2021년 06월 25일
개정2판1쇄	2024년 05월 20일

편 저 자	변달수
발 행 인	정용수
발 행 처	(주)예문아카이브
주 소	서울시 마포구 동교로 18길 10 2층
T E L	02) 2038-7597
F A X	031) 955-0660
등 록 번 호	제2016-000240호
정 가	27,000원

홈페이지 http://www.yeamoonedu.com

I S B N   979-11-6386-239-0   [13320]